COORDENADORAS
Joyceane Bezerra de **Menezes** ▪ Fernanda **Nunes Barbosa**

20
24

A Prioridade da Pessoa Humana no Direito Civil-Constitucional

Estudos em Homenagem a **Maria Celina Bodin de Moraes**

Dados Internacionais de Catalogação na Publicação (CIP) de acordo com ISBD

P958

    A prioridade da pessoa humana no Direito Civil-Constitucional: estudos em homenagem a Maria Celina Bodin de Moraes / Ana Frazão ... [et al.] ; coordenado por Joyceane Bezerra de Menezes, Fernanda Nunes Barbosa. - Indaiatuba, SP : Editora Foco, 2024.

    648 p. : 17cm x 24cm.

    Inclui bibliografia e índice.

    ISBN: 978-65-6120-022-6

    1. Direito. 2. Direito Civil. 3. Direito Constitucional. 4. Maria Celina Bodin de Moraes. I. Frazão, Ana. II. Agra, Ana Paula Bodin Gonçalves. III. Nevares, Ana Luiza Maia. IV. Abelha, André. V. Reis Júnior, Antonio dos. VI. Souza, Carlos Affonso. VII. Monteiro Filho, Carlos Edison do Rêgo. VIII. Teffé, Chiara Spadaccini de. IX. Bucar, Daniel. X. Souza, Eduardo Nunes de. XI. Facchini Neto, Eugênio. XII. Saldanha, Felipe Zaltman. XIII. Barbosa, Fernanda Nunes. XIV. Castro, Flávia de Almeida Viveiros de. XV. Schulman, Gabriel. XVI. Neves, Gustavo Kloh Muller. XVII. Quinelato, João. XVIII. Neves, José Roberto de Castro. XIX. Menezes, Joyceane Bezerra de. XX. Mattietto, Leonardo. XXI. Dadalto, Luciana. XXII. Fachin, Luiz Edson. XXIII. Calixto, Marcelo Junqueira. XXIV. Cicco, Maria Cristina De. XXV. Sacramento, Mariana Silveira. XXVI. Viola, Mario. XXVII. Marinho Jr., Marlan de Moraes. XXVIII. Salles, Raquel Bellini de Oliveira. XXIX. Multedo, Renata Vilela. XXX. Maia, Roberta Mauro Medina. XXXI. Silva, Rodrigo da Guia. XXXII. Gomes, Rosângela Maria de Azevedo. XXXIII. Meireles, Rose Melo Vencelau. XXXIV. Viana, Sandra Soares. XXXV. Branco, Sérgio. XXXVI. Sêco, Thaís Fernanda Tenório. XXXVII. Neves, Thiago Ferreira Cardoso. XXXVIII. Almeida, Vitor. XXXIX. Cardoso, Vladimir Mucury. XL. Título.

2024-92   CDD 340   CDU 34

Elaborado por Vagner Rodolfo da Silva - CRB-8/9410

Índices para Catálogo Sistemático:

1. Direito 340

2. Direito 34

COORDENADORAS
Joyceane Bezerra de **Menezes** ▪ Fernanda **Nunes Barbosa**

A Prioridade da Pessoa Humana no Direito Civil-Constitucional

Estudos em Homenagem a **Maria Celina Bodin de Moraes**

2024 © Editora Foco

Coordenadoras: Joyceane Bezerra de Menezes e Fernanda Nunes Barbosa
Autores: Ana Frazão, Ana Paula Bodin Gonçalves Agra, Ana Luiza Maia Nevares, André Abelha, Antonio dos Reis Júnior, Carlos Affonso Souza, Carlos Edison do Rêgo Monteiro Filho, Chiara Spadaccini de Teffé, Daniel Bucar, Eduardo Nunes de Souza, Eugênio Facchini Neto, Felipe Zaltman Saldanha, Fernanda Nunes Barbosa, Flávia de Almeida Viveiros de Castro, Gabriel Schulman, Gustavo Kloh Muller Neves, João Quinelato, José Roberto de Castro Neves, Joyceane Bezerra de Menezes, Leonardo Mattietto, Luciana Dadalto, Luiz Edson Fachin, Marcelo Junqueira Calixto, Maria Cristina De Cicco, Mariana Silveira Sacramento, Mario Viola, Marlan de Moraes Marinho Jr., Raquel Bellini de Oliveira Salles, Renata Vilela Multedo, Roberta Mauro Medina Maia, Rodrigo da Guia Silva, Rosângela Maria de Azevedo Gomes, Rose Melo Vencelau Meireles, Sandra Soares Viana, Sérgio Branco, Thaís Fernanda Tenório Sêco, Thiago Ferreira Cardoso Neves, Vitor Almeida e Vladimir Mucury Cardoso
Diretor Acadêmico: Leonardo Pereira
Editor: Roberta Densa
Assistente Editorial: Paula Morishita
Revisora Sênior: Georgia Renata Dias
Capa Criação: Leonardo Hermano
Imagem de Capa: PROPERTY FROM A PRIVATE EUROPEAN COLLECTION, Paul Klee (1879-1940). Gesetz (Law)
Diagramação: Ladislau Lima e Aparecida Lima
Impressão miolo e capa: FORMA CERTA

DIREITOS AUTORAIS: É proibida a reprodução parcial ou total desta publicação, por qualquer forma ou meio, sem a prévia autorização da Editora FOCO, com exceção do teor das questões de concursos públicos que, por serem atos oficiais, não são protegidas como Direitos Autorais, na forma do Artigo 8º, IV, da Lei 9.610/1998. Referida vedação se estende às características gráficas da obra e sua editoração. A punição para a violação dos Direitos Autorais é crime previsto no Artigo 184 do Código Penal e as sanções civis às violações dos Direitos Autorais estão previstas nos Artigos 101 a 110 da Lei 9.610/1998. Os comentários das questões são de responsabilidade dos autores.

NOTAS DA EDITORA:
Atualizações e erratas: A presente obra é vendida como está, atualizada até a data do seu fechamento, informação que consta na página II do livro. Havendo a publicação de legislação de suma relevância, a editora, de forma discricionária, se empenhará em disponibilizar atualização futura.
Erratas: A Editora se compromete a disponibilizar no site www.editorafoco.com.br, na seção Atualizações, eventuais erratas por razões de erros técnicos ou de conteúdo. Solicitamos, outrossim, que o leitor faça a gentileza de colaborar com a perfeição da obra, comunicando eventual erro encontrado por meio de mensagem para contato@editorafoco.com.br. O acesso será disponibilizado durante a vigência da edição da obra.

Impresso no Brasil (1.2024) – Data de Fechamento (1.2024)

2024
Todos os direitos reservados à
Editora Foco Jurídico Ltda.
Rua Antonio Brunetti, 593 – Jd. Morada do Sol
CEP 13348-533 – Indaiatuba – SP
E-mail: contato@editorafoco.com.br
www.editorafoco.com.br

APRESENTAÇÃO

"Não almejo ter discípulos, de meus alunos me alegra a amizade". Quem conhece a homenageada desta obra – e entre os civilistas deste país é raro quem não a conheça – sabe da coerência entre suas ideias e sua prática cotidiana. Ao longo da jornada de mais de trinta anos como professora, pesquisadora e parecerista, Celina – como gosta de ser chamada, sem os formalismos que mais alimentam o distanciamento do que a necessária deferência – sempre prezou pelos valores humanistas da liberdade, da solidariedade, da igualdade, do respeito à diferença e da integridade psicofísica de todas e todos, corolários da dignidade da pessoa humana.

Com uma profícua produção acadêmica que reúne mais de quarenta artigos publicados em periódicos científicos nacionais e estrangeiros, cerca de trinta livros escritos, coordenados e organizados, mais de cinquenta capítulos de livros e incontáveis outras publicações bibliográficas e técnicas, a autora sempre primou pela qualidade e, fundamentalmente, pela originalidade de suas reflexões. Não sem razão, foi reconhecida entre os dez mais importantes juristas do Brasil no *World Scientists Rankings 2024*.

Formada em História (1980) e em Direito (1982) pela Pontifícia Universidade Católica do Rio de Janeiro (PUC-Rio), com Doutorado em Direito pela *Università Degli Studi Di Camerino*, UNICAM, Itália (1986), a produção científica da homenageada contribuiu para redirecionar os estudos em direito civil no país. Suas publicações são atemporais, caracterizadas pela precisão técnica e apurada contextualização histórico-filosófica, sem esquecer a narrativa fluida e, não raras vezes, poética.

Como Professora Associada do Departamento de Direito da Pontifícia Universidade Católica do Rio de Janeiro (PUC-Rio) e Professora Titular de Direito Civil da Faculdade de Direito da Universidade do Estado do Rio de Janeiro (UERJ), Celina orientou dezenas de trabalhos de graduação, mestrado, doutorado e pós-doutorado, guardando sempre o diálogo franco. Sem qualquer viés autoritário, cultivou como premissas a generosidade e o respeito pela autonomia dos estudantes, sem desconsiderar a diversidade do público que atendeu. Soube aplicar, com afinco e dedicação, o que Fernando Savater enuncia no livro *O Valor de Educar*: "Ninguém é sujeito na solidão e no isolamento, sempre se é sujeito *entre* outros sujeitos: o sentido da vida não é um monólogo, mas provém do intercâmbio de sentidos, da polifonia coral. Antes de mais nada, a educação é a revelação dos outros, da condição humana como um concerto de cumplicidades inevitáveis."[1]

Foram também a coragem e o viés idealista da homenageada que a levaram a criar, junto a um grupo de professoras e professores (ex-alunas e alunos), a revista eletrônica civilistica.com, da qual é a Editora-chefe. Passados mais de dez anos de sua criação, a

---

1. SAVATER, Fernando. *O valor de educar*. Trad. Mônica Stahel. São Paulo: Planeta, 2012. p. 35.

revista segue independente e com Qualis A1, conforme a avaliação da Coordenação de Aperfeiçoamento de Pessoal de Nível Superior – CAPES. Com o objetivo de facilitar o acesso e a difusão do conhecimento na área do direito civil, sujeito a transformações cada vez mais velozes, o periódico constitui um instrumento de importância crucial, sobretudo para veicular os estudos pertinentes à tutela da pessoa humana.

Como dissemos na Carta Convite endereçada àqueles e àquelas que participam desta justa homenagem, atravessamos um passado recente assolado por graves ameaças à democracia e aos direitos humanos, no qual forças contrárias ao progresso civilizatório e à própria ciência desafiaram e ainda desafiam a nossa resistência, instando-nos a reiterar o compromisso intransigente com a tutela da pessoa humana e a democracia. Nos últimos anos, vimos a emergência de narrativas que buscam desconstruir, nos espaços de poder e no imaginário social, a legitimidade de sujeitos e de grupos sociais em afronta à ideia de uma sociedade plural. Tudo isso reivindica uma ação de todas e todos que atuamos com o Direito, seja para resguardar as conquistas civilizatórias alcançadas, seja para construir respostas adequadas aos desafios que se desvelam.

No livro que escreveu para a apresentação e defesa no Concurso de Titularidade em Direito Civil, pela Universidade do Estado do Rio de Janeiro (UERJ), realizado em março de 2002, publicado sob o título *Danos à Pessoa Humana: uma leitura civil-constitucional dos danos morais* (Renovar, 2003), Celina apontava esse caminho, assim dizendo: "Há quase dois mil e quinhentos anos, tendo inferido a relatividade das coisas e, daí, deduzido a máxima que significa que de cada homem individualmente considerado dependem as coisas –, Protágoras de Abdera enunciou a célebre locução 'o homem é a medida de todas as coisas'. É hora de se reconstruir o direito civil, mas é imprescindível que se o faça na medida da *pessoa* humana." (g.n.)

Foi sob essa visão que a presente obra "*A promoção da pessoa humana na legalidade constitucional*: estudos em homenagem a Maria Celina Bodin de Moraes", foi construída. Sob a premissa de que a pessoa humana (e, é também claro portanto, não apenas o homem) deve ser a medida de todas as coisas. Assim, a obra visa reafirmar o compromisso da doutrina civilista com a legalidade constitucional, promovendo a reflexão doutrinária sobre problemas concretos que afetam a pessoa nas suas relações existenciais e patrimoniais neste primeiro quarto de século. Com um olhar de esperança e sem o lapso da ingenuidade, a obra convida a todas e todos a pensar junto sobre os caminhos possíveis para garantir a tutela da pessoa humana nesta sociedade paradoxal que experimenta, a um só tempo, a fome e os riscos enigmáticos da inteligência artificial. Vale um parêntese final para registrar o afeto que moveu a todas e todos os envolvidos nesse projeto editorial que também representa a nossa gratidão à querida Celina, nossa mestra.

Joyceane Bezerra de Menezes
Fernanda Nunes Barbosa
Coordenadoras

SUMÁRIO

APRESENTAÇÃO
Joyceane Bezerra de Menezes e Fernanda Nunes Barbosa VI

PARTE I
DIREITO DIGITAL E A TUTELA DA PESSOA

DIREITO AO LIVRE PENSAMENTO NA ERA DIGITAL: A NECESSÁRIA PROTEÇÃO DAS PESSOAS CONTRA AS MÚLTIPLAS E VARIADAS ESTRATÉGIAS DE MANIPULAÇÃO
Ana Frazão 3

MODERAÇÃO DE CONTEÚDO E RESPONSABILIDADE CIVIL EM PLATAFORMAS DIGITAIS: UM OLHAR SOBRE AS EXPERIÊNCIAS BRASILEIRA, ESTADUNIDENSE E EUROPEIA
Chiara Spadaccini de Teffé e Carlos Affonso Souza 25

A TUTELA DA CRIPTOGRAFIA DE *PONTA-A-PONTA* À LUZ DA CONSTITUIÇÃO
Felipe Zaltman Saldanha 39

A PROPRIEDADE COMO INSTRUMENTO DE PROTEÇÃO DA PESSOA: NOTAS SOBRE A TUTELA DO ADQUIRENTE DE BENS DIGITAIS
Roberta Mauro Medina Maia 57

OBRAS CRIADAS POR INTELIGÊNCIA ARTIFICIAL GENERATIVA E A CENTRALIDADE DA PESSOA HUMANA NO DIREITO AUTORAL BRASILEIRO
Sérgio Branco 75

PARTE II
AUTONOMIA PRIVADA ENTRE A LIBERDADE E O DEVER

A FUNÇÃO DO TESTAMENTO: PASSADO, PRESENTE E FUTURO
Ana Luiza Maia Nevares 93

CONDOMÍNIO EDILÍCIO: CRITÉRIOS NA PRIVATIZAÇÃO E RETOMADA DE PARTES COMUNS
André Abelha 117

O COMPARTILHAMENTO DE DADOS PELA ADMINISTRAÇÃO PÚBLICA
Daniel Bucar e Mario Viola 141

A CAUSA DO CONTRATO (E UM OLHAR EM DIREÇÃO À PESSOA HUMANA)
Eduardo Nunes de Souza... 157

A ANÁLISE DAS PARTES COMO ELEMENTO DE INTERPRETAÇÃO DOS CONTRATOS
José Roberto de Castro Neves 183

PODERES DO JUIZ, FUNÇÃO SOCIAL DO CONTRATO E EQUILÍBRIO CONTRATUAL NA LEGALIDADE CONSTITUCIONAL
Maria Cristina De Cicco 199

A DIGNIDADE DA PESSOA HUMANA E O CONTRATO DE PRESTAÇÃO DE SERVIÇOS
Marlan de Moraes Marinho Jr. 221

A AUTOTUTELA CONTRATUAL NA PERSPECTIVA CIVIL-CONSTITUCIONAL
Raquel Bellini de Oliveira Salles... 239

PACTOS NO FIM DA CONJUGALIDADE E A PERSPECTIVA DE GÊNERO: DESAFIOS ENTRE AUTONOMIA E SOLIDARIEDADE
Renata Vilela Multedo e Ana Paula Bodin Gonçalves Agra................ 259

POR UM DIREITO CONTRATUAL NA MEDIDA DA PESSOA HUMANA: DIGNIDADE E TUTELA DAS VULNERABILIDADES CONTRATUAIS
Rodrigo da Guia Silva.. 275

NOTAS SOBRE O DEVER DE RENEGOCIAR NO DIREITO BRASILEIRO
Vladimir Mucury Cardoso 289

PARTE III
RESPONSABILIDADE CIVIL

DO PRINCÍPIO DA REPARAÇÃO INTEGRAL AO PRINCÍPIO DA REPARAÇÃO EFICIENTE: UM NOVO OLHAR PARA A TUTELA DA VÍTIMA
Antonio dos Reis Júnior 313

OS *NOVOS DANOS* E A RESPONSABILIDADE CIVIL NO DIREITO COMPARADO E BRASILEIRO: *NECESSIDADE, CONVENIÊNCIA OU INADEQUAÇÃO DA IMPORTAÇÃO DE NOVAS ETIQUETAS*

Eugênio Facchini Neto 333

CORPOS FEMININOS, SOCIEDADE DE CONSUMO E O PRINCÍPIO DA REPARAÇÃO INTEGRAL DO DANO NA RESPONSABILIDADE CIVIL MÉDICA

Fernanda Nunes Barbosa 353

O FIADOR, O LOCADOR E O ENCARGO DE EVITAR O PRÓPRIO DANO: RELEITURA DO PRINCÍPIO *DUTY TO MITIGATE THE LOSS* À LUZ DO DIREITO CIVIL-CONSTITUCIONAL

Flávia de Almeida Viveiros de Castro 369

NOVOS CONTORNOS DA PRESCRIÇÃO E A IMPRESCRITIBILIDADE DA REPARAÇÃO DE DANOS A DIREITOS FUNDAMENTAIS. OLHARES SOBRE FLUIR DO TEMPO À LUZ DA CONSTITUIÇÃO E ACESSO À JUSTIÇA

Gabriel Schulman 381

RESPONSABILIDADE CIVIL OBJETIVA: *O ART. 931 DO CÓDIGO CIVIL E A ANTIJURIDICIDADE*

João Quinelato 397

O CARÁTER PUNITIVO DA REPARAÇÃO NAS RELAÇÕES DE CONSUMO

Marcelo Junqueira Calixto 425

DANOS MORAIS *POST MORTEM*

Rose Melo Vencelau Meireles 433

PARTE IV
PRINCÍPIOS E CATEGORIAS IMPORTANTES À TUTELA DA PESSOA

ITINERÁRIO DA LESÃO AO TEMPO

Carlos Edison do Rêgo Monteiro Filho 449

A IMPRESCRITIBILIDADE DE DIREITOS COMO FORMA DE PROTEÇÃO DA PESSOA HUMANA

Gustavo Kloh Muller Neves 469

O CONCEITO DE ACESSIBILIDADE E AS SUAS POSIÇÕES JURÍDICAS
Joyceane Bezerra de Menezes 483

A IGUALDADE SUBSTANCIAL COMO PRECEITO FUNDANTE PARA O REGIME DAS INCAPACIDADES NO DIREITO CIVIL
Leonardo Mattietto 501

EM BUSCA DE UMA VIDA BIOGRÁFICA: REFLEXÕES BIOJURÍDICAS SOBRE O DIREITO (DEVER?) DE VIVER
Luciana Dadalto 513

A SOLIDARIEDADE COMO VALOR FUNDAMENTAL COMUM
Luiz Edson Fachin e Sandra Soares Viana 529

A DIGNIDADE HUMANA E A BUSCA PELO PLENO EXERCÍCIO DO DIREITO AO PLANEJAMENTO FAMILIAR: *INSEMINAÇÃO ARTIFICIAL CASEIRA E SEUS PRINCIPAIS DESAFIOS*
Mariana Silveira Sacramento 545

A MORADIA DIGNA NA PROMOÇÃO DA PESSOA HUMANA
Rosângela Maria de Azevedo Gomes 561

O HORIZONTE HISTÓRICO DO DIREITO CIVIL BRASILEIRO NA REDEMOCRATIZAÇÃO: REFLEXÕES SOBRE A MEMÓRIA JURÍDICA A PARTIR DA OBRA DE MARIA CELINA BODIN DE MORAES
Thaís Fernanda Tenório Sêco 573

A TUTELA JURÍDICA DO NASCITURO E A DIGNIDADE DA PESSOA HUMANA
Thiago Ferreira Cardoso Neves 591

O DIREITO AO SOBRENOME E ANCESTRALIDADE ÉTNICA-FAMILIAR
Vitor Almeida 613

Parte I
DIREITO DIGITAL
E A TUTELA DA PESSOA

DIREITO AO LIVRE PENSAMENTO NA ERA DIGITAL: A NECESSÁRIA PROTEÇÃO DAS PESSOAS CONTRA AS MÚLTIPLAS E VARIADAS ESTRATÉGIAS DE MANIPULAÇÃO

Ana Frazão[1]

Professora Associada de Direito Civil, Comercial e Econômico da Universidade de Brasília – UnB. Advogada.

Sumário: 1. Considerações iniciais – 2. Comunicação e propaganda de massa: quando a persuasão se transforma em manipulação; 2.1. Poder da comunicação de massa; 2.2. Efeitos da propaganda, especialmente a de cunho político: quando se cruza o limite da persuasão para adentrar no terreno da manipulação; 2.3. Primeiros delineamentos das repercussões da propaganda e da manipulação para o livre pensamento – 3. Controle informacional e propaganda no século XXI: a complexidade da economia movida a dados pessoais e do ambiente digital; 3.1. Modificações decorrentes da economia movida a dados e do ambiente digital: surgimento de novas e mais intensas formas de manipulação; 3.2. Riscos ao livre pensamento; 3.3. Manipulação pela tecnologia – 4. Riscos à privacidade mental e ao livre pensamento: o direito ao livre pensamento como resposta; 4.1. Mercados de consciências; 4.2. Explorando a última fronteira da mente: a supressão do livre pensamento pela neurotecnologia; 4.3. Rumo à construção dos novos direitos da mente, incluindo o livre pensamento – 5. Considerações finais – 6. Referências.

1. CONSIDERAÇÕES INICIAIS

O cérebro humano costuma ser visto como a última fronteira da privacidade, diante da crença de que nossos pensamentos e emoções estão a salvo de qualquer tipo de escrutínio que não seja o exclusivamente pessoal. Embora a experiência histórica nos mostre a existência de várias tentativas de mapear e direcionar o pensamento humano, fato é que as ameaças anteriores não foram suficientes para abalar a ideia de que nossas mentes são espaços verdadeiramente nossos.

Entretanto, esse cenário vem sendo radicalmente alterado pelos negócios de dados e pelas tecnologias cada vez mais sofisticadas neles empregadas, aí incluídas as neurotecnologias. Progressivamente são colocadas em prática inúmeras estratégias de empresas e governos que, por meio de uma série de técnicas de manipulação, trazem evidentes riscos à privacidade mental dos indivíduos e ao livre pensamento.

Embora não seja fácil distinguir persuasão de manipulação, adota-se, para efeitos do presente artigo, a compreensão de que a segunda se diferencia da primeira na medida

---

1. A autora sente-se muito feliz e honrada por participar de obra em homenagem à Professora Maria Celina Bodin de Morais, que é uma grande inspiração para todos, especialmente para as juristas mulheres. A escolha do tema do artigo decorreu da intenção de dialogar com as conhecidas preocupações da homenageada em relação à construção de soluções que concretizem o princípio da dignidade humana.

em que visa alterar os pensamentos ou comportamentos das pessoas *com* a utilização de violência psicológica, coerção ou engano, o que não estaria presente na persuasão propriamente dita.

Consequentemente, a manipulação tem como cerne o engano deliberado ou a violência psicológica e emocional, ainda que imperceptível pelo destinatário, inclusive para o fim de possibilitar o controle sobre mentes[2]. Daí por que, ao contrário da persuasão, que pressupõe o respeito às pessoas e a tentativa de convencê-las racional ou emocionalmente por meios adequados, a manipulação baseia-se na desconsideração, no desrespeito e na desumanização dos indivíduos, buscando suprimir a sua racionalidade ou interferir de forma abusiva em suas emoções, de modo a impossibilitar uma tomada de decisão autônoma.

Se é verdade que as estratégias de manipulação acompanham a história da humanidade, não se pode negar que foram significativamente ampliadas e potencializadas no contexto do capitalismo de vigilância[3], que possibilita o uso do enorme volume de dados extraídos das pessoas – aí incluídos os dados cerebrais – para o fim de manipulá-las para os mais diversos objetivos, que vão dos comerciais aos políticos. Não é sem razão que, na atualidade, as discussões sobre a chamada lavagem cerebral (*brain washing*) têm sido resgatadas e ressignificadas, unindo-se a outras, como as relacionadas ao *brain hacking*.

Não é preciso muito esforço para concluir que tal fenômeno é manifestamente incompatível com os direitos fundamentais mais elementares, bem como com a proteção de dados pessoais. Afinal, esta se encontra alicerçada não apenas na tutela da privacidade – sobretudo se esta for vista apenas como intimidade – mas também no resguardo da autodeterminação informativa e de importantes direitos e garantias fundamentais, incluindo a dignidade, a cidadania e o próprio livre arbítrio[4].

É por essa razão que Daniel Solove[5] e Shoshana Zuboff[6] tratam da proteção de dados pessoais a partir do que denominam de "santuário", ou seja, de um espaço de refúgio inviolável ou de um núcleo essencial onde as pessoas estejam livres do controle da sociedade, inclusive para que possam deixar as máscaras e exercer suas verdadeiras identidades.

---

2. Não é objetivo do presente artigo aprofundar as discussões sobre o poder, mas é importante destacar que a formulação ora apresentada tem forte influência da proposta apresentada por Manuel Castells (CASTELLS, Manuel. *O poder da comunicação*. Tradução Vera Lucia Joyceline. Rio de Janeiro/São Paulo: Paz e Terra, 2015).
3. Ver ZUBOFF, Shoshana. *The age of surveillance capitalism. The fight for a human future at the new frontier of power*. New York: Public Affairs, 2019.
4. Ver FRAZÃO, Ana. Fundamentos da proteção dos dados pessoais – Noções introdutórias para a compreensão da importância da Lei Geral de Proteção de dados. In: TEPEDINO, Gustavo; FRAZÃO, Ana e OLIVA, Milena Donato. (Org.). *Lei Geral de Proteção de Dados Pessoais e suas repercussões no Direito Brasileiro*. São Paulo: Thomson Reuters – Ed. RT, 2019. v. 1. pp. 23-52, e FRAZÃO, Ana. Objetivos e alcance da Lei Geral de Proteção de Dados. In: Gustavo Tepedino, Ana Frazão, Milena Donato Oliva. (Org.). *Lei Geral de Proteção de Dados Pessoais e suas repercussões no Direito Brasileiro*. São Paulo: Thomson Reuters – Ed. RT, 2019. pp. 99-129.
5. SOLOVE, Daniel. *Understanding privacy*. Cambridge: Harvard University Press, 2008. p. 164.
6. ZUBOFF, Shoshana. Op. cit., p. 21.

Trata-se de posição convergente com a de Robert Scheer[7], que conecta esse espaço de inviolabilidade igualmente com a democracia. Daí concluir que, sem assegurar um espaço inviolável, tanto físico como mental, no qual os cidadãos possam habitar sem medo de serem observados por outros, não pode haver garantia da soberania individual.

Também não é sem motivo que a própria LGPD, já no seu art. 1º, deixa claro que os seus objetivos são os de proteger "os direitos fundamentais de liberdade e de privacidade e o livre desenvolvimento da personalidade da pessoa natural", com o que reforça o seu compromisso com a tutela da identidade e do livre pensamento.

É diante dessas preocupações que o presente artigo pretende explorar o problema da manipulação, a fim de demonstrar vários dos riscos atuais do capitalismo movido a dados e as justificativas que reforçam a necessidade de que o regime de proteção de dados esteja atento à preservação da autonomia individual, do livre desenvolvimento da personalidade e do livre pensamento.

Mais do que isso, o presente artigo buscará explorar a necessidade de se reconhecer um verdadeiro direito fundamental à livre formação do pensamento[8], do qual decorre o direito de ser protegido contra manipulações indevidas que comprometam a autonomia individual.

2. COMUNICAÇÃO E PROPAGANDA DE MASSA: QUANDO A PERSUASÃO SE TRANSFORMA EM MANIPULAÇÃO

2.1. Poder da comunicação de massa

Como se adiantou na introdução, o problema da manipulação acompanha a história da humanidade. Entretanto, o advento dos meios de comunicação de massa no século XX pode ser visto como um divisor de águas para a compreensão da questão, na medida em que mostrou não apenas a maior facilidade de divulgar conteúdos para um grande número de pessoas, como também o poder que resulta dessa capacidade.

Daí a importância do controle da informação e das diversas formas pelas quais se pode exercer poder informacional, tais como a definição das pautas dos assuntos considerados relevantes (*agenda setting*), a omissão dos assuntos inconvenientes e a "moldura" das informações que seriam transmitidas ao grande público (*framing*).

Muitas dessas estratégias, que em boa parte não são nem mesmo identificadas pelos destinatários das informações, são implementadas em razão dos interesses políticos e

---

7. SCHEER, Robert. *They know everything about you. How data-collecting corporations and snooping governments are destroying democracy*. New York: Nation Books, 2015, p. ix.
8. É o que sustentam vários autores, como Susie Alegre (ALEGRE, Susie. *Freedom do think. Protecting a fundamental human right in the digital age*. London: Atlantic Books, 2022) e Nita Farahany (FARAHANY, Nita. *The Battle for Your Brain. Defending the Right to Think Freely in the Age of Neurotechnology*. St. Martin's Press, 2023). No Brasil, Bruno Koga, em sua recente tese de doutorado (KOGA, Bruno Yudi Soares. Tecnologias Persuasivas e o direito fundamental à livre tomada de decisão. Tese de Doutorado defendida perante o IDP em julho de 2023), faz tal proposta diretamente.

econômicos daqueles que controlam os veículos de comunicação, sem qualquer comprometimento com a criação de uma esfera pública plural e informada por padrões que busquem atingir graus mínimos de transparência e fidedignidade.

Daí o enorme potencial de que os titulares dos meios de comunicação em massa influenciem ou mesmo manipulem a formação da convicção dos indivíduos, o que suscita diversas preocupações[9], tais como a necessidade de se assegurar transparência à comunicação – a fim de que o destinatário possa diferenciar o que é notícia do que é propaganda, por exemplo – e de se estabelecer critérios claros para diferenciar a persuasão – que, a princípio, seria lícita – da manipulação.

Não é mera coincidência que, no século XX, as elites econômicas e políticas tenham se organizado para assumir a propriedade dos grandes meios de comunicação de massa, a fim de direcionar muito das suas estratégias de dominação para a persuasão ou manipulação da opinião pública ou o que Herman e Chomsky[10] chamam de fabricação do consenso.

Aliás, como nos ensina Manuel Castells[11], a capacidade de moldar a mente humana e a forma como sentimos e pensamos é o fator que determina como agimos individual e coletivamente. Consequentemente, é fundamental compreender quem detém o controle da informação e da comunicação e pode "fabricar" ideologias e consensos[12].

Nesse contexto, a propaganda passou a ganhar um grande protagonismo, tanto para fins comerciais, como também para propósitos políticos. Em muitos casos, criou-se verdadeira simbiose entre a indústria da informação e a indústria da propaganda, já que a primeira é alimentada pela segunda e não raro precisa atender aos interesses desta.

Com efeito, sob diversas perspectivas, a própria indústria da informação pode se tornar sub-repticiamente uma forma de indústria de propaganda, especialmente quando não há controles editoriais sérios nem transparência sobre os reais interesses que movem determinados veículos de comunicação. Outro fator que pode produzir tais resultados é a ausência de rivalidade que possibilite uma competição pela melhor notícia e viabilize certa representatividade às diversas correntes de pensamento que existam em uma determinada sociedade.

Não surpreende que, sob essa perspectiva, vários dos conflitos sociais passaram a assumir, a partir do século XX, as vestes de uma verdadeira guerra cultural, problema que é magistralmente exposto por Chomsky[13] e por Joseph Stiglitz[14], ao apontarem como a comunicação social se tornou verdadeira arma para conformar a opinião pública.

---

9. Ver, sobre o tema, no Brasil BANDEIRA, Olivia; MENDES, Gyssele; PASTI, André. *Quem controla a mídia? Dos velhos oligopólios aos monopólios digitais*. São Paulo: Veneta, 2023.
10. HERMAN, Edward; CHOMSKY, Noam. *Manufacturing consent. The political economy of mass media*. New York: Pantheon, 2002.
11. Idem.
12. Esse é um dos temas centrais da obra de Chomsky. (CHOMSKY, Noam. *Requiem para o sonho americano. Os dez princípios de concentração de riqueza e poder*. Rio: Bertrand Brasil, 2017).
13. Op. cit.
14. STIGLITZ, Joseph. *O preço da desigualdade*. Tradução de Dinis Pires. Lisboa: Bertrand, 2013.

Ocorre que, não raro, as estratégias utilizadas nessa batalha são facilmente enquadradas em manipulação, na medida em que alicerçadas em recursos baseados no engano, na fraude ou na violência. Assim, observa-se que o problema da diferenciação entre persuasão e manipulação não é propriamente novo, já se apresentando com bastante intensidade mesmo no século XX.

2.2. Efeitos da propaganda, especialmente a de cunho político: quando se cruza o limite da persuasão para adentrar no terreno da manipulação

O fato de a propaganda tornar-se a "alma do negócio" obviamente não fica confinado à esfera comercial, adentrando igualmente nas bases de estruturação da política. Veja-se, por exemplo, que uma das grandes razões do sucesso do nazismo foi a utilização de eficiente propaganda, a fim de manipular os cidadãos alemães no sentido de que podiam e deviam confiar no *Führer*.

Poucos autores exploraram tão bem a temática como Hannah Arendt na sua seminal obra *As Origens do Totalitarismo*[15], na qual mostra como a propaganda nazista foi utilizada para neutralizar o pensamento analítico e político autônomo por parte dos cidadãos, a fim de que apenas a visão do líder passasse a importar. Daí a utilização de estratégias como (i) a desconsideração da verdade, já que qualquer evidência fática que contrariasse a visão do líder era considerada inimiga e, portanto, incorreta, (ii) a negação da história, que passou a ser distorcida para "caber" na ideologia do líder e (iii) a propagação de mentiras ou narrativas falsas.

A estratégia de se recorrer a mentiras, especialmente quando estas despertam sentimentos como o medo, a raiva e o ódio, faz com que a propaganda leve as pessoas a estados mentais extremos, o que é potencializado com o recurso a técnicas de terror e violência, muitas vezes necessárias para que determinadas narrativas deixem de ser "contos" e passem a ser "realidade pública", por mais absurdas que sejam.

Ocorre aí o que Arendt[16] considera o objetivo final de todas as estratégias e técnicas de propaganda e manipulação de massas: reforçar o isolamento das pessoas e suprimir o pensamento livre, a espontaneidade e a capacidade individual de fazer escolhas, refletir sobre as consequências dessas escolhas e poder mudar de opinião. Somente assim os cidadãos verdadeiramente deixariam de ter controle sobre suas vidas e se tornariam instrumentos de obediência ao líder, ainda que este as estivesse conduzindo para o genocídio e a barbárie.

É por essa razão que Arendt[17] conclui não ser possível qualquer discussão razoável com as pessoas que passaram por esse tipo de "doutrinação", já que elas foram desprovidas da sua própria individualidade, da sua consciência e da sua capacidade crítica. Nesse

---

15. ARENDT, Hannah. *Origens do totalitarismo: Antissemitismo, imperialismo, totalitarismo*. Tradução de Roberto Raposo. São Paulo: Companhia das Letras, 2013.
16. Op. cit.
17. Op. cit.

estágio, as pessoas simplesmente deixam de ter o direito e a responsabilidade para tomar decisões informadas e mesmo para avaliar suas ações.

Daí por que, com base nas definições adotadas no presente artigo, tais estratégias são claramente de manipulação e não de persuasão, razão pela qual são consideradas ilícitas e violadoras dos direitos fundamentais básicos dos destinatários.

2.3. Primeiros delineamentos das repercussões da propaganda e da manipulação para o livre pensamento

Como se observou nas seções anteriores, já no século XX ficou claro que, se realmente há uma preocupação legítima com a identidade pessoal e com o livre pensamento, é fundamental entender como as pessoas são informadas e em que medida os agentes informadores respeitam ou não os seus direitos fundamentais mais elementares ou se, pelo contrário, estão dispostos a enganá-las ou subjugá-las.

Com efeito, é preciso compreender que, para exercerem suas identidades, as pessoas precisam de um certo "pacote" de direitos, dentre os quais se incluem o acesso à informação fidedigna e a proteção contra tentativas abusivas de manipulação. Daí porque o controle, a distribuição e o acesso à informação são elementos centrais para o exercício do livre pensamento, já que a manipulação da informação pode comprometer, por si só, a autonomia dos indivíduos.

A experiência do século XX mostra claramente que o problema da manipulação já se desenhava no período com bastante intensidade. Entretanto, com o advento do século XXI e da economia movida a dados, os riscos foram consideravelmente ampliados e potencializados, sobretudo em razão das novas estratégias de manipulação e propaganda personalizadas e, consequentemente, muito mais agressivas e eficientes, como se verá na próxima seção.

3. CONTROLE INFORMACIONAL E PROPAGANDA NO SÉCULO XXI: A COMPLEXIDADE DA ECONOMIA MOVIDA A DADOS PESSOAIS E DO AMBIENTE DIGITAL

3.1. Modificações decorrentes da economia movida a dados e do ambiente digital: surgimento de novas e mais intensas formas de manipulação

A internet, as mídias digitais e as grandes plataformas trouxeram grandes modificações ao fluxo informacional, propiciando novas e mais eficientes formas de manipulação. A comunicação de massa, que antes era concentrada nos grandes veículos de mídia tradicional, passou a ser fragmentada e pulverizada e, mais do que isso, customizada e individualizada. As facilidades de comunicação também possibilitaram que cada cidadão deixasse de ser mero receptor ou consumidor de conteúdos e se tornasse também gerador de informação.

O extremo conhecimento que agentes econômicos e políticos têm dos indivíduos a partir dos seus dados pessoais possibilita uma série de classificações e perfilizações a partir das quais se viabiliza o microdirecionamento de conteúdos de qualquer espécie, seja comercial, seja político, seja de notícias, ainda quando estas sejam falsas ou meros disfarces de pura propaganda comercial ou política. Muitas dessas estratégias de abordagens individuais se aproveitam das vulnerabilidades e fragilidades dos destinatários, muitas vezes os induzindo a estados mentais extremos, estimulando o vício na conectividade ou explorando suas fraquezas ou mesmo o seu subconsciente.

Tais riscos se potencializam com o fato de que, ao contrário da mídia tradicional, o fluxo informacional digital é caótico e de certa forma anárquico, sem qualquer preocupação com controles editoriais ou com a qualidade ou veracidade das informações divulgadas. Tem-se aqui uma diferença marcante com a mídia tradicional que, por mais que possa também ser veículo de manipulação, sempre teve possibilidades mais limitadas para implementar esse projeto, em razão da observância de determinados padrões de profissionalismo e cuidado.

Acresce que, como a mídia tradicional é pública, no sentido de ser dirigida indistintamente a todos, acaba sendo submetida a considerável *accountability* social, pois se expõe diante de todos, a partir de um conteúdo unificado e rastreável, o que facilita cobranças e imputações de responsabilidade pela sociedade e pelas autoridades governamentais.

Já o ambiente digital possibilita uma série de fluxos informacionais personalizados, momentâneos e nem sempre rastreáveis, o que faz com que não seja possível, em muitos casos, identificar nem os conteúdos que cada pessoa está recebendo nem as razões pelas quais ela está os está recebendo. Tal ambiente dificulta consideravelmente não só a compreensão do ambiente informacional, como também tentativas de controle, inclusive por parte das autoridades.

Outra característica do ambiente informacional digital é que este acabou sendo estruturado de forma anárquica, o que possibilitou a ação cada vez mais intensa e constante de agentes interessados em explorar a desinformação e a mentira, bem como em distorcer o próprio espaço público, por meio de diversas táticas, incluindo robôs, contas e perfis falsos, que se travestem de pessoas e se utilizam de técnicas manipulatórias para, por meio de simulações de interações naturais, criar distorções no fluxo comunicativo e as chamadas "bolhas" informacionais.

A participação de robôs e perfis falsos nas discussões públicas, sem a devida transparência, propicia um debate público completamente distorcido, sem que se saiba quem efetivamente participa e a que interesses serve. Com isso, impede-se a diferenciação entre o que é a interação espontânea das pessoas e o que resulta da manipulação do ambiente informacional.

Estabelece-se, portanto, terreno fértil para um verdadeiro caos informacional, já que não se consegue mais distinguir o que é interação espontânea de interação artificial, o que é notícia do que é opinião, o que é opinião desinteressada do que é opinião interessada, o que é conteúdo pago do que não é.

Por meio de uma série de atores com grande protagonismo no meio digital – alguns agindo na sombra e outros sob os holofotes, como é o caso dos *influencers* – pode-se manipular o fluxo informacional de distintas maneiras, inclusive para o fim de construir artificialmente reputações na esfera comercial e política, destruir a credibilidade e a honra de pessoas, comprar "curtidas" e comentários, fraudar *rankings*, dentre outras estratégias. O resultado é o surgimento de um verdadeiro "vale-tudo" informacional, que é implementado sem qualquer limite ou pudor[18].

O lado mais preocupante do cenário descrito é que a crescente distorção e artificialização da esfera pública no ambiente digital tem se mostrado bastante eficiente para pautar a discussão pública e moldar crenças e opiniões das pessoas. O problema se agrava diante da indústria da desinformação, das milícias digitais e de tantos outros fenômenos que manipulam a opinião pública, gerando grande desordem informativa e acentuada polarização.

É aí que se destaca o problema das chamadas *fake news* ou desinformação. Embora a mentira também sempre tenha sido presente na história da humanidade, o ambiente digital possibilita uma propagação rápida, eficiente e sem controle de conteúdos claramente falsos. Mais do que isso, o meio digital viabiliza, a partir da arquitetura e dos modelos de monetização das plataformas digitais[19], a ação de verdadeira indústria da desinformação e da mentira, que se potencializa por meio do microdirecionamento.

Obviamente que, ao se falar no problema das *fake news*, não se está a defender visões absolutas do que é verdadeiro ou falso nem se está a negar que há situações nas quais pode haver dúvida razoável a respeito do que é verdadeiro, nas quais se deveria priorizar a liberdade de expressão. O que se está a apontar é que, em muitos casos, a indústria da desinformação trabalha com conteúdos claramente falsos, divulgados dolosamente a partir de robôs e contas inautênticas, em relação aos quais jamais se poderia cogitar de qualquer liberdade de expressão[20].

Como bem adverte Max Fisher[21], a discussão sobre o fluxo informacional nas plataformas digitais não diz respeito propriamente ao suposto ônus que tais agentes teriam de arbitrar a verdade – e as dificuldades ou mesmo impossibilidade de se fazer isso – nem propriamente à liberdade de expressão. A discussão tem a ver com algoritmos

---

18. FRAZÃO, Ana. Mercado de reputações. O marketing 4.0 e o vale-tudo para construir artificialmente reputações. *Jota*. https://www.jota.info/opiniao-e-analise/colunas/constituicao-empresa-e-mercado/mercado-de-reputacao-14092022.
19. FRAZÃO, Ana. A delicada questão da monetização dos negócios de divulgação de conteúdos. O papel dos sistemas de monetização em criar incentivos para ilícitos. *Jota*. https://www.jota.info/opiniao-e-analise/colunas/constituicao-empresa-e-mercado/a-delicada-questao-da-monetizacao-dos-negocios-de-divulgacao-de-conteudos-16122020.
20. FRAZÃO, Ana. Regulação de conteúdos em plataformas digitais. Não invoquemos a liberdade de expressão em vão. *Jota*. https://www.jota.info/opiniao-e-analise/colunas/constituicao-empresa-e-mercado/regulacao--de-conteudos-em-plataformas-digitais-22032023.
21. FISHER, Max. *A máquina do caos. Como as redes sociais reprogramaram a nossa mente e nosso mundo*. Tradução Érico Assis. São Paulo: Todavia, 2023, pp. 322-323.

que possibilitam e facilitam que agentes mal-intencionados potencializem o ecossistema informacional para divulgar suas mentiras e fabricar a aparência de consenso popular.

É diante dessas características que se observa que, mais do que propriamente uma ausência de hierarquia no fluxo informacional – o que já seria preocupante – o meio digital vem possibilitando uma verdadeira inversão de hierarquias. É precisamente essa a tese de Letícia Cesarino[22], ao mostrar que a arquitetura das plataformas digitais possibilita que conteúdos falsos ou extremistas que, no mundo real, são periféricos, consigam ocupar, no meio digital, o centro do debate público.

3.2. Riscos ao livre pensamento

É inequívoco as mudanças apontadas anteriormente trazem repercussões evidentes para a sociedade, a economia e a política. A partir do momento em que não se tem como separar o que é plausivelmente verdadeiro do que é claramente falso, deixa de haver um conjunto compartilhado de fatos sobre o qual as pessoas deveriam formar suas opiniões.

Esse ecossistema, como é intuitivo, pode comprometer, portanto, a esfera coletiva e política, assim como o próprio projeto democrático. Em primeiro lugar, porque é cada vez mais fácil manipular eleitores, especialmente os indecisos[23]. Em segundo lugar, porque tem se mostrado uma das principais causas da polarização e do crescimento da extrema direita no mundo.

Dentre os exemplos que podem ser mencionados, está o caso alemão, em que mais de um terço dos grupos políticos do Facebook pode ser considerado extremista, sendo que o algoritmo da plataforma foi responsável por 64% das adesões, por meio dos seus sugestionamentos aos usuários[24]. Outro exemplo é o caso brasileiro, em relação ao qual há evidências de que foi o Youtube que atraiu usuários para o bolsonarismo e não o contrário, nos termos do que aponta Max Fisher[25]:

> "O YouTube tinha uma inclinação acentuadamente pró-Bolsonaro e deu uma guinada à direita durante um período em que os números de Bolsonaro nas pesquisas estavam fracos e estacionados. A plataforma não estava refletindo tendências do mundo. Estava criando o seu próprio mundo."

Além dos desdobramentos do problema para a democracia no plano individual, os efeitos desse novo ambiente informacional são desastrosos sobre a individualidade e o livre pensamento, já que a manipulação das pessoas se torna um objetivo fácil, eficiente e bastante lucrativo.

---

22. CESARINO, Leticia. *O Mundo do Avesso. Verdade e Política na Era Digital*. São Paulo: Ubu Editora, 2022.
23. Max Fisher (Op. cit., pp. 151-152) descreve o experimento de Robert Epstein que comprovou que a manipulação informacional, via ferramenta de buscas do Google, pode interferir em 20% das intenções de voto dos eleitores indecisos, o que sugere que as decisões secretas do Google podem ser mais eficientes do que as formas usuais de propaganda.
24. FISHER, Max, Op. cit., p. 181.
25. Op. cit., p. 358.

Com efeito, se tal problema apresenta dimensão política importantíssima, inviabilizando a própria democracia[26], também apresenta uma significativa dimensão individual, na medida em que compromete o livre arbítrio dos cidadãos, que obviamente não podem formar autonomamente seus pensamentos e convicções em um ambiente informacional tão distorcido e que lhes expõe a tantas técnicas manipulatórias.

Com efeito, o ponto mais vulnerável desse ecossistema é exatamente o destinatário final da mensagem que, além de enfrentar todos os desafios já descritos, ainda está sujeito a uma série de técnicas e iniciativas que tentam minar seus processos decisórios autônomos.

De fato, o fio condutor de várias dessas estratégias é exatamente o desrespeito ao destinatário da informação e a tentativa de instrumentalizá-lo, seja por meio da exploração de heurísticas, vieses, limitações de racionalidade, fadiga informacional e estados mentais sensíveis, seja por meio da mentira e da desinformação, seja mesmo pela subversão do seu processo decisório com base em técnicas que agem sobre o seu subconsciente.

Todas essas estratégias, que já são extremamente graves em países desenvolvidos, tornam-se ainda mais preocupantes em um país em que, como o Brasil, há grandes índices de analfabetismo – incluindo o funcional – e mesmo de ignorância sobre aspectos centrais da vida social. Assim, na ausência das proteções que derivariam do conhecimento e de uma boa educação, as possibilidades de manipulação aumentam consideravelmente.

Não é surpresa que o fluxo informacional da atualidade acabe levando muito mais à desinformação do que à informação, assim como muito mais a dissensos do que a consensos. Mesmo em relação a assuntos científicos sobre os quais as evidências são contundentes, como é o caso do aquecimento global, o novo fluxo informacional tem facilitado a expansão da desinformação ou do chamado "mercado da dúvida", que tem por finalidade criar a impressão de que tudo é controverso[27], a fim de impossibilitar qualquer tipo de consenso, até porque insufla na população o descrédito à ciência[28], à razão e à própria democracia.

Sob essa perspectiva, até mesmo assuntos científicos se tornam exclusivamente políticos ou ideológicos. É por esse motivo que Paul Krugman[29], ao fazer uma análise sobre o debate econômico norte-americano na atualidade, conclui que, nos Estados Unidos do século XXI, tudo virou político. A partir do momento em que líderes políticos começam também a fazer da mentira a sua principal estratégia de ação, cria-se

---

26. Isso já foi tratado pela autora no seguinte trabalho: FRAZÃO, Ana. Democracia na era digital: os riscos da política movida a dados. In: BRANCO, Paulo Gustavo Gonet; FONSECA et al. *Eleições e Democracia na Era Digital*. Brasília: Editora IDP, 2022.
27. Sobre o tema, é referência obrigatória a obra de Oreskes e Conway (ORESKES, Naomi; CONWAY, Eric. *Merchants of Doubt: How a Handful of Scientists Obscured the Truth on Issues from Tobacco Smoke to Climate*. Bloomsbury Publishing: 2011.
28. NICHOLS, Tom. *The Death of Expertise: The Campaign against Established Knowledge and Why it Matters*. Oxford University Press, 2018.
29. KRUGMAN, Paul. *Arguing with zombies. Economics, politics and the fight for a better future*. W.W. Norton & Company, 2020.

um ambiente favorável para o Kakutani chama de "morte da verdade" e o niilismo e o relativismo daí decorrentes[30].

Outro aspecto importante de tal processo é que somente na superfície ele pode ser visto como inclusivo, no sentido de possibilitar que todos se manifestem igualmente a respeito de todos os assuntos. O que se tem observado é que o fluxo informacional tem sido conduzido por grandes agentes políticos e econômicos, que conseguem mobilizar desde minorias raivosas até mesmo a maioria em torno dos seus interesses, mesmo que às custas da normalização do absurdo.

Daí por que as transformações ora expostas apresentam efeitos nefastos em todas as esferas da vida social. Nos termos do diagnóstico de Max Fisher[31], os algoritmos de muitas plataformas exploram a atração humana pela discórdia, manipulam a atenção dos usuários e os adestram para o ódio. Daí o potencial nefasto identificado pelo autor[32]:

"A tecnologia das redes sociais exerce uma força de atração tão poderosa na nossa psicologia e na nossa identidade, e é tão predominante na nossa vida, que transforma o jeito como pensamos, como nos comportamos uns com os outros. O efeito, multiplicado por bilhões de usuários, tem sido a transformação da própria sociedade."

De fato, como Fogg[33] procurou mapear, os computadores, que inicialmente não foram criados para persuadir, passaram a exercer essa função, razão pela qual entramos na fase das tecnologias persuasivas, assim considerados os sistemas computacionais interativos desenhados para mudar as atitudes e os pensamentos das pessoas, para os mais diferentes fins.

A questão é que tais computadores apresentam muitas vantagens tanto em relação à mídia tradicional, como em relação às tentativas de persuasão realizadas por seres humanos. Em face de características como a interatividade, persistência, possibilidade de anonimato, gerenciamento de grandes volumes de dados e muitas outras, as tecnologias persuasivas conseguem acessar os indivíduos em momentos, em lugares e em circunstâncias inacessíveis para a mídia tradicional e para os demais seres humanos[34].

É por essa razão que as estratégias de manipulação computacional personalizadas têm um poder de penetração muito maior, inclusive no que procuram neutralizar a individualidade e a capacidade crítica das pessoas ou alterar individualmente os seus estados emocionais, a fim de desestabilizá-las no momento da decisão.

Sob tais perspectivas, os riscos de desumanização já apontados por Arendt tornam-se muito maiores, com evidentes comprometimentos à individualidade, ao livre desenvolvimento da liberdade e ao livre pensamento.

---

30. KAKUTANI, Michiko. *The Death of Truth: Notes on Falsehood in the Age of Trump*. Tim Duggan Books, 2018.
31. Op. cit., pp. 19-20.
32. Op. cit., p. 21.
33. FOGG, B.J. *Persuasive Technology. Using Computers to change what we think and do*. San Francisco: Morgan Kaufmann Publishers, 2011.
34. FOGG, Op. cit., pp. 6-12.

3.3. Manipulação pela tecnologia

Além das estratégias de manipulação já mencionadas, é preciso dar destaque às chamadas *dark patterns*, que são estratégias de *design* ou arquitetura de ambientes digitais que dificultam que os usuários expressem suas reais preferências ou que os manipulam para que tomem decisões que não sejam compatíveis com suas preferências ou expectativas.

Para Luguri e Strahilevitz[35], as *dark patterns* são interfaces de interação sabidamente desenhadas para confundir os usuários, dificultando que manifestem sua verdadeira vontade ou procurando manipulá-los. Tais artifícios são tipicamente usados para explorar vieses cognitivos e limitações de racionalidade dos usuários, a fim de que adquiram bens e serviços que não querem ou revelem dados pessoais que preferiram manter em sigilo.

Como ensina Waldman[36], diversos dos vieses cognitivos dos indivíduos, como a ancoragem e o *framing*, são vastamente utilizados para manipulá-los, aos quais se acrescenta a exploração de diversas outras limitações, tais como (i) o *hyperbolic discounting*, que é a tendência de supervalorizar as consequências imediatas da decisão e subestimar as futuras, (ii) a *overchoice*, que é a sobrecarga de escolhas, o que pode paralisar consumidores; e (iii) as dificuldades diante de decisões complexas, que tendem a acionar o modo inércia, de forma a fazer com que o consumidor abra mão do processo decisório em favor da solução *default*.

É diante desse cenário que Waldman adverte para o fato de que os indivíduos não têm tomado decisões racionais e informadas no mundo *online*, diagnóstico convergente com a conclusão de Luguri e Strahilevitz[37], cujas pesquisas procuram comprovar o poder e a eficácia manipulatória das *dark patterns*.

De fato, em um dos experimentos conduzidos pelos autores, a conclusão foi a de que, ao submeter indivíduos a *dark patterns* suaves, aumenta-se em mais que o dobro a probabilidade de que contratem um serviço dúbio. Em caso de *dark patterns* agressivas, a probabilidade aumenta para quase quatro vezes.

Outras conclusões interessantes desse experimento são as de que: (i) enquanto as *dark patterns* agressivas envolvem o risco de forte retaliação por parte dos consumidores, as suaves não apresentam igual risco; e (ii) os indivíduos menos educados são significamente mais suscetíveis a *dark patterns* suaves.

Outro dos experimentos de Luguri e Strahilevitz[38] procurou identificar as *dark patterns* que são mais prováveis de produzirem um efeito *nudge*, conduzindo consumidores

---

35. LUGURI, Jamie; STRAHILEVITZ, Jacob. Shining a Light on Dark Patterns. *Journal of Legal Analysis*, Volume 13, Issue 1, 2021, Pages 43-109, https://doi.org/10.1093/jla/laaa006; https://academic.oup.com/jla/article/13/1/43/6180579
36. WALDMAN, Ari Ezra, "Cognitive Biases, Dark Patterns, and the 'Privacy Paradox'" (2020). Articles & Chapters. 1332. https://digitalcommons.nyls.edu/fac_articles_chapters/1332
37. LUGURI, Jamie; STRAHILEVITZ, Jacob. Shining a Light on Dark Patterns. *Journal of Legal Analysis*, Volume 13, Issue 1, 2021, Pages 43-109, https://doi.org/10.1093/jla/laaa006; https://academic.oup.com/jla/article/13/1/43/6180579
38. Op. cit.

a tomar decisões que não entendem ou das quais provavelmente se arrependerão: (i) as informações escondidas, (ii) as chamadas *trick questions* e (iii) as estratégias de obstrução.

Após explorarem a fundo as diversas estratégias, a conclusão fundamental a que chegam Luguri e Strahilevitz[39] impressiona: são as decisões de arquitetura – e não de preço – que efetivamente direcionam a decisão de compra dos consumidores. Trata-se de descoberta extremamente importante, pois coloca em xeque um dos pressupostos básicos da economia, ao mostrar que o ambiente digital pode diluir ou até mesmo neutralizar a importância do mecanismo de preços.

Se é verdade que, nos termos da advertência de Luguri e Strahilevitz[40], as empresas já vinham explorando e manipulando consumidores há muito tempo no mundo real, é igualmente verdade que o ambiente virtual aumentou consideravelmente as possibilidades de exploração e manipulação.

`Não é sem razão que os autores concluem que, nesse contexto, os consumidores estão à mercê das empresas e sem qualquer possibilidade de defesa, pois no mundo digital as *dark patterns* se tornaram verdadeiras armas contra eles.

4. RISCOS À PRIVACIDADE MENTAL E AO LIVRE PENSAMENTO: O DIREITO AO LIVRE PENSAMENTO COMO RESPOSTA

4.1. Mercados de consciências

Já se viu, nas considerações iniciais, que a proteção de dados pessoais está comprometida com o que Solove e Zuboff chamam de direito ao santuário, ou seja, à preservação do núcleo básico da nossa autonomia[41]. Não obstante, tais objetivos são impossíveis de serem alcançados em um contexto no qual, com velocidade espantosa, várias estratégias de manipulação individual são constantemente colocadas em prática.

Na atualidade, já se fala em mercados de atenção e em mercados de consciências como dois lados da mesma moeda[42]. Quanto mais um aplicativo consegue atrair o nosso tempo e a nossa atenção, mais dados pessoais poderá coletar e mais recursos terá para nos influenciar ou manipular ou para possibilitar que seus parceiros comerciais ou políticos o façam.

Na esfera política, assim como aconteceu na época do nazismo, líderes populistas têm também conseguido mobilizar grandes setores da sociedade a partir da oferta de um senso de pertinência que é construído artificial e sistematicamente a partir da propaganda, da desinformação e da mentira a partir da exploração das fragilidades e

---

39. Op. cit.
40. LUGURI, Jamie; STRAHILEVITZ, Jacob. Shining a Light on Dark Patterns. *Journal of Legal Analysis*, Volume 13, Issue 1, 2021, Pages 43-109, https://doi.org/10.1093/jla/laaa006; https://academic.oup.com/jla/article/13/1/43/6180579
41. Ver notas de rodapé 4 e 5.
42. WU, Tim. *The attention merchants. The epic scramble to get inside our heads*. Knopf Publishing Group, 2016.

vulnerabilidades individuais. Já na esfera do consumo, identificam-se igualmente vários problemas de manipulação de consumidores e de exploração indevida de suas características pessoais, por meio de práticas discriminatórias e abusivas.

Tudo isso acontece porque os agentes que exploram tais técnicas sabem, tal como vem sendo atestado pela psicologia comportamental, que as pessoas apresentam diversas limitações de racionalidade e são fortemente influenciadas por emoções e vieses que, como é o caso do "viés de confirmação", geram a tendência de que os indivíduos encaixem os fatos nas suas visões de mundo preestabelecidas e não propriamente os utilizem para fazer um julgamento informado[43].

Soma-se a isso pesquisas que mostram como as nossas percepções dos fatos e das evidências científicas estão intrinsecamente relacionadas aos ambientes culturais em que estamos inseridos[44], o que ajuda a explicar o fenômeno das bolhas informacionais e a razão pela qual até mesmo a compreensão dos fatos e da ciência passa a ser uma escolha valorativa, política ou ideológica.

Como afirma Frank Pasquale[45], os controladores de dados criaram um sistema desenhado não para tratar os titulares de dados decentemente, mas sim para maximizar seus lucros ou colocar a inovação acima de qualquer outro valor. Por essa razão, os dados pessoais dos cidadãos têm sido utilizados por governos e grandes *players* econômicos para a criação do *one way mirror*, possibilitando que tais agentes saibam tudo dos cidadãos, enquanto estes nada sabem dos primeiros.

No interessante livro *Os Engenheiros do Caos*, o autor Giuliano Da Empoli[46] retrata como tem sido fácil a manipulação das pessoas para fins políticos a partir de uma frase de Dominic Cummings, diretor da campanha do Brexit: "Se Victoria Woodcock, a responsável pelo software usado na campanha, tivesse sido atropelada por um ônibus, o Reino Unido teria continuado na União Europeia."

Repete-se que o que há de novo nesses processos de subversão da democracia não é propriamente a mentira, mas sim a eficácia das técnicas de manipulação e propaganda, que agora são individualizadas e atingem o seu máximo grau de eficiência, uma vez que são direcionadas para as pessoas, a partir de suas vulnerabilidades e fragilidades, para dois propósitos específicos: (i) fazer com que as decisões sejam cada vez mais baseadas em emoções extremas e desestabilizadoras e (ii) dificultar qualquer juízo racional, por meio da manipulação dos fatos e informações a partir das quais as pessoas formam suas convicções. Mais do que isso, trata-se de um sistema que erode a base da democracia,

---

43. KAHNEMAN, Daniel. *Rápido e Devagar. Duas formas de pensar*. Tradução de Cassio Leite. São Paulo: Objetiva, 2011.
44. KAHAN, Dan; JENKENS-SMITH, Hank; BRAMAN, Donald. Cultural cognition of scientific consensus. *Journal of Risk Research*, v. 14, 2011, pp. 147-174.
45. PASQUALE, Frank. *The black box society. The secret algorithms that control money and information*. Cambridge: Harvard University Press, 2015.
46. EMPOLI, Giuliano da. *Os Engenheiros do Caos*. Tradução de Arnaldo Bloch. São Paulo: Vestígio, 2019.

que envolve o respeito e o convívio com as diferenças, o que fica minado com a ideia de que os opostos devem se odiar.

Trata-se de problema tão sério que, quando Frances Haugen resolveu delatar o Facebook por entender que a empresa estava sacrificando o bem-estar das pessoas e a democracia em prol dos seus lucros, afirmou não haver outra solução para o problema senão desligar o algoritmo: "Acho que não queremos que nossos computadores decidam no que vamos focar"[47].

Entretanto, como não temos nenhuma garantia de que haverá alguma interrupção no papel crescente que os algoritmos vêm assumindo em nossas vidas, é fundamental explorar ao menos os direitos que precisam estar resguardados nesse contexto e as respectivas proteções.

4.2. Explorando a última fronteira da mente: a supressão do livre pensamento pela neurotecnologia

Para além das diversas técnicas de manipulação informacional e exploração das limitações de racionalidade e das fragilidades das pessoas, estratégias mais invasivas têm buscado comprometer ou anular o próprio livre-arbítrio das pessoas, explorando o seu subconsciente, de forma que elas nem mesmo percebam o que está acontecendo[48].

Trata-se de problema que só tende a ser agravado com o desenvolvimento cada vez mais intenso da neurotecnologia e das técnicas de mapeamento de dados cerebrais, tal como já identificado no interessante artigo jornalístico *Brain-reading tech is coming. The law is not ready to protect us*, de Sigal Samuel[49]. Nele, o autor demonstra que, na era do "neurocapitalismo", nossos pensamentos, desejos e emoções são submetidos a precisos escrutínios e mapeamentos, de forma que precisaríamos de novos direitos sobre nossos cérebros.

De fato, o contexto atual mostra o quão desatualizada está a ideia defendida por George Orwell, em seu famoso livro "1984", de que, no contexto de vigilância, a única coisa que continuaria pertencendo verdadeiramente aos cidadãos seriam os poucos centímetros cúbicos dentro de seus crânios. A ironia dos tempos presentes é que estamos correndo o risco de perder o controle até mesmo sobre esses centímetros cúbicos.

Um dos pontos sensíveis das preocupações diz respeito ao *neuromarketing*, uma vez que o acesso a dados cerebrais permite a utilização cada vez maior de recursos que atuam no subconsciente das pessoas. Daí a necessidade de regulação da propaganda na hipótese de os anúncios serem propositalmente arquitetados para ultrapassar nossas defesas racionais e os recursos que temos para discernir o que é verdadeiro daquilo que não é.

---

47. Cf. FISHER, Max, Op. cit., p. 445.
48. Ver BERMAN, Micah L. "Manipulative Marketing and the First Amendment." *Georgetown Law Journal*, v. 103, no. 3, March 2015, p. 497-546; CALO, Ryan. "Digital Market Manipulation." *George Washington Law Review*, v. 82, n. 4, August 2014, p. 995-1051.
49. https://www.vox.com/2019/8/30/20835137/facebook-zuckerberg-elon-musk-brain-mind-reading-neuroethics

Entretanto, o aspecto fundamental é reconhecer que realmente as ambições algorítmicas do Vale do Silício cresceram até o desejo do domínio da mente humana[50]. Daí por que é fundamental, nesse contexto, criar mecanismos para identificar – e proibir – a utilização maciça desse tipo de manipulação.

Para Susie Alegre[51], o problema é tão sério que já se fala, dentre outros assuntos, em neuropolítica, que se baseia em estudos acadêmicos que permitem concluir que intenções de voto e filiações políticas podem ser previstas baseadas nas respostas físicas do cérebro e de outras partes do corpo antes mesmo de as pessoas saberem por si mesmas.

Daí a verdadeira corrida tecnológica para a leitura de mentes[52]. Sobre o tema, Max Fisher[53] adverte para o fato de que o Laboratório de Tecnologias Persuasivas de Stanford, onde acadêmicos e engenheiros desenvolvem parcerias para criar vícios máximos nas pessoas, foi renomeado como Laboratório de Design de Comportamento.

Como bem identificou Susan Alegre[54], com base no entendimento de Yuval Harari, o problema de combinar biologia, neurociência e poder computacional é a existência de um enorme poder para "hackear" as pessoas, ou seja, para predizer suas escolhas, entendem seus sentimentos e manipulá-las. Daí a autora mencionar a conclusão de Harari no sentido de que, se você pode "hackear" a mente humana, também pode substituí-la.

É por essas razões que Susie Alegre[55] defende a necessidade de uma regulação específica para proteger a nossa autonomia mental diante de tecnologias que pretendem ler nossos cérebros e decifrar nossas emoções.

Tais esforços precisam estar conectados aos aportes da neurociência e também da psicologia, diante do fato de que, como conclui Brett Horvath[56], a própria cognição está se transformando em uma arma. Essa interessante afirmação consta do relatório *The Psychology of (Dis)information: A Primer on Key Psychological Mechanisms*, dos pesquisadores Heather Wolters, Kasey Stricklin, Neil Carey e Megan K. McBride, cujo objetivo é mostrar que, para além das soluções políticas e tecnológicas, não há como resolver o problema da desinformação sem endereçar diretamente os aspectos psicológicos envolvidos.

É esse o contexto que nos leva a pensar seriamente no direito ao livre pensamento no contexto de um pacote de direitos que busque preservar a mente humana e os demais aspectos relacionados à individualidade.

---

50. FISHER, Max, Op. cit., p. 165.
51. ALEGRE, Susie. *Freedom do think. Protecting a fundamental human right in the digital age*. London: Atlantic Books, 2022, p. 158.
52. Op. cit., pp. 258-259.
53. Op. cit., p. 349.
54. Op. cit., p. 297.
55. Op. cit., pp. 307-313.
56. The Psychology of (Dis)information: A Primer on Key Psychological Mechanisms Heather Wolters, Kasey Stricklin, Neil Carey, and Megan K. McBride. https://www.cna.org/reports/2021/10/The%20Psychology-of--%28Dis%29information-APrimer-on-Key-Psychological-Mechanisms.pdf.

4.3. Rumo à construção dos novos direitos da mente, incluindo o livre pensamento

Ao descrever minuciosamente as diversas formas pelas quais as tecnologias persuasivas podem agir, Fogg[57] propõe uma pergunta crucial: a persuasão pode ser antiética? E a sua resposta é: claro que sim. Tal risco se potencializa quando é inequívoco que a tecnologia pode mascarar seu intento persuasivo, explorar a reputação positiva dos computadores, ser proativamente persistente, controlar as possibilidades interativas e afetar as emoções dos indivíduos[58].

Para Fogg[59], o engano e a coerção seriam sempre métodos antiéticos, assim como abusar de grupos vulneráveis que precisariam de especial proteção. Daí a necessidade de avançarmos nas salvaguardas que a autonomia individual e o livre pensamento precisam ter. Como defende Nita Farahani, precisamos pensar em como recobrar e manter o nosso direito de pensar livremente[60].

Não sem razão hoje já se fala na necessidade dos "direitos da mente" (*neurorights* ou *jurisprudence of the mind*), tal como já vem sendo buscado por iniciativas de alguns países, como o Chile, ou de algumas organizações internacionais, como a OCDE, de quem se espera em breve orientações para a utilização de dados cerebrais.

Para Marcello Ienca[61], pesquisador do ETH de Zurique, diante dos riscos da comercialização de dados cerebrais, deve-se pensar em pelo menos quatro direitos específicos para a neurotecnologia:

(I) Direito à liberdade cognitiva, que envolve o direito de optar pelo uso ou não da neurotecnologia;

(II) Direito à privacidade mental, que requer a preservação da intimidade da mente, com importantes desdobramentos sobre garantias constitucionais centrais, tais como o direito ao silêncio e o direito de não se autoincriminar;

(III) Direito à integridade mental, segundo o qual ninguém pode ser prejudicado física ou psicologicamente pela neurotecnologia, de modo que se deve evitar qualquer forma de manipulação da mente e, com maior razão, novas modalidades de lavagem cerebral, o que seria extremamente perigoso se utilizado por interessados em propagar doutrinas religiosas, políticas e terroristas, bem como para casos de *neuromarketing*. O direito à integridade mental também tem importante desdobramento sobre a segurança dos dados cerebrais, a fim de evitar que sejam hackeados ou sequestrados;

(IV) Direito à continuidade psicológica, que diz respeito ao direito de ser protegido contra alterações do seu senso de identidade, como a que ocorreria caso a empresa que implantou determinado aparelho no cérebro de alguém, que com ele desenvolveu verdadeira relação de simbiose, falisse e tivesse que remover o equipamento, caso em que haveria uma perda de identidade por parte do usuário.

---

57. Op. cit., p. 212.
58. FOGG, Op. cit., pp. 213-220.
59. FOGG, Op. cit., pp. 223-230.
60. FARAHANY, Nita. *The Battle for Your Brain. Defending the Right to Think Freely in the Age of Neurotechnology*. St. Martin's Press, 2023.
61. Citado na já mencionada reportagem de Sigal Samuel. https://www.vox.com/2019/8/30/20835137/facebook--zuckerberg-elon-musk-brain-mind-reading-neuroethics

Para Susie Alegre[62], o direito ao livre pensamento, que é pedra de toque para todos os demais direitos, envolveria pelo menos três importantes desdobramentos: (i) a habilidade para manter nossos pensamentos privados, (ii) a liberdade contra a manipulação de pensamentos, e (iii) a garantia de que ninguém pode ser apenado apenas por seus pensamentos.

Verdade seja dita que, se bem aplicada, a LGPD já nos confere instrumental para a referida proteção, até porque se baseia também nos princípios da autodeterminação informativa, dignidade da pessoa humana e livre desenvolvimento da personalidade.

Para muitos, entretanto, deveria haver uma regulação mais específica, notadamente da utilização da inteligência artificial nesses casos. Não obstante, é importante lembrar que as discussões ora postas dialogam com os direitos fundamentais dos mais relevantes, razão pela qual já há base jurídica suficiente para avançar nos desenvolvimentos ora propostos.

É urgente que consigamos encontrar respostas para a proteção daquilo que é mais sagrado ao ser humano: o seu pensamento e a sua própria individualidade. Por mais que uma boa educação e o desenvolvimento da cidadania digital possam auxiliar neste propósito, tal objetivo dificilmente será alcançado sem uma resposta adequada e eficiente por parte do ordenamento jurídico.

5. CONSIDERAÇÕES FINAIS

Como se procurou demonstrar ao longo do presente artigo, as pessoas precisam, para que possam exercer suas identidades e o livre pensamento, de um "pacote" básico de direitos, dentre os quais se incluem o acesso à informação fidedigna e a proteção contra tentativas abusivas de manipulação.

Diante de ameaças até então nunca vistas aos nossos direitos de privacidade mental, é urgente entender melhor como funcionam as tecnologias manipulatórias e encontrar mecanismos eficientes para se resguardar o nosso santuário individual, nos termos das expressões de Zuboff e Solove[63].

A utilização maciça e abusiva de dados, a manipulação e artificialização do fluxo informacional, o microdirecionamento de conteúdos e as tecnologias persuasivas, notadamente as neutotecnologias, vêm impedindo ou dificultando que as pessoas exerçam livremente suas manifestações e seus processos de escolha. Seja pela privação do acesso aos fatos verdadeiros e às informações relevantes para uma decisão racional, seja pela deflagração de estados emocionais extremos que levam as pessoas à exaustão, ao desespero e ao ódio incontido, seja pelo indevido poder de manipulação de alguns agentes, cada vez mais é possível que haja verdadeiro controle sobre as mentes dos indivíduos.

---

62. Op. cit., pp. xvi-xvii.
63. Ver notas de rodapé 6 e 7.

Apesar da aparência de fragmentação e pulverização do fluxo informacional na internet, o artigo procurou demonstrar que privilegiados atores econômicos e políticos têm meios de assegurar considerável controle sobre o fluxo informacional, exercendo o poder da comunicação de forma extremamente invasiva na vida das pessoas, inclusive a ponto de influenciar ou mesmo manipular resultados de importantes processos eleitorais.

É diante dessas preocupações que o presente artigo pretendeu explorar o problema da manipulação, a fim de diferenciá-la da persuasão, bem como de demonstrar vários dos riscos atuais do capitalismo movido a dados e as justificativas que reforçam a necessidade de que o regime de proteção de dados esteja atento à preservação da autonomia individual, do livre desenvolvimento da personalidade e do livre pensamento.

Mais do que isso, o presente artigo buscou demonstrar a necessidade de se reconhecer um verdadeiro direito fundamental à livre formação do pensamento, convidando legisladores, doutrinadores e juízes a refletirem seriamente sobre os instrumentos jurídicos existentes que já podem ser utilizados para a sua proteção, bem como sobre eventual necessidade de legislação complementar para que tal tutela seja realmente efetiva.

6. REFERÊNCIAS

ALEGRE, Susie. *Freedom do think. Protecting a fundamental human right in the digital age*. London: Atlantic Books, 2022.

ARENDT, Hannah. *Origens do totalitarismo*: antissemitismo, imperialismo, totalitarismo. Tradução de Roberto Raposo. São Paulo: Companhia das Letras, 2013.

BANDEIRA, Olivia; MENDES, Gysselle; PASTI, André. *Quem controla a mídia? Dos velhos oligopólios aos monopólios digitais*. São Paulo: Veneta, 2023.

BERMAN, Micah L. "Manipulative Marketing and the First Amendment." *Georgetown Law Journal*, v. 103, n. 3, p. 497-546, March 2015.

CALO, Ryan. "Digital Market Manipulation." *George Washington Law Review*, v. 82, n. 4, p. 995-1051, August 2014.

CASTELLS, Manuel. *O poder da comunicação*. Trad. Vera Lucia Joyceline. Rio de Janeiro/São Paulo: Paz e Terra, 2015.

CESARINO, Leticia. *O Mundo do Avesso. Verdade e Política na Era Digital*. São Paulo: Ubu Editora, 2022.

CHOMSKY, Noam. *Requiem para o sonho americano. Os dez princípios de concentração de riqueza e poder*. Rio: Bertrand Brasil, 2017.

EMPOLI, Giuliano da. *Os Engenheiros do Caos*. Tradução de Arnaldo Bloch. São Paulo: Vestígio, 2019.

FARAHANY, Nita. *The Battle for Your Brain. Defending the Right to Think Freely in the Age of Neurotechnology*. St. Martin's Press, 2023.

FISHER, Max. *A máquina do caos. Como as redes sociais reprogramaram a nossa mente e nosso mundo*. Tradução Érico Assis. São Paulo: Todavia, 2023.

FOGG, B.J. *Persuasive Technology. Using Computers to change what we think and do*. São Francisco: Morgan Kaufmann Publishers, 2011.

FRAZÃO, Ana. Fundamentos da proteção dos dados pessoais: noções introdutórias para a compreensão da importância da Lei Geral de Proteção de dados. In: Gustavo Tepedino, Ana Frazão e Milena Donato Oliva. (Org.). *Lei Geral de Proteção de Dados Pessoais e suas repercussões no Direito Brasileiro*. São Paulo: Thomson Reuters – Revista dos Tribunais, 2019. v. 1, pp. 23-52.

FRAZÃO, Ana. Objetivos e alcance da Lei Geral de Proteção de Dados. In: Gustavo Tepedino, Ana Frazão, Milena Donato Oliva. (Org.). *Lei Geral de Proteção de Dados Pessoais e suas repercussões no Direito Brasileiro*. São Paulo: Thomson Reuters – Revista dos Tribunais, 2019, pp. 99-129.

FRAZÃO, Ana. Mercado de reputações. O marketing 4.0 e o vale-tudo para construir artificialmente reputações. *Jota*. https://www.jota.info/opiniao-e-analise/colunas/constituicao-empresa-e-mercado/mercado-de-reputacao-14092022.

FRAZÃO, Ana. A delicada questão da monetização dos negócios de divulgação de conteúdos. O papel dos sistemas de monetização em criar incentivos para ilícitos. *Jota*. https://www.jota.info/opiniao-e-analise/colunas/constituicao-empresa-e-mercado/a-delicada-questao-da-monetizacao-dos-negocios-de-divulgacao-de-conteudos-16122020.

FRAZÃO, Ana. Democracia na era digital: os riscos da política movida a dados. In: BRANCO, Paulo Gustavo Gonet; FONSECA et al. *Eleições e Democracia na Era Digital*. Brasília: Editora IDP, 2022.

FRAZÃO, Ana. Regulação de conteúdos em plataformas digitais. Não invoquemos a liberdade de expressão em vão. *Jota*. https://www.jota.info/opiniao-e-analise/colunas/constituicao-empresa-e-mercado/regulacao-de-conteudos-em-plataformas-digitais-22032023.

HERMAN, Edward; CHOMSKY, Noam. *Manufacturing consent. The political economy of mass media*. New York: Pantheon, 2002.

KAHAN, Dan; JENKENS-SMITH, Hank; BRAMAN, Donald. Cultural cognition of scientific consensus. *Journal of Risk Research*, v. 14, 2011, pp. 147-174.

KAHNEMAN, Daniel. *Rápido e Devagar. Duas formas de pensar*. Tradução de Cassio Leite. São Paulo: Objetiva, 2011.

KAKUTANI, Michiko. *The Death of Truth: Notes on Falsehood in the Age of Trump*. Tim Duggan Books, 2018.

KOGA, Bruno Yudi Soares. *Tecnologias Persuasivas e o direito fundamental à livre tomada de decisão*. Tese de Doutorado defendida perante o IDP em julho de 2023.

KRUGMAN, Paul. *Arguing with zombies. Economics, politics and the fight for a better future*. W.W. Norton & Company, 2020.

LUGURI, Jamie; STRAHILEVITZ, Jacob. Shining a Light on Dark Patterns. *Journal of Legal Analysis*, Volume 13, Issue 1, 2021, Pages 43-109, https://doi.org/10.1093/jla/laaa006; https://academic.oup.com/jla/article/13/1/43/6180579

NICHOLS, Tom. *The Death of Expertise: The Campaign against Established Knowledge and Why it Matters*. Oxford University Press, 2018.

ORESKES, Naomi; CONWAY, Eric. *Merchants of Doubt: How a Handful of Scientists Obscured the Truth on Issues from Tobacco Smoke to Climate*. Bloomsbury Publishing: 2011.

PASQUALE, Frank. *The black box society. The secret algorithms that control money and information*. Cambridge: Harvard University Press, 2015.

SAMUEL, Sigal. *Brain-reading tech is coming. The law is not ready to protect us*. https://www.vox.com/2019/8/30/20835137/facebook-zuckerberg-elon-musk-brain-mind-reading-neuroethics. Acesso em 20.02.2023.

SCHEER, Robert. *They know everything about you. How data-collecting corporations and snooping governments are destroying democracy*. New York: Nation Books, 2015.

SOLOVE, Daniel. *Understanding privacy*. Cambridge: Harvard University Press, 2008.

STIGLITZ, Joseph. *O preço da desigualdade*. Tradução de Dinis Pires. Lisboa: Bertrand, 2013.

WOLTERS, Heather; STRICKLIN, Kasey; CAREY, Neil; MCBRIDE, Megan K. The Psychology of (Dis)information: A Primer on Key Psychological Mechanisms. https://www.cna.org/reports/2021/10/The%20Psychology-of-%28Dis%29information-APrimer-on-Key-Psychological-Mechanisms.pdf

WALDMAN, Ari Ezra, "Cognitive Biases, Dark Patterns, and the 'Privacy Paradox'" (2020). Articles & Chapters. 1332. https://digitalcommons.nyls.edu/fac_articles_chapters/1332

WU, Tim. *The attention merchants. The epic scramble to get inside our heads.* Knopf Publishing Group, 2016.

ZUBOFF, Shoshana. *The age of surveillance capitalism. The fight for a human future at the new frontier of power.* New York: Public Affairs, 2019.

MODERAÇÃO DE CONTEÚDO E RESPONSABILIDADE CIVIL EM PLATAFORMAS DIGITAIS: UM OLHAR SOBRE AS EXPERIÊNCIAS BRASILEIRA, ESTADUNIDENSE E EUROPEIA

Chiara Spadaccini de Teffé

Doutora e Mestre em Direito Civil pela Universidade do Estado do Rio de Janeiro (UERJ). Graduada em Direito pela UFRJ. Atualmente, é coordenadora de pesquisa e publicações da pós-graduação em Direito Digital do Instituto de Tecnologia e Sociedade do Rio (ITS) em parceria com a UERJ/CEPED. É professora de Direito Civil na Faculdade de Direito do IBMEC Rio. Leciona como convidada em cursos específicos de pós-graduação e extensão do CEPED-UERJ, da PUC-Rio, da EMERJ e do ITS Rio. Advogada.

Carlos Affonso Souza

Professor da Universidade do Estado do Rio de Janeiro (UERJ) e da Pontifícia Universidade Católica (PUC-Rio). Doutor e Mestre em Direito Civil na UERJ. Diretor do Instituto de Tecnologia e Sociedade (ITS Rio). Professor visitante na Faculdade de Direito da Universidade de Ottawa. Pesquisador afiliado ao *Information Society Project*, da Faculdade de Direito de Yale. Advogado.

Sumário: 1. Contextualizando um debate internacional – 2. Plataformas digitais apoiam e auxiliam atos terroristas? As decisões da suprema corte dos Estados Unidos – 3. O modelo regulatório europeu – 4. O debate sobre responsabilidade civil de provedores no Brasil: a partir e além do Marco Civil da Internet – 5. Considerações finais – 6. Referências.

1. CONTEXTUALIZANDO UM DEBATE INTERNACIONAL

Moderação de conteúdo e responsabilidade civil são duas faces da mesma moeda no debate global sobre regulação das chamadas plataformas digitais. A partir do momento em que o desenvolvimento da Internet permitiu que todos os seus usuários pudessem publicar conteúdos e se comunicar em escala global, surgiu a questão sobre quem responde caso essas manifestações venham a causar danos a terceiros. Além disso, qual seria o regime de responsabilização adequado?

Nas últimas décadas, essas perguntas foram respondidas das mais diferentes formas, não sendo raro encontrar soluções que acabaram criando regimes jurídicos próprios para os provedores de aplicações de Internet que viabilizam a manifestação do pensamento de seus usuários. Independentemente da resposta encontrada, a preocupação central nesses debates era a responsabilidade da plataforma pelo conteúdo publicado por seu usuário, caso ele causasse danos a terceiros. Trata-se de uma discussão sobre responsabilidade civil por ato de terceiro que marcou a primeira onda de transformações legislativas e de evolução jurisprudencial.

De certa maneira, essa primeira onda dos debates sobre responsabilidade civil na Internet está intimamente ligada às atividades de moderação de conteúdo, já que o elemento fundamental para a responsabilização do provedor recaia em circunstâncias como a mera exibição de um conteúdo danoso ou mesmo a falha em removê-lo após ser notificado sobre a sua existência.

Recentemente, uma nova onda logrou tomar a atenção de reguladores e chegar ao Judiciário. Mais uma vez, moderação de conteúdo e o desenho de um regime de responsabilidade civil andam juntos, mas ao invés de um debate sobre responsabilidade civil por ato de terceiro, discutem-se casos em que a moderação de conteúdo se deu de forma abusiva, errônea e em desconformidade com os próprios termos de uso criados pelos provedores para estabelecer as regras sobre o que pode e o que é proibido nos seus ambientes *on-line*. Essas são hipóteses em que as plataformas removem conteúdos e contas sem informar adequadamente qual é o conteúdo infringente ou quais regras foram violadas, falhando ainda em oferecer mecanismos para contestação dessas decisões. Trata-se, agora, não mais de responsabilidade civil por ato de terceiro, mas sim de responsabilidade civil por ato próprio.

Mas como alcançar um equilíbrio ideal entre a definição de um regime de responsabilidade que proteja direitos e estimule a inovação, em um mercado tecnológico em constante transformação, e que ao mesmo tempo promova atividades de moderação de conteúdo cada vez mais informativas, transparentes e coerentes? Esse é o desafio compartilhado pelos mais variados países e blocos regionais que se debruçam sobre o tema.

Nos Estados Unidos, decisões recentes da Suprema Corte tangenciaram o tema ao analisar se provedores de aplicações, como sites de vídeo e redes sociais, poderiam ser enquadrados como tendo apoiado e auxiliado na realização de atentados terroristas, ao exibirem conteúdos relacionados ao grupo Estado Islâmico (ISIS).

Na Europa, por sua vez, a entrada em vigor da Lei de Serviços Digitais traz para o centro dos debates a construção de um regime de moderação de conteúdo mais transparente, com a formulação de regras procedimentais que devem ser observadas por todas as plataformas de uma certa escala.

No Brasil, diante dos nove anos em vigor do Marco Civil da Internet (Lei 12.965/14 – MCI) e do crescente aumento do uso das redes no País, verifica-se a necessidade de se revisitar temas abordados pela norma. Os ambientes *on-line* tornaram-se mais complexos e as interações ali promovidas vêm provocando repercussões sociais e políticas relevantes. Nesse sentido, a discussão do Recurso Extraordinário 1.037.396 pelo Supremo Tribunal Federal afeta o regime de responsabilidade civil dos provedores de aplicações de internet por conteúdos de terceiros. Discutir a constitucionalidade do artigo 19 do MCI[1] envolve diretamente a análise de direitos fundamentais e de possíveis limites ao discurso e à liberdade de expressão.

---

1. MCI – "Art. 19. Com o intuito de assegurar a liberdade de expressão e impedir a censura, o provedor de aplicações de internet somente poderá ser responsabilizado civilmente por danos decorrentes de conteúdo gerado por

O objetivo deste artigo não é esgotar os três cenários aqui apontados, mas servir como uma introdução às recentes transformações ocorridas nos Estados Unidos, na Europa e no Brasil, oferecendo um olhar cruzado sobre essas experiências em um momento de atenção global sobre o tema de moderação de conteúdo e responsabilidade civil de plataformas digitais.

2. PLATAFORMAS DIGITAIS APOIAM E AUXILIAM ATOS TERRORISTAS? AS DECISÕES DA SUPREMA CORTE DOS ESTADOS UNIDOS

A Suprema Corte dos Estados Unidos decidiu dois casos sobre o papel das plataformas digitais na disseminação de conteúdo danoso. Em questão estava se a divulgação de conteúdos do grupo terrorista Estado Islâmico (ISIS) em sites como YouTube e Twitter poderia gerar a responsabilização dessas empresas por atentados cometidos por indivíduos ligados ao grupo.[2] A resposta foi negativa.

Em ambos os casos, os familiares de vítimas de atentados terroristas, ocorridos na França e na Turquia, respectivamente, alegavam que a exibição de conteúdos do ISIS nas plataformas digitais fazia com que as empresas pudessem ser enquadradas na legislação que responsabiliza aqueles que auxiliam e apoiam atos terroristas.

Havia grande expectativa sobre o desfecho desses casos, em especial porque nos Estados Unidos existe uma legislação que confere imunidade às plataformas digitais pelos conteúdos postados por seus usuários. A seção 230 da Lei da Decência das Comunicações, de 1996, impede que provedores sejam responsabilizados tanto pelos conteúdos publicados por terceiros em seus ambientes *on-line*, quanto por seus atos de moderação de conteúdo, removendo qualquer publicação que pareça lesiva.

Os casos que chegaram para julgamento na Suprema Corte dos Estados Unidos são muito peculiares. Em termos de responsabilidade civil, o nexo causal entre a conduta das empresas e o resultado danoso ficou longe de estar provado. No caso do atentado na Turquia, por exemplo, não houve nem mesmo comprovação de que o autor do ataque fosse usuário das plataformas em questão. E mesmo se fosse, será que esse fator seria

---

terceiros se, após ordem judicial específica, não tomar as providências para, no âmbito e nos limites técnicos do seu serviço e dentro do prazo assinalado, tornar indisponível o conteúdo apontado como infringente, ressalvadas as disposições legais em contrário. § 1º A ordem judicial de que trata o *caput* deverá conter, sob pena de nulidade, identificação clara e específica do conteúdo apontado como infringente, que permita a localização inequívoca do material. § 2º A aplicação do disposto neste artigo para infrações a direitos de autor ou a direitos conexos depende de previsão legal específica, que deverá respeitar a liberdade de expressão e demais garantias previstas no art. 5º da Constituição Federal. § 3º As causas que versem sobre ressarcimento por danos decorrentes de conteúdos disponibilizados na internet relacionados à honra, à reputação ou a direitos de personalidade, bem como sobre a indisponibilização desses conteúdos por provedores de aplicações de internet, poderão ser apresentadas perante os juizados especiais. § 4º O juiz, inclusive no procedimento previsto no § 3º, poderá antecipar, total ou parcialmente, os efeitos da tutela pretendida no pedido inicial, existindo prova inequívoca do fato e considerado o interesse da coletividade na disponibilização do conteúdo na internet, desde que presentes os requisitos de verossimilhança da alegação do autor e de fundado receio de dano irreparável ou de difícil reparação."

2. A Suprema Corte dos Estados Unidos, em maio de 2023, analisou: (I) Twitter vs. Taamneh e (II) Gonzalez vs. Google.

suficiente para atrair a responsabilidade das empresas? Quantos outros fatores não poderiam estar mais direta e imediatamente relacionados ao incidente e que poderiam quebrar a cadeia de causalidade?

As decisões da Suprema Corte acabaram não entrando muito no debate sobre o regime de imunidades concedido às plataformas nos Estados Unidos. O tribunal focou no argumento trazido pelas partes no sentido de analisar se os provedores poderiam ser enquadrados na legislação antiterrorismo por supostamente auxiliarem e apoiarem esses atos.

Para isso, a Corte interpretou os termos da Lei sobre Justiça Contra os Apoiadores de Terrorismo (*Justice Against Sponsors of Terrorism* – JASTA) de 2016. A lei prevê a responsabilidade de quem "auxilia e apoia, providenciando conscientemente assistência substancial, ou conspira com a pessoa que comete ato de terrorismo internacional."

O termo "auxilia e apoia" é uma construção centenária do sistema de precedentes norte-americano. A interpretação mais recorrente do que significa auxiliar e apoiar um ato ilícito decorre dos parâmetros traçados pelo chamado caso Halberstam[3]. A própria lei de 2016, ao tratar de auxílio e apoio a atos terroristas, faz menção aos parâmetros deste caso.

No caso Halberstam, a Corte de Apelações do Distrito de Columbia decidiu que a esposa de um homem que invadia casas para roubar objetos de valor poderia ser corresponsabilizada por um homicídio cometido pelo marido em uma das suas invasões de domicílio. Pesou contra a mesma não apenas o conhecimento sobre a natureza das atividades do marido, como também o apoio prestado através da venda dos produtos do crime.

O julgamento desse caso criou um teste para saber se o réu pode ser responsabilizado por auxiliar e apoiar um ato ilícito. Para tanto: "(1) deve haver um ato ilícito causando uma lesão realizado pela pessoa a quem o réu prestou auxílio; (2) quando a assistência for prestada, o réu deverá estar 'geralmente ciente de seu papel como parte uma atividade ilegal ou ilícita'; e (3) o réu deverá ter 'consciente e substancialmente assistido a violação principal.'"

A Suprema Corte entendeu que os provedores não atingiam todos os elementos para que pudessem ser enquadrados como tendo auxiliado e apoiado os atentados terroristas. Chama atenção que o tribunal, por diversas vezes, menciona que responsabilizar as plataformas pelos danos causados seria como responsabilizar as empresas de telefonia pelo conteúdo das ligações.

O tribunal também afirmou que os algoritmos de recomendação das empresas não favoreceram especialmente conteúdos do Estado Islâmico, tendo exibido esses materiais de acordo com regras e parâmetros preestabelecidos. Ou seja, os algoritmos funcionaram da mesma forma que operariam com qualquer outro tipo de conteúdo.

---

3. *Halberstam v. Welch*, 705 F.2d 472 (1983).

Na decisão do caso Twitter x Taamneh, a Suprema Corte rebateu da seguinte forma o argumento de que algoritmos de recomendação poderiam ser enquadrados como forma de auxílio e apoio aos atos terroristas: "os autores alegam que os algoritmos de recomendação dos réus vão além do apoio passivo e prestam assistência substancial e ativa. Nós discordamos. Nas palavras dos autores, as suas alegações se baseiam no fato de que os réus provêm a infraestrutura que proporciona apoio material ao ISIS. Visto da forma correta, os algoritmos de recomendação dos réus são meramente parte dessa infraestrutura. Todo conteúdo em suas plataformas é filtrado por esses algoritmos, que distribuem as publicações a partir de informações e inputs disponibilizados pelos próprios usuários e pelos conteúdos em si."[4]

Sendo assim, concluiu a Suprema Corte que: "conforme apresentado aqui, os algoritmos parecem agnósticos sobre a natureza do conteúdo, pareando cada material (incluindo aquele do ISIS) com qualquer usuário mais inclinado a ver esse conteúdo. O fato de que esses algoritmos conectaram conteúdos do ISIS com o perfil de certos usuários não converte a assistência passiva dos réus em apoio ativo. Uma vez que a plataforma e as ferramentas de alocação algorítmica começaram a operar, os réus alegadamente apenas deram um passo atrás e assistiram; eles não tomaram qualquer atitude adicional com relação ao ISIS."

Esse ponto é especialmente importante. A decisão da Suprema Corte dos Estados Unidos não se debruçou sobre o regime geral de responsabilidade das plataformas, mas sim sobre o que poderia ou não ser enquadrado como "auxiliar e apoiar" atos terroristas. Nesse particular, os contornos oferecidos pelo caso Halberstam e os precedentes dos tribunais moldaram os rumos do julgamento.

A Corte estava mais preocupada em entender se houve, por parte das empresas, favorecimento ao Estado Islâmico ou alguma conexão direta com os atentados. Nesse sentido, a postura passiva das plataformas, falhando em atuar para remover conteúdos ilícitos, como os postados pelo ISIS, somada à eventual moderação dessas postagens, desarmaram as alegações de que haveria auxílio ou apoio por parte das empresas. Nos quadrantes do que foi alegado, era preciso mostrar uma postura ativa de suporte, o que não aconteceu. A corte entendeu que a falha em moderar contas e conteúdos do ISIS não se encaixava no conceito de auxiliar e apoiar atos terroristas.

Vale recordar que as decisões acima relatadas não implicam necessariamente o impedimento de que o tema da responsabilidade civil das plataformas digitais possa retornar ao colegiado, sob outros quadrantes. Nesse sentido, parece bastante relevante fala do Ministro Jackson ao afirmar que: "a visão do tribunal sobre os fatos – incluindo suas caracterizações das plataformas de mídia social e algoritmos – baseia-se nas alegações específicas dessas reclamações. Outros casos que apresentam alegações diferentes e registros diferentes podem levar a conclusões diferentes."

---

4. Disponível em: https://www.supremecourt.gov/opinions/22pdf/21-1496_d18f.pdf Acesso em: 29.06.2023.

3. O MODELO REGULATÓRIO EUROPEU

Na Europa, em novembro de 2022, o *Digital Services Act* (DSA)[5] e o *Digital Market Act* entraram em vigor. O DSA regula as obrigações dos serviços digitais que atuam como intermediários em seu papel de conectar consumidores a bens, serviços e conteúdo. Busca oferecer proteção aos usuários e aos direitos fundamentais, estabelecendo um quadro de transparência e responsabilização para as plataformas uniforme em toda a UE. Foram estabelecidas medidas para combater conteúdos ilegais *on-line*, incluindo bens e serviços ilegais.

O DSA traz mecanismos que permitem aos usuários sinalizarem conteúdo ilegal *on-line* e que chamam as plataformas a cooperarem com sinalizadores especializados para identificar e remover conteúdo ilegal. A norma também previu a possibilidade de os sujeitos contestarem as decisões de moderação de conteúdo das plataformas, bem como estabeleceu medidas de transparência para plataformas *on-line*, incluindo melhor informação sobre termos e condições e transparência sobre os algoritmos utilizados para recomendar conteúdos ou produtos aos usuários. Há obrigações relativas à proteção de menores em plataformas, como o estabelecimento de instrumentos de verificação etária e de controle parental, assim como instrumentos destinados a auxiliar os menores a sinalizarem abusos e obterem apoio.

O regulamento dispõe também sobre obrigações adicionais para plataformas on-line e mecanismos de pesquisa considerados *muito grandes*[6,7], as quais buscam conferir maior transparência às atividades realizadas[8] e impedir o abuso de seus sistemas, havendo a adoção de ações que visem à detecção de riscos sistêmicos, supervisão por meio de auditorias independentes de suas medidas de gerenciamento de riscos, cooperação com outros provedores de serviços (inclusive iniciando ou aderindo à códigos de conduta existentes ou outras medidas autorregulatórias) e o desenvolvimento de ações de sensibilização. As plataformas deverão mitigar riscos como desinformação ou manipulação eleitoral, violência contra mulheres ou danos a crianças e adolescentes. Além

---

5. Disponível em: https://commission.europa.eu/strategy-and-policy/priorities-2019-2024/europe-fit-digital-age/digital-services-act-ensuring-safe-and-accountable-online-environment_en. Acesso em: 29.06.2023.
6. Em abril de 2023, a Comissão designou com base no DSA 17 "Very Large Online Platforms" e 2 "Very Large Online Search Engines", que atingem pelo menos 45 milhões de usuários ativos mensais. São plataformas online muito grandes: Alibaba AliExpress, Loja Amazon, AppStore da Apple, Booking.com, Facebook, Google Play, Google Maps, Google Shopping, Instagram, LinkedIn, Pinterest, Snapchat, TikTok, Twitter, Wikipédia, YouTube e Zalando. São motores de busca online muito grandes: Bing e Pesquisa do Google. As plataformas foram designadas com base nos dados de usuários publicados até 17 de fevereiro de 2023. Fonte: https://ec.europa.eu/commission/presscorner/detail/en/ip_23_2413. Acesso em: 13.09.2023.
7. Em setembro de 2023, a Comissão Europeia designou os seis primeiros controladores de acesso/ gatekeepers — Alphabet, Amazon, Apple, ByteDance, Meta, Microsoft — ao abrigo do Regulamento de Mercados Digitais/ Digital Markets Act (DMA). No total, foram designados 22 serviços essenciais de plataforma prestados por controladores de acesso. Os seis controladores de acesso disporão de seis meses para assegurar que tais serviços cumpram plenamente as obrigações estabelecidas no DMA. Ao abrigo do Regulamento Mercados Digitais, a Comissão Europeia pode designar plataformas digitais como «controladores de acesso» caso os serviços essenciais de plataforma por elas prestados constituam portas de acesso importantes para as empresas chegarem aos consumidores. Fonte: https://ec.europa.eu/commission/presscorner/detail/en/ip_23_4328.
8. Como as disposições presentes nos artigos 15, 24 e 42, que tratam de relatórios de transparência.

disso, deverão desenvolver mecanismos de resposta a crises, em casos de grave ameaça de saúde pública e crises de segurança, como uma pandemia ou guerra.

Houve o estabelecimento de normas que preconizam transparência aprimorada para toda a publicidade em plataformas e comunicações comerciais de influenciadores, assim como a proibição da utilização de *dark patterns* na interface de plataformas *on-line*. Busca-se, ainda, maior transparência dos sistemas de recomendação. Os usuários terão o direito de reclamar na plataforma, buscar acordos extrajudiciais, reclamar à autoridade nacional em seu próprio idioma e buscar compensação por violações das regras. As organizações representativas também poderão defender os direitos dos usuários.

A Comissão Europeia será o principal regulador das plataformas e dos motores de pesquisa muito grandes, enquanto outras plataformas (como prestadores de serviços intermediários) estarão sob a supervisão das autoridades competentes dos Estados-Membros onde estiverem estabelecidas,[9] havendo em cada um coordenador de serviços digitais (art. 49).

No debate, cabe também mencionar a Lei Alemã para as Redes Sociais (*NetzDG*) de 2018 e o *Online Safety bill* do Reino Unido, que ainda se encontra em acalorada discussão[10] e busca introduzir *duties of care* para grandes plataformas. As propostas europeias poderão servir de inspiração para debates em andamento[11], como a discussão da constitucionalidade do artigo 19 do Marco Civil e o PL 2.630/20 (chamado de "Lei de Liberdade, Transparência e Responsabilidade na Internet") no Brasil; o Projeto de Código de Conduta para Intermediários da Internet da Nigéria; o *Digital India Act*; estruturas emergentes no Canadá e na Nova Zelândia; e discussões sobre normas globais, como diretrizes da UNESCO.

Preocupações com desinformação em massa[12], proteção de crianças e adolescentes *on-line*[13], moderação de conteúdo em grandes plataformas, algoritmos de recomendação

---

9. Disponível em: https://ec.europa.eu/commission/presscorner/detail/en/IP_23_2413. Acesso em: 04.07.2023.
10. A disposição vem recebendo críticas de organizações de direitos humanos. O Electronic Frontier Foundation, o Big Brother Watch e o Artigo 19 publicaram análise sobre o tema neste ano, mostrando forte preocupação com a manutenção da criptografia de ponta-a-ponta e rejeitando eventual monitoramento das comunicações privadas que possa prejudicar a privacidade e a liberdade de expressão dos usuários: https://www.libertyhumanrights.org.uk/wp-content/uploads/2022/04/Joint-civil-society-briefing-on-private-messaging-in-the-Online-Safety-Bill-for-Second-Reading-in-the-House-of-Lords-January-2023.pdf Objeções similares foram apontadas em carta assinada por 70 organizações e especialistas: https://www.globalencryption.org/2022/11/70-organizations-cyber-security-experts-and-elected-officials-sign-open-letter-expressing-dangers-of-the-uks-online-safety-bill/ Acesso em: 28.05.2023.

    Google e Meta também levantaram preocupações com o projeto de lei. O Google diz que há desafios práticos na distinção entre conteúdo ilegal e legal em escala e que isso pode levar à remoção excessiva de conteúdo legal. A Meta sugere que focar em fazer com que os usuários verifiquem suas identidades corre o risco de excluir qualquer um que não queira compartilhar sua identidade em conversas online. Informações disponíveis em: https://bills.parliament.uk/publications/46675/documents/1885 e https://bills.parliament.uk/publications/46955/documents/2012. Acesso em: 28.05.2023.
11. Disponível em: https://www.gp-digital.org/the-uks-online-safety-bill-notes-on-committee-stage-and-the-final-stretch/. Acesso em: 04.07.2023.
12. TEFFÉ, Chiara Spadaccini de; VASCONCELLOS, Bernardo. Fake news e o mercado de desinformação In: *Supremo 4.0*: Constituição e tecnologia em pauta. São Paulo: Thomson Reuters, 2022. v. 1. p. 147-172.
13. BRANCO, S.; TEFFÉ, Chiara Spadaccini de; FERNANDES, E. R.; LATERCA, P (Coord.). *Privacidade e proteção de dados de crianças e adolescentes*. Rio de Janeiro: Obliq, 2021.

e monetização de atividades relacionadas à publicidade vêm motivando debates, projetos e leis globalmente. As discussões perpassam os mais diversos atores e poderes, havendo notadamente cada vez mais propostas voltadas à ampliação da transparência e prestação de contas das grandes plataformas de veiculação de conteúdo. Muito se tem pensado no desenvolvimento de ferramentas de moderação mais claras e responsivas, que observem riscos sistêmicos e cuidados específicos em temáticas ou momentos particulares.

4. O DEBATE SOBRE RESPONSABILIDADE CIVIL DE PROVEDORES NO BRASIL: A PARTIR E ALÉM DO MARCO CIVIL DA INTERNET

Com base no panorama atual, é importante que a construção interpretativa do MCI se dê em diálogo com as contemporâneas reflexões acerca da moderação de conteúdos *on-line*, as normas internacionais de direitos humanos e de governança da rede e a Lei Geral de Proteção de Dados. Nessa lógica, devem ser buscadas estratégias e políticas que priorizem tanto deveres de transparência, prestação de contas e cuidado quanto a proteção das liberdades comunicativas, livre iniciativa e inovação.

Adicionalmente, estimular a concorrência e novos negócios no ambiente *on-line* permite que diferentes plataformas possam florescer e produzir soluções inovadoras e disruptivas, além de se evitar concentração no mercado. Incertezas legais e regras desproporcionais criam barreiras de entrada no sistema e insegurança jurídica para os sujeitos envolvidos.

Não há dúvida de que uma estratégia de moderação de conteúdo em plataformas bem desenvolvida se mostra significativamente importante contra a proliferação de discursos extremistas, de ódio ou violência. Entretanto, entende-se que um eventual aumento desproporcional da responsabilidade das plataformas por conteúdos de terceiros poderia conduzir a um cenário de censura severa, no qual as plataformas preventivamente optariam por remover conteúdos e perfis controversos, os quais não necessariamente estariam causando danos a outrem. Fato esse que atingiria a liberdade de expressão e a diversidade de opiniões na rede.

A lógica da prevenção de danos deve caminhar conjuntamente com a proteção das liberdades constitucionais, de forma que as imunidades e deveres sejam desenvolvidos criticamente a depender da gravidade dos riscos. A consideração sobre quais conteúdos ultrapassam ou não os limites da liberdade de expressão deve ser um processo, predominantemente, público e com discussões multissetoriais, e não um processo exclusivamente privado, conduzido por departamentos de plataformas digitais.

Diante disso, a partir de quatro eixos neste artigo, pretende-se apresentar indagações que envolvem a caracterização dos provedores, suas responsabilidades e possíveis papéis na moderação de conteúdos *on-line* e, por fim, como a temática se conecta ao Marco Civil da Internet.[14]

---

14. TEFFÉ, Chiara Spadaccini de. Questões acerca do sistema de responsabilidade civil do Marco Civil da Internet: Análise do artigo 19. *Migalhas*, 21 de março de 2023. Disponível em: https://www.migalhas.com.br/coluna/migalhas-de-responsabilidade-civil/383291/o-sistema-de-responsabilidade-civil-do-marco-civil-da-internet.

I) Em primeiro lugar, é necessário esclarecer a definição e quais plataformas e sujeitos podem ser qualificados como provedores de aplicações de internet, ou seja, provedores que oferecem um conjunto de funcionalidades que podem ser acessadas por meio de um terminal conectado à internet, conforme o MCI. Seria possível pensar em outras categorias de provedores, para além do provedor de conexão à internet e do provedor de aplicações de internet? O artigo 19 do MCI seria uma norma prioritariamente estruturada para contemplar as atividades das redes sociais e de seus usuários? A quais atividades e plataformas ela se aplicaria? Em que medida a estrutura do provedor de aplicações, sua influência sobre o discurso público e sua possibilidade de exercer um controle prévio sobre os conteúdos postados pelos seus usuários podem impactar o tratamento legal a ele conferido?

II) Em seguida, parte-se para o debate sobre como deverá ser desenhado o sistema de deveres e responsabilidades dos provedores e plataformas de internet por conteúdo de terceiros. De forma exemplificativa, é possível pensar em alguns modelos e sistemas[15]:

a) responsabilidade apenas para plataformas que sejam ativas na moderação e a apliquem direta e expressamente;

b) responsabilidade para plataformas que saibam ou deveriam saber da existência e veiculação por terceiros de conteúdos ilegais ou danosos. Neste cenário, pergunta-se: a possibilidade de análise do conteúdo de terceiro poderia tornar o provedor de aplicações, em alguma circunstância, corresponsável em caso de dano?

c) aplicação de um sistema de imunidade a plataformas, conforme a cláusula do "bom samaritano", prevista no art. 230 do CDA, visando a incentivar o desenvolvimento de uma moderação no ambiente;

d) responsabilidade da plataforma nos casos de falha na moderação de conteúdos específicos, como pornografia infantil e cenas de nudez ou de atos sexuais de caráter privado divulgados ilicitamente; ou

e) responsabilidade pela falha em analisar e apontar riscos sistêmicos de grande porte a direitos. Ao invés de focar em situações individuais, tal sistema imporia deveres de moderação para situações de elevado risco de dano a sujeitos e garantias. Nesta proposta, não se enfatizaria uma falha individual e específica na moderação, mas sim a estrutura geral de operação de grandes plataformas e como elas poderiam impactar a proteção de direitos em larga escala e dentro de um contexto verificável.

III) Em relação à possibilidade de moderação de conteúdos, entende-se que ela poderá advir tanto por parte da própria plataforma, com base em seus termos de uso, quanto por meio de políticas e normas. O desenho de um modelo adequado para isso é desafiador. O que, como e em qual momento moderar? Quais parâmetros as plataformas deveriam utilizar na elaboração de seus termos de uso e na sua atividade de moderação? Como tornar a moderação de conteúdo mais objetiva, precisa e contextual, especialmente nos casos que envolverem disseminação em massa de desinformação? Como encontrar uma regra balanceada para a remoção de conteúdos ilegais que defina critérios claros? Todas as propostas parecem trazer alguns pontos negativos, como, por exemplo, estímulo

---

15. Modelos de responsabilidade civil para plataformas são discutidos em: LEMOS, Ronaldo; ARCHEGAS, João. A Constitucionalidade do Artigo 19 do Marco Civil da Internet. In: BRITTO, Carlos Ayres (Coord.). *Supremo 4.0*: Constituição e tecnologia em pauta. São Paulo: Ed. RT, 2022.

à passividade, excesso de remoções, insegurança sobre a manutenção de conteúdos ou uma imunidade excessivamente ampliada às plataformas.

Não são incomuns as críticas e falas diversas e plurais nas redes. Como situações com um grau maior de subjetividade devem ser tratadas pelos provedores e pelo Poder Judiciário? Apenas aquilo que for objetivamente ilícito e danoso deverá ser indisponibilizado das redes ou a restrição poderia envolver inclusive discursos aparentemente lícitos, mas controversos? Não se pode perder de vista que entre as cores branca e preta, há vários tons de cinza. A princípio, é relativamente simples constatar e remover material que aparentemente viole direitos autorais, porém não é simples definir quando o discurso crítico se transforma em discurso de ódio. Os limites da liberdade de expressão são corriqueiramente discutidos nos Tribunais.

IV) Por fim, chegando à análise do artigo 19 do MCI – aplicado pelo Superior Tribunal de Justiça (STJ) em diversas situações que envolveram, especialmente, redes sociais e conteúdos lesivos a terceiros publicados por seus usuários[16] – entende-se que o dispositivo apresenta relativo equilíbrio ao regime de responsabilidade civil de provedores de aplicações de internet por conteúdo de terceiro, bem como segurança jurídica acerca da regra aplicável à relação.

No caso, a responsabilidade civil do provedor de aplicações de internet será subjetiva por omissão e derivará do não cumprimento da ordem judicial que determinou a remoção do conteúdo danoso (inserido por terceiro em seu ambiente).[17] Foi estipulado que a retirada de conteúdo deverá ocorrer no âmbito e nos limites técnicos do serviço prestado, orientação importante que considera as peculiaridades de cada provedor. Ao colocar o Poder Judiciário como instância legítima para definir o que é ou não um

---

16. "4. A responsabilidade dos provedores de aplicações por conteúdos gerados por terceiros é subjetiva, tornando-se responsável solidariamente com aquele que gerou o conteúdo ofensivo a partir do conhecimento da lesão que determinada informação causa, se não tomar as providências necessárias para a sua remoção e caso o fato tenha se verificado quando não estava em vigor a Lei 12.965/14, ou a partir da notificação judicial para remoção do conteúdo, nos termos do art. 19 do MCI." (STJ. REsp 1980014 / SP. Rel. Min. Nancy Andrighi. DJe 21/06/2022) "4. A responsabilidade do provedor por atos de seus usuários, como regra, apenas se verifica quando há descumprimento de ordem judicial de remoção de conteúdo. Inteligência do art. 19 do Marco Civil da Internet, que prevê reserva de jurisdição. 5. Excepcionalmente, em casos de divulgação, sem consentimento, de cenas de nudez ou de atos sexuais de caráter privado, há possibilidade de remoção de conteúdo mediante simples notificação da vítima. Inteligência do art. 21 do Marco Civil da Internet que, em excepcional sistema de *notice and take down*, prevê a responsabilidade do provedor pela omissão diante de simples notificação do ofendido para retirada do conteúdo ofensivo. 6. Para a aplicação do art. 21, mostra-se imprescindível i) o caráter não consensual da imagem íntima; ii) a natureza privada das cenas de nudez ou dos atos sexuais disseminados; e iii) a violação à intimidade. 7. Exceção prevista no art. 21 que se destina a proteger vítimas de um tipo de violência digital conhecido como disseminação de imagens íntimas não consentidas, também conhecida pela sigla NCII (da expressão em inglês non-consensual intimate images);" (STJ. REsp 1840848 / SP. Ministro Paulo de Tarso Sanseverino. Terceira Turma. DJe 05/05/2022).

17. As exceções ao artigo 19 são pontuais e encontram-se previstas no próprio texto da Lei, quais sejam: a) para os conteúdos protegidos por direitos autorais (§ 2º do artigo 19), quando não será aplicada a regra da notificação judicial; e b) para os casos de divulgação, sem autorização de seus participantes, de imagens, vídeos ou outros materiais contendo cenas de nudez ou de atos sexuais de caráter privado. Neste caso específico, o provedor de aplicações de internet, após o recebimento de notificação extrajudicial, será responsabilizado se deixar de promover a indisponibilização do conteúdo íntimo divulgado por terceiro sem autorização (artigo 21).

conteúdo ilícito, passível de remoção, o MCI determinou que a responsabilidade civil do referido provedor não nasceria imediatamente após o descumprimento de uma notificação privada / extrajudicial.[18]

A Lei 12.965/14 não impede que os provedores de aplicações possam determinar requisitos para a remoção direta de conteúdos em suas políticas de uso e atendam a possíveis notificações extrajudiciais enviadas, quando serão responsáveis diretamente pela remoção e/ou filtragem do material. Ainda que essa perspectiva pareça interessante em certos casos, como nas questões envolvendo desinformação, deve-se evitar que os provedores abusem de suas posições e que venham a filtrar ou realizar bloqueios a conteúdos sem uma justificativa plausível e sem que sejam garantidos o contraditório e a ampla defesa às partes.

Na ausência de um sistema adequado de responsabilização, serão enfrentadas consequências negativas pela sociedade, como, por exemplo, a diminuição da confiança de usuários e intermediários no uso e no desenvolvimento de ferramentas de comunicação na Internet, além do estímulo de ações governamentais e de agentes privados a estabelecerem mecanismos de controle e censura na Internet, o que levaria a processos arbitrários de remoção de conteúdos e excessiva vigilância dos cidadãos.

Debate-se hoje a possibilidade de uma autorregulação regulada. Haveria, assim, apoio a uma auto-organização dos agentes privados, de acordo com a expertise e as dinâmicas próprias do mercado, mas também o estabelecimento de parâmetros gerais de interesse público importantes ao Estado democrático. Nessa dinâmica, mostra-se relevante a criação dentro das plataformas de órgãos de supervisão de decisões, que fiscalizem suas atividades de moderação, estabeleçam regras de transparência e as direcionem à tomada de melhores decisões.

No sistema atual, nada impede a reflexão acerca do estabelecimento de outras exceções à regra de remoção de conteúdo e responsabilidade do artigo 19 do MCI, com base em direitos e garantias já estabelecidas no ordenamento jurídico brasileiro. Como exemplo, recorda-se o tipo penal estabelecido no artigo 241-A do Estatuto da Criança e do Adolescente referente a ato de oferecer, trocar, disponibilizar, transmitir, distribuir, publicar ou divulgar por qualquer meio, inclusive por meio de sistema de informática ou telemático, fotografia, vídeo ou outro registro que contenha cena de sexo explícito ou pornográfica envolvendo criança ou adolescente. Acerca de crianças e adolescentes, deve prevalecer o seu melhor interesse, com prioridade absoluta, havendo a proteção integral de tais sujeitos no ambiente *on-line*.

---

18. Cf. TEFFÉ, Chiara Spadaccini de. Marco Civil da Internet: considerações sobre a proteção da liberdade de expressão, neutralidade da rede e privacidade. In: BECKER, Daniel; FERRARI, Isabela. (Org.). *Regulação 4.0*: Novas tecnologias sob a perspectiva regulatória. São Paulo: Ed. RT, 2019, v. 1, p. 133-160. TEFFÉ, Chiara Spadaccini de; SOUZA, Carlos A. P. Responsabilidade civil de provedores na rede: análise da aplicação do Marco Civil da Internet pelo Superior Tribunal de Justiça. *Revista IBERC*, Belo Horizonte, v. 1, p. 1-28, 2018. SOUZA, Carlos Affonso Pereira de. As Cinco Faces da proteção à liberdade de expressão no Marco Civil da Internet. In: LUCCA, Newton de; SIMÃO FILHO, Adalberto; LIMA, Cíntia Rosa Pereira de. (Org.). *Direito & Internet III*. São Paulo: Quartier Latin, 2015. v. 2. p. 377-408.

Nesse sentido, recorda-se decisão do STJ, no Recurso Especial 1.783.269, relatado pelo Min. Antonio Ferreira e julgado em 14 de dezembro de 2021, em que se afirmou:

> Para atender ao princípio da proteção integral consagrado no direito infantojuvenil, é dever do provedor de aplicação na rede mundial de computadores (Internet) proceder à retirada de conteúdo envolvendo menor de idade – relacionado à acusação de que seu genitor havia praticado crimes de natureza sexual – logo após ser formalmente comunicado da publicação ofensiva, independentemente de ordem judicial. 2. O provedor de aplicação que, após notificado, nega-se a excluir publicação ofensiva envolvendo menor de idade, deve ser responsabilizado civilmente, cabendo impor-lhe o pagamento de indenização pelos danos morais causados à vítima da ofensa. 2.1. A responsabilidade civil, em tal circunstância, deve ser analisada sob o enfoque da relevante omissão de sua conduta, pois deixou de adotar providências que, indubitavelmente sob seu alcance, minimizariam os efeitos do ato danoso praticado por terceiro, o que era seu dever. 2.2. Nesses termos, afigura-se insuficiente a aplicação isolada do art. 19 da Lei Federal n. 12.965/2014, o qual, interpretado à luz do art. 5º, X, da Constituição Federal, não impede a responsabilização do provedor de serviços por outras formas de atos ilícitos, que não se limitam ao descumprimento da ordem judicial a que se refere o dispositivo da lei especial.

É necessário frisar que a responsabilização dos agentes deverá se dar de acordo com as suas atividades (Art. 3º, VI, do MCI) e possibilidades concretas de atuação sobre o conteúdo disponibilizado em seu ambiente. Aumentar o rol de exceções ao art. 19, de forma a estabelecer a remoção extrajudicial de determinados conteúdos, a partir de parâmetros claros e específicos, pode se apresentar como uma solução mais condizente com a experiência brasileira no tema, do que a importação de modelos inéditos.

5. CONSIDERAÇÕES FINAIS

Diversos aspectos de nossa vida e sociedade vêm sofrendo interferências de algoritmos e serviços de plataformas. O mercado de tecnologia e seus sujeitos estabelecem continuamente tendências e necessidades, especialmente diante da concentração de players e atividades por eles desenvolvidas. Há, cada vez mais, tanto a análise e predição de comportamentos quanto a captura de nossa atenção.

Nesse cenário, muito se tem questionado acerca do papel das mídias sociais e dos canais de comunicação no debate público. Acerca da moderação de conteúdos e do desenvolvimento de políticas internas e normas legais, cabe indagar: Como desenvolver um processo mais responsivo, transparente e participativo? Ter uma entidade ou órgão específico responsável por tal análise seria salutar na atual conjuntura?

Não parece interessante que o controle acerca da moderação de conteúdos seja integralmente transferido aos agentes de mercado. Cabe também ao Estado, às instituições públicas democráticas e entidades independentes apontarem premissas e orientarem plataformas e intermediários na questão, por meio, por exemplo, de políticas públicas, reuniões multissetoriais, resoluções e normas legais.

Esses são os desafios experimentados nos mais diferentes países que atualmente buscam uma solução regulatória e jurisprudencial para os controvertidos temas sobre moderação de conteúdo e responsabilidade civil das plataformas digitais.

Proteger os direitos fundamentais no ambiente digital mostra-se urgente e necessário, por meio de normas equilibradas e aplicáveis de forma ampla às diversas problemáticas. Normas e interpretações casuísticas, de viés autoritário ou meramente importadas sem um debate consistente, devem ser afastadas. É, aqui, que a discussão ampla, séria e acadêmica apresenta o seu relevo. Traçar as diretrizes desse debate é tarefa fundamental e exige uma reflexão constante, alinhada ao desenvolvimento tecnológico e às mudanças sociais, políticas e culturais.

6. REFERÊNCIAS

BRANCO, S.; TEFFÉ, Chiara Spadaccini de; FERNANDES, E. R.; LATERCA, P (Coord.). *Privacidade e proteção de dados de crianças e adolescentes*. Rio de Janeiro: Obliq, 2021.

LEMOS, Ronaldo; ARCHEGAS, João. A Constitucionalidade do Artigo 19 do Marco Civil da Internet. In: BRITTO, Carlos Ayres (Coord.). *Supremo 4.0*: Constituição e tecnologia em pauta. São Paulo: Ed. RT, 2022.

SOUZA, Carlos A. P. Responsabilidade civil de provedores na rede: análise da aplicação do Marco Civil da Internet pelo Superior Tribunal de Justiça. *Revista IBERC*, Belo Horizonte, v. 1, p. 1-28, 2018.

SOUZA, Carlos Affonso Pereira de. As Cinco Faces da proteção à liberdade de expressão no Marco Civil da Internet. In: LUCCA, Newton de; SIMÃO FILHO, Adalberto; LIMA, Cíntia Rosa Pereira de. (Org.). *Direito & Internet III*. São Paulo: Quartier Latin, 2015. v. 2.

TEFFÉ, Chiara Spadaccini de; SOUZA, Carlos A. P. Responsabilidade civil de provedores na rede: análise da aplicação do Marco Civil da Internet pelo Superior Tribunal de Justiça. *Revista IBERC*, Belo Horizonte, v. 1, p. 1-28, 2018.

TEFFÉ, Chiara Spadaccini de. Marco Civil da Internet: considerações sobre a proteção da liberdade de expressão, neutralidade da rede e privacidade. In: BECKER, Daniel; FERRARI, Isabela. (Org.). *Regulação 4.0*: Novas tecnologias sob a perspectiva regulatória. São Paulo: Ed. RT, 2019. v. 1.

TEFFÉ, Chiara Spadaccini de; VASCONCELLOS, Bernardo. Fake news e o mercado de desinformação In: *Supremo 4.0*: Constituição e tecnologia em pauta. São Paulo: Thomson Reuters, 2022. v. 1.

TEFFÉ, Chiara Spadaccini de. Questões acerca do sistema de responsabilidade civil do Marco Civil da Internet: Análise do artigo 19. *Migalhas*, 21 de março de 2023. Disponível em: https://www.migalhas.com.br/coluna/migalhas-de-responsabilidade-civil/383291/o-sistema-de-responsabilidade-civil-do-marco-civil-da-internet.

A TUTELA DA CRIPTOGRAFIA DE *PONTA-A-PONTA* À LUZ DA CONSTITUIÇÃO

Felipe Zaltman Saldanha

Mestre em Direito Civil pela Universidade do Estado do Rio de Janeiro. LL.M. em *Law and Economics* pelas Universidades de Bolonha, Gante e Roterdã (*Erasmus Mundus*). Especialista em Direito Processual Civil pela Escola da Magistratura do Rio de Janeiro. Bacharel em Direito pela Pontifícia Universidade Católica do Rio de Janeiro. Advogado.

Sumário: 1. Introdução – 2. Da privacidade à proteção de dados e os dispositivos constitucionais aplicáveis ao sigilo das comunicações – 3. Meios técnicos de proteção à privacidade: o caso da criptografia de *ponta-a-ponta* – 4. Conclusão – 5. Bibliografia.

1. INTRODUÇÃO

Em uma de minhas obras favoritas do direito civil brasileiro – pela profundidade das ideias e pela invejável capacidade da autora de traduzi-las em uma linguagem clara e repleta de sentido –, a autora faz a feliz escolha de iniciá-la com a frase "nada se edifica sobre a pedra, tudo sobre a areia, mas nosso dever é edificar como se fora pedra a areia", de Jorge Luis Borges. Pensar na regulação de novas tecnologias em prol da tutela mais efetiva da pessoa humana é um desafio contínuo de construir sobre fina e movediça areia.

Diante de uma rápida e intensa evolução tecnológica, é improvável que tenha havido direito da personalidade mais testado do que a privacidade. Se por um lado isto exigiu resiliência do intérprete constitucional para não desfigurar o instituto, por outro exigiu maleabilidade deste direito fundamental para absorver e servir de fonte a outros direitos que respondessem a desafios de novos tempos.

Há décadas a sociedade tecnológica suplantou a ideia de privacidade como a possibilidade de o indivíduo construir uma cerca intransponível a terceiros, ou ao menos àqueles que não compunham seu *entourage* mais próximo. É impossível viver só, sendo a personalidade justamente traçada em face da vida em sociedade. A privacidade passou então a ser vista como a possibilidade de escolher quais dados trazer ao público, preservando um espaço de manter para si aquilo que nos faz singulares, ou, no mínimo, de controlar, por meio de direitos instrumentais, o uso que é feito dos dados pessoais.

A dificuldade de criação de espaços restritos e de controle sobre os dados se agrava quando se considera que o seu envio é exigido pelo Estado e por empresas para a prestação de diferentes serviços. Não havendo como se negar a realidade da pessoa digital[1], a

---

1. A expressão original é de Stefano Rodotà, cf. RODOTÀ, Stefano. *Dai ricordi ai dati*: l'oblio à un diritto? Disponível em: https://ricerca.repubblica.it/repubblica/archivio/repubblica/2012/01/30/dai-ricordi-ai-dati-oblio-un.html. Acesso em: 15.01.2019.

questão que se coloca está em como proteger a pessoa humana neste cenário de devassa aparentemente justificável da personalidade, e como fortalecer o indivíduo por meio de instrumentos que potencializem o controle efetivo de seus dados.[2]

Uma das formas constitucionalmente previstas de proteção à privacidade está na tutela do sigilo das comunicações. Se a previsão normativa já era fundamental em tempos de sistemas tecnológicos hoje ultrapassados, como as comunicações telegráficas, a proteção atinge inquestionável importância na atualidade, quando a comunicação de dados por meios eletrônicos ganha proporções nunca antes vistas. A vida humana com os *smart phones* traz inúmeras potencialidades, como a comunicação instantânea. Ao mesmo tempo, o uso desta "prótese humana" — que é moldada e molda seu usuário simultaneamente —, se tornou tão natural e espontâneo, que muitas vezes as trocas escritas são feitas sem maior reflexão. E diferentemente do que acontece com a palavra falada, cria-se o potencial de geração de uma memória indelével de todas as mensagens trocadas por determinada pessoa.

Nesta atual conjuntura, não há como se pensar em proteção à pessoa humana sem que haja um mecanismo robusto de proteção às comunicações. O presente texto pretende abordar tal proteção em duas principais vertentes. Em primeiro lugar, analisando o artigo 5º, X e XII da Constituição, para verificar como pretendeu o legislador constituinte originário preservar a privacidade, e qual a interpretação compatível destes dispositivos com a atualidade. Em segundo lugar, analisando a discussão jurídica existente sobre a criptografia de *ponta-a-ponta*, meio de segurança efetivo e do estado da arte, que possibilita o fluxo das comunicações fique protegido contra os próprios meios comunicantes e terceiros, incluindo o Estado.

2. DA PRIVACIDADE À PROTEÇÃO DE DADOS E OS DISPOSITIVOS CONSTITUCIONAIS APLICÁVEIS AO SIGILO DAS COMUNICAÇÕES

É impossível tratar da proteção das comunicações, seja em seu fluxo, seja de forma armazenada, sem que se analise a evolução do direito fundamental que contribuiu com maior força para a sua consolidação na modernidade: a privacidade. Foi este valor, cuja noção começou a melhor se definir com o artigo publicado por Warren e Brandeis em 1890, que deu origem a um processo que culminaria mais recentemente nas diferentes gerações de leis de proteção de dados pessoais.

Em obra catedrática, Warren e Brandeis abordaram, sob a perspectiva da *Common Law*, se haveria direito capaz de proteger indivíduos da exposição indevida, principalmente advinda da atuação da mídia. O pano de fundo do artigo reside na invasão de privacidade pelos jornais, que ao publicarem fofocas e imagens de pessoas conhecidas, estariam causando dor psicológica e ansiedade aos retratados, sendo que a extensão

---

[2]. "A questão a ser enfrentada, a curto e médio prazo, é relativamente simples: através de que mecanismos será possível assegurar, nesta sociedade de vigilância, a garantia constitucional da privacidade, conceito que cada vez mais se confunde com a própria pessoa humana?" (MORAES, Maria Celina Bodin de. Op. cit., p. 58).

desses danos, segundo os autores, era até mesmo maior do que aquela causada por violações ao corpo físico.[3]

Em suas reflexões, os autores constataram que a proteção contra a injúria era insuficiente para os propósitos pretendidos, por requerer necessariamente um dano à reputação, verificável no âmbito da relação entre o indivíduo e a sociedade. Com base nisso, argumentaram que tal direito não poderia dar fundamento à tutela de danos causados apenas aos sentimentos do indivíduo, sendo algo mais limitado, que estava relacionado a uma visão proprietária que precisaria ser superada.[4]

Buscando ultrapassar tal fragilidade, Warren e Brandeis introduziram a noção de privacidade como algo derivado da personalidade, o que era inovador para a época.[5] Ao desenvolverem o direito de ser deixado só (*right to be let alone*), afirmaram que, ainda que fosse possível verificar uma faceta proprietária no direito de impedir a publicação de escritos, o que se buscava tutelar nas hipóteses tratadas, na realidade, era a inviolabilidade da personalidade[6] – ideia absolutamente nova para o tempo em que foi escrita.

Anos depois, com a evolução social, e principalmente por conta do fortalecimento do estado social democrático, a privacidade ganhou novos contornos. Passou-se a vê-la como a autodeterminação informativa, de modo que fosse garantido ao indivíduo, titular

---

3. WARREN, Samuel; BRANDEIS, Louis. The Right to Privacy. *Harvard Law Review*, v. 4, n. 5, p. 196, 1890.
4. Ainda sobre a insuficiência da aplicação da ótica proprietária a aspectos existenciais, como os dados pessoais: "Acrescenta-se ainda como limitação desta opção o seu caráter unidimensional, no sentido de que a disciplina da circulação das informações pessoais tem sido considerada unicamente e sua dimensão proprietária, tratando-se tais informações como propriedade exclusiva do interessado, que pode livremente negociar sua cessão. Assim, abandona-se totalmente a outra dimensão, ligada às consequências sociais e às consequências para o próprio interessado, da circulação de determinadas categorias de informações pessoais e de informações coletadas para finalidades específicas: problema este que deve ser enfrentado considerando-se valores e interesses diversos daqueles puramente proprietários". Cf. RODOTÀ, Stefano. *A vida na sociedade de vigilância*: a privacidade hoje. Rio de Janeiro: Renovar, 2008. p. 76.
5. Em seu texto, os autores apresentam interessante reflexão sobre a evolução dos direitos, antes de tratar daquela específica da privacidade: "Political, social, and economic changes entail the recognition of new rights, and the common law, in its eternal youth, grows to meet the demands of society. Thus, in very early times, the law gave a remedy only to physical interference with life and property, for trespasses vi et armis. Then 'the right to life' served only to protect the subject from battery in its various forms; liberty meant freedom from actual restraint; and the right to property secured the individual his lands and his cattle. Later, there is a recognition of man's spiritual nature, of his feelings, his intellect. Gradually, the scope of these legal rights broadened; and now the right to life has come to mean the right to enjoy life, — the right to be let alone; the right to liberty secures the exercise of extensive civil privileges; and the term 'property' has grown to comprise every form of possession — intangible, as well as tangible". Cf. WARREN, Samuel; BRANDEIS, Louis. The Right to Privacy. *Harvard Law Review*, v. 4, n. 5, p. 193, 1890.
6. "These considerations lead to the conclusion that the protection afforded to thoughts, sentiments and emotions, expressed through the medium of writing or of the arts, so far as it consists in preventing publication, is merely an instance of the enforcement of more general right of the individual to be let alone. It is like the right not to be assaulted or beaten, the right not to be imprisoned, the right not to be maliciously prosecuted, the right not to be defamed. In each of these rights, as indeed in all other rights recognized by the law, there inheres the quality of being owned or possessed — and (as that is distinguishing attribute of property) there may be some propriety in speaking of those rights as propriety. But, obviously, they bear little resemblance to what is ordinarily comprehended under that term. The principle which protects personal writings and all other personal productions, not against theft and physical appropriation, but against publication in any form, is in reality not the principle of private property, but that of an inviolate personality". Cf. WARREN, S.; BRANDEIS, L. Op. cit., p. 205.

de dados, a capacidade de controlá-los.[7] Deu-se, assim, uma superação ainda maior da dimensão negativa da privacidade, voltada inicialmente para a proteção contra o Estado, e evolui-se para uma noção de controle das próprias informações pelo indivíduo.[8]

Entre os marcos de desenvolvimento dessa nova noção de privacidade está a decisão do Tribunal Federal Constitucional Alemão ao julgar a "Lei do Recenseamento da População, Profissão, Moradia e Trabalho", de 1982. Nesse julgamento, embora já existentes à época algumas legislações que tratavam dos dados pessoais, abordou-se pela primeira vez com mais profundidade o conceito do livre controle das próprias informações, cunhando-se a expressão autodeterminação informativa[9].

Questionava-se a constitucionalidade de lei que determinava a coleta de informações referentes ao local de trabalho, profissão e moradia dos cidadãos, para análise do crescimento populacional, distribuição espacial e atividades econômicas, entre outros.[10] A coleta era robusta; o censo era composto por mais de 160 perguntas e incluía a utilização de códigos individuais de identificação, sem qualquer limite explícito ao uso dos dados coletados.[11]

A *Volkszählungsgesetz* também previa multa alta ao cidadão que se recusasse a fornecer tais informações, além da possibilidade de cruzamento dos dados coletados com aqueles presentes em registros públicos, para confirmação de veracidade, e da transmissão anônima dos dados para órgãos públicos federais.[12]

Ao reconhecer a inconstitucionalidade parcial da lei, o Tribunal considerou nulos os artigos que permitiam a transferência para outros órgãos da administração, por não serem claros ou proporcionais. Ainda mais importante: o Tribunal tratou da proteção de dados como um direito fundamental autônomo, colocando o indivíduo como protagonista,[13] e afirmou que a necessidade e a utilização dos dados são tão determinantes quanto sua natureza.[14] Isto é, não se pode pensar em um dado pessoal isoladamente,

---

7. LEONARDI, Marcel. *Tutela e privacidade na internet*. São Paulo: Saraiva, 2012. p. 69.
8. MENDES, op. cit., Laura Schertel. *Privacidade, proteção de dados e defesa do consumidor*: linhas gerais de um novo direito fundamental. São Paulo: Saraiva, 2014. p. 29.
9. Embora apontando que a autodeterminação informativa não era um direito absoluto, o Tribunal Constitucional assim se manifestou: " (...) personal self-determination also presupposes — even in the context of modern information processing technologies — that individuals are to be afforded the freedom to decide whether to engage in or desist from certain activities, including the possibility of actually conducting themselves in accordance with their decisions. The freedom of individuals to make plans or decisions in reliance on their personal powers of self-determination may be significantly inhibited if they cannot with sufficient certainty determine what information on them is known in certain areas of their social sphere and in some measure appraise the extent of knowledge in the possession of possible interlocutors. A social order in which individuals can no longer ascertain who knows what about them [...] would not be compatible with the right to informational self-determination". A tradução em inglês dos principais trechos da decisão do Tribunal Federal Constitucional Alemão está disponível em: https://freiheitsfoo.de/census-act/. Acesso em: 13.12.2022.
10. MENDES. Op. cit., p. 30-31.
11. SAUAIA, Hugo Moreira Lima. *A proteção dos dados pessoais no Brasil*. Rio de Janeiro: Lumen Juris, 2018. p. 106.
12. MENDES. Op. cit., p. 31.
13. MENDES. loc. cit.
14. "(...) não se pode levar em consideração somente a natureza das informações; são determinantes, porém, a sua necessidade e utilização. Estas dependem de parte da finalidade para qual a coleta de dados é destinada, e de

sendo mais relevante vê-lo sob a ótica do potencial de cruzamento com outros, e dos danos que isso pode causar.

Sendo esses os dois grandes marcos normativos da evolução do direito à privacidade no exterior até atingir um mais recente direito fundamental à proteção de dados pessoais, passa-se a analisar a opção do legislador constituinte originário brasileiro de tratar da privacidade por diferentes ângulos, traduzindo-os em incisos específicos no rol de direitos fundamentais.

O constituinte positivou a regra geral de inviolabilidade da "intimidade, a vida privada, a honra e a imagem das pessoas, assegurado o direito a indenização pelo dano material ou moral decorrente de sua violação" (art. 5º, X, da Constituição), e também elencou direitos fundamentais específicos e derivados, de caráter instrumental, como a inviolabilidade do domicílio (inciso XI), e da correspondência e das comunicações telegráficas, de dados, e de comunicações telefônicas como regra (inciso XII). Diante do escopo do presente artigo, trataremos abaixo especificamente dos incisos X e XII.

O inciso XII, como visto, trata da inviolabilidade de diferentes comunicações, sendo a sua interpretação controvertida na doutrina e na jurisprudência.

Em primeiro lugar, destaca-se a discussão acerca de quais dados deveriam ser fornecidos ao Estado quando autorizados em ordem judicial. Embora nem sobre este aspecto haja unanimidade na doutrina, a literalidade do artigo parece indicar uma separação entre, de um lado, o sigilo da correspondência, das comunicações telegráficas e de dados e, de outro, o sigilo das comunicações telefônicas.[15] Nesta leitura, um possível primeiro argumento seria de que a correspondência, as comunicações telegráficas e de dados seriam sempre invioláveis, isto é, não poderiam ser alvo de mitigação sob nenhuma hipótese. Em contraste, a mitigação do sigilo das comunicações telefônicas seria autorizada por ordem judicial que observe hipóteses e forma prescritas em lei –

---

outra parte, da possibilidade de elaboração e de conexão próprias da tecnologia da informação. Nesta situação, um dado que, em si, não aparenta possuir nenhuma importância, pode adquirir um outro valor; portanto, nas atuais condições do processamento automático de dados, não existe mais um 'dado sem importância'". Cf. DONEDA, Danilo. *Da privacidade à proteção de dados pessoais*. Rio de Janeiro: Renovar, 2006. p. 195.

15. "Nossa interpretação é no sentido de que 'no último caso' refere-se apenas às comunicações telefônicas, pelas seguintes razões: Se a Constituição quisesse dar a entender que as situações são apenas duas, e quisesse que a interceptação fosse possível nas comunicações telegráficas, de dados e das comunicações telefônicas, a ressalva estaria redigida não como 'no último caso', mas como 'no segundo caso'. Ademais, segundo os dicionários, último significa derradeiro, o que encerra, e não, usualmente, o segundo. Por outro lado, a garantia constitucional do sigilo é a regra e a interceptação a exceção, de forma que a interpretação deve ser restritiva quanto a esta (*exceptiora non sunt amplianda*)". (GRECO FILHO, Vicente. *Interceptação telefônica: considerações sobre a Lei n. 9.296, de 24 de julho de 1996*. São Paulo: Saraiva, 1996, pp. 11-12); "A reiteração da palavra 'comunicações', antes de 'telefônicas', indica exatamente que a exceção constitucional só a estas se refere. É essa a única explicação para a repetição (e por isso a Comissão de Redação a introduziu), pois se a ressalva se referisse a todo o segundo grupo, teria sido suficiente dizer comunicações telegráficas, de dados e telefônicas. Desse modo, parece que o dispositivo em questão é efetivamente inconstitucional, salvo se se der ao termo 'comunicações telefônicas' a acepção de 'comunicações pela via telefônica', o que também é de difícil aceitação". (GRINOVER, Ada Pellegrini. O regime brasileiro das interceptações telefônicas. *Revista de Direito Administrativo*, Rio de Janeiro, v. 207, p. 21-38, jan. 1997. ISSN 2238-5177. Disponível em: <http://bibliotecadigital.fgv.br/ojs/index.php/rda/article/view/46935/46291>. Acesso em: 25.10.2019).

indicando, portanto, desde aquele momento, a necessidade de lei que regulamentasse especificamente a matéria – e desde que isto estivesse restrito a fins de investigação criminal ou instrução processual penal.

Embora o texto não afirme especificamente que o objeto de tutela seja o fluxo das comunicações (e não as comunicações *per se*), assim entendeu relevante parte da doutrina e da jurisprudência. A diferenciação é feita para dar maior sentido ao dispositivo, diferenciando-o do inciso X do mesmo artigo. E partindo deste pressuposto de que o inciso disciplina o fluxo, a diferenciação de tratamento a ser concedido a cada tipo de troca de comunicações também era justificada à luz daquele tempo.

De fato, encerrado o fluxo da correspondência, das comunicações telegráficas e de dados, estes, como regra, serão armazenados em determinado local, e poderão ser alvo de medida constritiva posterior. Por outro lado, as comunicações telefônicas – e aqui entendidas as comunicações por voz feitas por meio de chamadas telefônicas, e não a troca de dados entre aparelhos telefônicos – integram meio de comunicação em que finalizada a transmissão, não haveria disponibilidade sobre o conteúdo da conversa. Ainda que houvesse registro da existência de determinada ligação, seu conteúdo não teria sido registrado, impedindo seu acesso pelo Estado. Por isso, o constituinte originário optou por permitir o acesso ao fluxo das comunicações telefônicas, embora reconhecendo a necessidade de que isto se desse de forma excepcional.

A interpretação do artigo 5º, XII, da Constituição que se firmou na jurisprudência dos Tribunais Superiores ao longo de anos teve como uma de suas bases principais artigo do Professor Tércio Ferraz Sampaio.[16] Neste sentido, destaque é feito a precedente de lavra do Ministro Sepúlveda Pertence, que indicou que a única exceção à regra geral

---

16. "Admitimos, em resumo, que o inciso XII do art. 5º da CF trata, em síntese, do direito à inviolabilidade do sigilo da comunicação, o qual tem por conteúdo a faculdade de manter sigilo e por objeto a liberdade de negação. A faculdade referida significa, para o sujeito, que ele pode restringir os endereçados do seu ato comunicativo e, em decorrência, para os demais (os outros) vigora um veto à entrada nessa comunicação, sem consentimento do sujeito - emissor e receptor da mensagem. Quando, pois, alguém - intercepta uma mensagem, por exemplo abre uma carta que não lhe foi endereçada, comete uma violência contra a faculdade de manter sigilo e viola a liberdade de negação. Não importa se, na carta, esteja apenas a reprodução de um artigo de jornal publicado na véspera. O direito terá sido violado de qualquer modo, pois a proteção não é para o que consta da mensagem (tecnicamente, o chamado relato comunicado), mas para a ação de enviá-la e recebê-la" (p. 447), e "(...) toma seu correto sentido o disposto no inciso XII do art. 5º da CF quando ali se admite, apenas para a comunicação telefônica e, assim mesmo, só para fins de investigação criminal ou instrução processual penal, por ordem judicial, a quebra do sigilo. Conquanto haja quem caminhe para uma interpretação literal deste texto, não nos parece razoável aceitá-la na sua inteira singeleza. Note-se, antes de mais nada, que dos quatro meios de comunicação ali mencionados - correspondência, telegrafia, dados, telefonia - só o último se caracteriza por sua instantaneidade. Isto é, a comunicação telefônica só é enquanto ocorre. Encerrada, não deixa vestígios no que se refere ao relato das mensagens e aos sujeitos comunicadores. É apenas possível, a posteriori, verificar qual unidade telefônica ligou para outra. A gravação de conversas telefônicas por meio chamado "grampeamento" é, pois, uma forma sub-reptícia de violação do direito ao sigilo da comunicação mas, ao mesmo tempo, é a única forma tecnicamente conhecida de preservar a ação comunicativa. Por isso, no interesse público (investigação criminal ou instrução processual penal), é o único meio de comunicação que exigiu, do constituinte, uma ressalva expressa. Os outros três não sofreram semelhante ressalva porque, no interesse público, é possível realizar investigações e obter provas com base em vestígios que a comunicação deixa: a carta guardada, o testemunho de quem leu o nome e do endereçado e do remetente, ou de quem viu a destruição do documento, o que vale também para o telegrama, para o telex, para o telefax, para a recepção da mensagem de um computador para

de inviolabilidade dos fluxos estava especificamente nas comunicações telefônicas. O racional se pautava nas características particulares do meio de comunicação, como a efemeridade. Não interceptada a comunicação em curso, não haveria qualquer maneira posterior de se ter acesso ao seu conteúdo. Em contraste, outras formas de comunicações, como a de dados, deixariam registros que poderiam ser alvo de busca e apreensão pelas autoridades.[17]

Ao mesmo tempo em que a única forma de preservação de prova estaria na interceptação do fluxo da comunicação telefônica, o constituinte tinha ciência do potencial lesivo da medida, que se confirma quando se considera o número de sujeitos possivelmente afetados, e o fato de que a medida captará muito além de informações que possam ser úteis para determinada investigação. Isto contrasta com a comunicação telegráfica ou em correspondência, em que o fluxo da informação se dá de forma mais limitada em extensão e, na maioria das vezes, entre duas pessoas.

Diante destas particularidades, era necessário que a exceção legal fosse disciplinada com rigor pelo legislador infraconstitucional, evitando uma banalização de medida que deveria ser de *ultima ratio*. A parcela final do inciso XII foi então regulamentada pela Lei de Interceptações Telefônicas (Lei Federal 9.296/1996), que disciplina a interceptação de comunicações telefônicas, de qualquer natureza, para prova em investigação criminal e em instrução processual penal (art. 1º). A Lei menciona, ainda em seu primeiro artigo, que também é aplicável ao fluxo de comunicações realizado em sistemas de informática e telemática, o que embora seja uma tentativa de endereçar o avanço tecnológico ocorrido entre a Constituição e a elaboração da lei ordinária, parece extrapolar o que havia sido determinado pelo constituinte.[18]

O legislador ordinário trouxe diferentes requisitos que deverão ser observados pelo magistrado ao deferir a medida. Deve-se estar diante de indícios razoáveis da autoria ou participação em infração penal, a prova não deve poder ser feita por outros meios disponíveis, e o fato investigado deve constituir infração penal punida, no máximo, com pena de detenção (art. 2º).

---

outro etc." (FERRAZ JUNIOR, Tércio Sampaio. Sigilo de dados: o direito à privacidade e os limites à função fiscalizadora do Estado. *Revista Da Faculdade De Direito*, Universidade De São Paulo, 88, p. 447-448).

17. "Seja qual for o conteúdo da referência dada no inciso XII, este é absolutamente inviolável. O que, a meu ver, mostra, para não se chegar a uma desabrida absurdidade da Constituição, a ter que concluir que se refere à comunicação de dados. Só, afinal, a telefônica é relativa, porque pode ser quebrada por ordem judicial, o que é fácil de entender pois a comunicação telefônica é instantânea, ou se colhe enquanto ela se desenvolve, ou se perdeu a prova; já a comunicação de dados, a correspondência, a comunicação telegráfica, não, elas deixam provas que podem ser objeto de busca e apreensão. O que se proíbe é a intervenção de um terceiro num ato de comunicação, em todo o dispositivo, por isso só com relação à comunicação telefônica se teve de estabelecer excepcionalmente a possibilidade de intervenção de terceiros para se obter esta prova, que de outro modo perder-se-ia." (STF, Mandado de Segurança 21.729/DF, rel. Min. Marco Aurélio, Voto do Min. Sepúlveda Pertence, j. 19.10.2001).

18. Muito se discute doutrinariamente acerca do efetivo conteúdo de tal direito fundamental, o que inclusive é capaz de levar à inconstitucionalidade da lei em questão quando pretende abranger fluxos de comunicações fora do âmbito daquelas telefônicas. Neste sentido, vide a Ação Direta de Inconstitucionalidade 4.112-DF.

Embora existam inúmeras dúvidas sobre os limites do artigo 5º, XII, como se viu, o desenvolvimento doutrinário e jurisprudencial ao longo dos anos trouxe alguns contornos mais claros ao dispositivo. Contudo, ao se entender que este estaria limitado ao fluxo de diferentes formas de comunicações, surge a dúvida acerca do tratamento que deveria ser dispensado às comunicações e dados armazenados. Há duas formas de se ver a questão: a de que dados armazenados, por não estarem no bojo do inciso XII, não teriam proteção constitucional,[19] ou que esta se extrairia do inciso X. Sobre este ponto, o mencionado escrito de Ferraz já indicava a aplicabilidade da segunda corrente, mas o Supremo Tribunal Federal não incorporou a defesa do autor sobre este ponto em seus mencionados precedentes.[20]

Se à época havia dúvidas de que dados em si seriam merecedores de tutela, talvez diante do volume de dados armazenados ser muito inferior aos dias atuais, hoje em dia não parece haver espaço para se defender esta posição. A razoabilidade impõe que caso se parta de um pressuposto de que o inciso XII protege apenas o fluxo de comunicações, na ausência de uma norma instrumental relacionada às comunicações e dados armazenados que possam afetar a vida privada, estes deveriam ser tutelados pelo inciso X,[21]

---

19. Veja-se, neste sentido, ilustrativamente, o Recurso Especial n. 1.782.386/RJ, no qual o Superior Tribunal de Justiça entendeu que dados de agendas telefônicas não estavam protegidos pelo texto constitucional.
20. "A incorporação de "Sigilo de dados" pelo STF, contudo, foi seletiva. A obra só foi citada nos trechos em que se caracterizava a proteção constitucional do "sigilo de dados" presente no artigo 5º, inciso XII – isto é, firmando o entendimento de que esta proteção se volta à comunicação de dados e não aos dados em si. Se essa não chega a ser uma leitura equivocada do artigo, pois a distinção entre dados em trânsito e dados armazenados de fato está nele, ela deixa de fora, ao mesmo tempo, um ponto relevante do argumento completo do autor: para além da distinção entre dados armazenados ou em trânsito comunicativo, Ferraz Júnior também afirmava que, embora a proteção constitucional do sigilo (inc. XII do art. 5º) não alcançasse dados armazenados, o acesso a eles seria balizado pela guarida constitucional da privacidade (inc. X do mesmo artigo). Isto é, seria relevante avaliar em que medida o acesso aos dados armazenados no *hard disk* violaria a intimidade do indivíduo: mesmo que eles não pudessem ser chamados de "sigilosos", nada impedia que fossem considerados, por exemplo, "íntimos", e contassem com proteção condizente a esse *status*. A despeito disso, considerações sobre intimidade e potencial violação ao art. 5º, inciso X não integraram a análise do STF em qualquer um desses casos. A recuperação de considerações desse tipo mostra-se, hoje, mais necessária do que nunca. A essa tarefa, dedica-se a seção final do artigo." (QUEIROZ, Rafael Mafei Rabelo; PONCE, Paula Pedigoni. Tércio Sampaio Ferraz Júnior e Sigilo de Dados: O direito à privacidade e os limites à função fiscalizadora do Estado: o que permanece e o que deve ser reconsiderado. São Paulo: *Revista InternetLab*, n. 1, v. 1, p. 73-74), e "Todos esses dados, embora não acobertados pelo sigilo do inc. XII (exceto quando estiverem em fluxo comunicativo), seguem protegidos, segundo Ferraz Júnior, pela dimensão da privacidade. Esta questão importa para um debate teórico hoje existente: a crescente quantidade de informações íntimas armazenadas em servidores de *e-mails* e aplicações de troca de mensagens tem forçado à interpretação de que a distinção entre dados em trânsito e dados armazenados, para fins de proteção à privacidade, perderia sentido (Quito, 2018; Sidi, 2016). Se é verdade que Ferraz Júnior guardava a característica da inviolabilidade aos dados em trânsito, a integralidade do argumento exposto em "Sigilo de dados" mostra que é possível dar proteção a dados armazenados pelo reconhecimento de sua pertinência à privacidade – e até mesmo à intimidade – dos indivíduos. O dilema entre a inviolabilidade dos dados em trânsito e a vulnerabilidade dos dados armazenados, na leitura de Ferraz Júnior, é falso: mesmo reconhecendo a distinção entre dados em fluxo de comunicação e dados estáticos, esses últimos podem estar abarcados com proteção máxima à intimidade de seu titular." (QUEIROZ, Rafael Mafei Rabelo; PONCE, Paula Pedigoni, op. cit., p. 76-77).
21. Assim também se manifestou a Ministra Rosa Weber em seu voto na ADI 5.527: "O art. 5º XII protege, cumpre salientar, a comunicação dos dados, o evento pelo qual dados ou informações são transmitidos ou recebidos do ponto A ao ponto B. Já a proteção do sigilo de dados armazenados tem amparo no art. 5º, X, da CF, como decorrência do direito à privacidade. Essa distinção é especialmente relevante para a devida compreensão da diferença entre as hipóteses dos incisos II e III do art. 7º, bem como dos §§ 1º e 2º do art. 10 da Lei 12.965/2014".

que traz a inviolabilidade da intimidade, da vida privada, da honra e da imagem das pessoas. Tal proteção é reforçada pelo mais recente direito fundamental positivado, de proteção de dados pessoais, previsto no inciso LXXIX.

Embora seja intuitiva a necessidade de tutela constitucional ao dado armazenado que se relacione à vida privada, o texto do inciso X traz alguma dificuldade para se chegar a tal conclusão. O inciso, assim como se dá no inciso XII, inicia-se pela expressão inviolável, o que poderia se traduzir como um impedimento para que comunicações armazenadas fossem acessíveis ao Estado *per se*. Haveria, então, vedação automática de acesso aos dados armazenados relacionados à vida privada.

A escolha da palavra inviolabilidade não deveria ser minimizada. O constituinte a empregou apenas onze vezes ao longo do texto (art. 5º, *caput*, VI, X, XI, XII, art. 27, § 1º, 29, VIII, art. 53, 133, 139, III), e em alguns dispositivos indicou quando esta deveria ser excepcionada, como no caso da inviolabilidade do domicílio, que é mitigada apenas "em caso de flagrante delito ou desastre, ou para prestar socorro, ou, durante o dia, por determinação judicial" (art. 5º, XI). Fora destas hipóteses trazidas no próprio artigo, o domicílio é inviolável em sua concepção mais robusta, não devendo comportar exceções que estejam fora do texto constitucional.

Ademais, entender pela impossibilidade de acesso ao dado armazenado relacionado à vida privada por conta do emprego da palavra inviolabilidade também é condizente com a interpretação da mesma inviolabilidade dos fluxos de comunicações, salvo as telefônicas. Isto faria com que a escolha da mesma palavra levasse a conclusão idêntica.

Ao mesmo tempo, inexistindo um direito absoluto à privacidade, a interpretação mais razoável poderia estar em uma presunção forte de que os dados armazenados relacionados à vida privada deverão ser protegidos, sem que isto impeça, contudo, uma ponderação de direitos dentro de uma situação concreta. Assim como a liberdade de crença não se presta a garantir imunidade a crimes que possam ocorrer no bojo de determinados rituais, ou como a imunidade parlamentar não é capaz de proteger aquele incumbido do múnus público de responsabilização por falas criminosas na tribuna, é difícil argumentar a favor de um direito absoluto à privacidade.

Diante deste cenário, a ideia que se defende é de que dados armazenados relacionados à vida privada são tutelados pelo inciso X, e que devem ter um alto grau de proteção, justificado pelo emprego da palavra inviolável. Assim, é parâmetro mínimo para o seu acesso que haja ordem judicial específica e que pondere no caso concreto as razões pelas quais a privacidade – inviolável como regra – deveria ser mitigada, em um exercício de ponderação delicado e com alto grau de ônus argumentativo. Não se deve admitir o acesso a dados pessoais armazenados sem que observados tais parâmetros constitucionais.

Embora a análise dos aspectos anteriores leve à defesa da prevalência de tal interpretação do inciso X, suscita certo embaraço a essa linha argumentativa o fato de que o constituinte emprega a expressão inviolável também no já endereçado inciso XII. Caso a inviolabilidade pudesse ser sempre mitigada, seria admissível até mesmo a quebra do fluxo de correspondências, das comunicações telegráficas e de dados, diante de uma ponderação por ordem judicial. Isto seria contraditório com única exceção criada pelo próprio constituinte às comunicações telefônicas.

Diante deste desconforto trazido pela tentativa de melhor interpretar o texto, parece-nos que a saída está em se entender que a intervenção em tais fluxos simplesmente não seria justificada, pois haveria, como regra, depósito registral daquelas informações quando encerrado o fluxo, e que poderia ser alvo de apreensão. Isto, inclusive, traz dúvidas quanto à constitucionalidade do artigo 7º, II, da Lei Federal 12.965/2014 (Marco Civil da Internet), que permite o acesso ao fluxo das comunicações pela internet – dados, portanto –, salvo por ordem judicial, e na forma da lei.

E mais: ainda que se argumentasse pela possibilidade de interceptação do fluxo destas outras comunicações com base neste dispositivo, não há dúvidas de que deveria haver regulamentação, sob pena de se criar critérios diversos e mais brandos para a sua interceptação, enquanto existem critérios mais restritivos para a interceptação do fluxo de comunicações telefônicas, o que seria totalmente incompatível com a intenção do constituinte originário.

No mais, ainda que não houvesse proteção aos dados armazenados por força do inciso X, como já mencionado, esta se daria pela recente positivação de um direito fundamental à proteção dos dados pessoais, inserido no inciso LXXIX do art. 5º da Constituição. Se havia qualquer dúvida de que dados armazenados eram protegidos diante de uma dicotomia entre incisos X e XII, o novo texto constitucional afasta qualquer dúvida, já havendo inclusive votos no bojo de ações constitucionais declarando que o fornecimento do conteúdo de mensagens deve ser dar apenas no contexto da instrução criminal,[22] sob pena de se frustrar a tutela pretendida pelo legislador originário.

A despeito de toda a relevante discussão acerca dos limites dos dispositivos citados, a diferença entre o tratamento da privacidade prevista no inciso X e a tutela do fluxo das comunicações prevista no inciso XII vem perdendo força. Já há decisões, embora em número não representativo, destacando inclusive ter havido mutação constitucional sobre o inciso XII.[23] Isto não poderia ser diferente, na medida em que as pegadas digitais dos

---

22. "O art. 5º, XII, da CF, a seu turno, não dá margem a exegese outra que não a de que a lei somente pode autorizar a suspensão do sigilo de comunicações privadas para fins de investigação criminal ou instrução processual penal. Trata-se de limite ao alcance da atividade legislativa, adstrita que está aos contornos traçados na Lei Maior. Ainda que a legislação não estampe no próprio texto a limitação do seu alcance, é dever do intérprete atentar para a regência constitucional ao aplicar a lei no caso concreto. Entendo, nessa linha de raciocínio, que a adequada exegese dos arts. 7º, II e III, e 10, § 2º, do Marco Civil da Internet, à luz do art. 5º, XII, da Constituição da República, conduz à conclusão inequívoca de que, à maneira das comunicações telefônicas, a inviolabilidade do sigilo das comunicações realizadas pela internet somente pode ser excepcionada, por ordem judicial, no âmbito da persecução penal. Na expressa dicção da Constituição, 'para fins de investigação criminal ou instrução processual penal'. Voto da Ministra Rosa Weber na ADI 5.527/DF. Disponível em: http://www.stf.jus.br/arquivo/cms/noticiaNoticiaStf/anexo/ADI5527voto.pdf.
23. Sob o ponto de vista da equivalência necessária da tutela, destaca-se recente decisão proferida pelo e. STF: "No julgamento do HC 91.867/PA (Segunda Turma, de minha relatoria, DJe 20.9.2012), destaquei a diferença entre comunicação telefônica e registros telefônicos, os quais receberiam proteção jurídica distinta. Naquela oportunidade, defendi a impossibilidade de interpretar-se a cláusula do artigo 5º, XII, da CF, no sentido de proteção

indivíduos alcançam dimensões nunca antes vistas. As gerações mais recentes muitas vezes têm à disposição imagens suas, armazenadas em nuvem, desde seus primeiros dias. O mesmo se dá em relação ao conteúdo de suas comunicações, armazenados sem critério ou limite temporal diante do cada vez maior poder de estocagem dos dispositivos eletrônicos.

Diante desta nova realidade, imaginar que a interceptação de fluxo de comunicações telefônicas é mais gravosa do que acessar dados armazenados *ad eternum* é ser alheio à realidade. Também por isso, é premente a urgência de que seja regulado o acesso aos diferentes tipos de dados armazenados que integram e moldam as características de cada pessoa. Não é mais razoável que para a interceptação de conversas telefônicas existam critérios previstos em lei, e que para diferentes dados armazenados se entenda que não haveria proteção constitucional, ou que bastaria ordem judicial sem que observados critérios objetivos mínimos positivados para que tal intervenção altamente prejudicial ocorra na privacidade de determinada pessoa. É preciso avançar, com urgência, na disciplina desta matéria.

Estabelecidas as bases constitucionais aplicáveis ao fluxo e às comunicações armazenadas, passa-se a analisar um meio técnico específico, isto é, a criptografia de *ponta-a-ponta*, que impede a interceptação do fluxo de dados, e o questionamento existente à sua legalidade.

3. MEIOS TÉCNICOS DE PROTEÇÃO À PRIVACIDADE: O CASO DA CRIPTOGRAFIA DE *PONTA-A-PONTA*

Embora existam diferentes tipos de criptografia, para fins deste artigo, considera-se a criptografia de *ponta-a-ponta* um processo técnico em que um algoritmo converte os caracteres de uma conversa em um formato ilegível. A tecnologia faz uso de um sistema de chaves, em que apenas as pontas comunicantes são capazes de ter acesso ao conteúdo decriptado. Neste modelo, nem mesmo as empresas responsáveis pelos meios de comunicação têm acesso ao conteúdo das mensagens. A criptografia também é técnica capaz de assegurar a integridade dos dados, garantindo que não haja, por exemplo, intervenção no fluxo por um terceiro, que poderia realizar alterações nas mensagens sendo trocadas.

A escolha deste mecanismo de proteção por provedores de aplicação se justifica por diferentes razões, que vão desde questões ideológicas de seus desenvolvedores – permitindo a comunicação segura e privada mesmo em países ditatoriais – e de apelo mercadológico, viabilizando a promoção destas empresas como efetivamente preocupadas com a privacidade de seus usuários.

---

aos dados enquanto registro, depósito registral, porquanto a proteção constitucional seria da comunicação, e não dos dados. Creio, contudo, que a modificação das circunstâncias fáticas e jurídicas, a promulgação de leis posteriores e o significativo desenvolvimento das tecnologias da comunicação, do tráfego de dados e dos aparelhos smart phones leva, nos dias atuais, à solução distinta. Ou seja, penso que se está diante de típico caso de mutação constitucional" (STF, HC 168.052, 2ª Turma, Rel. Min. Gilmar Mendes, j. em 20.10.2020).

No Brasil, o arcabouço jurídico aplicável a provedores de aplicações possui como base principal três diplomas legais: o Marco Civil da Internet (Lei Federal 12.965/2014), seu Decreto Regulamentador (Decreto Federal 8.771/2016) e a Lei Geral de Proteção de Dados Pessoais (Lei Federal 13.709/2018).

O Marco Civil da Internet é reconhecido internacionalmente com uma legislação líder na proteção da privacidade na internet, tendo sido celebrado por diferentes atores quando de sua promulgação. A Lei teve como pano de fundo o contexto de fortalecimento do direito à privacidade no Brasil, tendo sido fortemente impactada pelo acesso ilícito aos e-mails da Presidente Dilma Rousseff por órgãos de inteligência norte-americanos. Diante disso, a lei teve seu ritmo agilizado, sem que perdesse sua característica de ser guiada por um profundo espírito democrático e com ampla participação de diferentes setores.

Embora traga em seu texto diversos elementos de que pretendia, acima de tudo, preservar a privacidade e segurança dos titulares de dados, a lei é incipiente em relação aos meios técnicos para fazê-lo. O Marco Civil nada diz expressamente a respeito de criptografia, por exemplo.

O Decreto Regulamentador, por sua vez, vai um pouco além, trazendo que provedores de aplicações devem, na guarda, armazenamento e tratamento de dados pessoais e comunicações privadas, observar diretrizes sobre padrões de segurança, incluindo o uso de soluções de gestão dos registros por meio de técnicas que garantam a inviolabilidade dos dados, como encriptação ou medidas de proteção equivalentes (art. 13, IV).

Deve-se destacar, por fim, a aplicabilidade da Lei Geral de Proteção de Dados à matéria. Embora seu art. 4º indique que não se aplica ao tratamento de dados pessoais realizado para fins exclusivos de segurança pública, a lei traz, em seu artigo 6º, o princípio da segurança, que exige a adoção de medidas técnicas e administrativas aptas a proteger os dados pessoais de acessos não autorizados ou de acidentes no tratamento. E mais: em seu artigo 44, quando trata da responsabilização civil dos agentes de tratamento, a lei estabelece que o tratamento é considerado irregular quando não fornecer a segurança que o titular dele pode esperar, devendo, para tanto, ser consideradas circunstâncias como as técnicas disponíveis na época em que foi realizado. Estes dispositivos reforçam a legalidade de meios que busquem garantir maior proteção ao conteúdo das mensagens dos usuários.

Diante do status normativo daquele momento (que ainda não incluía a Lei Geral de Proteção de Dados), diferentes decisões judiciais proferidas no bojo de investigações criminais entenderam que empresas de tecnologia, em especial o WhatsApp, deveriam interceptar o fluxo de dados (mensagens) trocados por meio do aplicativo, fornecendo-as de modo decriptado. A empresa, embora fosse capaz de fornecer outros dados dos usuários que poderiam auxiliar nas investigações, afirmava sua impossibilidade técnica de fornecer o conteúdo das comunicações, indicando também que qualquer alteração em seu sistema para o fornecimento de tais dados, no fundo, tornaria a tecnologia inócua para todos. Trata-se de tecnologia em que ou todos os usuários ao redor do mundo estão protegidos, ou nenhum está, pois terceiros mal-intencionados poderiam explorar as vulnerabilidades criadas no aplicativo para se apropriar de mensagens enviadas por meio daquele.

O argumento principal está na integridade do sistema, pois inserida uma porta dos fundos para permitir a visualização das mensagens pelo Estado, esse mesmo caminho poderia ser explorado de forma indevida por terceiros que observam os códigos dos aplicativos para encontrar vulnerabilidades. Tratava-se, portanto, de um sistema de proteção de tudo ou nada.

Ainda assim, diferentes juízes estaduais determinaram, também com ilegal base no Marco Civil da Internet, a suspensão das atividades do aplicativo no Brasil. A *ratio* principal das decisões estava no dever de empresas privadas cooperarem com o Judiciário brasileiro. Diante de uma negativa de empresas estrangeiras de fornecer o conteúdo das mensagens, pautados em argumentos de proteção à soberania nacional, magistrados também entendiam que o interesse público na persecução criminal superava o privado de manter comunicações inacessíveis.[24]

Criou-se então cenário que foi construído como de suposto confronto entre interesses individuais, de proteção à atividade empresarial e da privacidade de usuários de um lado, e de outro, interesses coletivos de persecução crimina, materializados na possibilidade de se obter o conteúdo de mensagens trocadas por possíveis criminosos. Aqui, é preciso abrir breve aparte sobre dois pontos relevantes.

Primeiro, embora não se possa desconhecer possíveis interesses conflitantes em jogo, não se pode deixar de registrar que a dicotomia entre interesse público e privado é falaciosa,[25] pois a própria segurança do Estado depende de meios tecnológicos que garantam a proteção das comunicações trocadas entre seus agentes. Segundo, muito da lógica utilizada em tal dicotomia está no pressuposto implícito de que aquele que não tem nada a esconder, não temeria fazer uso de técnicas de mensageria mais vulneráveis em prol de um suposto maior de sucesso das atividades de persecução criminal.[26] A lógica é em muito ultrapassada, e desconsidera ou minimiza que mesmo não criminosos possuem uma esfera de intimidade que não deve ser devassada pelo Estado.

---

24. "(...) este é o temor em relação à interpretação dos princípios se deixada a cargo unicamente da consciência do magistrado ou da jurisprudência em geral, sem que a doutrina exerça o papel primordial de dotar de cientificidade os conceitos jurídicos, estejam eles contidos em princípios ou em regras que expresses ou não valores fundamentais. Em nosso caso, aliás, o problema é de maior monta: aqui, se os juízes exageram, temos em lugar do direito o puro arbítrio" (BODIN DE MORAES, op. cit., p. 68).

25. "Com cada vez mais frequência aumentam os pontos de confluência entre o público e o privado, não havendo, em relação a estes, uma delimitação precisa. O interesse público e o interesse privado, ao contrário, fundem-se. Tal convergência faz-se notar em todos os campos do ordenamento, seja em virtude do emprego de instrumentos privados por parte do Estado, em substituição aos arcaicos modelos autoritários, seja na elaboração da categoria de direitos difusos ou supra-individuais; sena, no que tange aos institutos privados na atribuição de função social à propriedade, na determinação imperativa do conteúdo de negócios jurídicos, na objetivação da responsabilidade e na obrigação legal de contratar" (BODIN DE MORAES, op. cit., p. 10).

26. "Revelam-se, no contexto atual, especialmente assustadoras as medidas tomadas na linha do falacioso slogan 'menos privacidade, mais segurança'. Rodotà recorda a metáfora do homem de vidro, de matriz nazista, em que se baseia a pretensão do Estado de conhecer tudo, até os aspectos mais íntimos da vida dos cidadãos, transformando automaticamente em 'suspeito' aquele que quiser resguardar a sua vida privada. Mencionando o famoso argumento de que 'quem não tem nada a esconder nada deve temer' o autor não se cansa de amoestar que o emprego das tecnologias da informação coloca justamente o cidadão que nada tem a temer numa situação de risco e de discriminação". (BODIN DE MORAES. Op. cit., p. 142).

A dicotomia em questão tampouco resiste ao fato de que embora o conteúdo das mensagens não seja acessível, diferentes dados não encriptados são fornecidos por empresas de tecnologia em resposta a ordens judiciais, e que podem efetivamente contribuir com investigações. É o caso dos chamados metadados, que incluem dados de cadastramento dos usuários, registro de acesso a aplicações, e outros disponíveis, que garantem, por meio do cruzamento de dados, técnicas efetivas de investigação.

Diante da gravidade das sanções aplicadas ao WhatsApp, que interromperam a comunicação de milhões de usuários no Brasil e também em países de fronteiriços, as ordens de suspensão foram, em sua grande maioria, revertidas poucas horas depois. O principal argumento utilizado por magistrados de segunda instância estava na desproporcionalidade das ordens, que a um só tempo prejudicavam a empresa, mas também milhões de usuários no Brasil e no exterior, que se encontravam privados de se comunicar. Nestas decisões, pouco se discutia sobre a questão de mérito maior, isto é, se determinada empresa deveria ser forçada a alterar seus sistemas que protegiam as comunicações de seus usuários, e se a própria criptografia de *ponta-a-ponta* era constitucional.

Por conta de tais ordens de suspensão, foram também ajuizadas duas ações de controle concentrado de constitucionalidade perante o Supremo Tribunal Federal. Em 03/05/2016, foi ajuizada a Ação de Arguição de Preceito Fundamental 403, pelo Partido Cidadania,[27] tendo a Ação Direta de Inconstitucionalidade 5.527 sido ajuizada pelo Partido da República, em 16/05/2016.[28]

No bojo da primeira, quando da 4ª ordem de suspensão do aplicativo, determinada pela Vara Criminal de Duque de Caxias, foi requerida medida de urgência para que fossem suspensos os efeitos da decisão. À época, o então Presidente do Supremo Tribunal Federal, Ricardo Lewandowski, proferiu decisão em regime de plantão, determinando que as atividades do WhatsApp fossem reestabelecidas, pois a determinação "viola[va] o preceito fundamental da liberdade de expressão aqui indicado, bem como a legislação de regência sobre o tema. Ademais, a extensão do bloqueio a todo território nacional afigura-se, quando menos, medida desproporcional (...)". A suspensão foi também determinada pelo Desembargador Relator de Mandado de Segurança impetrado pela empresa perante o Tribunal de Justiça do Rio de Janeiro.

Ambas as ações de controle concentrado de constitucionalidade mencionadas seguem pendentes de apreciação pelo colegiado do Supremo Tribunal Federal, tendo já sido proferidos os votos dos Ministros Relatores Edson Fachin e Rosa Weber, da ADPF

---

27. No resumo feito pelo Ministro Edson Fachin em seu voto proferido nesta ação, ele afirma: "Com efeito, o objeto da presente arguição é (i) saber se é constitucional a ordem judicial de acesso por órgãos do Estado ao conteúdo de comunicações protegidas por criptografia, conforme previsão constante do art. 7º, II, do Marco Civil da Internet; e, em sendo constitucional, (ii) saber se a sanção prevista no inciso II do mesmo diploma legal pode ser aplicada pelo Poder Judiciário".

28. No resumo feito pela Ministra Rosa Weber em seu voto proferido nesta ação, ela afirma: "O que se busca, em última análise, é o reconhecimento da inconstitucionalidade das sanções correspondentes à suspensão temporária das atividades e à proibição do seu exercício impostas a empresa responsável por plataforma de comunicação via Internet pelo descumprimento de ordem judicial de disponibilização do conteúdo de mensagens privadas dos usuários".

403 e da ADI 5.527, respectivamente. Em seus votos, resumidamente, os Ministros consideraram que seria ilícito que o Estado determinasse à empresa que alterasse seu modelo lícito de criptografia de *ponta-a-ponta*.

Em seu voto, a Ministra Rosa Weber entendeu pela constitucionalidade dos artigos 7º e 10, do Marco Civil da Internet, e afirmou que de acordo com o artigo 5º, XII, o sigilo das comunicações telegráficas, de dados e das comunicações telefônicas poderia ser levantado por ordem judicial na forma prevista em lei, desde que para fins de investigação criminal ou instrução processual penal. Em trecho específico de seu voto, parece entender que mesmo o fluxo de comunicações que não as telefônicas poderia ser interceptado. Considera, de todo modo, que a criptografia traz inúmeros fins positivos para a coletividade, afirmando que não seria possível, a longo prazo, se entender existente um *trade-off* entre segurança pública e privacidade.

O Ministro Fachin, por sua vez, na ação de sua relatoria, considerou que a criptografia é um meio de assegurar a proteção de outros direitos fundamentais, como a liberdade de expressão, em uma sociedade democrática. Além disso, considerou que a internet segura é um direito de todos. Em seguida, realizou uma análise de proporcionalidade de eventual proibição da criptografia, e entendeu, ao fim, pela inconstitucionalidade de qualquer sanção que pretenda forçar empresas a fornecer o conteúdo decriptado das mensagens de seus usuários.[29]

Em paralelo, outros Tribunais estaduais e federais e, posteriormente, o Superior Tribunal de Justiça, apreciaram a questão da criptografia em casos individuais, nos quais multas haviam sido aplicadas ao WhatsApp pelas mesmas razões. O principal julgamento se deu no Recurso em Mandado de Segurança 60.531, no qual o Superior Tribunal de Justiça trouxe diferentes ponderações acerca dos princípios em potencial conflito, tendo, ao fim, seguido o racional externado pelos votos dos Ministros Edson Fachin e Rosa Weber nas ações de controle concentrado. A votação foi unânime, tendo sido vencido apenas o Ministro Nefi Ribeiro, que dava provimento ao Recurso Ordinário da empresa, mas por motivos diversos, por entender que as *astreintes* aplicadas seriam ilegais no bojo de um processo de natureza criminal, por falta de previsão legal e vedada analogia. Desde então, assim vem se posicionando o Tribunal em diferentes outros casos, sendo que outros recursos estão pendentes no Supremo Tribunal Federal, aguardando o desfecho das ações constitucionais já citadas.

Diante do cenário narrado, a jurisprudência vem se encaminhando para declarar a constitucionalidade da criptografia de *ponta-a-ponta*, que protege, de forma eficaz, o fluxo de comunicações de dados entre os usuários. As decisões estão, a nosso ver, em conformidade com o arcabouço constitucional e infraconstitucional, sendo a criptografia meio adequado e necessário de proteger a privacidade e os dados pessoais de titulares, em especial em tempos que tais aplicativos ganharam dimensão relevantíssima para a coletividade.

---

29. O julgamento foi interrompido em 28/05/2020 pelo pedido de vista realizado pelo Ministro Alexandre de Moraes, tendo sido novamente liberado pelo Ministro para julgamento pelo plenário em 06/03/2023.

4. CONCLUSÃO

Ao longo do presente artigo pretendemos endereçar as diferentes facetas do direito à privacidade, com foco especial na proteção das comunicações, seja por meio de seu fluxo, seja por meio de dados armazenados. A disciplina constitucional sobre a matéria não é simples, sendo a linguagem utilizada pelo constituinte pouco clara e originadora de diferentes dúvidas e debates na jurisprudência e na doutrina.

Após conceituar os potenciais limites do artigo 5º, X e XII, da Constituição, apresentamos a conclusão de que em que pese a falta de clareza do texto, não haveria dúvidas de que dados pessoais e comunicações armazenados deveriam ser tutelados pelo texto constitucional. Isto é reforçado pela evolução tecnológica, em que o potencial lesivo dos dados armazenados é superior ao da interceptação das comunicações telefônicas, e da recente positivação de um direito fundamental à proteção de dados pessoais, o que é absolutamente necessário para que se garanta uma tutela efetiva da pessoa humana.

Após estabelecer tal necessidade, analisamos especificamente o debate jurídico acerca da constitucionalidade e legalidade da criptografia de *ponta-a-ponta*, matéria que ainda traz certa polêmica no âmbito dos tribunais, embora muito já se tenha avançado após os sensíveis bloqueios do aplicativo WhatsApp anos atrás. Diante do arcabouço normativo vigente e da interpretação a eles concedida em prol da consolidação dos interesses constitucionais, não nos parece haver dúvida de que a criptografia de *ponta-a-ponta* deve ser considerada constitucional e mais, deve ser fomentada, na medida em que garante, a um só tempo, a proteção da liberdade e intimidade. Atributos estes, que como ensina a obra de nossa homenageada, são essenciais para se garantir uma efetiva proteção à pessoa humana.

5. BIBLIOGRAFIA

DONEDA, Danilo. *Da privacidade à proteção de dados pessoais*. Rio de Janeiro: Renovar, 2006.

FERRAZ JUNIOR, Tércio Sampaio. Sigilo de dados: o direito à privacidade e os limites à função fiscalizadora do Estado. *Revista Da Faculdade De Direito*, Universidade De São Paulo, 88, 439-459.

GRECO FILHO, Vicente. *Interceptação telefônica: considerações sobre a Lei n. 9.296, de 24 de julho de 1996*. São Paulo: Saraiva, 1996.

GRINOVER, Ada Pellegrini. O regime brasileiro das interceptações telefônicas. *Revista de Direito Administrativo*, Rio de Janeiro, v. 207, p. 21-38, jan. 1997. ISSN 2238-5177. Disponível em: <http://bibliotecadigital.fgv.br/ojs/index.php/rda/article/view/46935/46291>. Acesso em: 25.10.2019.

LEONARDI, Marcel. *Tutela e privacidade na internet*. São Paulo: Saraiva, 2012.

MENDES, Laura Schertel. *Privacidade, proteção de dados e defesa do consumidor*: linhas gerais de um novo direito fundamental. São Paulo: Saraiva, 2014.

MORAES, Maria Celina Bodin de. *Na medida da pessoa humana*: estudos de direito civil constitucional. Renovar: Rio de Janeiro, 2010.

QUEIROZ, Rafael Mafei Rabelo; PONCE, Paula Pedigoni. Tércio Sampaio Ferraz Júnior e Sigilo de Dados: O direito à privacidade e os limites à função fiscalizadora do Estado: o que permanece e o que deve ser reconsiderado. São Paulo: *Revista InternetLab*, n. 1, v. 1, pp. 64-90, fevereiro de 2020.

RODOTÀ, Stefano. *Discorso del prof. Rodotà di presentazione della Relazione per l'anno 2001*. 8 maio 2002. Disponível em: https://www.garanteprivacy.it/web/guest/home/docweb/-/docweb-display/docweb/3541955. Acesso em: 03.02.2019.

RODOTÀ, Stefano. *A vida na sociedade de vigilância*: privacidade hoje. Tradução: Danilo Doneda e Luciana Cabral Doneda. Organização: MORAES, Maria Celina Bodin de (Org.). Rio de Janeiro: Renovar, 2008.

SAUAIA, Hugo Moreira Lima. *A proteção dos dados pessoais no Brasil*. Rio de Janeiro: Lumen Juris, 2018.

WARREN, Samuel; BRANDEIS, Louis. The Right to Privacy. *Harvard Law Review*, v. 4, n. 5, p. 196, 1890.

A PROPRIEDADE COMO INSTRUMENTO DE PROTEÇÃO DA PESSOA: NOTAS SOBRE A TUTELA DO ADQUIRENTE DE BENS DIGITAIS

Roberta Mauro Medina Maia

Mestre e Doutora em Direito Civil Pela UERJ. Professora Dos Cursos De Graduação e Pós-Graduação De Direito Da Puc-Rio.

Sumário: 1. Introdução – 2. O direito de propriedade na era digital: remédio ou veneno? – 3. Licenciar não é vender: a volta dos senhores feudais – 4. A exaustão de direitos autorais como mecanismo de proteção de consumidores de bens digitais – 5. Notas conclusivas – 6. Referências.

1. INTRODUÇÃO

Nos primeiros anos de expansão do uso da internet, ganhou força, nos EUA, a ideia de comparar esse novo "território" ao Velho Oeste americano: uma terra sem lei, a qual deveria ser livremente ocupada por pioneiros em sua exploração[1]. Conhecida em sede doutrinária como "Western Frontier Metaphor", tal perspectiva envolve a defesa de regulação mínima no ciberespaço, a qual, a exemplo da expansão territorial do Velho Oeste, traria merecida prosperidade aos que primeiro se dispusessem a desbravá-lo[2].

Em meio a tal contexto evolutivo, tornou-se célebre a proposta feita em 2007 por Steve Jobs, então presidente da Apple Inc.: "Vamos inventar o amanhã ao invés de nos preocuparmos com o ontem"[3]. Todavia, por mais paradoxal que possa parecer, essa invenção do amanhã tem se desenrolado com base no exercício da autonomia privada à máxima potência por desbravadores do espaço virtual, os quais, ao idealizarem novos bens, atrelados a modelos negociais inovadores, aproveitam-se da lentidão legislativa para, na seara jurídica, darem margem a retrocessos, e não progresso.

Nesse sentido, como será oportunamente demonstrado, alguns autores vêm alertando para a retomada de práticas, tanto na seara contratual quando na proprietária, que remetem ao feudalismo, período no qual estruturas estatais enfraquecidas permitiam a ascensão desmedida de poderosos senhores feudais[4]. Atualmente, a imposição de contratos de adesão por plataformas digitais, no melhor estilo "pegar ou largar", serve

---

1. YEN, Alfred C. Western Frontier or Feudal Society?: Metaphors and perceptions in the Cyberspace. *Berkeley Technology Law Journal*, v. 17, n. 4, p. 1.208.
2. Idem, p. 1.217.
3. A frase é citada por ACEMOGLU, Daron e JOHNSON, Simon. *Power and Progress*. New York: Public Affairs, 2023. p. 12.
4. YEN, Alfred C. Ob. Cit., pp. 1.243 e ss.

de exemplo da retomada da enorme assimetria existente entre servos e senhores feudais quando "negociavam" a ocupação das terras ofertadas pelos últimos[5].

Em tal cenário, o presente artigo se destina a demonstrar o impacto provocado no direito de propriedade por essas novas tecnologias, considerando a legislação brasileira em vigor. Como se verá a seguir, enquanto alguns celebram o advento da era dos utentes, na qual a propriedade se tornaria aparentemente desnecessária, outros alertam para o fato de que o acesso ao chamado bem digital é, na verdade, controlado por poucos conglomerados empresariais, ignorando o sentido histórico do direito de propriedade como esfera patrimonial mínima do indivíduo e instrumento de inclusão social.

Partindo de tais premissas, o primeiro tópico destina-se a rememorar a função e a estrutura do direito de propriedade partindo de seu histórico evolutivo, enquanto o segundo revela o quanto o instituto tem tido sua integridade legal ameaçada por força de disposições contidas em Termos e Condições de Uso propostos por plataformas que ofertam bens digitais à compra. Por fim, diante do flagrante risco de amputação do conteúdo típico do direito de propriedade, o último tópico se destina a analisar as consequências jurídicas do *download*, diante da legislação civil em vigor no país, expondo a exaustão de direitos autorais como relevante mecanismo de proteção do adquirente de bens digitais.

2. O DIREITO DE PROPRIEDADE NA ERA DIGITAL: REMÉDIO OU VENENO?

Em 1999, quando a internet se consolidava sem que seus usuários tivessem a exata noção de todas as suas potencialidades, Shawn Fanning, um jovem de dezessete anos, teve a ideia de desenvolver uma rede de computadores capaz de compartilhar arquivos entre si. Após associar-se a Sean Parker, outro adolescente, Shawn desenvolveu o Napster, *software* que, após pouco mais de três meses de funcionamento, já fornecia acesso a quatro milhões de músicas, contando mais de vinte milhões de instalações em computadores ao redor do mundo[6].

Não tardou para que artistas e fãs fossem colocados em lados opostos: enquanto os usuários do Napster estavam gostando da ideia de aumentar suas bibliotecas de música digital sem pagar nada, Lars Ulrich, baterista do Metallica – recordista de público em turnês nos anos 1990 –, capitaneou a iniciativa da banda de ajuizar uma ação contra o Napster em 2000, "alegando violação de direitos autorais, extorsão e uso ilegal de dispositivos de interface de áudio"[7]. No intuito de justificar sua decisão para o público, o Metallica emitiu nota com os seguintes esclarecimentos:

---

5. Idem, p. 1.254.
6. RIBEIRO, Felipe. *Napster completa 20 anos; relembre a história do polêmico programa de computador*. Disponível em: <https://canaltech.com.br/software/napster-completa-20-anos-relembre-a-historia-do-polemico-programa-de-downloads-140761/>. Acesso em 02.10.2023.
7. Idem, ibidem.

"Em cada projeto, passamos por um cansativo processo criativo para termos as músicas que consideramos representar o Metallica em cada momento de nossas vidas. Levamos nossa arte – seja nossa música, os versos ou nossas fotos e ilustrações – bem a sério, como a maioria dos artistas.

Dessa forma, é revoltante para nós sabermos que nossa arte esteja sendo trocada como uma *commodity*. Do ponto de vista de negócio, é sobre pirataria – pegar para você algo que não te pertence. E isso é moralmente e legalmente errado. Negociar tais informações – sejam elas músicas, vídeos, fotos ou qualquer outra coisa – é, em efeito, negociar bens roubados"[8].

É interessante notar que, no intuito de permitir a compreensão do público acerca do fato de que arquivos musicais eram bens alheios, sendo o seu compartilhamento sem autorização equivalente a um "furto", o comunicado emitido pelo Metallica aludia a *commodities*, ou seja: mercadorias físicas. Assim, naquele momento tão desafiador para os direitos autorais, era evidente a falta de consciência das pessoas em relação à possibilidade de bens intangíveis também serem objeto de usurpação: nada muito diferente do furto de um livro de dentro da biblioteca ou da subtração de um CD musical exibido numa prateleira de uma loja qualquer, conduta que muito provavelmente poucos usuários do Napster adotariam.

Edificando uma das primeiras pontes necessárias à transposição da tutela dos direitos autorais ao que poderia ser compartilhado via internet, a juíza Marilyn Patel, da Corte Federal Distrital de São Francisco, na Califórnia, concedeu medida liminar contra o Napster, impedindo que os usuários compartilhassem arquivos musicais gratuitamente[9]. Na sequência, em 2001, a Corte de Apelação do Nono Circuito entendeu que o compartilhamento de arquivos por meio da tecnologia *peer-to-peer* caracterizava o Napster como agente facilitador da infração de direitos autorais[10], impedindo a continuidade do serviço nos moldes então disponíveis.

Para além de inaugurar a "era do *streaming*", forçando a indústria fonográfica a entender que o compartilhamento de arquivos musicais era um caminho sem volta, o episódio serviu, talvez, para fazer com que os detentores de direitos autorais se cercassem de cuidados de maneira bastante expressiva, ditando os rumos dos Termos e Condições de Uso de plataformas que, ao longo da evolução da internet, consolidaram-se como fornecedoras de "produtos"[11] hoje identificados como bens digitais[12].

---

8. IKEDA, Augusto. A história completa de quando o Metallica processou o Napster. Disponível em: https://igormiranda.com.br/2023/04/metallica-napster-historia/. Acesso em 02.10.2023.
9. A decisão foi proferida em ação judicial movida pela indústria fonográfica. Histórico disponível em: <https://www.nytimes.com/2001/02/13/business/napster-decision-overview-appellate-judges-back-limitations-copying-music.html#:~:text=The%20appellate%20court%20ruled%20that%20Judge%20Patel%20was%20correct%20to,tap%20into%20the%20online%20market.>. Acesso em 02.10.2023.
10. A & M Records, Inc. v. Napster, 239 F.3d 1004 (2001). Disponível em: <https://onlinelaw.wustl.edu/blog/case-study-am-records-inc-v-napster-inc/>. Acesso em 02.10.2023.
11. As plataformas digitais são, atualmente, as "chaves de acesso ao mercado digital" (nesse sentido, v. CAVACEPPI. Cecilia. La tutela dei consumatori delle piattaforme digitali. In: CONTALDO, Alfonso e STAZI, Guido. *Profili giuridici e tecnologici nel nuovo ecosistema*. Pisa: Pacini Giuridica, 2021. p. 157).
12. Bens digitais são aqueles que, tendo origem informática ou sendo inicialmente gerados em forma material e tangível, são convertidos em arquivos digitais e de tal forma conservados. Nesse sentido, v. MASTROBERARDINO, Francesco. *Il patrimonio digitale*. Napoli: ESI, 2019. p. 126.

Se, ao tempo do Napster, o Metallica precisou aludir à ideia de usurpação de mercadorias físicas no intuito de arrefecer a paixão pública pelo então inédito sistema *peer-to-peer*, convertendo-o de herói a vilão, hoje, os consumidores, diante de intrincados Termos e Condições de Uso, parecem incapazes de compreender se o que lhes é apresentado como uma "compra" lhes transferirá propriedade equivalente à de bens físicos.

Portanto, em que pese a indiscutível necessidade de se proteger direitos autorais na era digital, a desmaterialização dos bens proporcionada por avanços tecnológicos parece expor a risco atributos do direito de propriedade que correspondem ao resultado de evolução histórica milenar. Considerando-se a forma por meio da qual foi positivada na Declaração dos Direitos do Homem e na Constituição dos Estados Unidos de 1776, tinha-se, naquele momento, uma reinterpretação do instituto, que, assumindo um viés constitucionalizado[13], representava direito fundamental de primeira geração[14].

A intenção legislativa, à época, era a de conferir aos cidadãos, de maneira universal e generalizada, uma esfera mínima de individualidade, em sentido patrimonial. Consequentemente, foi nesse sentido que a revolução americana e a francesa estabeleceram o estatuto moderno do direito de propriedade[15]. Partindo de tais bases teóricas, o Código Civil Francês, no entanto, acabou consagrando-o como um direito absoluto, um poder máximo de exclusão, retirando de qualquer pessoa que não o proprietário os direitos de uso, gozo ou disposição sobre a coisa.

Tal concepção egoística do instituto, a qual parecia transformá-lo na única régua capaz de medir o mundo[16], revelava a necessidade de simplificar o estatuto proprietário, facilitando a livre disponibilidade dos direitos que o compõem. A propriedade originalmente cristalizada nos Códigos Civis modernos rompia, portanto, com o modelo medieval, complexo e composto: "tantos poderes autônomos e imediatos sobre a coisa, diversos em qualidade segundo as dimensões da coisa que os provocou e legitimou, cada um dos quais encarna um conteúdo proprietário, um domínio (o útil e o direto)"[17].

Assim, para além da necessidade de se conferir uma esfera mínima de individualidade, em sentido patrimonial, por meio da exclusão de qualquer terceiro acerca do poder de decidir sobre o uso, gozo e disposição do objeto da propriedade, a visão do instituto desenvolvida ao longo do processo de codificação das leis civis apresentava também certo viés prático: destinava-se a romper com o "excesso de propriedade" propiciado

---

13. Nesse sentido, v. RODOTÀ, Stefano. *Il terribile diritto – Studi sulla proprietà privata e i beni comuni*. Milano: Il Mulino, 2013. p. 10.
14. Na lição de Salvatore Pugliatti, o direito de propriedade costuma evoluir por meio de mutações lentas ou de rupturas bruscas, conduzindo a humanidade da servidão à terra e o feudalismo à Declaração de Direitos do Homem e do Cidadão (PUGLIATTI, Salvatore. La proprietà e le proprietà (com riguardo particolare alla proprietà terriera). In: PUGLIATTI, Salvatore (Org.). *La proprietà nel nuovo diritto*. Milano: Giuffrè, 1954. p. 147).
15. RODOTÀ, Stefano. *Il terribile diritto*, Ob. Cit., p. 11.
16. Ibidem, p. 12.
17. GROSSI, Paolo. *História da propriedade e outros ensaios*. Renovar: Rio de Janeiro, 2006. p. 66.

pelo antigo modelo feudal, no qual a multiplicidade de detentores de direitos incidentes sobre a terra tornava sua utilização complexa e antieconômica[18].

Ao longo do século XX, a percepção de que a propriedade idealizada com base em um modelo exclusivo e excludente a transformava em agente de desigualdade e injustiça social fez com que o instituto fosse paulatina e legislativamente posto a serviço da persecução de objetivos consagrados nas Constituições modernas, tais como a solidariedade social e a erradicação da pobreza.

Em viés funcionalizado à promoção de tais premissas axiológicas, o estatuto proprietário se torna dúplice, deixando de ser um poder de exclusão e transformando-se no direito de não ser excluído do acesso aos bens[19]. Há, portanto, dois vieses antagônicos a serem acomodados entre si ao longo do exercício do direito de propriedade: um excludente, apto a permitir o controle do uso, gozo e disposição dos bens por terceiros não-proprietários, e outro de acesso, o qual deve transformá-la em direito efetivamente universal, em oposição à visão histórica da propriedade como privilégio de poucos.

Relativamente a esse último aspecto, é importante considerar que se manifesta, também, por meio da proteção de situações jurídicas não-proprietárias, as quais, na lição de Gustavo Tepedino, correspondem a situações jurídicas de terceiros, merecedoras de especial tutela, cuja promoção afeta o exercício da propriedade alheia. São exemplos citados pelo autor o meio-ambiente sadio e o direito do consumidor[20].

Atualmente, o viés de acesso aos bens está sendo posto à prova de novas formas diante dos avanços tecnológicos experimentados a partir do advento da internet. Considerando-se que a propriedade foi historicamente idealizada para abarcar os bens então disponíveis – coisas corpóreas –, a sua progressiva desmaterialização e virtualização impõe a assimilação, em sede legislativa, de diversificações proprietárias decorrentes da ampla variedade de objetos, antes inexistentes, que o instituto hoje deve ser capaz de abranger[21].

Além disso, desempenhando hoje a função precípua de assegurar acesso aos bens indispensáveis ao resguardo de um mínimo existencial a cada indivíduo – substrato material da dignidade da pessoa humana –, a propriedade não pode mais ser definida exclusivamente como um direito patrimonial, caracterizando instrumento a serviço da promoção da personalidade em seus mais variados traços[22].

---

18. Para a análise de exemplos do chamado "excesso de propriedade", v. HELLER, Michael. *Gridlock economy – How too much ownership wrecks markets, stops innovation and costs lives*. New York: Basic Books, 2008, pp. xiv e ss.
19. RODOTÀ, Stefano. *Il terribile diritto*, cit., p. 17. Na lição do autor, trata-se de dúplice estatuto por comportar um viés de garantia – no sentido de assegurar-se ao proprietário o direito de não ser excluído do uso, gozo e disposição – e um viés de acesso, por ser o instituto visto como mecanismo de aquisição patrimonial.
20. TEPEDINO, Gustavo. Contornos Constitucionais da Propriedade Privada. In: TEPEDINO, Gustavo. *Temas de Direito Civil*. Rio de Janeiro: Renovar, 1991. p. 291.
21. GROSSI, Paolo. *História da propriedade*, cit., p. 52.
22. Nesse sentido, v. FACHIN. Luiz Edson. *Estatuto Jurídico do Patrimônio Mínimo*, 2ª ed. Rio de Janeiro: Renovar, 2006. p. 251.

Diante de tal cenário, não é de se estranhar, portanto, que a concepção moderna do direito à privacidade tenha partido da inviolabilidade do domicílio[23], exemplificando o progressivo entrelaçamento entre o "meu" e o "mim"[24]. Em tal contexto, quando Daniel Ek, fundador do Spotify, afirma que "o direito de acesso é o futuro, e não a propriedade"[25], as reflexões que se impõem são: Seria possível apartá-los definitivamente? E, em caso de resposta positiva à primeira pergunta, a prevalecer o modelo proposto pelas plataformas que hoje ofertam bens digitais – seja por meio de compra ou não –, a quem cabe decidir acerca da manutenção do direito de acesso?

Conforme será exposto no próximo tópico, alguém sempre será o proprietário de tudo aquilo a que se atribui a condição de bem, a qual, em termos patrimoniais, representa recurso escasso e passível de ser disputado. Seja criticada ou celebrada, tratada como remédio ou veneno, a propriedade sempre será, em termos funcionais, um instrumento de regulação de relações de poder, eventualmente contrapostas, incidentes sobre bens finitos. Partindo-se de tais premissas, resta saber se os arquivos pessoais, as músicas, os livros e a arte, de modo geral, sempre tão ligados à personalidade humana, serão de fato acessíveis, acaso persista o modelo hoje imposto por plataformas digitais.

3. LICENCIAR NÃO É VENDER: A VOLTA DOS SENHORES FEUDAIS

Em 2019, a Huawei, gigante chinesa do setor de tecnologia, decidiu transferir a gestão dos contratos de seus usuários para uma filial sediada na Irlanda[26]. Caso o consumidor não concordasse com a mudança nas bases contratuais impostas pela companhia, todas as informações atreladas à sua conta (ID Huawei), fossem relacionadas, exemplificativamente, ao *HiGame* ou ao serviço de armazenamento em nuvem (*cloud* móvel), seriam apagadas e se tornariam irrecuperáveis. Assim, por meio de um contrato de adesão, conforme observado por Alberto Cerezo, a referida empresa impunha a destruição de bens que não lhe pertenciam, tais como fotos, vídeos ou documentos armazenados em base digital[27].

A hipótese ajuda a demonstrar o quanto a ausência de previsão legal específica acerca da propriedade de bens digitais e a excessiva contratualização das relações travadas entre os usuários e controladores das plataformas vêm contribuindo para um cenário de enorme assimetria entre as partes. Na lição de Margareth Radin, o direito posto tem dado lugar ao direito proposto por escritórios de advocacia, impondo aos usuários das plataformas que seus direitos sejam "deletados" sem que haja verdadeiro consentimento para tanto[28].

---

23. RADIN, Margareth Jane. *Reinterpreting Property*. Chicago: Chicago University Press, 1993. p. 56.
24. GROSSI, Paolo. *História da propriedade*, cit., p. 70.
25. Entrevista disponível em < https://fortune.com/2011/07/21/spotify-ceo-music-access-not-ownership-is-the--future/> . Acesso em 03.10.2023.
26. CEREZO, Alberto Hidalgo. *Propriedad y patrimonio en el medio digital*. Pamplona: Editorial Arazandi, 2021. p. 560.
27. Idem, pp. 560-561.
28. RADIN, Margareth Jane. *Boilerplate – the fine print, vanishing rights and the rule of law*. Princeton: Princeton University Press, 2013. p. 19.

Não há, em termos e condições de uso, ou em *End User License Agreements* (EULAs), efetivo "processo de negociação que resulte em barganha satisfatória a ambas"[29]. Por tal motivo, mesmo quando o que se oferta ao consumidor é descrito como uma "compra", as licenças e contratos limitam extraordinariamente as capacidades de fruir e dispor livremente do ativo digital[30].

Diante disso, os estudiosos do tema vêm empregando a expressão "feudalismo digital"[31] no intuito de explicar o cenário de retrocesso relativamente à tutela proprietária: refletindo sistema socioeconômico e político no qual as sociedades medievais se baseavam, o feudalismo dividia o domínio das terras, maior fonte de riqueza de então, entre o domínio iminente, exercido pelo senhor feudal, e o domínio útil, atribuído aos vassalos[32].

Por força da ampla autonomia da vontade então exercida na esfera dos direitos reais, a propriedade era excessivamente contratualizada, dificultando não apenas o seu exercício, mas também o seu conceito: somente a partir da inclusão de um rol fechado de direitos reais (*numerus clausus*) no Código Napoleônico, com o consequente fornecimento, pelo legislador, das características típicas atreladas a cada uma das figuras ali previstas, restou claro que o direito de propriedade deve atribuir ao proprietário o exercício pleno e exclusivo dos direitos de uso, gozo e disposição incidentes sobre um bem[33]. Na ausência de um ou mais desses requisitos, ter-se-á figura diversa, não sendo possível definir tal relação como vínculo dominial.

O ponto comum entre essa realidade pretérita e a atual é que as plataformas controladoras do acesso aos bens digitais mudam as regras aplicáveis às relações travadas com seus clientes como bem entendem, assim como os antigos senhores feudais. No intuito de ilustrar tal assertiva, Alberto Hidalgo cita como exemplo sistemas de "licenças perpétuas", as quais invocariam filosofia própria do sistema feudal, relativamente ao direito de propriedade[34]: diz-se haver efetiva alienação ao consumidor, quando de fato não há. A adoção de tais mecanismos como diretriz contratual revelaria verdadeira réplica do modelo feudalista em pleno século XXI, impondo limitações ao uso e gozo de bens ofertados à compra em virtude, por exemplo, da troca de sistemas operacionais[35].

Por tal motivo, ainda segundo o mesmo autor, a evolução histórica dos institutos jurídicos justificaria a oposição hoje feita à concepção fragmentada e invasiva da propriedade em base digital: se o progresso tecnológico não vier acompanhado de igual

---

29. Idem, p. 3.
30. CEREZO, Alberto Hidalgo. *Propriedad*, cit., p. 597.
31. Nesse sentido, v. FAIRFIELD, Joshua T. *Owned – Property, privacy and the new digital serfdom*. Cambridge: Cambridge University Press, 2017, pp. 3 e ss. e CEREZO, Alberto Hidalgo. Ob. cit., pp. 597 e ss.
32. CEREZO, Alberto Hidalgo. *Propriedad*, cit., p. 597.
33. Nesse sentido, seja-nos consentido remeter a MAIA, Roberta Mauro Medina. *Teoria Geral dos Direitos Reais*. São Paulo: Revista dos Tribunais, 2013. p. 108.
34. CEREZO, Alberto Hidalgo. *Propriedad*, cit., p. 598.
35. Ibidem, p. 600.

avanço na esfera jurídica, regredindo a modelos amplamente superados, não haverá efetivo progresso[36].

E para além da falta de regulação específica – a título de exemplo, o Código Civil brasileiro é silente a respeito da propriedade de bens intangíveis[37] – o estudo da aquisição de bens digitais e seus possíveis efeitos se mostra desafiador porque conforme a tecnologia foi evoluindo, novos modelos de atividade empresarial surgiram, criando bens com características e finalidades bastante diversas entre si. Assim, a categoria "bens digitais" envolve, hoje, ativos obtidos por meio de serviços dos mais variados, totalmente díspares em suas funções, tais como e-mails e tokens não fungíveis (*NFTs*).

Por isso, é difícil pensar numa disciplina única, sendo necessário, antes, compreender quais deles, com base em suas funcionalidades, são de fato passíveis de serem adquiridos, sendo objeto de efetiva relação proprietária. E antes de apartar o modelo adotado por plataformas de *streaming* daquele que envolve a alienação de efetivos exemplares – como ocorre com os *NFTs* de obras de arte – é importante ressaltar que a eventual falta de regulação não é inédita e menos ainda sinal de que a lei, em tempos de frenética evolução tecnológica, se tornou coisa do passado: é sempre importante lembrar da relevância histórica do direito consuetudinário, o qual serviu diversas vezes para demonstrar que os costumes correm mais depressa que a legislação. O que não significa, de modo algum, ausência completa de regras.

Ao contrário do que ocorre com as licenças para *download* de um bem digital, o *streaming* é modelo de negócio que não envolve a armazenagem permanente do conteúdo acessado pelo usuário do serviço[38]. A atividade envolve, portanto, a transmissão instantânea de conteúdo digital, "funcionando a partir da interação entre um *software* e uma base de dados onde conteúdos multimídia estão armazenados"[39].

Em tal hipótese, não há que se falar em aquisição da propriedade, pelo consumidor, do conteúdo digital disponibilizado porque o serviço em questão "promove o acesso a um determinado servidor, onde fica efetivamente armazenada a base de dados com todo o conteúdo multimídia oferecido aos usuários"[40].

Como exemplo de tal modelo, é possível citar a plataforma *Spotify*, que oferta conteúdo musical gratuita ou onerosamente por meio de assinaturas, informando aos consumidores, nos Termos e Condições de Uso a eles disponibilizados, que o "Serviço *Spotify* e o Conteúdo são propriedade do *Spotify* ou dos licenciados do *Spotify*"[41]. O

---

36. Ibidem, p. 606.
37. O art. 5º, XXIX, da Constituição Federal brasileira, no entanto, prevê expressamente a propriedade das marcas. Como os bens digitais não são objeto de propriedade industrial para quem os adquire, mas somente para quem os cria, é forçoso admitir que há um cenário de vácuo legislativo relativamente a tal categoria de bens no Brasil.
38. AMORIM, Isabela V. Lobianco. *A rede contratual do streaming: uma análise da locação comercial no contexto de veiculação de obras audiovisuais e musicais em plataformas de streaming na internet*. Rio de Janeiro: Lumen Juris, 2022. p. 18.
39. Idem, p. 17.
40. Ibidem, p. 18.
41. Termos e Condições de Uso disponíveis em: <-user-agreement/#>. Acesso em 18.10.2023.

objeto do contrato envolve, portanto, a atribuição, por meio de assinatura do serviço, do direito de acessar e usar o conteúdo digital disponibilizado. Em seus Termos e Condições de Uso, a plataforma esclarece, ainda, que o conteúdo é acessado por meio de licenciamento, não sendo vendido ou transferido ao consumidor[42].

Há, no entanto, modelos mais complexos, que dificultam a adequada identificação do que está sendo de fato atribuído aos usuários por meio do serviço ofertado[43]. Tomando-se como exemplo os "Termos e Condições de Uso dos serviços de mídia da Apple", ali se estipula, no item "A" ("Introdução aos nossos serviços"), que os serviços Apple funcionam como veículo para "comprar, obter, licenciar, alugar ou assinar conteúdo[44].

O emprego da expressão "comprar" induz o consumidor a crer que está de fato adquirindo a propriedade de certo bem, ainda que imaterial, por ser esse o efeito lógico de um contrato de compra e venda: com base no art. 481 do Código Civil, por meio de tal ajuste, um dos contratantes se obriga a *transferir o domínio de certa coisa*, e o outro a pagar-lhe certo preço em dinheiro.

Ao consumidor que opta por "comprar" um específico arquivo digital, os "Termos e Condições de uso dos serviços de mídia da Apple" esclarecem que "o Conteúdo adquirido permanecerá disponível para fazer download, novo download ou acessar através da Apple"[45]. No entanto, na sequência, o adquirente é informado sobre a possibilidade, embora remota, de, após sua compra, o conteúdo ser removido dos Serviços porque, exemplificativamente, "o provedor o removeu". Diante de tal risco, a plataforma o orienta expressamente a "baixar todo o Conteúdo adquirido em um aparelho próprio e fazer o backup dele"[46].

Um aspecto de tal hipótese será analisado com maior riqueza de detalhes no último tópico deste artigo: ao baixar todo o conteúdo (*download*) e efetuar o seu *backup*, o adquirente está, em termos práticos, criando uma cópia (ou exemplar) do conteúdo digital previamente comprado.

Os bens digitais adquiridos ou acessados por meio de serviços de *streaming* são inconfundíveis com os *NFTs* (*non fungible tokens*[47]), os quais representam nova tecnologia de titulação. Se, relativamente aos bens tangíveis, o registro nos assentamentos registrais serve como prova efetiva do direito de propriedade incidente sobre imóveis, os *NFTs* são, por sua vez, um conjunto de metadados (informação sobre a informação) que incluem uma *hash*, ou seja, um código capaz de identificar de modo unívoco o bem digital ao qual o *token* se refere[48].

---

42. Idem (v. Item 3 – Seu uso do Serviço Spotify).
43. É importante esclarecer, nessa passagem, que a expressão "usuário" refere-se à pessoa a quem o serviço é prestado, enquanto a expressão "utente" deve ser empregada para identificar o titular de um direito de uso, seja por força de vínculo contratual ou em decorrência de um direito real, como a propriedade.
44. Disponível em: <https://www.apple.com/legal/internet-services/itunes/br/terms.html>. Acesso em 18.10.2023.
45. Idem, v. Item E (Regras de Uso de Serviços e Conteúdo).
46. Idem, Ibidem.
47. Tokens não fungíveis.
48. ANNUNZIATA, F. e CONSO, A. *L'Arte e il suo doppio*. Milano: Montabone Editore, 2021. p. 45. Os *NFTs* podem ser transmitidos por meio de *smart contracts*. A despeito do nome, os "contratos inteligentes" (*smart contracts*) não são contratos, mas sim um protocolo utilizado para o exercício da atividade contratual (nesse sentido, v.

Em razão de sua infungibilidade, os *NFTs* representam um "certificado" de autenticidade ou proveniência de um determinado bem, o qual pode ser uma obra criada digitalmente ou uma obra física representada digitalmente. É importante ressaltar que, quando atrelado a uma obra de arte, o *NFT* não equivale propriamente a seu *corpus mechanicum*, ou seja, o exemplar no qual a obra é expressa ou reproduzida[49]. Corresponde a registro digital vinculado a bem digital: não se confunde com o objeto ao qual a propriedade se refere, mas somente aos dados relativos à propriedade, a *hash* na qual a propriedade do objeto digital é digitalmente memorizada[50].

Portanto, a despeito da ausência de previsão legal relativa a essa nova forma de titulação, os *NFTs* funcionam, na sua essência, como um título de propriedade incidente sobre bem imaterial. Traçando um paralelo com o que temos em relação aos bens físicos tradicionais, o *NFT* equivaleria ao documento que comprova a titulação e autenticidade de um quadro, não podendo ser confundido com o objeto adquirido.

O processo que conduz à emissão do *NFT* se chama *minting* (cunhagem), representando o registro de informações relativas ao *token* e à sua criação em uma *blockchain*[51]. A principal novidade – ou o atributo que permite defini-lo como uma nova tecnologia de titulação – é sua capacidade de demonstrar quem é o proprietário de um arquivo digital, mesmo quando diversas pessoas possuam cópia idêntica[52]. Sua função certificativa é, portanto, o que justifica a sua disseminação.

Todavia, muito embora assegurem ao titular o direito de reivindicar a propriedade da obra atrelada ao *NFT*, os direitos incidentes sobre ela podem variar dependendo dos termos contidos em cada *token*[53]. Ao adquirente, atribui-se, no mínimo, o direito de uso pessoal relativamente à obra de arte digital e o direito de propriedade do *token* em si, o qual lhe assegura a prerrogativa de revendê-lo, mas não impede o acesso da obra via internet por qualquer pessoa[54].

Portanto, sendo a justificativa histórica da tutela proprietária a escassez de recursos, o *NFT* endereça, primeiramente, o problema da abundância digital, funcionando como

---

CERRATO, Stefano A. Contratti tradizionali, diritto dei contrattti e smart contract. In: BATAGLIONI e GIORDANO, Marco Tullio (orgs.). *Blockchain e Smart Contracts*. MILANO: Giuffrè, 2019. p. 282). São protocolos para decisões automatizadas, que ficam armazenados na *blockchain* e executam certas operações quando determinadas condições se verificam.

49. ANNUNZIATA, F. e CONSO, A. Ob. cit., p. 48.
50. Idem, p. 39.
51. Trata-se de uma rede digital descentralizada que permite transferências financeiras e de informação entre pares sem a intervenção de intermediários. A *blockchain* já foi descrita como "uma pedra digital", na qual se pode escrever dados imutáveis, os quais serão compartilhados e visíveis de qualquer lugar, podendo ser identificados por sistemas automáticos (PERNA, Amedeo. Le origini della blockchain. In: BATAGLIONI e GIORDANO, Marco Tullio (orgs.). *Blockchain e Smart Contracts*. MILANO: Giuffrè, 2019. p. 3).
52. TOMASSINI, Antonio. *Criptovalute, NFT e metaverso: Fiscalità diretta, indiretta e sucessoria*. Milano: Giuffrè, 2022. p. 203.
53. Considerações disponíveis em: < https://studiolegal.com.au/blog/nft-ownership/# >. Acesso em 20.10.2023.
54. CANTALI. Fernanda Borghetti. *A tokenização da arte visual e o direito autoral: O Copyright by design e a definição das premissas mínimas de governança para viabilizar o NFT – non fungible tokens como instrumento de negociação de obras de arte*. Tese de Doutorado. São Leopoldo: Universidade do Vale do Rio dos Sinos (UNISINOS), 2022. p. 14.

um selo de autenticidade[55] e, assim, agregando valor ao objeto adquirido. É importante ressaltar, ainda, que a posse e a propriedade exercidas sobre bens digitais são, em muitos casos, exercidas em um contexto específico, no qual tais institutos são, de certo modo, amputados. Como exemplo, é possível citar as *skins* adquiridas no jogo Fortnite, que não podem ser livremente transferidas após a compra[56].

Na lição de Fernanda Cantali, o *NFT* resolve esse problema, criando, para diversos bens digitais, estrutura similar à da propriedade analógica, "a qual garante, para além do direito de uso, uma liberdade em manter e transferir os bens da sua titularidade, já que é mais fácil a identificação de quem é o proprietário"[57].

Apesar disso, é evidente que, no cenário atual, com a oferta de novos bens por meio de modelos pretensamente aquisitivos, por vezes o conceito de propriedade será utilizado, revelando o dilema concreto entre as vantagens de se proteger determinado bem intangível como objeto de propriedade *versus* a dificuldade prática que terão os adquirentes de bens digitais em demonstrar, judicialmente, se necessário for, que os interesses incidentes sobre o bem em questão são de fato idênticos aos de uma relação proprietária[58].

Por tal motivo, mesmo diante da falta de regulação e da presença de circunstâncias que desafiam as características tradicionais do instituto – sendo curioso pensar em relações proprietárias passíveis de serem exercidas em qualquer lugar do mundo, como se fossem ubiquitárias ou transnacionais –, é necessário apartar, com as ferramentas já disponíveis, aquilo que indiscutivelmente pode ser considerado propriedade do que deixa mais margem a dúvidas. Caso contrário, um dos aspectos modernos do direito de propriedade pode ser indevidamente esquecido: o de importante mecanismo de defesa do consumidor.

4. A EXAUSTÃO DE DIREITOS AUTORAIS COMO MECANISMO DE PROTEÇÃO DE CONSUMIDORES DE BENS DIGITAIS

Para os operadores do direito, talvez uma das principais dificuldades por trás da adequada qualificação das relações travadas entre as plataformas que ofertam bens ou serviços digitalmente e os consumidores seja a efetiva compreensão dos aspectos técnicos nelas envolvidos. Assim, para os fins propostos neste artigo, há um evento específico que precisa ter seus efeitos analisados, do ponto de vista jurídico: o *download*.

Podendo ser traduzida para o português por meio da palavra "baixar", a expressão refere-se ao processo de transferência de "dados, informações ou arquivos de um servidor remoto para um dispositivo local, como computador, celular ou *tablet*"[59]. É frequente-

---

55. Idem, pp. 49-50.
56. Ibidem, p. 50.
57. Ibidem, ibidem.
58. BEVERLEY-SMITH, Huw. *The commercial appropriation of personality*. New York: Cambridge University Press, 2002. p. 280.
59. Definição disponível em: < https://www.techtudo.com.br/noticias/2023/03/o-que-e-download-entenda-o--que-significa-baixar-algo-na-internet-edsoftwares.ghtml >. Acesso em 23.10.2023.

mente associado ao verbo "copiar", pois, por meio dele, "uma versão idêntica à original é adquirida pelo usuário sem que a informação inicial seja perdida após a transferência"[60].

Em alguns casos, a informação obtida por meio de *download* será armazenada no dispositivo escolhido de forma temporária – como ocorre com o *download* de músicas na plataforma Apple Music, por exemplo. Há, entretanto, *softwares* como o *Utorrent* ou lojas de aplicativos similares à *Google Play Store* que permitem o *download* de arquivos variados de forma definitiva[61].

E talvez resida aí a pista inicial para que seja possível apartar as situações em que há efetiva aquisição de bens digitais daquelas nas quais não há: seria possível considerar que, uma vez realizado o *download* em dispositivo local pertencente ao consumidor, a "cópia" criada desse modo seria equiparada a exemplar por ele adquirido?

A reflexão é relevante por força da exaustão de direitos autorais, a qual envolve a necessária compatibilização entre esses e a propriedade dos exemplares da obra alienados a terceiros mediante a prévia autorização do autor. De modo mais abrangente, isso significa que o titular de um direito de propriedade intelectual não poderá estabelecer limitações baseadas em seus direitos de exploração exclusiva que impeçam o adquirente do exemplar de usá-lo ou revendê-lo a terceiros[62].

Tomando de empréstimo o exemplo citado por Pedro Marcos Nunes Barbosa, quando alguém adquiria um *long play* (LP), tornava-se o seu proprietário por meio de compra e venda do disco de vinil (*corpus mechanicum*), sendo-lhe simultaneamente atribuída "a licença de uso para o conteúdo musical (*corpus mysticum*) daquele suporte"[63]. Assim, ao tempo de "bolachas" ou videocassetes, o suporte físico no qual se armazenava a obra artística – bem tangível – se tornava objeto indiscutível de propriedade do comprador. No entanto, o conteúdo musical ou audiovisual – bem intangível – seria objeto apenas de licença de uso.

Desse modo, quando um exemplar do produto é posto à venda de forma legítima, "são exauridos, ou esgotados, os direitos do titular da propriedade intelectual sobre tal unidade específica"[64]. Uma vez alienada a cópia (*corpus mechanicum*), os direitos exclusivos do autor deixam de incidir sobre ela, por já se ter obtido o proveito econômico da exclusividade por meio da venda. Diante de tais circunstâncias, "descabe ao titular do direito autoral controlar as utilizações do citado *corpus mechanicum* – por exemplo, impedindo que o comprador de um livro ou disco o revenda ou empreste"[65].

---

60. Idem.
61. Ibidem.
62. Nesse sentido, v. FERRER, Gustavo Gonçalves. *Análise da exaustão de direitos de propriedade intelectual aplicada a bens digitais: Estudo da legislação e de precedentes da União Europeia, dos Estados Unidos e do Brasil*. Dissertação de Mestrado. São Paulo: Faculdade de Direito da Universidade de São Paulo, 2021. p. 46.
63. BARBOSA, Pedro Marcos Nunes. A posse dos bens imateriais. In: GAMA, Guilherme Calmon Nogueira e NEVES, Thiago Ferreira Cardoso. *20 anos do Código Civil – Relações Privadas no início do século XXI*. Indaiatuba: Editora Foco, 2022. p. 317.
64. FERRER, Gustavo Gonçalves. *Análise da exaustão de direitos de propriedade intelectual*, cit., p. 47.
65. BARBOSA, Denis Borges. Restrições ao uso do *corpus mechanicum* de obras intelectuais após a tradição: exaustão de direitos em direito autoral, p. 1. Disponível em: <https://docplayer.com.br/1426678-Restricoes-ao-uso-do-corpus-mechanicum-de-obras-intelectuais-apos-a-tradicao-exaustao-de-direitos-em-direito-autoral.html>. Acesso em 13.10.2022.

Na lição de Denis Borges Barbosa, tendo ocorrido a primeira disposição[66], as únicas restrições aceitáveis seriam as incidentes "após a tradição do objeto físico do direito real"[67]. Consequentemente, o art. 29 da Lei 9.610/98 (Lei de Direitos Autorais) não exige a autorização prévia do autor em casos de revenda ou empréstimo da cópia: após a alienação dessa, resta-lhe somente a "exclusividade de reprodução"[68], não podendo interferir na propriedade incidente sobre o exemplar após a sua venda[69].

Na esfera dos bens físicos, em virtude da aquisição da propriedade móvel a partir da tradição – entrega material da coisa –, nos termos do art. 1.226 do Código Civil[70], a exaustão de direitos permite que se crie um salutar mercado de revenda, por meio do qual livros ou *long plays* usados são revendidos por valores mais baixos que os cobrados por exemplar novo. O adquirente pode, portanto, doar, emprestar ou mesmo revender a cópia comprada sem depender, para tanto, de qualquer autorização relacionada aos direitos autorais. Segue proibido, somente, de criar novas cópias, já que o direito de reprodução continua pertencendo ao autor. Historicamente, por força de depreciação do bem "de segunda mão" – ou seja, objeto de revenda – esse mercado secundário de bens móveis teve importância considerável na promoção do acesso à propriedade.

Todavia, a transposição da exaustão de direitos para a esfera dos bens digitais tem se mostrado tormentosa, porque a falta de materialidade do suporte informativo – ao contrário do que se tinha antes com livros físicos, por exemplo – ofusca os limites existentes entre reprodução, difusão e comercialização[71]. Em alguns casos, a interatividade experimentada em jogos no metaverso torna a situação ainda mais complexa, porque o fruto da criatividade individual do usuário se mescla a um conjunto de elementos criados previamente por agentes diversos[72].

Como se não bastasse, os Termos e Condições de Uso disponibilizados por algumas plataformas, conforme já observado, não apresentam com clareza os efeitos reais de um contrato que é apresentado como uma compra. Além de impedirem ou tornarem a exaustão de direitos sem efeito, "muitas empresas distribuem os bens digitais de forma a, na prática, tornar impossível ou dificílima a sua revenda"[73].

Sobre o tema, é importante recordar que, a despeito da diversidade de características que apartam bens físicos e bens digitais – sendo a imaterialidade e a não extinção pelo

---

66. Daí a exaustão de direitos ser chamada de *first sale doctrine* por Tribunais e autores norte-americanos.
67. BARBOSA, Denis Borges. Ob. Cit., p. 1.
68. Idem, ibidem.
69. O art. 43, IV, da Lei 9.279/96 (Lei de Propriedade Industrial) também revela hipótese de aplicação da exaustão de direitos, pois uma vez ter sido o produto objeto de patente colocado no mercado interno, o titular do direito patentário não mais poderá impedir que o adquirente do produto o utilize ou venda aquela unidade específica.
70. Os direitos reais sobre coisas móveis, quando constituídos, ou transmitidos por ato entre vivos, só se adquirem com a tradição.
71. CONTALDO, Alfonso. Il diritto d'autore nel sistema delle piattaforme digitali. In: CONTALDO, Alfonso e STAZI, Guido. Le piattaforme digitali. *Profili giuridici e tecnologici nel nuovo ecosistema*. Pisa: Pacini Editora, 2021. p. 115.
72. Idem, ibidem.
73. FERRER, Gustavo Gonçalves. *Análise da exaustão de direitos de propriedade intelectual*, cit., p. 116.

uso relativamente aos últimos as mais relevantes –, a autonomia da vontade manifestada de maneira unilateral nos Termos e Condições de Uso impostos pelas plataformas não pode se sobrepor à legislação.

Relativamente ao cenário brasileiro, quando objeto era de fato adquirido por meio de compra e venda, por força da exaustão de direitos autorais, o adquirente poderia alienar ou doar o bem adquirido se quisesse, exatamente como acontece com bens físicos até os dias atuais. Caso não seja esse o efeito prático daquilo que se encontra descrito como compra, a oferta apresentada de tal modo por qualquer plataforma se mostrará abusiva.

Partindo-se dos dispositivos constantes do Código de Defesa do Consumidor (Lei 8.078/90), vê-se que o art. 6º, III do referido diploma legal assegura aos consumidores, em geral, "o direito à informação adequada e clara sobre os diferentes produtos e serviços". Mas não é só: quando uma plataforma oferta ao consumidor a opção "comprar", por meio de botão onde se lê tal palavra, não pode atribuir-lhe, como consequência de tal escolha, um mero contrato de licenciamento, pois o art. 30 do CDC determina que "toda informação ou publicidade suficientemente precisa, veiculada por qualquer forma ou meio de comunicação com relação a produtos e serviços oferecidos ou apresentados, obriga o fornecedor que a fizer veicular ou dela se utilizar e integra o contrato que vier a ser celebrado".

Desse modo, quando, a despeito de ofertar a "compra" de *ebooks* para leitura por meio do Kindle, a plataforma Amazon informa, nos Termos e Condições de Uso que "Todo Conteúdo Kindle é apenas licenciado pelo Provedor de Conteúdo, não sendo vendido por esse"[74], estará inequivocamente vinculada aos efeitos de um contrato de compra e venda. A principal consequência disso é, justamente, a obrigação, a cargo do fornecedor, de transmitir a propriedade do objeto comprado, em atenção às características típicas impostas ao referido contrato (CC2002, art. 481[75]).

Consequentemente, quando a compra é ofertada e viabilizada por meio de *download*, a compatibilização entre o que é proposto por tais plataformas e a legislação brasileira em vigor permite concluir que o conteúdo assim adquirido equivale a exemplar, aplicando-se a exaustão de direitos autorais e devendo ser o *download* equiparado à tradição – entrega material do objeto adquirido.

Muito embora o art. 1.226 verse sobre a aquisição da propriedade móvel por meio da entrega material fazendo referência a "coisa" – ou seja, bem tangível – é imperioso observar que a Constituição Federal menciona expressamente a propriedade das marcas (art. 5º, XXIX), revelando, portanto, a necessidade de superar-se o anacronismo do Código Civil em vigor em tal ponto[76]. Caso contrário, o Código de Defesa do Consumidor

---

74. Disponível em: </gp/help/customer/display.html?nodeId=201014950>. Acesso em 30.10.2023.
75. Art. 481. Pelo contrato de compra e venda, um dos contratantes se obriga a transferir o domínio de certa coisa, e o outro, a pagar-lhe certo preço em dinheiro.
76. A respeito da ocorrência da tradição mesmo quando o bem em questão não é considerado coisa, v. o seguinte precedente do Superior Tribunal de Justiça: "[...] 6. A prestação de pagar quantia exige uma conduta de dar, porque o interesse do credor está na entrega do dinheiro, sendo-lhe indiferente a atividade previamente realizada pelo devedor para satisfazê-lo. 7. A obrigação pecuniária é autônoma ou especial, relativamente às demais previstas no CC/02, considerando que, embora esteja o devedor vinculado a uma prestação de dar, o dinheiro

não será capaz de, isoladamente, tutelar os adquirentes de bens digitais, por inexistir previsão relativa à propriedade de bens imateriais no Código Civil[77].

No entanto, para que o *download* possa ser equiparado à criação de exemplar e à tradição, é importante observar alguns aspectos, apartando situações que, de início, poderiam parecer idênticas. Primeiramente, é importante distinguir conteúdo digital de *software*. Enquanto esse precisa ser transferido para um computador antes de ser utilizado, via *download*, conteúdo digital como o disponibilizado via Kindle pela plataforma Amazon não exige *download*[78]. Enquanto o *software* corresponde a "uma série de instruções para o desempenho de determinadas operações"[79], *ebooks*, assim como músicas e filmes disponibilizados por plataformas de *streaming*, correspondem a arquivos digitais com informações[80].

Quando se trata de *software*, a Lei 9.609/98 dispõe expressamente, no art. 9º, que o "uso de programa de computador no País será objeto de contrato de licença". Nesse caso, por haver a imposição legal de uma modalidade específica de contrato, o *download* de *software* não acarretará a transmissão do direito de propriedade, por não se tratar, na hipótese, de compra e venda[81].

Diversamente, o conteúdo digital ofertado por meio de compra transferirá a propriedade quando e se for viabilizado o *download*. No caso da oferta feita pela plataforma Amazon, relativamente aos *ebooks*, embora esses não demandem *download* para serem acessados, a aquisição do direito de propriedade ocorreria, em tese, somente por força do disposto no art. 30 do CDC (Lei 8.078/90), e não em virtude do art. 1.226 do Código Civil. Todavia, é importante considerar, em tal hipótese, a possibilidade de se questionar a efetiva aquisição do direito de propriedade. Considerando a exigência de tradição, pelo ordenamento jurídico brasileiro, para que se efetive a transmissão da propriedade móvel (CC2002, art. 1.226), o consumidor se veria obrigado a, nesse caso, obter judicialmente decisão que impusesse a transmissão do direito de propriedade, a qual não ocorre, em tal caso, de maneira automática[82].

---

não é coisa, apenas corresponde ao preço das coisas. 8. Em se tratando de prestação de pagar quantia certa, configura-se a tradição, simplesmente, com a entrega do dinheiro ao credor, ante a intenção de transferir-lhe a propriedade, a fim de concretizar, materialmente, o negócio jurídico entabulado entre as partes" (STJ, REsp 1.705.305/SP, Terceira Turma, Rel. Min. Nancy Andrighi, publ. DJe 24.05.2018).

77. É importante considerar que a lógica por trás do art. 1.226 do Código Civil reside no exercício da posse, pelo adquirente, a partir da entrega material da coisa. Por tal motivo, poder-se-ia questionar a extensão de tal raciocínio a bens imateriais. Todavia, a posse não deve ser modernamente compreendida como o exercício de um poder físico sobre a coisa, mas sim de um poder ostensivo, passível de ser demonstrado. Por tal motivo, a materialidade do objeto possuído é despicienda.
78. FERRER, Gustavo Gonçalves. *Análise da exaustão de direitos de propriedade intelectual*, cit., p. 153.
79. Idem, ibidem.
80. Idem, ibidem.
81. A esse respeito, o Supremo Tribunal Federal, inclusive, já decidiu que o titular dos direitos incidentes sobre o *software* é prestador de serviço, por se tratar de contrato de licenciamento, e não comercialização de mercadoria, incidindo, portanto, o ISS e não o ICMS (nesse sentido, v. STF, RE 688.223/PR, Plenário, Rel. Min. Dias Toffoli, publ. DJe 03.03.2022).
82. De modo bastante resumido, a reflexão decorre do fato de que o direito do consumidor, lastreado em vínculos contratuais, não teria o condão de, isoladamente, transmitir o direito de propriedade. Esse, por ser dotado de

Em sentido contrário, quando a plataforma oferta a compra de bem digital e permite o *download*, como faz a Apple, nas bases antes mencionadas, a interpretação sistemática do art. 29 da Lei de Direitos Autorais (Lei 9.610/98), do art. 1.226 do Código Civil e do art. 30 do Código de Defesa do Consumidor (Lei 8.078/90) permite concluir que se adquire a propriedade do bem digital ofertado à venda, devendo a cópia adquirida por meio de *download* ser equiparada a exemplar. Incide, portanto, a exaustão de direitos autorais, devendo o adquirente ser autorizado a revender, doar ou emprestar o bem digital adquirido.

Por fim, é importante observar que mesmo quando o *download* assegura acesso temporário ao arquivo em questão, e não permanente, segue equivalendo, em termos funcionais, ao ato de tradição, quando a oferta feita ao consumidor era de compra e não licença. Nesse caso, no intuito de adequarem seus Termos e Condições de Uso à legislação brasileira, as plataformas que oferecem bens digitais por meio de compra poderiam chegar a resultado similar ao pretendido com a celebração de contrato de licença se esclarecessem ao adquirente que se trata de bem consumível, ou seja, passível de se extinguir pelo uso[83].

Assim, ainda que seja por meio de mera ficção jurídica, já que os bens digitais, embora possam se tornar obsoletos, a princípio não se desgastam, seria possível estipular que se extinguirão após sua utilização por cinco, sete, ou tantas vezes quantas equivalham à quantia paga. Uma vez ultrapassado tal número de acessos, apesar do *download*, extingue-se a propriedade.

Desse modo, seria possível ceder a terceiros o número de acessos remanescentes, fosse por meio de venda ou de empréstimo. Embora seja compreensível a existência de razões mercadológicas por trás dos Termos de Uso utilizados pelas plataformas, nenhuma modalidade contratual pode desenvolver-se à margem da lei, mesmo quando lacunas legislativas tornam mais tormentosa a atividade dos operadores do Direito. Diante das razões anteriormente expostas, é possível considerar que há equivalência funcional entre o *download*, quando feito licitamente, mediante remuneração adequada, e a tradição.

5. NOTAS CONCLUSIVAS

Desde o advento da internet, a virtualização das relações sociais e a criação de novos bens, cuja principal característica é a imaterialidade, trouxeram novos desafios à ciência

---

oponibilidade perante terceiros, demanda, por força de lei, a publicização prévia do vínculo que o constitui, seja por meio da posse exercida a partir da tradição, no caso dos bens móveis, seja por meio do registro, no caso dos imóveis ou de espécies ligadas à propriedade industrial. Assim, pensar em aquisição da propriedade somente por imposição da legislação de consumo significa submeter o consumidor ao risco de não ver reconhecido, por exemplo, o seu direito de reivindicar a coisa. Enquanto a sequela é uma das principais prerrogativas do proprietário, na seara contratual – campo no qual se enquadram as relações consumeristas – as violações ao direito do credor com frequência se resolvem em perdas e danos (a esse respeito, seja-nos consentido remeter a MAIA, Roberta Mauro Medina. *Teoria Geral dos Direitos Reais*. São Paulo: Revista dos Tribunais, 2013. p. 27).

83. Nesse sentido, seja-nos consentido remeter a MAIA, Roberta Mauro Medina. Posse e propriedade na era do metaverso. *Revista Brasileira de Direito Civil – RBDCivil*, vol. 32, n. 2, p. 313.

jurídica, até então estruturada para descrever e endereçar a titularidade e utilização de bens tangíveis. Muito embora a propriedade intelectual já tivesse, no passado, servido para endereçar inicialmente o fenômeno da desmaterialização dos bens, a criação de ativos digitais, oriundos de formatos negociais inovadores e disruptivos, envolve o surgimento de um novo ramo no tronco propriedade, tomando-se de empréstimo, aqui, a metáfora disseminada por Salvatore Pugliatti[84].

Para além da dificuldade de compatibilizar as ferramentas tradicionalmente atreladas aos bens físicos – o que, dada a peculiaridade de objetos distintos, sequer seria indispensável[85] –, tem-se, como desafios adicionais, o entrelaçamento dessas novas relações proprietárias a direitos de propriedade intelectual alheios, incidentes sobre os mesmos bens, e a falta de clareza relativamente aos efeitos de contratos que são ofertados pelas plataformas como uma verdadeira compra, quando não o são, efetivamente.

Diante da necessidade de esclarecer em quais circunstâncias ocorrerá a efetiva aquisição da propriedade de bens digitais por usuários das plataformas que os fornecem, é importante, ainda, compreender as consequências jurídicas de fenômenos como o *download*, bem como as diferenças concretas entre *software* e conteúdo digital, temas que o presente artigo se destinou a endereçar e elucidar.

Nesse contexto, foi traçado um paralelo entre a ocorrência do *download* e a tradição – entrega material da coisa –, com o consequente surgimento de exemplar, submetido ao regime da exaustão de direitos autorais. Essa ferramenta, destinada funcionalmente à compatibilização entre os direitos do autor e o direito de propriedade do adquirente do exemplar, pode exercer, no âmbito dos bens digitais, importante papel na proteção dos direitos dos consumidores de plataformas, as quais, nos Termos e Condições de Uso apresentados, vêm amputando unilateralmente as características atribuídas por lei ao direito de propriedade.

6. REFERÊNCIAS

ACEMOGLU, Daron e JOHNSON, Simon. *Power and Progress*. New York: Public Affairs, 2023.

AMORIM, Isabela V. Lobianco. *A rede contratual do streaming: uma análise da locação comercial no contexto de veiculação de obras audiovisuais e musicais em plataformas de streaming na internet*. Rio de Janeiro: Lumen Juris, 2022.

ANNUNZIATA, F. e CONSO, A. *L'Arte e il suo doppio*. Milano: Montabone Editore, 2021.

BARBOSA, Denis Borges. Restrições ao uso do *corpus mechanicum* de obras intelectuais após a tradição: exaustão de direitos em direito autoral, p. 1. Disponível em: <https://docplayer.com.br/1426678-Restricoes-ao-uso-do-corpus-mechanicum-de-obras-intelectuais-apos-a-tradicao-exaustao-de-direitos-em-direito-autoral.html.> Acesso em 13.10.2022.

---

84. PUGLIATTI, Salvatore. La proprietà e le proprietà. In: PUGLIATTI, Salvatore. (Org.). *La proprietà nel nuovo diritto*. Milano: Giuffrè, 1954. pp. 148 e ss.
85. Nesse aspecto, é importante observar a existência prévia de direitos reais incidentes sobre bens imateriais, como, por exemplo, o usufruto de quotas. Em casos como esse, a peculiaridade do objeto pode justificar o afastamento de ferramentas tradicionalmente atreladas a tal categoria de relações patrimoniais, como a usucapião, por exemplo.

BARBOSA, Pedro Marcos Nunes. A posse dos bens imateriais. In: GAMA, Guilherme Calmon Nogueira e NEVES, Thiago Ferreira Cardoso. *20 anos do Código Civil – Relações Privadas no início do século XXI.* Indaiatuba: Editora Foco, 2022. pp. 309-323.

CAVACEPPI. Cecilia. La tutela dei consumatori dele piattaforme digitali. In: CONTALDO, Alfonso e STAZI, Guido. *Profili giuridici e tecnologici nel nuovo ecosistema.* Pisa: Pacini Giuridica, 2021. p. 157-180.

CEREZO, Alberto Hidalgo. *Propriedad y patrimonio en el medio digital.* Pamplona: Editorial Arazandi, 2021.

CERRATO, Stefano A. Contratti tradizionali, diritto dei contrattti e smart contract. In: BATAGLIONI e GIORDANO, Marco Tullio (Orgs.). *Blockchain e Smart Contracts.* MILANO: Giuffrè, 2019, p. 273-314.

CONTALDO, Alfonso. Il diritto d'autore nel sistema delle piattaforme digitali. In: CONTALDO, Alfonso e STAZI, Guido. Le piattaforme digitali. *Profili giuridici e tecnologici nel nuovo ecosistema.* Pisa: Pacini Editora, 2021. p. 111-154.

GROSSI, Paolo. *História da propriedade e outros ensaios.* Renovar: Rio de Janeiro, 2006.

FACHIN. Luiz Edson. *Estatuto Jurídico do Patrimônio Mínimo.* 2. ed. Rio de Janeiro: Renovar, 2006.

FAIRFIELD, Joshua T. *Owned – Property, privacy and the new digital serfdom.* Cambridge: Cambridge University Press, 2017.

FERRER, Gustavo Gonçalves. *Análise da exaustão de direitos de propriedade intelectual aplicada a bens digitais: Estudo da legislação e de precedentes da União Europeia, dos Estados Unidos e do Brasil.* Dissertação de Mestrado. São Paulo: Faculdade de Direito da Universidade de São Paulo, 2021.

HELLER, Michael. *Gridlock economy – How too much ownership wrecks markets, stops innovation and costs lives.* New York: Basic Books, 2008.

IKEDA, Augusto. A história completa de quando o Metallica processou o Napster. Disponível em: https://igormiranda.com.br/2023/04/metallica-napster-historia/ . Acesso em 02.10.2023.

MASTROBERARDINO, Francesco. *Il patrimonio digitale.* Napoli: ESI, 2019.

MAIA, Roberta Mauro Medina. Posse e propriedade na era do metaverso. *Revista Brasileira de Direito Civil – RBDCivil*, vol. 32, n. 2, pp. 301-327.

MAIA, Roberta Mauro Medina. *Teoria geral dos direitos reais.* São Paulo: Ed. RT, 2013.

PUGLIATTI, Salvatore. La proprietà e le proprietà (com riguardo particolare alla proprietà terriera). In: PUGLIATTI, Salvatore (Org.). *La proprietà nel nuovo diritto.* Milano: Giuffrè, 1954. p. 145-310.

RADIN, Margareth Jane. *Boilerplate – the fine print, vanishing rights and the rule of law.* Princeton: Princeton University Press, 2013.

RIBEIRO, Felipe. *Napster completa 20 anos; relembre a história do polêmico programa de computador.* Disponível em: <https://canaltech.com.br/software/napster-completa-20-anos-relembre-a-historia-do--polemico-programa-de-downloads-140761/>. Acesso em 02.10.2023.

RODOTÀ, Stefano. *Il terribile diritto – Studi sulla proprietà privata e i beni comuni.* Milano: Il Mulino, 2013.

TEPEDINO, Gustavo. Contornos Constitucionais da Propriedade Privada. In: TEPEDINO, Gustavo. *Temas de Direito Civil.* Rio de Janeiro: Renovar, 1991.

YEN, Alfred C. Western Frontier or Feudal Society?: Metaphors and perceptions in the Cyberspace. *Berkeley Technology Law Journal*, vol. 17, n. 4, pp. 1.207-1263.

OBRAS CRIADAS POR INTELIGÊNCIA ARTIFICIAL GENERATIVA E A CENTRALIDADE DA PESSOA HUMANA NO DIREITO AUTORAL BRASILEIRO

Sérgio Branco

Doutor e Mestre em Direito Civil pela Universidade do Estado do Rio de Janeiro (UERJ). Cofundador e diretor do Instituto de Tecnologia e Sociedade do Rio de Janeiro (ITS Rio). Especialista em propriedade intelectual pela Pontifícia Universidade Católica do Rio de Janeiro – PUC-Rio. Pós-graduado em cinema documentário pela FGV Rio. Graduado em Direito UERJ. Sócio de Rennó Penteado Sampaio Advogados.

Sumário: 1. Introdução – 2. De um lado, o ato de criar – 3. De outro lado, o resultado – 4. A extensão possível da proteção a criações de IAG – 5. A criação como um elemento da dignidade – 6. Conclusão – 7. Referências

1. INTRODUÇÃO

Estamos em 2023 e há meses o mundo vem acompanhando, entre a incredulidade e a apreensão, os experimentos conduzidos com sistemas de inteligência artificial generativa ("IAG"), notadamente o CHAT-GPT. Aplicativos de IAG vêm se proliferando e, com eles, textos e imagens que de tão elaborados poderiam ter sido criados por humanos. Ainda não sabemos como lidar com esse tipo de produção artística (nem mesmo se podemos chamá-la "produção artística"), sendo bastante complexos seus desafios regulatórios. Como os direitos autorais são capazes (ou não) de lidar, hoje, com a regulação de criações derivadas de sistemas de IAG? O primeiro dos três objetivos deste texto é fazer uma análise descritiva das dúvidas que surgem quando colocamos direitos autorais diante da IAG.

O segundo objetivo é especulativo. Que eixos decisórios precisarão ser tomados para lidar com esse tipo de material?

A lei brasileira de direitos autorais (Lei Federal 9.610/98, "LDA") não deixa margem para dúvidas: o ato de criação, ao menos no âmbito da proteção por direitos autorais, é um ato humano. Determina seu art. 11 que "[a]utor é a pessoa física criadora de obra literária, artística ou científica". Não poderia ser diferente. A Convenção de Berna, tratado originalmente firmado em 1886 e ainda hoje pilar essencial do sistema internacional de proteção dos direitos autorais, não menciona expressamente que a autoria decorre de uma criação humana. Estabelece, contudo, que o prazo de duração da proteção aos direitos autorais *"compreende a vida do autor e cinquenta anos depois da sua morte"* (art. 7,1). Embora haja exceções (por exemplo, quanto a obras cinematográficas o fotográficas, cujo prazo de proteção se conta de sua divulgação), a regra é associar a contagem do prazo à morte do autor. E apenas pessoas físicas efetivamente morrem. Temos aqui uma pista sobre a natureza dos autores nos termos do mais relevante tratado internacional da matéria.

A LDA protege, não obstante, pessoas jurídicas. Mas apenas na qualidade de titulares de direitos autorais. Tal distinção precisa ficar clara o quanto antes. Autor é uma qualidade de quem cria a obra; titular se refere a quem detém seus direitos de exploração econômica. Por isso, o mesmo art. 11 da LDA que, em seu *caput*, prevê que autor é pessoa física, informa em seu parágrafo único, contudo, que "[*a*] *proteção concedida ao autor poderá aplicar-se às pessoas jurídicas nos casos previstos nesta Lei*". "A proteção", veja-se bem, é o que diz a lei. Não "*a autoria*". Proteção aos direitos econômicos, na medida que tenham sido transferidos, pelo autor (pessoa física), a um terceiro – quer seja pessoa física ou jurídica. Autoria, por outro lado, apenas se atribui às pessoas físicas.

Iniciar este estudo com afirmação tão peremptória pode parecer um verdadeiro anticlímax. Mas a análise jurídica da regulação de criações produzidas por sistemas de inteligência artificial não se resume a saber a quem pertencem seus direitos autorais. A bem da verdade, essa pergunta por si só já é instigante. Se uma criação elaborada exclusivamente por inteligência artificial não é resultado da ação de uma pessoa física, será que existe autor? Mas outros dilemas se impõem: como a LDA regula o uso de obras protegidas por direitos autorais para treinar sistemas de inteligência artificial? A criação por máquinas merece algum tipo de incentivo? A propósito, podem tais criações serem chamadas de "obras"? O sistema jurídico internacional está pronto para enfrentar tais questões?

O terceiro e último objetivo deste texto é demonstrar que a proteção dos direitos autorais, ao menos no ordenamento jurídico brasileiro, é uma expressão da dignidade humana. Qualquer adequação necessária ao sistema para se ajustar a uma nova realidade imposta por criações oriundas de IAG precisará estar em conformidade com a proteção dos interesses humanos.

Sendo assim, dividimos o texto em 4 partes. Na primeira, tratamos do ato de criar e de como lidar com as obras que servem de matéria-prima (*input*) aos sistemas de IAG. Na segunda parte, analisamos, pela perspectiva dos direitos autorais, o resultado gerado pelo sistema de IAG (*output*). Na terceira parte, discorremos sobre as possibilidades de proteção que se pode oferecer a tais criações. Na quarta, conectamos o tema à dignidade da pessoa humana. E então, concluímos.

2. DE UM LADO, O ATO DE CRIAR

A criação executada por um sistema de IAG[1] é na verdade um processo que abrange diversas fases. A cada uma, dúvidas se impõem e precisam ser confrontadas com o previsto na LDA.

---

1. "Em linha gerais, uma inteligência artificial generativa *é capaz de gerar criações a partir de modelos pré-estabelecidos*. A partir de uma foto, por exemplo, sua programação consegue desenvolver novas imagens. O mais interessante é que as peças originadas a partir dessa base conseguem ser bastante realistas em vários aspectos." Disponível em https://www.tecmundo.com.br/software/262572-inteligencia-artificial-generativa.htm. Acesso em: 13.08.2023.

De modo geral, para que um sistema de IAG funcione adequadamente, ou seja, crie "obras", é indispensável que tenha à disposição uma base de dados extensa. Essa base de dados será o alimento do aprendizado de máquina (*machine learning*), aquilo que vai permitir que a IAG produza uma foto, um desenho, um texto, uma música etc.

Para uma IAG criar uma fotografia, precisa ser previamente alimentada por milhões de outras fotografias. Quanto maior a base de dados, mais robusto será o acervo disponível para a criação. E aqui já temos o primeiro dilema a ser enfrentado quando nos deparamos com o processo que envolve as IAG. É possível alimentar uma base de dados usando obras protegidas por direitos autorais, cujos direitos pertencem a terceiros?

A fim de respondermos à pergunta adequadamente, é fundamental que dediquemos um tempo à compreensão de o que são direitos autorais e o quê, exatamente, eles protegem.

Os direitos autorais são um direito de exclusividade sobre criações de natureza estética. São protegidos no âmbito da propriedade intelectual, ao lado dos direitos de propriedade industrial (que inclui proteção a marcas, patentes de invenção e de modelo de utilidade, desenhos industriais, indicações geográficas), sem que com estes se confundam. Direitos autorais, por exemplo, têm proteção automática, sendo seu registro facultativo[2]. Direitos de propriedade industrial dependem de um ato do Estado (no Brasil, por meio do INPI – Instituto Nacional da Propriedade Industrial) para que seu titular goze da plenitude de seu direito[3]. Seu registro é, portanto, constitutivo do direito, enquanto os registros atinentes aos direitos autorais são declaratórios.

Conforme mencionado, direitos autorais incidem sobre criações de natureza estética. A LDA menciona a expressão "*obra literária, artística ou científica*" doze vezes, ecoando os termos presentes na Convenção de Berna (Decreto-Lei 75.699/75), mais importante tratado internacional sobre direitos autorais, que trata de "*produções do domínio literário, científico e artístico*". Pode parecer estranho, à primeira vista, que obras científicas cumpram com o requisito de ser uma criação de natureza estética, mas a LDA se incumbe de ressaltar, em seu art. 7º, § 3º, que "no domínio das ciências, a proteção recairá sobre a forma literária ou artística, não abrangendo o seu conteúdo científico ou técnico, sem prejuízo dos direitos que protegem os demais campos da propriedade imaterial", como seria o caso de proteção por meio de patentes de invenção ou de modelo de utilidade.

O art. 7º da LDA apresenta uma lista exemplificativa de criações que podem ser protegidas por direitos autorais, como textos, músicas, fotografias, obras audiovisuais, desenhos, ilustrações, pinturas, esculturas, obras arquitetônicas, dentre muitas outras. O *caput* nos apresenta os requisitos normalmente invocados para se estabelecer se uma criação deve ou não ser protegida por direitos autorais: "são *obras* intelectuais protegidas

---

2. Lei 9.610/98, art. 18. A proteção aos direitos de que trata esta Lei independe de registro.
3. Lei 9.279/96, art. 129, por exemplo. A propriedade da marca adquire-se pelo registro validamente expedido, conforme as disposições desta Lei, sendo assegurado ao titular seu uso exclusivo em todo o território nacional, observado quanto às marcas coletivas e de certificação o disposto nos arts. 147 e 148.

as *criações* do espírito, *expressas* por qualquer meio ou fixadas em qualquer suporte, tangível ou intangível, conhecido ou que se invente no future (...)". Ou seja, há que ser uma *obra*, que tenha um mínimo de *originalidade* e que tenha sido *expressa*. O direito autoral não protege o que não é propriamente uma obra, como concepções meramente abstratas ou ideias[4]. Também não protege as cópias, sem que haja um contributo mínimo[5]. Tampouco o que seja ideal, habitável apenas na mente de quem o concebeu.

Passando-se pelo crivo do art. 7°, o autor da obra gozará dos direitos autorais morais e patrimoniais. Direitos morais são aqueles inscritos no art. 24 da LDA e dizem respeito à vinculação da pessoa do autor à obra por este criada. Já os direitos patrimoniais abrangem as exclusividades de usar, fruir e dispor da obra[6], nas modalidades de uso previstas no art. 29 e todas as demais que venham a ser imaginadas.

Contudo, os direitos patrimoniais têm um prazo de proteção. A regra geral é que a exclusividade sobre eles perdure pela vida do autor e, após sua morte, por mais 70 anos[7]. Exceção notável é que obras fotográficas e audiovisuais são protegidas pelo prazo de 70 anos contados de sua divulgação[8]. Esgotado esse prazo, as obras ingressam no domínio público. Para efeitos práticos, extingue-se a exclusividade para utilizar, fruir e gozar da obra, que outrora cabia ao titular de direitos autorais e passa a caber à coletividade. Qualquer pessoa passa a poder, por exemplo, se valer da exploração econômica da obra.

Voltamos assim à nossa primeira indagação. Obras protegidas por direitos autorais podem ser usadas para treinamento de sistemas de IAG?

Embora o direito autoral patrimonial seja um direito de exclusividade, não se trata de um direito absoluto. Existem hipóteses previstas na própria lei que permitem o uso de obras alheias independentemente de autorização específica ou pagamento de qualquer valor. Essas hipóteses são chamadas de limitações aos direitos autorais e se encontram nos artigos 46 a 48 da LDA. Abrangem, entre outras situações, o direito de citar uma obra em outra (art. 46, III), de se fazer paródia (art. 47) ou transcrever em um jornal um discurso proferido publicamente (art. 46, I, b). O legislador entendeu, nesses casos, que era importante privilegiar o interesse público em detrimento do direito privado do titular de impedir o uso de sua obra por terceiros.

Se conjugarmos o teor das limitações (que em nenhum momento permite, já que estamos em uma lei de 1998, o uso de obras protegidas para treinamento de sistemas

---

4. Ideias são excluídas de proteção logo no início do art. 8° da LDA.
5. Ver, por todos, BARBOSA, Denis Borges; MAIOR, Rodrigo Souto; RAMOS, Carolina Tinoco. *O contributo mínimo na propriedade intelectual*: atividade inventiva, originalidade, distinguibilidade e margem mínima. Rio de Janeiro: Lumen Juris, 2010.
6. Lei 9.610/98, art. 28: Cabe ao autor o direito exclusivo de utilizar, fruir e dispor da obra literária, artística ou científica.
7. Lei 9.610/98, art. 41: Os direitos patrimoniais do autor perduram por setenta anos contados de 1° de janeiro do ano subsequente ao de seu falecimento, obedecida a ordem sucessória da lei civil.
8. Lei 9.610/98, art. 44: O prazo de proteção aos direitos patrimoniais sobre obras audiovisuais e fotográficas será de setenta anos, a contar de 1° de janeiro do ano subsequente ao de sua divulgação.

de IA), com a abrangência do *caput* do art. 29[9], a primeira e mais provável leitura é de que obras protegidas por direitos autorais no Brasil não podem, sem a prévia e expressa autorização do titular de seus direitos, ser usadas para aprendizado de máquina.

Nem todos os países têm optado por essa direção. Como alerta Carlos Affonso de Souza, Japão e Israel permitem que obras protegidas por direitos autorais sirvam de matéria-prima para compor bases de dados de treinamento de sistemas de inteligência artificial[10].

Nos Estados Unidos, o debate tem sido intenso a respeito da matéria. Desde atores entrando em greve para discutir cláusulas contratuais que prevejam o uso de ferramentas de IA para usar a imagem de atores sem sua efetiva participação em obras audiovisuais[11] até ferramentas que têm sido desenvolvidas para mascarar obras protegidas, de modo a que não venham a compor bases de dados de treinamento[12]. Uma das principais preocupações de autores é que seu estilo seja copiado por IAGs, havendo uma competição injusta entre as pessoas físicas, que têm condições limitadas de criação e, de outro lado, sistemas capazes de criar obras aos milhares ou milhões, sem cessar, valendo-se de um estilo pessoal particular[13].

É bem verdade que estilo não é algo passível de proteção por direitos autorais. Ao menos até agora. Como o direito autoral protege a criação em si, sua exteriorização, sua execução, sua individualidade, nunca se considerou plágio quem se vale das mesmas técnicas ou dos mesmos artifícios de outros autores que lhe sirvam de inspiração. Assim surgiram as várias escolas artísticas, cujos integrantes comungam de elementos comuns na composição de suas obras. Não há nada que me impeça de querer escrever um livro no estilo de Saramago ou de pintar um quadro no estilo de Di Cavalcanti. Posso ser acusado de falta de criatividade, de talento ou de ser um triste pastiche de um autor maior. Mas plágio, em regra, não será.

---

9. Lei 9.610/98, art. 44: Depende de autorização prévia e expressa do autor a utilização da obra, por quaisquer modalidades, tais como: (...); [...].
10. Disponível em: https://www.uol.com.br/tilt/colunas/carlos-affonso-de-souza/2023/06/13/japao-afasta-direitos-autorais-para-impulsionar-inteligencia-artificial.htm. Acesso em: 08.08.2023.
11. Disponível em: https://www.latimes.com/entertainment-arts/business/story/2023-07-07/hollywood-actors-strike-sag-aftra-artificial-intelligence. Acesso em: 08.08.2023. "In an editorial for Variety, the union's chief negotiator, Duncan Crabtree-Ireland, emphasized that SAG-AFTRA isn't trying to ban AI from Hollywood but said that "acquiring rights to train an AI system with a performer's voice and likeness, or using an AI system to create new performances using a performer's voice and likeness, must be bargained with the union".
12. Disponível em: https://www.ctvnews.ca/sci-tech/researchers-have-created-a-way-to-cloak-artwork-so-that--it-can-t-be-used-to-train-ai-1.6323375. Acesso em: 08.08.2023.
13. O ponto pode ser assim resumido: "Several months ago, an MIT Technology Review article wrote that Greg Rutkowski's name was used at least 93,000 times to produce images using Stable Diffusion. Greg Rutkowski is an artist from Poland who is known for producing epic fantasy scenes, having created illustrations for things like Dungeons and Dragons and Magic the Gathering. If Stable Diffusion can create Rutkowski-like works by being instructed to "produce an epic fantasy scene with a fire breathing dragon fighting a noble warrior in the style of Greg Rutkowski," why would anyone hire Rutkowski for his art any more? This AI generated content could be produced much more quickly and at a lower cost than commissioning Rutkowski for a custom piece. And, of course, this could apply to any artist and any style". Disponível em: https://creativecommons.org/2023/03/23/the-complex-world-of-style-copyright-and-generative-ai/. Acesso em 08.08.2023.

A primeira escolha que precisaremos fazer na regulação de direitos autorais em conexão com inteligência artificial é em que medida as obras protegidas podem servir de matriz para o treinamento de ferramentas de IAG. De um lado, elas podem acabar competindo com as pessoas humanas que, em suas humanas limitações, serão muitas vezes incapazes de fazer frente à rapidez e à eficiência da técnica. Por outro, ignorar a importância do treinamento de sistemas de IAG pode deixar o Brasil atrasado em um dos pontos centrais e definidores da tecnologia nos próximos anos. Não à toa a Europa vem discutindo como regular inteligência artificial[14], o mesmo podendo ser dito a respeito do Brasil[15].

3. DE OUTRO LADO, O RESULTADO[16]

Na outra ponta do sistema, temos a indagação mais complexa a ser respondida: criações geradas por sistemas de IAG podem ser protegidas por direitos autorais?

A primeira possível resposta é *não*. Basta lermos o art. 11 da LDA para nos depararmos com um obstáculo intransponível: "*autor é pessoa física, criadora de obra literária, artística ou científica*".

Nos últimos anos, um caso analisado à exaustão abriu caminho para uma discussão mais sólida em matéria de inteligência artificial. Em julho de 2011, o fotógrafo britânico David Slater estava tirando fotos da natureza em um parque nacional da Indonésia. Depois de tentar várias vezes fazer fotos de close do rosto dos macacos, acabou desistindo por acreditar que os animais estavam intimidados. Assim, ele deixou a máquina fotográfica em um tripé e esperou que os macacos chegassem até ela e a manipulassem. Isso de fato ocorreu. Embora muitas das fotos fossem imprestáveis, ao menos uma delas tinha qualidade suficiente para, segundo ele, aparecer na capa da National Geographic[17]. A foto ficou mundialmente conhecida.

Segundo Slater, ele enviou a foto a seu agente e ela acabou chegando ao Daily Mail. Daí, tornou-se viral até alcançar a Wikipedia. O fotógrafo pediu à enciclopédia digital que retirasse a foto de lá, pois não havia autorizado sua publicação, porém os responsáveis pela Wikipedia se recusaram. Em razão disso, surgiu uma curiosa disputa judicial em que o fotógrafo David Slater foi processado, na Califórnia, pela organização People for the Ethical Treatment of Animals (PETA), que o acusava de violação de direitos autorais do macaco – denominado Naruto na ação judicial.

---

14. Ver, por exemplo: https://exame.com/inteligencia-artificial/parlamento-europeu-aprova-eu-ai-act-primeiro--marco-regulatorio-de-ia-do-mundo/. Acesso em: 08.08.2023.
15. Ver, por exemplo: https://exame.com/brasil/entenda-os-principais-pontos-do-projeto-de-lei-para-regular-inteligencia-artificial-no-brasil/. Acesso em 08.08.2023.
16. Trechos desta seção já publicados em CASRTO, João Fraga de (Org.). *Fashion Law*: Direito da Moda. Lisboa: Aranzadi, 2019.
17. As informações desta seção foram extraídas do site da Organização Mundial da Propriedade Intelectual (OMPI ou WIPO, em sua sigla em inglês) e podem ser encontradas em: https://www.wipo.int/wipo_magazine/en/2018/01/article_0007.html.

Eventualmente, Slater venceu a demanda[18], o que não chega a ser espantoso. Apesar de os animais virem conquistando cada vez mais garantias de direitos[19], não parece razoável lhes conferir direitos autorais. O que a ação judicial não respondia, infelizmente, era se David Slater seria, em alguma medida, titular dos direitos autorais sobre a fotografia.

Aqui, a análise de um detalhe da história se faz indispensável. Apesar de uma das versões (a que foi relatada acima) afirmar que Slater intencionalmente colocou a câmera em um tripé e esperou que o macaco se aproximasse dela para fazer a foto, sua veracidade é controvertida. Há fontes que informam que Naruto teria agido sem a contribuição do fotógrafo e, até mesmo, contra a sua vontade, já que a câmera teria sido "furtada" pelo macaco e, posteriormente, recuperada pelo fotógrafo[20]. É na distância entre um tripé armado e uma câmera furtada que residem os desdobramentos jurídicos sobre a foto.

Já tivemos a oportunidade de ver que, segundo a LDA, autor é a pessoa física, criadora de obra literária, artística ou científica. Sabemos que, no mundo dos fatos, o macaco Naruto é o autor da foto, mas e no mundo do direito? A quem atribuir autoria e titularidade? Isso vai depender de qual versão da história de David Slater vamos adotar.

Se ele colocou o tripé e esperou que o macaco se fotografasse, é possível (mas não incontestável) que ele seja considerado o autor. Afinal, ele teria, em alguma medida, criado a obra, uma vez que ajustou os equipamentos e os deixou de propósito em um lugar onde os macacos pudessem usá-lo. Havia ali, em alguma medida, controle criativo sobre o resultado, sobre o processo de elaboração da obra e os mecanismos técnicos para sua criação, previamente regulados pelo fotógrafo. Assim, ele poderia ser considerado seu criador intelectual. Esse é um argumento possível, ainda que fosse igualmente possível debater em que medida de fato a obra foi criada por ele.

Se a câmera, contudo, foi realmente subtraída pelo macaco, sem qualquer intenção por parte do fotógrafo, então parece que, ao menos diante da lei brasileira, Slater não poderá ser considerado autor por não ter contribuído intelectualmente com a criação da fotografia. Nesse caso – e esse foi o entendimento da Wikipedia – a foto estaria em domínio público por falta de autor.

Em síntese, ter ingerência sobre o resultado final da obra parece ser de suma importância para se definir quem é seu autor. A lei brasileira exige que a autoria seja decorrente de um ato de criação intelectual, não podendo ser fruto do acaso ou da natureza. Irrelevante, portanto, a propriedade da máquina ser do fotógrafo ou o macaco estar em solo indonésio. Se não houve contribuição intelectual por parte de um ser humano, a obra se encontra em domínio público por falta de autoria.

---

18. Disponível em: https://www.bbc.co.uk/newsround/41239954/.
19. Ver, por exemplo, o estatuto jurídico dos animais que entrou em vigor em Portugal, em 2017: https://dre.pt/home/-/dre/106549655/details/maximized.
20. Ver, entre outros: https://www.telegraph.co.uk/news/newstopics/howaboutthat/8615859/Monkey-steals-camera-to-snap-himself.html; https://www.dailymail.co.uk/news/article-2011051/Black-macaque-takes-self-portrait-Monkey-borrows-photographers-camera.html; http://time.com/3393645/monkey-selfie-lands-photographer-in-legal-quagmire/; http://g1.globo.com/planeta-bizarro/noticia/2011/07/macaco-rouba-camera-de-fotografo-e-faz-um-autorretrato-sorridente.html.

Ana Ramalho menciona o caso Naruto e admite, a nosso ver adequadamente, que a questão de titularidade associada à criação intelectual via IA depende do grau de envolvimento humano no resultado[21]:

> Programadores e usuários podem ser vistos como colaboradores do trabalho (dependendo das IAs), mas devem ser considerados autores? Tudo depende, claro, do nível de envolvimento. Onde o programa de computador é uma ferramenta empregada pelo usuário para produzir uma obra, o usuário é o criador; há um alto nível de criatividade de sua parte. Da mesma forma, os programadores serão autores onde o produto final resulta de seus esforços intelectuais: por exemplo, onde o programa exibe uma animação de fogos de artifício sempre que um botão é pressionado, a entrada criativa é do programador que criou a animação, e não do usuário que aperta o botão. Mas isso não é diferente de avaliar o grau de originalidade para fins de proteção de uma obra totalmente produzida por humanos - se houver contribuição humana suficiente na criação de uma obra original, então a proteção de direitos autorais estará disponível ao menos para a parte criada pela pessoa natural (embora, reconhecidamente, possa haver casos em que as contribuições humanas e da máquina não sejam fáceis de separar ou avaliar).

Mais adiante, conclui que a melhor opção, em seu entender, seria conferir obras criadas por IA ao domínio público, com alguma modulação[22]:

> Na verdade, isso decorre do fato de que o domínio público é o caminho alternativo natural à privatização. Mas, mais do que isso, colocar as criações de AIs em domínio público permite a criação de novos conhecimentos e um acesso mais fácil à informação, para citar apenas algumas vantagens. A atribuição de criações de IA ao domínio público deve ser associada ao estabelecimento de um "direito de divulgador" como uma ferramenta para garantir que as criações de IA cheguem ao público. A concepção de tal direito, no entanto, não deve colocar em risco a natureza de domínio público das criações de IAs e, portanto, deve ser limitada em seu escopo.

Luca Schirru, em tese fundamental defendida na Universidade Federal do Rio de Janeiro, analisa os intrincados caminhos de escolha do regime jurídico para obras criada por sistemas de IA ou por seu intermédio. Ele aponta a "dificuldade de se promover

---

21. RAMALHO, Ana, Will Robots Rule the (Artistic) World? A Proposed Model for the Legal Status of Creations by Artificial Intelligence Systems (June 13, 2017). Available at SSRN: https://ssrn.com/abstract=2987757. No original, lê-se que "Programmers and users can be seen as contributors to the work (depending on the AIs), but should they be considered as authors? It all depends, of course, on the level of involvement. Where the computer program is a tool employed by the user to produce a work, the user is the creator; there is a high level of creativity input on his part. Likewise, programmers will be authors where the final product results from their intellectual endeavours: for example, where the program displays an animation of fireworks whenever a button is pushed, the creative input is from the programmer that created the animation, rather than from the user who pushes the button.94 But this is no different than assessing the degree of originality for purposes of protection of a fully human-produced work – if there is enough of a human input in creating an original work, then copyright protection will be available at least for the human-created part of the work (even though, admittedly, there may be cases where human and machine contributions are not easy to separate or evaluate)."
22. RAMALHO, Ana, Will Robots Rule the (Artistic) World? A Proposed Model for the Legal Status of Creations by Artificial Intelligence Systems (June 13, 2017). Available at SSRN: https://ssrn.com/abstract=2987757. No original, lê-se que "Indeed, that stems from the fact that the public domain is the natural alternative path to privatization. But more than that, placing AIs creations in the public domain allows for creation of new knowledge and easier access to information, to name only a few advantages. The attribution of AIs creations to the public domain should be coupled with the establishment of a "disseminator right" as a tool to ensure that AI creations reach the public. The design of such right should however not endanger the public domain nature of AIs creations, and should therefore be limited in scope."

uma única solução regulatória para absolutamente todos os casos em que sistemas de IA foram empregados para o desenvolvimento de produtos da IA: diferentes técnicas (sistemas especialistas, redes neurais, algoritmos genéticos) demandam ações distintas dos seres humanos, seja em rotular os dados que irão treinar o sistema (aprendizado supervisionado em uma rede neural) ou em traduzir e reduzir a expertise adquirida em anos de prática a um vasto conjunto de regras que devem ser codificadas em um sistema especialista"[23]. Por isso, regras distintas merecem ser consideradas[24]:

> Com base na existência destes múltiplos cenários, foi proposta uma classificação preliminar dos sistemas de IA no que concerne ao papel deste no processo criativo, podendo assumir uma posição acessória, instrumental ou determinante ao conteúdo daquele produto da IA. Situações em que o grau de interferência humana é elevado, garantindo uma maior previsibilidade do resultado, podem contextualizar tais sistemas em uma posição acessória ou instrumental, esta última se aproximando da utilização de um editor de texto para a escrita desta tese. A princípio, os sistemas empregados de maneira acessória ou meramente instrumental não apresentam desafios para a regulação vigente, sendo os que assumem papel determinante no conteúdo do produto final objeto de maior preocupação.
>
> Por outro lado, há os produtos de um processo em que o grau de interferência humana no que diz respeito ao conteúdo do resultado final é reduzido, o que, por sua vez, influencia o seu nível de previsibilidade. A respeito destes produtos da IA, resultados de projetos e processos em que o grau de interferência humana não é capaz de justificar a indicação dos sistemas de IA como acessória ou como uma simples ferramenta, têm sido propostos, em maior ou menor grau de aprofundamento, modelos para promover a apropriação destes produtos sob o direito autoral.

Quanto à segunda categoria por ele apontada, aquela que de fato nos interessa para este trabalho, o autor afirma que o domínio público é aquela que "hoje representa o modelo aplicável a esses produtos sob o direito autoral vigente no Brasil, e em outros países", embora seja possível se imaginar a atribuição de direitos para "três agentes: o criador humano, o titular – que poderia assumir a figura de organizador/coordenador, empregador/contratante, investidor, etc. –, e o sistema de IA"[25].

O problema da admissão do domínio público como regra para obras criadas por sistemas de IA se encontra, como bem aponta o autor, na fragilidade prática da proposta[26]:

> A facilidade em fraudar o sistema de direitos autorais inviabilizaria a sua adoção, e poderia subverter todo o sistema para a apropriação de produtos de equações matemáticas e processamento de dados por meio de regras inicialmente direcionadas às criações humanas. Basta que o desenvolvedor, usuário

---

23. SCHIRRU, Luca. *Direito autoral e inteligência artificial*: autoria e titularidade nos produtos da IA. Tese defendida no Programa de Pós-graduação em Políticas Públicas, Estratégias E Desenvolvimento, Instituto de Economia, Universidade Federal do Rio de Janeiro. 2020. Disponível em: https://www.onda.org.br/teses-dissertacoes/.
24. SCHIRRU, Luca. *Direito autoral e inteligência artificial*: autoria e titularidade nos produtos da IA. Tese defendida no Programa de Pós-graduação em Políticas Públicas, Estratégias E Desenvolvimento, Instituto de Economia, Universidade Federal do Rio de Janeiro. 2020. Disponível em: https://www.onda.org.br/teses-dissertacoes/
25. SCHIRRU, Luca. *Direito autoral e inteligência artificial*: autoria e titularidade nos produtos da IA. Tese defendida no Programa de Pós-graduação em Políticas Públicas, Estratégias E Desenvolvimento, Instituto de Economia, Universidade Federal do Rio de Janeiro. 2020. Disponível em: https://www.onda.org.br/teses-dissertacoes/
26. SCHIRRU, Luca. *Direito autoral e inteligência artificial*: autoria e titularidade nos produtos da IA. Tese defendida no Programa de Pós-graduação em Políticas Públicas, Estratégias E Desenvolvimento, Instituto de Economia, Universidade Federal do Rio de Janeiro. 2020. Disponível em: https://www.onda.org.br/teses-dissertacoes/.

ou interessado na apropriação daquele produto da IA omita a existência do sistema e a origem do produto, atribuindo a si a autoria daquele, para que sejam atribuídos direitos exclusivos por décadas, sem a necessidade de qualquer registro, e com a amplitude e alcance que um dia foram propostos visando o criador humano e a sua relação com a obra criada.

Schirru entende ser inadequada "a possibilidade de equiparação de um sistema de IA a um autor humano (...), o que também se estende à possibilidade de se promover aos produtos desta a mesma, ou semelhante, proteção sob o direito autoral"[27]:

> É bem verdade que os sistemas de IA já são capazes de resultar em produtos que, caso desenvolvidos por seres humanos, seriam protegidos pelo direito autoral. Inclusive, observa-se que alguns deles, quando encarados de maneira objetiva, seriam dotados de maior esteticidade que obras atualmente protegidas pelo direito autoral, cujo grau de originalidade tem se revelado cada vez menor. Não obstante a originalidade objetiva que pode ser atribuída a esses produtos, estes não podem ser considerados como uma criação do espírito, por mais belos ou complexos que sejam. A proteção garantia pelo direito autoral, (...) é ampla, com extenso prazo de duração, e não demanda formalidades, como registro ou pagamento de taxas oficiais. Dita proteção foi construída com base na figura do criador humano e no seu vínculo com a obra criada.

Criador humano. O direito autoral foi forjado entre os séculos XVIII e XIX tendo por centralidade a criação humana. Até porque, naquela época, sequer se especulava realisticamente a criação artística ser concebida por uma máquina. Mas os tempos mudaram e hoje criações de IAG vencem concursos[28], por vezes com resultados polêmicos[29]. Algumas ferramentas são capazes de criar imagens ultrarrealistas de pessoas, embora o próprio domínio do site seja autoexplicativo: https://this-person-does-not-exist.com/en.

Nos últimos anos, muito se escreveu sobre a proteção jurídica a criações artísticas realizadas por IAG. E essa discussão vem sempre associada a outros elementos de grande importância: questões éticas, trabalhistas, sociais em espectro amplo. E todas elas convergem para um ponto comum: a proteção da pessoa humana como centro do ordenamento jurídico e os possíveis caminhos de proteção de seus interesses.

4. A EXTENSÃO POSSÍVEL DA PROTEÇÃO A CRIAÇÕES DE IAG

As criações puramente mecânicas, que não contam com qualquer participação humana, estão se multiplicando em termos de quantidade e de qualidade. A se conferir proteção autoral a cada uma delas, tal qual a proteção conferida às obras criadas por pessoas humanas, vamos criar um cenário de múltiplas incertezas que desafiam os pilares sobre os quais o direito autoral foi construído.

---

27. SCHIRRU, Luca. *Direito autoral e inteligência artificial*: autoria e titularidade nos produtos da IA. Tese defendida no Programa de Pós-graduação em Políticas Públicas, Estratégias E Desenvolvimento, Instituto de Economia, Universidade Federal do Rio de Janeiro. 2020. Disponível em: https://www.onda.org.br/teses-dissertacoes/.
28. Disponível em: https://g1.globo.com/tecnologia/noticia/2023/04/18/artista-alemao-causa-polemica-ao-ganhar-concurso-com-foto-criada-com-inteligencia-artificial.ghtml. Acesso em: 10.08.2023.
29. Disponível em: https://www.nytimes.com/2022/09/02/technology/ai-artificial-intelligence-artists.html. Acesso em: 10.08.2023.

Em primeiro lugar, porque máquinas não precisam de incentivo para criar, nem tampouco para terem proteção sobre suas criações. O tempo consumido por elas na criação é infinitamente menor do que aquele demandado a um humano para se chegar ao mesmo resultado. Basta ver uma aplicação como o Dall-E, que em poucos segundos é capaz de elaborar um desenho complexo e de excelente qualidade – o mesmo podendo ser dito dos textos do Chat-GPT e das traduções do Google Translate. Contudo, a criação em grande escala de obras geradas por IAG criam um tipo novo de competição com os artistas – uma competição extrínseca. Esta seria uma segunda camada a ser considerada.

No início do século XXI, os direitos autorais foram tema de intenso debate por conta das tecnologias que desafiavam os padrões regulatórios então existentes. O surgimento de novos modelos de negócio, centrados no acesso a bases de obras (como Spotify e Netflix), mudou a lógica amparada na cópia de exemplares e permitiu uma mudança na perspectiva do debate acerca de reprodução privada e pirataria. A cópia não autorizada podia criar uma competição injusta de determinada obra com ela mesma. Por que alguém pagaria determinado valor por um CD, um DVD ou um livro se esse mesmo conteúdo poderia ser adquirido por um valor menor – frequentemente por nada? Havia, nessa hipótese, uma possível concorrência intrínseca – a obra original enfrentando a competição de sua cópia, mais barata.

Vivemos agora um segundo momento de crise do direito autoral desde o surgimento da internet. Não está mais em questão a cópia não autorizada de determinada obra, mas a criação em larga escala de criações geradas por IAG que não são a reprodução de obra preexistente, mas que podem emular o estilo de determinado autor, com resultado que pode servir para substituir as obras desse mesmo autor, a depender das circunstâncias. Por exemplo, alguém que gosta muito da obra de Edward Hopper, mas que se contentaria com uma imagem genérica, no mesmo estilo, mas sem a assinatura do autor. Esse cenário escapa à ideia de pirataria ou de cópia privada (pois que estamos falando de criação nova, objetivamente original), mas dá origem a uma situação de concorrência extrínseca.

Tudo bem que Hopper está fora do orçamento da quase totalidade de cada um de nós. Mas pense em um artista local, cujo estilo seja marcado e esteticamente apreciável. Quantos pagariam a mais pela obra original? Muitos, talvez. Mas não todos.

Estilos não são protegidos por direitos autorais[30]. E não parece ser uma boa ideia que venham a sê-lo. Se nem sempre é fácil saber se uma obra é plágio de outra, sendo a comparação objetiva e decorrente de um caso concreto, mais difícil será saber se um

---

30. Disponível em: https://creativecommons.org/2023/03/23/the-complex-world-of-style-copyright-and-generative-ai/. Acesso em: 10.08.2023. "Looking at this in the context of style, style alone is not usually considered the subject matter of copyright. Consider, for example, music genres. Copyright does not extend to something like genre. So, copyright doesn't protect the style of music "grunge," and in fact, many bands who work in the same genre have similar sounds. Genres are, in fact, defined by stylistic similarities. So, for instance, early 1990s grunge bands had sounds that were, in many ways, alike: sludgy, heavy electric guitars, intense vocals, elements of both punk rock and heavy metal music. At the same time, however, copyright does protect specific expressions of that style: Nirvana's Smells Like Teen Spirit, Pearl Jam's Even Flow, Silverchair's Tomorrow. Similarly, copyright doesn't protect animation style. The American-made animated television show Avatar: The Last Airbender shares a similar animation and storytelling style with many Japanese anime shows. Indeed, people

determinado estilo está sendo copiado. É claro que podemos pensar em estilos facilmente distinguíveis, como Romero Britto[31], mas este seria um caso excepcional. E talvez possamos pensar em formas mais adequadas de proteção ao estilo, se isso for desejável, como a concorrência desleal em sentido amplo. Mas não proteção por direitos autorais.

Se não se deve conferir proteção autoral a obras criadas sem interferência humana por IAG, significa então que tais criações deveriam estar automaticamente em domínio público por falta de autor?

Não necessariamente. Concordamos com Luca Schirru. Inserir tais criações no domínio público conta com uma dificuldade bastante difícil de ser resolvida: bastaria a declaração de que a IAG foi usada como instrumento de criação por uma pessoa humana para se escapar ao efeito, talvez indesejável tanto por quem se valeu da IAG para criar a obra quanto por empresas dedicadas à colocação de tais tecnologias no mercado.

Lawrence Lessig, um dos maiores pensadores do direito autoral na contemporaneidade, defende que o grau de originalidade para a proteção de uma obra por direitos autorais é tão baixo que o mais certo seria atribuir titularidade ao humano que manipulasse o dispositivo de IAG. Os argumentos são interessantes[32]:

> Há um debate crescente entre os advogados de direitos autorais sobre se o criador de tecnologias gráficas de IA, como MidJourney e Dall-E, deve receber proteção de direitos autorais. A regra do Copyright Office, pelo menos até agora, é que eles znão deveriam. Talvez, sugere o Copyright Office, se o artista demonstrar *prompts*[33] criativos suficientes. Mas até agora, o Copyright Office rejeitou os direitos autorais em todos os casos apresentados a ele.
>
> Esta conclusão não é apenas errada. É um erro estratégico. Não há razão sob a lei existente para que o usuário de uma máquina que produz trabalhos criativos não deva receber direitos autorais. E a chance de criar um regime que possa proteger com eficiência os direitos autorais dos usuários de IA é uma oportunidade para os direitos autorais em geral que não devemos perder.

---

often think Avatar: The Last Airbender is, itself, a Japanese show. However, it is not a copy of any other show, even if it appears similar to anime."

31. O exemplo vem à tona justamente porque já houve discussão a respeito da proteção do estilo de Romero Britto em ação que ele moveu contra a Apple. https://macmagazine.com.br/post/2016/05/23/processo-de-romero-britto-contra-a-apple-e-descartado/. Acesso em 10.08.2023.

32. Disponível em: https://lessig.medium.com/for-ai-copyright-for-ai-artists-ca6221932811. Acesso em: 10.08.2023. No original, lê-se que "There's a growing debate among copyright lawyers about whether the producer of graphical AI technologies, such as MidJourney and Dall-E, should be granted copyright protection. The rule of the Copyright Office, so far at least, is that they should not. Maybe, the Office suggests, if the artist demonstrates sufficiently creative prompts. But so far, the Copyright Office has rejected copyright in every case presented to it. This conclusion is not just wrong. It is a strategic mistake. There is no reason under existing law why the user of a machine that produces creative work shouldn't be granted a copyright. And the chance to craft a regime that could efficiently secure copyright to the users of AI is an opportunity for copyright generally that we should not miss. First, under existing law: though we're all rightly fascinated by the machine part of AI creativity, we should not miss that it is a human — often an artist — that is operating that machine. If I snap a photograph of a landscape, a machine is helping me create no doubt. Yet equally without doubt, I would have a copyright for my creativity. My picture is an independent creation. Nothing in the law would require that I demonstrate significant effort or creativity before I get the copyright. My machine-aided creativity would be protected, absolutely."

33. Mantivemos aqui o uso do termo *prompt*, que tem se consolidado como os elementos inseridos nos sistemas de IAG para a produção de determinado resultado.

Em primeiro lugar, de acordo com a lei existente: embora estejamos todos fascinados pela parte mecânica da criatividade da IA, não devemos perder de vista que é um humano – muitas vezes um artista – que está operando essa máquina. Se tiro uma fotografia de uma paisagem, sem dúvida uma máquina está me ajudando a criar. No entanto, igualmente sem dúvida, eu teria os direitos autorais pela minha criatividade. Minha foto é uma criação independente. Nada na lei exigiria que eu demonstrasse esforço ou criatividade significativos antes de obter os direitos autorais. Minha criatividade auxiliada por máquinas estaria protegida, certamente.

O que Lessig propõe diminui a incerteza da regulação – embora o direito autoral seja uma estrutura permeada por incertezas por todos os lados. Por exemplo, a autoria de uma obra é sempre discutível. Mesmo com registros físicos ou digitais, qualquer pessoa pode alegar ter criado uma obra embora não o tenha feito. Não são tecnologias como blockchain ou NFT que resolverão esse problema na raiz. Talvez, apenas quando criações intelectuais forem feitas com a inserção do DNA de seu criador. E Lessig conclui afirmando[34]:

> A chave é a autonomia: os artistas merecem direitos autorais por sua criatividade, seja como for. Mas eles devem ser livres para licenciar seu trabalho criativo, como quiserem. (...)
>
> Em muito pouco tempo, uma vasta gama de criatividade digital será gerada por IAs, embora desencadeada por humanos. Esses humanos merecem proteção de direitos autorais. Mas igualmente sem dúvida, o próprio sistema de direitos autorais precisa entrar no século 21, com tecnologias que simplificam a identificação da propriedade. A criatividade da IA é uma chance de começar a construir esses registros. O preconceito contra as máquinas não deve nos impedir de dar esse passo.

Assim como não foi possível imaginar, no início do século, que seriam novos modelos de negócio a fonte da mudança na discussão sobre pirataria de obras musicais e audiovisuais, não temos como imaginar que caminho a IAG vai abrir para a criatividade humana, sua regulação e possível proteção por direitos autorais.

É possível, por exemplo, que surjam aplicativos personalizados de IAG. Um artista pode lançar sua própria ferramenta da IAG para que sua obra seja legitimamente usada como fonte para remix e geração de conteúdo novo pelo uso de quem venha a licenciar seu direito. Assim, alguém que quisesse usar as músicas de determinada compositora/cantora, pagaria pelo uso da IAG, poderia inclusive ser titular de direitos autorais sobre a obra criada, mas compartilharia com a compositora/cantora parte do uso comercial da obra criada. Importante é que o sistema seja repensado tendo em seu centro a proteção das pessoas humanas envolvidas em toda a cadeia criativa: o artista e o usuário – afinal seriam ambos titulares de direitos nos termos da LDA.

---

34. Disponível em: https://lessig.medium.com/for-ai-copyright-for-ai-artists-ca6221932811. Acesso em: 10.08.2023. No original, lê-se que "The key is autonomy: Artists deserve copyright for their creativity, however created. But they should be free to license their creative work, however they choose. (…) In a very short time, a vast swath of digital creativity will be generated by AIs, though triggered by humans. Those humans deserve copyright protection. But equally without doubt, the copyright system itself needs to enter the 21st century, with technologies that make identifying ownership simple. AI creativity is a chance to begin building those registries. Bias against machines should not block us from taking that step."

5. A CRIAÇÃO COMO UM ELEMENTO DA DIGNIDADE

Este texto está sendo escrito em justa homenagem à professora Maria Celina Bodin de Moraes e, também por isso, cabe aqui uma nota pessoal. Na minha opinião, é Maria Celina quem melhor delimita os contornos da dignidade da pessoa humana entre os juristas brasileiros.

Em sua obra "Danos à Pessoa Humana"[35], Maria Celina propõe que a cláusula que norteia nosso ordenamento jurídico abrange quatro aspectos: igualdade, integridade psicofísica, liberdade e solidariedade social.

O ato de criar é um ato de liberdade. É uma manifestação da liberdade de pensar, de se expressar, de compartilhar valores, ideias, visão de mundo. "Liberdade significa, hoje, poder realizar, sem interferências de qualquer gênero, as próprias escolhas individuais, exercendo-as como melhor convier". E como exemplos de situações que violam a dignidade humana "em razão da lesão ao princípio da liberdade" podemos citar "a restrição à manifestação de pensamento e crítica"[36].

Historicamente, os fundamentos dos direitos autorais envolvem a proteção de algo que, sendo imaterial, facilmente copiável, depende de uma tutela jurídica que proíba a cópia sem a prévia e expressa autorização do titular. Embora seja muito discutível que obras sejam criadas apenas em razão da exclusividade conferida pelos direitos autorais, é bem verdade que a proteção incrementa os incentivos da criação. Uma pessoa que saiba que seu romance, sua música ou sua escultura não poderão ser copiados livremente (o que geraria uma competição desleal com sua própria obra), terá maior estímulo para criar e apostar na remuneração possível a partir da exploração econômica de sua criação. E mesmo para um profissional talentoso e experiente, o processo de criação é normalmente lento, demorado e incerto. Toda indústria da arte, como já se disse, é uma indústria de protótipos. Não existe sucesso anterior que garanta sucesso subsequente. Cada sucesso precisa ser conquistado na individualidade. O que mais se tem é exemplo de fracassos monumentais após uma sequência de sucessos.

Por mais sofisticado que seja um sistema de IAG, ele sempre vai trabalhar a partir do manancial de obras humanas disponíveis, levando-se em conta aquilo que nós, humanos, entendemos por estético, por arte e por cultura. Também o resultado da criação de um sistema de IAG é fruto, em última análise, das nossas impressões digitais. Talvez o passo mais ousado, mas que nos parece ainda longe, seja aquele dado por um sistema de IAG para criar o que será, na concepção da IA, uma obra estética a partir dos valores, dos conceitos e da experiência (se pudermos assim nos manifestar) da própria IA. Quando isso acontecer, se acontecer, saberemos reconhecer a aurora de uma arte verdadeiramente não humana? Até lá, contudo, a criação é manifestação da liberdade humana e deve ser protegida no âmbito de sua dignidade.

---

35. MORAES, Maria Celina Bodin de. *Danos à pessoa humana*: uma leitura civil-constitucional dos danos morais. Rio de Janeiro: Renovar, 2003.
36. MORAES, Maria Celina Bodin de. *Danos à pessoa humana*: uma leitura civil-constitucional dos danos morais. Rio de Janeiro: Renovar, 2003. p. 107.

6. CONCLUSÃO

Obras protegidas por direitos autorais podem ser usadas como matéria-prima para se alimentar sistemas de IAG? Uma criação oriunda de um sistema de IAG deve ser protegida por direitos autorais? Devemos incentivar a proteção, ao menos em seu aspecto econômico, de criações derivadas de IAG porque é melhor atribuir direitos a pessoas humanas do que legar as criações ao domínio público? Que fazer com os direitos morais, que obrigam a indicação de autoria de cada obra, nas hipóteses em que não houver autor? Em alguma circunstância, no futuro, será que sistemas de IA poderão ter personalidade jurídica e serem considerados autores para efeitos legais?

Independentemente de como passemos a responder a tais perguntas, não podemos esquecer que é a dignidade humana, não a tecnologia ou os proveitos econômicos, que se encontram no centro de nosso ordenamento jurídico. Qualquer resposta às perguntas acima precisa levar esse fato em consideração.

Aprendi com a professora Maria Celina Bodin de Moraes o valor das perguntas sem respostas. Por isso, não há constrangimento, aqui, em concluir sem concluir, em apresentar o drama sem desfecho, em deixar evidente a contradição, matéria que também nos torna humanos. Diogo Cortiz, professor da PUC-SP que pesquisa inteligência artificial, usou o então existente Twitter (hoje "X") para comentar, em 21 de janeiro de 2023: "toda pesquisa começa com uma boa pergunta. E ainda não vi nenhuma IA capaz de criar perguntas inéditas. Quem irá formular as questões que realmente importam para a humanidade?"

Enquanto as perguntas que importam (mesmo que sem resposta) vierem de nós, humanos, aparentemente será a nossa dignidade a ocupar o lugar de centro de nosso ordenamento jurídico, de nossa sociedade e de nossos interesses. Afinal, os "direitos[37] só existem para que sejam exercidos em contextos sociais, contextos nos quais ocorrem as relações entre as pessoas, seres humanos 'fundamentalmente organizados' para viverem uns em meio a outros".

7. REFERÊNCIAS

BARBOSA, Denis Borges; MAIOR, Rodrigo Souto; RAMOS, Carolina Tinoco. *O contributo mínimo na propriedade intelectual*: atividade inventiva, originalidade, distinguibilidade e margem mínima. Rio de Janeiro: Lumen Juris, 2010.

CASTRO, João Fraga de (Org.). *Fashion Law*: direito da moda. Lisboa: Aranzadi, 2019.

MORAES, Maria Celina Bodin de. *Danos à pessoa humana*: uma leitura civil-constitucional dos danos morais. Rio de Janeiro: Renovar, 2003.

RAMALHO, Ana. *Will Robots Rule the (Artistic) World? A Proposed Model for the Legal Status of Creations by Artificial Intelligence Systems* (June 13, 2017). Available at SSRN: https://ssrn.com/abstract=2987757.

SCHIRRU, Luca. *Direito Autoral e Inteligência Artificial - Autoria e titularidade nos produtos da IA*. Tese defendida no Programa de Pós-graduação em Políticas Públicas, Estratégias E Desenvolvimento, Instituto de Economia, Universidade Federal do Rio de Janeiro. 2020. Disponível em: https://www.onda.org.br/teses-dissertacoes/.

---

37. MORAES, Maria Celina Bodin de. *Danos à pessoa humana*: uma leitura civil-constitucional dos danos morais. Rio de Janeiro: Renovar, 2003. p. 107.

Parte II
AUTONOMIA PRIVADA ENTRE A LIBERDADE E O DEVER

A FUNÇÃO DO TESTAMENTO: PASSADO, PRESENTE E FUTURO

Ana Luiza Maia Nevares

Doutora e Mestre em Direito Civil pela UERJ. Membro do IBDFAM, IBDCivil, IAB e IBDCONT. Advogada. Professora de Direito Civil da PUC-Rio.

Sumário: 1. Perguntas inspiradoras da professora Maria Celina Bodin de Moraes – 2. O testamento na vigência do Código Civil de 1916 – 3. Restrições à liberdade de testar no Código Civil de 2002 – 4. Merecimento de tutela das disposições testamentárias: incidência dos valores e princípios constitucionais em relação à liberdade de testar – 5. Conclusão: o perfil funcional do testamento no futuro – 6. Referências.

1. PERGUNTAS INSPIRADORAS DA PROFESSORA MARIA CELINA BODIN DE MORAES

Aqueles que conviveram e convivem com a Professora Maria Celina Bodin de Moraes são unânimes em reconhecer que suas perguntas inspiram e inquietam. Delas emergem monografias, dissertações e teses que aprofundam problemas da civilística sob a perspectiva do Direito Civil Constitucional.

Fui especialmente inspirada por suas perguntas em minhas pesquisas acadêmicas. Por ocasião da finalização da graduação na Pontifícia Universidade Católica do Rio de Janeiro, quando conversávamos sobre a sua orientação à minha monografia, pontuei que gostaria de escrever sobre a Sucessão Hereditária e daí vieram as suas perguntas.

Celina me fez refletir sobre o testador e a observância de suas disposições testamentárias, ponderando sobre a modificação da dinâmica dos personagens do Código Civil à luz da incidência direta dos princípios e valores da Constituição de 1988 nas relações privadas. Assim, foi que ela pontuou que o marido havia perdido a sua posição de chefe da sociedade conjugal e titular do pátrio poder, uma vez que a Constituição de 1988 estabeleceu a plena igualdade entre homens e mulheres; o contratante já não podia acreditar que toda e qualquer previsão contratual deveria ser cumprida, pelo reconhecimento da vulnerabilidade de determinadas partes nas avenças, bem como de eventos que – previsíveis ou não – poderiam alterar a dinâmica da relação contratual; já o proprietário não era mais titular de um direito absoluto a quem tudo era facultado, mas sim um personagem que deve cumprir a função social da propriedade, ou seja, conciliar o exercício do domínio a situações não proprietárias, como as relações trabalhistas e o respeito ao meio ambiente.

E daí veio a pergunta: E o testador? Quais são as mudanças à luz de um Direito Civil Constitucionalizado em relação ao testamento? Extrai-se das lições de Celina que

"[...] enquanto o Código Civil corresponde às aspirações de uma determinada classe social, interessada em afirmar a excelência do regime capitalista de produção, e cujos protagonistas são o proprietário, o marido, o contratante e o testador – na realidade, roupagens diversas usadas pelo mesmo personagem, o indivíduo burguês que queria ver completamente protegido o poder da sua vontade, no tocante às situações de natureza patrimonial – a Constituição Federal, ao contrário, pôs a pessoa humana no centro do ordenamento jurídico ao estabelecer, no art. 1º, III, que sua dignidade constitui um dos fundamentos da República, assegurando, desta forma, absoluta prioridade às situações existenciais ou extra-patrimoniais"[1].

E sua pergunta continuou: é legítimo o testador gravar com cláusulas restritivas da propriedade a herança, restringindo pela vontade individual e sem qualquer razão justificadora a retirada de um bem do comércio, criando obstáculos ao exercício da propriedade pelos herdeiros e legatários?

Diante disso, pesquisei e escrevi a minha monografia, com a sua orientação, sobre o tema, intitulada, *Das cláusulas de Inalienabilidade, Impenhorabilidade e Incomunicabilidade sob a ótica Constitucional*. Dita monografia deu origem ao artigo publicado no ano de 2004, com o título *As cláusulas de inalienabilidade, impenhorabilidade e incomunicabilidade sob a ótica civil-constitucional*, publicada na Revista Trimestral de Direito Civil – RTDC, v. 5, n. 2, ano 2001. pp. 211-247. Àquela altura, havia decisões judiciais[2] que sustentavam a inconstitucionalidade de ditas cláusulas diante dos princípios e valores constantes na Constituição de 1988, posição que eu defendia, atualmente temperada, como já escrito alhures e ao longo dessas linhas.

Naquela ocasião, Celina também perguntou se cônjuges e companheiros podiam ser tratados de forma diferenciada quanto à sucessão hereditária, quando vigoravam o artigo 1.603 e os §§ 1º e 2º do artigo 1.611 do Código Civil de 1916, bem como as Leis 8.971/94 e 9.278/96. Esta pergunta deu origem à minha dissertação de mestrado, intitulada *A Tutela Sucessória do Cônjuge e do Companheiro na Legalidade Constitucional*, em 2004, pela Editora Renovar na coleção Biblioteca de Teses. Posteriormente, dita obra ganhou uma segunda edição, pela Editora Atlas, em 2015.

E prossegui na análise da autonomia privada testamentária, agora já numa visão mais global e madura, por ocasião do Doutorado, com tese intitulada *A Função Promocional do Testamento*: tendências do Direito Sucessório, publicada em 2009, pela Editora Renovar.

---

1. BODIN DE MORAES, Maria Celina, "O Direito Civil Constitucional". In: *Arché*, n. 24, 1999. p. 11.
2. "Testamento. Inalienabilidade. Impenhorabilidade e incomunicabilidade. Desaparecimento destas cláusulas no direito brasileiro. As cláusulas testamentárias de inalienabilidade, impenhorabilidade e incomunicabilidade, além de extremamente prejudiciais aos indivíduos e à sociedade, não foram recepcionadas pelo sistema constitucional vigente no brasil. Além disso, no caso concreto se verifica o efetivo prejuízo aos interessados em suprimi-las. Votos vencidos". TJRS, 4º Grupo de Câmaras Cíveis, Emb. Infr. 596245324, Rel. Des. Sérgio Gischkow Pereira, julg. 11.04.1997, publ. *RJTJRGS*, v. 183, 1997. p. 177 e *RTDC*, v. 6, 2001. p. 191). "Cláusulas restritivas de propriedade. Ante a nova ordem constitucional vigente, que ressalta a função social da propriedade e consagra o direito à herança, não mais se justifica a perpetuação da vontade do titular do patrimônio para além de sua vida mediante a fixação por testamento de cláusulas restritivas de propriedade, mormente quando tais cláusulas impedem a utilização razoável do legado pela beneficiária. Apelo provido". Apelação Cível 70004768305, 7ª CC, TJRS, Rel. Maria Berenice Dias, julg. 18.09.2002.

Desde então, escrevi diversos artigos e capítulos de livros sobre o Direito Sucessório e, nesta sede, pretendo analisar a função do testamento, no passado, no presente e no futuro.

Com efeito, o testamento é o ato mediante o qual uma pessoa estabelece disposições que deverão produzir efeitos após a sua morte. É importante registrar sua eficácia múltipla, uma vez que serve a diversos objetivos do Testador, sejam aqueles de natureza patrimonial ou não patrimoniais, como resta expressamente consignado no artigo 1.857 do Código Civil[3].

2. O TESTAMENTO NA VIGÊNCIA DO CÓDIGO CIVIL DE 1916

Conforme preconizava Clóvis Bevilaqua, "prepondera na sucessão testamentária o individualismo, a força da vontade humana, que se afirma e se eleva à categoria de lei", complementando, em contrapartida, que é necessário que a sucessão testamentária "não seja um elemento indisciplinado e dissolvente, contrariando interesses respeitáveis, como são os da solidariedade familial e coexistência social"[4].

Apesar das ponderações sobre a liberdade de testar respeitar interesses familiares e sociais, fato é que o Código Civil de 1916 estabelecia como limites à autonomia testamentária a forma para celebrar o ato e a reserva dos herdeiros necessários, fixada em cinquenta por cento dos bens da herança.

A legítima era destinada inicialmente apenas aos descendentes e, em sua falta, aos ascendentes, ocorrendo posteriormente alteração legislativa para atribuir ao cônjuge sobrevivente o usufruto vidual de ¼ (um quarto) dos bens da herança, se houvesse descendentes, e de ½ (metade), se não houvesse descendentes, embora sobrevivessem ascendentes, se o regime de bens fosse diverso da comunhão universal (CC/16, art. 1.611, § 1º), bem como ao direito real de habitação nas hipóteses de regime de comunhão total, quanto ao imóvel residencial destinado à residência da família, desde que fosse o único daquela natureza a inventariar (CC/16, art. 1.611, § 2º).

Verifica-se que o sistema sucessório estabelecido pelo Código Civil de 1916 baseou-se no parentesco consanguíneo[5], privilegiando a grande família patriarcal, constituída exclusivamente pelo casamento e marcada pela autoridade marital. Nesta ótica, buscava-se a conservação do patrimônio dentro do grupo familiar, justificando-se o desfavor legislativo quanto aos direitos sucessórios do cônjuge supérstite, que só participava da sucessão na ausência de descendentes e ascendentes, uma vez que, dessa maneira, evi-

---

3. Art. 1.857. Toda pessoa capaz pode dispor, por testamento, da totalidade dos seus bens, ou de parte deles, para depois de sua morte. § 1º A legítima dos herdeiros necessários não poderá ser incluída no testamento. § 2º São válidas as disposições testamentárias de caráter não patrimonial, ainda que o testador somente a elas se tenha limitado.
4. BEVILÁQUA, Clóvis. *Direito das Sucessões*. 4. ed. Rio de Janeiro: Freitas Bastos, 1945. pp. 173/174.
5. Segundo Arthur Vasco Itabaiana de Oliveira, o fundamento da herança necessária reside nos vínculos de sangue, pois o homem não tem objeto mais amado do que os seus filhos, por ser a sua causa eficiente, nem mais sagrada do que os pais, a quem deve o ser. ITABAIANA DE OLIVEIRA, Arthur Vasco. *Tratado de Direito das Sucessões*. 4. ed. São Paulo, Max Limonad, 1952. v. II. p. 625.

tava-se "o perigo da transferência da riqueza da família de um cônjuge para a família do outro, em virtude do segundo matrimônio do cônjuge supérstite"[6].

A tutela sucessória concedida ao cônjuge pelo Código de 1916, se já era considerada insuficiente por alguns estudiosos[7], tornou-se insustentável na medida em que a família passava por consideráveis modificações em sua organização, como a retração em sua composição, substituindo-se a grande família patriarcal pela família conjugal, constituída pelo pai, mãe e filhos menores[8], a sua estatização, caracterizada pela crescente ingerência do Estado nas relações familiares, a democratização do grupo familiar, transformando o casamento numa sociedade de tipo igualitário, na medida em que ocorre a emancipação da mulher e do filho, e a dessacralização do casamento, uma vez que este deixa de ser indissolúvel, além de perder o seu papel de único legitimador da entidade familiar[9], considerando o reconhecimento de um conceito plural de família, tendo a Constituição de 1988 consagrado a união estável entre um homem e mulher como entidade familiar, bem como a família monoparental, sendo certo que conforme decisão do Supremo Tribunal Federal, as entidades previstas na Constituição não configuram *numerus clausus*, tendo sido reconhecidas como família as uniões estáveis e os casamentos entre pessoas do mesmo sexo[10].

Além disso, passou-se a valorizar o elemento afetivo nas relações familiares, de modo a considerá-la merecedora de tutela, não exclusivamente por suas relações de sangue, mas, sobretudo, àquelas afetivas que se traduzem em uma comunhão espiritual e de vida[11]. Dessa maneira, "de unidade proposta a fins econômicos, políticos, culturais e religiosos, a família passou a grupo de companheirismo e lugar de afetividade"[12].

Nessa direção, advogava-se por uma tutela sucessória do cônjuge mais efetiva e, ainda, discutia-se a equiparação do estatuto sucessório da união estável àquele do casamento, à luz de uma indagação maior, qual seja, se havia hierarquia axiológica entre as

---

6. MARINI, Anibali, "Transformazioni sociale e successione del coniuge", discurso proferido na inauguração do ano acadêmico 1984-1985 na Universidade de Macerata. In: *Inaugurazione anno accademico 1984-1985*, Macerata, 1985. p. 42.
7. Merecem transcrição as lições de Clóvis Beviláqua, ao comentar o art. 1.611 do Código Civil de 1916: "Unidos pelo mais intimo dos laços, pela communhão de affectos e de interesse, era uma necessidade moral indeclinavel conceder, ao cônjuge sobrevivo, direito sucessorio, preferente ao dos collateraes. O Código Civil satisfez essa necessidade, no que aliás, já o antecedera a lei n. 1.839, de 31 de Dezembro de 1907. Devera ter ido um pouco além o Código e não deixar o conjuge desamparado, quando a herança deva ser deferida aos ascendentes do premorto, por não haver descendentes. Mas, ainda que incompleta, a justiça do dispositivo é louvavel". BEVILÁQUA, Clóvis. *Código Civil dos Estados Unidos do Brasil comentado*. 5. ed. Rio de Janeiro, Francisco Alves, 1944. v. VI. p. 71.
8. GOMES, Orlando. *Direito de família*. 14. ed. Rio de Janeiro: Forense, 2001. p. 12.
9. GOMES, Orlando. Ob. cit., p. 12/13.
10. A decisão foi tomada no julgamento da Ação Direta de Inconstitucionalidade (ADI) 4277 e da Arguição de Descumprimento de Preceito Fundamental (ADPF) 132.
11. Perlingieri, Pietro. *Perfis do Direito Civil: Introdução ao Direito Civil Constitucional*, trad. Maria Cristina de Cicco. 3. ed. Rio de Janeiro: Renovar, 1997. p. 244. Orlando Gomes indica referido aspecto pela denominação de desencarnação: "mais do que a voz do sangue, fala a coexistência pacífica, senão a camaradagem". O. Gomes, ob. cit., p. 12.
12. Villela, João Baptista. "Liberdade e Família". *Monografias*, v. III, n. 2, Edição da Faculdade de Direito da UFMG, Belo Horizonte, 1980. p. 11.

entidades familiares, em virtude do § 3º do artigo 226 da Constituição de 1988, diante das Leis 8.971/94 e 9.278/96.

Em que pese configurar a legítima um limite à liberdade de testar, na vigência do referido Código, a reserva hereditária não impedia que o testador determinasse que os bens que a constituíam fossem convertidos em bens de outras espécies. Além disso, permitia que o autor da herança lhes prescrevesse a incomunicabilidade, além das condições de inalienabilidade temporária ou vitalícia (CC/16, art. 1.723).

Quanto às cláusulas restritivas da propriedade, dispunha o legislador, no artigo 1.676, que estas não poderiam, em caso algum, salvo os de expropriação por necessidade ou utilidade pública, e de execução por dividas provenientes de impostos relativos aos respectivos imóveis, ser invalidada ou dispensada por atos judiciais de qualquer espécie, sob pena de nulidade, prevendo ainda que, nas aludidas hipóteses, o produto da venda se converteria em outros bens, que ficariam sub-rogados nas obrigações dos primeiros (CC/16, art. 1.677).

Além disso, o Código Civil admitia a disposição testamentária em favor da prole eventual (CC/16, art. 1.718), sem qualquer regulamentação, admitindo que o testador dispusesse em favor de pessoas que não existiam por ocasião da abertura da sucessão sem quaisquer balizas, bem como não impunha restrições ao fideicomisso, em relação ao qual as limitações quanto àqueles nomeados fiduciários e fideicomissários encontrava-se nas previsões gerais sobre a legitimação para receber via testamento.

À luz das disposições do Diploma Legal de 1916, as críticas quanto ao poder exacerbado do testador eram contundentes, sendo certo que as maiores objeções sempre foram em relação à possibilidade de gravar a legítima, uma vez que ela pertence *ex lege* aos herdeiros necessários. Silvio Rodrigues enumerava os seguintes argumentos contra as cláusulas restritivas da propriedade:

> "A) A cláusula de inalienabilidade introduz, dentro do campo das relações jurídicas, um elemento de insegurança, pois a existência de um bem impenhorável, no patrimônio do devedor, representa prejuízo para o credor, não raro burlado em sua boa-fé.
>
> B) A cláusula, justificável talvez em período de exacerbado individualismo, não deve ser admitida em detrimento do interesse da sociedade. Em rigor, ela visa proteger o inepto, que, através de sua imprevidência, do seu desatino e de sua imprudência, conduz-se a si mesmo à ruína.
>
> C) A cláusula alimenta a vaidade do autor da liberalidade, que se crê mais capaz do que o beneficiário. Qual a razão para se admitir que alguém anteveja o futuro longínquo, e de assim autorizá-lo a regular a condição de bens, nesse remoto porvir, em que ele, testador não mais existirá?
>
> De todos os argumentos contra a cláusula de inalienabilidade, o mais contundente é o que a reprova por colocar um bem fora do comércio, por longo período de tempo. É de interesse da comunidade a circulação dos bens, e qualquer medida que a restrinja, no mero interesse individual deve ser abolida."[13]

Sobre a possibilidade de atribuir bens a pessoas ainda não existentes por ocasião da abertura da sucessão, vale lembrar novamente as críticas de Silvo Rodrigues, que com

---

13. RODRIGUES, Silvio. Direito Civil. 25. ed. São Paulo: Saraiva, 2002. v. 7. p. 191.

outros autores propugnavam uma reforma legislativa quanto à disposição em favor da prole eventual, considerando a incerteza e insegurança da referida previsão, uma vez que gerava o "inconveniente de a herança conservar-se em suspenso enquanto fosse possível o nascimento de filhos da pessoa designada pelo testador"[14].

Em relação ao fideicomisso, preconizava o autor acima citado que dita instituição apresentava "alto inconveniente social", que homenageava exageradamente a vontade individual, lhe parecendo excessivo que "o proprietário de bens não apenas os desfrutes e deles disponha por testamento em favor de seus herdeiros como ainda determine as pessoas a quem tais herdeiros os devem transmitir", aduzindo que para alcançar efeitos protetivos semelhantes encontra-se na lei o usufruto[15].

À luz das críticas acima, foi concebido o Código Civil de 2022, datando o seu Anteprojeto de 1972.

3. RESTRIÇÕES À LIBERDADE DE TESTAR NO CÓDIGO CIVIL DE 2002

O Código Civil de 2002 restringiu a liberdade de testar, privilegiando os vínculos de afetividade na família, com a modificação do estatuto sucessório do cônjuge, elevando-o à categoria de herdeiro necessário em propriedade plena em concorrência com descendentes, a depender do regime de bens, já que, nestes casos, o referido Diploma Legal procurou levar a efeito a ideia de que o cônjuge, quando é meeiro não deve ser herdeiro, concorrendo, ainda, com os ascendentes, além de lhe conceder uma cota mínima de ¼ (um quarto) dos bens quando concorre com descendentes comuns ao *de cujus*[16], sem contar o direito real de habitação atribuído de forma vitalícia, sem restrição ao regime de bens.

Em relação à questão da equiparação dos estatutos sucessórios do casamento e da união estável, o Código Civil iniciou debate acirrado sobre a questão, ao regulamentar a sucessão hereditária da união estável no artigo 1.790, atribuindo menos direitos sucessórios à união estável em comparação com o casamento, bastando registrar que o companheiro só sucedia quanto aos bens adquiridos na constância da união estável, concorrendo com parentes colaterais em menor quantidade da herança, podendo esta ser vacante na ausência dos referidos bens.

Estava posta questão tormentosa, até porque na vigência do Código Civil de 1916 e das Leis 8.971/94 e 9.278/96, a tutela sucessória do casamento e da união estável era equiparada, invocando-se, assim, o retrocesso do citado artigo 1.790 do Código Civil quanto à proteção da família, base da sociedade (CF/88, art. 226).

A questão ganhou outros argumentos por ocasião da entrada em vigor do Código de Processo Civil de 2015, uma vez que este equiparou o cônjuge ao companheiro nas matérias processuais.

---

14. RODRIGUES, Silvio. *Direito Civil*, 42.
15. RODRIGUES, Silvio. *Direito Civil*, 25.
16. Enunciado 527 da V Jornada de Direito Civil: Na concorrência entre o cônjuge e os herdeiros do de cujus, não será reservada a quarta parte da herança para o sobrevivente no caso de filiação híbrida.

O tema foi levado ao Supremo Tribunal Federal que, em 10.05.2017, concluiu, em votação não unânime, que o referido artigo 1.790 do Código Civil é inconstitucional, fixando a seguinte tese de repercussão geral (Repercussão Geral nº 809), a saber, "No sistema constitucional vigente, é inconstitucional a distinção de regimes sucessórios entre cônjuges e companheiros, devendo ser aplicado, em ambos os casos, o regime estabelecido no art. 1.829 do CC/2002".

Quanto às cláusulas restritivas da propriedade, segundo Miguel Reale, na elaboração do novo Código Civil, era preciso superar-se o individualismo que norteava a legislação vigente em matéria de *direito de testar*, "excluindo-se a possibilidade de ser livremente imposta a cláusula de inalienabilidade à legítima", sendo dita cláusula permitida "se houver *justa causa* devidamente expressa no testamento" [17]. Assim, nasceu o disposto no *caput* do artigo 1.848 do Código Civil.

Orosimbo Nonato noticia que, em relação à possibilidade de alienação do bem gravado com cláusula de inalienabilidade, na elaboração do Código Civil de 1916, constava emenda que proibia a sub-rogação. Esta emenda foi rejeitada na Comissão da Câmara dos Deputados e na exposição de motivos para a sua rejeição constava ponderações sobre a necessidade do adquirente do bem gravado[18]. Apesar da rejeição da emenda proibitiva da sub-rogação, a fundamentação quanto à real conveniência ou necessidade daquele que recebeu o bem clausulado não foi consagrada pelo Código Civil de 1916, que só previu duas hipóteses de sub-rogação: a expropriação por necessidade ou utilidade pública e a execução de dívidas provenientes de impostos relativos aos bens.

Apesar de não prevista no Código Civil de 1916, a sub-rogação por necessidade ou utilidade do adquirente do bem clausulado era admitida por diversos autores[19]. Dessa forma, na vigência do Código Civil de 1916, predominava o entendimento doutrinário e jurisprudencial de que, quando houvesse real necessidade ou manifesta conveniência do interessado, a sub-rogação deveria ser autorizada[20].

O Código Civil de 2002, na esteira do entendimento acima, admitiu expressamente a sub-rogação dos gravames quando estiver configurada a conveniência econômica do instituído (Código Civil, art. 1.911, parágrafo único), bem como quando houver qualquer outra causa que justifique a alienação do bem onerado (Código Civil, art. 1.848, § 2º). Além dessas hipóteses, segundo o Código Civil, a sub-rogação pode ocorrer em casos

---

17. REALE, Miguel. *O Projeto de Código Civil: situação atual e seus problemas fundamentais*. São Paulo: Saraiva, 1986. p. 111 (grifos do autor).
18. NONATO, Orosimbo. *Estudos sôbre Sucessão Testamentária*. Rio de Janeiro: Forense, 1957. v. II. p. 322-323.
19. MONTEIRO, Washington de Barros. *Curso de Direito Civil*. 35. ed. São Paulo: Saraiva, 2003. v. 6. p. 140-141.
20. "Inventário. Alienação de Bem. Sabendo-se que a parte indisponível do imóvel pertencente às filhas do testador foi gravada com as cláusulas de inalienabilidade, impenhorabilidade e incomunicabilidade, enquanto viva a sua esposa, e se vistoria da Prefeitura, constatando riscos à segurança das pessoas, recomenda obras urgentes e possível interdição do único bem, deve este ser vendido e o produto da venda ficar sub-rogado na obrigação em nome das filhas, em caderneta de poupança, até a morte da viúva, a qual foi contemplada com a parte disponível. Venda não inferior ao valor da avaliação, inclusive sujeita a correção monetária se for o caso." Agravo de Instrumento 1924/93 do TJRJ, atuando como relator Des. Hudson Bastos Lourenço, julgamento em 13/12/1994, unânime, in Internet.

de desapropriação e, ainda, quando a alienação do bem gravado ocorre para pagamento de obrigações relativas ao próprio bem (obrigações *propter rem*), tais como impostos (CTN, art. 184), quotas condominiais, dentre outras. Nestes casos, o saldo da execução ficará sub-rogado nas cláusulas determinadas pelo testador ou doador[21].

Ainda na vigência do Código Civil de 1916, na esteira das críticas à inalienabilidade acima apresentadas, a jurisprudência, atenta aos inconvenientes que o referido gravame origina para o proprietário, passou a interpretar o art. 1.676 do aludido Diploma Legal, que fulminava de nulidade qualquer ato judicial que invalidasse ou dispensasse o gravame, com menos rigor, dispensando as cláusulas restritivas quando a finalidade expressa de sua aposição, determinada pelo testador ou doador, não se fazia mais presente, ou quando as cláusulas passavam a prejudicar o beneficiário instituído, contrariando sua pretensa finalidade que é a de "proteger e beneficiar" o herdeiro, legatário ou donatário[22].

Com efeito, se o testador ou o doador tivesse justificado a aposição do gravame, não havia qualquer razão para a subsistência do ônus, uma vez comprovado o perecimento dos motivos que o justificaram, o mesmo se passando para as hipóteses em que havia prejuízo para os instituídos a partir dos efeitos das restrições à alienação.

Apesar da evolução jurisprudencial que passou a admitir a dispensa das cláusulas restritivas da propriedade, o Código Civil de 2002 não a consagrou, embora tenha previsto a declaração de uma justa causa para clausular a legítima e, ainda, a sub-rogação dos gravames em caso de real necessidade ou utilidade do adquirente do bem.

Fato é que passados mais de 20 (vinte) anos da vigência do Código Civil, é inegável constatar a dificuldade de se interpretar o conceito de *justa causa* previsto no *caput* do artigo 1.848, uma vez que o legislador não consignou critérios para tanto. Verifica-se na jurisprudência decisões que afastaram a inalienabilidade quando presentes causas consideradas genéricas, meramente subjetivas, que não se refiram a singularidades do herdeiro ou fatos em concreto que justifiquem o gravame, como aquelas que se referem genericamente à "proteção do herdeiro" ou "à garantia quanto a incertezas futuras e

---

21. O Código de Processo Civil disciplina a sub-rogação nos procedimentos especiais de jurisdição voluntária, dispondo em seu art. 1.109 que, nesses casos, o juiz não está obrigado a observar o critério de legalidade estrita, podendo adotar em cada caso a solução que reputar mais conveniente ou oportuna. Tal dispositivo consagrou o juízo de equidade, que se fundamenta nas circunstâncias especiais de cada caso concreto, adotando a solução mais justa e razoável para ele.
22. "Doação. Cláusulas de inalienabilidade e impenhorabilidade. Cancelamento. Mitigação. Leitura da legislação infraconstitucional à luz dos princípios encartados na Lei Fundamental. Relativização de direitos. Caso concreto. Frustração das expectativas que determinaram os gravames. Austeridade da regra civil superada pela conveniência ou vantagem concreta. Deferimento do pedido. As regras de proibição contidas no Estatuto Civil merecem o devido temperamento, eis que a intenção de preservar o patrimônio, para a fruição dos descendentes, se subjuga à situação vigorante, diversa de quando foram estabelecidas as cláusulas, e o abrandamento da austeridade canônica mira-se na real conveniência ou vantagem para os interessados. Além disso, a leitura da legislação infraconstitucional deve ser feita sob a ótica dos valores fundamentais contidos na Carta Federal, para que ocorra a prevalência dos princípios nela contidos sobre normas elaboradas em outro século. Apelação provida, para autorizar o cancelamento de cláusulas de restrição" (TJRS, 7ª CC, Ap. Cív. 70002609295, Rel. Des. José Carlos Teixeira Giorgis, julg. 06.06.2001).

má administração", "para evitar que o patrimônio seja dilapidado", sem uma definição específica da motivação[23].

Ainda na linha de proteger a reserva hereditária, para que esta seja atribuída tal como existente no patrimônio do *de cujus*, o legislador de 2002 proibiu que os bens da legítima sejam convertidos naqueles de espécie diversa (CC, art. 1.848, § 1º).

Em relação ao reconhecido inconveniente de contemplar pessoas ainda não existentes por ocasião da abertura da sucessão, o legislador regulamentou a disposição testamentária em favor da prole eventual no artigo 1.800 do Código Civil, prevendo um prazo de dois anos para que seja concebido o herdeiro esperado, contado da morte do *de cujus* (CC, art. 1.800, § 4º). Já o fideicomisso foi admitido apenas em favor de pessoas não concebidas por ocasião da abertura da sucessão, sendo certo que, caso o fideicomissário já seja nascido por ocasião da abertura da sucessão, transformar-se-á a previsão do ato de última vontade em usufruto, sendo o usufrutuário o fiduciário e o nu proprietário o fideicomissário (CC, art. 1.952).

4. MERECIMENTO DE TUTELA DAS DISPOSIÇÕES TESTAMENTÁRIAS: INCIDÊNCIA DOS VALORES E PRINCÍPIOS CONSTITUCIONAIS EM RELAÇÃO À LIBERDADE DE TESTAR

Pode-se dizer que o Código Civil de 2002 não atendeu de forma satisfatória às demandas sociais existentes por ocasião da sua entrada em vigor, em especial quanto aos Direito das Famílias e das Sucessões. Para ilustrar o ora exposto, basta pensar no fato de o Livro de Direito de Família do Código ter sido concebido em visão única da entidade familiar, formada apenas pelo casamento, tendo sido posteriormente acrescentadas previsões sobre a união estável.

Merecida crítica é direcionada à sucessão hereditária, marcada por sua neutralidade, em desacordo com a tutela da dignidade humana preconizada pela Constituição de 1988, que optou por superar o individualismo, isto é, a concepção abstrata do homem, estabelecida numa perspectiva de igualdade formal em relação aos demais indivíduos da sociedade e de plena liberdade, visto aquele com primazia frente à sociedade e ao Estado[24], passando a eleger a pessoa, na sua dimensão humana, como centro da tutela do ordenamento jurídico[25].

---

23. "Apelação Cível. Sucessão Testamentária. Cláusula de Impenhorabilidade, Inalienabilidade e Incomunicabilidade. Bens da Legítima. Necessidade de Justo Motivo. Art. 1.848, do Código Civil – Motivo Genérico – Insubsistência da Cláusula. Em relação aos bens da legítima, a estipulação de cláusulas restritivas não é livre e exige justo motivo que a respalde, sob pena de cancelamento dessa cláusula, nos termos do art. 1848, do Código Civil. A motivação genérica e não fundamentada não é capaz de preencher a justa motivação exigida pelo referido dispositivo." TJMG, 1ª C.C., Ap. Cív. 1.0694.14.000244-5/0010002445-21.2014.8.13.0694 (1), julg. 15.12.2015, publ. DJ. 22.11.2016.
24. MORAES, Maria Celina Bodin de. "Constituição e Direito Civil: Tendências". In: *Direito, Estado e Sociedade*, n. 15, ago./set. 1999. p. 101.
25. De acordo com os ensinamentos de Maria Celina Bodin de Moraes: "[...] enquanto o Código Civil corresponde às aspirações de uma determinada classe social, interessada em afirmar a excelência do regime capitalista de produção, e cujos protagonistas são o proprietário, o marido, o contratante e o testador – na realidade, roupagens

Mais ainda: conforme os valores e princípios previstos na Carta Magna, a pessoa não pode ser concebida como um valor pré-social, a prescindir das relações que estabelece com os demais, pois, tal concepção, inspirando-se numa visão individualista, não conforme o sistema constitucional, acentua o isolamento do homem e de seus problemas, afastando-o da sociedade na qual vive[26].

Nessa perspectiva, a disciplina das relações jurídicas privadas deve estar atenta às pessoas que as integram, ao modo pelo qual interagem naquelas relações, bem como à repercussão de seus efeitos nas esferas de terceiros.

Na sucessão *mortis causa* não se visualiza o objetivo de promoção da pessoa humana, já que o pressuposto da vocação hereditária legal está, em regra, assentado na circunstância de o chamado à sucessão pertencer àquela comunidade familiar[27]. Segundo Vincenzo Scalisi, a pessoa humana, na sua real e concreta dimensão, resta fora do horizonte normativo da vocação legal. Ao Direito Sucessório, portanto, parece ser relegada uma função meramente patrimonial, parecendo estar referido ramo do Direito estranho a qualquer ideia de promoção e desenvolvimento da pessoa humana[28].

O testamento, portanto, parece ser um dos poucos atos de autonomia privada a permanecer estranho ao processo de funcionalização e socialização por que atravessaram todas as tradicionais e fundamentais categorias do Direito Privado, como o contrato e a propriedade[29]. O testador permanece o bom e velho indivíduo burguês, sem ter seus atos questionados pelos valores previstos na Constituição de 1988. No entanto, em respeito à hierarquia das fontes e à unidade do ordenamento jurídico, não existem espaços imunes aos reflexos da incidência direta dos princípios constitucionais.

A sucessão hereditária, portanto, também deve estar permeada pela exigência de promoção e desenvolvimento da pessoa, havendo no Direito das Sucessões um importante espaço da autonomia privada, traduzido nos testamentos (e codicilos), que deve ser investigado sob a ótica da dialética entre a solidariedade e a liberdade, em atenção aos ditames constitucionais, sendo certo que, estando a sucessão hereditária assentada na propriedade e na família[30], as mudanças por que passaram os dois últimos institutos repercutem diretamente na dinâmica da primeira, tornando inevitável a necessidade de revisão do fenômeno sucessório, que deve atender a uma propriedade funcionalizada e complexa nos seus variados conteúdos e a uma família que tem como centro de tutela a pessoa de cada um de seus membros.

---

diversas usadas pelo mesmo personagem, o indivíduo burguês que queria ver completamente protegido o poder da sua vontade, no tocante às situações de natureza patrimonial – a Constituição Federal, ao contrário, pôs a pessoa humana no centro do ordenamento jurídico ao estabelecer, no art. 1º, III, que sua dignidade constitui um dos fundamentos da República, assegurando, desta forma, absoluta prioridade às situações existenciais ou extra-patrimoniais". MORAES. Maria Celina Bodin de "O Direito Civil Constitucional". In: *Arché*, n. 24, 1999. p. 11.
26. PERLINGIERI. Pietro. *Il Diritto Civile nella legalità costituzionale*. 2. ed. Napoli: ESI, 19991. p. 170.
27. SCALISI, Vincenzo. "Persona umana e successioni, itinerari di un confronto ancora aperto", In: *La civilistica Italiana dagli anni '50 ad oggi tra crisi dogmatica e riforme legislative*, Padova: Cedam, 1991. p. 158.
28. SCALISI, Vincenzo. Ob. cit., p. 158.
29. SCALISI, Vincenzo. Ob. cit., p. 147.
30. ITABAIANA DE OLIVEIRA, Arthur Vasco. *Tratado de Direito das Sucessões*. 4. ed. São Paulo: Max Limonad, 1952. v. I. p. 49.

Nessa direção, é possível extrair do ordenamento vigente uma releitura da liberdade testamentária.

Inicialmente, vale ponderar que os interesses daqueles que recolhem os bens da herança devem ser levados em conta na verificação da execução do ato de última vontade, não podendo o testador empreender uma tal influência na transmissão de seus bens a ponto de contrariar interesses dos sucessores – agora proprietários dos bens – que sejam merecedores de tutela. Como pondera Maria de Nazareth Lobato Guimarães, o direito sucessório constitui regulamentação de interesses e relações dos vivos[31], sendo imprescindível que os destinatários diretos de ditas normas tenham os seus interesses ponderados nos conflitos que envolvam a vontade do testador.

Por conseguinte, deve-se atentar para a natureza dos bens integrantes da herança, bem como para os vínculos que os sucessores mantêm com ditos bens, sendo certo, portanto, que a liberdade testamentária qualitativa do testador (CC, art. 2.014) só será merecedora de tutela se atentar para interesses qualificados dos sucessores quanto aos bens, como aqueles relacionados à sua moradia e exercício profissional.

Ainda em relação aos sucessores, pode ser invocada a questão relativa às condições impostas no testamento para o recebimento do benefício indicado pelo testador. Jane Reis Gonçalves, ao enumerar de forma exemplificativa problemas que potencialmente envolvem a vinculação de particulares aos direitos fundamentais, sugere o exemplo de uma cláusula testamentária que estabeleça que o direito de herança não poderá ser exercido caso o herdeiro se case com uma israelita[32]. Em casos como o proposto pela autora acima citada, a doutrina brasileira apresenta posicionamento invocando a ilicitude da condição. Com efeito, equiparam-se às condições ilícitas aquelas que atentam contra a moral, os bons costumes e a liberdade individual, quando seja violado o princípio geral da liberdade civil, política ou religiosa, como aquela que subordina a deixa testamentária ao celibato perpétuo ou à adesão à determinada religião[33].

As disposições testamentárias podem, ainda, ser modais, quando o testador impõe certos encargos ou obrigações àquele beneficiado no testamento. Sobre a questão, vale trazer à colação caso analisado por Inocêncio Galvão Telles[34], sobre uma testadora que faleceu solteira, não deixando quaisquer parentes em linha reta. Em seu testamento, ela instituiu como únicos e universais herdeiros seus dois sobrinhos, Licínio e Joaquim, submetendo esta disposição ao seguinte encargo: a obrigação de constituírem uma sociedade civil por quotas, que teria por objeto a exploração hoteleira e exposição de cultura por ela indicadas, e para cujo patrimônio entrariam determinados imóveis

---

31. GUIMARÃES. Maria de Nazareth Lobato. "Testamento e Autonomia". In: *Revista de Direito e de Estudos Sociais*, 1971. p. 04.
32. PEREIRA, Jane Reis Gonçalves. "Apontamentos sobre a Aplicação das Normas de Direito Fundamental nas Relações Jurídicas entre Particulares". In: BARROSO, Luís Roberto. *A nova interpretação constitucional*: ponderação, direitos fundamentais e relações privadas. Rio de Janeiro: Renovar, 2006. p. 139.
33. Orlando GOMES, *Sucessões*, cit., pp. 154-155.
34. TELLES, Inocêncio Galvão. "Testamento, aceitação da herança; encargo contrário à lei ou à ordem pública". In: *O Direito*, ano 137º, III, Almedina, pp. 603/610, 2005.

indicados no testamento, com a seguinte particularidade: as quotas dessa sociedade só seriam transmissíveis a familiares da testadora[35].

O referido Autor concluiu que dito encargo era inválido, por ser determinado por um fim contrário à lei ou à ordem pública, qual seja, tornar as quotas transmissíveis apenas para familiares da testadora, invocando a aplicação do art. 2.186º do Código Civil português[36], registrando que "A transmissão, entre vivos ou por morte, das quotas de uma sociedade *rege-se pelo próprio pacto e, no que este for omisso, pela lei geral*", não podendo ser regulado por um terceiro, a quem não pode ser facultado "interferir na *vida interna* da sociedade, ditando norma ou critério orientador da transmissão das respectivas quotas"[37]. Vale ainda, acrescentar, que não poderia o testador exigir dos sucessores que constituíssem entre si uma sociedade, interferindo em sua *affectio societatis*.

Discute-se, ainda, se o testador pode estabelecer expressamente uma discriminação quanto aos sucessores designados em relação à quota disponível. Essa questão foi debatida no âmbito do Superior Tribunal de Justiça, por ocasião do julgamento do REsp nº 203137/PR[38], em que se discutia a extensão de disposição testamentária que estabelecia que determinados bens, abatidos da quota disponível, deveriam pertencer exclusivamente aos *filhos legítimos* do neto do testador, inclusive aos que viessem a nascer, instituindo-se sobre os bens indicados o gravame de usufruto vitalício em benefício do referido neto.

No caso em exame, o neto do disponente, na constância de seu casamento, teve um único filho. Após a sua separação de fato, em relação diversa do casamento, teve outros dois filhos, devidamente reconhecidos. Na época da feitura do testamento, em 1975, era nascido apenas o bisneto do testador fruto do casamento de seu neto. Já ao tempo

---

35. Em certo ponto da consulta, os consulentes indagavam sobre a possibilidade de repudiar a herança, sendo certo que no caso analisado tal atitude não era mais possível, tendo em vista os atos já praticados.
36. Art. 2.186º do Código Civil Português (fim contrário à lei ou à ordem pública ou ofensivo dos bons constumes) "É nula a disposição testamentária, quando da interpretação do testamento resulte que foi essencialmente determinada por um fim contrário à lei ou à ordem pública, ou ofensivo aos bons costumes".
37. TELLES, Inocêncio Galvão. "Testamento, aceitação da herança; encargo contrário à lei ou à ordem pública", cit., pp. 605/606 (grifos do autor).
38. "Direito civil. Sucessão testamentária. Filhos legítimos do neto. Legatários. Alcance da expressão. Interpretação do testamento. Enunciado 5 da Súmula/STJ. Legatário ainda não concebido à data do testador. Capacidade sucessória. Doutrina. Recurso desacolhido. I – A análise da vontade do testador e o contexto em que inserida a expressão "filhos legítimos" na cédula testamentária vincula-se, na espécie, à situação de fato descrita nas instâncias ordinárias, cujo reexame nesta instância especial demandaria a interpretação de cláusula e a reapreciação do conjunto probatório dos autos, sabidamente vedados, a teor dos verbetes sumulares 5 e 7/STJ. Não se trata, no caso, de escolher entre a acepção técnico-jurídica e a comum de "filhos legítimos", mas de aprofundar-se no encadeamento dos fatos, como a época em que produzido o testamento, a formação cultural do testador, as condições familiares e sobretudo a fase de vida de seu neto, para dessas circunstâncias extrair o adequado sentido dos termos expressos no testamento. II – A prole eventual de pessoa determinada no testamento e existente ao tempo da morte do testador e abertura da sucessão tem capacidade sucessória passiva. III – Sem terem as instâncias ordinárias abordado os temas da capacidade para suceder e da retroatividade da lei, carece o recurso especial do prequestionamento em relação à alegada ofensa aos arts. 1.572 e 1.577 do Código Civil. IV – O Superior Tribunal de Justiça não tem competência para apreciar violação de norma constitucional, missão reservada ao Supremo Tribunal Federal". STJ, 4ª T., REsp 203137/PR, Rel. Min. Sálvio de Figueiredo Teixeira, julgado em 26/02/2002, DJ de 12/08/2002. p. 214.

da morte do autor da herança (1976), estava concebido o segundo filho de seu neto e a terceira bisneta nasceu somente depois de um ano e meio da abertura da sucessão.

A relevante discussão presente no acórdão mencionado é aquela que se refere ao sentido e alcance da expressão *filhos legítimos* utilizada pelo testador: tal expressão foi empregada no sentido do antigo art. 337 do Código Civil de 1916, lei vigente no momento da elaboração da cédula testamentária, abrangendo, portanto, tão somente os filhos concebidos no casamento, ou, ao contrário, foi utilizada no sentido de filhos próprios, verdadeiros, genuínos, englobando todos os filhos da pessoa indicada sem distinções?

Note-se que o debate se apresenta ainda mais instigante, na medida em que a Constituição de 1988 aboliu todas e quaisquer discriminações em relação aos filhos (CRFB/88, art. 227, § 6º), excluindo as antigas qualificações de filhos naturais, legítimos, ilegítimos, adulterinos, espúrios e incestuosos.

A decisão autorizou que todos os filhos recebessem o patrimônio, interpretando a vontade do testador.

Sobre a questão, na III Jornada de Direito Civil, foi aprovado o enunciado nº 268, *in verbis*, 268 – Art. 1.799: Nos termos do inc. I do art. 1.799, pode o testador beneficiar filhos de determinada origem, não devendo ser interpretada extensivamente a cláusula testamentária respectiva. Apesar do referido enunciado, a questão é bastante controvertida.

De fato, é inegável que escolher a pessoa a ser contemplada no testamento é ato da mais absoluta liberdade, oriunda dos íntimos sentimentos das pessoas e não podem ser, portanto, valoradas. Entretanto, a discussão ora apresentada refere-se ao fato de o testador *justificar* a escolha, ou seja, apresentar os seus motivos expressamente no ato de última vontade, sendo estes pautados por uma discriminação vedada pela Constituição de 1988. Nestas hipóteses, ter-se-á uma deixa testamentária que contém objeto ilícito (CC/02, art. 166, II)[39], devendo, neste caso, ser considerada não escrita a eleição de natureza discriminatória, quando for possível aproveitar a deixa diante de tal interpretação.

Em alguns casos, no entanto, não há o que se falar em ilicitude propriamente dita da disposição testamentária, mas sim em não merecimento de tutela diante do ordenamento jurídico. Nestes casos, o conflito instaura-se entre a autonomia privada do testador e objetivos e princípios constitucionais. Para ilustrar a problemática, analisa-se disposição testamentária que determinou, logo após a abertura da sucessão, o encerramento de atividades das escolas pertencentes à empresa da qual fazia parte a testadora, respeitado o ano letivo e dentro de um limite mínimo de tempo permitido pela legislação pertinente. Tratava-se de tradicionais colégios da Zona Sul do Rio de Janeiro, onde estudavam mais de 2.000 alunos, empregando diversos profissionais da educação, além de outros indispensáveis ao exercício de dita atividade.

No caso em exame, os interesses são múltiplos, não sendo apenas aqueles dos sucessores de realizar os valores constitucionais assinalados acima. De fato, também

---

39. Na mesma direção, está HIRONAKA, Giselda Maria Fernandes Novaes. In: JUNQUEIRA DE AZEVEDO, Antônio (Coord.). *Comentários ao Código Civil*. São Paulo: Saraiva, 2003. v. 20. p. 94.

devem ser sopesados os interesses daqueles que serão diretamente beneficiados com dita realização, a saber, os diversos alunos do colégio e os seus empregados. Sem dúvida, no caso ora exemplificado, a solução que parece melhor realizar a dignidade da pessoa humana é aquela que restringe a autonomia privada do testador, privilegiando a solidariedade, de forma a prevalecer os objetivos constitucionais do pleno emprego e do fomento da educação, que é dever da sociedade como um todo, com base na valorização dos profissionais do ensino. Isso significa dizer que a disposição testamentária que determina o encerramento de atividades escolares, embora possa ser considerada lícita, poderá não ser merecedora de tutela, pois, não demonstra realizar qualquer valor positivo no ordenamento jurídico.

Quanto às cláusulas restritivas da propriedade, em que pese o silêncio do Código Civil de 2002, a jurisprudência mais atenta à função social da propriedade continua a admitir a dispensa dos gravames em casos nos quais resta cabalmente configurado o seu malefício para o titular da propriedade, como pode ser constatado em caso julgado pelo Superior Tribunal de Justiça em 27.09.2022, no qual discutiu-se o levantamento dos gravames apostos em imóveis rurais cujos titulares onerados já eram pessoas idosas[40].

Outro ponto muito discutido diz respeito a obras deixadas pelo autor da herança, como disposições testamentárias que determinem aos sucessores (ou ao executor testamentário nomeado) a não divulgação de obra inédita por qualquer meio ou mesmo a sua destruição. De fato, como atesta Antonio Castán Pérez-Gómez, a morte do autor enseja diversas situações nas quais os seus interesses, de seus herdeiros, da indústria e da sociedade em seu conjunto nem sempre são conciliáveis[41]. Desse modo, poder-se-ia imaginar um conflito entre uma disposição testamentária que ordenasse que toda a obra de um determinado artista fosse destruída e interesses dos sucessores em divulgá-la por meios idôneos, franqueando a todos aquela manifestação cultural.

Note-se que o direito de conservar a obra inédita, previsto no inciso III do art. 24 da Lei 9.610/98, é um dos que nascem para os sucessores do autor, segundo o disposto no § 1º do mesmo dispositivo. Assim, aqueles que poderiam manter a obra inédita, poderiam, também, divulgá-la. Resta avaliar se no caso deve prevalecer o interesse do autor em conservá-la inédita ou aquele dos sucessores, em consonância com os princípios constitucionais relativos ao acesso à cultura (CRFB/88, arts. 215 e 216). Diante

---

40. De acordo com o referido julgamento, "a possibilidade de cancelamento das cláusulas de inalienabilidade e impenhorabilidade instituída pelos doadores depende da observação de critérios jurisprudenciais: (i) inexistência de risco evidente de diminuição patrimonial dos proprietários ou de seus herdeiros (em especial, risco de prodigalidade ou de dilapidação do patrimônio); (ii) manutenção do patrimônio gravado que, por causa das circunstâncias, tenha se tornado origem de um ônus financeiro maior do que os benefícios trazidos; (iii) existência de real interesse das pessoas cuja própria cláusula visa a proteger, trazendo-lhes melhor aproveitamento de seu patrimônio e, consequentemente, um mais alto nível de bem-estar, como é de se presumir que os instituidores das cláusulas teriam querido nessas circunstâncias; (iv) ocorrência de longa passagem de tempo; e, por fim, nos casos de doação, (v) se já sejam falecidos os doadores". Os julgadores concluíram que na hipótese todos os critérios jurisprudenciais estavam presentes. STJ, REsp 2022860/MG, 3ª T., Rel. Min. Ricardo Villas Bôas Cueva, julg. em 27.09.2022, DJe 30.09.2022.
41. PÉREZ-GÓMEZ, Antonio Castán. "Divagaciones en torno al ejercicio del derecho moral *post mortem auctoris*". In: VIDE. Carlos Rogel (Coord.). *En torno a los derechos Morales de los creadores*. Madrid: Aisge, 2003. p. 74.

do inegável interesse social quanto ao acesso à obra, que uma vez materializada passa a fazer parte do patrimônio cultural da sociedade, não se pode perder de vista que aquele interesse tende a preponderar em situações extremas como a sugerida.

Se até o presente momento falou-se de limitações à liberdade de testar diante da aplicação direta dos valores constitucionais às relações privadas, a toda evidência que tal incidência amplifica o valor e o respeito de disposições testamentárias que estejam conectadas a interesses existenciais do testador, como aquele referente ao reconhecimento de paternidade socioafetiva, que pode ocorrer através de disposição testamentária[42], e o destino do material genético congelado deixado pelo autor da herança.

Em relação à reprodução humana assistida *post mortem*, deve haver o consentimento informado daquele que deixa o material genético congelado sobre o seu uso após sua morte. Conforme previsto no item VIII da Resolução 2.320 de 2022 do Conselho Federal de Medicina (CFM), é permitida a reprodução assistida *post mortem* desde que haja autorização específica para o uso do material biológico criopreservado em vida, de acordo com a legislação vigente.

Nessa direção, o Provimento 149, de 30.08.2023, que regulamenta os serviços notariais e de registro, em seu art. 513, § 2º, determina que o registro de filhos nascidos por força de reprodução humana assistida *post mortem* demandará a apresentação de termo de autorização prévia específica do falecido ou falecida para uso do material biológico preservado, lavrado por instrumento público ou particular com firma reconhecida.

Diante disso, por quais meios a pessoa deve autorizar o uso de seu material genético congelado para a realização da reprodução humana assistida *post mortem*?

A questão foi abordada pelo Superior Tribunal de Justiça em 08.06.2021, no julgamento do REsp 1918421/SP. No caso em questão, o casal que se submeteu às técnicas de reprodução humana assistida assinalou no formulário no qual deveriam indicar o destino dos embriões excedentes em caso de óbito, doença grave ou incapacidade, a opção de "Manter todos os embriões congelados sob a custódia do cônjuge sobrevivente". Além disso, na página de assinatura, constou no formulário uma observação, adrede introduzida, como ocorre nos contratos de adesão em geral, com o seguinte teor, a saber, "O parceiro, ao assinar a presente, desde já autoriza a realização da transferência do pré-embrião para o primeiro ciclo à parceira. Essa autorização somente será revogada mediante comunicação formal por escrito e assinada pelo parceiro".

Após o falecimento do homem, a mulher pretendeu realizar a reprodução assistida *post mortem* e os filhos do falecido contestaram. No REsp mencionado, o Ministro Luís Felipe Salomão, no voto vencedor, enalteceu o testamento como instrumento hábil para a manifestação de vontade *post mortem* quanto a aspectos existenciais do testador, aduzindo que a decisão de autorizar a utilização de embriões consiste em disposição *post mortem* que, para além dos efeitos patrimoniais e sucessórios, relaciona-se intrinsecamente à personalidade e dignidade da pessoa, devendo, portanto, ser manifestada

---

42. Provimento 149, de 30.08.2023, art. 507, § 8º.

por forma expressa e incontestável, alcançada pelo testamento ou instrumento que o valha em formalidade e garantia, concluindo que os contratos de prestação de serviços com a Clínica de Reprodução Humana Assistida foram instrumentos inadequados para tanto, ainda mais porque, no caso concreto, o falecido deixou testamento público que nada mencionou sobre a vinda de outro filho.

Dessa forma, verifica-se a importante função alcançada pelo testamento quanto à esfera existencial do testador, servindo à manifestação de seus objetivos quanto aos direitos fundamentais inerentes à dignidade da pessoa humana após a morte.

5. CONCLUSÃO: O PERFIL FUNCIONAL DO TESTAMENTO NO FUTURO

Sem prejuízo do que foi exposto no item acima, é preciso avançar em outros aspectos da regulamentação do direito de herança.

Inicialmente, é preciso registrar que há muitos debates sobre uma excessiva proteção do cônjuge sobrevivente no ordenamento jurídico e, em consequência também do companheiro. Realmente, se pensarmos na família do início da década de 70, seria possível afirmar que havia uma clara e evidente inferioridade feminina na família, em especial em virtude da ascendência econômica do homem em relação à mulher, pelo exercício profissional. Além disso, o casamento era indissolúvel e o modelo nuclear – pai e mãe casados e filhos – era aquele almejado socialmente.

A família do século XXI, quando o Código entrou em vigor, muito difere daquela da década de 70, sendo realidade o fenômeno das famílias recompostas em virtude do divórcio, não sendo raro que, na sucessão hereditária, concorram o consorte do falecido e seus descendentes exclusivos, o que evidentemente pode representar conflitos familiares, isso sem falar nos casos em que o consorte sobrevivente teve um relacionamento curto com o autor da herança em comparação com o período no qual este último adquiriu o seu patrimônio objeto da sucessão.

Novas entidades familiares foram consagradas em nosso ordenamento jurídico, não se podendo afirmar que as únicas formas de família admitidas são aquelas previstas na Constituição, ampliando, assim, o rol de pretendentes à sucessão do finado. E mais: a inserção da mulher no espaço público e a sua independência é cada vez mais acentuada. Ainda que estejamos longe de atingir uma plena e efetiva igualdade entre homens e mulheres, especialmente porque as políticas de inserção da mulher no espaço público foram exitosas, mas poucas são as políticas de inserção do homem no espaço privado, para dividir com a mulher as tarefas domésticas e o cuidado com os filhos[43], é inegável que deve haver maior espaço de liberdade em relação à sucessão do cônjuge e do companheiro.

Tais ponderações nos direcionam para um debate mais amplo, a saber, aquele relativo à imposição de uma legítima para certos parentes, demonstrando um reclame por

---

43. A guarda compartilhada é um exemplo de tal política que paulatinamente vem produzindo importantes e desejáveis efeitos de inserção do homem no espaço doméstico.

uma ampliação da liberdade de testar e por uma revisão da posição neutra do Direito Sucessório em relação às singularidades dos chamados à sucessão e seus vínculos com os bens que integram a herança[44].

Diante da igualdade entre os cônjuges na família; da maior expectativa de vida das pessoas, que leva à sucessão em favor dos filhos quando estes já alcançaram a idade adulta e aquela em que mais se produz e em favor dos pais quando estes estão muito idosos e dependentes e, ainda, diante do fenômeno cada vez mais comum da recomposição das famílias em virtude dos divórcios e das novas núpcias, pondera-se se a proteção à família extraída da legislação sucessória está realmente em consonância com a proteção da família fundada na pessoa de cada um de seus membros, como determina o mandamento constitucional fundado na dignidade da pessoa humana.

Nessa perspectiva, a legislação sucessória deveria prever uma especial atenção aos herdeiros com deficiência, idosos e, ainda, aos cônjuges e companheiros quanto a aspectos nos quais realmente dependiam do autor da herança, buscando concretizar na transmissão hereditária um espaço de promoção da pessoa, atendendo às singularidades dos herdeiros, em especial diante de sua capacidade e de seus vínculos com os bens que compõem a herança, e, ainda, atendendo à liberdade do testador quando não se vislumbra na família aqueles que necessitam de uma proteção patrimonial diante da morte de um familiar.

O testamento do futuro, portanto, deve encontrar maior amplitude quanto à liberdade do testador em relação às suas relações conjugais, sendo certo que o mesmo não deve ocorrer quanto à tutela de sucessores vulneráveis, como incapazes e idosos, que devem ser prioritariamente protegidos.

Nessa direção, em relação ao direito real de habitação, este deve ser estendido para outros parentes que sejam dependentes da moradia do *de cujus*, considerando o seu caráter protetivo. Assim, o direito real de habitação deve ser estendido para os vulneráveis na família cuja moradia dependia daquela do autor da herança, sendo concedido não só ao cônjuge e ao companheiro, como também aos filhos ou netos menores ou deficientes, bem como aos pais ou avós idosos que residiam com o autor da herança ao tempo de sua morte, sem prejuízo da participação que lhes caibam na herança. Dito benefício deverá ser exercido em conjunto pelos respectivos titulares conforme seja a situação na data do óbito e deverá cessar quando o titular adquirir renda ou patrimônio suficiente para manter sua respectiva moradia, bem como na hipótese de casar ou iniciar união estável.

Ainda em relação à tutela de parentes vulneráveis, seria bem-vinda a permissão de disposição testamentária que direcionasse parte da reserva hereditária a tais sucessores, sendo possível ao testador, dessa forma, ajustar a transmissão dos bens conforme a necessidade de cada um. Com efeito, na recente codificação argentina há dispositivo que autoriza o testador a destinar 1/3 da legítima para descendentes ou ascendentes

---

44. Seja consentido remeter o leitor a NEVARES, Ana Luiza Maia. A proteção da legítima deve ser mantida, excluída ou diminuída do ordenamento jurídico brasileiro? *Revista IBDFAM* – Famílias e Sucessões, v. 1, pp. 77-94, 2018.

incapacitados, considerando, neste caso, pessoas com incapacidade aquelas que padecem de uma alteração funcional permanente ou prolongada, física ou mental, que em relação à sua idade e meio social implica em desvantagens consideráveis de integração familiar, educacional ou laboral[45].

Questão de extrema importância é aquela de se discutir a permanência da possibilidade de o testador gravar a legítima com a cláusula de inalienabilidade e em consequência de impenhorabilidade. Ditas cláusulas podem desempenhar, em determinados casos, a função de garantia do que se denomina de *patrimônio mínimo da pessoa*[46], a partir da indisponibilidade de um bem essencial ao beneficiário da liberalidade, destinado à sua moradia ou ao desenvolvimento de seu trabalho (CF/88, art. 6º, *caput*)[47]. De igual forma, quando o testador demonstrar fatos ligados à saúde ou especificidades do beneficiário a justificar o gravame, bem como quando esse for motivado pela natureza do bem, como pode se dar com ações de empresas familiares, das quais depende o sustento de toda a família, sendo certo que a eficácia da cláusula restritiva estará sempre submetida à análise da permanência das razões que a justificaram.

De outra forma, nas instituições dos gravames, encontrar-se-ão na maior parte dos casos interesses subjetivos do testador, que não se coadunam com aqueles dos sucessores

---

45. ARTICULO 2448.- Mejora a favor de heredero con discapacidad. El causante puede disponer, por el medio que estime conveniente, incluso mediante un fideicomiso, además de la porción disponible, de un tercio de las porciones legítimas para aplicarlas como mejora estricta a descendientes o ascendientes con discapacidad. A estos efectos, se considera persona con discapacidad, a toda persona que padece una alteración funcional permanente o prolongada, física o mental, que en relación a su edad y medio social implica desventajas considerables para su integración familiar, social, educacional o laboral.
46. A eficácia jurídica do princípio da dignidade da pessoa humana clama necessariamente pela garantia de condições materiais mínimas à pessoa, preocupação do constituinte em diversas passagens da Constituição da República. BARCELLOS, Ana Paula de. *A eficácia jurídica dos princípios constitucionais: o princípio da dignidade da pessoa humana*, Rio de Janeiro: Renovar, 2002, pp. 155-162. No âmbito do Direito Privado, podemos traduzir o mínimo existencial no que Luiz Edson Fachin denominou de patrimônio mínimo da pessoa humana, podendo ser identificado em diversas normas como aquela que determina a incapacidade relativa do pródigo (CC, art. 4º, IV), aquela que determina a nulidade da doação de todos os bens sem reserva de parte ou renda suficiente para subsistência do doador (CC, art. 548), bem como aquelas que estabelecem a impenhorabilidade de bens essenciais (Lei 8.009/90 e CPC, art. 833). FACHIN, Luiz Edson. *Estatuto jurídico do patrimônio mínimo*. 2. ed. Rio de Janeiro: Renovar, 2006, *passim*.
47. Na jurisprudência, vale citar: "Apelação cível. Registro de imóveis. Ação de cancelamento de cláusulas restritivas na matrícula de imóvel recebido em doação. Preliminar. Nulidade da sentença. Inocorrência. Rejeita-se a prefacial, visto que inexistente qualquer vício ou nulidade que contamine o decisum e enseje a sua desconstituição. Não há nulidade a ser declarada em sentença devidamente fundamentada, que observou o disposto nos arts. 165 e 458 do CPC e 93, IX, da Constituição Federal, embora adote tese diversa daquela invocada pela parte recorrente. Cancelamento de cláusula de inalienabilidade. Inviabilidade no caso concreto. É entendimento corrente na doutrina e jurisprudência que a indisponibilidade gravada sobre bens imóveis não é absoluta, havendo possibilidade da relativização quando se tornarem óbice à própria fruição da coisa pelo proprietário. Atende-se, com essa exegese, a função social da propriedade. Entretanto, no caso inexistem elementos que configurem justa causa ao cancelamento do gravame, já que o próprio donatário alegou que sua pretensão apenas tem por escopo tornar plena a propriedade do bem. Outrossim, as razões apresentadas pela doadora e pelos demais filhos do autor apresentam-se razoáveis à manutenção da cláusula de inalienabilidade, porquanto visam proteger o genitor, pessoa de idade avançada, que reside sozinho, de eventual influência de terceiros. Preliminar rejeitada. Recurso de apelação desprovido. Unânime". TJRS, 18ª C.C., Ap. Cív. 70012329959, Rel. Des. Pedro Celso Dal Pra, julg.12.04.2007.

e, ainda, a restrição de circulação de bens e, em consequência, a diminuição da garantia de credores pela satisfação de seus créditos.

Quanto à ampliação da liberdade testamentária, deve-se enaltecer previsões testamentárias que visem a filantropia, reforçando o entendimento de que a previsão do disposto no art. 1.902 do Código Civil não exige a regular constituição da pessoa jurídica contemplada, averiguando meios de cumprir a determinação de última vontade com intuito beneficente e filantropo.

Em atenção ao fenômeno das famílias recompostas, é preciso encontrar meios de o testador melhor ajustar os diversos interesses a conciliar, dos descendentes de um primeiro relacionamento e daqueles do segundo (ou terceiro, quarto....) e seu atual consorte. Atualmente, como exposto, o Código Civil proíbe que o testador determine a conversão dos bens da legítima em outros de espécie diversa, admitindo tal faculdade apenas quanto à disponível. No entanto, a proibição de converter os bens da legítima em dinheiro parece não estar em consonância com objetivos atuais de ampliar determinadas prerrogativas do testador, para melhor lhe permitir planejar a sua sucessão.

De fato, tal conversão permitiria que o testador, ao se valer da faculdade disposta no art. 2.014 do Código Civil, que lhe permite indicar os bens e valores que devem compor os quinhões hereditários, deliberando ele próprio a partilha, empreendesse divisão patrimonial que assegurasse melhor proteção para os herdeiros e para a continuidade de seus negócios, porque não raras vezes, há herdeiros totalmente alheios aos bens e negócios da pessoa falecida, que teriam sua quota hereditária melhor atendida com dinheiro, a partir de uma avaliação fidedigna dos bens.

Assim, a conversão em dinheiro facilitaria a escolha pelo testador do herdeiro que melhor continuaria os seus negócios, sem maiores disputas entre os demais pela qualidade dos bens determinados pelo testador para compor seus respectivos quinhões, complementando o já citado art. 2.014 do Código Civil.

Além disso, diante de um bem que o testador já soubesse que ensejaria alta litigiosidade entre os herdeiros e divisão incômoda, este já poderia determinar a sua alienação e conversão em pecúnia, impedindo que os herdeiros se valessem de expedientes processuais para prolongar o processo de inventário desnecessariamente.

Outra medida que seria muito bem-vinda é aquela de retomada do fideicomisso tal como previsto no Código Civil de 1916, sem restrições àquele que pode ser o fideicomissário, salvo em relação às regras gerais para a capacidade testamentária passiva. Realmente, a dinâmica do fideicomisso permitiria, por exemplo, que um imóvel fosse deixado para o atual consorte do falecido, com a obrigação de que fosse transmitido para os descendentes do testador por ocasião da ocorrência de determinado evento ou falecimento do consorte.

Olhando à frente, não se pode descuidar do aumento da longevidade da população brasileira, que está em trajetória de envelhecimento e, até 2060, o percentual de pessoas com mais de 65 anos passará dos atuais 9,2% para 25,5%. Ou seja, 1 em cada 4 brasileiros será idoso[48]. Nessa direção, verifica-se que será cada vez mais necessário que pessoas idosas sejam cuidadas por seus familiares, havendo a tendência de incremento no número de curatelas. Em 2050, o Brasil terá cerca de 77 milhões de pessoas dependentes de cuidado (pouco mais de um terço da população estimada) entre idosos e crianças, segundo dados do IBGE[49].

Como apontado no relatório *Tempo de Cuidar: o trabalho de cuidado não remunerado e mal pago e a crise global da desigualdade*, da OXFAM BRASIL, (i) Mulheres e meninas ao redor do mundo dedicam 12,5 bilhões de horas, todos os dias, ao trabalho de cuidado não remunerado – uma contribuição de pelo menos US$ 10,8 trilhões por ano à economia global – mais de três vezes o valor da indústria de tecnologia do mundo; e (ii) 90% do trabalho de cuidado no Brasil é feito informalmente pelas famílias – e desses 90%, quase 85% é feito por mulheres.

Diante da pirâmide populacional envelhecida, o Direito vê-se perante a problemática do cuidado dos parentes idosos e dependentes, indagando-se se seria possível encontrar no Direito Sucessório algum mecanismo de fomento para tal cuidado, uma vez que um sistema de recompensa tende a ter maior eficácia do que a espera por aqueles que irão se voluntariar na referida tarefa, até porque, não raro, o cuidador deixa de exercer atividades remuneradas, abdicando de sua independência financeira e de outros planos de vida para exercer o cuidado, sendo necessário que a questão seja analisada pelos dois ângulos: daquele que necessita do cuidado e do cuidador.

Nessa direção, previsões testamentárias que estabeleçam remuneração para aqueles que sejam designados como curadores, sendo estas dívidas da herança, a serem pagas antes da divisão dos bens entre os herdeiros, bem como o reconhecimento de que determinadas transferências foram realizadas como doações remuneratórias, que são excluídas da colação por se distanciarem de uma liberalidade (CC, art. 2.011), já que têm por objetivo recompensar um serviço prestado que de outra forma não poderia ser cobrado, devem ser incentivadas, de forma a se encontrar no Direito Privado mecanismos que atendam às demandas do envelhecimento.

Registre-se, ainda, que o testador do futuro deverá estar cada vez mais atento ao que hoje se denomina herança digital, ou seja, aos conteúdos encontrados na Internet conectados a um usuário falecido, sendo evidente que cada vez mais interagimos em sociedade através das redes, seja arquivando memórias, adquirindo produtos, postando imagens e manifestações do pensamento, bem como realizando investimentos.

Além disso, cada vez mais pessoas auferem receitas através das plataformas digitais, havendo um redirecionamento dos meios empregados pelas pessoas para se sustentar. Exemplo do ora exposto é o sucesso de *youtubers*, como aqueles que alcançam o público infanto-juvenil com conteúdo de *games*[50].

---

48. Disponível em: . Acesso em: 12.10.2023.
49. https://www.oxfam.org.br/forum-economico-de-davos/tempo-de-cuidar. Acesso em: 12.10.2023.
50. Para dar um exemplo, Pedro Afonso Rezende, ou mais conhecido por Rezendeevil na internet, tem um canal com 29 milhões de inscritos e renda anual aproximada de R$ 1,4 milhões. https://economia.uol.com.br/noticias/

Apesar de as plataformas, na maior parte dos casos, não admitirem a transmissão hereditária do conteúdo digital aos sucessores de um usuário falecido, mesmo aqueles de caráter estritamente patrimonial, como se dá com a maioria dos programas de milhagem das companhias aéreas[51], os conflitos entre a sociedade em preservar seus dados e transmitir o seu conteúdo digital para sua família vêm se acentuando cada vez mais, na medida em que são as Redes e Plataformas digitais, que criam e disponibilizam os "sistemas" para seus usuários.

Sem dúvida, esse é um debate muito mais amplo e urgente, porque não se consegue mais conceber a vida em sociedade sem a tecnologia e suas ferramentas, fornecidas à população por conglomerados empresariais que somam receitas maiores que o PIB de países que integram, por exemplo, o G20, denominadas *Big Techs*, que somam atualmente apenas cinco Companhias[52].

Ainda diante da tecnologia e seus avanços inimagináveis, o testamento representará importante sede para que as pessoas exerçam a tutela póstuma de seus dados. Nessa direção, celebridades vêm se valendo das disposições testamentárias para proibir que suas imagens e vozes sejam utilizados após o seu falecimento[53].

O Direito Brasileiro tutela os direitos da personalidade da pessoa falecida (CC, art. 12, parágrafo único, e art. 20, parágrafo único), legitimando seus familiares a tutelá-los, por força de uma aquisição *iure proprio* de direitos revestidos da característica de um *poder-dever*, que deve ser exercido consoante a solidariedade familiar em benefício e no interesse da pessoa falecida. Por conseguinte, qualquer conflito entre os titulares do referido poder-dever sobre o modo de exercício daqueles direitos deve ser solucionado "de acordo com a vontade real ou presumível do falecido"[54].

Dita vontade presumível é buscada a partir de uma investigação quanto a qual seria o seu comportamento diante da mesma situação relativa à defesa do atributo da personalidade em questão, ou relativa ao seu exercício, nas hipóteses excepcionais em

---

redacao/2019/11/22/influenciadores-digitais-trabalho-faturamento-digital-influencer.htm?cmpid=copiaecola. Acesso em 17.09.2022.

51. Em outubro de 2022, o Superior Tribunal de Justiça considerou válida a cláusula do regulamento do programa de fidelidade da TAM que previa o cancelamento dos pontos acumulados pelo cliente após o seu falecimento. O acórdão diferenciou as formas de acúmulo de pontos, distinguindo aquela em que o consumidor ganha os pontos, a título gratuito, como um bônus por sua fidelidade na aquisição de um produto ou serviço diretamente contratado com a TAM ou seus parceiros comerciais, quando os pontos funcionam como meio de prestigiar o consumidor fiel, da que é adquirida pelo consumidor de maneira onerosa, ao se inscrever em programa de aceleração de acúmulo de pontuação e outros benefícios, que, no caso da empresa TAM, é denominado de Clube Latam Pass. A segunda modalidade de acumulação de pontos não foi objeto do recurso e, quanto a primeira, o STJ considerou que o programa de pontos consiste num contrato unilateral e benéfico, que só traz benefícios para o consumidor, sem uma contraprestação pecuniária para a aquisição direta dos pontos bônus, devendo, portanto, ocorrer uma interpretação restritiva do contrato, nos termos do art. 114 do Código Civil, não havendo o que se falar em abusividade da cláusula em questão. STJ, REsp 1878651-SP, 3ª T., Rel. Min. Moura Ribeiro, julgado em 04.10.2022.
52. Um nome alternativo a essas companhias é Big Five, em referência às cinco maiores: Meta (Facebook), Amazon, Microsoft, Apple e Alphabet (Google).
53. https://portalpopline.com.br/madonna-atualiza-testamento-proibindo-hologramas-dividindo-fortuna/.
54. Rabindranath Valentino Aleixo CAPELO SOUZA. *O direito geral de personalidade*. Coimbra: Coimbra Editora, 1995. p. 194.

que seja este último autorizado. Dessa maneira, na hipótese de haver atuações em desacordo com o aludido critério, qualquer dos legitimados poderá exercer o seu poder de controle, submetendo a questão ao Poder Judiciário, objetivando que cesse a lesão ou a ameaça à personalidade da pessoa falecida, podendo, eventualmente, surgir o direito de reclamar perdas e danos.

Dessa forma, nada melhor do que a vontade real do falecido expressa e materialmente manifestada. Nessa direção, muito embora seja possível discutir outras formas pelas quais o finado poderia manifestar tal vontade, é inegável que o testamento é sede profícua para tanto, já que é, por excelência, o ato de última vontade previsto e regulado pelo ordenamento civil brasileiro.

6. REFERÊNCIAS

BARCELLOS, Ana Paula de. *A eficácia jurídica dos princípios constitucionais: o princípio da dignidade da pessoa humana*. Rio de Janeiro: Renovar, 2002.

BEVILÁQUA, Clóvis. *Código Civil dos Estados Unidos do Brasil comentado*. 5. ed. Rio de Janeiro: Francisco Alves, 1944. v. VI.

BEVILÁQUA, Clóvis. *Direito das sucessões*. 4. ed. Rio de Janeiro: Freitas Bastos, 1945.

BODIN DE MORAES, Maria Celina. "O direito civil constitucional". In: *Arché*, n. 24, p. 11-22, 1999.

BODIN DE MORAES, Maria Celina. "Constituição e direito civil: Tendências". In: *Direito, Estado e Sociedade*, n. 15, p. 95-113, ago./set 1999.

CAPELO DE SOUZA, Rabindranath Valentino Aleixo. *O direito geral de personalidade*. Coimbra: Coimbra Editora, 1995.

FACHIN, Luiz Edson. *Estatuto jurídico do patrimônio mínimo*. 2. ed. Rio de Janeiro: Renovar, 2006.

GOMES, Orlando. *Direito de família*. 14. ed. Rio de Janeiro: Forense, 2001.

GUIMARÃES, Maria de Nazareth Lobato. "Testamento e Autonomia". In: *Revista de Direito e de Estudos Sociais*, p. 1-109, 1971.

HIRONAKA, Giselda Maria Fernandes Novaes. In: JUNQUEIRA DE AZEVEDO, Antônio (Coord.). *Comentários ao Código Civil*. São Paulo: Saraiva, 2003. v. 20.

MARINI, Anibali, "Transformazioni sociale e successione del coniuge", discurso proferido na inauguração do ano acadêmico 1984-1985 na Universidade de Macerata, *in Inaugurazione anno accademico 1984-1985*, Macerata, 1985.

MONTEIRO, Washington de Barros. *Curso de direito civil*. 35. ed. São Paulo: Saraiva, 2003. v. 6.

NEVARES, Ana Luiza Maia. A proteção da legítima deve ser mantida, excluída ou diminuída do ordenamento jurídico brasileiro? *Revista IBDFAM* – Famílias e Sucessões, v. 1, p. 77-94, 2018.

NONATO, Orosimbo. *Estudos sôbre sucessão testamentária*. Rio de Janeiro: Forense, 1957. p. 322-323.

PEREIRA, Jane Reis Gonçalves. "Apontamentos sobre a Aplicação das Normas de Direito Fundamental nas Relações Jurídicas entre Particulares". In: BARROSO, Luís Roberto. *A nova interpretação constitucional*: ponderação, direitos fundamentais e relações privadas. Rio de Janeiro: Renovar, 2006. p. 119-192.

PÉREZ-GÓMEZ, Antonio Castán. "Divagaciones en torno al ejercicio del derecho moral *post mortem auctoris*". In: VIDE. Carlos Rogel (Coord.). *En torno a los derechos Morales de los creadores*. Madrid: Aisge, 2003.

PERLINGIERI, Pietro. *Perfis do direito civil*: introdução ao direito civil constitucional. 3. ed. Trad. Maria Cristina de Cicco. Rio de Janeiro: Renovar, 1997.

PERLINGIERI. Pietro. *Il Diritto Civile nella legalità costituzionale*. 2. ed. Napoli: ESI, 19991.

REALE, Miguel. *O Projeto de Código Civil*: situação atual e seus problemas fundamentais. São Paulo: Saraiva, 1986.

RODRIGUES, Silvio. *Direito civil*. 25. ed. São Paulo: Saraiva, 2002. v. 7.

SCALISI, Vincenzo. "Persona umana e successioni, itinerari di un confronto ancora aperto". In *La civilistica Italiana dagli anni ́50 ad oggi tra crisi dogmatica e riforme legislative*, Padova: Cedam, 1991. p. 138-166.

TELLES, Inocêncio Galvão. "Conceito jurídico de sucessão". In: *Cadernos de Direito Privado*, v. 2, n. 2, p. 31-63, Niterói: CEUFF, 1979.

TELLES, Inocêncio Galvão. "Testamento, aceitação da herança; encargo contrário à lei ou à ordem pública". In: *O Direito*, ano 137º, p. 603-610, III, Almedina, 2005.

VILLELA, João Baptista. "Liberdade e Família". *Monografias*, v. III, n. 2, Edição da Faculdade de Direito da UFMG, Belo Horizonte, 1980.

CONDOMÍNIO EDILÍCIO: CRITÉRIOS NA PRIVATIZAÇÃO E RETOMADA DE PARTES COMUNS[1]

André Abelha

Mestre em Direito Civil (UERJ). Presidente do Instituto Brasileiro de Direito Imobiliário - IBRADIM. Professor convidado nos cursos de pós-graduação e extensão em Direito Imobiliário de diversas instituições (Emerj, Puc-Rio, Uerj e outras). Ex-Presidente da Comissão Especial de Direito Notarial e Registral na OAB Nacional (2020-2022). *Program on Negotiation and Leadership pela Harvard University*. Coatualizador da obra Condomínio e Incorporações, de Caio Mario da Silva Pereira. Autor das obras Abuso do direito no condomínio edilício; e Direito Imobiliário: reflexões atuais. Coordenou as obras Estudos de Direito Imobiliário: Homenagem a Sylvio Capanema de Souza; e Sistema Eletrônico de Registros Públicos: Lei 14.382/2022. É coautor, entre outros, dos livros Curso de Direito Imobiliário Brasileiro e Manual dos Contratos Imobiliários. Advogado.

Sumário: 1. Introdução – 2. Uso comum e exclusivo de partes do condomínio – 3. A utilidade patrimonial na retomada e privatização de partes comuns – 4. O critério da utilidade existencial – 5. Dever de indenizar – 6. Conclusão – 7. Referências.

1. INTRODUÇÃO

No condomínio edilício, prevalece o senso comum de que o uso exclusivo de uma área de propriedade comum dos condôminos somente pode ser concedido a um deles se houver a anuência da unanimidade dos condôminos. E para o condomínio retomar uma área de uso exclusivo de um titular de unidade, o entendimento corrente é que isso não pode ocorrer sem a anuência do prejudicado. Será sempre assim?

Embora, em regra, o entendimento esteja correto, há situações excepcionais, em que a negativa de um condômino em aceitar a retomada, ou a negativa do grupo em conceder o uso exclusivo, poderá configurar exercício abusivo do direito. Como identificar tais situações?

A figura do abuso do direito remonta ao direito romano, mas foi na França que o instituto, tal como compreendido hoje, surgiu. Na ausência de dispositivo legal que limitasse o exercício dos direitos em geral, a jurisprudência francesa passou a reprimir condutas abusivas[2]. Em caso célebre, julgado em 1912, um proprietário rural, cujo imóvel se situava ao lado de um hangar de dirigíveis, construiu enormes objetos com

---

1. Este artigo, com adaptações, foi elaborado a partir de: (i) ABELHA, André. *Abuso do direito no condomínio edilício*. Porto Alegre: Sergio Fabris, 2008; e (ii) CHALHUB, Melhim; ABELHA, André. *Projetos de retrofit e conversão de uso em condomínios pulverizados*: como superar o desafio da unanimidade? Disponível em https://www.migalhas.com.br/arquivos/2021/7/567D1974B8E7F7_edilicias.pdf. Acesso em: 17.07.2023.
2. FERREIRA, Keila Pacheco. *Abuso do direito nas relações obrigacionais*. Belo Horizonte: Del Rey, 2007. p. 16-18.

lanças de ferro para dificultar o trânsito dos dirigíveis e convencer a empresa a adquirir seu imóvel por um preço elevado. O Tribunal francês decidiu que o direito de propriedade era relativo, e não poderia ser exercido com o propósito de prejudicar o vizinho e especular o preço da sua terra[3].

No Brasil, o abuso do direito não foi acolhido expressamente pelo Código Civil de 1916, mas a doutrina já sustentava que o exercício irregular de um direito por seu titular era vedado pelo ordenamento jurídico. Pontes de Miranda, por exemplo, sustentava que o abuso do direito "*é ato ilícito, porque exercício irregular*"[4].

O Código Civil de 2002 sanou a omissão do Código anterior, disciplinando, no artigo 187, a figura do abuso do direito, ao dispor que "também comete ato ilícito o titular de um direito que, ao exercê-lo, excede manifestamente os limites impostos pelo seu fim econômico ou social, pela boa-fé ou pelos bons costumes".

Para a configuração do abuso, é desnecessário que o titular do direito aja com dolo ou culpa, bastando a desconformidade com a boa-fé, a função social ou os bons costumes[5]. Os limites previstos no art. 187 são verdadeiras condicionantes para o exercício legítimo do direito, e, se desrespeitados, haverá abuso.

E como isto se conecta à função social da propriedade?

Desde a França, a discussão já nasceu ligada ao abuso do direito[6]. Avançava a ideia da utilidade social como fundamento do direito individual de propriedade, segundo a qual seu exercício é condicionado pela destinação social do bem sobre o qual recai[7],

---

3. Naquele momento histórico, a ideia de solidariedade já ganhava espaço, em contraposição ao individualismo que até então reinava no contexto jurídico e social. O exercício do direito por seu titular deveria estar em conformidade com o sistema jurídico em que se inseria.
4. PONTES DE MIRANDA, Francisco Cavalcanti. *Tratado de direito privado*. São Paulo: Ed. RT, 1977. v. II. p. 311.
5. Nesse sentido, aliás, é o Enunciado 37 do Conselho da Justiça Federal, aprovado na I Jornada de Direito Civil: "*A responsabilidade civil decorrente do abuso do direito independe de culpa, e fundamenta-se somente no critério objetivo-finalístico*". Para Milton Flávio de Almeida Camargo Lautenschläger: "Identifica-se a ocorrência do abuso de direito (a) no comportamento emulativo, ou seja, na ação ou omissão destinada a causar prejuízo a outrem; (b) no comportamento que, embora desprovido de caráter emulativo, não gera vantagem ao agente e revela-se desvantajoso ao terceiro; e (c) no comportamento que, embora imponha utilidades para um e desutilidades para outrem, se mostre, numa análise da jurisprudência e/ou da doutrina pelo magistrado, contrário aos valores, princípios e máximas de condutas que compõem a 'utilidade conceitual e valorativa' do Código Civil". LAUTENSCHLÄGER, Milton Flávio de Almeida Camargo. *Abuso do direito*. São Paulo: Atlas, 2007. p. 51.
6. Nas palavras de JUDITH MARTINS-COSTA, "a noção de função social da propriedade começa a sua história com base nas formulações acerca da figura do abuso de direito, pela qual foi a jurisprudência francesa gradativamente impondo certos limites ao poder absoluto do proprietário. A abordagem, contudo, ainda ocorrida no plano dos 'limites'... Este entendimento inicial sofreu forte ruptura nos finais do século XIX pela pena de Leon Duguit, que promoveu uma crítica radical à noção mesma de direito subjetivo, propondo substituí-lo pela 'noção realista de função social', daí assentando, em célebre dito, que a propriedade é uma função social". MARTINS-COSTA, Judith. *Diretrizes Teóricas do Novo Código Civil Brasileiro*. São Paulo: Saraiva, 2002. p. 146-147.
7. SERPA LOPES, Miguel Maria de. *Curso de direito civil*. 3. ed., Rio de Janeiro: Livraria Freitas Bastos, 1964. v. 6. p. 242. Invocando Léon Duguit, diz o autor que a razão de ser do direito individual é a utilização da propriedade de acordo com sua função social, pois, "se a afetação de uma coisa à utilidade individual está protegida, deve-se antes de tudo à utilidade social dela resultante".

e impondo-se ao seu titular um poder-dever de agir não apenas em seu benefício, mas também de outros[8].

A propriedade passou a ser concebida como uma situação jurídica complexa, ativa e passiva, que, a par dos direitos e das obrigações inerentes ao feixe dos direitos subjetivos do proprietário, encerra deveres, positivos ou negativos, correspondentes à realização da finalidade social à qual se destinam os bens objeto do direito de propriedade, segundo sua natureza e as circunstâncias que justifiquem tutela especial[9].

Essa concepção está refletida nos princípios e nos valores adotados pela Constituição de 1988, que condicionam o exercício de tal direito a interesses da coletividade merecedores de tutela, mediante parâmetros diferenciados para sua qualificação, conforme tenha por objeto imóvel urbano ou rural (arts. 5º, XXII, XXIII, XXVI, 182, 184, 185 e 186), ou a exploração dos bens em geral na atividade empresarial (art. 170, II e III). Em relação à propriedade de imóveis urbanos, a noção de função social da propriedade privada é determinada pelos requisitos de realização das funções sociais da cidade[10].

O § 1º do art. 1.228 do Código Civil abraçou a função social da propriedade, ao estabelecer que esse direito deve ser exercido "em consonância com as suas finalidades econômicas e sociais e de modo que sejam preservados [...] o equilíbrio ecológico e o patrimônio histórico e artístico". Isto "impõe ao titular o dever de respeitar situações jurídicas e interesses não proprietários socialmente tutelados, atingidos pelo exercício do domínio"[11]. A função social é um verdadeiro fator de legitimidade do direito de propriedade.

A propriedade, que um dia foi absoluta, só com limites externos dentro dos quais o proprietário era livre para exercer o direito como bem lhe aprouvesse, hoje encontra a função social como a sua própria razão de existir. O direito do titular será tutelado se e enquanto exercido de acordo com ela. Mais do que isso, a situação jurídica proprietária envolve terceiros, e a balança penderá para um lado ou para o outro a depender de qual solução atenderá melhor, no caso concreto, a função social[12].

---

8. GRAU, Eros Roberto, A ordem econômica na Constituição de 1988. 2. ed. São Paulo: Malheiros, 2001. p. 275. O autor ensina que a função social da propriedade impõe "ao proprietário – ou a quem detém o controle, na empresa – o dever de exercê-lo em benefício de outrem e não, apenas, de não o exercer em prejuízo de outrem."
9. CHALHUB, Melhim; ABELHA, André. *Projetos de retrofit e conversão de uso em condomínios pulverizados*: como superar o desafio da unanimidade? Disponível em https://www.migalhas.com.br/arquivos/2021/7/567D1974B8E7F7_edilicias.pdf. Acesso em 17.07.2023.
10. CHALHUB, Melhim Namem, *Direitos Reais*. 2. ed. São Paulo: Ed. RT, 2014. pp. 67 e seguintes.
11. Pietro Perlingieri há muito já professava essa ideia, e que o titular do domínio só merece a tutela do ordenamento jurídico na medida em que o seu comportamento está de acordo com os valores vigentes. Se o proprietário não atribui ao seu bem a função que dele se espera, o direito a ele conferido perde a razão de existir (PERLINGIERI, Pietro. *Introduzione alla problematica della proprietà*. Napoli: Jovene, 1970. p. 71).
12. Francisco Eduardo Loureiro escreve que "a propriedade é uma relação jurídica complexa, que reúne não só um feixe de poderes, como os de usar, gozar, dispor e reivindicar a coisa, mas também deveres em relação a terceiros proprietários e a terceiros não-proprietários. Ao lado dos tradicionais poderes que fazem da propriedade um valor de sinal positivo, há, também, valores emergentes, que têm como universo de referência o sistema social". LOUREIRO, Francisco Eduardo. *A propriedade como relação jurídica complexa*. Rio de Janeiro: Renovar, 2003. p. 43-44. Ver também: TEPEDINO, Gustavo José Mendes. *Contornos constitucionais da propriedade privada*. In: Temas de direito civil, Tomo I. 3. ed. Rio de Janeiro: Renovar, 2004. p. 323.

Se o direito de propriedade - e as faculdades que o compõem – está funcionalizado, e não pode ser visto apenas sob o aspecto estrutural, seu exercício disfuncional pode ensejar consequências adversas ao titular do domínio, incluindo a perda do direito de reivindicar o imóvel ou de impedir um vizinho de usar uma vaga de garagem, ou uma costureira de realizar sua atividade profissional no apartamento. Ou ainda, como se verá, a privatização ou retomada do uso de uma parte de propriedade condominial comum.

No condomínio edilício, os vizinhos são mais numerosos e mais próximos, o que aumenta os conflitos surgidos em decorrência da convivência forçada, e nele o individualismo deve ceder lugar à tolerância e à solidariedade. Afinal, o legislador de 2002, ao estipular parâmetros de boa-fé, bons costumes e fins sociais e econômicos, submeteu o exercício do direito aos valores sociais que eles exprimem, permitindo a conciliação entre autonomia individual e solidariedade, e provocando a abertura do sistema jurídico, e a harmonização das normas com a realidade social.

É nesse contexto que o presente artigo busca identificar um critério objetivo, extraído das noções de abuso do direito e da função social da propriedade, que permita identificar, na riqueza dos casos concretos, situações em que uma área de propriedade comum de uso exclusivo de um condômino poderá ser retomada, ou então, uma área de uso comum poderá ter o seu uso exclusivo compulsoriamente garantido a um titular de unidade.

2. USO COMUM E EXCLUSIVO DE PARTES DO CONDOMÍNIO

No condomínio edilício, a propriedade comum é conjugada com a exclusiva[13]. As partes de domínio exclusivo do condômino, para serem classificadas como tal, devem possuir fração ideal, sendo unidades imobiliárias quando possuírem matrícula própria, ou acessórias à unidade, quando, embora com fração própria, estiverem vinculadas a uma unidade autônoma. As partes de propriedade comum, por sua vez, podem ser de uso comum, ou de uso privativo de um ou de alguns condôminos:

---

13. Milena Donato Oliva ressalta três marcantes diferenças entre os dois condomínios: "Ao propósito, cabe destacar que o condomínio edilício derroga as três principais regras do condomínio ordinário. Primeiramente, no condomínio relativo, ao contrário do ordinário, a situação de indivisão não é temporária, mas permanente. Além disso, no condomínio ordinário nenhum condômino tem o direito de dar posse, uso ou gozo a estranhos sem o consenso dos demais consortes, ao passo que no condomínio edilício, sendo livre a todo proprietário de uma unidade usá-la por si, ou por outrem, cedendo-a em aluguel ou a qualquer outro título jurídico, "consequência é que lhe não pode ser negado o direito de ceder a posse, o uso e o gozo das partes comuns do prédio". Por fim, no condomínio ordinário, caso algum dos condôminos queira alienar sua parte na coisa comum, deverá oferecê-la aos demais consortes, que têm direito de preferência na compra. No condomínio edilício, de outra parte, qualquer condômino tem o direito de alienar a sua unidade a estranhos, sem audiência ou anuência prévia dos consortes". OLIVA, Milena Donato. *Condomínio e subjetividade*. In: TEPEDINO, Gustavo e FACHIN, Luiz Edson (Coord.). *Diálogos sobre direito civil*. Rio de Janeiro: Ed. Renovar, 2008. v. II. p. 67.

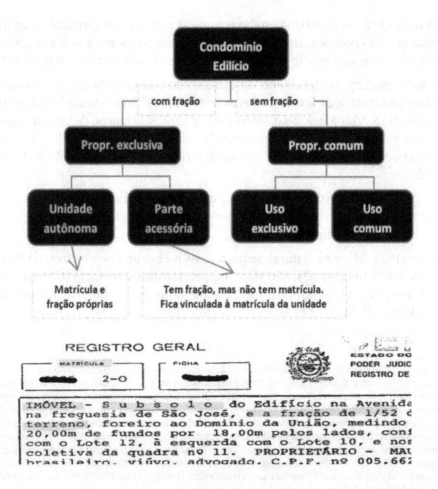

Para ilustrar o que se afirma, na imagem acima o subsolo possui fração ideal e matrícula própria, tendo, assim, a natureza de unidade imobiliária; e na imagem abaixo, a vaga de garagem tem fração ideal própria, o que a torna propriedade exclusiva, mas acessória, pois está vinculada ao apartamento:

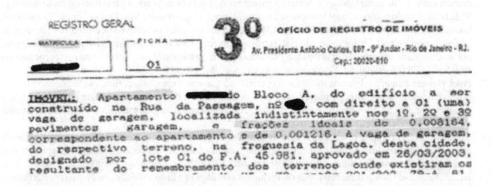

O artigo 3º da Lei 4.591/64 estabelece que as partes de propriedade comum, isto é, aquelas que não possuem fração ideal, e cujo domínio cabem a todos os titulares de unidade, são "insuscetíveis de utilização exclusiva por qualquer condômino"[14]. Será?

João Batista Lopes entende que "a utilização, em caráter exclusivo, de coisas comuns poderá ser admitida se de acordo todos os condôminos"[15]. Essa também é a posição de Marco Aurélio S. Viana, que ao discorrer sobre a transformação de um espaço ocioso em vaga de garagem, defende ser esta uma "mudança de destinação da coisa comum, a processar-se em assembleia geral extraordinária", e que "a deliberação reclama unanimidade"[16].

Se a privatização do uso da coisa comum condominial é admitida, indaga-se: sendo uma parte comum de uso exclusivo de um condômino, podem os demais retirar-lhe esse direito sem a sua anuência?

A pergunta dirige-se, naturalmente, aos casos em que a posse direta da área é justa, sem vício objetivo, ou seja, não violenta, clandestina ou precária (CC, art. 1.200)[17]. Havendo esbulho, o condomínio poderá reintegrar-se na área indevidamente ocupada pelo condômino[18]. Em regra.

---

14. A interpretação literal do dispositivo poderia levar à equivocada conclusão de que não há no condomínio edilício partes de uso exclusivo, mas essa não foi a interpretação que prevaleceu: "Em síntese, nos Tribunais predomina entendimento de que, havendo autorização regular dos condôminos, ou expressa previsão no instrumento de instituição do condomínio, pode ser concedido o uso exclusivo de áreas e coisas pertencentes à coletividade condominial, principalmente se forem contíguas às unidades que estruturalmente se vincularem e que, por isso, não possam ser utilizadas por outros condôminos sem passarem por dentro dessas unidades... Nesses casos, nada mais razoável do que proporcionar o uso exclusivo ao titular da unidade contígua, que arcará com o custeio de sua conservação, aliviando o condomínio dessa despesa, porque são áreas estruturalmente desafetadas do uso comum e úteis apenas para o titular da unidade autônoma contígua" (FRANCO, J. Nascimento. *Condomínio*. São Paulo: Ed. RT, 2005. p. 165-167).
15. LOPES, João Batista. *Condomínio*. 8. ed. Rio de Janeiro: Ed. RT, 2003. p. 81
16. VIANA, Marco Aurélio S. *Comentários ao Novo Código Civil*: dos direitos reais, v. XVI, Rio de Janeiro: Forense, 2003. p. 29. Gustavo Tepedino, entretanto, defende o quórum de 2/3 para a alteração das partes comuns, ou outro fixado pela convenção. Nas palavras do autor: *"A alteração do chamado estatuto real, atinente às áreas comuns, está a exigir, igualmente, o quórum fixado para a alteração da convenção, ou outro por esta determinado"*. TEPEDINO, Gustavo José Mendes. *Multipropriedade imobiliária*. São Paulo: Saraiva, 1993. p. 123. Com a entrada em vigor do atual Código, a polêmica parece ter sido superada, já que a parte final do *caput* do artigo 3º da Lei de Condomínios não foi transportada para a lei nova, como ressalta João Batista Lopes: "Como se vê, houve supressão da parte final do art. 3º da Lei 4.591/64 ('serão também, insuscetíveis de utilização exclusiva por qualquer condômino'). Diante disso, não mais subsiste a controvérsia sobre a admissibilidade de os condôminos, por unanimidade, autorizarem a utilização, por consorte, em caráter exclusivo, de coisas ou partes comuns do edifício". LOPES, João Batista. *Condomínio*..., ob. cit., p. 80-81.
17. Posse violenta é aquela adquirida mediante força física ou grave ameaça que gere fundado temor na vítima. A posse clandestina, a seu turno, é adquirida às ocultas, ou mediante o uso de artifícios para iludir quem tem a posse. Finalmente, a posse precária é obtida por abuso de confiança, quando o esbulhador retém indevidamente a coisa que deveria ser restituída ao possuidor.
18. Vide, a título de exemplo, o seguinte trecho de acórdão do TJRS, no qual o condômino, sem autorização da assembleia geral, invadiu e construiu em área comum de uso comum: "Obras construídas pela apelante que invadem área comum do edifício. Ausência de autorização. Vedação constante na Convenção Condominial. Desconformidade dos demais condôminos. Prejuízo à ventilação e à luminosidade dos demais apartamentos. Demolição que se impõe..." (TJRS. 19ª Câmara Cível. Apelação 70014960066. Rel. Des. José Francisco Pellegrini. Julgado em 13/02/2007).

Em regra, apenas. O Tribunal de Justiça do Estado do Rio de Janeiro ("TJRJ") julgou caso em que um condômino, autorizado a ocupar um espaço, construiu além do permitido; mas verificou-se que a demolição do excesso importaria na inutilização de todo o restante. No caso, especialíssimo, foi decisiva a inércia do condomínio, que somente ajuizou a ação após o encerramento da obra[19].

Em outro acórdão, do Tribunal de Justiça do Estado do Rio Grande do Sul, a localização física da área apropriada pelo condômino era excepcional: um pequeno terraço que somente se podia acessar pelo interior do imóvel. A situação não foi criada pelo condômino; já existia desde a construção do prédio. Nessas circunstâncias, o local, fisicamente, só podia mesmo ser de uso exclusivo do titular do imóvel, a não ser que se criasse um direito de passagem que tornaria a unidade devassada pelos demais condôminos[20]. Nesse sentido, inclusive, é o Enunciado 247 da III Jornada de Direito Civil, segundo o qual "No condomínio edilício é possível a utilização exclusiva de área comum que, pelas próprias características da edificação, não se preste ao uso comum dos demais condôminos".

O foco, portanto, é saber se o condômino, após tornar-se titular, por autorização expressa do condomínio, do uso exclusivo de determinada área comum, pode ser privado dessa posse sem a sua concordância.

Para João Nascimento Franco, a totalidade dos votos condominiais é necessária "nos casos de alienação, oneração ou concessão de uso de parte comum; ou alteração [...] da fração ideal e dos direitos dos condôminos nas áreas e coisas de uso comum"[21]. Da mesma forma entendeu o Superior Tribunal de Justiça ("STJ"), ao decidir que, em se tratando de partes comuns de uso exclusivo, é necessário o voto da unanimidade dos comunheiros[22]. O TJRJ, invocando precedentes do STJ, atribuiu o mesmo destino ao litígio envolvendo a alteração de uma garagem[23]. O Supremo Tribunal Federal, a seu

---

19. Confira-se: "Construção de acréscimos à apartamento de cobertura em telhado incluindo área excedente à autorizada em assembleia... Construção em local anteriormente constituído por telhado. Dependência comum. Utilização que depende da autorização dos condôminos. Autorização em AGO para a utilização de 62,10 m². Construção realizada em área de 103,05 m². Área excedente que se encontra totalmente integrada à área cuja ocupação foi autorizada. Pleito demolitório. Ausência de razoabilidade. Teoria do fato consumado. Inviabilidade de demolir-se "meia sala de estar", "meio banheiro", ou mesmo "todo o closet", que apesar de construído em área não autorizada, serve de ligação entre o banheiro e outra área coberta, valendo-se do mesmo raciocínio em relação à área descoberta. Conversão da obrigação de fazer em perdas e danos..." (TJRJ. 5ª Câmara Cível. Apelação 2007.001.32994. Rel. Des. Cristina Tereza Gaulia. Julgado em 18/09/2007).
20. "Apelação cível. Condomínio. Reintegração de posse de área comum. Uso exclusivo de um condômino em face da localização da área. É inviável impor à condômina restrição ao seu direito de propriedade determinando-lhe que dê passagem à coletividade condominial ao "terraço dos fundos", acessível tão-somente pelo seu imóvel. Atualmente constitui-se porção condominial comum, mas de uso restrito" (TJRS. 17ª Câmara Cível. Apelação 70018729152. Rel. Des. Alzir Felippe Schmitz. Julgado em 09/08/2007).
21. FRANCO, J. Nascimento. *Condomínio*. São Paulo: Ed. RT, 2005. p. 104.
22. "Condomínio. Convenção. Quórum necessário para atribuir os direitos advindos da parte ideal. I – A doutrina e a jurisprudência são acordes em proclamar que deve ser unânime o quórum necessário para atribuir direitos a condôminos relativos à sua parte ideal" (STJ. 4ª Turma. Recurso Especial 62.133/RJ. Rel. Min. Waldemar Zveiter. Julgado em 29/08/1995).
23. "Apelação cível. Ação anulatória. Assembleia geral ordinária. Alteração de área comum. Quórum exigido. Unanimidade. Não obstante a concordância da maioria dos condôminos com a alteração de parte comum

turno, quando ainda tinha competência para julgar os litígios privados, antes do advento da Constituição Federal de 1988, já havia dito que "para modificar ou afrontar direito de cada condômino sobre as coisas comuns... não basta o voto da maioria, mas necessário é o assentimento de todos os consortes".[24]

Realmente, soa estranho que um condômino possa ter o seu direito de uso exclusivo da parte de propriedade comum não apenas restringido, mas completamente retirado.

O fato de não ser a parte comum propriedade individual do condômino não torna o argumento convincente, pois o direito ao uso não é comum, e sim exclusivo. Se assim fosse, poderia o locador retomar o imóvel do locatário a qualquer tempo, sem a limitação das hipóteses elencadas na Lei nº 8.245/91[25], sob o argumento de que o locatário não possui a propriedade do imóvel locado.

Por outro lado, o direito ao uso exclusivo não é intocável. Se a propriedade de uma unidade autônoma, no condomínio edilício, está sujeita a certas restrições, com mais razão se pode restringir o uso exclusivo de uma parte comum. Havendo proibição na convenção, não poderá o condômino, ainda que as dimensões da vaga o permitam, estacionar no local mais de um veículo[26]. Parece indiscutível a possibilidade de limitação ao direito de uso exclusivo[27]. Todavia, o que se analisa, neste ponto, é a possibilidade *revogação* do direito, um passo além da restrição.

---

do condomínio, o art. 628 do Código Civil de 1916 proibia expressamente a alteração de coisa comum sem o consentimento dos outros coproprietários. O egrégio Superior Tribunal de Justiça já firmou o entendimento de que a alteração proibida a que se refere o aludido artigo diz respeito àquela que muda o destino da coisa ou lhe transforma o modo de ser, o que indubitavelmente, ocorreu no presente caso. Tendo a construção da garagem atingido a destinação da coisa comum, uma vez que anteriormente havia no local um jardim e parte do apartamento para porteiro, sem a anuência da unanimidade de condôminos, assiste razão ao apelante, sendo nula a assembleia geral realizada, devendo as partes comuns, alteradas em decorrência de deliberação na referida assembleia, ser reconduzidas ao estado anterior. Recurso ao qual se dá provimento" (TJRJ. 12ª Câmara Cível. Apelação Cível 50.851/07. Rel. Des. Mario Assis Gonçalves. Julgado em 18/12/2007).

24. STF. 2ª Turma. Recurso Extraordinário 71.285/PR. Rel. Min. Antonio Neder. Julgado em 18/10/1974.
25. Artigos 9º; 46, § 2º; 47; 50, parágrafo único; 52; 53; 57 e 66.
26. Mas na falta dessa proibição na convenção, não pode a assembleia geral, sem o quórum qualificado, impedir que o condômino o faça: "DELIBERAÇÃO CONDOMINIAL. ESTACIONAMENTO DE MOTOCICLETAS. ÁREA ESPECÍFICA. RÉU QUE ESTACIONA MOTO JUNTO AO AUTOMÓVEL NA VAGA DE GARAGEM VINCULADA AO SEU APARTAMENTO. Sentença de improcedência. Legalidade da conduta do réu. Ausência de regra que a proíba. Inobservância do quórum quando da criação de estacionamento próprio para motos. Inocorrência de violação a direito da vizinhança. Mantença. Deliberação condominial. Fechamento de uma área na garagem, com destinação específica à guarda de motos, a fim de cumprir exigência de contrato de seguro de motos firmado pelo condomínio. Inobservância de quórum. Vício formal. Ausência de expressa vedação de estacionamento de motos nas vagas ordinárias. Ausência de irregularidade na conduta do apelado. Opção do apelado em pactuar um seguro particular para sua moto. Intuito de dispensar a cobertura pelo seguro condominial. Inexistência de justificativa para a imposição de estacionamento na área restrita para motos, ao invés de em sua vaga convencional, e, tampouco, para o pagamento da mensalidade do aludido estacionamento... Afastamento da mencionada deliberação, que foi apontada como matéria de defesa. Fotografias. Vaga de estacionamento ampla, que comporta o automóvel e a moto sem qualquer prejuízo aos demais usuários da garagem. Uso em conformidade com o inc. IV do art. 1336 do CC" (TJRJ. 8ª Câmara Cível. Apelação 45.403/07. Rel. Des. Celia Meliga Pessoa. Julgado em 09/10/2007).
27. Como exemplifica o seguinte acórdão do TJRJ: "APELAÇÃO. Condomínio edilício. Vagas de garagem demarcadas em 2002. Nulidade da assembleia que assim deliberou, por irregularidade na convocação. Outra assembleia, em 2006, manteve a distribuição das vagas, presente e vencido o condômino, não residente, que

Em tese, o condomínio tem o direito de pleitear a recuperação da área cujo uso exclusivo um dia fora outorgado a um ou alguns dos condôminos. Mas não em qualquer caso. Se o uso exclusivo tiver sido concedido em caráter perpétuo, somente em hipóteses raríssimas – como o abandono – seria admitida a retomada pelo condomínio.

Há de existir um motivo para a pretensão condominial. O condômino não pode ser alijado de seu direito somente porque a maioria o deseja. Que critério, então, deve pautar o intérprete na análise de tais situações?

A *utilidade*, fundada no princípio da função social da propriedade, é o critério essencial que vai determinar se o direito será ou não mantido[28]. Se, de um lado, é importante perquirir a utilidade que o condomínio pretende atribuir à parte comum em disputa, da mesma forma, é necessário analisar, em cada caso concreto, a utilidade da área para o proprietário.

O que se quer dizer com *utilidade*? Uma parte comum útil, no sentido que nos confere o dicionário, é aquela que serve para alguma coisa; que pode ter algum uso ou serventia; que seja, enfim, proveitosa. No entanto, tal conceito soa vago e pouco ajuda em definir em que casos, na retomada e na manutenção de uma parte comum de uso exclusivo, o condomínio ou o proprietário agirão com abuso do direito.

É preciso buscar, no sistema jurídico, o fundamento e os parâmetros objetivos, capazes de orientar, *a priori*, a solução de cada caso concreto. Aqui, a utilidade, juridicamente considerada, pode ser dividida em duas vertentes: a utilidade *patrimonial*, e a outra, vista sob o prisma *existencial*.

3. A UTILIDADE PATRIMONIAL NA RETOMADA E PRIVATIZAÇÃO DE PARTES COMUNS

A utilidade patrimonial é dada pela classificação civilista clássica das benfeitorias, bens acessórios, estampada no Código Civil de 1916, e repetida no artigo 96 do Código Civil atual, pela qual as benfeitorias podem ser necessárias (têm por fim conservar a parte comum ou evitar que se deteriore), úteis (aumentam ou facilitam o uso da parte comum) ou voluptuárias (de mero deleite ou recreio, que não aumentam o uso habitual da parte comum, ainda que a tornem mais agradável ou sejam de elevado valor). A classificação considera os bens reciprocamente, pesando a utilidade de um bem em relação ao outro.

A utilidade do bem acessório (no caso, a benfeitoria) em relação ao bem principal (parte comum), será maior ou menor em função da sua *destinação*. Uma piscina construída em uma casa residencial pode destinar-se simplesmente ao lazer, e nesse caso a

---

não fora convocado em 2002. Vício sanado, prevalecem as disposições da lei civil quanto à obrigatoriedade das decisões assembleares tomadas por maioria absoluta, em matéria que não exige unanimidade (CC, art. 1.351, parte final). Recurso a que se nega provimento" (TJRJ. 2ª Câmara Cível. Apelação 38.365/07. Rel. Des. Jesse Torres. Julgado em 25/07/2007).

28. O critério da utilidade também se fundamenta no princípio da função social da propriedade.

benfeitoria será considerada voluptuária; ou então a piscina pode se localizar em um hotel, para a utilização dos hóspedes, e nessa hipótese, a benfeitoria será útil[29].

Teresa Negreiros classifica os contratos em função da utilidade existencial do bem objeto do negócio jurídico, investigando se e em que medida o regime jurídico se modifica em razão da destinação conferida ao bem[30].

Efetivamente, a destinação do objeto pode determinar a regulação que incidirá sobre ele, a exemplo dos bens fungíveis e infungíveis[31]. O art. 85 do Código Civil estipula serem fungíveis os bens móveis que podem ser substituídos por outros da mesma espécie, qualidade e quantidade, e infungíveis aqueles que não podem sê-lo. Entretanto, se uma jovem ganhou uma caneta de seu primeiro namorado, ou a usa como amuleto nas suas provas, e um amigo a pede emprestada, para ela a caneta é um bem infungível, pelo seu valor afetivo, que a torna destinada a ser conservada enquanto memória ou objeto de superstição. A classificação do bem não deve ser feita *a priori*, e deve considerar a situação jurídica em sua concretude.[32]

Igual alteração ocorre com os bens consumíveis e inconsumíveis. Enquanto os bens inconsumíveis são aqueles que suportam uso continuado, sem prejuízo do seu perecimento progressivo e natural, consumíveis são os bens móveis: (i) cujo uso importa destruição imediata da própria substância, como ocorre com os alimentos; (ii) que não são destruídos pelo uso, mas são destinados à alienação: o aparelho celular de uma loja especializada, os livros de uma livraria; e (iii) os assim determinados pela vontade: garrafa de licor rara apenas exposta à exposição pública[33].

---

29. Confira-se: "a construção de uma piscina numa casa particular pode ser destinada a mero deleite, e será voluptuária; ou pode destinar-se a aumentar a utilidade de um hotel, caso clássico em que a mesma melhoria deixa de se considerar voluptuária e passa a ser considerada útil". NEGREIROS, Teresa. *Teoria do contrato*: novos paradigmas. Rio de Janeiro: Renovar, 2002. p. 425.
30. NEGREIROS, Teresa. *Teoria do contrato*... ob. cit., p. 415.
31. A fungibilidade geralmente decorre da natureza do bem, mas também pode vir da vontade das partes ou do seu valor histórico, como é o caso, v.g., de um vaso da dinastia Ming, o qual hoje em dia é infungível enquanto registro histórico, mas na época nada mais era do que um utensílio doméstico perfeitamente substituível. A diferenciação entre bens fungíveis e infungíveis é relevante: (i) para distinguir os contratos de mútuo (art. 586) e de comodato (art. 579); (ii) para o contrato de depósito de bem fungível ser tratado como mútuo (art. 645); (iii) para a compensação das dívidas (art. 369); e (iv) para o cumprimento de testamento, em que se deixe bem fungível (art. 1.915).
32. Na lição de Pietro Perlingieri: "As mesmas classificações das prestações e dos bens que constituem seu objeto são proponíveis não em abstrato, mas em relação ao contexto normativo da concreta relação; de maneira que fungibilidade ou infungibilidade, genericidade ou especificidade não são qualidades intrínsecas dos bens como tais, estaticamente considerados, mas somente avaliações em relação a uma peculiar ordem de interesses. O mesmo bem pode ser considerado ora fungível ora infungível conforme a obrigação tenha uma ou outra forma". PERLINGIERI, Pietro. *Perfis do Direito Civil*: uma introdução ao direito civil constitucional. Trad. Maria Cristina de Cicco. 2ª. ed. Rio de Janeiro: Renovar, 2002. p. 212.
33. Os termos *consumível* e *inconsumível* devem ser entendidos não no sentido físico, e sim no sentido econômico-jurídico. Do ponto de vista físico, não existe nada no mundo que não se altere, não se deteriore, ou não se consuma com o uso. Não se duvida que a utilização mais ou menos prolongada acaba, mais cedo ou mais tarde, por consumir tudo quanto se encontra no planeta. Porém, juridicamente, bem consumível é apenas aquele que se destrói com o primeiro uso. O objetivo do legislador, com essa noção, é garantir que as coisas, mesmo após divididas, possam manter a destinação. Embora às vezes coincidam, não se pode confundir a fungibilidade com a consumibilidade, pois pode haver bem consumível infungível (manuscritos raros colocados à venda), e bem inconsumível fungível (utensílio doméstico, que pode ser substituído por outra da mesma marca, embora sendo

Um mesmo bem, a depender das circunstâncias do tempo e do lugar, e conforme a destinação que se lhe conferir, assumirá diferentes roupagens, sujeitando-se a distintas consequências jurídicas[34].

Então, a natureza da benfeitoria pode flutuar de voluptuária para útil, e de útil para necessária, dependendo da sua destinação. A troca da cabine do elevador pode ser: (i) necessária, caso a anterior esteja danificada, e o objetivo da troca seja viabilizar a continuidade do uso do elevador; (ii) útil, se a troca, não sendo essencial, melhore seu uso, com botões mais visíveis e sensíveis, portas com sensor a laser e mais rápidas, e melhor ventilação e iluminação; ou (iii) voluptuária, se a troca tiver objetivo de mero embelezamento.

A natureza da benfeitoria também pode se alterar dependendo do tempo e do lugar em que o prédio se situa, e, também, da sua destinação – residencial ou comercial. Na década de 70, a instalação de portões duplos na entrada do edifício poderia considerada um luxo tecnológico ou, no máximo, uma benfeitoria útil. Hoje, com a violência urbana, esses aparatos são aliados indispensáveis na busca de mais segurança.

Também não será surpresa se daqui a alguns anos a instalação de sistemas elétricos condominiais com fontes alternativas de energia deixará de ser apenas uma atitude politicamente correta para se transformar em verdadeira imposição ambiental, e como tal venha a ser uma benfeitoria não apenas útil, mas necessária.

Enfim, na ponderação entre os interesses do condomínio e do titular do direito ao uso exclusivo de uma parte comum, não se pode dar ao caso a solução simplista de vincular a revogação do uso exclusivo ao voto da unanimidade dos coproprietários. É preciso, no caso concreto, verificar se essa parte é necessária, útil ou voluptuária em relação à unidade autônoma; depois, impende saber, da mesma forma, a essencialidade da destinação que o condomínio pretende atribuir a ela.

Deste parâmetro decorrem consequências.

Em primeiro lugar, se o local não tiver qualquer utilidade para o condomínio – nem sequer voluptuária – não há que se cogitar da devolução compulsória. O STJ, no julgamento de um recurso que envolva a privatização de um final de corredor, seguiu esse princípio – utilidade para o condômino *versus* inutilidade para os demais – e permitiu que o proprietário do apartamento continuasse a ocupar o espaço. O acórdão também levou em conta a boa-fé do condômino, que fizera a ocupação, já antiga, pautado em deliberação (com quórum insuficiente) da assembleia geral[35]. Além disso, a retirada

---

inconsumível). Em suma: a fungibilidade indica possibilidade de substituição; enquanto a consumibilidade traz a ideia de não renovação.

34. Um exemplo da diferença de regulação pode ser encontrado no parágrafo primeiro do art. 1.392 do Código Civil. Após *caput* estipular que, salvo disposição em contrário, o usufruto estende-se aos acessórios da coisa e seus acrescidos, o parágrafo primeiro estabelece que, se, entre os acessórios e os acrescidos, houver coisas *consumíveis*, o usufrutuário, em razão da existência de tais bens, tem o dever de restituir, ao final do usufruto, as que ainda houver e, das outras, o equivalente em gênero, qualidade e quantidade, ou, não sendo possível, o seu valor, estimado ao tempo da restituição.
35. "CONDOMÍNIO. ÁREA COMUM. UTILIZAÇÃO EXCLUSIVA. USO PROLONGADO. AUTORIZAÇÃO DA ASSEMBLEIA CONDOMINIAL. PRINCÍPIO DA BOA-FÉ OBJETIVA. RAZÃO PONDERÁVEL. INOCORRÊN-

do uso exclusivo não pode ser fruto de retaliação. O condômino antissocial não pode sofrer, como punição, a perda, por exemplo, do uso exclusivo do terraço, a não ser que o comportamento tenha relação direta com a posse exclusiva do terraço.

Em segundo lugar, o condomínio não poderá exigir a retomada da área se a destinação que se lhe pretende dar for apenas voluptuária. Ainda que a parte comum tenha, para a unidade, uma utilidade também voluptuária, não haverá razão relevante o suficiente a ensejar a extinção do direito até então exercido pelo condômino.

Nessa linha, mesmo contando com a manifestação de vontade de todos os titulares restantes, ou seja, ainda que houvesse quórum suficiente para a mudança da convenção de condomínio, será abusiva a deliberação assemblear que, sem a anuência do condômino, determine a retomada. Pois em se tratando de destinação meramente voluptuária, não há por que prevalecer o interesse coletivo em detrimento do interesse individual.

Essa gradação – necessária, útil e voluptuária – comporta, na riqueza e na variedade das situações reais, uma série de sutilezas: embora duas partes comuns possam ser úteis, uma delas pode ser muito ou pouco útil, ou mais necessária, ou mais ou menos voluptuária do que a outra. Assim se passa na ponderação entre a utilidade da parte de uso exclusivo do condomínio e a destinação pretendida pelo condomínio: embora ambas sejam úteis, por exemplo, a utilidade em relação à unidade imobiliária pode ser consideravelmente maior do que a melhoria que essa área provocaria no uso da parte comum.

A coisa comum, para ser retomada, deve ser (consideravelmente) útil ou necessária. Na destinação meramente útil – adjetive-se: *pouco* útil – não poderá o condomínio ter de volta a parte cujo uso um dia foi concedido ao condômino em caráter exclusivo, salvo, como se viu, se o uso atribuído pelo condômino não cumprir sua função social.

Há, ainda, uma terceira consequência da aplicação da classificação das benfeitorias. Se para o lugar pleiteado pelo condomínio estiver projetado um uso comum de natureza útil – insista-se, muito útil, e aquela área tem, em relação à unidade imobiliária, uma utilidade voluptuária – ainda que relevante, a desvinculação será legítima. Se o prédio possuir uma garagem onde quase todas as vagas necessitam de manobreiro, e alguns apartamentos nem direito a vaga têm; e se a retomada de uma área no térreo que um determinado condômino utiliza como local de recreação – uma piscina e uma churrasqueira – mostrar-se como única solução arquitetônica para resolver o problema do

---

CIA. Detenção concedida pelo condomínio para que determinado condômino anexe à respectiva unidade, um fundo de corredor inútil para uso coletivo. Decorrido longo tempo e constatada a boa-fé, o condomínio, sem demonstrar fato novo, não pode retomar a área objeto da permissão" (STJ, REsp 325870, 3ª Turma, Rel. Min. Humberto Gomes de Barros, j. 14/06/2004). A decisão apoiou-se em dois outros precedentes: (i) "Área destinada a corredor, que perdeu sua finalidade com a alteração do projeto e veio a ser ocupada com exclusividade por alguns condôminos, com a concordância dos demais. Consolidada a situação há mais de vinte anos sobre área não indispensável à existência do condomínio, é de ser mantido o statu quo. Aplicação do princípio da boa-fé (suppressio)" (REsp 214.680, 4ª Turma. Rel. Min. Ruy Rosado de Aguiar, j. 10/08/1999); e (ii) "Diante das circunstâncias concretas dos autos, nos quais os proprietários de duas unidades condominiais fazem uso exclusivo de área de propriedade comum, que há mais de 30 anos só eram utilizadas pelos moradores das referidas unidades, pois eram os únicos com acesso ao local, e estavam autorizados por Assembleia condominial, tal situação deve ser mantida, por aplicação do princípio da boa-fé objetiva" (REsp 356.821, 3ª Turma. Rel. Min. Nancy Andrighi, j. 23/04/2002).

estacionamento, fazendo criar vagas novas e desbloqueando as já existentes – o que, nesse aspecto, favoreceria inclusive o condômino prejudicado pela retomada – o condomínio poderá exigir a devolução da área comum. A destinação *muito* útil prevalece sobre o uso voluptuário do comunheiro.

Finalmente, se a área for necessária em relação à unidade autônoma, e o condomínio quiser – ou melhor, precisar – atribuir a esse local uma destinação igualmente necessária, prevalecerá, diante dessa equivalência, o interesse da coletividade em detrimento do interesse individual do comunheiro. Essa situação ocorre quando, por exemplo, o apartamento possui a ele vinculado uma área de serviço, externa ao imóvel, com um tanque e um varal, que os moradores e seus empregados utilizam para lavar e secar as roupas da família. Porém, essa parte comum, de uso exclusivo e necessário em relação à unidade autônoma, veio a se tornar essencial para adequar o prédio a uma norma imposta pelo Corpo de Bombeiros. Embora a perda dessa área vá causar inegáveis transtornos ao condômino, não se poderia, em nome da funcionalidade ideal do apartamento, colocar em risco a segurança da edificação. Será, portanto, abusiva a conduta do proprietário que se negar a devolver o uso da área à coletividade.

Aliás, o legislador do Código Civil assim entendeu, quando, no artigo 1.285, previu o direito de passagem forçada em favor do imóvel encravado. Na ponderação entre o direito do primeiro proprietário de não dar passagem ao vizinho, e a *necessidade* deste de acessar a via pública, realiza-se um juízo de utilidade.[36]

Eis um quadro comparativo entre as diversas situações:

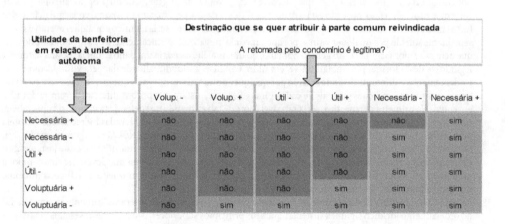

---

36. Vide o seguinte trecho de Luiz Edson Fachin: "Justifica-se esse direito pela necessidade do possuidor do prédio encravado: com efeito, haverá direito de passagem forçada, segundo o art. 1.285, quando o imóvel não tiver acesso à via pública, nascente ou porto. Não basta a simples comodidade, ou seja, que o acesso seja mais próximo pelo prédio vizinho. Servirá o prédio dominante o prédio que, a juízo de utilidade, mais facilmente a isso se prestar, observadas as condições naturais dos imóveis. O juízo é, pois, de utilidade; não se trata, assim, de apreciação de conforto. Útil, na hipótese, aproxima-se do indispensável, configurando-se como necessário". FACHIN, Luiz Edson. *Direitos de Vizinhança e o novo Código Civil brasileiro*. Revista Trimestral de Direito Civil, pp. 51-71, jan./mar. 2004. p. 63.

O quadro, sublinhe-se, é meramente ilustrativo, e não deve induzir o intérprete à sua aplicação desatenta e acrítica, sem o apego à riqueza dos casos concretos e à individualidade dos condôminos.[37]

4. O CRITÉRIO DA UTILIDADE EXISTENCIAL

A possibilidade de retomada da área condominial foi analisada acima pela lente da utilidade patrimonial. Resta analisar o segundo critério: o da utilidade existencial.

Em um sistema unitário, os princípios constitucionais oxigenam todas as áreas, e iluminam todos os institutos jurídicos, sem lugar para a dicotomia entre direito público e direito privado[38], e entre direitos reais e pessoais. Recusar a existência de um critério extrapatrimonial, na hipótese, seria negar a unidade do sistema[39].

Teresa Negreiros invoca o *paradigma da essencialidade* como ponto de partida para um novo enfoque da classificação dos bens, com reflexos no direito contratual, contribuindo para que as relações jurídicas privadas se tornem mais humanas, equilibradas, e menos centradas na autonomia privada. É imperioso distinguir os interesses existenciais dos meramente patrimoniais, de forma a construir um sistema jurídico voltado para a pessoa e suas necessidades básicas[40].

---

37. Maria Celina Bodin de Moraes, ao analisar o problema do dano moral, nos confere uma pista de como encarar o problema: "(...) hoje o pensamento dominante (...) pode ser assim resumido, como faz S CAVALIERI: ´ (...) provado que a vítima teve o seu nome aviltado, ou a sua imagem vilipendiada, nada mais ser-lhe-á exigido provar, por isso que o dano moral está in re apsa; decorre inexoravelmente da gravidade do próprio fato ofensivo, de sorte que, provado o fato, provado está o dano moral´. Esta ilação, porém, tem tido como consequência lógica (...) o entendimento subjacente de que o dano moral sofrido pela vítima seria idêntico a qualquer evento danoso semelhante sofrido por qualquer vítima, porque a medida, nesse caso, é unicamente, a da sensibilidade do juiz, que bem sabe, por fazer parte do gênero humano, quanto mal lhe causaria um dano daquela mesma natureza. Agindo-se desta forma, porém, ignora-se, em última análise, a individualidade daquela vítima, cujo dano, evidentemente, é diferente do dano sofrido por qualquer outra vítima, por mais que os eventos danosos sejam iguais, porque as condições pessoais de cada vítima diferem e, justamente porque diferem, devem ser levadas em conta. Na primeira perspectiva, seria razoável (porque talvez mais justo) defender a criação de uma tabela, um rol no qual seriam especificadas todas as espécies de danos morais consideradas merecedoras de tutela pelo ordenamento jurídico, ao lado das quantias a serem pagas por cada um deles. Já na segunda perspectiva, ao contrário, será preciso ajustar a indenização em conformidade com a pessoa da vítima, e é este justamente o problema maior da reparação do dano moral na atualidade: quais são os critérios que devem servir a compor a indenização?". BODIN DE MORAES, Maria Celina. *Danos à pessoa humana*: uma leitura civil-constitucional dos danos morais. Rio de Janeiro: Renovar, 2003. p. 160-162.
38. Segundo Maria Celina Bodin de Moraes, "acolher a construção da unidade (hierarquicamente sistematizada) do ordenamento jurídico significa sustentar que seus princípios superiores, isto é, os valores eleitos pela Constituição, estão presentes em todos os recantos do tecido normativo, resultando inaceitável, por consequência, a rígida contraposição direito público-direito privado. Os princípios e valores constitucionais devem se estender a todas as normas do ordenamento, sob pena de se admitir a concepção de um "mondo in frammenti", logicamente incompatível com a ideia de sistema unitário." MORAES, Maria Celina Bodin. *A caminho de um direito civil constitucional*. Revista de Direito Civil, Imobiliário, Agrário e Empresarial. São Paulo, n. 65, jul.-set. 1993. p. 24. Sobre a crise da separação entre direito público e direito privado, v. GIORGIANNI, Michele. *O direito privado e as suas atuais fronteiras* (1961). Trad. Maria Cristina de Cicco. Ed. RT, n. 747, 1998. p. 35-55.
39. Sobre a concepção de sistema jurídico, v. Claus-Wilhelm Canaris. *Pensamento Sistemático e Conceito de Sistema na Ciência do Direito*, trad. A. Menezes Cordeiro, Lisboa: Fundação Calouste Gulbenkian, 1989, especialmente p. 104 e ss.
40. NEGREIROS, Teresa. *Teoria do contrato*... ob. cit., p. 504.

O critério da utilidade dos bens, funcionalizado, deve considerar as necessidades existenciais, o que transforma a tripartição em bens *essenciais, úteis* e *supérfluos*[41]. O Código Civil, em regra, leva em conta apenas a destinação patrimonial, ao considerar a função que os bens desempenham entre si, sendo a pessoa considerada apenas indiretamente[42]. Há, entretanto, ao menos uma exceção: o bem de família[43].

O bem de família *voluntário* está previsto no artigo 1.711 do Código Civil. Os cônjuges, ou a entidade familiar, podem *destinar* parte de seu patrimônio para instituir bem de família, desde que não ultrapasse um terço do patrimônio líquido existente ao tempo da instituição.

O bem de família, para ser considerado como tal, deve consistir, alternativamente: (i) em prédio residencial urbano ou rural, destinado a domicílio familiar, podendo ser incluídos os seus acessórios e pertenças; ou (ii) em valores mobiliários, cuja renda será aplicada na conservação do imóvel e no sustento da família. Uma vez instituído o bem de família, incide a regra prevista no art. 1.715, que torna esse bem isento de execução por dívidas posteriores à sua instituição, salvo as que provierem de tributos relativos ao prédio, ou de despesas de condomínio. Por outro lado, o bem de família somente pode ser alienado após o consentimento dos interessados e seus representantes legais, e ouvido o Ministério Público, em procedimento judicial próprio.

Como se vê, a proteção ao bem de família voluntário, segundo a normativa do Código Civil, depende não apenas da vontade dos cônjuges ou da entidade familiar, mas também de uma formalidade, consistente na lavratura de um testamento ou de uma escritura pública[44] e seu respectivo registro, conforme prevê o artigo 1.711.

Essa espécie de bem de família, se possuía certa relevância na época em que o projeto do Código Civil foi concebido, já nasceu, em 2002, de certa forma anacrônica[45], pois a Lei nº 8.009/90, doze anos antes, trouxe para o ordenamento o bem de família legal, cujas regras básicas são as seguintes: (i) o imóvel residencial próprio do casal, ou da entidade familiar[46] é impenhorável e não responde, salvo em alguns casos arrolados na própria

---

41. NEGREIROS, Teresa. *Teoria do contrato...* ob. cit., p. 50.
42. A autora, retornando à análise da piscina, observa: "Neste contexto, voltando ao exemplo da casa, pergunta-se: e uma piscina destinada à prática de exercícios necessários à conservação da saúde de um deficiente físico que habite a casa, como deveria ser classificada? Sob a perspectiva patrimonialista que rege a matéria no Código Civil, ainda assim esta piscina, porque está sendo classificada em relação a outro bem (bens reciprocamente considerados – este é o ponto de vista), parece permanecer enquadrada como voluptuária. Qualifica-se em atenção à função socioeconômica da casa – servir de residência -, desconsiderando-se as condições concretas da pessoa que nela reside". NEGREIROS, Teresa. *Teoria do contrato...* ob. cit., p. 426.
43. Na verdade, esse instituto já integrava o ordenamento jurídico brasileiro desde o Código Civil de 1916, que posteriormente contou com as regras adicionais trazidas pelo Decreto-lei 3.200/41, este último alterado pelas Leis 2.514/55 e 6.742/79.
44. Exceção feita aos imóveis cujo valor não exceda trinta vezes o maior salário-mínimo vigente no País (Código Civil, art. 108).
45. Na feliz expressão de Teresa Negreiros, o bem de família voluntário, com o advento da Lei 8.009/90, tornou-se uma espécie de "fóssil jurídico" (*Teoria do contrato...* ob. cit., p. 433).
46. Independente de manifestação de vontade prévia do casal ou da entidade familiar, ou de qualquer formalidade, como ocorre com o bem de família voluntário.

lei,[47] por dívidas civil, comercial, fiscal, previdenciária ou de outra natureza, contraída pelos cônjuges ou pelos pais ou filhos que sejam seus proprietários e nele residam; (ii) a lei considera como residência um único imóvel utilizado pelo casal ou pela entidade familiar para moradia permanente; (iii) quando a residência familiar constitui-se em imóvel rural, a impenhorabilidade restringe-se à sede de moradia, com os respectivos bens móveis, e, nos caso da pequena propriedade rural trabalhada pela família, à área limitada como tal; (iv) a impenhorabilidade, que pode ser alegada em qualquer processo de execução, compreende o imóvel sobre o qual se assentam a construção, as plantações, as benfeitorias de qualquer natureza e todos os equipamentos, inclusive os de uso profissional, ou móveis que guarnecem a casa, desde que quitados, com exceção dos veículos de transporte, obras de arte e adornos suntuosos, que podem ser penhorados; (v) se o casal, ou a entidade familiar, tiver vários imóveis utilizados como residência, a impenhorabilidade recairá sobre o de menor valor, salvo se outro tiver sido eleito como bem de família voluntário; (vi) se o imóvel não for próprio do casal ou da entidade familiar, e sim alugado[48], a impenhorabilidade aplica-se aos bens móveis quitados que guarneçam a residência e que sejam de propriedade do locatário; e (vii) a lei não protege quem, sabendo-se insolvente, adquire de má-fé imóvel mais valioso para transferir a residência familiar, desfazendo-se ou não da moradia antiga; nessa hipótese, o juiz pode transferir a impenhorabilidade para a moradia familiar anterior, ou anular a venda, determinando a penhora do imóvel mais valioso.

O bem de família do Código Civil foi concebido ainda na década de 70, época do anteprojeto, e basicamente repetiu o modelo do Código de 1916. Por isso, o bem de família da Lei 8.009/90, apesar de estar há mais tempo em vigor, é um modelo mais recente.

O mais interessante de se notar, na comparação entre os dois tipos, é que o modelo codicista condicionava a proteção da família a uma manifestação de vontade dos cônjuges ou da entidade familiar[49], enquanto a Lei especial claramente privilegiou os interesses extrapatrimoniais; ela expandiu e flexibilizou o conteúdo do instituto, que objetiva

---

47. O bem de família pode ser penhorado nos processos movidos: (a) em razão dos créditos de trabalhadores da própria residência e das respectivas contribuições previdenciárias; (b) pelo titular do crédito decorrente do financiamento destinado à construção ou à aquisição do imóvel, no limite dos créditos e acréscimos constituídos em função do respectivo contrato; (c) pelo credor de pensão alimentícia; (d) para cobrança de impostos, predial ou territorial, taxas e contribuições devidas em função do imóvel familiar; (e) para execução de hipoteca sobre o imóvel oferecido como garantia real pelo casal ou pela entidade familiar; (f) por ter sido adquirido com produto de crime ou para execução de sentença penal condenatória a ressarcimento, indenização ou perdimento de bens; e (g) por obrigação decorrente de fiança concedida em contrato de locação. Esta última hipótese, trazida pela Lei 8.245/91 – Lei do Inquilinato – teve a sua constitucionalidade questionada em ações ao redor do país. No Supremo Tribunal Federal, o Ministro Carlos Velloso chegou, em decisão monocrática proferida no Recurso Extraordinário 352.940, a declarar a inconstitucionalidade do art. 3º, VII, da Lei 8.009/90, mas o plenário, no julgamento do Recurso Extraordinário 407.688, em que foi relator o Ministro Cezar Peluso, considerou, por sete votos a três, o referido inciso constitucional, ficando vencidos os Ministros Eros Grau, Carlos Britto e Celso de Mello).
48. Embora a lei refira-se à locação, a proteção, a nosso ver, deve ser estendida a outras hipóteses de ocupação do imóvel, como o comodato.
49. Se bem que no regime de 1916, esta proteção se restringia ainda mais, já que dependia da vontade do "chefe de família" (art. 70).

proteger não apenas a moradia, mas também a satisfação das necessidades básicas das pessoas que habitam no imóvel, como se infere de diversos acórdãos do STJ.

No primeiro acórdão, a Corte Especial enfrentou a questão de saber que bens se incluiriam no conceito de adornos suntuosos, por serem tais objetos penhoráveis (art. 2º da Lei 8.009/09). Após destacar que a lei "foi concebida para garantir a dignidade e funcionalidade do lar", e que "não foi propósito do legislador, permitir que o pródigo e o devedor contumaz se locupletem, tripudiando sobre seus credores", decidiu que "se a residência é guarnecida com vários utilitários da mesma espécie, a impenhorabilidade cobre apenas aqueles necessários ao funcionamento do lar". Assim, "os que excederem o limite da necessidade podem ser objeto de constrição"; e que, portanto, "se existem, na residência, vários aparelhos de televisão, a impenhorabilidade protege apenas um deles"[50].

Sublinhe-se que o acórdão exclui da noção de suntuosos os bens que não forem "necessários ao funcionamento do lar", ou seja, aqueles que "excederem o limite da necessidade". Daqui se extrai que a interpretação conferida à expressão *adorno suntuoso*, não traz a noção de bem de valor elevado, considerado em si mesmo, mas sim em relação à sua *destinação*, à função que ele desempenha no lar e em relação às *pessoas* que o habitam, e não em relação a outros *bens*, como ocorre na classificação das benfeitorias antes analisada[51].

Em outro acórdão, também envolvendo uma televisão, o Ministro Garcia Vieira afirmou ser ela "um bem necessário à vida familiar, não só para o lazer, como também como informação e instrução". Nesse mesmo julgamento, concluiu que "a máquina de lavar, o ventilador e o aparelho de ar condicionado são também necessários à vida familiar e não podem ser considerados como adornos suntuosos".[52]

Denota-se, por outro lado, certo maniqueísmo nesses julgados: o que não é necessário, então deve ser considerado suntuoso. Porém, desde então a jurisprudência do STJ poliu a classificação, e passou a entender que o fato de não ser indispensável à moradia

---

50. STJ. Corte Especial. Recurso Especial 102.000-SP. Rel. Min. Humberto Gomes de Barros. Julgado em 01/06/1997.
51. Mostra disso é o acórdão relatado pelo Ministro Sálvio de Figueiredo Teixeira, no qual se apreciou a penhorabilidade de um teclado musical utilizado por uma filha de um executado em detrimento dos interesses creditórios do banco exeqüente. Consta da ementa: "Não obstante noticiem os autos não ser ele utilizado como atividade profissional, mas apenas como instrumento de aprendizagem de uma das filhas do executado, parece-me mais razoável que, em uma sociedade marcadamente violenta como a atual, seja valorizada a conduta dos que se dedicam aos instrumentos musicais, sobretudo quando sem o objetivo do lucro, por tudo que a música representa, notadamente em um lar e na formação dos filhos, a dispensar maiores considerações. Ademais, não seria um mero teclado musical que iria contribuir para o equilíbrio das finanças de um banco.". STJ. 4ª Turma. Recurso Especial 218882/SP. Rel. Min. Sálvio de Figueiredo Teixeira. Julgado em 02/09/1999. No mesmo sentido: "PROCESSUAL CIVIL - EMBARGOS À EXECUÇÃO - PENHORA - TV - PIANO - BEM DE FAMÍLIA - LEI 8.009/90 - ART. 649, VI, CPC. I - A Lei 8.009/90 fez impenhoráveis, além do imóvel residencial próprio da entidade familiar, os equipamentos e móveis que o guarneçam, excluindo veículos de transporte, objetos de arte e adornos suntuosos. O favor compreende o que usualmente se mantém em uma residência e não apenas o indispensável para fazê-la habitável, devendo, pois, em regra, ser reputado insuscetível de penhora aparelho de televisão. II - In casu, não se verifica exorbitância ou suntuosidade do instrumento musical (piano), sendo indispensável ao estudo e futuro trabalho das filhas da Embargante. III - Recurso conhecido e provido". STJ. 3ª Turma. Recurso Especial 207.762/SP. Rel. Min. Waldemar Zveiter. Julgado em 27/03/2000).
52. STJ. 1ª Turma. Recurso Especial 118205/SP. Rel. Min. Garcia Vieira. Julgado em 03/03/1998.

não faz do aparelho de ar-condicionado um bem suntuoso[53], sendo "impenhoráveis os aparelhos de ar condicionado que guarnecem a residência dos ora recorridos, uma vez que, apesar de não serem indispensáveis à moradia, usualmente são mantidos em um lar, não sendo considerados objetos de luxo ou adornos suntuosos". Essa é uma escala, correta, dos bens que guarnecem a casa: necessários (ou melhor, essenciais), úteis e suntuosos (ou supérfluos), os dois primeiros protegidos pela redoma da impenhorabilidade, e o último não.

Não apenas isso. A noção de bem de família, também no que diz respeito ao imóvel em si considerado, vem se alargando progressivamente, especialmente após o advento da EC nº 26/2000, que incluiu no rol dos direitos sociais previstos no art. 6º da Constituição Federal o direito à moradia. A interpretação literal do artigo 1º da Lei 8.009/90 leva a crer que tão somente o "imóvel residencial próprio do casal, ou da entidade familiar" é impenhorável. Contudo, o mesmo STJ, em diversas oportunidades[54], decidiu que merecem igual proteção: (i) o imóvel em que reside uma única pessoa, independentemente de seu estado civil – solteira, separada, divorciada ou viúva[55]; (ii) o imóvel que, mesmo não sendo habitado pelo casal ou pela entidade familiar, está alugado para terceiros, e dele a família retira o aluguel para a sua subsistência[56]; e (iii) o imóvel em que residam

---

53. PROCESSUAL CIVIL. EXECUÇÃO FISCAL. BEM DE FAMÍLIA. APARELHO DE AR CONDICIONADO. IMPENHORABILIDADE. LEI 8.009/90. 1. É impenhorável o imóvel residencial caracterizado como bem de família, bem como os móveis que guarnecem a casa, nos termos do artigo 1.º, e seu parágrafo único, da Lei 8.009, de 25 de março de 1990. Precedentes: AgRg no AG 822.465/RJ, Rel. Min. José Delgado, DJU de 10/05/2007; REsp 277.976/RJ, Rel. Min. Humberto Gomes de Barros, DJU de 08/03/2005; REsp 691.729/SC, Rel. Min. Franciulli Netto, DJU de 25/04/2005; e REsp 300.411/MG, Rel. Min. Eliana Calmon, DJU de 06/10/2003. 2. O artigo 2.º da mencionada Lei, que dispõe sobre a impenhorabilidade do bem de família, aponta os bens que devem ser excluídos da impenhorabilidade, quais sejam: veículos de transporte, obras de arte e adornos suntuosos. 3. In casu, os bens de propriedade dos recorridos, sob os quais externa o exeqüente a pretensão de fazer recair a penhora (aparelhos de ar condicionado), não se enquadram em nenhuma das hipóteses previstas no referido dispositivo, pelo que não há falar em ofensa ou negativa de vigência a lei federal. 4. Recurso especial a que se nega provimento. STJ. 1ª Turma. Recurso Especial 836.576/MS. Rel. Min. Luiz Fux. Julgado em 20/11/2007.
54. Sobre interpretação teleológica e interpretação axiológica, v. LARENZ, Karl. *Metodologia da ciência do direito*. 6. ed. Lisboa: Fundação Calouste Gulbenkian, 1988. p. 471 e ss.; ENGISCH, Karl, *Introdução ao Pensamento Jurídico*. Trad. J. Baptista Machado. 6. ed. Lisboa: Fundação Calouste Gulbenkian, 1988. p. 115 e ss.; e PERLINGIERI, Pietro, *Perfis*... Ob. cit., p. 71 e ss.
55. "CIVIL - IMÓVEL - IMPENHORABILIDADE - A Lei 8.009/90, o art. 1º precisa ser interpretada consoante o sentido social do texto. Estabelece limitação à regra draconiana de o patrimônio do devedor responder por suas obrigações patrimoniais. O incentivo à casa própria busca proteger as pessoas, garantido-lhes o lugar para morar. Família, no contexto, significa instituição social de pessoas que se agrupam, normalmente por laços de casamento, união estável, ou descendência. Não se olvidem ainda os ascendentes. Seja o parentesco civil, ou natural. Compreende ainda a família substitutiva. Nessa linha, conservada a teleologia da norma, o solteiro deve receber o mesmo tratamento. Também o celibatário é digno dessa proteção. E mais. Também o viúvo, ainda que seus descendentes hajam constituído outras famílias, e como, normalmente acontece, passam a residir em outras casas. "Data venia", a Lei 8.009/90 não está dirigida a número de pessoas. Ao contrário - à pessoa. Solteira, casada, viúva, desquitada, divorciada, pouco importa. O sentido social da norma busca garantir um teto para cada pessoa. Só essa finalidade, "data venia", põe sobre a mesa a exata extensão da lei. Caso contrário, sacrificar-se-á a interpretação teleológica para prevalecer a insuficiente interpretação literal". STJ. 6ª Turma. Recurso Especial 182223/SP. Rel. Min. Luiz Vicente Cernicchiaro. Julgado em 19/08/1999).
56. "BEM DE FAMÍLIA. IMÓVEL LOCADO. IRRELEVÂNCIA. ÚNICO BEM DA DEVEDORA. RENDA UTILIZADA PARA A SUBSISTÊNCIA DA FAMÍLIA. INCIDÊNCIA DA LEI 8.009/90. ART. 1º. TELEOLOGIA. CIRCUNSTÂNCIAS DA CAUSA. PRECEDENTE DA TURMA. RECURSO DESACOLHIDO. I - Contendo

os ascendentes ou descendentes do devedor, desde que o imóvel não possua tamanho suficiente para abrigar toda a família[57].

A importância de se invocar o bem de família é evidenciar o enfoque da destinação existencial, que faz da pessoa, e não de outro bem, o foco, o eixo, o ponto de referência para a classificação, no condomínio edilício, das partes comuns de uso exclusivo. O critério da utilidade existencial não surge do nada; o próprio sistema revela que esse parâmetro não é inédito[58], e se fundamenta na Constituição Federal, que instituiu uma cláusula geral de tutela e promoção da pessoa humana e sua dignidade.

As utilidades patrimonial e existencial não são opostos; muito pelo contrário, a primeira, aferida segundo a classificação dos bens, deve servir de ponto de partida para a classificação das partes comuns de uso exclusivo disputadas entre o condomínio e o proprietário.

O condomínio edilício – assim como o contrato e a propriedade – deve ser interpretado conforme os valores vigentes no ordenamento, que colocam as situações jurídicas existenciais em primeiro lugar. Daí que a classificação das partes comuns segundo apenas o sistema tradicional é insuficiente. Na atual ordem constitucional, a preferência é da pessoa, e não do patrimônio considerado em si mesmo.

Da mesma forma que o paradigma da essencialidade diferencia os contratos com base na destinação existencial do bem[59], pode esse critério, que classifica os bens em essenciais, úteis e supérfluos, ser utilizado para orientar a identificação das situações em que estará presente o abuso do direito.

Portanto, o titular do uso da parte comum condominial terá maior ou menor tutela – leia-se, direito de mantê-la ou de reivindicar seu uso privativo – de acordo com o grau de utilidade existencial a ela atribuída.

---

a Lei n. 8.009/90 comando normativo que restringe princípio geral do direito das obrigações, segundo o qual o patrimônio do devedor responde pelas suas dívidas, sua interpretação deve ser sempre pautada pela finalidade que a norteia, a levar em linha de consideração as circunstâncias concretas de cada caso. II - Dentro de uma interpretação teleológica e valorativa, calcada inclusive na teoria tridimensional do Direito-fato, valor e norma (Miguel Reale), faz jus aos benefícios da Lei 8.009/90 o devedor que, mesmo não residindo no único imóvel que lhe pertence, utiliza o valor obtido com a locação desse bem como complemento da renda familiar, considerando que o objetivo da norma foi observado, a saber, o de garantir a moradia familiar ou a subsistência da família. STJ. 4ª Turma. Recurso Especial 159213/ES. Rel. Min. Sálvio de Figueiredo Teixeira. Julgado em 20/04/1999.

57. "CIVIL. BEM DE FAMÍLIA. O prédio habitado pela mãe e pela avó do proprietário, cujas dimensões (48,00 m2) são insuficientes para também abrigar sua pequena família (ele, a mulher e os filhos), que reside em imóvel alugado, é impenhorável nos termos da Lei 8.009, de 1990. Recurso especial conhecido e provido. STJ. 3ª Turma. Recurso Especial 186210/PR. Rel. Min. Ari Pargendler. Julgado em 20/09/2001)."

58. Outro exemplo de que o ordenamento, em outras situações, leva em conta a essencialidade do bem, para estabelecer o regime jurídico a ser observado, está na Lei 9.472/97 (Lei Geral de Telecomunicações). Os serviços de telecomunicação por ela regulados são divididos em dois regimes, público e privado, e no regime público, depreende-se do teor do art. 65, § 1º ("Não serão deixadas à exploração apenas em regime privado as modalidades de serviço de interesse coletivo que, sendo essenciais, estejam sujeitas a deveres de universalização") uma subdivisão, em serviços essenciais e não-essenciais. Essa hierarquização determina que a intervenção do Poder Público será maior conforme a publicidade e a essencialidade dos serviços prestados.

59. NEGREIROS, Teresa. *Teoria do contrato...* ob. cit., p. 450.

Em se tratando de investigar a ocorrência de abuso do direito no âmbito condominial, vê-se que é perfeitamente possível a adoção do critério da utilidade existencial, em conjunto com a utilidade patrimonial. Mas, afinal, que situações concretas permitiriam a aplicação desse critério?

Imagine-se uma situação hipotética. É lícito ao instituidor de um condomínio de casas, construído sobre um grande terreno, vincular um espaço de propriedade comum, de 600m², ao uso exclusivo de uma das casas, tendo o condômino titular da casa construído, na área de uso exclusivo, com recursos próprios, uma quadra de tênis. 20 anos se passam, e a administração do condomínio, em contato com a Prefeitura local, pretende alugar o espaço – de propriedade comum – ao Município, para que ali se construa uma escola pública. Convocada a assembleia, todos os condôminos, menos o titular do direito ao uso exclusivo da área, aprovam a nova destinação. A deliberação assemblear é válida?

Há quem se insurja, *a priori*, contra a unanimidade[60]. Porém, a unanimidade, especialmente quando expressamente prevista em lei, e se tratar de direito de uso exclusivo de um condômino, deve, em regra, prevalecer. É direito do condômino votar contrariamente à vontade da maioria. Aliás, se o direito não existisse, e o ato fosse ilícito, não haveria razão para discutir seu exercício abusivo. O abuso do direito tem como vocação maior justamente a sua aplicação naqueles casos em que o direito, embora revestido de aparente licitude, é exercido, independente da presença de culpa ou dolo, além dos limites a ele impostos pela boa-fé, pelos bons costumes ou pelo seu fim econômico ou social.

O artigo 227 da Constituição Federal atribui à família, à sociedade e ao Estado o dever de assegurar, com absoluta prioridade, dentre outros, o direito à educação. Se a área abrigará uma escola pública, servindo para a promoção de um direito fundamental, a sua destinação deve ser tida como essencial. E como tal, forçoso será concluir que a retomada pelo condomínio será legítima, mediante compensação, e abusivo o exercício do direito pelo condômino que votar contra a devolução da área.

Estando em jogo um interesse público – a construção de uma escola municipal – parece legítima a aplicação, por analogia, dos artigos 1.277 e 1.278 do Código Civil. O primeiro deles confere ao proprietário ou possuidor o direito de fazer cessar as interferências prejudiciais advindas do imóvel vizinho. O artigo seguinte, a seu turno, exclui esse direito "quando as interferências forem justificadas por interesse público, caso em que o proprietário, ou possuidor, causador delas, pagará ao vizinho indenização cabal".

---

60. Eis o que diz o autor: "a exigência de unanimidade ignora o natural anseio do ser humano pelo progresso e pela evolução e, ao contrário disso, dá abrigo aos pusilânimes, agasalha interesses subalternos, propicia meios para proteção de interesses ilegítimos posto que aparentemente tutelados pelo direito. A unanimidade incentiva os oportunistas, os mais frios, os aproveitadores. A ideia de unanimidade lembra subserviência incondicional, a negativa da coexistência dos contrários, o absolutismo e o totalitarismo que deveriam, de há muito, ter sido extirpados das sociedades organizadas". AVVAD, Pedro Elias. *Condomínio em Edificações no Novo Código Civil*. Rio de Janeiro: Renovar, 2004. p. 177. Como o próprio autor bem lembra, o quórum de 2/3 para a demolição do prédio em ruínas, dispensando a unanimidade, foi trazido pela lei 6.709/79, que alterou o art. 17 da Lei 4.591/64, e o seu projeto foi impulsionado como reação à situação de um proprietário de um prédio em situação calamitosa na Av. Atlântica, em Copacabana, Rio de Janeiro, que sem justo motivo se recusava a consentir com a demolição do edifício.

Esse mesmo exemplo mostra a insuficiência de se analisar o caso sob a ótica meramente patrimonialista, pelo qual o novo uso da área – escola pública – seria considerado apenas útil, tendo em vista a sua função em relação às demais partes comuns do condomínio, e como tal não autorizaria a retomada. Os dois critérios – patrimonial e existencial – devem, por isso mesmo, caminhar de mãos dadas.

Finalmente, se uma área do condomínio é de uso comum, não há razão ordinária para o condômino exigir seu uso exclusivo. Entretanto, excepcionalmente, a privatização compulsória do uso pode se justificar.

Imagine uma garagem sem vagas determinadas. Todos têm direito a parar em qualquer delas. Se, porém, um dos moradores necessita de espaço para acessar o veículo com sua cadeira de rodas, e somente uma vaga tem o espaço mínimo, nada mais lógico e razoável do que garantir-lhe o direito de utilizar tal vaga com exclusividade.

Para a resolução desses casos, apurando-se a ocorrência de abuso do direito por parte do condômino ou do condomínio, os critérios da utilidade patrimonial e existencial, e seus respectivos fundamentos, aplicam-se igualmente.

5. DEVER DE INDENIZAR

Vimos que há situações em que o uso exclusivo de uma parte comum do condomínio pode ser por ele retomada ou privatizada a depender das circunstâncias do caso concreto, isto é, da destinação dada à área pelo condômino ou pelo consorte, e daquela que eles pretendam dar a ela. Mas qual seria a consequência?

Se o uso exclusivo a que o coproprietário fazia jus era legítimo, e se a perda desse privilégio implica a desvalorização da unidade imobiliária, então caberá ao condomínio indenizar esse prejuízo. O valor de mercado de um imóvel em condomínio leva em conta não apenas as características particulares do bem – tamanho, localização, acabamentos, idade. Também são consideradas as partes comuns de uso comum (fachada, portaria, áreas de lazer, entre outros) e as partes de uso exclusivo dessa unidade. Um apartamento com direito a duas vagas na garagem vale mais do que um imóvel que só tenha direito ao uso exclusivo de uma. Então, se o imóvel, em caráter excepcional, é despojado de um desses direitos, geralmente há impacto econômico a ser compensado.

Além disso, o condômino também terá direito a ser indenizado pelas benfeitorias que realizou na parte comum de uso exclusivo retomada. A solução em cada hipótese deve ser dada pela natureza da posse exercida pelo condômino: se de boa-fé, aplicar-se-á o disposto no art. 1.219 do Código Civil, cabendo, direito à indenização pelas benfeitorias necessárias e úteis que realizou no local que usava com exclusividade. Em relação a elas, o condômino terá ainda direito de retenção, o que significa que o condomínio só adquirirá a posse efetiva da área depois de pagar o valor correspondente à indenização pelas benfeitorias. Quanto às benfeitorias voluptuárias, o condômino tem o chamado *jus tollendi*, consubstanciado no direito de levantá-las.

Se, porém, o condomínio realizou as obras após decisão da assembleia geral que deliberou pela retomada da área, o condômino somente terá direito a ser indenizado pelas benfeitorias necessárias, e mesmo assim não terá, quanto a elas, direito de retenção.

Por fim, na hipótese de privatização compulsória do uso, incide o disposto no artigo 1.340 do Código Civil: as despesas relativas a partes comuns de uso exclusivo de um condômino, ou de alguns deles, incumbem a quem delas se serve. Com isso, caberá ao condômino não apenas zelar pela conservação específica dessa área, como também arcar com suas despesas.

6. CONCLUSÃO

A caracterização do abuso do direito, na seara condominial, deve considerar a função social da propriedade, que constitui um limite interno à propriedade horizontal. Se e enquanto cumprir a sua função social é que a unidade imobiliária do condômino, e seu eventual direito ao uso exclusivo de uma área de propriedade comum, serão tutelados.[61]

A unanimidade de votos, em regra necessária à concessão e retomada de partes comuns, comporta exceções, quando caracterizado exercício abusivo do direito.

Para se saber quando o condomínio poderá exigir a devolução de uma parte comum de uso exclusivo, surge o critério da utilidade, que possui duas vertentes: patrimonial e existencial.

A utilidade patrimonial considera a utilidade da área em relação à unidade autônoma do condômino *versus* sua utilidade para o condomínio: quanto mais essencial para o condomínio e supérflua para o titular da unidade, maior a probabilidade de que, no caso concreto, a retomada possa ocorrer.

O critério da utilidade existencial, a seu turno, considera a essencialidade daquela parte comum em relação à *pessoa* que a utiliza com exclusividade, considerando-se também as *pessoas* dos demais coproprietários. Para quem aquela área é ou será mais essencial, e para quem será apenas útil ou supérflua?

Os dois critérios devem ser aplicados simultaneamente, com prevalência, caso levem a soluções distintas, do critério da utilidade existencial, por ser este que privilegia a situação extrapatrimonial, a pessoa, que hoje ocupa o vértice do ordenamento jurídico.

As situações abusivas em que os condôminos se envolvem, ou provocam, podem afivelar uma quantidade de máscaras que varia numa escala rumo ao infinito, muito além

---

61. Conforme destaca Vladimir Mucury Cardoso: "Enfim, numa visão civil-constitucional, os valores que inspiram o ordenamento jurídico, e cuja violação no exercício de um direito caracteriza o abuso, devem ser buscados na tábua axiológica insculpida na Constituição, logo, no ápice do ordenamento jurídico. Nessa perspectiva, destaca-se a necessidade de respeito aos interesses existenciais que se encontrem em jogo numa determinada situação jurídica, na qual se insira o direito que se pretende exercer. A inobservância desses interesses, no exercício do direito, ocasiona o desmerecimento de tutela do ato, que se tornará ilegítimo por configurar abuso do direito". CARDOSO, Vladimir Mucury. O abuso do direito na perspectiva civil-constitucional. In: *Princípios do direito civil contemporâneo*. (Coord.). BODIN DE MORAES, Maria Celina. Rio de Janeiro: Renovar, 2006. p. 89.

da criatividade do intérprete; contudo, a função social da propriedade mostra-se um critério objetivo, racionalmente comprovável, apto a identificar e controlar tais situações.

A propriedade condominial, funcionalizada[62], deve, então, servir como instrumento de tutela e promoção da dignidade da pessoa humana, valor máximo do ordenamento[63], que através dos seus quatro substratos – igualdade, liberdade, integridade psicofísica e solidariedade[64] – convoca todos à construção de um condomínio constitucionalizado, onde a pessoa seja o ponto de referência objetivo.

O condomínio edilício não deve ser o palco da concorrência entre indivíduos isolados, perseguindo projetos pessoais antagônicos, mas sim um espaço onde o individualismo ceda lugar ao diálogo e à cooperação. Esse instituto tão relevante, que integra o cotidiano de uma considerável parcela da população urbana, não pode ficar imune aos novos paradigmas do Direito Civil, e precisa ser relido à luz dos atuais valores, pavimentando-se a estrada para a concretização do projeto constitucional[65]. As bases estão construídas. Sigamos em frente.

7. REFERÊNCIAS

ABELHA, André. *Abuso do direito no condomínio edilício*. Porto Alegre: Sergio Fabris, 2008.

BODIN DE MORAES, Maria Celina. A caminho de um direito civil constitucional. *Revista de Direito Civil, Imobiliário, Agrário e Empresarial*, São Paulo, n. 65, p. 21-32, jul.-set. 1993.

BODIN DE MORAES, Maria Celina. *Danos à pessoa humana*: uma leitura civil-constitucional dos danos morais. Rio de Janeiro: Renovar, 2003.

CARDOSO, Vladimir Mucury. O abuso do direito na perpectiva civil-constitucional. In: BODIN DE MORAES, Maria Celina (Coord.). *Princípios do direito civil contemporâneo*. Rio de Janeiro: Renovar, 2006. p. 61-109.

CHALHUB, Melhim Namem. *Direitos reais*. 2. ed. São Paulo: Ed. RT, 2014.

CHALHUB, Melhim; ABELHA, André. *Projetos de retrofit e conversão de uso em condomínios pulverizados*: como superar o desafio da unanimidade? Disponível em https://www.migalhas.com.br/arquivos/2021/7/567D1974B8E7F7_edilicias.pdf. Acesso em 17.07.2023.

---

62. A propriedade sob o prisma constitucional, funcionalizada, deve atender ao critério da utilidade patrimonial, e principalmente ao da utilidade existencial, sendo "constitucionalmente ilegítimo não apenas o estatuto proprietário que concede ao titular poderes supérfluos ou contraproducentes em face do interesse (constitucionalmente) perseguido, como também o estatuto que deixa de conceder ao proprietário os poderes necessários para a persecução do mesmo interesse" (TEPEDINO, Gustavo José Mendes. *Contornos...* Ob. cit., p. 328).

63. "A pessoa, e não o patrimônio, é o centro do sistema jurídico, de modo que se possibilite a mais ampla tutela da pessoa, em uma perspectiva solidarista que se afasta do individualismo que condena o homem à abstração". FACHIN, Luiz Edson. Estatuto jurídico do patrimônio mínimo. 2. ed. Rio de Janeiro: Renovar, 2006. p. 42.

64. Conforme indaga Maria Celina Bodin de Moraes, "Como seria possível obrigar alguém a ser solidário? Não seria o mesmo que querer exigir o sentimento de fraternidade entre as pessoas? A dificuldade está unicamente em se continuar atribuindo à solidariedade um caráter essencialmente beneficente. Não se quer exigir que alguém sinta algo de bom pelo outro; apenas que se comporte como se assim fosse". *Danos à Pessoa Humana...*, ob. cit., p. 115-116.

65. A Constituição, quando estabelece como um dos objetivos fundamentais da República a construção de uma sociedade livre, justa e solidária, não se limita a fixar uma diretriz política sem nenhuma eficácia normativa; ela expressa um princípio que, não obstante a sua abertura, é dotado de eficácia imediata entre os particulares, e que atua como um potente farol de interpretação, capaz de preencher axiologicamente o conteúdo da propriedade condominial, funcionalizando-a e revelando o abuso do direito, sempre que ele ocorrer (SARMENTO, Daniel. *Direitos fundamentais e relações privadas*. Rio de Janeiro: Lúmen Júris, 2004. p. 338).

ENGISCH, Karl, *Introdução ao Pensamento Jurídico*. 6. ed. Trad. J. Baptista Machado. Lisboa: Fundação Calouste Gulbenkian, 1988.

FACHIN, Luiz Edson. Direitos de Vizinhança e o novo Código Civil brasileiro. *Revista Trimestral de Direito Civil*, pp. 51-71, jan./mar. 2004.

FACHIN, Luiz Edson. *Estatuto jurídico do patrimônio mínimo*. 2. ed. Rio de Janeiro: Renovar, 2006.

FERREIRA, Keila Pacheco. *Abuso do direito nas relações obrigacionais*. Belo Horizonte: Del Rey, 2007.

FRANCO, J. Nascimento. *Condomínio*. São Paulo: Ed. RT, 2005.

GIORGIANNI, Michele. O direito privado e as suas atuais fronteiras (1961). Trad. Maria Cristina de Cicco. *Revista dos Tribunais*, n. 747, pp. 35-55, 1998.

GRAU, Eros Roberto. *A ordem econômica na Constituição de 1988*. 2. ed. São Paulo: Malheiros, 2001.

LARENZ, Karl. *Metodologia da ciência do direito*. 6. ed. Lisboa: Fundação Calouste Gulbenkian, 1988.

LAUTENSCHLÄGER, Milton Flavio de Almeida Camargo. *Abuso do direito*. São Paulo: Atlas, 2007.

LOPES, João Batista. *Condomínio*. 8. ed. Rio de Janeiro: Ed. RT, 2003.

LOUREIRO, Francisco Eduardo. *A propriedade como relação jurídica complexa*. Rio de Janeiro: Renovar, 2003.

MARTINS-COSTA, Judith. *A boa-fé no direito privado*. São Paulo: Ed. RT, 1999.

NEGREIROS, Teresa. *Teoria do contrato*: novos paradigmas. Rio de Janeiro: Renovar, 2002.

OLIVA, Milena Donato. Condomínio e subjetividade. In: TEPEDINO, Gustavo e FACHIN, Luiz Edson (Coord.). *Diálogos sobre direito civil*. Rio de Janeiro: Ed. Renovar, 2008. v. II. p. 61-98.

PERLINGIERI, Pietro. *Introduzione alla problematica della 'proprietà*. Napoli, Jovene, 1970.

PERLINGIERI, Pietro. *Perfis do Direito Civil*: uma introdução ao direito civil constitucional. Trad. Maria Cristina de Cicco. 2. ed. Rio de Janeiro: Renovar, 2002.

PONTES DE MIRANDA, Francisco Cavalcanti. *Tratado de direito privado*. São Paulo: Ed. RT, 1977. v. II.

SARMENTO, Daniel. *Direitos fundamentais e relações privadas*. Rio de Janeiro: Lúmen Júris, 2004.

SERPA LOPES, Miguel Maria de. *Curso de direito civil*. 3. ed., Rio de Janeiro: Livraria Freitas Bastos, 1964. v. 6.

TEPEDINO, Gustavo José Mendes. Contornos constitucionais da propriedade privada. In: *Temas de direito civil*. 3. ed. Rio de Janeiro: Renovar, 2004. t. I. pp. 303-329.

TEPEDINO, Gustavo José Mendes. *Multipropriedade imobiliária*. São Paulo: Saraiva, 1993.

VIANA, Marco Aurélio S. *Comentários ao Novo Código Civil*: dos direitos reais. Rio de Janeiro: Forense, 2003. v. XVI.

O COMPARTILHAMENTO DE DADOS PELA ADMINISTRAÇÃO PÚBLICA

Daniel Bucar

Professor Adjunto de Direito Civil da UERJ, Professor Titular de Direito Civil do IBMEC/RJ, Doutor e Mestre em Direito Civil pela UERJ, Especialista em Direito Civil pela *Università degli Studi di* Camerino. Procurador do Município do Rio de Janeiro.

Mario Viola

Doutor em Direito pelo Instituto Universitário Europeu e Mestre em Direito Civil pela UERJ. Advogado.

Sumário: 1. Algumas linhas sobre a homenageada – 2. Introdução ao tema – 3. Proteção de dados e administração pública – 4. Possibilidades e limites de compartilhamento de dados pela administração pública – 5. Conclusão – 6. Bibliografia.

1. ALGUMAS LINHAS SOBRE A HOMENAGEADA

A despeito das limitações das palavras, os autores do presente trabalho não podem deixar de expressar a profunda admiração que nutrem por Maria Celina Bodin de Moraes. Esta obra, dedicada a homenageá-la, busca também traçar brevemente as intersecções entre as trajetórias acadêmicas dos autores e a Professora Celina Bodin.

Ainda que as linhas aqui escritas não possam capturar integralmente a magnitude de Maria Celina Bodin de Moraes, é nosso sincero desejo que estas palavras possam, ao menos em parte, transmitir o profundo respeito e gratidão que os autores têm pela influência que ela exerceu em suas vidas acadêmicas.

Ambos, com efeito, receberam dedicada orientação da Professora Celina Bodin no Mestrado em Direito Civil cursado no Programa de Pós-Graduação da Universidade do Estado do Rio de Janeiro, em que os autores se dedicaram ao estudo da proteção de dados como expressão e delineamento da privacidade estatuída na Constituição da República brasileira.

A defesa das dissertações, ocorrida nos anos 2000 e mais de 10 anos antes da vigência da Lei Geral de Proteção de Dados, traçava a necessidade de uma compreensão concreta da privacidade que veio a ser, em variada medida, acolhida na Lei 13.709 de 14 de agosto de 2018. As ideias defendidas nos trabalhos acadêmicos receberam vigorosa influência das lições de Maria Celina Bodin de Moraes, sobretudo na concepção da privacidade como proteção de dados pessoais para assegurar legítimo e conhecido espaço de liberdade e diferença (como expressão da igualdade) da pessoa humana.

A inquietude filosófica e acadêmica da Professora Celina Bodin nos convida a revisitar o tema da proteção de dados, o que fazemos por meio desta singela homenagem, para tratar das fronteiras do compartilhamento de dados pela administração pública a partir da LGPD.

2. INTRODUÇÃO AO TEMA

Nos tempos contemporâneos, à medida que a sociedade se adapta a um cenário cada vez mais digital e interconectado, a proteção de dados emerge como um tema relevante, influenciando diretamente várias esferas da administração pública. Com a crescente geração, coleta e compartilhamento de informações pessoais, tornou-se imperativo estabelecer diretrizes e parâmetros para salvaguardar a proteção dos dados dos administradores. Nesse contexto, a Lei Geral de Proteção de Dados apresenta um marco regulatório que também abrange a atividade da administração pública.

Com efeito, a LGPD, ao definir diretrizes para o tratamento de dados pessoais, impacta diretamente no modo como órgãos e entidades governamentais devem lidar com todas as espécies de dados pessoais. Como executora de políticas públicas, a tomada de decisão para alocação de recursos, desenvolvimento de projetos, prestação de serviços e outras atividades que lhe são próprias, a administração pública invariavelmente trata dados pessoais. No entanto, se de um lado a coleta e tratamento de dados pessoais é necessária para a execução de suas atividades, de outro, essa imprescindibilidade vem acompanhada da responsabilidade de tratar um vasto volume de informações que podem impactar cidadãos.

Nesse contexto, a proteção de dados não se restringe meramente a uma questão de conformidade legal, mas assume um papel crucial na manutenção da confiança entre a administração pública e os cidadãos. O compartilhamento interno de informações entre diferentes setores governamentais, bem como o compartilhamento externo com entidades privadas para a execução de serviços públicos, torna-se uma atividade delicada que exige o equilíbrio entre a eficiência administrativa e a garantia dos direitos individuais.

Este trabalho, portanto, explora a interseção entre a proteção de dados e a Administração Pública, com particular foco no compartilhamento de informações. Serão analisadas as implicações da LGPD para os órgãos governamentais, considerando a aplicação dos princípios de tratamento de dados, bem como os parâmetros e medidas necessários para garantir a eficácia da supervisão e fiscalização dos processos de compartilhamento, a fim de assegurar o respeito aos direitos fundamentais dos administrados em diálogo com o desejável avanço eficiente na prestação de serviços públicos.

3. PROTEÇÃO DE DADOS E ADMINISTRAÇÃO PÚBLICA

O artigo 1º da Lei Geral de Proteção de Dados não deixa dúvidas: a administração pública também se insere no âmbito de aplicação do sistema de proteção de dados estruturado pela LGPD[1]. Desde logo, portanto, alguns pontos devem ser destacados que, para além do setor privado, também pautam o atuar na administração pública no tratamento de dados (conforme, inclusive, artigo 26, *fine*, da LGPD):

> (a) a aplicação dos princípios consagrados no artigo 6º da LGPD desempenha um papel fundamental. O dispositivo reforça a importância da transparência, finalidade, necessidade, adequação, livre acesso, qualidade, segurança e responsabilidade no tratamento de dados pessoais, sustentando a base da proteção de dados;
>
> (b) é crucial considerar as diversas possibilidades de tratamento de dados de maneira abrangente. Isso envolve a compreensão das diversas formas de coleta, processamento e uso de dados, garantindo que todas as ações estejam em conformidade com as diretrizes estabelecidas pela LGPD;
>
> (c) o tratamento cuidadoso de dados sensíveis é uma questão de suma importância, e essa abordagem encontra eco na LGPD, mesmo que antes fosse discutida sob nomenclaturas diversas para a própria administração pública[2]. A proteção desses dados especiais, assim como dos dados relacionados a crianças e adolescentes, é uma prioridade.

Especificamente quanto à administração pública, a LGPD também reservou um capítulo específico (Capítulo V) dedicado àquela atividade, impondo diretrizes específicas para esse setor. No entanto, vale mencionar que esse capítulo não se aplica às empresas estatais que atuam em mercados competitivos, as quais seguem as regulamentações destinadas a entidades de direito privado, conforme expresso no artigo 24 da LGPD.

Tal como as pessoas jurídicas de direito privado, os órgãos e entidades da administração pública deverão, conforme disposto no art. 23, II, da LGPD, indicar e nomear um encarregado que tem a função de "atuar como canal de comunicação entre o controlador, os titulares dos dados e a Autoridade Nacional de Proteção de Dados (ANPD)"[3], de forma que seja possível a identificação (i. e., imputação), no âmbito do controle social, do incumbido de exercer as atribuições previstas no § 2º do art. 41 da LGPD, que deverá ser capacitado para este fim.

A medida é salutar, pois a administração Pública, como grande coletora e tratadora de dados, deve concentrar a forma de manejo de sua burocracia por servidor capacitado e não mais, como culturalmente costuma ser, de forma desorganizada.

Contudo, ainda no que toca ao tratamento de dados pela administração pública, um ponto deve ser sempre enfrentado, de forma a não criar alternativas apriorísticas e sem controle de tratamento: a leitura contemporânea do interesse público. Com efeito, o tratamento das informações pessoais pelo Estado necessariamente tem origem a partir

---

1. Ressalte-se que o at. 24, *caput* e parágrafo único, da LGPD, dispõe que as empresas estatais (empresas públicas e as sociedades de economia mista), que atuam em regime de concorrência, na forma do art. 173 da Constituição Federal, terão o mesmo tratamento dispensado às pessoas jurídicas de direito privado particulares. Por outro lado, as empresas estatais que operacionalizarem políticas públicas serão submetidas, no âmbito da execução das referidas políticas, ao mesmo tratamento dispensado pelo capítulo IV da LGPD aos órgãos e às pessoas de direito público.
2. A Lei de Acesso à Informação, por exemplo, já cuidava desta categoria como "informações pessoais" em seu artigo 31.
3. Art. 5º, inciso VIII da LGPD.

de atos administrativos e deverá "ser realizado para o atendimento de sua finalidade pública, na persecução do *interesse público*, com o objetivo de executar as competências legais ou cumprir as atribuições legais do serviço público" (Art. 23, LGPD).[4]

Ainda quanto ao interesse público, ele também se apresenta como (a) parâmetro aberto de tratamento de dados não submetido à LGPD (Art. 4º, §1º)[5], (b) justificativa para impedir o término do tratamento a pedido do titular (art. 15, III, LGPD), de modo que circunscrever os limites do interesse público se apresenta como pedra de toque para a atuação do controlador público de dados.

O interesse público é fundamento que exterioriza uma vontade da Administração através de agente competente que, imperativamente, obrigará a todos os administrados que se encontrarem no círculo de incidência do ato, "*com o fim de atender a um interesse público*".[6] Assim, além da necessária observância a outros critérios, como sujeito, objeto, forma e motivo o ato administrativo deverá ter como invariável finalidade o aludido interesse público.[7]

Preenchido o requisito do interesse público para o tratamento de dados, dessa indicação decorreria, para alguns, o justo e aceito desequilíbrio da relação estabelecida entre a Administração e o administrado, sobrepujando-se os interesses daquela em desfavor do indivíduo.[8] A partir desse entendimento, seria possível conduzir à compreensão de que, motivado o interesse público no tratamento de dados, nada restaria à pessoa senão se submeter à vontade da Administração, visto que o interesse da coletividade deveria invariavelmente se sobrepor ao seu.

No entanto, a pergunta que neste momento deve ser feita se dirige ao sentido do que efetivamente se entende por interesse público. Mas não só. Delimitado o conteúdo deste conceito, poderia ele, ainda assim, sobrepor-se a um direito da pessoa, tal como ainda leciona parte dos manuais administrativistas brasileiros? Este parece ser o entendimento da doutrina brasileira, a qual outrora também se pronunciou da seguinte forma: "Sempre que entrarem em conflito o direito do indivíduo e o interesse da comunidade, há de prevalecer este, uma vez que objetivo primacial da Administração é o bem comum"[9].

Primeiramente, há que se ter em conta que o interesse público não é o interesse próprio do Estado. A par de não apenas o Estado, através das estruturas administrativas de que dispõe, buscar a realização do interesse público (entidades paraestatais do terceiro

---

4. Há quem defenda que o artigo 23 é verdadeira base legal autorizativa para o tratamento de dados pela administração pública, além daquelas previstas nos arts. 7º e 11. Cf. MENDES, Laura Schertel; DONEDA, Danilo. Comentário à nova Lei de Proteção de Dados (Lei 13.709/2018): o novo paradigma da proteção de dados no Brasil. *Revista de Direito do Consumidor*, v. 120, p. 555, 2018.
5. Como afirmado, dados referentes à (i) segurança pública, (ii) defesa nacional, (iii) segurança do Estado e (iv) atividades de investigação e repressão de infrações penais.
6. CARVALHO FILHO, José dos Santos. *Manual de Direito Administrativo*. 28. ed. São Paulo: Atlas, 2015. p. 101; 122-125.
7. DI PIETRO, Maria Sylvia Zanella. *Direito administrativo*. 30. ed. Rio de Janeiro: Forense, 2017. p. 243-252.
8. MELLO, Celso Antônio Bandeira de. *Curso de direito administrativo*. 30. ed. São Paulo: Malheiros, 2013. p. 99-100.
9. MEIRELLES, Hely Lopes. *Direito administrativo brasileiro*. 22. ed. São Paulo: Malheiros, 1997. p. 39.

setor também o fazem), não é possível definir essa espécie de interesse a partir da própria identidade de seu titular, o que seria verdadeira inversão lógica e axiológica.[10] Afinal, essa acepção remonta à ideia de que certo ato dotado de razões de Estado já atenderia, *de per se*, ao interesse público.

A própria jurisprudência pátria, no pós-1988, vem bloqueando, pouco a pouco, a invocação de razões de Estado como justificativa supraconstitucional de atuação estatal. Já em 1994, o STJ determinou que certo paciente fosse libertado após o transcurso de mais de ano sem formação de culpa, cassando decisão do Tribunal *a quo*, a qual havia determinado a manutenção da prisão por razões de Estado[11-12].

Assim, ainda que não seja interesse do Estado, o interesse público também não pode ser confundido com interesse da Administração Pública, e tampouco do agente público. Ambos os entes atuam pautados pela juridicidade administrativa, e o interesse individual de cada qual não pode ser confundido com o interesse público.

Na realidade, o movimento acadêmico, jurídico e judicial de compreensão do protagonismo da Constituição da República, como ápice de todo o ordenamento jurídico, fez deslocar o preenchimento do conceito de interesse público para o seu texto. Tal compreensão, que rompe a *summa diviso* entre direito público e privado, permite afirmar a inexistência de supremacia do interesse público sobre o privado, ou mesmo deste sobre aquele, vista a dificuldade de se definir seus conteúdos[13].

Em verdade, o inegável reconhecimento da supremacia da Constituição e da efetividade de suas normas acarretou verdadeira constitucionalização dos interesses públicos[14] e privados, que passam a ter suas extensões e importâncias "restringidas à dimensão constitucional e democrática".[15]

É preciso reconhecer, inclusive, que o conceito de interesse público não se opõe, necessariamente, ao de interesse privado. A aproximação entre Estado e sociedade demonstra bem isso, notadamente quando se verifica que a atuação do Poder Público

---

10. JUSTEN FILHO, Marçal. O direito administrativo de espetáculo. *Fórum Administrativo*, Belo Horizonte, ano 9, n. 100, jun. 2009.
11. Superior Tribunal de Justiça. RHC 3.729/SP, Rel. Min. Edson Vidigal, Quinta Turma, julg. 22.06.1994, DJ 19.09.1994.
12. O Supremo Tribunal Federal assim também entendeu, pouco anos após, no julgamento do AGRSS 1.149/PE, Rel. Min. Sepúlveda Pertence, DJ 09.05.1997.
13. Sobre o assunto, por todos, MORAES, Maria Celina Bodin de. *A caminho de um direito civil constitucional*. p. 5-7. Disponível em: http://www.olibat.com.br/documentos/Direito%20Civil%20Constitucional%20Maria%20Celina.pdf. Acesso em: 31/07/2023.
14. OLIVEIRA, Rafael Carvalho Rezende. *A constitucionalização do direito administrativo*: o princípio da juridicidade, a releitura da legalidade administrativa e a legitimidade das agências reguladoras. Rio de Janeiro: Lumen Juris, 2009; BINENBOJM, Gustavo. A constitucionalização do Direito Administrativo no Brasil: um inventário de avanços e retrocessos. p. 512. In: BARROSO, Luis Roberto (Coord.). *A reconstrução democrática do Direito Público no Brasil*. Rio de Janeiro: Renovar, 2007. Sobre o dever de interpretar os dispositivos infraconstitucionais sob o prisma da axiologia constitucional, vide: MARTINS, Ricardo Marcondes. *Regulação administrativa à luz da Constituição Federal*. São Paulo: Malheiros, 2011, p. 41.
15. JUSTEN FILHO, Marçal. O direito administrativo de espetáculo. *Fórum Administrativo*, Belo Horizonte, ano 9, n. 100, jun. 2009.

deve ser pautada pela defesa e promoção dos direitos fundamentais e, obviamente, pelo respeito à dignidade humana. A promoção estatal dos direitos fundamentais de determinados cidadãos representa, em última instância, a satisfação das finalidades públicas estabelecidas pela própria Constituição.[16]

Com isto, a preponderância de determinado interesse deve ser apreendida tão somente após o resultado da conjugação, em cada caso concreto, de uma plêiade de princípios abraçados pela Constituição, os quais, ponderados à razão do axioma vetor da dignidade da pessoa humana (art. 1º, III da CRFB), definirão o conteúdo do interesse a ser tutelado. E o resultado final – mas nunca o inicial – tanto pode ser público, no sentido de privilegiar um interesse da comunidade, como pode ser privado, a favorecer uma prerrogativa de um particular. Dependerá, portanto, da situação concreta[17]. Exemplo disso é a própria compreensão da base legal do interesse legítimo do controlador ou de terceiro, que a experiência europeia demonstra que em muitas vezes tal interesse é de toda a comunicada (ou seja, público), ainda que o tratamento de dados seja realizado por um ente privado, como no caso de prevenção a práticas fraudulentas no setor privado.[18]

Portanto, no exercício da atividade administrativa que tiver como um de seus instrumentos o tratamento de dados, a Administração Pública deverá pautar sempre sua atuação segundo certo interesse compreendido no resultado da conjugação e da ponderação de princípios constitucionais aplicáveis ao caso concreto, com a prepon-

---

16. A partir da premissa, a nosso ver verdadeira, de que não existe um interesse público único, estático e abstrato, mas sim finalidades públicas normativamente elencadas que não estão necessariamente em confronto com os interesses privados, seria mais adequado falar-se em "princípio da finalidade pública" em vez do tradicional "princípio da supremacia do interesse público". (OLIVEIRA, Rafael Carvalho Rezende. *A constitucionalização do Direito Administrativo: o princípio da juridicidade, a releitura da legalidade administrativa e a legitimidade das agências reguladoras*. Rio de Janeiro: Lumen Juris, 2009. p. 100-107; SARMENTO, Daniel (Org.). *Interesses públicos versus interesses privados*: desconstruindo o princípio da supremacia do interesse público. Rio de Janeiro: Lumen Juris, 2005.).
17. NEGREIROS, Teresa. Dicotomia público–privado frente ao problema da colisão de princípios. In: TORRES, Ricardo Lobo (Org.). *Teoria dos direitos fundamentais*. Rio de Janeiro: Renovar, 1999. P. 366-367.
18. "Pode dar-se igualmente o caso de o interesse comercial privado de uma empresa coincidir, em certa medida, com o interesse público. Tal pode acontecer, por exemplo, no que respeita ao combate à fraude financeira ou a outra utilização fraudulenta de serviços. Um prestador de serviços pode ter um interesse comercial legítimo em assegurar que os seus clientes não utilizem o serviço de forma abusiva (ou não consigam obter serviços sem pagar) e, ao mesmo tempo, os clientes da empresa, os contribuintes e o público em geral têm igualmente um interesse legítimo em assegurar que as atividades fraudulentas, quando ocorram, sejam desencorajadas e dete[c]tadas." Article 29 Working Party. Opinion 06/2014 on the notion of legitimate interests of the data controller under Article 7 of Directive 95/46/EC. Disponível em https://ec.europa.eu/justice/article-29/documentation/opinion-recommendation/files/2014/wp217_en.pdf. P. 54-55. A ANPD, em Estudo Preliminar recentemente colocado em consulta pública adotou entendimento similar: "37. Por sua vez, o interesse de terceiro pode ser aquele associado a qualquer pessoa, natural ou jurídica, ou grupo de pessoas, diferente do controlador. É importante enfatizar que nesta definição se incluem os interesses da coletividade, abrangendo, inclusive, interesses de toda a sociedade, os quais também podem ser utilizados como fundamento para a adoção da hipótese legal do legítimo interesse." ANPD. Estudo Preliminar referente à hipótese legal de tratamento de dados pessoais do legítimo interesse, prevista no art. 7º, IX. Da Lei Geral de Proteção de Dados Pessoais – LGPD (Lei 13.709). Disponível em: https://www.gov.br/participamaisbrasil/consulta-a-sociedade-de-estudo-preliminar-sobre--legitimo-interesse-1).

derância do valor da pessoa, fundador da República, na técnica interpretativa.[19] De se notar que a própria LGPD, ao estabelecer limites para a utilização do interesse legítimo (que pode ser o interesse da coletividade, como ressaltamos acima), previu que "direitos e liberdades fundamentais do titular que exijam a proteção dos dados pessoais" podem prevalecer aos interesses legítimos do controlador ou de terceiro.

Com base nesta premissa, é possível traçar uma sistematização inicial dos casos em que se permite o tratamento de dados conforme análise dos dois principais diplomas que disciplinam o assunto no ordenamento jurídico brasileiro: a Lei de Acesso à Informação e a Lei Geral de Proteção de Dados.

4. POSSIBILIDADES E LIMITES DE COMPARTILHAMENTO DE DADOS PELA ADMINISTRAÇÃO PÚBLICA

Os artigos 26 e 27 da LGPD são a pedra de toque do compartilhamento de dados pela administração pública. Dada a relevância dos dispositivos, pede-se vênia para a transcrição que permitirá melhor compreensão do tema aqui proposto. O artigo 26, com efeito, dispõe que:

> Art. 26 – O uso compartilhado de dados pessoais pelo Poder Público deve atender a finalidades específicas de execução de políticas públicas e atribuição legal pelos órgãos e pelas entidades públicas, respeitados os princípios de proteção de dados pessoais elencados no art. 6º desta Lei.
>
> § 1º É vedado ao Poder Público transferir a entidades privadas dados pessoais constantes de bases de dados a que tenha acesso, exceto:
>
> I – em casos de execução descentralizada de atividade pública que exija a transferência, exclusivamente para esse fim específico e determinado, observado o disposto na Lei 12.527, de 18 de novembro de 2011 (Lei de Acesso à Informação);
>
> II – (VETADO);
>
> III – nos casos em que os dados forem acessíveis publicamente, observadas as disposições desta Lei;
>
> IV – quando houver previsão legal ou a transferência for respaldada em contratos, convênios ou instrumentos congêneres; ou (Incluído pela Lei 13.853, de 2019);
>
> V – na hipótese de a transferência dos dados objetivar exclusivamente a prevenção de fraudes e irregularidades, ou proteger e resguardar a segurança e a integridade do titular dos dados, desde que vedado o tratamento para outras finalidades. (Incluído pela Lei 13.853, de 2019).
>
> § 2º Os contratos e convênios de que trata o § 1º deste artigo deverão ser comunicados à autoridade nacional.

Já o artigo 27 da LGPD, por sua vez, complementa as hipóteses nas quais poderá ocorrer comunicação ou uso compartilhado de dados pessoais de pessoa jurídica de direito público para pessoa jurídica de direito privado, indicando que:

---

19. FREITAS, Juarez. *O controle dos atos administrativos e os princípios fundamentais*. São Paulo: Malheiros, 1997. p. 52.

Art. 27. A comunicação ou o uso compartilhado de dados pessoais de pessoa jurídica de direito público a pessoa de direito privado será informado à autoridade nacional e dependerá de consentimento do titular, exceto:

I – nas hipóteses de dispensa de consentimento previstas nesta Lei;

II – nos casos de uso compartilhado de dados, em que será dada publicidade nos termos do inciso I do caput do art. 23 desta Lei; ou

III – nas exceções constantes do § 1º do art. 26 desta Lei.

Parágrafo único. A informação à autoridade nacional de que trata o caput deste artigo será objeto de regulamentação. (Incluído pela Lei 13.853, de 2019)

Primeiramente, no que toca ao compartilhamento de dados entre órgão da administração pública, permitido pelo art. 26 da LGPD e com vistas, sobretudo à execução de políticas públicas (artigo 25), verifica-se que esta autorização não deve ser tomada, como já anteriormente se alertou, como um "cheque em branco" para o uso dos dados pessoais.

Com efeito, a necessidade de o Estado executar políticas públicas alinhadas com as demandas da sociedade torna o compartilhamento interno de dados um aspecto importante. No entanto, é necessário observar cuidadosamente as limitações desse compartilhamento, que deve cumprir as normas de tratamento de dados estipuladas na LAI e na própria LGPD.[20] Esse compartilhamento também deve estar fundamentado na legalidade, um princípio que é fundamental para a atuação do Estado, conforme estabelecido no artigo 37 da Constituição da República.

Para tanto, de forma a tornar o compartilhamento controlável, indica-se a abertura de processo administrativo para formalização e registro do compartilhamento, em que dele constem o objeto, a finalidade[21], a duração do tratamento, a base legal, disposições sobre transparência e direitos dos titulares e sobre prevenção e segurança, além de outros requisitos relacionados ao compartilhamento que se pretende realizar.[22] E não apenas isso, também os princípios previstos na LGPD devem ser observados para que o compartilhamento possa ocorrer, em especial os princípios da proporcionalidade e da necessidade, conforme se pode inferir de excerto doo voto proferido pelo Ministro Luiz Fux na apreciação da medida cautelar requerida no bojo da ADI 6.390/DF, que tratava do compartilhamento de dados com o IBGE, *verbis*:

---

20. Sobre os limites entre acesso à informação e proteção de dados pessoais ver VIOLA, Mario; DONEDA, Danilo. "Proteção de dados pessoais como limite ao acesso à informação e seu tratamento posterior." In: SARLET, Ingo Wolfgang et al. *Acesso à informação como direito fundamental e dever estatal*. Livraria do Advogado, 2016. P. 117-131.

21. A finalidade, decerto, não deve ser genérica, tal como já advertiu o Supremo Tribunal Federal no julgamento da ADI 7387, ocorrido em 24 de abril de 2020. Conforme exposto no voto da Ministra Rosa Weber, relatora da ação, a norma de compartilhamento de dados mantidos pelas concessionárias prestadoras de serviços telefônicos com o IBGE (MP 6387/20) "não delimita o objeto da estatística a ser produzida, nem a finalidade específica, tampouco a amplitude. Igualmente não esclarece a necessidade de disponibilização dos dados nem como serão efetivamente utilizados (...)".

22. ANPD. Guia Orientativo: Tratamento de dados pessoais pelo Poder Público. Disponível em: https://www.gov.br/anpd/pt-br/documentos-e-publicacoes/documentos-de-publicacoes/guia-poder-publico-anpd-versao-final.pdf. p. 30- 35.

"(...)
As leis que tratam de coleta e processamento de dados devem (i) atender a propósitos legítimos, específicos, explícitos e informados; *(iii) limitar a coleta ao mínimo necessário para a realização das finalidades normativas;* (iv) prever medidas técnicas e administrativas de segurança aptas a proteger os dados pessoais de acessos não autorizados e (v) prevenir a ocorrência de danos, consoante os parâmetros desenhados no direito comparado e no art. 6º da Lei Geral de Proteção de Dados Pessoais (Lei 13.709/18).

In casu, a Medida Provisória 954/2020 não atende ao direito à proteção de dados e ao postulado da proporcionalidade, máxime porque (i) não especifica para quais finalidades os dados serão utilizados; (ii) incorre em excesso ao determinar o compartilhamento de dados de milhões de brasileiros, quando pesquisas amostrais realizadas pelo IBGE em geral envolvem apenas cerca de 70 (setenta) mil domicílios por mês; (iii) não detalha métodos de segurança para a proteção dos dados contra riscos de vazamento; (iv) determina que o relatório de impacto à proteção de dados seja elaborado somente após já efetivado o compartilhamento, e não antes; e (v) pode gerar um nível preocupante de precisão na identificação dos usuários.

Em primeiro lugar, a MPv não especifica ou detalha para quais finalidades específicas os dados serão utilizados. O texto do § 1º do art. 2º do ato normativo é demasiadamente vago ao afirmar que os dados *"serão utilizados direta e exclusivamente pela Fundação IBGE para a produção estatística oficial, com o objetivo de realizar entrevistas em caráter não presencial no âmbito de pesquisas domiciliares".* Como destacado pela Ministra relatora Rosa Weber, o dispositivo não delimita (i) o objeto da estatística a ser produzida, (ii) a finalidade específica, (iii) a amplitude da pesquisa, ou (iv) a necessidade da disponibilização dos dados. Ainda que o art. 1º, parágrafo único, da MPv preceitue que o ato terá aplicação *"durante a situação de emergência de saúde pública de importância internacional decorrente do coronavírus (covid 19)"*, não há elementos normativos suficientes que especifiquem como e por que o compartilhamento dos dados auxiliará o combate contra a Covid-19.

Em segundo lugar, há patente desproporcionalidade entre os dados necessários para uma pesquisa amostral e os dados requisitados. A MPv determina a disponibilização dos dados de todas as pessoas e empresas que tem acesso a telefonia móvel e fixa, sem explicar o porquê dessa amplitude de dados, especialmente quando se considera que as pesquisas da Fundação IBGE são em geral amostrais. Em razão da importância e delicadeza do bem envolvido, a coleta de informações pessoais deve se limitar ao mínimo necessário para o atendimento às finalidades especificadas em lei, e não incorrer em excessos desproporcionais. Esse espectro amplíssimo de dados contraria, inclusive, o Regulamento Sanitário Internacional da Organização Mundial da Saúde (OMS), incorporado no ordenamento pátrio pelo Decreto 10.212/2020, que determina que não devem existir *"processamentos [de dados] desnecessários e incompatíveis"*, com o propósito de *"avaliação e manejo de um risco para a saúde pública"* (art. 45, 2, "a").

Em terceiro lugar, a MPv 954/2020 não detalha qualquer medida de segurança para que o compartilhamento seja realizado sem risco de acessos indevidos ou vazamentos. O art. 3º, I e II, da MPv dispõe que os dados compartilhados *"terão caráter sigiloso"* e *"serão utilizados exclusivamente para a finalidade prevista no § 1º do art. 2º"*, enquanto o art. 3º, § 1º, veda ao IBGE compartilhar os dados disponibilizados com outros entes, públicos ou privados. Ocorre que o texto falha em determinar os padrões de segurança e de anonimização, a supervisão da comunicação e a autoridade responsável para fiscalizar o processo de compartilhamento." (sem grifos no original)

Com base nessas premissas, apresenta-se, a título de exemplo, algumas possibilidades e limites de tratamentos de dados entre órgão públicos. Com efeito, apesar de não constar do rol de dados sensíveis, os quais tocam situações eminentemente existenciais, deve aqui ser relembrada a observância do sigilo fiscal, de cunho patrimonial e previsto no art. 198 do Código Tributário Nacional (CTN), que pode ser rompido por determinação judicial ou por requisição de autoridade da Administração no interesse de apuração de infração administrativa. Entretanto, a este tratamento deve ser adicionada a disciplina da própria LGPD. Desta forma, na hipótese de um dado tributário revelar sensibilidade (por exemplo, doação a partido político ou a organização religiosa), o manejo da informação, além de observar o art. 198 do CTN, deverá atentar às possibilidades de tratamento de dados sensíveis previstas na própria LGPD.

Nesta mesma linha do sigilo em relação ao patrimônio do administrado, outra observação é necessária. De início, não há qualquer obstáculo para se aplicar os princípios que pautam o tratamento de dados (art. 6º, LGPD) também ao Fisco, quando em posição de controlador. Porém, não se pode esquecer a situação jurídica que estes dados refletem, qual seja, o patrimônio do contribuinte.

Assim, não se pode dizer que o sigilo dos dados bancários, evitando que o fisco os acesse sem autorização judicial, ganha novos contornos diante da LGPD. O controle do particular sobre seus dados não é absoluto, mas sim o instrumento de garantia do respeito aos seus valores existenciais e ao livre desenvolvimento da personalidade.

Com efeito, a proibição do acesso célere a dados sobre o patrimônio de particulares não serve a estes fins. Em verdade, apenas resguarda o descumprimento de obrigações tributárias, as quais tem papel de destaque na constituição de recursos que operacionalizam o interesse público. Neste sentido, não merece alteração decisão do Supremo Tribunal Federal que afirmou a constitucionalidade da Lei Complementar 105/2001, a qual permitia o acesso a dados bancários pela Receita Federal sem necessidade de autorização judicial,[23] até porque tal compartilhamento decorre de cumprimento de obrigação legal, estando, portanto, respaldado pelo disposto no inciso II do art. 7º da LGPD.[24]

Entretanto, deverá o fisco respeitar os princípios da finalidade, necessidade e adequação (art. 6º, I, II e III, LGPD) utilizando os dados apenas para objetivos de sua competência e não os divulgando a terceiros[25].

Já quanto ao compartilhamento externo de dados da Administração Pública com os entes privados, a LGPD restringe suas hipóteses. Como se viu da leitura dos artigos 26 e 27, as possibilidades, em suma, circunscrevem-se às seguintes situações, que deverão ser previamente divulgadas pelo próprio ente público fornecedor de dados: (a) execução, pelo ente privado, de atividades públicas que necessitem dados pessoais, (b) quando houver previsão legal ou contratual, cujo instrumento será enviado à Autoridade Nacional, (c) para fins de prevenção de fraudes e resguardar a segurança e a integridade

---

23. STF, ADI 2.390, 2.386, 2.397 e 2.859, Rel. Min. Dias Toffoli.
24. Art. 7º O tratamento de dados pessoais somente poderá ser realizado nas seguintes hipóteses:
    (...)
    II – para o cumprimento de obrigação legal ou regulatória pelo controlador;
25. Neste sentido mais polêmico e delicado o compartilhamento de dados com o Ministério Público para fins penais ("STF analisará compartilhamento de dados pelo Fisco com o MP para fins penais sem autorização do Judiciário". Disponível em: http://www.stf.jus.br/portal/cms/verNoticiaDetalhe.asp?idConteudo=375632). Todavia, o presente artigo não pretende adentrar especificamente ao assunto, o qual apresenta diferentes nuances que não poderão desenvolver-se neste espaço.

do titular dos dados e (d) quando os dados já forem, de *per si*, públicos. Afora estas hipóteses, e as demais previstas na própria LGPD, o tratamento de dados somente poderá ser realizado, de toda sorte, mediante o consentimento do titular (art. 27).

Devem ser ressaltadas, aqui, as permissões de realização do tratamento de dados pessoais sensíveis sem autorização do titular, as quais, em algumas hipóteses, dizem respeito à Administração Pública. Sob esta perspectiva, o compartilhamento de dados necessário à execução de políticas públicas, à proteção da incolumidade física do titular ou de terceiro e à tutela da saúde em procedimentos realizados por serviços de saúde (art. 11, II, 'b', 'e' e 'f').

Esta autorização apresenta repercussões importantes no cotidiano da Administração Pública. Exemplifica-se: eventuais políticas de vacinação em crianças e adolescentes, diante do atual movimento de pais que, por diversas razões, relutam em vacinar seus filhos.[26] O compartilhamento destes dados entre Administração Pública, escolas públicas e privadas, ou até o pedido do Poder Público, feito a estas instituições, de transferência deve ser interpretado como cumprimento de disposição legal que determina obrigatória a vacinação nos casos recomendados por autoridade sanitária (art.14, §1º, ECA)[27].

Ressalte-se, ainda a título de exemplo, que também poderia justificar-se a transferência dos dados pelo inciso V do § 1º do art. 26, combinado com o inciso III, do art. 27, já que o acesso a tais dados tem como finalidade a identificação e prevenção de fraudes e irregularidades.

O compartilhamento de dados entre poder público e entidades privadas, quando a finalidade for a prevenção e combate à fraude prescinde até da celebração de qualquer instrumento, já que presente relevante interesse público a justificar a transferência dos dados.

Em primeiro lugar, faz-se sempre necessário destacar que este compartilhamento deve atender o art. 6º da LGPD, que traz, como aqui já se disse, princípios basilares – dentre outros a "finalidade", a "adequação" e a "necessidade". Assim, pela finalidade, exige-se que o tratamento de dados seja realizado para "propósitos legítimos, específicos, explícitos e informados ao titular, sem possibilidade de tratamento posterior de forma incompatível com essas finalidades". Já pela adequação, impõe-se que o tratamento de dados seja compatível "com as finalidades informadas ao titular, de acordo com o contexto do tratamento" e a necessidade limita o "tratamento ao mínimo necessário para a realização de suas finalidades, com abrangência dos dados pertinentes, proporcionais e não excessivos em relação às finalidades do tratamento de dados".

---

26. Sobre o assunto, "Rede antivacina no Brasil importa teorias da conspiração dos EUA e cresce com sistema de recomendação do YouTube", Juliana Gragnani. Disponível em: https://www.bbc.com/portuguese/brasil-48695113.
27. O caso não é de simples resolução e envolve ponderações entre o interesse público e autoridade parental. Porém, é um dos exemplos do amplo contexto de debates que devem ser enfrentados ao definir os limites da proteção de dados no atual ordenamento jurídico.

Como os tribunais nacionais e a Autoridade Nacional de Proteção de Dados ainda não tiveram a oportunidade de se manifestar sobre a matéria aqui em exame,[28] parece importante buscar parâmetros para a resposta a este quesito na experiência internacional, notadamente na experiência da União Europeia, já que sua norma sobre proteção de dados foi a grande fonte inspiradora da nossa LGPD.

O Regulamento Geral de Proteção de Dados da União Europeia (GDPR) em seu considerando 47 ressalta que "[o] tratamento de dados pessoais estritamente necessário aos objetivos de prevenção e controlo da fraude constitui igualmente um interesse legítimo do responsável pelo seu tratamento." Nesse sentido, o Grupo de Trabalho do Artigo 29 (comitê composto por representantes das autoridades de proteção de dados de todos os Estados-Membros da União Europeia durante a vigência da Diretiva 95/46 e que foi substituído pelo Comitê Europeu de Proteção de Dados), em seu parecer sobre legítimo interesse do controlador[29], apresentou uma lista não exaustiva das situações nas quais o interesse legítimo pode funcionar como uma base autorizativa do tratamento de dados sem o consentimento do titular, que inclui, entre outras, a "[p]revenção da fraude, utilização abusiva de serviços ou branqueamento de capitais".

Esses benefícios, ou melhor, esses interesses legítimos, não são apenas do controlador (responsável, no texto da GDPR), mas dos próprios titulares dos dados e da sociedade como um todo, já que garantem maior controle sobre potenciais operações fraudulentas, o que impacta positivamente no custo do seguro, gerando benefícios para toda a sociedade. Assim é o posicionamento do já citado Grupo de Trabalho do Artigo 29, o qual destaca que, além de identificar um interesse legítimo do controlador na prevenção e combate à fraude, o que por si só já autorizaria o tratamento de dados sem o consentimento do seu titular, reconhece a existência de um interesse público em tal tratamento de dados:

Pode dar-se igualmente o caso de o interesse comercial privado de uma empresa coincidir, em certa medida, com o interesse público. Tal pode acontecer, por exemplo, no que respeita ao combate à fraude financeira ou a outra utilização fraudulenta de serviços, conforme já citado acima. Um prestador de serviços pode ter um interesse comercial legítimo em assegurar que os seus clientes não utilizem o serviço de forma abusiva (ou não consigam obter serviços sem pagar) e, ao mesmo tempo, os clientes da empresa, os contribuintes e o público em geral têm igualmente um interesse legítimo em assegurar que as atividades fraudulentas, quando ocorram, sejam desencorajadas e detectadas. Nessas situações parece evidente que estaria autorizado o compartilha-

---

28. A Autoridade Nacional de Proteção de Dados abriu recentemente consulta pública sobre Estudo Preliminar referente à hipótese legal de tratamento de dados pessoais do legítimo interesse, prevista no art. 7º, IX. da Lei Geral de Proteção de Dados Pessoais – LGPD (Lei 13.709), no qual adota posicionamento similar àquele apresentado pelo Grupo do Artigo 29. Ver ANPD. Ver ANPD. Estudo Preliminar referente à hipótese legal de tratamento de dados pessoais do legítimo interesse, prevista no art. 7º, IX. da Lei Geral de Proteção de Dados Pessoais – LGPD (Lei 13.709). Op. cit.

29. Article 29 Working Party. Opinion 06/2014 on the notion of legitimate interests of the data controller under Article 7 of Directive 95/46/EC. Op. cit.

mento de dados entre a Administração Pública e o setor privado, o que aliás independe de previsão legal específica ou de contratos, convênios ou instrumentos congêneres, por força do que estabelece o inciso V do § 1º do art. 23 da LGPD, conforme já destacado neste capítulo.

Além desses aspectos, há outro ponto a ser considerados sob o prisma da proteção de dados no que toca ao compartilhamento de dados pela Administração Pública: a vedação à comunicação ou o uso compartilhado entre controladores de dados pessoais sensíveis referentes à saúde com objetivo de obter vantagem econômica.

O § 4º do art. 11 da LGPD veda "a comunicação ou o uso compartilhado entre controladores de dados pessoais sensíveis referentes à saúde, entre os quais se encontra a administração pública, com objetivo de obter vantagem econômica, exceto nas hipóteses relativas a prestação de serviços de saúde, de assistência farmacêutica e de assistência à saúde, desde que observado o § 5º deste artigo, incluídos os serviços auxiliares de diagnose e terapia, em benefício dos interesses dos titulares de dados, e para permitir: I – a portabilidade de dados quando solicitada pelo titular; ou II – as transações financeiras e administrativas resultantes do uso e da prestação dos serviços de que trata este parágrafo".

O referido dispositivo poderia, à primeira vista, impactar eventual transferência de dados relativos a estado de saúde ou incapacidade, salvo se não realizados com a finalidade de obtenção de vantagem econômica, e sim, como já destacado, fundados no exercício regular de direito (ou no cumprimento de uma obrigação regulatória) com a finalidade precípua de promover a prevenção e enfrentamento de fraudes, ou seja, matéria de interesse público. Portanto, nas hipóteses em que o compartilhamento de dados pessoais sensíveis relativos à saúde tiver como finalidade o atendimento de um interesse público, seja pelo ente público seja entidade privada que receber os dados, como no exemplo usado acima do enfrentamento e prevenção a fraudes, tal compartilhamento estará autorizado.

Por fim, a LGPD estabeleceu a submissão da Administração Pública, no que toca ao tratamento de dados, à circunscrição administrativa da Autoridade Nacional, que poderá (a) solicitar a informação de operações de tratamento de dados pessoais para verificação de conformidade legal (art. 29), (b) estabelecer normas complementares para as atividades de comunicação e de uso compartilhado de dados pessoais (art. 30), (c) determinar medidas cabíveis para cessação de violação de preceitos legais destinados a tratamento de dados (art. 31) e (d) requerer a solicitação de relatório de impacto à proteção de dados e sugerir adoção de boas práticas para tanto (art. 32).

Diante das amplas possibilidades de compartilhamento de dados pessoais no interior da Administração Pública, a supervisão desenhada para Autoridade Nacional parece ter ficado tímida. Por conta dos potenciais danos deste compartilhamento, deveria a Autoridade, se não autorizar previamente, ser sempre (pelo menos) comunicada ativamente das operações e não apenas lhe conferir um papel passivo, quebrado por uma provocação da própria Autoridade Nacional.

5. CONCLUSÃO

À medida que a geração, coleta e compartilhamento de informações pessoais atingem proporções sem precedentes, torna-se absolutamente necessário estabelecer diretrizes sólidas e abordagens bem definidas para assegurar a salvaguarda dos dados pessoais dos administrados sob a responsabilidade dos administradores públicos.

De fato, a LGPD não apenas estabelece diretrizes para o tratamento de dados pessoais, mas também influencia diretamente a maneira pela qual os órgãos e as entidades governamentais devem abordar a vasta gama de informações sob sua gestão. A administração pública, desempenhando um papel central na execução de políticas públicas, na tomada de decisões estratégicas, na alocação de recursos e na prestação de serviços essenciais, inevitavelmente lida com um grande volume de dados pessoais.

No entanto, essa necessidade imperativa de coleta e processamento de informações é acompanhada por uma responsabilidade igualmente significativa de proteger esses dados. Assim, ao longo deste capítulo explorou-se a interseção entre a proteção de dados e a administração pública, com um enfoque especial no compartilhamento de dados pessoais. Analisou-se as implicações diretas da LGPD para os órgãos governamentais, considerando a aplicação dos princípios de tratamento de dados. Além disso, examinamos os critérios e medidas essenciais para garantir a supervisão eficaz e a fiscalização dos processos de compartilhamento, garantindo assim o respeito aos direitos fundamentais dos cidadãos, ao mesmo tempo em que se promove a otimização da prestação de serviços públicos.

Enquanto a administração pública enfrenta os desafios e as oportunidades do mundo digital, a proteção de dados emerge como um pilar inabalável, capacitando a busca por um equilíbrio justo entre a eficácia administrativa e a preservação dos direitos individuais. Por meio de uma abordagem responsável e transparente no tratamento e compartilhamento de informações, a administração pública tem o potencial de moldar uma era em que a inovação, a eficiência e o respeito à proteção de dados coexistem de maneira constitucionalmente harmoniosa.

6. BIBLIOGRAFIA

BANDEIRA DE MELLO, Celso Antônio. *Curso de direito administrativo*. 30. ed. São Paulo: Malheiros, 2013.

BINENBOJM, Gustavo. A constitucionalização do Direito Administrativo no Brasil: um inventário de avanços e retrocessos. p. 512. In: BARROSO, Luis Roberto (Coord.). *A reconstrução democrática do Direito Público no Brasil*. Rio de Janeiro: Renovar, 2007.

CARVALHO FILHO, José dos Santos. *Manual de direito administrativo*. 28. ed. São Paulo: Atlas, 2015.

DI PIETRO, Maria Sylvia Zanella. *Direito administrativo*. 30. ed. Rio de Janeiro: Forense, 2017.

FREITAS, Juarez. *O controle dos atos administrativos e os princípios fundamentais*. São Paulo: Malheiros, 1997.

JUSTEN FILHO, Marçal. O direito administrativo de espetáculo. *Fórum Administrativo*, Belo Horizonte, ano 9, n. 100, jun. 2009.

JUSTEN FILHO, Marçal. O direito administrativo de espetáculo. *Fórum Administrativo*, Belo Horizonte, ano 9, n. 100, jun. 2009.

MARTINS, Ricardo Marcondes. *Regulação administrativa à luz da Constituição Federal*. São Paulo: Malheiros, 2011. p. 41.

MEIRELLES, Hely Lopes. *Direito administrativo brasileiro*. 22. ed. São Paulo: Malheiros, 1997.

MENDES, Laura Schertel; DONEDA, Danilo. Comentário à nova Lei de Proteção de Dados (Lei 13.709/2018): O novo paradigma da Proteção de Dados no Brasil. *Revista De Direito Do Consumidor*, v. 120, p. 555, 2018.

MORAES, Maria Celina Bodin de. *A caminho de um direito civil constitucional*, p. 5-7. Disponível em: http://www.olibat.com.br/documentos/Direito%20Civil%20Constitucional%20Maria%20Celina.pdf. Acesso em: 31/07/2023.

NEGREIROS, Teresa. Dicotomia público–privado frente ao problema da colisão de princípios. In: TORRES, Ricardo Lobo (Org.). *Teoria dos direitos fundamentais*. Rio de Janeiro: Renovar, 1999.

OLIVEIRA, Rafael Carvalho Rezende. *A constitucionalização do direito administrativo*: o princípio da juridicidade, a releitura da legalidade administrativa e a legitimidade das agências reguladoras. Rio de Janeiro: Lumen Juris, 2009.

SARMENTO, Daniel (Org.). *Interesses públicos versus interesses privados*: desconstruindo o princípio da supremacia do interesse público. Rio de Janeiro: Lumen Juris, 2005.

VIOLA, Mario; DONEDA, Danilo. "Proteção de dados pessoais como limite ao acesso à informação e seu tratamento posterior." In SARLET, Ingo Wolfgand et al. *Acesso à informação como direito fundamental e dever estatal*. Livraria do Advogado, 2016. p. 117-131.

A CAUSA DO CONTRATO (E UM OLHAR EM DIREÇÃO À PESSOA HUMANA)

Eduardo Nunes de Souza

Doutor e Mestre em Direito Civil pela Universidade do Estado do Rio de Janeiro (UERJ). Professor associado de Direito Civil da Faculdade de Direito da UERJ e professor permanente dos cursos de Mestrado e Doutorado em Direito Civil do Programa de Pós-Graduação em Direito da UERJ.

Sumário: 1. A título de introdução: da causa do contrato à pessoa humana – 2. O contrato: da função à funcionalização – 3. Da causa da obrigação à causa do contrato – 4. As muitas concepções objetivas de causa do negócio jurídico – 5. Considerações finais – 6. Referências bibliográficas.

1. A TÍTULO DE INTRODUÇÃO: DA CAUSA DO CONTRATO À PESSOA HUMANA

O tema escolhido para este estudo talvez intrigue o leitor, e há mais de uma razão possível para isso. Por um lado, tratar da causa do contrato em tempos nos quais um estruturalismo exacerbado volta a ganhar fôlego em certo setor bastante ruidoso da civilística brasileira pode parecer, para alguns, um esforço anacrônico. De outra parte, pode causar surpresa que o problema da causa seja lembrado em uma obra na qual se espera que predominem, e com razão, questões do campo extrapatrimonial – setor do direito civil brasileiro que deve grande parte de sua construção, desde os primeiros anos da ordem constitucional de 1988, à Prof.ª Maria Celina Bodin de Moraes,[1] que temos a alegria de aqui homenagear. Além disso, talvez gere estranhamento a ideia de que tratar da causa do contrato, em certa perspectiva, também significa pensar na tutela da pessoa humana, valor central de nosso sistema jurídico. Parece necessária, assim, uma breve contextualização, capaz de situar o tema e as pessoas de que se cuida no contexto

---

1. Destacam-se, entre muitos outros, seus estudos sobre dignidade humana (BODIN DE MORAES, Maria Celina. O conceito de dignidade humana: substrato axiológico e conteúdo normativo. In: SARLET, Ingo W. (Org.). *Constituição, direitos fundamentais e direito privado*. Porto Alegre: Livraria do Advogado Editora, 2003), direitos da personalidade (BODIN DE MORAES, Maria Celina. Sobre o nome da pessoa humana. *Revista Brasileira de Direito de Família*, v. 7, 2000; BODIN DE MORAES, Maria Celina. Ampliando os direitos da personalidade. In: VIEIRA, José Ribas (Org.). *20 anos da Constituição cidadã de 1988*: efetivação ou impasse institucional?. Rio de Janeiro: Forense, 2008), danos morais (BODIN DE MORAES, Maria Celina. *Danos à pessoa humana*: uma leitura civil-constitucional dos danos morais. Rio de Janeiro: Renovar, 2003; BODIN DE MORAES, Maria Celina. Danos morais em família? Conjugalidade, parentalidade e responsabilidade civil. *Revista Forense*, v. 386. Rio de Janeiro: Forense, 2006) e direito de família (BODIN DE MORAES, Maria Celina. Recusa à Realização do Exame de DNA na investigação de paternidade e direitos da personalidade. *Direito, Estado e Sociedade*, v. 9. Rio de Janeiro: PUC-Rio, 1996; BODIN DE MORAES, Maria Celina. A família democrática. *Revista da Faculdade de Direito da UERJ*, v. 13-14, 2005; BODIN DE MORAES, Maria Celina. A nova família, de novo: estruturas e função das famílias contemporâneas. *Pensar*, v. 18, 2013).

em que estão inseridos. Nada mais natural, aliás, ao leitor que esteja familiarizado com a obra da Prof.ª Celina.[2]

A figura denominada "causa do contrato" é amplamente conhecida na doutrina civilista do sistema romano-germânico, mesmo nos países cujas legislações não aludem a ela expressamente. Na experiência nacional, contudo, a complexidade que a matéria adquiriu na dogmática estrangeira, aliada à omissão legislativa a respeito, tem favorecido um cenário em que a causa se encontra restrita, via de regra, às páginas dos tratados mais substanciais,[3] sendo resolutamente subutilizada na práxis jurisprudencial. Na perspectiva do direito civil-constitucional,[4] o tema ostenta um potencial amplíssimo, pois não apenas traduz um olhar funcional do intérprete sobre o contrato como, além disso, em certas acepções (a serem tratadas mais adiante), promove uma benfazeja objetivação da análise da relação contratual, favorecendo sua permeabilidade aos valores do ordenamento ao contribuir para a superação da lógica individualista-voluntarista que era inerente ao tema. Justamente por isso, porém, tem contribuído para o ostracismo da figura o crescimento de certas aspirações (neo)liberais de parte da doutrina nos últimos anos, em busca de uma progressiva prevalência dos interesses do mercado sobre os valores do sistema – não raro, a partir do refúgio no estruturalismo radical e no discurso de defesa de uma livre-iniciativa traduzida na vontade das partes que estaria sob ameaça.[5] Chega a ser curioso que esse mesmo setor acadêmico refratário à análise causalista dos contratos costume reverenciar a obra de Pontes de Miranda, autor cuja veemente defesa da causa contratual tornou-se notória.[6]

Fui apresentado ao problema da causa durante meu curso de Mestrado em Direito Civil. A figura talvez me houvesse escapado, como a tantos outros estudantes, se não a encontrasse na vasta obra da Prof.ª Celina, minha orientadora, particularmente em seu paradigmático artigo "A causa do contrato", publicado originalmente em 2005 pela *Revista Trimestral de Direito Civil*[7] e objeto de republicações subsequentes. O tema havia sido parte essencial da tese de doutoramento da Prof.ª Celina, que tratou do mútuo de

---

2. Sobre a relevância do contexto cronológico e social para a compreensão do fenômeno jurídico, cf. BODIN DE MORAES, Maria Celina. Do juiz boca-da-lei à lei segundo a boca-do-juiz: notas sobre a aplicação-interpretação do direito no início do século XXI. *Revista de Direito Privado*, v. 56. São Paulo: Revista dos Tribunais, out.-dez./2013.
3. O tema consta, por exemplo, da obra de PEREIRA, Caio Mário da Silva. *Instituições de direito civil*, v. I. Atual. Maria Celina Bodin de Moraes. Rio de Janeiro: GEN, 2022. pp. 430 e ss.
4. Corrente metodológica cuja difusão no Brasil também deve muito à obra da Prof.ª Celina, particularmente com a publicação de BODIN DE MORAES, Maria Celina. A caminho de um direito civil constitucional. *Direito, Estado e Sociedade*. Rio de Janeiro: PUC-Rio, 1991. v. 1. A esse estudo seguiram-se muitos outros (cf., em especial, BODIN DE MORAES, Maria Celina. Constituição e direito civil: tendências. *Direito, Estado e Sociedade*. Rio de Janeiro: PUC-Rio, 1999. v. 15; BODIN DE MORAIS, Maria Celina. O jovem direito civil-constitucional. *Civilistica.com*, a. 1, n. 1, 2012; que marcam, aproximadamente, cada decênio de implementação da metodologia no país).
5. Faz-se referência a um processo que, embora não se resuma a ela, é bem ilustrado pela reforma promovida pela chamada "Lei da Liberdade Econômica" no Brasil (cf. SOUZA, Eduardo Nunes de. Lei da Liberdade Econômica e seu desprestígio à autonomia privada no direito contratual brasileiro. *Migalhas*, 16.04.2020).
6. MIRANDA, Francisco Cavalcanti Pontes de. *Tratado de direito privado*. Rio de Janeiro: Borsoi, 1970. t. 3. p. 100.
7. BODIN DE MORAES, Maria Celina. A causa dos contratos. *Revista Trimestral de Direito Civil*, a. 6, v. 21, Rio de Janeiro: Padma, jan.-mar./2005.

escopo legal no ordenamento italiano, e também já fora abordado, sob a perspectiva nacional, em um artigo precioso, decorrente daquela tese e publicado pela *Revista Forense* em 1990, com o título "O procedimento de qualificação dos contratos e a dupla configuração do mútuo no direito civil brasileiro".[8] Embora mais de uma pessoa tenha me advertido, à época, a respeito da excessiva complexidade do estudo da causa (como se o esforço de compreendê-la não fosse compensado pelo benefício), encontrei nesses textos da Prof.ª Celina não apenas a porta generosamente aberta para acessar o tema, mas também, muito mais do que isso, uma lição profunda sobre direito contratual em perspectiva civil-constitucional.

Naquele momento, redigi o artigo intitulado "Função negocial e função social do contrato: subsídios para um estudo comparativo",[9] o qual se prestava, em grande medida, a registrar as descobertas que eu então fizera (e a satisfação de tê-las alcançado). Tratava-se, na verdade, de uma grande recomendação do texto da Prof.ª Celina aos estudantes que chegassem ao tema depois de mim. À época daquele primeiro estudo, a preocupação central da investigação cingiu-se essencialmente ao problema (*rectius*, à multiplicidade) conceitual da causa. Com efeito, em uma primeira incursão na matéria, a tormentosa delimitação da figura acabou atraindo quase toda a minha atenção. Superada a perplexidade inicial quanto ao conceito (sem dúvida inerente a qualquer instância de análise funcional do direito, e não propriamente à função negocial), e tendo, então, concluído que a causa, em suas múltiplas acepções, corresponde sempre a um ou alguns dos atributos de ordem funcional do negócio jurídico,[10] tornou-se paulatinamente mais clara uma discussão ainda mais desafiadora e muito mais premente, a saber, as potencialidades de aplicação da perspectiva causalista no direito brasileiro.[11]

Com efeito, como busquei sustentar naquela oportunidade, a causa parece tornar-se mais compreensível quando percebida como uma certa forma de olhar do intérprete para o contrato, vale dizer, como uma particular *postura hermenêutica*. Trata-se, na verdade, da predisposição do observador a analisar o negócio prioritariamente pelo seu perfil funcional, ou seja, com especial atenção aos seus aspectos de ordem não estrutural.[12] Natural, portanto, que praticamente qualquer estudo sobre contratos

---

8. BODIN DE MORAES, Maria Celina. O procedimento de qualificação dos contratos e a dupla configuração do mútuo no direito civil brasileiro. *Revista Forense*, v. 309, Rio de Janeiro: Forense, mar./1990.
9. SOUZA, Eduardo Nunes de. Função negocial e função social do contrato: subsídios para um estudo comparativo. *Revista de Direito Privado*, v. 54, São Paulo: Revista dos Tribunais, abr.-jun./2013.
10. A sinonímia entre causa e função do negócio é afirmada pela mais autorizada doutrina. Cf., por todos, Salvatore PUGLIATTI, segundo o qual: "[...] a causa do negócio é a sua função jurídica fixada pela síntese dos seus efeitos (jurídicos) essenciais" (Precisazioni in tema di causa del negozio giuridico. *Diritto civile*: metodo-teoria-pratica. Milano: Giuffrè, 1951. p. 119. Trad. livre). Ulterior desenvolvimento dessa afirmação será feito no item 4, *infra*.
11. Como pondera Mario BARCELLONA, substitui-se paulatinamente a busca de um "conceito-substância", de tradição aristotélica, pelo estudo de um "conceito-função" da causa, mais usual no "pensamento científico contemporâneo" (*Della causa*: il contratto e la circolazione della ricchezza. Padova: CEDAM, 2015. p. 144).
12. Como se extrai da clássica lição de Norberto BOBBIO, existem, ao menos duas formas fundamentais de se analisar determinado conceito no âmbito das ciências sociais: pelo perfil estrutural (vale dizer, pela descrição dos elementos componentes do objeto de estudo) ou pelo funcional (isto é, indagando-se, para além do retrato estático da estrutura, qual finalidade ou interesse configura a dinâmica eficácia da noção sob análise) (*Da estrutura à função*: novos estudos de teoria do direito. Barueri: Manole, 2007. p. 53).

demande, em perspectiva civil-constitucional, um olhar causalista. Registrei algumas dessas aplicações, anos depois, em um artigo intitulado "De volta à causa contratual: aplicações da função negocial nas invalidades e nas vicissitudes supervenientes do contrato", publicado pela *Civilistica.com*,[13] revista concebida e fundada pela Prof[a]. Celina (em formato exclusivamente digital, de forma pioneira à época de sua criação), cujo desenvolvimento tive a alegria de acompanhar e que reflete, desde o seu logotipo até o hoje extenso acervo publicado, a preocupação com a construção de um direito civil centrado na pessoa humana.

O título daquele artigo, em uma análise retrospectiva, talvez tenha dito pouco: representava uma reincidência minha no tratamento expresso do tema, mas não um retorno propriamente dito. Uma vez que se compreende esse modo de ver a relação contratual, uma vez que se acessa essa chave hermenêutica (que se poderia denominar causa, função, perfil funcional ou qualquer outra expressão equivalente), não parece mesmo ser mais possível "sair" da causa do contrato. É porque o contrato, como qualquer outra categoria jurídica, ostenta uma dimensão funcional que se pode afirmar, como faz o art. 421 do Código Civil brasileiro, que ele tem uma função social;[14] todos os remédios voltados ao tratamento das vicissitudes advindas ao equilíbrio contratual têm por norte aquele programa de interesses traduzido na causa;[15] não haveria incidência do princípio da solidariedade (e, portanto, a boa-fé objetiva jamais teria o papel de profunda oxigenação das relações contratuais que lhe foi atribuído na experiência brasileira das últimas três décadas)[16] se não se reconhecesse no contrato, mais que uma estrutura legal ou convencionalmente arquitetada, um âmbito onde se equilibram valores e interesses, balizados pela legalidade constitucional.

Essas considerações parecem verdadeiras não importa *qual* aspecto funcional importe particularmente a cada estudioso: sejam os interesses das partes, seja a função econômico-social, seja, ainda, a síntese de efeitos essenciais em que se traduz a causa pugliattiana – justamente a formulação mais presente na obra da Prof[a]. Celina. A ênfase sobre a eficácia, que tão bem se coaduna com o problema da qualificação do contrato, põe em xeque a antiga concepção que contrapunha o conteúdo do contrato à sua eficácia e, superando o paradigma individualista, faz residir a juridicidade do contrato, não mais exclusivamente na vontade individual das partes, mas também na sua própria inserção

---

13. SOUZA, Eduardo Nunes de. De volta à causa contratual: aplicações da função negocial nas invalidades e nas vicissitudes supervenientes do contrato. *Civilistica.com*, a. 8, n. 2, 2019.
14. Como destaca a Prof[a]. Celina, a própria previsão da função social do contrato é evidência da adoção de uma perspectiva causalista pelo ordenamento brasileiro (BODIN DE MORAES, Maria Celina. A causa do contrato. *Civilistica.com*, a. 2, n. 1, 2013. p. 3).
15. Sobre o ponto, permita-se remeter a SOUZA, Eduardo Nunes de. De volta à causa contratual, cit., item 3. Para uma análise da relação entre programa contratual e causa, cf. ainda SILVA, Rodrigo da Guia. *Remédios ao inadimplemento dos contratos*: princípio do equilíbrio e tutela do programa contratual. São Paulo: Thomson Reuters, 2023, item 2.1.2.
16. Sobre o princípio da solidariedade e a boa-fé objetiva como um de seus corolorários, cf. o estudo paradigmático de BODIN DE MORAES, Maria Celina. O princípio da solidariedade. In: PEIXINHO, M. M.; GUERRA, I. F.; NASCIMENTO FILHO, F. (Org.). *Os princípios da Constituição de 1988*. Rio de Janeiro: Lumen Juris, 2001.

no tecido jurídico.[17] Sem nenhuma surpresa, essa também era a perspectiva defendida por Stefano Rodotà,[18] autor cuja influência sobre a obra da Profª. Celina é indisputada e com o qual ela compartilha o vanguardismo na identificação e tratamento dos temas "do futuro" – com particular destaque àqueles afeitos à tutela da pessoa humana.[19]

Acredito, assim, que o tema da causa é especialmente simbólico, não apenas pela enorme contribuição que a obra da Profª. Celina oferece ao direito contratual contemporâneo,[20] mas também porque na sua abordagem já se encontrava o gérmen da preocupação central com o solidarismo constitucional e, consequentemente, com a tutela da pessoa, que se notabilizaria posteriormente nos seus estudos paradigmáticos sobre a solidariedade social[21] e sobre a dignidade humana,[22] princípios que pioneiramente desenvolveu em nossa doutrina, muito antes que os constitucionalistas brasileiros deles se ocupassem. A noção de causa em concreto proposta pela Profª. Celina, a ser exposta mais adiante, bem demonstra essa sensibilidade particular à pessoa concreta e aos seus interesses, e está na base de uma miríade de remédios (atuais ou ainda à espera de desenvolvimento) idôneos à proteção da concreta vulnerabilidade dos contratantes, no exato grau de proteção demandado por cada caso – em suas palavras, *na medida* da pessoa humana.[23]

Entre tantas aplicações, portanto, parece inegável que a ótica causalista sobre o contrato abre as portas do programa contratual à incidência dos valores do ordenamento, em particular a proteção da pessoa humana, no âmbito dessa relação tão fundamentalmente patrimonial. No âmbito metodológico, a causa descortina ao intérprete uma perspectiva sobre a relação contratual de cuja riqueza, uma vez apreendida, dificilmente conseguirá abrir mão. Tenho associado minha experiência com a matéria à conhecida passagem de Proust: não se trata propriamente de ver novas paisagens, mas sim de olhar com novos olhos. Há, porém, uma outra citação, esta atribuída a Robert Frost, citada pela Profª.

---

17. Nesse sentido: PUGLIATTI, Salvatore. Nuovi aspetti del problema della causa dei negozi giuridici. *Diritto civile*: metodo-teoria-pratica. Milano: Giuffrè, 1951. pp. 97-98; BODIN DE MORAES, Maria Celina. A causa do contrato, cit., pp. 5-6.
18. Sobre a mitigação da relevância da distinção entre conteúdo e efeito do contrato, cf. RODOTÀ, Stefano. *Le fonti di integrazione del contratto*. Milano: Giuffrè, 1969. pp. 79-91, onde o autor correlaciona essa discussão com a perspectiva voluntarista do contrato, cuja superação propõe em favor de uma "dúplice realidade", na qual a atividade dos privados vai além do conteúdo, mas neste ingressam também determinações legais (Ibid., pp. 89-90).
19. Uma parte dessa influência é relatada no editorial BODIN DE MORAES, Maria Celina. Stefano Rodotà: passado, presente e futuro. *Civilistica.com*, a. 4, n. 2, 2015.
20. Cf., além dos estudos voltados à causa contratual: BODIN DE MORAES, Maria Celina. Notas sobre a promessa de doação. *Revista Trimestral de Direito Civil*, v. 24, Rio de Janeiro: Padma, out.-dez./2005; BODIN DE MORAES, Maria Celina; SCHULMAN, Gabriel. Ensaio sobre as iniquidades de fiança locatícia gratuita. In: GUEDES, Gisela Sampaio da Cruz; BODIN DE MORAES, Maria Celina; MEIRELLES, Rose Mello Vencelau (Org.). *Direito das garantias*. São Paulo: Saraiva, 2017.
21. BODIN DE MORAES, Maria Celina. O princípio da solidariedade, cit.; BODIN DE MORAES, Maria Celina. Risco, solidariedade e responsabilidade objetiva. *Revista dos Tribunais*, v. 854. São Paulo: RT, 2006.
22. BODIN DE MORAES, Maria Celina. O conceito de dignidade humana, cit.
23. BODIN DE MORAES, Maria Celina. *Na medida da pessoa humana*: estudos de direito civil-constitucional. Rio de Janeiro: Renovar, 2010, Prefácio (não paginado).

Celina em seu fundamental *Danos à pessoa humana*[24] e com a qual todos os seus alunos estão familiarizados, que traduz ainda melhor a sua contribuição, não apenas no tema da causa contratual, como também em todos os outros: o verdadeiro papel do professor não é o de ensinar – mas sim o de despertar.

2. O CONTRATO: DA FUNÇÃO À FUNCIONALIZAÇÃO

Como se sabe, na ciência do direito, estrutura e função associam-se a dois momentos históricos distintos do positivismo jurídico. Este, em sua formulação mais tradicional, lançava seus alicerces em uma visão predominantemente estrutural ou formal.[25] Não poderia ser diferente: a função de uma categoria jurídica perpassa os interesses e valores vinculados a ela;[26] o positivismo nos moldes kelsenianos, por sua vez, ambicionava precisamente desvincular-se de juízos valorativos.[27] A juridicidade, nessa concepção, decorria da conformidade estrutural ao sistema (em larga medida, do respeito à letra da lei).[28] A transição do Estado liberal para o *Estado do bem-estar social*, por outro lado, ensejou uma drástica mudança, ao exigir uma intervenção estatal mais intensa sobre a atividade particular, que perduraria mesmo no posterior cenário do chamado neoliberalismo.[29] Logo se constatou que a escolha por uma visão predominantemente funcional do direito vincula-se intimamente a uma maior intervenção (do Estado e, em particular, do julgador) sobre a autonomia privada.

No Brasil, à semelhança do que ocorrera, décadas antes, em outros países do sistema continental, a garantia de direitos sociais (promotores de uma igualdade substancial e não meramente formal, como aquela associada às liberdades civis clássicas) exigiu a intensificação de uma atuação estatal positiva.[30] No plano legislativo, observou-se a paulatina edição de leis especiais protetoras de minorias e, em um segundo momento,

---

24. BODIN DE MORAES, Maria Celina. *Danos à pessoa humana*, cit., p. XVI.
25. A Teoria Pura do Direito, como idealizada por Hans KELSEN, rejeitava a noção de que o Direito seria essencialmente moral, não por negar importância à legitimidade moral da norma jurídica, mas justamente por acreditar que semelhante aproximação, no campo teórico, conduziria a uma permanente legitimação acrítica da ordem estatal (*Teoria pura do direito*. São Paulo: Martins Fontes, 2006. p. 78).
26. Assim se extrai, por exemplo, da obra de Pietro PERLINGIERI: "Na identificação da função dever-se-á considerar os princípios e valores do ordenamento que a cada vez permitem proceder à valoração do fato. Ao valorar o fato, o jurista identifica a função, isto é, constrói a síntese global dos interesses sobre os quais o fato incide" (*O direito civil na legalidade constitucional*. Rio de Janeiro: Renovar, 2008. p. 642).
27. Sublinha Norberto BOBBIO que, para Kelsen, a análise funcional e estrutural estavam declaradamente separadas e, mais do que isso, que essa separação é a base teórica sobre a qual o autor fundava a exclusão da primeira em favor da segunda. A análise funcional seria, assim, confiada aos sociólogos e, talvez, aos filósofos (*Da estrutura à função*, cit., pp. 53-54).
28. "Com efeito, a ciência jurídica não tem de legitimar o direito, não tem por forma alguma de justificar – quer através de uma Moral absoluta, quer através de uma Moral relativa – a ordem normativa que lhe compete – tão somente – conhecer e descrever" (KELSEN, Hans. *Teoria pura do direito*, cit., p. 78).
29. Para uma análise jurídica e econômica desse processo, cf. NUNES, António José Avelãs. *Neoliberalismo e direitos humanos*. Rio de Janeiro: Renovar, 2003.
30. Como ressalta Jorge Reis NOVAIS, "a colocação da ordem econômica e social à disposição da atividade conformadora do Estado democraticamente constituído só pode ser entendida, justificada e determinada em função da promoção das esferas individuais e da criação das condições objetivas da sua realização" (*Contributo para uma teoria do Estado de Direito*. Coimbra: Almedina, 2006. p. 211).

uma revolução mais ampla, voltada a implementar a tutela prioritária da pessoa humana determinada pela Constituição de 1988.[31] Trata-se, é claro, de um processo que ocorreu difusamente em diversos setores, em diferentes países e momentos históricos, e que hoje, analisado em retrospecto, costuma ser associado a fatores de muitas ordens: ora à mudança de modelo político-econômico de Estado, ora a inovações da técnica legislativa, ora à admissão da normatividade das Constituições e à natureza dos direitos fundamentais (por exemplo, na evolução dos chamados direitos de primeira geração para os direitos sociais), ora, ainda, a alterações do próprio modelo hermenêutico prevalecente na doutrina.[32]

No que concerne à hermenêutica jurídica, a análise exclusivamente estrutural dos institutos (vinculada a um controle excepcional, dito externo, da autonomia privada) foi aos poucos precedida[33] pela perspectiva funcional (atenta aos interesses envolvidos nesses mesmos institutos e aos valores que o constituinte e, em sua esteira, o legislador ordinário começavam a aportar para o interior do sistema).[34] Em matéria contratual, essa mudança demandou inserir o contrato, como era então compreendido (estrutura formal, ato pontual na linha temporal da relação jurídica) em um contexto maior, que permitisse apreender a real dinâmica entre as partes. Quais efeitos o contrato se destina a produzir? Qual estado ideal de coisas as partes acordaram obter? Que interesses esse acordo tem a finalidade de tutelar? De que modo a eventual relação prévia entre as partes, as tratativas e demais comportamentos pré-contratuais e os próprios termos da avença permitem identificar esses efeitos pretendidos e interesses tutelados? De que modo o inteiro programa contratual,[35] esse somatório de efeitos e interesses, coaduna-se (ou não) com os valores do ordenamento?

Apenas formulando perguntas dessa ordem é possível ao intérprete aferir a juridicidade do contrato no plano valorativo, indo além da simples aferição de possíveis vícios estruturais do ato.[36] E é exatamente esse olhar funcional que permite identificar, em cada contrato, a sua causa – ou melhor, talvez seja possível dizer, ainda que por me-

---

31. Sobre a experiência brasileira, cf. BODIN DE MORAES, Maria Celina. A caminho de um direito civil constitucional, cit., *passim*.
32. Por exemplo, a transição da jurisprudência dos conceitos para a dos interesses parece ilustrar bem esse processo – ainda em um momento histórico anterior à transição de modelos de Estado acima mencionada.
33. A análise funcional, registre-se, não exclui a estrutural, ponto de partida natural (e inevitável) do raciocínio do intérprete. Assim já se teve oportunidade de afirmar, por exemplo, a respeito do papel contemporâneo do raciocínio subsuntivo (cf. SOUZA, Eduardo Nunes de. Merecimento de tutela: a nova fronteira da legalidade no direito civil. *Revista de Direito Privado*, v. 58, São Paulo: Revista dos Tribunais, abr.-jun./2014, item 2). A função, porém, pode condicionar a estrutura, gozando, assim, não de exclusividade, mas de prioridade valorativa. A respeito, cf. PERLINGIERI, Pietro. *O direito civil na legalidade constitucional*, cit., p. 642; e, no direito brasileiro, KONDER, Carlos Nelson. *Contratos conexos*. Rio de Janeiro: Renovar, 2006. p. 32.
34. Cf. BOBBIO, Norberto. *Da estrutura à função*, cit., p. 13.
35. No que diz respeito ao termo "programa contratual", trata-se de noção usualmente associada ao conteúdo do contrato (BARCELLONA, Mario. *Della causa*, cit., p. 146); o termo "conteúdo", porém, é muitas vezes associado à causa contratual (como ocorreu, por exemplo, na recente reforma da lei francesa – cf. item 4, *infra*).
36. Nesse sentido, destaca Carlos Nelson KONDER que, "no exame de um fato jurídico deve-se privilegiar o perfil funcional – os efeitos buscados, o fim almejado – em detrimento do perfil meramente estrutural, pois aquele é o mais adequado para individuar os interesses que as partes buscam realizar" (*Contratos conexos*, cit., p. 32).

tonímia: é exatamente essa postura do intérprete que corresponde à causa do contrato. Não por acaso, a noção de causa recebeu da doutrina conceitos tão diversos, alguns dos quais se mencionará ao longo deste estudo. Com efeito, a função negocial abarca, por definição, fatores muito distintos – interesses, efeitos, valores, finalidades, escopo, programa etc.[37] A depender do propósito da investigação, o intérprete buscará um ou algum desses fatores e não os demais – mas, em todo caso, estará sempre procedendo a uma análise funcional. Estará sempre, em outros termos, buscando a causa do contrato, que assumirá, em cada nova investigação, contornos ligeiramente distintos – todos unificados pelo olhar funcional.

O momento parece oportuno para revisitar o tema da causa justamente porque o cenário contemporâneo demanda reavivar a compreensão do intérprete sobre a análise funcional do direito e, em particular, sobre a função do contrato. Nos últimos anos, assiste-se a uma crescente desconfiança legislativa acerca da análise funcional[38] – desconfiança que ignora largamente o fato de essa postura hermenêutica decorrer da própria fonte constitucional, de sua natureza predominantemente valorativa e do amplo reconhecimento de sua força normativa, de tal modo que a análise funcional não pode ser simplesmente afastada pelo legislador ordinário.[39] Por outro lado, não se pode ignorar que esse fenômeno representa, em certa medida, uma reação ao fato de a doutrina e a jurisprudência terem por vezes estirado, nos últimos anos, o processo de funcionalização do contrato a limiares que não encontram real fundamento na axiologia e na lógica do sistema. Mostra-se oportuno, assim, antes de tudo, revisitar a própria distinção entre as noções de análise funcional e de funcionalização, já que, enquanto esta deve encontrar seus limites nos próprios valores do sistema, aquela deve ser sempre a mais ampla e irrestrita possível, como corolário do próprio reconhecimento da existência desses valores.

---

37. Sobre a relação entre os perfis funcional e do interesse, aduz PERLINGIERI: "A revalorização do interesse nos institutos e nas situações subjetivas constitui a perspectiva mais natural para rever criticamente a excessiva consideração reservada ao perfil estrutural [...]. É relevante a propósito a contribuição de quem, formado na prevalência da substância sobre a forma, elabora um método de pesquisa orientado a privilegiar o interesse respeito à vontade, o perfil objetivo e funcional respeito àquele subjetivo e descritivo, a função socioeconômica respeito à estrutura" (*O direito civil na legalidade constitucional*, cit., pp. 118-119). No que tange à associação entre função e efeito, esclarece o autor, com base no pensamento pugliattiano: "identificar a função não é o mesmo que descrever os efeitos do fato, interligando-os desordenadamente entre si, mas sim apreender o seu significado normativo. Este significado, reconstruído pela aplicação das regras e princípios, se exprime em situações subjetivas, isto é, em efeitos do fato [...]: a função é justamente a síntese dos efeitos 'essenciais' do fato" (Ibid., pp. 642-643). As noções de finalidade ou escopo mostram-se mais próximas, no próprio léxico, a uma das acepções de função, ao passo que o termo "programa contratual", como se afirmou mais acima, tem sido cada vez mais usualmente associado à causa.
38. Exemplo eloquente pode ser colhido da redação conferida à Lei de Introdução às Normas do Direito Brasileiro pela Lei 13.655/2018, que evidenciou, em seu art. 20, o temor legislativo sobre decisões fundadas em "valores jurídicos abstratos". Embora a norma aparente ter sido editada, em grande parte, como resposta ao momento político do país (voltando-se prioritariamente a questões de direito público), sua inserção em uma lei tão abrangente, sem um cuidado redacional que especificasse seu escopo de aplicação, não deixa de ser sintomática.
39. Isso porque, em perspectiva civil-constitucional (e mesmo de acordo com os mais basilares ensinamentos da teoria geral do direito), não se admite a interpretação de norma hierarquicamente superior a partir de outra que lhe seja inferior. A respeito, cf. BODIN DE MORAES, Maria Celina. A caminho de um direito civil constitucional, cit., item 3.

De fato, em um momento avançado do processo acima descrito de migração da análise puramente estrutural do direito para uma perspectiva funcional, observou-se o fenômeno da assim denominada *funcionalização* dos institutos jurídicos. Trata-se, em síntese, de uma segunda postura hermenêutica, que não apenas reconhece que todo instituto jurídico deve ser analisado prioritariamente à luz de sua função (efeitos, interesses etc.), mas também que esta função deve ser compatível com os valores que justificam sua tutela jurídica pelo ordenamento. De fato, o reconhecimento de que existe uma função para as categorias jurídicas parece não apenas lógica, mas cronologicamente anterior ao reconhecimento de que essa função deva voltar-se a tais ou quais valores ou finalidades.[40] Registra-se, desse modo, o salto qualitativo realizado na transição entre a chamada jurisprudência dos interesses para a jurisprudência dos valores[41] – que, partindo da adoção da análise funcional foi além, ao sustentar que a própria existência desses institutos só se justifica *em função* da promoção dos princípios constitucionais.

A polissemia do termo "função" serviu, portanto, para inserir na ideia de "funcionalização" não apenas a necessidade de uma análise *funcional* (ou seja, não apenas estrutural) do direito, como também a tese de que a juridicidade de todos os atos jurídicos somente se justifica *em função* de valores do ordenamento. E, neste ponto, o estudioso se depara com uma terceira ocorrência do termo "função": em nossa ordem constitucional, tanta relevância foi conferida ao princípio da *função social* que, no processo de funcionalização dos institutos privatísticos aos valores do sistema, ele ganhou especial proeminência. Mais uma vez, a polissemia do termo "função" conduziu a uma progressiva associação de ideias: não apenas se deve realizar uma análise *funcional* (mais que estrutural) dos institutos, e não apenas devem eles ser *funcionalizados* aos valores constitucionais (ou seja, aplicados em função de sua promoção), como, entre esses valores, a *função social* adquiriu enorme destaque (sendo, por vezes, o único expressamente mencionado pelo intérprete ao julgar o merecimento de tutela de interesses particulares).[42]

A ênfase na superação do individualismo em prol do solidarismo constitucional mostrava-se tão necessária que mais de uma vez se equiparou diretamente o perfil funcional das situações jurídicas subjetivas à sua relevância social, tudo sob a alcunha de

---

40. Muitas categorias previstas tradicionalmente pelo direito civil já implicavam, por exemplo, o recurso a critérios funcionais (pense-se, ilustrativamente, na noção de fraude à lei, nas classificações das benfeitorias e na própria ideia de acessoriedade entre bens ou direitos). A transição da análise simplesmente funcional de qualquer instituto para uma análise funcionalizada aos valores do ordenamento, porém, traduz um segundo raciocínio. Assim, por exemplo, parece vir ocorrendo na jurisprudência pátria nos casos em que se investiga se certo bem é essencial à dignidade de seu titular ao ponto de caracterizar um bem de família.

41. Cf. PERLINGIERI, Pietro. *O direito civil na legalidade constitucional*, cit., p. 119: "A jurisprudência dos valores constitui, sim, a natural continuação da jurisprudência dos interesses – mas com maiores aberturas para com as exigências de reconstrução de um 'Direito Civil Constitucional' –, enquanto idônea a realizar, melhor do que qualquer outra, a funcionalização das situações patrimoniais às existenciais".

42. Sobre a noção de "merecimento de tutela" e um possível sentido estrito para ela, permita-se remeter a SOUZA, Eduardo Nunes de. Merecimento de tutela, cit., *passim*. Particularmente quanto à relação entre função contratual e função social do contrato, permita-se remeter a SOUZA, Eduardo Nunes de. De volta à causa contratual, cit., item 4.

funcionalização.[43] A sobreposição dessas três noções demanda, contudo, uma revisão crítica. Afinal, se os limites e possibilidades de *funcionalização* dos contratos e das demais categorias do direito civil são colocados pelos próprios valores do ordenamento (inclusive, entre outros, o valor expresso pelo princípio da *função social*), por outro lado, ainda quando certa funcionalização pretendida pelo intérprete não se justificar à luz do sistema (vale dizer, quando se concluir que determinado instituto não tem a vocação ou o potencial de voltar-se especificamente à promoção de um certo valor), a todo tempo se impõe ao hermeneuta uma *análise funcional*, não lhe sendo lícito pautar sua atividade apenas pelo prisma estrutural. É no campo dessa análise funcional que se insere o tema da causa contratual, como se buscará evidenciar a seguir.

3. DA CAUSA DA OBRIGAÇÃO À CAUSA DO CONTRATO

Pode-se afirmar que a discussão atinente à noção moderna de causa contratual encontra suas raízes na França dos séculos XVII e XVIII,[44] tendo-se intensificado com o advento da primeira grande codificação. De fato, a redação original do *Code* incluía "uma causa lícita na obrigação" no rol de condições essenciais à validade dos contratos.[45] O codificador francês de 1804, nesta e em tantas outras matérias, inspirou-se nas lições de Joseph Pothier – que, por sua vez, limitou-se essencialmente a reproduzir, nesse tema, as ideias que seu antecessor, Jean Domat, expusera em sua obra *Les loix civiles dans leur ordre naturel*.[46] A rigor, a preocupação do *Code Napoléon* parece ter sido a de resolver um problema que, à luz do direito brasileiro, foi razoavelmente bem solucionado pela simples cominação de nulidade ao contrato em decorrência da ilicitude do objeto ou do motivo determinante comum a ambas as partes.[47] A norma, porém, introduziu um debate insolúvel

---

43. Ilustrativamente, ao tratar do perfil funcional das situações jurídicas, afirma Pietro PERLINGIERI, em uma mesma passagem, tratar-se de "um aspecto particularmente importante para a qualificação da situação, isto é, para a determinação da sua função no âmbito das relações sócio-jurídicas. O ordenamento vigente conforma a função de cada situação subjetiva em sentido social. O fenômeno pode ser mais ou menos relevante; por vezes, o é a ponto de transfigurar a situação subjetiva. Existem situações que 'são' funções sociais, outras que 'têm' função social" (*O direito civil na legalidade constitucional*, cit., pp. 670-671).
44. Curiosamente, porém, Jean DOMAT, cujos estudos serviram de inspiração ao *Code*, indicava em notas de sua obra fontes romanas das quais considerava ser possível extrair seu conceito de causa (*Les loix civiles dans leur ordre naturel*, Livre 1er., Tit. I, Sect. I. Paris: 1697, pp. 65 e ss.), pelo que viria a ser muito criticado (cf. PLANIOL, Marcel. *Traité élémentaire de droit civil*, tome II. Paris: LGDJ, 1907. p. 341).
45. Dispunha o Código Civil francês em sua redação original: "Article 1.108. Quatre conditions sont essentielles pour la validité d'une convention: le consentement de la partie qui s'oblige; sa capacité de contracter; un objet certain qui forme la matière de l'engagement; une cause licite dans l'obligation".
46. Esse histórico é traçado, entre outros, por PLANIOL, Marcel. *Traité élémentaire de droit civil*, tome II, cit., p. 342: "Depois de Domat, a teoria da causa não mudou. Pothier, notadamente, nada mais fez do que reproduzir as ideias de seu antecessor. [...] Os artigos do *Code* foram inspirados por essas passagens de Pothier e remontam, assim, por seu intermédio, até Domat" (Trad. livre). No mesmo sentido, ressalta Jacques GHESTIN que a única diferença mais substancial no pensamento de Pothier em relação a Domat estava no reconhecimento da possibilidade de um erro quanto ao objeto do contrato (que seria distinto do erro quanto à causa), ao passo que Domat conferia à causa feições mais objetivas e a reputava o fundamento exclusivo da avença (*Cause de l'engagement et validité du contrat*. Paris: LGDJ, 2006. pp. 19-20).
47. Tal preocupação torna-se mais clara quando se leva em conta a redação original do art. 1.131 do *Code*: "*L'obligation sans cause, ou sur une fausse cause, ou sur une cause illicite, ne peut avoir aucun effet*". A respeito, PLANIOL aponta a desnecessidade da causa para lidar com todas essas hipóteses (*Traité élémentaire de droit civil*, tome

na doutrina, que não tardou a atribuir as mais variadas qualificações pessimistas ao tema da causa, diante da aparente impossibilidade de se apreender seu significado.[48]

No âmbito da aludida matriz francesa, considerando que o *Code* aludia à "causa na obrigação" (e não "do contrato"), as primeiras formulações do conceito consistiram em um aglomerado de definições que variavam de um exemplo de obrigação para outro (por exemplo, conforme o débito decorresse de contrato sinalagmático, gratuito ou real).[49] De fato, como as obrigações podem originar-se de títulos com naturezas muito diversas, também eram várias as definições de causa, sem que fosse possível delas extrair uma *ratio* única. Como se percebe, a causa era aqui concebida como um tipo de causa eficiente, fonte necessária ao surgimento da obrigação (e, por isso, diferente em cada caso),[50] em uma acepção que não dista, na prática, da noção de "causa" como título justificador de uma transferência patrimonial (pense-se na expressão "enriquecimento sem causa").[51]

Embora haja autores que distingam as noções de causa eficiente e de causa-título justificador (elencando, ainda, muitos outros possíveis significados para a palavra),[52] essa confusão inicial foi muito marcante na doutrina francesa.[53] Assim, por exemplo, Pothier, ao exemplificar as hipóteses de ausência ou falsidade da causa, alude ao caso da obrigação de pagar dívida inexistente, e prevê como consequência uma *condictio sine causa*.[54] Tais inconsistências já eram conhecidas por Clóvis Beviláqua, que, na esteira

---

II, cit., p. 345). Sobre a ausência de causa, aduzia que a nulidade daí decorrente apenas se aplicava "aos contratos sinalagmáticos: se a coisa vendida não existe, a obrigação do vendedor é nula por falta do objeto: aquela do comprador é nula por falta de causa, porque a obrigação do vendedor que a deveria ensejar não nasceu. Podemos chegar ao mesmo resultado sem fazer intervir a ideia de causa, pela simples natureza sinalagmática do contrato, que supõe prestações recíprocas". E, sobre a causa ilícita: "Suponhamos que duas pessoas discutam sobre um crime que uma se põe a cometer, enquanto a outra lhe paga dinheiro para assim decidir. A operação é certamente nula em seu conjunto. Mas por quê? [...] Não temos nenhuma necessidade desse desvio para anular esta segunda obrigação, ela é nula, como a primeira, porque tem um objeto ilícito" (Trad. livre).

48. Salvatore PUGLIATTI, por exemplo, afirma tratar-se da mais exuberante fonte de equívocos de toda a teoria do negócio jurídico (Precisazioni in tema di causa del negozio giuridico, cit., p. 105). Michele GIORGIANNI, por sua vez, compara a causa a um edifício em constante construção e que, apesar de apoiado em bases sólidas e antigas, a despeito da destreza dos arquitetos, não consegue assumir um contorno claro (Causa del negozio giuridico (dir. priv.). *Enciclopedia del diritto*, v. VI, Milano: Giuffrè, 1960. p. 547).
49. Veja-se como POTHIER resumia a lição colhida da obra de Domat: "Todo compromisso deve ter uma causa honesta. Nos contratos interessados, a causa do compromisso que contrata uma das partes está naquilo que a outra parte lhe dê, se comprometa a lhe dar ou no risco pela qual se responsabilize. Nos contratos de beneficência, a generosidade que uma das partes quer exercer para com a outra é uma causa suficiente do compromisso [...]" (*Tratado das obrigações*. Campinas: Servanda, 2002. p. 59).
50. O entendimento parece ter sofrido forte influência das fontes romanas, em que predominava esse sentido de "causa". A respeito, cf. GHESTIN, Jacques. *Cause de l'engagement et validité du contrat*, cit., p. 11.
51. A diferença, evidentemente, é a de que o contrato representa, em si mesmo, um título justificador de transferência patrimonial, ao passo que a causa da obrigação remetia a aspectos menores (tais como o consentimento ou o *animus donandi*). Em análise crítica daquela primeira acepção, cf. SILVA, Rodrigo da Guia. *Enriquecimento sem causa*: as obrigações restitutórias no direito civil. São Paulo: RT, 2018. p. 175.
52. CORDEIRO, António Menezes. *Tratado de direito civil*, v. VII. Coimbra: Almedina, 2018. p. 613.
53. Como avalia Emmanuelle CHEVREAU, a causa romana era objetiva e pragmática: nunca foi elemento do contrato, nem se confundia com o consenso. Já a causa moderna decorreria de uma "interpretação errada, proposta por Jean Domat, das fontes romanas" (La cause dans le contrat en droit français: une interprétation erronée des sources du droit romain. *Revue des contrats*, v. 2013/1. Paris: LGDJ, 2013).
54. POTHIER, Robert Joseph. *Tratado das obrigações*, cit., p. 59.

das severas críticas desferidas pela própria doutrina francesa (notadamente, por Planiol)[55] à corrente causalista, não incluiu no projeto do Código Civil de 1916 qualquer referência à causa.[56]

A expressa disposição do *Code* exigiu, porém, que a doutrina francesa insistisse em conferir ao termo alguma utilidade. Após a malograda tentativa de explicá-lo de modo fragmentado, desenvolveu-se nova formulação, eminentemente subjetiva, que o associava às *motivações* dos contratantes.[57] Embora tal conceito tenha tido o mérito de considerar elementos do caso concreto para a configuração da causa, permaneceu, por outro lado, excessivamente atrelado à vontade individual das partes.[58] Nessa ótica, a causa aproximar-se-ia, ora do próprio objeto do contrato,[59] ora do motivo determinante expresso,[60] ora, ainda, de recônditos motivos psicológicos (juridicamente indiferentes).[61]

Com variações pontuais, essa concepção subjetiva prevaleceu no ordenamento francês até a recente reforma que suprimiu do *Code* as referências ao tema. Trata-se da alteração promovida pela *Ordonnance* n. 2016-131, que, em outubro de 2016, modificou, entre outros, os arts. 1108 e 1131-1133 da codificação francesa, suprimindo por completo

---

55. "Indicando aquilo que ele entendia por 'causa' para três categorias de contratos, Domat havia oferecido três regras diferentes para encontrar a causa, mas nenhuma fórmula única. Os autores modernos trabalharam muito para encontrar uma definição da causa que compreendesse as três fórmulas de Domat. Seus esforços foram vãos: [...] ao que é heterogêneo é impossível dar uma definição única" (PLANIOL, Marcel. *Traité élémentaire de droit civil*, tome II, cit., p. 343. Trad. livre).
56. Na crítica de Clóvis BEVILÁQUA sobre a causa, "é ociosa essa cláusula e somente própria para gerar confusões, em um assunto, jurídica e psicologicamente, claro. [...] Merece que seja posta de lado essa argúcia" (*Direito das obrigações*. Rio de Janeiro: Rio, 1977. pp. 159-160).
57. Afirma Jean DABIN: "[...] depois de Domat e Pothier autores e práticos trataram de formular uma definição geral da causa, que fosse aplicável a toda classe de obrigações. Adotando um dos sentidos habituais da palavra [...], definiram esta como o motivo, o móbil da obrigação" (*La teoria de la causa*. Madrid: Editorial Revista de Derecho Privado, 1955. p. 74. Trad. livre). No mesmo sentido, aduz Louis JOSSERAND que, na acepção adotada pela jurisprudência francesa, "a causa se identifica com os motivos extrínsecos ao ato [...]; também é ela individual e varia ao infinito, não apenas seguindo as categorias de operações, mas também segundo a personalidade dos contratantes e de acordo com as espécies" (*Les mobiles dans les actes juridiques du droit privé*. Paris: Dalloz, 1928. p. 212. Trad. livre).
58. Alegou-se, inclusive, que semelhante concepção subjetiva fazia reduzir o elemento causal ao simples consentimento (DABIN, Jean. *La teoria de la causa*, cit., p. 76).
59. Tecnicamente, a causa (mesmo em sentido objetivo) não se confunde com o objeto pois, enquanto este pode ser identificado independentemente do seu destino, aquela "desempenha um papel coordenador de toda a operação econômica, exprime a tensão da vontade sobre um bem, o interesse que através do negócio se quer realizar" (KONDER, Carlos Nelson. Causa do contrato x função social do contrato: estudo comparativo sobre o controle da autonomia negocial. *Revista Trimestral de Direito Civil*, v. 43, Rio de Janeiro: Padma, jul.-set./2010. p. 44). No mesmo sentido: FERRI, Giovanni Battista. *Causa e tipo nella teoria del negozio giuridico*. Milano: Giuffrè, 1968. p. 370; BETTI, Emilio. *Teoria geral do negócio jurídico*. Campinas: Servanda, 2008. p. 263; AMARAL, Francisco. *Direito civil*: introdução. Rio de Janeiro: Renovar, 2006. p. 428. Isso não impede, porém, que as hipóteses de nulidade contratual que o direito francês costumava atribuir à causa ilícita possam ser substituídas pelas *fattispecie* que o direito pátrio credita à ilicitude do objeto (como se sustentará mais adiante).
60. A respeito, Antônio Junqueira de AZEVEDO, embora afirme a distinção entre causa e motivo, também sustenta que a noção de causa ilícita corresponde, na verdade, a um motivo determinante ilícito (*Negócio jurídico*: existência, validade e eficácia. São Paulo: Saraiva, 2002. p. 153).
61. De fato, os motivos expressos passam a integrar a vontade comum negocial, ao passo que os motivos faltantes na declaração de vontade não podem afetar a validade negocial (PUGLIATTI, Salvatore. Nuovi aspetti del problema della causa dei negozi giuridici, cit., p. 86). No mesmo sentido, AMARAL, Francisco. *Direito civil*, cit., p. 428.

as referências à causa.⁶² Após a reforma, para além do consentimento e da capacidade das partes, o ordenamento francês passou a exigir apenas que os contratos ostentem um "conteúdo" lícito e certo, sem mais exigir uma "causa lícita" para as obrigações.⁶³ A doutrina, porém, continua a interpretar essa exigência de modo a abranger tanto a licitude do objeto quanto dos motivos perseguidos pelas partes, em um claro aceno ao conceito subjetivo de causa que até então predominava no direito francês.⁶⁴

Em outros termos, a simples exigência de licitude do objeto ou do "conteúdo" do contrato (eventualmente acrescida da menção aos motivos) já basta para suprir os fins que, antes, eram atendidos pela exigência de licitude da causa no sistema francês.⁶⁵ No caso brasileiro, em que tanto a licitude do objeto quanto a do motivo comum às partes estão previstas no art. 166 do Código Civil, a utilidade da causa como filtro de validade dos contratos revela-se muito reduzida. Desnecessário destacar, ainda, que, em outros ordenamentos, como o alemão, no qual a noção de causa nunca se popularizou, não parece ter havido nenhum prejuízo à efetividade do controle da validade contratual.⁶⁶

Também a doutrina italiana dedicou-se ao estudo do tema da causa, em particular por força de uma disposição do *Codice* de 1942. No caso italiano, porém, o legislador, em lugar de cogitar da "causa da obrigação", aludiu à "causa do contrato", prevendo-a como um "requisito do contrato". Embora o objetivo da norma fosse idêntico àquele

---

62. A discussão acerca da reforma do direito francês girou em torno de dois anteprojetos doutrinários: um proposto por Pierre Catala, que fazia valer a tese de Jacques Ghestin que denominava a causa de *cause de l'engagement* e a subdividia entre *contrepartie convenue* (sentido objetivo) e *but* (sentido subjetivo); o segundo, proposto por François Terré, propôs o abandono total da noção, e acabou por prevalecer. Sobre esse histórico, cf., entre os estudos em língua portuguesa, VALIM, Thales Ricardo Alciati. A doutrina da causa no direito francês pós-reforma. *Revista Jurídica Luso-Brasileira*, a. 5, n. 3, pp. 1732-1735, 2019.
63. Dispõe atualmente o art. 1.128 do Código Civil francês: "Sont nécessaires à la validité d'un contrat: 1º Le consentement des parties; 2º Leur capacité de contracter; 3º Un contenu licite et certain".
64. Nesse sentido, por exemplo, afirma-se que é o conjunto entre as estipulações contratuais e o fim (*but*) do contrato que constitui o seu "conteúdo" (MALAURIE, Philippe; AYNÈS, Laurent. *Droit des obligations*. Paris: LGDJ, 2016. p. 339). A análise de Philippe DUPICHOT sobre os novos requisitos de validade do contrato descreve bem o cenário atual da doutrina francesa: "O objeto se torna o conteúdo do contrato, o qual fagocita, já de saída, a causa! [...] Banida do direito vivente dos contratos, a causa já o ronda como uma alma penada" (Regards (bienveillants) sur le projet de réforme du droit français des contrats. *Droit & Patrimoine*, n. 247, maio/2015. p. 40. Trad. livre). Em perspectiva comparatista, pondera também Massimo FRANZONI: "Sou levado a crer que os franceses continuarão a dar resposta à pergunta 'para que serve o contrato', muito embora a causa não esteja mais entre os elementos essenciais do ato" (La causa e l'interesse meritevole di tutela secondo l'ordinamento giuridico. *Jus Civile*, n. 5, 2017. p. 413).
65. Este, aliás, foi o propósito deliberado da reforma do *Code*, segundo o *Rapport au Président de la République relatif à l'ordonnance n. 2016-131 du 10 février 2016 portant réforme du droit des contrats, du régime général et de la preuve des obligations*: "O conteúdo do contrato, termo adotado por diversos instrumentos europeus de harmonização do direito, inclui o que no direito francês releva acerca do objeto e da causa" (*Journal Officiel de la République Française*, n. 0035, 11.2.2016. Trad. livre). Quanto ao direito brasileiro, pondera Caio Mário da Silva PEREIRA: "se no direito francês o ato é inválido por iliceidade de causa, no direito brasileiro a mesma invalidade o atinge por iliceidade do objeto" (*Instituições de direito civil*, v. I, cit., p. 434).
66. Registra Menezes CORDEIRO que a pandectística alemã, embora ciente do tema da causa, jamais lhe conferiu particular relevância, o que resultou no silêncio do BGB a respeito (*Tratado de direito civil*, v. VII, cit., p. 609). Conforme anota DÍEZ-PICAZO, a relevância do termo *causa* no BGB, que fruiu diretamente das fontes romanas (sem receber as construções doutrinárias de Domat e Pothier), restringiu-se à seara do enriquecimento sem causa (*Fundamentos del derecho civil patrimonial*. Madrid: Civitas, 2007. v. I. p. 269).

verificado na França (a saber, a estipulação de uma hipótese de invalidade negocial), o Código italiano divergiu do francês ao dispor em momentos separados (respectivamente, nos arts. 1.343[67] e 1.345[68]) sobre a causa ilícita e o motivo ilícito, diferenciando, desse modo, causa e motivo.[69] Isso acarretou o desenvolvimento, na Itália, de uma inteira corrente de pensamento que, diversamente daquela desenvolvida na França, substituiu as considerações sobre motivos psicológicos ou outros aspectos subjetivos da finalidade negocial pela busca de uma unidade funcional objetiva do contrato – vale dizer, inerente ao próprio negócio, e não mais às partes individualmente consideradas.

Em termos gerais, o que caracteriza as definições mais notórias sobre a causa na doutrina italiana é justamente a compreensão de que, uma vez celebrado, o contrato passa a revelar uma síntese de interesses, um programa objetivamente perceptível por qualquer pessoa que tomar conhecimento dele e de suas circunstâncias – que se autonomiza, após o aperfeiçoamento do ato, da vontade individual das partes. Este foi o mérito das chamadas teorias objetivas da causa, em suas diversas manifestações: identificar na causa "a função objetiva, a razão justificadora ou a finalidade prática que o contrato persegue".[70] A importância dessa mudança de perspectiva foi notável. De fato, os motivos subjetivos destacados pela doutrina francesa, por não se encontrarem insculpidos no próprio conteúdo negocial, não se sujeitam a um controle valorativo – são, por assim dizer, extrajurídicos, de tal modo que não é possível emitir um juízo de merecimento de tutela sobre eles.[71] Por outro lado, a utilidade crucial que se pretendia atribuir à causa, sobretudo naquela época, residia justamente em possibilitar um juízo de valor sobre os atos de autonomia privada (basta lembrar que as codificações francesa e italiana elegeram, ambas, a causa como índice de validade do contrato – e, portanto, como instrumento para seu controle valorativo).[72]

4. AS MUITAS CONCEPÇÕES OBJETIVAS DE CAUSA DO NEGÓCIO JURÍDICO

Entre as teorias italianas sobre a causa, talvez a mais conhecida até hoje seja a definição de Emilio Betti, que encontrou na causa a *função econômico-social* do negócio

---

67. "Art. 1.343. Causa illecita. La causa è illecita quando è contraria a norme imperative, all'ordine pubblico o al buon costume".
68. "Art. 1.345. Motivo illecito. Il contratto è illecito quando le parti si sono determinate a concluderlo esclusivamente per un motivo illecito comune ad entrambe".
69. Como leciona Salvatore PUGLIATTI, com esse procedimento, deduz-se que, com "suficiente segurança", adotou o legislador italiano de 1942, diferentemente do *Codice* de 1865, um conceito objetivo de causa (*Precisazioni in tema di causa del negozio giuridico*, cit., p. 105).
70. KONDER, Carlos Nelson. *Causa do contrato x função social do contrato*, cit., p. 43.
71. A crítica é de Emilio BETTI: "[...] os motivos simplesmente individuais não são elementos constitutivos da causa. Precisamente por serem individuais, eles são essencialmente diversos e, com frequência, até contraditórios. Como tais, eles são imponderáveis e, diferindo nisso da causa, não comportam uma valoração social positiva, enquanto não passarem a fazer parte do conteúdo do negócio: continuam, portanto, a ser irrelevantes também para o direito" (*Teoria geral do negócio jurídico*, cit., p. 258).
72. A respeito, permita-se remeter a SOUZA, Eduardo Nunes de. *Teoria geral das invalidades do negócio jurídico*: nulidade e anulabilidade no direito civil contemporâneo. São Paulo: Almedina, 2017, item 1.2.

jurídico, síntese de seus elementos essenciais, como totalidade e unidade funcional.[73] O binômio "econômico-social", de fato, remete a um importante aspecto funcional do negócio, fundamental para seu controle valorativo. Não por acaso, o codificador brasileiro de 2002 lançou mão da expressão "fim econômico ou social" ao elencar parâmetros para a aferição do abuso do direito no art. 187 do Código Civil. Contudo, assim como a noção de exercício disfuncional de um direito deve levar em conta outros aspectos funcionais da situação jurídica além do econômico-social, inclusive a função individual (vale dizer, o interesse que o titular, e não a coletividade, encontra nesse direito),[74] também a definição proposta por Betti para a causa não parecia abarcar a integralidade da noção.

Com efeito, a formulação bettiana, apesar de muito difundida, recebeu fortes críticas, uma vez que a fórmula "função econômico-social", ao enfatizar os interesses coletivos, descuidava dos interesses individuais.[75] Como se verá mais adiante, esse problema foi diretamente endereçado pela doutrina que associou a causa à "função econômico-individual" do contrato. Mais ainda, criticou-se que o arcabouço teórico construído por Betti para esclarecer sua noção de causa equiparava essa figura ao conceito de tipo contratual,[76] uma abstração legal, ignorando eventuais efeitos concretamente produzidos por cada negócio individual, fundamentais para a análise funcional a que se presta a causa (em particular no ordenamento italiano, que a utiliza para o controle de validade dos negócios).[77] De fato, a aproximação entre a causa bettiana e os elementos essenciais dos negócios típicos (concepção que remonta aos vetustos *essentialia negotii*)[78] é destacada pelo próprio autor.[79] Conquanto atraente, sobretudo para fins de qualifica-

---

73. Merece destaque a definição formulada por Emilio BETTI: "[...] a causa ou razão do negócio se identifica com a função econômico-social de todo o negócio, considerado despojado da tutela jurídica, na síntese dos seus elementos essenciais, como totalidade e unidade funcional, em que se manifesta a autonomia privada" (*Teoria geral do negócio jurídico*, cit., pp. 263-264).
74. A respeito, permita-se remeter a SOUZA, Eduardo Nunes de. Abuso do direito: novas perspectivas entre a licitude e o merecimento de tutela. *Revista Trimestral de Direito Civil*, v. 50, Rio de Janeiro: Padma, pp. 68-74, abr.-jun./2012.
75. De fato, como pondera Salvatore PUGLIATTI, esse tipo de procedimento confunde duas oposições de todo apartadas, a saber, subjetivo x objetivo e individual x típico. A noção pugliattiana, fundada na tipicidade legal ou social, abandonava o interesse individual em nome da objetivação da causa (*Precisazioni in tema di causa del negozio giuridico*, cit., p. 113). Para um exame detalhado das críticas dirigidas à causa bettiana, cf. KONDER, Carlos Nelson. *Causa do contrato x função social do contrato*, cit., p. 47.
76. Pietro PERLINGIERI critica as teorias objetivas ou unitárias da causa justamente por ocasionarem essa aproximação: "tais reconstruções, nas suas manifestações mais difundidas, conduzem à identificação da causa com o tipo contratual, isto é, com o abstrato esquema regulamentar que abarca a operação posta em prática pelos privados" (*Manuale di diritto civile*. Napoli: ESI, 1997. p. 369. Trad. livre).
77. Salvatore PUGLIATTI qualifica a ideia de um móbil abstrato, social ou típico um "absurdo psicológico e uma contradição lógica", pois abstrato e típico é aquele conjunto de efeitos previsto pela norma, que as partes podem ou não escolher adotar, conforme motivos particulares que não se podem confundir com aquele resultado abstratamente previsto (*Precisazioni in tema de negozio giuridico*, cit., p. 113).
78. A respeito dessa teoria, colhida da escolástica medieval, leciona Vicente RÁO: "Antigo sistema de classificação dos componentes dos atos jurídicos parte da noção filosófica de elementos, ou seja, das partes que, em seu todo, formam ou constituem as coisas materiais, aplicando esta noção, analogicamente, às coisas imateriais. E os elementos distingue em essenciais (genéricos e específicos), naturais e acidentais. [...] Essenciais dos atos jurídicos são, pois, os elementos que os compõem, qualificam e distinguem dos demais atos" (*Ato jurídico*. 3. ed. São Paulo: Saraiva, 1981. p. 97).
79. Na visão de BETTI, tal aproximação seria inevitável: "a noção da causa, como característica do tipo do negócio, é paralela à teoria dos *essentialia* e dos *naturalia negotii*. [...] Só em relação ao tipo do negócio pode ter

ção do negócio jurídico a partir da causa, tal sobreposição entre causa e tipo contraria a concepção contemporânea segundo a qual os efeitos concretamente produzidos pelo negócio podem (e devem) condicionar a determinação da estrutura em abstrato.[80]

Realmente, embora seja inegável que os esquemas legalmente previstos (os chamados *tipos*) sejam o ponto de partida tomado pelo intérprete para o procedimento de qualificação, não podem constituir seu ponto de chegada – que deve consistir na avaliação da produção de efeitos, em concreto, do negócio. Em outras palavras, embora se saiba que o intérprete, inevitavelmente, recorrerá ao modelo negocial abstrato para identificar sua disciplina jurídica, afirmar que a busca do tipo contratual basta para a sua qualificação equivaleria a reduzir o processo a uma análise estrutural.[81] Os elementos essenciais de cada tipo não passam, justamente, da estrutura do negócio. O grande diferencial de uma análise a partir da causa reside na possibilidade de superar os modelos rígidos da estrutura para afastar ou atrair certos efeitos jurídicos mais consentâneos com a função negocial de cada contrato em concreto[82] – eis por que se afirma que apenas a causa, entendida como função de um negócio concreto, permite um adequado procedimento de qualificação.[83]

Ademais, se causa e tipo correspondessem ao mesmo conceito, o que se poderia dizer dos contratos atípicos? Tratar-se-ia de negócios abstratos, com causas irrelevantes[84] – e, portanto, alheios a qualquer análise funcional?[85] Ora, se não fosse possível encontrar

---

sentido a valoração dos seus elementos constitutivos como essenciais, naturais e acidentais. [...] um negócio concretamente realizado, seja ele qual for, só é negócio jurídico, qualificável como negócio de um determinado tipo (ex., venda, locação, mandato), na medida, precisamente, em que cumpre a função econômico-social que caracteriza o mesmo tipo. Mas esta função característica do tipo que se considera, no que o direito protege, não é outra coisa senão a causa. [...] Isto mostra que os elementos essenciais do tipo do negócio são, por isso mesmo, elementos da sua causa: elementos constantes e invariáveis em cada negócio concreto que corresponde àquele tipo, e portanto indispensáveis para a sua identificação. Por conseguinte, ao mesmo tempo que é uniforme e constante em todos os negócios concretos que pertençam ao mesmo tipo, a causa é diferente para cada tipo de negócio e serve para distinguir um tipo do outro tipo" (*Teoria geral do negócio jurídico*, cit., pp. 268-269).

80. A atenção ao caso concreto é imprescindível porque, como destaca PERLINGIERI, "um modelo de organização de interesses que não constitui uma concreta regulamentação dos mesmos não pode ser objeto de um juízo de licitude e de merecimento de tutela" (*Manuale di diritto civile*, cit., p. 370. Trad. livre).
81. Trata-se, a rigor, de uma consequência do reconhecimento da insuficiência (embora não irrelevância) da análise estrutural e do raciocínio subsuntivo para a interpretação e aplicação do Direito (como analisa KONDER, Carlos Nelson. Qualificação e coligação contratual. *Revista Jurídica Luso-Brasileira*, a. 4, n. 1, pp. 366-370, 2018). Sobre a relevância (e a insuficiência) da subsunção em perspectiva civil-constitucional, permita-se remeter a SOUZA, Eduardo Nunes de. Merecimento de tutela, cit., item 2.
82. Aduz Pablo RENTERÍA que a qualificação causal supre as deficiências da estrutural, como na distinção entre a empreitada de lavor e a compra e venda de coisa futura; embora estruturalmente idênticas, a primeira tem por objetivo a entrega de coisa feita sob medida para atender ao plano do dono da obra (Considerações acerca do atual debate sobre o princípio da função social do contrato. In: BODIN DE MORAES, Maria Celina (Coord.). *Princípios do direito civil contemporâneo*. Rio de Janeiro: Renovar, 2006. p. 307).
83. Para exemplos práticos de qualificação contratual a partir da causa concreta, cf., por todos, KONDER, Carlos Nelson. *Qualificação e coligação contratual*, cit., pp. 376 e ss.
84. Ressalta Maria Celina BODIN DE MORAES que a principal crítica à causa como síntese dos efeitos essenciais diz respeito aos negócios abstratos, que produzem efeitos apesar de supostamente desprovidos de causa. Refuta a autora: "os negócios abstratos não são negócios sem causa. A abstração significa apenas que a causa pode ser irrelevante ou relevar somente sucessivamente (isto é, após a celebração do negócio), sem com isso impedir a eficácia do negócio" (*A causa do contrato*, cit., p. 14).
85. Emilio BETTI buscava resolver o impasse alegando que os negócios atípicos contam, ao menos, com uma "tipicidade social": "para o lugar da rígida tipicidade legislativa, baseada num número limitado de denomina-

uma disciplina jurídica para contratos inominados, isto equivaleria a negar, ao fim e ao cabo, juridicidade a tais avenças.[86] O erro está na confusão de conceitos. Com efeito, se um contrato é típico, os elementos essenciais que o caracterizam *podem* contribuir para a identificação da causa contratual. É esta, porém, que informa os interesses perseguidos pelas partes do contrato concreto, perceptíveis ou não por meio dos elementos essenciais que, no plano normativo, podem tornar um contrato típico. Assim, embora o interesse das partes possa, por vezes, ser deduzido de elementos essenciais (e até mesmo naturais ou acidentais) de um tipo,[87] pode também transbordar o tipo, dialogar com elementos de mais de um tipo, ou, ainda, não remeter a tipo algum. De fato, ao mesmo tempo em que não se confunde com a vontade das partes, a causa tampouco coincide com os efeitos jurídicos, os quais são previstos pela norma (diretamente nos contratos típicos ou relativamente típicos, ou, ao menos, indiretamente, na abertura e chancela conferida pela lei à autonomia privada, nos limites da teoria geral dos contratos, no caso dos contratos atípicos).[88] Em elegante formulação, já se afirmou que a causa deve ser o *tratto d'unione* entre a norma e a vontade.[89]

A qualificação contratual abrange, assim, alguns níveis de análise distintos. Por simples intuição, o raciocínio do intérprete provavelmente começará pela comparação do negócio em exame com um *tipo* (abstrato esquema previsto pelo legislador por elementos ditos "essenciais" à caracterização da *fattispecie* normativa).[90] O julgador, porém, não pode contentar-se com a subsunção estrutural a um tipo; deve, em vez disso, considerar o específico regulamento convencionado pelas partes, que sintetiza os efeitos que elas consideram "essenciais" aos seus interesses. Esse regulamento convencional pode ou não se aproveitar da disciplina legal do tipo, sendo denominado *causa*. Quando observada na gênese da relação contratual, convém denominar essa causa de *abstrata*. Sabe-se, porém, que as partes podem, de comum acordo, modificar, ao longo da execução contratual, o regulamento de interesses inicial, o que pode afetar a qualificação do contrato – parece adequado, então, seguindo-se a lição de Maria Celina Bodin de Moraes, falar de *causa concreta* para caracterizar a função negocial observada no momento dinâmico da re-

---

ções, entra uma outra tipicidade, que [...] é muito mais elástica na configuração dos tipos, e, na medida em que se realiza, remetendo para as valorações econômicas ou éticas da consciência social, poderia chamar-se-lhe tipicidade social" (*Teoria geral do negócio jurídico*, cit., p. 281). No direito brasileiro, Maria Celina BODIN DE MORAES sustenta que os negócios devem ser sempre causais, independentemente da tipicidade (*A causa do contrato*, cit., p. 24).

86. Assim, uma das utilidades da causa consiste em "dar juridicidade aos negócios, em especial a contratos atípicos, mistos e coligados" (BODIN DE MORAES, Maria Celina. *A causa do contrato*, cit., p. 12).
87. Note-se que a essencialidade de certo elemento ao tipo legal pode em nada refletir sua essencialidade para a consecução dos concretos interesses insculpidos no programa contratual. "Um elemento formalmente acessório (condição, termo e encargo), que em abstrato não desviaria do tipo o contrato que o preveja, pode, no concreto regulamento de interesses, determinar um efeito sem o qual não se compreenderia a função do fato" (PERLINGIERI, Pietro. *O direito civil na legalidade constitucional*, cit., p. 656).
88. PUGLIATTI, Salvatore. *Nuovi aspetti del problema della causa dei negozi giuridici*, cit., pp. 80-86.
89. Ibid., p. 82.
90. Nas palavras de Emilio BETTI, "essenciais são, precisamente, os elementos necessários para constituir um negócio daquele determinado tipo que se considera, isto é, aqueles sem os quais um negócio daquele tipo não poderia existir" (*Teoria geral do negócio jurídico*, cit., p. 268).

lação.[91] De fato, a concreta atividade contratual pode alterar a qualificação original da avença, atraindo total ou parcialmente uma disciplina nova.[92]

A questão engloba ainda uma segunda discussão – a saber: se a causa é um elemento constitutivo do negócio jurídico. Boa parte da doutrina costumava admiti-lo,[93] afirmando mesmo que os elementos essenciais dos negócios jurídicos se resumiam à vontade e à causa, ao mesmo tempo em que outro setor doutrinário seguia um forte movimento anticausalista.[94] O Código Civil de 2002, na esteira do diploma anterior, e contrariamente aos modelos francês e italiano, não previu a causa como elemento do negócio, ao lado da declaração de vontade, do objeto e da forma (art. 104). A escolha legislativa parece ter sido a mais adequada:[95] é exatamente porque a causa remete ao perfil funcional dos contratos que ela não deve ser considerada um elemento (estrutural) deles.[96] O estudo da causa deve consistir, antes de tudo, em uma postura metodológica, levando o intérprete a

---

91. Maria Celina BODIN DE MORAES demonstra a complementariedade entre função negocial abstrata e concreta: da primeira "se extrai o conteúdo mínimo do negócio especificamente estipulado, aqueles efeitos mínimos essenciais sem os quais não se pode – ainda que assim se tenha idealizado –, alcançar aquele tipo, mas talvez um outro, ou mesmo nenhum. [...] Já a função concreta diz respeito à eficácia concretamente produzida pelo contrato, que está, como bem sabemos, sujeito às mais diversas vicissitudes" (*A causa do contrato*, cit., p. 304). A acepção ora adotada, vale advertir, não corresponde ao emprego usual das expressões causa abstrata e causa concreta, normalmente associadas, respectivamente, à causa depreensível do tipo normativo e à causa genética do contrato concretamente celebrado pelas partes.
92. Como já se observou na doutrina italiana, a partir de uma "procedimentalização" do tempo no contrato, é possível permitir que "escopos 'ulteriores', lícitos e merecedores de tutela, ingressem na dinâmica executiva do regulamento de interesses e justifiquem uma 'remodulação' da disciplina que consagrou seu nascimento e que até aquele momento regulou seu desenvolvimento" (PESIRI, Fabrizio Virginio. Il c.d. negozio novativo della causa. Profili sistematici. *Rassegna di diritto civile*, v. 4/2016. Napoli: ESI, 2016. p. 1341. Trad. livre). Cogita-se, assim, de uma "conotação dinâmica da causa em concreto", capaz de operar uma requalificação causal do contrato, conforme a evolução no tempo dos interesses perseguidos pelas partes incida sobre o regulamento de interesses predisposto no momento genético (Ibid., p. 1374).
93. P. ex., RUGGIERO, Roberto de. *Instituições de direito civil*. Campinas: Bookseller, 2005, p. 320; e, no direito brasileiro, DANTAS, F.C. de San Tiago. *Programa de direito civil*. Rio de Janeiro: Forense, 2001. v. I. p. 214.
94. Registre-se a resposta, célebre por sua excentricidade, de PONTES DE MIRANDA ao movimento anticausalista: "Se fôssemos guiar-nos pela nota de Clóvis Beviláqua, todos os negócios jurídicos, em que a causa não foi consignada, seriam abstratos. [...] Algo de equivalente ao grito do professor de obstetrícia que dirigisse às internadas: 'Todos os recém-nascidos nasçam sem pernas'. Mas não nascem em milhões" (*Tratado de direito privado*, t. 3, cit., p. 100).
95. "Talvez não tenha andado mal o Código ao não incluir a causa no elenco de requisitos de validade do negócio jurídico (art. 104). Afinal, a causa não é um elemento essencial do negócio como são os demais requisitos. A causa é um requisito de outra ordem, é um *quid* que ilumina o contrato na sua dimensão de valor e de regulamento de interesses. Daí que o melhor seja prevê-la isoladamente tal como uma cláusula geral, o que evitaria, de passagem, as confusões suscitadas naqueles ordenamentos em que a causa aparece junto com os demais requisitos" (RENTERÍA, Pablo. Considerações acerca do atual debate sobre o princípio da função social do contrato, cit., pp. 300-301). Aduz, ainda, Mario BARCELLONA: "a causa, como quer que seja entendida, não é de fato um 'elemento' do contrato, mas institui um juízo sobre o contrato" (*Della causa*, cit., p. 146. Trad. livre).
96. Reconhece Antônio Junqueira de AZEVEDO: "Diz-se também, especialmente nos países causalistas, que a causa, entendida, pois, como 'função', é 'elemento constitutivo' do negócio. Ora, isso envolve a insuperável contradição de colocar a função como fazendo parte do negócio, quando jamais a função de um pode ser, ao mesmo tempo, elemento constitutivo dele" (*Negócio jurídico*, cit., pp. 153-154). Assim também AMARAL, Francisco. *Direito civil*, cit., p. 425. De outra parte, nos sistemas em que a causa é referida por lei como elemento essencial, alguns autores sentem a necessidade de afirmar que essa definição não contradiz seu papel funcional, porque ela "exprime justamente o elemento de coesão" dos demais elementos (FERRI, Giovanni. *Causa e tipo nella teoria del negozio giuridico*, cit., p. 372).

analisar funcionalmente o contrato, sem parar no exame de sua estrutura. Precisamente por essa própria natureza funcional, a causa parece ser incompatível com a classificação dos elementos (estruturais) do negócio. Tal orientação não traduz um arrefecimento do causalismo, mas, ao contrário, seu fortalecimento.

A superação das críticas à definição bettiana de causa pode ser encontrada no pensamento de Salvatore Pugliatti, para quem a causa representaria a função jurídica do negócio, isto é, a *síntese de seus efeitos práticos*.[97] A preocupação com a juridicização da causa, caracterizada por aspectos essencialmente jurídicos (a saber, os efeitos), revela-se evidente na definição.[98] Mais do que isso, a causa pugliattiana teve como seu maior mérito a consideração das características do caso concreto para a identificação da função negocial. De fato, ao atentar para os efeitos produzidos pelo negócio, o autor deslocou a discussão do campo (estático) dos elementos típicos para o aspecto (dinâmico) da eficácia concreta, permitindo uma análise verdadeiramente funcional. Em feliz representação, Pugliatti afirma que a causa representa, no momento fisiológico da relação, uma "força centrípeta",[99] vale dizer, um núcleo que tende a atrair para si todos os elementos que compõem o negócio jurídico – aí incluídos não apenas os elementos essenciais, como também aspectos acessórios quanto ao tipo, mas relevantes para as partes. Tem-se, como na formulação bettiana, uma figura que cria para o negócio uma síntese funcional própria, haurida objetivamente do contrato (e, por isso, independente de posteriores oscilações da vontade individual dos contratantes); porém, desta vez, atenta-se ao escopo prático buscado pelas partes.[100] Assim, encontra-se na causa o fator que sintetiza o inteiro regulamento de interesses previsto pelas partes, a permitir sua análise plenamente funcional.[101]

É provavelmente nesse sentido que se coloca uma terceira conceituação notória da causa na doutrina italiana, defendida, entre outros, por Pietro Perlingieri. Para essa cor-

---

97. No original, "sintesi degli effetti giuridici, sintesi degli effetti pratici a cui tende il soggetto" (PUGLIATTI, Salvatore. *Precisazioni in tema di causa del negozio giuridico*, cit., p. 111).
98. Pondera PUGLIATTI que a expressão "função econômico-social" atribui ao negócio uma "natureza híbrida", pois, estruturalmente, o ato se encontra no âmbito do Direito, ao passo que, funcionalmente, o critério seria extrajurídico. Isso compromete "critérios metodológicos duramente conquistados" e apresenta "com uma fisionomia ambígua, para não dizer pior, uma das figuras mais importantes da dogmática jurídica" (*Precisazioni in tema di causa del negozio giuridico*, cit., p. 109. Trad. livre).
99. "A causa é um elemento – permita-se a imagem – que normalmente, permanecendo oculta e em quietude, exprime uma considerável força coesiva e atrativa sobre os elementos constituintes da estrutura do negócio, e ainda uma força centrípeta sobre determinações acessórias do conteúdo deste" (PUGLIATTI, Salvatore. *Precisazioni in tema di causa del negozio giuridico*, cit., p. 114. Trad. livre).
100. A respeito, pondera Carlos Nelson KONDER: "A defesa da juridicidade e objetividade da concepção da causa não pode desprezar o papel que desempenha o escopo prático perseguido pelas partes no sentido de identificar o negócio concreto em exame" (*Causa do contrato x função social do contrato*, cit., p. 47).
101. Referindo-se ao ordenamento italiano, observa Giovanni Battista FERRI que, "se o negócio exprime uma regra privada, a causa é o elemento que liga a operação econômica objetiva aos sujeitos que são seus autores; [...] assim, a causa é o índice de como o regulamento negocial de interesses é a expressão objetiva de cada finalidade subjetiva. [...] Entende-se que, por trás da fórmula do art. 1.322 do Código Civil [italiano], que exige o merecimento de tutela do interesse, o próprio legislador quer destacar a necessidade de valorar a operação negocial à luz de como as partes a configuraram e daquilo que as partes, com ela, acordaram obter" (*Causa e tipo nella teoria del negozio giuridico*, cit., pp. 372-373. Trad. livre).

rente, a causa corresponde à *função econômico-individual* do negócio, a indicar o valor e o alcance que as partes conferiram à operação econômica.[102] Em comparação com as definições anteriores, a vantagem em mais esta formulação reside no destaque que ela confere aos fins/interesses particulares comuns às partes, objetivamente insculpidos no contrato.[103] Estes são, sem dúvida, os fatores mais decisivos para a celebração da avença; não significa, porém, que a causa não atraia para si também fins e interesses extraindividuais. Em primeiro lugar, porque o adjetivo "individual" não indica um retorno ao individualismo ou uma impensável negativa ao controle valorativo sobre o contrato.[104] E, mais do que isso, como se sustentou em outra sede, se os interesses sociais traduzidos por princípios do ordenamento exercem um papel de heterointegração do contrato, como tantas vezes se diz, tais interesses não parecem ser de fato externos à síntese funcional.[105]

Nesse cenário, parece conveniente colher, de cada definição objetiva de causa, alguns dos aspectos que compõem o conceito de função do contrato (o interesse social, os efeitos, os fins individuais). Sem prejuízo das dificuldades geradas pela dissonância de definições, o esforço dogmático na defesa da causa como aspecto relevante do negócio jurídico sublinha a uníssona percepção da doutrina causalista quanto à necessidade de se identificar uma função, um *quid* não estrutural, a qualificar e conferir certa unidade lógica e axiológica ao negócio. O propósito da investigação empreendida pelo intérprete em cada caso revelará qual desses aspectos será mais relevante (e, portanto, qual faceta da causa será mais útil), sem que se saia, em nenhum momento, do campo da análise causal. O conceito de causa parece depender, assim, da necessidade específica do estudioso,[106] seja no sentido de qualificar o contrato, seja no sentido de analisar as vicissitudes pelas quais ele pode passar. Não é raro encontrar autores que, conscientes dessa pluralidade de aplicações, congregam duas ou mais formulações para definir a mesma figura.[107]

---

102. Sustenta Pietro PERLINGIERI representar a causa "a função econômico-individual, indicando com tal expressão o valor e o alcance que as próprias partes deram à operação na sua globalidade, isto é, o valor individual que uma determinada operação negocial, considerada no seu concreto alcance, assume para as partes" (*Manuale di diritto civile*, cit., p. 370. Trad. livre).
103. Afirma Giovanni FERRI: "Dado que o interesse (com as características subjetivas e objetivas que a própria experiência econômica – a partir da qual é elaborada – lhe atribui) deve ser avaliado pelas normas jurídicas (que podem exprimir e que normalmente exprimem princípios gerais, colhidos da consciência social; ou, pelo menos, aspiram ser intérpretes desta), deve sê-lo como interesse individual, porque individual é a regra negocial" (*Causa e tipo nella teoria del negozio giuridico*, cit., p. 374. Trad. livre).
104. Conforme alerta Carlos Nelson KONDER, com base em Giovanni FERRI, "a substituição do adjetivo social pelo individual não se deve entender como um enfático retorno a concepções de exasperado (e imotivado) individualismo, mas somente um destaque de como, no sistema desenhado pela Constituição, o ato de autonomia privada volta a ser expressão de interesses privados que, como tais, devem ser avaliados pelo ordenamento jurídico" (*Causa do contrato x função social do contrato*, cit., p. 51).
105. Essa proposta, cujo desenvolvimento não caberia neste espaço, encontra-se explicada em maior detalhe em SOUZA, Eduardo Nunes de. *De volta à causa contratual*, cit., item 4.
106. Segundo Mario BARCELLONA, trata-se de um atributo da perspectiva funcional no pensamento científico: "uma definição, assim, determina-se sobre a base daquilo a que se refere a função que ela conceitualiza". Como sintetiza o autor, "a definição da causa do contrato depende da(s) função(ões) que ela é chamada a desempenhar (a causa é aquilo a que serve)"; "a causa, assim, é compreendida e definida sobre a base da(s) função(ões) que o ordenamento lhe exige e do objeto que tal(is) função(ões) seleciona(m)" (*Della causa*, cit., p. 145. Trad. livre).
107. Nesse sentido, alude-se ao "conceito polivalente de causa" (BODIN DE MORAES, Maria Celina. A causa dos contratos, cit., pp. 299 e ss.). Ilustrativamente, define Luis DÍEZ-PICAZO: "A causa se configura assim como

A previsão da causa ilícita como hipótese de invalidade negocial poderia ter criado uma importante aplicação da análise funcional do contrato para fins de identificação de sua validade no direito estrangeiro. Como já se observou em doutrina, a inclusão da causa no sistema normativo das invalidades negociais serviu, historicamente, como "válvula de segurança"[108] para uma teoria das nulidades excessivamente rígida (hoje dispensável, ante a maior maleabilidade da matéria).[109] No entanto, embora essa previsão tenha sido responsável, em larga medida, pela profícua discussão acerca da causa negocial na França e na Itália, a interpretação conferida pela doutrina aos respectivos dispositivos normativos costuma restringir-se, na prática, a aspectos estruturais, notadamente a ilicitude dos motivos determinantes – a qual, no sistema brasileiro, constitui causa autônoma de invalidade legalmente prevista (art. 166, III do Código Civil)[110] – ou, mais ainda, a ilicitude do objeto[111] – hipótese autônoma de invalidade em ambos os sistemas.

Particularmente quanto ao sistema italiano, a ilicitude da causa como índice de invalidade negocial parece relacionar-se, ainda, com o fato de a validade dos contratos atípicos ter sido literalmente condicionada pelo art. 1.322 do *Codice* ao seu merecimento de tutela (um critério funcional).[112] Essa escolha legislativa se coadunou com as origens totalitaristas do Código de 1942, por oposição ao liberal Código de 1865 (que praticamente reproduzia o Código Napoleão).[113] No direito brasileiro, a seu turno, a atipicidade

---

o resultado que as partes querem conseguir ou o propósito prático buscado, sem prejuízo de que a causa atue também como o critério que serve para valorar ou medir esse propósito prático, e determinar, de acordo com ele, o grau de eficácia do contrato celebrado" (*Fundamentos del derecho civil patrimonial*, cit., p. 275. Trad. livre).

108. A expressão é de CORDEIRO, António Menezes. *Tratado de direito civil*, v. VII, cit., p. 627.
109. Cf. SOUZA, Eduardo Nunes de. *Teoria geral das invalidades do negócio jurídico*, cit., pp. 24-25.
110. É tradicional o entendimento de que os motivos não se confundem, do ponto de vista técnico, com a causa (nesse sentido, na doutrina italiana, cf. PUGLIATTI, Salvatore. *Nuovi aspetti del problema della causa dei negozi giuridici*, cit., p. 85). No entanto, em perspectiva mais contemporânea, compreende-se que os motivos podem vir a integrar a causa, como destaca, no direito brasileiro, Carlos Nelson KONDER: "mesmo que não esteja expresso, mas contanto que esteja objetivado no negócio, o fato que levou o declarante a celebrar o negócio deixa de integrar os motivos, irrelevantes para o direito, para integrar a causa do negócio, relevante para a determinação dos seus efeitos" (Erro, dolo e coação: autonomia e confiança na celebração dos negócios jurídicos. In: TEIXEIRA, Ana Carolina Brochado; RIBEIRO, Gustavo Pereira Leite. *Manual de teoria geral do direito civil*. Belo Horizonte: Del Rey, 2011. p. 616).
111. Ilustrativamente, cf. TOMMASINI, Raffaele. Nullità (dir. priv.). *Enciclopedia del diritto*, v. XXVIII. Milano: Giuffrè, 1978. p. 886. O autor conclui que, embora equiparar a ilicitude da causa à ilicitude do motivo, do objeto etc. pudesse resultar em uma normativa genérica, ainda assim é possível interpretar a causa ilícita como um "denominador comum" de ilicitudes estruturais do ato, que "serve para indicar que, em todo caso, as modalidades de ilicitude se substanciam na contrariedade a normas imperativas, à ordem pública e aos bons costumes" (Trad. livre).
112. Critica PERLINGIERI: "O problema reside na alternativa: dar, ainda que no sistema, uma autonomia conceitual e normativa ao art. 1322 C.C., na sua inteireza, ou afirmar, como pretende parte da doutrina, a inutilidade do segundo parágrafo desse artigo. Esta última alternativa encontra espaço quando se identifica o disposto pelo art. 1322, § 2, C.C. com a valoração de não ilicitude, e, assim, com os arts. 1343, 1344 e 1345 C.C., que discorrem sobre causa ilícita [...], sobre contrato em fraude à lei [...] e sobre motivo ilícito. Mas não parece correto reduzir o alcance do art. 1322, parágrafo segundo, c.c., exaurindo-o no juízo de falta de licitude" (In tema di tipicità e atipicità nei contratti. In: PERLINGIERI, Pietro (a cura di). *Il diritto dei contratti tra persona e mercato*. Napoli: ESI, 2003. pp. 395-396. Trad. livre).
113. Como aduz PERLINGIERI, "é evidente que o código de 42 não é liberal, como ao revés o era o código de 1865; a autonomia negocial não se identifica mais com o querido, nem se funda sobre a obrigação de conservação do pacto (segundo o antigo brocardo *pacta sunt servanda*). Introduz-se, de fato, o controle de merecimento de tutela, a integração e a substituição de autoridade dos efeitos queridos pelas partes por efeitos legais consi-

se restringe, em princípio, apenas às "normas gerais" do Código Civil pátrio (art. 425). Em outros termos, o negócio atípico no Brasil não depende, em princípio, de seu merecimento de tutela *stricto sensu* como requisito de validade,[114] bastando que respeite os limites estruturais e funcionais do sistema, ainda que não promova ativamente nenhum valor supraindividual específico.

Provavelmente por essa razão, no Brasil, o perfil funcional do negócio revela-se mais útil, não propriamente para o controle valorativo do ato jurídico no momento de sua formação, mas, sobretudo, para o controle em concreto das situações jurídicas oriundas do ato e das vicissitudes supervenientes que podem vir a ser experimentadas por ele.[115] A identificação da invalidade negocial segue vinculada, prioritariamente, ao raciocínio estrutural da ilicitude, uma vez que a análise funcional do ato apenas precariamente se compatibiliza com o pensamento abstrato típico das causas de invalidade – as quais, por definição, deveriam ser identificáveis antes de qualquer produção concreta de efeitos pelo ato, a partir de sua simples estrutura. Não se pretende, com isso, sustentar que as causas de nulidade decorram sempre de uma análise exclusivamente estrutural, mas sim ressaltar o entendimento, amplamente dominante, de que *não existe causa de nulidade superveniente* à realização do ato.[116] Se o contrato surge sem qualquer vício, não se cogita de causa de invalidade posterior, nem mesmo com a superveniência de lei nova.[117] A ineficácia superveniente dos contratos há de

---

derados razoavelmente coligáveis àquele contrato" (*In tema di tipicità e atipicità nei contratti*, cit., p. 399. Trad. livre). Desse contexto aproveitou-se a doutrina italiana, a partir da década de 1960, para reformular o direito privado a partir da Constituição, como se vê, por exemplo, nas obras de RODOTÀ no período (cf., em matéria contratual, *Le fonti di integrazione del contratto*, cit.).

114. Vale dizer: a validade da atipicidade contratual, no direito brasileiro, atende apenas à função repressiva do Direito, e não a uma função promocional, normalmente associada ao merecimento de tutela em sentido estrito (a respeito, permita-se remeter a SOUZA, Eduardo Nunes de. *Merecimento de tutela*, cit., *passim*).

115. Essa constatação, aliás, já é sentida também no direito europeu, como analisa Massimo FRANZONI: "muitos sistemas, muitas normas presentes até nos princípios *Unidroit*, tendem a garantir que o sinalagma inicial seja conservado no tempo intercorrente entre o aperfeiçoamento do contrato e a sua execução. As cláusulas *hardship, rebus sic standibus* e ainda outras desempenham esta função. E mesmo estas são as cláusulas que a reforma francesa introduziu no Código reformado, embora eliminando a causa dos elementos essenciais do contrato. Quase parece que a pergunta a ser feita em relação ao contrato não seja mais 'para que serve?', mas tenha se tornado 'ainda funciona como as partes pensaram na origem?'" (*La causa e l'interesse meritevole di tutela secondo l'ordinamento giuridico*, cit., p. 412. Trad. livre). Parcialmente nesse sentido, no direito brasileiro, aduz Caio Mário da Silva PEREIRA: "A solução transacional com a teoria da causa estaria em que, admitida ela, nunca assumiria as proporções de elemento constitutivo do negócio jurídico, ou seu requisito a ser provado por quem tem interesse na eficácia do ato. Ficaria, então, reservado o seu papel como fator de alta significação moral" (*Instituições de direito civil*, v. I, cit., p. 434).

116. "Só há invalidades originárias. O negócio que nasce válido é válido para sempre. Pode extinguir-se, por qualquer causa, mas não se pode mais suscitar a questão da validade" (ASCENSÃO, José de Oliveira. *Direito civil*. São Paulo: Saraiva, 2010. v. II. p. 314). Cf., ainda, Massimo BIANCA: "As vicissitudes sucessivas não tocam, em regra, tal juízo [de validade do negócio jurídico]" (*Diritto civile*. Milano: Giuffrè, 2000. v. III. p. 611. Trad. livre). No mesmo sentido, no direito pátrio, cf. MOREIRA, José Carlos Barbosa. Invalidade e ineficácia do negócio jurídico. *Revista de Direito Renovar*, n. 25. Rio de Janeiro: Renovar, jan.-abr./2003. p. 102.

117. Cogita-se, na doutrina italiana, de hipóteses de "*nullità sopravvenuta*" por força de lei posterior à celebração do ato; considera-se, porém, que essa "nulidade" opera *ex nunc*, apenas sobre os efeitos futuros, no mesmo sentido do art. 2.035 do Código Civil brasileiro. A respeito, cf. GAZZONI, Francesco. *Manuale di diritto privato*. Napoli: ESI, 2015. p. 998; e, em sentido semelhante, DONISI, Carmine. In tema di nullità sopravvenuta del negozio giuridico. *Rivista Trimestrale di Diritto e Procedura Civile*, a. XXI, Milano: Giuffrè, 1967. p. 783. "Em todo caso",

decorrer, então, da aplicação de outros institutos (pense-se na resolução contratual por excessiva onerosidade ou em decorrência do inadimplemento absoluto, por exemplo). É justamente quanto a estas que o recurso à causa parece ser mais conveniente no sistema brasileiro.[118]

5. CONSIDERAÇÕES FINAIS

Em última análise, a causa contratual tem sido associada a mais de uma definição no âmbito do estudo dos negócios jurídicos porque não constitui, propriamente, um objeto desse estudo, mas sim um instrumento útil ao seu desenvolvimento. Investigar a causa equivale a buscar tudo aquilo que vai além de um simples retrato estático do negócio (sua estrutura: partes, objeto, forma); cuida-se da dimensão dinâmica, funcional, por meio da qual o intérprete passa a observar o negócio. Nessa direção, o termo funciona como chave de acesso, tanto à síntese dos interesses (individuais e supraindividuais) tangenciados pelo negócio, quanto à sua mínima unidade de efeitos – afinal, são estes os fatores que se revelam quando se analisa dinamicamente um ato de autonomia privada. Contudo, no âmbito (anterior) de uma epistemologia hermenêutica (da qual a causa, agora sim, constitui objeto de estudo), a suposta pluralidade conceitual se dissolve: aqui, a causa pode ser compreendida simplesmente como uma escolha consciente do intérprete, no sentido de superar a visão exclusivamente estruturalista sobre os negócios jurídicos.

Ao estudioso do tema resta talvez um único (mas expressivo) alento: pode-se afirmar, com alguma segurança, que os autores que se dedicaram à causa começam a divergir justamente no ponto a partir do qual a fascinante riqueza teórica da matéria supera as consequências práticas da própria divergência. Vale dizer: existe certo consenso doutrinário quanto à relevância da causa para a operacionalização da análise funcional dos contratos (e, de fato, esta constitui a mais importante conclusão a ser extraída do tema). Os posicionamentos divergem a partir deste ponto, em face da necessidade de cada autor a adaptar o conceito aos seus próprios pressupostos teóricos e ao objeto central de suas investigações. E, se seu estudo se mostra imprescindível para um emprego mais técnico da noção, de acordo com as múltiplas necessidades do intérprete, a simples existência de tais divergências não obsta sua aplicação prática. Ao contrário, enriquece-a. Não deixa de ser simbólico que a causa ostente essa complexidade multifacetada – reflexo da complexidade da própria pessoa humana (valor central do ordenamento cuja tutela, por meio dessa figura, ingressa na relação contratual) e das pessoas humanas (que, a muitas mãos, contribuíram para a sua construção teórica).

---

ressalta-se, "convém ter presente que a ineficácia derivante da invalidade sucessiva é uma vicissitude resolutiva, vez que tem como título fato sucessivo ao aperfeiçoamento e eficácia do contrato" (BIANCA, Cesare Massimo. *Diritto civile*, v. III, cit., p. 611. Trad. livre).
118. Sobre esses pontos, permita-se remeter a SOUZA, Eduardo Nunes de. *De volta à causa contratual*, cit., itens 3 e 4.

6. REFERÊNCIAS BIBLIOGRÁFICAS

AMARAL, Francisco. *Direito civil*: introdução. Rio de Janeiro: Renovar, 2006.

ASCENSÃO, José de Oliveira. *Direito civil*. São Paulo: Saraiva, 2010. v. II.

AZEVEDO, Antônio Junqueira de. *Negócio jurídico*: existência, validade e eficácia. São Paulo: Saraiva, 2002.

BARBOSA MOREIRA, José Carlos. Invalidade e ineficácia do negócio jurídico. *Revista de Direito Renovar*, n. 25. Rio de Janeiro: Renovar, jan.-abr./2003.

BARCELLONA, Mario. *Della causa*: il contratto e la circolazione della ricchezza. Padova: CEDAM, 2015.

BETTI, Emilio. *Teoria geral do negócio jurídico*. Campinas: Servanda, 2008.

BEVILÁQUA, Clóvis. *Direito das obrigações*. Rio de Janeiro: Rio, 1977.

BIANCA, Massimo. *Diritto civile*. Milano: Giuffrè, 2000. v. III.

BODIN DE MORAES, Maria Celina. O procedimento de qualificação dos contratos e a dupla configuração do mútuo no direito civil brasileiro. *Revista Forense*, v. 309, Rio de Janeiro: Forense, mar./1990.

BODIN DE MORAES, Maria Celina. A caminho de um direito civil constitucional. *Direito, estado e sociedade*. Rio de Janeiro: PUC-Rio, 1991. v. 1.

BODIN DE MORAES, Maria Celina. Recusa à Realização do Exame de DNA na investigação de paternidade e direitos da personalidade. *Direito, estado e sociedade*, v. 9, Rio de Janeiro: PUC-Rio, 1996.

BODIN DE MORAES, Maria Celina. Constituição e direito civil: tendências. *Direito, Estado e Sociedade*, v. 15, Rio de Janeiro: PUC-Rio, 1999.

BODIN DE MORAES, Maria Celina. Sobre o nome da pessoa humana. *Revista Brasileira de Direito de Família*, v. 7, 2000.

BODIN DE MORAES, Maria Celina. O princípio da solidariedade. In: PEIXINHO, M. M.; GUERRA, I. F.; NASCIMENTO FILHO, F. (Org.). *Os princípios da Constituição de 1988*. Rio de Janeiro: Lumen Juris, 2001.

BODIN DE MORAES, Maria Celina. *Danos à pessoa humana*: uma leitura civil-constitucional dos danos morais. Rio de Janeiro: Renovar, 2003.

BODIN DE MORAES, Maria Celina. O conceito de dignidade humana: substrato axiológico e conteúdo normativo. In: SARLET, Ingo W. (Org.). *Constituição, direitos fundamentais e direito privado*. Porto Alegre: Livraria do Advogado Editora, 2003.

BODIN DE MORAES, Maria Celina. A causa dos contratos. *Revista Trimestral de Direito Civil*, a. 6, v. 21, Rio de Janeiro: Padma, jan.-mar./2005.

BODIN DE MORAES, Maria Celina. A família democrática. *Revista da Faculdade de Direito da UERJ*, v. 13-14, 2005.

BODIN DE MORAES, Maria Celina. Notas sobre a promessa de doação. *Revista Trimestral de Direito Civil*, v. 24, Rio de Janeiro: Padma, out.-dez./2005.

BODIN DE MORAES, Maria Celina. Danos morais em família? Conjugalidade, parentalidade e responsabilidade civil. *Revista Forense*, v. 386, Rio de Janeiro: Forense, 2006.

BODIN DE MORAES, Maria Celina. Risco, solidariedade e responsabilidade objetiva. *Ed. RT*, v. 854, São Paulo: Ed. RT, 2006.

BOBBIO, Norberto. *Da estrutura à função*: novos estudos de teoria do direito. Barueri: Manole, 2007.

BODIN DE MORAES, Maria Celina. Ampliando os direitos da personalidade. In: VIEIRA, José Ribas (Org.). *20 anos da Constituição cidadã de 1988*: efetivação ou impasse institucional?. Rio de Janeiro: Forense, 2008.

BODIN DE MORAES, Maria Celina. *Na medida da pessoa humana*: estudos de direito civil-constitucional. Rio de Janeiro: Renovar, 2010.

BODIN DE MORAIS, Maria Celina. O jovem direito civil-constitucional. *Civilistica.com*, a. 1, n. 1, 2012.

BODIN DE MORAES, Maria Celina. A causa do contrato. *Civilistica.com*, a. 2, n. 1, 2013.

BODIN DE MORAES, Maria Celina. A nova família, de novo: estruturas e função das famílias contemporâneas. *Pensar*, v. 18, 2013.

BODIN DE MORAES, Maria Celina. Do juiz boca-da-lei à lei segundo a boca-do-juiz: notas sobre a aplicação-interpretação do direito no início do século XXI. *Revista de Direito Privado*, v. 56, São Paulo: Ed. RT, out.-dez./2013.

BODIN DE MORAES, Maria Celina. Stefano Rodotà: passado, presente e futuro. *Civilistica.com*, a. 4, n. 2, 2015.

BODIN DE MORAES, Maria Celina; SCHULMAN, Gabriel. Ensaio sobre as iniquidades de fiança locatícia gratuita. In: GUEDES, Gisela Sampaio da Cruz; BODIN DE MORAES, Maria Celina; MEIRELLES, Rose Mello Vencelau (Org.). *Direito das garantias*. São Paulo: Saraiva, 2017.

CHEVREAU, Emmanuelle. La cause dans le contrat en droit français: une interprétation erronée des sources du droit romain. *Revue des contrats*, v. 2013/1, Paris: LGDJ, 2013.

CORDEIRO, António Menezes. *Tratado de direito civil*. Coimbra: Almedina, 2018. v. VII.

DABIN, Jean. *La teoria de la causa*. Madrid: Editorial Revista de Derecho Privado, 1955.

DANTAS, Francisco Clementino de San Tiago. *Programa de direito civil*. Rio de Janeiro: Forense, 2001. v. I.

DÍEZ-PICAZO, Luis. *Fundamentos del derecho civil patrimonial*. Madrid: Civitas, 2007. v. I.

DOMAT, Jean. *Les loix civiles dans leur ordre naturel*, Livre 1er., Tit. I, Sect. I. Paris: 1697.

DONISI, Carmine. In tema di nullità sopravvenuta del negozio giuridico. *Rivista Trimestrale di Diritto e Procedura Civile*, a. XXI. Milano: Giuffrè, 1967.

DUPICHOT, Philippe. Regards (bienveillants) sur le projet de réforme du droit français des contrats. *Droit & Patrimoine*, n. 247, maio/2015.

FERRI, Giovanni Battista. *Causa e tipo nella teoria del negozio giuridico*. Milano: Giuffrè, 1968.

FRANZONI, Massimo. La causa e l'interesse meritevole di tutela secondo l'ordinamento giuridico. *Jus Civile*, n. 5, 2017.

GAZZONI, Francesco. *Manuale di diritto privato*. Napoli: ESI, 2015.

GHESTIN, Jacques. *Cause de l'engagement et validité du contrat*. Paris: LGDJ, 2006.

GIORGIANNI, Michele. Causa del negozio giuridico (dir. priv.). *Enciclopedia del diritto*. Milano: Giuffrè, 1960. v. VI.

JOSSERAND, Louis. *Les mobiles dans les actes juridiques du droit privé*. Paris: Dalloz, 1928.

KELSEN, Hans. *Teoria pura do direito*. São Paulo: Martins Fontes, 2006.

KONDER, Carlos Nelson. Causa do contrato x função social do contrato: estudo comparativo sobre o controle da autonomia negocial. *Revista Trimestral de Direito Civil*, v. 43, Rio de Janeiro: Padma, jul.-set./2010.

KONDER, Carlos Nelson. *Contratos conexos*. Rio de Janeiro: Renovar, 2006.

KONDER, Carlos Nelson. Erro, dolo e coação: autonomia e confiança na celebração dos negócios jurídicos. In: TEIXEIRA, Ana Carolina Brochado; RIBEIRO, Gustavo Pereira Leite. *Manual de teoria geral do direito civil*. Belo Horizonte: Del Rey, 2011.

KONDER, Carlos Nelson. Qualificação e coligação contratual. *Revista Jurídica Luso-Brasileira*, a. 4, n. 1, 2018.

MALAURIE, Philippe; AYNÈS, Laurent. *Droit des obligations*. Paris: LGDJ, 2016.

MIRANDA, Francisco Cavalcanti Pontes de. *Tratado de direito privado*. Rio de Janeiro: Borsoi, 1970. t. 3.

NOVAIS, Jorge Reis. *Contributo para uma teoria do Estado de Direito*. Coimbra: Almedina, 2006.

NUNES, António José Avelãs. *Neoliberalismo e direitos humanos*. Rio de Janeiro: Renovar, 2003.

PEREIRA, Caio Mário da Silva. *Instituições de direito civil*. Atual. Maria Celina Bodin de Moraes. Rio de Janeiro: GEN, 2022. v. I.

PERLINGIERI, Pietro. *Manuale di diritto civile*. Napoli: ESI, 1997.

PERLINGIERI, Pietro. In tema di tipicità e atipicità nei contrati. In: PERLINGIERI, Pietro (a cura di). *Il diritto dei contratti tra persona e mercato*. Napoli: ESI, 2003.

PERLINGIERI, Pietro. *O direito civil na legalidade constitucional*. Rio de Janeiro: Renovar, 2008.

PESIRI, Fabrizio Virginio. Il c.d. negozio novativo della causa. Profili sistematici. *Rassegna di diritto civile*, v. 4/2016. Napoli: ESI, 2016.

PLANIOL, Marcel. *Traité élémentaire de droit civil*, tome II. Paris: LGDJ, 1907.

POTHIER, Robert Joseph. *Tratado das obrigações*. Campinas: Servanda, 2002.

PUGLIATTI, Salvatore. Nuovi aspetti del problema della causa dei negozi giuridici. *Diritto civile*: metodo--teoria-pratica. Milano: Giuffrè, 1951.

PUGLIATTI, Salvatore. Precisazioni in tema di causa del negozio giuridico. *Diritto civile*: metodo-teoria--pratica. Milano: Giuffrè, 1951.

RÁO, Vicente. *Ato jurídico*. 3. ed. São Paulo: Saraiva, 1981.

RENTERÍA, Pablo. Considerações acerca do atual debate sobre o princípio da função social do contrato. In: BODIN DE MORAES, Maria Celina (Coord.). *Princípios do direito civil contemporâneo*. Rio de Janeiro: Renovar, 2006.

RODOTÀ, Stefano. *Le fonti di integrazione del contratto*. Milano: Giuffrè, 1969.

RUGGIERO, Roberto de. *Instituições de direito civil*. Campinas: Bookseller, 2005.

SILVA, Rodrigo da Guia. *Enriquecimento sem causa*: as obrigações restitutórias no direito civil. São Paulo: RT, 2018.

SILVA, Rodrigo da Guia. *Remédios ao inadimplemento dos contratos*: princípio do equilíbrio e tutela do programa contratual. São Paulo: Thomson Reuters, 2023.

SOUZA, Eduardo Nunes de. Abuso do direito: novas perspectivas entre a licitude e o merecimento de tutela. *Revista Trimestral de Direito Civil*, v. 50, Rio de Janeiro: Padma, abr.-jun./2012.

SOUZA, Eduardo Nunes de. Função negocial e função social do contrato: subsídios para um estudo comparativo. *Revista de Direito Privado*, v. 54. São Paulo: Ed. RT, abr.-jun./2013.

SOUZA, Eduardo Nunes de. Merecimento de tutela: a nova fronteira da legalidade no direito civil. *Revista de Direito Privado*, v. 58. São Paulo: Ed. RT, abr.-jun./2014.

SOUZA, Eduardo Nunes de. *Teoria geral das invalidades do negócio jurídico*: nulidade e anulabilidade no direito civil contemporâneo. São Paulo: Almedina, 2017.

SOUZA, Eduardo Nunes de. De volta à causa contratual: aplicações da função negocial nas invalidades e nas vicissitudes supervenientes do contrato. *Civilistica.com*, a. 8, n. 2, 2019.

SOUZA, Eduardo Nunes de. Lei da Liberdade Econômica e seu desprestígio à autonomia privada no direito contratual brasileiro. *Migalhas*, 16.4.2020.

TOMMASINI, Raffaele. Nullità (dir. priv.). *Enciclopedia del diritto*. Milano: Giuffrè, 1978. v. XXVIII.

VALIM, Thales Ricardo Alciati. A doutrina da causa no direito francês pós-reforma. *Revista Jurídica Luso--Brasileira*, a. 5, n. 3, 2019.

A ANÁLISE DAS PARTES COMO ELEMENTO DE INTERPRETAÇÃO DOS CONTRATOS

José Roberto de Castro Neves

Doutor em Direito Civil pela Universidade do Estado do Rio de Janeiro (UERJ). Mestre em Direito pela Universidade de Cambridge, Inglaterra. Professor de Direito Civil da Pontifícia Universidade Católica (PUC-Rio) e da Fundação Getulio Vargas (FGV-Rio). Membro da Academia Brasileira de Letras Jurídicas. Advogado.

Sumário: 1. Introdução – 2. As partes e suas circunstâncias – 3. As partes e sua relação – 4. Conclusão: o elemento subjetivo como fator de interpretação dos contratos – 5. Referências

1. INTRODUÇÃO

Denomina-se *hermenêutica* a ciência (e a técnica) de interpretação de textos. Na definição de Zeno Veloso, "[a] hermenêutica fornece um sistema, um guia, um material, um conjunto de regras e princípios para que se dê a interpretação, da melhor maneira"[1]. A palavra tem origem grega, numa clara referência ao deus Hermes, com seus pés alados. Era o mensageiro dos deuses. Cabia a essa divindade levar as informações do Olimpo para os humanos. Segundo a lenda, coube a ele a invenção da escrita. Portanto, a gênese do vocábulo "hermenêutica" se relaciona ao recebimento da mensagem, de origem divina, que, claro, deveria ser bem compreendida pelos mortais.

Nossa capacidade interpretativa é, a todo tempo, testada. Ao conversar com alguém, ao ler um simples texto ou ao ver um programa de televisão, estamos exercitando a interpretação. Pode haver uma interpretação mais sofisticada, como a que se faz de uma manifestação artística ou de um trabalho científico, a exigir do intérprete maior ciência ou um grau de conhecimento específico. A interpretação jurídica, por sua vez, vai demandar um estudo técnico acurado, pelo qual o intérprete seleciona ferramentas úteis que visam a auxiliar e a padronizar a atividade de extrair o sentido dos negócios jurídicos.

Como o Direito tem por finalidade promover a pacificação social, estuda-se a melhor forma de interpretar os contratos – um dos temas mais instigantes do universo jurídico. Ao decodificar os efeitos jurídicos dos negócios, a hermenêutica busca, fundamentalmente, oferecer segurança jurídica e promover a estabilidade das relações sociais.

Naturalmente, o intérprete se vale de *elementos intrínsecos* do contrato, a começar pelos próprios termos utilizados pelas partes para formalizar a sua relação. Num primeiro momento, procede-se à interpretação literal do contrato. Ao mesmo tempo, também

---

1. VELOSO, Zeno. *Comentários à Lei de Introdução ao Código Civil*. 2. ed., Belém: Unama, 2006. p. 120.

é necessário considerar os *elementos extrínsecos* do negócio, como, principalmente, as particularidades das partes e as circunstâncias contemporâneas à contratação.

Com efeito, a melhor interpretação vê além do contrato. Afinal, a relação contratual não se resume ao contrato. Na realidade, o bom intérprete, para executar seu mister, deve compreender as conjunturas do negócio. Nesse particular, não se pode relevar os aspectos subjetivos da parte, nem a relação existente entre os sujeitos do contrato.

Averiguar, por exemplo, a situação das partes, suas características, suas singularidades, aferindo eventuais dificuldades e potenciais vulnerabilidades delas, pode ser essencial para compreender o negócio. De igual forma, averiguar se as partes já possuíam uma relação prévia; se havia, entre elas, um grau de intimidade e confiança que dispensava o apego a alguma formalidade; ou como elas se relacionavam com terceiros em casos semelhantes pode alterar por completo a interpretação das disposições contratuais, na medida em que tais circunstâncias permitem compreender o contexto do negócio.

Esse ângulo oferece um prisma relevante à boa interpretação, restando ao intérprete perquirir as peculiaridades dos contratantes.

2. AS PARTES E SUAS CIRCUNSTÂNCIAS

Hugo Grócio, jurista do século XVII, ponderou: "[a] sociedade ou é de iguais, como irmãos, amigos, aliados; ou é desigual, como de pai e filho, amo e servo, rei e súditos, Deus e homens; e o que é justo é diferente nos dois casos."[2] Para o Direito, historicamente, admitia-se as desigualdades entre as pessoas como algo natural, pelas mais variadas razões: pelo status social, pela religião, pela raça, pelo sexo. Foi um extraordinário salto civilizatório reconhecer a igualdade formal entre as pessoas, prestigiando o conceito de que a lei oferece o mesmo tratamento a todos.[3] Trata-se de uma conquista que se consagrou com as revoluções burguesas no final do século XVIII e, sobretudo graças aos ideais iluministas, foi incorporada nas regras legais.[4] Esse conceito encontra-se previsto no artigo 5º de nossa Constituição Federal, segundo o qual "[t]odos são iguais perante a lei, sem distinção, de qualquer natureza".

O reconhecimento da *igualdade formal*[5] foi fundamental para o desenvolvimento da teoria dos contratos contemporânea, a qual se assenta na ideia de que o contrato se

---

2. GRÓCIO, Hugo. *Sobre direitos de guerra e paz*. Introdução de Antonio Manuel Hespanha. Ijuí: Unijuí, 2004. p. 80.
3. "Trata-se, pois, de um fenômeno diretamente decorrente da Revolução Francesa – e do específico conceito de igualdade aí gestado – que rompeu com a tradição particularista do direito medieval até então vigente." (MARTINS-COSTA, Judith. Crise e modificação da ideia de contrato no direito brasileiro. *Revista de Direito do Consumidor*, v. 3, set./dez. 1992. p. 131).
4. "A teoria subjetiva marca o fenômeno das codificações. A partir do pressuposto de que todos são iguais perante a lei, rompe com a tradição particularista do direito medieval vigente até a Revolução Francesa." (VIEIRA, Iacyr de Aguilar. A autonomia da vontade no código civil brasileiro e no código de defesa do consumidor. *Revista dos Tribunais*, v. 791, set. 2001. p. 41).
5. "Em outras palavras, a anterior igualdade formal negativa (a lei não pode estabelecer diferenças) dá lugar, hoje, à conceituação positiva da igualdade (a todos devem ser concedidas iguais oportunidades). A consequência dessa alteração de enfoque permite que a lei trate desigualmente os desiguais, concedendo aos jurídica ou

forma a partir do encontro de vontades – o que pressupõe, portanto, que ambas as partes, livremente, se manifestem aquiescendo com os termos do negócio. Essa conquista, como ensina Maria Celina Bodin de Moraes, se fundamenta no reconhecimento da dignidade da pessoa humana, "isto é, no direito de não receber qualquer tratamento discriminatório"[6].

Com o tempo, verificou-se que a "igualdade, exclusivamente formal, era insuficiente para atingir o fim desejado, isto é, não privilegiar nem discriminar, uma vez que as pessoas não detêm idênticas condições sociais, econômicas ou psicológicas"[7-8]. Em outras palavras, "a reconstrução da igualdade formal não pode mais ser feita com indiferença à materialidade da vida das pessoas, para a sua intacta *dignidade*, para os laços sociais que as acompanham"[9].

Do ponto de vista material (ou substancial), as partes serão sempre distintas,[10] pelos mais variados motivos. Haverá, em todas as hipóteses concretas, uma diferença, maior ou menor, entre os contratantes[11-12]. Assim, pode-se dizer que, embora as partes mereçam o mesmo tratamento da lei, não se verificará, entre elas e do ponto de vista concreto, uma *igualdade material*.[13] Aristóteles já havia apontado que o justo não é tratar

---

economicamente hipossuficientes, determinados benefícios, para que não sejam prejudicados em virtude de suas deficiências". (CRETELLA NETO, José. *Fundamentos Principiológicos do Processo Civil*. Rio de Janeiro: Forense, 2002. p. 5.)
6. BODIN DE MORAES, Maria Celina. *Danos à Pessoa Humana*. Rio de Janeiro: Renovar, 2003. p. 86.
7. BODIN DE MORAES, Maria Celina. O conceito de dignidade humana: substrato axiológico e conteúdo normativo. In: SARLET, Ingo (Org.). *Constituição, direitos fundamentais e direito privado*. Porto Alegre: Livraria do Advogado, 2003. p. 15.
8. "O Direito tornou-se cego para as singularidades que tornam o sujeito único em sua existência, a pretexto de combater qualquer tipo de tratamento desigual. Consoante a dinâmica de igualdade formal que orientou a produção jurídica burguesa, a personalidade, tomada apenas como atributo e não como valor em si mesmo, representava o ideal do projeto emancipatório da racionalidade iluminista. [...] Como bem se observou, o discurso predominante na construção do direito privado moderno 'culminou na racionalidade que fez a dignidade da pessoa ser sobrepujada pelo patrimonialismo e pelo conceitualismo' [...]" (BODIN DE MORAES, Maria Celina; VIVEIROS DE CASTRO, Thamis Dalsenter. A autonomia existencial nos atos de disposição do próprio corpo. *Pensar*, Fortaleza, v. 19, n. 3, set./dez. 2014. p. 786.)
9. RODOTÀ, Stefano. A antropologia do *homo dignus*. Trad. Maria Celina Bodin de Moraes. *Civilistica.com*. Rio de Janeiro, a. 6, n. 2, jan.-mar./2017. p. 9. Disponível em: <https://civilistica.emnuvens.com.br/redc/article/view/647>. Acesso: 10.10.2023.
10. Ver PERLINGIERI, Pietro. *Perfis do direito civil*. Rio de Janeiro: Renovar, 1997. p. 44 e ss.
11. "Se, num primeiro momento, logo após a instauração dos Estados de Direito na Europa Ocidental, a igualdade substancial gerou significativas alterações legislativas – que, tomadas em conjunto, viriam a formar a estrutura normativa dos chamados *Welfare States* –, hoje, a questão mais debatida coloca-se em outros termos, isto é, na reivindicação de um 'direito à diferença'. Esta ideia parte do princípio de que, em lugar de se reivindicar uma 'identidade humana comum', é preciso que sejam contempladas, desde sempre, as diferenças existentes entre as pessoas, evidência empírica que pode ser facilmente comprovada: os homens não são iguais entre si [...]" (BODIN DE MORAES, Maria Celina. O conceito de dignidade humana: substrato axiológico e conteúdo normativo. In: SARLET, Ingo (Org.). *Constituição, direitos fundamentais e direito privado*. Porto Alegre: Livraria do Advogado, 2003. p. 16.)
12. "[a] igualdade meramente formal é substituída pela equivalência ou equilíbrio material do contrato [...]" (LÔBO, Paulo Luiz Netto. *Direito civil: contratos*. São Paulo: Saraiva, 2011. p. 44.)
13. "O princípio da equivalência material desenvolve-se em dois aspectos distintos: subjetivo e objetivo. O aspecto subjetivo leva em conta a identificação do poder contratual dominante das partes e a presunção legal de vulnerabilidade. A lei presume juridicamente vulneráveis o trabalhador, o inquilino, o consumidor, o aderente de

a todos igualmente, porém o de tratar os desiguais na medida de suas desigualdades. Eis um corolário do *princípio da equidade* (*ius est ars boni et aequi*[14])[15].

Vale, nesse passo, averiguar se a parte é vulnerável. A doutrina identifica três tipos de vulnerabilidade da parte de uma relação obrigacional: jurídica, técnica e econômica.[16-17]

A *vulnerabilidade jurídica* diz respeito ao desconhecimento de uma das partes seja quanto às consequências jurídicas do negócio, seja quanto às dificuldades que enfrentará para apresentar sua pretensão em Juízo. Não raro, a parte pouco informada de seus direitos ignora, por exemplo, o prazo prescricional que tem para reclamar um defeito do bem adquirido; ou não tem ciência dos efeitos da celebração de certa cláusula.[18]

A *vulnerabilidade técnica* dá-se quando a parte não dispõe de conhecimentos específicos acerca do objeto da prestação pactuada. Essa vulnerabilidade apresenta-se comumente nas relações de consumo, sobretudo nas hipóteses em que o consumidor não domina as qualidades do produto adquirido ou carece de informações sobre o bem que adquire.[19] O leigo não sabe explicar porque sua televisão não funciona; porque o remédio que tomou lhe fez mal.[20] Especificamente no âmbito das relações de consumo,

---

contrato de adesão" (LÔBO, Paulo Luiz Netto. Princípios sociais dos contratos no código de defesa do consumidor e no novo código civil. *Revista de Direito do Consumidor*, v. 42, 2002. p. 192).

14. "O Direito é a arte do bom e do justo."
15. "Tendes razão, Juiz; é com equidade que pesais isso tudo; conservai, pois, a espada e a balança." (*Henrique IV, Parte II*, de William Shakespeare).
16. Eis como Fábio Ulhôa Coelho define essas vulnerabilidades: "A primeira [*i.e.*, a vulnerabilidade jurídica] é derivada do desconhecimento da realidade do objeto contratado, de que podem resultar enganos quanto às suas características; a segunda [*i.e.*, a vulnerabilidade técnica] é pertinente à falta de conhecimentos jurídicos específicos que possibilitem o exato entendimento do alcance das tratativas empreendidas, inclusive quanto às suas repercussões econômicas; e a última [*i.e.*, a vulnerabilidade econômica] espécie de vulnerabilidade diz respeito às diferenças decorrentes da situação econômica de cada negociante." (COELHO, Fábio Ulhôa. *O empresário e os direitos do consumidor*. São Paulo: Saraiva, 1994. p. 132).
17. "Em resumo, em minha opinião, existem três tipos de vulnerabilidade: a técnica, a jurídica e a fática. Na vulnerabilidade técnica, o comprador não possui conhecimentos específicos sobre o objeto que está adquirindo e, portanto, é mais facilmente enganado quanto às características do bem ou quanto à sua utilidade, o mesmo ocorrendo em matéria de serviços. A vulnerabilidade técnica, no sistema do CDC, é presumida para o consumidor não-profissional, mas também pode atingir excepcionalmente o profissional, destinatário final fático do bem, como vimos no exemplo da jurisprudência francesa." (MARQUES, Claudia Lima. *Contratos no código de defesa do consumidor*. São Paulo: Ed. RT, 1998. p. 270).
18. "Agravo de instrumento. Contrato bancário. Ação de revisão e anulação de cláusulas contratuais, por excessiva onerosidade e abusividade das mesmas. Cheque especial. Renegociação da dívida. (...) 2. Tratando-se de relação de consumo é admissível a inversão do ônus da prova, conforme o disposto no inciso VIII, do art. 6º, do CDC, quando, a critério do julgador, for verossímil a alegação do autor, ou quando for ele hipossuficiente, segundo as regras ordinárias de experiência. A hipossuficiência não deve ser aferida apenas sob o aspecto econômico, devendo a sua vulnerabilidade ser apurada em relação à dificuldade de acesso às informações e aos dados indispensáveis à prova dos fatos constitutivos de seu direito e aos meios de demonstrá-lo." (AgInst. 2001.002.09440, 2ª CCTJ, Rel. Des. Fernando Cabral, j. 27.11.2001).
19. "Numa sociedade em que, como acentuou Pietro Perlingieri, 'a desigualdade mais odiosa e mais penosa não se estabelece entre quem tem e quem não tem, mas sobretudo entre quem sabe e quem não sabe.'" (TEPEDINO, Gustavo. O código civil, os chamados microssistemas e a Constituição: premissas para uma reforma legislativa. In: *Problemas de direito civil-constitucional*. Rio de Janeiro: Renovar, 2000. p. 8).
20. "Mas há ainda a *vulnerabilidade fática* ou sócio-econômica, onde o ponto de concentração é o outro parceiro contratual, o fornecedor que por sua posição de monopólio, fático ou jurídico, por seu grande poder econômico ou em razão da essencialidade do serviço, impõe sua superioridade a todos que com ele contratam, por exemplo,

presume-se essa vulnerabilidade, em relação aos consumidores que não atuam no mesmo ramo do prestador de serviço ou do fornecedor do produto.

A *vulnerabilidade econômica*, por fim, é aquela decorrente da posição financeira de uma ou de ambas as partes da relação. Em função da disparidade econômica, um dos contratantes pode usufruir de enorme vantagem em relação à contraparte.

O grau dessas desigualdades pode variar extraordinariamente. Analisa-se, caso a caso, a presença dessas situações fáticas. Mapear as peculiaridades da hipótese concreta permite ao intérprete constatar, com mais propriedade, que uma das partes se encontra desprotegida ou em situação de inferioridade. Uma vez verificado esse desequilíbrio, haverá fundamento para o contratante receber a tutela do Estado, pois, afinal, a verificação da vulnerabilidade pressupõe a proteção dos interesses da parte desamparada.

Justo que também se considere a fragilidade circunstancial da parte no momento em que celebrou o negócio. Isso porque a experiência mostra que, por vezes, as partes podem passar por momentos de dificuldade decorrentes de diversos motivos – inclusive psicológicos. Circunstâncias particulares explicam não apenas o motivo do negócio, mas também auxiliam na sua interpretação[21].

Faz parte da adequada compreensão do negócio indagar, por exemplo, se as partes são pessoas físicas ou jurídicas[22]. Se pessoa física, o hermeneuta não pode deixar de entender as peculiaridades do ser humano: se era uma pessoa experiente; qual a sua idade; qual a sua ocupação, etecétera. Quanto mais informações colher[23], mais o intérprete se aproximará da correta interpretação do ocorrido.

---

quando um médico adquire um automóvel, através do sistema de consórcios, para poder atender suas consultas e submete-se às condições fixadas pela administradora de consórcios, ou pelo próprio Estado." (MARQUES, Claudia Lima. *Contratos no código de defesa do consumidor*. São Paulo: Ed. RT, 1998. p. 273).

21. "Como corolário, a tarefa do intérprete não é um conhecimento qualquer. Aqui, o conhecer é um reconhecer e reconstruir o espírito que, por meio da forma, fala ao espírito pensante; um interiorizar e transpor o conteúdo dessa forma para uma subjetividade diversa daquela originária." (MARINO, Francisco Paulo de Crescenzo. *Interpretação do negócio jurídico*: panorama geral e atuação do princípio da conservação. 2003. Dissertação (Mestrado) – Universidade de São Paulo, São Paulo, 2003.)

22. "É importante lembrar que sujeitos das relações jurídicas podem ser as pessoas naturais, os seres humanos, bem como as denominadas pessoas jurídicas, uma criação subjetiva da ciência jurídica, as quais também figuram como sujeitos de direitos. Essas noções estruturais são fundamentais." (VENOSA, Silvio de Salvo. *Introdução ao estudo do direito*. 6. ed. São Paulo: Atlas, 2019. p. 275.)

23. A análise acerca das condições ínsitas às partes contratantes abriu caminho para que o Direito Civil fosse pioneiro na teoria geral da interpretação dos negócios. Nesse sentido: "No campo do direito, o território mais fértil de questões interpretativas tem sido, desde antigamente, o do Direito Civil. Isso não ocorre sem uma profunda razão. Em nenhum outro setor, em verdade, é tão férvida a interpenetração de *relações entre sujeitos de direito postos em plano de recíproca paridade*. [...] Os peculiares caracteres deste território explicam também o fato de que, precisamente no Direito Civil, foram descobertos pela primeira vez, isto é, encontraram aquilo que com Jhering [...] chamaremos o seu ponto de 'emersão' histórica, cânones hermenêuticos fundamentais, os quais, elaborados primeiramente como categorias civilísticas neste ramo do direito, foram seguidamente reconhecidos como idôneos a governar a interpretação também em outros ramos, e, mais justamente, foram recentemente atribuídos à teoria geral da interpretação." (BETTI, Emilio. *Categorie civilistiche dell'interpretazione*, v. I, p. 10-11, 1948). Disponível em: <https://www.rivistaitalianaperlescienzegiuridiche.it/sites/default/files/2.%20%28prolusione%29%20E.%20Betti%20%E2%80%93%20Le%20categorie%20civilistiche%20dell%27interpretazione.pdf>. Acesso em: 23.10.2023.

De igual maneira, caso os contratantes sejam pessoas jurídicas, convém entender o grau de sofisticação do negócio. Cabe ao intérprete averiguar, por exemplo, os cuidados das sociedades com a governança, dentre outros fatores, que auxiliam a entender o padrão de conduta daquelas entidades. Não raro, a alteração de controle ou de gestão da pessoa jurídica explica sua conduta no âmbito de uma relação contratual, seja pelos seus desígnios quando contrata, seja como se comporta durante a execução de um negócio já existente.

Essa análise subjetiva (isto é, centrada na pessoa que contrata) serve como mais um elemento que auxilia a compreensão daquilo que efetivamente foi objeto de consenso. Essa justa preocupação com a parte potencialmente vulnerável justifica uma interpretação mais benéfica, em casos de cláusulas contratuais obscuras, em favor da parte débil. De outra ponta, ao reconhecer que ambas as partes tinham semelhante grau de sofisticação e poder de barganha, uma leitura protetiva provocará uma iniquidade, ao mesmo tempo em que significará uma ingerência indevida na autonomia privada.

3. AS PARTES E SUA RELAÇÃO

A *perspectiva relacional* – isto é, o estudo do cenário de cooperação entre as partes contratantes – tornou-se uma das principais lentes da teoria da interpretação dos negócios, sobretudo com o advento da Constituição[24]. Noutros termos, "são os valores constitucionais, com toda sua carga histórico-cultural, que vêm impor o reconhecimento de um princípio setorial voltado a garantir a formação e o desenvolvimento de *relações materialmente equilibradas* no campo do Direito dos Contratos"[25].

Nesse contexto, além de buscar compreender isoladamente as circunstâncias da parte, cumpre apreciar sua *relação* com a contraparte.

Embora uma pessoa possa ser vulnerável por sua própria natureza, quando apreciada isoladamente, essa situação de fragilidade pode ser potencializada ou neutralizada no contexto de determinada relação. Veja-se, por exemplo, que a vulnerabilidade pode variar muito em decorrência de quem seja a contraparte. Se, por exemplo, o negócio é feito entre duas sociedades empresárias grandes, altamente capacitadas, com grande poder econômico e munidas de auxílio técnico qualificado, entende-se, corretamente,

---

24. "Uma das formas de concretizar os valores constitucionais é afastar a visão de que o credor é detentor de um poder sobre o devedor, para enxergar, sob a *perspectiva relacional*, um cenário de cooperação entre as partes direcionado a, ao fim do dinamismo do percurso obrigacional, realizar o adimplemento. [...] a leitura do comportamento das partes no processo obrigacional é axiologicamente vinculada aos princípios constitucionais, em especial da solidariedade. Na visão contemporânea do contrato, o comportamento posterior que deve informar a interpretação é aquele que reflita um comportamento de cooperação e lealdade entre as partes a fim de possibilitar o adimplemento, elemento polarizante do processo obrigacional. Não se vê a obrigação como constituída por um dever de débito e um direito ao crédito isolados, mas em um *contexto relacional*, em que impera a cooperação das partes." (NALIN, Paulo; PIMENTEL, Mariana Barsaglia; PAVAN, Vitor Ottoboni. Interpretação, integração e reequilíbrio dos contratos em tempos de pandemia: análise das alterações promovidas pela Lei 13.874/2019 à luz da legalidade constitucional. *Revista Brasileira de Direito Civil – RBDCivil*, Belo Horizonte, v. 25, jul./set. 2020. p. 344-349.)

25. SCHREIBER, Anderson. *Equilíbrio contratual e dever de renegociar*. São Paulo: Saraivajur, 2018. p. 51.

que se trata de um negócio paritário. Num outro extremo, há o contrato celebrado entre duas pessoas físicas, ambas com poucas posses e desprovidas de conhecimento jurídico. Isoladamente, essas pessoas podem ser consideradas hipossuficientes. Contudo, naquela relação, nenhuma parte prevalece sobre a outra. As duas experimentam as mesmas dificuldades.

Portanto, a aferição da vulnerabilidade dá-se em concreto. Noutros termos, a análise do intérprete apenas se aperfeiçoará quando levar em consideração as características da parte inserida numa relação específica.

Manuel Inácio Carvalho de Mendonça foi um expoente jurista nacional, falecido em 1917, pouco depois da entrada em vigor do nosso primeiro Código Civil. Em 1911, ele lança a obra "Contractos no Direito Civil Brasileiro", na qual comenta:

> "Depois, a despeito de todos os belos sonhos de igualdade jurídica, é preciso curvar-se a realidade dos fenômenos superiores da ordem social para confessar que, na maioria dos contratos, uma das partes é mais poderosa do que a outra, está em situação de outorgar favores que a outra somente recebe.
>
> Ora, o direito é impotente para resistir ao fato. Nem se pretenda conferir aos seus preceitos operar uma igualdade que as condições da natureza humana não comportam na realidade. Sua missão única não pode transcender as raias de uma proteção oferecida aos fracos para abrigá-los dos abusos e estabelecer o equilíbrio com o recurso grosseiro das indenizações."[26]

Por uma série de circunstâncias, essa disparidade material pode ser substancial. Existindo uma diferença aguda entre as partes contratantes, uma delas, ainda que não tenha intenção, tem como auferir proveito indevido dessa situação, gerando uma situação iníqua.

Na medida em que a disparidade material entre as partes serve como potencial foco de injustiças, o legislador procura identificar, como medida profilática, as situações sociais nas quais comumente ocorrem abusos decorrentes desse desequilíbrio. O objetivo precípuo consiste em regular esses casos, a fim de evitar que a iniquidade viceje. Identificando a adernação, o Estado evita excessos.[27]

Introduzido pela Lei 13.874/2019, conhecida como Lei da Liberdade Econômica, o artigo 421-A do Código Civil[28] estabelece a presunção de paridade e simetria nos contratos civis, mas registra que essa presunção cede diante de elementos concretos. Cuida-se, como se vê, de uma presunção relativa (*iuris tantum*), a qual admite prova em contrário. Como ensinam Silvio Venosa e Luiza Wander Ruas:

---

26. CARVALHO DE MENDONÇA, Manuel Inácio. *Contractos no Direito Civil Brasileiro*. 2. ed. Rio de Janeiro: Freitas Bastos, 1938. t. I. p. 14-15.
27. Sobre o tema, Teresa Negreiros é precisa: "[a] teoria contratual contemporânea difere da teoria clássica quando ao modo de compreender aquele que contrata. Opõe-se à forma abstrata e autorizada com que a teoria clássica concebe o sujeito contratante, reconhecendo na disparidade de poder negocial, provocada pela vulnerabilidade de um contratante em relação ao outro, um fundamento para que a relação contratual sofra intervenções heterônomas, seja por meio de normas cogentes, seja por meio de medidas judiciais." (NEGREIROS, Teresa. *Teoria do contrato*. Rio de Janeiro: Renovar, 2003. p. 310.)
28. "Art. 421-A. Os contratos civis e empresariais presumem-se paritários e simétricos até a presença de elementos concretos que justifiquem o afastamento dessa presunção, (...)".

"[n]os contratos interempresariais, as partes passam a ser presumidas com simetria e paritárias, ou seja, as partes contratantes têm a mesma capacidade de analisar o texto contratual, compreender e aceitar os riscos, sendo a negociação equitativa [...] Todos nós que atuamos na elaboração de contratos sabemos que essa paridade é apenas um rumo e raramente é real.

Tal presunção é, como se percebe, relativa, podendo ser afastada mediante elementos concretos e probatórios. Ademais, tal paridade deve ser verificada sob dois vieses: econômico e social, pois, por mais que uma das partes esteja suportada do ponto de vista econômico, pode não ter o subsídio social, técnico ou intelectual para que se configure uma efetiva paridade e simetria.

Além disso, na relação contratual não é possível afirmar categoricamente sobre a paridade. É comum, até em contratações de grande vulto, que uma das partes seja mais 'frágil' do ponto de vista negocial, com menos poder de barganha, pois necessita da respectiva contratação, aceitando termos que lhe são negativos."[29]

Cumpre ressaltar que, a princípio, não se justifica a intervenção do Estado[30] num dado negócio, seja para garantir uma interpretação mais benéfica, seja para intervir no conteúdo do negócio se houver paridade na negociação. Numa palavra, a intromissão estatal nos acordos privados é sempre excepcionalíssima[31]. Nesse sentido, dispõe o Enunciado 21 da I Jornada de Direito Comercial do Conselho da Justiça Federal: "[n]os contratos empresariais, o dirigismo contratual deve ser mitigado, tendo em vista a simetria natural das relações interempresariais."

Contudo, mesmo em contratos civis ou empresariais, pode haver uma parte muito mais forte do que a outra, munida de opressivo poder de barganha ou de outra vantagem qualquer. Fundamental que, em todos os casos, analise-se a força de cada uma das partes e as consequências desse desequilíbrio.

Ao averiguar a vulnerabilidade em concreto, o intérprete pode concluir pela existência de uma diferença substancial entre as partes em uma relação obrigacional. Referida

---

29. VENOSA, Silvio de Salvo; RUAS, Luiza Wander. Interpretação dos Negócios Jurídicos e a Liberdade Econômica. *RDC*. n. 122, nov.-dez./2019. p. 36-37.
30. "O parágrafo único inserido no importantíssimo art. 421 do Código Civil prevê que "nas relações contratuais privadas, prevalecerá o princípio da intervenção mínima do Estado, por qualquer dos seus poderes, e a revisão contratual determinada de forma externa às partes será excepcional". A norma inserida pela Lei da Liberdade Econômica mitiga a intervenção estatal e relativiza o princípio do equilíbrio das relações contratuais, tornando excepcional a revisão contratual. Adere-se, neste ponto, à suposta dicotomia entre a atuação do Estado-Juiz e a liberdade de contratar." (NALIN, Paulo; PIMENTEL, Mariana Barsaglia; PAVAN, Vitor Ottoboni. Interpretação, integração e reequilíbrio dos contratos em tempos de pandemia: análise das alterações promovidas pela Lei 13.874/2019 à luz da legalidade constitucional. *Revista Brasileira de Direito Civil – RBDCivil*, Belo Horizonte, v. 25, jul./set. 2020. p. 339.)
31. Certa parcela da doutrina critica o princípio da intervenção mínima do Estado na vida dos contratos: "[...] a doutrina já apresentava críticas ao dispositivo legal [*i.e.*, parágrafo único do art. 421 do Código Civil], apontando a inexistência de um princípio da intervenção mínima estatal e a improficuidade da previsão da excepcionalidade da revisão contratual. De acordo com Anderson Schreiber, não existe um princípio da intervenção mínima no direito brasileiro, sendo imprescindível a atuação do Estado nas relações contratuais, seja para que se assegure força vinculante aos contratos, seja para que se garanta a incidência das normas jurídicas às relações contratuais, em especial das normas constitucionais. [...] Para Flávio Tartuce, "a afirmação de que a intervenção do Estado não constitui regra, mas exceção, já poderia ser retirada da própria ideia da autonomia privada ou da força obrigatória da convenção"" (NALIN, Paulo; PIMENTEL, Mariana Barsaglia; PAVAN, Vitor Ottoboni. Interpretação, integração e reequilíbrio dos contratos em tempos de pandemia: análise das alterações promovidas pela Lei 13.874/2019 à luz da legalidade constitucional. *Revista Brasileira de Direito Civil – RBDCivil*, Belo Horizonte, v. 25, jul./set. 2020. p. 339.

disparidade abre margem para que uma dessas partes abuse de sua condição, obtendo vantagem indevida em relação à outra – o que pode ocorrer, inclusive, em uma relação comercial ou entre duas pessoas jurídicas (ou qualquer outra na qual haja uma presunção de paridade)[32]. Paula Forgioni entende que, conquanto em contratos empresariais não haja, a princípio, uma parte hipossuficiente, pode existir uma dependência econômica de uma parte em relação a outra, o que possibilita certas distorções:

> "No direito comercial, salvo raríssimas exceções, não se pode reconhecer no empresário um *hipossuficiente*, o mercado capitalista não poderia funcionar dessa forma.
>
> Todavia, há de se reconhecer que, em certas relações interempresariais, existe *dependência econômica* de uma parte em relação a outra. Essa supremacia implica a possibilidade/capacidade de um sujeito impor condições contratuais a outro, que deve aceitá-las. Ou, no clássico pensamento de GUYON, '*l'un des contractants est en mesure d'imposer ses conditions à l'autre, qui doit les accepter pour survivre'*. Em suma, são ajustes marcados por grande diferença de poder entre as empresas."[33]

Nesse particular, importa reconhecer se essa desigualdade foi a origem, a causa ou mesmo um facilitador de uma vantagem desmesurada de uma das partes, a ponto de comprometer o equilíbrio da relação[34]. Especificamente para o tema deste ensaio, cumpre aferir se essa desigualdade auxilia o hermeneuta a decifrar o sentido do contrato.

Afinal, a interpretação presta-se a sobrelevar a *função social*[35] subjacente a uma relação. Não se fala aqui, evidentemente, de desprezar o que foi convencionado, para sempre tutelar a parte mais frágil – o objetivo, ao fim, consiste em garantir que o negócio seja interpretado de acordo com os valores que animam o nosso ordenamento jurídico, a começar pelos vetores constitucionais[36] da função social dos contratos, da dignidade

---

32. "[...] qualquer cláusula passa a ser interpretada contra aquele que redigiu o seu conteúdo, máxima há muito tempo reconhecida pelo Direito (*interpretatio contra proferentem*). Alarga-se, portanto, o sentido do art. 423 do Código Civil, segundo o qual a interpretação favorável ao aderente se daria apenas em havendo cláusulas ambíguas ou contraditórias. De todo modo, também é possível aplicar essa interpretação a negócios paritários, desde que seja possível identificar determinada cláusula ou cláusulas que foram impostas por uma das partes, tidas isoladamente como de adesão, hipótese em que serão interpretadas contra quem as redigiu." (TARTUCE, Flávio. A "Lei da Liberdade Econômica" (Lei 13.874/19) e os seus principais impactos para o Direito Civil. Segunda parte. *Migalhas Contratuais*. Disponível em: https://www.migalhas.com.br/ depeso/313017/a-lei-da-liberdade-economica-lei--13874-19-e-os-seus-principais-impactos-para-o-direitocivil-segunda-parte. Acesso em: 19.06.2023.)
33. FORGIONI, Paula. *Contratos empresariais: teoria geral e aplicações*. 4. ed. revista, atualizada e ampliada. São Paulo: Thomson Reuters, 2019. p. 67.
34. O equilíbrio emerge como "a preocupação em concretizar, de algum modo, nas relações contratuais os valores constitucionais, em especial a igualdade substancial e a solidariedade social" (SCHREIBER, Anderson. *Equilíbrio contratual e dever de renegociar*. São Paulo: Saraivajur, 2018. p. 48.).
35. "Essa função social deve estar em pauta sempre que as previsões contratuais atinjam interesses externos, interesses sociais além dos contratantes, como lecionado por Calixto Salomão. Esclareça-se que não se fala em aplicação da função social às partes contratantes em si; caso isso ocorresse, levaria a tentativas assistemáticas e difusas de reequilíbrio contratual, que já estão atribuídas pelo princípio da boa-fé e pela cláusula *rebus sic stantibus*." (VENOSA, Silvio de Salvo; RUAS, Luiza Wander. Interpretação dos Negócios Jurídicos e a Liberdade Econômica. *RDC*, n. 122, nov.-dez./2019. p. 35.)
36. "Correta parece, então, a elaboração hermenêutica que entende ultrapassada a *summa divisio* e reclama a incidência dos valores constitucionais na normativa civilística, operando uma espécie de "despatrimonialização" do direito privado, em razão da prioridade atribuída, pela Constituição, à pessoa humana, sua dignidade, sua personalidade e seu livre desenvolvimento. Daí decorre a urgente obra de controle de validade dos conceitos jurídicos tradicionais, especialmente os do direito civil, à luz da consideração metodológica que entende que

da pessoa humana e da vedação ao comportamento abusivo. Há, numa palavra, "a *funcionalização* das situações jurídicas patrimoniais às existenciais, cuja finalidade é o pleno desenvolvimento e promoção da pessoa humana"[37]. O intérprete experiente e sensível saberá verificar se houve excesso da parte mais forte e, uma vez verificada a desproporção, resta temperar a interpretação do negócio. Afinal, como bem pontua Maria Celina Bodin de Moraes, "[n]egar tal atitude hermenêutica significaria admitir um ordenamento assistemático, inorgânico e fragmentado"[38].

O ordenamento jurídico, atento às demandas contemporâneas, regula a interpretação dos contratos de adesão e dos negócios nas relações de consumo nos artigos 423 do Código Civil[39] e 47 do Código do Consumidor[40], estabelecendo, nas duas hipóteses, a leitura mais favorável à parte supostamente frágil da relação. O cuidado do legislador justifica-se porque, no âmbito das relações de consumo ou num contrato de adesão, a experiência demonstra que uma parte tem muito mais força do que a outra.

Na realidade, há muito existe uma regra de interpretação no sentido de se promover uma leitura contrária ao estipulante. Robert Joseph Pothier, grande jurista francês do século XVIII – juiz por mais de cinquenta anos e professor da Universidade de Orleans –, notabilizou-se pelo estudo do Direito Romano. Em uma publicação sobre o Direito das Obrigações, Pothier elencou uma série de regras sobre interpretação contratual[41], que, pela sua pertinência, se tornaram conhecidas e valiosas até os nossos dias. Nesse sentido colocava-se a sétima regra de Pothier:

> "Na dúvida, os contratos interpretam-se contra o estipulante, ou seja, contra a parte que fez a proposta inicial."

O Direito trata com cuidado da situação na qual, na formação dos contratos, apenas uma parte teve a oportunidade de estabelecer as regras que irão reger o negócio. São os

---

toda norma do ordenamento deve ser interpretada conforme os princípios da Constituição Federal. Desse modo, a normativa fundamental passa a ser a justificação direta de cada norma ordinária que com aquela deve se harmonizar." (BODIN DE MORAES, Maria Celina. A caminho de um Direito Civil Constitucional. *Revista Direito, Estado e Sociedade*, Rio de Janeiro, v. 1, jul./dez. 1991. p. 7.)

"A Constituição Federal é clara ao estabelecer como norte axiológico a pessoa humana em sua dignidade ontologicamente considerada. Dessa forma, o direito privado passa a encontrar na tábua axiológica constitucional o seu ponto de confluência, atuando esta como elemento guia e ordenador de todo o sistema. Por sua vez, o conceito de pessoa, e de sua tutela, é inseparável da solidariedade." (NALIN, Paulo; PIMENTEL, Mariana Barsaglia; PAVAN, Vitor Ottoboni. Interpretação, integração e reequilíbrio dos contratos em tempos de pandemia: análise das alterações promovidas pela Lei 13.874/2019 à luz da legalidade constitucional. *Revista Brasileira de Direito Civil – RBDCivil*, Belo Horizonte, v. 25, jul./set. 2020. p. 335.)

37. MENDES, Eduardo Heitor; SANTOS, Deborah Pereira Pinto dos. Função, funcionalização e função social. In: KONDER, Carlos Nelson; SCHREIBER, Anderson (Coord.). *Direito civil constitucional*. São Paulo: Atlas, 2016. p. 124.
38. BODIN DE MORAES, Maria Celina. A caminho de um Direito Civil Constitucional. *Revista Direito, Estado e Sociedade*. Rio de Janeiro, v. 1, jul./dez. 1991. p. 7.
39. "Art. 423. Quando houver no contrato de adesão cláusulas ambíguas ou contraditórias, dever-se-á adotar a interpretação mais favorável ao aderente."
40. "Art. 47. As cláusulas contratuais serão interpretadas de maneira mais favorável ao consumidor."
41. POTHIER, Robert Joseph. *Tratado das Obrigações Pessoais e Recíprocas*. Rio de Janeiro: Garnier, 1906. t. I. p. 61 e ss.

denominados *contratos de adesão*. Com razão, estabeleceu-se que, nesses casos, havendo dúvidas quando à extensão do acordo, a interpretação deve ser a mais favorável à parte que aderiu. Para chegar a essa conclusão, o intérprete deve analisar, como se disse, a forma como o contrato se formou. Em nosso Código Civil, a regra de Pothier colacionada acima foi reproduzida no artigo 113, § 1º, IV, segundo o qual: "[a] interpretação do negócio jurídico deve lhe atribuir o sentido que: [...] for mais benéfico à parte que não redigiu o dispositivo, se identificável".

No Direito brasileiro, a identificação do contrato de consumo parte da análise subjetiva. Como se sabe, para identificar se se está diante de uma relação de consumo, cumpre aferir se as partes se enquadram nos conceitos de consumidor e de prestador de serviço ou fornecedor, tal como registrado nos artigos 2º e 3º do Código do Consumidor.[42] Todas as demais consequências jurídicas advindas de se enquadrar um contrato numa relação de consumo partem dessa apreciação subjetiva.

Vale ter presente, ainda, que, por vezes, em decorrência de uma circunstância política ou econômica, uma parte possui um poder de barganha descomunal em relação à outra. Essa situação costuma explicar os motivos de certas disposições contratuais.

As diferenças entre as partes também podem resultar da origem cultural diversa e da distância da formação educacional entre elas. Essas circunstâncias não podem escapar do intérprete atento, pois esses elementos costumam concorrer para que a interpretação do negócio seja consentânea com o espírito do contrato. Eis um exemplo real de uma conversa ocorrida entre um espanhol, Sr. Díaz, e seu funcionário chinês, Sr. Chen:

> Sr. Díaz: Alguns de nós terá que trabalhar neste domingo, por conta da visita de um cliente.
>
> Sr. Chen: Compreendo.
>
> Sr. Díaz: Você poderia vir trabalhar neste domingo?
>
> Sr. Chen: Penso que sim.
>
> Sr. Díaz: Será de grande ajuda.
>
> Sr. Chen: Domingo será um dia importante.
>
> Sr. Díaz: Em que sentido?
>
> Sr. Chen: É o aniversário da minha filha.
>
> Sr. Díaz: Que legal. Espero que aproveite.
>
> Sr. Chen: Obrigado. Fico grato por entender.

---

42. ."Art. 2º Consumidor é toda pessoa física ou jurídica que adquire ou utiliza produto ou serviço como destinatário final."
"Art. 3º Fornecedor é toda pessoa física ou jurídica, pública ou privada, nacional ou estrangeira, bem como os entes despersonalizados, que desenvolvem atividade de produção, montagem, criação, construção, transformação, importação, exportação, distribuição ou comercialização de produtos ou prestação de serviços."

Para o Sr. Díaz, ficou claro que o Sr. Chen viria trabalhar no domingo. De outro lado, o Sr. Chen acreditava sinceramente que seu chefe havia entendido que ele não iria estar disponível no domingo por conta do aniversário de sua filha.[43]

Para que se consiga interpretar adequadamente essa conversa, faz-se necessário compreender a origem dos interlocutores. Os chineses, por cultura, são mais sutis e polidos num diálogo dessa natureza, evitando oferecer uma negativa categórica, deixando os temas subentendidos. Para o Sr. Chen, seu chefe deveria ser mais assertivo em requisitar sua presença no domingo, sobretudo depois que o funcionário apresentou uma resistência à solicitação.

Já para o Sr. Díaz, não era necessário, também por sua cultura, ser tão explícito. Não obstante o aniversário da filha de seu subalterno, esse último deveria comparecer domingo para trabalhar.

O interessante desse episódio é demonstrar que, para compreender onde estava o erro de comunicação, faz-se necessário observar a origem cultural dos participantes.

O mesmo exercício mostra-se mandatório ao se interpretar um contrato. Como se disse, para melhor entender o negócio, é necessário se familiarizar com seu contexto, começando pelas particularidades das partes, seja examinando isoladamente as peculiaridades de cada uma, seja examinando a sua interação no âmbito da relação. Afinal, como categoricamente pontuado por Carlos Maximiliano: "Interpretar uma expressão de Direito não é simplesmente tornar claro o respectivo dizer, abstratamente falando; é, sobretudo, revelar o sentido apropriado para a vida real, e conducente a uma decisão reta"[44].

4. CONCLUSÃO: O ELEMENTO SUBJETIVO COMO FATOR DE INTERPRETAÇÃO DOS CONTRATOS

Todo texto demanda alguma interpretação, ainda que singela. Como ensina a prática, por vezes há uma razoável dúvida acerca do alcance da regra contratual. Nesses casos, a atividade do hermeneuta se revela ainda mais complexa, cabendo a ele se valer de diversos instrumentos e técnicas.

Classicamente, estuda-se a interpretação dos contatos como uma forma de compreender o seu alcance, a partir do que se acredita ser o acordo de vontade das partes. Contudo, as partes, pelas mais variadas razões, podem ter restrições na sua manifestação de vontade. Diante disso, o raciocínio de extrair a vontade comum não deve deixar de apreciar a situação das partes, sob pena de oferecer um resultado equivocado da adequada interpretação.

Entre os recursos disponíveis, o intérprete reporta-se, em primeiro lugar, à análise da parte, tanto isolada, quanto em relação à contraparte. Inclui-se, nesse ponto, a apreciação do grau de disparidade entre os sujeitos do contrato. A partir dessa análise, o intérprete poderá aferir se uma das partes obteve algum proveito na negociação – ainda que essa vantagem não tenha sido maliciosa (pois isso é, para esse fim, irrelevante).

---

43. O fato é narrado por Erin Meyer em MEYER, Erin. *The culture map*, Nova York, Public Affairs, 2015. p. 49.
44. MAXIMILIANO, Carlos. *Hermenêutica e aplicação do direito*. 20. ed. Rio de Janeiro: Forense, 2011. p. 8.

O grau dessa disparidade entre os contratantes não pode ser desconsiderado. Afinal, sempre haverá alguma desigualdade entre as partes. Caso essa diferença de força seja suficiente para permitir um proveito indevido, cumpre interpretar de forma mais favorável à parte vulnerável.

Entender as partes, consideradas isoladamente e na dinâmica de como elas interagem, faz parte do caminho pelo qual o intérprete deve percorrer. Como ensina a vida prática, "ora são pactuados contratos em quadros sociais de simetria de poderes, ora em quadros marcados pela flagrante desigualdade ou assimetria dos sujeitos contratantes, inclusive quanto ao exercício da sua liberdade, o que terá reflexos no exercício da autonomia privada, em seu papel conformador do conteúdo contratual."[45]

Indo além, ainda que "os princípios constitucionais contemporâneos não retir[e]m da livre iniciativa e da liberdade o papel relevante na doutrina dos contratos", "a *solidariedade constitucional* passa a exercer importante influência"[46] sobre todas as relações interprivadas. Ao intérprete cabe particular "sensibilidade constitucional"[47], adequando-se às relações civis ao teor e ao espírito da Constituição.

Na interpretação do contrato, compreender a força das partes na sua confecção e na sua execução permite uma interpretação que aproxime o negócio de sua função social, seja porque permitirá compreender com mais nitidez o objeto do acordo, seja porque evitará que se cometa alguma injustiça, notadamente coibindo abusos.

5. REFERÊNCIAS

BETTI, Emilio. *Categorie civilistiche dell'interpretazione*, v. I, p. 10-11, 1948.

BODIN DE MORAES, Maria Celina. A caminho de um Direito Civil Constitucional. *Revista Direito, Estado e Sociedade*, Rio de Janeiro, v. 1, p. 21-32, jul./dez. 1991.

BODIN DE MORAES, Maria Celina. *Danos à pessoa humana*. Rio de Janeiro: Renovar, 2003.

---

45. MARTINS-COSTA, Judith. O método da concreção e a interpretação dos contratos. *Revista brasileira de direito comparado*. Imprenta: Rio de Janeiro, Instituto de Direito Comparado Luso-brasileiro, n. 31, p. 135-175, 2006. p. 143.
46. "Com a vinculação das relações interprivadas aos direitos e princípios fundamentais, explícitos ou implícitos na Constituição, a solidariedade constitucional passa a exercer importante influência sobre o contrato. Ao mesmo tempo, os princípios constitucionais contemporâneos não retiram da livre iniciativa e da liberdade o papel relevante na doutrina dos contratos. O desafio, portanto, é definir uma conceituação de contrato que compatibilize solidariedade e mercado." (NALIN, Paulo; PIMENTEL, Mariana Barsaglia; PAVAN, Vitor Ottoboni. Interpretação, integração e reequilíbrio dos contratos em tempos de pandemia: análise das alterações promovidas pela Lei 13.874/2019 à luz da legalidade constitucional. *Revista Brasileira de Direito Civil – RBDCivil*, Belo Horizonte, v. 25, jul./set. 2020. p. 336.)
    "Em razão da supremacia da Constituição, que passou a se constituir como o centro de integração do sistema jurídico de direito privado, a lógica da propriedade privada deve obsequiar a regulamentação lá estabelecida, que determina um novo regime jurídico para a matéria. Assim, "as normas de direito privado sobre a propriedade hão de ser compreendidas de conformidade com a disciplina que a Constituição lhe impõe"." (BODIN DE MORAES, Maria Celina. A caminho de um Direito Civil Constitucional. *Revista Direito, Estado e Sociedade*, Rio de Janeiro, v. 1, jul./dez. 1991. p. 14. Disponível em: <https://revistades.jur.puc-rio.br/index.php/revistades/article/view/352>. Acesso em: 10.10.2023).
47. BODIN DE MORAES, Maria Celina. A caminho de um Direito Civil Constitucional. *Revista Direito, Estado e Sociedade*, Rio de Janeiro, v. 1, jul./dez. 1991. p. 14.

BODIN DE MORAES, Maria Celina. O conceito de dignidade humana: substrato axiológico e conteúdo normativo. In: SARLET, Ingo (Org.). *Constituição, direitos fundamentais e direito privado*. Porto Alegre: Livraria do Advogado, 2003.

BODIN DE MORAES, Maria Celina. O conceito de dignidade humana: substrato axiológico e conteúdo normativo. In: SARLET, Ingo (Org.). *Constituição, direitos fundamentais e direito privado*. Porto Alegre: Livraria do Advogado, 2003.

BODIN DE MORAES, Maria Celina; VIVEIROS DE CASTRO, Thamis Dalsenter. A autonomia existencial nos atos de disposição do próprio corpo. *Pensar,* Fortaleza, v. 19, n. 3, p. 779-818, set./dez. 2014.

CARVALHO DE MENDONÇA, Manuel Inácio. *Contractos no Direito Civil Brasileiro*. 2. ed. Rio de Janeiro: Freitas Bastos, 1938. t. I.

COELHO, Fábio Ulhôa. *O empresário e os direitos do consumidor*. São Paulo: Saraiva, 1994.

CRETELLA NETO, José. *Fundamentos principiológicos do processo civil*. Rio de Janeiro: Forense, 2002.

FORGIONI, Paula. *Contratos empresariais: teoria geral e aplicações*. 4. ed. revista, atualizada e ampliada. São Paulo: Thomson Reuters, 2019.

GALDINO, Valéria Silva. *Cláusulas abusivas*. São Paulo: Saraiva, 2001.

LÔBO, Paulo Luiz Netto. Princípios sociais dos contratos no código de defesa do consumidor e no novo código civil. *Revista de Direito do Consumidor*, v. 42, p. 187-195, 2002.

LÔBO, Paulo Luiz Netto. *Direito civil*: contratos. São Paulo: Saraiva, 2011.

MARINO, Francisco Paulo de Crescenzo. *Interpretação do negócio jurídico*: panorama geral e atuação do princípio da conservação. 2003. Dissertação (Mestrado). Universidade de São Paulo, São Paulo, 2003.

MARQUES, Claudia Lima. *Contratos no código de defesa do consumidor*. São Paulo: Ed. RT, 1998.

MARTINS-COSTA, Judith. O método da concreção e a interpretação dos contratos. *Revista brasileira de direito comparado*. Imprenta: Rio de Janeiro, Instituto de Direito Comparado Luso-brasileiro, n. 31, p. 135-175, 2006.

MAXIMILIANO, Carlos. *Hermenêutica e aplicação do direito*. 20. ed. Rio de Janeiro: Forense, 2011.

MENDES, Eduardo Heitor; SANTOS, Deborah Pereira Pinto dos. Função, funcionalização e função social. In: KONDER, Carlos Nelson; SCHREIBER, Anderson (Coord.). *Direito civil constitucional*. São Paulo: Atlas, 2016.

MONTEIRO, Washington de Barros. *Curso de direito civil*: direito das obrigações. 2ª Parte. 21. ed. São Paulo: Saraiva, 1987.

NEGREIROS, Teresa. *Teoria do contrato*. Rio de Janeiro: Renovar, 2003.

PERLINGIERI, Pietro. *Perfis do direito civil*. Rio de Janeiro: Renovar, 1997.

POTHIER, Robert Joseph. *Tratado das obrigações pessoais e recíprocas*. Rio de Janeiro: Garnier, 1906. t. I.

RODOTÀ, Stefano. A antropologia do *homo dignus*. Trad. Maria Celina Bodin de Moraes. Civilistica.com. Rio de Janeiro, a. 6, n. 2, jan.-mar./2017.

SCHREIBER, Anderson. *Equilíbrio contratual e dever de renegociar*. São Paulo: Saraivajur, 2018.

TARTUCE, Flávio. A "Lei da Liberdade Econômica" (Lei 13.874/19) e os seus principais impactos para o Direito Civil. Segunda parte. *Migalhas Contratuais*. Disponível em: https://www.migalhas.com.br/depeso/313017/a-lei-da-liberdade-economica-lei-13874-19-e-os-seus-principais-impactos-para-o--direitocivil-segunda-parte. Acesso em: 19.06.2023.

TEPEDINO, Gustavo. O Código Civil, os chamados microssistemas e a Constituição: premissas para uma reforma legislativa. In: *Problemas de direito civil-constitucional*. Rio de Janeiro: Renovar, 2000.

TEPEDINO, Gustavo; KONDER, Carlos Nelson; BANDEIRA, Paula Greco. *Fundamentos do direito civil*: contratos. 2. ed. Rio de Janeiro: Forense, 2021. v. 3.

VENOSA, Silvio de Salvo. *Introdução ao estudo do direito*. 6. ed. São Paulo: Atlas, 2019.

VENOSA, Silvio de Salvo; RUAS, Luiza Wander. Interpretação dos Negócios Jurídicos e a Liberdade Econômica. *RDC*. n. 122, nov.-dez./2019. p. 29-38.

VIEIRA, Iacyr de Aguilar. A autonomia da vontade no código civil brasileiro e no código de defesa do consumidor. *Revista dos Tribunais*, v. 791, p. 31-64, set. 2001.

PODERES DO JUIZ, FUNÇÃO SOCIAL DO CONTRATO E EQUILÍBRIO CONTRATUAL NA LEGALIDADE CONSTITUCIONAL[1]

Maria Cristina De Cicco

Professora Associada de Direito privado na Faculdade de Direito da Universidade de Camerino, Itália, onde coordena a Cátedra Ítalo-Brasileira de Direito das pessoas.

Sumário: 1. Introdução – 2. Incidência das regras e dos valores no âmbito contratual – 3. A posição da *corte costituzionale* e seus reflexos na jurisprudência – 4. Os direitos da personalidade como limite da autonomia contratual – 5. Conclusão – 6. Referências.

1. INTRODUÇÃO

A doutrina do Direito Civil na legalidade constitucional[2], como é sabido, parte da natureza preceptiva dos princípios constitucionais, indo além da mera releitura do direito civil à luz da Constituição para afirmar a aplicação direta dos princípios constitucionais nas relações privadas.[3]

Os enunciados constitucionais, ainda que formulados por princípios e não segundo regras, revestem um papel normativo de determinação dos comportamentos e, por isso, representam a disciplina a ser aplicada ao caso concreto para a sua solução. Essa doutrina afirma que a norma super primária não é sempre e somente regra hermenêutica, mas também norma de comportamento, idônea a incidir sobre o conteúdo das relações entre situações subjetivas[4].

---

1. O tema será abordado com base no ordenamento italiano, portanto, quando não indicado diversamente, as referências normativas, entende-se ao direito italiano.
2. Vale evidenciar que Direito civil na Legalidade Constitucional não é sinônimo perfeito de "Direito Civil Constitucional" e muito menos de "Direito Civil Constitucionalizado". E não é sinônimo porque apesar das três expressões representarem a proeminência que a Pessoa assumiu nos ordenamentos jurídicos italiano e brasileiro somente a primeira espelha e sintetiza o importante papel que a teoria da interpretação exerce na individualização da disciplina a ser aplicada ao caso concreto ao conciliar a complexidade do ordenamento e a sua imprescindível unidade, preconizando a aplicação direta dos princípios constitucionais nas relações entre particulares.
3. Pode-se indicar como principais pressupostos teóricos da doutrina do direito civil na legalidade constitucional, concebida como consequência inelutável da incidência do constitucionalismo contemporâneo no fenômeno da legislação em geral e das codificações em particular, *i)* o carácter normativo das Constituições; *ii)* a complexidade e unidade do sistema jurídico e o pluralismo das fontes do direito; *iii)* uma teoria renovada de interpretação jurídica para fins de aplicação. Para a plena compreensão dessa doutrina é fundamental a vasta obra de Pietro Perlingieri, da qual cita-se, por todas, PERLINGIERI, Pietro. *O direito civil na legalidade constitucional*. Trad. de Maria Cristina De Cicco. Rio de Janeiro: Renovar, 2008.
4. Pode-se assinalar que já no início dos anos 60 do século passado, a Associação Nacional dos Magistrados italiana convidava os juízes "a aplicar diretamente as normas constitucionais quando isso fosse tecnicamente possível em relação aos fatos controvertidos": v. ROMBOLI, Roberto. *Il ruolo del giudice in rapporto all'evoluzione del sistema delle fonti ed alla disciplina dell'ordinamento giudiziario.* In: http://www.astrid-online.it/static/upload/protected/ROMB/ROMBOLI-Ruolo-del-giudice_Seminario-.pdf. Acesso em: 15.03.2021.

A aplicação direta dos princípios alcançou, na Itália, uma importância relevante na doutrina e na jurisprudência constitucional e de legitimidade (a da Corte de Cassação). Antes de entrar mais propriamente no direito italiano, gostaria de trazer um exemplo de aplicação direta dos princípios constitucionais, ainda que intermediada por cláusulas gerais – tirado da jurisprudência alemã, pode-se dizer, a pátria da *Drittwirkung*. Trata-se de uma decisão da Corte Constitucional[5] em tema de fiança *omnibus*, na tipologia de "fiança ruinosa", ou seja, a fiança prestada por uma pessoa vinculada ao devedor principal por uma relação afetiva muito estreita, a qual, mesmo não dispondo de renda ou patrimônio, aceita se obrigar perante um banco, por uma soma muito elevada e de qualquer jeito muito além de suas possibilidades econômicas, com o único objetivo de permitir ao devedor principal de obter crédito[6]. As consequências jurídicas do contrato para o fiador são muito pesadas porque na hipótese de insolvência do devedor principal, ficará vinculada à dívida praticamente para sempre, criando um vínculo obrigacional perpétuo com o banco credor.

No caso de espécie, o Tribunal federal, deixando de lado elementos importantes que certamente influenciaram a escolha do fiador de se vincular (parentela estreita, a idade, a inexperiência, a predisposição unilateral do contrato de fiança por parte do banco), considerou válidos esses contratos em razão, por um lado, da capacidade de exercício do fiador e de outro lado porque não existe para o banco um ônus de verificar a subsistência ou não, no fiador, de um nível adequado de conhecimento das consequências da obrigação assumida. Pode-se notar que o Tribunal cristalizou-se em posições formais, privilegiando a teoria voluntarista baseada no dogma da vontade.

O Tribunal constitucional federal, ao contrário, argumentou sobre a liberdade contratual substancial, e não formal, para afirmar que a decisão do Tribunal federal era contrária à Constituição, na medida em que não invalidou uma fiança iníqua e ruinosa, visto ser prejudicial ao direito fundamental da liberdade contratual, assim como inferido do art. 2 da Constituição (*GrundGesetz*)[7].

O *BverfG* afirmou o princípio pelo qual a autonomia privada é fundada sobre o princípio de autodeterminação e, portanto, requer a efetiva subsistência das condições para o exercício da autodeterminação mesma. O Tribunal constitucional, assim, impõe aos juízes o dever de intervir no contrato, mesmo na ausência de normas imperativas, com o fim específico de reequilibrar uma ordem normativa desequilibrada em favor somente de uma parte.

Vê-se, portanto, que o poder de correção do juiz nos contratos encontra o seu fundamento na existência de um princípio geral, imanente ao ordenamento, de correção dos contratos em função da promoção da autonomia negocial e da justiça contratual[8].

---

5. Cf. BverfG 19 de outubro de 1993. *Rassegna di diritto civile*, 1994. p. 594 ss.
6. V. sobre esse tema FAVALE, Rocco. La fideiussione prestata dai familiari insolventi nel modello tedesco. In: *Revista Trimestral de Direito Civil*, ano 3, v. 12, 2002. p. 171 ss.
7. O Tribunal constitucional afirmou que entre as principais atribuições do direito civil vigente está o reequilíbrio das alterações da paridade das partes contratantes, de modo que, caso haja uma "inferioridade estrutural" de uma parte contratante e as consequências do contrato forem "extraordinariamente onerosas" para a mesma parte, o juiz cível é constitucionalmente obrigado a corrigir a disposição contratual, aplicando as cláusulas gerais do direito civil.
8. Cfr. no mesmo sentido, PENNASILICO, Mauro. "Ménage à trois": la correzione giudiziale dei contratti. In: *Rassegna di diritto civile*, 2016. p. 179 ss.

Na Constituição italiana, a referência aos interesses sociais está presente em duas normas centrais, os arts. 41 (*liberdade de iniciativa econômica*)[9] e 42 (*função social da propriedade*)[10], além de ser uma constante em grande parte das normas constitucionais em matéria econômica[11]. No ordenamento italiano, a liberdade de iniciativa privada é prevista não de forma absoluta, mas com os limites, indicados nos parágrafos 1 e 2, da utilidade social e do respeito à dignidade humana.

A liberdade de iniciativa econômica privada, portanto, tem um conteúdo limitado internamente pelo respeito ao valor máximo do ordenamento, isto é, a proteção da pessoa humana, de modo que liberdades econômicas e direitos fundamentais não são termos contrapostos, mas, sim, correlatos. Trata-se de um princípio geral justificador de todas as disposições que intervêm sobre cada disposição contratual e sobre cada atividade negocial que apresentem um forte desequilíbrio entre as partes, com a finalidade principal de reequilibrar as situações/posições negociais fortemente desequilibradas, mediante regras precisas que deveriam alcançar esse objetivo.

São normas que objetivamente limitam a autonomia negocial porquanto sua função é reportar a atividade negocial e as disposições do contrato a uma ordem que possa ser considerada equilibrada, apresentando-se, portanto, em sintonia com os princípios constitucionais. Um exemplo pode ser dado pelas leis consumeristas, que preveem a disciplina do contrato e, também, um mecanismo sancionatório na hipótese em que um contrato não respeite a regra prevista nessas disposições que funcionalizam a atividade privada à dignidade social[12].

Em razão disso, o debate sobre o denominado ativismo judicial nas relações contratuais deve perpassar, necessariamente, pelo vislumbre do ordenamento jurídico como instrumento de ponderação entre os direitos imanentes à autonomia negocial e os valores constitucionais de proteção humana.

Daí deriva o posicionamento do Tribunal Constitucional italiano, da mesma forma que o alemão, no sentido de autorizar os juízes a intervirem na relação contratual,

---

9. Art. 41 Const.: A iniciativa econômica privada é livre.
   Não pode ser realizada em conflito com a utilidade social ou de uma forma que possa prejudicar a saúde, o meio ambiente, a segurança, a liberdade, a dignidade humana.
   A lei determina os programas e controles apropriados para que a atividade econômica pública e privada possa ser dirigida e coordenada para fins sociais.
10. Art. 42 Const.: A propriedade é pública ou privada. Os bens econômicos pertencem ao Estado, a entes ou a particulares.
    A propriedade privada é reconhecida e garantida pela lei, que determina as suas formas de aquisição, fruição e limites com o objetivo de assegurar a sua função social e torná-la acessível a todos.
    A propriedade privada pode ser expropriada por motivos de interesse geral, nos casos previstos na lei, e mediante indenização.
    A lei estabelece as normas e limites da sucessão legítima e testamentária e os direitos do Estado sobre as heranças.
11. LUCIANI, Massimo. Economia nel diritto costituzionale. In: *Digesto, Sez. pubbl*. Torino: UTET, 1990. p. 373 ss.
12. É interessante assinalar o debate que se iniciou entre os estudiosos alemães do direito contratual sobre o valor atual da liberdade contratual como princípio sobre o qual se embasa o ordenamento e a oportunidade de substituí-lo ou complementá-lo com o princípio da justiça contratual em razão da necessidade de proteção do contratante vulnerável. Em relação ao sistema italiano, v. as reconstruções orientadas a valorar a justiça contratual sob vários pontos de vista elaboradas por PROSPERI, Francesco. *Il contratto di subfornitura e l'abuso di dipendenza economica*. Profili ricostruttivi e sistematici. Napoli: Edizioni Scientifiche Italiane, 2002. p. 267 ss.

mesmo ante a ausência de normas imperativas, para reequilibrar a ordem normativa desestabilizada em favor de apenas uma das partes.

Se é verdade, como o é, que a unidade, a sistematicidade e a axiologia do ordenamento não são fórmulas vazias que possam ser afastadas à discreção do intérprete, mas são, em primeiro lugar, estruturas basilares da sociedade civil que assumem por isso valor jurídico – como modos de ser deontológicos que são – da ordem social e, assim, também do ordenamento que os recepcionou e "juridicizou"[13], o juiz tem o dever de avaliar a função dos institutos à luz dos interesses fundamentais: função social da propriedade; utilidade social da iniciativa econômica privada; merecimento de proteção dos atos de autonomia negocial, na Itália, função social do contrato, no Brasil.

As categorias civilistas, como se sabe, são historicamente limitadas de modo que não é possível interpretar o sistema normativo à luz das categorias do passado, sendo necessário verificar se tais categorias ainda correspondem às funções que o ordenamento atribui a determinadas situações, do contrário elas devem ser abandonadas e substituídas por outras mais adequadas[14].

Por exemplo, o princípio de subsidiariedade, hoje, justifica a autonomia negocial e a superação do princípio de relatividade dos efeitos do contrato (art. 1372 C.C.). O princípio de solidariedade constitucional consentiu superar os confins da relatividade do contrato e justificar a tutela dos terceiros sobre os quais o contrato incide somente de forma reflexa, como, na categoria dos contratos com efeitos de proteção dos/para com os terceiros.

O princípio da socialidade, que norteia o Código Civil de 2002, por sua vez, impôs e impõe a inversão do eixo interpretativo do contrato (que) da realização dos interesses das partes (passa) à proteção dos interesses da comunidade; uma inversão que espelha a tendência da experiência jurídica contemporânea de colocar a necessidade de equidade diante do princípio da liberdade contratual.

Vê-se, portanto que a natureza social do contrato exige um reequilíbrio das relações de poder entre as partes também mediante a correção judicial do regulamento por elas acordado. Assim, uma revisão do conceito de contrato em função dos deveres de cooperação, solidariedade e justiça e, por conseguinte, uma proteção mais rigorosa do contraente concretamente vulnerável impõe-se como determinante para a efetividade do preceito

---

13. Assim, PERLINGIERI, Pietro. Valori normativi e loro gerarchia. Una precisazione dovuta a Natalino Irti. In: *Rassegna di diritto civile*, 1999. p. 787 ss.
14. É necessário evitar a perpetuação, por parte dos juristas, de uma mentalidade marcada pela impassibilidade ou pela resistência diante do "novo", que caracterizou os momentos sucessivos à entrada em vigor da nova Constituição na Itália em 1948 e no Brasil em 1988. No mesmo sentido, v. BODIN DE MORAES, Maria Celina. A utilidade dos princípios na aplicação do direito. Editorial. *Civilistica.com*. Rio de Janeiro, a. 2, n. 1, jan.-mar./2013. Disponível em: <http://civilistica.com/utilidade-principios/>. Acesso em: 15.03.2021. Sobre a situação italiana, v. as lúcidas palavras de GROSSI, Paolo. La proprietà e le proprietà nell'officina dello storico. In: *Quaderni fiorentini per la storia del pensiero giuridico moderno*. Milano: Giuffré, 1988. v. 17. p. 359-422, aplicáveis também à realidade brasileira: "Adaptar o ordenamento e, com ele, a mentalidade e a cultura civilistas à Constituição implicava uma autêntica ruptura epistemológica, que teria obrigado a doutrina a rever todas as suas 'certezas' dogmáticas graníticas; de modo que se preferia confinar a Carta Constitucional no limbo tranquilizador de declarações de natureza não preceptiva, mas filosófico-política".

constitucional de tutela da pessoa e da sua dignidade. Em tempos sombrios, nunca é demais repetir que o princípio de tutela da pessoa é o supremo princípio constitucional que embasa a legitimidade do ordenamento e a soberania do Estado de modo que, pode-se afirmar, a pessoa é sempre indissociável da solidariedade, posto que cuidar do outro faz parte do conceito de pessoa. Na perspectiva constitucional, de fato, a solidariedade expressa cooperação e igualdade na afirmação dos direitos fundamentais de todos.

A nova orientação da jurisprudência que vem se consolidando na Itália, desse modo, enxerga os valores constitucionais como verdadeiras regras imediatamente aplicáveis às relações privadas. Por esse caminho e mediante o controle do merecimento de tutela dos interesses perseguidos pelas partes (art. 1322, par. 2 do Código Civil[15]), o juiz é levado a sindicar a autonomia negocial não com base em regras, mas sim, em valores constitucionais[16]. De fato, um contrato ou cláusula é merecedor de tutela quando encontrar guarida nos valores constitucionais do ordenamento assim como sintetizados na Constituição[17].

Como se sabe, nem tudo o que é lícito é justo. Diante de uma lei que pretenda levar a uma decisão correta formalmente, mas injusta em relação aos efeitos que determina, o juiz pode tentar encontrar uma solução diversa. Na Itália os juízes estão tentando encontrar essa solução justamente utilizando o controle do merecimento de tutela, que passa assim a sintetizar a legalidade constitucional epistemologicamente considerada.

O presente trabalho irá, sob a perspectiva indicada, avaliar e debater em que medida a interferência judicial na autonomia negocial constitui, efetivamente, manifestação de ativismo ou, ao contrário, simples exercício do poder/dever do juiz de encontrar uma solução ao caso concreto segundo determinação do próprio ordenamento jurídico consolidada no princípio geral de correção dos contratos em função da promoção da autonomia negocial e da justiça contratual.

2. INCIDÊNCIA DAS REGRAS E DOS VALORES NO ÂMBITO CONTRATUAL

A questão deve ser abordada na ótica do robustecimento do valor e da centralidade da pessoa no mercado, superando uma lógica construída sobre a mera racionalidade econômica e relendo a relação entre a pessoa e o mercado em chave axiológica. Colocam-se, assim, as bases para a construção de um sistema de direito civil na legalidade constitu-

---

15. Código Civil: Art. 1322, parágrafo 2. As partes podem também concluir contratos que não pertençam aos tipos disciplinados especificamente, desde que visem a concretização de interesses merecedores de proteção de acordo com o ordenamento jurídico.
16. Nesse sentido, espressamente, com implícito riferimento à doutrina do direito civil na legalidade constitucional, Cass., 1º abr. 2011, n. 7557. In: *Foro padano*, 2012, I, c. 358 ss., onde se lê que os controles de liceidade e de merecimento "devem, em qualquer caso, ser parametrizados aos valores constitucionais superiores destinados a garantir específicos perseguidos" (c. 365).
17. Assim, com razão Maria Celina Bodin de Moraes propõe de interpretar a expressão "em razão" prevista no art. 421 C.C. brasileiro no sentido da funcionalização da autonomia privada à utilidade social de modo que "a liberdade de contratar não se dará, pois, em razão da vontade privada, como ocorria anteriormente, mas em razão da função social que o negócio está destinado a cumprir" (p. 23): BODIN DE MORAES, Maria Celina. A causa do contrato. *Civilistica.com*. Rio de Janeiro, a. 2, n. 4, out.-dez./2013. Disponível em: <http://civilistica.com/a-causa-do-contrato/>. Acesso em: 15.03.2021.

cional idôneo a realizar a funcionalização das situações patrimoniais às existenciais, as quais, efetivando os princípios constitucionais, têm uma preeminência indiscutível[18]. Nessa ótica, é fácil verificar que o ponto de tensão na problemática em exame reside justamente na relação entre a pessoa e o mercado[19], da qual emerge a necessidade de sobrepor às regras do mercado a pessoa humana, independentemente da sua capacidade de aquisição de produtos ou serviços[20]. Somente uma correta abordagem da dialética pessoa-mercado pode concretamente conseguir criar um denominador comum entre a dimensão dos direitos fundamentais da pessoa e os critérios reguladores do mercado e da concorrência[21]. Nesse sentido, a exigência de reequilibrar as relações de força entre as partes inclusive mediante a correção judicial da regulamentação por elas pactuada é a consequência de uma orientação evolutiva emergente nos ordenamentos contemporâneos no sentido de privilegiar a exigência de equidade e sociabilidade das relações patrimoniais em geral e dos contratos em especial em relação à liberdade contratual.

Pode-se dizer que o mercado é caracterizado pela presença de desproporção genética entre as posições. Existem situações de forte desequilíbrio nas quais uma parte é extremamente forte e a outra vulnerável. Sem os limites previstos na Constituição, a parte forte conseguiria concluir contratos extremamente vantajosos para ela e extremamente desvantajosos para a parte vulnerável, razão pela qual as regras relativas ao equilíbrio contratual se prendem e enlaçam-se ao ditado constitucional[22]. Por conseguinte, é correto afirmar, que pessoa e mercado representa a nova hendíade a partir da qual redefinir a autonomia contratual e elaborar a nova ordem do sistema jurídico da disciplina do contratto[23].

O objetivo maior, portanto, é a funcionalização da autonomia privada à realização da pessoa humana. Nesse sentido, com o escopo de efetivar a função de reportar a autonomia privada aos valores constitucionais, também a jurisprudência brasileira vem estendendo

---

18. Cf. sobre o tema, para além da obra de Pietro Perlingieri já citada, MORAES, Maria Celina Bodin de. *Na medida da pessoa humana*: estudos de direito civil-constitucional. Rio de Janeiro: Renovar, 2010; TEPEDINO, Gustavo. O papel atual da doutrina do direito civil entre o sujeito e a pessoa. In: TEPEDINO, Gustavo; TEIXEIRA, Ana Carolina Brochado; ALMEIDA, Vitor (Coord.). *O direito civil entre o sujeito e a pessoa*: estudos em homenagem ao Professor Stefano Rodotà. Belo Horizonte: Forum, 2016.
19. Sobre a questão, v. PERLINGIERI, Pietro. Mercato, solidarietà e diritti umani. In: *Rassegna di diritto civile*, 1995. p. 84 ss.
20. Mostram-se sempre atuais as palavras de DAHRENDORF, Ralf. *La libertà che cambia*. Bari: Laterza, 1995. p. 163 s.: "[...] L'umanità deve modificare i suoi criteri per offrire quello che conta realmente, una soddisfazione che nessuna quantità di denaro può comprare, un senso di appagamento prodotto dai valori veramente importanti [...] non tutto, in effetti, può essere comprato, non l'amore, non la capacità creativa o il talento, neppure la salute, non il tempo, non la fede e la speranza e neppure la libertà [...]".
21. Na perspectiva acenada, partindo da premissa que limitações e controles configuram o correspectivo da liberdade do mercado (v. PERLINGIERI, Pietro. Equilibrio delle posizioni contrattuali ed autonomia privata. Sintesi di un Convegno, (2002). In: PERLINGIERI, Pietro. *Il diritto dei contratti fra persona e mercato. Problemi del diritto civile*, Napoli: Edizioni Scientifiche Italiane, 2003. p. 463 ss.), é possível compartilhar a afirmação de que o controle exerce uma função de garantia do correto exercício da autonomia negocial, visto não como um limite, mas como sua "manifestação ou fortalecimento peculiar" (Assim, PENNASILICO, Mauro. Controllo e conservazione degli effetti. In: *Rassegna di diritto civile*, 2004. p. 119 ss.).
22. Cf. PERLINGIERI, Pietro. *Il diritto dei contratti fra persona e mercato. Problemi del diritto civile*. Napoli: Edizioni Scientifiche Italiane, 2003; PERLINGIERI, Pietro. *O direito civil na legalidade constitucional*. Trad. de Maria Cristina De Cicco. Rio de Janeiro: Renovar, 2008. p. 499 ss.
23. Cfr. VETTORI, Giuseppe. *Autonomia privata e contratto giusto*, in Riv. dir. priv., 2000. p. 20 ss. CONTROLAR.

as regras reservadas aos consumidores às relações entre profissionais[24], como nos casos frequentes de um profissional em situação mais vulnerável frente a outro profissional forte[25].

Os valores constitucionais, portanto, são utilizados como instrumento para reequilibrar a relação contratual entre as partes que, atualmente, é caracterizada por uma extrema criatividade. E a criatividade do mercado, sobretudo naqueles nichos mais complexos, geram esquemas negociais que são formalmente legais, mas com efeitos prejudiciais aos vulneráveis.

Encontra aplicação o brocardo *ex facto oritur ius*: o direito nas do fato. Todavia, como se sabe, o legislador não consegue acompanhar com rapidez a criatividade do mercado. Trata-se de um problema real que não permite resolver as questões somente com regras porque frequentemente essas mesmas regras não conseguem solucionar os problemas criados pela emersão de novos contratos ou cláusulas. Desse modo, como já afirmamos, os juízes são chamados a exercer um controle substancial da ordem contratual pactuada pelas partes para verificar sua congruência aos valores do ordenamento. Um controle que representa, na realidade, uma porta deixada aberta pelo citado art. 1322, par. 2 do Código Civil para a entrada dos valores constitucionais nas relações entre particulares. O juiz não pode deixar de dar uma solução ao caso concreto e, portanto, deverá procurar dar ao indivíduo a justiça que ele procura mediante o controle do merecimento de tutela com o qual busca-se declarar a invalidade do contrato ou de cláusulas que produzam efeitos em contraste com os valores constitucionais. São contratos ou cláusulas contratuais que não violam alguma regra específica, mas que produzem efeitos contrários ao ordenamento jurídico.

Um exemplo emblemático de aplicação desse instrumento emerge no julgamento pela Corte de Cassação[26] em relação a um contrato de locação de moradia contendo cláusula que proibia o inquilino de sublocar e, também, de hospedar, de forma estável, outras pessoas no imóvel. No caso concreto, o inquilino estava hospedando um parente desocupado e que por isso se encontrava em dificuldades econômicas. O locador, ciente do fato, pediu a resolução do contrato por inadimplemento dessa cláusula específica, vencendo em primeira e segunda instância. A *Cassazione*, aplicando diretamente os princípios constitucionais, cassou a sentença de segundo grau argumentando que a cláusula contratual violava o princípio constitucional de solidariedade em geral e de solidariedade familiar[27].

---

24. MARQUES, Claudia Lima. Campo de Aplicação do CDC. In: BENJAMIN, Antônio Herman Vasconcelos e; BESSA, Leonardo Roscoe. *Manual de Direito do Consumidor*. 2. ed. rev., atual. e ampl. São Paulo: Ed. RT, 2009. p. 73.
25. Exemplo disso é a teoria do finalismo aprofundado, segundo a qual se aplica o CDC às pessoas jurídicas quando demonstrarem a vulnerabilidade no caso concreto: REsp 1.195.642/RJ, Rel. Ministra Nancy Andrighi, Terceira Turma, julgado em 13/11/2012, DJe 21/11/2012) – Informativo 510 do STJ. No mesmo sentido: REsp 660.026/RJ, Rel. Ministro Jorge Scartezzini, Quarta Turma, julgado em 03/05/2005, DJ 27/06/2005. p. 409.
26. *Corte di Cassazione*, III Seção, 19 jun. 2009, n. 14343; orientamento confirmado sucessivamente pela Cass., civ., III sez., 18 jun. 2012, n. 9931.
27. Substancialmente no mesmo sentido, coloca-se a 5ª Câmara do TRT – 12ª Região, n. 0000791-21.2014.5.12.0033, de junho de 2020, apesar de não ter fundado a própria decisão no princípio da solidariedade, presente também no ordenamento brasileiro, preferindo baseá-la no princípio metajurídico da fraternidade. De acordo com os juízes – que não reconheceram a configuração de dano moral por discriminação – "A concessão de moradia e alimentação a estrangeiros que chegam ao Brasil sem onde morar e comer não configura ato discriminatório aos empregados já empregados e com moradia aos quais não foram oferecidas tais benesses".

Somente nos últimos anos, a jurisprudência italiana começou a ser decididamente mais sensível aos valores da pessoa e aos seus direitos fundamentais, como indicado na própria Constituição. Especificamente, ao analisar e estabelecer o mérito dos interesses perseguidos pelas partes do contrato, o dever social da solidariedade humana[28] tem recebido importância crescente, como declarado nos artigos 2 e 41, parágrafo 2, da Constituição. A Suprema Corte italiana com a citada sentença n. 14343 de 2009, considerou que "os controles de merecimento de tutela" dos interesses e de "liceidade" (art. 1343 CC) devem ser conduzidos segundo o artigo 2 da Constituição, que protege os direitos invioláveis do homem e exige o cumprimento dos deveres inderrogáveis de solidariedade[29]. A Corte também assinalou que "a pessoa é inseparável da solidariedade, que não pode, portanto, ser limitada à esfera das relações econômicas, já que o princípio da solidariedade também é relevante nas relações interindividuais"[30].

Nestas condições, a Suprema Corte italiana, com a sua decisão, introduziu, no que respeita o conteúdo do contrato de locação de habitação, o limite constitucional dos deveres de solidariedade, que podem se "manifestar através de hospitalidade oferecida para enfrentar as dificuldades de outras pessoas e, também, pode ser confinado à proteção de relações tanto dentro da família fundada no casamento e de uma união estável protegida como formação social, ou relações de amizades". A Corte, portanto, declarou nula a cláusula do contrato de locação que incluiu, além da cláusula proibitiva de sublocação, também a proibição de hospitalidade não temporária de pessoas estranhas ao núcleo familiar, em contraste com o cumprimento dos deveres de solidariedade, como sancionado pelo art. 2 Constituição italiana. Com essa decisão, a jurisprudência, portanto, identificou no art. 2 da Constituição uma proteção contra as lesões da personalidade que poderiam ocorrer através da interferência e controle, pelo proprietário, das relações interpessoais que ocorrem dentro da propriedade locada[31].

A referência ao dever de solidariedade permite intervenções enérgicas do juiz sobre a regulamentação contratual. Do mesmo modo, a ligação cada vez mais frequente das

---

28. Sobre esse tema v. DE CICCO, Maria Cristina (Org.). *Os deveres na era dos direitos entre ética e mercado/I doveri nell'era dei diritti tra etica e mercato*. Napoli: Editoriale Scientifica, especialmente, DE CICCO, Maria Cristina. *O papel dos deveres na construção da legalidade constitucional*: reflexões de uma civilista, p. 12 ss.
29. A *Corte di Cassazione* argumentou que a referida cláusula de proibição impede a efetividade do princípio de solidariedade porque, na realidade, obriga o inquilino a violar esse princípio.
30. No mesmo sentido, LUCIANI, Massimo. Sui diritti sociali. In: *Studi in onore di Manlio Mazziotti di Celso*, II. Padova: Cedam, 1995. p. 129, que afirma: "A ideia de solidariedade traz consigo a de comunidade, e nas comunidades é natural que os membros tendam a ser vinculados mais por laços morais, em que as posições recíprocas de dever são exaltadas, do que por laços jurídicos onde se exaltam as posições recíprocas de direito."
31. A sentença reveste especial importância, mas na opinião de quem escreve, o juiz poderia ter especificado o dever do inquilino de comunicar o fato ao locador. Isso porque, apesar da decisão vincular somente o caso concreto, poderá ser evocada em outros casos ou recursos. Esta comunicação se torna relevante diante da questão dos imigrantes, como chineses e hindus, que veem a própria casa como a casa da comunidade, hospedando frequentemente outros componentes dessa comunidade, geralmente em grande número. Tal comunicação deve ser vista como um dever anexo imposto pela boa-fé objetiva.

cláusulas gerais ao princípio da solidariedade constitucional faz com que elas sejam consideradas como a ferramenta jurídica mais eficaz para garantir a "justiça contratual" no caso concreto.

Nessa perspectiva, como tem afirmado o tribunal de Cassação, "o critério da boa-fé constitui um instrumento do juiz destinado a verificar – também em sentido modificativo ou integrativo – o estatuto negocial; e isso como garantia de conciliação dos interesses opostos".

Outro caso interessante diz respeito ao denominado "contrato foryou"[32], estruturado de forma complexa e vendido pelo banco como "produto com finalidade previdenciária". Neste contrato, havia a concessão de um mútuo de 15 a 30 anos por parte do banco ao cliente (que não recebe o dinheiro), para utilizar o valor do mútuo para a aquisição de produtos financeiros (manifesto conflito de interesse) em razão de um mandato específico em favor do Banco, outorgado pelo cliente (prazo de concessão do mútuo e obrigações, coincidem). Neste contrato, era feita uma constituição de um penhor sobre os títulos adquiridos em favor do Banco, a fim de garantir o pagamento das parcelas do mútuo por parte do cliente e a distribuição pelo banco de uma apólice de seguro que visa diminuir o risco de inadimplemento por parte do cliente.

A Corte de Cassação[33] decidiu pela invalidade do contrato por violação dos arts. 47 (tutela da poupança)[34] e 38[35] (princípio do incentivo às formas de previdência também privada) da Constituição.

---

32. DOLMETTA, Aldo Angelo. "My way", "For you", "Piano visione Europa" e Corte di Cassazione. In http://www.ilcaso.it/articoli/ban.php?id_cont=894.php. Acesso em: 15.03.2021.
33. Orientação consolidada: entre outras, v. *Corte di Cassazione*, Seção VI – III, 30 de setembro de 2015, n. 19559; Corte de Cassação, Seção I, 29 de fevereiro de 2016, n. 3949 Corte de Cassação, Seção I, 3 de janeiro de 2017, n. 37. "Para os fins do art. 1322 c/c art. 2 C.C., não incorpora um interesse merecedor de proteção pelo ordenamento jurídico, em contraste com os princípios gerais do art. 47 e 38 da Constituição, sobre a proteção da poupança e o incentivo aos planos de previdência privada, aquele perseguido por meio de um contrato atípico baseado na exploração das preocupações de segurança social do cliente por meio de negociações complexas de risco e de unilaterais retribuição do próprio risco de empresa, no que diz respeito à gestão de fundos mútuos, incluindo aqueles de rentabilidade duvidosa ou problemática na própria carteira, para a pessoa a quem o produto foi apresentado como respondendo a necessidades de pensão suplementar, como um plano pensão com um perfil de risco muito baixo e com a possibilidade de desinvestimento sem encargos e a qualquer momento. *Não é eficaz o contrato atípico com o qual – entre outras coisas – é concedido um empréstimo de duração considerável ao investidor para a compra de produtos financeiros da financiadora e em um mandato contextual ao banco para comprar esses produtos mesmo em situações de potencial conflito de interesses*". (grifo nosso, tradução livre).
34. Art. 47 Const.: A República incentiva e protege a poupança em todas as suas formas; disciplina, coordena e controla o exercício do crédito.
    Favorece o acesso da poupança popular à casa própria, à propriedade agrícola direta e ao investimento direto e indireto de capital nos grandes complexos produtivos do país.
35. Art. 38 Const.: Todo cidadão incapaz de trabalhar e sem os meios necessários para viver tem direito a alimentos e assistência social.
    Os trabalhadores têm o direito a que sejam providenciados e garantidos os meios adequados para as suas necessidades de vida em caso de acidente, doença, invalidez e velhice, desemprego involuntário.
    As pessoas com deficiência têm direito à educação e à formação profissional.
    As tarefas previstas neste artigo são desempenhadas por órgãos e instituições instituídos ou integrados pelo Estado.
    A assistência privada é livre.

As características constantes desta operação estão relacionadas à determinação unilateral da natureza dos investimentos, sem dar ao cliente o direito de alterar a sua forma e à rescisão condicional ao pagamento de todo o plano de pagamento do empréstimo. O nome do contrato, 4you, deriva das quatro operações de financiamento (mútuo, mandato para investir, penhor e estipulação da garantia de seguro) que se fundem em um único contrato. Ele também é caracterizado por uma promessa de um benefício econômico futuro para fins de segurança social, totalmente violados, não pelas imprevisibilidades do mercado, mas a partir do complexo de vínculos contratuais pensados de modo a expor o cliente a consequências desvantajosas. O interesse do intermediário, no entanto, é desprovido de risco, pois, além de receber os juros do mútuo, também coloca produtos em conflito de interesses e opera livremente no mercado. Da análise da causa concreta se evidencia "um desequilíbrio anormal entre as contraprestações", porque, enquanto, por um lado, o Banco recupera a soma paga dada em mútuo para investir em produtos financeiros sem vínculos de mandato e, em seguida, ganhar os juros restitutórios; por outro lado, o subscritor poderá receber o prêmio do próprio investimento somente no vencimento do contrato e se ele se estiver ativo.

Portanto, na presença de perfis evidentes de desequilíbrio jurídico e econômico, a aceitabilidade mesma do esquema de negociação atípica não é mais válida. Esse desequilíbrio atua como impedimento à legalização do vínculo negocial e cria, definitivamente, um obstáculo à sua capacidade de produzir efeitos finais. Por estas razões, contratos como os de explorar as preocupações de segurança social do cliente por parte de operadores profissionais devem ser considerados, não nulos, mas ineficazes porque não são merecedores de tutela por parte do ordenamento.

Outro exemplo é representado pela cláusula *claims made* em contratos de seguro de responsabilidade civil. A Corte de Cassação na sentença n. 9140 de 2016[36] considera abusiva a cláusula, presente nesse tipo de contrato, que subordina a operatividade da cobertura securitária à circunstância de que o fato seja ilícito, o pedido ressarcitório seja realizado dentro do período de eficácia do contrato ou em períodos previamente determinados. No caso concreto, a abusividade da cláusula foi excluída, mas a Corte de Cassação afirmou que, na presença de determinadas condições, a cláusula em questão pode ser declarada nula por defeito de merecimento de tutela.

3. A POSIÇÃO DA *CORTE COSTITUZIONALE* E SEUS REFLEXOS NA JURISPRUDÊNCIA

Nos anos 90 do século passado, a *Corte Costituzionale*[37], no percurso de uma lenta evolução, reafirma a convicção consolidada pela qual o princípio da autonomia con-

---

36. *Corte di Cassazione*, Seções Unidas, 6 mai. 2016, n. 9140. Disponível em https://www.reiterer-marangoni.it/wp-content/uploads/2016/08/Sentenza-Cassazione-Civ.-Sez.-U.-06.05.2016-n.-9140.pdf. Acesso em: 15.03.2021.
37. Corte Cost., n. 241, 15 mai.1990, que evoca seus precedentes. Disponível em: https://giurcost.org/decisioni/1990/0241s-90.html. Nas argumentações, os juízes evidenciaram que que o programa de eliminação das desigualdades de fato, prescrito pelo art. 3º, parágrafo 2º, da Constituição, "deve ser implementado também em relação aos poderes privados e exige, entre outras coisas, controles sobre a autonomia privada destinados a evitar a discriminação arbitrária".

tratual, se tem importância absolutamente proeminente no sistema do Código Civil de 1942, não o tem nos mesmos termos do sistema delineado pela Constituição, que não só o protege em via meramente indireta, como um instrumento da liberdade de iniciativa econômica, mas coloca limites significativos a esta liberdade, uma vez que esta última não pode ser realizada em conflito com a utilidade social e deve passar pelos controles necessários para que possa ser dirigida e coordenada para fins sociais[38].

Em 1994, a Corte constitucional[39] evoca o dever de solidariedade *ex* art. 2 da Constituição, como critério para verificar a constitucionalidade das regras no contexto contratual, afirmando que, em relação ao específico adimplemento, se o interesse do credor entra em conflito com um interesse do devedor tutelado pelo ordenamento jurídico ou pela Constituição como valor proeminente ou, de qualquer forma, superior àquele da pretensão creditória, "o inadimplemento, na medida e nos limites em que seja necessariamente ligado ao interesse de valor proeminente, resulta juridicamente justificado". No caso concreto, o valor proeminente é individualizado no princípio de solidariedade social e familiar (arts. 2º e 29 Const.).

Em síntese, o caso concreto dizia respeito a uma lei da Província Autônoma de Bolzano que previa como condição para continuar a fruir da contribuição da Província para um mútuo edilício, a ocupação efetiva permanente e estável da moradia por parte do beneficiário, sem admitir exceções, ainda que consistente em deslocamentos temporários e de qualquer forma não definitivos justificados por graves exigências de família.

Contudo, a radical mudança do clima cultural e da concepção do papel que o juiz pode ou deve exercer na solução em prol do equilíbrio no caso concreto, deu-se a partir das "*ordinanze*" da *Corte Costituzionale* n. 248 de 2013 e 77 de 2014[40] que, além da aplicação direta do princípio de solidariedade nos contratos, atribui à boa-fé objetiva a qualidade de norma imperativa.

Afirmam os juízes constitucionais que na presença de uma cláusula negocial (arras confirmatórias excessivas) que reflita um regulamento de interesses opostos não

---

38. No final dos anos 50 e início 60 do século passado, Ludwig Raise afirmava que a liberdade contratual não deve ser garantida como tal, mas «como uma das formas de exercício da liberdade de ação e na medida em que esteja a serviço de um dos objetivos prosseguidos pela Lei Fundamental, ou seja, o livre desenvolvimento da personalidade» (*La libertà contrattuale oggi*, [1958]. In RAISE, Ludwig. *Il compito del diritto privato. Saggi di diritto privato e di diritto dell'economia di tre decenni*, org. por Cosimo Massimo Mazzoni, trad. it. de Michele Graziadei. Milano: Giuffré, 1990. p. 49 ss.. p. 62 s.); além disso e desse modo, sustentava que "a teoria deve ter o cuidado de não considerar como natural uma liberdade ilimitada dos indivíduos na determinação das suas próprias relações e um reconhecimento incondicional da autonomia privada" (*Funzione del contratto e libertà contrattuale* [1960]. RAISE, Ludwig. *Il compito del diritto privato. Saggi di diritto privato e di diritto dell'economia di tre decenni*, org. por Cosimo Massimo Mazzoni, trad. it. de Michele Graziadei. Milano: Giuffré, 1990. p. 71 ss., p. 96). Tese reafirmada também por RESCIGNO, Pietro. *Introduzione*. In: RESCIGNO, Pietro (Org.). *Autonomia privata individuale e collettiva*. Napoli: Edizioni Scientifiche Italiane, 2006. p. XIX, para quem a liberdade contratual não pode ser elevada "à dignidade de 'valor' intangível e absoluto".
39. *Corte cost.* n. 19, 3 fev. 1994. Disponível em: http://lexbrowser.provinz.bz.it/doc/it/3263/corte_costituzionale_sentenza_n_19_del_03_02_1994.aspx. Acesso em: 15.03.2021.
40. *Corte Cost.*, *ord.* n. 248, 24 out. 2013 e *ord.* n. 77, 2 abr. 2014, ambas disponíveis em: https://www.cortecostituzionale.it. Acesso de ambas em: 15.03.2021.

equilibrados e fortemente pendente contra uma parte contratante, o juiz pode relevar *ex officio* a nulidade, total ou parcial *ex* art. 1418 CC porquanto tal cláusula contraria o preceito do art. 2 Cons. (perfil do adimplemento dos deveres inderrogáveis de solidariedade). Desse modo, o referido art. 2 ingressa diretamente nos contratos combinado com o cânon da boa-fé objetiva, ao qual atribui *vis normativa*, "funcionalizando assim a relação obrigacional à proteção também do interesse do parceiro negocial na medida em que não colida com o interesse próprio do obrigado".

Em tema de cláusula penal, a partir da decisão do Tribunal de Cassação em Seções Unidas de 2005[41], reconhece-se que o poder de reduzir a penal por equidade, sendo previsto para proteger um interesse geral do ordenamento jurídico, também pode ser exercido *ex officio* pelo juiz, como forma de "reconduzir a equidade contratual dentro dos limites em que pareça digna de proteção".

Além disso, o Tribunal de Cassação reitera que essa competência pertence ao juiz tanto nos casos de pena manifestamente excessiva, como nos casos em que a obrigação principal tenha sido parcialmente cumprida, uma vez que a falta de previsão de redução da pena em caso de cumprimento de parte da obrigação se traduz em excesso, se comparado à única parte não cumprida. A mesma orientação foi seguida na decisão da lavra da Min. Nancy Andrighi no REsp 1838-798 julgado em março de 2021[42]. No caso específico, mesmo na ausência de desequilíbrio de força contratual entre as partes, julgou-se equitativa e proporcional a redução da multa penal, aplicando-se, para tanto, os princípios da boa-fé e da função social do contrato.

O aspecto mais interessante da discussão sobre o poder de redução da pena pode ser visto na fundamental análise de sua função. Se esse poder é atribuído ao juiz com o objetivo de "reconduzir a autonomia contratual aos limites em que se mostra digna de proteção", por conseguinte, segundo o Tribunal, ele pode ser exercido mesmo que as partes tenham contratualmente acordado a irredutibilidade da pena.

Esta afirmação é importante por dois motivos. Por um lado, a sentença reafirma o fundamento axiológico subjacente à redução da multa contratual no princípio constitucional da solidariedade, tido como valor justificativo do poder do juiz. Por outro lado, confere-se ao juiz a possibilidade de exercer esse poder escolhendo os critérios mais adequados para alcançá-lo, "mesmo superando a autonomia contratual", como já foi dito, em nome de um interesse geral.

Essa orientação mais progressista não impediu um caso de manifesta diversidade de abordagem metodológica entre o Tribunal de Cassação e o Tribunal Constitucional que aconteceu em uma decisão da Cassação relativa às arras excessivas[43]. Os juízes de Cassação, na contramão da orientação majoritária da doutrina, da jurisprudência e do próprio

---

41. Corte Cass., Seções Unidas Cíveis, n. 18128, 13 set. 2005. In: *Il foro italiano*, 2005, c. 2985 ss.
42. STJ, Resp 1.838.798 – SP (2020/0256237-6), Rel. Min. Nancy Andrighi, j. 23.03.2021.
43. *Corte di Cassazione*, n. 17715, 25 ago. 2020. Disponível em: https://www.italgiure.giustizia.it/xway/application/nif/clean/hc.dll?verbo=attach&db=snciv&id=./20200825/snciv@s20@a2020@n17715@tS.clean.pdf. Acesso em: 15.07.2023.

Tribunal Constitucional e ancorando-se a argumentos há muito ultrapassados, insistiram em qualificar como excepcional[44] a norma que prevê a possibilidade de redução da cláusula penal excessiva, com consequente impossibilidade de sua aplicação analógica às arras.

Todavia, como preconizado pelo Tribunal Constitucional, o juiz, recorrendo às cláusulas gerais aliadas à aplicação direta dos princípios constitucionais nas relações privadas, poderia obter uma disposição *ad hoc*, adequada para regular o caso concreto, evitando-se assim a declaração de ilegitimidade constitucional de dispositivo que, aparentemente, à luz da similar função do instituto das arras e da cláusula penal, pareceria contrariar o princípio da igualdade.

O recurso às cláusulas gerais como expressão do princípio da solidariedade foi utilizado pelo Tribunal de Cassação[45] também na hipótese de resilição do contrato. Analisando um contrato entre uma multinacional e uma empresa que atribuía à multinacional o poder de resilição *ad nutum*, o Tribunal afirmou que qualquer ato de autonomia privada pode ocultar o abuso do direito[46]. Por esse motivo, apesar da previsão expressa, a resilição do contrato de forma alguma pode ser arbitrária, cabendo ao juiz verificar se a parte, no exercício da faculdade que o esquema negocial lhe reconhece, respeitou os princípios gerais da equidade e da boa-fé objetiva à qual o Tribunal Constitucional, é um bem recordar, atribuiu a qualidade de norma imperativa.

Por essa via, a Suprema Corte chegou a afirmar que a conduta contratual desleal, ainda que legítima, de uma empresa em posição dominante configura-se como um "abuso do direito" e é fonte de indenização por danos. Abuso do direito porque, como evidenciado, ter poder não é condição suficiente para o seu exercício legítimo.

4. OS DIREITOS DA PERSONALIDADE COMO LIMITE DA AUTONOMIA CONTRATUAL

Na linha da orientação delineada pela Suprema Corte na citada decisão n. 14343 de 2009, Giorgio Resta[47], ao discorrer sobre as transformações dos direitos fundamentais

---

44. São consideradas excepcionais as normas cujo conteúdo é inspirado em um princípio que contrasta com o geral que fundamenta todas as outras normas que regulam uma matéria específica.
45. *Corte di Cassazione*, Seção III, 18 set. 2009, n. 20106, onde se afirma que "o exercício do poder contratual (de resilição) reconhecido pela autonomia privada deve ser concretizado no respeito de certos cânones gerais – como o da boa-fé objetiva, da lealdade de comportamento e da probidade (à luz dos quais devem ser interpretadas as disposições dos mesmos atos da autonomia contratual). O objetivo a ser perseguido é evitar que o direito subjetivo chegue aos limites da arbitrariedade. Daí a importância do abuso no exercício do direito".
46. Uma importante categoria que há como tarefa principal mediar o exercício do direito, não no interno da regra, mas em um contexto sistemático coerente com um ordenamento regido por princípios. A orientação doutrinária predominante entende o abuso do direito como exercício "contrafuncional" do direito, ou seja, "exercício da situação jurídica colocado de forma contrária ou estranha à função da mesma": PERLINGIERI, Pietro e FEMIA, Pasquale. *Nozioni introduttive e princípi fondamentali del diritto civile*. 2. ed., Napoli: Edizioni Scientifiche Italiane, 2004. p. 143. Em sentido mais amplo, a própria CEDH, no art. 17, prevê a proibição do abuso de direito, estabelecendo que "Não se pode interpretar nenhuma das disposições da presente Convenção no sentido de implicar para um Estado, grupo ou indivíduo qualquer direito de se dedicar a atividade ou praticar atos em ordem à destruição dos direitos ou liberdades reconhecidos na presente Convenção ou a maiores limitações de tais direitos e liberdades do que as previstas na Convenção".
47. RESTA, Giorgio. *Dignità, Persone, Mercati*. Torino: Giappichelli, 2014. p. 97 ss.

– antes limitada à defesa dos particulares frente ao Estado e, agora, destinada à tutela da pessoa frente, também, às relações privadas – reconhece e atesta a nova variante dos direitos da personalidade como limite da autonomia contratual. Nessa perspectiva, os direitos da personalidade não ampliam o perímetro da liberdade contratual, mas, ao contrário, comprime-a e a conforma na defesa de interesses caros à condição da pessoa humana, a ponto de protegê-la de si mesmo.

Com efeito, diante do alargamento do espaço ocupado pelo mercado e, juntamente com ele, do contrato, a utilização econômica da personalidade ganhou nova dimensão, como é possível verificar de algumas questões práticas do cotidiano, merecedoras de aprofundada reflexão.

Dois pontos, portanto, merecem especial atenção: (i) o primeiro, diz respeito à possibilidade de aproveitamento econômico dos direitos da personalidade por via contratual; (ii) o segundo, refere-se às regras contratuais que, por ofenderem os direitos da personalidade, devem ser desprovidas de efeito (por nulidade ou ineficácia) para evitar ingerências indignas de mercado na esfera pessoal do indivíduo.

Se, por um lado, admite-se o aproveitamento econômico da personalidade por via contratual – como demonstra a prática consolidada – os limites deste aproveitamento têm sido objeto de acirrados debates, graças, repita-se, às inovações de mercado que sujeitam cada vez mais a pessoa humana a situações degradantes[48].

A proteção da dimensão existencial humana, cujo respeito e tutela são assegurados pela Carta dos Direitos da União Europeia, no seu artigo 1, "impõe a adaptação do direito dos contratos ao sistema dos valores constitucionais e, portanto, de separar segmentos da disciplina idôneos a conjugar o respeito da lógica negocial com a natureza pessoal das prestações envolvidas".[49] O princípio da dignidade surge, nesse contexto de comercialização ampla de quaisquer bens, como novo limite da liberdade contratual de preservação de um mínimo ético intangível[50], autorizando o controle da autonomia privada.

Na experiência alemã, o caso mais significativo ao qual a jurisprudência é/foi chamada a se pronunciar, é o denominado *Peep-Show Fall*, decidido pelo *Bundesverwaltungsgericht*, em 1981[51]. A questão *sub judice* girava em torno da vedação, ou não, do exercício de uma atividade que "reduzia o indivíduo a um objeto de uma atividade comercial despersonalizante e automatizada"[52], a despeito do consenso informado manifestado pela pessoa contratada para tal fim.

---

48. Para algumas reflexões sobre o tema em perspectiva mais ampla, seja consentido enviar a DE CICCO, Maria Cristina. Riflessione su democrazia e dignità umana. In: Cátedra Unesco y Cátedra Infancia. *Derechos humanos y políticas públicas*. Bogotá: Universidad Externado de Colombia, 2013. pp. 17-44; DE CICCO, Maria Cristina. Liberdades econômicas, direitos fundamentais e proteção de menores. (Faculdade de Direito Universidade de São Paulo). In: *Cadernos de Pós-graduação em Direito*, São Paulo: Manole editora, v. 5/32, pp. 4-21, 2015.
49. RESTA, Giorgio. *Dignità, Persone, Mercati*. Torino: Giappichelli, 2014. p. 115.
50. RESTA, Giorgio. *Dignità, Persone, Mercati*. Torino: Giappichelli, 2014. p. 116.
51. BVerwG, 15 de fevereiro de 1981. In: *NJW*, 1982. p. 664. Decisão confirmada pelo BverfG. 9 de julho de 1986. In: *NJW*, 1987. p. 3246.
52. RESTA, Giorgio. *Dignità, Persone, Mercati*. Torino: Giappichelli, 2014. p. 45.

O tribunal tedesco considerou irrelevante o consenso da mulher para exercer tal atividade, porquanto a dignidade é um valor objetivo a ser preservado pelo Estado, na figura do juiz, e não um valor atinente apenas à própria pessoa como capaz de definir e valorar a amplitude de sua dignidade e dela dispor segundo os seus critérios subjetivos.

Apesar das críticas ao que foi considerado, por parte da doutrina, arbitrariedade, a decisão referida serviu de fundamento para outras, de igual raciocínio lógico, por exemplo, para decretar a nulidade de contratos de *chat lines eróticos*, sob a ótima de irrenunciabilidade da dignidade por parte do titular. Da mesma forma, o programa *Big Brother*, conhecido de todos como uma espécie de jogo caracterizado pelo confinamento e observação 24 horas por dia dos participantes pelo público externo, não passou incólume pela crítica da autoridade estatal de controle das telecomunicações alemã. Sob o mesmo argumento da indisponibilidade da dignidade, a autoridade estatal questiona a liceidade daquele formato televisivo incentivador da mórbida curiosidade do público sobre a intimidade das pessoas, numa espécie de zoológico televisivo, e defende sua contrariedade aos bons costumes e valores constitucionais.

Em França, o famoso caso do arremesso de anões foi protagonista no debate sobre a disponibilidade da dignidade por meio da liberdade contratual. A *fattispeccie* consistia na existência de um jogo, praticado em diversas discotecas francesas, consistente no arremesso de anões, pelos clientes, o mais longe possível. A integridade corporal das pessoas com nanismo arremessadas era garantida por uma série de medidas de segurança. Os anões demonstravam plena satisfação com a atividade desenvolvida que lhes garantia um sustento digno e uma certa notoriedade perante os clientes e amigos.

Não obstante o pleno consentimento dos partícipes do famigerado jogo, muitos prefeitos vetaram a sua prática por considerar uma agressão à dignidade da pessoa humana, sobretudo em razão da deficiência física da qual eram acometidos os "arremessados". Tal decisão foi alvo de recurso perante o Tribunal administrativo, com sua consequente anulação. Foi o Conselho de Estado quem consolidou entendimento contrário à prática daquela "atividade recreativa", com base na tutela da dignidade da pessoa humana. De acordo com a decisão, a dignidade da pessoa humana é componente de ordem pública e "princípio absoluto que não tolera limitação nem mesmo por obra do seu titular e que, enquanto tal, é superior à garantia de outras liberdades fundamentais, como as de trabalho e de iniciativa econômica"[53].

No Brasil, a dignidade da pessoa humana também tem sido utilizada como fator de controle e delineamento da liberdade contratual. Considerada como princípio e valor fundamental do ordenamento jurídico brasileiro[54], a dignidade é norma jurídica

---

53. RESTA, Giorgio. *Dignità, Persone, Mercati*. Torino: Giappichelli, 2014. p. 52-53.
54. Obrigatório o envio à cuidadosa e profunda análise sobre o tema desenvolvido com o brilho habitual por BODIN DE MORAES, Maria Celina. O conceito de dignidade humana: substrato axiológico e conteúdo normativo. In: SARLET, Ingo (Org.). *Constituição, direitos fundamentais e direito privado*. Porto Alegre: Livraria do Advogado, 2003. pp. 105-147; BODIN DE MORAES, Maria Celina. *Dano à pessoa humana. Uma leitura civil-constitucional dos danos morais*. 2. ed. revista. Rio de Janeiro: Processo, 2017, que identifica o substrato material da dignidade nos "princípios jurídicos da igualdade, da integridade física e moral – psicofísica –, da liberdade e da solidariedade".

dotada de *status* constitucional e de eficácia inquestionável seja na relação entre privado e público, seja nas relações entre particulares[55].

E, em sintonia com a doutrina e jurisprudência estrangeiras, juristas nacionais não se furtam a reconhecer que "o núcleo em dignidade humana constitui o conteúdo indisponível dos direitos fundamentais mesmo para o próprio titular do direito, gerando inclusive um dever estatal de proteção da pessoa contra si mesma, nas hipóteses em que estiver havendo uma evidente violação deste núcleo em dignidade".[56]

A construção doutrinária acima ilustrada encontra ressonância na jurisprudência brasileira, sobretudo das Cortes superiores, que aplicam critérios interpretativos e normas de direitos fundamentais para imprimir novos contornos de validade e eficácia à autonomia privada, sobretudo quando há manifesta desvantagem à parte mais vulnerável da relação contratual.

A esse respeito, merece destaque o julgamento do Recurso Especial nº 1.061.530/RS, de autoria da Ministra Nancy Andrighi, reconhecendo a validade de cobrança de juros remuneratórios em contratos de empréstimos bancários e a inaplicabilidade dos limites da Lei de Usura (Súmula 596/STF), porém, desde que não constitua exigência manifestamente excessiva (art. 39, V, CDC) e não estabeleça "obrigações iníquas, abusivas, que coloquem o consumidor em desvantagem exagerada, ou sejam incompatíveis com a boa-fé ou a equidade" (art. 51, IV, CDC). Sob tal premissa, demonstrada cabalmente a iniquidade do pactuado, o juiz está autorizado a revisar a taxa de juros aplicada ao contrato de mútuo, aplicando-se a taxa média para operações equivalentes, segundo apurado pelo Banco Central do Brasil[57].

Também merece referência outro julgado da Ministra Nancy Andrighi, segundo o qual se considerou abusiva cláusula contratual de operadora de plano de saúde contendo limitação anual de sessões de psicoterapia assegurada no Rol de Procedimentos em Eventos em Saúde da ANS. No caso em espécie, a beneficiária do plano, de cinco anos de idade, foi vítima de episódio de abuso sexual e teve de se submeter à psicoterapia para tratamento de stress. A operadora do plano de saúde negou a continuidade do tratamento sob o argumento de que havia se esgotado o número de sessões anuais previstas contratualmente. O Superior Tribunal de Justiça considerou abusiva a negativa de autorização de novas sessões de tratamento, porquanto incompatível com a boa-fé e a equidade, além de colocar o consumidor em situação de desvantagem exagerada. Manteve, portanto, a decisão das instâncias inferiores para determinar a cobertura de

---

55. SARLET, Ingo Wolfgang, *Dignidade da pessoa humana e direitos fundamentais na Constituição de 1988*. 8. ed., Porto Alegre: Livraria do Advogado, 2010. p. 76. SARLET, Ingo Wolfgang. Os direitos fundamentais sociais, o direito a uma vida digna (mínimo existencial) e o direito privado: apontamentos sobre a possível eficácia dos direitos sociais nas relações entre particulares. In: ALMEIDA FILHO, Agassiz e MELGARÉ, Plínio (Orgs.). *Dignidade da pessoa humana. Fundamentos e critérios interpretativos*. São Paulo: Malheiros, 2010. p. 409.
56. SARLET, Ingo Wolfgang. *Os direitos fundamentais sociais, o direito a uma vida digna (mínimo existencial) e o direito privado: apontamentos sobre a possível eficácia dos direitos sociais nas relações entre particulares*. In: ALMEIDA FILHO, Agassiz e MELGARÉ, Plínio. *Dignidade da pessoa humana. Fundamentos e critérios interpretativos*. São Paulo: Malheiros, 2010. p. 415.
57. REsp 1.061.530/RS, relatora Ministra Nancy Andrighi, Segunda Seção, julgado em 22/10/2008, DJe de 10/03/2009.

todas as sessões de psicoterapias necessárias ao tratamento da consumidora, com a consequente condenação de reparar os danos morais decorrentes do agravamento da aflição psicológica e de angústia da paciente.[58]

Por fim, ainda no intuito de evidenciar a aproximação entre os ordenamentos jurídicos italiano e brasileiro quanto à atividade legítima do juiz de intervir nas relações negociais para defender valores constitucionais, sobretudo a dignidade da pessoa humana e a solidariedade, convém citar um último acórdão do Superior Tribunal de Justiça em que é consagrado entendimento segundo o qual é dever do juiz abrandar a cláusula penal dos contratos, quando esta se afigure contrária à boa-fé e à função social do contrato. O debate girou em torno da aplicação de pena contratual em valores excessivos, em contrato de permuta descumprido por uma das partes. O julgado definiu ser dever do juiz rever a cláusula penal por considerar norma cogente o disposto no art. 413, do Código Civil. A substituição do termo "poderá", do código de 1916, para "deverá", constante do Código Civil de 2002, impõe a conciliação entre os princípios da função social do contrato, da boa-fé objetiva e do equilíbrio econômico entre as prestações com a autonomia da vontade e com o princípio do *pacta sunt servanda*. No entendimento do Tribunal superior, "cláusula penal constitui elemento oriundo de convenção entre os contratantes, mas sua fixação não fica ao total e ilimitado alvedrio destes, já que o ordenamento jurídico prevê normas imperativas e cogentes, que possuem o escopo de preservar o equilíbrio econômico-financeiro da avença, afastando o excesso configurador de enriquecimento sem causa de qualquer uma das partes". Entendimento contrário poderia prestigiar situações de iniquidade e incoerência, tornando o inadimplemento parcial da obrigação mais vantajoso que a sua integral satisfação[59].

5. CONCLUSÃO

A qualificação da ou de uma certa jurisprudência como "criativa" frequentemente coincide com uma posição positivista legalista que identifica o direito com a lei, direito que, ao contrário, seguindo uma construção mais adequada aos valores do ordenamento se apresenta como uma realidade complexa[60]. E, como se sabe, a visão completa e unitária do sistema jurídico é o modo para superar, mediante a interpretação, a distinção metodológica entre o direito legalmente vigente e o socialmente em vigor[61].

Desse modo, como se procurou demonstrar no curso deste trabalho, a intervenção judicial modificativa ou limitativa de direitos contratuais consensualmente pactuados,

---

58. AgInt no REsp 1.796.197/RN, relatora Ministra Nancy Andrighi, Terceira Turma, julgado em 2/9/2019, DJe de 04/09/2019.
59. REsp 1.989.439/MG, relatora Ministra Nancy Andrighi, Terceira Turma, julgado em 04/10/2022, DJe de 06/10/2022.
60. Cfr. ZAGREBELSBY, Gustavo. *Il giudice delle leggi artefice del diritto*. Napoli: Editoriale Scientifica, 2007, segundo o qual o abandono da posição legalista que identifica o direito com a lei comportaria um enriquecimento de perspectivas que levaria a enxergar que "a criatividade, sempre suspeita aos olhos do legalista positivista, daria lugar à ideia mais adequada da construção do direito como uma realidade complexa" (p. 53).
61. Assim, ASCARELLI, Tullio. *Studi di diritto comparato e in tema di interpretazione*. Milano: Giuffré, 1952. p. 78.

longe de consubstanciar simples exercício de ativismo judicial, representa a própria atividade judicante exercida nos termos do perfil do Direito Civil na Legalidade Constitucional.

Coerentemente, a tendência jurisprudencial impulsionada pelo Tribunal constitucional italiano, ao afirmar expressamente que o princípio da solidariedade ex art. 2 const. entra diretamente no contrato, contribuiu amplamente à conscientização do sentido concreto a ser atribuído à chamada "criatividade" do juiz que, de per si, não configura ameaça à segurança jurídica. Apesar de ser evidente a necessidade de se evitar o excesso de voluntarismo do juiz, o risco de arbitrariedade é eliminado com o existente dever de argumentação da decisão ao qual é obrigado[62], necessariamente pautada em um processo argumentativo axiológico[63].

Com a perspectiva aqui delineada, procura-se dar uma resposta concreta que seja justa ao cidadão que pede justiça porque se encontra envolvido em um contrato que produz efeitos que são disfuncionais, ou seja, efeitos que se colocam em sentido contrário àquele seguido pelo ordenamento e por esse motivo deve ser estigmatizado na medida em que viola esses valores, esses princípios.

O risco temido por uma parte da doutrina é no sentido de que a interpretação sistemática e axiológica do ordenamento deixa muita liberdade ao juiz, não porque ele não seja capaz de escolher corretamente, mas sim porque poderia gerar soluções diferentes para um mesmo fato, criando assim insegurança jurídica. Trata-se, de toda sorte, de um risco que deve ser enfrentado porque é tarefa do Direito dar uma resposta concreta a cada caso. Além do mais, a diversidade de soluções para fatos similares sempre foi uma realidade.

É claro que, de alguma forma, se torna um direito ligado ao caso, o que poderia determinar uma situação de incerteza na medida em que no sistema tradicional, a certeza deriva da aplicação de uma regra decidida pelo Parlamento, que, em teoria, vale para todos. Esquece-se, contudo, que o direito deve servir à promoção de uma sociedade mais justa, ética e solidária. Mais do que nunca, portanto, a teoria da interpretação deve se orientar para realizar os valores fundamentais do ordenamento, em atuação voltada não ao mero respeito da lei, mas à realização da justiça do caso concreto[64].

Permanecer em uma abordagem rígida, esquemática, que vincule o juiz à lei ordinária, como se ele fosse a boca da lei, não seria correto porque impede o juiz de entender completamente a complexidade do ordenamento que, na realidade, não é formado so-

---

62. sobre o tema, as lúcidas páginas de BODIN DE MORAES, Maria Celina. Honra, liberdade de expressão e ponderação. *Civilistica.com*. Rio de Janeiro, a. 2, n. 2, abr.-jun./ 2013. Disponível em http://civilistica.com/honra-liberdade-de-expressao-ponderacao/.
63. Sobre o tema, v. FERRAZ JUNIOR, Tércio Sampaio. *Argumentação jurídica*. Barueri: Manole, 2014; FERRAZ JUNIOR, Tércio Sampaio. *Introdução ao estudo do direito*: técnica, decisão, dominação. 11. ed. rev. e ampl. São Paulo: Atlas, 2019; PERELMAN, Chaïm. *Ética e direito*. Tradução de Maria Ermantina Galvão. São Paulo: Martins Fontes,1996.
64. V., sobre esse aspecto, a interessante análise de T. ASCARELLI. *Antígona e Pórcia*. Trad. de M.C. De Cicco, em *Civilistica.com*, 2016, a.5, n. 2, pp. 3 ss.

mente por regras, mas também pelos princípios constitucionais, que são intrinsecamente jurídicos desde a origem e justamente por isso podem e devem ser aplicados diretamente pelos juízes[65]. Nunca é demais reafirmar que os princípios também são regras, ainda que regras particulares porque não determinam a regulamentação específica de um fato. Eles se tornam regras no momento em que o intérprete (o juiz) o aplica a um caso concreto, orientando de maneira funcional a autonomia negocial.

Vale lembrar que a sujeição do juiz apenas à lei (art. 101 Const.) é prevista em função de salvaguardar a sua autonomia e independência, e não expressar uma relação de tipo hierárquico[66]. Todavia, a existência da lei não basta, como bem evidenciou Gherardo Colombo ao afirmar ser imprescindível que "o beneficiário desta independência tenha a cultura da importância de ser independente" o que, segundo o ex-magistrado, nem sempre acontece[67].

Nesse sentido, A previsão do art. 113 do CPC que ao decidir o caso, o juiz deve seguir as regras do direito, em uma interpretação conforme a Constituição, deve ser lida no sentido de que o juiz deve "ter a capacidade de encontrar a disciplina mais eficaz no contexto da questão controvertida"[68].

Na visão do direito civil na legalidade constitucional se os contratos têm força de lei entre as partes (art. 1372 CC), essas leis (contratos) devem ser submetidas a um controle valorativo que guarda relação com a análise constitucional desenvolvida pelos juízes em relação à constitucionalidade da lei[69].

O auspício é que as argumentações trazidas à evidência possam levar à reflexão quantos ainda hoje tacham de ativismo o que, ao contrário, é somente o cumprimento por parte do juiz do seu dever de obedecer somente à lei, vista essa como o conjunto dos princípios e valores fundamentais, ou seja, o ordenamento unitariamente considerado.

6. REFERÊNCIAS

ASCARELLI, Tullio. *Studi di diritto comparato e in tema di interpretazione*. Milano: Giuffré, 1952.

ASCARELLI, Tullio. Antígona e Pórcia, trad. de Maria Cristina De Cicco. *Civilistica.com*. Rio de Janeiro, 2016, a.5, n. 2. Disponível em: http://civilistica.com/antigona-e-porcia/.

BODIN DE MORAES, Maria Celina. *Na medida da pessoa humana*: estudos de direito civil-constitucional. Rio de Janeiro: Renovar, 2010.

BODIN DE MORAES, Maria Celina. A utilidade dos princípios na aplicação do direito. Editorial. *Civilistica.com*. Rio de Janeiro, a. 2, n. 1, jan.-mar./2013. Disponível em: http://civilistica.com/utilidade-principios/.

---

65. GROSSI, Paolo. *L'invenzione del diritto*. Bari: Laterza, 2017.
66. GROSSI, Paolo. La *invenzione* del diritto: a proposito della funzione dei giudici, p. 8. Disponível em https://www.cortecostituzionale.it/documenti/interventi_presidente/Grossi_Scandicci.pdf.
67. COLOMBO, Gherardo. In COLOMBO, Gherardo e DAVIGO, Piercamillo. *La tua giustizia non è la mia*. Milano: Longanesi, 2014. p. 164.
68. GROSSI, Paolo. La *invenzione* del diritto: a proposito della funzione dei giudici, p. 9.
69. Assim, PERLINGIERI, Pietro. Applicazione e controllo nell'interpretazione giuridica. In: *Rassegna di diritto civile*, 2010. p. 317 ss.

BODIN DE MORAES, Maria Celina. *O conceito de dignidade humana: substrato axiológico e conteúdo normativo*. In Ingo Sarlet (Org.). Constituição, Direitos Fundamentais e Direito Privado. Porto Alegre: Livraria do Advogado, 2003. pp. 105-147.

BODIN DE MORAES, Maria Celina. *Dano à pessoa humana*. Uma leitura civil-constitucional dos danos morais. 2. ed. revista. Rio de Janeiro: Processo, 2017.

BODIN DE MORAES, Maria Celina. Honra, liberdade de expressão e ponderação. *Civilistica.com*. Rio de Janeiro, a. 2, n. 2, abr.-jun./ 2013. Disponível em: http://civilistica.com/honra-liberdade-de-expressao-ponderacao/.

BODIN DE MORAES, Maria Celina. A causa do contrato. *Civilistica.com*. Rio de Janeiro, a. 2, n. 4, out.-dez./2013. Disponível em: http://civilistica.com/a-causa-do-contrato/.

BODIN DE MORAES, Maria Celina. O conceito de dignidade humana: substrato axiológico e conteúdo normativo. In: SARLET, Ingo (Org.). *Constituição, direitos fundamentais e direito privado*. Porto Alegre: Livraria do Advogado, 2003. pp. 105-147.

DAHRENDORF, Ralf. *La libertà che cambia*. Bari: Laterza, 1995.

DE CICCO, Maria Cristina. *Riflessione su democrazia e dignità umana*. In: Cátedra Unesco y Cátedra Infancia. Derechos humanos y políticas públicas. Bogotà: Universidad Externado de Colombia, 2013. pp. 17-44.

DE CICCO, Maria Cristina. Liberdades econômicas, direitos fundamentais e proteção de menores. (Faculdade de Direito Universidade de São Paulo). In: *Cadernos de Pós-graduação em Direito*, São Paulo: Manole editora, v. 5/32, pp. 4-21, 2015.

DE CICCO, Maria Cristina (Org.). *Os deveres na era dos direitos entre ética e mercado/I doveri nell'era dei diritti tra etica e mercato*. Napoli: Editoriale Scientifica, esp., O papel dos deveres na construção da legalidade constitucional: reflexões de uma civilista, p. 12 ss.

DOLMETTA, Aldo Angelo. "My way", "For you", "Piano visione Europa" e Corte di Cassazione. In: http://www.ilcaso.it/articoli/ban.php?id_cont=894.php.

FAVALE, Rocco. La fideiussione prestata dai familiari insolventi nel modello tedesco. In: *Revista Trimestral de Direito Civil*, ano 3, v. 12, p. 171 ss., 2002.

FERRAZ JUNIOR, Tércio Sampaio. *Argumentação jurídica*. Barueri: Manole, 2014.

FERRAZ JUNIOR, Tércio Sampaio. *Introdução ao estudo do direito*: técnica, decisão, dominação. 11. ed. rev. e ampl. São Paulo: Atlas, 2019.

GROSSI, Paolo. La proprietà e le proprietà nell'officina dello storico. In: *Quaderni fiorentini per la storia del pensiero giuridico moderno*. Milano: Giuffré, 1988. v. 17, p. 359-422.

LUCIANI, Massimo. Economia nel diritto costituzionale. In: *Digesto, Sez. pubbl.*, Torino: UTET, 1990, p. 373 ss.

LUCIANI, Massimo. *Sui diritti sociali*. In *Studi in onore di Manlio Mazziotti di Celso*, II. Padova: Cedam, 1995.

MARQUES, Claudia Lima. Campo de Aplicação do CDC. In: MARQUES, Claudia Lima; BENJAMIN, Antônio Herman Vasconcelos e BESSA, Leonardo Roscoe. *Manual de Direito do Consumidor*. 2. ed. rev., atual. e ampl. São Paulo: Ed. RT, 2009.

PENNASILICO, Mauro. Controllo e conservazione degli effetti. In: *Rassegna di diritto civile*, 2004. p. 119 ss.

PENNASILICO, Mauro."Ménage à trois": la correzione giudiziale dei contratti. In: *Rassegna di diritto civile*, p. 179 ss., 2016.

PERELMAN, Chaïm. *Ética e direito*. Tradução de Maria Ermantina Galvão. São Paulo: Martins Fontes,1996.

PERLINGIERI, Pietro. Mercato, solidarietà e diritti umani. In: *Rassegna di diritto civile*, 1995. p. 84 ss.

PERLINGIERI, Pietro. *Il diritto dei contratti fra persona e mercato*. Problemi del diritto civile. Napoli: Edizioni Scientifiche Italiane, 2003.

PERLINGIERI, Pietro e FEMIA, Pasquale. *Nozioni introduttive e princípi fondamentali del diritto civile*. 2. ed. Napoli: Edizioni Scientifiche Italiane, 2004.

PERLINGIERI, Pietro. O direito civil na legalidade constitucional. Trad. de Maria Cristina De Cicco. Rio de Janeiro: Renovar, 2008.

PERLINGIERI, Pietro. Applicazione e controllo nell'interpretazione giuridica. In: *Rassegna di diritto civile*, p. 317 ss., 2010.

RAISE, Ludwig. *Il compito del diritto privato*. Saggi di diritto privato e di diritto dell'economia di tre decenni. MAZZONI, Cosimo Massimo (Org.). Trad. it. de Michele Graziadei. Milano: Giuffré, 1990.

RESTA, Giorgio. *Dignità, Persone*. Mercati, Torino: Giappichelli, 2014.

ROMBOLI, Roberto. *Il ruolo del giudice in rapporto all'evoluzione del sistema delle fonti ed alla disciplina dell'ordinamento giudiziarioI*. Disponível em: http://www.astrid-online.it/static/upload/protected/ROMB/ROMBOLI-Ruolo-del-giudice_Seminario-.pdf.

SARLET, Ingo Wolfgang. *Dignidade da Pessoa humana e direitos fundamentais na Constituição de 1988*. 8. ed. Porto Alegre: Livraria do Advogado, 2010.

SARLET, Ingo Wolfgang. Os direitos fundamentais sociais, o direito a uma vida digna (mínimo existencial) e o direito privado: apontamentos sobre a possível eficácia dos direitos sociais nas relações entre particulares. In: ALMEIDA FILHO, Agassiz e MELGARÉ, Plínio (Orgs.). *Dignidade da pessoa humana. Fundamentos e critérios interpretativos*. São Paulo: Malheiros, 2010. p. 409.

TEPEDINO, Gustavo. O papel atual da doutrina do direito civil entre o sujeito e a pessoa. In: TEPEDINO, Gustavo; TEIXEIRA, Ana Carolina Brochado; ALMEIDA, Vitor (Coord.). *O direito civil entre o sujeito e a pessoa*: estudos em homenagem ao Professor Stefano Rodotà. Belo Horizonte: Forum, 2016.

VALLAURI, Luigi Lombardi. Norme vaghe e teoria generale del diritto. In: Vita e Pensiero: *Jus*, 1999, n. 1, Studi in onore di Giovanni Maria Ubertazzi in p. 25 ss.

A DIGNIDADE DA PESSOA HUMANA E O CONTRATO DE PRESTAÇÃO DE SERVIÇOS

Marlan de Moraes Marinho Jr.

Mestre em Direito Civil pela Universidade de Coimbra. Doutorando em Direito Civil pela UERJ. Professor de Direito Civil na Faculdade de Direito da UERJ.

Sumário: 1. Introdução – 2. O contrato de prestação de serviço. Análise do conteúdo normativo – 3. Comparação entre o Código Civil de 2002 e de 1916 – 4. A limitação temporal como expressão da proteção à dignidade da pessoa humana – 5. Sobre o aliciamento de mão de obra – 6. Conclusão – 7. Referências.

1. INTRODUÇÃO

Como não existem valores absolutos e permanentes no Direito, o exame de um instituto não deve se limitar aos estudos sobre a sua origem. Também não é bastante a análise dos textos normativos, posto que o ordenamento jurídico neles não se exaure, sendo antes "resultado da interpretação conjunta de princípios e regras individualizados pelo aplicador do sistema sociocultural e dos elementos condicionantes do fato em cada conflito de interesse"[1].

Logo, o estudo da norma demanda que seja observada a sua origem, evolução e as mudanças que sofreu[2]. É importante observar as alterações dos ordenamentos e suas correlações com aspectos sociais e econômicos, do que avulta a relevância da análise jurisprudencial.[3]-[4]

O contrato de prestação de serviço, nesse sentido, se revela interessante. Como se verá, a alteração do seu nome na legislação já revela o influxo de um novo paradigma, a dignidade da pessoa humana, vetor valorativo para a correta interpretação dos dispositivos legais que tratam do tema[5].

A mudança topográfica no Código Civil, por sua vez, também é reveladora. A prestação de serviços agora está situada depois do mútuo e não mais na sequência da locação de coisas, como se dava no Código Civil anterior.

---

1. TERRA, Aline de Miranda Valverde. Liberdade do intérprete na metodologia civil constitucional. In: SCHREIBER, Anderson; KONDER, Carlos Nelson. *Direito civil constitucional*. São Paulo: Atlas, 2016. p. 47-70.
2. Sobre a historicidade dos institutos, distinção entre evolução e mudança: KONDER, Carlos Nelson. Distinções hermenêuticas da constitucionalização do direito civil. In: SCHREIBER, Anderson; KONDER, Carlos Nelson. *Direito civil constitucional*. São Paulo: Atlas, 2016. p. 25-45.
3. SCHREIBER, Anderson. *Direito civil e constituição*. In: SCHREIBER, Anderson; KONDER, Carlos Nelson. *Direito civil constitucional*. São Paulo: Atlas, 2016. p. 13. e PERLINGIERI, Pietro. *Perfis do direito civil*: introdução ao direito civil constitucional. Trad. Maria Cristina de Cicco. Rio de Janeiro: Renovar, 1997. p. 81.
4. TEPEDINO, Gustavo. *Temas de direito civil*. 3. ed. Rio de Janeiro: Renovar, 2004. p. 1 e ss.
5. MORAES, Maria Celina Bodin de. *Na medida da pessoa humana*: estudos de direito civil-constitucional. Rio de Janeiro: Processo, 2016. 47 e ss.

Já em uma comparação com o regime anterior, chama atenção a similitude textual dos dispositivos legais dos códigos. Poucas foram as alterações sofridas pelos artigos e nenhuma delas dá, à primeira vista, sinal de grande novidade.

Por isso, é necessário entender como dispositivos legais tão similares figuram em diplomas construídos sobre bases teóricas e realidades sociais tão distintas.

O Código Civil de 1916 é liberal e o seu projeto é vizinho do fim da escravidão. Ele foi lançado em um país rural e de população iletrada, no qual pequena parcela urbana regia todas as relações de serviço, incluindo as de emprego.

Estes mesmos dispositivos legais foram repetidos no Código Civil de 2002, um diploma fundado na eticidade e na socialidade[6], que visou regular as relações de uma população maioritariamente urbana, na qual já existem leis trabalhistas e especiais, bem como uma economia em que inúmeras são as pessoas jurídicas e as relações entre elas.

A manutenção do texto com a alteração dos eixos axiomáticos só pode, então, conduzir a uma nova valoração do texto dos dispositivos de lei.

Sendo assim, diante da mudança de realidade social e econômica, importa observar a pertinência de certas normas e da forma de interpretá-las, em especial dos artigos que limitam o prazo máximo de contratação e dos que impõem o dever de reparar ao terceiro que interfere na regular execução do contrato.

2. O CONTRATO DE PRESTAÇÃO DE SERVIÇO. ANÁLISE DO CONTEÚDO NORMATIVO

Por prestação de serviço se entende:

> Contrato, através do qual, uma das partes contratantes, designada prestadora (no Código de 1916, "locadora") se compromete a prestar serviços ou mão de obra, que a outra, denominada beneficiária ou recebedora (no Código de 1916, "locatária"), se compromete a remunerar[7].

O contrato de prestação de serviço também pode ser entendido como "negócio jurídico por meio do qual uma pessoa se obriga a prestar, em caráter eventual e sem vínculo de subordinação, serviço material ou imaterial mediante remuneração."[8]

Estão legitimados para este contrato pessoas físicas e jurídicas, sejam como tomadoras ou prestadoras de serviços[9]. Admite-se celebração por relativamente incapazes,

---

6. MARTINS-COSTA, Judith; BRANCO, Gerson Luiz Carlos. *Diretrizes teóricas do novo Código Civil brasileiro*. São Paulo: Saraiva, 2002. p. 117 e ss.
7. RIZZARDO, Arnaldo. *Contratos*. 19. ed. Rio de Janeiro: Forense, 2021. p. 572.
8. TEPEDINO, Gustavo; KONDER, Carlos Nelson; BANDEIRA, Paula Greco. *Fundamentos do direito civil*: contratos. 4.ed. Rio de Janeiro: Forense, 2023. v.3. p. 315.
9. SCHEINMAM, Maurício et al. *Comentários ao código civil brasileiro*. do direito das obrigações: arts. 579 a 721. Rio de Janeiro: Forense, 2009. v. VI. p. 188 e ss. Em sentido inverso: "Se o prestador de serviços é pessoa jurídica, não se configura o contrato aqui em exame. É muito comum, aliás, uma sociedade empresária assumir, perante outra, obrigação de fazer relacionada a atividade de sua especialização. Falo de serviços de limpeza, segurança, logística e muitos outros objetos de contratos empresariais. Nesse caso, quando o prestador de serviços não é pessoa natural, a relação negocial se encontra, em princípio, sujeita exclusivamente às cláusulas pactuadas entre os contratantes.

pois "não seria jurídico que, a pretexto da falta de requisito subjetivo, fosse alguém locupletar-se com a atividade alheia."[10]

Trata-se de um contrato consensual, bilateral, oneroso, comutativo e que normalmente é personalíssimo.

É bilateral, uma vez que cabe ao tomador do serviço pagar remuneração e ao prestador executar a atividade objeto do contrato. É oneroso[11], segundo posição majoritária da doutrina[12], na medida em que gera vantagem para as duas partes,

---

Os arts. 593 a 609 do Código Civil nunca se aplicam nessa hipótese; no máximo, pode se verificar a aplicação do Código de Defesa do Consumidor (Coelho, 1998, 3:167/177). Quando o banco, por exemplo, contata o serviço de transporte de valores de uma transportadora especializada, a relação contratual rege- se apenas pelo que essas partes livremente contratarem. Em outros termos, o contrato de prestação de serviços entre sociedades empresárias é, em geral, *atípico*. É certo que não há nenhuma norma expressa restringindo o contrato de prestação de serviços constantes do Código Civil aos prestadores pessoas naturais. A restrição decorre do conteúdo dos preceitos normativos ali abrigados. São normas direcionadas a regular fatos jurídicos próprios de pessoas naturais. Versam sobre assuntos como o analfabetismo (CC, art.595), limitação do tempo de duração do contrato em quatro anos, com o objetivo de defender o primado da inalienabilidade da liberdade humana (art.598) (Bevilaqua, 1934, 4:422), prestação de serviços para pagamento de dívida (art.58, também), presunção da obrigação por qualquer serviço compatível com as forças e condições do prestador (art. 601), morte dos contratantes como causa de dissolução do contrato (art. 607) e aliciamento de prestadores de serviços (art. 608). Essas normas não podem ser aplicadas às pessoas jurídicas (que não são nunca analfabetas, não titulam liberdade inalienável, não morrem etc.) Mas a interpretação restritiva não decorre só da impossibilidade de incidir sobre as pessoas jurídicas a disciplina do contrato de prestação de serviços encontrada no código Civil. Também a contextualização histórica da disciplina jurídica em questão, acima delineada, indica que a lei sempre teve em mira o regramento do trabalho humano, isto é, da prestação de serviço por pessoas físicas". (COELHO, Fábio Ulhoa. *Direito civil*. São Paulo: Ed. RT, 2022, p. 887).

10. PEREIRA, Caio Mário da Silva. *Instituições de direito civil*: contratos. 24. ed. Rio de Janeiro: Forense, 2020. v. III. p. 366. Em sentido contrário, SCHEINMAM, Mauricio. Ob. cit., p. 207.
11. Há quem admita possa ser ele gratuito: PEREIRA, Caio Mário da Silva. *Instituições de direito civil*: contratos. 24. ed. Rio de Janeiro: Forense, 2020. v. III. p. 365. Pontes de Miranda afirma que não se pode presumir a gratuidade, a qual deverá ser provada pôr a alegar: MIRANDA, Pontes de. *Direito das obrigações: contrato de locação de serviços, contrato de trabalho*. 2ª tiragem. São Paulo: Ed. RT, 2012, (Coleção tratado de direito privado: parte especial. T. XLVII), p. 70. Carlos Roberto Gonçalves afirma que a gratuidade não é incompatível com a figura: GONÇALVES, Carlos Roberto. *Direito civil brasileiro*: v. 3: contratos e atos unilaterais, 18.ed. São Paulo: Saraiva, 2021. p. 386. No mesmo sentido: LÔBO, Paulo. *Direito Civil: contratos*, São Paulo: Saraiva, 2011. p. 362. Também assim o enunciado 541 do CJF/STJ "o contrato de prestação de serviços pode ser gratuito".
12. Afirma Fabio Ulhoa Coelho: "não existe contrato de prestação de serviço gratuito" *Direito civil*. São Paulo: Ed. RT, 2022, p. 887. No mesmo sentido, TEPEDINO, Gustavo, Ob. cit, p. 316; NADER, Paulo. *Curso de direito civil*: v. 3: contratos. 3.ed. Rio de Janeiro: Forense, 2008, p.289. TARTUCE, Flávio. *Direito civil*: teoria geral dos contratos e contratos em espécie. 16. ed. Rio de Janeiro: Forense, 2021. v. 3. p. 577. GAGLIANO, Pablo Stolze; PAMPLONA FILHO, Rodolfo. *Novo curso de direito civil*: contratos. 4. ed. São Paulo: Saraiva, 2021. v.3. p. 481. OLIVEIRA, Carlos Santos de. *Dos contratos e atos unilaterais de vontade*. Rio de Janeiro: GZ, 2022. p. 307; MELO, Marco Aurélio Bezerra de. *Novo Código Civil anotado*: arts. 421 a 652. 2. ed. Rio de Janeiro: Lumen Juris, 2004. v. III. p. 294. GOMES, Orlando. *Contratos*. 26. ed. Rio de Janeiro: Forense, 2008. p. 356. VENOSA, Silvio de Salvo. *Direito civil*: contratos. 21. ed. São Paulo: Atlas, 2021. v. 3. p. 436. Vera Helena de Mello. *Contratos: direito civil e empresarial*. 2. ed. São Paulo: Revista dos Tribunais, 2011. p. 127.
"Com aquele primeiro dispositivo, embora confessando o grande mal social que nos aflige, o analfabetismo, visou o legislador a facilitar a realização dos contratos de prestação de serviço, poupando dificuldades e despesas que os contratantes teriam de suportar, se fossem analfabetos, dispensando-os da outorga de escritura pública. Insista-se, no entanto: da inobservância do preceito não decorrem consequências, pois o contrato pode ser provado por qualquer meio. Para cobrança judicial da remuneração de serviços não é necessária a exibição de contrato escrito; verbal o contrato, prova-se por qualquer meio admissível em direito". MONTEIRO, Washington de Barros; MALUF, Carlos Alberto Dabus; SILVA, Regina Beatriz Tavares da. *Curso de direito civil*: direito das obrigações. 36.ed. São Paulo: Saraiva, 2009. v. 5. p. 232.

havendo quem o afirme comutativo, eis que deve haver certa equivalência entre as prestações[13].

A natureza consensual[14] decorre do fato de o contrato se aperfeiçoar pela simples manifestação de vontade das partes, não lhe sendo exigido forma específica.

O art. 595, anote-se, não é uma imposição de forma. O dispositivo deve ser entendido como uma proteção da parte que, sendo analfabeta, opta por fazer o contrato por escrito. Trata-se de um mecanismo de facilitação para a realização do contrato escrito, que servirá de melhor prova em caso de litígio.

Não houvesse essa norma, estariam as partes limitadas ao contrato oral, com as dificuldades de prova daí decorrentes, ou remetidos para a escritura pública com todos os inconvenientes que disso derivariam[15]. Diante do analfabetismo de uma das partes, o que se tem com esta regra especial é um influxo do princípio da dignidade da pessoa.

É um contrato personalíssimo, já que celebrado em razão da figura do prestador. Mais do que isso. Os artigos 605 e 607 do Código Civil assim o indicam. O primeiro dispositivo impede a transmissão da posição contratual e a subcontratação sem a anuência da outra parte[16]. Já o segundo, estabelece a extinção do contrato em razão da morte de qualquer dos contratantes. Todavia, podem as partes afastar essa caraterística[17].

Há duas características mais a ressaltar. São a eventualidade e a ausência de subordinação.[18]

---

13. RIZZARDO, Arnaldo, Ob. Cit.loc. No mesmo sentido: OLIVEIRA, Carlos Santos de. Ob. cit., p. 307; MELO, Marco Aurélio Bezerra de. Ob. cit., p. 285; VENOSA, Silvio de Salvo. Ob. cit., p. 436.
14. "Com aquele primeiro dispositivo, embora confessando o grande mal social que nos aflige, o analfabetismo, visou o legislador a facilitar a realização dos contratos de prestação de serviço, poupando dificuldades e despesas que os contratantes teriam de suportar, se fossem analfabetos, dispensando-os da outorga de escritura pública. Insista-se, no entanto: da inobservância do preceito não decorrem consequências, pois o contrato pode ser provado por qualquer meio. Para cobrança judicial da remuneração de serviços não é necessária a exibição de contrato escrito; verbal o contrato, prova-se por qualquer meio admissível em direito". (MONTEIRO, Washington de Barros; MALUF, Carlos Alberto Dabus; SILVA, Regina Beatriz Tavares da. *Curso de direito civil*: direito das obrigações. 36.ed. São Paulo: Saraiva, 2009. v. 5. p. 232).
15. Nesse sentido: LÔBO, Paulo. Ob. cit., p. 355. MONTEIRO, Washington de Barros, Ob. cit., p. 232. GOMES, Orlando. Ob. cit., p. 356.
16. PEREIRA, Caio Mário da Silva. Ob. cit., p. 368.
17. TEPEDINO, Gustavo. Ob. Cit., p. 318; NADER, Paulo. Ob. cit., p. 289; FRANCO, Vera Helena de Mello. Ob. cit., p. 127 FARIAS, Cristiano Chaves de; ROSENVALD, Nelson. *Direito civil: contratos-teoria geral e contratos em espécie*. 11. ed. Salvador: JusPodivm, 2021. p. 1019; GAGLIANO, Pablo Stolze; PAMPLONA FILHO, Rodolfo. Ob. cit., p. 482. Interessante a afirmação de Venosa, para quem o contrato tem caráter pessoal mas não seja como regra geral *intuito personae*. VENOSA, Silvio de Salvo. Ob. cit., p. 437.
18. A atividade contratada não se caracteriza habitual em sua prestação ao contratante e é exercida pelo prestador de serviço com autonomia técnica e sem qualquer subordinação de poder (sujeição hierárquica) ou dependência econômica em relação ao tomador do referido serviço. SOUSA, José Franklin de. *Prestação de serviços no código civil*. Independently Published, 2020. p. 6.
Sobressai a prestação de natureza eventual, afastada do domínio do direito do trabalho. Considera-se trabalho eventual aquele que não constitui necessidade permanente da empresa, sendo contratado para atender um reclamo esporádico do contratante, sem o caráter de necessidade e permanência. RIZZARDO, Arnaldo. Ob. cit., p. 575.

O objeto do contrato é sempre uma atividade humana que pode ser física ou intelectual, mas será sempre uma obrigação de fazer. O contrato pode ter por objeto a execução de um serviço determinado. Na ausência de determinação, estará o prestador obrigado a todo e qualquer serviço compatível com suas forças e condições, o que há de ser medido em cada caso "sem perder de vista a dignidade humana"[19].

O prestador se obriga a prestar os serviços na forma e limite contratados. Embora o dispositivo fale em "obra", na verdade, se deve entender como sendo a atividade humana que motivou a contratação.

Pode ser que o serviço contratado demande do prestador habilidades especiais ou a observância de exigências legais. Caso o prestador não as preencha, será necessário observar a natureza de tais imposições. Sendo as mesmas resultantes de lei de ordem pública, não terá o prestador qualquer remuneração. Não o sendo, há de se verificar se estava o prestador de boa-fé, ou seja, se ignorava a irregularidade, e se o serviço efetuado se revelou proveitoso ao tomador. Preenchidos os dois requisitos, a remuneração será arbitrada pelo juiz, mas não pode ser a mesma que receberia um profissional habilitado. É esse o sentido da expressão "compensação razoável" que está no art. 606 em evidente proteção da boa-fé e da vedação ao enriquecimento sem causa[20].

Já ao tomador caberá a obrigação de pagar a remuneração ajustada. Em alguns casos pode caber-lhe ainda o fornecimento de equipamentos de segurança e demais condições mínimas para o exercício do serviço, um dever anexo de conduta. Outra obrigação será a de dar quitação quando cumprido o contrato ou diante de resilição unilateralmente, pelo tomador que o faça sem justa causa ou pelo prestador que tenha justo motivo para deixar o serviço.

A remuneração há de ser ordinariamente ajustada pelas partes no exercício da vontade negocial. Entretanto, pode ser que não o façam ao tempo da contratação. E pode ser que também que, não a tendo fixado previamente, não consigam um acordo depois. Caberá ao juiz o arbitramento da retribuição, para o que deverá considerar os costumes do lugar, o tempo gasto no serviço e sua qualidade. É o que está no art. 596[21].

---

19. TARTUCE, Flávio. *Direito civil*: teoria geral dos contratos e contratos em espécie. 16.ed. Rio de Janeiro: Forense, 2021. v. 3. p. 583. O art. 456, parágrafo único da CLT tem norma semelhante.
20. "Essa disposição visa evitar o enriquecimento injusto. Trata-se de situações correntes de prestação de serviço irregular, por quem não tenha habilitação legal ou regularização para a atividade. Assim, por exemplo, pode ocorrer com corretores não credenciados; agentes não autorizados; técnicos não diplomados; artesãos informais como encanadores, eletricistas, pedreiros, mecânicos etc. em situações cuja atividade exige habilitação o credenciamento legal. A lei não quer que esses serviços sejam remunerados tal qual o seriam se o agente fosse devidamente habilitado ou credenciado; mas, ao mesmo tempo, se da atividade do prestador de serviços houve resultado útil para o dono do serviço, deverá haver remuneração "razoável" segundo especifica a lei, se tiver agido o agente com boa-fé. Note que essa remuneração razoável pode ser até mesmo o justo preço pelo serviço, dependendo da finalidade social do negócio e dos costumes. Numa sociedade de crescente e vultosa economia informal como a nossa, essa disposição é muito importante". VENOSA, Silvio de Salvo. Ob. cit., p. 441.
21. STJ, Terceira Turma, AgRg no Resp 886.504/MG, Rel. Min. Paulo de Tarso Sanseverino, j. 12.04.2011, DJe 19.04.2011; STJ, Quarta Turma, Resp 1433658-SP, Rel. Min. Luis Felipe Salomão, j. 09.12.2014, DJUE 10.02.2015; TJPR, ac 8519151 PR 851915-1, 11ª Câm. Cív., j. 11.07.2012, Rel. Des. Vilma Régia Ramos de Rezende, DJ 25.07.2012.

A mesma solução também será aplicada em outros contratos em que não haja convenção ou acordo. Assim se dá no depósito, no mandato, na comissão e na corretagem, figuras que se autonomizaram da prestação de serviços[22].

O momento da remuneração também ficará ao critério das partes. O art. 597 tem evidente aplicação subsidiária e determina que o pagamento se dará após a prestação de serviços, mas como um último critério supletivo. Só será assim se as partes nada convencionaram ou se o costume não indicar outra solução.

O caráter pessoal do negócio impede que o tomador ceda os serviços e que o prestador se faça substituir sem que haja consentimento da outra parte.

O contrato de prestação de serviço pode ser celebrado por prazo determinado ou prazo indeterminado. O prazo pode ser fixado pelas partes expressamente, pode decorrer da natureza do contrato ou do costume. O contrato pode ser instantâneo, diferido ou de execução continuada[23].

O art. 598 diz que a prestação de serviços não pode ser convencionada por prazo superior a quatro anos por fundamentos que já veremos adiante. A contratação em prazo superior não anula o negócio, mas importa apenas na inexistência do excesso[24].

Cumpridos os quatro anos, a relação contratual se extingue automaticamente, mas nada impede que as partes celebrem novo contrato, o que não pode haver é a renovação tácita.

Para efeitos do tempo, não se conta o período que o prestador deixou de servir por culpa sua, diz o art. 600. Também não poderá o prestador, diz o caput do 602, se ausentar ou se despedir sem justa causa antes de cumprido o tempo ou terminado o serviço que motivou a contratação. Uma tradução do princípio da obrigatoriedade.

Estão as partes vinculadas ao cumprimento do contrato, observado o tempo ou o cumprimento do serviço, até o prazo de quatro anos. Logo, somente ocorrendo violação contratual é que a parte vítima poderá pôr fim à prestação de serviços. Teremos aí uma denúncia motivada, nos termos do art. 602, parágrafo único, com o consequente dever de indenizar.

O dispositivo fala em justa causa, um conceito jurídico impreciso[25]. Por outro lado, a lei estabelece efeitos diferentes para a denúncia imotivada do contrato. Caso a rescisão provenha

---

TJSP, Apelação Cível 1003409-96.2015.8.26.056, 32ª Câmara de Direito Privado, Rel. Des. Caio Marcelo Mendes de Oliveira, j. 16.11.2017; Data de Registro: 16/11/2017.

22. "Com efeito, a prestação de serviço, regida pelas regras do Código Civil brasileiro, é aquela desenvolvida de forma autônoma, visando à obtenção de determinado resultado, não sendo a modalidade negocial adequada para relações jurídicas empregatícias (trabalho subordinado) ou mesmo para outras formas de relação de trabalho autônomo (p. ex. empreitada, comissão, corretagem ou representação comercial autônoma)": GAGLIANO, Pablo Stolze; PAMPLONA FILHO, Rodolfo. Ob. cit., p. 480.
23. SCHEINMAM, Maurício, Ob. cit., p. 205.
24. TEPEDINO, Ob. Cit. p. 322. Em sentido inverso, Washington, afirma que a redução pode ser pedida por qualquer interessado. MONTEIRO, Washington de Barros, ob.cit., p. 234.
25. O art. 1226 do Código anterior enumerava as situações tidas como justa causa.
Veja-se a lição de..."Assim, o prestador não pode se ausentar ou se despedir sem que haja justa causa. Apenas com o objetivo de ilustrar o estudo, constituem justa causa para a ausência ou dispensa de serviço por parte do prestador:

do prestador sem justa causa e antes do prazo ou da conclusão do serviço, ele responderá por perdas e danos, mas terá direito à remuneração vencida. Já se for do tomador a iniciativa do fim do contrato sem justa causa, terá de pagar ao prestador por todos os serviços prestados e mais a metade do que lhe caberia no tempo que vai da resilição até o que haviam previsto as partes como termo final. É o que resulta dos artigos 602 e 603. A assimetria é evidente e resulta da opção legislativa de proteger a parte em tese mais fraca da relação.

Sendo o contrato por prazo indeterminado, diz o artigo 599 que qualquer das partes poderá resolvê-lo. Embora a lei fale em resolução, talvez seja mais adequado considerar como hipóteses de resilição unilateral para o que o legislador impõe um aviso prévio, uma declaração receptícia.

Outras normas completam a regulação desse tipo contratual.

O art. 609 estabelece que a alienação do prédio agrícola não importa na rescisão do contrato ficando ao prestador o direito potestativo de optar por permanecer no imóvel como ou novo proprietário, que assim se sub-rogará na relação, ou seguir com o contratante original.

O 608 prevê penas para o aliciamento de mão de obra e o art. 607 lista as causas de extinção do contrato dentre as quais está o cumprimento. Há outras. A morte de qualquer das partes, quando a relação for personalíssima, o término do prazo, pela resilição mediante aviso prévio e a impossibilidade de continuação por motivo de força maior. O dispositivo menciona também o inadimplemento que, entretanto, não tem efeito extintivo automático, mas apenas permite que a parte inocente o promova.[26]

3. COMPARAÇÃO ENTRE O CÓDIGO CIVIL DE 2002 E DE 1916

As mudanças na regulamentação do contrato de prestação de serviços talvez não apareçam com obviedade. Se é verdade que algumas não foram relevantes, outras guardam imensa significação. A primeira delas é afastamento da tradição romana,[27] que a considerava um tipo de locação, expressão que hoje mais se adequa às coisas do que ao trabalho humano.

E "efetivamente, não se pode duvidar que o trabalho atribui à pessoa uma especial dignidade, distinguindo-a dos objetos, que são instrumentalizados à serviço de outrem".[28-29]

---

a) exigir o dono do serviço tarefa em que o prestador corra perigo manifesto de mal considerável; b) ser tratado elo dono do serviço com rigor excessivo; c) exigir o dono dos serviços superiores às suas forças, defesos por leis, contrários aos bons costumes, ou alheios ao contrato; d) injustas ofensas físicas ou morais. Confira-se, neste passo, o art. 483 da Consolidação das Leis do Trabalho. MELO, Marco Aurélio Bezerra de. Ob. cit., p. 298.
26. Veja-se STJ, Quarta Turma, Ag em Resp 967.440-Agint, Rel. Min. Isabel Gallotti, j. 25.10.2016, DJe 04.11.2016.
27. MIRANDA, Pontes de. *Fontes e evolução do direito civil brasileiro*. 2. ed. Rio de Janeiro: Forense, 1981.
28. "Na pós-modernidade a prestação de serviços alcançou dimensões tamanhas que, nos países centrais do sistema capitalista, chega a representar cerca de sessenta por cento do produto interno bruto- PIB, evidenciando a sua valorização social e econômica": FARIAS, Cristiano Chaves de; ROSENVALD, Nelson. Ob.cit., p. 1006.
29. "Essa modificação de denominação, no nosso entender, é bem mais adequada e *politicamente correta*, já que o trabalho humano não deve ser considerado objeto de locação (pois o homem não é coisa a ser locada), mas, sim, destinado à realização ("prestação") de uma atividade". GAGLIANO, Pablo Stolze; PAMPLONA FILHO, Rodolfo. Ob. cit., p. 479.

Houve também uma alteração topográfica. A prestação de serviços agora está situada depois do mútuo e não mais na sequência da locação de coisas, como se dava no regime anterior. O tipo contratual em análise está colocado com os demais contratos em que há prestação[30].

São duas as alterações que revelam a opção legislativa de uma nova visão a este contrato que vai ganhando novamente relevância social e econômica. A sua importância na geração do Produto Interno Bruto é o sinal disso. Mas mais importante é que a ressignificação da prestação faz com que o conjunto normativo deste contrato seja interpretado à luz da promoção da dignidade humana.

Hoje, o campo normativo do Código Civil, em matéria de prestação de serviço, é residual. Escapam-lhe as relações sujeitas às leis trabalhistas, ao Código de Defesa do Consumidor[31] e, ainda, as sujeitas às leis especiais. Mas, se perdeu em espectro e abrangência, a prestação de serviços revela intenso interesse social, pois houve uma brusca queda na empregabilidade do país. O desaparecimento dos empregos formais empurra a população para o setor de serviços.

Se, ao tempo do Código anterior, as preocupações maiores eram com o serviço agrícola, a não repetição das regras que se lhe referiam espelha alteração legislativa, econômica e social experimentada. O país passou de uma sociedade rural para uma outra que é urbana. A prestação de serviços que demanda atenção já não é só a agrícola, motivo pelo qual apenas uma das regras especiais do diploma anterior foi repetida, o atual art. 609.

4. A LIMITAÇÃO TEMPORAL COMO EXPRESSÃO DA PROTEÇÃO À DIGNIDADE DA PESSOA HUMANA

Como já vimos, a prestação de serviços pode se dar por prazo determinado ou por prazo indeterminado. Caso optem por assinalar o prazo, as partes estão limitadas a quatro anos ainda que o serviço a ser prestado demande mais tempo.

As partes podem fazer novo contrato, mas não terá validade qualquer cláusula que importe em renovação automática. A previsão contratual superior ao limite temporal legal importará na inexistência do excesso, mantido, no mais, o negócio em razão do princípio da conservação.

Nesse sentido, alguns trechos do acórdão proferido pela Quarta Turma do Superior Tribunal de Justiça ao enfrentar a questão:

---

30. "Assim procedeu o CC/2002, ao abandonar a nomenclatura até então adotada pelo CC/1916, passando a denominar o contrato de "prestação de serviço", em vez de "locação de serviço", além de seqüenciar todos os contratos em que há prestação de atividade pessoal (prestação de serviço, empreitada, depósito mandato etc.), exceção feita à gestão de negócios, em virtude de seu caráter unilateral". ANDRIGHI, Nancy, Ob. cit., p. 219.
31. Para o tema, ver: TIMM, Luciano Benetti. *A prestação de serviços do código civil ao código de defesa do consumidor*. 3.ed. Rio de Janeiro: Forense, 2006.

Todavia, também é certo que a convenção em tempo superior ao legal não tem o condão de anular a avença, mas tão somente o de promover seu ajuste ao quadriênio legal. Consoante o escólio de Cristiano Chaves, "*fixado, eventualmente, um contrato por prazo superior a quatro anos, o excesso será ineficaz, reduzido até se enquadrar no limite estabelecido*". (Curso de Direito Civil. Salvador: Ed. Jus Podivm, 2013, p. 807). No caso em julgamento, é incontroverso que o contrato foi celebrado por um prazo de 5 anos, o qual deve ser reduzido, devendo, por consequência, serem extirpadas do valor da condenação as parcelas referentes ao quinto ano da contratação. (REsp n. 1.387.667/SP, relator Ministro Raul Araújo, Quarta Turma, julgado em 10/2/2015, DJe de 8/6/2015.)

Pode parecer à primeira vista uma perplexidade. Afinal, se as partes podem contratar a prazo indeterminado, seria lógico que o pudessem fazer também pelo prazo que lhes interessasse.

Porém, a limitação de que trata agora o art. 598 do Código Civil de 2002 reproduz o disposto no artigo do diploma revogado. A opção legislativa agora repetida, que tem inspiração no sistema alemão[32], está assentada na combinação de dois fatores: um, social; o outro, jurídico. Ainda era recente o fim da escravidão. As relações de emprego e trabalho se davam em condições horríveis. É esse o fator social que ensejou a limitação temporal dos contratos de prestação de serviço, decorrente da preocupação com o prestador de serviço.

O segundo fator, de natureza jurídica, reside na diferença de regimes jurídicos entre os contratos com prazo determinado e aqueles com prazo indeterminado. Estes podem ser resilidos a qualquer tempo pela parte interessada. Já os contratos com prazo certo, hão de ser cumpridos até o final.

O receio do legislador, portanto, era que, através de contratos de prazo longo, houvesse novamente, e de forma jurídica, o aprisionamento eterno do trabalhador. A propósito, destacam-se as lições de Clóvis Beviláqua:

> O fundamento deste artigo é a inalienabilidade a liberdade humana. Uma obrigação de prestar serviço por mais de quatro anos pareceu ao legislador escravização convencional, ou o resultado de uma exploração do fraco pelo poderoso. E, para melhor defender a liberdade, limitou-a.
>
> A prescrição deste artigo é geral, abrange toda espécie de serviço, seja material, seja imaterial. Mas não impede que o contracto, findo o prazo dos quatro anos, se renove por outro tempo igual.
>
> Ainda que o dispositivo tenha em vista proteger o locador, qualquer das duas partes pode dar por findo o contracto, decorridos os quatro primeiros anos do prazo estipulado[33].

A norma, pois, impõe a limitação temporal ao contrato *com prazo determinado* para que ninguém permaneça atrelado ao tomador de serviços. A cada quatro anos, o prestador recupera a liberdade de contratar.

Contudo, aqui é importante anotar que essa limitação aos quatro anos e ao prazo se refere a um contrato de prestação de serviços isoladamente considerado.

---

32. Vide ENNECERUS, Ludwig. *Tratado de derecho civil*: 1ª parte: derecho de obligaciones. (Trad. española de Blas Peres Gonzalez y Jose Alguer). 3. ed. Barcelona: Bosch, 1966. v. 2. p. 492 e LARENZ, Karl. *Derecho de Obligaciones*: (Trad. española de Jaime Santos Briz) Madrid: Editorial Revista de Derecho Privado, 1959. t. II. p. 298.
33. BEVILÁQUA, Clóvis. Codigo civil dos Estados Unidos do Brasil commentado: v. IV. 8. ed. Rio de Janeiro: Francisco Alves, 1950. p. 410-411.

Nada impede que as partes celebrem contratos que, somados, ultrapassem tal tempo. Ou seja, um contrato de prestação de serviço não pode ter prazo superior a quatro anos, mas não há impedimento para que vários contratos sejam firmados entre as partes, com prazos diferentes ou iguais, os quais façam a prestação de serviço superar os quatro anos.

Resta um ponto. A unificação do direito privado faz com que as regras do Código atinjam também as relações empresariais. Anotadas as razões para a limitação temporal, cabe perguntar se o art. 598 do Código Civil impede contratação superior a quatro anos quando as partes forem pessoas jurídicas. A resposta parece ser negativa.

O Enunciado 32 da I Jornada de Direito Comercial tem o seguinte teor:

Nos contratos de prestação de serviços nos quais as partes contratantes são empresários e a função econômica do contrato está relacionada com a exploração de atividade empresarial, as partes podem pactuar prazo superior a quatro anos, dadas as especificidades da natureza do serviço a ser prestado, sem constituir violação do disposto no art. 598 do Código Civil.

Na mesma linha, muitos são os julgados, proferidos por diversos Tribunais do país, entendendo que a limitação temporal em questão não é aplicável quando as partes contratantes são pessoas jurídicas. Confira-se:

"Quanto ao art. 598, do Código Civil, compreende-se que a norma em questão não se aplica às relações entre pessoas jurídicas, pois a hipótese foge dos fins sociais que justificaram a proibição. A propósito, o Enunciado n. 32 da I Jornada de Direito Comercial: "Nos contratos de prestação de serviços nos quais as partes contratantes são empresários e a função econômica do contrato está relacionada com a exploração de atividade empresarial, as partes podem pactuar prazo superior a quatro anos, dadas as especificidades da natureza do serviço a ser prestado, sem constituir violação do disposto no art. 598 do Código Civil". (STJ - AgRg no AREsp: 450285 SP 2013/0408864-4, Relator: Ministra Maria Isabel Gallotti, Data de Publicação: DJ 02/03/2018)

Apelação cível. Direito civil. Contrato de prestação de serviço. Contrato de aquisição de cotas de sistema de venda de ingressos para eventos recreativos e culturais visando exposição midiática de marca, em contrapartida de cotas de patrocínio. Nulidade da sentença. Omissão. Art. 489, § 1º, IV, do CPC/2015. Resilição unilateral do ajuste. Exceção de contrato não cumprido. Art. 403 do código civil. Comprovação de cumprimento da contraprestação ajustada. Dano Moral. [...] 2) Ao contrário do que sustenta a ré, a causa versa, sim, a respeito de contrato de prestação de serviços, sujeito às normas estampadas nos arts. 593 a 609 do Código Civil, havendo ressalva doutrinária e jurisprudencial apenas quanto à aplicabilidade do limite temporal de vigência máxima de quatro anos a que o art. 598 do Código Civil quando o contrato é firmado entre pessoas jurídicas. [...] 4) Além disso, a previsão de pagamento da cota de patrocínio, estipulada no valor total de R$900.000,00 (novecentos mil reais), através de 60 (sessenta) parcelas mensais e sucessivas de R$15.000,00 (quinze mil reais) sinaliza a intenção dos contratantes de se manterem vinculados pelo referido período, ou seja, pelo prazo de 05 (cinco) anos. [...] (TJ-RJ - APL: 03126363920088190001, Relator: Des(a). Heleno Ribeiro Pereira Nunes, Data de Julgamento: 01/09/2020, Quinta Câmara Cível, Data de Publicação: 04/09/20200

Recurso de Agravo de Instrumento – Ação Ordinária de Cobrança de Verbas Denominadas "Estadias" (Lei 11.442/2007) – Preliminar Acolhida – Declinada Da Competência Para O Foro Eleito No Contrato – Audiência de Conciliação Infrutífera – Alegada Intempestividade Da Contestação – Desacolhimento – Excluído O Dia Da Audiência – ART. 224 do CPC/15 – Tempestividade Reconhecida – Arguida Impossibilidade de Alteração da Competência – Ação no Foro do Domicílio da Ré – Aduzida Ausência de Prejuízo – Irrelevância – Cláusula Com Eleição Expressa de Foro, Com Renúncia de Quaisquer Outros,

Ainda que Mais Privilegiados – Súmula 335 do STF – Acordo Firmado Entre Pessoas Jurídicas Sem Qualquer Vulnerabilidade De Uma Pela Outra – *ART. 598 do CC/2002 – inaplicabilidade em contratos firmados entre empresas – recurso desprovido.* (...) "O art. 598 do Código Civil visa a proteção do prestador de serviços pessoa física, frente ao contratante, para evitar sua sujeição prolongada a uma relação contratual, tolhendo-lhe a liberdade. Não se aplica aos contratos de prestação de serviços entre pessoas jurídicas." (TJ-MT - AI: 10046604220208110000 MT, Relator: Marilsen Andrade Addario, Data de Julgamento: 10/06/2020, Segunda Câmara de Direito Privado, Data de Publicação: 19/06/2020)

Prestação De Serviços - Cominatória - Indenizatória - Cerceamento De Defesa - Ausência - Contrato De Prestação De Serviços - Desinteresse Na Renovação - Prazo Contratual Desobedecido - ArtigO 598, do código civil - *inaplicabilidade contratantes pessoas jurídicas* - vigência e validade - fornecimento de energia elétrica - obrigação contratual - multa devida - procedência mantida - assistência judiciária gratuita - pessoa jurídica - filantropia - assistência social - benefício concedido - preliminar rejeitada - recurso parcialmente provido.

Trecho: "A prestação de serviços referenciada no Código Civil refere-se àquelas situações não abrangidas pelas relações de emprego (Consolidação das Leis Trabalhistas) ou pelo Código de Defesa do Consumidor, ou seja, nas hipóteses em que há um trabalho físico ou intelectual a ser prestado. A situação dos autos é outra. A relação existente entre as partes é empresarial (contrato de prestação de serviços entre duas pessoas jurídicas), situação que não está acobertada pelo referido artigo 598". (TJ-SP - APL: 9081895202006826 SP 9081895-20.2006.8.26.0000, Relator: Ferraz Felisardo, Data de Julgamento: 18/05/2011, 29ª Câmara de Direito Privado, Data de Publicação: 23/05/2011).

Da íntegra dos acórdãos, colhe-se sempre o argumento de que a *ratio legis* da limitação temporal prevista no art. 598 do Código Civil afasta a sua pertinência aos negócios entre pessoas jurídicas.

Afinal, "compreende-se que a norma em questão não se aplica às relações entre pessoas jurídicas, pois a hipótese foge dos fins sociais que justificaram a proibição" (STJ - AgRg no AREsp: 450285 SP 2013/0408864-4, Relator: Min. Maria Isabel Gallotti, Data de Publicação: DJ 02/03/2018).

Seria possível invocar a natureza imperativa da norma para contrariar o entendimento jurisprudencial em questão, inclusive, é o que faz Tartuce[34], mas isso seria se apegar ao texto da norma para aplicar a pessoas jurídicas uma limitação destinada à proteção da dignidade da pessoa humana.

Mais adequado talvez seja a construção de uma solução para cada caso concreto que identifique o suporte fático e sua adequação à norma, que deve ser compreendida como um conjunto valorativo mais complexo do que o texto do dispositivo.

A solução de reserva à limitação temporal do art. 598 às relações em que o prestador seja pessoa física não é negar-lhe o caráter imperativo, mas apenas circunscrever-lhe o campo de atuação.[35]

---

34. "Com o devido respeito, não se filia ao posicionamento constante do acórdão, eis que a regra do art. 598 do CC é preceito de ordem pública, não podendo ser contrariado por convenção entre as partes, não importando quem elas sejam." Ob. cit. p. 580.
35. "Se o direito não se resume ao direito legislado e a norma não se confunde com o enunciado normativo, como vem destacando a teoria do direito contemporâneo, é grave equívoco presumir que dispositivos legais semelhantes implicam soluções normativas semelhantes e que institutos jurídicos com o mesmo nome se restam sempre

5. SOBRE O ALICIAMENTO DE MÃO DE OBRA

O art. 608 é mais do que uma ampliação do que constava no art. 1235 do Código Civil anterior. Ele representa uma alteração fundamental na base teórica. No regime anterior, o dispositivo apenas versava sobre as consequências para o terceiro que aliciasse mão de obra agrícola. Era o reflexo da sociedade e da economia da época em um país essencialmente rural, mas também a solução possível para a doutrina da época. Representava uma exceção ao princípio da relatividade.

As mudanças experimentadas desde então, dentre elas a urbanização e a especialização, levaram a que se puna o aliciamento qualquer que seja a natureza do serviço prestado.

Além disso, o alargamento do alcance da norma é também resultante da evolução do Direito Civil. É que o Código Civil de 1916 foi redigido quando a doutrina ainda não havia incorporado conceitos como o da oponibilidade das relações contratuais ou de efeitos extracontratuais. Não se conhecia a função social do contrato e a boa-fé objetiva, que são hoje os fundamentos da vedação ao aliciamento[36].

Na vigência do antigo diploma, o que se pretendia proteger era a atividade rural, a produção agrícola em si, o que era alcançado por meio da preservação da mão de obra[37].

Por isso, a consequência do aliciamento era tão grave. Havia uma prefixação das perdas e danos e pagamento em dobro da importância paga durante os quatro anos.

à mesma função. O direito existe como direito aplicado e interpretado e a atribuição de significado depende necessariamente da postura do intérprete diante do significante.

Assim é grave equívoco presumir que um instituto que manteve o mesmo *nomen iuris* tenha mantido também o mesmo significado, tenha sido aplicado da mesma forma, nos vários períodos históricos em que existiu. É difícil até afirmar que ele fosse, durante todo esse tempo, o mesmo instituto. A utilização de denominações similares ou mesmo idêntica pode induzir o intérprete a estabelecer analogias que não correspondam ao real significado, devendo-se tomar cuidado na tradução de conceitos que sejam "falsos amigos", na expressão de BURKE.

Os institutos jurídicos mudam de significado com a passagem do tempo, prestando-se a funções que antes não realizavam e deixando de ser aplicados para as finalidades que originalmente foram concebidos. Por vezes, embora permaneçam reconhecidos na legislação e mesmo abordados na doutrina, deixam de ter qualquer aplicação prática, como se percebe no fenômeno do desuso de normas jurídicas". KONDER, Carlos Nelson. Apontamentos iniciais sobre a contingencialidade dos institutos de direito civil. In: MORAES, Carlos Eduardo Guerra de; RIBEIRO, Ricardo Lodi (Coord.). MONTEIRO FILHO, Carlos Edison; GUEDES, Gisela Sampaio da Cruz; MEIRELES, Rose Melo Vencelau (Organiz.). *Direito civil*. Rio de Janeiro: Freitas Bastos, 2015. p. 38-39.

36. OLIVEIRA, Carlos Santos de. Ob. cit., p. 307.
37. Para que haja o aliciamento previsto neste artigo é necessário que o fazendeiro, diretamente ou por prepostos seus, tenha induzido colonos de outrem a irem trabalhar com êle. O fato do fazendeiro contratar colonos que saíram de outro estabelecimento agrícola, sem exigir dêles o atestado de que o contrato estava findo (art. 1.230), não importa em presunção de aliciamento."CARVALHO SANTOS, J. M. de. Código civil brasileiro interpretado: v. XVII: Direito das obrigações. 5. ed. Rio de Janeiro: São Paulo: Freitas Bastos, 1951. p. 307.

"A defeituosa organização do trabalho rural, sobretudo na época das colheitas, em que o braço se torna mais procurado, permitindo a aliciação de trabalhadores, que abandonam o locatário no momento em que seus serviços mais necessários se tornam, estava exigindo um conjunto de medidas que assegura, assegurando e protegendo os direitos do locador, amparasse também os legítimos interesses do locatário". ALVES, João Luiz. *Código Civil a república dos Estados Unidos do Brasil promulgado pela Lei n. 3071, de 1 e janeiro de 1916 anotado.* 3. ed. Rio de Janeiro: Borsoi, 1958. v. 4. p. 327.

Hoje, o alvo da proteção são os interesses legítimos do tomador. A consequência agora é mais branda. O pagamento é simples e tem por base o prazo de dois anos.

Logo, observa-se no art. 608 a aplicação concreta da teoria da responsabilidade do terceiro cúmplice, que responde objetivamente.[38]

Há, portanto, uma verdadeira transformação da figura.

Mas é preciso observar dois pontos mais. O dispositivo, tal como ocorria na versão anterior, refere-se expressamente aos contratos escritos. Parece razoável concluir que, havendo aliciamento em prestação de serviço ajustada verbalmente, a hipótese atrai a aplicação da cláusula geral de responsabilidade civil do art. 186.[39]

Além do mais, o dever de pagar ao tomador independentemente de prova de dano.

Destaca-se, por fim, que o uso da expressão aliciamento tem em si conotação pejorativa a revelar um comportamento antiético e desleal do terceiro, interferência ilícita da relação preexistente de prestação de serviço. Portanto, nem todo ato há de configurar aliciamento. O exame há de ser feito a cada caso.

Sobre o tema, destaca-se a ementa de recente acórdão proferido pela Terceira Turma do Superior Tribunal de Justiça a respeito de controvérsia envolvendo a responsabilização de emissora de televisão por proposta oferecida para jornalista de emissora corrente, *in verbis*:

> Recurso especial. Responsabilidade civil. Prestação de serviços. Art. 608 do Código Civil de 2002. Teoria do terceiro ofensor, terceiro cúmplice ou terceiro interferente. Prática de aliciamento. Demonstração. Ausência. Artista. Proposta. Emissora concorrente. Relação jurídica vigente. Prática de mercado aceitável. Concorrência desleal. Não configuração. Boa-fé objetiva. Deveres decorrentes. Ausência de violação. Indenização. Dever de terceiro. Afastamento. 1. Recurso especial interposto contra acórdão publicado na vigência do Código de Processo Civil de 2015 (Enunciados Administrativos nºs 2 e 3/STJ). 2. Cinge-se a controvérsia a definir o âmbito da responsabilidade de terceiro que oferece proposta de contratação a prestador de serviço durante a vigência de negócio jurídico celebrado com emissora de televisão concorrente e a consequente resilição do contrato em curso. 3. Nos termos do art. 608 do Código Civil de 2002, o terceiro que alicia profissional obrigado em contrato a prestar serviço a outrem, provocando a quebra do ajuste anterior, tem o dever de indenizar o contratante lesado, independentemente da responsabilidade contratual incidente entre as partes do negócio desfeito. Relação jurídica que se amolda ao disposto no referido artigo. 4. A interpretação do art. 608 do Código Civil de 2002 deve levar em consideração o comportamento de mercado dos concorrentes envolvidos no ramo de atividade em questão. 5. A doutrina brasileira e a jurisprudência desta Corte Superior admitem a responsabilização de terceiro pela quebra de contrato em virtude dos postulados da função social do contrato, dos deveres decorrentes da boa-fé objetiva, da prática de concorrência desleal e da responsabilidade por ato ilícito ou abusivo. Na hipótese, não restou demonstrada a violação de tais preceitos ou a prática de aliciamento para fins de incidência do disposto no art. 608 do Código Civil de 2002. 6. Prejudicado o fundamento subsidiário de violação do art. 186 do Código Civil de 2002, nos casos de responsabilização com fundamento no art. 608 do referido Código, a lei dispensa a prova do prejuízo, prefixando a indenização no valor que a lesada pagaria ao prestador pelo período de 2 (dois) anos. 7. Recurso Especial provido. (STJ - REsp: 2023942 SP 2022/0018715-7, Data de Julgamento: 25/10/2022, T3 - Terceira Turma, Data de Publicação: DJe 28/10/2022)

---

38. Enunciado 37 da I Jornada de Direito Civil do Conselho da Justiça Federal: "A responsabilidade civil decorrente do abuso do direito independe de culpa e fundamenta-se somente no critério objetivo finalístico".
39. TEPEDINO, Gustavo. Ob. Cit., p. 323.

Como se vê, no entendimento dos ministros, a prática de aliciamento não restou configurada na hipótese, eis que não comprovado, no caso concreto, "comportamento com nítido caráter difamatório e vingativo" por parte da emissora tomadora, bem como a "prática de concorrência desleal ou de violação dos devedores decorrentes da boa-fé objetiva e da função social do contrato" à luz do comportamento normalmente praticado no ramo de atividade em questão.

6. CONCLUSÃO

Desde o começo da vigência do código anterior, o campo normativo do Código Civil sobre prestação de serviços diminuiu consideravelmente.

Neste passo, o Código Civil, atualmente, tem aplicação residual. Isto é, ele só atinge as relações de prestação que não sejam de natureza trabalhista ou regidas pelo Código de Defesa do Consumidor. Igualmente lhe escapam as prestações de serviço regidas por leis especiais.

Outra diminuição decorre da autonomização de tipos contratuais que outrora estavam abarcados pela prestação de serviços.

Contudo, ainda assim, o contrato de prestação de serviços segue relevante. As mudanças na economia e na sociedade, a expansão do setor de serviços e a redução dos empregos formais aumentarão, cada vez mais, a aplicação desse tipo contratual.

Desde o Código Civil de 1916, várias mudanças ocorreram. Um país rural passou a ser urbano. A economia, que era agrícola, se industrializou e viu crescer o setor de serviços.

Há uma imensidão de pessoas jurídicas. O sistema legislativo é outro, tanto pela edição das normas trabalhistas e especiais, mas sobretudo pela ordem constitucional e seu efeito sobre o direito privado.

O texto dos dispositivos mudou pouco, na medida em que o Código trata basicamente da celebração e da extinção do contrato, mas a dignidade da pessoa humana é o pressuposto a partir do qual se deve interpretar as regras do contrato em exame, que já não guarda a mesma feição que tinha em Roma ou no regime anterior.

A nomenclatura dos contratos ora em análise foi alterada. A sua posição na organização dos contratos também.

São alterações. Não apenas mudanças, mas consequência da assunção do novo paradigma que, além de vetor interpretativo do conjunto normativo, é o fundamento de regras específicas.

É a proteção da dignidade da pessoa humana que justifica a regra do contrato a rogo em caso de analfabetismo, impede a cessão dos serviços pelo tomador, fundamenta a limitação temporal do contrato com prazo certo e determina o pagamento da remuneração vencida do prestador que deixa o serviço sem justa causa.

A nova concepção do combate ao aliciamento se funda na boa-fé objetiva e na função social do contrato.

Como a jurisprudência indica, sua configuração requer ato reprovável que só pode ser medido no caso concreto.

Especialmente em relação à limitação temporal, a realidade social recomenda que se mantenha a regra, posto que, ainda que por outros fatores, os riscos à liberdade do prestador seguem existindo.

Entretanto, justamente porque fundada na promoção da dignidade da pessoa humana, não há sentido na aplicação de tal dispositivo aos negócios entre pessoas jurídicas.

7. REFERÊNCIAS

ALVES, João Luiz. *Código civil a república dos Estados Unidos do Brasil promulgado pela Lei 3071, de 1 e janeiro de 1916 anotado*. 3. ed. Rio de Janeiro: Borsoi, 1958. v. 4.

ANDRIGHI, Nancy; BENETI, Sidnei; ANDRIGUI, Vera. *Comentários ao novo Código Civil*.

V. IX: arts.579 a 652: Das várias espécies de contratos. Do empréstimo. Da prestação de serviço. Da empreitada. Do depósito. Rio de Janeiro: Forense, 2008.

ASSIS NETO, Sebastião; JESUS, Marcelo de; MELO, Maria Izabel de. *Manual de direito civil: volume único*. 7. ed. Salvador: JusPodivm, 2018.

BÉO, Cíntia Regina. *Direito Civil: contratos*. São Paulo: Harbra, 2004.

BEVILÁQUA, Clóvis. *Codigo civil dos Estados Unidos do Brasil commentado*. 8. ed. Rio de Janeiro: Francisco Alves, 1950. v. IV.

BRUTAU, José Puig. *Fundamentos de derecho civil*: Contratos en particular. 2. ed. Barcelona: Bosch, s/d. t. II. v. 2.

CARVALHO SANTOS, J. M. de. *Código civil brasileiro interpretado*: Direito das obrigações. 5. ed. Rio de Janeiro:São Paulo: Freitas Bastos, 1951. v. XVII.

COELHO, Fábio Ulhoa. *Direito civil*. São Paulo: Ed. RT, 2022.

CORDEIRO, António Menezes. *Tratado de direito civil*: Contratos em especial (2ª parte). Coimbra: Almedina, 2018. v: XII.

DÍEZ-PICAZO, Luis; Gullón, Antonio. *Sistema de derecho civil*. 9. ed. Madrid: Tecnos, 2005. v. II.

ENNECERUS, Ludwig. *Tratado de derecho civil*. 1ª parte: derecho de obligaciones. (Trad. española de Blas Peres Gonzalez y Jose Alguer). 3.ed. Barcelona: Bosch, 1966. v. 2.

FARIAS, Cristiano Chaves de; ROSENVALD, Nelson. *Direito civil*: contratos-teoria geral e contratos em espécie. 11. ed. Salvador: JusPodivm, 2021. v. 4.

FIGUEIREDO, Luciano; FIGUEIREDO, Roberto. *Manual de direito civil*: volume único. 2. ed. Salvador: JusPodivm, 2021.

FRANCO, Vera Helena de Mello. *Contratos*: direito civil e empresarial. 2. ed. São Paulo: Ed. RT, 2011.

GAGLIANO, Pablo Stolze; PAMPLONA FILHO, Rodolfo. *Novo curso de direito civil*: contratos. 4. ed. São Paulo: Saraiva, 2021. v. 3.

GOMES, Orlando. *Contratos*. 26. ed. Rio de Janeiro: Forense, 2008.

GONÇALVES, Carlos Roberto. *Direito civil brasileiro*: v. 3: contratos e atos unilaterais, 18. ed. São Paulo: Saraiva, 2021.GUERRA, Alexandre de Mello. *Da prestação de serviço*. In: NANNI, Giovanni Ettore

(Coord.). *Comentários ao código civil: direito privado contemporâneo*. 3. ed. São Paulo: Thomson Reuters Brasil, 2023.

KONDER, Carlos Nelson. Apontamentos iniciais sobre a contingencialidade dos institutos de direito civil. In: MORAES, Carlos Eduardo Guerra de; RIBEIRO, Ricardo Lodi (Coord.). MONTEIRO FILHO, Carlos Edison; GUEDES, Gisela Sampaio da Cruz; MEIRELES, Rose Melo Vencelau (Organiz.). *Direito civil*. Rio de Janeiro: Freitas Bastos, 2015. p. 31-48.

KONDER, Carlos Nelson. Distinções hermenêuticas da constitucionalização do direito civil. In: SCHREIBER, Anderson; KONDER, Carlos Nelson. *Direito civil constitucional*. São Paulo: Atlas, 2016. p. 25-45.

LARENZ, Karl. *Derecho de Obligaciones*. (Trad. española de Jaime Santos Briz) Madrid: Editorial Revista de Derecho Privado, 1959. t. II.

LEITÃO, Luís Manuel Teles de Meneses. *Direito das obrigações*: Contratos em especial. 6.ed. Coimbra: Almedina, 2009. v. III.

LISBOA, Roberto Senise. *Manual de direito civil*: contratos e declarações unilaterais: teoria geral e espécies. 3. ed. São Paulo: Ed. RT, 2005. v. 3.

LÔBO, Paulo Luiz Netto. Da prestação de serviço. In: PEREIRA, Rodrigo da Cunha (Coord.). *Código civil anotado*. Porto Alegre: Síntese, 2004.

LÔBO, Paulo. *Direito Civil*: contratos. São Paulo: Saraiva, 2011.

LOPEZ, Teresa Ancona. *Comentários ao Código Civil*: arts. 565 a 652: Parte especial. Das várias espécies de contratos. São Paulo: Saraiva, 2003. v. 7.

MACHADO NETO, Rodolfo de Moraes. Da prestação de serviço. In: CAMILLO, Carlos Eduardo Nicoletti. et al. (Coord.). Comentários ao código civil artigo por artigo. São Paulo: Ed. RT, 2006.

MARTINS-COSTA, Judith; BRANCO, Gerson Luiz Carlos. *Diretrizes teóricas do novo código civil brasileiro*. São Paulo: Saraiva, 2002.

MEDINA, José Miguel Garcia; ARAÚJO, Fábio Caldas de. *Código civil comentado*. 5. ed. São Paulo: Thomson Reuters Brasil, 2022.

MELLO, Cleyson de Moraes. *Código civil interpretado*. Rio de Janeiro: Freitas Bastos, 2007.

MELLO, Cleyson de Moraes. *Direito civil*: contratos. 2. ed. Rio de Janeiro: Freitas Bastos, 2017.

MELO, Marco Aurélio Bezerra de. *Novo código civil anotado*: arts. 421 a 652. 2. ed. Rio de Janeiro: Lumen Juris, 2004. v. III.

MIRANDA, Pontes de. *Direito das obrigações: contrato de locação de serviços, contrato de trabalho*. 2ª tiragem. São Paulo: Ed. RT, 2012, (Coleção tratado de direito privado: parte especial. t. XLVII).

MIRANDA, Pontes de. *Fontes e evolução do direito civil brasileiro*. 2. ed. Rio de Janeiro: Forense, 1981.

MONTEIRO, Washington de Barros; MALUF, Carlos Alberto Dabus; SILVA, Regina Beatriz Tavares da. *Curso de direito civil*: v. 5: direito das obrigações. 36.ed. São Paulo: Saraiva, 2009. MORAES, Maria Celina Bodin de. *Na medida da pessoa humana*: estudos de direito civil- constitucional. Rio de Janeiro: Processo, 2016.

NADER, Paulo. *Curso de direito civil*: contratos. 3.ed. Rio de Janeiro: Forense, 2008. v. 3.

OLIVEIRA, Carlos Santos de. *Dos contratos e atos unilaterais de vontade*. Rio de Janeiro: GZ, 2022.

PEREIRA, Caio Mário da Silva. *Instituições de direito civil*: contratos. 24.ed. Rio de Janeiro: Forense, 2020. v. III.

PERLINGIERI, Pietro. *Perfis do direito civil: introdução ao direito civil constitucional*. Trad. Maria Cristina de Cicco. Rio de Janeiro: Renovar, 1997.

RIZZARDO, Arnaldo. *Contratos*. 19. ed. Rio de Janeiro: Forense, 2021.

SCHEINMAM, Maurício. et al. *Comentários ao Código Civil brasileiro*: do direito das obrigações: arts. 579 a 721. Rio de Janeiro: Forense, 2009. v. VI.

SCHREIBER, Anderson. et al. *Código civil comentado*: doutrina e jurisprudência. 4.ed. Rio de Janeiro: Forense, 2022.

SCHREIBER, Anderson. *Manual de direito civil contemporâneo*. São Paulo: Saraiva, 2018.

SCHREIBER, Anderson. *Direito civil e constituição*. In: SCHREIBER, Anderson; KONDER, Carlos Nelson. *Direito civil constitucional*. São Paulo: Atlas, 2016. p. 1-23.

SOUSA, José Franklin de. *Prestação de serviços no código civil*. Independently Published, 2020.

TARTUCE, Flávio. *Direito civil*: teoria geral dos contratos e contratos em espécie. 16.ed. Rio de Janeiro: Forense, 2021. v. 3.

TEPEDINO, Gustavo; BARBOZA, Heloisa Helena; MORAES, Maria Celina Bodin de. *Código civil interpretado conforme a constituição da república*: arts. 421 a 965. Rio de Janeiro: Renovar, 2004. v. II.

TEPEDINO, Gustavo; KONDER, Carlos Nelson; BANDEIRA, Paula Greco. *Fundamentos do direito civil*: contratos. 4. ed. Rio de Janeiro: Forense, 2023. v. 3.

TEPEDINO, Gustavo. *Temas de direito civil*. 3. ed. Rio de Janeiro: Renovar, 2004.

TERRA, Aline de Miranda Valverde. Liberdade do intérprete na metodologia civil constitucional. In: SCHREIBER, Anderson; KONDER, Carlos Nelson. *Direito civil constitucional*. São Paulo: Atlas, 2016. p. 47-70.

TIMM, Luciano Benetti. *A prestação de serviços do código civil ao Código de Defesa do Consumidor*. 3. ed. Rio de Janeiro: Forense, 2006.

VENOSA, Silvio de Salvo. *Direito civil*: contratos. 21. ed. São Paulo: Atlas, 2021.

WALD, Arnoldo. *Direito civil*: contratos em espécie. 19. ed. São Paulo: Saraiva, 2012. v. 3.

A AUTOTUTELA CONTRATUAL NA PERSPECTIVA CIVIL-CONSTITUCIONAL

Raquel Bellini de Oliveira Salles

Doutora em Direito Civil pela Universidade do Estado do Rio de Janeiro e Professora Associada da Faculdade de Direito da Universidade Federal de Juiz de Fora.

Sumário: 1. Introdução – 2. Um novo olhar para a autotutela – 3. O movimento de desjudicialização e a reconstrução da autotutela no sistema de tutela de direitos – 4. A autotutela constitucionalizada – 5. Remédios de autotutela contratual segundo sua função e suas potencialidades expansivas; 5.1 Dos remédios com função conservativo-cautelar; 5.2 Dos remédios com função resolutiva; 5.3 Dos remédios com função satisfativa e da autotutela executiva – 6. Considerações finais – 7. Referências.

1. INTRODUÇÃO

O presente trabalho reaviva o tema objeto da tese de doutorado defendida em 2011 no âmbito do Programa de Pós-Graduação em Direito da Universidade do Estado do Rio de Janeiro, sob orientação da Professora Maria Celina Bodin de Moraes, a quem esta autora rende homenagem e eterna gratidão. Referida tese foi revisitada para a publicação em 2019[1], prefaciada pela orientadora, com o escopo precípuo de reafirmar a relevância e viabilidade da autotutela como mecanismo extrajudicial de reação a lesão ou risco de lesão a um interesse juridicamente protegido, levado a efeito pelo próprio lesado.

Delimitado o objeto de análise à autotutela no âmbito dos contratos, sobretudo em face do inadimplemento, mantém-se viva a proposta de uma reflexão sobre qual é o espaço da própria autonomia privada para a solução extrajudicial dos conflitos contratuais. Para além disso, é do potencial expansivo da autotutela contratual de que se cuida, no sentido de promover o revigoramento, alargamento e otimização dos diversos instrumentos que podem fazer tal poder geral atuar concretamente.

As razões pelas quais se propugna o recurso à autotutela e a reconstrução da figura numa perspectiva civil-constitucional assentam na importância de se reconhecer à autonomia privada possibilidades efetivas de atuação em defesa de interesses juridicamente protegidos, assegurando-se um sistema mais amplo de tutela de direitos. Somam-se a isso os limites da máquina judiciária e a insustentabilidade do monopólio estatal da justiça. É preciso ainda superar a desconfiança dos contratantes quanto ao poder que dispõem para solucionar seus próprios conflitos, bem como a insegurança quanto à possibilidade de manejo dos instrumentos de autotutela. É necessário, enfim, romper com a resistência à autotutela na cultura jurídica brasileira, e, assim, com tendências no sentido de negar ou limitar infundadamente o uso dos mecanismos extrajudiciais por meio dos quais ela atua.

---

1. SALLES, Raquel Bellini de Oliveira. *Autotutela nas relações contratuais*. Rio de Janeiro: Processo, 2019.

2. UM NOVO OLHAR PARA A AUTOTUTELA

Para a operatividade e efetividade da autotutela na contemporaneidade colocam-se, de início, dois desafios: a superação do estigma pejorativo em torno da figura, tradicionalmente associada a formas de justiça primitiva ("olho por olho, dente por dente"), reminiscência de algo que parece "superado", bem como dos dogmas de sua proibição geral ou de sua excepcionalidade, possivelmente ancorados em certa confusão com o exercício arbitrário das próprias razões, conduta tipificada como crime. De fato, na experiência brasileira instrumentos de autotutela contratual ora são reconhecidos em caráter estritamente excepcional, sob a exigência de norma expressa que os autorize, a exemplo da retenção, ora são subutilizados, tais como a exceção de contrato não cumprido, a cláusula resolutiva expressa, as contratações substitutivas e o pacto marciano, ora não são sequer cogitados, a exemplo de certas formas de resolução extrajudicial que têm guarida em outros sistemas.

Após o primeiro esforço sistemático e reconstrutivo da figura da autotutela devido a Emilio Betti[2] e uma posterior elaboração e aprofundamento de um conceito unitário de autotutela no direito privado pela autora italiana Lina Bigliazzi Geri[3], pronunciou-se Angelo Saturno[4] em defesa de um poder geral de autotutela, aderindo ao entendimento de alguns autores alemães que identificam na autotutela uma utilidade social, enquanto integração da tutela jurídica estatal. Na mesma linha, defendeu Dagnino[5] que a autotutela traduz um poder geral de defesa dos direitos, inerente à capacidade jurídica reconhecida aos indivíduos. Segundo Bianca[6], que defende um sistema aberto, não há propriamente uma proibição da autotutela como tal, mas, sim, um preceito geral de respeito aos direitos alheios. Na doutrina alemã, Shünemann[7] afirmou que a autotutela também desempenha na vida jurídica um importante papel, sendo que, com base no direito vigente, não é sustentável uma "proibição de autotutela" correlata a um "monopólio estatal da defesa de direitos". A autotutela, segundo o autor, não é uma exceção em derrogação de uma tal proibição, mas, ao contrário, é parte da ordem geral de tutela dos direitos.

No direito pátrio, a autotutela não tem um explícito reconhecimento de caráter geral, sendo controvertidas e pouco exploradas suas possibilidades de aplicação. A doutrina tradicional comumente reporta a "proibição da autotutela" ou a sua admissibilidade em caráter excepcional. As raízes dessa proibição encontram-se na reprovação das formas primitivas de justiça privada, não mais tolerada em fases mais evoluídas da civilização humana. Na época moderna, tal proibição teve em doutrina uma matriz ideológica na concepção pan-estatal, segundo a qual é o Estado que concede os direitos e é, portan-

---

2. BETTI, Emilio. *Diritto processuale civile italiano*. II edizione. Roma: Società Editrice del Foro Italiano, 1936. p. 20, e Autotutela (dir. priv.). *Enciclopedia del diritto*, IV, Milano, 1959. p. 529.
3. GERI, Lina Bigliazzi. *Profili sistematici dell'autotutela privata*, I. Milano: Giuffrè, 1971, e Autotutela: II) Diritto civile. *Enciclopedia giuridica Treccani*, IV, 1988. p. 2.
4. SATURNO, Angelo. *L'autotutela privata*. Napoli: ESI, 1995. p. 249.
5. DAGNINO, Antonio. *Contributo allo studio dell'autotutela privata*. Milano: Giuffrè, 1988. p. 42 e 64.
6. BIANCA, Massimo. Autotutela. *Enciclopedia del diritto*, IV, Aggiornamento, 2000. p. 134.
7. SCHÜNEMANN, *Selbsthilfe im Rechtssystem*, 1985, *apud* BIANCA, Massimo, op. cit., p. 143.

to, somente o Estado que deve prover a sua respectiva tutela. Assim, a autotutela seria proibida qualquer que fosse a forma utilizada pelo sujeito para a defesa da sua própria esfera jurídica. A justiça, então, seria monopólio do Estado por ser este a fonte do direito. Como corolário dessa concepção, o exercício arbitrário das próprias razões, em vários ordenamentos, constitui crime, e, especificamente no código penal brasileiro, a conduta encontra-se tipificada no respectivo artigo 345, entre os crimes contra a administração da justiça. A norma visa à punição de quem, tendo ou acreditando ter direito contra outra pessoa, em vez de recorrer à justiça, arbitrariamente satisfaz sua pretensão, seja esta legítima ou ilegítima. Do respectivo teor, depreende-se, todavia, que não há uma vedação absoluta do exercício das próprias razões, claramente admissível mediante permissão legal, a configurar o exercício regular de direito.[8]

No âmbito da doutrina civilista contemporânea[9], a autotutela, sobretudo no campo contratual, vem ganhando abordagem inovadora, atenta às potencialidades aplicativas de diversos de seus instrumentos. Desvendando possibilidades de aplicação inclusive para além das relações contratuais, Thaís Venturi aponta a autotutela como um mecanismo inibitório (tutela inibitória) material adequado e eficaz para o desempenho de uma "responsabilidade civil preventiva"[10], do que seria uma aplicação a realização de "despesas preventivas" para a preservação integral do direito ameaçado de lesão. A tutela jurisdicional teria cabimento em momento posterior, para ressarcimento não apenas das perdas e danos eventualmente suportadas na hipótese de insucesso da autodefesa, mas também dos gastos incorridos com a proteção preventiva.

Tal proposta afina-se com a Diretiva 2004/35/CE do Parlamento Europeu e do Conselho da União Europeia[11], na regulação específica do ressarcimento de custos de prevenção e de reparação de danos ambientais, bem como com o posicionamento do *European Group on Tort Law*, que, ao enunciar, segundo suas pesquisas, os Princípios de Direito Europeu da Responsabilidade Civil[12], defende a adoção de uma nova categoria

---

8. Nesse sentido, NUCCI, Guilherme de Souza, *Código penal comentado*, 17. ed., São Paulo, Forense, 2017. p. 915, assevera: "a parte final do tipo penal – salvo quando a lei o permite – é desnecessária, pois óbvia. Se a lei permite que o agente atue dentro do exercício de um direito, torna-se evidente que não se pode considerar criminosa a conduta".
9. Citam-se, ilustrativamente: TERRA, Aline de Miranda Valverde. *Cláusula resolutiva expressa*. Belo Horizonte: Fórum, 2017; TERRA, Aline de Miranda Valverde; GUEDES, Gisela Sampaio da Cruz. Pacto Comissório vs. Pacto Marciano: estruturas semelhantes com repercussões diversas. In: Gisela Sampaio da Cruz Guedes; Maria Celina Bodin de Moares; Rose Melo Vencelau Meireles (Orgs.). *Direito das Garantias*. São Paulo: Saraiva, 2017. p. 171-214; MONTEIRO FILHO, Carlos Edison do Rêgo. Pacto comissório e pacto marciano no sistema brasileiro de garantias. Rio de Janeiro: Processo, 2017; SILVA, Rodrigo da Guia. Novas perspectivas da exceção de contrato não cumprido: repercussões da boa-fé objetiva sobre o sinalagma contratual. *Revista de Direito Privado*, ano 18, v. 78, jun. 2017; SILVA, Rodrigo da Guia. Notas sobre o cabimento do direito de retenção: desafios da autotutela no direito privado. *Civilistica.com*, Rio de Janeiro, a. 6, n. 2, 2017. Disponível em: http://civilistica.com/notas-sobre-o-cabimento-do-direito-de-retencao. Acesso em: 20 set. 2018; LEVADA, Filipe Antônio Marchi. *Garantias autoexecutáveis*. São Paulo: Thompson Reuters Brasil, 2022.
10. VENTURI, Thaís Goveia Pascoaloto. *Responsabilidade civil preventiva*. São Paulo: Malheiros Editores, 2014.
11. Cf. Artigo 8º da Diretiva 2004/34/CE, disponível em: https://eur-lex.europa.eu/legal-content/PT/TXT/PDF/?uri=CELEX:02004L0035-20190626&from=NL. Acesso em: 28.08.2023.
12. European Group on Tort Law. *Principles of european tort law*. Austria: Springer Wien New York, 2005. p. 37-38. Disponível em: http://www.egtl.org/docs/PETLPortuguese.pdf. Acesso em: 28.08.2023. Cf. Art. 2:104: "Despesas

de danos indenizáveis, decorrentes justamente das despesas havidas para a prevenção de outros danos.[13] A citada autora destaca, ainda, "possível abertura do sistema do direito privado para a *autotutela*, capaz de fundamentar expressivamente a proteção inibitória material dos direitos, e em especial dos direitos fundamentais"[14], a partir de inovações trazidas pelo Código Civil de 2002. Entre elas, salienta a autorização expressa conferida pelos artigos 249 e 251 ao credor para, em casos de urgência e independentemente de autorização judicial, satisfazer sua pretensão por seus próprios meios ou por intermédio de terceiros, bem como o disposto no artigo 12, segundo o qual "pode-se exigir que cesse a ameaça, ou a lesão, a direito da personalidade, e reclamar perdas e danos, sem prejuízo de outras sanções previstas em lei".

Também entre os processualistas brasileiros observa-se nos últimos anos o descortinar de uma nova perspectiva para a autotutela, como afirmam Fredie Didier Jr. e Leandro Fernandez[15]:

> A autotutela não costumava ser objeto de reflexão mais aprofundada pelos processualistas.
>
> Entre clássicos e contemporâneos, é comum que sua abordagem estivesse limitada a uma referência a uma proibição geral de sua existência, criminalização da sua prática (art. 345, Código Penal), com a admissão de raríssimas exceções no ordenamento jurídico, que se justificam exclusivamente pelo fato de o Estado não ser capaz de estar presente em todos os lugares, a todo tempo. (...)
>
> Sucede que uma análise mais detida sobre a autotutela permite identificar a existência de uma multiplicidade de hipóteses nas quais o ordenamento jurídico brasileiro autoriza a sua utilização, em um cenário normativo que claramente destoa da afirmação, que parece estar incorporada a um certo senso comum teórico, de sua quase inexistência ou insignificância. É preciso enxergar a autotutela com *olhos de ver*.
>
> É necessário perceber que a autotutela é, também, uma das portas de acesso à justiça (compreendida, aqui, como solução correta de um problema jurídico), observados os limites, espaços de pertinência e condicionantes estabelecidos no ordenamento jurídico – o que, de resto, se dá em relação a todas as demais portas.
>
> Este ensaio pode, então, ser considerado como parte de um movimento mais amplo de reabilitação do estudo da autotutela no Brasil, para sua adequada compreensão e aplicação.

---

preventivas. As despesas realizadas com vista a prevenir uma ameaça de dano são consideradas dano ressarcível, desde que a realização dessas despesas se revele razoável".

13. Para enfrentamento do tema vale destacar ROSENVALD, Nelson, A natureza da indenização preventiva, *Revista de Direito da Responsabilidade*, ano 2, 2020, disponível em: http://revistadireitoresponsabilidade.pt/2020/a-natureza-da-indenizacao-preventiva-nelson-rosenvald/, acesso em: 28.08.2023, e BÜRGER, Marcelo L. F. de M., Ressarcibilidade de despesas preventivas ou mitigatórias do dano: reflexões a partir do direito comparado, *Revista IBERC*, Belo Horizonte, v. 3, n. 1, 2020, disponível em: https://revistaiberc.responsabilidadecivil.org/iberc/article/view/107, acesso em: 28.08.2023.
14. VENTURI, Thaís Goveia Pascoaloto, op. cit., p. 292 e ss..
15. DIDIER JR., Fredie; FERNANDEZ, Leandro. A autotutela administrativa no sistema brasileiro de justiça multiportas. In: TESOLIN, Fabiano da Rosa; MACHADO, André de Azevedo (Coords.). *Direito federal brasileiro*. Londrina: Thoth Editora, 2023. p. 177-178. Observa-se que o autor altera seu ponto de vista anterior e reconhece, a partir da constatação de várias hipóteses de autotutela de origem convencional na legislação, "a evolução do regime jurídico de autotutela, que progressivamente deixa de ser um meio subsidiário de proteção de direitos, cabível apenas diante da inércia estatal" (p. 180).

3. O MOVIMENTO DE DESJUDICIALIZAÇÃO E A RECONSTRUÇÃO DA AUTOTUTELA NO SISTEMA DE TUTELA DE DIREITOS

No tocante às relações privadas, os meios e a intensidade da intervenção estatal evoluíram de acordo com as concepções políticas, sociais, culturais e econômicas de cada época. Os abusos perpetrados sob a égide do liberalismo clássico conduziram a uma fase de intenso intervencionismo. Esta fase perdurou até que o Estado mostrasse as suas limitações para responder às demandas da pós-modernidade[16], decorrentes de um mundo culturalmente cada vez mais complexo, globalizado[17], economicamente hiperdinâmico e marcado por relações despersonalizadas e massificadas.[18]

Difundiram-se então os meios alternativos de solução de conflitos, a indicar o esgotamento da máquina judiciária[19] e a paulatina substituição do Estado-Providência pelo Estado Mediador ou Moderador.[20] Ganha cada vez mais força o movimento de desjudicialização de diversos procedimentos, mediante o incremento da função cartorária, a exemplo do inventário, do divórcio consensual e da usucapião. O Código de Processo Civil de 2015, por seu turno, sedimentou e inovou mudanças não apenas buscando a simplificação e celeridade, mas, sobretudo, a efetividade do processo[21], abrindo mais espaço para as próprias partes buscarem a composição de suas controvérsias.

A autotutela, por seu turno, não é propriamente um meio "alternativo" de solução de conflitos, tampouco uma solução "desjudicializada", mas mecanismo de defesa/reação, um remédio extrajudicial por natureza. Já não representa uma "suplência" pelo privado das funções estatais de tutela e não tem estrita aplicabilidade "subsidiária". Não tem por fim precípuo a redução do inchaço da máquina judiciária. Mais do que isso, e antes disso, os mecanismos de autotutela revigoram-se a partir da necessidade de se reconhecer à autonomia privada possibilidades efetivas de atuação em defesa de interesses legítimos, assegurando-se um sistema mais amplo de tutela de direitos. Por isso negar ou limitar injustificadamente a utilização de certos remédios extrajudiciais pode representar uma restrição ilegítima da autonomia privada. O colapso da máquina judiciária deve ser visto, assim, como mais um fator que incentiva o recurso à autotutela, não seu fundamento.

Se, por um lado, reconhece-se a necessidade de controle judicial dos atos de autonomia privada com o fim de proteger o mais fraco, coibir abusos e promover o equilíbrio nas relações contratuais, é certo que a necessidade de chancela estatal para se remediar toda e

---

16. BARROSO, Luís Roberto. Agências reguladoras. Constituição, transformações do Estado e legitimidade democrática. *Revista de Direito Administrativo*, Rio de Janeiro, v. 229, p. 285-312, jul./set. 2002.
17. ARNAUD, André Jean. *O direito entre modernidade e globalização*. Trad. Patrice Charles Wuillaume. Rio de Janeiro: Renovar, 1999.
18. MARQUES, Claudia Lima. A crise científica do direito na pós-modernidade e seus reflexos na pesquisa. *Revista Cidadania e Justiça*, Ano 03, n. 6, Rio de Janeiro, AMB, 1º semestre de 1999. p. 237-248.
19. TARUFFO, Michele. *Páginas sobre justicia civil*. Trad. Maximiliano Aramburo Calle. Madrid: Marcial Pons, 2009.
20. CADIET, Loïc. I modi alternativi di regolamento dei conflitti in Francia tra tradizione e modernità. *Rivista Trimestrale di Diritto e Procedura Civile*, ano LX, 2006, Giuffrè, Milano, p. 1.194.
21. Para uma abordagem geral, cf. TUCCI, José Rogério Cruz e (Coord.). *Advocacia*. Coleção Repercussões do Novo CPC, v. 2, Salvador, Jus Podivm, 2015.

qualquer patologia do contrato, mormente pela via judiciária, pode, muitas vezes, inviabilizar ou dificultar sobremaneira a solução mais efetiva e célere dos conflitos. A via judicial não é, porém, a única de que o contratante lesado pode se valer para defender os seus interesses.

Partindo da distinção entre "tutela de direitos" e "tutela jurisdicional de direitos", os instrumentos de autotutela inserem-se no amplo conjunto de remédios que integram o sistema de tutela de direitos. Vale observar que, diversamente do modelo da *Civil Law*, no direito comunitário europeu e no modelo da *Common Law*[22] o direito dos contratos é essencialmente orientado às formas de tutela[23], um sistema mais de "remédios" do que de proclamação de direitos substantivos[24], ou seja, de meios ou instrumentos destinados a responder à lesão de interesses merecedores de tutela pelo ordenamento.[25] A linguagem dos remédios deriva, então, da realidade de ordenamentos que, não tendo um direito codificado, considera prioritário que o sistema dos remédios (*remedies*) preceda em certa medida a enunciação dos direitos. Dessa forma, o "remédio" nem sempre precisa apoiar-se em um direito, mas em um interesse. Direito e remédio são, assim, instrumentos para dar relevância jurídica às várias ordens de interesses que a realidade manifesta, de modo que, na falta de previsão de certo instrumento para uma dada hipótese, a constituir um típico direito, basta o interesse legítimo.

Tem-se que a adoção da linguagem dos remédios é relevante para enfatizar, mesmo num sistema de *Civil Law* como o brasileiro[26], a relevância da análise da solução mais adequada e efetiva para a tutela em concreto de um determinado interesse juridicamente protegido. E tal reforça o potencial expansivo dos mecanismos de autotutela, no sentido de que devem ser admitidos e exercidos para além de previsões normativas específicas, com base na autonomia dos contratantes.

Também militam em favor da autotutela razões econômicas. Nesse sentido, coloca-se em voga a relação entre contrato e economia[27], embora não se pretenda propriamente

---

22. Para uma visão sistemática dos remédios na *Common Law*, cf. TREITEL, Guenter Heinz. *Remedies for breach of contract – a comparative account.* Oxford: Clarendon Press, 1991.
23. DI MAJO, Adolfo. *Le tutele contrattuali.* Torino: Giappichelli, 2009. p. 1.
24. CASTRONOVO e MAZZAMUTO. *Manuale di diritto privato europeo.* v. II. Milano, 2007, *passim*.
25. MATTEI, Ugo. Il diritto soggettivo. t. 2. In: *Trattato Sacco*, Torino, 2001. p. 108. Para o autor, os sistema de remédios corresponde "*a quell'ampio insieme di regole giuridiche formali e informali che si occupano di quale soddisfazione un consociato possa ottenere nel caso in cui un suo interesse, degno di protezione giuridica venga leso.*"
26. Cf. DI MAJO, Adolfo. *La tutela civile dei diritti*. Milano, 2003. p. 49 ss., e também Il linguaggio dei rimedi, In: *Europa e diritto privato*, 2005. p. 347 e ss.; VETTORI, Giuseppe (a cura di). *Remedies in Contract*. Padova: Cedam, 2008; e SCHREIBER, Anderson. *Equilíbrio contratual e dever de renegociar.* São Paulo: Saraiva, 2018. p. 245.
27. Cf. FORGIONI, Paula. *Contratos empresariais.* 8. ed. São Paulo: Editora Revista dos Tribunais, 2023, e ZYLBERSZTAJN, Decio; SZTAJN, Rachel; AZEVEDO, Paulo Furquim de. Economia dos contratos. In: *Direito e Economia*. Rio de Janeiro: Elsevier, 2005. p. 132, segundo os quais: "O sistema econômico é um conjunto de relações entre pessoas físicas e jurídicas e seu desempenho depende, em sua essência, do modo como essas relações ocorrem. Reside aqui a importância dos contratos para a análise econômica. Contratos estabelecem o padrão de comportamento, expresso na forma de um conjunto de deveres, que as partes definem por interesse mútuo. É, portanto, por meio de contratos que as pessoas buscam coordenar as suas ações, realizando ganhos coletivos. Como as transações apresentam custos diversos, um contrato que atenue esses custos resulta em melhora de desempenho econômico das firmas e mercados, com implicações diretas ao desenvolvimento econômico e social".

estabelecer a eficiência econômica como fundamento central em defesa da autotutela.[28] Importa, sim, enfatizar que, entre as vantagens da autotutela, está aquela de propiciar ao contratante lesado meios para minimizar, prevenir ou estancar os efeitos e prejuízos decorrentes da lesão pelo inadimplemento, afastando ou gerindo riscos contratuais, bem como reduzindo o "risco judiciário".[29] A propósito, o judiciário impacta no desempenho econômico do país por quatro canais: o progresso tecnológico, a eficiência das empresas, o investimento e a qualidade da política econômica.[30] Um adicional de risco judiciário muito pesado pode ser intolerável para certas empresas. Portanto, entre outras soluções possíveis (incrementar meios alternativos de resolução de conflitos, reformar a legislação processual, aprimorar a estrutura judiciária), a autotutela, especialmente no campo contratual, também é (uma) medida que se mostra eficiente sob a ótica econômica.

4. A AUTOTUTELA CONSTITUCIONALIZADA

A necessidade de se reconhecer à autonomia privada a possibilidade não só de regular, mas, também, de reagir, independentemente de intervenção judicial, contra lesões a interesses merecedores de tutela parece, à primeira vista, ir de encontro a uma outra necessidade, que é a de se proteger a autonomia de alguns contra os abusos derivados do exercício da autonomia de outros.

O princípio constitucional da autonomia, assentado nas ideias de cooriginariedade (das autonomias pública e privada)[31] e de liberdade intersubjetiva, é o fundamento da autotutela, de modo que todo ato de autotutela é expressão de autonomia, mas nem todo ato de autonomia é autotutela. E a autotutela, na medida em que é (uma) expressão da autonomia (e não exclusivamente da autonomia "privada", eis que também a Administração Pública pode dela se valer) e serve de instrumento para a defesa efetiva de interesses merecedores de proteção, igualmente tem valor constitucional.

Mas a autonomia, além de fundamento, também pode ser fonte e meio da autotutela. No primeiro caso, a autonomia revela-se como possível fonte criadora não apenas de negócios jurídicos – autorregulação de interesses – mas, também, de instrumentos de defesa de interesses, constituindo espécies de autotutela convencional, mediante consentimento livre e esclarecido de todos os contratantes envolvidos.

---

28. Cf. PERLINGIERI, Pietro. *Perfis do direito civil*. Rio de Janeiro: Renovar, 1999. p. 64: "não se nega que possa ser útil o emprego de esquemas e critérios microeconômicos para 'escrutinar o direito' e para avaliar a congruidade de seus institutos. É, todavia, necessário ter consciência que se é verdade que a análise custo-benefício contribui para realizar a eficiência, ela sozinha não consegue representar a especificação e a complexidade da ciência jurídica".
29. SEFER, Tiago Nasser. *O adicional do risco judiciário e seu custo econômico*, p. 4-8, disponível em: http://www.iders.org/textos, acesso em: 31.05.2011.
30. Cf. PINHEIRO, Armando Castelar. *Direito e Economia num Mundo Globalizado: Cooperação ou Confronto?*, fev. 2003, disponível em: http://www.ie.ufrj.br/datacenterie/pdfs/seminarios/pesquisa/direito_e_economia_num_mundo_globalizado.pdf, acesso em: 31.01.2011.
31. HABERMAS, Jürgen. *Fatti e norme: contributi a una teoria discorsiva del diritto e della democrazia*. Trad. Leonardo Ceppa. Napoli: Guerini, 1996. p. 106 e ss..

Na perspectiva civil-constitucional[32], o uso dos instrumentos de autotutela necessariamente há de atentar para a ética que deve revestir as relações intersubjetivas. Na seara contratual, deverá então submeter-se ao princípio da boa-fé objetiva, que guiará o seu modo de operação, isto é, o procedimento a ser seguido pela parte que se vale do instrumento, assegurando-lhe transparência e lealdade, bem como uma reação adequada e proporcional à lesão sofrida. Deverá igualmente submeter-se ao princípio da vedação ao abuso, na medida em que somente será legítimo o uso do instrumento se respeitada a função que lhe é juridicamente reconhecida. A incidência da boa-fé objetiva e da vedação ao abuso se afiguram como verdadeiros filtros de controle dos instrumentos de autotutela contratual, zelando pela segurança jurídica e pela confiança negocial.

Devem, por conseguinte, ser analisadas as possibilidades de aplicação e as restrições ao exercício dos instrumentos de autotutela contratual observando-se interesses existenciais porventura envolvidos[33], a natureza e a destinação do bem - produto ou serviço - objeto da prestação segundo sua essencialidade[34], a substancialidade do adimplemento[35] e não configuração de mero inadimplemento mínimo[36], bem como os deveres de informação na operatividade dos remédios de autotutela. Enfim, a autotutela constitucionalizada é ponderada e controlada.

Portanto, não são legítimos atos como o despejo pelas vias de fato ou mediante coação – corte de energia elétrica pelo locador, a agressão física contra o devedor para que pague uma promissória vencida, o uso da força para pagamento de remuneração por serviços, a subtração de coisa alheia para pagamento de dívida, a ameaça com arma de fogo para tentar obter indenização, a invasão de servidor de hospedagem de

---

32. Cf. Moraes, Maria Celina Bodin de. A caminho de um direito civil constitucional. *Direito, Estado e Sociedade*, Departamento de Ciências Jurídicas da PUC-Rio, Rio de Janeiro, n. 1, 1991, e *Danos à pessoa humana: uma leitura civil-constitucional dos danos morais*. Rio de Janeiro: Renovar, 2009.
33. MEIRELES, Rose Melo Vencelau. *Autonomia privada e dignidade humana*. Rio de Janeiro: Renovar, 2009. p. 281. A autora pontua que "a presença de situações existenciais aumenta a probabilidade de ser caracterizada concretamente a debilidade e o abuso daquele que possui condições ou posições predominantes".
34. Cf. NEGREIROS, Teresa. *Teoria do contrato: novos paradigmas*. Rio de Janeiro: Renovar, 2002. Segundo a autora, as relações contratuais "devem ser escalonadas em níveis diversos, de maior ou menor intervenção, conforme o grau de utilidade existencial atribuído ao bem contratado" (p. 451) e "a essencialidade do bem fundamentaria a mitigação das sanções normalmente resultantes da mora ou do inadimplemento contratuais por parte do necessitado", por atingir a dignidade do contratante inadimplente (p. 470). Entre tais sanções, verificam-se a resolução e a exceção de contrato não cumprido, medidas de autotutela contratual.
35. A propósito, assevera AGUIAR JÚNIOR, Ruy Rosado de. *Extinção dos contratos por incumprimento do devedor (Resolução)*. Rio de Janeiro: Aide Editora, 2004. p. 248: "A segunda principal função do princípio da boa-fé é limitadora: veda ou pune o exercício do direito subjetivo, quando caracterizar abuso da posição jurídica. O exemplo mais significativo é o da proibição do exercício de resolver o contrato por inadimplemento, ou de suscitar a exceção de contrato não cumprido, quando o cumprimento é insignificante, em relação ao contrato total. O princípio do adimplemento substancial, derivado da boa-fé, exclui a incidência da regra legal que permite a resolução quando não observada a integridade do adimplemento."
36. Segundo uma análise não meramente quantitativa, mas sobretudo qualitativa, à luz da concepção funcional de adimplemento, que permite avaliar se, mesmo em face do cumprimento imperfeito ou do descumprimento parcial, foi realizado o resultado útil programado, restando cumprida a função do negócio celebrado. Nessa linha, cf. SCHREIBER, Anderson. A tríplice transformação do adimplemento: adimplemento substancial, inadimplemento antecipado e outras figuras. *Revista Trimestral de Direito Civil*, v. 32, out/dez 2007. p. 20, e CHUEIRI, Rodrigo Cunha. *Adimplemento substancial*. Curitiba: Juruá, 2017. p. 90.

site para apagar arquivos alheios em razão do não pagamento do serviço de construção do próprio *site*, o apossamento da coisa pelo comprador antes do acordo sobre o preço, a retenção pelo empregador de objetos do empregado para satisfazer um crédito, a retirada de cambial da mão do credor para impor compensação e a atuação de uma cláusula resolutiva expressa pelo contratante credor sem a comunicação ao contratante devedor.

É possível, pois, delinear um modelo de integração entre hetero e autotutela, cada qual com espaços independentes, porém não absolutamente apartados, na medida em que a jurisdição estatal também tem o papel de controlar, quando provocada a fazê-lo, o exercício legítimo, adequado e proporcional dos instrumentos de autotutela, sejam eles de fonte legal ou convencional. A autotutela "constitucionalizada" não se coloca, assim, como "substituta" em definitivo da jurisdição estatal, pois não representa propriamente uma jurisdição, mas, sim, prevenção ou reação a lesões de interesses. Tampouco se coloca em posição de antagonismo ou de "concorrência" com tal jurisdição, eis que lhe faltam características e funções típicas da tutela judiciária, tal como a possibilidade de compor conflitos e de acionar o aparato estatal e sua força.

5. REMÉDIOS DE AUTOTUTELA CONTRATUAL SEGUNDO SUA FUNÇÃO E SUAS POTENCIALIDADES EXPANSIVAS

Em matéria contratual, a operatividade da autotutela como poder geral esbarra em dificuldades práticas devido à complexidade de tipos, categorias, patologias e interesses envolvidos, circunstâncias que conformam um sistema de remédios com variadas estruturas e funções. O reconhecimento, porém, da autotutela como poder geral e não excepcional, porque fundado na autonomia, revela-se útil para justificar uma vocação expansiva dos respectivos instrumentos, para além das formatações que lhes são tradicionalmente atribuídas.

Propõe-se, nessa linha, uma releitura da estrutura e função de tais instrumentos e apresentam-se possibilidades de expansão e otimização de seu uso, levando em consideração inclusive as transformações ocorridas no direito das obrigações e dos contratos. Destas é possível extrair o alargamento do conteúdo da prestação por força dos deveres oriundos da boa-fé objetiva, a consequente renovação e ampliação dos conceitos de adimplemento e de inadimplemento numa perspectiva funcional[37], o reconhecimento da possibilidade de inadimplemento antecipado ou anterior ao termo[38], bem como a complexidade que caracteriza as relações contratuais, compreendendo tanto contratos

---

37. Cf. MARTINS-COSTA, Judith. *Comentários ao novo Código Civil*. Inadimplemento das obrigações. v. V, tomo II. Rio de Janeiro: Forense, 2004. p. 83.
38. Segundo explicita TERRA, Aline de Miranda Valverde. *Inadimplemento anterior ao termo*. Rio de Janeiro: Renovar, 2009, o inadimplemento anterior ao termo configura-se quando um contratante tem por parte do outro qualquer dos seguintes posicionamentos: manifestação expressa ou tácita de não querer adimplir; manifestação expressa ou tácita de não poder adimplir; ou comportamento comissivo ou omissivo do devedor que inviabiliza o adimplemento no termo ajustado, a ensejar a perda de utilidade da prestação para o credor.

singulares quanto coligações[39] ou redes contratuais, contratos empresariais e de consumo, contratos paritários e não paritários.

Assim, com função conservativo-cautelar, destacam-se a exceção de contrato não cumprido e o direito de retenção; com função resolutiva, a cláusula resolutiva expressa e outros possíveis instrumentos de resolução extrajudicial; e, com função satisfativa, a retenção definitiva, o pacto marciano e as contratações substitutivas.

5.1 Dos remédios com função conservativo-cautelar

No tocante às exceções de contrato não cumprido, decorrentes de inadimplemento consumado ou de risco de descumprimento, identificam-se alguns campos de expansão: a) pela ampliação da noção de sinalagma contratual devido à perspectiva funcional do adimplemento[40]; b) pela ampliação da noção de sinalagma para além da própria relação contratual, quando houver o descumprimento de prestações assumidas no âmbito de um contrato funcionalmente coligado com as prestações estabelecidas em outro, havendo um nexo de correspectividade entre as referidas prestações[41]; c) pelo descumprimento de obrigações negativas; d) pelo inadimplemento anterior ao termo; e) pela perspectiva não estritamente patrimonialista do risco de descumprimento[42]; f) pela inexecução não imputável a qualquer dos contratantes, nas hipóteses de caso fortuito ou de força maior.

Revisitando-se a retenção com função conservativo-cautelar, constitui o direito do credor, detentor ou possuidor de um bem do devedor conexo com a relação obrigacional de recusar a restituição de tal bem até o adimplemento do débito. Pode servir como meio de garantia e de coerção para o pagamento da remuneração devida, ou de despesas realizadas durante a execução do contrato ou, ainda, de indenizações de danos decorrentes da própria execução ou da extinção do contrato por invalidação ou por resolução. Vislumbra-se seu potencial expansivo tanto na aplicação, por analogia, em contratos cuja disciplina normativa não a prevê, quanto na possibilidade de a autonomia privada estabelecer hipóteses de retenção convencional. Vale lembrar que na hipótese de retenção por benfeitorias, estendida às acessões conforme assentada orientação

---

39. A propósito das variadas manifestações de coligações contratuais, cf. KATAOKA, Eduardo Takemi Dutra dos Santos. *A coligação contratual*. Rio de Janeiro: Lumen Juris, 2008. p. 78.
40. É o que se verifica, por exemplo, na possibilidade de uso da *exceptio* por lojista em face de descumprimento de cláusula de exclusividade pelo shopping, segundo acórdão proferido pelo STJ, 3ª Turma, Resp 764.901 - RJ, Rel. Min. Nancy Andrighi, DJ 30.10.2006.
41. Cf. KONDER, Carlos Nelson. *Contratos conexos*. Rio de Janeiro: Renovar, 2006. p. 241: "o equilíbrio necessário à permutação de prestações está constituído não entre as prestações fixadas por cada contrato, mas na totalidade de prestações impostas pelo regulamento de interesses plurinegocial".
42. No tocante às hipóteses de mero risco de descumprimento, a exceção de suspensão é prevista no artigo 477 do Código Civil para as situações específicas de mutação patrimonial que representam risco de insolvência. Critica-se tal formulação restrita às hipóteses de deterioração patrimonial, por deixar de considerar a relação obrigacional em sua complexidade, justamente porque, tendo em vista o conceito de prestação devida sob uma perspectiva funcional, o risco de descumprimento pode advir de fatos outros, tais como a não satisfação de deveres secundários de prestação ou de deveres de conduta, ou, ainda, a perda da habilidade necessária ao adimplemento da prestação. Nesse sentido, cf. TERRA, Aline de Miranda Valverde, *Inadimplemento anterior ao termo*, op. cit., p. 187.

doutrinária e jurisprudencial, sequer se faz necessário o uso da analogia, dada a regra do artigo 1.219 destinada ao possuidor de boa-fé.

5.2 Dos remédios com função resolutiva

Como instrumento de autotutela com função resolutiva, a cláusula resolutiva expressa apresenta-se como um meio de resolução convencional e extrajudicial do contrato e tem previsão geral no artigo 474 do Código Civil. Advoga-se sua ampla aplicabilidade, inclusive nas relações de consumo[43] e nos contratos de adesão, bem como para efeito de redibição do contrato em caso de vício oculto[44] e de excessiva onerosidade superveniente, mediante previsão pelos contratantes das condições para a aplicação do remédio em tais circunstâncias. Apesar de o artigo 474 afirmar a sua eficácia de pleno direito, isto é, automaticamente, a resolução não se dá imediatamente com o inadimplemento, pois depende da manifestação do credor que dela se utiliza, declarando a resolução ao devedor. Tal declaração, via notificação, não se confunde com a prévia interpelação para constituição em mora, que é sempre necessária nos casos de mora *ex persona* ou quando a lei[45] ou os próprios contratantes a exigem para que a cláusula resolutiva expressa possa operar.

Em virtude de sua autonomia negocial, podem os contratantes, a fim de potencializarem os efeitos da cláusula resolutiva expressa e de evitarem a necessidade de ajuizamento de ação para discussão das perdas e danos oriundas da inexecução, valer-se concomitantemente de outros meios de autotutela, com função satisfativa, a exemplo das retenções pecuniárias - por meio de retenção de sinal (arras confirmatórias) ou de parcelas pagas, para satisfazer valor estipulado em cláusula penal.

Ressalta-se a importância de uma técnica contratual adequada para a operatividade da cláusula resolutiva expressa. Os imperativos de transparência e lealdade contratual determinam que, para que a cláusula resolutiva expressa cumpra plenamente a sua função, não basta a referência genérica ao descumprimento do contrato[46], sob pena de

---

43. O Código de Defesa do Consumidor estabelece, em seu artigo 51, XI, que "são consideradas abusivas cláusulas contratuais que autorizem o fornecedor a cancelar o contrato unilateralmente, sem que igual direito seja conferido ao consumidor", e, em seu artigo 54, § 2º, que "nos contratos de adesão admite-se cláusula resolutória, desde que alternativa, cabendo a escolha ao consumidor".
44. A cláusula resolutiva tem assim a vantagem de isentar o contratante prejudicado do ônus de ajuizar uma ação redibitória para extinguir o contrato, liberando-o do vínculo. Neste sentido, destacando tal remédio resolutivo como meio de gestão pelos contratantes do risco contratual, cf. TERRA, Aline de Miranda Valverde; BANDEIRA, Paula Greco. In: TEPEDINO, Gustavo et al. (Coords.). O direito civil entre o sujeito e a pessoa. Belo Horizonte: Fórum, 2016. p. 398.
45. O artigo 1º do Decreto-Lei 745/69 foi alterado pela Lei 13.097/2015, que tornou mais clara a norma aplicável aos imóveis não loteados quanto à exigência de prévia interpelação apenas para constituição em mora do comprador, de modo que, ultrapassado o prazo legal de quinze dias contados da interpelação do devedor, o inadimplemento é convolado em absoluto, permitindo a resolução do contrato "de pleno direito". Como afirma TERRA, Aline de Miranda Valverde, *Cláusula resolutiva expressa*, op. cit., p. 153, "por se tratar de exceção ao regime jurídico da mora, há que se restringir a necessidade de interpelação às hipóteses legalmente previstas".
46. Segundo ARAKEN DE ASSIS et al., *Comentários ao código civil brasileiro*, v. V, Rio de Janeiro: Forense, 2007. p. 589, "A incidência da cláusula resolutória expressa pressupõe, em primeiro lugar, a ocorrência do evento descrito na estipulação contratual. Por exemplo: a falta de pagamento de duas ou mais parcelas do preço da aquisição de coisa móvel. Uma das aplicações mais evidentes desta espécie de pacto consiste na caracterização da relevância do inadimplemento. É ampla, ao propósito, a autonomia dos figurantes".

ser havida como mera cláusula de estilo[47], hipótese em que somente a resolução legal e judicial será cabível. A cláusula deva deixar claro em que medida o inadimplemento lesa os interesses considerados pelos contratantes como determinantes da contratação, a ponto de poder ensejar a resolução extrajudicial. E é justamente a previsão das partes nesse sentido um dos critérios, senão o mais importante, a indicar se o inadimplemento é mínimo ou sério.

Além da cláusula resolutiva expressa e de algumas espécies de resolução extrajudicial previstas em leis específicas[48], sustenta-se, ainda, a viabilidade e utilidade de se admitirem outros instrumentos de resolução extrajudicial não previstos expressamente pelo ordenamento brasileiro. Observa-se que o ordenamento pátrio apresenta uma posição muito restrita comparativamente ao que se tem em outros sistemas, a exemplo do francês, italiano, alemão, argentino, americano e inglês[49], bem como no direito internacional[50], nos Princípios do Direito Contratual Europeu[51] e nos princípios *Unidroit*[52], que, em maior ou menor grau, adotam mecanismos variados de resolução extrajudicial levados a efeito pelo próprio contratante interessado.

Cumpre indagar se o sistema brasileiro não mereceria uma revisão legislativa, para admitir meios de resolução extrajudicial unilateral independentemente de cláusula contratual, desde que presente o pressuposto inarredável do inadimple-

---

47. Como cláusula de estilo entende-se aquela meramente figurante, não obrigatória porque de conteúdo tão impreciso que se torna imprestável para gerar o efeito que se propõe. Nesse sentido, esclarece IORIO, Giovanni, Clausole di stile, volontà delle parti e regole interpretative, *Rivista di diritto civile*, Padova, n. 6, novembre-dicembre 2008. p. 62: "La giurisprudenza prevalente definisce 'clausola di stile' quelle pattuizioni redatte con generico riferimento alla violazione di tutte le obbligazioni contenute nel contratto."
48. Para uma incursão em tais espécies, seja consentido remeter a SALLES, Raquel Bellini de Oliveira, *Autotutela nas relações contratuais*, op. cit..
49. Para uma abordagem mais detida das figuras de autotutela resolutiva admitidas por cada um dos sistemas mencionados, seja igualmente consentido remeter a SALLES, Raquel Bellini de Oliveira, *Autotutela nas relações contratuais*, op. cit..
50. A Convenção das Nações Unidas sobre Compra e Venda Internacional de Mercadorias (CISG) de 1980, da qual o Brasil é signatário, estabelece a resolução extrajudicial por inadimplemento e dispensa a previsão por cláusula contratual específica. A extinção do contrato dá-se por declaração do credor ao devedor e, não sendo o termo essencial, deve aquele preventivamente fixar um termo suplementar para adimplemento (art. 26, 47, 49, 63 e 64). No intento de afastar os contratantes dos tribunais, a Convenção vai mais além e proíbe a interferência do juiz ou do árbitro na concessão de prazo suplementar ao vendedor inadimplente, depois de exercido pelo comprador o seu direito de resolução (art. 45). A preocupação de manter o litígio longe dos tribunais se manifesta também no capítulo sobre as perdas e danos (art. 74 e seguintes), em que são estabelecidos critérios objetivos e pormenorizados para o cálculo da indenização (art. 76), autorizando comprador e vendedor a efetuarem compras substitutivas ou vendas compensatórias (art. 75).
51. Cf. LANDO, Ole; BEALE, Hugh. *Principles of European Contract Law*. The Hague: Kluwer Law International, 2000. Tais princípios dispõem que a resolução por inadimplemento, desde que fundamental, se dá por ato (notificação) do contratante lesado (art. 9:301), que não precisa recorrer à instância judicial para tanto, e também estabelecem a prévia notificação para concessão de prazo adicional para cumprimento, não sendo hipótese de termo essencial, após o qual poderá ser resolvido o contrato (art. 8:106).
52. Os princípios *Unidroit* sobre contratos comerciais internacionais estabelecem apenas a resolução extrajudicial, mediante simples aviso ao contratante inadimplente (art. 7.3.2), sempre que o inadimplemento seja essencial (art. 7.3.1). Disponível em:
https://www.unidroit.org/english/principles/contracts/principles2010/integralversionprinciples2010-e.pdf. Acesso em: 09.09.2018.

mento sério (isto é, que não seja mínimo) e imputável ao devedor. Indo mais longe, cabe verificar inclusive a admissibilidade e utilidade, no contexto pátrio, do uso de novos instrumentos até mesmo independentemente de previsão legislativa, com respaldo no princípio da autonomia, que é fundamento da autotutela, associado à quebra do equilíbrio sinalagmático em razão do inadimplemento, quando este implique a efetiva frustação dos interesses que levaram à contratação. Evidentemente, a solução legislativa seria o caminho menos difícil, mas a segunda solução também se mostra sustentável.

A ausência de previsão legal dos referidos instrumentos não parece ser um óbice à sua utilização e ao reconhecimento de sua legitimidade. Tendo em vista a já enfrentada não excepcionalidade da autotutela contratual constitucionalizada, que se demonstrou ser um poder derivado do princípio da autonomia e devidamente temperado pelos filtros de controle da boa-fé objetiva e da vedação ao abuso, um contratante lesado pelo inadimplemento pode agir na defesa de seu legítimo interesse com o intuito de cessar a lesão. A extinção do vínculo, portanto, dá-se por ação do próprio lesado (mediante a interpelação extrajudicial do contratante inadimplente concedendo prazo para adimplir, quando o termo não é essencial, "sob pena de resolução do contrato") ou pela superação, sem adimplemento, de um termo inequivocamente essencial, sendo recomendável neste caso a declaração de resolução pelo credor ao devedor.

Ao Poder Judiciário incumbiria, assim, e somente em caso de discordância pelo suposto inadimplente quanto à resolução, aferir os pressupostos do inadimplemento, a observância dos deveres de boa-fé objetiva e a existência de eventual abuso do direito de resolver. Além disso, caberia ainda à esfera judicial, por provocação do contratante lesado, apreciar eventual pedido de condenação em perdas e danos ou de execução de cláusula penal imposta, apenas declarando, tal como ocorre com a cláusula resolutiva expressa, a resolução, já verificada extrajudicialmente. E as vantagens são exatamente as mesmas: cessação da lesão e de prejuízos que somente se agravariam com o decurso do tempo, liberação do vínculo e segurança do contratante para buscar outros negócios com o fim de satisfazer seus interesses.

Nota-se que as notificações extrajudiciais já são um expediente a que os contratantes, preventivamente e cada vez com maior frequência, recorrem na tentativa não apenas de constituir o inadimplente em mora, mas, também, de solucionar, longe da órbita judicial, conflitos deflagrados por infrações contratuais. Dar-se-ia, portanto, àquela medida, tão presente na prática jurídico-social, também o condão de promover a resolução unilateral dos contratos. Ressalva, evidentemente, deve ser feita para aqueles casos em que norma especial já preveja a resolução extrajudicial ou quando o contrato seja incompatível com tal modalidade, a exemplo da locação de imóveis, cuja disciplina inclusive funda-se em preceitos de ordem pública a exigir, por exemplo, o ajuizamento pelo locador de ação de despejo para reaver a coisa locada.

Não se defende a simples transposição, sem aplicações práticas, de categorias do direito estrangeiro, comunitário e internacional para o ordenamento brasileiro. Como já se afirmou, este efetivamente ressente-se da ausência de previsão de mecanismos de resolução extrajudicial unilateral, posta a cultura de se recorrer ao judiciário para extinguir vínculos contratuais que não mais se justificam.

Enfim, propõe-se mais um campo de expansão da autotutela contratual no ordenamento brasileiro, de modo que, verificados os pressupostos necessários para a resolução do contrato, esta poderá ocorrer fora âmbito judicial e unilateralmente por iniciativa da parte lesada em quatro situações: (i) por efeito da notificação do credor ao devedor, já constituído em mora, havendo cláusula resolutiva expressa no contrato; (ii) após a notificação do credor ao devedor concedendo prazo razoável para adimplemento "sob pena de resolução", quando não for essencial o termo para adimplemento da obrigação; (iii) sendo essencial o termo, e desde que a essencialidade seja inequívoca por força das condições contratuais ou de cláusula expressa, quando este se verificar sem que tenha ocorrido pontualmente o adimplemento; (iv) nos casos previstos em lei.

No tocante ao termo essencial, caso o contratante lesado não queira se valer da resolução automática, poderá notificar o inadimplente renunciando à resolução e concedendo prazo razoável para adimplemento da obrigação. Neste caso, surge o problema de qual seria o prazo para o contratante lesado proceder a tal notificação, uma vez que, diversamente do ordenamento italiano, o ordenamento brasileiro não prevê tal medida resolutória e, tampouco, o prazo mínimo para tanto. Que o prazo seja razoável é fundamental, uma vez que o advento do termo essencial também faz surgir para o contratante inadimplente a certeza da extinção do vínculo, liberando-o, embora possa estar sujeito às consequências do inadimplemento. Na falta de disciplina legislativa, a solução que se apresenta é a de que o credor, pretendendo ou não se valer de um termo essencial, preventivamente notifique o devedor, antes do termo ou após a sua ocorrência, num prazo razoável, de modo que este tenha ciência da intenção daquele, seja no sentido de considerar resolvido o vínculo, seja no de conceder prazo adicional para adimplemento. É, enfim, a transparência que sempre deve nortear a conduta do contratante.

5.3 Dos remédios com função satisfativa e da autotutela executiva

Quanto aos remédios com função satisfativa, tem-se as retenções definitivas, especialmente as retenções pecuniárias. Estas permitem ao credor realizar diretamente seus interesses por ter, em razão de prévio negócio jurídico, acesso a valores que pertencem ao devedor. Também podem servir para a satisfação de dívidas, para o reembolso de despesas ou para a indenização de danos decorrentes da execução ou da extinção do contrato. Podem ser instrumento da compensação ou meio para o cumprimento de uma cláusula penal. Não têm previsão geral no ordenamento, mas se entende cabível a analogia a partir de previsões específicas, a exemplo da normativa do mandato e da comissão, inclusive considerando-se a ampla admissibilidade da compensação voluntária ou convencional. Além da analogia, defende-se igualmente a possibilidade de retenção pecuniária convencional, sendo que a sua larga utilização já se verifica amplamente em contratos de empreitada e de prestação de serviços, bem como, com algumas limitações legais, em contratos de financiamento[53] e de compra e venda[54].

O pacto marciano também vem ganhando reconhecimento no direito pátrio[55], especialmente no ambiente das garantias pignoratícia, hipotecária ou da alienação fiduciária. Não se confunde com o pacto comissório, que significa a apropriação direta e imediata pelo credor da coisa vinculada a uma garantia real em caso de descumprimento da obrigação, vedada pelo artigo 1.428 do Código Civil. A diferença reside na imprescindibilidade de justa avaliação do bem e no dever de restituição do excedente ao devedor.[56] Sob a perspectiva de uma autotutela constitucionalizada, a legitimidade e eficácia da cláusula marciana exige que a avaliação do bem efetuada por terceiro eleito pelas partes reúna as características de isenção e de imparcialidade e que tenha por base critérios objetivos, sobretudo o valor de mercado do bem em concreto.

Outro instrumento são as contratações substitutivas, mecanismo pelo qual o contratante lesado pode alcançar por meio de prestação de terceiro o resultado útil pretendido mesmo sem o adimplemento do outro contratante. Correspondem a um instrumento de autotutela satisfativa do interesse do credor e de mitigação[57] de perdas e danos no interesse do devedor. Sustenta-se a utilização da figura tanto em contratos típicos quanto atípicos, paritários e não paritários, e critica-se a previsão do Código Civil adstrita a casos de urgência nos termos dos artigos 249 e 250.[58]

---

53. A Lei 10.820/2003, com redação dada pela Lei 14.601/2023, dispõe sobre a autorização para desconto de prestações em folha de pagamento e prevê, em relação a empregados regidos pela CLT e a titulares de benefícios de aposentadoria e pensão do Regime Geral de Previdência Social e do benefício de prestação continuada, percentuais máximos de retenção de valores referentes ao pagamento de empréstimos, financiamentos, cartões de crédito e operações de arrendamento mercantil concedidos por instituições financeiras e sociedades de arrendamento mercantil, desde que previsto nos respectivos contratos. Em contrapartida, o STJ firmou em 2022, sob o Tema Repetitivo 1.085, a tese de que "são lícitos os descontos de parcelas de empréstimos bancários comuns em conta-corrente, ainda que utilizada para recebimento de salários, desde que previamente autorizados pelo mutuário e enquanto esta autorização perdurar, não sendo aplicável, por analogia, a limitação prevista no § 1º do art. 1º da Lei n. 10.820/2003, que disciplina os empréstimos consignados em folha de pagamento".
54. Cf. Lei 8.078/90, cujo artigo 53 dispõe que "Nos contratos de compra e venda de móveis ou imóveis mediante pagamento em prestações, bem como nas alienações fiduciárias em garantia, consideram-se nulas de pleno direito as cláusulas que estabeleçam a perda total das prestações pagas em benefício do credor que, em razão do inadimplemento, pleitear a resolução do contrato e a retomada do produto alienado", e Lei 13.786/2018, que disciplina "a resolução do contrato por inadimplemento do adquirente de unidade imobiliária em incorporação imobiliária e em parcelamento de solo urbano".
55. A admissibilidade da figura foi reconhecida pelo Enunciado 626 da VIII Jornada de Direito Civil do Conselho da Justiça Federal (2018), do seguinte teor: "Art. 1.428: Não afronta o art. 1.428 do Código Civil, em relações paritárias, o pacto marciano, cláusula contratual que autoriza que o credor se torne proprietário da coisa objeto da garantia mediante aferição de seu justo valor e restituição do supérfluo (valor do bem em garantia que excede o da dívida)".
56. Quanto à diferença a ser restituída pelo credor ao devedor, vale frisar, segundo RENTERIA, Pablo, *Penhor e autonomia privada*, São Paulo, Atlas, 2016. p. 181, que "o *superfluum* é calculado tendo em conta não apenas o valor do capital emprestado e dos juros, mas também de outras verbas devidas ao credor que tenham relação com a obrigação garantida, como, por exemplo, a cláusula penal estipulada no contrato e, na hipótese do penhor comum, as despesas de guarda e conservação da coisa".
57. Cf. FRADERA, Véra Maria Jacob de. Pode o credor ser instado a diminuir o próprio prejuízo? *Revista Trimestral de Direito Civil*, v. 19, jul./set. 2004.
58. Destaca-se o teor do Enunciado 103 da I Jornada de Direito Processual Civil do Conselho da Justiça Federal (2017): "Pode o exequente – em execução de obrigação de fazer fungível, decorrente do inadimplemento relativo,

A autotutela satisfativa vem recebendo maior atenção da doutrina nos últimos anos, em paralelo às discussões sobre a desjudicialização da execução.[59] Evidencia-se fervorosa busca por meios mais efetivos para a atuação da tutela executiva no cenário dos debates que tocam os projetos de lei 4.257/2019, para permitir a execução fiscal na via administrativa, e 6.204/2019, tratando da execução civil.[60] No contexto do que também se designa "autotutela executiva", encontra-se variada gama de remédios, muitos dos quais, além dos anteriormente citados, contam com previsão legislativa, a exemplo da execução extrajudicial de dívidas contraídas no regime do Sistema Financeiro de Habitação com garantia hipotecária[61], bem como outras hipóteses de vendas ou leilões extrajudiciais.[62]

É interessante apontar que, no bojo da própria execução judicial disciplinada pelo Código de Processo Civil de 2015, figura em primeiro lugar a adjudicação pelo credor dos referidos bens, por preço não inferior ao da avaliação, segundo artigo 876. Não optando pela adjudicação, pode ainda o exequente realizar a alienação "por sua própria iniciativa" ou por corretor ou leiloeiro, à sua escolha, conforme artigo 880. Na seara extracontratual, registra-se a alteração da lei de registros públicos, que passou a contemplar a possibilidade de adjudicação compulsória de imóvel, mediante lavratura de ata notarial.[63]

---

voluntário e inescusável do executado – requerer a satisfação da obrigação por terceiro, cumuladamente ou não com perdas e danos, considerando que o caput do art. 816 do CPC não derrogou o caput do art. 249 do Código Civil".

59. Humberto Theodoro Jr. diferencia a autotutela executiva da "desjudicialização" da execução em sentido estrito, no sentido de que a primeira abrange remédios que "as próprias partes atuam para satisfazer o crédito" e, a segunda, mecanismos sob a gestão de um terceiro, seja este um notário ou outro profissional que atue como agente de execução. (THEODORO JÚNIOR, Humberto; ANDRADE, Érico. Novas perspectivas para atuação da tutela executiva no direito brasileiro: autotutela executiva e "desjudicialização" da execução. *Revista de Processo*, v. 315, maio/2021, p. 109-158)

60. Para um panorama dessas discussões, cf. SICA, Heitor. *Canal Heitor Sica – Professor de Processo Civil*. YouTube, disponível em: https://www.youtube.com/c/HeitorSicaProfessordeProcessoCivil; BELLIZZE, Ministro Marco Aurélio; MENDES, Aluísio Gonçalves de Castro; ALVIM, Teresa Arruda; CABRAL, Trícia Navarro Xavier (Coords.). *Execução civil: novas tendências*. Indaiatuba, SP: Editora Foco, 2022; HILL, Flávia Pereira. Desjudicialização e acesso à justiça além dos tribunais: pela concepção de um devido processo legal extrajudicial. *Revista eletrônica de direito processual*, v. 22, p. 379-408, jan./abr. 2021; FARIA, Márcio Carvalho. Primeiras impressões sobre o Projeto de Lei 6.204/2019: críticas e sugestões acerca da tentativa de se desjudicializar a execução civil brasileira (parte um). *Revista de Processo*, v. 313, p. 393-414, mar 2021.

61. O Supremo Tribunal Federal fixou em 2021, nos Recursos Extraordinários 556.520 e 627.106, a tese de repercussão geral segundo a qual "É constitucional, pois foi devidamente recepcionado pela Constituição Federal de 1988, o procedimento de execução extrajudicial, previsto no Decreto-lei nº 70/66".

62. Para uma visão geral, cf. LEVADA, Filipe Antônio Marchi. *Garantias autoexecutáveis*, op. cit..

63. A Lei 6.015/73 foi alterada pela Lei 14.382/22, que incluiu o Art. 216-B, do seguinte teor: "Sem prejuízo da via jurisdicional, a adjudicação compulsória de imóvel objeto de promessa de venda ou de cessão poderá ser efetivada extrajudicialmente no serviço de registro de imóveis da situação do imóvel, nos termos deste artigo. § 1º (...) III - ata notarial lavrada por tabelião de notas da qual constem a identificação do imóvel, o nome e a qualificação do promitente comprador ou de seus sucessores constantes do contrato de promessa, a prova do pagamento do respectivo preço e da caracterização do inadimplemento da obrigação de outorgar ou receber o título de propriedade; (...)".

6. CONSIDERAÇÕES FINAIS

O Direito pode e deve responder às demandas da contemporaneidade reforçando a autonomia, a confiança e a segurança no âmbito contratual. Com esse escopo e inserindo-se no sistema de tutela de direitos, a autotutela, por meio da vasta gama de remédios pelos quais pode operar, com suas variadas estruturas e funções, possibilita aos contratantes mecanismos legítimos, extrajudiciais e imediatos de prevenção ou de reação a uma lesão a um interesse juridicamente protegido.

Apresentou-se uma visão geral de alguns desses mecanismos, sem pretensão de esgotar todas as suas potencialidades e possibilidades, que podem e devem ser mais conhecidas e exploradas. A complexidade dos contratos na contemporaneidade e os desafios tecnológicos[64] constituem um campo fértil para o revigoramento e desenvolvimento de novas aplicações da autotutela, na busca incessante por soluções jurídicas efetivas.

Na perspectiva civil-constitucional, a autotutela tem no princípio da autonomia seu fundamento e não prescinde, caso necessário, de ulterior controle judicial, que deve ser criteriosamente adequado e fundamentado. Afinal, no dizer de Maria Celina Bodin de Moraes[65], "trata-se de concreta e eficaz técnica de encorajamento com a qual o ordenamento incentiva o desempenho de uma função que pode ser chamada de promocional, no sentido de que o apelo ao poder de autotutela é funcionalmente voltado ao envolvimento do titular do interesse protegido no papel de principal protagonista da sua proteção".

7. REFERÊNCIAS

AGUIAR JÚNIOR, Ruy Rosado de. *Extinção dos contratos por incumprimento do devedor (Resolução)*. Rio de Janeiro: Aide Editora, 2004.

ARAKEN DE ASSIS et al.. *Comentários ao Código Civil brasileiro*. Rio de Janeiro: Forense, 2007. v. V.

ARNAUD, André Jean. *O direito entre modernidade e globalização*. Trad. Patrice Charles Wuillaume. Rio de Janeiro: Renovar, 1999.

BARROSO, Luís Roberto. Agências reguladoras. Constituição, transformações do Estado e legitimidade democrática. *Revista de direito administrativo*. Rio de Janeiro, v. 229, p. 285-312, jul./set. 2002.

BELLIZZE, Ministro Marco Aurélio; MENDES, Aluísio Gonçalves de Castro; ALVIM, Teresa Arruda; CABRAL, Trícia Navarro Xavier (Coords.). *Execução civil*: novas tendências. Indaiatuba, SP: Editora Foco, 2022.

---

64. A propósito, cf. TALAMINI, Eduardo; CARDOSO, André Guskow. Smart contracts, "autotutela" e tutela jurisdicional. In: BELLIZZE, Ministro Marco Aurélio et al. (Coords.). Execução civil: novas tendências, op. cit.; SILVA, Rodrigo da Guia; TEPEDINO, Gustavo. Inteligência artificial, smart contracts e gestão do risco contratual. In: SILVA, Rodrigo da Guia; TEPEDINO, Gustavo (Coords.). O Direito civil na era da inteligência artificial. São Paulo: Thomson Reuters Brasil, 2020. p. 373-396; TERRA, Aline; DOS SANTOS, Deborah. Do pacta sunt servanda ao code is law: breves notas sobre a codificação de comportamentos e os controles de legalidade nos smart contracts. In: SILVA, Rodrigo da Guia; TEPEDINO, Gustavo (Coords.). O Direito civil na era da inteligência artificial. São Paulo: Thomson Reuters Brasil, 2020. p. 397-409.
65. MORAES, Maria Celina Bodin de. *Prefácio* à obra Autotutela nas relações contratuais, de Raquel Bellini de Oliveira Salles, op. cit..

BETTI, Emilio. *Diritto processuale civile italiano*. II. edizione. Roma: Società Editrice del Foro Italiano, 1936.

BETTI, Emilio. Autotutela (dir. priv.). *Enciclopedia del diritto*, IV, Milano, 1959.

BIANCA, Massimo. Autotutela. *Enciclopedia del diritto*, IV, Aggiornamento, 2000.

BÜRGER, Marcelo L. F. de M.. Ressarcibilidade de despesas preventivas ou mitigatórias do dano: reflexões a partir do direito comparado. *Revista IBERC*, Belo Horizonte, v. 3, n. 1, 2020, disponível em: https://revistaiberc.responsabilidadecivil.org/iberc/article/view/107. Acesso em: 28.08.2023.

CADIET, Loïc. I modi alternativi di regolamento dei conflitti in Francia tra tradizione e modernità. *Rivista Trimestrale di Diritto e Procedura Civile*, Milano: Giuffrè, ano LX, 2006, p. 1169-1194.

CASTRONOVO e MAZZAMUTO. *Manuale di diritto privato europeo*. Milano, 2007. v. II.

CHUEIRI, Rodrigo Cunha. *Adimplemento substancial*. Curitiba: Juruá, 2017.

DAGNINO, Antonio. *Contributo allo studio dell'autotutela privata*. Milano, Giuffrè: 1988.

DIDIER JR., Fredie; FERNANDEZ, Leandro. A autotutela administrativa no sistema brasileiro de justiça multiportas. In: TESOLIN, Fabiano da Rosa; MACHADO, André de Azevedo (Coords.). *Direito federal brasileiro*. Londrina: Thoth Editora, 2023. p. 177-198.

DI MAJO, Adolfo. *La tutela civile dei diritti*. Milano, 2003.

DI MAJO, Adolfo. Il linguaggio dei rimedi. *Europa e diritto privato*, 2005. p. 347 e ss..

DI MAJO, Adolfo. *Le tutele contrattuali*. Torino: Giappichelli, 2009.

FARIA, Márcio Carvalho. Primeiras impressões sobre o Projeto de Lei 6.204/2019: críticas e sugestões acerca da tentativa de se desjudicializar a execução civil brasileira (parte um). *Revista de Processo*, v. 313, p. 393-414, mar. 2021.

FORGIONI, Paula. *Contratos empresariais*. 8. ed. São Paulo: Ed. RT, 2023.

FRADERA, Véra Maria Jacob de. Pode o credor ser instado a diminuir o próprio prejuízo? *Revista Trimestral de Direito Civil*, v. 19, jul./set. 2004.

GERI, Lina Bigliazzi. *Profili sistematici dell'autotutela privata*, I, Milano, Giuffrè, 1971.

GERI, Lina Bigliazzi. Autotutela: II) Diritto civile. *Enciclopedia giuridica Treccani*, IV, 1988.

HABERMAS, Jürgen. *Fatti e norme*: contributi a una teoria discorsiva del diritto e della democrazia. Trad. Leonardo Ceppa. Napoli: Guerini, 1996.

HILL, Flávia Pereira. Desjudicialização e acesso à justiça além dos tribunais: pela concepção de um devido processo legal extrajudicial. *Revista eletrônica de direito processual*, v. 22, p. 379-408, jan./abr. 2021.

IORIO, Giovanni. Clausole di stile, volontà delle parti e regole interpretative. *Rivista di diritto civile*, Padova, n. 6, novembre-dicembre 2008.

KATAOKA, Eduardo Takemi Dutra dos Santos. *A coligação contratual*. Rio de Janeiro: Lumen Juris, 2008.

KONDER, Carlos Nelson. *Contratos conexos*. Rio de Janeiro: Renovar, 2006.

LANDO, Ole; BEALE, Hugh. *Principles of European Contract Law*. The Hague: Kluwer Law International, 2000.

LEVADA, Filipe Antônio Marchi. *Garantias autoexecutáveis*. São Paulo: Thompson Reuters Brasil, 2022.

MARQUES, Claudia Lima. A crise científica do direito na pós-modernidade e seus reflexos na pesquisa. *Revista Cidadania e Justiça*, Ano 03, n. 6, Rio de Janeiro, AMB, 1º semestre de 1999, p. 237-248.

MARTINS-COSTA, Judith. *Comentários ao novo Código Civil*. Inadimplemento das obrigações. Rio de Janeiro: Forense, 2004. v. V, t. II.

MATTEI, Ugo. Il diritto soggettivo. In: *Trattato Sacco*, Torino, 2001. t. 2.

MEIRELES, Rose Melo Vencelau. *Autonomia privada e dignidade humana*. Rio de Janeiro: Renovar, 2009.

MONTEIRO FILHO, Carlos Edison do Rêgo. *Pacto comissório e pacto marciano no sistema brasileiro de garantias*. Rio de Janeiro: Processo, 2017.

MORAES, Maria Celina Bodin de. A caminho de um direito civil constitucional. *Direito, Estado e Sociedade*, Departamento de Ciências Jurídicas da PUC-Rio, Rio de Janeiro, n. 1, 1991.

MORAES, Maria Celina Bodin de. *Danos à pessoa humana*: uma leitura civil-constitucional dos danos morais. Rio de Janeiro: Renovar, 2009.

MORAES, Maria Celina Bodin de. *Prefácio à obra Autotutela nas relações contratuais, de Raquel Bellini de Oliveira Salles*. Rio de Janeiro: Processo, 2019.

MUTARELLI. Per il superamento della colpa nell'ipotesi di clausola risolutiva espressa. *Rivista del diritto civile*, 1978, II, p. 258 e ss..

NEGREIROS, Teresa. *Teoria do contrato*: novos paradigmas. Rio de Janeiro: Renovar, 2002.

NUCCI, Guilherme de Souza. *Código penal comentado*. São Paulo: Ed. RT, 2007.

PERLINGIERI, Pietro. *Perfis do direito civil*. Rio de Janeiro: Renovar, 1999.

PINHEIRO, Armando Castelar. *Direito e economia num mundo globalizado*: cooperação ou Confronto?, fev. 2003. Disponível em: http://www.ie.ufrj.br/datacenterie/pdfs/seminarios/pesquisa/direito_e_economia_num_mundo_globalizado.pdf. Acesso em: 31.01.2011.

RENTERIA, Pablo. *Penhor e autonomia privada*: São Paulo: Atlas, 2016.

ROSENVALD, Nelson. A natureza da indenização preventiva. *Revista de Direito da Responsabilidade*, ano 2, 2020. Disponível em: http://revistadireitoresponsabilidade.pt/2020/a-natureza-da-indenizacao-preventiva-nelson-rosenvald/, acesso em: 28.08.2023.

SALLES, Raquel Bellini de Oliveira. *Autotutela nas relações contratuais*. Rio de Janeiro: Processo, 2019.

SATURNO, Angelo. *L'autotutela privata*. Napoli: ESI, 1995.

SCHREIBER, Anderson. A tríplice transformação do adimplemento: adimplemento substancial, inadimplemento antecipado e outras figuras. *Revista Trimestral de Direito Civil*, v. 32, out./dez 2007.

SCHREIBER, Anderson. *Equilíbrio contratual e dever de renegociar*. São Paulo: Saraiva, 2018.

SEFER, Tiago Nasser. *O adicional do risco judiciário e seu custo econômico*. Disponível em: http://www.iders.org/textos. Acesso em: 31.01.2011.

SICA, Heitor. Canal Heitor Sica – Professor de Processo Civil. *YouTube*, disponível em: https://www.youtube.com/c/HeitorSicaProfessordeProcessoCivil.

SILVA, Rodrigo da Guia. Novas perspectivas da exceção de contrato não cumprido: repercussões da boa-fé objetiva sobre o sinalagma contratual. *Revista de Direito Privado*, ano 18, v. 78, jun. 2017.

SILVA, Rodrigo da Guia. Notas sobre o cabimento do direito de retenção: desafios da autotutela no direito privado. *Civilistica.com*, Rio de Janeiro, a. 6, n. 2, 2017. Disponível em: http://civilistica.com/notas-sobre-o-cabimento-do-direito-de-retencao. Acesso em: 20.09.2018.

SILVA, Rodrigo da Guia; TEPEDINO, Gustavo. Inteligência artificial, smart contracts e gestão do risco contratual. In: SILVA, Rodrigo da Guia; TEPEDINO, Gustavo (Coords.). *O Direito civil na era da inteligência artificial*. São Paulo: Thomson Reuters Brasil, 2020. p. 373-396.

TALAMINI, Eduardo; CARDOSO, André Guskow. Smart contracts, "autotutela" e tutela jurisdicional. In: BELLIZZE, Ministro Marco Aurélio et al. (Coords.). *Execução civil: novas tendências*. Indaiatuba, SP: Editora Foco, 2022.

TARUFFO, Michele. *Páginas sobre justicia civil*. Trad. Maximiliano Aramburo Calle. Madrid: Marcial Pons, 2009.

TERRA, Aline de Miranda Valverde. *Inadimplemento anterior ao termo*. Rio de Janeiro: Renovar, 2009.

TERRA, Aline de Miranda Valverde; BANDEIRA, Paula Greco. In: TEPEDINO, Gustavo et al. (Coords.). *O direito civil entre o sujeito e a pessoa*. Belo Horizonte: Fórum, 2016.

TERRA, Aline de Miranda Valverde. *Cláusula resolutiva expressa*. Belo Horizonte: Fórum, 2017.

TERRA, Aline de Miranda Valverde; GUEDES, Gisela Sampaio da Cruz. Pacto Comissório vs. Pacto Marciano: estruturas semelhantes com repercussões diversas. In: Gisela Sampaio da Cruz Guedes; Maria Celina Bodin de Moraes; Rose Melo Vencelau Meireles (Orgs.). *Direito das Garantias*. São Paulo: Saraiva, 2017. p. 171-214.

TERRA, Aline; DOS SANTOS, Deborah. Do pacta sunt servanda ao code is law: breves notas sobre a codificação de comportamentos e os controles de legalidade nos smart contracts. In: SILVA, Rodrigo da Guia; TEPEDINO, Gustavo (Coords.). *O Direito civil na era da inteligência artificial*. São Paulo: Thomson Reuters Brasil, 2020. p. 397-409.

THEODORO JÚNIOR, Humberto; ANDRADE, Érico. Novas perspectivas para atuação da tutela executiva no direito brasileiro: autotutela executiva e "desjudicialização" da execução. *Revista de Processo*, v. 315, maio/2021. p. 109-158.

TREITEL, Guenter Heinz. *Remedies for breach of contract* – a comparative account. Oxford: Clarendon Press, 1991.

TUCCI, José Rogério Cruz e (Coord.). *Advocacia*. Salvador, JusPodivm, 2015. (Coleção Repercussões do Novo CPC, v. 2).

VENTURI, Thaís Goveia Pascoaloto. *Responsabilidade civil preventiva*. São Paulo: Malheiros Editores, 2014.

VETTORI, Giuseppe (a cura di). *Remedies in Contract*. Padova: Cedam, 2008.

ZYLBERSZTAJN, Decio; SZTAJN, Rachel; AZEVEDO, Paulo Furquim de. Economia dos contratos. In: *Direito e economia*. Rio de Janeiro: Elsevier, 2005.

PACTOS NO FIM DA CONJUGALIDADE E A PERSPECTIVA DE GÊNERO: DESAFIOS ENTRE AUTONOMIA E SOLIDARIEDADE

Renata Vilela Multedo

Professora Titular de Direito Civil do Centro Universitário IBMEC. Professora dos cursos de pós-graduação *lato sensu* da PUC-Rio. Advogada capacitada em práticas colaborativas e Mediadora de conflitos. Doutora e mestre em Direito Civil pela Universidade do Estado do Rio de Janeiro. MBA em Administração de Empresas pela PUC-Rio. Membro efetivo do IAB, IBDFAM, IBERC, IBPC e IACP (*International Academy of collaborative professionals*).

Ana Paula Bodin Gonçalves Agra

Advogada e psicóloga capacitada em mediação de conflitos e práticas colaborativas. Mestre em Direito Constitucional pela PUC-Rio e Pós-graduada em Direitos das Famílias e das Sucessões pela PUC-Rio.

Sumário: 1. Introdução – 2. A autonomia e a privatização das relações familiares – 3. O princípio da solidariedade familiar – 4. Perspectiva de gênero no divórcio – 5. A construção dos pactos pós-divórcio – 6. Considerações finais – 7. Referências.

> "Sempre, nunca, palavras absolutas que não podemos compreender, sendo como somos: pequenas criaturas presas em nosso breve tempo. Você nunca brincou, na infância, de tentar imaginar a eternidade? O infinito que se desenrola à sua frente como uma vertiginosa e interminável fita azul? A primeira coisa que te derruba no luto é a incapacidade de pensar nele e admiti-lo."
>
> Rosa Montero[1]
> *(A ridícula ideia de nunca mais te ver)*

1. INTRODUÇÃO

O luto decorrente do fim da relação conjugal pode ser vivenciado de diversas maneiras. Elisabeth Kubler-Ross relata cinco estágios do luto como mecanismos de defesa temporários para amenizar a dor e o sofrimento pela morte, que podem ser equiparados ao caso de perda do relacionamento e do projeto de vida comum: (i) negação e o isolamento, (ii) a raiva, (iii) a barganha, (iv) a depressão e (v) a aceitação.[2]

---

1. MONTERO, Rosa. *A ridícula ideia de nunca mais te ver*. São Paulo: Todavia, 2019.
2. KÜBLER-ROSS, Elisabeth. *Sobre a morte e o morrer*. São Paulo: Martins Fontes, 1996, pp. 273/274.

Na psicologia, chama-se a atenção para a ilusão de se acreditar que o divórcio jurídico engloba todos os outros. Keslow e Schwartz descrevem cinco tipos de divórcio e ressaltam a ausência de simultaneidade entre eles.[3] O divórcio afetivo seria aquele que corresponde à tomada de decisão do desfazimento da união, por um ou por ambos; o divórcio físico diz respeito a tudo que requer a inauguração de dois espaços distintos de moradia; o divórcio financeiro versa sobre a divisão de bens e o rearranjo financeiro inerente à separação; o divórcio legal se refere à formalização jurídica da desunião e o divórcio psíquico é considerado como a finalização do processo, que quando alcançado, corresponde à desvinculação emocional, que permite se abrir mão do projeto de ser uma família estruturada e viabiliza uma convivência equilibrada entre pais e filhos, assim como do ex-casal em harmonia. Ainda segundo as autoras, o divórcio psíquico pode não ocorrer dentro de dois a cinco anos, que suas pesquisas demonstram como prazos máximos de um processo de divórcio, que quando não acontece refletem a necessidade de que têm algumas pessoas de se manterem vinculadas pelo luto da não realização do sonho da família estruturada.[4]

A elaboração do luto requer uma integração dos aspectos internos bons e maus. Os aspectos negativos que foram projetados no ex-cônjuge precisam ser reintrojetados, da mesma forma que os aspectos positivos do outro precisam ser retidos. Só assim será possível a superação da lógica adversarial, em que existe um culpado e um inocente, rumo ao reconhecimento da corresponsabilidade de cada um pelo término do relacionamento, permitindo a diferenciação do outro, a elaboração da perda e a reconstrução da própria vida.[5]

É recente o reconhecimento pelo direito das famílias do divórcio como um fenômeno complexo e multidisciplinar, que necessita de uma abordagem e atuação de profissionais das diversas área do saber. Esse reconhecimento, que já era abordado pela doutrina,[6] foi positivado no Código de Processo Civil de 2015, que prioriza a utilização dos métodos autocompositivos,[7] bem como incentiva e possibilita ao juiz recorrer e atuar conjuntamente com uma equipe interdisciplinar.[8]

---

3. KASLOW, Florence; SCHWARTZ, Lita Linzer. As Dinâmicas do Divórcio – uma perspectiva de ciclo vital. Campinas: Psy, 1995, pp. 48 e 49.
4. *Ibidem.*
5. RANGEL, Vanessa Gerosa da Silva. O desenlace conjugal: um estudo sobre o processo de dissolução da conjugalidade, p. 51. Tese de Doutorado. Disponível em: https://www.maxwell.vrac.puc-rio.br/25550/25550_4.PDF. Acesso em: 20.07.2023.
6. Sobre o tema: ALMEIDA, Tania. *Caixa de ferramentas em mediação.* São Paulo: Dash, 2014 e TESLER, Pauline H; THOMPSON Peggy. *Divórcio Colaborativo*: A maneira revolucionária de reestruturar sua família, resolver problemas legais e seguir adiante. Práticas Colaborativas. IBPC: Instituto Brasileiro de Práticas Colaborativas, 2017.
7. Art. 694 do Código de Processo Civil. Nas ações de família, todos os esforços serão empreendidos para a solução consensual da controvérsia, devendo o juiz dispor do auxílio de profissionais de outras áreas de conhecimento para a mediação e conciliação.
8. Art. 694 § único do Código de Processo Civil. A requerimento das partes, o juiz pode determinar a suspensão do processo enquanto os litigantes se submetem a mediação extrajudicial ou ao atendimento multidisciplinar.
Art.1.584, §3º do Código Civil. Para estabelecer as atribuições do pai e da mãe e os períodos de convivência sob guarda compartilhada, o juiz, de ofício ou a requerimento do Ministério Público, poderá basear-se em orientação técnico-profissional ou de equipe interdisciplinar, que deverá visar à divisão equilibrada do tempo com o pai e com a mãe.

Nesse contexto, os pactos pós divórcio[9] têm se mostrado importantes instrumentos para trazer suporte às pessoas durante a vivência da perda do relacionamento, ao mesmo tempo que resguardam a autonomia dos envolvidos, incentivam a solidariedade entre o ex-casal e possibilitam possíveis ajustes de desigualdades e de respeito ao tempo de luto de cada um. Durante este processo, é possível ainda a construção de acordos temporários ou gradativos, que atendam as demandas urgentes e permitam o resgate da confiança durante a elaboração do pacto definitivo.

Somente através de uma abordagem que reconheça o divórcio como um fenômeno complexo e multifacetário, será possível a construção de um pacto que permita os envolvidos superar as diferentes fases do luto, bem como atravessar pelos múltiplos divórcios que existem após a tomada de decisão por um ou ambos sobre a separação.

Tanto nos acordos realizados extrajudicialmente como no âmbito do Judiciário, o divórcio ainda é abordado por uma perspectiva reducionista, desconsiderando dois aspectos essenciais raramente levados em consideração na elaboração dos pactos: a real desigualdade de gênero e a concretização do princípio constitucional da solidariedade familiar.[10]

Isto porque o fator democrático inato de uma comunidade deriva do funcionamento de um lar saudável, que só pode ser conservado pela integração e respeito às personalidades individuais.[11] Por essa razão, o combate à violência intrafamiliar e contra a mulher é o único caminho para a preservação de um Estado democrático.[12] A democracia precisa ser promovida e exercida em pequenos grupos, sendo a família uma célula de origem que pode reverberar tanto a democracia como a violência.[13]

Tendo em vista que o processo de democratização da família indica que a vida familiar deve conseguir combinar escolhas individuais e solidariedade familiar[14], os pactos

---

9. VILELA MULTEDO, Renata. *A potencialidade dos pactos consensuais no fim da conjugalidade*. In: TEIXEIRA, Ana Carolina Brochado; RODRIGUES, Renata de Lima (Orgs.). Contratos, Família e Sucessões: Diálogos Interdisciplinares. São Paulo: Foco, 2021. pp. 237-258.
10. Ver por todos: BICALHO, Ana Beatriz Rutowitsch. *A invisibilidade da violência patrimonial na Vara de Família e a perpetuação da desigualdade de gênero*. In: Revista EMERJ, Rio de Janeiro, v. 24, n.3, p. 53-73, set.-Dez. 2022. MARZAGÃO, Silvia Felipe. *A fixação de alimentos no momento do divórcio ressalta a questão de gênero e oferece resposta jurídica satisfatória a uma eventual vulnerabilidade?* In: BROCHARDO TEIXEIRA, Ana Carolina; BEZERRA MENEZES, Joyceane. *Gênero, Vulnerabilidade e Autonomia: Repercussões Jurídicas*. Indaiatuba, SP: Editora Foco, 2020.
11. WINNICOTT, D. W. *Tudo começa em casa*. São Paulo: Martins Fontes, 1999, p.118.
12. A promulgação da Lei nº 11.340 de 2006, chamada Lei Maria da Penha, criou mecanismos para coibir a violência doméstica e familiar contra a mulher, nos termos do §8º do art. 226 da Constituição Federal, da Convenção sobre a Eliminação de Todas as Formas de Discriminação contra as Mulheres e da Convenção Interamericana para Prevenir, Punir e Erradicar a Violência contra a Mulher.
13. Sobre a relação entre família e democracia ver GIDDENS, Anthony. *A terceira via*: reflexões sobre o impasse político atual e o futuro da social-democracia. Rio de Janeiro: Record, 2000; e *A transformação da intimidade*: sexualidade, amor e erotismo nas sociedades modernas. São Paulo: UNESP, 1992. A expressão "família democrática" de Anthony Giddens foi analisada no Brasil por Maria Celina Bodin de Moraes (MORAES, M. C. B. de. A família democrática. *Na medida da pessoa humana*: estudos de direito civil-constitucional. Rio de Janeiro: Renovar, 2010, p. 207-234).
14. BODIN DE MORAES, Maria Celina. A nova família, de novo: estruturas e funções das famílias contemporâneas. *Revista Pensar*, Fortaleza, v. 18, n. 2, p. 609, mai./ago. 2013.

constituem caminhos para o exercício da democracia dentro da família, fortalecendo a paridade de gênero e a responsabilidade de cada indivíduo autodeterminar-se. Isto só será possível em um ambiente de negociação em que se estabeleça uma igualdade de condições entre homens e mulheres.[15]

Os pactos em direito de família, embora tradicionalmente utilizados como instrumentos tipicamente patrimoniais, a exemplo dos pactos antenupciais que se limitavam à escolha do regime de bens, hoje têm se mostrado potenciais espaços para a promoção de valores existenciais.[16] Ressalta-se que principalmente na seara familiar, há situações que não se inserem no campo existencial ou patrimonial, consequência do rompimento da concepção prioritariamente patrimonialista das relações privadas.[17] São as chamadas situações jurídicas dúplices que refletem essa nebulosa fronteira entre patrimonialidade e extrapatrimonialidade.[18]

Sob esse prisma, destaca-se a importância da necessária reflexão sobre o poder de transação de direitos indisponíveis, que deve não só levar em conta as necessidades, os interesses e os valores de cada família e da sociedade em que ela se insere, mas também as vulnerabilidades que permeiam cada relação.

Partindo-se do contraponto entre liberdade e solidariedade – que, na família exigem o reconhecimento de garantias e de tutelas diferenciadas entre os membros que a compõem –, o presente artigo se propõe a realizar uma análise sobre abrangência da autonomia privada na escolha dos pactos que devem reger o fim da conjugalidade, visando investigar seus limites e potencialidades sob a perspectiva de gênero, da solidariedade e do protagonismo dos envolvidos na construção de acordos nos processos de divórcio e de dissolução de união estável.

Nesse percurso, ainda se faz necessário refletir com mais profundidade duas questões essenciais: a desigualdade de gênero e a concretização do princípio da solidariedade familiar. Só assim se torna possível traçar caminhos e possibilidades para o exercício da autonomia privada existencial na construção dos pactos realizados no fim da conjugalidade, tendo como norte a promoção da dignidade dos envolvidos, o real equilíbrio entre os cônjuges/conviventes, a solidariedade familiar e o exercício da corresponsabilidade parental.

---

15. BODIN DE MORAES, Maria Celina. *Vulnerabilidades nas relações de família: o problema da desigualdade de gênero*. In: Bezzera de Menezes, Joyceane e Matos, Ana Carla Harmatiuk. *Direito das famílias por juristas brasileiras*. pp. 581-598.
16. Sobre os limites do exercício da autonomia privada nos pactos antenupciais recomenda-se MATOS, Ana Carla Harmatiuk; TEIXEIRA, Ana Carolina Brochado. *Disposições patrimoniais e existenciais no pacto antenupcial*. In: MATOS, Ana Carla Harmatiuk; TEIXEIRA, Ana Carolina Brochado; TEPEDINO, Gustavo (Coord.). Direito Civil, Constituição e unidade do sistema: Anais do Congresso Internacional de Direito Civil Constitucional – V Congresso do IBDCivil. Belo Horizonte: Fórum, 2019. 492p. ISBN 978-85-450-0568-1.
17. BODIN DE MORAES, Maria Celina; DALSENTER, Thamis. *A autonomia existencial nos atos de disposição do próprio corpo*. Revista Pensar, Fortaleza, v. 19, n. 3, p. 795, 2014.
18. TEIXEIRA, Ana Carolina Brochado; KONDER, Carlos Nelson. *Situações jurídicas dúplices: controvérsias na nebulosa fronteira entre patrimonialidade e extrapatrimonialidade*. In: TEPEDINO, Gustavo; FACHIN, Luiz Edson (Orgs.). *Diálogos sobre direito civil*. Rio de Janeiro: Renovar, 2012, p. 3-24, v. 3.

2. A AUTONOMIA E A PRIVATIZAÇÃO DAS RELAÇÕES FAMILIARES

A privacidade hoje é vista como o direito de autodeterminar-se, de traçar os rumos da própria existência.[19] O problema não mais se limita a tutelar a pessoa diante de interferências externas, mas também a não atribuir a outros um poder de construção da personalidade, do projeto de vida e da gestão de suas informações. Em consequência, o próprio princípio da liberdade pessoal passa a se consubstanciar em uma perspectiva de privacidade, de intimidade, de modo a garantir o exercício das próprias escolhas individuais, que englobam o planejamento familiar e parental.

No âmbito do Estado Democrático de Direito – em que se renova o conceito de ordem pública, de modo a atrelá-lo à realização da dignidade humana –, vem sendo afirmada a viabilidade de cada pessoa construir sua própria ordem familiar. Isso se dá também diante da possibilidade de os cônjuges ou companheiros pactuarem e recombinarem no curso do casamento e da união estável, quais regras irão reger a construção, a manutenção e a dissolução de seus projetos familiares, independentemente de essas disposições coincidirem com as disposições legais.[20]

O Código Civil, aliás, prevê no seu art. 1.513[21] o que se poderia denominar de cláusula geral de reserva de intimidade,[22] que tem como norte as diretivas gerais constitucionais, com o objetivo de implementar condições para o desenvolvimento das personalidades e da dignidade de cada um dos cônjuges e conviventes no espaço relacional.[23] Como já se disse, a genialidade estaria em "diminuir o coeficiente de direito – leia-se: de autoridade, invasão e arbítrio – e elevar o de família – leia-se: de liberdade, de criação e de proteção".[24]

Em doutrina, já se alude aspectos que reforçam a base da principiologia minimalista do direito de família e a excessiva judicialização dos conflitos existentes nessa seara, já que cabe ao Estado cumprir seu papel promocional por meio de uma tutela que não implique, necessariamente, em heterodeterminação.[25]

Por outo lado, vale ressaltar que não se busca defender a completa ausência do Estado; buscam-se, sim, as intervenções que sejam garantidoras dos espaços de autodeterminação, de modo a que a autonomia existencial se realize plenamente. Para tanto, parece fundamental aceitar que as relações conjugais e conviveciais não estejam sob

---

19. BODIN DE MORAES, Maria Celina. *Na medida da pessoa humana*: estudos de direito civil-constitucional. Rio de Janeiro: Renovar, 2010. p. 141.
20. VILELA MULTEDO, Renata. *Liberdade e Família*: limites para a intervenção do Estado nas relações conjugais e parentais. Rio de Janeiro: Processo, 2017. p. 208.
21. CC, art. 1.513. É defeso a qualquer pessoa, de direito público ou privado, interferir na comunhão de vida instituída pela família.
22. CARBONERA, Silvana Maria. *Reserva de intimidade: uma possível tutela da dignidade no espaço relacional da conjugalidade*. Rio de Janeiro: Renovar, 2008, p. 268-269.
23. *Ibidem*.
24. VILLELA, João Baptista. *Repensando o direito de família*. In: Cadernos Jurídicos da Escola Paulista da Magistratura. Cad. Jur., São Paulo, v. 3, n. 7, p. 95-106, jan./fev.2002.
25. VILELA MULTEDO, Renata. *Liberdade e Família – Limites para a intervenção do Estado nas relações conjugais e parentais*. Rio de Janeiro: Processo, 2017. TEIXEIRA, Ana Carolina Brochado; RODRIGUES, Renata de Lima. *O direito das famílias entre a norma e a realidade*. Imprenta: São Paulo: Atlas, 2010.

o jugo de normas cogentes, salvaguardando-se sempre as especiais situações de vulnerabilidade e desigualdade material que, diante dos princípios da solidariedade e da dignidade da pessoa humana, requeiram a ação positiva do Estado.[26]

Reconhecida a família como um instrumento para realização da personalidade de seus membros, mostra-se inquestionável que os cônjuges e conviventes sejam livres para planejar, deliberar, constituir e desconstituir a forma de se relacionarem e de estruturarem suas relações familiares, parentais e suas aspirações em relação ao que anseiam como família, na sua constituição ou dissolução.

3. O PRINCÍPIO DA SOLIDARIEDADE FAMILIAR

O processo de divórcio é um momento importante para o delineamento de uma nova forma de relação, que deixa de ser conjugal e passa a ser regida unicamente pelo princípio da solidariedade. A extinção da conjugalidade deixa marcas subjetivas que podem se tornar obstáculos à efetivação da solidariedade familiar, sendo os pactos importantes instrumentos de ratificação da intenção de assistência recíproca entre os ex-cônjuges no início, durante e no fim da relação.

De acordo com o art. 3º, I e IV da Constituição Federal, a liberdade individual é funcionalizada à realização da solidariedade social, ao afirmar, como objetivos da sociedade brasileira, a construção de uma "sociedade livre, justa e solidária" e a promoção do "bem de todos" e não apenas de cada um. Podemos afirmar, portanto, que o princípio da solidariedade é um dos marcos paradigmáticos que caracterizam a transformação do Estado Liberal, pautado no individualismo para o Estado Democrático e Social.

Maria Celina Bodin de Moraes descreve a solidariedade como princípio pragmático que objetiva a "igual dignidade social", identificando-se como o conjunto de instrumentos voltados para garantir uma existência digna, comum a todos, em uma sociedade que se desenvolva como livre e justa, sem excluídos ou marginalizados.[27] E continua, ao afirmar que a construção de família verdadeiramente democrática ainda é um desafio, principalmente quanto à desigualdade concreta da mulher no âmbito das relações conjugais.[28]

A solidariedade oxigena as relações no âmbito da família, já que os vínculos familiares precisam desenvolver-se em um ambiente de reciprocidade, compreensão e

---

26. Como destaca Luiz Edson Fachin: "(...) ao mesmo tempo em que é necessária a configuração de um 'Estado ausente', permitindo que as pessoas constituam suas relações segundo uma *liberdade vivida*, é igualmente necessário que determinados direitos sejam tutelados pela *presente* intervenção do ente estatal, mormente em face daqueles que se encontram mais vulneráveis e desamparados" (Luiz Edson Fachin. Famílias: entre o Público e o Privado. In: Rodrigo da Cunha PEREIRA (Org.). *Família: entre o Público e o Privado*. Porto Alegre: Magister/IBDFAM, 2012. p.164).
27. BODIN DE MORAES, Maria Celina. Vulnerabilidades nas relações de família: o problema da desigualdade de gênero. In: Bezzera de Menezes, Joyceane e Matos, Ana Carla Harmatiuk. *Direito das famílias por juristas brasileiras*. pp. 581-598.
28. Ibidem.

cooperação.[29] De fato, uma das formas mais claras de concretização do princípio constitucionalmente previsto da solidariedade familiar são os alimentos, que, por sua vez, consagram a ideia de que a pessoa só existe enquanto coexiste.[30]

No momento da decisão de dividir a vida, as pessoas estão mais propensas à colaboração, apoio, suporte mútuo, flexibilizações e concessões recíprocas. O início de qualquer relação é marcado por menos atritos, sendo um momento mais "leve" e receptivo às diferenças de pensamentos, valores e comportamentos. O passado ainda é composto preponderantemente de momentos felizes. As discordâncias, desentendimentos e formas diferentes de ver o mundo vão aos poucos tomando espaço na memória do casal e, no momento da separação, é provável que tenham superado as lembranças positivas, determinando a escolha de que seguir sozinho, naquele momento, é melhor do que permanecer na relação.

Considera-se mais fácil as pessoas pactuarem normas, princípios e valores pautados em solidariedade familiar para reger as suas relações no início delas, como é o exemplo de pactos com a previsão de alimentos temporários em situações como desemprego, doença e o nascimento de um filho, período em que um dos cônjuges se dedicará primordialmente à parentalidade. Já durante o conflito, a racionalidade dá espaço às emoções, mágoas e ressentimentos, restringindo os pensamentos solidários a escassos momentos durante o período em que se concretiza a separação.

No direito brasileiro, o princípio da solidariedade fundamenta ainda um reequilíbrio entre as partes no fim da sociedade conjugal quando esta ainda era regida pelo regime da separação de bens. Essas hipóteses têm ensejado uma intervenção heterônoma judicial para determinar o que se vem denominando de "alimentos compensatórios".[31]

Defende-se em doutrina a possibilidade de fixação da referida verba, de natureza diferente dos alimentos destinados à subsistência (previstos na Lei nº 5.478/1968 e no Código Civil).[32] A hipótese se sustenta na finalidade de preservar o equilíbrio econômico-financeiro existente ao tempo do casamento, compensando-se o cônjuge ou convivente que se separou e que, repentinamente, não mais possui meios econômicos autônomos para se manter no anterior padrão de vida, em razão do regime de bens pactuado.

Esta é uma realidade de muitos ex-casais, em que o matrimônio ou a união estável se extingue sem que uma das partes receba algo na partilha, seja pela adoção de um regime de bens convencional da separação total, seja pelo regime legal imposto em lei ou por circunstâncias inerentes à evolução do patrimônio do casal durante sua união.[33]

---

29. MADALENO, Rolf. *Curso de direito de família*. 5. ed. Rio de Janeiro: Forense, 2013. p. 93.
30. DIAS, Maria Berenice. *Manual de direito das famílias*. 10. ed. São Paulo: Ed. RT, 2015. p. 48-49.
31. VILELA MULTEDO, Renata. *Liberdade e Família – Limites para a intervenção do Estado nas relações conjugais e parentais*. Rio de Janeiro: Processo, 2017. pp. 262/263.
32. MADALENO, Rolf. *Obrigação, dever de assistência e alimentos transitórios*. Revista CEJ, v. 8, n. 27, p. 76, out./dez. 2004. Disponível em: https://revistacej.cjf.jus.br/cej/index.php/revcej/article/view/636. Acesso em: 20.07.2023.
33. VILELA MULTEDO, Renata. *Liberdade e Família* – Limites para a intervenção do Estado nas relações conjugais e parentais. Rio de Janeiro: Processo, 2017. pp. 262/263.

Portanto, um dos maiores desafios de um casal em processo de divórcio é conseguir restabelecer as motivações do passado que os fizeram escolher pela construção solidária de sua trajetória conjugal, mas é justamente nesse momento que a aplicação do princípio da solidariedade se revela mais essencial.

4. PERSPECTIVA DE GÊNERO NO DIVÓRCIO

Talvez a única forma para se admitir que homens e mulheres, enquanto tais, são dotados de igual capacidade, seja colocar a mesma ideia ao inverso. Winnicott chama atenção para os fatores inconscientes que, mesmo em discussões tão sérias como a paridade de gênero, são facilmente deixados de lado. Sob esse prisma, ressalta a necessidade de se considerar o sentimento popular inconsciente em relação ao homem e à mulher que, como se constata no trabalho psicanalítico, revela que todos os indivíduos (homens e mulheres) guardam um temor oculto da mulher.

Psicanaliticamente falando, Winnicott afirma que "a raiz desse temor à mulher é conhecida e relaciona-se com o fato de, no início da história de cada indivíduo que se desenvolve bem e são, estar implícita a participação de uma mulher. E destaca: "essa dependência original desaparece da memória e por isso essa dívida não é reconhecida, mas em verdade é o temor à mulher que representa o primeiro estágio desse reconhecimento".[34]

Ainda segundo autor, esse temor inconsciente da mulher é um poderoso agente conformador da estrutura da sociedade e o responsável pelo fato de pouquíssimas sociedades investirem uma mulher no controle político. Destaca ainda que essa estrutura mental é também a responsável por toda crueldade dirigida às mulheres nos costumes aceitos por quase todas as civilizações.[35]

A multimilenar afirmação da superioridade do homem sobre a mulher e as marcas desta estrutura hierárquica, que se manifestam pela distribuição desigual do poder entre os membros de uma família, perpetuam a violência familiar praticada contra mulher, que continua a representar um dos principais obstáculos para o implemento da igualdade de gênero, ainda que expressamente prevista na Constituição Federal (arts. 5º, I e 226, § 5º) e pelos tratados internacionais ratificados pelo Brasil.[36]

O caráter endêmico da violência de gênero desconhece fronteiras de classes sociais, de espaço público ou privado, podendo ser praticado em qualquer etapa da vida das mulheres.[37] No divórcio, a distribuição desigual do poder entre os cônjuges e conviventes é onde ela ainda mais se evidencia.

---

34. WINNICOTT, D. W. *A família e o desenvolvimento individual*. São Paulo: Martins Fontes, 2011. pp. 240-241.
35. WINNICOTT, D. W. *A família e o desenvolvimento individual*. São Paulo: Martins Fontes, 2011. p. 241.
36. BODIN DE MORAES, Maria Celina. Vulnerabilidades nas relações de família: o problema da desigualdade de gênero. In: *Cadernos da Escola Judicial do TRT da 4ª Região* – n. 03-2010. p. 24.
37. BODIN DE MORAES, Maria Celina. *Mulheres em tempo de COVID-19*. In: TEIXEIRA, Ana Carolina Brochado e MENEZES, Joyceane Bezerra de (Coord.) *Gênero, vulnerabilidade e autonomia*: repercussões jurídicas. São Paulo: Editora foco, 2020.

Pesquisas recentes realizadas pelo Instituto Brasileiro de Geografia e Estatística – IBGE mostram o aumento de 16,8% no número de divórcios concedidos em 1ª instância ou realizados por escrituras extrajudiciais entre 2020 e 2021[38] e revelam que a principal causa dos divórcios no Brasil é a infidelidade financeira, superando a divergência quanto à educação dos filhos ou problemas na área sexual.[39]

Nesses casos, o detentor do controle financeiro comete fraude patrimonial para não dividir o patrimônio com o cônjuge, apesar deste ter direito à meação. Compras em nome de terceiros, transferências de bens para familiares sob a alegação da negativação do nome ou ausência de crédito, retiradas de dinheiro da conta conjunta, doação, alienação de imóveis da empresa, transferência de cotas, ocultação ou distribuição irregular de lucro também aparecem como exemplos de violência patrimonial.

Percebe-se também a anulação da personalidade pela própria mulher por meio de autocensuras e/ou de automatismos inconscientes em resposta à violência patrimonial e à opressão vivenciadas, hoje cada vez mais sutis, nas relações da família.[40] Como produto desta construção social, muitas mulheres têm dificuldade de se verem de forma autônoma e, inseridas em um contexto abusivo, normalizam determinadas posturas e atitudes do parceiro em prol da família e da criação dos filhos.[41] Frise-se, por óbvio, que tais situações podem ocorrer em relações homoafetivas onde um dos parceiros ou parceiras utilize-se da desigualdade de poder para subjugar o outro.

Sabe-se que muitos dos conflitos atuais nas relações familiares dizem respeito à busca de maior igualdade de gênero, seja pelas mulheres, ao assumirem a responsabilidade financeira, seja pelos homens, ao dedicarem-se mais aos filhos. A família ainda é um projeto que busca agregar aspirações individuais, em que mulheres e homens visam a realização de seus valores existenciais, sendo a família, um dos meios.[42] Quando a estrutura familiar na qual estão inseridos se revela obstáculo à realização plena de sua dignidade, hoje, felizmente, o divórcio surge como alternativa.

É no cenário de um divórcio que se identifica como pano de fundo, com frequência, o contexto histórico da desigualdade de gênero. Geralmente, há mecanismos de barganha entre mulheres e homens com relação à convivência e ao sustento dos filhos, muitas vezes equivocadamente utilizados como incentivo para se diminuir ou aumentar o valor da

---

38. https://valorinveste.globo.com/mercados/brasil-e-politica/noticia/2023/02/16/divrcios-voltam-a-bater-recorde-no-pas-diz-ibge.ghtml. Acesso em 20.07.2023.
39. A infidelidade financeira ocorre quando o cônjuge ou companheiro mente ou omite quanto ganha ou quanto gasta, investimentos, compras e/ou empréstimos. Em: https://www.jusbrasil.com.br/artigos/a-infidelidade--financeira-e-suas-consequencias/1173445747; https://g1.globo.com/economia/noticia/2023/06/12/infidelidade-financeira-como-evitar-o-problema-que-causa-divorcios-no-brasil-todos-os-anos.ghtml Acesso em 20.07.2023.
40. BODIN DE MORAES, Maria Celina. Vulnerabilidades nas relações de família: o problema da desigualdade de gênero. In: *Cadernos da Escola Judicial do TRT da 4ª Região* – n. 03-2010. p. 26.
41. Sobre o tema ver por todos HIRIGOYEN, Marie-France. *Assédio Moral* – A violência perversa do cotidiano. Rio de Janeiro: Bertrand Brasil, 2020.
42. BODIN DE MORAES, Maria Celina. Vulnerabilidades nas relações de família: o problema da desigualdade de gênero. In: *Cadernos da Escola Judicial do TRT da 4ª Região* – n. 03-2010. pp. 27/28.

obrigação alimentar conforme a variável de tempo de convivência. Nesse cenário, em busca de maior igualdade na relação conjugal, o filho pode se tornar *moeda de troca* entre os pais em conflito, utilizando, cada genitor, do poder que detém para tentar reequilibrar a relação. Dinheiro e tempo passam a ser bens buscados no divórcio em função de um direito fundamental de todo e qualquer ser humano: a igualdade nas relações.

Em verdade, a adequação da fixação de alimentos ao novo paradigma da igualdade de gênero se deu de forma apressada.[43] O próprio Superior Tribunal de Justiça, que tinha o entendimento de que a dependência financeira da mulher gerava o dever de alimentos, hoje a considera uma exceção, consolidando-se o entendimento de que "o dever de prestar alimentos entre ex-cônjuges é regra excepcional que desafia interpretação restritiva (...)."[44]

Ao partir do pressuposto de que homens e mulheres têm a mesma condição de autossustento deixa-se de levar em consideração muitos arranjos familiares que hoje ainda privilegiam a carreira do homem em detrimento a da mulher. Da mesma forma, a violência psíquica e patrimonial passa muitas vezes despercebida, partindo-se apenas a igualdade formal e não substancial.

Estudo voltado à invisibilidade da violência patrimonial nas Varas de Família e, consequentemente, à perpetuação da desigualdade de gênero, estabelece que nas ações judiciais, como as em que se configuram uma fraude à partilha, revelam a falta de reconhecimento estrutural da participação feminina na riqueza da sociedade conjugal, assim como as ações de insolvência alimentar demonstram o quanto o detentor dos recursos econômicos tripudia da parte mais vulnerável da relação.[45]

A análise de cada família, suas peculiaridades e arranjos de poder são fundamentais para a construção de pactos pós-divórcio sustentáveis no tempo, a partir de combinados que coloquem os envolvidos em posição de maior igualdade. Isto ocorre quando a solidariedade direciona as decisões dos recém divorciados, na tentativa de se estabelecer uma justa divisão patrimonial e um prazo que reflita a transitoriedade concreta e necessária de autossustento para essa transição.

5. A CONSTRUÇÃO DOS PACTOS PÓS-DIVÓRCIO

Nos processos de divórcio pautados na construção do consenso, torna-se possível o mapeamento do conflito, a evitação do seu escalonamento, a identificação das questões urgentes, a utilização das ferramentas procedimentais, de comunicação e de

---

43. MARZAGÃO, Silvia Felipe. *A fixação de alimentos no momento do divórcio ressalta a questão de gênero e oferece resposta jurídica satisfatória a uma eventual vulnerabilidade?* In: BROCHARDO TEIXEIRA, Ana Carolina; BEZERRA MENEZES, Joyceane. *Gênero, Vulnerabilidade e Autonomia*: Repercussões Jurídicas. Indaiatuba, SP: Editora Foco, 2020. p. 439.
44. REsp 1.608.413/MG. Relator: Min. Ricardo Villas Bôas Cueva. Julgamento: 02/05/2017. Órgão Julgador: 3ª T. Publicação: 05/05/2017.
45. BICALHO, Ana Beatriz Rutowitsch. A invisibilidade da violência patrimonial na Vara de Família e a perpetuação da desigualdade de gênero. In: *Revista EMERJ*, Rio de Janeiro, v. 24, n. 3, p. 53-73, set.-dez.2022.

negociação,[46] criando-se, consequentemente, um ambiente seguro para a negociação de um acordo sustentável.

Mas sejamos realistas, nem sempre um ambiente seguro é sinônimo de confiança. Adam Kahane, em sua abordagem sobre a colaboração estendida, delineia processos de negociação entre pessoas que possuem um histórico de divergências, incompatibilidade de objetivos, antipatia mútua e desconfiança, mas que necessitam de um futuro alternativo. Em verdade, ressalta que essas pessoas, para atingir um acordo, apenas precisam concordar que determinada situação precisa mudar.[47]

Merece destaque, no âmbito da construção dos pactos no fim da conjugalidade, a importância de se informar aos envolvidos os parâmetros legais, ainda que isto não signifique que as pessoas em um processo de divórcio não possam estar dispostas a fazer muito mais do que a lei exige rumo a uma construção que gere benefícios mútuos. Esta é a razão pela qual uma da tônicas dos acordos colaborativos refere-se à passagem de uma abordagem centrada em direitos para uma abordagem centrada nas pessoas.

Os pactos devem ter como norte os princípios contratuais, que envolvem o comprometimento com a tríplice função da boa-fé,[48] a preservação da autonomia e da responsabilidade dos contratantes e o equilíbrio contratual, tanto nas fases pré-negociais e contratuais como na fase de sua execução. A previsão de monitoramento dos pactos e a elaboração de cláusulas que previnam e gerem o compromisso de, em um momento futuro de conflito, se utilizar métodos consensuais de resolução antes de se optar por qualquer medida adversarial, também se mostram potentes para a sustentabilidade dos pactos pós-divórcio.

Aqui, percebendo-se questões urgentes, recomenda-se a construção de acordos provisórios, que funcionem como verdadeiros testes de realidade. Se algumas questões forem de menor complexidade, acordos parciais também são muito bem-vindos, eliminando-se por exemplo uma questão objetiva, como na existência de um regime de bens claramente estabelecido que proporciona uma confortável partilha para ambos. A forma de convivência com os filhos também pode ser pactuada provisoriamente e mesmo que após o processo colaborativo não se tenha resolvido todos os pontos, muitas das questões já podem ser definidas de forma definitiva, construindo-se pactos parciais.

---

46. Ver por todos Tania ALMEIDA. *Caixa de ferramentas em mediação*. São Paulo: Dash, 2014.
47. KAHANE, Adam. *Trabalhando com o inimigo*. São Paulo: Senac, 2018. p. 15.
48. Como ressalta Judith MARTINS-COSTA, "A função desempenhada pela boa-fé objetiva a partir do dispositivo no art. 422 é, sem dúvida, a sua atuação mais comentada pela doutrina e da qual mais se vale a jurisprudência dos tribunais nacionais. São os denominados deveres anexos de conduta. O motivo pelo qual a terceira função da boa-fé objetiva recebeu tamanho destaque deriva justamente do seu próprio conteúdo: impor às partes contratantes deveres objetivos de conduta, que não necessariamente precisam constar do instrumento contratual para que possam ser cobrados e cumpridos. Essa caracterização da boa-fé objetiva como a disposição de deveres de conduta que as partes devem guardar difere frontalmente daquela concepção clássica de boa-fé subjetiva, ligada a um estado psicológico do agente. Os deveres secundários impostos pelo art. 422 foram gradativamente sendo construídos pela doutrina e pela jurisprudência, podendo-se mesmo falar em quatro deveres básicos: (i) dever de informação, esclarecimento e transparência; (ii) dever de cooperação e lealdade; (iii) deveres de proteção e cuidado; (iv) dever de segredo ou sigilo. A imposição desses deveres se reveste de papel fundamental para a ordenação dos contratos na prática, uma vez que se busca, com a sua afirmação, proteger um bem que se encontra na própria essência da contratação: a confiança." (*A Boa-Fé no Direito Privado*. SP: RT, 1999).

Importante pontuar que tais acordos podem ser realizados em diversas fases da conjugalidade, sejam por meio de pactos pré-nupciais ou pré-convivenciais,[49] revistos durante a própria união, sejam para se alterar o regime de bens para outros que nesse futuro melhor lhes aprouver, seja para repactuar a divisão de trabalhos domésticos, cuidados dos filhos ou reequilibrar a divisão do custeio do sustento da família, inclusive após o nascimento dos filhos.[50] Da mesma forma, torna-se fundamental no momento da dissolução do casamento ou da união estável, primar-se pelo equilíbrio e sustentabilidade dos envolvidos no pós-divórcio.

Assim, pode-se exemplificar o campo de incidência da autonomia privada na área dos interesses familiares em prol de pactos sustentáveis com um rol de possibilidades em progressiva construção: i) acordos entre os cônjuges ou companheiros que vivem em residências separadas; ii) acordos a respeito dos deveres conjugais e convivenciais; iii) acordos preventivos de divórcio e dissolução da união estável, incluindo a escolha por métodos autocompositivos como mediação ou práticas colaborativas, de modo ou não escalonado, antes de se partir para a esfera judicial; iv) acordos que incluam aspectos dos direitos da personalidade, como o uso do nome do outro ou composição do nome dos filhos; v) acordos parentais inerentes à manutenção, sustento, educação e futuro dos filhos; vi) definição do modelo de guarda e convivência no caso de um dos genitores constituir nova família; vii) pactos de liberdade sexual, de modo a considerar irrelevante a fidelidade; viii) acordos sobre a suspensão da atividade profissional e indenização pela carreira interrompida para criação dos filhos; ix) pagamento de alimentos compensatórios e/ou transitórios, com tempo prefixado ou até a reinserção no mercado de trabalho; x) acordos acerca do uso de material genético em reprodução humana assistida após o rompimento ou morte, dentre outros.

Nessa esteira, a escolha pela abordagem dos pactos que se refere a questões atinentes ao fim da relação se mostra de extrema relevância porque refletem, com neutralidade e com o devido distanciamento dos ressentimentos comuns ao rompimento, o que realmente se almeja em momento de reconstrução familiar.[51]

Já a eficácia preceptiva desses acordos poderá variar conforme a situação concreta. Um acordo que estabeleça que cada companheiro continuará a residir no seu próprio imóvel, por exemplo, gera o efeito impeditivo sobre a eventual alegação de ausência de união estável por inexistir coabitação. Já o acordo que autoriza o uso do material genético do casal depois do divórcio não tem a mesma força impositiva do *pacta sunt servanda*

---

49. Nessa esteira, foi aprovado o seguinte enunciado no âmbito da VIII Jornada de Direito Civil, realizada em abril de 2018 no Conselho da Justiça Federal, em Brasília: "O pacto antenupcial e o contrato de convivência podem conter cláusulas existenciais, desde que estas não violem os princípios da dignidade da pessoa humana, da igualdade entre os cônjuges e da solidariedade familiar".
50. MARZAGÃO, Silvia Felipe. *Contrato Paraconjugal*: a modulação da conjugalidade por contrato. São Paulo: Editora Foco: 2023.
51. VILELA MULTEDO, Renata. MEIRELES, Rose Melo Vencelau. Autonomia privada nas relações familiares: direito de estado e estados de direito. In: EHRHARDT JÚNIOR, Marcos (Coord.); CORTIANO JUNIOR, Eroulths (Coord.). *Transformações no direito privado nos 30 anos da constituição*: estudos em homenagem a Luiz Edson Fachin. Belo Horizonte: Fórum, 2019. p. 629 e ss.

típico dos negócios contratuais, por se tratar de disposição de situação existencial, portanto, revogável a qualquer tempo.[52]

Nesse contexto, é fundamental que sejam efetivamente consideradas as desigualdades que permeiam o fim da conjugalidade para se concretizar, por meio de todo o arcabouço jurídico que, com muito esforço, foi erguido para tutelar as vulnerabilidades existenciais e patrimoniais na seara familiar.

6. CONSIDERAÇÕES FINAIS

O presente artigo buscou investigar os limites do exercício da autonomia privada e a efetivação da solidariedade na conjugalidade e parentalidade pós divórcio, bem como as potencialidades dos pactos realizados na seara do direito das famílias levando-se em conta a perspectiva de gênero. Mesmo que na atualidade se identifique uma forte expansão da autonomia conjugal ao lado de uma crescente responsabilização nas relações parentais, o equilíbrio de gênero nessas relações ainda está em construção, sendo a violência nas relações intrafamiliares ainda o principal obstáculo.

O direito assumiu hoje, mais do que nunca, um papel transformador, sobretudo de fomento a condutas socialmente desejadas. Essa insatisfação com a abordagem judicial dos conflitos familiares tem identificado os métodos consensuais como a melhor saída para "a transformação dos conflitos de forma pacífica, para que se resolvam os problemas com menor custo emocional, econômico e social".[53] Na busca da melhor solução para o caso concreto, à luz do diálogo e das recíprocas concessões, em vez da substituição da vontade das partes pela imposição do Estado-juiz, os métodos consensuais mostram-se, na grande maioria das vezes, uma escolha muito mais vantajosa. Ao contrário da lógica do ganhar e perder, ínsita aos processos judiciais, busca-se que as partes em conflito identifiquem por si mesmas, e com o auxílio de profissionais capacitados, opções sustentáveis e de benefício mútuo.

O protagonismo dos pais - mesmo após o fim da conjugalidade - na construção de um projeto parental que vise a corresponsabilidade independente das dificuldades relacionais e o respeito mútuo na conjugalidade e no exercício da autoridade parental, são metas a serem perseguidas num percurso que não é fácil, mas que hoje tem suas trilhas demarcadas. Tudo já foi muito mais difícil e essa estrada já esteve praticamente sem acesso.

É preciso que a sociedade, os operadores do direito e o Poder Judiciário reconheçam e valorizem as conquistas obtidas, façam bom uso delas e estimulem cada família a encontrar seu caminho com autonomia e solidariedade, sabendo que, caso se percam a ponto de não conseguir voltar, poderão contar com o Estado para acertarem o rumo.

---

52. Sobre a revogabilidade das disposições existenciais, consulte-se Rose Melo Vencelau MEIRELES, *Autonomia privada e dignidade humana*. Rio de Janeiro: Renovar. p. 246 e ss.
53. Maria Berenice Dias; Giselle Câmara Groeninga. *A mediação no confronto entre direitos e deveres*. Disponível em: https://ibdfam.org.br/index.php/artigos/42/A+media%C3%A7%C3%A3o+no+confronto+entre+direitos+e+deveres. Acesso em: 08.11.2022.

A violência decorrente da desigualdade de gênero precisa ser seriamente considerada não só nas ações judiciais, mas, principalmente, nos acordos realizados no fim da conjugalidade, momento em que o desequilíbrio de poder muitas vezes se revela durante a negociação, pois a tendência é que a desigualdade se mantenha ou aumente no momento do divórcio.

O divórcio é um processo complexo, multifacetário e único, que pode ser transformado de forma destrutiva ou construtiva a depender de sua abordagem.[54] O luto e as perdas decorrentes do fim do relacionamento e os inúmeros pensamentos correlatos, como a ideia de que aquela família, tal como foi constituída, nunca mais existirá naquele formato e tempo; o pensamento de que somente conviverá com os filhos metade de suas infâncias e o medo de se arriscar em novos projetos de vida, não podem ser cristalizados, mas sim enfrentados e vividos nessa fase de reconstrução. Por isso é preciso ter em mente que a lide põe fim ao processo, mas raramente põe fim ao conflito. É preciso tratar do conflito doloroso, é preciso minimizar a dor.

E se começamos com a perspectiva do luto, terminamos com a do amor. As palavras "direito" e "amor" são compatíveis ou conflitantes? Segundo os ensinamentos de Stefano Rodotà, na experiência histórica, o direito se apoderou do amor. O direito limitou o amor a apenas um perímetro, considerado como o único juridicamente legítimo: o casamento. Um contrato de direito público: vigiado pelo Estado; baseado na estabilidade social, na procriação e na educação dos filhos; e portador de uma moral considerada como prevalente. Era a obediência e a subordinação para as mulheres, uma lógica autoritária e patrimonial, um bloco compacto no qual o amor conseguia, com esforço, abrir alguma brecha. Hoje encontramos o futuro declinado em modo bem diferente do passado e parecemos despedir-nos de um direito hostil ao amor.[55]

O amor está associado à solidariedade e induz movimento de voltar-se empaticamente ao outro, sendo o contraponto ao egoísmo e ao pensamento ensimesmado. Em família, a Constituição Federal prevê a coibição da violência no âmbito das relações familiares, a liberdade atrelada à solidariedade, a igualdade de direitos e deveres entre homens e mulheres, cônjuges e companheiros, transcendendo, portanto, os conflitos relativos a conquistas pessoais, sobrevivência física, partilha de bens e divisão de convivência com os filhos.

Os pactos pós divórcio auxiliam as partes a assumirem a parceria necessária às concessões recíprocas para a materialização dos princípios e preceitos constitucionais independente da intervenção estatal. Nesse contexto, as partes podem acordar diminuir a liberdade de um em prol de maior igualdade na relação, em completa assunção de uma postura solidária ao grupo familiar em qual está inserido.

No que tange à proteção dos princípios jurídicos atrelados à dignidade da pessoa humana,[56] a referida postura abarca todos os valores que a compõem, em evidente

---

54. CALCATERRA, Rubén. *Mediación estratégica*. Barcelona: Gedisa, 2002.
55. RODOTÀ, Stefano. Amore 'a bassa istituzionalizzazione'. In: *Diritto damore*. Bari: Laterza, 2015.
56. BODIN DE MORAES, Maria Celina. *Danos à pessoa humana*: uma leitura civil-constitucional dos danos morais. Rio de Janeiro: Renovar, 2003, p. 85.

emancipação moral do ser humano, quais sejam, (i) o reconhecimento da existência dos outros enquanto sujeitos racionais, morais e éticos iguais a ele (igualdade); (ii) o merecimento ao respeito à integridade psicofísica de que é titular (integridade psicofísica); (iii) ser dotado de autodeterminação e vontade livre (liberdade); (iv) ser parte de um grupo social onde há cooperação e assistência mútua (solidariedade).

A racionalidade jurídica atual é a de uma história que construiu um sistema constitucional de liberdade e de direitos fundamentais, constituindo uma já sólida, ainda que às vezes negada, referência a esses direitos. Justamente isso é o que nos permite, hoje, demandar respeito pleno à pessoa humana e à mulher, e, portanto, instituir sobre novas bases a relação entre amor e direito. Só a família fundada na aptidão pode responder ao mistério do amor, e só a comunicação que habita cada ser humano pode livrá-lo do vazio e da solidão. A família há de ser, portanto, plural, aberta e inspirada na igualdade, liberdade e solidariedade, sendo a regra de ouro atribuir ao Estado sua garantia, proteção e promoção, e ao homem, sua construção.[57]

No cenário que se desenha sobre um século já sedimentado na prevalência dos interesses existenciais sobre os patrimoniais, as situações jurídicas subjetivas devem ser individuadas em relação às circunstâncias concretas rumo à democratização da família e ao reconhecimento das vulnerabilidades. E é neste nesse cenário que os pactos pós divórcio podem transformar a família, especialmente quanto à possibilidade de reequilíbrio de poder dentro da relação conjugal e parental.

7. REFERÊNCIAS

ALMEIDA, Tania. *Caixa de ferramentas em mediação*. São Paulo: Dash, 2014.

BICALHO, Ana Beatriz Rutowitsch. *A invisibilidade da violência patrimonial na Vara de Família e a perpetuação da desigualdade de gênero*. In: *Revista EMERJ*, Rio de Janeiro, v. 24, n. 3, p. 53-73, set.-dez. 2022.

BODIN DE MORAES, Maria Celina. *Danos à pessoa humana*: uma leitura civil-constitucional dos danos morais. Rio de Janeiro: Renovar, 2003.

BODIN DE MORAES, Maria Celina. *A nova família, de novo*: estruturas e funções das famílias contemporâneas. In: *Revista Pensar*, Fortaleza, v. 18, n. 2, p. 609, mai./ago. 2013.

BODIN DE MORAES, Maria Celina; DALSENTER, Thamis. A autonomia existencial nos atos de disposição do próprio corpo. In: *Revista Pensar*, Fortaleza, v. 19, n. 3, 2014.

BODIN DE MORAES, Maria Celina. *Mulheres em tempo de COVID-19*. In: Teixeira, Ana Carolina Brochado e Menezes, Joyceane Bezerra de (coord.) *Gênero, vulnerabilidade e autonomia: repercussões jurídicas*. São Paulo: Editora foco, 2020.

BODIN DE MORAES, Maria Celina. *Na medida da pessoa humana*: estudos de direito civil-constitucional. Rio de Janeiro: Renovar, 2010.

BODIN DE MORAES, Maria Celina. *Vulnerabilidades nas relações de família: o problema da desigualdade de gênero*. In: Bezzera de Menezes, Joyceane e Matos, Ana Carla Harmatiuk. *Direito das famílias por juristas brasileiras*. pp. 581-598.

---

57. VILELA MULTEDO, Renata. *Liberdade e Família*: Limites para a intervenção do Estado nas relações conjugais e parentais. Rio de Janeiro: Processo, 2017.

CAMERON, Nancy J. *Práticas Colaborativas*: aprofundando o diálogo. Tradução de Alexandre Martins. SP: IBPC, 2019.

CALCATERRA, Rubén. *Mediación estratégica*. Barcelona: Gedisa, 2002.

CARBONERA, Silvana Maria. *Reserva de intimidade*: uma possível tutela da dignidade no espaço relacional da conjugalidade. Rio de Janeiro: Renovar, 2008.

DIAS, Maria Berenice. *Manual de direito das famílias*. 10. ed. São Paulo: Editora Revista dos Tribunais, 2015.

DINIZ, Carlos Eduardo Iglesias. *A boa-fé objetiva no direito brasileiro e a proibição de comportamentos contraditórios*. Série Aperfeiçoamento de Magistrados 13, 10 Anos de Código Civil – Aplicação, Acertos, Desacertos e Novos Rumos, v. I. RJ:EMERJ, 2013.

FACHIN, Luiz Edson. Famílias: entre o Público e o Privado. In: PEREIRA, Rodrigo da Cunha (Org.) *Família: entre o Público e o Privado*. Porto Alegre: Magister/IBDFAM, 2012.

KAHANE, Adam. *Trabalhando com o inimigo*. São Paulo: Senac, 2018.

KÜBLER-ROSS, Elisabeth. *Sobre a morte e o morrer*. São Paulo: Martins Fontes, 1996.

MADALENO, Rolf. *Curso de direito de família*. 5. ed. Rio de Janeiro: Forense, 2013.

MADALENO, Rolf. Obrigação, dever de assistência e alimentos transitórios. *Revista CEJ*, v. 8, n. 27, p. 76, out./dez. 2004. Disponível em: https://revistacej.cjf.jus.br/cej/index.php/revcej/article/view/636.

MARZAGÃO, Silvia Felipe. *A fixação de alimentos no momento do divórcio ressalta a questão de gênero e oferece resposta jurídica satisfatória a uma eventual vulnerabilidade?* In: BROCHARDO TEIXEIRA, Ana Carolina; BEZERRA MENEZES, Joyceane. *Gênero, vulnerabilidade e autonomia*: repercussões jurídicas. Indaiatuba, SP: Editora Foco, 2020.

MARTINS-COSTA, Judith. *A boa-fé no direito privado*. SP: Ed. RT, 1999.

MATOS, Ana Carla Harmatiuk; TEIXEIRA, Ana Carolina Brochado. *Disposições patrimoniais e existenciais no pacto antenupcial*. In: MATOS, Ana Carla Harmatiuk; TEIXEIRA, Ana Carolina Brochado; TEPEDINO, Gustavo (Coord.). Direito Civil, Constituição e unidade do sistema: Anais do Congresso Internacional de Direito Civil Constitucional – V Congresso do IBDCivil. Belo Horizonte: Fórum, 2019. 492p. ISBN 978-85-450-0568-1.

MEIRELES, Rose Melo Vencelau. *Autonomia privada e dignidade humana*. Rio de Janeiro: Renovar, 2009.

MONTERO, Rosa. *A ridícula ideia de nunca mais te ver*. São Paulo: Todavia, 2019.

RANGEL, Vanessa Gerosa da Silva. O desenlace conjugal: um estudo sobre o processo de dissolução da conjugalidade, p. 51. Tese de Doutorado. Disponível em: https://www.maxwell.vrac.puc-rio.br/25550/25550_4.PDF.

RODOTÀ, Stefano. *Diritto d'amore*. Bari: Laterza, 2015.

RODOTÀ, Stefano. *Politici, liberateci dalla vostra coscienza*. Disponível em: <http://daleggere.wordpress.com/2008/01/13/stefano-rodota-%C2%ABpolitici-liberateci-dalla-vostra-coscienza%C2%BB/>.

TEIXEIRA, Ana Carolina Brochado; KONDER, Carlos Nelson. Situações jurídicas dúplices: controvérsias na nebulosa fronteira entre patrimonialidade e extrapatrimonialidade. In: TEPEDINO, Gustavo; FACHIN, Luiz Edson (Orgs.). *Diálogos sobre direito civil*. Rio de Janeiro: Renovar, 2012. p. 3-24. v. 3.

TEIXEIRA, Ana Carolina Brochado; LIMA RODRIGUES, Renata de. *O direito das famílias entre a norma e a realidade*. São Paulo: Atlas, 2010.

VILELA MULTEDO, Renata. *Liberdade e Família*: Limites para a intervenção do Estado nas relações conjugais e parentais. Rio de Janeiro: Processo, 2017.

VILELA MULTEDO, Renata. A potencialidade dos pactos consensuais no fim da conjugalidade. In: TEIXEIRA, Ana Carolina Brochado; RODRIGUES, Renata de Lima (Orgs.). *Contratos, Família e sucessões*: diálogos interdisciplinares. São Paulo: Foco, 2021. pp. 237-258.

VILLELA, João Baptista. Repensando o direito de família. In: *Cadernos Jurídicos da Escola Paulista da Magistratura*. Cad. Jur., São Paulo, v. 3, n. 7, p. 95-106, jan./fev.2002.

POR UM DIREITO CONTRATUAL NA MEDIDA DA PESSOA HUMANA: DIGNIDADE E TUTELA DAS VULNERABILIDADES CONTRATUAIS

Rodrigo da Guia Silva

Doutor e Mestre em Direito Civil pela Universidade do Estado do Rio de Janeiro (UERJ).
Professor Adjunto de Direito Civil da Faculdade de Direito da UERJ. Advogado.

Sumário: 1. Introdução – 2. Dirigismo contratual e tutela da dignidade da pessoa humana – 3. A inadequada separação rígida entre as noções de proporcionalidade econômico-financeira e de vulnerabilidade – 4. Perspectivas para a compreensão do papel da vulnerabilidade na teoria contratual contemporânea – 5. Conclusão – 6. Referências.

1. INTRODUÇÃO

A doutrina contratual se desenvolve historicamente em torno do secular embate entre a proclamação de uma liberdade contratual plena (ou o mais maximizada possível) e a busca por *justiça* material nos contratos (em especial, quanto ao seu elemento objetivo).[1] Tal embate se reflete diretamente nas marchas e contramarchas do tratamento conferido pela civilística ao fenômeno do dirigismo contratual, ao que se podem associar as oscilações da inclinação axiológica da própria teoria contratual – ora em prol da intervenção *corretiva* sobre os contratos, ora em prol da *deferência* ao programa contratual entabulado pelas partes.

Nesse esforço de identificação do escopo da teoria contratual contemporânea, a chave conceitual da *vulnerabilidade* assume particular destaque. Trata-se, contudo, de noção à qual não se podem associar definições pretensamente consolidadas. Ao revés, a análise da literatura revela que um dos grandes caracteres do estágio atual do desenvolvimento conferido a essa chave conceitual é justamente a sua expressiva imprecisão conceitual. Justamente à investigação do sentido e do alcance dessa noção se dedica, então, o presente estudo, mirando a finalidade mediata de compreender qual deve ser a medida da intervenção corretiva do Estado-juiz nos contratos tendo como fio condutor o imperativo de tutela das vulnerabilidades contratuais.

---

1. Tal embate parece consistir, com os devidos ajustes, em uma manifestação daquilo a que a ora homenageada já pôde atentamente referir como "[a] questão central do direito", por ela assim enunciada: "A questão central do direito mantém-se também sempre a mesma: criar um compromisso entre os valores fundamentais comuns (plurais) e os espaços de liberdade mais amplos possíveis, de modo a permitir a cada pessoa, em sua (inter) subjetividade, a escolha de seus atos e a condução de sua vida privada, de sua trajetória individual, de seu projeto de vida" (BODIN DE MORAES, Maria Celina. Prefácio a *Na medida da pessoa humana*: estudos de direito civil-constitucional. Rio de Janeiro: Renovar, 2010. p. XVI).

Nessa empreitada, inicialmente passar-se-á em revista a relevância do fenômeno do dirigismo contratual e do imperativo de tutela da dignidade da pessoa humana para a configuração da teoria contratual contemporânea (item 2, *infra*). Na sequência, buscar-se-á demonstrar a inviabilidade de uma separação rígida entre as noções de proporcionalidade econômico-financeira e de vulnerabilidade (item 3, *infra*). Por fim, investigar-se-ão perspectivas para a compreensão do papel da vulnerabilidade na teoria contratual contemporânea (item 4, *infra*). É o que se passa a desenvolver.

2. DIRIGISMO CONTRATUAL E TUTELA DA DIGNIDADE DA PESSOA HUMANA

A investigação do papel desempenhado pela chave conceitual da vulnerabilidade na teoria contratual contemporânea depende, preliminarmente, do adequado entendimento do contexto em que floresceram os contornos da teoria contratual contemporânea, contexto esse marcado pela transição do Estado Liberal clássico ao Estado do Bem-Estar Social.[2] Acontecimentos como a intensificação da industrialização, a degradação das condições de trabalho, o incremento das desigualdades socioeconômicas e a difusão das mazelas produzidas pelas duas Guerras Mundiais conduziram à afirmação da insuficiência da economia do livre comércio para a promoção do bem-estar social.[3] Diante desse cenário, o pensamento erguido em objeção ao liberalismo político-econômico oitocentista[4] passou, então, a pugnar pela imprescindibilidade de uma maior intervenção do Estado nas relações privadas para a efetiva promoção da dignidade humana – não por acaso, valor que veio a ter a sua centralidade proclamada pela generalidade dos diplomas internacionais e das Constituições do período posterior à Segunda Guerra Mundial.[5]

Tais ordens de ideias repercutiram diretamente na compreensão do direito contratual. O caráter absoluto outrora conferido à liberdade contratual arrefeceu face à necessidade de construção de "(...) um sistema do direito privado caracterizado pela tensão

---

2. Tal ascensão do Estado do Bem-Estar Social é relatada, com precisão, por PERLINGIERI, Pietro. *Manuale di diritto civile*. 7. ed. Napoli: Edizioni Scientifiche Italiane, 2014. p. 23 e ss. Emblemática a respeito da configuração do Estado do Bem-Estar Social é a experiência alemã no período imediatamente posterior às duas Guerras Mundiais, como relatam LARENZ, Karl; WOLF, Manfred. *Allgemeiner Teil des bürgerlichen Rechts*. München: C. H. Beck, 1997. p. 36 e ss.
3. Para um relato mais detido sobre o panorama de afirmação da insuficiência da economia do livre comércio para a promoção do bem-estar social e da subsequente defesa de uma maior intervenção do Estado nas relações privadas, v. OSTI, Giuseppe. Contratto. In: AZARA, Antonio; EULA, Ernesto (Coords.). *Novissimo Digesto Italiano*. V. IV. 3. ed. Torino: UTET, 1959. p. 478 e ss.
4. Para uma análise acerca do liberalismo político e do liberalismo econômico presentes no pensamento clássico do século XIX, v., respectivamente, PERTICONE, Giacomo. Liberalismo. In: AZARA, Antonio; EULA, Ernesto (Coords.). *Novissimo Digesto Italiano*. V. IX. 3. ed. Torino: UTET, 1963. p. 831 e ss.; e RAISER, Ludwig. Funzione del contratto e libertà contrattuale. In: *Il compito del diritto privato*: saggi di diritto privato e di diritto dell'economia di tre decenni. Trad. Marta Graziadei. Milano: Giuffrè, 1990. p. 96 e ss.
5. A propósito, v., por todos, BODIN DE MORAES, Maria Celina. O princípio da dignidade humana. In: BODIN DE MORAES, Maria Celina (Coord.). *Princípios do direito civil contemporâneo*. Rio de Janeiro: Renovar, 2006. p. 12 e ss.

entre liberdade e justiça social".[6] A justiça social, com efeito, passou a ser vista – ao lado de valores como a dignidade da pessoa humana – como uma das pedras angulares que haveriam de conformar a reformulação da teoria contratual.[7] No contexto brasileiro, tais postulados foram ressaltados especialmente a partir da promulgação da Constituição Federal de 1988, que erigiu a dignidade da pessoa humana a fundamento da República (art. 1º, III) e elencou a justiça social entre os fundamentos da ordem econômica (art. 170, *caput*).[8] O reconhecimento da força (e da superioridade) normativa desses comandos constitucionais haveria de conduzir, então, a uma reformulação do inteiro direito privado, em geral, e do direito contratual, em particular.[9]

Em termos mais específicos, pode-se afirmar que essa nova visão de mundo conduziu, no que tange ao objeto do presente estudo, à expansão do dirigismo contratual.[10] Trata-se de fenômeno verificado tanto no plano da política legislativa quanto no plano da interpretação-aplicação do direito. No âmbito legislativo, o dirigismo contratual se associa, por exemplo, à propagação de diplomas legais preocupados em dispensar maior proteção aos contratantes tidos por mais "fracos" em determinados setores ou relações.[11]

Assim sucedeu na experiência brasileira, ilustrativamente, com a Consolidação das Leis do Trabalho (Decreto-Lei n. 5.452/1943), o Código de Defesa do Consumidor (CDC – Lei n. 8.078/1990) e os diplomas normativos referentes à locação predial urbana

---

6. RAISER, Ludwig. La libertà contrattuale oggi. In: *Il compito del diritto privato*: saggi di diritto privato e di diritto dell'economia di tre decenni. Trad. Marta Graziadei. Milano: Giuffrè, 1990. p. 69. Tradução livre do original: "(...) un sistema del diritto privato caratterizzato dalla tensione tra libertà e giustizia sociale".
7. Nesse sentido, sustentar a configuração de um direito contratual atento às exigências do Estado do Bem-Estar Social, v. LARENZ, Karl; WOLF, Manfred. *Allgemeiner Teil des bürgerlichen Rechts*, cit., p. 39-41.
8. A propósito da correlação entre a dignidade humana, a justiça social e ordem econômica, v. GRAU, Eros Roberto. Comentário ao artigo 170, *caput*. In: CANOTILHO, J. J. Gomes; MENDES, Gilmar Ferreira; SARLET, Ingo Wolfgang; STRECK, Lenio Luiz (Coords.). *Comentários à Constituição do Brasil*. São Paulo: Saraiva/Almedina, 2013. p. 1.794. Do mesmo autor, v., ainda, sem alteração substancial de conteúdo, GRAU, Eros Roberto. *A ordem econômica na Constituição de 1988*. 15. ed. São Paulo: Malheiros, 2012. p. 224.
9. "Assim, pela via da constitucionalização, passam a fazer parte do horizonte contratual noções e ideias como justiça social, solidariedade, erradicação da pobreza, proteção ao consumidor, a indicar, enfim, que o direito dos contratos não está à parte do projeto social articulado pela ordem jurídica em vigor no país" (NEGREIROS, Teresa. *Teoria do contrato*: novos paradigmas. Rio de Janeiro: Renovar, 2002. p. 107-108). Assim sustenta Manfred Wolf em lição, que, embora desenvolvida à luz da experiência alemã, parece de todo pertinente para a compreensão do percurso trilhado também pelo direito brasileiro: "O princípio do Estado do Bem-Estar Social exterioriza a exigência da justiça social na ordem social. Ao ordenamento jurídico é atribuída, por meio do art. 20 I e do art. 28 I da Lei Fundamental [*Grundgesetz*], a tarefa de corresponder a essa exigência. Portanto, também o direito contratual deve satisfazer às exigências do princípio do Estado do Bem-Estar Social" (WOLF, Manfred. *Rechtsgeschäftliche Entscheidungsfreiheit und vertraglicher Interessenausgleich*. Tübingen: J. C. B. Mohr (Paul Siebeck), 1970. p. 97. Tradução livre do original).
10. V., por todos, TEPEDINO, Gustavo. Ativismo judicial e construção do direito civil: entre dogmática e práxis. *Novos Estudos Jurídicos*, v. 24, n. 1, jan.-abr./2019. p. 28 e ss.
11. "É necessário, sobretudo, que o juiz e o legislador intervenham nesta luta demasiadamente desigual; que a regra do jogo seja modificada em favor do fraco, da eterna vítima (...). Em uma palavra, é necessário que sejam reprimidos os abusos contratuais e seja assegurado com todos os meios possíveis o equilíbrio contratual, não apenas em teoria e sobre o papel, mas praticamente e na vida" (JOSSERAND, Louis. Considerazioni sul contratto "regolato". *Archivio Giuridico "Filippo Serafini"*. Quarta Serie, v. XXVIII, 1934. p. 16. Tradução livre do original).

– de que constitui exemplo maior a vigente Lei do Inquilinato (Lei n. 8.245/1991).[12] Tais estatutos convergem, em linhas gerais, quanto ao afastamento dos postulados liberais que tradicionalmente inspiraram os Códigos Civis e quanto à enunciação de um regramento protetivo da parte presumidamente vulnerável – nos exemplos mencionados, o trabalhador face ao empregador, o consumidor face ao fornecedor e o locatário face ao locador, respectivamente.[13]

Para além do renovado cenário legislativo, o dirigismo contratual se manifesta, ainda – e aqui reside a maior relevância do fenômeno para o presente estudo –, na formulação doutrinária de uma renovada teoria contratual. Em oposição ao paradigma antecedente, delinearam-se justificadas críticas a diversas das premissas fundamentais do modelo liberal clássico em matéria contratual.[14] Pontuaram-se, assim, por exemplo, a necessidade de superação do dogma da vontade[15] e a insuficiência da acepção puramente formal da isonomia[16] e, sobretudo, da justiça e da liberdade contratuais.[17]

3. A INADEQUADA SEPARAÇÃO RÍGIDA ENTRE AS NOÇÕES DE PROPORCIONALIDADE ECONÔMICO-FINANCEIRA E DE VULNERABILIDADE

As precedentes considerações propiciam o reconhecimento de um grave (e usualmente não explicitado) risco presente no estudo das relações contratuais – a intervenção injustificada do julgador nas relações privadas. Trata-se de risco cuja origem remonta,

---

12. A propósito, com particular enfoque na análise das convergências entre o dirigismo contratual no direito civil e a racionalidade do direito do trabalho, v. RUZYK, Carlos Eduardo Pianovski. Relações privadas, dirigismo contratual e relações trabalhistas: uma proposta de reflexão sobre o papel da(s) liberdade(s) nas interseções entre contrato e direito do trabalho. In: TEPEDINO, Gustavo; MELLO FILHO, Luiz Philippe Vieira de; FRAZÃO, Ana; DELGADO, Gabriela Neves (Coords.). *Diálogos entre o direito do trabalho e o direito civil*. São Paulo: Editora Revista dos Tribunais, 2013, *passim* e, em especial, item 3.
13. A propósito da mudança de paradigma (da teoria contratual clássica ao dirigismo contratual), v., por todos, BESSONE, Darcy. *Do contrato*: teoria geral. Rio de Janeiro: Forense, 1987. p. 41 e ss. Em sentido similar, a destacar a mudança de compreensão da justiça contratual (para além da perspectiva meramente procedimental), v. LARENZ, Karl; WOLF, Manfred. *Allgemeiner Teil des bürgerlichen Rechts*, cit., p. 28.
14. Para um relato dessa mudança de paradigma (da teoria contratual clássica ao dirigismo contratual) durante o século XX, v., por todos, RAISER, Ludwig. La libertà contrattuale oggi, cit., p. 55 e ss.
15. V., por todos, BODIN DE MORAES, Maria Celina. A causa do contrato. *Civilistica.com*, a. 2, n. 1, 2013, item 2.
16. Para o desenvolvimento da crítica à acepção meramente formal da isonomia no bojo da teoria contratual clássica, remete-se a GOUNOT, Emmanuel. *Le principe de l'autonomie de la volonté en droit privé*: contribution à l'étude critique de l'individualisme juridique. Paris: Arthur Rousseau, 1912. p. 78 e ss.; e KRAMER, Ernst A. *Die „Krise" des liberalen Vertragsdenkens*. München: Wilhelm Fink, 1974. p. 21-22.
17. No que tange especificamente à historicidade da noção de liberdade contratual, veja-se a lição de Ludwig Raiser: "Reflete-se pouco sobre o significado atual da liberdade contratual e tende-se a considerar a sua função como imutável, fixada uma vez para sempre. Na realidade, ela, como qualquer outra instituição jurídica, tem a sua colocação histórica que se funda sobre determinados pressupostos ideológicos e político-sociais. Não pode, portanto, ser arbitrariamente transposta de um sistema de relações a outro, nem manter-se inalterada com a modificação dos seus pressupostos" (RAISER, Ludwig. La libertà contrattuale oggi, cit., p. 51. Tradução livre do original). No mesmo sentido, v., do mesmo autor, RAISER, Ludwig. Funzione del contratto e libertà contrattuale, cit., p. 97. O estudo fora originariamente publicado em RAISER, Ludwig. Vertragsfunktion und Vertragsfreiheit. In: CAEMMERER, Ernst von; FRIESENHAHN, Ernst; LANGE, Richard (Coords.). *Hundert Jahre Deutsches Rechtsleben. Band I*. Karlsruhe: Müller, 1960.

entre outros aspectos, à proclamação, por certa parcela da doutrina, de uma rígida separação entre as noções de *proporcionalidade econômico-financeira* e de *vulnerabilidade*.[18] Segundo essa formulação, o caráter objetivo da proporcionalidade econômico-financeira (que parcela da doutrina associa ao próprio substrato do princípio do equilíbrio contratual)[19] demandaria o seu afastamento conceitual em relação a eventuais indagações pautadas na preocupação de se protegerem determinadas pessoas em razão das suas circunstâncias pessoais – não já, portanto, puramente em razão de uma desproporcionalidade objetiva entre prestações.[20] Assim, justificar-se-ia a intervenção corretiva com vistas ao (re)estabelecimento da proporcionalidade econômico-financeira independentemente da presença ou não de fatores subjetivos que pudessem demandar a proteção de qualquer das partes.

Não se desconhece, por certo, o esforço deliberado dessa formulação teórica quanto à objetivação do tratamento dispensado ao equilíbrio contratual. Do acertado esforço de objetivação da análise dos contratos não parece possível, contudo, depreender a enunciação de um princípio que pudesse legitimar, *prima facie*, a intervenção judicial na busca por uma proporcionalidade econômico-financeira na generalidade das relações contratuais independentemente da análise das partes envolvidas, sua posição na relação, seus interesses e suas eventuais vulnerabilidades concretas.

Contra um tal desiderato – excessivamente objetivista – se haveriam de objetar tanto razões de índole prática quanto razões de índole jurídico-constitucional. No plano da práxis, pode-se pensar em circunstâncias como a dificuldade de definição judicial do *justo preço*[21] e o potencial de consequências negativas para a regulação do mercado em uma economia pautada pela liberdade de iniciativa e pela liberdade de fixação de preços.[22]

---

18. V., por todos, PERLINGIERI, Pietro. Equilibrio normativo e principio di proporzionalità nei contratti. *Revista Trimestral de Direito Civil*, v. 12, out.-dez./2002. p. 145.
19. Nesse sentido, afirma-se que o núcleo essencial do princípio do equilíbrio contratual consistiria em um "controle de proporcionalidade de caráter interno e objetivo (econômico) do contrato" (SCHREIBER, Anderson. *Equilíbrio contratual e dever de renegociar*. São Paulo: Saraiva, 2018. p. 59). A ressaltar a relevância da proporcionalidade para a definição do conteúdo do princípio do equilíbrio contratual, v., ainda, MONTEIRO FILHO, Carlos Edison do Rêgo; RITO, Fernanda Paes Leme. Fontes e evolução do princípio do equilíbrio contratual. *Pensar*, v. 21, n. 2, maio-ago./2016. p. 407. Tal ordem de compreensão do equilíbrio contratual corresponde ao que já se referiu por uma *formulação heterorreferenciada do equilíbrio contratual*, cujos principais contornos e limitações foram objeto de análise detida em SILVA, Rodrigo da Guia. Equilíbrio e vulnerabilidade nos contratos: marchas e contramarchas do dirigismo contratual. *Civilistica.com*, a. 9, n. 3, 2020, item 4.
20. A ilustrar o quanto exposto, vale destacar que tal preocupação – embora a partir do que se está a referir por uma visão heterorreferenciada do princípio do equilíbrio contratual – está presente na lição de SCHREIBER, Anderson. *Equilíbrio contratual e dever de renegociar*, cit., p. 52.
21. A dificuldade de definição do (suposto) *justo preço* é bem retratada por Karl Larenz: "Mas existe, afinal, uma possibilidade de constatar se duas prestações objetivamente aproximadas uma da outra têm ou não o mesmo valor? A pergunta sobre qual é o justo preço e a justa remuneração foi uma das perguntas fundamentais do Direito Natural. Ela ocupou não apenas juristas e filósofos, mas também economistas" (LARENZ, Karl. *Richtiges Recht*: Grundzüge einer Rechtsethik. München: C. H. Beck, 1979. p. 70. Tradução livre do original).
22. Adiante-se, desde logo, uma ressalva fundamental: tais inconvenientes de índole prática não ostentam valor propriamente (ou puramente) jurídico – e, de qualquer modo, certamente não superior aos valores constitucionais –, razão pela qual podem e devem ser superadas quando o ordenamento jurídico assim reclamar.

Às possíveis objeções da práxis se acoplam relevantes óbices de cunho jurídico-constitucional. Com efeito, não parece possível extrair da disciplina constitucional um imperativo de proporcionalidade econômico-financeira como requisito geral de legitimidade das relações contratuais.[23] Em outros termos, do ordenamento jurídico não se depreende uma repressão absoluta a legítimas posições de vantagem conquistadas negocialmente. Mesmo a se partir da questionável premissa de que o direito contratual deveria ser orientado pelo ideal de redistribuição de riquezas,[24] perceber-se-á que a intervenção judicial não haveria de se pautar pela busca indiscriminada de proporcionalidade econômico-financeira, mas sim pela busca de tal relação de proporcionalidade quando o cenário contraposto (i.e., o cenário de ausência de proporcionalidade) for prejudicial à parte socioeconomicamente menos favorecida da relação. A redistribuição de riquezas somente poderia ser promovida, afinal, com uma intervenção destinada a *favorecer* a parte em situação de inferioridade, sob pena de a disciplina contratual não apenas preservar, mas intensificar as desigualdades que a ordem constitucional busca reduzir.

Do quanto exposto não se deve extrair uma conclusão no sentido da absoluta irrelevância da equivalência ou da proporcionalidade econômica entre as prestações (ou polos prestacionais)[25] a cargo de cada uma das partes. Ao revés, a intervenção judicial pautada na implementação de uma certa relação de proporcionalidade afigura-se um relevante mecanismo de concretização de valores constitucionais como a isonomia substancial, a solidariedade social e a justiça social. A atuação desse mecanismo *corretivo* será legítima, então, quando algum fator concreto vinculado às pessoas[26] envolvidas assim demandar. Eis, por certo, um *locus* de todo propício para a atuação da chave conceitual da *vulnerabilidade contratual*.

4. PERSPECTIVAS PARA A COMPREENSÃO DO PAPEL DA VULNERABILIDADE NA TEORIA CONTRATUAL CONTEMPORÂNEA

Sob esse prisma, pode-se vislumbrar nos dispositivos normativos tradicionalmente associados à tutela do dito equilíbrio contratual originário um esforço de concretização do ideal de intervenção *corretiva* em razão da necessidade de tutela da pessoa (notada-

---

23. Assim esclarece, ao tratar do contrato de compra e venda (em lição passível de ampliação para além dessa espécie contratual), PEREIRA, Caio Mário da Silva. *Instituições de direito civil*. Volume III: Contratos. 16. ed. Atual. Regis Fichtner. Rio de Janeiro: Forense, 2012. p. 154.
24. Para o desenvolvimento da crítica à proposição de redistribuição de riquezas pela via do direito contratual, remete-se a PERLINGIERI, Pietro. *Perfis do direito civil*: introdução ao direito civil constitucional. 3. ed. Rio de Janeiro: Renovar, 2007. p. 48-49.
25. Para o desenvolvimento da análise acerca da relevância da noção de *polos prestacionais* no âmbito da dogmática contratual, seja consentido remeter a SILVA, Rodrigo da Guia. Novas perspectivas da exceção de contrato não cumprido: repercussões da boa-fé objetiva sobre o sinalagma contratual. *Revista de Direito Privado*, v. 78, jun./2017, item 4.
26. A menção às *pessoas* (e não aos *sujeitos de direito*), longe de casual, pretende evidenciar a adoção da premissa metodológica atinente ao *giro conceitual do sujeito à pessoa*, com o que se pretende destacar a necessidade de consideração e de proteção da pessoa humana em suas concretas relações, rejeitando-se o excessivo formalismo que inspirou a consideração do *sujeito de direito* no modelo clássico. Imperiosa, a propósito, a remissão a RODOTÀ, Stefano. *Dal soggetto alla persona*. [s.l.]: Editoriale Scientifica, 2007, *passim*.

mente a pessoa humana) que declarou vontade em alguma situação de inferioridade.[27] Assim se verifica na disciplina que o Código Civil dispensa tanto à lesão quanto ao estado de perigo: no âmbito da lesão, o legislador alude a "uma pessoa, sob premente necessidade, ou por inexperiência" (art. 157); no âmbito do estado de perigo, o legislador alude a "alguém, premido da necessidade de salvar-se, ou a pessoa de sua família" (art. 156). Tem-se, assim, circunstâncias pessoais (ou subjetivas, por assim dizer) que autorizam a intervenção judicial quando conjugadas a circunstâncias objetivas atinentes às prestações – "prestação manifestamente desproporcional ao valor da prestação oposta" e "obrigação excessivamente onerosa", no âmbito da lesão e do estado de perigo, respectivamente.

Também no âmbito do Código de Defesa do Consumidor (CDC) se vislumbra a concretização desse raciocínio. Como se sabe, a disposição mais comumente associada a uma noção de equilíbrio contratual é aquela contida no art. 6º, V, que, entre os direitos básicos do consumidor, assegura "a modificação das cláusulas contratuais que estabeleçam prestações desproporcionais ou sua revisão em razão de fatos supervenientes que as tornem excessivamente onerosas". Focando-se a atenção no plano originário da relação contratual, pode-se perceber que o diploma legal estabelece o direito à revisão a partir da conjugação de duas circunstâncias – uma objetiva (desproporcionalidade entre prestações, como indicado pelo inciso V do art. 6º)[28] e outra subjetiva (a presença de um consumidor, como indicado pelo próprio *caput* do art. 6º).

Como se nota, a consideração de uma parte *vulnerável* é justamente o fio condutor das previsões legais em comento.[29] Com efeito, o arcabouço protetivo do CDC se orienta precipuamente pelo escopo de tutela de uma parte vulnerável no âmbito de relação travada com um fornecedor no mercado de consumo.[30] Tal vulnerabilidade, que pode ser ou bem presumida (como sói acontecer com a pessoa humana na qualidade de consumidora)[31] ou bem demonstrada em concreto (como se costuma exigir, à luz

---

27. Assim conclui Teresa Negreiros ao analisar a disciplina da lesão: "Especificamente, interessa-nos olhar mais de perto o princípio que inspira a lesão, qual seja, o princípio do equilíbrio econômico e, em particular, seu mais imediato corolário: a proteção ao contratante débil" (NEGREIROS, Teresa. *Teoria do contrato*, cit., p. 190). Em sentido semelhante, a correlacionar a disciplina da lesão à proteção do agente em situação de inferioridade negocial, v. KONDER, Carlos Nelson. Vulnerabilidade patrimonial e vulnerabilidade existencial: por um sistema diferenciador. *Revista de Direito do Consumidor*, v. 99, maio-jun./2015, item 3.
28. Semelhante conclusão pode ser enunciada a partir da análise dos enunciados normativos que buscam delimitar a noção de "desvantagem exagerada" para fins de configuração da cláusula abusiva cuja nulidade é cominada pelo art. 51, IV, do CDC. Por exemplo, o art. 51, § 1º, III, do CDC preceitua que se presume exagerada a vantagem que "se mostra excessivamente onerosa para o consumidor, considerando-se a natureza e conteúdo do contrato, o interesse das partes e outras circunstâncias peculiares ao caso".
29. Em semelhante linha de sentido, v. SALLES, Raquel Bellini de Oliveira. O desequilíbrio da relação obrigacional e a revisão dos contratos no Código de Defesa do Consumidor: para um cotejo com o Código Civil. In: TEPEDINO, Gustavo (Coord.). *Obrigações*: estudos na perspectiva civil-constitucional. Rio de Janeiro: Renovar, 2005. p. 314.
30. Não por acaso, a doutrina especializada afirma contundentemente: "A existência do direito do consumidor justifica-se pelo reconhecimento da vulnerabilidade do consumidor. É esta vulnerabilidade que determina ao direito que se ocupe da proteção do consumidor" (MIRAGEM, Bruno. *Curso de direito do consumidor*. 6. ed. São Paulo: Editora Revista dos Tribunais, 2016. p. 128).
31. Imperioso rememorar, a esse respeito, a menção do art. 4º, I, do CDC à vulnerabilidade do consumidor no bojo da enunciação dos princípios da Política Nacional das Relações de Consumo.

da doutrina do finalismo mitigado, para a qualificação de uma pessoa jurídica como consumidora a ser protegida pelo CDC),[32] aparece como uma constante na disciplina protetiva do diploma consumerista.[33]

O recurso à noção de vulnerabilidade se situa no âmbito do esforço geral (não restrito ao âmbito consumerista, portanto) de "(...) tentar adequar a dogmática tradicional do direito privado à ordem constitucional que privilegia a pessoa humana, no sentido da despatrimonialização do direito civil, rumo a uma sociedade mais livre, justa e solidária".[34] Em que pese a ausência de definição estrita, parece possível destacar um relevante aspecto subjacente às formulações teóricas sobre a vulnerabilidade, qual seja: o reconhecimento de que a concretização da tábua axiológica constitucional depende necessariamente da efetiva (e prioritária)[35] proteção da pessoa humana em suas concretas relações e em atenção às suas concretas necessidades de tutela face aos mais variados riscos a que se expõe.[36]

---

32. V., por todos, MARQUES, Claudia Lima; BENJAMIN, Antonio Herman; MIRAGEM, Bruno. *Comentários ao Código de Defesa do Consumidor*. São Paulo: Revista dos Tribunais, 2013. p. 116.
33. V., por todos, MARQUES, Claudia Lima. Superação das antinomias pelo diálogo das fontes: o modelo brasileiro de coexistência entre o Código de Defesa do Consumidor e o Código Civil de 2002. *Revista de Direito do Consumidor*, v. 51, jul.-set./2004, item 3.1.
34. KONDER, Carlos Nelson. Vulnerabilidade patrimonial e vulnerabilidade existencial, cit., item 1. O escopo da referida "despatrimonialização" do direito privado pode ser assim resumido: "Os objetivos constitucionais de construção de uma sociedade livre, justa e solidária e de erradicação da pobreza colocaram a pessoa humana – isto é, os valores existenciais – no vértice do ordenamento jurídico brasileiro, de modo que tal é o valor que conforma todos os ramos do Direito. Correta parece, então, a elaboração hermenêutica que entende ultrapassada a *summa divisio* e reclama a incidência dos valores constitucionais na normativa civilística, operando uma espécie de 'despatrimonialização' do direito privado, em razão da prioridade atribuída, pela Constituição, à pessoa humana, sua dignidade, sua personalidade e seu livre desenvolvimento" (BODIN DE MORAES, Maria Celina. A caminho de um direito civil-constitucional. In: *Na medida da pessoa humana*: estudos de direito civil-constitucional. Rio de Janeiro: Renovar, 2010. p. 11-12). Em outra sede, a autora elucida que "[a] incorporação dos valores personalistas à aplicação do direito civil impede a sua aplicação tecnicista e conservadora em decorrência do movimento de despatrimonialização do direito civil" (BODIN DE MORAES, Maria Celina. A utilidade dos princípios na aplicação do direito. Editorial à *Civilistica.com*, a. 2, n. 1, 2013. p. 3).
35. "Instaurar o primado da pessoa humana é o principal objetivo do direito civil, sob o comando da Constituição de 1988. O respeito à pessoa humana, única em sua dignidade, mas necessariamente solidária da comunidade em que se encontra inserida, resta talvez o único princípio de coerência possível de uma democracia humanista que – se espera – venha um dia a ter alcance universal e, eis a utopia, a ele seja consagrada plena, absoluta, completa efetividade. Neste ambiente, de um renovado humanismo, a vulnerabilidade da pessoa humana será tutelada, prioritariamente, onde quer que ela se manifeste" (BODIN DE MORAES, Maria Celina. Vulnerabilidades nas relações de família: o problema da desigualdade de gênero. *Cadernos da Escola Judicial do TRT da 4ª Região*, n. 3, 2010. p. 26).
36. "No 'mundo social', impera a diferença entre aqueles que são ontologicamente iguais. Todos os humanos são, por natureza, vulneráveis, visto que todos os seres humanos são passíveis de serem feridos, atingidos em seu complexo psicofísico. Mas nem todos serão atingidos do mesmo modo, ainda que se encontrem em situações idênticas, em razão de circunstâncias pessoais, que agravam o estado de suscetibilidade que lhes é inerente. Embora em princípio iguais, os humanos se revelam diferentes no que respeita à vulnerabilidade. É preciso, portanto, indagar quais os significados da vulnerabilidade, e quais as circunstâncias que podem agravá-la" (BARBOZA, Heloisa Helena. Vulnerabilidade e cuidado: aspectos jurídicos. In: PEREIRA, Tânia da Silva; OLIVEIRA, Guilherme de (Coords.). *Cuidado e vulnerabilidade*. São Paulo: Atlas, 2009. p. 107). A autora prossegue: "Na verdade, o conceito de vulnerabilidade (...) refere-se a qualquer ser vivo, sem distinção, que pode, eventualmente, ser 'vulnerado' em situações contingenciais. Trata-se, portanto, de característica ontológica de todos os seres vivos. Determinados seres vivos são circunstancialmente afetados, fragilizados, desamparados ou vulnerados" (Ibid., p. 110).

O intérprete-aplicador do direito atento às vulnerabilidades das partes posta-se, portanto, um passo mais próximo de se desincumbir da sua responsabilidade de promover a vasta e complexa gama de valores tutelados pelo ordenamento jurídico – verdadeiro e inarredável norte para a proteção da pessoa humana, com relevância central "não só nas relações econômicas, como as de consumo, mas em todas as suas relações, especialmente as de natureza existencial".[37] Desse modo, a consideração das referidas vulnerabilidades traduz relevante mecanismo de concretização de valores como a dignidade humana, a igualdade substancial,[38] a solidariedade social e a justiça social.[39] A própria configuração do Estado do Bem-Estar Social, em oposição ao Estado liberal clássico, demanda essa intervenção protetiva,[40] pautada em uma lógica que a doutrina já referiu por *desigualdade positiva*, com o que se pretende aludir à intervenção do Estado no sentido de conferir tratamento diferenciado às pessoas situadas em posição de desigualdade fática,[41] com particular destaque para os variados grupos *minoritários*.[42]

No específico âmbito dos contratos, parece possível entender a vulnerabilidade como a situação de determinada pessoa que se encontra em posição de inferioridade negocial e que, portanto, demanda tutela especial.[43] Essa inferioridade pode estar relacionada a um sem número de fatores sociais e/ou econômicos, tais como a assimetria informacional,[44] a ausência ou excessiva restrição de poder de barganha (como presu-

---

37. BARBOZA, Heloisa Helena. Vulnerabilidade e cuidado, cit., p. 111.
38. A elucidar a correlação entre tutela das vulnerabilidades e isonomia substancial, v. KONDER, Carlos Nelson. Vulnerabilidade patrimonial e vulnerabilidade existencial, cit., item 2; e BARBOZA, Heloisa Helena. Vulnerabilidade e cuidado, cit., p. 108.
39. A propósito, v. LÔBO, Paulo. Contratante vulnerável e autonomia privada. In: NEVES, Thiago Ferreira Cardoso (Coord.). *Direito & Justiça Social*: por uma sociedade mais justa, livre e solidária – estudos em homenagem ao Professor Sylvio Capanema de Souza. São Paulo: Atlas, 2013. p. 159.
40. "O flagrante desequilíbrio das relações jurídicas instou o legislador e os tribunais a criarem os meios de proteger a 'parte mais fraca' que, não obstante declaradamente livre, por conseguinte autônoma, com plena capacidade jurídica e titular de 'iguais direitos', se encontrava subordinada de modo irresistível a outra, por razões socioeconômicas. Em todos os ramos do direito, e por diferentes meios, buscou-se minorar a desigualdade" (BARBOZA, Heloisa Helena. Reflexões sobre a autonomia negocial. In: TEPEDINO, Gustavo; FACHIN, Luiz Edson (Coords.). *O direito e o tempo*: embates jurídicos e utopias contemporâneas – estudos em homenagem ao Professor Ricardo Pereira Lira. Rio de Janeiro: Renovar, 2008. p. 418). A correlacionar o ideal de proteção da parte mais fraca da relação com a passagem histórica do Estado Liberal clássico para o Estado do Bem-Estar Social, v., ainda, KONDER, Carlos Nelson. Vulnerabilidade patrimonial e vulnerabilidade existencial, cit., item 3.
41. A propósito, v. FACHIN, Luiz Edson; GONÇALVES, Marcos Alberto Rocha. Normas trabalhistas na legalidade constitucional: princípios da dignidade da pessoa humana, da solidariedade e da isonomia substancial. In: TEPEDINO, Gustavo *et alii* (Coords.). *Diálogos entre o direito do trabalho e o direito civil*. São Paulo: Revista dos Tribunais, 2013. p. 33.
42. Cumpre ter em mente a imprescindível análise qualitativa das noções de *minoria* e *grupos minoritários*, como adverte Heloisa Helena Barboza: "Indispensável ressaltar que deve ser dada conotação qualitativa ao termo 'minoritários'. (...) O termo *minoria* deve ser reservado aos grupos sociais que, independentemente de sua expressão numérica, encontram-se qualitativamente em situação de desigualdade, por razões sociais, econômicas ou técnicas, grupos sujeitos à dominação de outros grupos prevalentes" (BARBOZA, Heloisa Helena. Reflexões sobre a autonomia negocial, cit., p. 419. Grifos no original).
43. Nesse sentido, em passagem que, embora situada no âmbito da investigação da vulnerabilidade do consumidor, parece passível de extensão à generalidade das relações contratuais, v. CALIXTO, Marcelo Junqueira. O princípio da vulnerabilidade do consumidor. In: BODIN DE MORAES, Maria Celina (Coord.). *Princípios do direito civil contemporâneo*. Rio de Janeiro: Renovar, 2006. p. 317.
44. No que tange à associação entre *vulnerabilidade* e *assimetria de informações*, v., entre outros, SOARES, Renata Domingues Balbino Munhoz. Livre-arbítrio e responsabilidade civil: da vulnerabilidade do consumidor às es-

mivelmente ocorre em contratos de adesão),[45] a subordinação face ao poder econômico (como ocorre, por exemplo, nas hipóteses de monopólios e oligopólios),[46] a dependência econômica[47] (pense-se na situação da maioria dos trabalhadores face aos seus empregadores[48] ou mesmo na situação do locatário de imóvel residencial face ao locador),[49] a hipossuficiência econômica[50] ou, ainda, fatores de matriz racial ou de gênero.[51]

Exportando-se a noção de vulnerabilidade para a compreensão geral do direito dos contratos, pode-se identificar precisamente a *vulnerabilidade contratual* como a noção mais adequada a desempenhar o papel de fundamentar (e de conter) a intervenção corretiva nas relações privadas, evitando-se o que já se referiu por "banalização do dirigismo contratual".[52] Legitima-se (e impõe-se), assim, a intervenção estatal para a proteção dos contratantes porventura reputados, à luz das circunstâncias do caso concreto, *vulneráveis*[53] (ou, por maior ordem de razão, já *vulnerados*),[54] ao mesmo tempo em que impõe-se deferência aos programas contratuais entabulados de modo válido e sem a presença de qualquer fator legitimador de uma intervenção corretiva.

---

tratégias da indústria tabagista. In: ROSENVALD, Nelson; DRESCH, Rafael de Freitas Valle; WESENDONCK, Tula (Coords.). *Responsabilidade civil*: novos riscos. Indaiatuba: Foco, 2019. p. 244 e ss.

45. No que tange à possível correlação entre *vulnerabilidade* e *ausência de poder de barganha*, v., por todos, KONDER, Carlos Nelson; SANTOS, Deborah Pereira Pinto dos. O equilíbrio contratual nas locações em *shopping center*: controle de cláusulas abusivas e a promessa de loja âncora. *Scientia Iuris*, v. 20, n. 3, nov./2016. p. 179; e LÔBO, Paulo. Contratante vulnerável e autonomia privada, cit., p. 160. Para uma análise da situação especificamente no âmbito dos contratos de adesão, v., por todos, COLIN, Ambroise; CAPITANT, Henri. *Cours élémentaire de droit civil français*. Tome Deuxième. 4. éd. Paris: Dalloz, 1924. p. 257 e ss.
46. A identificar o *poder econômico* como uma das imperfeições do liberalismo clássico constatadas na passagem do século XIX para o século XX, v. GRAU, Eros Roberto. *A ordem econômica na Constituição de 1988*, cit., p. 21.
47. Para uma análise da tendência de regulação destinada a coibir o *abuso da dependência econômica*, v. KONDER, Carlos Nelson; SANTOS, Deborah Pereira Pinto dos. O equilíbrio contratual nas locações em *shopping center*, cit., p. 183.
48. No que tange à proeminência do direito do trabalho como modelo de proteção a uma parte mais fraca na relação, em concretização do imperativo constitucional de isonomia substancial, v. RUZYK, Carlos Eduardo Pianovski. Relações privadas, dirigismo contratual e relações trabalhistas, cit., p. 100-101.
49. A propósito, v., por todos, BESSONE, Darcy. *Do contrato*: teoria geral. Rio de Janeiro: Forense, 1987. p. 42.
50. A diferenciar as noções de *vulnerabilidade* e de *hipossuficiência* (sobretudo, a econômica), veja-se a lição de Paulo Lôbo: "A vulnerabilidade, sob o ponto de vista jurídico, é o reconhecimento pelo direito de que determinadas posições contratuais, nas quais se inserem as pessoas, são merecedoras de proteção. Não se confunde com a hipossuficiência, que é conceito eminentemente econômico ou conceito jurídico fundado na insuficiência das condições econômicas pessoais. De maneira geral, os juridicamente vulneráveis são hipossuficientes, mas nem sempre essa relação existe. A vulnerabilidade jurídica pode radicar na desigualdade do domínio das informações, para que o interessado em algum bem ou serviço possa exercer sua escolha, como ocorre com o consumidor; pode estar fundada na impossibilidade de exercer escolhas negociais, como ocorre com o aderente em contrato de adesão a condições gerais" (LÔBO, Paulo. Contratante vulnerável e autonomia privada, cit., p. 162).
51. A partir de similar ordem de preocupação (ainda que em estudo não dedicado à temática contratual), reconhece-se a relevância da "proteção específica da vulnerabilidade de gênero" (BODIN DE MORAES, Maria Celina. Vulnerabilidades nas relações de família, cit., p. 21).
52. A advertência remonta à lição de TEPEDINO, Gustavo. Autonomia privada e cláusulas limitativas de responsabilidade. Editorial. *Revista Brasileira de Direito Civil*. Belo Horizonte, v. 23, p. 11-13, jan.-mar./2020. p. 12-13.
53. "A intervenção do Estado nas relações econômicas privadas, que caracteriza profundamente o Estado social, tem sob foco principal o contrato como instrumento jurídico por excelência da circulação dos valores e titularidades econômicos, e precisamente da proteção dos figurantes mais fracos ou vulneráveis" (LÔBO, Paulo. Contratante vulnerável e autonomia privada, cit., p. 159-160).
54. "A vulnerabilidade exige análise mais aprofundada, para que se possa proteger do melhor modo possível todas as pessoas e necessariamente, de modo especial, aqueles que têm potencializada a vulnerabilidade, ou que já se encontram vulnerados" (BARBOZA, Heloisa Helena. Vulnerabilidade e cuidado, cit., p. 109).

5. CONCLUSÃO

As precedentes considerações buscaram evidenciar que a vulnerabilidade contratual é um relevante índice para a definição do concreto espaço a ser atribuído à própria liberdade contratual – embora não deva ser, por certo, o único índice pertinente.[55] Com efeito, a vulnerabilidade desempenha relevante papel na conformação da liberdade conferida pelo ordenamento aos particulares em matéria contratual. Em consequência desse raciocínio, parece possível afirmar que o alcance da liberdade contratual tende a ser inversamente proporcional à extensão (ou à gravidade) da vulnerabilidade do figurante. Desse modo, quanto mais acentuada a vulnerabilidade de uma das partes na concreta relação, menor será o grau de autonomia deferido às partes e maior será a necessidade de intervenção corretiva.

Afigura-se igualmente possível, por certo, que não haja vulnerabilidade nem outros fatores idôneos a legitimar uma intervenção pretensamente corretiva, hipóteses em que será de se esperar deferência ao programa contratual entabulado pelas partes em legítimo exercício de autonomia privada.[56] Assim, se, após a implementação de todo o complexo juízo valorativo que há de incidir sobre o contrato, vier a se concluir pela legitimidade (ou, em outras palavras, pelo merecimento de tutela em sentido lato)[57] do concreto exercício da liberdade contratual, redobrada cautela haver-se-á de dedicar ao estudo de uma justiça contratual pautada em critérios externos à vontade das partes.[58]

Qualquer que venha a ser a conclusão diante de certo caso concreto, faz-se imperioso reconhecer a imprescindibilidade da análise material da situação dos figurantes no âmbito de cada relação contratual concretamente considerada.[59] Apenas tal ordem de

---

55. A título meramente ilustrativo de outros possíveis índices relevantes, pense-se no paradigma da essencialidade – a pugnar pela diferenciação dos contratos conforme a natureza essencial, útil ou supérflua do bem contratado (como sustenta NEGREIROS, Teresa. *Teoria do contrato*, cit., p. 203-204) – e no princípio da função social do contrato – a sinalizar para a necessidade de consideração de interesses socialmente relevantes (v., por todos, KONDER, Carlos Nelson. Para além da "principialização" da função social do contrato. *Revista Brasileira de Direito Civil*. Belo Horizonte: Fórum, jul.-set./2017. p. 55 e ss.).
56. Em semelhante linha de sentido, a esclarecer que diante da efetiva e concreta simetria negocial não se justifica uma intervenção corretiva, v. LÔBO, Paulo. Contratante vulnerável e autonomia privada, cit., p. 162.
57. "Em sentido lato, portanto, a noção de merecimento de tutela representa justamente o reconhecimento de que a eficácia de certa conduta particular é compatível com o sistema e, por isso, deve ser protegida" (SOUZA, Eduardo Nunes de. Merecimento de tutela: a nova fronteira da legalidade no direito civil. *Revista de Direito Privado*, v. 58, abr.-jun./2014. p. 76-77). O autor analisa, ademais, o juízo de merecimento de tutela em sentido estrito (Ibid., item 5). Sobre o tema, v., ainda, do mesmo autor, SOUZA, Eduardo Nunes de. Índices da aderência do intérprete à metodologia do direito civil-constitucional. Revista da Faculdade de Direito da UERJ, n. 41, 2022, item 4.
58. Em semelhante linha de sentido, v. CANARIS, Claus-Wilhelm. Wandlungen des Schuldvertragsrechts – Tendenzen zu seiner „Materialisierung". *Archiv für die civilistische Praxis*, v. 200, n. 3, 2000. p. 286-287.
59. Também a identificação de grupos merecedores de especial proteção auxilia na consecução do imperativo de tutela das vulnerabilidades da pessoa humana: "É indispensável verificar as peculiaridades das diferentes situações de cada grupo, como vem sendo feito com as crianças e adolescentes, com os consumidores, e com o idoso (...)" (BARBOZA, Heloisa Helena. Vulnerabilidade e cuidado, cit., p. 112). Ainda a ilustrar a identificação de grupos minoritários cujas vulnerabilidades demandam especial tutela, cumpre fazer menção à "especial vulnerabilidade das pessoas com deficiência": "Na trajetória das desigualdades no mundo social, observa-se que as múltiplas assimetrias contemplam um fenômeno muito mais complexo do que apenas sua dimensão mone-

análise propicia a adequada investigação acerca de eventual vulnerabilidade contratual de alguma das partes. Da simplicidade do quanto exposto parece possível extrair uma recomendação geral: do intérprete-aplicador do direito na seara contratual espera-se, à luz da ordem constitucional brasileira, que não descuide nem da *coragem* nem da *prudência* no tratamento das relações contratuais.

Por um lado, a virtude da *coragem* há de se destacar quando uma vulnerabilidade na concreta relação jurídica constituir obstáculo fático à promoção dos valores tutelados pelo ordenamento, a demandar atuação corretiva pelo intérprete. Por outro lado, a virtude da *prudência* há de se destacar quando não houver vulnerabilidade (ou qualquer outro fator legitimador) que se coloque a demandar uma intervenção no regulamento contratual, ainda que se esteja diante de contrato posteriormente considerado desvantajoso, do ponto de vista econômico, para uma das partes. O eventual e esperado êxito em toda essa empreitada haverá de possibilitar que a civilística se aproxime do propósito de promover a consolidação de um direito contratual *na medida da pessoa humana*.[60]

6. REFERÊNCIAS

BARBOZA, Heloisa Helena. Reflexões sobre a autonomia negocial. In: TEPEDINO, Gustavo; FACHIN, Luiz Edson (Coords.). *O direito e o tempo*: embates jurídicos e utopias contemporâneas – estudos em homenagem ao Professor Ricardo Pereira Lira. Rio de Janeiro: Renovar, 2008.

BARBOZA, Heloisa Helena. Vulnerabilidade e cuidado: aspectos jurídicos. In: PEREIRA, Tânia da Silva; OLIVEIRA, Guilherme de (Coords.). *Cuidado e vulnerabilidade*. São Paulo: Atlas, 2009.

BARBOZA, Heloisa Helena; ALMEIDA JUNIOR, Vitor de Azevedo. Reconhecimento e inclusão das pessoas com deficiência. *Revista Brasileira de Direito Civil*, v. 13, p. 17-37, jul.-set./2017.

BESSONE, Darcy. *Do contrato*: teoria geral. Rio de Janeiro: Forense, 1987.

BODIN DE MORAES, Maria Celina. O princípio da dignidade humana. In: BODIN DE MORAES, Maria Celina (Coord.). *Princípios do direito civil contemporâneo*. Rio de Janeiro: Renovar, 2006.

BODIN DE MORAES, Maria Celina. A caminho de um direito civil-constitucional. In: *Na medida da pessoa humana*: estudos de direito civil-constitucional. Rio de Janeiro: Renovar, 2010.

---

tária. A compreensão das desigualdades – termo aqui entendido no plural – requer um exame de suas múltiplas dimensões (...). Emerge, desse modo, a especial vulnerabilidade das pessoas com deficiência, que vivenciam situações de descaso, discriminação e exclusão de toda sorte ao longo da história, como já visto. Sem embargo, as pessoas com deficiência formam um dos grupos social e economicamente mais excluídos e vulneráveis, o que se conclui a partir de sua sobrerrepresentação entre as camadas mais pobres da população. Aponta-se que a relação entre deficiência e pobreza é biunívoca (...)" (BARBOZA, Heloisa Helena; ALMEIDA JUNIOR, Vitor de Azevedo. Reconhecimento e inclusão das pessoas com deficiência. *Revista Brasileira de Direito Civil*, v. 13, p. 17-37, jul.-set./2017. p. 32).

60. Para além de singelo tributo a uma das mais marcantes obras da homenageada, o uso da expressão realçada se destina a evidenciar, na esteira do quanto desenvolvido no decorrer do presente estudo, que a consolidação de um direito contratual efetivamente adequado à tutela da dignidade humana depende inexoravelmente de um olhar atento à "absoluta singularidade" de cada ser humano: "A noção de humanidade não se esgota na espécie; cada ser humano é único, em sua absoluta singularidade. Único e plural a um só tempo; parte da comunidade humana, mas possuidor de um destino singular. Esta é a lei da pluralidade humana, referida por Hannah Arendt na obra *A condição humana*: 'Quem habita este planeta não é o homem, mas os homens. Pluralidade é a lei da terra'" (BODIN DE MORAES, Maria Celina. Prefácio a *Na medida da pessoa humana*, cit., p. XVI).

BODIN DE MORAES, Maria Celina. *Na medida da pessoa humana*: estudos de direito civil-constitucional. Rio de Janeiro: Renovar, 2010.

BODIN DE MORAES, Maria Celina. Vulnerabilidades nas relações de família: o problema da desigualdade de gênero. *Cadernos da Escola Judicial do TRT da 4ª Região*, n. 3, 2010.

BODIN DE MORAES, Maria Celina. A causa do contrato. *Civilistica.com*, a. 2, n. 1, 2013.

BODIN DE MORAES, Maria Celina. A utilidade dos princípios na aplicação do direito. Editorial à *Civilistica.com*, a. 2, n. 1, 2013.

CALIXTO, Marcelo Junqueira. O princípio da vulnerabilidade do consumidor. In: BODIN DE MORAES, Maria Celina (Coord.). *Princípios do direito civil contemporâneo*. Rio de Janeiro: Renovar, 2006.

CANARIS, Claus-Wilhelm. Wandlungen des Schuldvertragsrechts – Tendenzen zu seiner „Materialisierung". *Archiv für die civilistische Praxis*, v. 200, n. 3, 2000.

COLIN, Ambroise; CAPITANT, Henri. *Cours élémentaire de droit civil français*. Tome Deuxième. 4. éd. Paris: Dalloz, 1924.

FACHIN, Luiz Edson; GONÇALVES, Marcos Alberto Rocha. Normas trabalhistas na legalidade constitucional: princípios da dignidade da pessoa humana, da solidariedade e da isonomia substancial. In: TEPEDINO, Gustavo *et alii* (Coords.). *Diálogos entre o direito do trabalho e o direito civil*. São Paulo: Ed. RT, 2013.

GOUNOT, Emmanuel. *Le principe de l'autonomie de la volonté en droit privé*: contribution à l'étude critique de l'individualisme juridique. Paris: Arthur Rousseau, 1912.

GRAU, Eros Roberto. *A ordem econômica na Constituição de 1988*. 15. ed. São Paulo: Malheiros, 2012.

GRAU, Eros Roberto. Comentário ao artigo 170, *caput*. In: CANOTILHO, J. J. Gomes; MENDES, Gilmar Ferreira; SARLET, Ingo Wolfgang; STRECK, Lenio Luiz (Coords.). *Comentários à Constituição do Brasil*. São Paulo: Saraiva/Almedina, 2013.

JOSSERAND, Louis. Considerazioni sul contratto "regolato". *Archivio Giuridico "Filippo Serafini"*. Quarta Serie, v. XXVIII, 1934.

KONDER, Carlos Nelson. Vulnerabilidade patrimonial e vulnerabilidade existencial: por um sistema diferenciador. *Revista de Direito do Consumidor*, v. 99, maio-jun./2015.

KONDER, Carlos Nelson; SANTOS, Deborah Pereira Pinto dos. O equilíbrio contratual nas locações em *shopping center*: controle de cláusulas abusivas e a promessa de loja âncora. *Scientia Iuris*, v. 20, n. 3, nov./2016.

KONDER, Carlos Nelson. Para além da "principialização" da função social do contrato. *Revista Brasileira de Direito Civil*. Belo Horizonte: Fórum, jul.-set./2017.

KRAMER, Ernst A. *Die „Krise" des liberalen Vertragsdenkens*. München: Wilhelm Fink, 1974.

LARENZ, Karl. *Richtiges Recht*: Grundzüge einer Rechtsethik. München: C. H. Beck, 1979.

LARENZ, Karl; WOLF, Manfred. *Allgemeiner Teil des bürgerlichen Rechts*. München: C. H. Beck, 1997.

LÔBO, Paulo. Contratante vulnerável e autonomia privada. In: NEVES, Thiago Ferreira Cardoso (Coord.). *Direito & Justiça Social*: por uma sociedade mais justa, livre e solidária – estudos em homenagem ao Professor Sylvio Capanema de Souza. São Paulo: Atlas, 2013.

MARQUES, Claudia Lima. Superação das antinomias pelo diálogo das fontes: o modelo brasileiro de coexistência entre o Código de Defesa do Consumidor e o Código Civil de 2002. *Revista de Direito do Consumidor*, v. 51, jul.-set./2004.

MARQUES, Claudia Lima; BENJAMIN, Antonio Herman; MIRAGEM, Bruno. *Comentários ao Código de Defesa do Consumidor*. São Paulo: Ed. RT, 2013.

MIRAGEM, Bruno. *Curso de direito do consumidor*. 6. ed. São Paulo: Editora Ed. RT, 2016.

MONTEIRO FILHO, Carlos Edison do Rêgo; RITO, Fernanda Paes Leme. Fontes e evolução do princípio do equilíbrio contratual. *Pensar*, v. 21, n. 2, maio-ago./2016.

NEGREIROS, Teresa. *Teoria do contrato*: novos paradigmas. Rio de Janeiro: Renovar, 2002.

OSTI, Giuseppe. Contratto. In: AZARA, Antonio; EULA, Ernesto (Coords.). *Novissimo Digesto Italiano*. 3. ed. Torino: UTET, 1959. v. IV.

PEREIRA, Caio Mário da Silva. *Instituições de direito civil*. Volume III: Contratos. 16. ed. Atual. Regis Fichtner. Rio de Janeiro: Forense, 2012.

PERLINGIERI, Pietro. Equilibrio normativo e principio di proporzionalità nei contratti. *Revista Trimestral de Direito Civil*, v. 12, out.-dez./2002.

PERLINGIERI, Pietro. *Perfis do direito civil*: introdução ao direito civil constitucional. 3. ed. Rio de Janeiro: Renovar, 2007.

PERLINGIERI, Pietro. *Manuale di diritto civile*. 7. ed. Napoli: Edizioni Scientifiche Italiane, 2014.

PERTICONE, Giacomo. Liberalismo. In: AZARA, Antonio; EULA, Ernesto (Coords.). *Novissimo Digesto Italiano*. 3. ed. Torino: UTET, 1963. v. IX.

RAISER, Ludwig. Funzione del contratto e libertà contrattuale. In: *Il compito del diritto privato*: saggi di diritto privato e di diritto dell'economia di tre decenni. Trad. Marta Graziadei. Milano: Giuffrè, 1990.

RAISER, Ludwig. Vertragsfunktion und Vertragsfreiheit. In: CAEMMERER, Ernst von; FRIESENHAHN, Ernst; LANGE, Richard (Coords.). *Hundert Jahre Deutsches Rechtsleben*. Band I. Karlsruhe: Müller, 1960.

RAISER, Ludwig. La libertà contrattuale oggi. In: *Il compito del diritto privato*: saggi di diritto privato e di diritto dell'economia di tre decenni. Trad. Marta Graziadei. Milano: Giuffrè, 1990.

RODOTÀ, Stefano. *Dal soggetto alla persona*. [s.l.]: Editoriale Scientifica, 2007.

RUZYK, Carlos Eduardo Pianovski. Relações privadas, dirigismo contratual e relações trabalhistas: uma proposta de reflexão sobre o papel da(s) liberdade(s) nas interseções entre contrato e direito do trabalho. In: TEPEDINO, Gustavo; MELLO FILHO, Luiz Philippe Vieira de; FRAZÃO, Ana; DELGADO, Gabriela Neves (Coords.). *Diálogos entre o direito do trabalho e o direito civil*. São Paulo: Editora Ed. RT, 2013.

SALLES, Raquel Bellini de Oliveira. O desequilíbrio da relação obrigacional e a revisão dos contratos no Código de Defesa do Consumidor: para um cotejo com o Código Civil. In: TEPEDINO, Gustavo (Coord.). *Obrigações*: estudos na perspectiva civil-constitucional. Rio de Janeiro: Renovar, 2005.

SCHREIBER, Anderson. *Equilíbrio contratual e dever de renegociar*. São Paulo: Saraiva, 2018.

SILVA, Rodrigo da Guia. Novas perspectivas da exceção de contrato não cumprido: repercussões da boa-fé objetiva sobre o sinalagma contratual. *Revista de Direito Privado*, v. 78, jun./2017.

SILVA, Rodrigo da Guia. Equilíbrio e vulnerabilidade nos contratos: marchas e contramarchas do dirigismo contratual. *Civilistica.com*, a. 9, n. 3, 2020.

SOARES, Renata Domingues Balbino Munhoz. Livre-arbítrio e responsabilidade civil: da vulnerabilidade do consumidor às estratégias da indústria tabagista. In: ROSENVALD, Nelson; DRESCH, Rafael de Freitas Valle; WESENDONCK, Tula (Coords.). *Responsabilidade civil*: novos riscos. Indaiatuba: Foco, 2019.

SOUZA, Eduardo Nunes de. Merecimento de tutela: a nova fronteira da legalidade no direito civil. *Revista de Direito Privado*, v. 58, abr.-jun./2014.

SOUZA, Eduardo Nunes de. Índices da aderência do intérprete à metodologia do direito civil-constitucional. Revista da Faculdade de Direito da UERJ, n. 41, 2022.

TEPEDINO, Gustavo. Ativismo judicial e construção do direito civil: entre dogmática e práxis. *Novos Estudos Jurídicos*, v. 24, n. 1, jan.-abr./2019.

TEPEDINO, Gustavo. Autonomia privada e cláusulas limitativas de responsabilidade. Editorial. *Revista Brasileira de Direito Civil*. Belo Horizonte, v. 23, p. 11-13, jan.-mar./2020.

NOTAS SOBRE O DEVER DE RENEGOCIAR NO DIREITO BRASILEIRO

Vladimir Mucury Cardoso

Doutorando e mestre em Direito Civil pela UERJ. Professor da PUC-Rio. Advogado.

Sumário: 1. Introdução – 2. O problema do desequilíbrio contratual superveniente – 3. Cláusulas de renegociação – 4. Boa-fé, equilíbrio contratual e dever de renegociar – 5. Efeitos do inadimplemento do dever de renegociar – 6. Conclusão – 7. Referências.

1. INTRODUÇÃO

Durante o apogeu do liberalismo jurídico prevalecia a ideia refletida na máxima *quem diz contratual, diz justo*. Queria-se dizer com isso que o empenho da vontade isenta de vícios afastava, em regra, qualquer discussão a respeito da efetiva *justiça* do conteúdo do contrato. Produto do voluntarismo que então vigorava, tal pensamento partia do princípio de que as partes eram livres para contratar o que quisessem, como quisessem, com quem quisessem, salvo poucas restrições admitidas em favor da ordem pública. Uma vez aperfeiçoado o contrato, já não seria possível desvincular-se, ainda que o ajuste se revelasse injusto.

O advento do Estado de bem-estar social, resultante, sobretudo, das chamadas *grandes constituições*, típicas do período pós-guerra,[1] provocou verdadeira reviravolta na teoria contratual, que adotou novos princípios – a boa-fé objetiva, a função social dos contratos e o equilíbrio contratual –, os quais vieram se somar àqueles anteriormente reconhecidos – a liberdade contratual, a força obrigatória dos contratos e a relatividade dos seus efeitos. Num cenário axiológico que já foi chamado de *hipercomplexo*,[2] esses novos princípios, embora não derrogassem os antigos, exigiam uma nova visão do fenômeno contratual, inclusive no tocante ao seu conteúdo. O desequilíbrio contratual, seja ele genético, seja superveniente, passa, deste modo, a preocupar o ordenamento jurídico.

---

1. "Se o Estado de Direito, iluminista e racional, mostrou-se insuficiente para a proteção da coletividade frente ao totalitarismo mais abjeto, tornou-se necessário abandonar a legalidade em sentido estrito, permissiva de arbitrariedades e ditaduras, e rumar em direção a terrenos um pouco mais seguros, nos quais os princípios da democracia, da liberdade e da solidariedade não possam jamais ser ignorados" (MORAES, Maria Celina Bodin de. *Na medida da pessoa humana*: estudos de direito civil. Rio de Janeiro: Renovar, 2010. p. 40).
2. A expressão é de Antonio Junqueira de Azevedo (Princípios do novo direito contratual e desregulamentação do mercado – direito de exclusividade nas relações contratuais de fornecimento – função social do contrato e responsabilidade aquiliana do terceiro que contribui para inadimplemento contratual. *Revista dos Tribunais*, São Paulo, n. 750, abr. 1998. p. 115).

O Código Civil brasileiro demonstra esta preocupação sobretudo[3] por meio de dois institutos: por um lado, a lesão, prevista no art. 157, entre os defeitos do negócio jurídico, a impor a invalidade do contrato celebrado por inexperiência ou premente necessidade que se mostre manifestamente desproporcional; e, por outro lado, a onerosidade excessiva, a admitir a resolução do contrato "de execução continuada ou diferida" caso a prestação de uma das partes venha a se tornar excessivamente onerosa, produzindo extrema vantagem para a outra parte, "em virtude de acontecimentos extraordinários e imprevisíveis" (art. 478).

O primeiro desses institutos, como se vê, dirige-se à questão do desequilíbrio genético, ao passo que o segundo cuida do desequilíbrio superveniente. Ambos são, porém, objeto de inúmeras controvérsias e críticas, tanto a respeito dos seus contornos, nem sempre nítidos, quanto dos seus efeitos. Neste particular, parte relevante da doutrina opõe-se às soluções preconizadas pelo código – anulabilidade no primeiro caso e resolução no segundo – e defende, em especial, a revisão do contrato como medida mais adequada a corrigir o desequilíbrio, tanto originário quanto adquirido, remédio que, nada obstante, tem também os seus opositores.

Mais recentemente, outra solução tem sido apontada, principalmente no que se refere ao desequilíbrio superveniente: a renegociação do contrato, como instrumento posto à disposição das partes, a fim de que possam exercer a sua autonomia privada dirigida à consecução dos seus melhores interesses, sem, porém, descuidar da necessidade de manutenção de um equilíbrio mínimo, a fim de que a base contratual seja conservada. Afasta-se, desta forma, a intervenção de um terceiro – o juiz ou o árbitro – no regulamento contratual, preservando a autonomia das partes, sem prejuízo do reequilíbrio da avença, alcançado pelos próprios contratantes mediante a modificação do conteúdo do contrato, conforme melhor atenda aos seus interesses comuns.

Em especial nos contratos internacionais, tornaram-se frequentes cláusulas de renegociação, que estipulam a obrigação das partes de repactuar os termos do ajuste seja em razão de um desequilíbrio ulterior, decorrente da modificação das circunstâncias adjacentes à contratação, seja de alguma incompletude contratual.[4] Relevantes iniciativas de *soft law* tem refletido essa prática, enunciando o dever de renegociar em determinadas situações. Há, ademais, quem defenda um dever de renegociar independente de cláusula contratual expressa, derivado do dever de colaboração imposto às partes pelo princípio da boa-fé objetiva, que ganha cores mais vivas nos contratos de longa duração.

Nesse contexto, busca-se, no presente estudo, identificar as linhas fundamentais do dever de renegociar à luz do ordenamento jurídico brasileiro. Examina-se, em primeiro

---

3. Na verdade, podem-se colher outros dispositivos do Código Civil que compartilham da *ratio* dos arts. 157 e 478 no tocante ao desequilíbrio contratual, como, por exemplo, o art. 156, que disciplina o estado de perigo. Lesão e onerosidade excessiva parecem, todavia, assumir protagonismo no que diz respeito ao combate ao desequilíbrio do contrato, seja em razão da maior amplitude desses institutos em comparação aos demais, em que pese tenham, também eles, contornos bastante restritos, seja em virtude da sua relevância socioeconômica e dogmática.

4. V., sobre o tema, BANDEIRA, Paula Greco. *Contrato incompleto*. São Paulo: Atlas, 2015.

lugar, o problema do desequilíbrio contratual, sobretudo aquele superveniente, que pode atingir os contratos duradouros. Em seguida, refere-se, brevemente, às cláusulas de renegociação para, então, tratar do dever de renegociar como fruto do princípio da boa-fé objetiva, em conexão com o do equilíbrio contratual. Mas a admissão de um dever de renegociar implica o surgimento de outro problema, as consequências do seu inadimplemento, tema a que dedicamos o último item deste estudo.

2. O PROBLEMA DO DESEQUILÍBRIO CONTRATUAL SUPERVENIENTE

Os contratos de longa duração vêm merecendo maior atenção da doutrina brasileira em razão da sua crescente relevância social e econômica,[5] embora não sejam novidade, já que diversos tipos contratuais, mais ou menos antigos, tendem a estabelecer relações duradouras. O aumento da complexidade das relações contratuais, impulsionado pela evolução tecnológica, por empreendimentos de porte cada vez maior, dependentes de investimentos expressivos e de financiamentos complexos, pela necessidade de estabilidade de certas relações civis, empresariais e de consumo, pela prestação de serviços públicos sob a forma de concessão e mais um sem-número de fenômenos contemporâneos, porém, vem tornando ainda mais relevantes os contratos de longa duração.

Nesse panorama, causa particular preocupação a possibilidade de desequilíbrio superveniente à formação desses contratos, em virtude da modificação das circunstâncias adjacentes à execução das obrigações contratuais. A passagem do tempo tem o potencial de desestabilizar as relações duradouras, na medida em que o contexto fático em que elas se desenvolvem não se mantém estático, ao contrário, tende a modificar-se, podendo provocar alterações consideráveis na equação econômica do contrato. O tempo, já o afirmou abalizada doutrina, é o "grande problema" do contrato, "instituição cronotópica".[6]

O problema ocupa juristas e legisladores desde, pelo menos, a Idade Média, época em que se consolidou a noção de que os contratos duradouros só deveriam ser cumpridos se as condições existentes à época da sua celebração se mantivessem até o momento da execução. Tomava-se por implícita em todo contrato duradouro a cláusula *rebus sic stantibus*, que gozou de relativo prestígio, mas não resistiu ao soerguimento do liberalismo e do dogma da autonomia da vontade que com ele se estabeleceu.[7] O problema, entretanto, não demoraria a voltar a atrair a atenção dos juristas.

Na França, desenvolveu-se a *teoria da imprevisão*, a partir de decisão do Conselho de Estado de 1916.[8] Segundo esta teoria, admite-se a intervenção externa (do juiz) no

---

5. SCHUNCK, Giuliana Bonanno. *Contratos de longo prazo e dever de cooperação*. São Paulo: Almedina, 2016. p. 31.
6. MARTINS-COSTA, Judith. A cláusula de *hardship* e a obrigação de renegociar nos contratos de longa duração, *Revista de arbitragem e mediação*, ano 7, v. 25, São Paulo: Ed. RT, abr.-jun. 2010. p. 12.
7. V., sobre o tema, BARLETTA, Fabiana Rodrigues. *Revisão contratual no código civil e no código de defesa do consumidor*. 2. ed. Indaiatuba: Foco, 2020. pp. 1-13.
8. MARTINS-COSTA, Judith. A teoria da imprevisão e a incidência dos planos econômicos governamentais na relação contratual. *Revista dos Tribunais*, São Paulo, v. 670, pp. 41-48, ago. 1991.

contrato, a fim de restabelecer o equilíbrio desfeito, caso tenha havido alteração radical no ambiente objetivo contemporâneo à formação do vínculo, em virtude de fatos imprevistos e imprevisíveis, provocando excessiva onerosidade para uma das partes e vantagens exageradas para a outra.[9]

Já na Alemanha, formulou-se a *teoria da quebra da base do negócio jurídico*, a partir da constatação da necessidade de se "distribuírem os riscos normais do contrato entre os figurantes". A revisão do contrato, sob esta ótica, condiciona-se à superveniência de circunstância anormal que importe desequilíbrio contratual, deixando de lado a imprevisibilidade.[10] Distancia-se, portanto, da concepção voluntarista que impregna a teoria da imprevisão.[11]

O Código Civil brasileiro buscou inspiração na teoria italiana da excessiva onerosidade, prevista no art. 1.467 do *Codice* de 1942,[12] para possibilitar a resolução do contrato "se a prestação de uma das partes se tornou excessivamente onerosa, com extrema vantagem para a outra, em virtude de acontecimentos extraordinários e imprevisíveis".[13] A disciplina da onerosidade excessiva consiste no principal mecanismo disponível no direito brasileiro para lidar com o problema do desequilíbrio superveniente dos contratos de longa duração. Mas encontra problemas e dificuldades.

A forma como o nosso Código Civil disciplina a matéria torna a onerosidade excessiva medida excepcional, dada a multiplicidade de requisitos necessários à sua configuração, alguns de rara ocorrência.[14] São eles: (i) que se trate de contrato de execução diferida ou continuada, na medida em que a modificação das circunstâncias pressupõe a passagem do tempo, logo, não tem lugar nos contratos de execução instantânea; (ii) a excessiva onerosidade da prestação de uma das partes; (iii) a extrema vantagem para o outro contratante; e (iv) que o desequilíbrio resulte de "acontecimentos extraordinários e imprevisíveis". Nada obstante, a aplicação do instituto, no Brasil, é marcada por uma série de divergências doutrinárias a respeito de diversos dos seus aspectos. As próprias noções de extraordinariedade e imprevisibilidade dos acontecimentos que tenham

---

9. FONSECA, Arnoldo Medeiros da. *Caso fortuito e teoria da imprevisão*. 3. ed. Rio de Janeiro: Forense, 1958. p. 244.
10. SILVA, Clóvis do Couto e. A teoria da base do negócio jurídico no direito brasileiro. In: FRADERA, Vera Maria Jacob de (Org.). *O direito privado brasileiro na visão de Clóvis do Couto e Silva*. Porto Alegre: Livraria do Advogado, 1997. p. 89-96.
11. TEPEDINO, Gustavo; BARBOZA, Heloisa Helena; BODIN DE MORAES, Maria Celina (Coords.). *Código civil interpretado conforme a constituição da república*. Rio de Janeiro: Renovar, 2007. v. I. p. 610.
12. "Articolo 1467 - Contratto con prestazioni corrispettive. Nei contratti a esecuzione continuata o periodica ovvero a esecuzione differita, se la prestazione di una delle parti è divenuta eccessivamente onerosa per il verificarsi di avvenimenti straordinari e imprevedibili, la parte che deve tale prestazione può domandare la risoluzione del contratto, con gli effetti stabiliti dall'art. 1458. La risoluzione non può essere domandata se la sopravvenuta onerosità rientra nell'alea normale del contratto. La parte contro la quale è domandata la risoluzione può evitarla offrendo di modificare equamente le condizioni del contratto".
13. FRANTZ, Laura Coradini. *Revisão dos contratos*: elementos para sua construção dogmática. São Paulo: Saraiva, 2007. p. 100.
14. A respeito do art. 478 do Código Civil, já se afirmou que é "praticamente impossível o preenchimento de todos os requisitos nele constantes para que as condições do contrato sejam revistas" (TARTUCE, Flávio. *Direito civil*: teoria geral dos contratos e contratos em espécie. 12. ed. Rio de Janeiro: Forense, 2017. v. 3. p. 255).

provocado a onerosidade excessiva, embora centrais no âmbito do instituto segundo a letra do art. 478 do Código Civil, atraem dúvidas e dissensos.[15]

A excessiva onerosidade corresponde ao grave desequilíbrio do contrato, aquele que está além dos riscos assumidos pelos contratantes, tenham sido eles objeto de repartição explícita no regulamento contratual ou não. É o *excesso* que provoca a reação do ordenamento jurídico. Não se trata, como já se alertou, de "instrumento para se arrepender de maus negócios, mas um corretivo necessário em caso de injustiças geradas por circunstâncias supervenientes e imprevisíveis".[16]

A extrema vantagem para o outro contratante mostra-se mais delicada. Há casos em que a onerosidade excessiva para uma das partes não corresponde a vantagem excessiva para a outra.[17] Diante disso, já se destacou que "a extrema vantagem vem recordar que, uma vez que incida sobre uma das partes de um contrato bilateral um sacrifício econômico excessivo, no curso da sua execução, far-se-á necessário o exame do benefício econômico correspondente", evitando-se uma análise unilateral, centrada em apenas um dos polos da relação contratual. Além disso, a referência legal à noção de extrema vantagem presta-se, ainda, a dirigir o intérprete no tocante à solução mais adequada, dando-se preferência, em casos tais, à revisão do contrato no lugar da sua resolução.[18]

Tampouco falta quem observe que o Código Civil "não apresenta qualquer dado objetivo ou parâmetro concreto, a fim de que se possa mensurar a onerosidade excessiva". Diante disso, é preciso que os requisitos da excessiva onerosidade e da extrema vantagem sejam "preenchidos e sopesados em cada caso concreto, com base em dados reais e objetivos, levando-se em conta, dentre os fatores, a magnitude do fardo da prestação antes e depois do evento superveniente".[19]

Caberia, por outro lado, indagar o porquê da extraordinariedade. Se já se exige que o evento causador do desequilíbrio seja imprevisível, seria necessário que fosse também extraordinário? Parece-nos que não. A exigência é, a nosso ver, exorbitante e só se justifica pelo intuito de "imprimir um caráter excepcional ao instituto da resolução, por meio de uma redundância".[20] É bem verdade que *imprevisível* e *extraordinário* são conceitos diferentes: imprevisível é o que não poderia ter sido previsto; extraordinário

---

15. A respeito das divergências exegéticas relacionadas ao artigo 478 do Código Civil, seja consentido remeter às propostas interpretativas formuladas por SCHREIBER, Anderson. *Equilíbrio contratual e dever de renegociar*. São Paulo: Saraiva, 2018. p. 195-245.
16. POTTER, Nelly. *Revisão e resolução dos contratos no código civil conforme perspectiva civil-constitucional*. Rio de Janeiro: Lumen Juris, 2009. p. 121.
17. AZEVEDO, Marcos de Almeida Villaça. *Onerosidade excessiva e desequilíbrio contratual supervenientes*. São Paulo: Almedina, 2020. p. 265.
18. SCHREIBER, Anderson. *Equilíbrio contratual e dever de renegociar*. São Paulo: Saraiva, 2018. p. 235.
19. MATHIAS, Guilherme Valdetaro. Consequências da pandemia criada pela covid-19 nas obrigações e nos contratos – uma visão pelo ângulo do direito civil. *Revista da EMERJ*, v. 22, n. 1. p. 309. Segundo o Enunciado 175 da III Jornada de Direito Civil do Conselho da Justiça Federal: "A menção à imprevisibilidade e à extraordinariedade, insertas no art. 478 do Código Civil, deve ser interpretada não somente em relação ao fato que gere o desequilíbrio, mas também em relação às consequências que ele produz".
20. FRANTZ, Laura Coradini. *Revisão dos contratos*: elementos para sua construção dogmática. São Paulo: Saraiva, 2007. p. 123.

é o que "não obedece ao curso normal" da vida numa acepção estatística, ou seja, está "fora da ordem habitual de sucessão de eventos, como guerras ou epidemias".[21] Vale dizer, extraordinário é o que não é comum, o que só raramente acontece. A questão é saber se era mesmo necessário que o art. 478 do Código Civil se referisse a ambas as noções, na medida em que o que é ordinário, comum, por decorrência lógica também é previsível, logo, não dá lugar à onerosidade excessiva; e o que é extraordinário pode ser previsível ou não, mas só poderá provocar a intervenção no contrato no segundo caso. O essencial, portanto, é imprevisibilidade. A extraordinariedade mostra-se dispensável.[22]

Além disso, "eventos realmente imprevisíveis, na acepção literal da palavra", muito dificilmente ocorrem na prática, tendo em vista o estágio de evolução científica e tecnológica dos tempos atuais. Não se pode, portanto, pretender uma imprevisibilidade absoluta. "Imprevisível é o que não poderia ser legitimamente esperado pelos contratantes, de acordo com a sua justa expectativa".[23] Só em cada caso concreto, portanto, é possível aferir a imprevisibilidade necessária à configuração da hipótese legal. Isto, porém, nem sempre é tarefa fácil. Por este motivo já se propôs que o grau de previsibilidade exigível em cada situação concreta seja identificado a partir de certos critérios, quais sejam, (i) "o seu grau de abstração ou concretude", (ii) o nível de especificidade do evento, e (iii) o grau de certeza ou de incerteza do fato, diante da "específica arrumação dos interesses econômico-sociais em concreto considerados".[24]

Nesse cenário, não deixa de surpreender que o código brasileiro, tendo se espelhado no italiano, não tenha reproduzido a norma que veda a aplicação do instituto se a excessiva onerosidade está inserida na álea normal do contrato. Mesmo no silêncio da lei, contudo, parte da doutrina defenda a aplicação desta regra.[25] Já se sustentou, por outro lado, o caráter pleonástico de tal referência, na medida em que "a onerosidade somente pode ser considerada excessiva se transcende uma álea normal do contrato, pois é justamente isso que significa ser *excessiva*". Trata-se, assim, de conceito desnecessário, que "mais prejudica que auxilia na análise da excessiva onerosidade".[26]

É preciso, pois, *relativizar* a ideia de imprevisibilidade, "de modo a desvincular a noção de qualquer tipo de análise da representação mental dos contratantes". Será imprevisível, neste panorama, "aquilo que não pode ser legitimamente esperado pelos

---

21. DIAS, Antônio Pedro Medeiros. *Revisão e resolução do contrato por excessiva onerosidade*. Belo Horizonte: Forum, 2017. p. 63-64.
22. FRANTZ, Laura Coradini. *Revisão dos contratos*: elementos para sua construção dogmática. São Paulo: Saraiva, 2007. p. 123.
23. *Ibid.*, p. 128-129.
24. MARTINS-COSTA, Judith. *Comentários ao novo Código Civil*. Rio de Janeiro: Forense, 2005. v. V. t. I. p. 308.
25. V., a esse respeito, p.ex., MARTINS-COSTA, Judith. *Comentários ao novo código civil*. v. V. T. I. Rio de Janeiro: Forense, 2005. p. 308-309; e BORGES, Nelson. *A teoria da imprevisão no direito civil e no processo civil*. São Paulo: Malheiros, 2002. p. 81. Ainda sobre o assunto, o Enunciado 440 da V Jornada de Direito Civil do Conselho da Justiça Federal dispõe que "É possível a revisão ou resolução por excessiva onerosidade em contratos aleatórios, desde que o evento superveniente, extraordinário e imprevisível não se relacione com a álea assumida no contrato".
26. SCHREIBER, Anderson. *Equilíbrio contratual e dever de renegociar*. São Paulo: Saraiva, 2018. p. 229-234.

contratantes no momento da conclusão do ajuste", diante das circunstâncias concretas, tais como as informações efetivamente disponíveis às partes naquele momento, o ramo de negócio em que atuam e a natureza do contrato.[27]

O problema da imprevisibilidade foi evidenciado no contexto da recente pandemia de Covid-19 provocada pelo coronavírus Sars-CoV-2, em virtude da qual foi adotada uma série de medidas, com graves consequências econômicas,[28] com o escopo de minimizar a proliferação do vírus – isolamento social, quarentena, restrições à atividade econômica e à entrada e à saída do país, fechamento de portos, aeroportos, escolas, shoppings centers, cinemas etc. Diante disso, a pandemia foi, muitas vezes, apontada como evento extraordinário e imprevisível, ao menos no que importa ao instituto da onerosidade excessiva.[29]

Epidemias não são, contudo, exatamente imprevisíveis, "ainda que improváveis", como já se anotou em doutrina.[30] Levar-se, pois, às últimas consequências o requisito da imprevisibilidade importaria afastar a possibilidade de intervenção nas relações contratuais desequilibradas por força daqueles eventos extremos. A mera previsibilidade abstrata – de pandemias, por exemplo – não deve afastar a incidência do dispositivo legal sob análise, porquanto permanecem imprevisíveis aspectos como o momento exato da sua ocorrência, a gravidade dos fatos, as suas precisas consequências sociais e econômicas, assim como o comportamento do Poder Público e eventuais restrições impostas aos agentes econômicos.[31]

Nada obstante sejam diversas as críticas à conformação da onerosidade excessiva no modelo do Código Civil brasileiro, ao presente estudo interessa mais de perto o problema do remédio prescrito pela codificação de 2002: a resolução do contrato. Apenas em duas hipóteses muito restritas, previstas nos arts. 479 e 480, admite-se explicitamente a revisão contratual. Parte da doutrina brasileira tem, contudo, concebido

---

27. DIAS, Antônio Pedro Medeiros. *Revisão e resolução do contrato por excessiva onerosidade*. Belo Horizonte: Forum, 2017. p. 62-63.
28. Para um panorama dos diversos efeitos da pandemia, v., p.ex., STF, Pleno, ADI 6421, Rel. Min. Luís Roberto Barroso, j. 21.05.2020.
29. V., p.ex., MATHIAS, Guilherme Valdetaro. Consequências da pandemia criada pela covid-19 nas obrigações e nos contratos – uma visão pelo ângulo do direito civil. *Revista da EMERJ*, v. 22, n. 1. p. 312.
30. Afinal, "no curso de uma única geração, o mundo já conheceu as epidemias e pandemias de AIDS (SIDA), Sars-CoV-1, gripe aviária ou gripe das aves, Ebola, H1N1 e, agora, Sars-CoV-2, ou Covid-19. Embora essas epidemias ou pandemias possam ser previstas, os seus riscos e potencial devastador não se poderão avaliar antecipadamente" (MARTINS-COSTA, Judith; COSTA E SILVA, Paula. *Crise e perturbações no cumprimento da prestação*: estudo de direito comparado luso-brasileiro. São Paulo: Quartier Latim, 2020. p. 86). Em vista disso e de outros eventos como guerras, incêndios, embargos governamentais etc., "que já ocorreram no passado e podem ocorrer novamente no futuro", as autoras sublinham, a respeito do *hardship*, que "a doutrina majoritária afasta a imprevisibilidade como requisito, conquanto exija a ´substancialidade'" (*ibid.*, p. 87).
31. A respeito da pandemia de Covid-19 e seu impacto sobre os contratos privados, bem como considerações sobre o dever de renegociar naquele contexto extremo, seja consentido remeter a CARDOSO, Vladimir Mucury. Pandemia e contratos de longa duração: desequilíbrio contratual e dever de renegociar. In: MONTEIRO FILHO, Carlos Edison do Rêgo; GUEDES, Gisela Sampaio da Cruz. *Regime jurídico da pandemia e relações privadas*. Rio de Janeiro: Processo, 2022. pp. 271-300.

a revisão contratual como solução preferencial à onerosidade excessiva,[32] invocando, como fundamento, o art. 317.[33]

O dispositivo, inserido na seção dedicada ao objeto e à prova do pagamento, autoriza o juiz a corrigir a prestação, de modo a assegurar, "quanto possível", o seu valor real, "quando, por motivos imprevisíveis, sobrevier desproporção manifesta entre o valor da prestação devida e o do momento de sua execução". Ainda que os requisitos do art. 317 não sejam idênticos aos do art. 478,[34] a proximidade entre as hipóteses descritas num e noutro viabiliza, em caso de excessiva onerosidade superveniente, a revisão contratual: "nem sempre os contratos devem ser mantidos tal qual pactuados" e isto "não implica obrigatoriamente a extinção do contrato".[35]

A revisão dos contratos torna-se possível a partir da flexibilização do princípio da intangibilidade do seu conteúdo, o que, por sua vez, se cogita na medida em que a vontade das partes perde a condição de fonte exclusiva do regulamento de interesses. Além disso, compreende-se que o contrato, na sociedade contemporânea, constitui antes um ato de necessidade que um ato de vontade. Os sujeitos privados não se aventuram no mercado, apenas, porque o querem, porque intencionam vantagens que não obteriam de outra forma ou porque têm apetite ao risco. Fazem-no porque precisam. Porque o mercado é a única alternativa à satisfação das mais variadas necessidades, tanto patrimoniais quanto existenciais. Por isso é essencial, em muitos casos, rever no lugar de resolver. Ainda que desfazer o contrato ponha fim a uma eventual situação de injustiça, significa, muitas vezes, eliminar qualquer possibilidade de acesso ao bem da vida cuja obtenção motivou a celebração da avença. A revisão, nessas hipóteses, torna-se a única solução possível, diante do dilema entre um contrato injusto e contrato nenhum.[36]

Por isso o ordenamento jurídico brasileiro tem preferência pela preservação do contrato frente ao seu desfazimento, em atenção ao princípio da conservação do negócio jurídico, implícito no texto do Código Civil. A existência de mecanismos que visam a evitar a dissolução do contrato, promovendo a sua adequação à realidade em que se insere certa relação contratual e às exigências do ordenamento,[37] serve de base para o

---

32. TEPEDINO, Gustavo; SCHREIBER, Anderson. *Código civil comentado*. São Paulo: Atlas, 2008. v. IV. p. 219. No mesmo sentido dispõe o Enunciado 176 da III Jornada de Direito Civil do Conselho da Justiça Federal: "Em atenção ao princípio da conservação dos negócios jurídicos, o art. 478 do Código Civil de 2002 deverá conduzir, sempre que possível, à revisão judicial dos contratos e não à resolução contratual".
33. Cf. TEPEDINO, Gustavo; KONDER, Carlos Nelson; BANDEIRA, Paula Greco. *Fundamentos do direito civil*. Rio de Janeiro: Forense, 2020. v. 3. p. 137.
34. A respeito das semelhanças e diferenças entre os arts. 317 e 478, v. FRANTZ, Laura Coradini. *Revisão dos contratos*: elementos para sua construção dogmática. São Paulo: Saraiva, 2007. p. 108-142. Já no tocante à necessidade de interpretação conjunta desses dispositivos legais (bem como dos arts. 479 e 480), "como partes de um sistema complexo de regulação da teoria da excessiva onerosidade aplicável às relações paritárias no Direito brasileiro", v. DIAS, Antônio Pedro Medeiros. *Revisão e resolução do contrato por excessiva onerosidade*. Belo Horizonte: Forum, 2017. p. 49-50.
35. MARTINS-COSTA, Judith. *Comentários ao novo Código Civil*. Rio de Janeiro: Forense, 2005. v. V. t. I. p. 280.
36. NEGREIROS, Teresa. *Teoria do contrato*: novos paradigmas. Rio de Janeiro: Renovar, 2002. p. 185.
37. A respeito das diversas hipóteses de revisão contratual espalhadas pelo Código Civil, seja consentido remeter a CARDOSO, Vladimir Mucury. *Revisão contratual e lesão à luz do Código Civil de 2002 e da Constituição da República*. Rio de Janeiro: Forense, 2008. p. 398-406.

desenvolvimento, em sede doutrinária, deste princípio, que reside na própria razão de ser do negócio jurídico: se o ordenamento o admite como categoria, reconhece implicitamente a utilidade de cada negócio concreto praticado na sociedade.[38]

Em que pese serem diversas as hipóteses de revisão contratual previstas explícita ou implicitamente no Código Civil, identifica-se certa resistência à atividade revisional do juiz ou do árbitro, vista por alguns como indevida intervenção na autonomia privada,[39] posicionamento que ganhou algum reforço com a edição da Lei 13.874/2019.[40] Já se salientou, contudo, que "há, entre a medida terminativa e a revisão judicial, novos remédios que, se adequadamente desenvolvidos, permitem incentivar as próprias partes à solução do desequilíbrio, mantendo-se a intervenção judicial como instrumento subsidiário".[41]

A intervenção judicial deve, com efeito, manter-se excepcional e subsidiária, cabendo, em primeiro lugar, às próprias partes o rearranjo dos seus interesses, a fim de permitir a manutenção do contrato, preservados o seu equilíbrio, a sua utilidade e a sua finalidade. Não falta quem já tenha sublinhado, nessa linha, o papel preponderante da renegociação quando o equilíbrio contratual tenha sofrido relevante abalo. Na maior parte das vezes, contudo, alude-se à renegociação como medida recomendável,[42] mas não necessariamente como um *dever*. A práxis, sobretudo nos contratos internacionais, tem, porém, adotado o dever de renegociar, revelando as vantagens de uma solução alcançada pelas próprias partes.

3. CLÁUSULAS DE RENEGOCIAÇÃO

Ao longo do tempo, a criatividade daqueles que mergulham em contratos duradouros tem buscado "fórmulas e métodos" que permitam, em alguma medida, lidar com as

---

38. Nesse sentido: AZEVEDO, Antonio Junqueira de. *Negócio jurídico*: existência, validade e eficácia. 3. ed. São Paulo: Saraiva, 2000. p. 65.
39. Cf., p. ex., SCHUNCK, Giuliana Bonanno. *Contratos de longo prazo e dever de cooperação*. São Paulo: Almedina, 2016. p. 199.
40. Para uma crítica à Lei da Liberdade Econômica, vide TEPEDINO, Gustavo; CAVALCANTI, Laís. Notas sobre as alterações promovidas pela lei 13.874/2019 nos artigos 50, 113 e 421 do código civil. In: SALOMÃO, Luis Felipe; CUEVA, Ricardo Villas Bôas; FRASÃO, Ana. *Lei de liberdade econômica e seus impactos no direito brasileiro*. São Paulo: Thomson Reuters Brasil, 2020. pp. 487-513. Deste trabalho destaca-se a seguinte passagem: "Todavia, não existe, a rigor, na ordem jurídica, o chamado princípio de intervenção mínima. Ao contrário, há um conjunto de pressupostos e requisitos, autorizados pela Constituição da República e incorporados ao Código Civil, para a intervenção judicial. De outra parte, a revisão e a resolução contratual encontram-se previstas nos arts. 317 e 478 do Código Civil, sendo esses os parâmetros norteadores da intervenção judicial nos contratos e que a tornam, só por si, pelo rigor dos requisitos ali previstos, limitada e excepcional. Em outras palavras, a previsão de excepcionalidade da revisão contratual nada adicionou ao ordenamento, vez que os requisitos exigidos para tanto permanecem os mesmos" (p. 505-506).
41. SCHREIBER, Anderson. *Equilíbrio contratual e dever de renegociar*. São Paulo: Saraiva, 2018. p. 70.
42. Aline de Miranda Valverde Terra, por exemplo, pondera, no contexto da pandemia de Covid-19, que "a solução, como se vê, não é fácil, como não o é a situação excepcional que se vivencia. Ao que parece, o melhor caminho é o diálogo, a negociação pautada na boa-fé, de modo que seja possível reduzir o valor do aluguel, como autorizado pelo art. 567 do Código Civil, e conciliar todos os interesses em jogo, preservando as atividades econômicas dos atores envolvidos" (Covid-19 e os contratos de locação em shopping center. In: *Migalhas*, 20 mar. 2020. Disponível em <https://migalhas.uol.com.br/depeso/322241/covid-19-e-os-contratos-de-locacao-em-shopping-center>. Acesso em 19 mai. 2021).

incertezas próprias da passagem do tempo, de modo a adaptar o regulamento contratual à modificação das circunstâncias existentes à época da contratação, "para assegurar o relativo equilíbrio" da relação. Desenvolveram-se, nesse contexto, diversas espécies de cláusulas contratuais que buscam essa adequação, as quais podem ser reunidas em três grandes grupos: as cláusulas de adaptação automática, como, por exemplo, as de reajuste de preço por um índice previamente estipulado; as de adaptação semiautomáticas, como as de cliente mais favorecido; e as cláusulas não automáticas, que obrigam as partes a renegociar as condições contratuais a fim de restaurar o equilíbrio que tenha sido perdido em razão de eventos supervenientes à formação do vínculo – buscam, assim, a convergência "entre o contrato e a realidade", já distante da circunstâncias do momento da celebração do ajuste.[43]

Dentre estas últimas, incluem-se as cláusulas de *hardship*,[44] exemplo de técnica pela qual "podem ser minimizados, em parte, os efeitos deletérios do tempo" sobre o equilíbrio contratual.[45] Trata-se de disposições contratuais "cuja eficácia consiste, essencialmente, em provocar uma renegociação do contrato, sempre que a mudança das circunstâncias ocorrer".[46] Consistem, portanto, numa fórmula de distribuição, entre os contratantes, dos riscos do tempo, inerente a toda relação duradoura.[47]

É natural que exista uma enorme variedade de cláusulas de *hardship*, uma vez que as partes, no exercício da sua autonomia, podem adotar uma disciplina mais ou menos pormenorizada, assim como prever soluções diversas, que melhor atendam aos seus interesses ou a respeito das quais tenha sido possível o consenso. Muitas vezes cuidam de especificar mais ou menos detalhadamente os acontecimentos que configurariam hipótese de *hardship* naquela relação concreta, ou mesmo que as hipóteses em que se afasta a sua possibilidade, assumindo um dos contratantes os riscos respectivos. Podem, ainda, estabelecer o procedimento de negociação a ser adotado, estipulando prazos e formas de comunicação, por exemplo, assim como o remédio a ser aplicado na hipótese de insucesso da renegociação – o reequilíbrio pode ser submetido a arbitragem ou o contrato pode ser resolvido.

A imprevisibilidade dos eventos provocadores do desequilíbrio pode ser exigida ou afastada pelo regulamento contratual. No silêncio das partes, discute a doutrina se tal requisito deve ser exigido ou não, havendo quem defenda a necessidade, apenas,

---

43. MARTINS-COSTA, Judith. A cláusula de *hardship* e a obrigação de renegociar nos contratos de longa duração, *Revista de arbitragem e mediação*, ano 7, v. 25, São Paulo: Ed. RT, abr.-jun. 2010. p. 13-15, *passim*.
44. As cláusulas de *hardship* consistem, com efeito, instrumentos "de *preservação* do contrato", revelando a prioridade da "permanência do vínculo, com a readaptação de seus termos", de modo a relegar "o desfazimento à *ultima ratio*" (NITSCHKE, Guilherme Carneiro Monteiro. Revisão, resolução, reindexação, renegociação: o juiz e o desequilíbrio superveniente de contratos de duração, *Revista trimestral de direito civil*, v. 50, Rio de Janeiro: Padma, abr.-jun. 2012. p. 142).
45. MARTINS-COSTA, Judith. A cláusula de *hardship* e a obrigação de renegociar nos contratos de longa duração, *Revista de arbitragem e mediação*, ano 7. v. 25. São Paulo: Ed. RT, abr.-jun. 2010. p. 15.
46. *Ibid.*, p. 19.
47. A respeito do assunto, v. TERRA, Aline de Miranda Valverde; BANDEIRA, Paula Greco. A cláusula resolutiva expressa e o contrato incompleto como instrumentos de gestão de risco nos contratos. *Revista brasileira de direito civil*, v. 6, out.-dez. 2015, pp. 9-25, *passim*.

de que o *hardship* seja "substancial",⁴⁸ o que se justifica, por um lado, para prestigiar o equilíbrio do contrato e, por outro lado, para evitar que qualquer mínima alteração das circunstâncias possa ensejar a deflagração do dever de renegociar.

Reconhecendo a tendência do direito internacional privado no sentido da adoção de cláusulas do tipo, o dever de renegociar em virtude da modificação das circunstâncias no curso do desenvolvimento da relação contratual vem sendo previsto em relevantes iniciativas de *soft law*, como, por exemplo, os *UNIDROIT Principles os International Commercial Contracts 2016*.⁴⁹ O seu Capítulo 6, Seção 2, disciplina a noção de *hardship*, que corresponde à situação de desequilíbrio fundamental do contrato, em virtude de fatos supervenientes que aumentem o custo do adimplemento ou diminuam o valor de uma das prestações.

Os Princípios UNIDROIT são extremamente cuidadosos ao evidenciar que a previsão de *hardship* não importa derrogação do *pacta sunt servanda*. O seu art. 6.2.1, com este objetivo, salienta, antes de tudo, que a maior onerosidade do cumprimento do contrato não implica, *per se*, o seu desfazimento nem exonera o prejudicado, salvo as hipóteses de *hardship*, cujos requisitos vão muito além da mera desproporção entre as prestações.

Como na maior parte dos ordenamentos, são muitas as exigências à configuração de *hardship*. Segundo o art. 6.2.2, *hardship* só tem lugar quando o desequilíbrio do contrato decorre de fatos ocorridos depois da conclusão da avença ou que tenham se tornado conhecidos posteriormente à contratação. Cuida-se, portanto, da hipótese de fatos anteriores à constituição do vínculo, mas desconhecidos da parte prejudicada, que, por isso mesmo, não pôde levá-los em consideração no momento em que contratou. Por outro lado, embora não se refira expressamente à *imprevisibilidade*, os Princípios UNIDROIT estipulam a necessidade de que tais fatos não pudessem ter sido *razoavelmente* levados em consideração pela parte prejudicada no momento da formação do contrato.

A alínea (c) do art. 6.2.2 sublinha, por seu turno, a necessidade de que os fatos que tenham provocado o desequilíbrio contratual estejam fora da esfera de controle do prejudicado. Não se poderia, mesmo, cogitar de facultar-se ao contraente livrar-se do negócio se o desequilíbrio lhe é imputável – daí porque a norma é igualmente aplicável ao direito brasileiro, ainda que não tenha sido explicitamente referida pelo Código Civil, como parece ser o entendimento da doutrina nacional.⁵⁰

Exige-se, ainda, que esses fatos não estejam incluídos entre aqueles riscos assumidos pelo prejudicado, aproximando-se os Princípios UNIDROIT, neste ponto, ao Código

---

48. MARTINS-COSTA, Judith. A cláusula de *hardship* e a obrigação de renegociar nos contratos de longa duração, *Revista de arbitragem e mediação*, ano 7. v. 25. São Paulo: Ed. RT, abr.-jun. 2010. p. 21.
49. Segundo NANNI, foi a inclusão do *hardship* na primeira edição dos Princípios UNIDROIT, de 1994, que fez com que a cláusula ganhasse "grande notoriedade" (NANNI, Giovanni Ettore. A obrigação de renegociar no direito contratual brasileiro. *Revista do advogado*, ano XXXII, n. 116, São Paulo: AASP, jul. 2012. p. 92).
50. SILVA, Luís Renato Ferreira da. *Revisão dos contratos*: do código civil ao código do consumidor. Rio de Janeiro: Forense, 1999. p. 144.

Civil italiano, que salienta que a excessiva onerosidade não tem lugar se os fatos supervenientes integram a álea normal do contrato. É preciso, pois, examinar as peculiaridades de cada caso concreto, levando em conta o tipo contratual, o regulamento ajustado pelas partes e o contexto econômico subjacente ao negócio.

No tocante aos efeitos do *hardship*, os Princípios UNIDROIT impõem à parte beneficiada pela desproporção o dever de renegociar o contrato (artigo 6.2.3). O pleito de renegociação deve, contudo, ser deduzido sem atrasos indevidos, cabendo, ainda, ao prejudicado indicar os fundamentos em que se baseia. Além disso, o pedido de renegociação, por si só, não implica a suspensão do contrato pela parte desfavorecida. Pretende-se, assim, evitar alegações meramente protelatórias ou a invocação do instituto em caráter especulativo ou oportunista, assim como assegurar que a parte prejudicada pela alteração das circunstâncias também mantenha uma conduta compatível com o padrão de comportamento prescrito pela boa-fé objetiva.

Não sendo possível a renegociação em tempo razoável, a parte prejudicada pode submeter a questão a arbitragem, cabendo ao Tribunal, se considerar presente hipótese de *hardship*, optar pela resolução do contrato ou pela sua adaptação às novas circunstâncias, com o escopo de reequilibrá-lo, conforme seja mais adequado no caso concreto.[51] Reconhece-se, portanto, a possibilidade de resolução mas também a de revisão do contrato pelo tribunal arbitral, o que pode servir de incentivo à renegociação de boa-fé das condições do negócio pelas próprias partes.

O assunto também foi abordado pelos *Principles of European Contract Law – PECL*, sob a denominação *change of circunstance*. Também aqui se salienta que o simples agravamento da prestação devida não isenta o obrigado da satisfação do crédito, porém, ressalva o *Article 6:111(2)*, se a execução do contrato se tornar excessivamente onerosa em razão de uma mudança nas circunstâncias, as partes estão obrigadas a iniciar negociações a fim de adaptar o contrato ou extingui-lo, desde que reunidos os requisitos então enumerados. Caso não seja atingido um acordo em tempo razoável, o juiz ou o árbitro poderá pôr fim ao contrato ou adaptá-lo, de modo a distribuir entre as partes as perdas e os ganhos decorrentes da modificação das circunstâncias de forma justa e equânime.[52]

---

51. Article 6.2.3 (Effects of hardship): (1) In case of hardship the disadvantaged party is entitled to request renegotiations. The request shall be made without undue delay and shall indicate the grounds on which it is based. (2) The request for renegotiation does not in itself entitle the disadvantaged party to withhold performance. (3) Upon failure to reach agreement within a reasonable time either party may resort to the court. (4) If the court finds hardship it may, if reasonable, (a) terminate the contract at a date and on terms to be fixed, or (b) adapt the contract with a view to restoring its equilibrium.

52. Article 6:111: Change of Circumstances. (1) A party is bound to fulfil its obligations even if performance has become more onerous, whether because the cost of performance has increased or because the value of the performance it receives has diminished. (2) If, however, performance of the contract becomes excessively onerous because of a change of circumstances, the parties are bound to enter into negotiations with a view to adapting the contract or terminating it, provided that: (a) the change of circumstances occurred after the time of conclusion of the contract, (b) the possibility of a change of circumstances was not one which could reasonably have been taken into account at the time of conclusion of the contract, and (c) the risk of the change of circumstances is not one which, according to the contract, the party affected should be required to bear. (3) If the parties fail to reach agreement within a reasonable period, the court may: (a) terminate the contract at a date and on terms

É cada vez mais comum que as próprias partes tomem a iniciativa de incluir nos contratos de longa duração o dever de renegociar em caso de desequilíbrio superveniente ou mesmo de outras controvérsias que surjam no curso da sua execução. Impõe-se, muitas vezes, a renegociação como medida obrigatória, com ou sem o apoio da mediação, preliminarmente à instauração de arbitragem. Embora comuns nos contratos internacionais, nada obsta que as cláusulas de renegociação sejam adotadas em contratos celebrados no Brasil e submetidos ao nosso ordenamento jurídico, mormente quando se trata de contratos paritários, inclusive em situações não englobadas nos quadros restritos dos arts. 317 e 478 do Código Civil.[53] Deste modo, "aproxima-se o sinalagma funcional ou dinâmico – isto é, o que acompanha a vida do contrato, no curso da sua execução – ao sinalagma genético".[54] Sem embargo das inegáveis vantagens de tais disposições contratuais, parece-nos que, mesmo na ausência de previsão expressa, o dever de renegociar se faz presente em certas situações, por força da cláusula geral de boa-fé prevista no art. 422 do Código Civil e do princípio do equilíbrio contratual.

4. BOA-FÉ, EQUILÍBRIO CONTRATUAL E DEVER DE RENEGOCIAR

A renovação da teoria contratual, por consequência do advento da Constituição da República de 1988, passou pelo reconhecimento, como visto, de três novos princípios, que se colocam ao lado dos antigos. Ganham relevância especial, no tocante ao objeto deste estudo, os princípios da boa-fé objetiva e o do equilíbrio contratual.

A boa-fé objetiva "funciona como elo entre o direito contratual e os princípios constitucionais"[55] e "representa, no modelo atual de contrato, o valor da ética: lealdade, correção e veracidade compõem o seu substrato".[56] A ela o Código Civil se refere em três dispositivos: o art. 113, relacionado à interpretação dos negócios jurídicos; o art. 187, em que a boa-fé aparece ligada ao exercício abusivo de direitos; e o art. 422, reconhecido como a genuína cláusula geral de boa-fé objetiva do código. A diversidade de referências é reflexo das múltiplas faces que a boa-fé pode assumir.

São três as funções comumente lhe atribuídas: a de "cânone hermenêutico-integrativo", de forma "que a interpretação das cláusulas contratuais privilegie sempre o sentido mais conforme à lealdade e honestidade em relação aos propósitos comuns, a busca do

---

to be determined by the court; or (b) adapt the contract in order to distribute between the parties in a just and equitable manner the losses and gains resulting from the change of circumstances. In either case, the court may award damages for the loss suffered through a party refusing to negotiate or breaking off negotiations contrary to good faith and fair dealing.

53. Neste caso, a autonomia privada "se sobrepõe à heteronomia da excessiva onerosidade" tal qual prevista no Código Civil, estabelecendo as partes, para si próprias "critérios específicos de reequilíbrio contratual em caso de eventos supervenientes" (NITSCHKE, Guilherme Carneiro Monteiro. Revisão, resolução, reindexação, renegociação: o juiz e o desequilíbrio superveniente de contratos de duração, *Revista trimestral de direito civil*, v. 50, Rio de Janeiro: Padma, abr.-jun. 2012. p. 142).
54. MARTINS-COSTA, Judith. A cláusula de *hardship* e a obrigação de renegociar nos contratos de longa duração, *Revista de arbitragem e mediação*, ano 7, v. 25, São Paulo: Ed. RT, abr.-jun. 2010. p. 23.
55. TEPEDINO, Gustavo. *Temas de direito civil*, T. II. Rio de Janeiro: Forense, 2006. p. 252.
56. NEGREIROS, Teresa. *Teoria do contrato*: novos paradigmas. Rio de Janeiro: Renovar, 2002. p. 116.

sentido mais consentâneo com os objetivos perseguidos pelo negócio";[57] a de "norma de criação de deveres jurídicos" e a de "norma de limitação ao exercício de direitos subjetivos",[58] vertente em que se aproxima à tutela da confiança e ao abuso do direito.

A perspectiva mais relevante para os fins deste trabalho diz respeito à concepção da boa-fé como fonte criadora de deveres jurídicos, normalmente chamados de secundários, anexos ou instrumentais,[59] acrescidos aos deveres principais (deveres de prestação) estabelecidos pela autonomia privada. Esses deveres acessórios constituem "o núcleo da cláusula geral de boa-fé", impondo-se "ora de forma positiva, exigindo dos contratantes determinado comportamento, ora de forma negativa, restringindo ou condicionando o exercício de um direito previsto em lei ou no próprio contrato".[60] Podem subdividir-se entre deveres de proteção, de esclarecimento e de lealdade.[61]

Os deveres de lealdade obrigam as partes a uma série de condutas omissivas e comissivas. Englobam, por exemplo, o dever de não concorrência, o de não celebrar outros contratos incompatíveis com o primeiro e o de sigilo,[62] assim como o dever de prestar contas e o de colaborar para o adimplemento da obrigação.[63] Tais deveres podem ser sintetizados na ideia de *colaboração*: exige-se dos contratantes uma conduta colaborativa, que contribua para a satisfação das suas legítimas expectativas e para preservação da finalidade, da utilidade e do equilíbrio do contrato.

Os deveres decorrentes da boa-fé são múltiplos e distintos entre si, por isso mesmo, não são identificáveis em abstrato. Somente em concreto é possível cominar a uma pessoa determinada, envolvida numa certa relação obrigacional, alguns dos deveres que a boa-fé impõe, uma vez que eles decorrem das circunstâncias específicas de cada contrato. A necessidade de concretização da boa-fé[64] faz, ainda, com que os deveres que lhe são derivados operem-se "em graus de intensidade, dependendo da categoria dos atos jurídicos a que se ligam", podendo importar a "disposição ao trabalho conjunto e a sacrifícios relacionados com o fim comum", particularmente naquelas relações "em que a cooperação se manifesta em sua plenitude".[65]

Nesse contexto, os contratos de longa duração, em particular, ao estabelecerem relações duradouras entre as partes, exigem-lhes postura mais colaborativa do que po-

---

57. TEPEDINO, Gustavo, BARBOZA, Heloisa Helena, BODIN DE MORAES, Maria Celina (Coord.). *Código civil interpretado conforme a constituição da república*. Rio de Janeiro: Renovar, 2007. v. I. p. 231.
58. MARTINS-COSTA, Judith. *A boa-fé no direito privado*: sistema e tópica no processo obrigacional. São Paulo: Ed. RT, 2000. p. 427-428.
59. SILVA, Clóvis do Couto e. *A obrigação como processo*. Rio de Janeiro: FGV, 2006. p. 37.
60. TEPEDINO, Gustavo, KONDER, Carlos Nelson, BANDEIRA, Paula Greco. *Fundamentos do direito civil*. v. 3: contratos. Rio de Janeiro: Forense, 2020. p. 46.
61. MENEZES CORDEIRO, António. *A boa fé no direito civil*. Coimbra: Almedina, 1997. p. 604.
62. *Ibid.*, p. 607-616.
63. MARTINS-COSTA, Judith. *A boa-fé no direito privado*: sistema e tópica no processo obrigacional. São Paulo: Ed. RT, 2000. p. 439.
64. Sobre a necessidade de concretização do princípio da boa-fé, v. ALMEIDA COSTA, Mário Júlio de. *Direito das obrigações*. 8. ed. Coimbra: Almedina, 2000. pp. 104-105.
65. SILVA, Clóvis do Couto e. *A obrigação como processo*. Rio de Janeiro: FGV, 2006. p. 34.

deriam eventualmente adotar em contratos de execução instantânea.[66] Trata-se, afinal, de relações normalmente "de confiança e dependência, de relevada complexidade, que se destacam pelo dinamismo e pelo efetivo desenrolar do programa contratual".[67] Esse dever de cooperação *qualificado* nas relações duradouras é essencial ao bom desenvolvimento do vínculo obrigacional e ao atingimento adequado das finalidades do contrato, bem assim à preservação do seu equilíbrio, e faz nascer um extenso rol de deveres anexos, como os de informar e mitigar os próprios danos.[68]

Ao lado da boa-fé, reconhece-se, dentre os novos princípios, o do equilíbrio contratual, que talvez seja o mais radical deles, no sentido de distanciar-se da teoria contratual liberal, em cujo contexto não havia espaço para cogitações a respeito da justiça contratual depois de aperfeiçoado o vínculo jurídico. Quem sabe por isso mesmo, é o único dos princípios sociais que não encontra previsão explícita no Código Civil, o qual só admite expressamente a correção do desequilíbrio em hipóteses particulares, em que se encontre presente algo além da mera desproporção. Assim, só haverá estado de perigo se o contrato iníquo foi celebrado em razão da necessidade de salvar-se ou de salvar alguém da própria família de grave dano conhecido da contraparte (art. 156); só se pode cogitar de lesão se a vítima do desequilíbrio contratou em situação de inferioridade, sob premente necessidade ou por inexperiência (art. 157); só se autoriza a resolução por excessiva onerosidade se ela resultou de acontecimentos extraordinários e imprevisíveis (art. 478).[69] Daí a preocupação de Schreiber em demonstrar que se trata um de autêntico princípio, na medida em que os dispositivos legais usualmente citados pela doutrina como *base* do equilíbrio contratual "não reprimem o desequilíbrio objetivamente; reprimem-no apenas enquanto resultado de um vício ou lapso na manifestação de vontade".[70]

O equilíbrio dos contratos reflete, todavia, a aplicação direta às relações contratuais dos valores constitucionais da igualdade substancial e da solidariedade social, servindo, portanto, de instrumento para "assegurar que o merecimento de tutela dos contratos restará permanentemente condicionado à verificação de que seu objeto afigura-se equilibrado".[71] Não se trata, portanto, de "uma proteção especial, dirigida apenas àquelas pessoas que se situem, permanente ou episodicamente, em situação de vulnerabilidade", mas sim "de um princípio aplicável a *todo e qualquer* contrato",[72] com o escopo de "veicular um controle de proporcionalidade de caráter interno e objetivo (econômico) do contrato".[73]

---

66. V., sobre o assunto, SCHUNCK, Giuliana Bonanno. *Contratos de longo prazo e dever de cooperação*. São Paulo: Almedina, 2016. p. 200-201.
67. *Ibid.*, p. 36.
68. *Ibid.*, p. 154-188.
69. CARDOSO, Vladimir Mucury. *Revisão contratual e lesão à luz do código civil de 2002 e da Constituição da República*. Rio de Janeiro: Forense, 2008. p. 123.
70. SCHREIBER, Anderson. *Equilíbrio contratual e dever de renegociar*. São Paulo: Saraiva, 2018. p. 36.
71. *Ibid.*, p. 48-49.
72. *Ibid.*, p. 54.
73. *Ibid.*, p. 59.

Nesta perspectiva, o dever de renegociar emerge como resultado do encontro entre os princípios da boa-fé objetiva e do equilíbrio contratual. O primeiro, a exigir das partes, especialmente nos contratos de longa duração, comportamento colaborativo, que assegure, na medida do possível, a satisfação das legítimas expectativas de ambas as partes e a manutenção da utilidade, da finalidade e do equilíbrio do contrato. O segundo, impondo um controle de merecimento de tutela dirigido aos resultados econômicos do contrato, diante da sua natureza, das circunstâncias concretas e do legítimo regime de alocação de riscos levado a efeito pelos contratantes. Assim, toda vez que o contrato de longa duração seja afetado *sensivelmente* pela alteração das circunstâncias adjacentes ao desenvolvimento do vínculo contratual, de modo a "alterar-lhe a base objetiva sobre a qual foi pactuado", incumbe às partes o dever de renegociá-lo, reflexo do dever de lealdade, como forma de restaurar o equilíbrio perdido.[74]

A um só tempo, deste modo, tutela-se a *justiça* da relação contratual sem prejuízo à autonomia privada, na medida em que, diante do desequilíbrio superveniente, as próprias partes são chamadas a reequilibrar o negócio, instadas a encontrar, por si mesmas, solução que atenda às suas próprias expectativas e interesses, bem como ao equilíbrio exigível em todo e qualquer contrato sinalagmático.

O Código Civil e Comercial argentino de 2015 trata, explicitamente, dos *contratos de larga duración* no seu art. 1.011,[75] oportunidade em que prevê um "dever de colaboração" voltado à reciprocidade das obrigações, no contexto da relação duradora, do qual é consequência a exigência imposta à parte que pretenda o desfazimento da avença conceder, previamente, à outra parte oportunidade *razoável* para "renegociar de boa-fé, sem incorrer em exercício abusivo de direitos". Segundo Lorenzetti, a codificação prevê dois importantes efeitos dos contratos de longa duração: o dever legal de colaboração para o exercício de direitos, derivado do princípio geral de boa-fé; e a obrigação legal de renegociar o contrato previamente à rescisão. Incorpora, assim, uma obrigação de adequar os termos do contrato já celebrado por meio da renegociação, o que constitui uma modificação *transcendente* na teoria dos contratos. Trata-se de uma *conduta contratual* imposta pela lei às partes de uma relação já estabelecida que tenha sido afetada pela modificação superveniente das circunstâncias.[76]

Em doutrina, também já se sustentou que "antes de qualquer pleito revisional deve-se recorrer à boa-fé objetiva e ao dever de renegociar", incumbindo às partes encontrar "soluções alternativas" para preservar o contrato. A resolução contratual e a revisão

---

74. RODOVALHO, Thiago. O dever de renegociar no ordenamento jurídico brasileiro. *Revista jurídica luso-brasileira*, Ano 1, 2015, n. 6. p. 1617-1618.
75. Articulo 1011. – Contratos de larga duración. En los contratos de larga duración el tiempo es esencial para el cumplimiento del objeto, de modo que se produzcan los efectos queridos por las partes o se satisfaga la necesidad que las indujo a contratar. Las partes deben ejercitar sus derechos conforme con un deber de colaboración, respetando la reciprocidad de las obligaciones del contrato, considerada en relación a la duración total. La parte que decide la rescisión debe dar a la otra la oportunidad razonable de renegociar de buena fe, sin incurrir en ejercicio abusivo de los derechos.
76. LORENZETTI, Ricardo Luis. *Tratado de los contratos*: parte general. 3. ed. Santa Fe: Rubinzal-Culzoni, 2018. p. 99.

judicial "são remédios extremos, a serem evitados ante o imperativo dos deveres anexos de mútua cooperação e lealdade, derivados do artigo 422 do Código Civil e do princípio constitucional da solidariedade social".[77] Na mesma linha, defendeu-se que "o credor que se recusa a renegociar, revisar ou resolver o contrato, insistindo no cumprimento da prestação originalmente acordada, pode, em princípio, incorrer em abuso de direito por violação à finalidade econômica do contrato (para além de poder violar o princípio da boa-fé objetiva)". A faculdade de opor-se ao desfazimento ou à modificação do contrato, deste modo, "não escapa ao exame de legitimidade vis-à-vis à função contratual".[78]

5. EFEITOS DO INADIMPLEMENTO DO DEVER DE RENEGOCIAR

A admissão de um dever de renegociar o contrato em certas condições, tenha ele fundamento em cláusula contratual específica ou na cláusula geral de boa-fé, importa novos problemas, dentre os quais as consequências do inadimplemento: "tema relevante na prática, mas nebuloso na teoria".[79] Se se trata de um autêntico *dever* o seu descumprimento deve provocar a reação da ordem jurídica. Mas qual seria a mais adequada? Além disso, a solução deve variar, conforme se trate de obrigação decorrente de cláusula de renegociação ou, simplesmente, de dever anexo imposto pela boa-fé objetiva?

A violação do dever de renegociar pode se dar, pelo menos, de duas formas distintas. A primeira é a pura e simples recusa em iniciar ou manter negociações, seja sob o argumento de inexistência das condições que poderiam deflagrar o dever de renegociar, seja pela negativa do desequilíbrio, seja, ainda, pela simples inércia.[80] A segunda, mais sutil, consiste numa renegociação apenas aparente, ou seja, o contratante *finge* participar da negociação, mas, em verdade, não está disposto a aceitar qualquer adequação no contrato, conduzindo as conversas ao insucesso.[81]

Esta segunda hipótese revela que nem sempre é simples a própria constatação do inadimplemento. É preciso, em primeiro lugar, identificar a efetiva presença do dever de renegociar, que depende, por um lado, do desequilíbrio do contrato e, de outro lado, da qualificação dos eventos que o provocaram. Em segundo lugar, é preciso, salvo no caso de recusa pura e simples, aferir um comportamento ofensivo ao *standard* de conduta imposto pela boa-fé objetiva, consistente, no mais das vezes, numa discussão enganosa,

---

77. COUTINHO, Luiza Leite Cabral Loureiro. O dever de renegociar como mecanismo resolutivo de controle interpartes dos efeitos nefastos da pandemia. In: SOARES, Jéssica Aparecida; OSMAN, Bruna Homem de Souza. *O direito em tempos de pandemia*: reflexões jurídicas a partir do novo coronavírus. Maringá: Uniedusul, p. 274.
78. OLIVEIRA, Camila Helena Melchior Baptista de. Abuso do direito à resolução e à revisão contratual no cenário da pandemia. In: MONTEIRO FILHO, Carlos Edison do Rêgo; GUEDES, Gisela Sampaio da Cruz. *Regime jurídico da pandemia e relações privadas*. Rio de Janeiro: Processo, 2022. pp. 327-358.
79. PEREIRA, Fábio Queiroz; ANDRADE, Daniel de Pádua. A obrigação de renegociar e as consequências de seu inadimplemento. *Revista de direito civil contemporâneo*, v. 15, abr.-jun. 2018, pp. 209-237, DTR\2018\16224.
80. Nos dois primeiros casos, só se pode, logicamente, falar em inadimplemento do dever de renegociar se a parte recalcitrante não tem razão, isto é, se estão, efetivamente, presentes os requisitos respectivos, caso contrário, não haveria dever de renegociar e, portanto, tampouco inadimplemento.
81. Cf. MARTINS-COSTA, Judith. A cláusula de *hardship* e a obrigação de renegociar nos contratos de longa duração, *Revista de arbitragem e mediação*, ano 7, v. 25, São Paulo: Ed. RT, abr.-jun. 2010. p. 26.

com proposições absurdas, atrasos injustificáveis, recusa a sugestões razoáveis e capazes de reequilibrar a avença sem impor prejuízos excessivos ao contratante favorecido pelo desequilíbrio, comportamento errático ou instável ao longo das discussões, que revelem, no fundo, indisposição para o reajuste do negócio.

Esta dificuldade, que muitas vezes se verifica, agrava-se em razão do *conteúdo* do dever de renegociar. Ainda que as partes possam ter o dever de negociar o ajuste da relação contratual às novas circunstâncias fáticas, nem por isso é possível impor-lhes o dever de chegar ao novo consenso. Daí se dizer que se trata de obrigação de meio e não de resultado:[82] as partes têm a obrigação de manter negociações de boa-fé, mas não de atingir, efetivamente, o consenso sobre a modificação do contrato. Logo, a mera frustração do reajustamento do conteúdo da avença "por ausência de consenso não caracteriza inadimplemento".[83]

É verdade que, como ressalva Schreiber, num sistema jurídico como o nosso, que admite a revisão judicial do contrato por excessiva onerosidade, a eventual falta de consenso das partes pode ser minimizada pela intervenção do juiz ou do árbitro, de forma a assegurar o reequilíbrio e, assim, a preservação da relação contratual, o que afasta, igualmente, a relevância prática de discutir-se a possibilidade de execução específica do dever de renegociar.[84] O mesmo se diga a respeito de grande parte das cláusulas de renegociação, as quais já contém a previsão de procedimento arbitral para a revisão do contrato, caso se frustre a renegociação depois de certo lapso temporal.

Nada obstante isso, parte da doutrina aponta a reparação das perdas e danos como efeito do inadimplemento do dever de renegociar.[85] Parece lógico que a sua inexecução conduza à tutela ressarcitória, contudo, a liquidação do dano mostra-se tarefa das mais complexas, porquanto, em geral, não é simples identificar os danos que resultam direta e imediatamente do comportamento contrário à boa-fé no âmbito da renegociação[86] – salvo, por exemplo, as despesas em que tenha incorrido o contratante em negociação insinceras. Não se pode, com efeito, confundi-los com o prejuízo provocado pelo próprio desequilíbrio do contrato.[87] Por outro lado, o reequilíbrio não pode ser tomado como certo, porquanto é plenamente possível que as partes, mesmo agindo segundo a boa-fé, não cheguem a consenso algum, de modo que a solução pode se mostrar, na prática, insatisfatória.[88]

---

82. CESÀRO, Vincenzo Maria. *Clausola di rinegoziazione e conservazione dell'equilibrio contrattuale*. Napoli: Edizioni Scientifiche Italiane, 2000. p. 274.
83. PEREIRA, Fábio Queiroz; ANDRADE, Daniel de Pádua. A obrigação de renegociar e as consequências de seu inadimplemento. *Revista de direito civil contemporâneo*, v. 15, pp. 209-237, abr.-jun. 2018, DTR\2018\16224.
84. SCHREIBER, Anderson. *Equilíbrio contratual e dever de renegociar*. São Paulo: Saraiva, 2018. p. 312.
85. Neste sentido dispõe, p.ex., o artigo *6:111 (3)* dos *Principles of European Contract Law – PECL*.
86. PEREIRA, Fábio Queiroz; ANDRADE, Daniel de Pádua. A obrigação de renegociar e as consequências de seu inadimplemento. *Revista de direito civil contemporâneo*, v. 15, abr.-jun. 2018, pp. 209-237, DTR\2018\16224.
87. Já se aludiu, neste contexto, a uma possível reparação pela perda da chance de conservar o contrato em razão do inadimplemento do dever de renegociar (RODOVALHO, Thiago. O dever de renegociar no ordenamento jurídico brasileiro. *Revista jurídica luso-brasileira*. Ano 1, 2015, n. 6. p. 1633).
88. SCHREIBER, Anderson. *Equilíbrio contratual e dever de renegociar*. São Paulo: Saraiva, 2018. p. 313. O autor salienta, ainda, que nas cláusulas de renegociação, as partes podem "estabelecer parâmetros objetivos de readequação do contrato", assim como se valer de uma cláusula penal, minimizando as dificuldades inerentes à apuração do *quantum* indenizatório.

Cogitam-se, ainda, de outras medidas próprias do inadimplemento, como a resolução contratual e a exceção do contrato não cumprido, afinal, a mera previsão de cláusula de renegociação "não exclui os remédios legais gerais de revisão e de resolução do contrato"[89] e menos ainda o faria o reconhecimento de um dever legal de renegociação, fundado na boa-fé. Mais uma vez, porém, a impressão inicial pode não se confirmar. Admitir, em especial, a resolução do contrato por decorrência do inadimplemento do dever de renegociar produziria o *efeito oposto* ao pretendido com o seu reconhecimento: "a conservação do contrato, com a sua readaptação à realidade atual".[90]

Também não falta quem sustente que, em que pese se reconheça o dever de renegociar como produto da boa-fé, a sua natureza seria de "dever lateral de conduta" e não de autêntica "obrigação legal", de modo que o seu descumprimento não implicaria inadimplemento contratual, "ensejando perdas e danos", mas não os efeitos próprios do inadimplemento. Por outro lado, a cláusula de renegociação seria, sem embargos da sua relevância e utilidade, "dispositivo contratual de menor intensidade, cuja inexecução é de escassa importância", motivo pelo qual não permitira "o rompimento imediato da avença", o qual, nada obstante, poderia ser pretendido em razão da onerosidade excessiva.[91]

6. CONCLUSÃO

O problema do desequilíbrio superveniente é inerente aos contratos de longa duração, na medida em que a passagem do tempo tende a ser acompanhada da modificação das circunstâncias vigentes ao tempo da conclusão da avença, o que pode, eventualmente, causar a ruptura da equação econômica do contrato. No direito brasileiro, a principal ferramenta disponível para lidar com os riscos do tempo sobre os contratos duradouros é a onerosidade excessiva, prevista explicitamente como causa de resolução contratual no art. 478 do Código Civil. A par das hipóteses restritas dos arts. 479 e 480, a doutrina vem reconhecendo a possibilidade de revisão do contrato, com fundamento no art. 317, no que pese certa antipatia de alguns com tal solução, que a Lei 13.874/2019 pretendeu tornar excepcional, como se assim já não o fosse.

Há alternativa, porém, à tão drástica medida. A própria prática contratual parece já ter percebido a necessidade de renegociação dos termos pactuados, em especial quando o negócio se desequilibra em decorrência de fatos graves, por vezes imprevisíveis, a afetar não uma das partes isoladamente, mas a economia do contrato em si. Daí a frequência com que se encontram, hoje em dia, em diversos contratos, cláusulas de renegociação, com ou sem o auxílio de mediação ou de outros mecanismos. No direito internacional destacam-se, neste panorama, as cláusulas de *hardship*, que usualmente impõem às partes a renegociação nas hipóteses que preveem, eventualmente atribuin-

---

89. NANNI, Giovanni Ettore. A obrigação de renegociar no direito contratual brasileiro. *Revista do advogado*, ano XXXII, n. 116, São Paulo: AASP, jul. 2012. p. 95.
90. SCHREIBER, Anderson. *Equilíbrio contratual e dever de renegociar*. São Paulo: Saraiva, 2018. p. 309.
91. NANNI, Giovanni Ettore. A obrigação de renegociar no direito contratual brasileiro. *Revista do advogado*, ano XXXII, n. 116, São Paulo: AASP, jul. 2012. p. 94-95.

do ao tribunal arbitral a revisão do contrato como solução subsidiária, a exemplo de relevantes iniciativas de *soft law*.

O dever de renegociar, entretanto, faz-se presente, em particular nos contratos de longa duração, mesmo na ausência de cláusula contratual que o estabeleça explicitamente. Resulta, de fato, da confluência dos princípios da boa-fé objetiva e do equilíbrio contratual, como decorrência lógica do dever de colaboração decorrente da boa-fé, quando o contrato se tenha desequilibrado, especialmente por consequência de acontecimentos supervenientes, extraordinários e imprevisíveis. Nestes casos, incumbe, em primeiro lugar, às próprias partes buscar, de boa-fé, a readequação dos termos do negócio, de modo a preservar-lhe o equilíbrio, a utilidade e a finalidade.

Trata-se de alternativa ainda em construção e, como seria de esperar, encontra desafios. Destaca-se, neste contexto, o problema das consequências do inadimplemento do dever de renegociar, consubstanciado quer na negativa peremptória de iniciar as negociações, quer na hipótese de negociação apenas aparente, conduzida sem a observância dos *standards* de conduta impostos pela boa-fé. Se, por um lado, o remédio ressarcitório encontra, via de regra, dificuldades atinentes à quantificação da indenização, por outro prisma, a adoção de outros remédios, como a resolução contratual, mostra-se igualmente problemática e contraditória com a própria razão de ser do dever de renegociar: assegurar a preservação do negócio, reequilibrado. Ainda que seja natural, nesses casos, que a questão seja contornada pelo pleito revisional, admitido pelo direito brasileiro, cabe à doutrina buscar soluções que colaborem para que o dever de renegociar seja reconhecido em bases mais sólidas.

7. REFERÊNCIAS

ALMEIDA COSTA, Mário Júlio de. *Direito das obrigações*. 8. ed. Coimbra: Almedina, 2000.

AZEVEDO, Antonio Junqueira de. Princípios do novo direito contratual e desregulamentação do mercado – direito de exclusividade nas relações contratuais de fornecimento – função social do contrato e responsabilidade aquiliana do terceiro que contribui para inadimplemento contratual. *Revista dos Tribunais*, São Paulo, n. 750, pp. 113-120, abr. 1998.

AZEVEDO, Antonio Junqueira de. *Negócio jurídico*: existência, validade e eficácia. 3. ed. São Paulo: Saraiva, 2000.

AZEVEDO, Marcos de Almeida Villaça. *Onerosidade excessiva e desequilíbrio contratual supervenientes*. São Paulo: Almedina, 2020.

BANDEIRA, Paula Greco. *Contrato incompleto*. São Paulo: Atlas, 2015.

BARLETTA, Fabiana Rodrigues. *Revisão contratual no código civil e no Código de Defesa do Consumidor*. 2. ed. Indaiatuba: Foco, 2020.

BORGES, Nelson. *A teoria da imprevisão no direito civil e no processo civil*. São Paulo: Malheiros, 2002.

CESÀRO, Vincenzo Maria. *Clausola di rinegoziazione e conservazione dell'equilibrio contrattuale*. Napoli: Edizioni Scientifiche Italiane, 2000

CARDOSO, Vladimir Mucury. *Revisão contratual e lesão à luz do código civil de 2002 e da Constituição da República*. Rio de Janeiro: Forense, 2008.

CARDOSO, Vladimir Mucury. Pandemia e contratos de longa duração: desequilíbrio contratual e dever de renegociar. In: MONTEIRO FILHO, Carlos Edison do Rêgo; GUEDES, Gisela Sampaio da Cruz. *Regime jurídico da pandemia e relações privadas*. Rio de Janeiro: Processo, 2022. pp. 271-300.

COUTINHO, Luiza Leite Cabral Loureiro. O dever de renegociar como mecanismo resolutivo de controle interpartes dos efeitos nefastos da pandemia. In: SOARES, Jéssica Aparecida; OSMAN, Bruna Homem de Souza. *O direito em tempos de pandemia*: reflexões jurídicas a partir do novo coronavírus. Maringá: Uniedusul, 2020.

DIAS, Antônio Pedro Medeiros. *Revisão e resolução do contrato por excessiva onerosidade*. Belo Horizonte: Forum, 2017.

FONSECA, Arnoldo Medeiros da. *Caso fortuito e teoria da imprevisão*. 3. ed. Rio de Janeiro: Forense, 1958.

FRANTZ, Laura Coradini. *Revisão dos contratos*: elementos para sua construção dogmática. São Paulo: Saraiva, 2007.

LORENZETTI, Ricardo Luis. *Tratado de los contratos*: parte general. 3. ed. Santa Fe: Rubinzal-Culzoni, 2018.

MARTINS-COSTA, Judith. A teoria da imprevisão e a incidência dos planos econômicos governamentais na relação contratual. *Revista dos Tribunais*, São Paulo, v. 670, pp. 41-48, ago. 1991.

MARTINS-COSTA, Judith. *A boa-fé no direito privado*: sistema e tópica no processo obrigacional. São Paulo: Ed. RT, 2000.

MARTINS-COSTA, Judith. *Comentários ao novo código civil*. Rio de Janeiro: Forense, 2005. v. V. t. I.

MARTINS-COSTA, Judith. A cláusula de *hardship* e a obrigação de renegociar nos contratos de longa duração, *Revista de arbitragem e mediação*, ano 7, v. 25, São Paulo: Ed. RT, pp. 11-39, abr.-jun. 2010.

MARTINS-COSTA, Judith; COSTA E SILVA, Paula. *Crise e perturbações no cumprimento da prestação*: estudo de direito comparado luso-brasileiro. São Paulo: Quartier Latim, 2020.

MATHIAS, Guilherme Valdetaro. Consequências da pandemia criada pela covid-19 nas obrigações e nos contratos – uma visão pelo ângulo do direito civil. *Revista da EMERJ*, v. 22, n. 1, pp. 284-317, 2020.

MENEZES CORDEIRO, António. *A boa fé no direito civil*. Coimbra: Almedina, 1997.

MORAES, Maria Celina Bodin de. *Na medida da pessoa humana*: estudos de direito civil. Rio de Janeiro: Renovar, 2010.

NANNI, Giovanni Ettore. A obrigação de renegociar no direito contratual brasileiro. *Revista do advogado*, ano XXXII, n. 116, São Paulo: AASP, pp. 88-96, jul. 2012.

NEGREIROS, Teresa. *Teoria do contrato*: novos paradigmas. Rio de Janeiro: Renovar, 2002.

NITSCHKE, Guilherme Carneiro Monteiro. Revisão, resolução, reindexação, renegociação: o juiz e o desequilíbrio superveniente de contratos de duração, *Revista trimestral de direito civil*, v. 50, Rio de Janeiro: Padma, pp. 135-159, abr.-jun. 2012.

OLIVEIRA, Camila Helena Melchior Baptista de. Abuso do direito à resolução e à revisão contratual no cenário da pandemia. In: MONTEIRO FILHO, Carlos Edison do Rêgo; GUEDES, Gisela Sampaio da Cruz. *Regime jurídico da pandemia e relações privadas*. Rio de Janeiro: Processo, 2022. pp. 327-358.

PEREIRA, Fábio Queiroz; ANDRADE, Daniel de Pádua. A obrigação de renegociar e as consequências de seu inadimplemento. *Revista de direito civil contemporâneo*, v. 15, pp. 209-237, abr.-jun. 2018, DTR\2018\16224.

POTTER, Nelly. *Revisão e resolução dos contratos no código civil conforme perspectiva civil-constitucional*. Rio de Janeiro: Lumen Juris, 2009.

RODOVALHO, Thiago. O dever de renegociar no ordenamento jurídico brasileiro. *Revista jurídica luso-brasileira*. Ano 1, 2015, n. 6, pp. 1597-1638.

SCHREIBER, Anderson. *Equilíbrio contratual e dever de renegociar*. São Paulo: Saraiva, 2018.

SCHUNCK, Giuliana Bonanno. *Contratos de longo prazo e dever de cooperação*. São Paulo: Almedina, 2016. p. 31.

SILVA, Clóvis do Couto e. *A obrigação como processo*. Rio de Janeiro: FGV, 2006.

SILVA, Clóvis do Couto e. A teoria da base do negócio jurídico no direito brasileiro. In: FRADERA, Vera Maria Jacob de (Org.). *O direito privado brasileiro na visão de Clóvis do Couto e Silva*. Porto Alegre: Livraria do Advogado, 1997. p. 89-96

SILVA, Luís Renato Ferreira da. *Revisão dos contratos*: do Código Civil ao Código do Consumidor. Rio de Janeiro: Forense, 1999.

TARTUCE, Flávio. *Direito civil*: teoria geral dos contratos e contratos em espécie. 12. ed. Rio de Janeiro: Forense, 2017. v. 3.

TEPEDINO, Gustavo. *Temas de direito civil*. Rio de Janeiro: Forense, 2006. t. II.

TEPEDINO, Gustavo; BARBOZA, Heloisa Helena; BODIN DE MORAES, Maria Celina (Coords.). *Código Civil interpretado conforme a constituição da república*. Rio de Janeiro: Renovar, 2007. v. I.

TEPEDINO, Gustavo; CAVALCANTI, Laís. Notas sobre as alterações promovidas pela lei 13.874/2019 nos artigos 50, 113 e 421 do Código Civil. In: SALOMÃO, Luis Felipe; CUEVA, Ricardo Villas Bôas; FRASÃO, Ana. *Lei de liberdade econômica e seus impactos no direito brasileiro*. São Paulo: Thomson Reuters Brasil, 2020. pp. 487-513.

TEPEDINO, Gustavo; KONDER, Carlos Nelson; BANDEIRA, Paula Greco. *Fundamentos do direito civil*. Rio de Janeiro: Forense, 2020. v. 3.

TEPEDINO, Gustavo; SCHREIBER, Anderson. *Código civil comentado*. São Paulo: Atlas, 2008. v. IV.

TERRA, Aline de Miranda Valverde. Covid-19 e os contratos de locação em shopping center. In: *Migalhas*, 20 mar. 2020. Disponível em <https://migalhas.uol.com.br/depeso/322241/covid-19-e-os-contratos--de-locacao-em-shopping-center>. Acesso em: 19.05.2021.

TERRA, Aline de Miranda Valverde; BANDEIRA, Paula Greco. A cláusula resolutiva expressa e o contrato incompleto como instrumentos de gestão de risco nos contratos. *Revista brasileira de direito civil*, v. 6, pp. 9-25, out.-dez. 2015.

Parte III
RESPONSABILIDADE CIVIL

DO PRINCÍPIO DA REPARAÇÃO INTEGRAL AO PRINCÍPIO DA REPARAÇÃO EFICIENTE: UM NOVO OLHAR PARA A TUTELA DA VÍTIMA

Antonio dos Reis Júnior

Doutor e Mestre em Direito Civil pela Faculdade de Direito da Universidade do Estado do Rio de Janeiro (UERJ). Especialista em Direito Privado Europeu pela Universidade de Coimbra. Professor Adjunto de Direito Civil da Universidade do Estado do Rio de Janeiro (UERJ) e IBMEC-RJ. Membro do Instituto Brasileiro de Estudos de Responsabilidade Civil (IBERC) e do Instituto Brasileiro de Direito Civil (IBDCivil).

Sumário: 1. Introdução – 2. A função primária da responsabilidade civil e o princípio da reparação integral – 3. A função promocional da responsabilidade civil e os novos horizontes de tutela da vítima – 4. Da reparação integral à reparação eficiente – 5. Conclusões – 6. Referências.

1. INTRODUÇÃO

A responsabilidade civil é instituto que reflete curioso paradoxo em sua trajetória histórica. Os seus fundamentos remetem ao glorioso direito romano – da *Lex Aquilia* ao *Corpus Juris Civilis* –, cuja expressão máxima se traduz na cláusula de proteção consagrada pelo preceito *"neminem laedere"* ou *"alterum non laedere"*: a ninguém é dado o direito de causar danos a terceiros. Contudo, a sua autonomia como disciplina (separada da dogmática das Obrigações), organizada com princípios, categorias, elementos e requisitos próprios é incrivelmente recente, contrapondo-se ao seu atual papel central – e de protagonista – no sistema de respostas (reação) oferecido pelo Direito.[1]

Neste contexto, um dos princípios mais consagrados pela dogmática da responsabilidade civil é o chamado *princípio da reparação integral*, cuja construção de seu significado normativo não é recente.[2] É, antes, resultado de duradouro processo de maturação ao longo dos séculos. Antes mesmo de cogitar-se a sua designação e qualificação como *princípio*, já era acirrado o debate sobre a técnica de reparação dos danos patrimoniais que, de fato, oferecesse a correta e adequada reparação integral, na exata medida da extensão do dano.[3] O debate ficou mais aprofundado e complexo a partir da absorção

---

1. Sobre o papel de protagonismo assumido pela responsabilidade civil no Direito Civil, cf. SOUZA, Eduardo Nunes de; SILVA, Rodrigo da Guia. O oxímoro da responsabilidade civil brasileira. In: *Controvérsias atuais em Responsabilidade Civil*. São Paulo: Almedina, 2018. pp. 17-30.
2. Com relação à trajetória da reparação integral, cf., por todos, SANSEVERINO, Paulo de Tarso. *Princípio da reparação integral*: indenização no Código Civil. São Paulo: Saraiva, 2010.
3. Para Judith MARTINS-COSTA, a ideia de reparação integral trata-se de *"valor fundante"* da responsabilidade civil, expressado desde a origem, pela própria origem léxica da palavra "indenização" – tornar *in-demne* (sem dano) (Prefácio a SANSEVERINO, Paulo de Tarso. *Princípio da reparação integral*, cit., p. 5).

da possibilidade de compensação dos danos exclusivamente morais e as dificuldades intrínsecas de se quantificar a lesão de natureza existencial.[4]

Eis que, mais recentemente, a construção de seu significado passou a transcender o problema pontual da quantificação do dano, assumindo papel maior no sistema da responsabilidade civil. Para renomada doutrina, a reparação integral alcançou o *status* de princípio, fundado na Constituição da República, traduzindo-se como "pilar essencial da responsabilidade civil, verdadeiro mandado de otimização, que visa a promover a reparação completa da vítima, na medida da extensão dos danos sofridos".[5]

O que se pretenderá demonstrar neste estudo é que a consideração da reparação integral como princípio exige a conformação de seu conteúdo de acordo com a função perseguida pela responsabilidade civil no caso concreto. Construído originalmente para atender à sua função primária, isto é, a função reparatória-compensatória, faz-se necessário lançar novas luzes sobre o significado normativo do aludido princípio quando, no caso concreto, a responsabilidade civil atender a funções distintas, em especial à chamada função promocional. É o processo de releitura a que todo instituto, categoria e mesmo os princípios devem sujeitar-se ao longo de sua trajetória evolutiva.

2. A FUNÇÃO PRIMÁRIA DA RESPONSABILIDADE CIVIL E O PRINCÍPIO DA REPARAÇÃO INTEGRAL

A *função* ou *finalidade primária da responsabilidade civil*[6] diz respeito tanto à lógica de fundamentação do instituto, na taxonomia das finalidades atribuídas ao modelo de responsabilidade adotado, quanto ao viés material, que exprime a profundidade de seu conteúdo. Defende-se, por esta ideia, que o desiderato *reparatório-compensatório* representa a função mais elementar da responsabilidade civil. Essa conclusão se define, por um lado, porque a reparação-compensação do dano é a finalidade "primeira", originária e genealógica do instituto, a partir da qual se desenvolveu a disciplina e com relação a qual não pode dela desvincular-se.[7] Como também, em outra perspectiva, porque representa

---

4. MONTEIRO FILHO, Carlos Edison do Rêgo. Limites ao princípio da reparação integral no direito brasileiro. *Civilistica.com*, a. 7, n. 1, 2018, pp. 2-5. Disponível em: <https://civilistica.com/wp-content/uploads/2018/05/Monteiro-Filho-civilistica.com-a.7.n.1.2018.pdf>. Acesso em: 30.11.2023.
5. MONTEIRO FILHO, Carlos Edison do Rêgo. Limites ao princípio da reparação integral no direito brasileiro, cit., p. 5.
6. "Quase unanimidade parece haver quanto ao reconhecimento de uma finalidade ressarcitória ao instituto. De outro modo não poderia deixar de ser. Na verdade, a responsabilidade civil é pensada como um mecanismo que visa tornar *indemne* aquele que, por uma acção ilícita e culposa de outrem, sofreu um dano" (BARBOSA, Mafalda Miranda. Reflexões em torno da responsabilidade civil: teleologia e teleonomologia em debate. *Boletim da Faculdade de Direito da Universidade de Coimbra*, v. 81, Coimbra: FDUC, 2005. p. 514).
7. Mesmo entre aqueles que defendem o empoderamento da função preventiva, como André TUNC, reconhece-se que a função reparatória-compensatória é o primeiro problema – e, portanto, a finalidade primeira – da responsabilidade civil: "en cas de dommage accidentel, le châtiment de l'auteur du dommage ou le rétablissement de l'ordre social ne peuvent pas être des fins légitimes. Le premier problème est d'assurer 'indemnisation de la victime. La prévention présent aussi une grande importance sociale, mais elle ne peut être obtenue par la simple obligation de l'auteur du dommage de verser une indemnité, d'autant moins que l'auteur effectif du dommage est rarement celui qui verse l'indemnité" (*La responsabilité civile*. 2. ed. Paris: Economica, 1989. p. 133-134). Em

o conteúdo básico, elementar e de sustentação de todo o instituto. Não há responsabilidade civil sem que se busque reparar ou compensar determinado dano identificado na esfera jurídica de certo titular de um centro de interesses, merecedor de tutela jurídica.[8]

Sabendo-se que a função primária de todo sistema de responsabilidade é a busca pela obtenção de uma reparação-compensação dos danos sofridos, é natural que a construção da dogmática da responsabilidade civil tenha sido erigida sobre este pilar funcional originário. Concentrou-se os esforços, portanto, sobre (i) *o que* se deve reparar, notadamente o conceito e a abrangência do *dano*; e (ii) *como* se deve repará-lo ou compensá-lo, apresentando-se os seus instrumentos de efetivação. Se, em suas origens, foram os elementos estruturais aqueles utilizados para a definição do conceito e extensão dos danos (v.g. a materialidade do prejuízo, a medida aritmética de sua extensão etc.), no contexto pós-constitucional de 1988 prevaleceu o critério funcional calcado no valor-guia da *reparação integral* da vítima. Neste contexto, encontra-se o atual momento já designado como de expansão dos "novos danos".[9]

Isso porque, se a Constituição Federal revela, a partir do art. 1º, III (dignidade da pessoa humana), art. 3º, I (solidariedade social), art. 5º, X e V (direito à compensação dos danos causados à esfera não patrimonial) e art. 5º, XXII (direito à tutela da propriedade privada e, assim, à reparação dos danos patrimoniais), ampla e completa defesa à incolumidade da vítima, ressignificando o *neminem laedere* à realidade contemporânea,[10] significa que a Carta Constitucional guiou-se pelo *princípio da reparação integral* dos danos. Por este princípio quer-se traduzir que há um *valor jurídico* segundo o qual a vítima dos danos (tanto na responsabilidade extracontratual como na responsabilidade contratual) deve ser amparada em sua *máxima medida*.[11]

Porém, nem sempre a ideia de *reparação integral* esteve ligada à ótica principiológica, de conteúdo aberto e com sentido normativo. Por muito tempo, o debate sobre a

---

sentido contrário, em que a função reparatória seria apenas "terciária", atrás das funções punitiva e preventiva, Cf. ROCHFELD, Judith. *Les grandes notions du droit privé*. Paris: PUF, 2001. p. 488-489).
8. É comum afirmar que a função primária de uma relação jurídica de direito privado é garantir, de um lado, a perseguição da realização dos direitos, ou do adimplemento, e, de outro, a efetividade de um remédio que assegure a reparação (tutela ressarcitória), em face da violação da esfera de interesses juridicamente protegidos. Em outras palavras: "la valutazione sub specie damni è valutazione immanente ad un sistema di tutela privatistico, la cui funzione primaria non è solo quella di garantire, nei limite del possibile, la realizzazione dei diritti e l'adempimento degli obblighi (attraverso forme di tutela c.d. specifica) ma di apprestare 'rimedi' (apunto: quello risarcitorio) diretti a riparare le conseguenze (sul piano patrimoniale o non patrimoniale) delle anzidetti lesione" (DI MAJO, Adolfo. Discorso generale sulla responsabilità civile. In: LIPARI, Nicolò; RESCIGNO, Pietro (Coord.). *Diritto civile*. Milano: Giuffrè, 2009. v. IV. t. III. pp. 49-50).
9. SCHREIBER, Anderson. *Novos paradigmas da responsabilidade civil*: da erosão dos filtros da reparação à diluição dos danos. 4. ed. São Paulo: Atlas, 2012. pp. 81-118.
10. RODOTÀ, Stefano. *Il problema dela responsabilità civile*. Milano: Giuffrè, 1967. p. 95 e ss.
11. Utilizando-se da expressão consagrada no *caput* do art. 944 do Código Civil, isto é, a *extensão dos danos* (critério de quantificação do prejuízo), destaca Carlos Edison do Rêgo MONTEIRO FILHO que: "(...) pode-se qualificar a reparação integral como princípio no direito brasileiro (...) mercê de sua estrutura aberta, observa-se que a reparação integral não procura regrar determinado comportamento nem tampouco estabelecer parâmetros para a incidência de determinada normativa. Em rigor, traduz pilar essencial da responsabilidade civil, verdadeiro mandado de otimização, que visa a promover a reparação completa da vítima, na medida da extensão dos danos sofridos" (*Limites ao princípio da reparação integral no direito brasileiro*, cit., pp. 4-5).

reparação integral esteve conectado única e exclusivamente ao problema da quantificação dos danos patrimoniais. A trajetória da possibilidade de indenização dos danos morais iniciou-se no Brasil apenas a partir do precedente firmado no julgado do RE nº 59.940/SP (1966), mantendo-se vacilante e ainda marcadamente vinculado à visão patrimonialista até a promulgação da Constituição de 1988, quando, enfim, consolidou-se como dano autônomo e plenamente indenizável.[12]

Assim, naturalmente, no que diz respeito ao desenvolvimento da noção de *reparação integral*, tudo começou com a tutela de "dano patrimonial". Este representa a lesão a interesse vinculado à situação jurídica subjetiva dotada de conteúdo econômico.[13] Assim, a esfera patrimonial é conferida a toda e qualquer pessoa que detenha personalidade jurídica, caracterizando-se como o complexo de relações jurídicas, cujo interesse pode ser valorado economicamente.[14] É a lesão a interesse patrimonial, merecedor de tutela jurídica, cujo desfalque recai sobre o ativo do acervo, que representa o dano patrimonial, comumente designado de dano material.[15]

Sabe-se que, historicamente, a responsabilidade civil edificou suas bases em torno da ideia de dano material, proveniente de um evento cujo resultado se poderia aferir *materialmente*, como algo tangível e calculável. Deste modo, o agente causador teria o dever de repará-lo, se cumpridos os requisitos legais, seja pelo valor do bem efetivamente danificado, seja pela *diferença* entre a situação patrimonial anterior e aquela atual, após o desfalque efetivamente apurado; ou mesmo pela *diferença* entre a situação consolidada da perda patrimonial e o que hipoteticamente o ofendido teria, caso o dano não houvesse ocorrido.[16] Independentemente do critério adotado, o certo é que não seria possível indenizar nem mais, nem menos, que a exata medida da extensão do prejuízo.

---

12. MONTEIRO FILHO, Carlos Edison do Rêgo. *Elementos de responsabilidade civil por dano moral*. Rio de Janeiro: Renovar, 2000. pp. 7 e ss.
13. "Um dano é patrimonial quando a situação vantajosa prejudicada tenha natureza econômica" (MENEZES CORDEIRO, António. *Tratado de direito civil português*. v. II. t. III. Coimbra: Almedina, 2010. p. 513.
14. Código Civil. Art. 91. "Constitui universalidade de direito o complexo de relações jurídicas, de uma pessoa, dotadas de valor econômico". Sobre a natureza jurídica do patrimônio como universalidade de direito, cf. TELLES, Inocêncio Galvão. Das universalidades. Lisboa: Minerva, 1940, *passim*; e OLIVA, Milena Donato. O patrimônio no direito civil brasileiro. TEPEDINO, Gustavo (Coord.). *O Código Civil na perspectiva civil-constitucional*. Rio de Janeiro: Renovar, 2013, pp. 199-203.
15. A ideia é que todo dano, ainda que patrimonial, deve representar a violação a interesse juridicamente protegido e digno de tutela jurídica (a noção italiana de dano injusto). Eis a razão pela qual o mero desfalque "puramente patrimonial" (*pure economic loss*) não gera, por si só, o direito à indenização. A respeito do *"danno meramente patrimoniale"*, Cf. DI MAJO, Adolfo. *Discorso generale sulla responsabilità civile*, cit., pp. 27-32; e CASTRONOVO, Carlo. *La nuova responsabilità civile*, 3. ed. Milano: Giuffrè, 2006. p. 179). No direito anglo-saxão, o tema é de extrema relevância, desde o precedente "Spartan Steel & Alloys Ltd v Martin & Co (Contractors) Ltd.", julgado pela *Court of Appeal* na Inglaterra, em 1973 [QB 27].
16. Pelo primeiro critério adotado, defende-se, simplesmente, que o ressarcimento deve corresponder ao dano concreto, isto é, ao bem em si subtraído da esfera jurídica da vítima, na medida de sua extensão, seja pela reparação *in natura*, seja pelo valor a ele correspondente, que deve ser reintegrado ao patrimônio do ofendido. Pelo segundo, adotando a chamada "teoria da diferença", deve corresponder ao resultado da operação de subtração do valor do patrimônio preexistente no momento imediatamente anterior ao dano em relação ao saldo final, com o desfalque por ele causado. Há ainda a ideia de que, como corolário do princípio da diferença, o quantum indenizatório seja determinado pela diferença entre o valor real do patrimônio, após a lesão, e o seu valor hipotético se a lesão não tivesse ocorrido. Para a primeira corrente, costuma-se atribuir o conceito de dano concreto,

No contexto pós-constitucional (1988), a defesa do caráter principiológico da reparação integral ampliou demasiadamente o seu conteúdo e o seu significado normativo. Primeiro porque a construção de seu significado normativo se deu a partir de sua conexão (verdadeiro corolário) com outros princípios constitucionais, já elencados acima (dignidade humana, solidariedade e tutela da personalidade e da propriedade). Daí a ideia de que o princípio da reparação integral não só pressupõe a possibilidade de indenização exclusiva de danos morais (descolada do dano patrimonial) como entende que *os interesses existenciais merecem proteção prevalente ante os interesses patrimoniais*.[17] Eis a razão pela qual se tornou comum, em ações indenizatórias, a condenação do réu ao pagamento de indenização de danos morais em valor superior àquele eventualmente devido a título de danos patrimoniais (ligados à princípio da diferença), que nem sempre se apresentam de grande extensão, especialmente nas relações de consumo.

No entanto, a elasticidade do conteúdo do princípio da reparação integral não se deu apenas em razão da expansão dos "novos danos" – em especial os danos não patrimoniais –, mas também sobre outros elementos ou requisitos da responsabilidade civil. É normal associar à busca pela *reparação integral da vítima* o movimento da (i) relativização da culpa (seja pela técnica da presunção de culpa, ou pela renovação do significado normativo da culpa, como a noção de culpa objetiva ou normativa); ou (ii) da objetivação da própria responsabilidade civil (tornando despicienda a análise do elemento culposo, dispensando-se os juízes de valor sobre a reprovabilidade do comportamento do ofensor).[18]

De fato, este movimento é central na explosão quantitativa dos casos em que os danos sofridos pelas vítimas, ao final, calharam por ser efetivamente indenizados. Fala-se, ainda, da ampliação da rede de agentes responsáveis pela causação dos danos (como as hipóteses legais de solidariedade passiva) e, em especial, do movimento de mitigação do elemento do nexo causal, como o último degrau na erosão dos filtros da responsabilidade civil. Este percurso "evolutivo" representaria o caminho da concretização do princípio da reparação integral. Tudo para facilitar, na máxima medida, a indenização das vítimas. Percebe-se, assim, que há muito se abandonou a perspectiva da reparação integral sob aspecto puramente central na quantificação dos danos, ampliando-se o seu alcance à própria identificação dos danos indenizáveis e aos elementos ou pressupostos do dever de indenizar.

Por outro lado, o princípio da reparação integral não é propugnado apenas na sua perspectiva positiva, de máxima realização a *favor da vítima*, mas também em seu

---

ao passo em que, pela segunda via, fala-se de reparação de um dano abstrato. Para uma leitura abrangente sobre tais critérios, em língua portuguesa, Cf. GOMES DA SILVA, Manuel. *O dever de prestar e o dever de indemnizar*. Lisboa: Tip. Ramos, 1944. v. 1. pp. 126-127; CASTRO MENDES, João de. *Do conceito jurídico de prejuízo*. Lisboa: Jornal do Fôro, 1953, *passim*; e PESSOA JORGE, Fernando. *Ensaio sobre os pressupostos da responsabilidade civil*. Coimbra: Almedina, 1995, *passim*.

17. BODIN DE MORAES, Maria Celina. A constitucionalização do direito civil e seus efeitos sobre a responsabilidade civil. *Na medida da pessoa humana*: estudos de direito civil-constitucional. Rio de Janeiro: Renovar, 2010. p. 319.
18. MONTEIRO FILHO, Carlos Edison do Rêgo. *Limites ao princípio da reparação integral no direito brasileiro*, cit., p. 2.

caráter negativo, como limite ao excesso. É famoso o argumento de Pontes de Miranda, para quem "reparar com lucro para o titular da pretensão seria enriquecê-lo injustificadamente".[19] A partir dessa ótica, também é rica a doutrina que busca sistematizar os limites legais e convencionais impostos pela reparação integral.

No que concerne à investigação do *dever de indenizar* (questão anterior à quantificação do dano), a lei, a exemplo do Código Civil, limita as hipóteses de responsabilidade objetiva aos casos expressos em lei ou à cláusula geral do risco previsto no art. 927, parágrafo único.[20] Assim como limita as hipóteses de responsabilidade indireta aos casos elencados nos incisos I a V do art. 932.[21] Também fornece o critério para a atribuição da solidariedade passiva (art. 942).[22] Na responsabilidade contratual subjetiva, distingue o modelo de responsabilidade entre os contratos onerosos e gratuitos (art. 392).[23] Finalmente, a mora do credor limita a responsabilidade do devedor (art. 400 do Código Civil).[24] Apenas para ilustrar aos exemplos de *limitação legal* (sem mencionar as legislações especiais).

O contrato também é fonte de limitação do dever de indenizar, sendo lícitas, em especial nos contratos paritários, as cláusulas que limitam ou excluem o dever de indenizar. Por outro lado, podem também ampliar a responsabilidade do devedor, que pode assumir a responsabilidade mesmo em hipótese de fortuito ou força maior (art. 393, parágrafo único, do Código Civil).[25]

Contudo, a limitação legal mais famosa recai sobre o critério de quantificação do dano. É cediço que a regra é defina pelo *caput* do art. 944 do Código Civil: "a indenização mede-se pela extensão do dano". Portanto, segundo o critério do *legislador* (que não necessariamente se confunde com o critério construído pela jurisprudência), apenas a medida do dano seria o critério definidor do dever de indenizar, não podendo haver qualquer influência sobre o elemento culposo para majorar o dano, de modo a atribuir à vítima mais do que ela efetivamente

---

19. PONTES DE MIRANDA, F. C. *Tratado de direito privado*. Rio de Janeiro: Borsoi, 1959. t. XXVI. p. 52.
20. Art. 927. Parágrafo único. Haverá obrigação de reparar o dano, independentemente de culpa, nos casos especificados em lei, ou quando a atividade normalmente desenvolvida pelo autor do dano implicar, por sua natureza, risco para os direitos de outrem.
21. Art. 932. São também responsáveis pela reparação civil: I – os pais, pelos filhos menores que estiverem sob sua autoridade e em sua companhia; II – o tutor e o curador, pelos pupilos e curatelados, que se acharem nas mesmas condições; III – o empregador ou comitente, por seus empregados, serviçais e prepostos, no exercício do trabalho que lhes competir, ou em razão dele; IV – os donos de hotéis, hospedarias, casas ou estabelecimentos onde se albergue por dinheiro, mesmo para fins de educação, pelos seus hóspedes, moradores e educandos; V – os que gratuitamente houverem participado nos produtos do crime, até a concorrente quantia.
22. Art. 942. Os bens do responsável pela ofensa ou violação do direito de outrem ficam sujeitos à reparação do dano causado; e, se a ofensa tiver mais de um autor, todos responderão solidariamente pela reparação. Parágrafo único. São solidariamente responsáveis com os autores os co-autores e as pessoas designadas no art. 932.
23. Art. 392. Nos contratos benéficos, responde por simples culpa o contratante, a quem o contrato aproveite, e por dolo aquele a quem não favoreça. Nos contratos onerosos, responde cada uma das partes por culpa, salvo as exceções previstas em lei.
24. Art. 400. A mora do credor subtrai o devedor isento de dolo à responsabilidade pela conservação da coisa, obriga o credor a ressarcir as despesas empregadas em conservá-la, e sujeita-o a recebê-la pela estimação mais favorável ao devedor, se o seu valor oscilar entre o dia estabelecido para o pagamento e o da sua efetivação.
25. Art. 393. O devedor não responde pelos prejuízos resultantes de caso fortuito ou força maior, se expressamente não se houver por eles responsabilizado. Parágrafo único. O caso fortuito ou de força maior verifica-se no fato necessário, cujos efeitos não era possível evitar ou impedir.

perdeu ou deixou de ganhar (art. 403 do Código Civil). Destes dispositivos, percebe-se clara limitação à tentação do intérprete e aplicador do direito de atribuir à vítima porção maior do que aquilo que é estritamente necessário para recolocá-la em situação similar àquela anterior ao dano. Nunca em posição superior àquela anterior ao dano.[26]

Por seu turno, é até possível atribuir menos. É o que propugna o parágrafo único do art. 944 do Código Civil: "Se houver excessiva desproporção entre a gravidade da culpa e o dano, poderá o juiz *reduzir*, equitativamente, a indenização". Embora aqui se concorde com a tese segundo a qual a expressão "gravidade da culpa" deva ser lida, conforme critério hermenêutico sistemático e axiológico, como "nexo causal",[27] o fato é que a lei aqui consagra limite claro à reparação integral, admitindo-se indenização *menor* do que aquilo que a vítima efetivamente perdeu ou deixou de lucrar.

Entretanto, como se verá *infra*, essa não é a única limitação de ordem legal e principiológica. Como a responsabilidade civil não cumpre apenas com sua finalidade primária (função reparatória-compensatória), mas também atende à sua função última, designada de função promocional, perceber-se-á que o sistema jurídico reserva à responsabilidade civil noção distinta de reparação, mais associada à reparação efetiva, que propriamente à reparação integral. Ou, ao menos, o esforço de atualização (releitura) do conteúdo principiológico da reparação integral se revela latente.

3. A FUNÇÃO PROMOCIONAL DA RESPONSABILIDADE CIVIL E OS NOVOS HORIZONTES DE TUTELA DA VÍTIMA

A função promocional da responsabilidade civil define-se como finalidade última do direito dos danos, como degrau derradeiro de seu aperfeiçoamento, cujo sentido, conectado à sua finalidade primária, revela-se pelo conjunto de medidas que visam *estimular*, com amparo na ideia de *sanção positiva*,[28] a reparação ou compensação *espontânea* dos danos.[29]

---

26. O referido dispositivo [parágrafo único do art. 944 do CC] apenas autoriza que o juiz, com base na equidade, reduza a indenização – nunca, porém, que a aumente –, quando houver excessiva desproporção entre a gravidade da culpa e do dano" (GUEDES, Gisela Sampaio da Cruz. *Lucros cessantes*: do bom senso ao postulado normativo da razoabilidade. São Paulo: Ed. RT, 2011. p. 217). No mesmo sentido, SAVI, Sérgio. *Responsabilidade civil e enriquecimento sem causa*: o lucro da intervenção. São Paulo: Atlas, 2012. pp. 75-76).
27. Cf., por todos, MONTEIRO FILHO, Carlos Edison do Rêgo. Artigo 944 do Código Civil: o problema da mitigação do princípio da reparação integral. *Revista de Direito da Procuradoria Geral do Estado do Rio de Janeiro*, v. 63, 2008.
28. "A noção de sanção positiva deduz-se, a *contrario sensu*, daquela mais bem elaborada de sanção negativa. Enquanto o castigo é uma reação a uma ação má, o prêmio é uma reação a uma ação boa. No primeiro caso, a reação consiste em restituir o mal ao mal; no segundo, o bem ao bem. Em relação ao agente, diz-se, ainda que de modo um tanto forçado, que o castigo retribui, com uma dor, um prazer (o prazer do delito), enquanto o prêmio retribui, com um prazer, uma dor (o esforço pelo serviço prestado). Digo que é um tanto forçado porque não é verdade que o delito sempre traz prazer a quem o pratica nem que a obra meritória seja sempre realizada com sacrifício. Tal como o mal do castigo pode consistir tanto na atribuição de uma desvantagem quanto na privação de uma vantagem, o bem do prêmio pode consistir tanto na atribuição de uma vantagem quanto na privação de uma desvantagem" (BOBBIO, Norberto. *Da estrutura à função*: novos estudos de teoria do direito. Daniela Beccaccia Versiani (Trad.). Barueri: Manole, 2007, pp. 24-25).
29. REIS JÚNIOR, Antonio dos. *Função promocional da responsabilidade civil*: um modelo de estímulos à reparação espontânea dos danos. Indaiatuba: Ed. Foco, 2022. pp. 141-148.

Com fundamento no binômio "liberdade negativa-responsabilidade", em sua finalidade primária, o causador do dano é obrigado, com ou sem culpa (conforme seja a responsabilidade subjetiva ou objetiva), a reparar ou compensar a vítima, medindo a indenização pela extensão ou intensidade do dano (sanção negativa), com algumas de suas limitações já descritas no capítulo anterior. Sendo este o efeito que se impõe, pelo conjunto normativo estabelecido pelo ordenamento jurídico (art. 186, 187 e 927 do Código Civil), cumpre realizá-lo da maneira mais *efetiva* possível, permitindo-se, assim, extrair a finalidade última da responsabilidade civil, de modo a emanar do sistema jurídico um conjunto de sanções positivas (prêmios ou recompensas), cujo objetivo é estimular a reparação espontânea e eficiente dos danos.

Fala-se de um conjunto de efeitos favoráveis ao agente que (atribuindo-lhe uma vantagem ou privando-o de uma desvantagem), uma vez reconhecidos pela doutrina e pela jurisprudência, terão força suficiente para gerar um ambiente inter-relacional ideal, cujo maior beneficiário continuará sendo a própria vítima: pessoa lesada cujo centro de interesses se mantém como aquele mais importante a tutelar.[30]

Portanto, a *função promocional da responsabilidade civil* é expressão da finalidade última do instituto que se liga às exigências comportamentais e éticas derradeiras, para que as pessoas, no exercício da *solidariedade* (art. 3º, I, da CR/88), corrijam seus equívocos espontaneamente, ainda que pela via de um estímulo. Como está ligada umbilicalmente à finalidade primária, pressupõe o dano e se orienta para a sua *melhor* reparação ou compensação.[31] Como direciona o foco ao comportamento elogiável (ético) das partes envolvidas, para solver o litígio e restabelecer a harmonia social, *não se prende inexoravelmente à exata medida da extensão do dano*,[32] mas ao aspecto *subjetivo* dos envolvidos: o agente causador quer e se comporta de maneira a compensar de forma célere, eficiente e segura; enquanto a vítima quer e se comporta de modo favorável à resolução rápida, também eficiente e de tal sorte que satisfaça o seu interesse.[33]

Quando se diz que a função promocional é modelo de estímulo à reparação espontânea do dano, faz-se necessário esclarecer alguns pontos, de maneira a afastar desde já

---

30. Valiosas as palavras de Louis JOSSERAND, para quem "a história da responsabilidade é a história da jurisprudência, e também, de alguma forma, da doutrina: é, mais geralmente, o triunfo do espírito, do senso jurídico" (Evolução da responsabilidade civil. *Revista Forense*, a. 38, v. 86, Rio de Janeiro, 1941. p. 559).
31. A alteração do perfil de satisfação da vítima é um dos traços marcantes que distinguem a função reparatória/compensatória clássica, da função promocional. Enquanto aquela visa a *reparação integral*, aos moldes tradicionais, esta vislumbra uma ideia ressignifica de reparação integral, no sentido de *reparação eficiente* e, portanto, suficiente, que satisfaça os interesses da vítima.
32. Embora a função promocional pressuponha o dano, não se rende a ele, na medida em que o critério para a sua concretização não depende da apuração perfeita da recomposição danosa, pois se volta ao comportamento colaborativo das partes para o alcance da satisfação do interesse da vítima, cuja régua pode não equivaler à exata medida da extensão do dano.
33. Para além dos critérios de eficiência, celeridade e segurança, traduz-se em comportamento cooperativo que homenageia a boa-fé objetiva. Todos esses são fatores de concretização do princípio da solidariedade. A propósito, quanto à influência da solidariedade na responsabilidade civil, é de vanguarda o estudo de BODIN DE MORAES, Maria Celina. O princípio da solidariedade. In: *Na medida da pessoa humana*. Rio de Janeiro: Renovar, 2010, pp. 253-256; e também, da mesma autora homenageada nesta coletânea, Risco, solidariedade e responsabilidade objetiva. In: *Na medida da pessoa humana*, cit., pp. 397-405.

algumas objeções razoáveis. O primeiro deles é o conceito de espontaneidade. No sentido jurídico, considera-se *espontânea* tanto a conduta motivada pelo despertar íntimo e pessoal, de raiz puramente religiosa ou moral subjetiva, quanto o comportamento impulsionado pela existência de uma sanção determinada (a qual a pessoa prestou obediência), como senso de dever (ético-moral objetivo ou simplesmente jurídico),[34] ainda que se utilizem de uma ponte oferecida pela ordem jurídica (*nudge*) para convencer-se acerca da tomada de decisão.[35] Assim, é espontânea a reparação realizada pelo estímulo próprio das sanções positivas estabelecidas pelo ordenamento jurídico, como expressão da função promocional da responsabilidade civil.

Outra objeção de extrema relevância é aquela que pode invocar suposta contradição entre a ideia de *reparação espontânea dos danos* e a utilização da *transação* como um dos mecanismos de direito material essencial à concretização da função promocional da responsabilidade civil.[36] Em outras palavras, pode traduzir-se em sofisma a consideração de que a transação é meio de reparação dos danos.[37] De fato, em termos dogmáticos, a composição negocial do litígio não pode ser interpretada como equivalente à reparação de danos. É instrumento, de direito material, cuja função é auxiliar, na responsabilidade civil, a vítima de danos sofridos a alcançar a satisfação de seu interesse, mediante concessões recíprocas. Logo, também não pode corresponder à ideia de reparação ou compensação *integral* dos danos (ao menos em seu sentido clássico). Esta representa a exata medida (extensão) da lesão experimentada (art. 944, *caput*, do Código Civil).[38] A transação corresponde a instrumento negocial por via do qual os interessados buscam evitar ou pôr termo ao litígio, *mediante concessões mútuas* (art. 840 do Código Civil).[39-40] São, pois, situações jurídicas distintas.

---

34. Na filosofia moral, IMMANUEL KANT ressalta que a "vontade absolutamente boa" é apenas aquela formal, que atua "enquanto autonomia; isto é, a aptidão da máxima de toda boa vontade a se tornar um alei universal" (*Fundamentação da metafísica dos costumes*. Trad. Guido Antônio de Almeida. São Paulo: Barcarola, 2009. p. 301), no sentido de que apenas o comportamento que cumpre o dever proveniente da razão é aquele "bom comportamento". Aqui não se restringe o móvel subjetivo a este espectro, podendo mesmo tratar-se de atuação espontânea influenciada por fontes heterônomas, ou mesmo senso meramente intuito ou benevolente (não racional).
35. Dedica-se ao estudo dos "incentivos" para a prática das boas condutas sociais a escola *behaviorista* do direito. Por todos, cf. ALEMANNO, Alberto; SIBONY, Anne-Lise. *Nudge and the law*: a european perspective. London: Bloomsbury, 2015.
36. Como é cediço, a transação é o negócio jurídico, de direito material, que se busca alcançar pelos meios processuais da conciliação e da mediação, *supra* referenciados, cujo espoco é a prevenção ou o término do litígio, mediante concessões mútuas (art. 840 do Código Civil). A aludida autocomposição é formatada por via da transação. Neste sentido, afirma FRANCISCO CAVALCANTI PONTES DE MIRANDA que "ainda quando feitas em juízo, as transações regem-se pelo direito material" (*Tratado de direito privado*. Rio de Janeiro, Borsoi, 1971. v. 25. p. 142).
37. Evidentemente, não poderia um contrato representar uma modalidade de extinção da obrigação. Extinção de relação jurídica é efeito (situação jurídica extintiva), sendo o contrato, quando muito, o título que integra a causa da extinção. Acerca da distinção entre causa, título e efeito (situação jurídica subjetiva), Cf. PERLINGIERI, Pietro. *O direito civil na legalidade constitucional*. Rio de Janeiro: Renovar, 2008. p. 737-740.
38. "Art. 944. A indenização mede-se pela extensão do dano".
39. "Art. 840. É lícito aos interessados prevenirem ou terminarem o litígio mediante concessões mútuas".
40. A propósito, desta ORLANDO GOMES ser "necessário que haja concessões mútuas, de qualquer teor", pois "concessões feitas somente por um dos interessados implicam renúncia ou reconhecimento do direito do outro". E segue: "tudo conceder sem nada receber não é transigir" (*Contratos*. 26. ed. Rio de Janeiro: Forense, 2007. p. 544).

A transação é acordo de vontades que tem por finalidade *evitar* ou *extinguir* um litígio,[41] tornando-se natural que os interessados formem o consentimento considerando a redução recíproca da posição jurídica atual de cada um.[42] A sua função é garantir a paz e a harmonia entre as partes, que rejeitam a sua manutenção em zona de litígio, eliminando a incerteza da relação jurídica e certificando-se de que a controvérsia será prontamente solucionada, por via de instrumento negocial juridicamente seguro.[43] Ambos têm *pressa* em resolver a disputa, sendo o interesse pela celeridade uma característica imanente da transação. O devedor se prontifica a solver imediatamente o débito acordado, para que a situação não se prolongue no tempo, causando-lhe prejuízos maiores. O credor aceita o pagamento célere da prestação definida no acordo, sabendo ser possível que não corresponda à exata medida do dano (reparação integral), mas ciente de que lhe causará maior satisfação, pela rápida composição. Os interesses da vítima encerram complexidade que não pode se restringir ao desejo da recomposição exata do prejuízo ou da compensação "equivalente" da lesão sofrida.

Assim, não há contradição ao indicar a transação como um dos meios relevantes para a concretização da função promocional da responsabilidade civil. É que, como já se acentuou, a novel função persegue um modelo instrumental de *fomento à reparação espontânea do dano*, pela via das chamadas sanções positivas: se agires do modo desejado (embora não impositivo), terás um determinado benefício, alçando uma posição jurídica necessariamente mais favorável que a anterior (ou a de que teria se nada fizesse).

Portanto, sendo a função promocional uma finalidade voltada ao controle de comportamentos, não se vincula ela ao cumprimento da obrigação de indenizar de *forma integral*, orientada à recomposição perfeccionista da lesão. A reparação integral é tradicionalmente um componente da função reparatória-compensatória. O estímulo a condutas desejadas, ainda que não se alcance a totalidade da finalidade primária (função reparatória-compensatória), voltando os olhos ao bom comportamento humano e inter-relacional, é o ingrediente que compõe a função promocional da responsabilidade civil.[44] Exatamente por isso, é razoável que um dos benefícios possíveis da atuação conforme o valor da autocomposição seja a

---

41. "La transazione infime è il contratto con il quale le parti pongono fine a una lite già cominciata o prevengono una lite che sta per sorgere tra loro, facendosi reciproche concessioni" (TRABUCCHI, Alberto. *Istituzioni di diritto civile*. 47. ed. Padova: CEDAM, 2015. p. 1089).
42. A reciprocidade de concessões é elemento essencial da transação, residindo daí o seu caráter constitutivo, como defende MESSINEO, Francesco. *Manuale di diritto civile*. Milano: Giuffrè, 1947. v. 3. p. 236.
43. A *eliminação das incertezas* é a finalidade nodal do instituto, identificada por ENNECCERUS, Ludwig; KIPP, Theodor; WOLFF, Martin. *Tratado de derecho civil*. Barcelona: Bosch Publicaciones Jurídicas, 1948. v. 2. t. 2. p. 495. No mesmo sentido, SANTORO-PASSARELI, Francesco. *La transazione*. 2. ed. Napoli: Jovene, 1963. v. 1. p. 12. Destaca-se, aliás, que a intenção de eliminar as incertezas não precisa se calcar em fato objetivamente incerto, bastando a que haja incerteza do ponto de vista subjetivo (ENNECCERUS, Ludwig; KIPP, Theodor; WOLFF, Martin. *Tratado de derecho civil*, cit., p. 496).
44. Eis aqui o marco que define a autonomia entre a função reparatória e a função promocional, não sendo esta mera parte integrante daquela. Não se trata, pois, a função promocional, de uma função da função. Na perseguição do sentido ético da finalidade última do direito dos danos, o ordenamento prevê que mesmo a possibilidade de superação da ideia central originária da reparação integral, por outra ético-comportamental, de autocomposição, que já não visa a restituição ao *status quo ante*, mas, simplesmente, a uma forma alternativa, eficaz, célere e humana (inter-relacional) de *satisfação* do interesse da vítima no pós-dano.

desnecessidade de cumprir com a reparação integral (ao menos em seu sentido tradicional), desde que tenha realizado uma prestação que seja equivalente ao que seria uma *reparação suficiente* (e *eficiente*), satisfazendo plenamente o interesse do credor (vítima).[45]

Na função promocional, a *integralidade* ou *plenitude* que deve ser buscada é da realização do interesse subjetivo da vítima, para uma reparação que preencha suficientemente o vácuo causado pelo dano, já não a recomposição perfeita do dano.[46] Pelo lado do agente, busca-se o agir conforme o direito em sua máxima efetividade. Se aquele que causou o dano extracontratual deve repará-lo, estando em mora desde o instante em que o praticou (art. 398 do Código Civil), que seja purgada prontamente, beneficiando-se, também, o ofensor, por sua conduta louvável (ao menos neste ponto, no ambiente pós-dano).[47]

Daí se percebe que a função promocional representa, em última análise, a concretização do *princípio da máxima efetividade* ao sistema de proteção à vítima conferido pela responsabilidade civil contemporânea.[48] Toda vez que se fala de máxima efetividade,

---

45. Fala-se em reparação *suficiente* como aquela que é capaz de ocupar, de alguma forma, o vazio deixado pela lesão, substituindo, satisfatoriamente, o conteúdo do interesse violado (patrimonial ou existencial). Esse juízo de suficiência é subjetivo e, por essa razão, só pode ser realizado pela própria vítima, pela via da transação, nunca por terceiros ou pelo juiz. Por sua vez, a *eficiência* é mais um valor do ordenamento que se mostra mais apto à realização na função promocional que no âmbito judicial da função reparatória-compensatória. A reparação espontânea do dano, quando extrajudicial, é evidentemente mais eficiente que aquela imposta pela resolução de uma lide judicial. Mesmo a autocomposição judicial ganha em eficiência, porque poupa os atos processuais subsequentes que são obrigatórios para a prolação da sentença (devido processo legal). Quer-se dizer que a transação exala eficiência naturalmente superior à resolução judicial das controvérsias, no sentido de que os benefícios alcançados por ambas as partes foram atingidos, necessariamente, com menores custos, em comparação àqueles que seriam obtidos na relação jurídica processual. Neste quesito, essa perspectiva econômica do direito é uma visão que agrega a realização dos valores civis-constitucionais. Como ainda se mencionará, a *eficácia* é outro valor que é concretizado na transação, desde que o objetivo seja alcançado de modo seguro, em negócio firmado sem vícios. Daí apresentar, ao remate, a necessidade de buscar, à guisa de completude, a *máxima efetividade* dos valores que norteiam a responsabilidade civil, especialmente aqueles de natureza constitucional, no sentido de propor instrumentos suficientes a alcançar a maior eficácia possível (Cf. SARLET, Ingo Wolfgang. *A eficácia dos direitos fundamentais*. 12. ed. Porto Alegre: Livraria do Advogado, 2015, *passim*).
46. Substitui-se o perfeccionismo e a infalibilidade da aritmética da função reparatória-compensatória por uma ética comportamental de composição dos interesses em litígio, como concretização do princípio da solidariedade. Afinal, já afirmava Maurice BLONDEL que "*La responsabilité est la solidarité de la personne humaine avec ses actes, condition préalable de toute obligation*" (*Vocabulaire technique et critique de la philosophie*. Paris: Ed. PUF, 1947. p. 907). Como lembra Geneviève VINEY, se a evolução da responsabilidade civil levou à admissão de objetivos até mesmo distintos da reparação (*l'evolution des idées sur la responsabilité civile a fait apparaître d'autres perspectives qui conduisent à assigner également à cette institution des objectifs nettement distincts de la réparation, même entendue le plus largement possible*), maior razão haverá em reconhecer objetivos a ela conectados (*Traité de droit civil:* la responsabilité – effects. Paris, LGDJ, 1988. p. 4).
47. Se é certo que a prevenção do dano é a função cronologicamente prioritária, também é verdade que, numa concepção realista do direito, nem mesmo a sociedade mais bem ordenada será capaz de evitar certos danos, o que não implica sacrificar, de plano, o agente causador, quando se pode oferecer a ele a alternativa da redenção. Deste modo, caso busque, prontamente, compensar a vítima do modo mais eficiente possível, realizando integralmente o seu interesse (que não se confunde com o aritmético princípio da reparação integral), tendo na transação um dos instrumentos propícios a tal desiderato, deve gozar de certos benefícios que não teria se inerte se mantivesse. Sobre que tipo de benefícios seriam esses, cf. *infra*.
48. Nas palavras de MARIA CELINA BODIN DE MORAES, "a responsabilidade civil hoje é o principal instrumento com que conta o ordenamento para garantir efetividade aos interesses existenciais, sendo o principal remédio adotado para enfrentar a violação da maior parte deles" (A prescrição e o problema da efetividade do direito. *A juízo do tempo*. BODIN DE MORAES, M. C.; et. all. (Coord.). Rio de Janeiro: Ed. Processo, 2019. p. 14).

quer-se afirmar que é possível formatar um arranjo normativo que realize, no grau mais alto de eficácia, os princípios que norteiam determinado instituto. Na função promocional da responsabilidade civil, para além do respeito aos seus princípios e regras mais característicos, está ela a realizar os contornos axiológicos mais abrangentes, delineados pela Constituição da República, notadamente os valores da solidariedade, celeridade, eficácia, eficiência e do bem-estar social.[49]

4. DA REPARAÇÃO INTEGRAL À REPARAÇÃO EFICIENTE

Eis a razão pela qual seja o momento de direcionar a função reparatória da responsabilidade civil não mais à perseguição abstrata e fantasiosa do "retorno ao estado de coisas anterior", como única expressão do princípio da *reparação integral do dano*. Assim, a busca deve se concentrar em noção ressignificada da "reparação integral", segundo critérios não somente quantitativos, mas sobretudo qualitativos. Isto é, deve-se apurar, na perspectiva do interesse do credor (vítima, nas hipóteses de responsabilidade extracontratual), qual a modalidade de restituição lhe é mais apropriada, de maneira a alcançar o maior índice de satisfação, tanto melhor quando em harmonia com os princípios constitucionais da solidariedade (art. 3º, I), eficiência (art. 126, parágrafo único) e da celeridade (art. 5º, LXXVIII).

À primeira vista, por uma questão natural, o pagamento da indenização com a restituição material da coisa subtraída, pela mesma espécie, qualidade e quantidade,[50] apresenta-se como modelo perfeito de reparação.[51] Contudo, nem sempre, no momento futuro, aquela coisa, agora restituída, terá a mesma utilidade de outrora para o ofendido. É fácil imaginar hipótese na qual a própria vítima, se não houvesse ocorrido o dano, já teria negociado a alienação do bem, para aquisição de outro, ou para alocação do recuso obtido em utilidade diversa, por uma série de circunstâncias, como evitar a

---

49. Os valores da solidariedade e do bem-estar social estão previstos como objetivos da república, no art. 3º, incisos I e IV da Constituição da República: "Constituem objetivos fundamentais da República: I – construir uma sociedade justa, livre e *solidária*; (...) IV – *promover o bem de todos* (...). Note-se que o conceito de *bem* extraído do art. 3º, IV é axiológico, distinto daquele de natureza utilitarista (BENTHAM, Jeremy. *An introduction to the principles of morals and legislation* [1781]. Kitchner: Batoche Books, 2000, *passim*). Por sua vez, os princípios da celeridade e da eficácia e eficiência estão previstos, respectivamente, no art. 5º, LXXVIII: "a todos, no âmbito judicial e administrativo, são assegurados a razoável duração do processo e os meios que garantam a celeridade de sua tramitação" e art. 5º, § 1º: "As normas definidoras dos direitos e garantias fundamentais têm aplicação imediata".
50. A propósito, a reparação "*in natura*", pela mesma "*espécie*", parece ser a medida preferencial do legislador, anterior mesmo à pretensão reparatória de natureza pecuniária, a teor do art. 947 do Código Civil, interpretado no atual contexto civil-constitucional, *in verbis*: "Se o devedor não puder cumprir a prestação na espécie ajustada, substituir-se-á pelo seu valor, em moeda corrente".
51. Para maior profundidade em torno do "princípio da diferença" e de sua suposta proximidade com a perfeição, em razão de sua dimensão matemática, remete-se a HANS HATTENHAUER, que traduz o conceito original de FRIEDRICH MOMMSEN em: *Conceptos fundamentales del derecho civil*. Barcelona: Ariel, 1987. p. 104: "la expressión id quod interest hace referencia a una equivalencia, o ajuste, que es precisamente la que sirve de base al concepto de interés. Por interés en sentido jurídico entendemos, concretamente, la diferencia entre el monto del patrimonio de una persona en uno momento dado y el que tendría se no habrese producido la irrupción de un determinado suceso dañoso".

perda patrimonial pela desvalorização da coisa pelo transcurso do tempo (*v.g.*, o caso dos automóveis).[52]

Por outro lado, é possível vislumbrar que uma vítima satisfaça plenamente o seu interesse com o pagamento de indenização *in natura* com bens ou serviços diversos daqueles que foram objeto de desfalque, ainda que não representem valor econômico idêntico àquele subtraído. E, claro, é factível que o interesse da vítima sobre o bem específico subtraído se esvaia com o decorrer do tempo, sem que se vislumbre, em contrapartida, a obtenção de resultado útil pela exploração de qualquer outro bem que pudesse ser prestado *in natura*, atraindo, destarte, no caso concreto, a prevalência da restituição em pecúnia, por representar a unidade de valor sobre todos os bens.

Esta multiplicidade de situações possíveis é apenas uma representação da razão pela qual se deve colocar sobre o problema da medida da extensão do dano – e de seu ressarcimento integral – as luzes, mesmo em se tratando de dano de natureza patrimonial, do *critério qualitativo do interesse lesado* como norteador da medida adequada de reparação. Sem embargo da redundância, trata-se de trazer à função reparatória método funcional de resolução das controvérsias, capaz de revelar duas consequências relevantíssimas: (i) na consagrada tutela negativa, a ampliação da gama de possibilidades com vistas ao alcance da reparação integral, interpretada de modo qualitativo; (ii) a possibilidade de abertura de uma nova frente de tutela, de ordem positiva, com a utilização de mecanismos de promoção de certos valores do ordenamento, no âmbito do dever de reparar/compensar os danos.

Em última análise, o que se propõe é um novo olhar ao perfil de satisfação da vítima, reconhecendo nesta maior autonomia da definição de seus interesses no ambiente posterior à concretização do dano. Este é um dos traços marcantes que distinguem a função reparatória/compensatória clássica da função promocional. Enquanto aquela visa à *reparação integral*, aos moldes tradicionais, esta vislumbra uma ideia ressignifica de reparação integral, no sentido de *reparação eficiente* e, portanto, suficiente, que satisfaça os interesses da vítima.[53]

Portanto, sendo a função promocional uma finalidade voltada ao controle de comportamentos, não se vincula ela ao cumprimento da obrigação de indenizar de *forma integral*, orientada à recomposição perfeccionista da lesão. A reparação integral, repita-se, é componente da função reparatória-compensatória. O estímulo a condutas desejadas, ainda que não se alcance a *totalidade* da finalidade primária (função reparatória-compensatória), voltando os olhos ao bom comportamento humano e inter-relacional, é o elemento integrante que compõe a função promocional da responsabilidade civil.[54]

---

52. É que a relação jurídica é sempre complexa e dinâmica, sujeita a uma série de vicissitudes que se amoldam no transcorrer do espaço e tempo. Nesta direção, PERLINGIERI, Pietro. *O direito civil na legalidade constitucional*, cit., pp. 734-736; COUTO E SILVA, Clóvis do. *A obrigação como um processo*. Rio de Janeiro: Ed. FGV, 2006, *passim*.
53. REIS JÚNIOR, Antonio dos. *Função promocional da responsabilidade civil*, cit., p. 155, nota 74.
54. Eis aqui o marco que define a autonomia entre a função reparatória e a função promocional, não sendo esta mera parte integrante daquela. Não se trata, pois, a função promocional, de uma função da função. Na perseguição

Dessa arte, é possível que determinado agente concretize a função reparatória-compensatória, sem dar cabo à função promocional, como sói ocorrer na quase totalidade das situações atuais, até mesmo pela escassez de estímulos (de direito material e processual) mais claros neste sentido. Por outro lado, é possível que a vítima se satisfaça sem que se realize a função reparatória-compensatória, *em sua integralidade* (ou a realize de modo parcial), porque ela decidiu, em conjunto com o agente causador do dano, seguir os estímulos da função promocional.[55] Exatamente por isso, é razoável que um dos benefícios possíveis da atuação conforme o valor da autocomposição seja a desnecessidade de cumprir com a reparação integral, desde que tenha realizado uma prestação que seja equivalente ao que seria uma *reparação suficiente* (e *eficiente*), satisfazendo plenamente o interesse do credor (vítima).

Ilustrativamente, se João, numa situação de trânsito de veículos, atinge, culposamente, o automóvel de Maria, causando-lhe prejuízos de ordem patrimonial e extrapatrimonial (lesões corporais), poderá ser ele condenado a indenizar Maria. Em tese, para que ele se exonere deste dever, faz-se necessário o pagamento de todas as despesas pelo desfalque patrimonial imediato, verificado pelos danos causados ao veículo, como também os custos do tratamento de Maria, além daquilo que ela comprovadamente deixou de receber em seu trabalho, com espeque no art. 949 do Código Civil, reunindo danos emergentes e lucros cessantes, na perspectiva dos danos patrimoniais. Ademais, é possível também que seja ele obrigado a indenizar o dano extrapatrimonial causado pela lesão corporal e/ou psíquica sofrida por Maria, podendo até mesmo ser verificada a ocorrência de danos estéticos.

Nesta situação, a posição jurídica de João é de considerável *incerteza*. Primeiro, não sabe *se* será condenado. É preciso que haja uma ação e que o juízo se convença acerca da narrativa fática e dos fundamentos jurídicos do pedido do autor, com base no acervo probatório produzido nos autos. Neste balanço, não se pode desconsiderar o peso do exercício do direito de defesa, que será tão maior quanto mais convicto o réu estiver

---

do sentido ético da finalidade última do direito dos danos, o ordenamento prevê que mesmo a possibilidade de superação da ideia central originária da reparação integral, por outra ético-comportamental, de autocomposição, que já não visa a restituição ao *status quo ante*, mas, simplesmente, a uma forma alternativa, eficaz, célere e humana (inter-relacional) de *satisfação* do interesse da vítima no pós-dano.

55. É importante destacar que a função promocional, como escopo ligado à finalidade última da responsabilidade civil, ainda que se concentre no perfil ético-comportamental das partes, pressupõe o dano e dele não se desliga, o que implica reconhecer ser ela ancorada na finalidade primária, que também orienta a função reparatória-compensatória. Contudo, por focarem em aspectos distintos, ainda que paralelos, de satisfação do interesse da vítima (seara comportamental, de um lado, e de recomposição objetiva das perdas, de outro), se é bem verdade que a realização da função promocional não garante a plena realização da função reparatória-compensatória, pela não vinculação à regra da reparação integral, não se pode negar que a concretização do perfil promocional da responsabilidade civil, pelo estímulo à reparação espontânea do dano, sempre atenderá à finalidade primária *em alguma medida*. Inconcebível, por exemplo, que na transação a vítima abra mão de toda e qualquer forma mitigada ou alternativa de compensação, pois já não se trataria de transação, mas de renúncia do direito à indenização. Decerto que nada impede à vítima renunciar a seu direito à indenização, por não haver impedimento algum neste sentido (CAVALCANTI, José Paulo. *Da renúncia no direito brasileiro*. Rio de Janeiro: Forense, 1958. p. 108), constituindo-se como "perda voluntária de um direito mediante declaração unilateral de seu titular" (ALMEIDA COSTA, Mário Júlio de. *Direito das obrigações*. 12. ed. Coimbra: Almedina, 2011. p. 1115), mas tal ato unilateral não é estimulado pela função promocional.

de sua inocência, em conjunto com o que puder produzir de prova a seu favor. Caso sejam frágeis seus argumentos de defesa ou a prova que pretende produzir (ou mesmo a ausência dela), maior será a convicção de João acerca de sua condenação. Ainda assim, permanecerá acesa a chama da *incerteza,* não apenas em torno da própria condenação (ainda que provável), mas também sobre *o que* será condenado (se apenas à indenização dos danos materiais ou, também, de danos morais, ou, ainda, se serão acrescidos valores a título de indenização de danos estéticos),[56] e o sobre *o quanto* será obrigado a pagar, condenação esta certamente imposta na modalidade pecuniária (porque assim foi o pedido específico da parte autora/vítima).[57]

    A eliminação desse *conjunto de incertezas* em torno do litígio é o primeiro móvel que serve de estímulo natural (*interno*) para que as partes envolvidas prefiram compor os seus interesses,[58] reduzindo reciprocamente as suas posições jurídicas ao ponto de confluência suficiente para a satisfação mútua. Para o ordenamento jurídico, como foi salientado, a transação também ocupa posição preferencial na ordem de valores, seguindo uma tendência hodierna de desjudicialização dos litígios e realização concreta do ideal de harmonização e pacificação social. Contudo, a experiência demonstra que tais fatores não são suficientes para o alcance de um número expressivo e razoavelmente esperado de autocomposição. É necessário o *"empurrão"* do Estado (*nudge*), para que os interessados, livremente, sintam-se verdadeiramente estimulados para realizar o valor que a ordem jurídica e social, considerada globalmente, tanto espera.[59] Aqui entra o estímulo *externo* à autocomposição: a formatação de arcabouço legislativo, com normas de direito material e processual, que criam ambiente propício à transação, sendo este um ingrediente de estímulo normativo.[60] É o espaço de atuação da função promocional da responsabilidade civil. A transação é o instrumento mais utilizado ao cumprimento

---

56. Sabe-se que, jurisprudencialmente, há entendimento consolidado no sentido de que "é lícita a cumulação das indenizações de dano estético e dano moral" (Súmula 387 do Superior Tribunal de Justiça).
57. Como já aqui acentuado, não se coaduna do entendimento segundo o qual "a indenização é compensatória (...), sendo representada sempre por um valor em dinheiro, denominado id quod interest" (WALD, Arnoldo. *Direito civil.* São Paulo: Saraiva, 2015. v. 2. p. 175). Sobre a possibilidade e o fundamento das reparações não pecuniárias, cf. nota 571, *supra*).
58. PEREIRA, Caio Mário da Silva. *Instituições de Direito Civil.* 11. ed. Rio de Janeiro: Forense, 2003. v. 3. pp. 507-508.
59. É essa composição entre intervencionismo estatal, apenas no ponto de partida, com o apreço pela liberdade de escolha dos cidadãos, que se tem denominado de "paternalismo libertário". Veja-se, por todos, SUNSTEIN, Cass S.; THALER, Richard H. Libertarian Paternalism Is Not an Oxymoron, *Civilistica.com. Revista eletrônica de direito civil*, Rio de Janeiro, a. 4, n. 2, 2015. p. 4. Disponível em: <http://civilistica.com/libertarian-paternalism-is-not-an-oxymoron>. Acesso em: 31.09.2023, *passim*.
60. Acrescente-se a isso, ainda, as medidas da administração judiciária, de cunho executivo, como a organização das "Semanas de Conciliação", supervisionadas pelo Conselho Nacional de Justiça (Cf. <http://www.cnj.jus.br/programas-e-acoes/conciliacao-e-mediacao-portal-da-conciliacao/semana-nacional-de-conciliacao>), bem como os programas da "Justiça Itinerante", organizados pela Administração judiciária de cada Estado da Federação. No Estado do Rio de Janeiro, por exemplo, o *Programa Justiça Itinerante* "tem por objetivos precípuos dar concreção ao postulado do amplo acesso à Justiça e fomentar a cidadania, por meio de atendimentos regulares previamente estabelecidos mediante calendários amplamente divulgados", incluindo objetivo específico "buscar soluções conciliadas como fórmula de pacificação social eficiente" (grifos nossos). Cf. <http://www.tjrj.jus.br/web/portal-conhecimento/tj-sociedade/justica-itinerante?inheritRedirect=true>.

da função promocional, ainda que as partes a realizem de modo inconsciente. Mas não é a única forma.

Não se pode olvidar a possibilidade de cumprimento da função promocional sem que o agente causador do dano opte pela via da transação. Nada impede que ele, simplesmente, *renuncie* a qualquer benefício que poderia extrair da autocomposição, preferindo se colocar à disposição para a pronta reparação integral da vítima, de forma espontânea e extrajudicial. Se já estabelecida a relação jurídica processual, não há óbice, na mesma linha, que a parte ré *reconheça a procedência do pedido* da parte demandante. Para este caso, há solução processual prevista no art. 487, III, "a" do Código de Processo Civil, segundo o qual o juiz deve homologar "*o reconhecimento da procedência do pedido formulado na ação ou na reconvenção*", extinguindo o processo, com resolução do mérito (art. 487, *caput*, do Código de Processo Civil). Neste caso, há um prêmio claro àquele que se comportar de tal modo, correspondente à redução à metade do valor referente à condenação ao pagamento dos honorários da parte adversa (art. 90, §4º, do CPC). É exemplo típico de sanção positiva que se revela como instrumento processual – de repercussão material – da função promocional da responsabilidade civil. O mesmo vale para aquele que paga espontaneamente no prazo definido no mandado de citação nos processos de execução por quantia certa (art. 827, § 1º, do CPC).

Na primeira hipótese (extrajudicial), entretanto, ante ato espontâneo do agente em reparar/compensar integralmente o dano, realizando o pagamento voluntário, pela via do aceite, por exemplo, da oferta da vítima sobre os valores a serem pagos, ou prestações (de dar, fazer ou não fazer) a serem cumpridas, é prudente que as partes firmem um termo, por escrito, com a consequente emissão de quitação de dívida.[61] O instrumento deve servir de meio de defesa (prova de fato extintivo do direito, pelo pagamento), contra eventual ação imoral da vítima pleiteando novos valores, violando a regra da reparação eficiente (ou da reparação integral ressignificada), eis que objetiva exceder a medida ajustada e definida pelo dano, que já foi reparado. Nada impede, inclusive, que se ajuste nesta minuta a renúncia ao direito de ação por parte da vítima, ainda que neste caso o acordo se aproxime novamente da ideia de transação.[62] É inegável, contudo, que mesmo um termo firmado entre as partes, neste sentido, não garante que será ele integralmente válido, a depender das condições nas quais ele foi obtido, bem como a qualidade das partes, com especial destaque à tutela dos vulneráveis. Mas, mesmo nestes casos, é possível ainda se vislumbrar um benefício que, na pior das hipóteses, deve servir, ao menos, para deduzir o valor da indenização originalmente devida.

---

61. Código Civil. Art. 319. O devedor que paga tem direito a quitação regular, e pode reter o pagamento, enquanto não lhe seja dada.
62. De fato, a renúncia ao direito de ação por parte da vítima deve ser qualificada como uma *concessão* que ela faz ao devedor, que também cede, mutuamente, ao reconhecer, sem contestar, o valor da indenização apresentado pela vítima. Em havendo "reciprocidade das concessões", efetiva-se o contrato de transação (LÔBO, Paulo. *Direito civil*: contratos. São Paulo: Saraiva, 2012. p. 443). Haverá outro ato jurídico se ocorrem, isoladamente, o reconhecimento do direito do outro, sem contrapartida, ou apenas a renúncia do próprio direito, sem concessão mútua. Com ambos, qualifica-se a transação.

A propósito, este é um ponto que merece aperfeiçoamento do sistema. A renúncia do agente causador do dano a qualquer direito que poderia arguir em defesa, aceitando a proposta da vítima para indenizar a totalidade do dano quantificado pela própria vítima, ou mesmo o reconhecimento jurídico do pedido, já no âmbito processual, deveriam receber tutela mais intensa e estímulos mais elevados. Se a função promocional se revela como expressão da finalidade última da responsabilidade civil, de maneira a estimular a reparação espontânea dos danos, será ela realizada em *maior medida* (i) quanto mais próxima do evento (celeridade razoável);[63] e (ii) quanto mais puder se aproximar da reparação integral em seu sentido tradicional (exata medida da extensão do dano), uma das características mais marcantes da finalidade primária da responsabilidade civil, representada pela função reparatória-compensatória dos danos.

No caso acima, haveria uma confluência funcional entre a medida reparatória integral (função reparatória clássica) e a sua realização espontânea (função promocional), porque o agente se prontifica a reparar integralmente, voluntária e imediatamente, o dano causado, sem que exija da vítima concessões mútuas para a resolução imediata da controvérsia (transação). Assim, o termo firmado entre as partes, no qual o agente renuncia qualquer vantagem, reconhecendo o pleito integral da vítima, deveria representar acordo ainda mais seguro e difícil de ser contestado que a avença firmada pela via da transação, porque representa síntese de interesses com merecimento de tutela ainda mais abrangente que a própria transação.

De uma maneira ou de outra, em estando presente a atuação de reparação espontânea dos danos, com ou sem os estímulos externos, o sentido normativo de *reparação* é revelado pela síntese dos interesses individuais da vítima e do ofensor que acordaram em encerrar a controvérsia ou evitar o litígio, definindo – subjetivamente – a *indenização eficiente* para tal desiderato. E tal operação não só é digna de tutela na ordem jurídica, como é estimulado pelo conjunto normativo de direito material e processual.[64]

5. CONCLUSÕES

De tudo o que foi exposto nesta breve e limitada proposta – alusiva apenas à função promocional –, pode-se inferir, inicialmente, que o princípio da reparação integral, ao menos em sua versão tradicional, não é capaz de abarcar todo o fenômeno da responsabilidade civil. A percepção de que existe um conjunto de estímulos, de direito material e

---

63. A celeridade, neste caso, deve ser interpretada em conformidade com o princípio da razoabilidade, verificando-se, no caso concreto, hipóteses em que a própria vítima só consegue diagnosticar e quantificar as suas perdas (patrimoniais e extrapatrimoniais) após o transcurso do tempo. É o melhor interesse da vítima que deve guiar o valor da celeridade, que exprime uma ideia de "duração razoável" do itinerário da reparação, não sendo necessariamente uma celeridade objetiva (art. 5º, LXXVIII da CF). Esta, por vezes, pode levar a tomada de decisão precipitada da vítima e do próprio agente, deixando pontos em aberto que podem gerar controvérsias futuras. A função promocional rejeita uma reparação espontânea apressada e forçada, que ao invés de pôr termo à lide, apenas a difere no tempo.
64. Para melhor compreender o sistema de sanções positivas no processo civil, Cf. MAZZOLA, Marcelo. *Sanções premiais no processo civil*: previsão legal, estipulação convencional e proposta de sistematização (standards) para sua fixação judicial. São Paulo: JusPodivm, 2022.

processual, que visa a impulsionar o agente causador do dano a reparar espontaneamente a lesão, seja de qual natureza for (patrimonial e/ou extrapatrimonial), segundo padrões distintos de quantificação do dano, impõe a superação da percepção estática e engessada da noção de reparação integral.

Aqui denominada de *reparação eficiente* (ou, simplesmente, a versão ressignifica da reparação integral), revela-se como finalidade última da responsabilidade civil, segundo a qual as partes, espontaneamente, em composição de seus interesses individuais, definem a indenização a ser paga pelo ofensor, em valor, qualidade e/ou quantidade suficiente para satisfazer o interesse da vítima. Assim o fazem, com ou sem estímulos externos (sanções premiais), por qualquer dos instrumentos de direito material (v.g., transação ou renúncia) ou direito processual (v.g., reconhecimento jurídico do pedido ou pagamento no prazo definido na citação, em ação executiva, sem oposição de embargos).

Trata-se, assim, de modelo de reparação subjacente à função promocional, que representa, em suma, a concretização do *princípio da máxima efetividade* ao sistema de proteção à vítima conferido pela responsabilidade civil contemporânea. Toda vez que se fala de máxima efetividade, quer-se afirmar que é possível formatar um arranjo normativo que realize, no grau mais alto de eficácia, os princípios que norteiam determinado instituto. Nela, para além do respeito aos seus princípios e regras mais característicos, está a realização dos contornos axiológicos mais abrangentes, delineados pela Constituição da República, notadamente os valores da solidariedade, celeridade, eficácia, eficiência e do bem-estar social.

Decerto que a tutela da vítima seguirá padrões diferenciados, a depender não apenas das vicissitudes do caso concreto, mas também das próprias características subjetivas da relação jurídica. A rigor, vislumbra-se caminhos distintos à normativa da reparação espontânea à medida em que (a) o dano ocasionado for de natureza individual e em ambiente relacional paritário; (b) o dano causado for de natureza individual, estando a vítima em situação de vulnerabilidade (relação não paritária); ou (c) o dano provocado for de natureza metaindividual.

De todo modo, a função promocional da responsabilidade civil é aquela que aperfeiçoa o sistema de proteção da vítima, conferindo mais instrumentos para o tratamento da lesão causada. Calcada na *solidariedade* e na esteira *máxima efetividade* dos direitos, busca-se, afinal, a satisfação *eficaz* e *eficiente* do interesse atual da vítima no pós-dano, que não necessariamente se confunde com a intenção única e exclusiva de recuperar *ipsis litteris* a situação patrimonial ou existencial de outrora. Persegue-se, ao mesmo tempo, solução *célere*, ainda que a busca seja por rapidez razoável, com nível de consciência e reflexão apurado entre as partes acerca da amplitude e intensidade do dano.

6. REFERÊNCIAS

ALEMANNO, Alberto; SIBONY, Anne-Lise. *Nudge and the law*: a european perspective. London: Bloomsbury, 2015.

ALMEIDA COSTA, Mário Júlio de. *Direito das obrigações*. 12. ed. Coimbra: Almedina, 2011.

BARBOSA, Mafalda Miranda. Reflexões em torno da responsabilidade civil: teleologia e teleonomologia em debate. *Boletim da Faculdade de Direito da Universidade de Coimbra*, v. 81, Coimbra: FDUC, 2005.

BENTHAM, Jeremy. *An introduction to the principles of morals and legislation* [1781]. Kitchner: Batoche Books, 2000.

BLONDEL, Maurice. *Vocabulaire technique et critique de la philosophie*. Paris: Ed. PUF, 1947.

BOBBIO, Norberto. *Da estrutura à função*: novos estudos de teoria do direito. Daniela Beccaccia Versiani (Trad.). Barueri: Manole, 2007.

BODIN DE MORAES, Maria Celina. A constitucionalização do direito civil e seus efeitos sobre a responsabilidade civil. In: *Na medida da pessoa humana*: estudos de direito civil-constitucional. Rio de Janeiro: Renovar, 2010.

BODIN DE MORAES, Maria Celina. O princípio da solidariedade. In: *Na medida da pessoa humana*. Rio de Janeiro: Renovar, 2010.

BODIN DE MORAES, Maria Celina. Risco, solidariedade e responsabilidade objetiva. In: *Na medida da pessoa humana*. Rio de Janeiro: Renovar, 2010.

BODIN DE MORAES, Maria Celina. A prescrição e o problema da efetividade do direito. In: *A juízo do tempo*. BODIN DE MORAES, M. C.; et. all. (Coord.). Rio de Janeiro: Ed. Processo, 2019.

CASTRO MENDES, João de. *Do conceito jurídico de prejuízo*. Lisboa: Jornal do Fôro, 1953.

CASTRONOVO, Carlo. *La nuova responsabilitá civile*. 3. ed. Milano: Giuffrè, 2006.

CAVALCANTI, José Paulo. *Da renúncia no direito brasileiro*. Rio de Janeiro: Forense, 1958.

COUTO E SILVA, Clóvis do. *A obrigação como um processo*. Rio de Janeiro: Ed. FGV, 2006.

DI MAJO, Adolfo. Discorso generale sulla responsabilità civile. In: LIPARI, Nicolò; RESCIGNO, Pietro (Coord.). *Diritto civile*. Milano: Giuffrè, 2009. v. IV. t. III.

ENNECCERUS, Ludwig; KIPP, Theodor; WOLFF, Martin. *Tratado de derecho civil*. Barcelona: Bosch Publicaciones Jurídicas, 1948. v. 2. t. 2.

GOMES DA SILVA, Manuel. *O dever de prestar e o dever de indemnizar*. Lisboa: Tip. Ramos, 1944. v. 1.

GOMES, Orlando. *Contratos*. 26. ed. Rio de Janeiro: Forense, 2007.

GUEDES, Gisela Sampaio da Cruz. *Lucros cessantes*: do bom senso ao postulado normativo da razoabilidade. São Paulo: Ed. RT, 2011.

HATTNHAUER, Hans. *Conceptos fundamentales del derecho civil*. Barcelona: Ariel, 1987.

KANT, Immanuel. *Fundamentação da metafísica dos costumes*. Trad. Guido Antônio de Almeida. São Paulo: Barcarola, 2009.

LÔBO, Paulo. *Direito civil*: contratos. São Paulo: Saraiva, 2012.

LOUIS JOSSERAND. Evolução da responsabilidade civil. *Revista Forense*, a. 38, v. 86, Rio de Janeiro, 1941.

MARTINS-COSTA, Judith. Prefácio a SANSEVERINO, Paulo de Tarso. *Princípio da reparação integral*: indenização no Código Civil. São Paulo: Saraiva, 2010.

MAZZOLA, Marcelo. *Sanções premiais no processo civil*: previsão legal, estipulação convencional e proposta de sistematização (standards) para sua fixação judicial. São Paulo: JusPodivm, 2022.

MENEZES CORDEIRO, António. *Tratado de direito civil português*. Coimbra: Almedina, 2010. v. II. t. III.

MESSINEO, Francesco. *Manuale di diritto civile*. Milano: Giuffrè, 1947. v. 3.

MONTEIRO FILHO, Carlos Edison do Rêgo. *Elementos de responsabilidade civil por dano moral*. Rio de Janeiro: Renovar, 2000.

MONTEIRO FILHO, Carlos Edison do Rêgo. Artigo 944 do Código Civil: o problema da mitigação do princípio da reparação integral. *Revista de Direito da Procuradoria Geral do Estado do Rio de Janeiro*, v. 63, 2008.

MONTEIRO FILHO, Carlos Edison do Rêgo. Limites ao princípio da reparação integral no direito brasileiro. *Civilistica.com*, a. 7, n. 1, 2018.

OLIVA, Milena Donato. O patrimônio no direito civil brasileiro. TEPEDINO, Gustavo (Coord.). *O Código Civil na perspectiva civil-constitucional*. Rio de Janeiro: Renovar, 2013.

PEREIRA, Caio Mário da Silva. *Instituições de Direito Civil*. 11. ed. Rio de Janeiro: Forense, 2003. v. 3.

PERLINGIERI, Pietro. *O direito civil na legalidade constitucional*, Rio de Janeiro: Renovar, 2008.

PESSOA JORGE, Fernando. *Ensaio sobre os pressupostos da responsabilidade civil*. Coimbra: Almedina, 1995.

PONTES DE MIRANDA, F. C. *Tratado de direito privado*. Tomo XXVI. Rio de Janeiro: Borsoi, 1959.

PONTES DE MIRANDA, F. C. *Tratado de direito privado*. Tomo XXV. Rio de Janeiro: Borsoi, 1971.

REIS JÚNIOR, Antonio dos. *Função promocional da responsabilidade civil*: um modelo de estímulos à reparação espontânea dos danos. Indaiatuba: Ed. Foco, 2022.

ROCHFELD, Judith. *Les grandes notions du droit privé*. Paris: PUF, 2001.

RODOTÀ, Stefano. *Il problema dela responsabilità civile*. Milano: Giuffrè, 1967.

SANSEVERINO, Paulo de Tarso. *Princípio da reparação integral*: indenização no Código Civil. São Paulo: Saraiva, 2010.

SANTORO-PASSARELI, Francesco. *La transazione*. 2. ed. Napoli: Jovene, 1963. v. 1.

SARLET, Ingo Wolfgang. *A eficácia dos direitos fundamentais*. 12. ed. Porto Alegre: Livraria do Advogado, 2015.

SAVI, Sérgio. *Responsabilidade civil e enriquecimento sem causa*: o lucro da intervenção. São Paulo: Atlas, 2012.

SCHREIBER, Anderson. *Novos paradigmas da responsabilidade civil*: da erosão dos filtros da reparação à diluição dos danos. 4. ed. São Paulo: Atlas, 2012.

SOUZA, Eduardo Nunes de; SILVA, Rodrigo da Guia. O oxímoro da responsabilidade civil brasileira. In: *Controvérsias atuais em Responsabilidade Civil*. São Paulo: Almedina, 2018.

SUNSTEIN, Cass S.; THALER, Richard H. Libertarian Paternalism Is Not an Oxymoron. *Civilistica.com. Revista eletrônica de direito civil,* Rio de Janeiro, a. 4, n. 2, 2015.

TELLES, Inocêncio Galvão. *Das universalidades*. Lisboa: Minerva, 1940.

TRABUCCHI, Alberto. *Istituzioni di diritto civile*. 47. ed. Padova: CEDAM, 2015.

TUNC, André. *La responsabilité civile*. 2. ed. Paris: Economica, 1989.

VINEY, Genevieve. *Traité de droit civil*: la responsabilité – effects. Paris, LGDJ, 1988.

WALD, Arnoldo. *Direito civil*. São Paulo: Saraiva, 2015. v. 2.

OS *NOVOS DANOS* E A RESPONSABILIDADE CIVIL NO DIREITO COMPARADO E BRASILEIRO: *NECESSIDADE, CONVENIÊNCIA OU INADEQUAÇÃO DA IMPORTAÇÃO DE NOVAS ETIQUETAS*

Eugênio Facchini Neto

Eugênio Facchini Neto. Doutor em Direito Comparado (Florença/Itália), Mestre em Direito Civil (USP). Professor Titular dos Cursos de Graduação, Mestrado e Doutorado em Direito da PUC/RS. Ex-diretor da Escola Superior da Magistratura/AJURIS. Desembargador do TJ/RS.

Sumário: 1. Introdução – 2. O modelo brasileiro de proteção dos danos extrapatrimoniais, em perspectiva comparada – 3. Danos morais no Brasil: uma história ainda em desenvolvimento; 3.1 Concepção tradicional (sentimentalista); 3.2. Concepção consequencialista; 3.3. Concepção ligada ao direito civil-constitucional – 4. A tutela da pessoa humana, pela responsabilidade civil, no direito comparado – 5. Necessidade ou conveniência da importação de uma mais ampla categoria de danos não patrimoniais – 6. Considerações finais – 7. Referências.

1. INTRODUÇÃO

Inicialmente agradeço o gentil convite das organizadoras dessa coletânea, queridas colegas Joyceane e Fernanda, propiciando-me participar dessa justa homenagem a uma das maiores civilistas de nosso país, Professora Maria Celina Bodin de Moraes. Não tive o privilégio de ter sido seu aluno. Mas tendo assistido algumas de suas palestras, lido quase todas as suas obras e convivido com alguns de seus orientandos, posso me considerar um de seus 'discípulos', tão impactado fui por sua extensa obra, sua visão de mundo, seu comprometimento com uma visão humana do direito e sua influência no mundo jurídico. Com ela reforcei o aprendizado de que a responsabilidade civil mudou de foco, cada vez menos preocupada com a conduta do agente e mais interessada na "proteção à vítima de dano injusto"[1], que deve ser reparado "independentemente da identificação de um culpado"[2], uma vez que "se está em presença, a partir do princípio constitucional da dignidade, de uma cláusula geral de tutela da pessoa humana".[3]

---

1. BODIN DE MORAES, Maria Celina. *Danos à pessoa humana. Uma Leitura Civil-Constitucional dos Danos Morais*. Rio de Janeiro: Renovar, 2003. p. 29.
2. BODIN DE MORAES, Maria Celina. Perspectivas a partir do direito civil-constitucional. In: TEPEDINO, Gustavo (Org.) *Direito Civil Contemporâneo. Novos problemas à Luz da Legalidade Constitucional*. São Paulo: Ed. Atlas, 2008. p. 33.
3. BODIN DE MORAES, Maria Celina. *Na medida da pessoa humana. Estudos de direito civil-constitucional*. Rio de Janeiro: Renovar, 2010. p. 112.

Sendo uma das fundadoras do movimento denominado por uns de constitucionalização do direito civil[4], por outros de direito civil constitucional, ou de direito civil na legalidade constitucional, defende, em visão que compartilho, a "aplicação direta dos princípios constitucionais às relações privadas, tais como o livre desenvolvimento da personalidade, a igualdade substancial e o direito à diferença, a tutela da privacidade, a da integridade psicofísica e a solidariedade familiar e social, todos reunidos e ponderados no âmbito do princípio maior de proteção à dignidade da pessoa humana".[5] A jurista homenageada também pontua que o campo da responsabilidade civil é um dos que mais profundamente é afetado pelo princípio da solidariedade, exemplificando que "a propagação da responsabilidade objetiva no século XX, através da adoção da teoria do risco, comprova a decadência das concepções do individualismo jurídico para regular os problemas sociais".[6]

Pois é à luz de seus ensinamentos que passo a analisar um dos temas controvertidos da responsabilidade civil contemporânea: se é necessária ou conveniente a identificação de múltiplos *danos não patrimoniais*, diversos entre si, ou se, ao contrário, trata-se de uma indevida e inoportuna importação de 'estrangeirismos', já que a ampla figura dos *danos morais*, consagrada legislativamente entre nós, é suficiente para resolver todos os problemas que, em outros ordenamentos jurídicos, exigem a multiplicação de espécies de danos.

Examinando-se os processos que tramitam sob o rótulo de danos morais no Brasil, percebe-se uma extensa variedade de temas que se abrigam sob esta denominação, desde danos relevantes, como a dor sofrida pela morte de ente querido, lesões sérias à integridade psicofísica, torturas sofridas durante o período da ditadura militar, até questões bem mais amenas – questionáveis, algumas – envolvendo recusa de concessão de cartão de crédito, lançamentos não autorizados de débito automático em conta corrente, atraso no serviço de reparo de veículo ou na entrega de bem adquirido, defeitos detectados em objetos comprados, infiltrações ocorridas em apartamentos, atraso de voo aéreo, mau funcionamento de porta giratória em banco, espera por atendimento em fila de guichê bancário, corte ou interrupção no fornecimento de água ou de energia elétrica, ou de serviço de telefonia, etc.

A ausência de critérios objetivos para identificar danos morais leva alguns operadores práticos a identificarem como tais qualquer dano que não seja material ou patrimonial. A superficialidade de uma tal postura, que permite a propositura de demandas

---

4. Referência imprescindível em qualquer estudo sobre esse tema é seu texto *A caminho de um direito civil constitucional*, publicado em 1991 na revista *Direito Estado e Sociedade – Revista do Departamento de Direito da PUC-Rio*, v. 1, p. 59-73 e republicado na *Revista de Direito Civil, Imobiliário, Agrário e Empresarial*, v. 17, n. 65, p. 21-32, jul./set. 1993.
5. BODIN DE MORAES, Maria Celina (Coord.). Apresentação. *Princípios do direito civil contemporâneo*. Rio de Janeiro: Renovar, 2006.
6. BODIN DE MORAES, Maria Celina. O Princípio da Solidariedade. In: PEIXINHO, Manoel Messias; GUERRA, Isabella Franco; NASCIMENTO FILHO, Firly (Org.). *Os princípios da Constituição de 1988*. 2. ed. Rio de Janeiro: Ed. Lumen Juris, 2006. p. 169.

frívolas, levou alguns a sustentar a presença de uma "indústria do dano moral"[7], a ser combatida.[8] Outros defendem que se há uma "indústria" é porque existe matéria-prima, ou seja, vivemos em uma sociedade que desrespeita direitos alheios e que, portanto, uma das respostas jurídicas possíveis passa pela possibilidade de uma ação indenizatória, mais com um viés punitivo e dissuasório do que propriamente compensatório. E há quem procura critérios para identificar os verdadeiros danos extrapatrimoniais (ou morais), merecedores de tutela aquiliana, distinguindo-os daqueles outros que seriam "meros dissabores da vida cotidiana", que não justificariam uma resposta da responsabilidade civil.

Dos casos listados mais acima, muitos foram interpretados pelo STJ como representativos de "meros dissabores", portanto não indenizáveis. Todavia, nem sempre se vislumbra objetividade, clareza e uniformidade na construção desse conceito. Em inúmeras situações identificadas como "meros dissabores do quotidiano", encontra-se uma lesão à personalidade da vítima, talvez em menor extensão ou gravidade, o que deve ser visto sob o prisma da extensão do dano (artigo 944 do Código Civil) e não como inexistência de ato ilícito indenizável.

Deixar de reconhecer a indenizabilidade de alguns danos, alegadamente por serem meros dissabores, pode conduzir à interpretação de que o direito isenta de responsabilidade aquele que causa danos de menor monta, ou "toleráveis". Tal postura potencialmente conduz a uma noção de ilicitude lucrativa: alguns operadores econômicos pouco escrupulosos seriam estimulados a desrespeitar direitos e frustrar expectativas de seus consumidores, mas "só um pouquinho", calculando permanecerem na área de "mero dissabor", sem cruzar a fronteira (nada clara) do dano extrapatrimonial indenizável.

Para contornar as dificuldades de se identificar claramente o que é um "dano moral" merecedor de uma compensação econômica, distinguindo-o de meros dissabores que cotidianamente a vida de relação nos impõe a todos, torna-se útil conhecer algumas

---

7. No direito estrangeiro, esse sentimento de preocupação por uma extensão ilimitada de pretensões reparatórias é traduzido criticamente por expressões como "loteria dos danos" (P.S. Atyah. *The Damages Lottery*. Oxford: Hart Publishing, 2000 (a primeira edição é de 1997), e "precificação das lágrimas" (Muriel Fabre-Magnan, Le dommage existentiel. *Recueil Dalloz*, 2010. p. 2376. Disponível em: https://www.dalloz-actualite.fr/revue-de--presse/dommage-existentiel-20101026. Acesso em: 26.06.2023). Para essa concepção mais minimalista quanto aos danos morais compensáveis, frustrações, sofrimentos, dores, aflições, são sentimentos inerentes à nossa humanidade, juntamente com a alegria, felicidade, sucesso e bem-estar. Como referiu Muriel Fabre-Magnan, a responsabilidade civil não deveria ter por função fazer desaparecer a infelicidade e a miséria do mundo e menos ainda a de tornar as pessoas felizes ("Le droit de la responsabilité civile ne peut faire disparaître le malheur et la misère du monde, et encore moins rendre les gens heureux") – FABRE-MAGNAN, Muriel. Le dommage existentiel, *cit.*

8. Expressiva dessa posição foi a notícia produzida pela assessoria de comunicação do STJ (08/02/2015), intitulada "Dano moral: o esforço diário da Justiça para evitar a indústria das indenizações". Nos parágrafos introdutórios, afirmou-se que o instituto dos danos morais "vem sendo reiteradamente invocado em pedidos de indenização descabidos, quando o sofrimento alegado pelo autor da ação, no fundo, não representa mais do que um mero dissabor. Tais pedidos são formulados muitas vezes com o intuito de enriquecimento sem causa por parte daqueles que afirmam possuir direito à reparação de um dano que está limitado ao simples aborrecimento." Para ilustrar a reportagem, foram citados alguns exemplos de situações tidas como abusivas: REsp 1.444.573, REsp 1.234.549, REsp 1.269.246, REsp 1.399.931 – Reportagem Disponível em: https://www.stj.jus.br/sites/portalp/Paginas/Comunicacao/Noticias-antigas/2015/2015-02-08_08-00_Dano-moral-o-esforco-diario-da-Justica--para-evitar-a-industria-das-indenizacoes.aspx. Acesso em: 27.06.2023.

figuras que foram sendo criadas, pela doutrina ou pela jurisprudência, nacionais ou estrangeiras, identificando a presença de danos extrapatrimoniais em determinadas e específicas situações, nem sempre ligadas à presença de dor, sofrimento, angústia, etc. Algumas dessas figuras são tão antigas quanto o direito romano, como a *actio iniuriarum*[9], da qual derivou a proteção do direito à honra, dentre outros interesses. Outras figuras são mais recentes, como o dano ao projeto de vida, dano ao direito à identidade, dano existencial etc. A lista desses *novos danos* é grande e crescente[10]. Em nosso país, um dos últimos atende pelo nome de dano temporal, lesão ao tempo[11] ou teoria do desvio produtivo[12], segundo os autores

A dúvida que se impõe é se essas figuras são necessárias, úteis ou convenientes em nosso direito, já que nosso ordenamento jurídico se baseia em um conceito amplo de dano moral, cuja compreensão é larga e elástica o suficiente para abranger aquelas figuras. Defender-se-á, nesse artigo, que tais figuras não são legalmente necessárias, mas são muito convenientes, especialmente sob um enfoque prático, contribuindo para afastar o subjetivismo por vezes imperante no setor da compensação dos danos extrapatrimoniais.

O artigo estrutura-se em quatro partes. Na primeira, analisar-se-á o modelo brasileiro de proteção dos danos extrapatrimoniais, em confronto com os modelos estrangeiros. Na segunda, subdividida em três partes, será exposta a concepção brasileira de danos morais, sua origem e evolução. A terceira parte exporá uma breve visão da proteção da pessoa, pela via da responsabilidade civil, no âmbito do direito comparado. Por fim, na etapa derradeira, defender-se-á a conveniência da importação de uma mais ampla categoria de danos não patrimoniais, especialmente pela sua utilidade prática.

2. O MODELO BRASILEIRO DE PROTEÇÃO DOS DANOS EXTRAPATRIMONIAIS, EM PERSPECTIVA COMPARADA

O pano de fundo do questionamento suscitado introdutoriamente reside no fato de que nosso ordenamento jurídico se manteve, com o Código Civil de 2002, no interior da tradição latina da atipicidade da responsabilidade civil extracontratual, afastando-se do modelo germânico da semi-tipicidade, mas sem se alinhar perfeitamente ao modelo francês puro da atipicidade. De fato, o primeiro consagra três pequenas cláusulas gerais

---

9. Sobre a *actio iniuriarum*, desde sua origem até seus desenvolvimentos posteriores, v. o "Chapter 31 – *Actio iniuriarum*", da obra monumental de ZIMMERMANN, Reinhard. *The Law of Obligations*. Roman Foundations of the Civiliam Tradition. Oxford: Oxford University Press, 1996. p. 1.050-1094.
10. Para se ter uma ideia da criatividade dos juristas e da riqueza das situações detectadas na casuística jurisprudencial, basta examinar os três volumes dedicados ao tema, cada um deles com mais de mil páginas, coordenados por CENDON, Paolo. *Trattato breve dei nuovi danni*. Padova: Cedam/Wolters Kluwer, 2014.
11. BORGES, Gustavo, et al. (org.). *Tempo e Responsabilidade Civil*. São Paulo: Tirant Lo Blanch Brasil, 2023; Monteiro Filho, Carlos Edison do Rêgo. Lesão ao Tempo do consumidor no direito brasileiro. *Revista de Direito da Responsabilidade*, Ano 2, p. 158-176, 2020. Disponível em: http://revistaeletronica.oabrj.org.br. Acesso em: 20.04.2023.
12. Uma das vertentes dessa teoria está ligada à obra de DESSAUNE, Marcos. *Teoria aprofundada do desvio produtivo do consumidor*: o prejuízo do tempo desperdiçado e da vida alterada. 2. ed. rev. e ampl. Vitória/ES: [s.n.], 2017.

que especificam os interesses que, se lesados forem, abririam caminho para a indenização, com destaque para o §823 do BGB, que explicita tais interesses: vida, saúde, corpo (integridade física), liberdade, propriedade ou algum outro direito (*"ein sonstiges Recht"*) assemelhado[13]. Já o modelo francês, na cláusula geral do art. 1382 do código napoleônico (fórmula remanejada para o atual art. 1240 do CC, após a reforma de 2016), não especifica os interesses protegidos, nem indica outros requisitos para desencadear o dever de reparar danos além do nexo de causalidade e a culpa: "tout fait quelconque de l'homme, qui cause à autrui um dommage, oblige celui par la faute duquel il est arrivé, à le réparer".[14]

A linha seguida pelo CC de 2002, à luz do seu art. 186, parece seguir a via adotada pelo Código civil português, na primeira parte do seu art. 483, 1. Ambas as fórmulas se distanciam do modelo germânico, mas ao mesmo tempo se afastam do modelo normativo puro francês, ao exigirem a ilicitude da conduta. Todavia, o modelo brasileiro é mais flexível, pois as cláusulas gerais do diploma civilista permitem ao judiciário "promover alargada construção do direito dos danos"[15].[16]

Especificamente quanto aos danos morais, nosso Código civil se afasta dos modelos alemão e italiano, que só admitem a compensação dos danos morais nos casos previstos em lei, que substancialmente são aqueles decorrentes da prática de um ilícito penal (art. 2059 do Código Civil italiano e § 253 do BGB). Tampouco acolheu a orientação constante do art. 496 do CC português: "Na fixação da indemnização deve atender-se aos danos não patrimoniais que, pela sua gravidade, mereçam tutela do direito". Igualmente não levou a sério a observação constante do *Restatement (second) of Torts §46, comment (j) (1997),* do direito norte-americano: "A tranquilidade emocional completa é raramente alcançada nesse mundo, e alguns graus de sofrimento emocional transitório e trivial é parte do preço por se viver entre pessoas. A lei intervém apenas onde o sofrimento é tão severo que nenhum homem poderia suportá-lo" (em tradução livre).

Assim, diante dos amplos termos das cláusulas gerais dos arts. 186 e 927, parágrafo único, do Código Civil, não haveria necessidade de se reconhecer espécies autônomas de danos extrapatrimoniais, já que a irrestrita noção de danos existente em nosso orde-

---

13. Para uma clássica e aprofundada exposição do sistema da responsabilidade civil no direito alemão, v. MARKESINIS, Basil S. *The German Law of Obligations*. Vol. II. *The Law of Torts*: A Comparative Introduction. 3rd. Ed. Oxford: Oxford University Press, 1997.
14. A questão, contudo, é muito mais complexa do que a singeleza do enunciado legal poderia indicar. Isso porque a noção de culpa, no referido dispositivo legislativo, abrange também a de ilicitude. E então outros requisitos devem estar presentes para que surja o dever de reparar. Sobre esse descompasso entre a singeleza normativa e a complexidade operacional no direito francês, v. a obra clássica de MONATERI, Pier Giuseppe. *La sineddoche. Formule e regole nel diritto delle obbligazioni e dei contratti*. Milano: Giuffrè Ed., 1984.
15. MARTINS-COSTA, Judith; BRANCO, Gerson L. Carlos. *Diretrizes teóricas do novo Código Civil Brasileiro*. São Paulo: Ed. Saraiva, 2002. p. 129.
16. Sinde Monteiro refere que o Código brasileiro consagrou a compensabilidade dos danos morais sem fornecer nenhum tipo de critério para sua identificação – SINDE MONTEIRO, Jorge. Responsabilidade civil: o novo Código Civil do Brasil face ao direito português, às reformas recentes e às actuais discussões de reforma na Europa. In: CALDERALE, Alfredo (a cura di). *Il nuovo codice civile brasiliano*. Milano: Dott. A. Giuffrè Ed., 2003. p. 314.

namento seria suficientemente vaga e elástica a ponto de acolhê-los.[17] Mas, por não ter adotado as cautelas previstas no direito português e norte-americano, fica mais difícil demarcar os danos morais dos meros incômodos. Destarte, embora admitindo não haver *necessidade* de se acolher, em nosso direito, novas etiquetas de danos extrapatrimoniais – danos biológicos, danos existenciais, danos ao projeto de vida etc. –, procurar-se-á demonstrar que é *conveniente* fazê-lo, como forma de se evitar subjetivismos na caracterização dos danos morais. Isso se deve ao fato de nossa cláusula geral de compensação de danos morais apresentar conteúdo vago, impreciso e indeterminado, não fornecendo parâmetros objetivos, racionais e isonômicos para identificá-los. Uma categoria demasiadamente ampla e irrestrita de danos extrapatrimoniais sempre resultará em um baixo nível de cientificidade e em alto nível de casuísmo.

Por outro lado, defender-se-á que o reconhecimento de novas figuras de danos indenizáveis não resultará em um potencial aumento do número de demandas, como sugerem os críticos. O efeito, acredita-se, será o contrário. Sempre que uma categoria específica de danos é desenvolvida, é possível identificar objetivamente quais são as suas características específicas e quais os requisitos devem estar presentes para que ela seja reconhecida. Portanto, invocar-se um quase indefinível 'dano moral', a ser identificado com auxílio da boa vontade do julgador, não é suficiente.

Para tanto, iniciar-se-á com a exposição da evolução sobre a noção de "danos morais" no Brasil.

3. DANOS MORAIS NO BRASIL: UMA HISTÓRIA AINDA EM DESENVOLVIMENTO

No Brasil, fomos de uma tardia aceitação dos danos não patrimoniais (a partir do final dos anos 80, com a Constituição Federal) a um entusiasmado e quase irrestrito acolhimento da ideia. Neste percurso, acabamos nos desviando da modelagem oferecida pela experiência comparada: atrelamos os "danos morais" predominantemente a sentimentos (dor, sofrimento, angústia) e os vinculamos a uma função não só reparatória/compensatória, mas também punitiva/dissuasória[18].

---

17. É o que expressamente referem Farias, Braga Netto e Rosenvald, ao lembrarem que tanto a Constituição brasileira quanto o Código Civil empregam a expressão *danos morais* "para se referir a todas as espécies de danos não patrimoniais", razão pela qual a alusão à categoria de danos não patrimoniais ou extrapatrimoniais "é desnecessária, pois vivemos em um sistema aberto". Para eles "dano moral pode ser conceituado como *uma lesão a um interesse existencial concretamente merecedor de tutela*" – FARIAS, Cristiano Chaves de; BRAGA NETTO, Felipe; ROSENVALD, Nelson. *Novo Tratado de Responsabilidade Civil*. 2. ed. São Paulo: Saraiva, 2017. p. 307 e 312.
18. E nisso nos afastamos, por exemplo, do entendimento vigorante na Itália, como se percebe da leitura do seguinte trecho de acórdão (*sentenza*) proferido pela Corte de Cassação em 23.01.2014 (sent. n. 1361): "a restauração da lesão dos direitos invioláveis e dos direitos fundamentais por meio da atribuição de uma soma em dinheiro não desempenha uma função punitiva (...) e tampouco deterrente, nem constitui a reintegração de uma diminuição patrimonial, mas destina-se a compensar um dano não econômico". A indenização, nessa hipótese "não tem e nem pode ter uma função reintegradora nem dos sofrimentos morais e dos 'danos jurídicos' sofridos, destinando-se, ao contrário, a tutelar a exigência de se assegurar ao lesado uma adequada reparação como utilidade substitutiva". Sobre essa importante decisão, v. RIVERSO, Roberto. *Danno alla vita: Cassazione detta*

Podemos identificar concepções distintas sobre o que são os danos morais: uma concepção mais ampla e tradicional (sentimentalista); uma concepção mais restrita (consequencialista) e uma concepção mais moderna (ligada ao direito civil-constitucional).

Analisemos brevemente cada uma delas.

3.1 Concepção tradicional (sentimentalista)

Essa concepção adota um conceito negativo: dano moral seria todo o dano não patrimonial, uma espécie de 'conceito guarda-chuva' (ou 'conceito passaporte'), sob o qual se reúnem as mais variadas espécies de danos e prejuízos imateriais, normalmente vinculados à dor, sofrimento, angústia, enfim, a sentimentos.

No direito comparado costuma-se apontar para o direito inglês como o precursor do acolhimento dessa noção de danos morais (*pain and suffering*), identificada no caso *Scott v. Shepherd* (96 Eng. Rep. 525 [K.B. 1773]), no qual se reconheceu que a vítima sofrera tormentos e dores lancinantes em razão de um acidente com um rojão e que esse sofrimento constituía um dos elementos do prejuízo.[19]

Uma vez que a Common Law somente em época mais recente passou a ser objeto de estudo e interesse dos juristas da tradição romano-germânico, a origem da noção de 'danos morais' que nos influenciou é oriunda da França: em 1939 René Savatier afirmou que "dano moral é todo sofrimento humano não causado por uma perda pecuniária"[20].

Esta concepção foi aceita por clássicos doutrinadores brasileiros, como Orlando Gomes[21], Wilson Melo da Silva[22], Silvio Rodrigues[23] dentre outros, além de ter grande presença ainda hoje na jurisprudência.

---

i criteri per individuazione e liquidazione. Cassazione civile, sez. III, sentenza 23/01/2014 n. 1361. Disponível em: https://www.altalex.com/documents/news/2014/06/10/danno-alla-vita-cassazione-detta-i-criteri-per-individuazione-e-liquidazione. Acesso em: 27.06.2023. Essa confusão entre a função punitiva e a compensatória também não passou desapercebida à Suprema Corte norte-americana, ao julgar o caso *Cooper Industries, Inc. v. Leatherman Tool Group, Inc.*, em 2001, quando observou, pela pena de J. Stevens, que "until well into the 19th century, punitive damages frequently operated to compensate for intangible injuries, compensation which was not otherwise available under the narrow conception of compensatory damages prevalent at the time. (...) As the types of compensatory damages available to plaintiffs have broadened, (pain and suffering are generally available as species of compensatory damages), the theory behind punitive damages has shifted toward a more purely punitive (and therefore less factual) understanding" – Disponível em: https://supreme.justia.com/cases/federal/us/532/424/. Acesso em: 28.06.2023.

19. Sobre esse caso, v. ROGERS, W. V. H. *Winfield and Jolowicz on Tort*. 16th ed. London: Sweet & Maxwell, 2002. p. 68, e LUNNEY, Mark; NOLAN, Donal; OLIPHANT, Ken. *Tort Law*. Text and Materials. 6th ed. Oxford: Oxford University Press, 2017. p. 8/9.
20. SAVATIER, René. *Traité de la responsabilité civile em droit français civil, administratif, professionnel, procédural*. T. II – Conséquences et aspects divers. Paris: 1939, n. 525.
21. GOMES, Orlando. *Obrigações*. Rio de Janeiro: Forense, 1961, n. 191 e 195. p. 364 e seg.; GOMES, Orlando. *Responsabilidade Civil*. Texto revisado, atualizado e ampliado por Edvaldo Brito. Rio de Janeiro: Gen/Forense, 2011. p. 76.
22. SILVA, Wilson Melo da. *O dano moral e sua reparação*. 2. ed. Rio de Janeiro: Forense, 1969. p. 14.
23. RODRIGUES, Silvio. *Direito Civil. Responsabilidade Civil*. 9. ed. São Paulo: Ed. Saraiva, 1985. v. 4. p. 206.

3.2. Concepção consequencialista

Uma concepção posterior, que se pode denominar de consequencialista, foi encabeçada por José de Aguiar Dias[24], mais tarde acompanhada por Maria Helena Diniz[25] e outros bons juristas.

Sob essa orientação, a caracterização do dano moral não estaria vinculada à natureza do interesse lesado, mas sim à repercussão (consequências) da lesão sobre a vítima.

Assim, seria possível ocorrer dano patrimonial em consequência de lesão a um bem não patrimonial, bem como a ofensa a um bem material poderia acarretar um dano moral a alguém. Exemplo da primeira situação poderia ser o de uma modelo que viesse a sofrer lesões corporais das quais resultassem cicatrizes deformantes. A agressão à sua integridade física atingiria um bem não patrimonial, mas as sequelas resultantes afetariam seriamente sua profissão econômica, acarretando-lhe danos patrimoniais. Exemplo da segunda hipótese seria o extravio de uma aliança de casamento que fosse deixada a um ourives, para fim de estreitamento ou alargamento, ou o extravio de um álbum de fotografias encaminhados para reparos. Os bens extraviados teriam conteúdo patrimonial, mas seu significado para o proprietário ultrapassa em muito o valor daqueles, disso derivando danos morais compensáveis.

Todavia, ainda que essa segunda concepção seja bem melhor que a anterior, a ela ainda se poderia endereçar as mesmas críticas que atingem a primeira, ou seja, de que nenhuma das concepções fornece um conceito 'positivo' de danos morais. Não indicam seus pressupostos e requisitos, aludindo apenas aos efeitos não patrimoniais (dor, sofrimento, tristeza, frustração etc.), que são apenas sintomas, consequências[26],[27] não a essência do dano, deixando ainda demasiada margem para algum arbítrio na sua identificação.

3.3. Concepção ligada ao direito civil-constitucional

Capitaneada por juristas vinculados à escola do chamado direito civil-constitucional, como Maria Celina Bodin de Moraes, Paulo Netto Lôbo,[28] Anderson Schreiber[29]

---

24. DIAS, José de Aguiar. *Da Responsabilidade Civil*. Vol. II. 6. ed. Rio de Janeiro: Forense, 1979. p. 414 e seg..
25. DINIZ, Maria Helena. *Curso de Direito Civil Brasileiro. Responsabilidade Civil*. 21. ed. rev. E atual. São Paulo: Ed. Saraiva, 2007. v. 7. p. 88/89.
26. Como refere Zannoni, "el dolor, la angustia, la aflicción física o espiritual, la humillación y, en general, los padecimientos que se han infligido a la víctima del evento danoso (..) no son sino estados del espíritu, *consecuencia* del daño". E prossegue dizendo que a dor, o padecimento, etc., "serán resarcibles a condición de que se provoquen por la lesión a una facultad de actuar que impede o frustra la satisfacción o goce de intereses no patrimoniales reconocidos a la víctima" – ZANNONI, Eduardo A. *El daño em la responsabilidad civil*. 3. ed. actual. y ampl. Buenos Aires: Ed. Astrea, 2005. p. 152 e 153.
27. Cavalieri vincula o dano moral à agressão a atributo da personalidade ou à dignidade humana, sendo que a dor, vexame, sofrimento ou humilhação só devem ser reputadas como dano moral se, "fugindo à normalidade, interfira intensamente no comportamento psicológico do indivíduo", causando-lhe desequilíbrio em seu bem-estar – CAVALIERI FILHO, Sérgio. *Programa de Responsabilidade Civil*. 11. ed. São Paulo: Ed. Atlas, 2014. p. 111.
28. LÔBO, Paulo Luiz Netto. Danos morais e direitos da personalidade. *Revista Trimestral de Direito Civil*, v. 6, 2001. p. 79-97.
29. SCHREIBER, Anderson. *Direitos da personalidade*. São Paulo: Atlas, 2011. p. 16.

e outros, identificam-se os danos morais como violação da cláusula geral de tutela da pessoa humana, falando-se em violação à dignidade humana[30], lesão a direitos de personalidade, danos à pessoa.

Maria Celina[31] distingue os *danos morais objetivos*, que seriam aqueles que ferem qualquer dos aspectos componentes da dignidade da pessoa (fundada em quatro substratos: igualdade, integridade psicofísica, liberdade e solidariedade), dos *danos morais subjetivos*, caracterizados pela dor, sofrimento, angústia, tristeza ou humilhação à vítima, mas com uma tal intensidade que possa facilmente se distinguir dos aborrecimentos e dissabores do dia-a-dia, situações comuns a que todos se sujeitam, como aspectos normais da vida cotidiana.

Nessa senda parece estar caminhando a jurisprudência do Superior Tribunal de Justiça, como se vê de alguns de seus julgamentos – AgRg no Agravo no REsp 395.426, REsp 1647452, AgInt nos EDcl no REsp n. 1.838.972, REsp n. 202.564, REsp n. 944.308, REsp n. 1.406.245, dentre outros.[32]

Vinculando-se os danos morais à violação dos direitos da personalidade, obtém-se um grande ganho de objetividade, ainda que se leve em conta o fator complicador consistente no fato de que os direitos de personalidade não configuram *numerus clausus*[33].[34] Diante da centralidade da pessoa humana no ordenamento jurídico e do contínuo avanço da civilização jurídica, cada vez mais nos sensibilizamos frente a novos aspectos do ser humano que achamos merecer proteção. Assim surgiu, há mais tempo, a proteção do direito à imagem da pessoa e, há menos tempo, a tutela do seu direito à identidade, para citar dois exemplos. Nessa caminhada, devemos dirigir nosso olhar para experiências jurídicas mais antigas e consolidadas, o que nos ajuda a identificar possíveis vias a serem trilhadas.

Doutrinariamente, podem-se identificar danos aos direitos da personalidade da pessoa humana nas suas diversas esferas, como *ser humano biológico* (vida e saúde – danos à integridade psicofísica, abrangendo também os danos estéticos), *ser*

---

30. Vinculando o dano moral à dignidade da pessoa e referindo que "el sufrimiento no es un requisito indispensable para que exista daño moral", v. GHERSI, Carlos Alberto. *Cuantificación Económica. Daño moral y psicológico*. Buenos Aires: Ed. Astrea, 2006. p. 130 e 131.
31. MORAES, Maria Celina Bodin de. *Danos à Pessoa Humana. Uma Leitura Civil-Constitucional dos Danos Morais*. Rio de Janeiro: Renovar, 2003. p. 156 e seg.
32. Observe-se que nas V Jornadas de Direito Civil/STJ, aprovou-se o enunciado 445, desvinculando o dano moral de sentimentos: "Art. 927: O dano moral indenizável não pressupõe necessariamente a verificação de sentimentos humanos desagradáveis como dor ou sofrimento".
33. Acolhe-se, aqui, a concepção da existência de um direito geral de personalidade, tal como defendido por CAPELO DE SOUSA, Rabindranath V. A. *O Direito Geral de Personalidade*. Coimbra: Coimbra Ed., 1995; e SZANIAWSKI, Elimar. *Direitos de personalidade e sua tutela*. 2. ed. rev., atual. e ampl. São Paulo: Revista dos Tribunais, 2005, esp. p. 55s, 93s e 114s, além de outros autores.
34. A diversidade dos direitos de personalidade pode ser visualmente apreendida ao se examinar a coletânea de aproximadamente 1.500 páginas, escrita por vários autores que escrevem sobre vários aspectos e espécies de direitos de personalidade: RUSCICA, Serafino (a cura di). *I Diritti dela Personalità. Strategie di tutela. Inibitorie. Risarcimento danni*. Internet. Lavis: Ed. CEDAM, 2013.

humano moral (danos à integridade moral, privacidade/intimidade[35], vida privada[36], identidade, nome, imagem, honra, etc.), e *ser humano social* (envolvendo danos à reputação, ao respeito, condutas discriminatórias, etc).[37] Pela própria tipologia dos direitos de personalidade acima destacados, de forma não exaustiva, percebe-se que sua proteção se justifica especialmente por representarem, segundo Schreiber, típicos direitos fundamentais[38].

Segundo Lawson e Markesinis[39], os sistemas jurídicos fornecem uma proteção legal mais ou menos forte, de acordo com a hierarquia dos bens ou interesses visados. A graduação é estabelecida a partir de considerações morais, econômicas, filosóficas, políticas, variáveis a cada época histórica, disso resultando que o direito fornece melhor proteção aos interesses socialmente mais valorizados: liberdade, exemplificativamente,

---

35. No direito americano, a noção de direitos de personalidade foi em grande parte absorvida pela extensa concepção do *right to privacy* por lá desenvolvida, como se percebe da leitura de PAGE, Joseph A. American tort law and the right to privacy. In: BRÜGGEMEIER, Gert; CIACCHI, Aurelia Colombi; O'CALLAGHAN, Patrick (Ed.). *Personality Rights in European Tort Law*. Cambridge: Cambridge University Press, 2010. p. 38/72. Ainda é de ser referido o artigo seminal intitulado *Privacy*, publicado por William Prosser na *California Law Review*, vol. 48 (1960). p. 383 s., identificando quatro espécies de *privacy* tuteladas pelo direito norte-americano: *intrusion; public disclosure of private facts; false light in the public eyes; appropriation (right of publicity)*. Tal artigo, juntamente com o artigo *The Right to Privacy*, publicado por Samuel D. Warren e Louis D. Brandeis, na *Harvard Law Review*, v. 4, n. 5 (Dec. 15, 1890), pp. 193-220, são considerados os dois artigos mais citados e influentes nessa temática, no âmbito da Common Law. Para uma excelente resenha da proteção dos direitos da personalidade pela via da responsabilidade civil na Europa, remete-se a BRÜGGEMEIER, Gert. Protection of personality rights in the law of delict/torts in Europe: mapping out paradigms. In: BRÜGGEMEIER, Gert; CIACCHI, Aurelia Colombi; O'CALLAGHAN, Patrick (Ed.). *Personality Rights in European Tort Law*. Cambridge: Cambridge University Press, 2010. p. 5-37.
36. Interessante notar que, no direito francês, o desenvolvimento dos direitos de personalidade foi feito substancialmente a partir da proteção da "vie privée" (vida privada), especialmente a partir de sua inclusão no art. 9 do Código Civil francês, pela Lei 70-643, de 17.07.1970, sob a fórmula "chacun a droit au respect de la vie privée" – nesse sentido, SUDRE, Frédéric. La vie privée, socle européen des droits de la personnalité. In: RENCHON, Jean-Louis (dir.). *Les droits de la personnalité*. Bruxelles: Bruylant Ed., 2009. p. 4.
37. Para uma classificação diversa, quadripartida (integridade física, liberdade, integridade espiritual e dados pessoais), v. CIFUENTES, Santos. *Derechos personalísimos*. Buenos Aires: Ed. Astrea, 2008. p. 213. Já R. Limongi França classifica os direitos de personalidade em (i) *Direito à integridade física* (abrangendo o direito: à vida e aos alimentos, sobre o próprio corpo, vivo, sobre o próprio corpo, morto, sobre o corpo alheio, vivo, sobre o corpo alheio, morto, sobre partes separadas do corpo, vivo, sobre partes separadas do corpo, morto); (ii) *direito à integridade intelectual* (abrangendo o direito: à liberdade de pensamento, ao direito pessoal de autor científico, de autor artístico, de inventor) e (iii) *direito à integridade moral* (abrangendo o direito à liberdade civil, política e religiosa, à honra, à honorificência, ao recato, ao segredo pessoal, doméstico e profissional, à imagem, à identidade pessoal, familiar e social) – LIMONGI FRANÇA, Rubens. Direitos privados da personalidade. Subsídio para sua especificação e sistematização. *Revista dos Tribunais*, vol. 370 (1968). p. 7 e s.
38. SCHREIBER, Anderson. *Direitos da personalidade*. São Paulo: Ed. Atlas, 2011. p. 13, embora ressalvando esse autor, como outros, que se todos os direitos de personalidade são também direitos fundamentais, nem todos os direitos fundamentais são direitos de personalidade, com é o caso do direito de herança, do direito de propriedade, o direito de greve (*op. cit.*, p. 13, n.r. 28). Corrente minoritária, embora representada por bons autores, afirma que "há direitos da personalidade que não se qualificam como direitos fundamentais", como é o caso de MIRANDA, Jorge; RODRIGUES JUNIOR, Otavio Luiz; FRUET, Gustavo Bonato. Principais problemas dos direitos da personalidade e estado-da-arte da matéria no direito comparado. In: MIRANDA, Jorge; RODRIGUES JUNIOR, Otavio Luiz; FRUET, Gustavo Bonato (Org.). *Direitos da personalidade*. São Paulo: Ed. Atlas, 2012. p. 16.
39. LAWSON, F. H. e MARKESINIS, B. S. *Tortius Liability for Unintentional Harm in the Common Law and the Civil Law*. Cambridge: Cambridge University Press, 1982. p. 49.

é mais relevante do que propriedade: integridade física de uma pessoa é mais importante do que sua integridade patrimonial.

O problema da seleção dos interesses dignos de tutela jurídica é uma das modernas preocupações no âmbito da responsabilidade civil. Em nosso direito, A. Schreiber mostra-se preocupado pelo fato de inexistirem, muitas vezes, dados normativos a indicar uma hierarquia entre os interesses tuteláveis, disto redundando que acaba tocando ao magistrado a tarefa de selecionar empírica e concretamente os interesses dignos de tutela. Daí porque, segundo ele, "urge a elaboração de critérios de seleção dos interesses merecedores de tutela reparatória, em consonância com os valores fundamentais do ordenamento jurídico brasileiro".[40]

É nesse cenário de identificação dos bens e interesses que merecem uma proteção privilegiada dos sistemas jurídicos que surgiu a noção de dano à pessoa humana[41]. O surgimento da ideia de dano à pessoa representou uma *mudança revolucionária*, nas palavras de Iturraspe[42].[43] Segundo o civilista argentino, a ampliação da tutela aquiliana à pessoa encontrava uma barreira insuperável na concepção clássica do dano como lesão a um direito subjetivo, o qual devia estar claramente reconhecido em uma norma legal, como era o caso da honra e alguns outros poucos interesses vinculados à pessoa. Isso não era um acaso, já que o instituto da responsabilidade civil surgiu primacialmente visando a proteção da propriedade, o direito subjetivo por excelência.

O jurista peruano Sessarego[44] também refere que em meados do século XX houve uma revolucionária inversão na concepção do homem, por ele considerada como um segundo renascimento, a partir da qual a pessoa humana passou a ocupar o lugar primeiro no ranking dos valores e prioridades. Seus reflexos no campo da responsabilidade civil foram notáveis, pois obrigou a uma revisão de seus pressupostos e a ver-se transformada no

---

40. SCHREIBER, Anderson. *Direito Civil e Constituição*. São Paulo: Atlas, 2012. p. 167.
41. Do ponto de vista legislativo, apenas o avançado Código Civil peruano, de 1985, faz expressa menção a esse tipo de dano, prevendo, no seu art. 1.985 que: "O ressarcimento compreende as consequências que decorrem da ação ou omissão geradora do dano, inclusive o lucro cessante, o *dano à pessoa* e o dano moral, devendo existir uma relação de causalidade adequada entre o fato e o dano produzido. Sobre o montante do ressarcimento fluem os juros legais desde a data na qual se produziu o dano."
42. ITURRASPE, Jorge Mosset. *Responsabilidad por Daños* – Tomo I – Parte General. Buenos Aires: Rubinzal-Culzoni Editores, 2004. p. 313 e 314. Em outra obra, repercorrendo os passos dados pela civilização jurídica ocidental no "redescubrimiento de la persona humana: de lo patrimonial a lo personal; de lo físico a lo espiritual", refere Iturraspe (ITURRASPE, Jorge Mosset. *El valor de la vida humana*. 4. ed. ampl y actual. Buenos Aires: Rubinzal--Culzoni Ed., 2002. p. 34/36) que em um primeiro momento se considerava quase uma indignidade pretender o ressarcimento de danos sofridos pelo corpo. Numa segunda etapa, contemplava-se o dano à pessoa somente quando isso acarretasse um menoscabo à sua produtividade, com impacto nos seus rendimentos. Tratava-se da santificação do *homo faber*. Somente na terceira fase, na qual nos encontramos, "se mira a la persona humana de una manera más completa o integral, en todas sus posibilidades, aptitudes o matices (...)".
43. Também Maria Celina Bodin de Moraes (Perspectivas a Partir do Direito Civil-Constitucional. In: TEPEDINO, Gustavo. *Direito Civil Contemporâneo* – Novos Problemas à Luz da Legalidade Constitucional. São Paulo: Atlas, 2008. p. 33) fala em 'revolução' quando se refere a aspectos da evolução da responsabilidade civil: "Presenciamos, também no Brasil, uma verdadeira revolução no direito dos danos: o foco que tradicionalmente recaía sobre a pessoa do causador do dano, que por seu ato reprovável era punido, deslocou-se para a tutela garantida à vítima do dano injusto (...)".
44. SESSAREGO, Carlos Fernández. Prólogo. Osservatorio de Derecho Civil. Vol. 13. *La Responsabilidad Civil*. Lima: Motivensa Editora Jurídica, 2012. p. 23, 31 e 32.

novo 'Derecho de Daños'. A centralidade da pessoa humana no âmbito jurídico acarretou a consequência de se conceder maior atenção à sua proteção preventiva, unitária e integral, assim como a adequada e pronta reparação das consequências de qualquer dano que possa sofrer em sua unidade psicossomática, em sua liberdade fenomênica e em seu projeto de vida. Isso explica facilmente o surgimento, por volta da década de sessenta[45], do conceito de dano à pessoa, que acaba por deslocar a proteção ao patrimônio a um escalão inferior.

Essa evolução – ou revolução – foi possível quando a técnica da interpretação conforme a Constituição disseminou-se. Foi o que ocorreu na Itália, por exemplo, cujo Código Civil, de 1942, em seu art. 2.059[46], permite a tutela dos danos extrapatrimoniais somente nos casos previstos na lei, fazendo remissão a dispositivos penais. A clássica interpretação deste artigo era no sentido de que somente nas hipóteses em que o dano extrapatrimonial resultasse de um delito é que seria ele passível de indenização na esfera cível. Quando os juízes passaram a levar a sério as previsões constitucionais, esse quadro foi superado, pois "o sistema de valores pessoais introduzido pela Constituição consentiu mais facilmente aos juízes alargar o elenco dos interesses juridicamente tuteláveis".[47] No mesmo sentido a lição de Carlo Castronovo[48], ao afirmar que "nos últimos vinte anos [a obra é de 1998] a pessoa veio a colocar-se cada vez mais ao centro do discurso do direito privado, seja no terreno legislativo, seja no terreno jurisprudencial", em harmonia com o debate doutrinário. Ainda na Itália, Monateri[49] refere que "frequentemente tanto a jurisprudência quanto a doutrina, de modo cada vez mais acentuado, têm feito referência à Constituição como fonte normativa em relação ao campo dos ilícitos civis".

Trata-se de uma tendência amplamente difusa, como se percebe da leitura da obra clássica do francês André Tunc[50], na qual analisa a evolução e os fundamentos da responsabilidade civil no direito comparado em geral e refere que "a ideia de garantir os direitos dos cidadãos tem desempenhado um papel incontestável no direito da responsabilidade civil, um papel que não cessa de crescer e que constitui certamente uma de suas funções".

---

45. De fato, a expressão "danos à pessoa" é atribuída a Guido Gentile, no verbete com esse título que elaborou para a *Enciclopedia del diritto*, em 1962. Na verdade, alguns precursores, especialmente na Itália, já defendiam, há mais tempo, a necessidade de se proteger mais enfaticamente a pessoa humana através do instrumento da responsabilidade civil. Dentre esses, merece destaque Melchiorre Gioia (1767-1829), que em obra publicada originariamente em 1821 ("*Dell'ingiuria dei danni del soddisfacimento, e relative basi di stima avanti i Tribunali civili*". Lugano: Ruggia y C., 1833) manifestava uma visão ampla do homem e de possíveis danos que poderiam alcançá-lo. Em belas palavras, disse ele que o homem "não está limitado à existência física e atual, ao gozo e ao sofrimento; ao contrário (...) ele vivencia tempos que ainda não o alcançaram, pensa em perdas ainda distantes, medita sobre eventos futuros, é sensível a situações que ocorrem a uma distância de milhares de milhas (...)". Para uma resenha do seu pensamento, bem como de outros precursores de tal visão, veja-se GONZÁLES, Carlos Agurto e MAMANI, Sonia Lidia Quequejana. Las Orígenes del 'daño a persona' en Italia. In: Observatorio de Derecho Civil. v. 13. *La Responsabilidad Civil*. Lima: Motivensa Editora Jurídica, 2012. p. 77 e seguintes.
46. "*Art. 2.059. Danni non patrimoniali. Il danno non patrimoniale deve essere risarcito solo nei casi determinati dalla legge (Cod. Proc. Civ. 89; Cod. Pen. 185, 598)*".
47. VISINTINI, Giovanna. *I Fatti Illeciti*. Vol. I. Ingiustizia del danno. Padova: Cedam, 1997. p. 89.
48. CASTRONOVO, Carlo. *Danno biologico – Un itinerario di diritto giurisprudenziale*. Milano: Giuffrè, 1998. p. 1.
49. MONATERI, Pier Giuseppe. Trattato di Diritto Civile (Org. por Rodolfo Sacco), *Le Fonti delle Obbligazioni*, v. 3 – La Responsabilità Civile. Torino: Utet, 1998. p. 5.
50. TUNC, André. *La Responsabilité Civile*. 2. ed. Paris: Economica, 1989. p. 149.

Passa-se a examinar, na sequência, como a questão da proteção de direitos e interesses não patrimoniais é feita no direito comparado, para se verificar se soluções lá sugeridas ou praticadas são úteis ou compatíveis com o nosso direito.

4. A TUTELA DA PESSOA HUMANA, PELA RESPONSABILIDADE CIVIL, NO DIREITO COMPARADO[51]

No direito comparado há inúmeras figuras de danos indenizáveis, quase todas criadas ou desenvolvidas especialmente pela jurisprudência, por vezes pela doutrina, raramente pelo legislador. Muitas dessas figuras são compatíveis com nosso ordenamento jurídico e também vêm sendo acolhidas pelos nossos tribunais.

O tipo de dano não patrimonial reconhecido e mais difundido em todas as tradições jurídicas é o chamado dano moral puro, ainda que com denominações nem sempre homólogas: *danni soggettivi* (Itália), *pain and suffering* (países de *Common Law*), *dommage moral* (França e Bélgica), *Schmerzensgeld* (Alemanha, Áustria).

Pode-se dizer que esse é o protótipo do qual as outras figuras, ao longo do tempo, se destacaram. O dano moral puro envolve sensações – dor e sofrimento intensos, vexame, humilhação, angústia etc. Como regra, exige-se uma intensidade objetiva inquestionável. Na experiência italiana, costuma-se dizer que essa espécie de dano se caracteriza pela 'transitória perturbação do estado de ânimo da vítima', sem reflexos externos ou permanentes na vida do lesado.

Ao lado dos danos morais puros, porém, reconhecem-se outras espécies de dano, cada uma delas com seus requisitos ou pressupostos. Aqui, nem sempre a dor, sofrimento, humilhação, estão presentes. Assim, entre outras, encontram-se as seguintes figuras: danos estéticos, danos à imagem, danos à intimidade/privacidade, danos psíquicos, danos biológicos (ou danos à integridade psicofísica)[52], danos existenciais, danos ao projeto de vida[53], dano à identidade pessoal[54], dano da morte (também chamado de dano tanato-

---

51. Para um maior desenvolvimento, remete-se a FACCHINI NETO, Eugênio; FERRARI, Graziela M. R. A Tutela Aquiliana de Direitos Fundamentais no Direito Comparado: o caso dos danos biológicos, danos existenciais e danos ao projeto de vida.". In: Matheus de Castro, Maria Cristina Cereser Pezzella e Janaína Reckziegel (Org.). – *A Ampliação dos Direitos Subjetivos no Brasil e na Alemanha* – Tomo II. Chapecó/SC: UNOESC, 2014. (Série Direitos Fundamentais Civis) p. 79-118.
52. Mais recentemente, outros juristas franceses, Viney e Jourdan (VINEY, Geneviève e JOURDAIN, Patrice. Traité de Droit Civil (dir. de Jacques Ghestin). *Les effets de la responsabilité*. 2. ed. Paris: L.G.D.J., 2001. p. 206), afirmam que modernamente os tribunais costumam isolar, para avaliá-los separadamente, os diferentes tipos de danos que podem acarretar uma lesão à integridade física.
53. Trata-se de uma das poucas figuras de dano originadas na América Latina. Nesse caso, pela pena do grande jurista peruano Carlos Fernández Sessarego, que em diversos escritos seus manifestou-se sobre essa importante espécie de dano. Dentre eles, destaco: SESSAREGO, Carlos Fernández. Trascendencia y reparación del "Daño ao proyecto de vida" en el umbral del siglo XXI. HERNÁNDEZ, Carlos Arturo et al. (Ed.) *La responsabilidad civil*. Bogotá: Universidad Libre, 2014. (Coleção Tendencias Contemporáneas del Derecho, v. 19) p. 351-432, bem como o capítulo VII de SESSAREGO, Carlos Fernández. *Derecho y persona*. 5. ed. actual. y ampl. Buenos Aires – Bogotá: Astrea Ed., 2015. p. 225-261.
54. Trata-se de figura de dano surgida na Itália, mas conhecida, estudada e aplicada em vários ordenamentos jurídicos: PINO, Giorgio. *Il diritto all'identità personale*. Interpretazione costituzionale e creatività giurisprudenziale. Bologna: Il Mulino, 2003; SESSAREGO, Carlos Fernández. *Derecho a la identidad personal*. Buenos Aires: Ed.

lógico[55], dano catastrófico e, na França, de *angoisse de la mort imminente*). Alguns são melhor conhecidos pelas suas expressões no idioma onde foram primeiro reconhecidas, como *mobbing, bullying, stalking, loss of amenities of life/préjudice d'agrément* (perda das amenidades da vida), *wrongful conception, wrongful birth, wrongful life, nervous schock* (ou *psychiatric injury), prenatal injuries, préjudice sexuel, préjudice d'établissement, préjudice de contamination, préjudice d'anxiété, préjudice d'accompagnement*, dentre outros.

Não há espaço, aqui, para o desenvolvimento de cada uma dessas figuras. Sobre elas já tive oportunidade de me manifestar em outros trabalhos, aos quais remeto o leitor interessado.[56]

O importante é reter que cada uma dessas espécies de danos tem certas características e exige, para seu reconhecimento, a comprovação de determinados requisitos. A importância disso será realçada no próximo item, a fim de justificar a conveniência da adoção desse modelo.

5. NECESSIDADE OU CONVENIÊNCIA DA IMPORTAÇÃO DE UMA MAIS AMPLA CATEGORIA DE DANOS NÃO PATRIMONIAIS

Defende-se, aqui, a posição da *desnecessidade* da importação de figuras específicas de danos não patrimoniais para o nosso direito. Isso porque, como dito, nosso ordenamento jurídico filia-se ao modelo francês da atipicidade, sendo que a expressão "dano moral", usada por nosso legislador constitucional e ordinário, tem uma abrangência e uma elasticidade capaz de albergar todas as espécies de danos extrapatrimoniais.[57]

Todavia, se não há necessidade, há enorme *conveniência* prática de deixarmos de usar expressão "danos morais" como se fosse um gênero onicompreensivo, passando a

---

Astrea, 1992; CHOERI, Raul Cleber da Silva. *Direito à Identidade na Perspectiva Civil-Constitucional*. Rio de Janeiro: Ed. Renovar, 2010; PIZARRO, Ramón Daniel; VALLESPINOS, Carlos Augusto. *Tratado de Responsabilidad Civil*. Tomo III, cap. F) "Daños derivados de minoración del derecho a la identidad personal (o a la fiel representación de la personalidad)". Buenos Aires: Rubinzal-Culzoni Ed., 2018.

55. Com exceção de Portugal e, em casos excepcionais (quando a pessoa mortalmente ferida tem consciência da extensão das lesões sofridas e da iminência da morte) na Itália e na França, os ordenamentos jurídicos contemporâneos não admitem a morte como dano em si, a gerar o direito a uma compensação a ser transmitido hereditariamente ao seu espólio – nesses termos ROGERS, W. V. Horton. Comparative Report of a Project Carried Out By the European Centre for Tort and Insurance Law. In: ROGERS, W. V. Horton (ed.). *Damages for Non-Pecuniary Loss in a Comparative Perspective*. Wien: Springer-Verlag, 2001. p. 247.

56. Não há espaço, aqui, para o desenvolvimento de cada uma dessas figuras. Sobre elas já tive oportunidade de me manifestar em outros trabalhos, aos quais remeto o leitor interessado: FACCHINI NETO, Eugênio. Desenvolvimento, tendências e reforma da responsabilidade civil na França: ruptura ou continuidade na busca de sempre ampliar a tutela da pessoa. *Civilistica.com* – Revista Eletrônica de Direito Civil, v. 10, p. 1-35, 2021; FACCHINI NETO, Eugênio. A Tutela Aquiliana da Pessoa Humana: os interesses protegidos. Análise de Direito Comparado. *Revista Jurídica Luso Brasileira*, v. 4, p. 413-464, 2015; FACCHINI NETO, Eugênio; WESENDONCK, Tula. Danos existenciais: precificando lágrimas?. *Revista de Direitos e Garantias Fundamentais* (Eletrônica), v. 12, p. 229-268, 2012.

57. O mesmo ocorre no direito argentino, segundo Zannoni, que entende que na noção de dano moral vigorante no direito daquela nação vizinha (à época em que ele escreveu, anterior ao CC vigente) é ampla o suficiente para abranger as figuras que ele cita em sua obra, como o dano à saúde, o dano biológico, o dano ao projeto de vida, o dano psíquico, o dano estético, entre outros – ZANNONI, Eduardo A. *El daño em la responsabilidad civil*. 3. ed. actual. y ampl. Buenos Aires: Ed. Astrea, 2005. p. 165.

usar, no seu lugar, a expressão "danos não patrimoniais" (ou extrapatrimoniais) como *gênero*, do qual são *espécies* os danos morais puros (estes sim relacionados à dor, sofrimento etc.) e as demais figuras de danos antes mencionadas (danos biológicos, existenciais, à identidade etc.). Procura-se, assim, evitar que a vagueza da noção de dano moral leve àquilo que Díez-Picazo denomina de "escándalo del daño moral", que "puede responder a vagos o si se quiere, intuitivos, ideales de justicia, pero que, careciendo de ayer y de mañana, sólo se le puede calificar como arbitrariedad". Defende o jurista espanhol que "los conceptos jurídicos no puede construirse sin una cierta dosis de rigor y que sólo los conceptos rigorosamente construidos permiten un diálogo y un debate fructuoso dentro de la comunidad de los juristas".[58]

De acordo com o que pensamos, a identificação doutrinária e jurisprudencial dos vários tipos de danos extrapatrimoniais, cada um deles com suas características e seus requisitos, é uma maneira mais justa e eficiente de enfrentar o problema dos danos, reduzindo o subjetivismo na aferição de um genérico "dano moral" e permitindo melhor gerir o desenvolvimento do processo judicial instaurado para a identificação e compensação de um dano extrapatrimonial. Essa, aliás, segundo Brüggemeier[59], é uma substancial contribuição da doutrina para o desenvolvimento da responsabilidade civil, por meio da sistematização da casuística jurisprudencial (agrupamento de casos).

Útil, para tal fim, levar a sério as sugestões dadas por Paolo Cendon[60]:

(i) compensar integralmente todos os danos (tidos como injustos e merecedores de atenção) sofridos pela vítima. Porém, não basta a afirmação da existência de um genérico dano moral, a ser identificado arbitrariamente pelo magistrado. É necessária a demonstração da presença dos requisitos de cada um dos danos especificamente alegados.

(ii) evitar hipóteses de duplicações de reparação. Essa preocupação, aliás, foi o que levou ao não reconhecimento, durante muito tempo entre nós, da existência de danos estéticos de forma separada dos danos morais, pois se entendia que aqueles estavam abrangidos por estes. Foi necessário aguardar a Súmula 387 do STJ para que a questão fosse pacificada no sentido do cabimento da distinção entre os dois danos, como sendo diversos e perfeitamente cumuláveis.

(iii) denominar cada dano pelo nome apropriado. Identificando e denominando claramente o(s) tipo(s) de dano(s) pretendido(s), a parte contrária poderá fazer impugnação específicas em sua contestação, tentando demonstrar a ausência de seus requisitos, ou exigindo que a parte contrária evidencie a sua presença.

(iv) avaliar sempre as peculiaridades do caso concreto, afastando os automatismos na fixação do dano. Isso compele a parte a autora a realmente indicar na inicial quais são as peculiaridades do seu caso, evitando-se, com isso, a prática hoje muito difusa de

---

58. DÍEZ-PICAZO, Luis. *El escándalo del daño moral*. Cizur Menor/Navarra: Thomson / Civitas, 2008. p. 14 e 15.
59. BRÜGGEMEIER, Gert. *Common Principles of Tort Law*. A Pre-Statement of Law. London: British Institute of International and Comparative Law, 2004. p. 24.
60. CENDON, Paolo. *Trattato breve dei nuovi danni*. Padova: Cedam/Wolters Kluwer, 2014. p. XXX.

a parte laconicamente mencionar o episódio danoso, sem maiores detalhamentos, e afirmar que se trata de um 'dano moral'.

Por exemplo, os danos existenciais exigem a prova de que, em razão do evento danoso, a vítima (mesmo por ricochete) tenha alterado, para sensivelmente pior, a sua maneira de viver, e que essa mudança tenha sido definitiva, ou ao menos duradoura, e não meramente temporária (caso em que consubstanciaria um dano moral puro).

Em se tratando de *loss of amenities of life*, a vítima deveria demonstrar que, antes do evento danoso, costumava se dedicar a atividades que lhe eram especialmente aprazíveis (esportes, hobbies etc.), e que em razão das sequelas, não mais pode fazê-lo. E assim por diante, demonstrando-se a presença dos requisitos específicos de cada tipo de dano pleiteado, não bastando a simples invocação de supostos "danos morais".

Para encerrar, é interessante lembrar o que ficou assentado por ocasião do célebre julgamento das Seções Unidas da Corte de Cassação italiana, em 11 de novembro de 2008 (sent. n. 26972, 26973, 26974 e 26975) [61], enfrentando o problema do abusivo alargamento da noção de danos existenciais, afirmando que eles não configuram um dano autônomo, mas sim uma espécie de dano extrapatrimonial, indenizável sempre que violar um direito fundamental da pessoa[62]:

> "A referência a determinados tipos de danos, diversamente nominados (dano moral, dano biológico, dado de perda da relação parental) responde a exigências descritivas, mas não implicam o reconhecimento de distintas categorias de danos. É tarefa do julgador identificar a efetiva consistência do alegado dano, independentemente do nome que lhe foi atribuído, individuando quais repercussões negativas tenham incidido sobre o 'valor-homem', provendo-lhe a sua integral reparação". (....) "O dano não patrimonial, mesmo quando decorra da lesão de direitos invioláveis da pessoa, constitui dano-consequência, que deve ser alegado e provado. (...) Afasta-se, também, a variante constituída pela afirmação que no caso de lesões de valores da pessoa, o dano seria *in re ipsa*."

É hora de concluir.

6. CONSIDERAÇÕES FINAIS

Como o Brasil adota o modelo da atipicidade dos danos, nosso conceito clássico de "danos morais" – expressão acolhida pela nossa legislação – seria suficiente amplo para abarcar todas as figuras de danos desenvolvidas no exterior.

Sob esse enfoque, o dano não patrimonial constituiria uma categoria unitária, não suscetível de subdivisão em subcategorias. A referência a determinados tipos de danos (morais, biológicos, existenciais etc.) responderia a exigências descritivas e não implicaria o reconhecimento de categorias distintas de danos.

---

61. Cass. civ., sez. un., 11 novembre 2008, sentenza n. 26972 (integrada e complementada pelas sent. 26973, 26974 e 26975, da mesma data) Disponível em: https://www.unibocconi.it/wps/wcm/connect/ce3d24a2-21bf-40e-7-8653-3e9ed4af9672/Danno+alla+persona.pdf?MOD=AJPERES&CVID=l1GHWMx. Acesso em: 27.06.2023.

62. Sobre essa reação da C.Cassação, v. ZIVIS, Patrizia. *Il danno non patrimoniale*. Evoluzione del sistema risarcitorio. Milano: Giuffrè Ed., 2011. p. 183 e seg. (item "2.8. Le risposte delle Sezione Unite dell'11 novembre 2008") e também CASTRONOVO, Carlo. *Responsabilità Civile*. Milano: Giuffrè Ed., 2018. p. 178 e seg.

Todavia, embora não haja *necessidade* de importarmos algumas figuras de dano, há uma substancial *conveniência* de fazê-lo, para "ordenar" e objetivar o debate jurídico e reduzir o subjetivismo imperante. As vantagens de se seguir tal orientação são percebidas em todos os momentos: na fase postulatória, durante a instrução processual, por ocasião da sentença, do recurso e da fixação dos valores compensatórios. O risco de duplicações de indenizações é mais retórico do que real, pois os valores indenizatórios podem ser facilmente inflacionados quando não se têm parâmetros objetivos para a fixação de danos morais complexos. Por outro lado, a exigência de se fazer a prova da ocorrência dos requisitos de cada tipo de dano pleiteado certamente reduzirá o risco de uma 'loteria dos danos' (Atyha), pois não caberá mais ao juiz o critério exclusivo de decidir se está ou não diante de um 'dano moral'.

Espera-se, assim, que com maior objetividade se possa melhor proteger a pessoa humana, quando tiver interesses relevantes violados, sendo este o objetivo da responsabilidade civil moderna, como há muito vem ensinando nossa querida homenageada.

7. REFERÊNCIAS

ATYAH, Patrick .S. *The Damages Lottery*. 2nd ed. Oxford: Hart Publishing, 2000.

BODIN DE MORAES, Maria Celina. A caminho de um direito civil constitucional. *Direito Estado e Sociedade* – Revista do Departamento de Direito da PUC-Rio, v. 1, p. 59-73, (1991).

BODIN DE MORAES, Maria Celina. *Danos à pessoa humana. Uma leitura civil-constitucional dos danos morais*. Rio de Janeiro: Renovar, 2003.

BODIN DE MORAES, Maria Celina (Coord.). Apresentação. *Princípios do direito civil contemporâneo*. Rio de Janeiro: Renovar, 2006.

BODIN DE MORAES, Maria Celina. O Princípio da Solidariedade. In: PEIXINHO, Manoel Messias; GUERRA, Isabella Franco; NASCIMENTO FILHO, Firly (Org.). *Os princípios da Constituição de 1988*. 2. ed. Rio de Janeiro: Ed. Lumen Juris, 2006.

BODIN DE MORAES, Maria Celina. Perspectivas a partir do direito civil-constitucional. In: TEPEDINO, Gustavo (Org.) *Direito civil contemporâneo*. Novos problemas à Luz da Legalidade Constitucional. São Paulo: Ed. Atlas, 2008.

BODIN DE MORAES, Maria Celina. *Na medida da pessoa humana. Estudos de direito civil-constitucional*. Rio de Janeiro: Renovar, 2010.

BORGES, Gustavo et al. (Org.). *Tempo e responsabilidade civil*. São Paulo: Tirant Lo Blanch Brasil, 2023.

BRÜGGEMEIER, Gert. *Common Principles of Tort Law*. A Pre-Statement of Law. London: British Institute of International and Comparative Law, 2004.

BRÜGGEMEIER, Gert. Protection of personality rights in the law of delict/torts in Europe: mapping out paradigms. In: BRÜGGEMEIER, Gert; CIACCHI, Aurelia Colombi; O'CALLAGHAN, Patrick (Ed.). *Personality Rights in European Tort Law*. Cambridge: Cambridge University Press, 2010.

CAPELO DE SOUSA, Rabindranath V. A. *O direito geral de personalidade*. Coimbra: Coimbra Ed., 1995.

CASTRONOVO, Carlo. *Danno biologico* – Un itinerario di diritto giurisprudenziale. Milano: Giuffrè, 1998.

CASTRONOVO, Carlo. *Responsabilità Civile*. Milano: Giuffrè Ed., 2018.

CAVALIERI FILHO, Sérgio. *Programa de responsabilidade civil*. 11. ed. São Paulo: Ed. Atlas, 2014.

CENDON, Paolo. *Trattato breve dei nuovi danni*. Padova: Cedam/Wolters Kluwer, 2014. v. I.

CHOERI, Raul Cleber da Silva. *Direito à identidade na perspectiva civil-constitucional*. Rio de Janeiro: Ed. Renovar, 2010.

CIFUENTES, Santos. *Derechos personalísimos*. Buenos Aires: Ed. Astrea, 2008.

DESSAUNE, Marcos. *Teoria aprofundada do desvio produtivo do consumidor*: o prejuízo do tempo desperdiçado e da vida alterada. 2. ed. rev.e ampl. Vitória/ES: [s.n.], 2017.

DIAS, José de Aguiar. *Da responsabilidade civil*. 6. ed. Rio de Janeiro: Forense, 1979. v. II.

DÍEZ-PICAZO, Luis. *El escândalo del daño moral*. Cizur Menor/Navarra: Thomson / Civitas, 2008.

DINIZ, Maria Helena. *Curso de Direito Civil Brasileiro*. Responsabilidade Civil. 21. ed. rev. E atual. São Paulo: Ed. Saraiva, 2007. v. 7.

DOBBS, Dan B. *The Law of Torts*. St. Paul/Minn.: West Publishing Co., 2000.

FABRE-MAGNAN, Muriel. Le dommage existentiel. *Recueil Dalloz*, 2010. p. 2376. Disponível em: https://www.dalloz-actualite.fr/revue-de-presse/dommage-existentiel-20101026. Acesso em: 26.06.2023.

FACCHINI NETO, Eugênio; WESENDONCK, Tula. Danos existenciais: precificando lágrimas?. *Revista de Direitos e Garantias Fundamentais* (Eletrônica), v. 12, p. 229-268, 2012.

FACCHINI NETO, Eugênio; FERRARI, Graziela M. R. A Tutela Aquiliana de Direitos Fundamentais no Direito Comparado: o caso dos danos biológicos, danos existenciais e danos ao projeto de vida.". In: Matheus de Castro, Maria Cristina Cereser Pezzella e Janaína Reckziegel (Org.). *A Ampliação dos Direitos Subjetivos no Brasil e na Alemanha* – Tomo II. Chapecó/SC: UNOESC, 2014 (Série Direitos Fundamentais Civis), p. 79-118.

FACCHINI NETO, Eugênio. A Tutela Aquiliana da Pessoa Humana: os interesses protegidos. Análise de Direito Comparado. *Revista Jurídica Luso Brasileira*, v. 4, p. 413-464, 2015.

FACCHINI NETO, Eugênio. Desenvolvimento, tendências e reforma da responsabilidade civil na França: ruptura ou continuidade na busca de sempre ampliar a tutela da pessoa. *Civilistica.com* – Revista Eletrônica de Direito Civil, v. 10, p. 1-35, 2021.

FARIAS, Cristiano Chaves de; BRAGA NETTO, Felipe; ROSENVALD, Nelson. *Novo Tratado de Responsabilidade Civil*. 2. ed. São Paulo: Saraiva, 2017.

FISCHER, Hans A. *Los daños civiles y su reparación*. Trad. de Carlos A. A. Gonzáles, Sonia L. Q. Mamani e Benigno C. Cuenca. Santiago: Ed. Olejnik, 2018.

GHERSI, Carlos Alberto. *Cuantificación Económica. Daño moral y psicológico*. Buenos Aires: Ed. Astrea, 2006.

GOMES, Orlando. *Obrigações*. Rio de Janeiro: Forense, 1961.

GOMES, Orlando. *Responsabilidade Civil*. Texto revisado, atualizado e ampliado por Edvaldo Brito. Rio de Janeiro: Gen/Forense, 2011.

GONZÁLES, Carlos Agurto e MAMANI, Sonia Lidia Quequejana. Las Orígenes del 'daño a persona' en Italia. In: Osservatorio de Derecho Civil. *La Responsabilidad Civil*. Lima: Motivensa Editora Jurídica, 2012. v. 13.

ITURRASPE, Jorge Mosset. *El valor de la vida humana*. 4. ed. ampl y actual. Buenos Aires: Rubinzal-Culzoni Ed., 2002.

ITURRASPE, Jorge Mosset. *Responsabilidad por Daños* – Tomo I – Parte General. Buenos Aires: Rubinzal-Culzoni Editores, 2004.

LAWSON, F. H. e MARKESINIS, B. S. *Tortius Liability for Unintentional Harm in the Common Law and the Civil Law*. Cambridge: Cambridge University Press, 1982.

LIMONGI FRANÇA, Rubens. Direitos privados da personalidade. Subsídio para sua especificação e sistematização. *Revista dos Tribunais*, v. 370 (1968).

LÔBO, Paulo Luiz Netto. Danos morais e direitos da personalidade. *Revista Trimestral de Direito Civil*, v. 6, p. 79-97, 2001.

LUNNEY, Mark; NOLAN, Donal; OLIPHANT, Ken. *Tort Law.* Text and Materials. 6th ed. Oxford: Oxford University Press, 2017.

MARKESINIS, Basil S. *The German Law of Obligations. The Law of Torts:* A Comparative Introduction. 3rd. Ed. Oxford: Oxford University Press, 1997. v. II.

MARTINS-COSTA, Judith; BRANCO, Gerson L. Carlos. *Diretrizes teóricas do novo Código Civil Brasileiro.* São Paulo: Ed. Saraiva, 2002.

MIRANDA, Jorge; RODRIGUES JUNIOR, Otavio Luiz; FRUET, Gustavo Bonato. Principais problemas dos direitos da personalidade e estado-da-arte da matéria no direito comparado. In: MIRANDA, Jorge; RODRIGUES JUNIOR, Otavio Luiz; FRUET, Gustavo Bonato (Org.). *Direitos da personalidade.* São Paulo: Ed. Atlas, 2012.

MONATERI, Pier Giuseppe. *La sineddoche.* Formule e regole nel diritto delle obbligazioni e dei contratti. Milano: Giuffrè Ed., 1984.

MONATERI, Pier Giuseppe. Trattato di Diritto Civile (Org. por Rodolfo Sacco), *Le Fonti delle Obbligazioni*: La Responsabilità Civile. Torino: Utet, 1998. v. 3.

MONTEIRO FILHO, Carlos Edison do Rêgo. Lesão ao Tempo do consumidor no direito brasileiro. *Revista de Direito da Responsabilidade,* Ano 2, p. 158-176, 2020. Disponível em: http://revistaeletronica.oabrj.org.br. Acesso em: 20.04.2023.

PAGE, Joseph A. American tort law and the right to privacy. In: BRÜGGEMEIER, Gert; CIACCHI, Aurelia Colombi; O'CALLAGHAN, Patrick (Ed.). *Personality Rights in European Tort Law.* Cambridge: Cambridge University Press, 2010.

PINO, Giorgio. *Il diritto all'identità personale.* Interpretazione costituzionale e creatività giurisprudenziale. Bologna: Il Mulino, 2003.

PIZARRO, Ramón Daniel; VALLESPINOS, Carlos Augusto. *Tratado de Responsabilidad Civil.* Tomo III. Buenos Aires: Rubinzal-Culzoni Ed., 2018.

PROSSER, William. Privacy. *California Law Review,* v. 48 (1960).

RIVERSO, Roberto. *Danno alla vita: Cassazione detta i criteri per individuazione e liquidazione.* Cassazione civile, sez. III, sentenza 23/01/2014 n. 1361. Disponível em: https://www.altalex.com/documents/news/2014/06/10/danno-alla-vita-cassazione-detta-i-criteri-per-individuazione-e-liquidazione. Acesso em: 27.06.2023.

RODRIGUES, Silvio. *Direito Civil. Responsabilidade Civil.* 9. ed. São Paulo: Ed. Saraiva, 1985. v. 4.

ROGERS, W. V. Horton. Comparative Report of a Project Carried Out By the European Centre for Tort and Insurance Law. In: ROGERS, W. V. Horton (ed.). *Damages for Non-Pecuniary Loss in a Comparative Perspective.* Wien: Springer-Verlag, 2001.

ROGERS, W. V. H. *Winfield and Jolowicz on Tort.* 16th ed. London: Sweet & Maxwell, 2002.

RUSCICA, Serafino (a cura di). *I Diritti dela Personalità.* Strategie di tutela. Inibitorie. Risarcimento danni. Internet. Lavis: Ed. CEDAM, 2013.

SAVATIER, René. *Traité de la responsabilité civile em droit français civil, administratif, professionnel, procédural.* Conséquences et aspects divers. Paris: 1939. t. II.

SCHREIBER, Anderson. *Direitos da personalidade.* São Paulo: Ed. Atlas, 2011.

SCHREIBER, Anderson. *Direito civil e Constituição.* São Paulo: Atlas, 2012.

SESSAREGO, Carlos Fernández. *Derecho a la identidade personal.* Buenos Aires: Ed. Astrea, 1992.

SESSAREGO, Carlos Fernández. Prólogo. Osservatorio de Derecho Civil. *La Responsabilidad Civil.* Lima: Motivensa Editora Jurídica, 2012. v. 13.

SESSAREGO, Carlos Fernández. Trascendencia y reparación del "Daño ao proyecto de vida" en el umbral del siglo XXI. In: HERNÁNDEZ, Carlos Arturo et al. (Ed.) *La responsabilidade civil*. Bogotá: Universidad Libre, 2014. (Coleção Tendencias Contemporáneas del Derecho, v. 19) p. 351-432.

SESSAREGO, Carlos Fernández. *Derecho y persona*. 5. ed. actual. y ampl. Buenos Aires – Bogotá: Astrea Ed., 2015.

SILVA, Wilson Melo da. *O dano moral e sua reparação*. 2. ed. Rio de Janeiro: Forense, 1969.

SINDE MONTEIRO, Jorge. Responsabilidade civil: o novo Código Civil do Brasil face ao direito português, às reformas recentes e às actuais discussões de reforma na Europa. In: CALDERALE, Alfredo (a cura di). *Il nuovo codice civile brasiliano*. Milano: Dott. A. Giuffrè Ed., 2003.

STJ. *Dano moral*: o esforço diário da Justiça para evitar a indústria das indenizações. Disponível em: https://www.stj.jus.br/sites/portalp/Paginas/Comunicacao/Noticias-antigas/2015/2015-02-08_08-00_Dano-moral-o-esforco-diario-da-Justica-para-evitar-a-industria-das-indenizacoes.aspx. Acesso em: 27.06.2023.

SUDRE, Frédéric. La vie privée, socle européen des droits de la personnalité. In: RENCHON, Jean-Louis (dir.). *Les droits de la personnalité*. Bruxelles: Bruylant Ed., 2009.

SZANIAWSKI, Elimar. *Direitos de personalidade e sua tutela*. 2. ed. rev., atual. e ampl. São Paulo: Revista dos Tribunais, 2005.

TUNC, André. *La Responsabilité Civile*. 2. ed. Paris: Economica, 1989.

VINEY, Geneviève e JOURDAIN, Patrice. Traité de Droit Civil (dir. de Jacques Ghestin). *Les effets de la responsabilité*. 2. ed. Paris: L.G.D.J., 2001.

VISINTINI, Giovanna. *I Fatti Illeciti*. Ingiustizia del danno. Padova: Cedam, 1997. v. I.

WARREN, Samuel D.; BRANDEIS, Louis D. The Right to Privacy. *Harvard Law Review*, v. 4, n. 5, pp. 193-220, (Dec. 15, 1890).

ZANNONI, Eduardo A. *El daño em la responsabilidad civil*. 3. ed. actual. y ampl. Buenos Aires: Ed. Astrea, 2005.

ZIMMERMANN, Reinhard. *The Law of Obligations*. Roman Foundations of the Civiliam Tradition. Oxford: Oxford University Press, 1996.

ZIVIS, Patrizia. *Il danno non patrimoniale*. Evoluzione del sistema risarcitorio. Milano: Giuffrè Ed., 2011.

CORPOS FEMININOS, SOCIEDADE DE CONSUMO E O PRINCÍPIO DA REPARAÇÃO INTEGRAL DO DANO NA RESPONSABILIDADE CIVIL MÉDICA[1]

Fernanda Nunes Barbosa

Doutora em Direito pela Universidade do Estado do Rio de Janeiro (UERJ), mestre pela Universidade Federal do Rio Grande do Sul (UFRGS) e graduada pela Pontifícia Universidade Católica do Rio Grande do Sul (PUC-RS). Professora da Graduação, Mestrado e Doutorado da Pontifícia Universidade Católica do Rio Grande do Sul (PUC-RS). Editora da Série *Pautas em Direito* da Editora Arquipélago. Advogada.

Sumário: 1. Introdução – 2. A sociedade de consumo e suas exigências sobre os corpos das mulheres – 3. Informação e contrato de consumo na relação médico-paciente – 4. Alguns julgados que demonstram a relevância do tema na relação médico-paciente – 5. O princípio da solidariedade na responsabilidade civil e seu papel transformador – 6. Aplicação do direito com perspectiva de gênero na responsabilidade civil médica – 7. Conclusão – 8. Referências.

> "Não sei o que eles vão procurar pelo mato.
> Esse leão está dentro da aldeia."
> Mia Couto. A Confissão da Leoa.

1. INTRODUÇÃO

A trajetória das mulheres ao longo da história humana tem sido construída sob intensos desafios. Conquistar uma igualdade de gênero frente ao masculino – sem com isso nos limitarmos ao binarismo de gênero[2] – é um deles, embora não o único. As mulheres também têm enfrentado a si mesmas em constantes disputas por espaço,

---

1. A ideia central defendida neste texto foi apresentada inicialmente no IV Congresso Nacional do Instituto Brasileiro de Estudos de Responsabilidade Civil – IBERC, realizado na cidade de Fortaleza/CE nos dias 11 e 12 de maio de 2023 e defendida em artigo publicado na revista eletrônica *civilistica.com*: BARBOSA, F.N.; PERUZZO, R. O dano direto e o dano reflexo nas violências de gênero em contexto de violência doméstica e seus efeitos para a responsabilidade civil. *civilistica.com*, v. 12, n. 2, p. 1-18, 1 out. 2023.
2. Na região sul do México, em comunidades zapotecas, vivem os *muxes*, indígenas nascidos com sexo biológico masculino, mas que assumem na família e na comunidade papeis femininos. Acredita-se que a palavra decorra da adaptação fonética de "mujer" (mulher). No México, são conhecidos como o terceiro sexo, estando presentes já na época pré-colombiana. Disponível em: https://brasil.elpais.com/brasil/2017/05/15/internacional/1494872910_337655.html. Acesso em: 20.07.2023. Situação distinta mas que também afasta o binarismo (agora por razões genéticas e não culturais) ocorre na Alemanha, que já admite a existência de um terceiro gênero, sendo possível, desde 01 de janeiro de 2019, registrar-se um recém-nascido com gênero "diverso" nos documentos de identificação nas hipóteses de pessoas intergênero. Trata-se, pois, de uma identificação positiva (e não apenas de se apostar no registro de nascimento "sexo ignorado", o que manteria a lógica binária). FRITZ, Karina Nunes. *Jurisprudência Comentada dos Tribunais Alemães*. Indaiatuba: Editora Foco, 2021, p. 19-23. No Brasil, os julgamentos ainda são discordantes quanto à questão do reconhecimento de gênero neutro (ou sexo diverso do feminino/masculino), a exemplo das decisões discordantes da 3ª. e da 8ª. Câmaras de Direito privado do TJSP, nos processos ns. 1001973-14.2021.8.26.0009 e 1112624-68.2020.8.26.0100. Assim em: https://www.

reconhecimento e verdade. Mulheres negras, brancas, indígenas, lésbicas, trans, pobres, analfabetas, jovens, idosas e de outros tantos contextos não dividem iguais perspectivas sobre os direitos de que dispõem e pelos quais devem lutar, a não ser frente ao patriarcado[3].

A história dos relacionamentos entre mulheres brancas e negras mostra um exemplo didático. A participação das mulheres brancas na perpetuação de estereótipos degradantes sobre a feminilidade negra não é novidade e demonstra a ausência de solidariedade de gênero quando o espaço parece curto para tantas reivindicações. A mulher antes escravizada, quando passa a disputar espaço social com a outrora sinhazinha, vê-se, sistematicamente, marginalizada, seja pelo reforço de uma posição de licenciosidade sexual historicamente atribuída às mulheres negras, seja pela imposição de um lugar de inferioridade na estrutura social, pois para que a mulher branca disputasse posições de poder com os homens fora do ambiente doméstico era preciso que outra realizasse o papel que o patriarcado lhe reservava[4].

Assim, a ideia de uma mulher universal (unida, aliás, em um único feminismo) mostrou-se uma falácia. No contexto das violências contra as mulheres não se pode ignorar o quanto elas são moldadas tendo-se em conta outras dimensões de suas identidades.

Em 2020, um juiz de São Paulo condenou uma empresa de cosméticos ("Pedaços de Amor") em razão de campanha publicitária alusiva ao Dia Internacional da Mulher que, no ano de 2017, exibia em *outdoor* na cidade de Santo André uma mulher transexual e o *slogan* "pirataria é crime". Na imagem, uma mulher *transexual* e *negra* urinava em pé no mictório de um banheiro masculino. Em sua sentença, o juiz apontou o absurdo do material publicitário que, ao afirmar que pirataria é crime e usar a imagem de uma transexual para ilustrar a falsidade, claramente atribuindo-lhe os predicados de inautêntico, espúrio e vicioso, além de ofendê-la, evidentemente não corresponde à realidade, já que a pessoa transexual, "longe de uma 'contrafação', é uma pessoa como as demais, com virtudes e defeitos, direitos e obrigações, nos termos do art. 5º da Constituição Federal, que prevê a igualdade de todos sem distinção de qualquer natureza"[5].

---

jota.info/justica/nao-binario-documento-tjsp-01112021?utm_campaign=jota_info__ultimas_noticias__destaques__01112021&utm_medium=email&utm_source=RD+Station. Acesso em: 03.11.2021.

3. Para se ter uma ideia, segundo dados do Atlas da Violência de 2022 do Instituto de Pesquisa Econômica Aplicada (IPEA), em 2019, das mulheres assassinadas no Brasil 66% eram negras. O risco relativo de uma mulher negra ser vítima de homicídio é 1,7 vez maior do que o de uma mulher não negra, o que significa que, para cada mulher não negra morta, morrem quase 2 mulheres negras. Disponível em: https://www.ipea.gov.br/atlasviolencia/publicacoes/244/atlas-2022-infograficos. Acesso em: 10.08.2023.
4. A crítica de Bell Hooks, quando em 1994 escreveu a obra *Ensinando a Transgredir: a educação como prática da liberdade*, seguiu neste sentido: "Curiosamente, a maioria das brancas que escrevem teorias feministas focadas na 'diferença' e na 'diversidade' não tomam a vida, o trabalho e as experiências das mulheres brancas como temas de sua análise de 'raça', mas enfocam, ao contrário, as mulheres negras ou mulheres de cor. HOOKS, Bell. *Ensinando a Transgredir*: a educação como prática da liberdade. Trad. Marcelo Brandão Cipolla. 2. ed. São Paulo: ed. Martins Fontes, 2017. p. 140. Antes disso, em 1981, a autora já questionava a ausência de escuta do movimento feminista às questões ligadas à raça e ao racismo. HOOKS, Bell. *E eu não sou uma mulher?* Mulheres negras e feminismo. Trad. Bhuvi Libanio, 7. Ed. Rio de Janeiro: Rosa dos tempos, 2020, *passim*.
5. TJSP. Processo Digital 1036930-98.2017.8.26.0100. 35ª Vara Cível do Tribunal de São Paulo. Disponível em: <https://www.conjur.com.br/dl/1036930-9820178260100-pirataria-crime.pdf> Acesso em 08 de nov. de 2021. A sentença transitou em julgado.

Em um outro caso, também proveniente do estado de São Paulo, a Fundação Procon-SP aplicou multa a um restaurante ("Primata Parrilla") da cidade de Presidente Prudente, que fazia graça com o feminicídio de Eliza Samúdio nas redes sociais. Em uma de suas postagens, numa tábua de cortar temperos pendurada na parede, constava a frase "o cão é o melhor amigo do homem — goleiro Bruno". Em sua defesa, o estabelecimento sustentou que "vivemos em um país livre", amparando a referida "piada" no direito à liberdade de expressão. No *site* do Procon, o restaurante aparece como "estabelecimento autuado", com a aplicação de multa no valor de R$ 1.134,85[6].

Esses dois exemplos apenas ilustram o que, cotidianamente, ocorre a meninas e mulheres no Brasil e no mundo. Nessa esteira, o Direito desempenha um importante papel social, uma vez que, nos dizeres de Maria Celina Bodin de Moraes, "a violência contra mulheres e meninas é a forma mais generalizada de violação de direitos humanos no mundo de hoje. Suas formas são grosseiras, embora também possam ser sutis, mas seu impacto no desenvolvimento pessoal é interminável."[7]

Diante de uma realidade social que objetifica corpos femininos e que produz e normaliza diferentes formas de violência de gênero, o presente texto busca examinar o princípio da reparação integral do dano na responsabilidade civil médica, partindo das seguintes premissas: a exigência desigual sobre a estética dos corpos femininos em relação aos corpos masculinos na sociedade de consumo contemporânea; o papel central do princípio da solidariedade na responsabilidade civil; a perspectiva de gênero na aplicação do princípio da reparação integral do dano na responsabilidade civil decorrente de relações civis e de consumo propriamente ditas.

2. A SOCIEDADE DE CONSUMO E SUAS EXIGÊNCIAS SOBRE OS CORPOS DAS MULHERES

Não é incomum na atualidade vermos jovens, especialmente meninas, recém-saídas da infância já com visão distorcida de si mesmas, percebendo seu corpo fora do padrão ideal. Se no período do desenvolvimento humano infantil a criança está altamente vinculada às expectativas familiares, pois este é geralmente seu círculo social primário, quando ela ruma para o período da pré-adolescência, o vínculo social principal é transferido para a população de igual faixa etária em que circula ou pretende vincular-se[8], ganhando, a aparência, *status* de pertencimento.

---

6. Disponível em: https://sistemas.procon.sp.gov.br/transparencia/empresas_autuadas/lista_divida_processos_da_empresa.php?cnpj=33332957000194. Acesso em 10 de ago. de 2023.
7. Ainda conforme a autora: "Essa violência encontra-se hoje tão profundamente incorporada em quase todas as culturas e em todas as classes que o fenômeno, de tão difuso, tornou-se quase invisível. As histórias são dolorosamente parecidas e o desfecho trágico, que costumava ser raro, ganhou recentemente um substantivo: feminicídio." BODIN DE MORAES, Maria Celina. Por que nunca falamos sobre os culpados? *civilistica.com*, v. 7, n. 3, p. 1-7, 8 fev. 2019.
8. PAPALIA, Diante E. e MARTORELL, Gabriela. *Desenvolvimento humano*. Trad. Francisco Araújo da Costa. 14ªed. Porto Alegre: AMGH, 2022. p. 305.

A construção social da significação da aparência é um fato abordado pela psicologia e verificado inclusive nos diferentes transtornos da alimentação. No mais das vezes, é possível extrair de seu contexto que quem não pratica as ações impostas pela cultura da beleza é, no mínimo, desleixado ou tem problemas a serem resolvidos. Sob outra perspectiva, na era do chamado "capitalismo de vigilância" – em que mais do que captar nossas informações o que o capitalismo faz é automatizar nossas ações, nossos comportamentos, modificando-os[9] – o grande desafio é retomarmos nossa condição essencial humana[10] de decidir livremente, fazendo uso dos recursos internos dos quais extraímos a "vontade de ter vontade."[11]

No ano de 1970, há mais de 50 anos portanto, Baudrillard apontava a legitimidade de se afirmar que a era do consumo surgia como a era da alienação radical. Em suas palavras:

> Generalizou-se a lógica da mercadoria, que regula hoje não só os processos de trabalho e os produtos materiais, mas a cultura inteira, a sexualidade, as relações humanas e os próprios fantasmas e pulsões individuais. Tudo foi reassumido por esta lógica, não apenas no sentido de que todas as funções, todas as necessidades se encontram objectivadas e manipuladas em termos de lucro, mas ainda no sentido mais profundo de que tudo é *espectacularizado*, quer dizer, evocado, provocado, orquestrado em imagens, em signos, em modelos consumíveis.[12]

Fato é que essa sociedade de consumo e a cultura da beleza no capitalismo de vigilância não atingem da mesma forma homens e mulheres. Para se ter uma ideia, o Brasil ocupa a segunda posição mundial, perdendo apenas para os Estados Unidos, entre os países que mais realizam cirurgias plásticas, segundo dados da Sociedade Internacional de Cirurgia Plástica Estética (ISAPS), sendo que as mulheres representam mais de 85% dos procedimentos realizados[13]. Esse número é um expressivo reflexo das exigências

---

9. ZUBOFF, Shoshana. *A Era do Capitalismo de Vigilância*: a luta por um futuro humano na nova fronteira do poder. Trad. George Schlesinger. Rio de Janeiro: Intrínseca, 2020. p. 21.
10. A obra da homenageada nesta coletânea é vasta sobre o princípio da dignidade da pessoa humana, sendo de destacar: BODIN de MORAES, Maria Celina. *Danos à pessoa humana*: uma leitura civil-constitucional dos danos morais. 2. ed. Rio de Janeiro: Processo, 2017 e BODIN de MORAES, Maria Celina. *Na medida da pessoa humana*. Estudos de direito civil-constitucional. 1/2. ed. Rio de Janeiro: Editora Processo, 2016.
11. ZUBOFF, Shoshana. *A era do capitalismo de vigilância*: a luta por um futuro humano na nova fronteira do poder. Trad. George Schlesinger. Rio de Janeiro: Intrínseca, 2020. p. 32. A engenharia comportamental da rede social *Instagram* é um bom exemplo disso, uma vez que as fotos que os mais de um bilhão de usuários veem diariamente na rede refletem com estranha relevância em suas vidas. ZUBOFF, p. 516.
12. BAUDRILLARD, Jean. *A Sociedade de Consumo*. Trad. Artur Morão. Lisboa: Edições 70, 2005. p. 205.
13. Disponível em: https://www.isaps.org/media/vdpdanke/isaps-global-survey_2021.pdf. Acesso em 10 de ago. de 2023. Outra estatística igualmente assustadora quando o tema é saúde da mulher aponta que uma em cada quatro mulheres brasileiras é vítima de violência no momento do parto ou pré-natal (dados da Fundação Perseu Abramo), sendo o nosso país campeão mundial de cirurgias cesarianas (56% dos partos considerando a totalidade dos nascimentos e 88% só no sistema particular de saúde, sendo que a OMS preconiza que os índices de cirurgias cesarianas estejam entre 10% e 15%). Disponível em: https://portal.fiocruz.br/noticia/nascer-no-brasil-pesquisa-revela-numero-excessivo-de-cesarianas#:~:text=O%20estudo%2C%20o%20maior%20j%C3%A1%20realizado%20sobre%20parto,partos%20sejam%20realizados%20por%20meio%20desse%20procedimento%20cir%C3%BArgico. Acesso em: 10.08.2023.

socioculturais sobre o corpo feminino e a necessidade de uma suposta perfeição desses corpos[14], com direta relação com a sua objetificação.

Campanhas publicitárias exaltando a sensualidade feminina como o slogan da propaganda da Cerveja Devassa, que veiculou a seguinte frase: "É pelo corpo que se conhece a verdadeira negra" são autoexplicativas em sua objetificação e sexualização da mulher, notadamente a mulher negra. Tal mensagem foi publicada em anúncios da cerveja "Devassa – Tropical Dark"[15], e depreende-se no seu enunciado o intuito de ventilar o corpo da mulher negra de forma erotizada, sendo o papel da mulher servir ao homem sexualmente.

Muitos desses abusos comunicativos encontram-se hoje vedados em matéria de defesa do consumidor, porquanto configuram publicidade[16] abusiva e/ou enganosa. No Código de Defesa do Consumidor brasileiro (Lei 8.078/90), a proibição da publicidade enganosa ou abusiva encontra vedação no art. 37, caracterizando, ainda, direito básico do consumidor, nos termos do art. 6º do mesmo Código, "a proteção contra a publicidade enganosa e abusiva, métodos comerciais coercitivos ou desleais, bem como contra práticas e cláusulas abusivas ou impostas no fornecimento de produtos e serviços" (inciso IV). Um tal cenário de abusos e de danos coletivos transpõe-se, cotidianamente, para relações personalizadas, nas quais se reproduzem de forma mais silenciosa e nem sempre tão evidente, como nas violações ao direito à informação. Mas nem por isso menos prejudiciais. Vejamos como se dá no âmbito da relação médico-paciente.

3. INFORMAÇÃO E CONTRATO DE CONSUMO NA RELAÇÃO MÉDICO-PACIENTE

A chamada Era da Informação (a partir das tecnologias da informação) surge junto com o direito do consumidor nos anos 1960. No âmbito do direito do consumidor, o art. 3º, inc. c., da Resolução 39/248, de 10 de abril de 1985, da Organização das Nações Unidas (ONU) estabelece como um dos princípios gerais da proteção do consumidor o acesso à adequada informação, a fim de capacitá-lo à tomada de decisões informadas e de acordo com suas aspirações individuais e suas necessidades. Passados quase 40 anos desde a paradigmática Resolução, a necessidade de efetiva comunicação entre as pessoas e a assimilação da importância da informação para o processo de tomada de decisão aumentaram exponencialmente. Inclusive porque informação requer tempo e atenção. E tempo e atenção são dois valores em falta na atualidade.

---

14. A mesma pesquisa da ISAPS aponta que o procedimento mais realizado é a lipoaspiração, seguido do aumento de seios (colocação de prótese de silicone).
15. Disponível em: https://www.justica.gov.br/news/mj-instaura-processo-administrativo-por-publicidade-abusiva-da-cerveja-devassa. Acesso em: 30.07.2023.
16. "A nossa sociedade pensa-se e fala-se como sociedade de consumo. Pelo menos, na medida em que consome, consome-se enquanto sociedade de consumo em *ideia*. A publicidade é o hino triunfal desta sociedade". BAUDRILLARD, Jean. *A Sociedade de Consumo*. Trad. Artur Morão. Lisboa: Edições 70, 2005. p. 208.

No âmbito das demandas consumerista, mais do que nunca a informação enquanto direito dos consumidores e consumidoras e dever de toda a cadeia de fornecimento possui papel central[17]. O CDC a trata como direito básico (art. 6º, III, da Lei 8.078/90), como geradora de vinculação contratual (art. 35) e como excludente de cumprimento contratual (art. 46). Numa época em que nossa atenção se encontra tão disputada – o que tem levado alguns estudiosos a chamarem este momento em que vivemos de Era da Atenção[18], esse dever dos fornecedores não é, de forma alguma, secundário e perpassa todas as fases do contrato. Na seara da responsabilidade dos médicos por falha no dever de informar, destacam-se o dever de alerta e o dever de aconselhamento, visando alcançar o consentimento informado do(a) paciente (*informed consent*). Consoante há quase 20 anos nos lembrava Cláudia Lima Marques, se não houver suficiente esclarecimento sobre os riscos e as circunstâncias do tratamento ou da cirurgia proposta não há consentimento válido, e o médico é responsável por todos os danos causados pela falha informativa (art. 20 do CDC) ou pelo defeito informativo (art. 14 do CDC), "mesmo que não haja qualquer outro 'erro médico' ou falha na técnica (imperícia) médica do serviço", pois "a falha informativa ou o fato oriundo do defeito de informação são uma negligência e imprudência médica por si só"[19].

Tendo em conta as premissas até aqui expostas, que traduzem uma maior exigência social sobre a estética dos corpos femininos, com reflexo direto na maior submissão das mulheres a tratamentos e procedimentos estéticos, faz-se aqui um recorte metodológico para abordar-se as relações contratuais de consumo que envolvam, em um dos polos, uma consumidora, e, no outro, um fornecedor ou fornecedora de serviços médicos (estéticos ou reparatórios). Tal recorte dialogará, ao final, com o tema das perdas e danos e do *quantum* indenizatório.

A centralidade da informação pode ser reconhecida a partir de 4 aspectos: **1.** Como pressuposto do ato de consentir; **2.** Como pressuposto da participação da paciente no próprio tratamento (o que resultará em seu maior ou menor sucesso); **3.** Como aconselhamento, considerando as posições dos contratantes (cabendo ao profissional/expert apontar à paciente as possibilidades de tratamento à disposição); **4.** Como forma de dar à paciente acesso à sua história (em especial, considerando aqui o dever de documentação).

A pergunta que então se coloca de modo mais específico para reflexão é: como o sistema jurídico brasileiro pode *promover* o direito da pessoa humana do gênero feminino (seja ela cis, trans, negra, com deficiência etc.) em demandas que envolvam a responsabilidade civil médica de modo a que a perspectiva de gênero seja aplicada na reparação dos danos dela decorrentes?

---

17. BARBOSA, Fernanda Nunes. *Informação*: direito e dever nas relações de consumo.. São Paulo: Revista dos Tribunais, 2008.
18. WILLIAMS, James. *Liberdade e Resistência na Economia da Atenção*: como evitar que as tecnologias digitais nos distraiam dos nossos verdadeiros propósitos. Trad. Christian Schwartz. Porto Alegre: Arquipélago, 2021. p. 13.
19. MARQUES, A responsabilidade dos médicos e do hospital por falha no dever de informar ao consumidor. *Revista dos Tribunais*, n. 827, p. 11-48, set. 2004. p. 17.

4. ALGUNS JULGADOS QUE DEMONSTRAM A RELEVÂNCIA DO TEMA NA RELAÇÃO MÉDICO-PACIENTE

Tomando por base apenas o estado do Rio Grande do Sul, percebe-se que são diversos os casos que chegam para julgamento na Corte estadual nos quais o direito à informação da paciente não foi respeitado, seja na fase pré-contraual, seja na fase contratual ou mesmo na fase pós-contratual, considerando o caráter dinâmico da relação obrigacional[20], em casos de procedimentos médicos estéticos ou também estéticos, embora não exclusivamente.

Em um primeiro caso[21] referente a tratamento dermatológico facial com técnica abrasiva, reconheceu o TJRS que houve falha na prestação do serviço em razão de não ter havido a prestação de informação pré-contratual que possibilitasse a realização da conduta médica com o consentimento esclarecido da consumidora. Embora nos autos a perícia tenha reconhecido que o profissional utilizou técnica adequada para a realização do procedimento de *peeling* por dermoabrasão, sendo esse também o tratamento recomendado para a patologia sofrida pela autora (acne severa), ficou igualmente demonstrado que as particularidades da paciente não foram levadas em conta, o que influenciou no resultado e na sua recuperação durante o tratamento. Isso porque o consentimento[22] foi tomando em um documento genérico, padronizado, que não esclarecia especificamente os riscos do procedimento contratado, como o de ocorrer recuperação lenta e sofrida e com resultado pouco significativo, o que poderia influenciar diretamente na opção da paciente por não realizar o referido tratamento. Da decisão que, acertadamente, condenou a parte ré ao pagamento de danos morais, constou do voto condutor o seguinte, que se destaca para fins de reforço do que ora se defende:

> De minha parte, no particular, tenho que o valor de R$ 10.000,00 (dez mil reais) mostra-se razoável, pois compensa satisfatoriamente os danos sofridos (princípio compensatório – todo o dano deve ser reparado), *já que ausentes circunstâncias que justifiquem uma oscilação para cima ou para baixo,* ao mesmo tempo em que evita o enriquecimento sem causa (princípio indenitário – nada mais do que o dano deve ser reparado), além de estimular os demandados a adotar postura mais adequada para com seus pacientes (especialmente no que tange ao consentimento, que deve ser realmente esclarecedor/informativo), sem, contudo, ensejar onerosidade excessiva. (g.n)

---

20. Sobre o sentido dinâmico da relação obrigacional, vista como um processo, ver, no Direito brasileiro, COUTO E SILVA, Clóvis do. *A Obrigação como Processo*. São Paulo: Bushatsky, 1976. À página 10, refere o autor: "Com a expressão 'obrigação como processo' tenciona-se sublinhar o ser dinâmico da obrigação, as várias fases que surgem no desenvolvimento da relação obrigacional e que entre si se ligam com interdependência. [...]. A obrigação, vista como um processo, compõe-se, em sentido largo, do conjunto de atividades necessárias à satisfação do interesse do credor. Dogmaticamente, contudo, é indispensável distinguir os planos em que se desenvolve e se adimple a obrigação. Os atos praticados pelo devedor, bem assim os realizados pelo credor, repercutem no mundo jurídico, nele ingressam e são dispostos e classificados segundo uma ordem, atendendo-se aos conceitos elaborados pela teoria do direito. Esses atos, evidentemente, tendem a um fim. E é precisamente a finalidade que determina a concepção da obrigação como processo."
21. TJRS. Ap. Cível 70082465196, Nona Câmara Cível, Relator: Eugênio Facchini Neto, Julgamento: 20-11-2019.
22. Acerca do consentimento na relação médico paciente, veja-se: SOARES, Flaviana Rampazzo. *Consentimento do paciente no direito médico*: validade, interpretação e responsabilidade. Indaiatuba, Foco, 2021.

Em um segundo caso[23], a falha pré-contratual deu-se diante da contratação de cirurgia para colocação de prótese de silicone na qual não houve o esclarecimento prévio quanto aos riscos na hipótese de ser constatado defeito de fabricação do produto, com a possibilidade de ocasionar prejuízos com reflexos diretos na saúde e na aparência da consumidora. Quanto ao valor arbitrado a título de indenização por dano imaterial, levou-se em conta o princípio da proporcionalidade, bem como as condições da ofendida, a capacidade econômica do ofensor, além da reprovabilidade da conduta ilícita praticada. Da mesma forma, apontou-se que o ressarcimento do dano não deveria se transformar em ganho desmesurado, importando em enriquecimento ilícito.

Em um terceiro caso[24], também envolvendo a colocação de prótese de silicone mamária, a falha no dever de informar deu-se na fase pós-contratual, em razão de o profissional ter violado o princípio da boa-fé objetiva ao não proteger os interesses da consumidora alertando-a sobre defeito, posteriormente descoberto, na marca de próteses por ele utilizada e que veio a ser proibida pela ANVISA. Tendo tornado-se pública a notícia de que as próteses de silicone que costumava usar em suas pacientes apresentavam defeitos, "era seu dever contatar as pacientes nas quais tal produto havia sido utilizado, para informar-lhes sobre os potenciais riscos a que estavam sujeitas e analisar as alternativas existentes para minorar ou afastar os potenciais danos." No caso, tivesse ele zelado pelos interesses da sua ex-paciente, uma intervenção preventiva poderia ter sido feita antes da ruptura da prótese, evitando todos os graves efeitos que dela decorreram.

Distingue-se, para fins de exemplificação, os casos acima de outros nos quais a perspectiva do gênero não gera qualquer repercussão, como no exemplo julgado pela Décima Câmara Cível do TJRS em que houve erro de diagnóstico em exame de imagem (ecografia obstétrica em acompanhamento pré-natal)[25]. Na hipótese, referências expressas da médica afirmavam que o feto apresentava ambas as mãos e ambos os pés. Todavia, a criança nasceu com Síndrome de Child, que implica defeito ósseo em metade do corpo; no caso, ausência do antebraço e da perna direita, o que gerou inegável abalo à psique dos pais que, com prognósticos favoráveis do nascimento de uma criança saudável, sofreram inesperado desalento. Valor fixado na sentença de R$ 20.000,00 para cada um dos pais, que fora mantido em sede recursal. Constou da decisão: "A esta altura, pertinente enfatizar, ante a insistência da parte demandada em referir que o diagnóstico precoce da presença da Síndrome em nada resultaria como benefício à criança, que a pretensão inicial está vinculada na falta de oportunidade de os pais se prepararem psicologicamente para a situação que lhes aguardava a partir do nascimento."

Os três casos referidos na sequência distinguem-se do último justamente porque naqueles a perspectiva do gênero, diante do que aqui se defende, deveria configurar

---

23. TJRS. Ap. Cível 70077719912, Quinta Câmara Cível, Relator: Jorge Luiz Lopes do Canto, Julgado em: 19-10-2018.
24. TJRS. Apelação Cível, 70082222860, Nona Câmara Cível, Tribunal de Justiça do RS, Relator: Eugênio Facchini Neto, Julgado em: 16-10-2019.
25. TJRS. Ap. Cível, 50084627320178210010, Décima Câmara Cível, Tribunal de Justiça do RS, Relator: Jorge Alberto Schreiner Pestana, Julgado em: 29-03-2022.

circunstância a justificar uma oscilação para cima da verba indenizatória. No último caso, trazido apenas para mostrar que tal perspectiva, à evidência, nem sempre estará presente, o gênero não constitui uma circunstância especial a repercutir no dano sofrido pelos pais quanto à falha informativa.

Portanto, no que toca à quantificação do dano extrapatrimonial, em relação ao critério das *circunstâncias do caso concreto*, mostra-se necessário considerar-se a perspectiva de gênero sempre que esta se fizer presente, majorando-se o *quantum* indenizatório de forma razoável. Não se pretende, com isso, descaracterizar ou desqualificar o enunciado normativo do art. 944 do CC nem a construção doutrinária e pretoriana que nos levou à consolidação de critérios para a fixação do dano moral[26], senão apenas dar o próximo passo, no sentido de que compensações por danos morais alcancem o máximo de efetividade e de justiça no caso concreto, levando em conta as realidades social e cultural brasileiras.

5. O PRINCÍPIO DA SOLIDARIEDADE NA RESPONSABILIDADE CIVIL E SEU PAPEL TRANSFORMADOR

No Brasil, o princípio da solidariedade está presente na Constituição Federal em seu art. 3º, inciso I, que enuncia constituírem objetivos fundamentais da República Federativa do Brasil construir uma sociedade "livre, justa e solidária". Na interpretação doutrinária desta solidariedade ora constitucionalizada e seus reflexos no terreno da responsabilidade civil, dois textos mostram-se centrais no direito brasileiro, ambos de autoria de Maria Celina Bodin de Moraes e republicados na coletânea *Na Medida da*

---

26. A este exemplo, veja-se o recente julgado do STJ: STJ. AgInt no AREsp 2157002/SP; Rel. Min. Herman Benjamin; 2ª Turma; J. 13/03/2023. Ementa: "Processual civil e administrativo. Agravo interno no agravo em recurso especial. Responsabilidade civil do município. Assédio sexual. Danos materiais. Incidência da súmula 7/STJ. Danos morais. Redução do *quantum* indenizatório. Impossibilidade. Honorários advocatícios sucumbenciais. Valor. Majoração. Descabimento. Dissídio jurisprudencial. Análise prejudicada. Agravo interno não provido. 1. No enfrentamento da matéria, o Tribunal de origem lançou os seguintes fundamentos: "Apesar das alegações da Fazenda Pública, não se vislumbra, na hipótese, causa excludente da responsabilidade do Poder Público municipal. O correu Maurício Olímpio Coelho era servidor público e exercia o cargo de Técnico Esportivo no período em que os abusos foram notificados. O comportamento está diretamente vinculado à exploração da relação que mantinha com a autora, à época atleta bolsista, em razão da atividade de treinador da equipe. Desse modo, restou caracterizada a responsabilidade civil do Município, vez que há nexo causal entre a conduta do correu e o exercício da função pública. Quanto ao recurso da autora, no tocante ao pedido de danos materiais, foram prestadas informações pela Secretaria Municipal de Esportes (fls. 121/2): (...) No caso, não há elementos que demonstrem, com a necessária segurança, que a discricionariedade da Administração Pública, para oferta de bolsas aos atletas da equipe de mesatenistas, foi arbitrariamente empregada ao se optar pela não renovação com a autora. Ademais, as mensagens eletrônicas trocadas com o Subsecretário (fls. 44/50), as quais, segundo a autora, evidenciariam o descaso da Administração para com a narrativa dos problemas com o técnico, dizem respeito, em suma, a confirmações de custeio. A única menção 'ao ocorrido com o técnico de tênis de mesa', ainda assim genérica, está em um e-mail encaminhado pela autora ao seu advogado (fls. 45). Conforme bem ponderou o juízo a quo: (...) *Em relação aos danos morais, embora a lei não estabeleça os parâmetros para fixação de sua reparação, cabe ao juiz fazê-lo, com base no princípio da razoabilidade, observando o grau de culpa do responsável, a extensão do dano, a capacidade econômica das partes e as vantagens auferidas pelo responsável. O valor fixado a título de dano moral, de R$ 30.000,00, foi bem expressivo e não se vislumbra justificativa para sua majoração, uma vez que a questão foi objeto de amplo exame em primeiro grau e as razões que levaram ao arbitramento estão bem expostas.*". [...]. (g.n.)

Pessoa Humana. Estudos de direito civil-constitucional. O primeiro, publicado originalmente no ano de 2001, intitula-se *O princípio da solidariedade*. O segundo, do ano de 2006, ganhou o título de *A constitucionalização do direito civil e seus efeitos sobre a responsabilidade civil*[27]. Trata-se de dois textos cujas reflexões inspiram estudiosos e aplicadores do direito voltados ao poder transformador que este deve desempenhar nas sociedades democráticas.

Ao apontar que entre nós foi só em 1988, com a promulgação da Constituição Federal, que o vocábulo solidariedade ganhou sentido mais abrangente e relevante (para além do sentido do direito obrigacional), Bodin de Moraes assim afirma:

> A expressa referência à solidariedade, feita pelo legislador constituinte, longe de representar um vago programa político ou algum tipo de retoricismo, estabelece em nosso ordenamento um princípio jurídico inovador, a ser levado em conta não só no momento da elaboração da legislação ordinária e na execução de políticas públicas, *mas também nos momentos de interpretação e aplicação do direito*, por seus operadores e demais destinatários, isto é, por todos os membros da sociedade."[28] (g.n.)

Trata-se de considerar o princípio da solidariedade o "conjunto de instrumentos voltados para garantir uma existência digna, comum a todos, numa sociedade que se desenvolva como livre e justa, sem excluídos ou marginalizados"[29].

Não sem razão, é possível subdividir a solidariedade de acordo com as funções que ela pode desempenhar concretamente. Desse modo, a solidariedade-redistribuição reflete a função que o princípio da solidariedade assume na "cooperação para a minimização das diferenças socioeconômicas, quanto ao direito-dever de redistribuição dos bens sociais", enquanto a solidariedade-reconhecimento é caracterizada pela aplicação do princípio com o objetivo de "maximização do respeito à pluralidade, à coexistência e à reciprocidade, quanto ao direito-dever de reconhecimento."[30]

Não é demais recordar que a solidariedade no âmbito jurídico aqui aventada é a solidariedade princípio, já que como regra a solidariedade tem contornos bem definidos

---

27. A certa altura, refere a autora: "[...]. Já a canônica finalidade de moralização da responsabilidade civil parece ter sido substituída, com vantagens, pela concepção que vislumbra no instituto a presença, e a consequente realização, de um dever geral de solidariedade, também hoje previsto constitucionalmente (CF, art. 3º, I) e que se encontra na base do aforismo multissecular *neminem laedere*, isto é, da obrigação de se comportar de modo a não lesar os interesses de outrem. Trata-se aqui de tomar consciência de importante atualização de fundamento, fruto daquela historicidade, imprescindível à ciência jurídica, que se permite atribuir novo conteúdo a conceitos radicados." BODIN DE MORAES, Maria Celina. A constitucionalização do direito civil e seus efeitos sobre a responsabilidade civil. In: BODIN DE MORAES, Maria Celina. *Na Medida da Pessoa Humana*. Estudos de direito civil-constitucional. Rio de Janeiro: Renovar, 2010. p. 324.
28. BODIN DE MORAES, Maria Celina. O princípio da solidariedade. In: BODIN DE MORAES, Maria Celina. *Na medida da pessoa humana*. Estudos de direito civil-constitucional. Rio de Janeiro: Renovar, 2010. p. 239-240.
29. BODIN DE MORAES, Maria Celina. O princípio da solidariedade. In: BODIN DE MORAES, Maria Celina. *Na Medida da Pessoa Humana*. Estudos de direito civil-constitucional. Rio de Janeiro: Renovar, 2010. p. 247.
30. NARITOMI, Sabrina. Princípio constitucional da solidariedade: um direito-dever de redistribuição de reconhecimento? 2005. 211 f. Dissertação (Mestrado em Direito Público) – Faculdade de Direito, Universidade do Estado do Rio de Janeiro, Rio de Janeiro, p.153.

pela lei nos arts. 264 e 265 do Código Civil[31]. Uma solidariedade que se opõe ao individualismo, transformando o instituto da responsabilidade civil desde o seu centro, não apenas no que toca ao fenômeno da objetivação da responsabilidade civil[32], mas possibilitando que se repense, inclusive, a responsabilidade civil sob a perspectiva de gênero.

6. APLICAÇÃO DO DIREITO COM PERSPECTIVA DE GÊNERO NA RESPONSABILIDADE CIVIL MÉDICA

A partir de uma aplicação do direito com perspectiva de gênero, possibilita-se um necessário distanciamento de uma equivocada interpretação e aplicação abstrata do direito que por muito tempo conduziu a atuação do direito civil. Foi com a chamada "publicização" do direito privado e, mais precisamente, com uma mudança interna na própria estrutura do direito civil, com os códigos civis perdendo a posição central que desfrutavam no sistema, "verdadeiras constituições em que se configuravam, acarretando a redução do espaço reservado ao contrato e à propriedade, institutos-chave do liberalismo", que a concepção de proteção da vida individual deu lugar à noção de integração da pessoa na sociedade, substituindo-se, por força da industrialização, à figura do indivíduo isolado aquela da associação[33].

Em *A Caminho de um direito civil-constitucional*, texto de 1991 que inaugura a chamada escola do direito-civil constitucional no Brasil, Maria Celina Bodin de Moraes traça o percurso do direito civil desde sua formulação no Código Civil Napoleônico até a aplicação direta da Constituição nas relações interprivadas (espaço antes reservado, exclusivamente, ao Código e às leis civis). Em sua conclusão, afirma a autora: "Em conclusão, mesmo quando o legislador ordinário permanece inerte devem o Juiz e o Jurista proceder ao inadiável trabalho de adequação da legislação civil, através de interpretações dotadas de particular 'sensibilidade constitucional' que, em última análise, e sempre, verifiquem o teor e o espírito da Constituição."[34]

O direito civil e o direito privado de modo mais amplo percorreram um caminho longo até a compreensão hoje vigente – e percebida por estudiosos e práticos do direito em maior ou menor medida – de que o homem abstrato das normas jurídicas não engloba a totalidade de pessoas concretas às quais as mesmas normas se dirigem[35]. Estas,

---

31. "Art. 264. Há solidariedade, quando na mesma obrigação concorre mais de um credor, ou mais de um devedor, cada um com direito, ou obrigado, à dívida toda." E: "Art. 265. A solidariedade não se presume; resulta da lei ou da vontade das partes."
32. Sobre os fenômenos da objetivação e da coletivização da responsabilidade civil, veja-se a tese de Patrícia Serra Vieira. SERRA VIEIRA, Patrícia Ribeiro. *A responsabilidade civil objetiva no direito de danos*. Rio de Janeiro: Forense, 2004.
33. BODIN DE MORAES, Maria Celina. A caminho de um direito civil-constitucional. *Revista Direito, Estado e Sociedade*, v. 1, p. 59-73, 1991. p. 62.
34. BODIN DE MORAES, Maria Celina. A caminho de um direito civil-constitucional. *Revista Direito, Estado e Sociedade*, v. 1, p. 59-73, 1991. p. 73.
35. Sobre a noção de "direito flexível", que enfatizava a necessidade de se ultrapassar a rigidez que o normativismo abstrato do legalismo e do conceitualismo tinham conferido ao direito, e sua evolução a partir da obra de Jean Carbonnier, *Flexible droit* (1967), veja-se HESPANHA, António Manuel. *Cultura Jurídica Europeia*. Síntese de um milênio. Coimbra: Almedina, 2012. p. 569-572.

identificadas por uma infinidade de categorias, podem necessitar, em diferentes momentos, lugares e contextos, de uma maior ou menor tutela jurídica e promoção de seus direitos, conforme seu grau de vulnerabilidade[36], a exemplo de crianças e adolescentes, ou de vulnerabilização, como mulheres e consumidores pessoas físicas em geral. Como referem Lourdes Peroni e Alexandra Timmer ao abordarem os significados da palavra vulnerabilidade, um paradoxo central da vulnerabilidade é que ela é tanto universal como particular. Como seres humanos todos somos vulneráveis, mas experimentamos essa vulnerabilidade de maneira singular em nossos corpos[37].

Então, como sujeitos vulneráveis que somos, estamos todos, constantemente, sujeitos a sofrermos uma ofensa, um prejuízo (*harm*); prejuízo esse que se expressa de diferentes formas, as quais se entrecruzam e se reforçam. Lesões (*injuries*) podem ser físicas, morais, psicológicas, econômicas e institucionais, só para mencionar algumas. E isso nos dá uma ideia de como a vulnerabilidade é tanto particular como universal. E seguem as autoras:

> Nossas 'diferentes formas de incorporação' e nossas diferentes posições dentro de 'redes de relações econômicas e institucionais' significam que cada um de nós experimenta a vulnerabilidade de forma única. Martha Fineman aponta que a experiência de vulnerabilidade 'é muito influenciada pela qualidade e quantidade de recursos que possuímos ou podemos comandar'.[38]

Diante disso, é possível afirmar que a responsabilidade civil[39] – inclusive o instituto do dano e a sua quantificação – deve considerar, além das posições contratuais (nas hipóteses de responsabilidade civil contratual) ocupadas pelas partes, a experiência dos diferentes grupos sociais (aqui com destaque para as mulheres) e, mesmo dentro deste grupo, as vulnerabilidades experimentadas em concreto em razão das diferenças (efetivos preconceitos). Ou seja, mesmo que o problema jurídico concreto não envolva necessariamente a questão de gênero, como no caso das intervenções médicas que abrangem "melhoramentos" estéticos, é necessário que se faça uma análise de gênero do

---

36. Segundo MARQUES e MIRAGEM, "a vulnerabilidade é mais um estado da pessoa, um estado inerente de risco ou um sinal de confrontação excessiva de interesses identificado no mercado, é uma situação permanente ou provisória, individual ou coletiva, que fragiliza, enfraquece o sujeito de direitos, desequilibrando a relação. A vulnerabilidade não é, pois, o fundamento das regras de proteção do sujeito mais fraco, é apenas a 'explicação' destas regras ou da atuação do legislador, é a técnica para se aplicar bem, é a noção instrumental que guia e ilumina a aplicação destas normas protetivas e reequilibradoras, à procura do fundamento da Igualdade e da Justiça equitativa." MARQUES, Cláudia Lima; MIRAGEM, Bruno Nubens Barbosa. *O novo direito privado e a proteção dos vulneráveis*. São Paulo: Ed. RT, 2012. p. 117.
37. PERONI, Lourdes; TIMMER, Alessandra. Vulnerable groups: the promise of an emerging concept in European Human Rights Convention Law. *International Journal of Constitutional Law*, Oxford, v. 11, n. 4, p. 1058, out. 2013.
38. No original: "Our 'different forms of embodiment' and our different positions within 'webs of economic and institutional relationships' mean that each of us experiences vulnerability uniquely. Martha Fineman points out that the experience of vulnerability 'is greatly influenced by the quality and quantity of resources we possess or can command.'" (Ibidem, p. 1058-1059.)
39. Segundo BODIN DE MORAES, de todos os campos do direito civil, aquele que mais claramente se percebe o incremento das exigências da solidariedade é o da responsabilidade civil. BODIN DE MORAES, Maria Celina. O princípio da solidariedade. In: BODIN DE MORAES, Maria Celina. *Na Medida da Pessoa Humana*. Estudos de direito civil-constitucional. Rio de Janeiro: Renovar, 2010. p. 253.

fenômeno legal[40]. Isso vai repercutir: 1. No valor da palavra da mulher (aqui, importando para nós, quanto à existência ou à ausência da informação prestada pelo profissional e à sua adequação e qualidade) considerando o ambiente privado das interações entre profissional e paciente (o consultório médico); 2. Na produção da prova no processo judicial, proibindo comportamentos que promovam a revitimização da mulher ao fazê-la revisitar situações traumáticas de modo desnecessário ou se as perguntas formuladas reproduzem estereótipos de gênero (por exemplo, sobre como deve ser o corpo da mulher); 3. Na interpretação do art. 944 do CCb (princípio da *restitutio in integrum*), para o efeito de, eventualmente, majorar-se a indenização do dano extrapatrimonial, considerando, nas circunstâncias do caso concreto, a vítima do dano ser uma mulher e a circunstância do dano ter se dado no contexto de uma sociedade patriarcal e machista que traz exigências desiguais para os corpos das mulheres.

A importância do reconhecimento desse dano sob a perspectiva de gênero à primeira vista se volta, no âmbito do ordenamento jurídico brasileiro, à quantificação do dano. À luz do *caput* do art. 944 do Código Civil, a extensão do dano determina o valor da indenização, o que não implica seja esse o único critério para a sua quantificação. Nesse sentido, o Enunciado nº 379 da IV Jornada de Direito Civil já destacava: "O art. 944, *caput*, do Código Civil não afasta a possibilidade de se reconhecer a função punitiva ou pedagógica da responsabilidade civil"[41].

Ocorre que, para além de qualquer consideração nesse sentido, defende-se a hipótese de uma compensação pecuniária que mais se aproxime do ressarcimento dos prejuízos extrapatrimoniais da vítima e seja pautada pela equidade[42]. A fixação do valor da indenização por equidade, por sua vez, deve se dar mediante a aplicação do método bifásico de arbitramento, conforme tese desenvolvida pelo saudoso professor e Ministro do Superior Tribunal de Justiça Paulo de Tarso Vieira Sanseverino[43] e largamente aplicada em precedentes do STJ[44]. Por esse método, a fixação do valor da indenização por danos extrapatrimoniais é dividida em dois momentos (fases): no primeiro, enfoca-se o interesse jurídico lesado na perspectiva de casos

---

40. Veja-se: Conselho Nacional de Justiça (Brasil). Protocolo para julgamento com perspectiva de gênero [recurso eletrônico] / Conselho Nacional de Justiça. — Brasília: Conselho Nacional de Justiça – CNJ; Escola Nacional de Formação e Aperfeiçoamento de Magistrados — Enfam, 2021. Disponível em: http://www.cnj.jus.br e www.enfam.jus.br. Acesso em: 10 de abr. 2023.
41. Jornadas de direito civil I, III, IV e V: enunciados aprovados/coordenador científico Ministro Ruy Rosado de Aguiar Júnior. – Brasília: Conselho da Justiça Federal, Centro de Estudos Judiciários, 2012. Disponível em: https://www.cjf.jus.br/cjf/corregedoria-da-justica-federal/centro-de-estudos-judiciarios-1/publicacoes-1/jornadas-cej/EnunciadosAprovados-Jornadas-1345.pdf. Acesso em: 31.05.2023.
42. SANSEVERINO, Paulo de Tarso Vieira. *Princípio da reparação integral*: indenização no Código Civil. São Paulo: Saraiva, 2010. p. 271 e p. 280.
43. SANSEVERINO, Paulo de Tarso Vieira. *Princípio da reparação integral*: indenização no Código Civil. São Paulo: Saraiva, 2010.
44. STJ, REsp 959.780/ES, relator Ministro Paulo de Tarso Sanseverino, Terceira Turma, julgado em 26/4/2011, DJe de 6/5/2011; AgInt nos EDcl no REsp 1.809.457/SP, relator Ministro Luis Felipe Salomão, Quarta Turma, julgado em 20/2/2020, DJe de 3/3/2020; AgInt no REsp n. 1.999.918/RS, relator Ministro Humberto Martins, Segunda Turma, julgado em 24/4/2023, DJe de 27/4/2023.

análogos[45], dos quais se extrai um valor base para a indenização; no segundo, ponderam-se as circunstâncias do caso concreto[46], do que resulta um valor definitivo para a indenização do caso em questão. Conforme aqui se defende, a perspectiva de gênero deve ser aplicada nesta segunda fase.

Com efeito, o Protocolo para Julgamento com Perspectiva de Gênero do CNJ implica, no âmbito processual, que eventual desequilíbrio entre os sujeitos do processo seja revertido mediante o afastamento de estereótipos, preconceitos e problemas estruturais[47]. A aplicação da perspectiva de gênero na segunda fase do arbitramento da indenização por danos extrapatrimoniais busca atender, em alguma medida, no âmbito do direito material, esse propósito de recomposição do equilíbrio no reconhecimento da dignidade das vítimas.

7. CONCLUSÃO

Buscou-se, no breve espaço deste artigo, demonstrar a ideia, construída a partir de premissas bem definidas, de que a perspectiva de gênero deve ser considerada nos julgamentos que envolvam responsabilidade civil médica na sociedade de consumo em que nos inserimos. De modo mais específico, no que tange ao momento da quantificação do dano extrapatrimonial.

Para tanto, foram de fundamental importância os textos da professora Maria Celina Bodin de Moraes e sua perspectiva de tutela da pessoa humana. De fato, deve-se considerar a pessoa humana *a medida de todas as coisas*, no sentido de que ela é, em sua dignidade, a *ratio* jurídica de todo e qualquer direito, promovendo-se tanto mais seus direitos quanto mais se apresente vulnerável na estrutura social em que esteja inserida.

8. REFERÊNCIAS

BARBOSA, Fernanda Nunes. Informação: direito e dever nas relações de consumo. (*Biblioteca de Direito do Consumidor*, v. 37), São Paulo, Revista dos Tribunais, 2008.

BAUDRILLARD, Jean. *A sociedade de consumo*. Trad. Artur Morão. Lisboa: Edições 70, 2005.

BODIN DE MORAES, Maria Celina. A caminho de um direito civil-constitucional. *Revista Direito, Estado e Sociedade*, v. 1, p. 59-73, 1991.

---

45. Sanseverino explica que a fixação da indenização por danos morais com base exclusivamente no interesse jurídico lesado, embora preserve a igualdade e coerência em julgados de casos semelhantes e implique valorização do interesse jurídico lesado, tende a resultar em indevido tarifamento judicial das indenizações, em detrimento da análise e valoração do caso concreto. SANSEVERINO, Paulo de Tarso Vieira. *Princípio da reparação integral*: indenização no Código Civil. São Paulo: Saraiva, 2010. p. 287.

46. Trata-se de uma "operação de concreção individualizadora" que considera, principalmente, as seguintes circunstâncias: "a) a gravidade do fato em si e suas consequências para a vítima (dimensão do dano); b) a intensidade do dolo ou o grau de culpa do agente (culpabilidade do agente); c) a eventual participação culposa do ofendido (culpa concorrente da vítima); d) a condição econômica do ofensor; e) as condições pessoais da vítima (posição política, social e econômica)". SANSEVERINO, Paulo de Tarso Vieira. *Princípio da reparação integral*: indenização no Código Civil. São Paulo: Saraiva, 2010. p. 283.

47. Conselho Nacional de Justiça (Brasil). Protocolo para julgamento com perspectiva de gênero [recurso eletrônico] /Conselho Nacional de Justiça. — Brasília: Conselho Nacional de Justiça – CNJ; Escola Nacional de Formação e Aperfeiçoamento de Magistrados — Enfam, 2021. p. 82-84.

BODIN DE MORAES, Maria Celina. *Na medida da pessoa humana. Estudos de direito civil-constitucional.* Rio de Janeiro: Renovar, 2010.

BODIN de MORAES, Maria Celina. *Dano à pessoa humana*: uma leitura civil-constitucional dos danos morais. 2. ed. Rio de Janeiro: Processo, 2017.

BODIN DE MORAES, Maria Celina. Por que nunca falamos sobre os culpados? *civilistica.com*, v. 7, n. 3, p. 1-7, 8 fev. 2019.

COUTO E SILVA, Clóvis do. *A obrigação como processo*. São Paulo: Bushatsky, 1976.

FRITZ, Karina Nunes. *Jurisprudência comentada dos tribunais alemães*. Indaiatuba: Editora Foco, 2021.

HESPANHA, António Manuel. *Cultura jurídica europeia. Síntese de um milênio*. Coimbra: Almedina, 2012.

HOOKS, Bell. *E eu não sou uma mulher?* Mulheres negras e feminismo. Trad. Bhuvi Libanio. 7. ed. Rio de Janeiro: Rosa dos tempos, 2020.

HOOKS, Bell. *Ensinando a transgredir*: a educação como prática da liberdade. Trad. Marcelo Brandão Cipolla. 2. ed. São Paulo: ed. Martins Fontes, 2017.

MARQUES, A responsabilidade dos médicos e do hospital por falha no dever de informar ao consumidor. *Revista dos Tribunais*, n. 827, p. 11-48, set. 2004.

MARQUES, Claudia Lima; MIRAGEM, Bruno Nubens Barbosa. *O novo direito privado e a proteção dos vulneráveis*. São Paulo: Ed. RT, 2012.

PERONI, Lourdes; TIMMER, Alessandra. Vulnerable groups: the promise of an emerging concept in European Human Rights Convention Law. *International Journal of Constitutional Law*, Oxford, v. 11, n. 4, p. 1058, out. 2013.

SANSEVERINO, Paulo de Tarso Vieira. *Responsabilidade civil no Código do Consumidor e a defesa do fornecedor*. 3. ed. São Paulo: Saraiva, 2010.

SERRA VIEIRA, Patrícia Ribeiro. *A responsabilidade civil objetiva no direito de danos*. Rio de Janeiro: Forense, 2004.

SOARES, Flaviana Rampazzo. *Consentimento do paciente no direito médico*: validade, interpretação e responsabilidade. Indaiatuba: Foco, 2021.

WILLIAMS, James. *Liberdade e resistência na economia da atenção*: como evitar que as tecnologias digitais nos distraiam dos nossos verdadeiros propósitos. Trad. Christian Schwartz. Porto Alegre: Arquipélago, 2021.

ZUBOFF, Shoshana. *A era do capitalismo de vigilância*: a luta por um futuro humano na nova fronteira do poder. Trad. George Schlesinger. Rio de Janeiro: Intrínseca, 2020.

O FIADOR, O LOCADOR E O ENCARGO DE EVITAR O PRÓPRIO DANO: RELEITURA DO PRINCÍPIO *DUTY TO MITIGATE THE LOSS* À LUZ DO DIREITO CIVIL-CONSTITUCIONAL

Flávia de Almeida Viveiros de Castro

Pós-Doutora em Direitos Humanos pelo Instituto *Ius Gentium* – Coimbra, Doutora em Direito Civil-Constitucional pela UERJ, Professora Convidada da FGV- Rio e EMERJ, Juíza de Direito.

Sumário: 1. Introdução – 2. A posição contratual do fiador: as armadilhas legais – 3. Dever do credor em reduzir seus prejuízos na relação locatícia – 4. Bem de família do fiador e obrigação de minorar o próprio dano do locador – 5. Algumas considerações finais – 6. Bibliografia.

> "Podem os mercadores, para um mesmo negócio, fazer pagar mais àquele que não pagar imediatamente do que àquele que paga logo? A resposta argumentada é: não, porque assim estava a vender tempo e cometeria usura, vendendo o que não lhe pertence."[1]

1. INTRODUÇÃO

Um texto acadêmico deve pretender mais do que a mera repetição, mesmo que com repaginada aparência, de leituras pretéritas de obras que compõem a chamada doutrina do direito. Deve buscar ir além e ousar novas interpretações acerca de antigos institutos, leis e julgados. E sobretudo deve questionar, duvidar, contrapor e debater com o que está posto, que certamente irá mudar, cedo ou tarde, porque tudo muda.

O eruditismo, por apenas valorizar a quantidade dos conteúdos textuais, não a sua qualidade efetiva e o estímulo para a formação da criatividade e do senso crítico no ato de estudo dos textos, serve de instrumento para as estruturas sociais interessadas na legitimação da ordem instituída e no nivelamento medíocre dos homens.[2]

Neste breve artigo, que comporá justa homenagem à Maria Celina Bodin de Moraes, exímia na arte de criar (e quebrar) paradigmas no direito civil buscou-se analisar a situação do fiador em sua relação com o locador, quando este deixa de informá-lo, de qualquer modo, sobre a mora do locatário, agravando sobremaneira sua posição de garante, com risco, inclusive de perda do seu único imóvel, bem de família.

---

1. LE GOFF, Jacques *Para um novo conceito de idade média*. Lisboa: Editorial Estampa, 1980.
2. BITTENCOURT, Renato Nunes. Convergências entre Schopenhauer e Nietzsche na crítica da filosofia acadêmica. *Intuitio*, v. 2, n. 3, p. 257-278, 2009.

Inicia-se pela análise do contrato firmado, no qual a livre vontade do fiador é pouco mais do que mera aparência. Analisa-se o *due to mitigate the loss*, encargo decorrente da boa-fé e do dever de colaboração entre as partes contratantes, que deve ser aplicado à realidade do contrato de fiança locatícia e, posteriormente, faz-se breve consideração sobre a possibilidade de ser o locatário despossuído de sua moradia, de seu imóvel, bem de família, na hipótese de o credor, locador, permitir que a dívida locatícia avance tanto que, por impagável, acarrete a perda da própria casa do fiador.

2. A POSIÇÃO CONTRATUAL DO FIADOR: AS ARMADILHAS LEGAIS

> "O pensamento cegamente pragmatizado perde seu carácter superador e, por isso, também sua relação com a verdade."[3]

A situação do fiador em contrato de locação, seja residencial ou não, sempre foi abordada por doutrina e jurisprudência como decorrente de vínculo manifestamente criado pela livre manifestação de vontade. Nas palavras do então Ministro do STF Joaquim Falcão, no julgamento do RE 407688:

> [...] A norma é muito clara: o fiador que oferece o único imóvel de sua propriedade para garantir contrato de locação de terceiro pode ter o bem penhorado em caso de descumprimento da obrigação principal pelo locatário... a decisão de prestar fiança, como já disse, é expressão da liberdade, do direito à livre contratação. Ao fazer uso dessa franquia constitucional, o cidadão, por livre e espontânea vontade, põe em risco a incolumidade de um direito fundamental social que lhe é assegurado na Constituição. E o faz, repito, por vontade própria [...].[4]

Ocorre que o contrato firmado entre o fiador e o locador é nitidamente de adesão, com cláusulas previamente estabelecidas, que não podem ser, de qualquer forma, alteradas. A própria liberdade em contratar deve ser relativizada, porque a fiança é concedida, em quase a totalidade das locações, por alguém que mantém vínculo afetivo com o afiançado, seja um grande amigo ou um familiar, que de forma benéfica assume a responsabilidade por obrigação que não é sua, com ônus muito maior do que aquele que o devedor principal possui, com base em estrita confiança.

Pode ser também o sócio, ou seu cônjuge: fato é que há uma relação de envolvimento pessoal entre fiador e afiançado, que afasta não apenas a clássica concepção de liberdade contratual (aquela de definir o conteúdo das cláusulas contratuais) como também o próprio livre-arbítrio em contratar, ou seja, a possibilidade de aceitar ou não o negócio jurídico.

Desta forma, caracterizando-se como contrato de adesão, torna-se frágil o argumento de que o fiador, por vontade própria, imola seu direito à proteção do bem de família. Não pode ser esta a interpretação prevalescente da situação contratual em análise pois como afirmado pela sempre lembrada Tereza Negreiros:

---

3. ADORNO, Theodore e HORKHEIMER Marx. Dialética do esclarecimento. *Fragmentos Filosóficos*, 1947. In: https://files.cercomp.ufg.br/weby/up/208/o/fil_dialetica_esclarec.pdf. Acesso em: 27.07.2023.
4. Brasil, STF, Tribunal Pleno, RE 407.688.

"A função social convida o intérprete a deixar de lado uma leitura do direito civil sob a ótica voluntarista, e a buscar *em* valores sociais que o ordenamento institui como fundamento de todos os ramos do Direito – sejam eles predominantemente públicos ou privados – novos horizontes de aplicação dos tradicionais princípios norteadores do direito dos contratos. *Assim, muito além da liberdade individual*, passam a integrar a axiologia contratual a justiça, a igualdade, a solidariedade e demais valores que, sob a ótica civil-constitucional, são essenciais à tutela da dignidade da pessoa humana no âmbito da ordem econômica".[5] (grifos do Autor).

Se assim não fosse, não haveria espaço para a inserção nos contratos de fiança locatícia de cláusulas que são nitidamente abusivas, por apequenarem os direitos do fiador ou por subjugarem sua liberdade, como aquela de renúncia ao benefício de ordem e a da vinculação do garante até a entrega das chaves do imóvel locado (que mais se explicitou ainda após a Súmula 214 do STJ), ficando o fiador em posição contratual de extrema vulnerabilidade.

Entretanto, sendo a fiança um contrato benéfico, cujas obrigações são unilateralmente assumidas pelo fiador, cabe ao julgador interpretar suas cláusulas de forma literal e, entenda-se aqui, de maneira a prestigiar aquele que tem posição de nítida vulnerabilidade no ajuste, que é o garante.

O sentido da expressão vulnerabilidade na relação jurídica analisada significa uma situação de predisposição ao risco na qual se insere o fiador (o risco, inclusive, de ficar sem seu bem de família), que ilustra uma nítida assimetria de poder no contrato firmado, a qual pode resultar em ofensa a um direito humano fundamental de moradia.

Isso não significa que o contrato perderá sua principal função que é a de abonar o pagamento da dívida do locatário, caso este falhe em seu principal compromisso para com o locador. Entretanto, para que possa ser exigido o sacrifício patrimonial do fiador necessário se faz que o credor atue de forma rápida e eficaz na busca de seu crédito, não lhe sendo permitido faltar com os deveres anexos de sua posição contratual, sobretudo aquele de alertar o garante, em tempo oportuno, sobre a falta de pagamento dos locativos, assim que esta situação se manifeste, eis que a dívida lhe poderá ser exigida, caso o locatário não honre seu compromisso.

Como se verá a seguir, aplicar-se-ia, na hipótese, o princípio "due to mitigate the loss" na relação locador-fiador, inclusive para desonerar este último da obrigação assumida, acaso o primeiro não cumpra com seu dever de agir e de mitigar o próprio prejuízo.

Afinal, como esclarece o Professor Julio Camargo de Azevedo:

"O paradigma constitucional do processo impõe uma reorientação funcional do clássico conceito de tutela jurisdicional, migrando da ideia de tutela dos direitos subjetivos, para a ideia da tutela das pessoas. A tutela jurisdicional humanista coloca em realce os compromissos políticos e sociais do direito [...] em relação à dignidade do homem e a proteção dos direitos humanos".[6]

---

5. NEGREIROS, Teresa. *Teoria do contrato*: novos paradigmas. 2. ed. Rio de Janeiro: Renovar, 2006.
6. AZEVEDO, Julio Camargo. *Vulnerabilidade critério para adequação procedimental*. Editora CEI, 2021.

3. DEVER DO CREDOR EM REDUZIR SEUS PREJUÍZOS NA RELAÇÃO LOCATÍCIA

> "os deveres laterais de conduta tanto recaem sobre o devedor, como afetam o credor, a quem incumbe evitar que a prestação se torne desnecessariamente mais onerosa para o obrigado, e proporcionar ao devedor, a cooperação a que ele razoavelmente necessite, em face da relação obrigacional, para realizar a prestação devida".[7]

A despeito da discussão acadêmica sobre a adequação ou não da utilização da regra "due to mitigate the loss"[8] no direito brasileiro certo é que a teoria vem sendo, na prática, utilizada pelos tribunais nas hipóteses em que, diante do inadimplemento de uma obrigação, se exija do credor que tome medidas razoáveis (leia-se plausíveis) para alcançar o direito que lhe foi contratualmente garantido.

Neste sentido a apelação 1045590-56.2019.8.26.0506 do TJSP, em que fora celebrada uma carta-fiança onde prevista a notificação por escrito da fiadora no prazo de 10 dias de eventual atraso no pagamento dos locativos, sob pena de perda da garantia. Desta forma, não realizada a notificação, entendeu o julgador que estaria afastada a responsabilidade da fiadora:

> "Em razão do princípio da boa-fé objetiva, deveria o locador agir de forma a minorar eventuais prejuízos à garantidora. Se tivesse procedido à notificação como previsto na carta fiança, receberia o valor dos encargos locatícios devidos pela locatária, como previsto. Contudo, não o fez, de maneira que tal inércia acarretou o aumento da dívida que seria suportada pela recorrente. Assim, de rigor o provimento do apelo para afastar a responsabilidade da fiadora sobre a dívida locatícia cobrada nos presentes autos."[9]

No caso concreto foi utilizado o princípio da boa-fé e não o *due to mitigate*, muito embora exista estreita correlação entre ambos, estando o primeiro tutelado em nosso ordenamento jurídico e o segundo não. Observe-se, entretanto, que o princípio *due to mitigate the loss* exige que o credor atue de boa-fé, cooperando com seu parceiro contratual que, na relação locatícia, é o fiador, evitando o agravamento do valor devido e, por conseguinte, impedindo que o cumprimento da obrigação do fiador se torne excessivamente oneroso. Não pode ser considerada com consentânea com a boa-fé a conduta do credor, locador, que adere à máxima "quanto pior, melhor" porque sabe que ao fim e ao cabo o fiador vai honrar o compromisso para não perder seu bem de família.

---

7. VARELA, João de Matos Antunes. *Das obrigações em geral*. 7. ed. Coimbra, PT: Editora: Almedina, 2001. v. II.
8. A regra foi exposta por VERA FRADERA em 2004, que publicou o texto *Pode o credor ser instado a diminuir o próprio prejuízo? "Revista Trimestral de Direito Civil*, v. 19, Rio de Janeiro, jul.-set. 2004. Conforme DANIEL PIRES DIAS há divergências acerca da recepção do *due to mitigate* no direito pátrio tanto em relação ao fundamento jurídico (dever acessório ou abuso de direito), quanto em referência à imputação aos danos agravados, por culpa delitual ou responsabilidade objetiva e as consequências jurídicas pelo descumprimento se comportaria perdas e danos ou redução do próprio crédito. In: O Duty to Mitigate the Loss no direito civil brasileiro e o encargo de evitar o próprio dano. *Revista de Direito Privado*, v. 45, 3011, p. 89-144.
9. BRASIL, TJSP Apelação Cível 1045590-56.2019.8.26.0506, Relatora Carmem Lúcia da Silva, 31/01/2023.

Conforme Paulo Araújo Chong[10] o uso do *due to mitigate the loss* tem, além de evidente respaldo no princípio da boa-fé, igualmente amparo no princípio da economicidade que, em ciências econômicas, se vincula ao desempenho qualitativo do atuar humano, obtendo-se o melhor resultado possível, com o menor sacrifício de recursos. Ou seja, o conceito de economicidade, originário da linguagem dos economistas, corresponde, no discurso jurídico, ao de justiça, conforme Ricardo Lobo Torres[11] esclarece. Justiça implica na eficiência na alocação de recursos, para obtenção de resultados. Isto significa reduzir custos e maximizar ganhos (de ordem econômica e social) e a justa adequação entre custo-benefício deverá ser considerada toda vez que o credor (na hipótese analisada o locador) se deparar com um débito não quitado.

Cite-se, também, André Ramos e João Pedro Natividade[12] que, com relação ao *due to mitigate the loss* registram:

"a mitigação é conduta pobra, leal e colaborativa esperada da parte atingida pelo inadimplemento, pois beneficia não só ao credor, cujo dano não será agravado, mas ao devedor, de quem a reparação pelo agravamento não poderá ser exigida, promovendo, acima de tudo, a economia contratual."

Estes mesmos autores concluem, com acerto, que o exercício disfuncional da posição de credor,[13] contraria a boa-fé e torna-se ilegítimo.

A definição de Andrea de Almeida Quintela da Silva[14] sobre a figura do abuso de direito se adequa à caracterização da conduta do locador, que deixa insuflar a dívida locatícia, para vir exigi-la do fiador: o atuar desta forma representa o exercício de uma posição jurídica, para além do direito subjetivo, que embora correto em si, é inadmissível porque contraria o sistema. Não seria propriamente um atuar ilícito, mas consistiria em conduta contrária ao fim colimado para o direito que se pretende exercer.

Como consequência desta conduta em desconformidade com o próprio sistema que está impregnado pelo princípio da boa-fé em todas as suas dimensões, inclusive e especialmente com referência aos deveres anexos de eticidade, cooperação e menor onerosidade para a parte mais vulnerável da relação jurídica, aponta-se a exclusão do valor a ser pago ao credor de todos os prejuízos que poderiam ser evitados e não o foram por sua exclusiva inércia.

---

10. CHONG, Paulo Araújo. O Duty to Mitigate The Loss no direito brasileiro: é justo o credor ser indenizado por prejuízos que deixou de mitigar? In: *Cadernos Jurídicos da Faculdade de Direito de Sorocaba*, SP, ano 1, n.1, p. 190-209, 2017.
11. TORRES, Ricardo Lobo. O Tribunal de Contas e o controle da legalidade, economicidade e legitimidade. *Revista do TCE/RJ*, Rio de Janeiro, n. 22, pp. 37-44, jul. 1991.
12. RAMOS, Andre e NATIVIDADE João Pedro. A mitigação de prejuízos no direito brasileiro: quid est et quo vadat? *Civilistica.com*, a. 6, n. 1, 2017.
13. Entenda-se por exercício disfuncional do direto a antítese de sua regular utilização. Trata-se de hipótese de abuso de direito, assim compreendido como uso ilícito e ilegítimo do direito.
14. SILVA, Quintela Andrea de Almeida. *A autonomia do abuso do direito* – Dissertação de Mestrado, Universidade de Lisboa, 2018. In: https://repositorio.ul.pt/bitstream/10451/39757/1/ulfd137155_tese.pdf. Acesso em: 17.08.2023.

Não foi outra a conclusão a que chegou o E. TJSP na Apelação Cível 0007984-22.2011.8.26.0011[15] em que o relator assim deixou consignado em caso concreto justamente sobre cobrança de dívida locatícia ao fiador:

"Respeitado o entendimento da i. sentenciante, é de ser provido em parte o recurso para redução do valor devido pela fiadora. No Código Civil, o dever de agir segundo a boa-fé objetiva está consagrado no artigo 422, noção a partir da qual se deve valorar o contrato, pois sua inobservância implica sanção àquele que não agir do modo ideal, considerando-se o padrão de conduta do homem de bem. Do dever de boa-fé objetiva exsurge deveres acessórios de conduta, como o de proteção da contraparte, presente nas fases pré-contratual, de execução e pós-contratual, pois derivada da própria necessidade de um contratante não lesar o outro (alterum non laedere) para o bem da convivência social. Nesse contexto, a omissão da locadora quanto ao descumprimento do contrato pelo locatário é comportamento infringente desse dever de proteção da contraparte, tolhendo-lhe a tomada de providências acautelatórias de seu interesse. E tal infração se agrava com o fato protraimento abusivo do exercício do direito de ação na hipótese pela locadora. A propósito do protraimento abusivo do exercício do direito de ação pelo locador, oportuna a citação de José Augusto Delgado, amparado pela doutrina de Alessandro Schirrmester Segalla, para quem a demora do locador, equivalente a conduta negligente, na maior parte das vezes arruína o fiador, pois aquele, certo que satisfará seu crédito no patrimônio do fiador, pouco se preocupa com o inadimplemento do afiançado e, no final, anota este jurista, "o único prejudicado é o fiador, pois o locatário se utiliza do imóvel sem pagar, no aguardo de vir um dia a ser demandado, enquanto o locador não se preocupa em cobrá-lo pois sabe que o fiador pessoa solvente é quem irá responder pelos débitos em última instância."

E ainda:

Não se pode olvidar que é conceito da boa-fé objetiva o dever de o credor mitigar o próprio prejuízo, o que, no caso, representaria a tomada de providências imediatas pelo credor no sentido de extinguir o vínculo contratual com o inadimplente, ao revés de comodamente assistir ao incremento diuturno da dívida em prejuízo do fiador, que dela sequer teve notícia, para só após o elevado período de quatorze meses de inadimplência, propor ação de despejo e aí sim acionar o fiador para pagamento de avolumada dívida, a que não deu causa, e que atualmente supera dois anos.

Por fim:

E as tratativas de acordo não bastam para justificar o protraimento abusivo do direito de cobrança e de rompimento do vínculo contratual. A uma porque o elevado período de tolerância não se coaduna com o razoável; a duas, porque a tentativa de celebração de acordo para parcelamento de dívida, sem anuência do fiador, caracteriza moratória, que o exonera da própria fiança prestada (CC, art. 838, I).

E conclui seu voto:

Destarte, é de ser provido em parte o recurso para, reconhecendo violação do dever acessório de boa-fé objetiva pelo apelado, reduzir o montante devido pelo fiador ao prazo de seis meses, conforme o princípio da razoabilidade, mantendo-se a improcedência do pedido compensatório por danos morais diante da ausência de agressão à dignidade humana na espécie.

Analisado o princípio e referida a principal consequência de sua aplicação no universo dos contratos, conclui-se o presente estudo com a verificação da aplicação do *due to*

---

15. TJSP Apelação Cível 0007984-22.2011.8.26.0011., Relator Des. Hamid Bdine, 25/04/2013.

mitigate the loss como obstáculo para a penhorabilidade do bem de família do fiador, sob o paradigma interpretativo que prioriza a leitura constitucionalizada das relações civis.

4. BEM DE FAMÍLIA DO FIADOR E OBRIGAÇÃO DE MINORAR O PRÓPRIO DANO DO LOCADOR

> "A casa como símbolo do self é captada pelo homem da seguinte maneira: o interior como o self visto de dentro reflete a essência do self vista pelo self e o exterior como um símbolo que deseja apresentar ao mundo exterior ou o self visto por outros: o lado de dentro intimista... o de fora, público[...] Quanto mais as pessoas sentem a hostilidade e o perigo no mundo como ameaça ao seu self, mais elas encaram a casa como uma concha, uma fortaleza que as protege deste mundo e que também *deve ser protegida*.[16] (destacou-se)."

A casa tem para o indivíduo forte vinculação com sua dignidade. Conforme já se afirmou:

> "a vinculação entre o direito à moradia e o valor dignidade é basilar no ordenamento jurídico pátrio. Como se sabe, a dignidade da pessoa humana se constitui em um supra direito constitucional, um standard da Lei Maior, presente na legislação internacional desde a Declaração Universal dos Direitos Humanos de 1948, que em seu preâmbulo dispõe: 'considerando que o reconhecimento da dignidade inerente a todos os membros da família humana e de seus direitos iguais e inalienáveis é o fundamento da liberdade, da justiça e da paz no mundo [...]'"[17]

Desta forma, a possibilidade de perda da casa em função de dívida alheia deve ser considerada medida excepcionalíssima PERLINGIERI esclarece que:

> "no vigente ordenamento não existe um direito subjetivo – propriedade privada, crédito, usufruto – ilimitado, atribuído ao exclusivo interesse do sujeito [...] o que existe é um interesse juridicamente tutelado, uma situação jurídica que em si mesma *encerra limitações ao seu titular*." (destacou-se).[18]

E acrescenta:

> "(há um dever) do sujeito titular do direito de exercê-lo de modo a não provocar danos excepcionais a outros sujeitos, em harmonia com o princípio da solidariedade política, econômica e social. Isso incide de tal modo sobre o direito subjetivo que, em vez de resultar como expressão de um poder arbitrário, acaba por funcionalizá-lo, socializá-lo....no ordenamento moderno, *o interesse é tutelado se, e enquanto for conforme não apenas o interesse do titular, mas também àquele da coletividade*; [...].[19] (destacou-se).

Nem se alegue, como cavilosamente comentam alguns, que não se está subtraindo do fiador a possibilidade de ter um lar, uma casa de moradia, já que este direito não se confunde com o de propriedade. Ocorre que no Brasil, conforme Pesquisa Nacional por

---

16. COSSERMELLI, Anna Paola. A casa como símbolo do self. https://www.revistas.usp.br/posfau/article/download/137123/132917/264590. Revista da USP, Acesso em: 18.08.2023.
17. CASTRO, Flávia Viveiros de. Um olhar feminino sobre o direito fundamental à moradia. In: *A Constituição por Elas*. Editora UNINOVE, 2021. Acesso em: 18.08.2023.
18. PERLINGIERI, Pietro. *Perfis do Direito Civil*. Editora Renovar, 1999. p. 120-121.
19. Ibidem p. 121.

Amostra de Domicílio Contínua está comprovado (Pnad 2019)[20], que 66,4% dos lares brasileiros são próprios. Outros 6,1%, são próprios, mas ainda estão sendo pagos. Ou seja: moradia e propriedade são direitos que, na prática, se confundem.

Se a moradia é direito fundamental de natureza social (artigo 6º da CF) e se está intimamente vinculada à dignidade da pessoa humana, como se poderá admitir que um direito de crédito possa prevalecer? Em quais circunstâncias e com qual intensidade?

A resposta a tais indagações talvez possa ser obtida com a leitura do RE 407688, voto vitorioso do Ministro Cezar Peluso, que em módicas 5 laudas adotou a tese de que a possibilidade de penhora e excussão do bem de família não ofende o direito constitucional à proteção da moradia a uma porque este seria um direito social dependente de políticas públicas e a duas porque honrando a garantia estar-se-ia fortalecendo o mercado das locações.

Entretanto, os votos vencidos deste Recurso Extraordinário demonstram que, de forma salutar, nem todos os Ministros daquela formação da Suprema Corte Brasileira pensavam da mesma forma. Já o saudoso Ministro Eros Grau divergiu para afirmar que:

> "A impenhorabilidade do imóvel residencial instrumenta a proteção do indivíduo e sua família [...] se o benefício da impenhorabilidade viesse a ser ressalvado quanto ao fiador em uma relação de locação poderíamos chegar a uma situação absurda: o locatário que não cumprisse a obrigação de pagar aluguéis, com o fito de poupar para pagar prestações devidas em razão de aquisição da casa própria, gozaria da proteção da impenhorabilidade... o fiador não tem a proteção da impenhorabilidade... a afronta à isonomia me parece evidente."[21]

Igualmente apontou divergência com o Relator o Ministro Carlos Britto, que de forma contundente se posicionou no seguinte sentido:

> "A Constituição usa o substantivo "moradia" em três oportunidades: a primeira, no artigo 6º, para dizer que a moradia é direito social, a segunda no inciso IV do artigo 7º, para dizer em alto e bom som que a moradia se inclui entre "as necessidades vitais básicas" do trabalhador e da sua família; e, na terceira vez, a Constituição usa o termo moradia como política pública [...] a partir destas qualificações constitucionais, sobretudo aquela que faz da moradia uma necessidade essencial, vital, básica do trabalhador e de sua família entendo que esse direito à moradia se torna indisponível ... não pode sofrer penhora [...]."[22]

Por fim, o *Ministro Celso de Mello* acompanhou a divergência e *citando* Maria Celina Bodin de Moraes afirmou que:

> "Daí a advertência que se impõe considerar, de que se formou no âmbito de nosso sistema jurídico um novo paradigma a ser observado pelos elaboradores e pelos aplicadores da Lei, pois como bem assinalado pela Professora MARIA CELINA BODIN DE MORAES [...] no Estado Democrático de Direito delineado pela Constituição de 1988, que tem entre seus fundamentos a dignidade da pessoa humana e os valores sociais do trabalho e da livre iniciativa o antagonismo público-privado perdeu

---

20. PNAD Contínua 2019. In: https://www.ibge.gov.br/estatisticas/sociais/populacao/17270-pnad-continua.html?edicao=27258. Acesso em: 19.08.2023.
21. Supremo Tribunal Federal – STF – RE 407.688, Relator Ministro Cezar Peluso.
22. Ibidem.

definitivamente o sentido. Os objetivos constitucionais [...] colocaram a pessoa humana no vértice do ordenamento jurídico [...] dai decorre a urgente obra de controle de validade dos conceitos jurídicos tradicionais, especialmente os de direito civil, à luz da consideração metodológica que entende que toda norma do ordenamento deve ser interpretada conforme os princípios da Constituição Federal [...] justificável desse modo a ponderação feita pelo Eminente Ministro Carlos Veloso [...] quando reconheceu a impenhorabilidade do único imóvel residencial do prestador de fiança locatícia vindo a assegurar-lhe a proteção constitucional fundada no direito à moradia [...].[23]

Como pode ser observado os votos vencidos foram todos no sentido de prestigiar a pessoa humana e sua dignidade. Ao revés, aqueles que se tornaram prevalescentes se amparam numa suposta livre manifestação de vontade, que já foi aqui caracterizada como não tão livre assim, bem como na proteção do mercado locatício, simples elocubração sem qualquer base na realidade.

Seria a possibilidade de excussão do bem de família do fiador remédio adequado para, como afirmado pelo Ministro Cesar Peluso, estimular ou favorecer o mercado de imóveis para fins de locação? Duvida-se, não se verificando base empírica para tal constatação. O que se pode afirmar é que a inclusão do inciso IX no artigo 59 na Lei 8245/91 foi medida que trouxe salutar confiança ao mercado de locações e se mostrou muito mais eficaz, que a ameaça de penhora do imóvel de família do fiador. Isto porque, um dos principais fatores para que o mercado funcione de forma adequada em tema de contrato é a certeza que o seu descumprimento gerará decisão judicial ágil, eficiente e eficaz em prol daquele que teve seu direito atingido. Esta não é a hipótese, smj, da penhora do bem de família do fiador, medida que não satisfaz, de imediato, o direito do credor.

Voltando ao tema central deste estudo, verifica-se que subsiste em nossos tribunais posição majoritária (mas não uníssona) que entende cabível a penhora e excussão do bem de família do fiador. Alguns tribunais (não todos) permanecem aplicando, no caso da fiança locatícia, a legislação infraconstitucional com primazia sobre os valores constitucionalmente plasmados. Entretanto, a possibilidade de retirar do fiador o único bem residencial que possui deve ser analisada como exceção. Os motivos são, principalmente: (i) a moradia se encontra vinculada à dignidade da pessoa humana; (ii) a interpretação do contrato de fiança deve ser sempre favorável ao fiador, parte vulnerável, que firma o ajuste sem dele obter qualquer benefício, já que se trata de contrato gratuito, celebrado em prol do locatário, junto ao locador e (iii) a obrigação deve ser exigida de forma menos onerosa para o devedor; (iv) a dignidade da pessoa humana, um dos fundamentos do Estado brasileiro, constitui-se em valor constitucional supremo, pelo que, na análise dos casos concretos, este valor deve ser preservado e prevalecer.

O instituto da fiança locatícia deve, portanto, ser renovado à luz do princípio da dignidade humana e dos valores constitucionalmente plasmados. No ambiente dos contratos esta mudança de perspectiva permite afirmar (como o faz Perlingieri) que a regulação das obrigações não pode ser vista como um estatuto do credor, já que este, à luz dos deveres de boa-fé, cooperação e do *due to mitigate the loss* possui obrigação de

---

23. Idem.

colaborar com o devedor, que desta forma, alertado a tempo e hora da dívida, poderá cumprir sua obrigação sem lesão ao seu direito ao bem de família.

5. ALGUMAS CONSIDERAÇÕES FINAIS

Maria Celina Bodin de Moares e Gabriel Schulman afirmam, em texto sobre o tema, que "o instituto da fiança está a merecer, há muito, a releitura que, no direito público, costuma-se designar com a expressão 'filtragem constitucional'". Segundo os citados autores é necessário "repensar o tratamento injustificadamente leniente que se tem conferido ao instituto da fiança e aos efeitos exorbitantes que pode acarretar ao patrimônio do fiador".[24]

Repensando o contrato de fiança locatícia à luz do paradigma constitucional da dignidade da pessoa humana são obtidas algumas conclusões relevantes quanto à aplicação do *due to mitigate the loss*, a saber:

(i) Não prevalece a possibilidade de excutir o bem de família se o fiador não for imediatamente notificado da mora do locatário. Isso porque não se pode permitir que o locador agrave a situação do fiador, deixando de adotar, dentro de um prazo razoável, providências efetivas contra um irregular ocupante de um imóvel de sua propriedade. Aplica-se a regra que registra que ninguém pode se valer de sua própria torpeza;

(ii) O locador fica obrigado, na hipótese de falta de pagamento dos locativos, antes de qualquer outra providência, a requerer, inclusive com pedido liminar, o despejo do locatário, eis que não se pode conceber que permita que o inadimplente permaneça fazendo uso do que não é seu, para depois vir cobrar do fiador o valor devido pela posse de outrem, o que atentaria contra a lealdade contratual;

(iii) Sendo a fiança um contrato acessório, não se há de admitir que possa o fiador perder seu bem de família sem que antes o locador tenha intentado obter seu crédito do efetivo devedor: o locatário. Recorde-se que a dívida é do locatário, sendo o fiador mero garante de sua quitação na hipótese de o locatário não cumprir o que acordou. Em outras palavras: não se pode admitir a cláusula de renúncia ao benefício de ordem em contratos desta natureza, já que se assim não fosse estar-se-ia diante de situação teratológica: o fiador responderia pela quitação da dívida com seu bem de família e não poderia acionar em regresso o locatário, uma vez que este teria a proteção legal conferida ao imóvel residencial da família.

De acordo com Maria Celina e Gabriel Schulman trata-se de situação incompatível com a leitura funcionalizada do direito civil, atentatória contra a igualdade e proporcionalidade e razoabilidade, princípios que, conjuntamente, são indispensáveis no direito contratual contemporâneo.

O direito precisa rejuvenescer. O contrato de fiança deve ser lido à luz dos paradigmas constitucionais e enquanto a sociedade e os intérpretes da lei vão amadurecendo, o princípio do *due to mitigate the loss* aplicado à relação entre fiador e locador deve ser o início da mudança que em tempo, que se deseja breve, irá ocorrer.

---

24. MORAES, Maria Celina Bodin e SCHULMAN Gabriel. Ensaio sobre as iniquidades da fiança locatícia gratuita. *Revista de Direito do Consumidor*, RDC, V. 107, set.-out. 2016.

6. BIBLIOGRAFIA

ADORNO, Theodore e HORKHEIMER, Marx. Dialética do esclarecimento. *Fragmentos Filosóficos*, 1947. In: https://files.cercomp.ufg.br/weby/up/208/o/fil_dialetica_esclarec.pdf.

ANDRADE, Siebeneichler Fábio; RUAS, Diehl Celiana. Mitigação de prejuízo no direito brasileiro: entre concretização do princípio da boa-fé e consequência dos pressupostos da responsabilidade contratual. *Revista dos tribunais online, revista de Direito Civil Contemporâneo*, v. 7/2016, p. 119 - 146, abr.-jun. 2016.

AZEVEDO, Julio Camargo. *Vulnerabilidade critério para adequação procedimental*. Editora CEI, 2021.

BURGER, L. F. de Macedo Marcelo. Ressarcibilidade de despesas preventivas ou mitigatórias do dano: reflexões a partir do direito comparado. *Revista IBERC*, v. 3, n. 1, p. 1-22, jan.-abr. 2020.

BITTENCOURT, Renato Nunes. Convergências entre Schopenhauer e Nietzsche na crítica da filosofia acadêmica. *Intuitio*, v. 2, n. 3, 2009.

CASTRO, Flávia Viveiros de. Um olhar feminino sobre o direito fundamental à moradia. In: *A Constituição por Elas*. Editora UNINOVE, 2021.

COSSERMELLI Anna Paola. A casa como símbolo do Self. *Revista da USP*. Disponível em: https://www.revistas.usp.br/posfau/article/download/137123/132917/264590. Acesso em: 18.08.2023.

CHONG, Araujo Paulo. O Duty To Mitigate The Loss no direito brasileiro: é justo o credor ser indenizado por prejuízos que deixou de mitigar? *Cadernos Jurídicos da Faculdade de Direito de Sorocaba*, n. 1, p. 190-209, ano 1/2017.

COSSERMELLI Anna Paola. A casa como símbolo do Self. *Revista da USP*. Disponível em: https://www.revistas.usp.br/posfau/article/download/137123/132917/264590. Acesso em: 18.08.2023.

CUNHA, Antunes Guilherme; ROSENBLUM, Amaral Tania. A (im)penhorabilidade do bem de família do fiador: um estudo a partir do RE 605.709 do STF. *Revista dos tribunais online, revista de processo*, v. 310/2020, p. 115-137, dez. 2020.

CUNHA, Carvalho de Araujo Beatriz; MARTINS, Magalhães Guilherme. O Duty To Mitigate The Loss: uma visão crítica da sua aplicação pelo poder judiciário. *Revista dos tribunais online*, v. 983/2017, p. 99-152, set. 2017.

DIAS, Pires Novais Daniel. O Duty To Mitigate The Loss no direito civil brasileiro e o encargo de evitar o próprio dano. *Revista dos tribunais online, revista de direito privado*, v. 45/2011, p. 89-144, jan.-mar. 2011; *Doutrinas Essenciais Obrigações e Contratos*, v. 3, p. 683-738, jun. 2011; *Doutrinas Essenciais de Dano Moral*, v. 4/2015, p. 1123-1179, jul. 2015.

EUGÊNIO NETO, Facchini. Duty To Mitigate The Loss. Cheapest Cost Avoider. Hand Formula: aplicação judicial brasileira de doutrina e jurisprudência estrangeiras. O Positivismo jurídico em um mundo globalizado. *Revista dos tribunais online, Revista de Direito Civil Contemporâneo*, v. 13/0217, p. 249 - 279, out.-dez. 2017.

GOMES, Araújo Josiane. Bem de família: análise da Lei 8.009/90 à luz da Jurisprudência do STJ. *Revista dos tribunais online, revista de processo*, v. 317/2021, p. 113-147, jul. 2021.

LEAL, Guio Lara. Internalização do Instituto Duty To Mitigate The Loss no ordenamento jurídico brasileiro. *Revista do Direito FDCI*, Cachoeiro de Itapemirim, v. 3, n. 1, p. 17-30, 2021.

LE GOFF, Jacques. *Para um novo Conceito de Idade Média*. Editorial Estampa, Lisboa, 1980.

MARTINS, Figueiredo de Andrade José Eduardo. A recepção do Duty To Mitigate The Loss no direito brasileiro. *Revista da Faculdade de Direito da UFRGS*, Porto Alegre, n. 41, p. 325-351, dez. 2019.

MIRANDA, Luciene. A penhora do bem de família do fiador de contratos de locação residencial. *Revista dos tribunais online, revista de Direito Imobiliário*, v. 86/2019, p. 85-100, jun. 2019.

NEGREIROS, Teresa. *Teoria do contrato*: novos paradigmas. 2. ed. Rio de Janeiro: Renovar, 2006.

RAMOS, Arnt André Luiz; NATIVIDADE, Kostin João Pedro. A mitigação de prejuízos no direito brasileiro: Quid Est Et Quo Vadat? *Civilistica*, a. 6, n. 1, 2017.

SILVA, Miola Bruno; GOMES, Oliveira Gláucia Cristina. (Im)penhorabilidade do bem de família do fiador em contratos de locação comercial: análise do Recurso Extraordinário 605.709/SP. *Revista de Direito da Faculdade Guanambi*, v. 6, n. 1, e 251, p. 1-25, jan.-jun. 2019.

SILVA, Quintela Andrea de Almeida. *A autonomia do abuso do direito* – Dissertação de Mestrado, Universidade de Lisboa, 2018.

SOUZA, de Lima Vargas Larissa; VARGAS, de Lima Guilherme. O dever de mitigar os próprios prejuízos e o princípio da reparação integral. *Anais do VI congresso intercontinental de Direito Civil*, ISSNe 2595-1602.

STRASSACAPA, Felipe; GLITZ, Zenedin Frederico Eduardo. A obrigação do credor em mitigar seu prejuízo: uma perspectiva brasileira. *Revista Jurídica*, Curitiba, v. 3, n. 44, p. 257-274, 2016.

OLIVEIRA, Costa Salleti Simone. Direito imobiliário. *Revista Síntese*, ano X, n. 58, jul.-ago. 2020.

TRENTINI, Flavia; RIBEIRO, Pereira Iara; COELHO, Morgadinho dos Santos Nuno Manuel. *Observatório das decisões de tribunais brasileiros*. FDRP – USP, Ribeirão Preto, 2019.

NOVOS CONTORNOS DA PRESCRIÇÃO E A IMPRESCRITIBILIDADE DA REPARAÇÃO DE DANOS A DIREITOS FUNDAMENTAIS. OLHARES SOBRE FLUIR DO TEMPO À LUZ DA CONSTITUIÇÃO E ACESSO À JUSTIÇA

Gabriel Schulman

Professor da Graduação e Mestrado da Universidade Positivo, onde também é o Coordenador da Pós-graduação. Doutor em Direito pela UERJ. Mestre e Bacharel em Direito pela UFPR. Especialista em Direito da Medicina pela Universidade de Coimbra. Advogado. gabriel@schulman.com.br.

Sumário: 1. De volta para o futuro. Um olhar para o amanhã "na medida da pessoa humana" – 2. A prescrição intercorrente no direito civil. Transformações em curso no olhar jurídico sobre o fluir do tempo – 3. Contornos da prescrição e decadência – 4. A prescrição e os direitos humanos: a imprescritibilidade à luz da constituição – 5. Referências – Julgados.

> "Compositor de destinos
> Tambor de todos os ritmos
> Tempo, tempo, tempo, tempo
> Entro num acordo contigo
> Tempo, tempo, tempo, tempo."[1]

1. DE VOLTA PARA O FUTURO. UM OLHAR PARA O AMANHÃ "NA MEDIDA DA PESSOA HUMANA"[2]

"If you put your mind to it, you can accomplish anything".[3]

Meu primeiro contato com a celebrada Professora Doutora Maria Celina Bodin de Moraes, a quem presto homenagem com este singelo estudo, foi por meio de seus textos, ainda durante o primeiro ano do curso de graduação em direito. Seus ensinamentos eram bastante citados nas aulas da saudosa professora Carmem Lúcia Silveira Ramos, com quem tive a honra de muito aprender, durante seu último ano na UFPR.

---

1. VELOSO, Caetano. *Oração ao tempo*. 1979. Recomenda-se a belíssima interpretação de Maria Gadu. https://www.youtube.com/watch?v=3eVHpoCiOwo.
2. Homenageia-se aqui a obra BODIN DE MORAES, Maria Celina. *Na medida da pessoa humana*: Estudos de Direito Civil-Constitucional. Rio de Janeiro: Renovar, 2010.
3. DE VOLTA PARA O FUTURO. Direção: Robert Zemeckis. Universal Pictures, 1985. (Filme). A frase é dita pelo protagonista Marty McFly interpretado por Michael J. Fox.

Em que pese o esmero da professora Carmem Lúcia, e a clareza dos escritos da professora Maria Celina, recordo-me bem do misto de admiração e desespero que permeou meus primeiros passos no direito. As lições da professora Maria Celina me acompanharam durante o mestrado. Igualmente, tive a alegria de ouvi-la em diversos eventos, até finalmente ter tido a chance de ser seu aluno, durante o Doutorado, na querida UERJ.

Como ensina Paulo Freire, "A educação é um ato de amor, por isso, um ato de coragem. Não pode temer o debate. A análise da realidade. Não pode fugir à discussão criadora, sob pena de ser uma farsa"[4]. Em harmonia com esta perspectiva, a professora Maria Celina está sempre atenta às transformações em curso[5], à pluralidade de perspectivas e à promoção da dignidade humana.

Trata-se de um olhar do ensino que ultrapassa a mera transferência de conhecimento, para promover um espaço apto a "criar as possibilidades para a sua produção ou a sua construção"[6] que norteia sua forma de lecionar. Sua atenção ao bem agir deve igualmente ser destacada. Recordo ainda de uma aula específica em que explicou a importância da recepção da boa-fé objetiva, e o valor da lealdade no mundo jurídico, e igualmente fora dele sob uma perspectiva de ética e bem viver.

Registro com admiração sua sensibilidade, atenção e dedicação à docência. Lembro de mais de uma oportunidade vê-la permanecer após o horário oferecendo cuidadosas explicações. Além disso, sempre levava em consideração as ponderações dos estudantes, com um respeito de quem nutre a paixão pelo direito, e pela construção do pensamento de forma dialética.

Sua visão de mundo também se refletiu em seus textos. Assim, ocupou-se de modo central com a proteção da pessoa, ou melhor, da *pessoa humana* como prefere, de maneira a "salientar que o que está em causa no Direito Civil de hoje, é a tutela da dignidade humana"[7]. Cuidou de temas como a incerteza[8] e a interpretação jurídica[9], o risco e o dano, sempre destacando a dignidade humana como centro do sistema jurídico.

---

4. FREIRE, Paulo. *Educação como Prática da Liberdade*. Rio de Janeiro: Paz e Terra, 1967. p. 97.
5. BODIN DE MORAES, Maria Celina. Os últimos 25 anos e o futuro. Editorial. *Civilistica.com*. Rio de Janeiro, a. 2, n. 3, jul.-set. 2013. Disponível em: <http://civilistica.com/os-ultimos-25-anos-e-o-futuro/>. Acesso em: 17.05.2023.
6. FREIRE, Paulo. *Pedagogia da autonomia*: saberes necessários à prática educativa. São Paulo: Paz e Terra, 1996. p. 75.
7. BODIN DE MORAES, Maria Celina. *Danos à pessoa humana*: uma leitura civil-constitucional dos danos morais. Rio de Janeiro: Renovar, 2003. p. XII.
8. BODIN DE MORAES, Maria Celina. Honra, liberdade de expressão e ponderação. *Civilistica.com*. Rio de Janeiro, a. 2, n. 2, abr.-jun. 2013. Disponível em: https://civilistica.com/wp-content/uploads1/2015/02/Bodin-de-Moraes-civilistica.com-a.2.n.2.2013-4.pdf. Acesso em 17.05.2023.
9. BODIN DE MORAES, Maria Celina. Do juiz boca-da-lei à lei segundo a boca-do-juiz: notas sobre a aplicação-interpretação do direito no início do Século XXI. *Revista de Direito Privado*, São Paulo, ano 14, v. 56, p.11-30, out./dez. 2013.

Sua genuína preocupação com a concretização dos valores constitucionais[10] e tutela da dignidade humana[11] se reflete nos temas que enfrentou, entre outros, tão-somente para exemplificar, a proteção da criança e adolescente[12], o horror nazista[13], a tutela de vulneráveis, a privacidade[14], as transformações na seara das famílias e dos contratos[15], a erradicação da pobreza, a igualdade de gênero e a violência[16]. Por tudo isso, sou grato por conviver e aprender com a professora, a jurista e a pessoa humana, igualmente, por ter vivenciado sua vocação para ensinar e construir, desde sempre, um direito humano e voltado ao futuro.

2. A PRESCRIÇÃO INTERCORRENTE NO DIREITO CIVIL. TRANSFORMAÇÕES EM CURSO NO OLHAR JURÍDICO SOBRE O FLUIR DO TEMPO

> Fallamos da – prescripção –, dessa filha do tempo, e da paz, – patrona do gênero humano –, de que todas as legislações não têm podido prescindir[17].

Sob variadas perspectivas, o fluir do tempo recebe atenção jurídica[18], com relevantes transformações na compreensão sobre a prescrição e a decadência. São ilustrativas deste percurso, o amadurecimento do entendimento dos contornos destas categorias jurídicas, os debates sobre a prescrição intercorrente, assim como o estabelecimento de hipóteses de reparação por danos não sujeitas à prescrição.

Cuida-se de tema complexo, com profundas discussões em campos tão diversos quanto as questões criminais, tributárias e relações de consumo[19]. Em interessante

---

10. Entre outros, cf. TEPEDINO, Maria Celina Bodin de Moraes. A caminho de um Direito Civil Constitucional. *Revista de Direito Civil imobiliário, Agrário e Empresarial*, Ano 17, v. 65, São Paulo: Ed. RT, jul./set. 1993. p. 22.
11. BODIN DE MORAES, Maria Celina. O conceito de dignidade humana: substrato axiológico e conteúdo normativo. In: SARLET, Ingo Wolfgang (Org.). *Constituição, direitos fundamentais e direito privado*. Porto Alegre: Livraria do Advogado, 2003.
12. BODIN DE MORAES, Maria Celina. Instrumentos para a proteção dos filhos em face de seus próprios pais. *Civilistica.com*, v. 2018.3, p. 1-25, 2018.
13. BODIN DE MORAES, Maria Celina. Constituição e Código Civil: Tendências. *Revista dos Tribunais*, São Paulo, RT, v. 779, ano 89, p. 47-63, set. 2000. p. 52.
14. BODIN DE MORAES, Maria Celina; TEFFÉ, Chiara. Redes sociais virtuais: privacidade e responsabilidade civil. Análise a partir do Marco Civil da Internet. *Revista Pensar*, v. 22, n. 1 2017.
15. BODIN DE MORAES, Maria Celina; SCHULMAN, Gabriel. Ensaio sobre as iniquidades da fiança locatícia gratuita. *Revista de Direito do Consumidor*, v. 107. ano 25. p. 19-57. São Paulo: Ed. RT, set.-out. 2016.
16. BODIN DE MORAES, Maria Celina. Vulnerabilidades nas relações familiares. O problema da desigualdade de gênero. *Cadernos da Escola Judicial do TRT da 4ª Região*, v. 3, p. 20-33, 2010. BODIN DE MORAES, Maria Celina. Uma ideia louvável contra a violência doméstica. *Civilistica.com*. a. 2, n. 4, 2013.
17. FREITAS, Augusto Teixeira de. *Consolidação das leis civis*. Brasília: Senado Federal, Conselho, 2003. p. CCII.
18. Entre tantos outros, cf. SAMPAIO DA CRUZ, Gisela; BODIN DE MORAES, Maria Celina (Org.); SOUZA, Eduardo Nunes. (Org.). *A Juízo do Tempo: estudos atuais sobre prescrição*. Rio de Janeiro: Editora Processo, 2019. BODIN DE MORAES, Maria Celina. Prescrição, efetividade dos direitos e danos à pessoa humana. *Civilistica.com*, Rio de Janeiro, ano 6, n.1, p. 7, 2017. TEPEDINO, Gustavo; FACHIN, Luiz Edson. (Org.). *O direito e o tempo: embates jurídicos e utopias contemporâneas*. Estudos em homenagem ao Professor Ricardo Pereira Lira. Rio de Janeiro: Renovar, 2008. SIMÃO, José Fernando. *Prescrição e Decadência*: início dos prazos. São Paulo: Atlas, 2013. THEODORO JÚNIOR, Humberto. *Prescrição e Decadência*. Rio de Janeiro: Forense, 2018.
19. BARBOSA, Fernanda Nunes. A prescrição nas relações de consumo: interfaces entre o Código de Defesa do Consumidor e o Código Civil. *Revista Brasileira de Direito Civil*, v. 15, p. 97-116, 2018.

precedente, o STJ acolheu a prescrição intercorrente em execução de dívida que estava suspensa desde 1999, e que havia permanecido paralisada até 2012.

O emblemático caso foi objeto de julgamento no Recurso Especial n.º 1.522.092, cujo acórdão, de relatoria de Paulo de Tarso Sanseverino, manteve a conclusão do tribunal de origem no sentido de que "está consolidado o entendimento de que a suspensão da execução por prazo superior ao da exigibilidade do direito importa a prescrição intercorrente"[20].

Embora a temática não seja nova, não estava totalmente clara no âmbito do que o acórdão designou como "relações jurídicas de direito privado". Na prática, a fundamentação tomou por base a teor do art. 202 do Código Civil, a analogia com a legislação fiscal que regulamenta expressamente a prescrição intercorrente, e também o teor do Código de Processo Civil.

Ao apreciar a matéria, afastou-se a necessidade de intimação do credor para impulsionar o feito, ao diferenciar a inexistência de bens penhoráveis da hipótese de abandono da causa. Promoveu-se assim a superação da compreensão jurisprudencial (*overruling*), ao conjugar segurança jurídica material, com a nova redação da legislação processual:

> a jurisprudência atual ou rejeita a tese da prescrição intercorrente na execução (...) Uma consequência indesejável desse entendimento é a possibilidade de pretensões executórias subsistirem indefinidamente no tempo. Essa ponderação que conduz ao reconhecimento da prescrição intercorrente, embora seja vencida na jurisprudência desta Corte, ganhou fôlego com a recente promulgação do novo Código de Processo Civil. Pelo novo Código de Processo Civil, a suspensão da execução por ausência de bens penhoráveis implica também a suspensão da prescrição, mas somente pelo prazo de um ano, após o qual começa a fluir a prescrição intercorrente.

Uma (re)leitura atenta do art. 202 do Código Civil permite concluir que a partir da citação interrompe-se o prazo para exercício da pretensão, o qual ficará suspenso ao longo da fase de conhecimento (ainda que houvesse causa interruptiva anterior)[21].

Em sintonia com a jurisprudência[22], no plano legislativo, definiu-se que o tempo para exercício da pretensão na fase executiva será o mesmo aplicável à fase de conhecimento,[23] e fluirá quando não praticados atos para impulsionar efetivamente a demanda, bem como, se não encontrados bens, após um ano de suspensão do fluxo processual, a teor do que estabeleceu o Código de Processo Civil (CPC2015), art. 921, § 1º e 4º; art. 924, inc. V.

O tema foi incorporado também no Código Civil, com a inclusão do art. 206-A, com redação definida pela Lei 14.382/2022 que assim estabelece: "A prescrição intercorrente observará o mesmo prazo de prescrição da pretensão, observadas as causas

---

20. STJ. REsp 1.522.092/MS, Rel. Min. Paulo de Tarso Sanseverino, 3ª Turma, DJe 13.10.2015.
21. SOUZA, Eduardo Nunes de. Prescrição intercorrente no Código Civil: a inovação normativa de que ninguém precisava. *Coluna Direito Civil* - Editora Fórum, 24 fev. 2022.
22. Confira-se, por exemplo, o enunciado da súmula 314 do STJ: "Em execução fiscal, não localizados bens penhoráveis, suspende-se o processo por um ano, findo o qual se inicia o prazo da prescrição qüinqüenal intercorrente".
23. STJ. REsp 1.604.412/SC, Rel. Min. Marco Aurélio Bellizze, 2ª. Seção, DJe 22.08.2018. Conforme compreensão da Corte: "Incide a prescrição intercorrente, nas causas regidas pelo CPC/73, quando o exequente permanece inerte por prazo superior ao de prescrição do direito material vindicado, conforme interpretação extraída do art. 202, parágrafo único, do Código Civil de 2002".

de impedimento, de suspensão e de interrupção da prescrição previstas neste Código e observado o disposto no art. 921 da Lei 13.105, de 16 de março de 2015"[24].

Terminou-se por transpor ao texto normativo redação próxima ao enunciado da Súmula n. 150 do STF, que define que "Prescreve a execução no mesmo prazo da prescrição da ação". Dessa maneira, consagrou-se o entendimento jurisprudencial acerca da "possibilidade, em tese, de se declarar de ofício a prescrição intercorrente no caso concreto, pois a pretensão de direito material prescreve em três anos"[25].

Em contraposição, o Código Civil de 1916 (fruto de seu tempo) regulava a prescrição com prazos exageradamente longos. Em sua redação original, definia-se que as ações pessoais prescreviam no longuíssimo prazo de três décadas (CC1916, art. 177), em consonância com a prevalência dos direitos patrimoniais sobre a busca da harmonização das relações sociais. Posteriormente, tal prazo foi reduzido para o ainda extenso período de 20 anos, conforme a redação conferida pela Lei 2.437/1955.

Em harmonia com a nova dinâmica das relações sociais, o Código Civil de 2002, em grande parte, reduziu os prazos prescricionais. Nessa linha, o prazo das pretensões reparatórias foi encolhido, de modo geral, para 3 anos (CC2002, art. 206, § 3º), ou seja, um décimo do tempo estabelecido na redação original do código revogado.

Vale também notar que o CC1916, art. 178, § 1º, previa a vetusta hipótese do que se designava como ação do marido para anular o matrimônio contraído com mulher já deflorada, com prazo decadencial em 10 dias[26]. A hipótese foi reafirmada no Decreto 13-A, de 1935, que estabeleceu como termo inicial a data do conhecimento do fato, limitado há 2 anos de coabitação. Nessa linha, é preciso perceber que o tratamento jurídico do transcurso do tempo, estabelecido no Código Civil de 1916, refletia os valores e ideias da sociedade agrária e patriarcal em que estava inserido.[27]

3. CONTORNOS DA PRESCRIÇÃO E DECADÊNCIA

O que é o presente?
É uma coisa relativa ao passado e ao futuro.
É uma coisa que existe em virtude de outras coisas existirem.
Eu quero só a realidade, as coisas sem presente.
Não quero incluir o tempo no meu esquema.
Não quero pensar nas coisas como presentes; quero pensar nelas como coisas.
Não quero separá-las de si-próprias, tratando-as por presentes[28].

---

24. Em técnica legislativa questionável, o art. 206-A foi acrescentado por meio da Medida Provisória n. 1.040, de 29 de março de 2021, com a seguinte redação "A prescrição intercorrente observará o mesmo prazo de prescrição da pretensão".
25. STJ. REsp 1.593.786/SC, Rel. Min. Paulo de Tarso Sanseverino, 3ª. Turma, DJe 30.09.2016.
26. O texto legislativo apontava o prazo como prescricional, todavia, trata-se de incorreção técnica.
27. GOMES, Orlando. *Raízes Históricas e Sociológicas do Código Civil Brasileiro*. São Paulo: Martins Fontes, 2003.
28. FERNANDO PESSOA. Poemas Inconjuntos. *Poemas de Alberto Caeiro*. 10. ed. Lisboa: Ática, 1946. p. 99.

Como ensina Agnelo Amorim Filho em texto seminal[29], a prescrição assinala a extinção do poder de exigir uma prestação pelo decurso do tempo, ao passo que a decadência consiste no atingimento do lapso temporal para o exercício de um direito potestativo.

Dessa maneira, se a pretensão corresponde ao poder de exigir uma prestação, com a prescrição persiste o direito subjetivo, mas sua concretização passará a depender exclusivamente da atuação do devedor em vista do encobrimento de sua eficácia[30]. Em síntese, "Enquanto ao direito corresponde o dever, da pretensão é correlata a obrigação: obrigação, portanto, é o dever revestido de exigibilidade"[31].

O efeito prático, explicado de maneira simplificada, implica que com a prescrição, existe uma dívida, mas não o dever de pagá-la. Por força da prescrição, torna-se inexigível em juízo a pretensão, embora permaneça intacto o débito[32,33]. Por seu turno, a decadência segue outra dinâmica por se associar aos direitos potestativos. O titular de um direito potestativo possui um poder sobre a esfera jurídica alheia, razão pela qual os direitos potestativos "são insuscetíveis de violação e a eles não corresponde uma prestação"[34].

Como uma simplificação para efeitos didáticos, pode-se assim confrontar os institutos:

Pretensão	Direito potestativo
Possibilidade de exigir uma prestação	Imposição a parte contrária
Exigibilidade de conteúdo material	Sujeição (imposição)
Prescrição	Decadência
Plano da eficácia	Plano da eficácia e/ou validade

Para melhor compreender o efeito prático é útil o resgate da chamada teoria dualista a qual decompõe o vínculo obrigacional em um dever jurídico e um débito, a *Schuld* e a *Haftung*[35], de maneira que nem toda dívida estará atrelada ao dever legal de pagá-la. A

---

29. AMORIM FILHO, Agnelo. Critério científico para distinguir a prescrição da decadência e para identificar as ações imprescritíveis. *Revista dos Tribunais*, v. 300. São Paulo: RT, out. 1961.
30. LEONARDO, Rodrigo Xavier. A prescrição no Código Civil Brasileiro (ou o jogo dos sete erros). *Revista da Faculdade de Direito da Universidade Federal do Paraná*, v. 51, p. 101-120, 2010.
31. MELLO, Marcos Bernardes; BARROS, José de Barros Jr; EHRHARDT, Marcos Ehrhardt. Notas em torno da alegabilidade em juízo da prescrição e decadência no direito nacional atual. In: Francisco Antonio de Barros e Silva Neto *et al.* (Org.). **R**elações e Influências Recíprocos entre Direito Material e Direito Processual: Estudos em Homenagem ao Professor Torquato Castro. Salvador (BA): Editora JusPodium, 2017. p. 303-330.
32. Para uma análise profunda do conceito, cf. FONTES, André. *A pretensão como situação jurídica subjetiva*. Belo Horizonte, Del Rey, 2002.
33. MATTIETTO, Leonardo. A nova sistemática da prescrição civil: declaração de ofício pelo juiz e renúncia do devedor. *Revista IOB de Direito Civil e Processual Civil*, v. 44, 2007.
34. AMORIM FILHO, Agnelo. Critério científico para distinguir a prescrição da decadência e para identificar as ações imprescritíveis. *Revista dos Tribunais*, v. 300. São Paulo: RT, out. 1961.
35. ANTUNES VARELA, João de Matos. *Das obrigações em geral*. 9. ed. v. 1. Coimbra, Almedina, 2003. MARTINS-COSTA, Judith. *A Boa-Fé no Direito Privado*: critérios para a sua aplicação. São Paulo: Marcial Pons, 2015. p. 82-82. MENEZES CORDEIRO, António Manuel. Da Boa-Fé no Direito Civil, vol. I. Coimbra: Almedina, 1984. p. 172-175. SIMÃO, José Fernando. A teoria dualista do vínculo obrigacional e sua aplicação ao direito civil brasileiro. *Revista Jurídica da Escola Superior do Ministério Público de São Paulo*, São Paulo, v. 3, p. 165-181, 2013. NEVES, José Roberto de Castro. *Direito das obrigações*. 4. ed. Rio de Janeiro: GZ Editora, 2014.

partir destas premissas teóricas, de maneira sistemática, é possível organizar as hipóteses em quatro: **(i.)** situações nas quais existe um dever jurídico, porém, não pode ser ainda exigido pelo seu credor; **(ii.)** casos em que se tornou exigível o dever; **(iii.)** casos em que um determinado dever jurídico estará sempre desprovido de exigibilidade; e por fim, **(iv.)** hipóteses em que determinado dever jurídico persiste, todavia, sua exigibilidade se esvaiu.

Em relação à primeira situação, observa-se que a possibilidade de exigir um direito depende do momento certo, o que varia conforme a natureza do direito, a despeito da fórmula simplificadora adotada pelo Código Civil brasileiro, ao estabelecer que "violado o direito nasce a pretensão" (CC2002, art. 189). Se por um lado está correto o texto legal ao frisar a distinção entre o direito e a possibilidade de exigi-lo, de outro, falha-se ao não adotar uma redação mais técnica. Ilustrativamente, o CC2002, art. 190 estabelece que "A exceção prescreve no mesmo prazo em que a pretensão", quando sabe-se que "a exceção não prescreve"[36].

A teoria dualista da obrigação, acima mencionada, é interessante para estes debates, ao distinguir débito e dever, ao que se faz necessário, todavia, acrescentar outros distanciamentos semânticos, tais como as diferenciações entre direito de ação e pretensão, exigibilidade e violação, o débito e a responsabilidade patrimonial[37].

A própria existência das tutelas inibitórias - prévias a lesão de direitos -, reforça a separação entre a possibilidade de exigir e a violação de direitos[38], como denota a norma constitucional que aponta a possibilidade de proteção em face da "lesão ou ameaça" (CF, art. 35, XXXV) assim como os interditos.

Indo além, nota-se que no Código Civil a prescrição foi associada de maneira questionável[39], ora com a violação de um direito, ora com a exceção. O que se pretendeu estabelecer no CC2002, art. 190, é que não se acolhe a compensação de valores quando a objeção é fundada em dívida prescrita. Essa compreensão, no entanto, esbarra no fato de que o próprio Código Civil manteve a possibilidade de renúncia à prescrição (CC2002, art. 191) – e daí, por lógica, cabe preguntar, o que impede que o credor decida aceitar a dívida prescrita como parte do pagamento na medida em que o débito prescrito não está

---

36. PONTES DE MIRANDA, Francisco Cavalcanti. *Tratado de Direito Privado*: Exceções, direitos mutilados, exercício dos direitos, pretensões, ações e exceções, prescrição. 4. ed. São Paulo: RT, 2013. t. 6. p. 96.
37. Na ótica de Thiago Ferreira Siqueira, "não há dentro do direito subjetivo, que se falar na existência de um direito material à sanção. Para além do direito à prestação estabelecido pela ordem substancial (crédito), há, tão somente, o direito - processual - de requerer ao Estado que tutele tal posição de vantagem (ação). Por outro lado, do ponto de vista do devedor há, além da obrigação de prestar (débito), uma sujeição - processual, também - à sanção executiva, levada a efeito pela jurisdição (responsabilidade)". SIQUEIRA, Thiago Ferreira. *A responsabilidade patrimonial no novo sistema processual civil*. São Paulo: RT, 2016. (Ebook).
38. CORREA, Atalá. *Prescrição e decadência*. Entre passado e futuro. Tese (Doutorado em Direito). Faculdade de Direito, Universidade de São Paulo, São Paulo, 2020. p. 100.
39. RODRIGUES Junior, Otavio Luiz. Exceções no Direito Civil: um tema em busca de um autor?. In: MIRANDA, Daniel Gomes de; CUNHA, Leonardo Carneiro da; ALBUQUERQUE JÚNIOR, Roberto Paulino. (Org.). *Prescrição e decadência*: Estudos em homenagem a Agnelo Amorim Filho. Salvador: JusPodium, 2013. v. 1. p. 411-422.

extinto, apenas é inexigível? Ainda que tal hipótese não se confunda com a compensação, o texto legislativo não alcança tais nuances.

O texto legal parece sugerir que a exigibilidade e a violação seriam duas faces da mesma moeda. Trata-se de ilação imprecisa porque há prestações estabelecidas sem prazo para cumprimento. Tome-se por exemplo o empréstimo de um carro para um amigo, sem acordo sobre o termo final quanto à devolução. Conforme o CC2002, art. 397, parágrafo único, é possível afirmar que há possibilidade de exigir a restituição do veículo, mas não há, de pronto, descumprimento – ou pretensão resistida.

Vale recordar ainda que há deveres jurídicos que não podem ser deduzidos em juízo, como ocorre com a dívida decorrente de jogo não regulamentado (não confundir com a loteria oficial). É o que denota o CC2002, art. 814, que dispõe: "As dívidas de jogo ou de aposta não obrigam a pagamento; mas não se pode recobrar a quantia, que voluntariamente se pagou, salvo se foi ganha por dolo, ou se o perdente é menor ou interdito".

Por fim, há situações em que o dever jurídico persiste, contudo, houve o decurso do tempo para exigi-lo. Aqui verifica-se justamente a prescrição, como aponta a consagrada lição de Agnelo Amorim Filho:

> fixada a noção de que a violação do direito e o início do prazo prescricional são fatos correlatos, que se correspondem como causa e efeito, e articulando-se tal noção com aquela classificação dos direitos formulada por Chiovenda, concluir-se-á, fácil e irretorquivelmente, que só os direitos da primeira categoria (isto é, os direitos a uma prestação), conduzem à prescrição, pois somente eles são suscetíveis de lesão ou de violação, conforme ficou amplamente demonstrado. Por outro lado, os da segunda categoria, isto é, os direitos potestativos (que são, por definição, direitos sem pretensão, ou direitos sem prestação, e que se caracterizam, exatamente, pelo fato de serem insuscetíveis de lesão ou violação), não podem jamais, por isso mesmo, dar origem a um prazo prescricional[40].

Sob a égide do Código Civil de 1916, a prescrição dependia de alegação da parte (CC1916, art. 166), o que significa que era compreendida como uma proteção ao devedor, não à sociedade. Seus contornos eram de exceção (defesa), tanto assim que poderia ou não ser alegada pela parte, haja vista que não era dado à magistratura examiná-la de ofício até a reforma de 2006[41]. Com sua transformação, vincula seu sentido à segurança jurídica material e ao reconhecimento de ofício, apesar de fundadas críticas em sentido contrário, a medida reduz a possibilidade de cobrança de dívidas cuja exigibilidade restou restrita pelo tempo[42].

A prescrição e decadência se voltam em especial à estabilização das relações sociais, à segurança jurídica. Por outro lado, observa-se importantes hipóteses com tratamento especial, sobretudo quanto o tempo se confronta com questões atinentes aos direitos

---

40. AMORIM FILHO, Agnelo. Critério científico para distinguir a prescrição da decadência e para identificar as ações imprescritíveis. *Revista dos Tribunais*, v. 300. São Paulo: RT, out. 1961.
41. Lei n. 11.280/2006. Em especial, o teor do art. 219, § 5º do Código de Processo Civil.
42. Persiste na jurisprudência a discussão sobre a possibilidade de inclusão da dívida prescrita em cadastros de restrição de crédito. Considera-se que a melhor compreensão é a que rejeita tal possibilidade. STJ, REsp: 2088100 Rel. Min. Ministra Nancy Andrighi, 3ª. Turma, DJe 23/10/2023.

humanos e fundamentais. No campo penal, por exemplo, a Constituição define como imprescritível a prática de crimes de racismo (art. 5º, XLII, CRFB) e ações de grupos armados contra a ordem constitucional e o Estado Democrático (art. 5º, XLIV, CRFB). Expostas estas linhas, a seguir se examina a hipótese de imprescritibilidade no contexto das demandas de reparação por danos.

4. A PRESCRIÇÃO E OS DIREITOS HUMANOS: A IMPRESCRITIBILIDADE À LUZ DA CONSTITUIÇÃO

> Tem horas que é caco de vidro
> Meses que é feito um grito
> Tem horas que eu nem duvido
> Tem dias que eu acredito.
> Paulo Leminski[43]

Na jurisprudência, as discussões sobre a prescrição e decadência se desdobramento em diversos questionamentos os quais incluem sua caracterização, seus efeitos, seu termo inicial e mesmo o prazo aplicável. Entre os temas instigantes, a imprescritibilidade marca a eleição de situações especiais que cedem o espaço da segurança jurídica formal em atenção à promoção e à proteção de normas constitucionais. Vale resgatar a advertência de Agnelo Amorim Filho:

> Entretanto, observa-se, com relação à imprescritibilidade, a mesma situação já registrada ao tratarmos da distinção entre os institutos da decadência e da prescrição: é a inexistência de um critério seguro, com base científica, que permita identificar, a priori, as ações imprescritíveis[44].

A rigor, a previsão do Código Civil, art. 205, no sentido de que "A prescrição ocorre em dez anos, quando a lei não lhe haja fixado prazo menor" implicaria, à primeira vista, a conclusão de inexistirem ações, ou melhor, pretensões imprescritíveis[45]. Nessa linha, a seu tempo alinhava Agnelo Amorim Filho:

> Sendo a imprescritibilidade um conceito negativo, pode ser definido por exclusão, estabelecendo-se como regra que: são perpétuas (imprescritíveis) todas aquelas ações que não estão sujeitas nem a prescrição nem, indiretamente, a decadência. Por aí se verifica facilmente que são perpétuas (imprescritíveis): (a) todas as ações meramente declaratórias; e (b) algumas ações constitutivas (aquelas que não têm prazo especial de exercício fixado em lei). Quanto às ações condenatórias, não há, entre elas, ações perpétuas (imprescritíveis), pois todas são atingidas, ou por um dos prazos especiais do art. 178, ou por um dos prazos gerais do art. 177.

---

43. LEMINSKI, Paulo. *Distraídos venceremos*. São Paulo: Companhia das Letras, 2017. p. 45.
44. AMORIM FILHO, Agnelo. Critério científico para distinguir a prescrição da decadência e para identificar as ações imprescritíveis. *Revista dos Tribunais*, v. 300. São Paulo: RT, out. 1961.
45. Segue-se o raciocínio de Agnelo Amorim Filho: "Com efeito, dizendo o referido art. 179, como diz, que os casos de prescrição não previstos no Código serão regulados, quanto ao prazo, pelo art. 177, a conclusão que se impõe, à primeira vista, é a da inexistência de ações imprescritíveis em face do nosso Direito". Obra citada.

A partir das fundamentais lições de Agnelo Amorim Filho, no presente é possível identificar demandas reparatórias de danos não sujeitas a prazo prescricional. A respeito, vale salientar que embora tenha organizado de maneira mais técnica os prazos de prescrição e decadência, a começar por distingui-los, o Código Civil vigente falhou ao não oferecer um tratamento sistematizado das hipóteses jurídicas de inexistência de prazos de insurgência.[46] Em contraste com o silêncio do texto normativo, a jurisprudência identificou situações especiais em que um hiato temporal finito não poderia ser acolhido pela natureza dos direitos envolvidos e/ou ainda pelas circunstâncias que desenham o cenário em que ocorreu evento danoso.

O STJ definiu que os direitos morais do autor, por constituírem direitos da personalidade, são "imprescritíveis, e, portanto, não se extinguem pelo não uso e pelo decurso do tempo"[47]. Julgou-se que "O autor pode, a qualquer momento, pretender a execução específica das obrigações de fazer e não fazer oponíveis 'erga omnes', decorrentes dos direitos morais elencados no art. 24 da Lei n. 9.610/98", estando sujeita a prescrição apenas a pretensão patrimonial reparatória.

No caso concreto, por iniciativa do fotógrafo Ivan Klingen, discutia-se a transferência para CD dos retratos do músico Noca da Portela, que figuravam na capa do LP "mãos dadas". Concluiu-se, em síntese, não caber a prescrição para a pretensão do autor ter sua paternidade reconhecida, tampouco para preservar a integridade de sua obra. Afastou-se, todavia, a possibilidade de reparação por danos. Como o pedido de autoria é declaratório, parece-nos que melhor seria não falar em prescritibilidade, afinal, se está no plano da existência. Outra maneira de explicar tal situação consiste em observar que os pedidos de natureza declaratória não são limitados pela prescrição, "mas não os seus efeitos patrimoniais"[48].

Sobre o tema, consagrou-se na jurisprudência do STJ, a compreensão de que "a pretensão de reconhecimento de ofensa a direito da personalidade é imprescritível"[49], ainda que seus reflexos patrimoniais estejam sujeitos ao lapso temporal da prescrição. Em síntese, considerou-se a pretensão reparatória prescrita, porém, os direitos morais de autor vigentes. Essa posição parece se aproximar ao pensamento de Gustavo Kloh, para quem os direitos da personalidade seriam "imprescritíveis", mas não as pretensões reparatórias decorrentes de sua violação[50]. Sob a premissa de que prescrição está

---

46. Dessa maneira, "a falta de um tratamento unificado (tal como se espera de um Código) deixa ao intérprete a difícil tarefa de garimpar as situações de imprescritibilidade". LEONARDO, Rodrigo Xavier. A prescrição no Código Civil Brasileiro: ou o jogo dos sete erros. *Revista da Faculdade de Direito da Universidade Federal do Paraná*. Curitiba, n. 47, 2010. p. 101-120. p. 107.
47. STJ. REsp 1862910/RJ, Rel. Min. Paulo De Tarso Sanseverino, 3ª, Turma DJe 09.02.2021.
48. CORREA, Atalá. *Prescrição e decadência*. Entre passado e futuro. Tese (Doutorado em Direito). Faculdade de Direito, Universidade de São Paulo, São Paulo, 2020. p. 300.
49. STJ. EDcl nos EDcl no AgInt no REsp 1.718.110/RS, Rel. Minª Nancy Andrighi, 3ª. Turma, DJe 18.09.2019.
50. NEVES, Gustavo Kloh Muller. *Prescrição e Decadência no Direito Civil*. 2. ed. Rio de Janeiro: Lumen Juris, 2008. p. 55-56. Confira-se também o enlace entre patentes, direitos humanos e prescrição: STIGLITZ, Joseph. *Prizes, not patents*. Project Syndicate, Mar. 6, 2007. USP. Grupo de Estudos Direito e Pobreza. A inconstitucionalidade do artigo 40, parágrafo único, da lei de propriedade industrial sob uma perspectiva comparada. *Relatório de pesquisa elaborado para a Ação Direta de Inconstitucionalidade 5.529 (ADI 5529)*. São Paulo. 2020. BARBOSA,

vinculada a exigibilidade de direitos violados, talvez seja melhor referir que persistem os direitos da personalidade, ainda que a possibilidade de reparação pecuniária esteja sujeita a prazo prescricional.

Distinta é a interpretação que reconhece a própria reparação por danos como imprescritível. Nesse sentido, há muito tempo se consolidou nos tribunais brasileiros o entendimento favorável a imprescritibilidade das pretensões reparatórias em matéria ambiental, bem como por atos relacionados à prática de tortura praticada por agentes estatais, durante a ditadura militar[51].

É interessante notar que o caráter imprescritível não foi afastado mesmo quando houve alguma forma de pagamento espontâneo pelo Estado. A respeito, o Tribunal de Justiça do Estado do Rio Grande do Sul já fixou que "em sendo imprescritível *ab initio* a pretensão, o simples fato do recebimento de determinada quantia não converte o que era imprescritível em prescritível". O tema foi consagrado pela Súmula n. 647, que estabelece que "São imprescritíveis as ações indenizatórias por danos morais e materiais decorrentes de atos de perseguição política com violação de direitos fundamentais ocorridos durante o regime militar".

O STJ apontou também que a não fluência do tempo (inaplicabilidade da prescrição) incide sobre os casos de "perseguição política e atos de tortura contra presos políticos ocorridos durante o regime militar"[52], não se estendendo, de maneira geral a outras hipóteses de violação de direitos humanos[53]. Ainda que certas vozes adotem a expressão "ações imprescritíveis", neste texto se prefere indicar a prescrição do conteúdo material do pedido.

Nos tribunais, gradativamente se observa a ampliação de tal compreensão a fortalecer e intensificar a tutela de direitos fundamentais. Ao julgar o recurso especial n. 1.602.586, afirmou-se de forma muito mais ampla que "A jurisprudência do STJ é pacificada no sentido de que a prescrição quinquenal, disposta no art. 1º do Decreto 20.910/1932, é inaplicável aos danos decorrentes de violação de direitos fundamentais, que são imprescritíveis, principalmente quando ocorreram durante o Regime Militar"[54]. Ressalta-se que o julgado não fala apenas em tortura, mas de todos os danos causados neste período.

Para além da ditatura militar, sustenta-se, igualmente, a imprescritibilidade da pretensão de reparação por danos em razão de discriminação racial. Este entendimento é defendido pela Defensoria Pública do Estado do Espírito Santo[55]. Em Nota Técnica,

---

Denis Borges. A inexplicável política pública por trás do parágrafo único do artigo 40 da Lei de Propriedade Industrial. *Revista da EMARF*, Rio de Janeiro, v.19, n.1, p. 1-382 nov. 2013/abr.2014. p. 37. Disponível em: https://emarf.trf2.jus.br/site/documentos/revistaemarfvol19.pdf. Acesso em: 17.05.2023.

51. STJ. AREsp 611.952, Rel. Min. Sérgio Kukina, DJe 14.11.2014.
52. STJ. AgInt no AREsp 1.686.733/RJ, Rel. Min. Sérgio Kukina, 1ª. Turma, DJe 18.03.2021.
53. STJ. MS 19.303/DF, Rel. Min. Napoleão Nunes Maia Filho, 1ª. Seção, DJe 02.02.2017.
54. STJ. Resp. 1602586, Rel. Min. Benedito Gonçalves, DJ 13.06.2018. Com idêntica redação: STJ. AREsp: 18659760 Rel. Min. Herman Benjamin, 2ª. Turma, DJe 23.08.2021.
55. LOUZADA, Douglas Admiral; ALMEIDA, Vivian Silva. *Imprescritibilidade da pretensão de reparação civil pela prática de racismo e de discriminação racial*. Tese apresentada durante o XIV Congresso Nacional de Defensores

o Ministério Público do Trabalho (MPT), por meio da Coordenadoria Nacional de Erradicação do Trabalho Escravo e Enfrentamento ao Tráfico de Pessoas[56] se manifesta, corretamente, pela "não incidência da prescrição quanto às pretensões relativas ao trabalho em condição análoga ao de escravo ou ao tráfico de pessoas para fins de exploração do trabalho".

A proteção em relação a atos de tortura, a discriminação racial e p trabalho análogo à escravidão desafia a leitura tradicional e convida ao repensar. Identifica-se uma importante *virada*, em que a imprescritibilidade está à serviço da proteção da pessoa, e não de uma simples ênfase na proteção do crédito e segurança jurídica formal.

Em outro campo, o Supremo Tribunal Federal estabeleceu que "São imprescritíveis as ações de ressarcimento ao erário fundadas na prática de ato doloso tipificado na Lei de Improbidade Administrativa"[57]. Considerou-se que o art. 37, § 5º do texto constitucional tornou imprescritível a pretensão reparatória. No profundo debate exposto no acórdão, foi examinada a divergência nos prazos fixados pelo do Código Civil ou da Lei de Improbidade, assim como a divergência dos termos iniciais, respectivamente, do fato e do conhecimento do fato, como anotou o Min. Luis Barroso e seu voto. Ademais, o Supremo Tribunal Federal, por meio do Tema 999, definiu que "É imprescritível a pretensão de reparação civil de dano ambiental"[58].

Como se observa, o fluir do tempo faz algumas interpretações se tornarem obsoletas e outras florescerem. A historicidade dos institutos jurídicos assinala importantes transformações,[59] com o repensar da estrutura e função, em atenção à pessoa[60].

Um direito civil voltado à proteção da pessoa deve estar atento a sua realidade, a serviço do seu tempo, atento ao passado, ao presente, e sobretudo, ao nosso futuro[61]. O tema tem sido amplamente debatido, inclusive diante do reconhecimento da imprescritibilidade da persecução criminal em relação às práticas de discriminação racial (inclusive injúria racial)[62], o que traz à tona as possíveis repercussões para reparação por danos[63].

Públicos. Disponível em: https://www.anadep.org.br/wtksite/cms/conteudo/42544/Pretens_o_da_repara__o_civil_pela_pr_tica_de_racismo_(ES).pdf. Acesso em: 17.05.2023.

56. BRASIL. MPT. Coordenadoria Nacional de Erradicação do Trabalho Escravo e Enfrentamento ao Tráfico de Pessoas *Nota Técnica n. 02/2022*. Brasília: MPT, 2022. Disponível em: https://mpt.mp.br/pgt/noticias/nt-n-02-2022-1-2.pdf. Acesso em: 17.05.2023.
57. STF. RE: 852475. Rel.: Min. Alexandre de Moraes, Tribunal Pleno, DJe 25.03.2019.
58. STF. RE 654.833/AC, Rel.: Min. Alexandre de Moraes, Tribunal Pleno, DJe 24.6.2020.
59. FACHIN, Luiz Edson. *Teoria Crítica do Direito Civil*. Rio de Janeiro: Renovar, 2000. p. 173.
60. CORTIANO Jr., Eroulths. As quatro fundações do Direito Civil: ensaio preliminar. *Revista da Faculdade de Direito da UFPR*, Curitiba, v. 45, p. 99-102, 2006. MEIRELES, Jussara. O ser e o ter na codificação civil brasileira: do sujeito virtual à clausura patrimonial. In: FACHIN, Luiz Edson. (Coord.). *Repensando fundamentos do Direito Civil Brasileiro Contemporâneo*. Rio de Janeiro: Renovar, 1998. p. 87-114.
61. FACHIN, Luiz Edson. *Direito Civil*: sentidos, transformações e fim. Rio de Janeiro: Renovar, 2015.
62. STF. HC: 154248, Rel.: Min: Edson Fachin, Órgão julgador: Tribunal Pleno, DJe: 09/11/2020.
63. "La idea del instituto de la prescripción es sustentada por, entre otros valores, la seguridad jurídica y la estabilidad de los negocios. Empero, cuando de violaciones de Derechos Humanos se trata, estas dos consideraciones son peligrosas". AFARIAN, Jorge Rubén. Imprescriptibilidad de las acciones resarcitorias conexas a crímenes de lesa humanidad, en Derecho Global. *Estudios sobre Derecho y Justicia*, Buenos Aires, Año 1, Número 3, Abril – Julio 2016.

Como observa Atalá Correa, a Corte Europeia de Direitos Humanos, a Corte Interamericana de Direitos Humanos e os Tribunais Superiores vêm reconhecendo a imprescritibilidade em casos que envolvem direitos humanos ou ao menos "flexibilizando os prazos prescricionais a eles relacionados"[64]. A respeito do tema, assinalou Maria Celina Bodin de Moraes: "Com significativos avanços – e em contraste com o posicionamento comum de abstração em relação ao caso concreto – a Corte Europeia de Direito Humanos (CEDH) vem considerando que as regras prescricionais ditadas pelos Estados membros não podem tornar quase impossível, ou excessivamente oneroso, o exercício de direitos garantidos"[65].

É necessário reexaminar o nosso passado - e nosso presente – em relação aos nossos, erros, tanto jurídicos, quanto aqueles que praticamos como sociedade – entre os quais o racismo, a tortura e a violência. A tentadora proposta de defender que toda violação a direitos fundamentais seria imprescritível representa riscos e desafios próprios, a começar, pela própria necessidade de enfrentar a distinção – se é que existe – entre direitos humanos e fundamentais e os direitos da personalidade. Igualmente, e tomando-se o art. 200 do Código Civil[66] tão-somente como ponto de partida, cabe também reavaliar como se comunicam a imprescritibilidade da persecução criminal e a esfera cível[67]. O tema é relevante, os desafios são muitos e o debate está lançado.

Por fim, vale olhar para as estrelas e o universo. Ao explicar o surgimento das relações espaço e tempo, a partir do Big Bang, assinala Marcelo Gleiser:

> Mesmo que não tenhamos ainda uma teoria quântica do espaço-tempo, sabemos que é inevitável que o próprio espaço-tempo flutue violentamente devido à incerteza quântica, como se fosse uma cama elástica enlouquecida. Distâncias espaciais e intervalos de tempo deixam de fazer sentido. Não existe perto e longe, antes e depois[68].

O repensar do tempo e do espaço, tanto para a física, quanto para o direito são desafiadores. Embora o fluir do tempo seja usualmente associado ao passado, sob um olhar crítico e atento aos direitos humanos e fundamentais, a atualidade dos danos se descola do tempo cronológico e projeta um olhar para o futuro, que nos obriga a repensar o acesso à justiça, inclusive em vista dos objetivos do desenvolvimento sustentável. Aproveitando um trecho da passagem acima de Gleiser, para quem sofreu o dano, muitas vezes "Distâncias espaciais e intervalos de tempo deixam de fazer sentido. Não existe perto e longe, antes e depois".

---

64. CORREA, Atalá. Prescrição e Decadência. *Entre passado e futuro*. Tese (Doutorado em Direito). Faculdade de Direito, Universidade de São Paulo, São Paulo, 2020. p. 322.
65. BODIN DE MORAES, Maria Celina. Prescrição, efetividade dos direitos e danos à pessoa humana. *Civilistica. com*, Rio de Janeiro, ano 6, n.1, p. 7, 2017.
66. Dispõe o Código Civil, art. 200: "Quando a ação se originar de fato que deva ser apurado no juízo criminal, não correrá a prescrição antes da respectiva sentença definitiva".
67. Vale confrontar as interessantes discussões propostas por CORREA, Atalá. *Prescrição e decadência*. Entre passado e futuro. Tese (Doutorado em Direito). Faculdade de Direito, Universidade de São Paulo, São Paulo, 2020.
68. GLEISER, Marcelo. A origem do Tempo. *Folha de S. Paulo*, São Paulo, 23 de novembro de 2008.

5. REFERÊNCIAS

AFARIAN, Jorge Rubén. Imprescriptibilidad de las acciones resarcitorias conexas a crímenes de lesa humanidad, en Derecho Global. *Estudios sobre Derecho y Justicia*, Buenos Aires, Año 1, Número 3, abril – Julio 2016.

AMORIM FILHO, Agnelo. Critério científico para distinguir a prescrição da decadência e para identificar as ações imprescritíveis. *Revista dos Tribunais*, v. 300. São Paulo: RT, out. 1961.

ANTUNES VARELA, João de Matos. *Das obrigações em geral*. 9. ed. Coimbra, Almedina, 2003. v. 1.

BARBOSA, Denis Borges. A inexplicável política pública por trás do parágrafo único do artigo 40 da Lei de Propriedade Industrial, *Revista da EMARF*, Rio de Janeiro, v.19, n. 1, p. 1-382 nov. 2013/abr.2014. Disponível em: https://emarf.trf2.jus.br/site/documentos/revistaemarfvol19.pdf. Acesso em: 17.05.2023.

BARBOSA, Fernanda Nunes. A prescrição nas relações de consumo: interfaces entre o Código de Defesa do Consumidor e o Código Civil. *Revista Brasileira de Direito Civil*, v. 15, p. 97-116, 2018.

BODIN DE MORAES, Maria Celina. Os últimos 25 anos e o futuro. Editorial. *Civilistica.com*. Rio de Janeiro, a. 2, n. 3, jul.-set. 2013. Disponível em: <http://civilistica.com/os-ultimos-25-anos-e-o-futuro/>. Acesso em: 17.05.2023.

BODIN DE MORAES, Maria Celina. *Danos à pessoa humana*: uma leitura civil-constitucional dos danos morais. Rio de Janeiro: Renovar, 2003. p. XII.

BODIN DE MORAES, Maria Celina. *Na medida da pessoa humana*: Estudos de Direito Civil-Constitucional. Rio de Janeiro: Renovar, 2010.

BODIN DE MORAES, Maria Celina. O conceito de dignidade humana: substrato axiológico e conteúdo normativo. In: SARLET, Ingo Wolfgang (Org.). *Constituição, direitos fundamentais e direito privado*. Porto Alegre: Livraria do Advogado, 2003.

BODIN DE MORAES, Maria Celina. Constituição e Código Civil: Tendências. *Revista dos Tribunais*, São Paulo, RT, v. 779, ano 89, p. 47-63, set. 2000.

BODIN DE MORAES, Maria Celina. Do juiz boca-da-lei à lei segundo a boca-do-juiz: notas sobre a aplicação-interpretação do direito no início do Século XXI. *Revista de Direito Privado*, São Paulo, ano14, v. 56, p.11-30, out./dez. 2013.

BODIN DE MORAES, Maria Celina. Honra, liberdade de expressão e ponderação. *Civilistica.com*. Rio de Janeiro, a. 2, n. 2, abr.-jun./2013. Disponível em: https://civilistica.com/wp-content/uploads1/2015/02/Bodin-de-Moraes-civilistica.com-a.2.n.2.2013-4.pdfData de acesso. Acesso em 17.05.2023.

BODIN DE MORAES, Maria Celina. Instrumentos para a proteção dos filhos em face de seus próprios pais. *Civilistica.com*, v. 2018.3, p. 1-25, 2018.

BODIN DE MORAES, Maria Celina. Prescrição, efetividade dos direitos e danos à pessoa humana. *Civilistica.com*, Rio de Janeiro, ano 6, n.1, p. 7, 2017.

BODIN DE MORAES, Maria Celina. Uma ideia louvável contra a violência doméstica. *Civilistica.com*. a. 2, n. 4, 2013.

BODIN de MORAES, Maria Celina. Vulnerabilidades nas relações familiares. O problema da desigualdade de gênero. *Cadernos da Escola Judicial do TRT da 4ª Região*, v. 3, p. 20-33, 2010.

BODIN DE MORAES, Maria Celina; SCHULMAN, Gabriel. Ensaio sobre as iniquidades da fiança locatícia gratuita. *Revista de Direito do Consumidor*, v. 107, ano 25, p. 19-57. São Paulo: Ed. RT, set.-out. 2016.

BODIN DE MORAES, Maria Celina; TEFFÉ, Chiara. Redes sociais virtuais: privacidade e responsabilidade civil. Análise a partir do Marco Civil da Internet. *Revista Pensar*, v. 22, n. 1 2017.

BRASIL. MPT. Coordenadoria Nacional de Erradicação do Trabalho Escravo e Enfrentamento ao Tráfico de Pessoas **Nota Técnica n. 02/2022**. Brasília: MPT, 2022. Disponível em: https://mpt.mp.br/pgt/noticias/nt-n-02-2022-1-2.pdf. Acesso em 17.05.2023.

CORTIANO Jr., Eroulths. As quatro fundações do Direito Civil: ensaio preliminar. *Revista da Faculdade de Direito da UFPR*, Curitiba, v. 45, p. 99-102, 2006.

CORREA, Atalá. Prescrição e Decadência. *Entre passado e futuro*. Tese (Doutorado em Direito). Faculdade de Direito, Universidade de São Paulo, São Paulo, 2020.

DE VOLTA PARA O FUTURO. Direção: Robert Zemeckis. Universal Pictures, 1985 (Filme).

FACHIN, Luiz Edson. *Direito Civil*: sentidos, transformações e fim. Rio de Janeiro: Renovar, 2015.

FACHIN, Luiz Edson. *Teoria Crítica do Direito Civil*. Rio de Janeiro: Renovar, 2000.

FERNANDO PESSOA. Poemas Inconjuntos. *Poemas de Alberto Caeiro*. 10. ed. Lisboa: Ática, 1946.

FONTES, André. *A pretensão como situação jurídica subjetiva*. Belo Horizonte, Del Rey, 2002.

FREIRE, Paulo. *Educação como Prática da Liberdade*. Rio de Janeiro: Paz e Terra, 1967.

FREIRE, Paulo. *Pedagogia da autonomia*: saberes necessários à prática educativa. São Paulo: Paz e Terra, 1996.

FREITAS, Augusto Teixeira de. *Consolidação das leis civis*. Brasília: Senado Federal, Conselho, 2003.

GLEISER, Marcelo. A origem do Tempo. *Folha de S. Paulo*, São Paulo, 23 de novembro de 2008.

GOMES, Orlando. *Raízes Históricas e Sociológicas do Código Civil Brasileiro*. São Paulo: Martins Fontes, 2003.

LEMINSKI, Paulo. *Distraídos venceremos*. São Paulo: Companhia das Letras, 2017.

LEONARDO, Rodrigo Xavier. A prescrição no Código Civil Brasileiro (ou o jogo dos sete erros). *Revista da Faculdade de Direito da Universidade Federal do Paraná*, v. 51, p. 101-120, 2010.

LOUZADA, Douglas Admiral; ALMEIDA, Vivian Silva. *Imprescritibilidade da pretensão de reparação civil pela prática de racismo e de discriminação racial*. Tese apresentada durante o XIV Congresso Nacional de Defensores Públicos. Disponível em: https://www.anadep.org.br/wtksite/cms/conteudo/42544/Pretens_o_da_repara__o_civil_pela_pr_tica_de_racismo_(ES).pdf. Acesso em: 17.05.2023.

MARTINS-COSTA, Judith. *A boa-fé no direito privado*: critérios para a sua aplicação. São Paulo: Marcial Pons, 2015.

MATTIETTO, Leonardo. A nova sistemática da prescrição civil: declaração de ofício pelo juiz e renúncia do devedor. *Revista IOB de Direito Civil e Processual Civil*, v. 44, 2007.

MEIRELES, Jussara. O ser e o ter na codificação civil brasileira: do sujeito virtual à clausura patrimonial. In: FACHIN, Luiz Edson. (Coord.). *Repensando fundamentos do Direito Civil Brasileiro Contemporâneo*. Rio de Janeiro: Renovar, 1998. p. 87-114.

MELLO, Marcos Bernardes; BARROS, José de Barros Jr; EHRHARDT, Marcos Ehrhardt. Notas em torno da alegabilidade em juízo da prescrição e decadência no direito nacional atual. In: SILVA NETO, Francisco Antonio de Barros e et al. (Org.). *Relações e Influências Recíprocos entre Direito Material e Direito Processual*: Estudos em Homenagem ao Professor Torquato Castro. Salvador (BA): Editora JusPodium, 2017. p. 303-330.

MENEZES CORDEIRO, António Manuel. *Da boa-fé no direito civil*. Coimbra: Almedina, 1984. v. I.

NEVES, Gustavo Kloh Muller. *Prescrição e decadência no direito civil*. 2. ed. Rio de Janeiro: Lumen Juris, 2008.

NEVES, José Roberto de Castro. *Direito das obrigações*. 4. ed. Rio de Janeiro: GZ Editora, 2014.

PONTES DE MIRANDA, Francisco Cavalcanti. *Tratado de direito privado*: exceções, direitos mutilados, exercício dos direitos, pretensões, ações e exceções, prescrição. 4. ed. São Paulo: Ed. RT, 2013. t. 6.

RODRIGUES Junior, Otavio Luiz. Exceções no Direito Civil: um tema em busca de um autor?. In: MIRANDA, Daniel Gomes de; CUNHA, Leonardo Carneiro da; ALBUQUERQUE JÚNIOR, Roberto Paulino. (Org.). *Prescrição e decadência*: Estudos em homenagem a Agnelo Amorim Filho. Salvador: JusPodium, 2013. v. 1. p. 411-422.

SAMPAIO DA CRUZ, Gisela; BODIN DE MORAES, Maria Celina (Org.); SOUZA, Eduardo Nunes. (Org.). *A juízo do tempo*: estudos atuais sobre prescrição. Rio de Janeiro: Editora Processo, 2019.

SIMÃO, José Fernando. A teoria dualista do vínculo obrigacional e sua aplicação ao direito civil brasileiro. *Revista Jurídica da Escola Superior do Ministério Público de São Paulo*, São Paulo, v. 3, p. 165-181, 2013.

SIMÃO, José Fernando. *Prescrição e decadência*: início dos prazos. São Paulo: Atlas, 2013.

SIQUEIRA, Thiago Ferreira. *A responsabilidade patrimonial no novo sistema processual civil*. São Paulo: Ed. RT, 2016. (Ebook).

STIGLITZ, Joseph. *Prizes, not patents*. Project Syndicate, Mar. 6, 2007.

SOUZA, Eduardo Nunes de. Prescrição intercorrente no Código Civil: a inovação normativa de que ninguém precisava. *Coluna Direito Civil - Editora Fórum*, 24 fev. 2022.

TEPEDINO, Maria Celina Bodin de Moraes. A caminho de um Direito Civil Constitucional. *Revista de Direito Civil imobiliário, Agrário e Empresarial*. Ano 17, v. 65, São Paulo: RT, jul./set. 1993.

TEPEDINO, Gustavo; FACHIN, Luiz Edson. (Org.) *O direito e o tempo: embates jurídicos e utopias contemporâneas*. Estudos em homenagem ao Professor Ricardo Pereira Lira. Rio de Janeiro: Renovar, 2008.

USP. Grupo de Estudos Direito e Pobreza. A inconstitucionalidade do artigo 40, parágrafo único, da lei de propriedade industrial sob uma perspectiva comparada. *Relatório de pesquisa elaborado para a Ação Direta de Inconstitucionalidade 5.529 (ADI 5529)*. São Paulo. 2020.

VELOSO, Caetano. *Oração ao Tempo*. 1979.

JULGADOS:

STF. HC: 154.248, Rel.: Min: Edson Fachin, Órgão julgador: Tribunal Pleno, DJe: 09.11.2020.

STF. RE 654.833, Rel.: Min. Alexandre de Moraes, Tribunal Pleno, DJe 24.06.2020.

STF. RE: 852.475. Rel.: Min. Alexandre de Moraes, Tribunal Pleno, DJe 25.03.2019.

STJ. AREsp: 611.952, Rel.: Min. Sérgio Kukina, DJ 14.11.2014.

STJ. AgInt no AREsp 1.686.733/RJ, Rel. Min. Sérgio Kukina, 1ª. Turma, DJe 18.03.2021.

STJ. AREsp 611.952, Rel.: Min. Sérgio Kukina, DJe 14.11.2014.

STJ. EDcl nos EDcl no AgInt no REsp 1.718.110/RS, Rel. Minª Nancy Andrighi, 3ª. Turma, DJe 18.09.2019.

STJ. MS 19.303/DF, Rel. Min. Napoleão Nunes Maia Filho, 1ª. Seção, DJe 02.02.2017.

STJ. REsp 1.522.092/MS, Rel.: Min. Paulo de Tarso Sanseverino, 3ª. Turma, DJe 13.10.2015.

STJ. REsp 1.593.786/SC, Rel. Min. Paulo de Tarso Sanseverino, 3ª. Turma, DJe 30.09.2016.

STJ. REsp 1.604.412/SC, Rel. Min. Marco Aurélio Bellizze, 2ª. Seção, DJe 22.8.2018.

STJ. REsp 1862910/RJ, Rel. Min. Paulo De Tarso Sanseverino, 3ª, Turma DJe 09.02.2021.

STJ. Resp. 1.602.586, Rel. Min. Benedito Gonçalves, DJ 13.06.2018.

STJ. AREsp: 18.659.760 Rel. Min. Herman Benjamin, 2ª. Turma, DJe 23.08.2021.

STJ. REsp 1862910/RJ, Rel. Min. Paulo de Tarso Sanseverino, 3ª. Turma DJe 09.02.2021.

STJ. REsp: 2088100 Rel. Min. Ministra Nancy Andrighi, 3ª. Turma, DJe 23.10.2023.

RESPONSABILIDADE CIVIL OBJETIVA: O ART. 931 DO CÓDIGO CIVIL E A ANTIJURIDICIDADE

João Quinelato

Mestre e Doutorando em Direito Civil pela Universidade do Estado do Rio de Janeiro (UERJ). Professor de Direito Civil do IBMEC e EMERJ. Vice- Presidente da Comissão de Direito Civil da OAB-RJ e membro da Comissão de Direito Civil do Conselho Federal da OAB. Advogado.

Sumário: 1. Nota preliminar de agradecimento: o legado da professora Maria Celina Bodin de Moraes – 2. A constitucionalização da responsabilidade civil: erosão dos filtros, flexibilização da culpa e a objetivação – 3. O artigo 931 do Código Civil, a previsibilidade dos danos e os riscos do desenvolvimento – 4. A antijuridicidade dos riscos: proposta de novo critério – 5. Conclusão – 6. Referências.

1. NOTA PRELIMINAR DE AGRADECIMENTO: O LEGADO DA PROFESSORA MARIA CELINA BODIN DE MORAES

Tive a sorte e o privilégio de ser orientado no mestrado em Direito Civil na Universidade do Estado do Rio de Janeiro pela homenageada desta obra, a Professora Maria Celina Bodin de Moraes, a Doce Celina. Com o temor reverencial de quem se reportava a um ídolo, e pela profunda admiração que eu nutria (e nutro) pela vastidão do conhecimento e cultura da Professora Celina, foi nos corredores da UERJ e nos cafés que eu desabafava as angústias de uma dissertação em gestação. Professora Celina sempre diz a todos que o que mais gosta de fazer como docente é orientar. E era mesmo o que fazia comigo, com doçura, ao lançar instigantes – e quase sempre indecifráveis de imediato – provocações que iluminavam a escuridão da pesquisa de seus alunos. Minha gratidão à Professora Celina é imprescritível, minha admiração ao seu humanismo é inalienável e o rol de adjetivos que se possa empregar para descrever a Professora Celina não é taxativo. Obrigado por todo seu legado, Celina. Você faz jus a essas e tantas outras homenagens.

2. A CONSTITUCIONALIZAÇÃO DA RESPONSABILIDADE CIVIL: EROSÃO DOS FILTROS, FLEXIBILIZAÇÃO DA CULPA E A OBJETIVAÇÃO

Se era com certa certeza que no curso do processo de industrialização se afirmava a presença marcante do risco e a insuficiência da regra da culpa ante a complexidade probatória desse sistema, modernamente é com absoluta clareza que se vislumbra a urgente necessidade de determinar critérios aprimorados de determinação do risco da atividade apto a deflagrar a objetivação da responsabilidade civil do desenvolvedor de atividades potencialmente arriscadas cujo regime ainda não tenha sido regulado em lei, seja pela atração da cláusula geral de responsabilidade civil objetiva insculpida no artigo 927 parágrafo único ou, ainda, no esquecido artigo 931, ambos do Código Civil de 2002 – este último como objetivo central deste artigo.

Simultaneamente ao entusiasmo diante das novas tecnologias e das facilidades que dela advém, cresce o mal-estar social sobre o sentimento de incerteza sobre o risco.[1] A necessidade de definição de critérios firmes que desvendem o que é e o que não é suficientemente arriscado para fins de aplicação do regime objetivo de responsabilidade civil nasce, ainda, do justo receio de que a aplicação generalizada do risco a toda e qualquer atividade em tempos de novas tecnologias, pela suposta onipresença do risco, levaria ao abandono definitivo da culpa na responsabilidade civil – tendência com a qual se deve ter cautela à luz do modelo de responsabilidade civil subjetiva (ao menos ainda) presente nos arts. 186 e 927, *caput,* do Código Civil Brasileiro.[2]

Paralelamente ao contexto de emergência de novos riscos e multiplicação de novas tecnologias, profundas transformações lançaram-se sobre o direito privado, imergindo-o em uma "crise indisfarçável",[3] pondo-se o direito privado a não mais pensar somente no patrimônio[4] mas, sobretudo, na pessoa e em seus danos, rumo à construção de um modelo solidarista de responsabilização civil, fulcrado na pessoa humana, em uma mudança que ficou cunhada como subversiva de toda ordem jurídica privada, elevando a dignidade ao topo do ordenamento e o consequente predomínio das situações jurídicas existenciais sobre as relações patrimoniais.[5]

A perda de centralidade do modelo subjetivista de responsabilidade civil dá concretude ao – atrasado, mas correto – pensamento segundo o qual a prova da culpa em

---

1. "Ao paradigma da sociedade de risco é aposto o dilema da responsabilidade e, sendo assim, as discussões acerca do risco e da responsabilidade por seus efeitos passam a ser políticas. Isto porque, o mal-estar social passou a repousar sobre o sentimento da incerteza em relação ao risco e, nesse contexto, a resposta jurídica tinha de ser segurança". (RITO, Fernanda Paes Leme Peyneau. Dilemas de uma sociedade de risco: a causa dos danos e a reparação integral da vítima. In: *Diálogos sobre direito civil* – volume III. TEPEDINO, Gustavo; FACHIN, Luiz Edson (Orgs.). Rio de Janeiro: Renovar, 2012. p. 49).
2. Reconhecendo a importância da culpa na responsabilidade civil brasileira, sem descuidar-se da relevante objetivação da responsabilidade pela inserção da cláusula geral de responsabilidade civil objetiva no artigo 927 parágrafo único do CC/02, Gustavo Tepedino defende a existência do sistema dualista da responsabilidade civil, para quem a configuração do sistema dualista "compreendida pela jurisprudência, ainda passa desapercebida pela doutrina dominante, vinculada à vetusta participação do direito entre público e privado", do modo que "ao direito civil seria atribuída a dogmática da responsabilidade aquiliana, deferindo-se ao domínio do direito público a responsabilidade objetiva, ou seja, o dever de reparação fundado em previsões legais específicas." (TEPEDINO, Gustavo. A evolução da responsabilidade civil no direito brasileiro e suas controvérsias na atividade estatal. *Temas do direito civil.* Rio de Janeiro: Renovar, 2004. p. 195).
3. FACHIN, Luiz Edson. *Teoria crítica do direito civil.* Rio de Janeiro: Renovar, 2000. p. 4.
4. "Este matriz democrático da liberdade com solidariedade, vocacionado a repensar e fundado em valores distintos dos valores do liberalismo e do individualismo exacerbado, concebei uma nova fórmula – ou novo padrão axiológico -, que foi capaz de colocar em xeque os postulados do direito privado, tradicionalmente assentados por força do viés pandectista, mormente os referentes à propriedade e ao contrato." (HIRONAKA, Giselda Maria Fernandes Novaes. Responsabilidade civil: o estado da arte no declínio do segundo milênio e albores de um tempo novo. In: NERY, Rosa Maria de Andrade; DONNINI, Rogério (Orgs.). *Responsabilidade civil: estudos em homenagem ao progresso Rui Geraldo Camargo Viana.* São Paulo: Ed. RT, 2009. p. 191).
5. BODIN DE MORAES, Maria Celina. A constitucionalização do direito civil e seus efeitos sobre a responsabilidade civil. In: *Na Medida da Pessoa Humana*: estudos de direito civil. Rio de Janeiro: Editora Processo, 2016. p. 319.

atividades tecnicamente complexas mostra-se, em inúmeros casos, senão impossível de produzir-se ou, ao menos, diabólica,[6] de modo que o aprimoramento dos regimes de responsabilidade civil em prol da vítima representaria o último passo de um sistema já agonizante.[7]

Se no século de ferro não seria crível lançar sobre os ombros da vítima o ônus de provar a culpa do transportador, a aflição renova-se para que os usuários de novas tecnologias e novas formas de produção não dependam da produção de provas tecnicamente complexas para que lhes seja assegurada a reparação integral.[8]

O modelo culposo de responsabilidade civil mostrava-se "insuficiente, capaz de deixar lacunas a respeito da reparação ou indenização de danos causados, a teoria da culpa não poderia continuar atuando solitária, no cenário de responsabilidade civil",[9] abrindo-se espaço para que se refletisse a respeito da culpa e sua necessária e paulatina objetivação, à luz da inarredável insuficiência para a proteção da pessoa humana.[10] O modelo culposo, sabe-se, parte da concepção da culpa enquanto pena privada e ferramenta de vingança, cujo fundamento inicial remontava à pena de Talião contida na Lei das XII Tábuas (Tábua VIII, 2ª lei),[11] superada somente com a posterior publicação da

---

6. "As mudanças sociais decorrentes da revolução industrial e do avanço tecnológico têm exigido do Estado uma intervenção crescente em favor do bem-estar e da justiça social, acentuando-se a importância do direito como instrumento de planejamento econômico, multiplicando-se as normas jurídicas de programação social e estabelecendo-se novos critérios de distribuição de bens e serviços. O direito evolui de suas funções tradicionais para outras de natureza organizatória e promocional, estabelecendo novos padrões de conduta e promovendo a cooperação entre os indivíduos na realização dos objetivos da sociedade contemporânea". (AMARAL, Francisco. *Direito civil*: introdução. 2. ed. Rio de Janeiro: Renovar, 1998. p. 11).
7. Indaga reflexivamente o Professor Edson Fachin, a respeito de tais mudanças no sistema de responsabilização civil, "se o passo a frente que se esboça é uma mudança efetiva ou tão só a última fronteira da um sistema moribundo que agoniza, mas ainda não esgotou." (FACHIN, Luiz Edson. *Teoria crítica do direito civil*. Rio de Janeiro: Renovar, 2000. p. 16).
8. A respeito da prova diabólica e sua intima relação com a paulatina objetivação da responsabilidade civil, assinala Maria Celina Bodin de Moraes: "A complexificação social e a industrialização provocaram um salto no número cotidiano de acidentes, gerando danos injustos que, em virtude da incapacidade da vítima de provocar a culpa do agente na produção do dano, ficavam irressarcidos." (BODIN DE MORAES, Maria Celina. A constitucionalização do direito civil e seus efeitos sobre a responsabilidade civil. In: *Na medida da pessoa humana*: estudos de direito civil. Rio de Janeiro: Editora Processo, 2016. p. 335).
9. HIRONAKA, Giselda Maria Fernandes Novaes. Responsabilidade civil: o estado da arte no declínio do segundo milênio e albores de um tempo novo. In: NERY, Rosa Maria de Andrade; DONNINI, Rogério (Orgs.). *Responsabilidade civil*: estudos em homenagem ao progresso Rui Geraldo Camargo Viana. São Paulo: Ed. RT, 2009. p. 202.
10. "Así como la destrucción de la Bastilla simbolizó el fin del antiguo régimen monárquico, o la demolición del muro de Berlín represento la caíde del comunismo, la insuficiencia de la responsabilidad subjetiva para dar solución a los miles de damnificados por las más diversas causas, sun duda puede servir como paradigma de la alocada construcción de máquinas que marca el final de um método, de uma filosofia, de uma historia". (GHERSI, Carlos Alberto. *Teoria general de la reparación de daños*. Buenos Aires: Astrea, 1997. p. 2.
11. "A responsabilidade civil no direito romano tem seu ponto de partida na vingança privada, forma primitiva, selvagem talvez, mas humana, da reação espontânea e natural contra o mal sofrido; solução comum a todos os povos nas suas origens, para a reparação do mal pelo mal. É a vingança pura e simples, a justiça feita pelas próprias mãos da vítima de uma lesão, ou seja, a pena privada perfeita, no qualificativo de Hugueney, porque tudo depende do agressor." (LIMA, Alvino. *Culpa e risco*. 2. ed. São Paulo: Revista dos Tribunais, 1998. p. 20).

lei Aquília que começava a diferenciar os elementos cíveis dos penais justamente a partir da introdução do elemento subjetivo da culpa.[12]

O deslocamento da ótica patrimonialista na aplicação do direito privado não escapou, portanto, da responsabilidade civil. A introdução do princípio da eticidade[13] por ocasião da promulgação do Código Civil de 2002, erigido como um dos três princípios fundamentais do novo Código, segundo Miguel Reale, levou com que o legislador fizesse a opção por cláusulas gerais, como o fez com o artigo 927 parágrafo único, "sem a preocupação de excessivo rigorismo conceitual, a fim de possibilitar a criação de modelos jurídicos hermenêuticos, quer pelos advogados, quer pelos juízes, para contínua atualização de preceitos legais".[14] O emprego de cláusulas gerais, destaque-se, vem consolidando-se na responsabilidade civil brasileira considerando-se, sobretudo, sua fragmentação marcado pela aplicação de poucas regras e numerosos conceitos abstratos, como risco, acidente, reparação integral, dano moral etc.[15]

Tais avanços puseram a responsabilidade civil não mais em função da proteção unicamente do patrimônio, mas, também, à serviço da pessoa humana.[16]

A responsabilidade civil passa a afastar-se de seu cunho moralista e vingativo, colhendo seja do direito canônico, seja do direito penal, os fundamentos para retribuir

---

12. "É incontestável, entretanto, que a evolução do instituto da responsabilidade extracontratual ou aquiliana se operou, no direito romano, no sentido de se introduzir o elemento subjetivo da culpa, contra o objetivismo no direito primitivo, expurgando-se do direito a idéia de pena, para substituí-la pela reparação do dano sofrido. (...) Pena e reparação se confundem: responsabilidade penal e civil não se distinguem. A evolução operou-se, consequentemente, no sentido de se introduzir o elemento subjetivo da culpa e diferenciar a responsabilidade civil da penal." (LIMA, Alvino. *Culpa e risco*. 2. ed. São Paulo: Revista dos Tribunais, 1998. p. 27).
13. "Procurou-se superar o apego do Código atual ao formalismo jurídico, fruto, a um só tempo, da influência recebida a cavaleiro dos séculos XIX e XX, do Direito tradicional português e da escola germânica dos pandectistas. (...). Não obstante os méritos desses valores técnicos, não era possível deixar de reconhecer, em nossos dias, a indeclinável participação dos valores éticos no ordenamento jurídico, sem abandono, é claro, das conquistas da técnica jurídica, que com aqueles deve se compatibilizar." (REALE, Miguel. *História do Novo Código Civil*. São Paulo: Ed. RT, 2005. p. 37).
14. REALE, Miguel. *História do Novo Código Civil*. São Paulo: Ed. RT, 2005. p. 37.
15. "O cenário atual da responsabilidade civil apresenta-se, como é notório, completamente fragmentado. Trata-se da aplicação de poucas regras e alguns princípios dotados de alto grau de abstração e de generalidade - a começar pelo fundamento do *neminem laedere* seguido pela noção de dano moral, pelo conceito de risco, de acidente, de reparação integral, etc. - em relação a diferentes setores da vida social. Para dotar a disciplina de algum grau de previsibilidade, necessário e desejado no que se refere à segurança jurídica, caberá edificar um conjunto de instrumentos que permita entender o alcance das conseqüências que resultarão das distintas opções que o magistrado, ao julgar o caso concreto, tem diante de si. Só o trabalho doutrinário consciente de seu papel e debruçado sobre o conjunto de decisões jurisprudenciais possibilitará que, com o tempo se consiga alcançar a imprescindível sistematização da matéria, de modo a solucionar as inúmeras incongruências e a restringir o elevado nível de arbítrio atualmente presentes no sistema." (BODIN DE MORAES, Maria Celina. Risco, solidariedade e responsabilidade objetiva. In: BODIN DE MORAES, Maria Celina. *Na medida da pessoa humana*: estudos de direito civil-constitucional. Renovar: Rio de Janeiro, 2010. p. 421).
16. "As influências do contexto histórico burguês e liberal em que o direito civil era concebido – como a regulação mínima necessária para garantir o livre jogo dos negócios, voltado unicamente para a proteção do patrimônio, fundado exclusivamente na tutela da propriedade e da autonomia privada de cunho econômico e que erigia o Código Civil como centro do sistema – vão porém se dissipando paulatinamente." (BODIN DE MORAES, Maria Celina. A constitucionalização do direito civil e seus efeitos sobre a responsabilidade civil. In: *Na medida da pessoa humana*: estudos de direito civil. Rio de Janeiro: Editora Processo, 2016. p. 319).

ao ofensor a conduta danosa a que deu causa, preocupando-se de maneira acidental – quando muito – com a vítima do dano.[17] A responsabilidade civil, pois, nasce essencialmente da responsabilidade penal, que por muito tempo a absorveu.[18] É somente a partir da cisão da responsabilidade penal e cível, com a atribuição da responsabilidade penal ao Estado, que a indenização passa a olhar novamente para a proteção do patrimônio da vítima, de modo que "avec cette 'publicisation' de la responsabilité pénale, la peine privée éclate et la responsabilité mixte se dédouble".[19]

A culpa, portanto, travestiu-se de instrumento de vingança privada por longo período de tempo, estando, ainda, intimamente ligada ao aspecto moral e religioso, a revelar a subjetividade intensa – e o completo alijamento da vítima do processo de definição do que teria sido, em cada caso concreto, uma conduta culposa ou não:

> "Dans l'ancien droit, le droit canon eut une influence décisive. La faute y était mise au premier plan, la responsabilité civile étant considérée par les canonistes tout autant comme instrument de moralisation des conduits humains que comme une institution destinée à indemniser les victimes. (....). La philosophie libérale et l'humanisme ambiant de l'époque conduisaient *naturellement à attacher à la valeur morale de la faute un rôle prééminen t* jusqu'à limiter la responsabilité aux seuls acts fautifs."[20]

Sem deixar de reconhecer os avanços que a ótica personalista importou para a responsabilidade civil, é preciso, de outro lado, reconhecer que o sistema jurídico atual não descartou, por completo, a culpa do sistema que se apresenta como dualista.[21] É dizer

---

17. «À l'origine, la responsabilité civile n'a pas eu d'existence distincte. La responsabilité s'amblait entièrement pénale et même essentiellement religieuse. Les sanctions qui consistaient en des sacrifices et pénitences, paraissaient dépourvues de toute préoccupation indemnitaire ; elles ne cherchaient qu`a punir les atteintes portées à lettre social ou au Dieu qui le symbolise. A cette époque, l'individu comptait pour trop deu de chose pour que l'idée dune responsabilité civile pût se développer. » Em tradução livre: "Originalmente, a responsabilidade civil não tinha existência distinta. A responsabilidade parecia inteiramente penal e mesmo essencialmente religiosa. As sanções, que consistiam em sacrifícios e penitências, pareciam desprovidas de qualquer preocupação compensatória; buscavam apenas punir os ataques feitos à letra social ou ao Deus que a simboliza. Naquela época, o indivíduo contava demais para que a ideia de responsabilidade civil se desenvolvesse.". (JOURDAIN, Patrice. *Les príncipes de la responsabilité civile*. Éditions Dalloz. 2010. p. 7).
18. "La responsabilité civile est donc née de la responsabilité pénale qui l'a longtemps absorbée. Elle ne s'en est dégagée que peu à peu et tardivement avec les progrès de l'individualisme. ». Em tradução livre: "A responsabilidade civil nasce, pois, da responsabilidade penal que há muito a absorve. Ela só surgiu gradual e tardiamente com o progresso do individualismo.". (JOURDAIN, Patrice. *Les príncipes de la responsabilité civile*. Éditions Dalloz. 2010. p. 8).
19. Em tradução livre: "Com essa 'publicização' da responsabilidade criminal, a punição privada se desfaz e a responsabilidade mista é duplicada". (JOURDAIN, Patrice. *Les príncipes de la responsabilité civile*. Éditions Dalloz. 2010. p. 8).
20. Em tradução livre: "No direito antigo, o direito canônico teve uma influência decisiva. A culpa foi colocada em primeiro plano, sendo a responsabilidade civil considerada pelos canonistas tanto como um instrumento de moralização do comportamento humano quanto uma instituição destinada a indenizar as vítimas. (...). A filosofia liberal e o humanismo dominante na época levaram naturalmente a atribuir um papel preeminente ao valor moral da culpa, limitando mesmo a responsabilidade apenas aos atos culposos. (JOURDAIN, Patrice. *Les príncipes de la responsabilité civile*. Éditions Dalloz. 2010. p. 9).
21. "A orientação foi absorvida pelo Código Civil Brasileiro de 2002, que, além de prever novas hipóteses específicas de responsabilidade objetiva, instituiu, no parágrafo único do seu artigo 927, uma cláusula geral de responsabilidade objetiva para atividades de risco. Consolida-se, assim, o *modelo dualista* que já se delineava no sistema anterior, convivendo lado a lado a normal geral de responsabilidade subjetiva, do atual artigo 186, que em como fonte o ato ilícito, e as normas reguladoras da responsabilidade objetiva para determinadas atividades,

que não se pode generalizar a presença do risco em atividades potencialmente arriscadas e cair o intérprete na tentação de aplicar a cláusula geral de risco extraída seja do artigo 927 parágrafo único ou seja, ainda, do art. 931, ambos do Código Civil, em toda e qualquer atividade que tenha potencialmente algum risco. Afinal, em tempos de emprego de novas tecnologias, o que não seria arriscado ou, ao menos, potencialmente arriscado?

Tal discussão, isto é, a respeito de ser ou não arriscada certa atividade econômica, seria prescindível se o legislador tivesse antecipado tais reflexões ao já antever nos diplomas reguladores de cada operação tecnológica o regime respectivo de responsabilidade civil. Não é o que ocorreu em leis recentes e relevantes que regulam especialmente três campos de aplicação tecnológicos com alta densidade social, a saber, o tratamento de dados pessoais, as atividades dos provedores de aplicações de internet e, por último, este ainda em sede de tramitação legislativa, o emprego de inteligência artificial. Esta constatação fática justifica a relevância temática de analisar-se os limites do emprego do art. 931 do Código Civil.

Se na era da industrialização, do avanço das telecomunicações, do desenvolvimento da botânica, da genética e da biologia já se mostrava difícil a construção de padrões genéricos e ideais de comportamento, é com maior dificuldade ainda que hodiernamente se possa pensar na generalização de padrões e, inclusive, na generalização da presença do risco em toda e qualquer atividade. Esta dificuldade ressalta a utilidade de construções de critérios que possam auxiliar na aplicação criteriosa do artigo 931 do Código Civil, buscando-se a aplicação cuidadosa do regime de responsabilidade civil objetiva.

Pensar em sentido contrário, isto é, cair na tentação hermenêutica de associar o risco a qualquer atividade dotada de certo grau de tecnologia, criando-se um suposto padrão abstrato que igualasse toda e qualquer aplicação de cada tecnologia, sem avaliá-la *in concreto*,[22] incorreria em dois grandes equívocos metodológicos. Em primeiro lugar, assumir-se-ia que a culpa teria papel secundário no ordenamento em verdadeira interpretação *contra legem* do artigo 186 do Código Civil. Em segundo, e em última análise, ao não se investigar criteriosamente os requisitos necessários à atribuição do regime objetivo ao desenvolvedor da atividade arriscada, criar-se-ia, em última análise, uma

---

informadas por fonte legislativa e agora também pela cláusula geral da nova codificação civil." (TEPEDINO, Gustavo; BARBOZA, Heloisa Helena; BODIN DE MORAES, Maria Celina. *Código Civil Interpretado conforme a Constituição da República*. Rio de Janeiro: Renovar, 2006. v. II. p. 806.)

22. "Inicialmente se faz necessário compreender o sistema clássico trata do sujeito, ou seja, das pessoas. O sujeito de direito e as pessoas são captados por uma abstração do mais elevado grau. O sujeito *in concreto*, o homem comum da vida, não integra esta concepção, e o Direito imagina um sujeito *in abstrato* e cria aquilo que a doutrina clássica designou de 'biografia do sujeito jurídico'." (FACHIN, Luiz Edson. *Teoria Crítica do Direito Civil*. Rio de Janeiro: Renovar, 2000. p. 55). No mesmo sentido: "Percebendo-se a uma elevada generalização, tanto o *bônus pater famílias* quanto o *reasonable man* tornam0se inúteis à avaliação das situações concretas em sua multiplicidade. A definição de um padrão único de diligência e razoabilidade parece, de todo, incompatível, com uma realidade complexa e plural, como a que caracteriza as sociedades contemporâneas. Daí fomentar-se, por toda parte, um fenômeno que se poderia designar como *fragmentação do modelo de conduta*, ou seja, a utilização de parâmetros de comportamento específicos e diferenciados para as mais diversas situações." (SCHREIBER, Anderson. *Novos paradigmas da Responsabilidade Civil*: da erosão dos filtros à diluição de danos. São Paulo: Atlas, 2015. p. 41).

responsabilidade civil pelo risco integral ao desenvolvedor da atividade potencialmente arriscada, que seria responsável por danos que, por exemplo, sequer seriam imprevisíveis pelo estado da arte da ciência no momento do lançamento e até mesmo por danos que não pudessem ser evitáveis por esforços preventivos e razoáveis. Essas inquietudes levaram, assim, à escolha do recorte temático aqui proposto nesta tese.

Bem destaca Pietro Trimarchi a dificuldade de definição de padrões abstratos de culpa, considerando que a lei ou o regulamento anteveem situações que podem gerar certo risco à vítima e exigem, de antemão, certo grau de diligência que, quando descumpridas, ensejarão a responsabilização pelo regime subjetivo. Dada a variedade infinita de situações fáticas possíveis, destaca o autor a impossibilidade de definição de um padrão abstrato de conduta sem que se leve em consideração a especialidade de cada atividade econômica, a indicar mais uma dificuldade na definição do suposto padrão ideal de conduta que, idealmente, seria abarcado pelo regime subjetivo. Nesse sentido:

> "Ma la varietà dele situazioni possibli à infinita, e perciò nella maggior parte dei casi su può far riferimento se non al creterio generale dela diligenza, inl cui contenuto va specificato in relazione al tipo di attività e tenendo conto anche delle particolarità dela leggi, ordenamenti ordini o discipline può non esse suficiente ad escludere la colpa, se le circonstanze del caso concreto richiedono misure aggiuntive di diligenza e prudenza".[23]

Não se nega o relevante percurso histórico recente que a culpa teve na responsabilidade civil objetiva, caminhando-se da prova da culpa para sua paulatina objetivação.[24] O nascimento da responsabilidade tem relação íntima com a função punitiva da responsabilidade civil, atrelando a responsabilidade como medida de represália pelo prejuízo causado à vítima.[25] A inserção da culpa civil enquanto pressuposto do dever de indenizar remota, historicamente, ao século das luzes – o século XVIII, remontando-se especialmente ao artigo 1382 do Código Napoleônico de 1804 que prescrevia a responsabilidade subjetiva.[26]

---

23. Mas a variedade de situações possíveis é infinita e, portanto, na maioria dos casos, pode se referir apenas ao critério geral de diligência, cujo conteúdo deve ser especificado em relação ao tipo de atividade e também levando em consideração as particularidades das leis, regulamentos, ordens ou disciplinas podem não ser suficientes para excluir a culpa, se as circunstâncias do caso concreto exigirem medidas adicionais de diligência e prudência". (TRIMARCHI, Pietro. *La responsabilità civile: atti illeciti, rischio, danno*. Milão: Giuffrè Editore, 2017. p. 64).
24. "Partindo-se desta imagem, o estágio atual da responsabilidade civil pode justamente ser descrito como um momento de erosão dos filtros tradicionais da reparação, isto é, de relativa perda de importância da prova da culpa e da prova do nexo causal como obstáculos ao ressarcimento dos danos na dinâmica das ações de ressarcimento." (SCHREIBER, Anderson. *Novos paradigmas da Responsabilidade Civil*: da erosão dos filtros à diluição de danos. São Paulo: Atlas, 2015. p. 12).
25. "A Lei de Talião foi institucionalizada como medida ou limitação da represália pelo prejuízo causado à vítima, oportunidade e que nasce a figura da responsabilidade". (SERRA VIEIRA, Patrícia Ribeiro. *A responsabilidade civil objetiva do direito de danos*. Rio de Janeiro: Forense, 2005. p. 10).
26. "É ponto de referência uniforme o artigo 1382 do Código Civil Napoleônico, de 1804, como o marco inicial de regra de escrita ligando a obrigação de reparar, via de princípio, a uma conduta faltosa. Raras as hipóteses contrárias. (...) O assentamento da falta de diligência como pressuposto da reparação foi uma conquista contra o arbítrio e se expandiu do Código Napoleônico para as demais codificações da Europa e da América Latina, mas, a esse tempo, a todo cabo já andava a revolução industrial, trazendo consigo novas concepções". (CASTRO,

Atribui-se o nascimento da responsabilidade civil à *Lex Aquilia*.[27] O Código Napoleônico, concebido como modelo consolidador do sistema de responsabilidade civil, estruturava a responsabilidade civil sob o modelo essencialmente culposo.[28]

Por todas essas razões, a evolução do regime de responsabilidade tradicional, calcado na culpa, para o modelo objetivo, seria caminho inevitável à luz de novos danos, em renovadas formas de apresentação, que desafiavam a prova da ilicitude da conduta danosa – e, consequentemente, desafiavam o esquema tradicional da regra culposa –, conforme observa Rodotà.[29]

A responsabilidade civil foi paulatinamente sendo objetivada na virada do Século XVIII ao Século XIX, à medida que a vida se tornou mais complexa, que se massificaram os métodos produtivos, que as relações comerciais essencialmente de escambo passaram a tornar-se mais complexas. Destaque-se, nesse brevíssimo itinerário histórico, a Primeira Revolução Industrial (1760), a Segunda Revolução Industrial (1870), a Primeira Guerra Mundial (1914) e a Segunda Guerra Mundial (1939-1945).[30]

Neste contexto, em prol dos progressos industriais e dos métodos produtivos, a qualidade de vida especialmente dos industriais deteriorou-se de sobremaneira, surgindo um sem-número de novos danos, em um contexto social que o historiador Edward Burns denominou de pavorosas, em um nível de vida que fosse "talvez inferior ao dos escravos nas plantações americanas".[31] Os acidentes de trabalho multiplicaram-se ao mesmo tempo que novas tecnologias de produção massificada eram introduzidas na vida moderna do empregado, absolutamente incapaz de provar a culpa do seu empregador se qualquer dano lhe fosse submetido durante seu trabalho.[32]

Guilherme Couto de. *A responsabilidade civil objetiva no direito brasileiro*. Rio de Janeiro: Forense, 2005. p. 32-33).

27. "A *Lex Aquilia* foi a base da responsabilidade civil, não pelas matérias de que tratava, ne por seu conteúdo eminentemente jurídico, senão porque marcou o início de um trabalho distintivo entre as modalidades e/ou graus de culpa. Tal fato justifica até hoje a ampla referência feita a *Lex Aquilia* como estruturadora do instituto da responsabilidade civil, visto que, nela, a culpa é tida como o elemento essencial de toda a responsabilidade". (SERRA VIEIRA, Patrícia Ribeiro. *A responsabilidade civil objetiva do direito de danos*. Rio de Janeiro: Forense, 2005. p. 11).
28. "O Código Napoleônico, concebido como modelo consolidador da responsabilidade civil, foi estruturado com base na culpa, imponto a obrigação de indenizar apenas nos casos em que a vítima conseguisse demonstrar a relação de causalidade entre o fato provocado pelo autor do dano e o dano propriamente dito, estando aquele fato qualificado pela culpa do agente." (SERRA VIEIRA, Patrícia Ribeiro. *A responsabilidade civil objetiva do direito de danos*. Rio de Janeiro: Forense, 2005. p. 13).
29. RODOTÀ, Stefano. *Il problema della Responsabilità Civile*. Milão: Dott. A. Guifrè Ediore, 1964. p. 18-19.
30. "É certo que, à primeira vista, poderia e pode parecer justo que uma pessoa só responda por prejuízos decorrentes de ação culposa; mas, com o avanço da revolução industrial, multiplicavam-se os casos nos quais não era difícil demonstrar o contrário". (CASTRO, Guilherme Couto de. *A responsabilidade civil objetiva no direito brasileiro*. Rio de Janeiro: Forense, 2005. p. 32).
31. BURNS, Edward. *História da civilização ocidental*. Porto Alegre: Editora Globo, 1968. v. 2. p. 692.
32. "Nesse contexto, os acidentes (principalmente de trabalho) previsivelmente multiplicaram-se, tornando extremamente difícil, quiçá impossível, a prova de culpa do agente. Surgiram então, paliativos como a presunção de culpa ou a inversão do ônus da prova. Por fim, doutrinadores alemães e franceses passam a sustentar que se deve prescindir da culpa, objetivando a responsabilidade civil." (MARINO, Francisco. *Paerons, Reale e a estruturas sociais – o conceito de atividade geradora de risco na cláusula geral de responsabilidade objetiva do Código Civil*. In: SIMÃO, José Fernando; PAVINATO, Tiago (Coords.). *Liber amicorum Teresa Ancona Lopez*: estudos sobre responsabilidade civil. São Paulo: Almedina, 2021. p. 276).

É justamente nessa virada do século que na França desenvolvem-se as primeiras teorias do risco-criado,[33] nascendo as inaugurais lições da objetivação da responsabilidade civil, destacando-se Saleilles, Josserand, Esmein, Merkel, Savatier e Demogue, que não escaparam de duras críticas.[34]

A culpa transvestia-se de empecilho à indenização da vítima em diversas hipóteses,[35] onerando-a em uma prova dificultosa e por vezes insuperável, assistindo-se, pois, ao fenômeno da paulatina objetivação da responsabilização civil.[36] Josserand aponta que o ônus probatório da culpa representaria, ao lesado, ônus singularmente pesado, verdadeiro *handicap* para aquele sobre cujos ombros caía.[37] O surgimento da teoria do risco, explica o Professor Caio Mário da Silva Pereira, inspira-se em razões de ordem prática e social, sendo a teoria da culpa insuficiente para garantir a indenização em certas hipóteses por impor à vítima a prova da culpa do causador, passando a questionar-se um elemento da responsabilidade que até então parecia intangível – a culpa.[38]

Na virada do século XIX ao XX, encontrará o intérprete um direito civil menos obcecado aos tradicionais filtros da responsabilidade civil e mais orientado a assegurar a

---

33. "A teoria do risco já tinha certo impulso no final do século passado, na Europa, em especial na França, e foi na legislação de acidente de trabalho que primeiro se cristalizou, em texto escrito, de acordo com a visão correntia." (CASTRO, Guilherme Couto de. *A responsabilidade civil objetiva no direito brasileiro*. Rio de Janeiro: Forense, 2005. p. 33).
34. "Saleilles e Josserand foram, apesar da ostensiva hostilidade por parte de outros juristas, impulsionadores da objetivação da responsabilidade, mediante a substituição da noção de culpa pela noção de risco, que é parte de todas as atividades profissionais perigosas. A teoria do risco-criado foi singularmente atacada sob a justificativa de que, longe de ser um progresso, ela representaria um atraso que nos levaria à barbárie à *Lex Aquilia*, em que só era perseguida a materialidade dos fatos". (SERRA VIEIRA, Patrícia Ribeiro. *A responsabilidade civil objetiva do direito de danos*. Rio de Janeiro: Forense, 2005. p. 15).
35. "O conceito tradicional de culpa apresentava-se, então, inadequado para servir de suporte à teoria da responsabilidade civil, pois o fato de impor à vítima, como pressuposto para ser ressarcida do prejuízo experimentado, o encargo de demonstrar não só o liame de causalidade, como por igual o comportamento culposo do agente causador do dano, equivalia a deixá-la irressarcida, visto que em inúmeros casos o ônus da prova surgia como barreira intransponível". (GONCALVES, Carlos Roberto. *Comentários ao Código Civil*. Saraiva: 2003. v. 11. p. 308).
36. "De início, a dificuldade de demonstração da culpa atendia, em boa medida, ao interesse liberal que rejeitava a limitação da autonomia privada, salvo nas hipóteses de uso flagrantemente inaceitável da liberdade individual. Entretanto, com o desenvolvimento do capitalismo industrial e a proliferação de acidentes ligados às novas tecnologias, tal dificuldade intensificou-se ao extremo, atraindo a intolerância social e a rejeição do próprio judiciário." (SCHREIBER, Anderson. *Novos paradigmas da Responsabilidade Civil*: da erosão dos filtros à diluição de danos. São Paulo: Atlas, 2015. p. 16).
37. "Como um operário, que se feriu durante o seu trabalho, pode demonstrar a culpa do patrão? Como o pedestre, colhido por um automóvel, num lugar solitário, à noite, na ausência de testemunhas, pode provar – supondo-se que tenha sobrevivido ao acidente – que o carro não estava iluminado ou que corria a uma velocidade excessiva? Como o viajante que, no curso de um trajeto efetuado em estrada de ferro, cai sobre a via, pode provar que os empregados tinham negligenciado no fechamento da porta, logo depois da partida da última estação? Impor à vítima ou aos seus herdeiros demonstrações dessa natureza equivale, de fato, a recusar-lhes qualquer indenização. (...) A teoria tradicional da responsabilidade repousava manifestamente em bases muito estreitas; cada vez mais se mostrava insuficiente e perempta; fazia-se sentir imperiosamente a necessidade de alargar os fundamentos em que repousava o velho edifício de antanho que não correspondia mais às necessidades dos novos tempos e se tornava inhabitável" (JOSSERAND, Louis. Evolução da Responsabilidade Civil. In: *Revista Forense*, v. LXXXVI, 1941. p. 551).
38. PEREIRA, Caio Mario da Silva. *Responsabilidade civil*. 9. ed. Rio de Janeiro: Forense, 1999. p. 24.

indenização da vítima, fundado no modelo solidarista, de modo que "a evolução econômica e social tornara claro que a tradicional responsabilidade subjetiva era insuficiente, qualitativa e quantitativamente, para tutelar diversas espécies de relações jurídicas da sociedade industrializada".[39]

Operou-se no último século, portanto, uma benfazeja e profunda mudança no sistema de responsabilidade civil para que a vítima passasse a ocupar o centro do regime de responsabilidade, e não mais a conduta do ofensor, relativizando-se de sobremaneira a culpa nas hipóteses que sua prova pudesse impedir a indenização da vítima. Tal pêndulo, contudo, pode ter excessivamente ter se deslocado para a objetivação da responsabilidade civil objetiva, sobretudo considerando a forma acrítica que se vem interpretando o art. 931 do Código Civil, que serviria, ao lado do artigo 927 parágrafo único do Código Civil, servido de justificativa para uma genérica objetivação da responsabilidade civil para atividades de risco e, especialmente no que diz respeito ao artigo 931, para atividades empresariais – movimento que deve ser olhado com *grano salis* sob pena de subverter-se o regime dualista de responsabilidade civil em vigor no Código Civil atual.[40]

3. O ARTIGO 931 DO CÓDIGO CIVIL, A PREVISIBILIDADE DOS DANOS E OS RISCOS DO DESENVOLVIMENTO

A suposta objetivação geral da responsabilidade civil empresarial encontraria fundamento no artigo 931 do Código Civil,[41] dispositivo que encerraria cláusula geral de responsabilidade civil objetiva do empresário ou das empresas individuais pelo fato do produto, apontado pela doutrina como dispositivo mal redigido pois atrela a responsabilidade objetiva a qualquer "dano causado pelos produtos".[42] Ora, facas, cigarros e álcool podem causar danos, mas não são defeituosos no momento em que foram postos no mercado de consumo, posto corresponderam à segurança, qualidade e quantidade

---

39. BODIN DE MORAES, Maria Celina. *Risco, solidariedade e responsabilidade objetiva*. op. cit., p. 18.
40. "A orientação foi absorvida pelo Código Civil Brasileiro de 2002, que, além de prever novas hipóteses específicas de responsabilidade objetiva, instituiu, no parágrafo único do seu artigo 927, uma cláusula geral de responsabilidade objetiva para atividades de risco. Consolida-se, assim, o *modelo dualista* que já se delineava no sistema anterior, convivendo lado a lado a normal geral de responsabilidade subjetiva, do atual artigo 186, que em como fonte o ato ilícito, e as normas reguladoras da responsabilidade objetiva para determinadas atividades, informadas por fonte legislativa e agora também pela cláusula geral da nova codificação civil." (TEPEDINO, Gustavo; BARBOZA, Heloisa Helena; BODIN DE MORAES, Maria Celina. *Código Civil Interpretado conforme a Constituição da República*. Rio de Janeiro: Renovar, 2006. v. II. p. 806).
41. "Artigo 931. Ressalvados outros casos previstos em lei especial, os empresários individuais e as empresas respondem independentemente de culpa pelos danos causados pelos produtos postos em circulação."
42. "O artigo 931 inovou substancialmente ao criar uma regra geral de responsabilidade objetiva pela circulação dos produtos, porém, mesmo depois de mais de uma década de vigência do Código Civil brasileiro, a doutrina ainda é tímida ao interpretar o dispositivo, pois silencia ou trata a matéria sem a profundidade necessária, deixando de dar a atenção que o dispositivo merece. *O não enfrentamento desses elementos históricos acabou contribuindo para algumas interpretações equivocadas do dispositivo*" (grifou-se). (WESENDONCK, Tula. Artigo 931 do Código Civil: repetição ou inovação? *Revista de Direito Civil Contemporâneo*. n. 2. v. 3, São Paulo: Ed. RT, abr.-jun. 2015. p. 142).

a que se comprometeram, justificando-se a responsabilidade do fornecedor única e exclusivamente se verificado um vício ou defeito.[43]

A mais contundente crítica ao artigo 931 é o fato de o dispositivo não ter feito nenhuma ressalva quanto à excludentes de responsabilidade, atrelando à atividade empresarial no Brasil uma responsabilidade por todo e qualquer risco, independente de qualquer outra excludente, "o que poderia sugerir que a teoria do risco integral foi adotada no caso do fornecimento de produtos".[44] Tal equívoco interpretativo decore da interpretação do dispositivo descolado de sua historicidade: o dispositivo "tratava de uma forma específica de responsabilidade civil do farmacêutico pela fabricação de medicamentos e, posteriormente, passou a ser genérica, alcançando todos os empresários e a circulação de 'produtos'".[45] Não à toa é que a redação do artigo 931 do CC no anteprojeto de 1972, em seu então artigo 990, era o seguinte:

> "Ressalvados outros casos previstos em lei especial, o farmacêutico e as empresas farmacêuticas respondem solidariamente pelos danos causados pelos produtos postos em circulação, ainda que os prejuízos resultem de erros e enganos de prepostos".[46]

O primeiro fato do itinerário legislativo que deve ser resgatado para que se compreenda o sentido e alcance do art. 931 do Código Civil é que embora a doutrina rotineiramente faça referência ao consumidor ao interpretar o dispositivo, sua redação é anterior ao Código de Defesa do Consumidor e, portanto, não obrigatoriamente refere-se à relação de consumo nos moldes dos artigos 2º e 3º do Código de Defesa do Consumidor. Essa constatação contraria a visão tradicional no sentido de que o dispositivo seria uma repetição literal do Código Consumerista, de modo que "a expressão consumidor era usada com o sentido aproximado de usuário de um determinado bem adquirido no mercado",[47] em uma distinção feita à época da Emenda 530, de autoria do Deputado Emanoel Wasiman, que sequer cogitava da distinção do destinatário final vigente hoje à luz do Código de Defesa do Consumidor, estando o dispositivo a criar, portanto, um regime objetivo de responsabilidade civil a terceiros, que podem ser consumidores ou não.

---

43. "Melhor seria, portanto, se o dispositivo em análise houvesse se referido, como fez o CDC, à responsabilidade pelos danos causados por defeitos do produto e definir como produto defeituoso aquele que não oferece a segurança esperada (artigo 12 parágrafo único do CDC)." (TEPEDINO, Gustavo; BARBOZA, Heloisa Helena; BODIN DE MORAES, Maria Celina. *Código Civil interpretado conforme a Constituição da República*. Rio de Janeiro: Renovar, 2006. v. II. p. 826).
44. TEPEDINO, Gustavo; BARBOZA, Heloisa Helena; BODIN DE MORAES, Maria Celina. *Código Civil interpretado conforme a Constituição da República*. Rio de Janeiro: Renovar, 2006. v. II. p. 826)
45. WESENDONCK, Tula. Artigo 931 do Código Civil: repetição ou inovação? *Revista de Direito Civil Contemporâneo*. n. 2. v. 3, São Paulo: Ed. RT, abr.-jun. 2015. p. 142.
46. A respeito de tal redação, observa Tula Wesendonck que se tratava de um dispositivo destinado unicamente a regular a responsabilidade do farmacêutico: "A responsabilidade que constava no texto original (tanto no anteprojeto como no projeto) era somente destinada à responsabilidade do farmacêutico ou da empresa farmacêutica, que respondiam solidariamente pelos danos causados por produtos postos em circulação. A responsabilidade civil seguia o sistema de responsabilidade do empregador pelo empregado ou preposto." (WESENDONCK, Tula. Artigo 931 do Código Civil: repetição ou inovação? *Revista de Direito Civil Contemporâneo*, n. 2, v. 3, São Paulo: Ed. RT, abr.-jun. 2015. p. 144).
47. WESENDONCK, Tula. Artigo 931 do Código Civil: repetição ou inovação? *Revista de Direito Civil Contemporâneo*, n. 2, v. 3, São Paulo: Ed. RT, abr.-jun. 2015. p. 147.

A diferença essencial do regime trazido pelo artigo 931 e do Código de Defesa do Consumidor é o reconhecimento do *defeito* como requisito a deflagrar o dever de indenizar, ou seja, ao contrário do Código de Defesa do Consumidor, a legislação civil não condiciona a responsabilidade à existência de um defeito. Em outras palavras, mesmo em um regime que, em tese, seria mais rigoroso em relação ao desenvolvedor do produto ou do serviço – o consumerista – o defeito apresenta-se como requisito do dever de indenizar. E é justamente por isso que se deve temperar o rigor do artigo 931 do Código Civil a partir de uma interpretação sistemática, como se propõe a seguir, para evitar-se que tal dispositivo se torne uma cláusula geral de responsabilidade por todo e qualquer dano, ainda que decorrente de produto não defeituoso.[48]

O dispositivo, portanto, criaria uma responsabilidade objetiva genérica, indiscriminada, a todo e qualquer atividade empresarial, seja ela com relação aos destinatários finais de produtos e de serviços – o que seria absolutamente inócuo dado o artigo 12 do CDC – e, ainda, uma objetivação da atividade entre empresários, o que igualmente contrariaria a coerência do sistema considerando que a culpa ainda guarda lugar importante no Código Civil à luz do artigo 186 do Código Civil. É essa a arguta crítica feita em doutrina, com a qual comungamos integralmente.[49]

Em parecer jurídico, a Professora Judith Martins-Costa asseverou que o artigo 931 do Código Civil Brasileiro não assegura um regime de responsabilidade civil pelo risco integral que somente tem aplicação excepcional no Direito brasileiro – como, *e.g.*, nos casos de responsabilidade civil por dano nuclear (artigo 21, XXIII, da Constituição Federal).[50] A Professora diferencia, ainda, o produto defeituoso do produto perigoso, ao aludir ao cigarro enquanto produto perigoso mas não defeituoso, demonstrando, assim, que a periculosidade, por si só, não enseja a atração indiscriminada e genérica do regime objetivo de responsabilidade civil, seja por força da incidência do artigo 931 ou por força da cláusula geral de responsabilidade civil objetiva do artigo 927 parágrafo único – ambos do Código Civil.

---

48. "Com o objetivo de reforçar a importância do artigo 931 do CC brasileiro, é importante ponderar que o artigo 12 do CDC estabelece a responsabilidade independente de culpa, mas não se trata de responsabilidade objetiva pura, porque o seu fundamento não é o risco, e sim a existência de um defeito do produto. Assim, mesmo que o fabricante coloque produto no mercado, não será responsabilizado por qualquer dano se provar a inexistência de defeito no produto. Já no regime de responsabilidade do Código Civil brasileiro basta a colocação do produto em circulação que provoque danos para a incidência da responsabilidade civil do fabricante". WESENDONCK, Tula. Artigo 931 do Código Civil: repetição ou inovação? *Revista de Direito Civil Contemporâneo*, n. 2, v. 3, São Paulo: Ed. RT, abr.-jun. 2015. p. 156.
49. O mérito da inovação é controverso. Com efeito, o caráter objetivo da responsabilidade dos fornecedores nas relações de consumo justifica-se pela vulnerabilidade dos consumidores (CDC, artigo 4º, i). Entre os próprios fornecedores, a responsabilidade objetiva pode se afigurar um tanto excessiva, principalmente pelo fato de o artigo 931 não ter consignado os pressupostos específicos e as excludentes da responsabilidade objetiva, o que deve ser levado em conta pelo intérprete, todavia, para preservar a coerência do sistema.". TEPEDINO, Gustavo; BARBOZA, Heloisa Helena; BODIN DE MORAES, Maria Celina. *Código Civil interpretado conforme a Constituição da República*. Rio de Janeiro: Renovar, 2006. v. II. p. 827.
50. MARTINS-COSTA, Judith. Parecer jurídico proferido em 29.11.2021 nos autos da ação judicial 5030568-38.2019.4.04.7100.

Reforça que a antijuridicidade é requisito essencial – tanto para a responsabilidade objetiva, quanto para a responsabilidade subjetiva, tanto para a responsabilidade contratual, quanto para a responsabilidade extracontratual.[51] Igualmente distingue a *ilicitude* da *culpa*, definindo que a culpa é a violação do dever preexistente que o agente podia e devia observar e a ilicitude a contrariedade ao direito, sendo a *ilicitude* um pressuposto e a *culpa* um fator de imputação. Este raciocínio para explicar, em síntese, que "a responsabilidade objetiva prescinde da culpa e não da antijuridicidade, é dizer: do contraste entre a conduta e o determinado, previsto ou permitido pelo ordenamento jurídico"[52]. Conclui a professora demonstrando, assim, que não é a pretexto de uma teoria do risco insculpida no artigo 927 parágrafo único que se cogitaria de um dever geral de indenizar por todo e qualquer ato decorrente do risco – até mesmo do ato lícito, senão vejamos:

> "Mais do que paradoxal, seria verdadeiramente ilógico e não autorizado pelo sistema impor a quem atua conformemente ao Direito uma obrigação de indenizar, sob o pretexto de assim comandarem as regras da responsabilidade objetiva, como se retira do artigo 927, parágrafo único, do Código Civil. Não se diga que a regra ali prevista autorizaria a imposição do dever de indenizar danos derivados por ato lícito, por contemplar o dever de indenizar os danos decorrentes de uma atividade geradora de risco. Não há sinonímia entre atividade geradora de risco e nascimento do dever de indenizar".[53]

Crítica semelhante a respeito do exagerado alargamento da responsabilização objetiva igualmente é feita por Marcelo Calixto, ao observar que o dispositivo "se, todavia, for literalmente interpretado, termina por estender demasiadamente esta responsabilidade, uma vez que a mesma será deflagrada pela simples ocorrência do dano".[54] Anota o professor, ainda, que o Código Civil traz raras excludentes de responsabilidade, de modo que o artigo 931 poderia ocasionar, na prática, "uma hipótese se responsabilidade integral, em que o fabricante – ou, nos termos da lei, o 'empresário individual das empresas' – será responsabilizado pelo simples fato de que o seu produto causou um dano".[55]

É, portanto, em nome da coerência do sistema, à luz do princípio da unidade sistemática e da aplicação coesa do sistema, que se conclui que o artigo 931 não pode ser interpretado de modo a aplicar um regime objetivo genérico a toda e qualquer atividade

---

51. "Como regra, há dever de indenizar apenas quando comprovado o dano e o vínculo causal entre este e a conduta ilícita (antijurídica) do lesante, ou de quem por ele responde. Antijuridicidade12 (isto é: ilicitude do ato), dano e nexo de causalidade são, portanto, os três pressupostos gerais elementares, presentes tanto na responsabilidade contratual quanto na extracontratual; tanto na responsabilidade subjetiva (informada pela culpa como fator de imputação) quanto na responsabilidade objetiva (informada pelo risco como fator de imputação). Ainda como regra, a presença cumulativa desses três elementos é imprescindível para atribuir-se o efeito consistente no pagamento de indenização por perdas e danos." (MARTINS-COSTA, Judith. Parecer jurídico proferido nos autos da ação judicial 5030568-38.2019.4.04.7100. p. 9).
52. MARTINS-COSTA, Judith. Parecer jurídico proferido em 29.11.2021 nos autos da ação judicial 5030568-38.2019.4.04.7100. p. 12.
53. MARTINS-COSTA, Judith. Parecer jurídico proferido em 29.11.2021 nos autos da ação judicial 5030568-38.2019.4.04.7100. p. 13
54. CALIXTO, Marcelo. O artigo 931 do Código Civil de 2002 e os riscos do desenvolvimento. *Revista Trimestral de Direito Civil*, ano 6, v. 21, jan.-mar. 2005. Rio de Janeiro: Rio de Janeiro: Padma, 2000. p. 61.
55. CALIXTO, Marcelo. O artigo 931 do Código Civil de 2002 e os riscos do desenvolvimento. *Revista Trimestral de Direito Civil*, ano 6, v. 21, jan.-mar. 2005. Rio de Janeiro: Rio de Janeiro: Padma, 2000. p. 61.

empresarial, isto é, não pode o desenvolvedor ser responsável unicamente por seu produto ter causado dano sem que o defeito.[56]

Ora, se inexiste uma cláusula geral de responsabilidade civil objetiva, genérica, para toda e qualquer atividade empresarial e que, portanto, deve-se interpretar o artigo 931 do Código Civil para que a responsabilidade esteja atrelada a um defeito, persiste a dúvida a respeito da adequação de responsabilizar-se o desenvolvedor de atividades pelos danos que jamais eram previsíveis ao tempo em que foram colocados no mercado e, ainda, cujos danos eram absolutamente imprevisíveis.[57] Em outras palavras, devemos considerar que os riscos do desenvolvimento geram a responsabilidade civil do desenvolvedor da atividade ou, ao revés, dado o critério de imprevisibilidade do dano que posteriormente ocorreu e considerando que inexistiu defeito quando posto em circulação o produto ou o serviço, os riscos do desenvolvimento são uma excludente – e não causa – de responsabilidade?

Conceitua riscos do desenvolvimento o Min. Herman Bejnamim como o "risco que não pode ser cientificamente conhecido ao momento de lançamento do produto no mercado, vindo a ser descoberto somente após um certo período de uso do produto e do serviço".[58]

Em nosso modo de ver, andou bem a Diretiva 85/374/CEE que, no âmbito da União Europeia, excluiu a responsabilidade civil dos fornecedores de produtos ou de serviços quando por danos imprevisíveis ou desconhecidos à época de sua inserção no mercado de consumo.[59] A resolução expressamente considera que a responsabilidade não culposa do produtor é o único meio de resolver de modo adequado o problema, característico da nossa época de crescente tecnicidade, de uma justa atribuição dos riscos inerentes à produção técnica moderna, ponderando, ainda, que uma justa repartição dos riscos entre o lesado e o produtor implica que este último se possa eximir da responsabilidade se provar a existência de determinados factos que o isentem.

---

56. "Dessa forma, entendemos ser um requisito necessário para a deflagração desta responsabilidade a existência de defeito no produto. E este será estudado sendo os mesmos moldes constantes do Código de Defesa do Consumidor, que trará ainda das possíveis excludentes de responsabilidade". CALIXTO, Marcelo. O artigo 931 do Código Civil de 2002 e os riscos do desenvolvimento. *Revista Trimestral de Direito Civil*, ano 6, v. 21, jan.-mar. 2005, Rio de Janeiro: Rio de Janeiro: Padma, 2000. p. 61.
57. A respeito da relação entre o artigo 931 e a teoria dos riscos do desenvolvimento, assim bem defende Tula Wesendonck: "Assim, o dispositivo legal pode ser considerado um portal para a inclusão da responsabilidade pelos riscos do desenvolvimento, pois, diferente do que ocorre com a legislação consumerista, o defeito não é exigido como requisito para a incidência da responsabilidade civil, pois tal responsabilidade impõe-se pela colocação no mercado de produtos que causa danos. Esse aspecto merece atenção especial porque, nos casos de riscos do desenvolvimento, o defeito somente pode ser detectado em momento posterior, pois o estado da arte não é suficiente para prevê-lo." (WESENDONCK, Tula. Artigo 931 do Código Civil: repetição ou inovação? *Revista de Direito Civil Contemporâneo*, n. 2, v. 3, São Paulo: Ed. RT, abr.-jun. 2015. p. 154).
58. BENJAMIN, Antonio Herman; MARQUES, Claudia Lima; MIRAGEM, Bruno. *Comentários ao Código de Defesa do Consumidor*. Imprenta: São Paulo, Revista dos Tribunais, 2017. p. 67.
59. A excludente de responsabilidade é expressa no artigo 7º 'e', senão vejamos: "Artigo 7: O produtor não é responsável nos termos da presente directiva se provar: e) Que o estado dos conhecimentos científicos e técnicos no momento da colocação em circulação do produto não lhe permitiu detectar a existência do defeito." Disponível em https://eur-lex.europa.eu/legal-content/PT/TXT/HTML/?uri=CELEX:31985L0374. Acesso em: 11.07.2023.

Gustavo Tepedino observa que inexiste defeito propriamente dito no caso de risco do desenvolvimento,[60] arrebatando quaisquer dúvidas a respeito da possibilidade de responsabilização do fornecedor pelos riscos do desenvolvimento.[61] Em posição conservadora a respeito da impossibilidade de atenuar-se ou eximir-se a responsabilidade civil do fornecedor de produtos ou de serviços em razão dos riscos do desenvolvimento, anota a Professora Silmara Chinellato que "não é razoável propor a irresponsabilidade quanto a produto que não tenha defeitos verificáveis no momento de sua inserção no mercado (defeitos icogniscíveis), pois a responsabilidade existe, seja o defeito conhecido, seja desconhecido".[62] Parte a autora de uma premissa que nos parece desafiadora, qual seja, a constatação de que supostamente haveria um "padrão universal de qualidade (um *standard* de fornecedor *ideal*), plenamente alcançável quando se verifica que vivemos em um mercado global de consumo".[63] Com as escusas a quem assim o pensa, a dedução parece, em verdade, um retorno à lógica do *bonus pater famílias*,[64] não nos parecendo possível, em um mundo fragmentado, com múltiplas e infinitas possibilidade de atuações técnicas e empresariais, cujo grau de complexidade técnica é, ao mesmo tempo, especialíssimo para cada setor de atuação e intensamente dinâmico, supor que um "padrão universal de qualidade" pudesse ser construído para, a partir daí, pressupor a cognoscibilidade ou não de determinado dano por parte do fornecedor.

---

60. "O conceito de defeito é essencialmente relativo, antepondo duas noções, em determinado contexto histórico: segurança e expectativa dos consumidores. Assim, no risco de desenvolvimento, não existe defeito, por inexistir uma reversão de expectativa em face dos conhecimentos atuais. Não se pode esperar algo que se desconhece. Há, sim, neste caso, periculosidade ou nocividade, objetivamente consideradas, embora desconhecidas pela ciência no momento do oferecimento do produto ou do serviço." (TEPEDINO, Gustavo. A Responsabilidade Civil Médica na Experiência Brasileira Contemporânea. *Revista Trimestral de Direito Civil*, ano 1, v. 2, abr./jun. 2000. p. 68.
61. "Para o Código do Consumidor, convém insistir, defeito não se confunde com nocividade (há inúmeros produtos, na praça, que, embora nocivos, não são defeituosos, desde que as informações prestadas pelo fornecedor esclareçam bem seu grau de nocividade). E não há defeito imputável ao fornecedor quando, nos termos do artigo 12 § 1º, III, tendo em conta a época em que o produto foi posto em circulação inexiste vício de segurança, consubstanciado na ruptura entre o funcionamento do produto ou serviço e o que deles espera legitimamente o consumidor, com base no atual conhecimento científico". (TEPEDINO, Gustavo. A Evolução da Responsabilidade Civil no Direito Brasileiro e suas Controvérsias na Atividade Estatal. In: *Temas de Direito Civil*, 3. ed. Rio de Janeiro: Renovar, 2004. p. 274).
62. CHINELLATO, Silmara Juny de Abreu; MORATO, Antonio Carlos. Responsabilidade Civil e o risco do desenvolvimento nas relações de consumo. In: NERY, Rosa Maria de Andrade; DONNINI, Rogério. *Responsabilidade civil*: estudos em homenagem ao professor Rui Geraldo Carmargo Viana. São Paulo: Ed. RT, 2009. p. 31.
63. CHINELLATO, Silmara Juny de Abreu; MORATO, Antonio Carlos. Responsabilidade Civil e o risco do desenvolvimento nas relações de consumo. In: NERY, Rosa Maria de Andrade; DONNINI, Rogério. *Responsabilidade civil*: estudos em homenagem ao professor Rui Geraldo Camargo Viana. São Paulo: Ed. RT, 2009. p. 31.
64. "Constata-se, de tal modo, a insuficiência da tradicional figura do *bonus pater famílias* como modelo genérico de comportamento. A dinamicidade das relações sociais, marcadas pela criatividade humana e pela crescente especialização das diversas atividades desenvolvidas, impõe a adoção de modelos múltiplos e específicos, que reflitam a pluralidade e as peculiaridades das práticas interpessoais. Há, com efeito, tantos padrões de comportamento quantas forem as possibilidades de atuação da autonomia privada. As várias categorias de conduta tornam-se, assim, *standarizadas*, a permitir a análise objetiva do comportamento do agente causador do dano". (TEPEDINO, Gustavo; TERRA, Aline de Miranda Valverde; GUEDES, Gisela Sampaio da Cruz. *Fundamentos de direito civil*: responsabilidade civil. Rio de Janeiro: Forense, 2021. p. 122).

É comungando a possibilidade de o risco do desenvolvimento ensejar a responsabilização do fornecedor, apesar de todos os argumentos acima esposados, que se editou o Enunciado 42 aprovado na Jornada de Direito Civil, defendendo que "o artigo 931 amplia o conceito de fato do produto existente no artigo 12 do Código de Defesa do Consumidor, imputando responsabilidade civil à empresa e aos empresários individuais vinculados à circulação dos produtos.".

É justamente nesse sentido que se colocam tanto o Código Civil Italiano, no artigo 1.225,[65] quando o artigo 1.231-3 do Código Civil francês[66] – este último após a reforma do direito das obrigações de 2016. Ambos os dispositivos tratam da responsabilidade civil contratual e a dúvida reside a respeito da extensão de tais hipóteses para a responsabilidade civil aquiliana, tendo já ecoado na doutrina estrangeira pela perfeita possibilidade de extensão ao campo da responsabilidade legal da previsão supostamente adstrita ao campo da responsabilidade contratual.[67]

O critério da previsibilidade do dano foi, igualmente, assumido na Convenção das Nações Unidas sobre Contratos de Compra e Venda Internacional de Mercadorias incorporador no Brasil por meio do Decreto 8.327/2014,[68] especialmente em seu artigo 74.[69]

---

65. No original: "Artigo 1225. Prevedibilità del danno. Se l'inadempimento o il ritardo non dipende da dolo del debitore, il risarcimento è limitato al danno che poteva prevedersi nel tempo in cui è sorta l'obbligazione." Em tradução livre: "Artigo 1225. Previsibilidade do dano. Se o incumprimento ou mora não depender de dolo do devedor, a indemnização limita-se ao dano que pudesse ter sido previsto no momento em que surgiu a obrigação.".

66. No original: "Article 1231-3. Création Ordonnance 2016-131 du 10 février 2016 - artigo 2. Le débiteur n'est tenu que des dommages et intérêts qui ont été prévus ou qui pouvaient être prévus lors de la conclusion du contrat, sauf lorsque l'inexécution est due à une faute lourde ou dolosive.". Em tradução livre: "Seção 1231-3
Portaria de Criação 2016-131 de 10 de fevereiro de 2016 - artigo 2 O devedor responde apenas pelos prejuízos previstos ou que pudessem ter sido previstos no momento da celebração do contrato, salvo quando o incumprimento se deva a culpa grave ou dolo."

67. A respeito da possibilidade de tal extensão: "L'irrilevanza del criterio della prevedibilità del danno nel campo dell'illecito si fa dipendere anche qui da un argomento letterale (o mesmo rincio nell'artigo 2056) (...). Ora, tutti questi argomenti, specie queli litterali e tratti dai lavori preparatori, non sono, ad avviso di chi scrive, determinantei. (..). E d'altronde, il criterio volto a ricostruire la volontà storica del legislatore del 1942 è solo uno dei criteri possibili di interpretazione della legge e altri se ne possono trovare. In particolare, nel passaggio dal precedente legislativo (artigo 1228 cod. civ. abr.) al testo attuale dell'artigo 1225 cod. civ. vig. si può cogliere una variante dalla quale si possono trarre argomenti a sostegno dell'estensibilità della norma ai danni da fatto illecito.". Em tradução livre: "A irrelevância do critério da previsibilidade do dano no domínio da infracção faz-se depender também aqui de um argumento literal (ou mesmo rincio no artigo 2056) (...). Ora, todos esses argumentos, principalmente os literais e extraídos dos trabalhos preparatórios, não são, na opinião do escritor, decisivos. (...). E, por outro lado, o critério que visa reconstruir a vontade histórica do legislador de 1942 é apenas um dos possíveis critérios de interpretação da lei e outros podem ser encontrados. Em particular, na transição do precedente legislativo (artigo 1.228 abr. do código civil) para a atual redação do artigo código 1225 civil vig. uma variante pode ser apreendida a partir da qual argumentos podem ser extraídos em apoio à extensibilidade da regra aos danos causados por responsabilidade civil." (VISINTINI, Giovanna. *Trattato breve dela responsabilità civile*. 3. Ed. Padova: Cedam, 2005. p. 247-250).

68. Decreto 8.327 de 16 de outubro de 2014, que Promulga a Convenção das Nações Unidas sobre Contratos de Compra e Venda Internacional de Mercadorias - Uncitral, firmada pela República Federativa do Brasil, em Viena, em 11 de abril de 1980.

69. Artigo 74. As perdas e danos decorrentes de violação do contrato por uma das partes consistirão no valor equivalente ao prejuízo sofrido, inclusive lucros cessantes, sofrido pela outra parte em consequência do descumprimento. Esta indenização não pode exceder à perda que a parte inadimplente tinha ou devesse ter previsto no momento da conclusão do contrato, levando em conta os fatos dos quais tinha ou devesse ter tido conhecimento naquele momento, como consequência possível do descumprimento do contrato.

Ignorar o critério da previsibilidade do dano pelo desenvolvedor da atividade arriscada, e atribuir-lhe a responsabilidade civil objetiva por qualquer dano que decorra de sua atividade, mesmo que o dano fosse completamente imprevisível ao tempo que a tecnologia foi posta em circulação é atribuir um ônus de responsabilização ilimitado ao desenvolvedor da atividade, pelo que inclusive sequer era previsível, sem que sua atividade não guardasse nenhuma relação com tais danos, seja de nexo ou seja de risco.

Advirta-se que, de outro giro, o desenvolvedor da atividade não poderá maliciosamente valer-se da própria torpeza e alegar que desconhecia determinado potencial danoso para eximir-se da objetivação de sua atividade e, consequentemente, responder objetivamente pelos danos decorrentes de sua atividade. Em primeiro lugar pois a imprevisibilidade há de ser analisada por critérios objetivos, segundo o estado mais avançado da ciência ao tempo que se colocou a atividade em circulação e ao tempo que a atividade foi usufruída pelo destinatário final, não dependendo tal análise de critérios de ordem subjetiva do desenvolvedor,[70] apontando com acerto Marcelo Calixto que "adota-se por padrão um produtor ideal, aquele que observa o mais avançado estado da ciência e da técnica, e não um produtor médio ou produtor normal do ramo de especialidade."[71] Pouco importará se ele desconhecida por desídia própria, importando, aqui, se a ciência naquele tempo era capaz de apontar ou não a existência de possíveis danos decorrentes de sua aplicação. A avaliação há de ser feita por parâmetros objetivos e não pela confortável ótica do desenvolvedor.

A exigência da previsibilidade do dano não servirá, ainda, de estímulo à não adoção de comportamento responsável por parte do desenvolvedor para que esteja atento à permanente atualização da melhor ciência e da mais apurada técnica disponível pois, como se verá a seguir, um segundo critério a ser analisado para atribuir-se ou não o regime objetivo será a adoção ou não de deveres preventivos pelo desenvolvedor, à luz da proteção da pessoa humana.

4. A ANTIJURIDICIDADE DOS RISCOS: PROPOSTA DE NOVO CRITÉRIO

Conforme já se pode analisar até aqui, o mero fato da atividade, por si só, ser potencialmente arriscada não seria suficiente de *per si* para implicar genérica e abstratamente imputar-se o regime de responsabilidade objetiva ao desenvolvedor da atividade. A figu-

---

70. "O segundo requisito a ser analisado é, como dito, o critério empregado na avaliação dos conhecimentos científicos e técnicos disponíveis. Por força da consagração da responsabilidade civil objetiva do fornecedor certo é que não se deve indagar de sua culpa no conhecimento dos riscos do produto. Quer isto dizer que o fornecedor só poderá se exonerar da responsabilidade se conseguir provar a *impossibilidade objetiva* da ciência ao descobrir, no momento da introdução do produto no mercado, os riscos que o cercam. Para que a excludente possa ser aplicada não se deve considerar, portanto, um fornecedor específico nem os padrões rotineiramente praticados na indústria, mas o mais avançado estado da ciência e da técnica, incluindo-se, na avaliação deste, as opiniões minoritárias disponíveis e razoáveis." (CALIXTO, Marcelo. *A responsabilidade civil do fornecedor de produtos pelos riscos do desenvolvimento*. Rio de Janeiro: Renovar, 2004. p. 203).
71. estado da ciência e da técnica, incluindo-se, na avaliação deste, as opiniões minoritárias disponíveis e razoáveis." (CALIXTO, Marcelo. *A responsabilidade civil do fornecedor de produtos pelos riscos do desenvolvimento*. Rio de Janeiro: Renovar, 2004. p. 205.

ra-se coerente dizer que para que se vislumbre a aplicação idônea da responsabilidade civil objetiva a que alude o art. 931 do Código Civil, o risco inerente à atividade deve ser antijurídico.

Tarefa árdua, mas inescapável para a construção deste segundo critério é definir o conceito de antijuridicidade. A antijuridicidade pode ser definida como a contrariedade ao direito, seja por violação de norma legal ou contratual. A reprovação social da conduta é o que tornará a conduta do agente antijurídica. Inexistindo contrariedade à lei ou ao contrato, não haveria que se falar em responsabilidade, de modo que "a antijuridicidade apresenta-se, assim, indispensável, embora não suficiente para o surgimento do ilícito".[72] Perlingieri destaca, ao definir a antijuridicidade, a importância de sua interpretação em uma perspectiva histórica e funcional, destacando que seu conceito não tem razão alguma de ser proposto em uma progressão lógica e rígida, de modo que "seu estudo só pode ter uma conotação histórica e relativa com inevitáveis preferências contingentes de uns ou de outros".[73] Sintetizando, portanto, a acepção do conceito de antijuridicidade, assim conclui o autor:

> "É possível redescobrir a peculiaridade do direito somente destacando a sua função organizativa e decisória, que se traduz não na interpretação do dado (jurídico) enquanto tal, mas na individuação da *juridicidade* e na interpretação da necessária dialética fato-norma, em função não meramente recognitiva ou cognitiva, mas aplicativa e regulamentar de conflitos potenciais e reais.[74]

Orlando Gomes associa a antijuridicidade como a infração da uma regra, ainda que nenhum direito subjetivo tenha sido lesado.[75] A antijuridicidade transmutar-se-ia em ilicitude, segundo o professor, quando violada a regra jurídica e violado, igualmente, o direito subjetivo de terceiro: "Esse é o domínio da ilicitude, um dos aspectos mais importantes da antijuridicidade. Chama-se ato ilícito o praticado nessas condições."[76] Bruno Miragem, por sua vez, aponta que todo ilícito é antijurídico, mas nem todo antijurídico é ilícito,[77] asseverando que "antijuridicidade significa a contrariedade ao direito. Não se

---

72. TEPEDINO, Gustavo; OLIVA, Milena Donato. *Fundamentos de direito civil*: teoria geral do direito civil. Rio de Janeiro: Forense, 2020. p. 358. Importante destacar que os autores aqui fazem referência à antijuridicidade como elemento do regime subjetivo de responsabilidade civil.
73. Assim confirma: "Ao redescobrir a relatividade dos problemas e das soluções, aprende-se a avaliar, com utilidade, mas também com a devida cautela, o precedente, seja doutrinário, seja jurisprudencial e a focar corretamente uma teoria de interpretação consciente da relatividade de suas regras, mutáveis não de forma arbitrária e independente, mas com relação a tanto às mais diversas circunstâncias histórico-culturais. quanto à função e ao objeto a ser interpretado". (PERLINGIERI, Pietro. *O Direito Civil na legalidade constitucional*. Rio de Janeiro: Renovar, 2008. p. 65).
74. PERLINGIERI, Pietro. *O Direito Civil na legalidade constitucional*. Rio de Janeiro: Renovar, 2008. p. 66.
75. "Sempre, portanto, que a desconformidade jurídica se manifesta como infração de uma regra que disciplina a atuação estritamente jurídica de alguém, o ato é antijurídico, sem lesar diretamente, porém, direito subjetivo de quem quer que seja." (GOMES, Orlando. Responsabilidade civil. (Atual.). Rio de Janeiro: Forense, 2011. p. 57).
76. GOMES, Orlando. Responsabilidade civil. 1. ed. (Atual.). Rio de Janeiro: Forense, 2011. p. 57.
77. "Dependendo do sentido que se tome para o ilícito (como contrário à lei – mais estrito – e não contrário a direito – mais amplo), todo o ilícito é antijurídico, porém nem todo antijurídico é ilícito." (MIRAGEM, Bruno. *Direito civil: responsabilidade civil*. 1. ed. São Paulo: Saraiva, 2015. p. 118).

confunde com a ilicitude, com a qual guarda relação de gênero e espécie."[78] Em sentido semelhante, define Pontes de Miranda, ao demonstrar que a contrariedade ao direito, leia-se, a antijuridicidade, não é elemento da culpa, mas, sim, elemento da ilicitude do ato, sintetizando sua posição na elucidativa fórmula: *contrariedade ao direito + culpa = ato ilícito*.[79]

Ao estudar a antijuridicidade aplicada ao campo da responsabilidade civil aquiliana, Rafael Peteffi da Silva chama atenção para a utilidade da definição do conceito no sistema de responsabilidade civil caracterizado por cláusulas gerais – como a cláusula geral de risco – por ser o verdadeiro critério de seleção dos fatos que em tese seriam aptos a gerar danos indenizáveis.[80]

Parte da doutrina, analisando a origem do termo antijuridicidade, menciona a dogmática penal alemã como a principal fonte do termo antijuridicidade,[81] que posteriormente, em traduções que foram feitas para línguas latinas, passou a ser rotineiramente confundido com ilicitude, conforme conclui Massimo Bianca que, à guisa de exemplo, admite a utilização de ilicitude e antijuridicidade como sinônimos.[82] Merece destaque no estudo deste caminho semântico o estudo de Rafael Peteffi,[83] cuja conclusão é no sentido de enxergar-se uma aproximação prática entre os dois conceitos (ilicitude e antijuridicidade)

---

78. MIRAGEM, Bruno. *Direito civil: responsabilidade civil*. São Paulo: Saraiva, 2015. p. 118.
79. "A contrariedade a direito, o ir contra o conteúdo da regra jurídica, não é elemento da culpa. É elemento da ilicitude do ato: contrariedade a direito mais culpa igual a ato ilícito. Tal o suporte fático." (PONTES DE MIRANDA, Francisco Cavalcanti. *Tratado de direito privado*: parte especial. In: ALVES, Vilson Rodrigues (Atual.). Campinas: Bookseller, t. 53, 2008. p. 71).
80. "Em ordenamentos jurídicos como o brasileiro, cujo sistema de responsabilidade civil extracontratual é caracterizado por grandes cláusulas gerais, a identificação de fatos que representem contrariedade ao ordenamento jurídico considerado em sua totalidade é, além de tarefa, muitas vezes, árdua, importante critério para selecionar condutas aptas a gerar danos indenizáveis" (PETEFFI DA SILVA, Rafael. Antijuridicidade como requisito da responsabilidade civil extracontratual: amplitude conceitual e mecanismos de aferição. *Revista de Direito Civil Contemporâneo*, v. 18, ano 6, p. 169-214. São Paulo: Ed. RT, jan.-mar. 2019. p. 170).
81. "Cuando los autores del área germánica empezaron a escribir en su lengua materna, tradujeron el término iniuria bien como Unrecht (literalmente, "no Derecho" o "antiderecho"), bien como Rechtswidrigkeit o Widerrechtlichkeit ("antijuridicidad"), aunque probablemente el término más usado hoy día sea Rechtswidrigkeit. Al final de este proceso, el último autor del Usus Modernus Pandectarum, Christian F. Glück (1755-1831) escribió que "El daño puede ser causado por una persona cabal mediante la lesión antijurídica (widerrechtlich) en la cosa de un tercero. Tal daño antijurídico (rechtswidrig) es llamado damnum iniuria datum". Em tradução livre: "Quando os autores da área germânica começaram a escrever em sua língua materna, traduziram o termo iniuria tanto como Unrecht (literalmente, 'não Lei' ou 'antidireito'), como também como Rechtswidrigkeit ou Widerrechtlichkeit ('ilegalidade'), embora provavelmente o termo mais usado hoje seja Rechtswidrigkeit. Ao final desse processo, o último autor do Usus Modernus Pandectarum, Christian F. Glück (1755-1831) escreveu que 'O dano pode ser causado por pessoa própria através da lesão ilícita (widerrechtlich) em coisa de terceiro'. festa. Tal dano ilícito (rechtswidrig) é chamado de Damnum iniuria datum". (GARCIA-RIPOLL MONTIJANO, Martín. La antijuridicidad como requisito de la responsabilidad civil. *Anuario de Derecho Civil*. Madrid: Boletín Oficial del Estado, 2013. t. 66. Fascículo IV. p. 1513).
82. "L'illiceità può essere igualmenteindicata come antigiuricicità. Illiceità e antigiuridicità esprimono infatti la medesimanozione di contrarietà alla norma". Em tradução livre: "A ilicitude pode ser indicada igualmente como antijuridicidade. A ilicitude e a antijuridicidade de fato expressam o mesmo conceito de ser contrário à norma". (BIANCA, Massimo. *Diritto civile: La responsabilità*. 2. ed. Milão: Giuffrè. 2012. v. 5. p. 557).
83. O autor faz arguta investigação a respeito do caminho que termos como fault e unlawfullness tiveram na doutrina portuguesa e inglesa, na tentativa de investigar a origem e suposta distinção entre os termos da ilicitude e antijuridicidade. Nesse sentido: PETEFFI DA SILVA, Rafael. Antijuridicidade como requisito da responsabilidade

considerando a imperiosa superação do formalismo jurídico que exigia uma proibição expressamente positivada em lei para que se pudesse exigir o dever de indenizar.[84]

Anderson Schreiber enxerga a antijuridicidade como o elemento objetivo da ilicitude. Ao analisar a relevância da antijuridicidade nos casos de responsabilidade civil objetiva, o autor observa criticamente a equivocada postura da jurisprudência ao deparar-se com casos de responsabilidade objetiva nos quais somente se investiga o nexo ligando-se a algum dano protegido hipoteticamente por alguma norma, sem investigar a atividade em si – mesmo nos casos de responsabilidade objetiva, repise-se – ou sua comparação com o interesse lesado, demonstrando que essa associação quase automática do dano nos casos de responsabilidade objetiva pode ser desastrosa:

> "Note-se: no campo da responsabilidade subjetiva, o juízo de ilicitude (portanto, também de antijuridicidade) da conduta lesiva permite ao magistrado afastar o resultado reparatório nas hipóteses em que o dano é considerado, por assim dizer, justo ou legítimo (porque o resultado do exercício regular de um direito). Tal esfera de discricionariedade judicial não encontra paralelo no âmbito da responsabilidade objetiva, onde o exame acaba se restringindo, como visto, à demonstração do nexo causal. E parece absurdo que seja assim."[85]

Ainda que a conduta seja antijurídica é preciso que o dever de indenizar seja precedido por um dano, isto é, não bastará que se verifique uma antijuridicidade da conduta para que o autor seja chamado a indenizar, consistindo o dano ainda como elemento ineliminável da responsabilidade.[86]

O Superior Tribunal de Justiça vem reconhecendo a antijuridicidade, além do dano e do nexo causal, como elemento a deflagrar o dever de indenizar, seja no âmbito da responsabilidade civil contratual ou extracontratual, afirmando que para que se estabeleça o dever de indenizar é preciso estar sempre presente, além do dano e do nexo causal, uma conduta antijurídica, seja ela verificada no bojo de um contrato ou não. Foi o que decidiu a Terceira Turma no REsp 1641868/SP quando analisava a legitimidade da ruptura imotivada de tratativas preliminares e seus efeitos na responsabilidade pré-contratual.[87]

---

civil extracontratual: amplitude conceitual e mecanismos de aferição. *Revista de Direito Civil Contemporâneo*, v. 18, ano 6. p. 169-214. São Paulo: Ed. RT, jan.-mar. 2019, passim.

84. "A antijuridicidade possui um conceito operacional próprio, totalmente independente da ideia de culpa. O conteúdo da antijuridicidade, principalmente em sistemas que contam com grandes cláusulas gerais de responsabilidade civil extracontratual, somente pode ser considerado como contrariedade ao ordenamento visto em sua totalidade, superando em muito o viés formalista que exigia uma proibição expressamente positivada em lei". (PETEFFI DA SILVA, Rafael. Antijuridicidade como requisito da responsabilidade civil extracontratual: amplitude conceitual e mecanismos de aferição. *Revista de Direito Civil Contemporâneo*, v. 18, ano 6, São Paulo: Ed. RT, jan.-mar. 2019. p. 210).

85. SCHREIBER, Anderson. *Novos paradigmas da responsabilidade civil*: da erosão dos filtros à diluição de danos. São Paulo: Atlas, 2015. p. 192.

86. "O dano é elemento essencial do ato ilícito e da responsabilidade civil. Cuidando-se de elemento essencial do ato ilícito, fonte da responsabilidade civil, sem dano não há ato ilícito, ainda que se esteja de conduta antijurídica." (TEPEDINO, Gustavo; BARBOZA, Heloísa Helena; MORAES, Maria Celina Bodin de. *Código Civil interpretado conforme a Constituição da República*: parte geral e obrigações (arts. 1º a 420). 3. ed. Rio de Janeiro: Renovar, v. 1, 2014. p. 338.

87. "Direito civil. Recurso especial. Responsabilidade civil pré-contratual. Quantificação do dano. Interesses contratuais positivos e negativos. Irresignação desprovida. (...) 2. Em caso de responsabilidade civil pré-con-

A antijuridicidade, na acepção que ora se filia, consistiria na contrariedade ao direito. O risco antijurídico associado a uma atividade econômica, portanto, seria a atividade que cria um risco proibido por qualquer fonte do direito – seja a lei, enquanto fonte *stricto sensu* ou qualquer outra fonte do direito. É a esse risco que o legislador teria feito menção ao formular a cláusula geral do artigo 931 do Código Civil, de modo que não se pode afirmar que o art. 931 deve ser interpretado sem o preenchimento do requisito da antijuridicidade, isto é, a atividade econômica a que alude o art. 931 deve ser, necessariamente, antijurídica.

A comercialização de cigarros e bebidas alcoólicas são atividades potencialmente arriscadas e os seus produtos postos em circulação podem causar danos, mas não são atividades antijurídicas pois a ordem jurídica as reputa como lícitas e, inclusive, as autorizam.[88] É dizer, portanto, que o mero fato da atividade ser potencialmente danosa, como são as atividades de comercialização de fumígeros e bebidas, não autoriza que se faça uma imediata associação entre o risco da atividade e a cláusula geral de risco pois o risco a que aludiu o legislador parece ter sido, em verdade, o risco antijurídico e não todo e qualquer risco.

A investigação de qual espécie de risco justificaria a atração do regime objetivo já foi objeto de análise da doutrina italiana. Interessante a definição do risco, de Pietro Trimarchi, a partir da noção de "risco ilícito" (*il rischio illecito*).[89] O autor explica que dada a diversidade de situações práticas possíveis e a impossibilidade de a lei ou o regulamento preverem de antemão um padrão abstrato de conduta, em alguns casos, mesmo cumprindo-se a lei ou o regulamento, aquele que desenvolve certa atividade poderá, ainda assim, ser responsabilizado pelos danos que decorrerem de sua atividade, afirmando que a culpa poderá responder a um comportamento que exponha a um risco

---

tratual, o proponente não pode pretender, a título de reparação de danos, indenização equivalente à vantagem que teria obtido com o próprio negócio jurídico que nunca se concretizou (interesses positivos). 3. Verificada a antijuridicidade no rompimento de tratativas negociais, a responsabilidade civil pré-contratual que se estabelece cobre apenas as despesas realizadas para finalização do negócio jurídico frustrado ou em razão dessa mesma operação. (interesses negativos). 4. Recurso especial não provido. (STJ, REsp n. 1.641.868/SP, Rel. Min. Moura Ribeiro, Terceira Turma, julg. em 5/6/2018, DJe de 6/9/2018).

88. A respeito da regulação da venda de cigarros, por exemplo, vide o artigo 8º parágrafo primeiro da lei 9.782/99 que cria o Sistema Nacional de Vigilância Sanitária e cria a ANVISA (Agência Nacional de Vigilância Sanitária), dispondo no referido dispositivo a competência da ANVISA para regular a venda de cigarros, senão vejamos: Artigo 8º Incumbe à Agência, respeitada a legislação em vigor, regulamentar, controlar e fiscalizar os produtos e serviços que envolvam *risco* à saúde pública. § 1º Consideram-se bens e produtos submetidos ao controle e fiscalização sanitária pela Agência: X - cigarros, cigarrilhas, charutos e qualquer outro produto fumígero, derivado ou não do tabaco." No mesmo sentido, a lei 9.294/96 dispõe a respeito das restrições à propaganda de bebidas alcoólicas e produtos fumígeros.

89. "L'illecito à colposo quando l'evento dannoso non è voluto dall'agente e si verifica a causa di negligenza, imprudenza o imperizia, ovvero per inosservanza di leggi, regolamenti, ordini o discipline. (…) Oppure può darsi che l'evento non sia voluto in alcun modo, ma si verifichi in conseguenza di un comportamento pericoloso dell'agente." Em tradução livre: "O facto ilícito é culposo quando o acontecimento danoso não é pretendido pelo agente e ocorre por negligência, imprudência ou inexperiência, ou por inobservância de leis, regulamentos, ordens ou disciplina. (…) Ou pode acontecer que o facto não seja de modo algum intencional, mas ocorra como consequência da conduta perigosa do agente." (TRIMARCHI, Pietro. *La responsabilità civile: atti illeciti, rischio, danno*. Milão: Giuffrè Editore, 2017. p. 63).

não consentido.[90] Considerando que praticamente toda atividade humana, segundo o autor, implicará em risco para direito de terceiro, ainda que remota, nem toda criação de risco será ilícita.[91] Arremata o autor definido o risco a partir de uma análise retrospectiva, ao olhar para o passado:

> "Il rischio è valutato in base alle constatazioni del passato: talvolta mediante indagini scientifiche, in molti casi (soprattutto da parte delle statistiche, che possono portare a risultati quantificabili, e assai spesso semplicemente in base all'esperienza pratica di vita, che conduce a qualificare certe situazioni come più o meno pericolose e certi comportamenti come più o meno imprudenti".[92]

Um primeiro entrave à concepção segunda a qual o risco a que alude a cláusula geral de responsabilidade objetiva do Código Civil vigente seria o risco antijurídico seria a dicção literal do artigo 931 do Código Civil que se analisa. Ora, se o legislador não restringiu a responsabilidade objetiva dos empresários individuais e das empresas à antijuridicidade, poderia a doutrina ir além do que foi o legislador e entender pela imperiosa necessidade do preenchimento do critério da antijuridicidade?

Poder-se-ia dizer, com certa impropriedade, portanto, que qualquer atividade potencialmente arriscada – como a venda de cigarros ou a de bebidas alcoólicas – que possa causar danos devesse submeter-se ao regime objetivo em razão da incidência do artigo 931 do Código Civil.[93] Essa não é a melhor interpretação, a nosso sentir, conforme já explanado acima, pois o artigo 931 pressuporia a existência de *antijuridicidade*.

Ao investigar o dispositivo, a Professora Judith Martins-Costa demonstra que a antijuridicidade é requisito de qualquer regime de responsabilidade civil, não se con-

---

90. "Sinteticamente, possiamo dire che la colpa, come fondamento della responsabilità civile per dani, consiste in un comportamento che esponga a un rischio non consentito un interesse che sia protetto contro quel dipo di lesione non intenzionale." Em tradução livre: "Resumidamente, podemos dizer que a culpa, enquanto fundamento da responsabilidade civil por actos ilícitos, consiste num comportamento que expõe um interesse protegido contra uma lesão involuntária a um risco inadmissível". (TRIMARCHI, Pietro. *La responsabilità civile: atti illeciti, rischio, danno*. Milão: Giuffrè Editore, 2017. p. 64).
91. "Quasi tutti le attività umane, comprese quelle socialmente o economicamente necessarie o accettate, importano qualche possibilità, più o meno remota, di danno. Perciò, non ogni creazione di rischio è illecita: perché lo sia occorre innanzitutto che il rischio abbia una certa rilevanza, che sia, cioè, abbastanza alta la probabilità dell'incidente e abbastanza grave il danno minacciato: col crescere della gravità del danno possibile può decrescere la probabilità di esso senza che il rischio cessi di essere irragionevole e, perciò, vietato.". Em tradução livre: Quase todas as atividades humanas, incluindo aquelas social ou economicamente necessárias ou aceitas, envolvem alguma possibilidade mais ou menos remota de dano. Portanto, nem toda criação de risco é ilícita: para que seja ilícita, antes de tudo, o risco deve ter um certo significado, ou seja, a probabilidade do acidente é alta o suficiente e o dano ameaçado é grave o suficiente: como a gravidade do possíveis danos aumentam, pode diminuir a probabilidade dos mesmos sem que o risco deixe de ser desproporsitado e, portanto, proibido. (TRIMARCHI, Pietro. *La responsabilità civile: atti illeciti, rischio, danno*. Milão: Giuffrè Editore, 2017. p. 68).
92. Em tradução livre: O risco é avaliado com base em observações passadas: por vezes através de investigações científicas, em muitos casos sobretudo por estatísticas, que podem levar a resultados quantificáveis, e muitas vezes simplesmente com base na experiência prática da vida, que permite qualificar certas situações como mais ou menos perigosos e certos comportamentos como mais ou menos imprudentes. (TRIMARCHI, Pietro. *La responsabilità civile: atti illeciti, rischio, danno*. Milão: Giuffrè Editore, 2017. p. 73).
93. Artigo 931. Ressalvados outros casos previstos em lei especial, os empresários individuais e as empresas respondem independentemente de culpa pelos danos causados pelos produtos postos em circulação.

fundindo com culpa, consistindo a antijuridicidade, pois, em *contrariedade ao direito*,[94] observando a Professora que "se inexistente a contrariedade a direito (ilicitude, antijuricidade), não há, em linha de princípio, o nascimento do dever de indenizar, ainda que haja dano, porque, então, não se configurará um dano indenizável."[95]

Por essas razões, ainda que se trate de responsabilidade civil objetiva, não se pode confundir a prescindibilidade da culpa – lida como o juízo de reprovabilidade da conduta, por meio de imprudência, negligência, imperícia ou dolo – com a imprescindibilidade da antijuridicidade, isto é, contrariedade ao direito, da conduta danosa para configuração do dever de indenizar.

É justamente nesse sentido que deve ser destacado o Enunciado nº 661, da IX Jornada de Direito Civil do CJF, ao demonstrar que "a aplicação do artigo 931 do Código Civil para a responsabilização dos empresários individuais e das empresas pelos danos causados pelos produtos postos em circulação *não prescinde da verificação da antijuridicidade do ato*" (grifos nossos). Vale, nesse sentido, analisar a exposição de motivos do Enunciado, a revelar a exata mesma preocupação que ora se coloca: o artigo 931 do Código Civil não exclui a antijuridicidade como requisito de aplicação, de modo que a responsabilidade pelos atos lícitos é subsidiária e excepcionalíssima, conforme pontua a Professora Judith Martins-Costa:

> "O fato de desempenhar-se normalmente atividade capaz de produzir riscos aos direitos de outrem não decorre, *ipso facto*, o dever de indenizar por todo e qualquer dano porventura decorrente da atividade".[96]

A jurisprudência do Superior Tribunal de Justiça reconhece que o artigo 931 do Código Civil não tem o condão de objetivar, de *per si*, a responsabilidade civil pelo desenvolvimento de atividades perigosas, devendo demais critérios serem examinados, em especial, a antijuridicidade.[97]

---

94. "Sendo o ilícito a contrariedade a direito, é incorreta a confusão entre *ilicitude e culpa*, pois mistura dois conceitos diversos e toma, como se sinônimos fossem um pressuposto (ilicitude ou antijuridicidade) e um fator de imputação de responsabilidade civil (culpa). Ademais, essa indevida conjugação conceitual tem por consequência levar a considerar que, na responsabilidade objetiva (a qual prescinde da culpa, sendo informada por diverso fator de imputação, isto é, pelo risco) seriam indenizáveis os danos decorrentes de uma *conduta lícita*, o que não é também acertado, nem guarda relação lógica e axiológica com o sistema. (...) O esforço analítico resultou em compreender, portanto, essas duas relevantes cisões: não apenas ilicitude e dano são fenômenos diversos, como também há distinção entre culpa e ilicitude, de modo que a responsabilidade objetiva prescinde da culpa, mas não da antijuridicidade, é dizer: do contraste entre a conduta e o determinado, previsto ou permitido pelo Ordenamento jurídico." (MARTINS-COSTA, Judith. Parecer jurídico proferido em 29.11.2021 nos autos da ação judicial 5030568-38.2019.4.04.7100. p. 10-12).
95. Idem.
96. MARTINSCOSTA, Judith. A linguagem da responsabilidade civil. In: BIANCHI, José Flávio; MENDONÇA PINHEIRO. Rodrigo Gomes de; ARRUDA ALVIM, Teresa (Coords.). *Jurisdição e direito privado*: estudos em homenagem aos 20 anos da Ministra Nancy Andrighi no STJ. São Paulo: Ed. RT, 2020. p. 389-418, em especial p. 404.
97. O precedente trata da responsabilidade civil dos fabricantes de cigarros, explorando o fato de que se a conduta é lícita, ainda que arriscada, sobretudo em razão da regulação e da fiscalização pelo Poder público, não há que se falar, só pelo risco, em responsabilidade civil objetiva, senão vejamos: "O Ministério Público sustenta que, além do microssistema do consumidor, a responsabilidade civil deve ser apreciada à luz do artigo 927, parágrafo

5. CONCLUSÃO

Assistiu-se a uma reviravolta decisiva no campo da responsabilidade civil nas recentes décadas, a partir do reconhecimento da efetividade do princípio da solidariedade social sobre o dever de indenizar, exigindo a releitura crítica dos requisitos da responsabilidade civil, em especial, a culpa, culminando no conhecido fenômeno de "erosão dos filtros da responsabilidade civil".[98] O inaugurado modelo solidarista de responsabilidade civil, fulcrado na proteção da pessoa e não no patrimônio, atende, *prima facie*, a uma exigência irresistível de proteção da pessoa e não só do patrimônio.[99] A solidariedade passa a ser a guia mestra dos regimes de responsabilização;

Objetiva-se assegurar a indenização ao lesado e, por essa razão, se explicaria o fenômeno da erosão dos filtros da responsabilidade civil, que na visão de parcela da doutrina, não representaria uma "subversão acéfala da dogmática tradicional [mas, em verdade] a erosão dos filtros da responsabilidade civil explica-se, em larga medida, por uma sensibilidade crescente dos tribunais à necessidade de assegurar alguma reparação às vítimas de um dano".[100] A culpa apresentaria-se como uma roupa excessivamente estreita para compensar todas as vítimas,[101] de modo a demandar sua funcionalização em prol da solidariedade.

único, e 931 do CC/2002. (...) O acórdão afastou a responsabilidade civil porque (i) a atividade da recorrida seria lícita e fiscalizada pelo Poder Público, (ii) as informações sobre os perigos do consumo revelaram-se suficientes e (iii) não há defeito nem vício de vontade por induzimento ao consumo, pois presente o livre arbítrio da pessoa ao iniciar ou manter o consumo. A teoria da responsabilidade civil objetiva pelo risco da atividade não é capaz de alterar o entendimento do acórdão. Isso porque sua aplicação torna irrelevante a análise do aspecto subjetivo da conduta, mas não afasta as excludentes do nexo causal reconhecidas pelo acórdão, as quais justificaram a conclusão pela inexistência de responsabilidade. (...). Na espécie, considerando inexistir ilicitude na conduta imputada à recorrida em virtude da regulação e da fiscalização do mercado pelo Poder Público, da informação adequada e da inexistência de vício da vontade pelo exercício do livre arbítrio, não há o que ser ressarcido. (...)". (STJ, REsp 1.573.794, Rel. Min. Antonio Carlos Ferreira, julg. 12.11.2018).

98. A erosão dos filtros da responsabilidade civil, explica o Professor Anderson Schreiber, "quer significar a relativa perda da importância da prova da culpa e da prova do nexo causal na dinâmica contemporânea das ações de responsabilização." (SCHREIBER, Anderson. Novas tendências de responsabilidade civil brasileira. In: *Revista Trimestral de Direito Civil*, v. 22, abr./jun. 2005. Rio de Janeiro: Padma, 2000. p. 47).

99. "Os estatutos fundamentais do novo direito estampam-se com outra feição, rejeitando – ou tornando desimportante – aquela segurança advinda de um sistema centrista e fechado em si mesmo, à volta do indivíduo, e cujo fim era a construção de seu acervo patrimonial, a garantia da liberdade contratual e a constituição matrimonializada de sua família. Estampam-se, certamente, na insuperável urgência de reestruturação da primazia da pessoa humana (...)". (HIRONAKA, Giselda Maria Fernandes Novaes. Responsabilidade civil: o estado da arte no declínio do segundo milênio e albores de um tempo novo. In: NERY, Rosa Maria de Andrade; DONNINI, Rogério (Orgs.). *Responsabilidade civil*: estudos em homenagem ao progresso Rui Geraldo Camargo Viana. São Paulo: Ed. RT, 2009. p. 192).

100. SCHREIBER, Anderson. Novas tendências de responsabilidade civil brasileira. In: *Revista Trimestral de Direito Civil*, v. 22, abr./jun. 2005. Rio de Janeiro: Padma, 2000. p. 56.

101. "Dans ce contexte, la *commisération sociale*, qui jusque-là profitait surtout aux responsables tenus de leurs seules fautes, se tourne du côte des victimes. La faute, comme fondement unique de la responsabilité civile, devient alors un vêtement trop étriqué pour indemniser toutes les victimes. » Em tradução livre: "Nesse contexto, a solidariedade social, que até então beneficiava principalmente os responsáveis apenas por suas faltas, passa a pender para o lado das vítimas. A culpa, como única base da responsabilidade civil, torna-se então uma vestimenta muito acanhada para compensar todas as vítimas.". (JOURDAIN, Patrice. *Les príncipes de la responsabilité civile*. Éditions Dalloz. 2010. p. 11).

Esse movimento, somado à expansão de atividades de risco, culminou com a objetivação da responsabilidade civil em numerosas hipóteses. Ao lado da cláusula geral de responsabilidade civil objetiva contida no artigo 927 parágrafo único do Código Civil, encontra-se o art. 931, cuja aplicação desavisada poderia levar a uma objetivação genérica e irrestrita aos empresários individuais e as empresas. Tal aplicação deve dar-se conjugando o requisito da antijuridicidade, isto é, as atividades que aludem o art. 931 devem necessariamente ser antijurídicas, sob pena de praticamente extirpar-se a culpa do ordenamento, tendência que parece estar em confronto com o sistema dualista de responsabilidade civil ainda em vigor.

6. REFERÊNCIAS

AMARAL, Francisco. *Direito civil:* introdução. 2. ed. Rio de Janeiro: Renovar, 1998

BIANCA, Massimo. *Diritto civile: La responsabilità*. 2. ed. Milão: Giuffrè. 2012. v. 5. p. 557

BODIN DE MORAES, Maria Celina. Risco, solidariedade e responsabilidade objetiva. In: BODIN DE MORAES, Maria Celina. *Na medida da pessoa humana:* estudos de direito civil-constitucional. Renovar: Rio de Janeiro, 2010.

BODIN DE MORAES, Maria Celina. A constitucionalização do direito civil e seus efeitos sobre a responsabilidade civil. In: *Na medida da pessoa humana:* estudos de direito civil. Rio de Janeiro: Editora Processo, 2016.

BODIN DE MORAES, Maria Celina. *Danos à pessoa humana:* uma leitura civil-constitucional dos danos morais. 2. ed. Rio de Janeiro: Processo, 2017. v. 1. 356p.

BODIN DE MORAES, Maria Celina. *Na medida da pessoa humana:* estudos de direito civil constitucional. Rio de Janeiro: Editora Processo, 2016. 1ª reimpressão. 494p.

BURNS, Edward. *História da civilização ocidental*. Porto Alegre: Editora Globo, 1968. v. 2.

CALIXTO, Marcelo. *A responsabilidade civil do fornecedor de produtos pelos riscos do desenvolvimento*. Rio de Janeiro: Renovar, 2004.

CALIXTO, Marcelo. O artigo 931 do Código Civil de 2002 e os riscos do desenvolvimento. *Revista Trimestral de Direito Civil*, ano 6, v. 21, jan.-mar. 2005. Rio de Janeiro: Padma, 2000.

CASTRO, Guilherme Couto de. *A responsabilidade civil objetiva no direito brasileiro*. Rio de Janeiro: Forense, 2005.

CAVALIERI FILHO, Sergio. *Programa de Responsabilidade Civil*. 10. ed. São Paulo: Atlas, 2012.

CHINELLATO, Silmara Juny de Abreu; MORATO, Antonio Carlos. Responsabilidade Civil e o risco do desenvolvimento nas relações de consumo. In: NERY, Rosa Maria de Andrade; DONNINI, Rogério. *Responsabilidade civil:* estudos em homenagem ao professor Rui Geraldo Camargo Viana. São Paulo: Ed. RT, 2009.

CRUZ, Gisela Sampaio da. *O problema do nexo causal na responsabilidade civil*. Rio de Janeiro: Renovar, 2005.

FACHIN, Luiz Edson. *Teoria crítica do direito civil*. Rio de Janeiro: Renovar, 2000.

GARCIA-RIPOLL MONTIJANO, Martín. La antijuridicidad como requisito de la responsabilidad civil. *Anuario de Derecho Civil*. Madrid: Boletín Oficial del Estado, 2013. t. 66. Fascículo IV. p. 1513).

GHERSI, Carlos Alberto. *Teoria general de la reparación de daños*. Buenos Aires: Astrea, 1997.

GOMES, Orlando. Responsabilidade civil. (Atual.). Rio de Janeiro: Forense, 2011.

GONÇALVES, Carlos Roberto. *Comentários ao Código Civil*. Saraiva: 2003. v. 11.

HIRONAKA, Giselda Maria Fernandes Novaes. Responsabilidade civil: o estado da arte no declínio do segundo milênio e albores de um tempo novo. *In* NERY, Rosa Maria de Andrade; DONNINI, Rogério (Orgs.). *Responsabilidade civil: estudos em homenagem ao progresso Rui Geraldo Camargo Viana*. São Paulo: Ed. RT, 2009.

JOSSERAND, Louis. Evolução da Responsabilidade Civil. *Revista Forense*, v. LXXXVI, 1941.

JOURDAIN, Patrice. *Les príncipes de la responsabilité civile*. Éditions Dalloz. 2010.

LIMA, Alvino. *Culpa e risco*. 2. ed. São Paulo: Ed. RT, 1998.

MARINO, Francisco. *Paerons, Reale e a estruturas sociais – o conceito de atividade geradora de risco na cláusula geral de responsabilidade objetiva do Código Civil*. In: SIMÃO, José Fernando; PAVINATO, Tiago (Coords.). *Liber amicorum Teresa Ancona Lopez*: estudos sobre responsabilidade civil. São Paulo: Almedina, 2021.

MARTINSCOSTA, Judith. A linguagem da responsabilidade civil. In: BIANCHI, José Flávio; MENDONÇA PINHEIRO. Rodrigo Gomes de; ARRUDA ALVIM, Teresa (Coords.). *Jurisdição e direito privado*: estudos em homenagem aos 20 anos da Ministra Nancy Andrighi no STJ. São Paulo: Ed. RT, 2020.

MIRAGEM, Bruno. *Direito civil*: responsabilidade civil. São Paulo: Saraiva, 2015.

PEREIRA, Caio Mário da Silva. *Responsabilidade civil*. atual. Gustavo Tepedino. 11. ed. rev. atual. Rio de Janeiro: Forense, 2016.

PERLINGIERI, Pietro. *O direito civil na legalidade constitucional*. Tradução: Maria Cristina de Cicco. Rio de Janeiro: Renovar, 2008.

PERLINGIERI, Pietro. *Perfis do direito civil*. Rio de Janeiro: Renovar, 1997.

PETEFFI DA SILVA, Rafael. Antijuridicidade como requisito da responsabilidade civil extracontratual: amplitude conceitual e mecanismos de aferição. *Revista de Direito Civil Contemporâneo*, v. 18, ano 6, p. 169-214. São Paulo: Ed. RT, jan.-mar. 2019.

PONTES DE MIRANDA, Francisco Cavalcanti. *Tratado de direito privado*: parte especial. 1. ed. In: ALVES, Vilson Rodrigues (Atual.). Campinas: Bookseller, t. 53, 2008.

REALE, Miguel. *História do novo Código Civil*. São Paulo: Ed. RT, 2005. p. 37.

RITO, Fernanda Paes Leme Peyneau. Dilemas de uma sociedade de risco: a causa dos danos e a reparação integral da vítima. In: *Diálogos sobre direito civil* – volume III. TEPEDINO, Gustavo; FACHIN, Luiz Edson (Orgs.). Rio de Janeiro: Renovar, 2012. p. 49.

RODOTÀ, Stefano. *Il problema della Responsabilità Civile*. Milão: Dott. A. Guifrè Ediore, 1964

SCHREIBER, Anderson. *Novos paradigmas da responsabilidade civil*: da erosão dos filtros da reparação à diluição dos danos – 6. ed. São Paulo: Atlas, 2015.

SERRA VIEIRA, Patrícia Ribeiro. *A responsabilidade civil objetiva do direito de danos*. Rio de Janeiro: Forense, 2005.

TEPEDINO, Gustavo. A Responsabilidade civil médica na experiência brasileira contemporânea. *Revista Trimestral de Direito Civil*, ano 1, v. 2, abr./jun. 2000. p. 68.

TEPEDINO, Gustavo. A evolução da responsabilidade civil no direito brasileiro e suas controvérsias na atividade estatal. *Temas do direito civil*. Rio de Janeiro: Renovar, 2004.

TEPEDINO, Gustavo; BARBOZA, Heloisa Helena; BODIN DE MORAES, Maria Celina. *Código Civil Interpretado conforme a Constituição da República*. Rio de Janeiro: Renovar, 2006. v. II.

TEPEDINO, Gustavo. O direito-civil constitucional e suas perspectivas atuais. In *Temas de Direito Civil*. Rio de Janeiro: Renovar, 2009. t. III.

TEPEDINO, Gustavo; TERRA, Aline de Miranda Valverde; GUEDES, Gisela Sampaio da Cruz. *Fundamentos de direito civil*: responsabilidade civil. Rio de Janeiro: Forense, 2021. p. 122

TRIMARCHI, Pietro. *La responsabilità civile: atti illeciti, rischio, danno*. Milão: Giuffrè Editore, 2017.

VISINTINI, Giovanna. *Trattato breve dela responsabilità civile*. 3. ed. Padova: Cedam, 2005,

WESENDONCK, Tula. Artigo 931 do Código Civil: repetição ou inovação? *Revista de Direito Civil Contemporâneo*, n. 2, v. 3, São Paulo: Ed. RT, abr.-jun. 2015.

O CARÁTER PUNITIVO DA REPARAÇÃO NAS RELAÇÕES DE CONSUMO

Marcelo Junqueira Calixto

Doutor em Direito Civil (UERJ). Professor Adjunto da PUC-Rio (Mestrado Profissional em Direito Civil e Prática Jurídica). Advogado e Árbitro (contato: mcalixto@centroin.com.br).

Sumário: 1. Introdução: as funções da responsabilidade civil no direito privado brasileiro contemporâneo – 2. A reparação punitiva no Brasil – 3. A reparação punitiva e as relações de consumo – 4. Conclusão – 5. Referências.

1. INTRODUÇÃO: AS FUNÇÕES DA RESPONSABILIDADE CIVIL NO DIREITO PRIVADO BRASILEIRO CONTEMPORÂNEO

Uma das áreas do direito brasileiro de maior expansão nos últimos anos parece ter sido a da responsabilidade civil. De fato, com a ampliação do acesso à justiça, via Juizados Especiais, por exemplo, passaram a ser inúmeros os casos em que são reparados os danos patrimoniais e extrapatrimoniais sofridos pelas vítimas, em especial os consumidores.

Nesse sentido, é oportuno recordar que à responsabilidade civil são, tradicionalmente, atribuídas as funções *reparatória* e *preventiva*. Aquela se traduz na ideia de que *todo* o dano sofrido pela vítima deve ser reparado. Como consequência, restou consagrado o *princípio da reparação integral do dano*, o qual encontra supedâneo no art. 944, *caput*, do Código Civil[1].

Por força dessa reparação integral reconhecida em favor da vítima, é também tradicional a crença de que a responsabilidade civil tenha um caráter *preventivo*, uma vez que, tendo de despender determinada quantia, o autor do dano iria repensar a sua conduta, a fim de evitar novas situações danosas[2]. Referida função *preventiva*, porém, não encontra referência expressa no diploma civil, mas figura como *direito básico* do *consumidor* na respectiva lei protetiva[3].

---

1. Recorde-se o dispositivo: "Art. 944. A indenização mede-se pela extensão do dano".
2. A favor de um caráter *preventivo* da reparação civil pode ser vista a doutrina de Nélson ROSENVALD (*As Funções da Responsabilidade Civil*: a Reparação e a Pena Civil. 3. ed. São Paulo, Saraiva, 2017. p. 113), que afirma: "Neste ponto, a pena civil não considera o que se fez, mas quem a praticou. Assegura a tutela da personalidade e de bens difusos em um cenário em que a responsabilidade civil se mostra insuficiente para gerar efetividade. Afinal, a função reparatória dos danos é axiologicamente neutra, desconsidera o desvalor da conduta. Com isto, a condenação civil se converte em *impunidade* do ofensor e, paradoxalmente, estímulo para a reiteração de condutas pluriofensivas. Nos limites da legislação atual, a responsabilidade civil é um medicamento que ataca os sintomas sem combater a doença, que retorna cada vez mais forte" (grifo no original).
3. Afirma o art. 6º do CDC: "Art. 6º São direitos básicos do consumidor: (...); VI – a efetiva *prevenção* e *reparação* de danos patrimoniais e morais, individuais, coletivos e difusos" (grifou-se).

Além dessas funções, é possível observar que, nos últimos anos, também passou a ganhar força na *doutrina brasileira* o reconhecimento de uma *terceira* finalidade para a responsabilidade civil, a saber, a função *punitiva*[4].

2. A REPARAÇÃO PUNITIVA NO BRASIL

O reconhecimento de referida função *punitiva*, porém, não se mostra imune às críticas. A primeira delas diz respeito à *falta de previsão normativa expressa*, nada obstante os esforços para encontrar referido caráter até mesmo na Constituição da República[5].

Contudo, além de *não* parecer possível retirar referido caráter das citadas normas constitucionais, certo é que a legislação *ordinária* tem se mostrado *contrária* a essa função *punitiva*. Os exemplos mais eloquentes estão nos artigos 403 e 944 do Código Civil. O primeiro, regulando o tema das perdas e danos, afirmar que estes *só* compreendem os danos que sejam efeito "direto e imediato" da inexecução da obrigação, *não* concedendo, portanto, margem para uma possível punição[6]. O mesmo se diga do citado artigo 944 do diploma civil que, em seu *caput*, como visto, consagra a necessidade de reparar *todo* o dano, – mas *nada além* do dano –, e, no seu *parágrafo único*, assume claro viés

---

Interessante observar que o Projeto de Lei 6.960/2002, conhecido como "Projeto Fiúza", buscava consagrar o caráter preventivo na *reparação do dano moral*, sob a roupagem da "teoria do desestímulo", com a introdução de um *segundo parágrafo* ao art. 944 do Código Civil, *verbis*: "Art. 944. (...). § 1º. Se houver excessiva desproporção entre a gravidade da culpa e o dano, poderá o juiz reduzir, equitativamente, a indenização; § 2º. A reparação do dano moral deve constituir-se em compensação ao lesado e adequado desestímulo ao lesante".

4. Veja-se, nesse sentido, a seguinte passagem de Sérgio CAVALIERI FILHO (*Programa de Responsabilidade Civil*. 9. ed. São Paulo, Atlas, 2010. p. 99): "Na verdade, em muitos casos o que se busca com a indenização pelo dano moral é a punição do ofensor. Pessoas famosas, atingidas moralmente por noticiários de televisão ou jornais, constantemente declaram na petição inicial da ação indenizatória que o valor da eventual condenação será destinado a alguma instituição de caridade. O mesmo ocorre quando a vítima do dano moral é criança de tenra idade, doente mental ou pessoa em estado de inconsciência. Nesses casos – repita-se – a indenização pelo dano moral atua mais como forma de punição de um comportamento censurável que como compensação. A indenização punitiva do dano moral deve ser também adotada quando o comportamento do ofensor se revelar particularmente reprovável – dolo ou culpa grave – e, ainda, nos casos em que, independentemente de culpa, o agente obtiver lucro com o ato ilícito ou incorrer em reiteração de conduta ilícita".
Também favorável a uma "função punitiva" além da "função preventiva" é a doutrina de André Gustavo Corrêa de ANDRADE, *Dano Moral e Indenização Punitiva: Os punitive damages na experiência do common law e na perspectiva do Direito Brasileiro*, Rio de Janeiro, Forense, 2006, pp. 241-242.
5. É o que se lê na doutrina de André Gustavo Corrêa de ANDRADE ("Indenização Punitiva", in *Revista da EMERJ*, Rio de Janeiro, EMERJ, v. 9, n. 36, 2006. p. 147) que, fundado no pensamento de Robert Alexy, afirma: "Independentemente de qualquer previsão legal, a indenização punitiva do dano moral é aplicável em nosso ordenamento jurídico, porque retira seu fundamento diretamente de princípio constitucional. É no princípio da dignidade humana, estabelecido no art. 1º, inciso III, da Constituição Federal, que a indenização punitiva encontra a sua base lógico-jurídica. A aplicação dessa forma especial de sanção constitui, também, consectário lógico do reconhecimento constitucional dos direitos da personalidade e do direito à indenização do dano moral, encartados no art. 5º, incisos V e X, da Constituição brasileira. Tais princípios constitucionais, como *mandados de otimização* que são, ou seja, 'normas que ordenam que algo seja realizado na maior medida possível', ao mesmo tempo que consagram direitos de natureza fundamental, determinam ao operador jurídico que empregue todos os meios possíveis para a proteção desses direitos" (original grifado).
6. Afirma o art. 403 do Código Civil: "Art. 403. Ainda que a inexecução resulte de dolo do devedor, as perdas e danos só incluem os prejuízos efetivos e os lucros cessantes por efeito dela direto e imediato, sem prejuízo do disposto na lei processual".

contrário a qualquer punição, uma vez que, com fundamento na culpabilidade do autor do dano, *somente* admite, ainda que *excepcionalmente*, uma *redução* da reparação, e não um *acréscimo*, o qual seria próprio de uma função *punitiva*[7].

Nesse sentido, pode ser dito que o pretenso caráter *punitivo* da responsabilidade civil representa, antes, uma *importação* de um instituto estranho ao direito brasileiro, sendo possível encontrá-lo na chamada "indenização punitiva" (*punitive damages*) do direito norte-americano[8]. Talvez por essa razão é que têm sido buscadas outras formas de compatibilizar o instituto com o direito nacional, sendo a mais conhecida a própria mudança de *terminologia*, uma vez que se tornou usual, tanto em doutrina quanto na jurisprudência, a afirmação de um *caráter pedagógico* para a reparação civil[9].

---

7. Recorde-se o dispositivo: "Art. 944. (...). Parágrafo único. Se houver excessiva desproporção entre a gravidade da culpa e o dano, poderá o juiz reduzir, equitativamente, a indenização".
   É precisa a observação de Gustavo TEPEDINO e Anderson SCHREIBER ("As penas privadas no direito brasileiro". In: GALDINO, Flávio e SARMENTO, Daniel (Org.). *Direitos fundamentais*: estudos em homenagem ao Professor Ricardo Lobo Torres. Rio de Janeiro: Renovar, 2006. p. 521) no sentido de que "em síntese, o ordenamento jurídico brasileiro não acolhe os *punitive damages* como título autônomo de indenização, mas os tribunais empregam, à margem de uma indicação legislativa, critérios de quantificação de natureza punitiva, o que acaba por ser ainda mais grave".
   Para uma análise mais aprofundada do dispositivo seja consentido remeter a Marcelo Junqueira CALIXTO, "Breves considerações em torno do art. 944, parágrafo único, do Código Civil". In: *Revista Trimestral de Direito Civil*, v. 39, Rio de Janeiro, PADMA, pp. 51-76, jul./set. 2009.
8. Tal aspecto foi precisamente destacado por Maria Celina BODIN de MORAES (*Danos à Pessoa Humana: uma leitura civil-constitucional dos danos morais*, Rio de Janeiro, Renovar, 2003. p. 258): "O instituto dos *punitive damages*, meio de reparação de danos próprio da *Common Law*, constitui-se, em sistemas jurídicos como o nosso, numa figura anômala, intermediária entre o direito civil e o direito penal, pois tem o objetivo precípuo de punir o agente causador de um dano, embora o faça através de uma pena pecuniária que deve ser paga à vítima. Tal caráter aflitivo, aplicado indiscriminadamente a toda e qualquer reparação de danos morais, coloca em perigo princípios fundamentais de sistemas jurídicos que têm na lei a sua fonte normativa, na medida em que se passa a aceitar a ideia, extravagante à nossa tradição, de que a reparação já não se constitui como o fim último da responsabilidade civil, mas a ela se atribuem também, como intrínsecas, as funções de punição e dissuasão, de castigo e prevenção".
9. Na *jurisprudência* do Superior Tribunal de Justiça, por exemplo, são encontrados diversos precedentes afirmando a existência de um "caráter pedagógico" da reparação do *dano moral*. Dentre os mais recentes, pode ser destacado o seguinte: "Agravo interno no agravo em recurso especial. Indenizatória. Direito de imagem. Ausência de violação do art. 1.022 do CPC/2015. Prescrição. Termo inicial. Cada publicação não autorizada. Danos morais. Cabimento. Quantum indenizatório. Necessidade de adequação. Juros de mora. Termo a quo. Responsabilidade extracontratual. Evento danoso. Sucumbência recíproca. Agravo provido. Agravo conhecido para dar parcial provimento ao recurso especial.
   1. A jurisprudência deste Tribunal se firmou no sentido de que a publicação não autorizada de imagem de pessoa com fins econômicos ou comerciais gera o dever de indenização por danos morais, embora não haja conotação ofensiva ou vexatória.
   2. No caso, a alteração do entendimento proferido pelo eg. Tribunal de Justiça, de que houve a utilização de imagem do autor, pela ora agravante, sem a devida autorização, demandaria reexame de matéria fático-probatória, o que é vedado em sede de recurso especial, consoante preconiza a Súmula 7/STJ.
   3. O valor arbitrado pelas instâncias ordinárias a título de indenização por danos morais pode ser revisto por esta Corte tão somente nas hipóteses em que a condenação se revelar irrisória ou exorbitante, distanciando-se dos padrões de razoabilidade e proporcionalidade.
   4. Na hipótese dos autos, o acórdão recorrido majorou o valor da indenização de R$ 40.000,00 (quarenta mil reais) para R$ 120.000,00 (cento e vinte mil reais), sendo R$ 10.000,00 por aparição da imagem do jogador, ora agravado.

A mudança do nome, porém, *não* deve levar o intérprete a acreditar que foi modificada a própria *realidade jurídica*. Em consequência, o reconhecimento de um caráter *punitivo* (ou *pedagógico*, segundo a linguagem contemporânea) para a responsabilidade civil, continua a demandar uma expressa *manifestação legislativa*, a qual deverá, ao menos, definir as *hipóteses* em que o mesmo deverá ser reconhecido, os *limites* da *pena*, e o *destino* a ser dado ao montante pago pelo autor do dano que venha a *superar* a efetiva reparação da *vítima*.

3. A REPARAÇÃO PUNITIVA E AS RELAÇÕES DE CONSUMO

Pode ainda ser dito que um campo propício para a consagração do viés *punitivo* – considerando-se, especialmente, o número de possíveis *vítimas*–, é aquele relativo às *relações de consumo*. Não parece ser outra a razão pela qual a proposta de *multa civil* conste, justamente, do Projeto de Lei 3.514/2015, o qual, entre outros objetivos, busca "aperfeiçoar as disposições gerais do Capítulo I do Título I" do CDC e também "dispor sobre o comércio eletrônico". Neste projetado diploma legal é possível encontrar a seguinte previsão:

> "Art. 60-A. O descumprimento reiterado dos deveres do fornecedor previstos nesta Lei ensejará a aplicação, pelo Poder Judiciário, de multa civil em valor adequado à gravidade da conduta e suficiente para inibir novas violações, sem prejuízo das sanções penais e administrativas cabíveis e da indenização por perdas e danos, patrimoniais e morais, ocasionados aos consumidores.
>
> Parágrafo único. A graduação e a destinação da multa civil observarão o disposto no art. 57".

O dispositivo em apreço, portanto, busca introduzir no CDC a figura da "multa civil", a qual poderá ser imposta pelo Poder Judiciário ao fornecedor *reincidente* sem prejuízo da "indenização por perdas e danos, patrimoniais e morais, ocasionados aos consumidores". Ou seja, o *caráter punitivo* da "multa civil" é estabelecido *ao lado* da *reparação* do dano, e *não*, propriamente, como uma *finalidade da reparação do dano extrapatrimonial*, tal como se observa na contemporânea *prática jurisprudencial*.

Tal aspecto não seria, em verdade, uma novidade, caso não tivesse sido *vetado* o artigo 16 do Projeto de Código de Defesa do Consumidor[10]. À época, porém, foi apre-

---

5. Considerando casos semelhantes julgados nesta Corte, o montante mostra-se exorbitante, impondo-se sua revisão com o fito de atender aos princípios da proporcionalidade e da razoabilidade, evitando o indesejado enriquecimento sem causa do autor da ação indenizatória, *sem, contudo, ignorar o caráter preventivo e pedagógico inerente ao instituto da responsabilidade civil*.

6. Em sintonia com casos semelhantes já julgados nesta Corte, o acórdão estadual deve ser reformado para fixar a indenização em R$ 5.000,00 (cinco mil reais) para cada utilização da imagem do ora agravado, totalizando R$ 60.000,00 (sessenta mil reais).

7. Agravo interno provido para reconsiderar a decisão agravada e, em novo exame, conhecer do agravo para dar parcial provimento ao recurso especial".

(Agravo Interno no Agravo em Recurso Especial n. 1.467.664/SP, Relator Ministro Raul Araújo, Quarta Turma, julgado em 8/6/2020; grifou-se).

10. Afirmava o dispositivo vetado: "Art. 16 – Se comprovada a alta periculosidade do produto ou do serviço que provocou o dano, ou grave imprudência, negligência ou imperícia do fornecedor, será devida multa civil de até um milhão de vezes o Bônus do Tesouro Nacional – BTN, ou índice equivalente que venha substituí-lo, na

sentada, como razão para o veto, a ausência de "destinação e finalidade" da multa civil. A atualização normativa, portanto, busca evitar novo veto ao definir, no parágrafo único do dispositivo projetado, que "a destinação da multa civil" deverá observar o disposto no art. 57 do vigente CDC, segundo o qual "a pena de multa, graduada de acordo com a gravidade da infração, a vantagem auferida e a condição econômica do fornecedor, será aplicada mediante procedimento administrativo, revertendo para o Fundo de que trata a Lei 7.347, de 24 de julho de 1985, os valores cabíveis à União, ou para os Fundos estaduais ou municipais de proteção ao consumidor nos demais casos"[11]. Em outras palavras, a multa civil será destinada ao Fundo federal previsto pelo artigo 13 da Lei 7.347/85, no caso de "valores cabíveis à União", ou aos Fundos estaduais e municipais, nos casos de valores cabíveis aos Estados e Municípios[12].

Também é interessante observar, quanto ao tema da "graduação", que o julgador deverá considerar a "gravidade da infração, a vantagem auferida e a condição econômica do fornecedor". Ao tratar da *gravidade da infração* a norma projetada admite que sejam considerados aspectos como a *reincidência* do fornecedor. Esta, aliás, parece mesmo ser um pressuposto para a aplicação da sanção civil, uma vez que o dispositivo somente admite a aplicação da multa na hipótese de "descumprimento *reiterado* dos deveres do fornecedor". Contudo, para a configuração da *reincidência* não se exige que a violação tenha ocorrido em relação ao *mesmo direito* do consumidor (reincidência específica). Basta, em suma, que tenha ocorrido, por mais de uma vez, a violação de *algum direito* do consumidor por parte do *mesmo fornecedor*.

Ainda no tocante à "gravidade da infração", percebe-se que o projetado diploma *não* exige conduta *exclusivamente dolosa* do fornecedor para a imposição da sanção civil. Assim, considerando a *consagrada equiparação*, para fins de responsabilidade civil, entre dolo e *culpa grave*, deve ser considerado que também esta será suficiente para a imposição da *sanção civil*, não se exigindo, portanto, a cabal demonstração do dolo do agente[13].

---

ação proposta por qualquer dos legitimados à defesa do consumidor em juízo, a critério do juiz, de acordo com a gravidade e proporção do dano, bem como a situação econômica do responsável."

11. Recorde-se a redação do art. 57 do CDC: "Art. 57. A pena de multa, graduada de acordo com a gravidade da infração, a vantagem auferida e a condição econômica do fornecedor, será aplicada mediante procedimento administrativo, revertendo para o Fundo de que trata a Lei 7.347, de 24 de julho de 1985, os valores cabíveis à União, ou para os Fundos estaduais ou municipais de proteção ao consumidor nos demais casos. Parágrafo único. A multa será em montante não inferior a duzentas e não superior a três milhões de vezes o valor da Unidade Fiscal de Referência (Ufir), ou índice equivalente que venha a substituí-lo".
12. Recorde-se o disposto no art. 13 da Lei 7.347/85: "Art. 13. Havendo condenação em dinheiro, a indenização pelo dano causado reverterá a um fundo gerido por um Conselho Federal ou por Conselhos Estaduais de que participarão necessariamente o Ministério Público e representantes da comunidade, sendo seus recursos destinados à reconstituição dos bens lesados". Este fundo, ao menos em âmbito federal, é atualmente regulamentado pelo Decreto 1.306, de 09 de novembro de 1994.
13. A *equiparação entre dolo e culpa grave* como fundamento para a responsabilidade civil consta, por exemplo, da Súmula 145 do STJ, *verbis*: "No transporte desinteressado, de simples cortesia, o transportador só será civilmente responsável por danos causados ao transportado quando incorrer em dolo ou culpa grave".
    Sobre a distinção entre dolo e culpa e as consequências da equiparação entre *dolo* e *culpa grave* seja consentido remeter a Marcelo Junqueira CALIXTO, *A Culpa na Responsabilidade Civil: estrutura e função*, Rio de Janeiro, Renovar, 2008, *passim*.

Quanto ao tema da *vantagem auferida* pode ser dito que o Projeto de Lei 3.514/2015 *não* a limita a uma *vantagem econômica*[14]. Assim, o julgador fica autorizado a considerar outros elementos, ainda que não econômicos, isto é, não apreciáveis em dinheiro, para que se tenha como configurada a obtenção de *vantagem* pelo fornecedor.

Por fim, é considerada a "condição econômica do fornecedor". Quanto a este aspecto deve ser evitado o risco de se reduzir a multa a um patamar *ínfimo*, – com fundamento no patrimônio reduzido do ofensor –, a ponto de afastar o próprio caráter *sancionador*. Da mesma forma, não se admite a aplicação da multa em um patamar não razoável com fulcro no *elevado* patrimônio do ofensor. Por essa razão, agiu bem o legislador ao fixar um *piso* e um *teto* para a aplicação da sanção, tal como se lê no *parágrafo único* da norma projetada, o qual faz remissão expressa ao disposto no art. 57 do CDC. Este dispositivo, também em seu *parágrafo único*, assevera que: "A multa será em montante não inferior a duzentas e não superior a três milhões de vezes o valor da Unidade Fiscal de Referência (Ufir), ou índice equivalente que venha a substituí-lo".

Com a fixação desses *limites mínimo e máximo* para a *sanção civil* estão efetivamente presentes todos os requisitos para a sua aplicação. Essa *sanção*, porém, convém recordar, é prevista *ao lado* da *reparação* do dano, e não como um componente desta, o que permite concluir que o chamado "*caráter punitivo*" ou "*pedagógico*" da *reparação* do dano *extrapatrimonial* permanece como uma construção *doutrinária*, – a qual teve acolhida *jurisprudencial* –, e *não* como uma solução que já tenha obtido consagração *legislativa*.

De todo modo, não parece possível afirmar, *tout court*, a inconstitucionalidade de eventual "multa civil" em situações semelhantes à constante do citado Projeto de Lei 3.514/2015. Nesse sentido, podem ser recordadas as palavras de Maria Celina BODIN de MORAES:

> "É de admitir-se, pois, como exceção, uma figura semelhante à do dano punitivo, em sua função de exemplaridade, quando for imperioso dar uma resposta à sociedade, isto é, à consciência social, tratando-se, por exemplo, de conduta particularmente ultrajante, ou insultuosa, em relação à consciência coletiva, ou, ainda, quando se der o caso, não incomum, de prática danosa reiterada. Requer-se a manifestação do legislador tanto para delinear as estremas do instituto, quanto para estabelecer as garantias processuais respectivas, necessárias sempre que se trate de juízo de punição. É de aceitar-se, ainda, um caráter punitivo na reparação de dano moral para situações potencialmente causadoras de lesões a um grande número de pessoas, como ocorre nos direitos difusos, tanto na relação de consumo quanto no Direito Ambiental. Aqui, a *ratio*, será a função preventivo-precautória, que o caráter punitivo inegavelmente detém, em relação às dimensões do universo a ser protegido. Nesses casos,

---

14. A redação do dispositivo, neste ponto, segue o mesmo modelo constante do Decreto 2.181/1997, que dispõe sobre a organização do Sistema Nacional de Defesa do Consumidor (SNDC) e fixa as sanções *administrativas* impostas aos fornecedores de produtos e serviços nos casos de descumprimento das normas do CDC. Nesse sentido, pode ser recordado o disposto no art. 28 do citado Decreto: "Art. 28. Observado o disposto no art. 24 pela autoridade competente e respeitados os parâmetros estabelecidos no parágrafo único do art. 57 da Lei 8.078, de 1990, a pena de multa fixada considerará: I – a gravidade da prática infrativa; II – a extensão do dano causado aos consumidores; III – a vantagem auferida com o ato infrativo; IV – a condição econômica do infrator; e V – a proporcionalidade entre a gravidade da falta e a intensidade da sanção". Percebe-se, em suma, uma evidente proximidade entre os parâmetros fixados para a "sanção administrativa", em vigor desde 1997, e nova "sanção civil" prevista no Projeto de Lei 3.514/2015.

porém, o instituto não pode se equiparar ao dano punitivo como hoje é conhecido, porque o valor a maior da indenização, a ser pago 'punitivamente', não deverá ser destinado ao autor da ação, mas, coerentemente com o nosso sistema, e em obediência às previsões da Lei 7.347/85, servirá a beneficiar um número maior de pessoas, através do depósito das condenações em fundos já especificados"[15].

Percebe-se, assim, que as palavras da homenageada com a presente obra ganharam eco no diploma legal projetado, salvo quanto ao fato de não se prever o "caráter punitivo" como elemento da "reparação de dano moral" e sim em *acréscimo* a esta. De todo modo, também em referido projeto, como anteriormente analisado, a punição é prevista para casos especialmente graves, sendo o montante da multa revertido para o fundo federal ou fundos estaduais e não para o autor da ação.

4. CONCLUSÃO

Pelo exposto, pode ser afirmado que a *legislação* nacional permanece *contrária* ao reconhecimento de um viés *punitivo* ou *pedagógico* na reparação do dano extrapatrimonial. Tal construção jurisprudencial, como visto, continua a representar uma importação acrítica de elementos presentes em outras jurisdições, as quais estão fundadas em tradição jurídica diversa da brasileira.

Esta constatação, porém, não impede que, preenchidos certos requisitos, o legislador possa lançar de uma *reparação punitiva* por meio da imposição de uma *multa civil*. Tal situação já se encontra presente no Projeto de Lei 3.514/2015 e pode vir a ser adotada como forma de proteção dos *consumidores*, representando, assim, a consagração *normativa* de uma ideia anteriormente defendida pela professora homenageada com a presente obra.

5. REFERÊNCIAS

ANDRADE, André Gustavo Corrêa de. *Dano moral e indenização punitiva*: os punitive damages na experiência do common law e na perspectiva do direito brasileiro. Rio de Janeiro: Forense, 2006.

ANDRADE, André Gustavo Corrêa de. "Indenização Punitiva", in *Revista da EMERJ*, vol. 9, n. 36. Rio de Janeiro: EMERJ, 2006. pp. 135-168.

BERNARDO, Wesley de Oliveira Louzada. *Dano moral*: critérios de fixação de valor. Rio de Janeiro: Renovar, 2005.

BESSA, Leonardo Roscoe, BENJAMIN, Antônio Herman Vasconcellos e MARQUES, Cláudia Lima. *Manual de Direito do Consumidor*. São Paulo: Ed. RT, 2007.

BODIN de MORAES, Maria Celina. *Danos à pessoa humana*: uma leitura civil-constitucional dos danos morais. Rio de Janeiro: Renovar, 2003.

BODIN de MORAES, Maria Celina. *Na medida da pessoa humana: estudos de direito civil-constitucional*. 2. ed., Rio de Janeiro: Editora Processo, 2016.

CALIXTO, Marcelo Junqueira. *A Culpa na Responsabilidade Civil: estrutura e função*. Rio de Janeiro: Renovar, 2008.

---

15. Maria Celina BODIN de MORAES. *Danos à pessoa humana*, cit., p. 263.

CALIXTO, Marcelo Junqueira. "Breves considerações em torno do art. 944, parágrafo único, do Código Civil". In: *Revista Trimestral de Direito Civil*, v. 39, Rio de Janeiro, PADMA, pp. 51-76, jul./set. 2009.

CAVALIERI FILHO, Sérgio. *Programa de responsabilidade civil*. 9. ed. São Paulo: Atlas, 2010.

GARCIA, Leonardo. *Código de Defesa do Consumidor comentado artigo por artigo*. 17. ed. Salvador: JusPodivm, 2022.

KLEE, Antônia Espíndola Longoni. *Comércio Eletrônico*. São Paulo: Revista dos Tribunais, 2014.

KONDER, Carlos Nélson. "A redução equitativa da indenização em virtude do grau de culpa: apontamentos acerca do parágrafo único do art. 944 do Código Civil", in *Revista Trimestral de Direito Civil*, Rio de Janeiro, PADMA, pp. 3-34, jan./mar. 2007.

MONTEIRO FILHO, Carlos Edison do Rêgo. *Elementos de responsabilidade civil por dano moral*. Rio de Janeiro: Renovar, 2000.

MONTEIRO FILHO, Carlos Edison do Rêgo. "Artigo 944 do código civil: o problema da mitigação do princípio da reparação integral". In: *Revista de Direito da Procuradoria Geral do Estado do Rio de Janeiro*, v. 63, 2008.

MONTEIRO FILHO, Carlos Edison do Rêgo. "Limites ao princípio da reparação integral no direito brasileiro". In: *Civilistica.com* (Revista Eletrônica de Direito Civil), v. 7, 2018. Disponível em: https://civilistica.emnuvens.com.br/redc/article/view/317. Acesso em: 11.07.2023.

PEREIRA, Caio Mário da Silva. *Responsabilidade Civil*. 13. ed. (atualizada por Gustavo Tepedino). Rio de Janeiro: Forense, 2022.

ROSENVALD, Nelson. *As funções da responsabilidade civil*: a reparação e a pena civil. 3. ed. São Paulo: Saraiva, 2017.

SANTANA, Héctor Valverde. *Dano moral no direito do consumidor*. 3.ed. São Paulo: Ed. RT, 2019.

SCHREIBER, Anderson. *Novos Paradigmas da responsabilidade civil*: da erosão dos filtros da reparação à diluição dos danos. São Paulo: Atlas, 2007.

SCHREIBER, Anderson. "Arbitramento do Dano Moral no Código Civil". In: *Direito Civil e Constituição*. São Paulo: Atlas, 2013. pp. 173-191.

TARTUCE, Flávio. *Responsabilidade Civil*. 4. ed. Rio de Janeiro: Forense, 2022.

TEPEDINO, Gustavo, TERRA, Aline de Miranda Valverde e GUEDES, Gisela Sampaio da Cruz. *Fundamentos do direito civil*: responsabilidade civil. Rio de Janeiro: Forense, 2020. v. 4.

TEPEDINO, Gustavo e SCHREIBER, Anderson. "As penas privadas no direito brasileiro". In: GALDINO, Flávio e SARMENTO, Daniel (Org.). *Direitos fundamentais*: estudos em homenagem ao Professor Ricardo Lobo Torres. Rio de Janeiro: Renovar, 2006. pp. 499-525.

DANOS MORAIS *POST MORTEM*

Rose Melo Vencelau Meireles

Professora Adjunta de Direito Civil da UERJ. Procuradora da UERJ. Mestre (2003) e Doutora (2008) em Direito Civil pela UERJ. Advogada e Mediadora.

Sumário: 1. Introdução: danos à pessoa humana – 2. A intransmissibilidade das situações existenciais – 3. A dignidade da pessoa morta e sua tutela; 3.1 Tutela negativa: lesão antes da morte; 3.2 Tutela negativa: lesão depois da morte; 3.3 Tutela positiva: exercício dinâmico da personalidade *post mortem* – 4. Conclusões – 5. Referências.

> *A morte deveria ser assim:*
> *um céu que pouco a pouco anoitecesse*
> *e a gente nem soubesse que era o fim...*
> *Mario Quintana.*

1. INTRODUÇÃO: DANOS À PESSOA HUMANA

A dignidade humana é valor máximo no ordenamento jurídico brasileiro. Mais que valor, a proteção da dignidade constitui princípio jurídico, que atribui a todos o dever de respeito. Não há assim violação mais grave que aquela voltada para o desrespeito da dignidade de alguém. Maria Celina Bodin de Moraes, ilustre homenageada nessa obra, desenvolve o conceito de dano moral a partir da lesão à dignidade humana, em seus principais substratos, isto é, a liberdade, a igualdade, a integridade psicofísica e a solidariedade[1].

Esse estudo parte da premissa de que a dignidade humana avança as fronteiras da morte. E sendo assim, a reparação pecuniária e não pecuniária pelo dano moral sofrido é consequência possível ao ser violada a dignidade do morto. A ideia de a pessoa falecida ter protegida sua dignidade pode, no primeiro momento, causar estranheza, mas a compreensão de que ao proteger a dignidade do morto, na verdade, alcança-se tutela mais ampla, da família, e do próprio valor da dignidade, basta para superar essa primeira impressão.

Para organizar essa ordem de ideias, dividiu-se o estudo em dois itens principais. O item 1 cuida da intransmissibilidade das situações existenciais com o objetivo de identificar a superação do fato morte na construção de uma tutela *post mortem* da dignidade da pessoa humana. O item 2 discorre acerca da dignidade da pessoa morta e sua tutela. Nesse ponto, por serem tutelas diversas, fez-se necessário separar a tutela

---

1. MORAES, Maria Celina Bodin. *Danos à pessoa humana. Uma leitura civil-constitucional dos danos morais.* Rio de Janeiro: Renovar, 2003.

negativa (por lesão) da tutela positiva (por disposição) da dignidade. Assim, dividiu-se o item 2 em três partes: 2.1) Tutela negativa: lesão antes da morte; 2.2) Tutela negativa: lesão depois da morte e 2.3) Tutela positiva: o exercício dinâmico da personalidade *post mortem*. Muito embora a temática ainda esteja em aberto, sobretudo acerca da tutela positiva, importante trazê-la para o debate, pois pode ser um novo canal para danos morais *post mortem*.

2. A INTRANSMISSIBILIDADE DAS SITUAÇÕES EXISTENCIAIS

Com a morte dá-se o fim da personalidade civil, da existência da pessoa natural, nos termos do art. 6º do Código Civil. Todavia, algumas situações, mesmo existenciais, podem não se extinguir com a morte do seu titular. Esta assertiva é coerente com a percepção da personalidade como *valor*, segundo a qual "tem-se a personalidade como conjunto de características e atributos da pessoa humana, considerada como objeto de proteção por parte do ordenamento jurídico"[2]. Desse modo, a morte representa o fim da personalidade sob outro ponto de vista, aquele que identifica personalidade com capacidade, com subjetividade.

Não obstante a extinção do elemento subjetivo da relação jurídica, sustenta-se que a personalidade, enquanto *valor*, ainda pode perdurar como objeto de tutela do ordenamento jurídico. Exemplifica Diogo Leite de Campos: "O direito moral de autor, impedindo a adulteração da obra; o direito ao bom nome, o direito à integridade física, etc., persistirão, embora de modo evanescente"[3]. Como corolário da tutela da personalidade *post mortem*, tem-se a permanência de uma situação jurídica subjetiva cuja titularidade se extinguiu, uma vez que a pessoa, o sujeito em sua subjetividade não mais existe. Não se pode afirmar que se trata de direito do morto, porque não o é mais. Diante disso, ou a situação subjetiva fica sem titular ou a sua titularidade é adquirida por outrem. E este é o problema, pois a regra das situações existenciais é a intransmissibilidade.

Transmissibilidade é a possibilidade de substituição do titular de uma situação jurídica subjetiva[4]. No caso das situações existenciais, tem-se como referencial objetivo o próprio titular. Como corolário dessa característica, diz-se que são pessoais ou personalíssimas e, portanto, não admitem modificação subjetiva. Nesse sentido, aduz Paulo da Mota Pinto:

---

2. TEPEDINO, Gustavo. A Tutela da Personalidade no Ordenamento Civil-Constitucional Brasileiro. In: TEPEDINO, Gustavo. *Temas de Direito Civil*. 3. ed. Rio de Janeiro: Renovar, p. 27.
3. CAMPOS, Diogo Leite de. *Lições de direito da família e das sucessões*. 2. ed. Coimbra: Almedina, 1997. p. 548.
4. Somente é transmissível a situação que é adquirida de forma derivada. Segundo Francisco AMARAL, "A aquisição é derivada quando existe relação jurídica entre o titular anterior (transmitente) e o atual (adquirente). A aquisição derivada diz-se translativa, quando o direito permanece íntegro, como ocorre, por exemplo, na cessão de crédito, na compra de imóvel, e constitutiva, se implica a criação de outro direito, com base no que se transmite, por exemplo, a transferência de propriedade com a constituição de usufruto (CC. art. 1.225, IV) ou de servidão pelo proprietário (CC. art. 1.225, III)" (*Direito Civil* – Introdução. Rio de Janeiro: Renovar, 2003. p. 176).

"os direitos da personalidade são pessoais, não só no sentido de não serem direitos patrimoniais, mas sobretudo por serem ligados, estreita, direta e incidivelmente à pessoa do seu titular e que, portanto, como é regra com os direitos pessoais, não são transmissíveis, inter vivos ou mortis causa (não são hereditáveis)"[5].

A intransmissibilidade dos direitos da personalidade e das situações existenciais em geral, de fato, se justifica pelo peculiar interesse envolvido. Nelas, a titularidade é orgânica[6]. A titularidade é o vínculo entre o titular e a situação, de modo que parece inconcebível que alguém seja titular de um interesse existencial que não seja o seu. Afinal, nas situações existenciais representam a categoria do *ser* e não do *ter*. E isto é relevante porque na categoria do *ser* o interesse é intrínseco ao titular, enquanto que na categoria do *ter*, o interesse é a ele externo.

Considerando a permanência da personalidade como valor mesmo após a morte da pessoa, a extinção da personalidade como subjetividade com a morte e a intransmissibilidade das situações existenciais, surge a questão da efetividade da tutela da dignidade da pessoa morta. Quem, e a que título, exerce os aspectos da personalidade da pessoa falecida? A resposta depende tanto da tutela, se negativa ou positiva, quanto do momento do exercício, como será desenvolvido a seguir.

3. A DIGNIDADE DA PESSOA MORTA E SUA TUTELA

Como dito, a dignidade da pessoa humana não extingue com sua morte. Alguns aspectos da personalidade continuam merecedores de tutela pelo ordenamento em atenção à própria dignidade. Essa tutela pode ser negativa e positiva[7].

A tutela patológica e negativa acontece depois da lesão, decorrente da desobediência de um dever geral de abstenção. A Constituição Federal de 1988 dispõe no art. 5º, X, que "São invioláveis a intimidade, a vida privada, a honra e a imagem das pessoas, *assegurado o direito à indenização pelo dano material ou moral decorrente de sua violação*" (grifou-se). O Código Civil de 1916, ao tratar do ato ilícito no art. 159, não previa expressamente o dano moral, referindo-se genericamente ao dano. Porém, com o preceito constitucional, passou-se a interpretar o art. 159 do Código Civil de 1916 no sentido de abarcar

---

5. PINTO, Paulo da Mota. Notas sobre o livre desenvolvimento da personalidade e os direitos da personalidade no direito português. In: SARLET, Ingo Wolfgang (Org.). *A constituição concretizada*. Porto Alegre: Livraria do Advogado, 2000. p. 63.
6. "A titularidade institucional ou orgânica, ao revés, caracteriza-se pela impossibilidade da aquisição, por outros sujeitos, da situação subjetiva, já que vindo a faltar o titular originário, extingue-se também a situação. Estas situações ligadas organicamente ao titular, ditas situações intuitu personae, estabelecem um liame tão estreito com um sujeito, que encontram exclusivamente naquele liame a sua razão de ser, a sua função" (PERLINGIERI, Pietro. *Perfis do Direito Civil*. Rio de Janeiro: Renovar, 1997. p. 109).
7. Ingo SARLET bem descreve as tutelas negativa (de não intervenção) e positiva (de promoção) da dignidade da pessoa humana, pelo Estado: "o princípio da dignidade da pessoa impõe limites à atuação estatal, objetivando impedir que o poder público venha a violar a dignidade pessoal, mas também implica, numa perspectiva que se poderia designar de programática ou impositiva, mas nem por isso destituída de plena eficácia) que o Estado deverá ter como meta permanente, proteção, promoção e realização concreta de uma vida com dignidade para todos, podendo-se sustentar, na esteira da luminosa proposta de Clèmerson Clève, a necessidade de uma política da dignidade da pessoa humana e dos direitos fundamentais" (*Dignidade da Pessoa Humana*, cit., p. 110).

também o dano moral. Já o Código Civil de 2002 prevê, expressamente, que mesmo o dano exclusivamente moral poderá caracterizar ato ilícito, dispondo no art. 186 que "Aquele que, por ação ou omissão voluntária, negligência ou imprudência, violar direito e causar dano a outrem, *ainda que exclusivamente moral*, comete ato ilícito" (grifou-se).

Maria Celina Bodin de Morais trata do dano moral como dano à pessoa humana, marco teórico para uma leitura civil-constitucional do dano moral, como elucida a autora nas suas conclusões:

> "Circunstâncias que atinjam a pessoa em sua condição humana, que neguem esta sua qualidade, serão automaticamente consideradas violadoras de sua personalidade e, se concretizadas, causadoras de dano moral a ser reparado"[8].

Sem o binômio violação-reparação restaria diminuído o âmbito de salvaguarda da dignidade da pessoa humana; por isso se impõe que não sejam realizados atos, tanto na esfera pública, quanto privada, que possam acarretar dano à pessoa em sua condição humana. Entretanto, a reparação do dano moral é apenas um dos aspectos da tutela da pessoa humana.

O valor da pessoa humana não se realiza automaticamente, mas com uma série de comportamentos conformes, de modo que o dever de abstenção não exaure a relevância da pessoa no universo normativo[9]. Do mesmo modo que na esfera patrimonial se encontra respaldo jurídico também no exercício da faculdade de contratar, testar etc., nas situações existenciais a autonomia privada pode ser elemento útil ao pleno desenvolvimento da personalidade, conferindo-lhes uma tutela positiva.

A tutela positiva das situações jurídicas existenciais permite que a autonomia privada possa ser também instrumento de regulação de interesses existenciais, a fim de garantir o livre desenvolvimento do seu titular. É chamada *positiva* porque realizada mediante a autodeterminação do titular, muitas vezes, com colaboração de outrem; enquanto que a tutela *negativa* diz respeito a comportamentos omissivos gerais, os quais têm repercussão jurídica apenas depois da lesão, como exposto acima[10].

3.1 Tutela negativa: lesão antes da morte

No caso de a lesão à personalidade ter ocorrido ainda em vida da vítima, não há dúvida de que a pretensão à compensação pecuniária é transmissível, por ser considerada de conteúdo patrimonial, ainda que decorrente de um dano qualificado como moral[11].

---

8. MORAES, Maria Celina Bodin de. *Danos à pessoa humana*. Rio de Janeiro: Renovar, 2003. p. 327.
9. SCALISI, Antonino. *Il Valore della Persona nel Sistema e i Nuovi Diritti della Personalità*. Milano: Giuffrè Editore, 1990. p. 74-75.
10. Daniel SARMENTO, com base em Bobbio, define liberdade positiva: "Cuida-se de capacidade como autodeterminação. Diz-se que ela é positiva, porque pressupõe que o indivíduo reúna as condições necessárias para agir, não se esgotando na mera ausência de impedimentos externos, ao contrário da liberdade negativa" (*Direitos Fundamentais e Relações Privadas*. 2. ed. Rio de Janeiro: Lumen Juris, 2006. p.148).
11. Nesse sentido, opina Diogo Leite de CAMPOS: "O direito de indemnização por danos não patrimoniais tem conteúdo patrimonial, é o direito de exigir o pagamento de uma certa quantia em dinheiro. Não se vê motivo para

O direito de ação por dano moral é de natureza patrimonial e, como tal, transmite-se aos sucessores da vítima. Pode-se afirmar que o efeito patrimonial decorrente do dano moral, qual seja, o dever ou o direito à compensação pecuniária, integra a herança do falecido e, portanto, é transmissível. Neste caso, somente os herdeiros teriam legitimidade para requerer a compensação civil, observada a ordem da vocação hereditária. Isto porque passa a integrar a herança do falecido, embora seja um efeito patrimonial originário de uma situação existencial. O tema foi sumulado pelo STJ no enunciado n° 642: "O direito à indenização por danos morais transmite-se com o falecimento do titular, possuindo os herdeiros da vítima legitimidade ativa para ajuizar ou prosseguir a ação indenizatória".

Desse modo, os parágrafos únicos dos arts. 12 e 20 do Código Civil devem ser interpretados em conjunto com o art. 943 do mesmo diploma legal, no que toca ao direito de exigir reparação por danos morais. Em comentário a este dispositivo, Gustavo Tepedino afirma que:

> "Embora o Código não tenha se referido expressamente à hipótese de dano moral, é de se entender que também neste caso o direito ao ressarcimento se transmite com a herança. Isto porque o direito à reparação é patrimonial e deve integrar o montante destinado aos herdeiros"[12].

Não há uma exceção à intransmissibilidade das situações existenciais, pois neste caso tem-se uma situação patrimonial transmissível aos herdeiros. "Nos termos dos arts. 12 e 943 do Código Civil de 2002 (art. 1.526 do Código Civil de 1916), o direito de exigir a reparação de dano moral é assegurado aos sucessores do lesado, transmitindo-se com a herança. O direito que se sucede é o de ação, de reparação, que possui natureza patrimonial, e não o direito moral em si, que é personalíssimo e, portanto, intransmissível"[13]. Na jurisprudência, pode-se encontrar alguns exemplos: i) aluno expulso abusivamente de escola e ação reparatória proposta após o falecimento da vítima[14]; ii) situação vexatória e a espancamento efetuado por policiais militares, com lesões corporais de natureza leve e danos de ordem moral, e ação reparatória proposta após o falecimento da vítima[15]; iii) acidente sofrido pelo *de cujus*, que lhe causou lesões corporais graves, e ação reparatória proposta após o falecimento da vítima[16].

Nas hipóteses de ações ajuizadas pelo falecido, ainda em vida, tendo o espólio assumido o processo posteriormente em substituição processual, nos termos do art. 43 do Código de Processo Civil[17], e nas ajuizadas pelo espólio pleiteando danos experi-

---

que este direito não integre as relações jurídicas patrimoniais do falecido, que se transmitem com a sua morte. Portanto, não só os danos não patrimoniais são indenizáveis, como o direito à indemnização é transmissível mortis causa, quer a respectiva acção tenha sido proposta pelo 'de cujus', quer não". (*Lições de Direito da Família e das Sucessões*. 2. ed. Coimbra: Almedina, 1997. p. 554).

12. TEPEDINO, Gustavo et al. *Código Civil Interpretado conforme a Constituição da República*, vol. II. Rio de Janeiro: Renovar, 2006. p. 857.
13. STJ, REsp 705870 / MA, 4ª T., Rel. Min. Raul Araújo, julg. 21/08/2012, DJe 23/04/2013.
14. STJ, REsp 705870 / MA, 4ª T., Rel. Min. Raul Araújo, julg. 21/08/2012, DJe 23/04/2013.
15. STJ, REsp 978651 / SP, 1ª T., Rel. Min. Denise Arruda, julg. 17/02/2009, DJe 26/03/2009.
16. STJ, REsp 343654 / SP, 3ª T., Rel. Min. Carlos Alberto Menezes Direito, julg. 06/05/2002, DJ 01/07/2002 p. 337.
17. Nesse sentido, *e. g.*, as seguintes decisões: "Letra de câmbio. Resgate antecipado, por determinado valor, com base em cálculos efetuados pelo banco. Impossibilidade jurídica de esse, afirmando ter havido erro, debitar a diferença

mentados em vida pelo *de cujus*, a legitimidade é do espólio. Diversa é a hipótese em que o espólio pleiteia bem jurídico pertencente aos herdeiros por direito próprio e não por herança, como é o caso de indenizações por danos morais experimentados pela família em razão da morte de familiar (dano-morte). Nessa circunstância, não há coincidência entre o postulante e o titular do direito pleiteado, sendo, a rigor, hipótese de ilegitimidade *ad causam*[18]. Cabe, assim, verificar como ocorre a tutela negativa quando a lesão à personalidade acontece depois do óbito.

3.2 Tutela negativa: lesão depois da morte

O dano-morte, isto é, quando o fato causa a morte da vítima, ou danos ocorridos por violação à personalidade do morto também ensejam reparação por dano moral. O parágrafo único do art. 12 do Código Civil estabelece que "Em se tratando de morto, terá *legitimação* para requerer a medida prevista neste artigo o cônjuge sobrevivente, ou qualquer parente em linha reta, ou colateral até o quarto grau" (grifou-se). Por meio desse dispositivo legal, transmite-se por morte a legitimidade para exigir que cesse a ameaça ou a lesão a direito da personalidade e reclamar perdas e danos, sem prejuízo de outras sanções previstas em lei[19]. Da mesma forma, dispõe o parágrafo único do art. 20 do Código Civil: "Em se tratando de morto ou de ausente, são partes *legítimas* para requerer essa proteção o cônjuge, os ascendentes ou descendentes" (grifou-se)[20]. Cabe observar que os arts. 12 e 20 se circunscrevem à hipótese de lesão à situação subjetiva.

---

na conta corrente do credor daquele título, o que importaria impor-lhe negócio em condições diversas das que foram por ele aceitas. O erro pode levar à anulação do negócio, o que há de ser demandado ao Judiciário. Dano moral. Ressarcimento. Se a indenização se faz mediante pagamento em dinheiro, aquele que suportou os danos tinha direito de recebê-la e isso constituiu crédito que integrava seu patrimônio, transmitindo-se a seus sucessores. *Possibilidade de os herdeiros prosseguirem com a ação já intentada por aquele que sofreu os danos*" (STJ, 3ª Turma, REsp. 219.619, Rel. Min. Eduardo Ribeiro, DJ. 03.04.2000. p. 147); "Embargos Infringentes. Dano Moral. Plano de saúde. *Legitimidade dos herdeiros da falecida autora para prosseguirem na ação deflagrada por sua mãe* em face da empresa prestadora de serviços médicos-hospitalares, no que tange à reparação por danos morais. Precedentes do E. Superior Tribunal de Justiça. Dano moral caracterizado, na espécie. Prevalência do voto majoritário. Embargos Infringentes desprovidos" (TJRJ, 17ª CC, EInfr. 2005.005.00244, Rel. Des. Maria Ines Gaspar, julg. 20.10.2005); "Direito Civil e Processual Civil. Pelo menos em princípio, só a vítima do dano moral é que tem legitimidade para postular a respectiva indenização, vez que o direito de que seria titular é personalíssimo. Entretanto, se a vítima do dano moral, ao depois de propor a respectiva ação, vem de falecer, pode ser substituída no processo por seus herdeiros, vez que aí, Por se tratar de direito patrimonial, o direito perseguido é transmissível. Se o recurso está pronto para ser julgado, não se justifica, por falta de interesse, devolver-se prazo ao Agravante para a interposição de recurso contra a decisão que indeferiu o pedido de dação de efeito suspensivo. Recurso conhecido, mas improvido, restando prejudicado o pedido de devolução de prazo para recorrer-se da decisão de fls. 33. Decisão confirmada" (TJRJ, 3a CC, AI 2003.002.21387, Rel. Des. Maurílio Passos Braga, julg. 04.05.2004).

18. Ao analisar a legitimidade do espólio, entendeu o STJ que, como ainda não tinha havido julgamento de mérito, seria suficiente que a emenda à inicial fosse oportunizada pelo Juízo de primeiro grau. Nos termos dos arts. 284, caput e parágrafo único, e 295, inciso VI, do CPC, o juiz não poderia extinguir o processo de imediato e sem a oitiva do autor com base em irregularidades sanáveis, somente cabendo tal providência quando não atendida a determinação de emenda da inicial (STJ, REsp 1143968 / MG, 4ª T., Rel. Min. Luis Felipe Salomão, julg. 26.02.2013, DJe 01.07.2013).
19. Art. 12. Pode-se exigir que cesse a ameaça, ou a lesão, a direito da personalidade, e reclamar perdas e danos, sem prejuízo de outras sanções definidas em lei.
20. Art. 20. Salvo se autorizadas, ou se necessárias à administração da justiça ou à manutenção da ordem pública, a divulgação de escritos, a transmissão da palavra, ou a publicação, a exposição ou a utilização da imagem de uma

Assim, determinadas pessoas têm *legitimidade* para a defesa dos direitos da personalidade do morto, quando ocorre a lesão após o óbito.

Se o herdeiro pode iniciar a ação reparatória por danos morais causados ao *de cujus*, dependerá da transmissibilidade, se não do próprio direito lesado, ou do direito de exigir tal reparação[21]. Quando a lesão à personalidade ocorre depois do falecimento do respectivo titular, surge o problema dificílimo a respeito do exercício da pretensão que dela decorre. Segundo Capelo de Sousa é discutidíssimo saber qual o titular dos bens jurídicos tutelados e dos poderes jurídicos respectivos, apontando cinco correntes:

> "As construções mais comuns vão desde as que aqui ressurgem a figura de direitos sem sujeitos, às que fazem decorrer tal tutela de um dever jurídico geral, às que admitem uma personalidade jurídica parcial pós-mortal, às que diferentemente consideram que a protecção advém dos interesses e direitos de pessoas vivas apenas como fiduciários dos direitos de personalidade dos direitos de personalidade do falecido"[22]

No parágrafo único do art. 12 dá-se legitimidade ao cônjuge sobrevivente *ou* a qualquer parente em linha reta *ou* colateral até o quarto grau para exigir que cesse a ameaça ou reclamar perdas e danos, sem prejuízo de outras sanções previstas em lei. No parágrafo único do art. 20 dá-se legitimidade ao cônjuge, ascendentes *ou* descendentes para proibir a divulgação de escritos, a transmissão da palavra, ou a publicação, a exposição ou a utilização da imagem, bem como exigir indenização se for atingida, exemplificativamente, a honra, a boa-fama ou a respeitabilidade, ou se se destinarem a fins comerciais.

De certo, a *ratio* dos parágrafos únicos dos arts. 12 e 20 foi a de garantir com maior eficiência a proteção *post mortem* da personalidade, dotando de legitimidade várias pessoas ligadas ao *de cujus* pelo parentesco ou pela conjugalidade. Para Caio Mário da Silva Pereira, há que se distinguir para a definição da legitimidade, pois "As medidas de pura defesa podem ser intentadas por qualquer deles, sem observância da ordem de sua

---

pessoa poderão ser proibidas, a seu requerimento e sem prejuízo da indenização que couber, se lhe atingirem a honra, a boa fama ou a respeitabilidade, ou se se destinarem a fins comerciais.

21. A favor da transmissibilidade, registre-se esta decisão do TJRJ: "Civil e processual civil. Ação indenizatória por dano moral. Herdeiros. Legitimidade. Não há princípio algum que se oponha à transmissibilidade da ação de indenização visando à reparação de danos, ou do direito à indenização. Em nosso ordenamento jurídico a regra, aliás, é a transmissibilidade de todo e qualquer direito patrimonial, salvo expressa vedação legal. A transmissibilidade, por conseguinte constitui a regra, a que a intransmissibilidade, como leciona Egas Moniz De Aragão, abre exceção, que só tem lugar, portanto, nos casos expressos, como assinala o texto: 'intransmissível por disposição legal'. São os postulantes, pois, partes legítimas para, na qualidade de herdeiros do falecido, intentarem a presente ação reparatória por dano moral. Por se tratar de relação de consumo, onde a vulnerabilidade do consumidor é sempre inconteste (art. 4º, I, CDC), a verossimilhança da alegação traz ao Julgador probabilidade de uma quase certeza, ou, segundo a retórica tradicional, a "fumaça do bom Direito" (art. 6º, VIII, CDC). A não comprovação do fato justificativo da inscrição do nome do consumidor junto aos órgãos protetivos ao crédito conduz, em razão da responsabilidade objetiva, a procedência do pedido, uma vez que a presunção de veracidade da alegação milita, a priori, em favor da parte mais fraca. À falta de critério objetivo ou legal, a indenização do dano moral deve fazer-se por arbitramento, com ponderação e racionalidade, levando-se em conta a natureza da lesão, as condições da vítima e o atuar ilícito do agente. Sentença correta. Improvimento do recurso" (TJRJ, 9a CC, ApCiv 2004.001.09528, Rel. Des. Maudonato de Carvalho, julg. 04.05.2004).
22. (*O Direito Geral da Personalidade*. Coimbra: Coimbra Editora, 1995. p. 364-365).

colocação. No caso, entretanto, de indenização por perdas e danos, há que respeitar a ordem de vocação hereditária". Pode-se citar como exemplos colhidos da jurisprudência: i) publicação de foto de pessoa falecida em periódico[23]; ii) inclusão indevida do nome do autor da herança em cadastros negativos após o seu falecimento[24]; iii) negativação do nome do falecido decorrentes da utilização indevida de cartão de crédito por terceiro dois anos após o óbito[25]. O espólio carece de legitimidade ativa para ajuizar ação em que se evidencia que o dano moral pleiteado pela família tem como titulares do direito os familiares, não por herança, mas por direito próprio deles.

No caso de lesão depois da morte, a legitimidade para a reparação do dano moral compete ao cônjuge, ao companheiro por equiparação[26], ascendentes *ou* descendentes *ou* colateral até o quarto grau. O uso da partícula *ou* identifica a obrigação disjuntiva. Pode-se, porém, entender o *ou* por *e*, configurando uma obrigação cumulativa. E, ainda, existe a possibilidade de se entender pela solidariedade ativa. Como é sabido, a solidariedade não se presume, resulta da lei ou da vontade das partes, nos moldes do art. 265 do Código Civil. Ainda assim, no direito português, que possui normas semelhantes aos arts. 12, 20 e 265 do Código Civil[27], se entende pela solidariedade ativa[28].

A solidariedade, porém, pode não estar explícita. Diante disso, Pontes de Miranda afirma que "Se prometeu prestar a A ou a B 'solidariamente', ou 'com o mesmo direito', 'sem necessidade de caução' ou expressão equivalente, há solidariedade"[29]. Mas se não é necessário estar explícita a palavra *solidário* ou *solidariamente*, há de ter alguma expressão que conduza à existência da solidariedade. Assim, no exemplo do mesmo Pontes de Miranda: "Nos testamentos, se o disponente diz que deixa a A ou B, entende-se que deixa a determinação a herdeiro"[30]. Configura, portanto, como obrigação disjuntiva. "Quanto

---

23. STJ, REsp 913.131/BA, Rel. Min. Carlos Fernando Mathias (Juiz Federal convocado), julg. 16.09.2008, 16.09.2008.
24. STJ, AgInt no REsp 1.993.660 / MG, 2ª T., Rel. Min. Francisco Falcão, julg. 15.08.2022, DJe 19/08/2022.
25. STJ, REsp 869.970 / RJ, 4ª. T., Rel. Min. João Otávio de Noronha, julg. 04.02.2010, DJe 11.02.2010.
26. A lei não menciona expressamente o companheiro, mas o laço de afeto entre companheiros que possa justificar a defesa a situações existenciais recíprocas, após a morte do seu titular, não é diferente daquele que exista entre cônjuges, de maneira que a distinção entre casamento e união estável aqui não tem fundamento razoável e, portanto, seria discriminatória. O enunciado 275, aprovado na IV Jornada de Direito Civil, também insere no rol o companheiro: Arts. 12 e 20. O rol dos legitimados de que tratam os arts. 12, parágrafo único, e 20, parágrafo único, do Código Civil também compreende o companheiro. (www.jf.gov.br).
27. Art. 71º (Ofensas a pessoas já falecidas). Os direitos de personalidade gozam igualmente de protecção depois da morte do respectivo titular.
    2. Tem legitimidade, neste caso, para requerer as providências previstas no 2 do artigo anterior o cônjuge sobrevivo ou qualquer descendente, ascendente, irmão, sobrinho ou herdeiro do falecido. (grifou-se).
    3. Se a ilicitude da ofensa resultar da falta de consentimento, só as pessoas que o deveriam prestar têm legitimidade, conjunta ou separadamente, para requerer as providências a que o número anterior se refere.
28. Capelo de SOUSA afirma que "o art. 71º, n. 2, do Código Civil estabelece uma regra de solidariedade activa na defesa dos direitos de personalidade do defunto, ao prescrever que têm legitimidade 'para requerer as providências previstas no n. 2 do artigo anterior o cônjuge sobrevivo ou qualquer descendente, ascendente, irmão, sobrinho ou herdeiro do falecido', devendo ainda solucionar-se de acordo com a vontade real ou presumível do falecido quaisquer conflitos entre os seus sucessores sobre o modo de exercício daqueles direitos" (SOUSA, R. V. A. Capelo de. *O Direito Geral de Personalidade*, cit., p. 193-194).
29. MIRANDA, Pontes de. *Tratado de Direito Privado*, t. XXII. 2. ed. Rio de Janeiro: Editor Borsoi, 1958, p. 322.
30. MIRANDA, Pontes de. *Tratado de Direito Privado*, t. XXII, cit., p. 320.

aos efeitos destas obrigações, eles traduzem-se em que acabará por ser credor ou devedor único aquele dos sujeitos disjuntos que vier a ser determinado pela escolha"[31]. Desse modo, neste tipo de obrigação, a escolha entre quem será o credor é essencial, necessária, o que é, no mínimo, um inconveniente. Em continuidade, Pontes de Miranda aduz sobre o exemplo supracitado que "No antigo direito romano, a solução era diferente: tratava-se de crédito coreal. Justiniano fez ler-se 'e' em vez de 'ou'"[32].

Assim, algumas pessoas são legitimadas para defender o interesse do falecido. São todos os parentes em linha reta, os colaterais até o quarto grau, o cônjuge sobrevivente, além de extensivamente o companheiro sobrevivente, que podem defender a personalidade do morto naqueles aspectos que lhe sobrevivem. Da leitura dos parágrafos únicos dos arts. 12 e 20 do Código Civil, a partícula *ou* deve ser compreendida como *e*. Todos são igualmente legitimados.

Os parentes do morto, o cônjuge e o companheiro sobrevivente, não se tornam titulares daquelas situações existenciais cujo titular é falecido. Por isso, o uso do termo *legitimidade* na lei. Não é do parente sobrevivo a autoria da obra do morto, a honra do morto ou a imagem do morto, dada a indissociabilidade destas situações existenciais do seu titular. Ocorre que alguns interesses ultrapassam o indivíduo e alcançam o grupo a que ele pertence. É o caso das situações existenciais que mereçam proteção após a morte do titular. Melhor explicando, não é apenas ao morto que interessava a preservação da sua intimidade, pois pode também interessar aos seus parentes. Não é apenas ao defunto que interessa o bom uso do nome, mas, também, aos familiares. A tutela de alguns interesses existenciais, portanto, é útil ao seu titular e ao grupo familiar a que pertença. Todavia, por sua natureza personalíssima, somente após a morte do titular que o seu núcleo familiar passa a ter legitimidade para a defesa desses interesses. Bem esclarece Pietro Perlingieri:

> "Algumas situações existenciais têm em comum uma estrita conexão entre titularidade, seu exercício e razões familiares, ao ponto que o *status familiae* – passado, atual ou potencial do sujeito – constitui o pressuposto legitimador (...). O interesse dessa perspectiva de estudo afunda suas raízes na particularidade da 'formação social' família, na sua função constitucionalmente relevante e na peculiar solidariedade que caracteriza as suas vicissitudes internas, inspiradas na igual dignidade moral e jurídica dos seus componentes e à unidade familiar, entendida como comunhão – ainda que não mais atual – de sentimentos e de afetos, isto é, de vida e de história"[33].

A privacidade, por exemplo, tem relevo também quanto à pessoa componente de um núcleo familiar, sendo a intimidade da vida familiar uma condição para o livre desenvolvimento da pessoa. O mesmo se passa com a imagem da pessoa, pois o mau uso da imagem pode acarretar ofensa à honra, à reputação da pessoa ou da família. No caso de morte de um parente também se pode defender a existência de um dano ao núcleo familiar[34].

---

31. ANDRADE, Domingues de. *Teoria das Obrigações*. 2. ed. Coimbra: Almedina, 1963. p. 110.
32. MIRANDA, Pontes de. *Tratado de Direito Privado*, t. XXII, cit., p. 320.
33. PERLINGIERI, Pietro. *Perfis*, cit., p. 178-179.
34. Caso freqüente é o da morte causada por ato ilícito que possibilita aos parentes do falecido a propositura de ação compensatória por danos morais – até materiais – por direito próprio. Assim é o entendimento do STJ:

Caio Mário da Silva Pereira também é bastante claro ao explicar sua posição:

> "Não obstante seu caráter personalíssimo, os direitos da personalidade projetam-se na família do titular. Em vida, somente ele tem o direito de ação contra o transgressor. Morto ele, tal direito pode ser exercido por quem ao mesmo esteja ligado pelos laços conjugais, de união estável ou de parentesco. Ao cônjuge supérstite, ao companheiro, aos descendentes, aos ascendentes e aos colaterais até o quarto grau, transmite-se a *legitimatio* para as medidas de preservação e defesa da personalidade do defunto"[35].

Como sustenta Regina Sahm, quanto à intransmissibilidade do direito à imagem, "O direito conferido aos parentes é um direito novo, o fundamento é um interesse próprio, as pessoas agem na tutela em nome próprio e não como herdeiros. Não cessa a proteção jurídica, mas esta agora segue no interesse da família"[36]. A razão mais forte para que o pedido de indenização por dano moral não seja devido apenas aos herdeiros consiste no fato de que se a lesão ocorre após a morte, a pretensão à indenização ainda não existia no momento do óbito, portanto, não se pode transmitir o que ainda não existe[37]. Mesmo tendo feição patrimonial, o pleito de perdas e danos por ofensa à personalidade do morto cabe a qualquer daqueles legitimados pela lei, proporcionalmente à ofensa que lhe causa enquanto membro do grupo familiar do defunto. Surge, na verdade, uma nova situação subjetiva para aquelas pessoas elencadas nos parágrafos únicos dos arts. 12 e 20 do Código Civil, nova e diversa daquela que existia para o falecido

3.3 Tutela positiva: exercício dinâmico da personalidade *post mortem*

Importa, ainda, ressaltar que as pessoas indicadas nos parágrafos únicos dos arts. 12 e 20 do Código Civil não têm o pleno exercício da situação jurídica subjetiva exis-

---

"Responsabilidade civil. Indenização por morte. Legitimidade para propor ação. Núcleo familiar. Dano moral cabível. Os danos morais causados ao núcleo familiar da vítima, dispensam provas. São presumíveis os prejuízos sofridos com a morte do parente" (STJ, 3ª Turma, REsp. 437.316, Rel. Min. Humberto Gomes de Barros, DJ 19.04.2007. p. 567). No mesmo sentido: REsp 157.912, REsp 218.046.

35. PEREIRA, Caio Mário da Silva. *Instituições de Direito Civil*, vol. I. 20. ed. Rio de Janeiro: Forense, 2004. p. 243. Silvio de Salvo VENOSA também atribui a sobrevivência de alguns direitos da personalidade à morte do seu titular ao fato de a família do morto ser atingida ou "pode ocorrer que certos familiares próximos sejam legitimados a defender a honra pessoal da pessoa falecida atingida, por serem 'fiduciários' dessa faculdade" (*Direito Civil*. Parte Geral. 4. ed. Atlas: São Paulo, 2004. p. 153). Não é sem controvérsia a matéria. Para Paulo NADER, por exemplo, "A legitimação ativa para pleitear a indenização é da própria vítima e, na falta desta, *sucessivamente*, é do cônjuge sobrevivente, ou de qualquer parente em linha reta, ou colateral até o 4º grau" (grifou-se) (*Curso de Direito Civil*. Parte Geral. Rio de Janeiro: Forense, 2003. p. 218).

36. SAHM, Regina. *Direito à Imagem no Direito Civil Contemporâneo*. São Paulo: Atlas, 2002. p. 169. Do mesmo modo, para Sérgio CAVALIERI FILHO, "os parentes próximos de pessoas já famosas já falecidas passam a ter um direito próprio, distinto da imagem do cujus, que os legitima a pleitear indenização em juízo" (*Programa de Responsabilidade Civil*. 5. ed. São Paulo: Malheiros, 2004. p. 119.

37. Nesse sentido é a opinião de Yussef Said CAHALI: "a se admitir uma eventual reparação do dano moral conseqüente do atentado à memória dos mortos, a legitimação para o exercício da ação reparatória reconhecida em favor daqueles legitimados para a iniciativa da ação penal privada não seria decorrência de um direito hereditário, já que morto o ofendido cuja memória é maculada, não haveria sucessão possível em um pretenso direito nascido posteriormente à abertura da sucessão; seria, assim, uma ação de indenização fundada em direito próprio, no que são igualmente molestados, ainda que de maneira indireta, os sentimentos de dor e estima de seus familiares, pelas ofensas desrespeitosas à memória do ente querido" (*Dano Moral*. 3. ed. São Paulo: Ed. RT, 2005. p. 807).

tencial do morto, considerados os aspectos estático e dinâmico. Sob o aspecto estático cuja legitimidade é passada aos parentes, cônjuge ou companheiro sobrevindo pelos parágrafos únicos dos arts. 12 e 20 do Código Civil, tem-se medidas de pura defesa e a possibilidade de pedir perdas e danos. O exercício dinâmico, de produção de efeitos sob a personalidade do morto, depende de previsão legal[38] ou de última vontade[39]. Na ausência de uma ou de outra, o herdeiro não teria a legitimidade para o exercício dinâmico das projeções da personalidade do morto, na medida em que não se trata de situação jurídica transmissível com a herança.

A discussão encontra grande espaço a partir da inteligência artificial e da herança digital[40]. Pessoas famosas passam a dispor em testamento a respeito do uso da sua imagem, especialmente com a inteligência artificial, depois da morte[41]. E outras tantas que nada dispuseram tem sua imagem utilizada para variados fins, inclusive econômicos. Campanha publicitária da Volkswagen para celebrar os 70 anos de presença da marca no Brasil, surpreendeu o público ao reunir a cantora Elis Regina, que morreu em 1982, e sua filha, Maria Rita, dividindo os vocais da icônica canção "Como Nossos Pais". Para isso, foi utilizada uma inteligência artificial que mapeou milhares de fotos e vídeos de Elis Regina. Todo esse banco de dados foi, posteriormente, aplicado sobre a imagem de uma atriz, que participou do comercial, conduzindo a Kombi, mas que, nas cenas, ganhou as feições e o rosto de Elis Regina, pelo trabalho de inteligência artificial e de *deepfake*[42]. Ao mesmo tempo em que muita gente celebrou a união entre mãe e filha no comercial e o resgate da memória da cantora, algumas pessoas criticaram o uso de *deepfake* para representar alguém que já morreu[43]. Sob a perspectiva da tutela da dignidade, a questão envolve a possibilidade, ou não, da disposição acerca de situações existenciais da pessoa falecida por seus herdeiros. No caso exemplificado, a autorização do uso da imagem, da voz e da tecnologia do *deepfake* não foi realizada pela titular Elis Regina[44].

---

38. Como exemplo, tem-se o art. 5º, XXVII, da Constituição da República: "aos autores pertence o direito exclusivo de utilização, publicação ou reprodução de suas obras, *transmissível aos herdeiros* pelo tempo que a lei fixar" (grifou-se).
39. Sobre o ponto, vide MEIRELES, Rose Melo Vencelau. *Autonomia Privada e Dignidade Humana*. Rio de Janeiro: Renovar: 2009.
40. Cf. MEIRELES, Rose Melo Vencelau. Autonomia e herança digital. In: TEIXEIRA, Ana Carolina Brochado; LEAL, Livia Teixeira (coord.). Herança digital, t. 2. Indaiatuba, SP: Foco, 2022.
41. Nesse sentido, após ter alta da UTI em julho de 2023, Madonna atualizou testamento e deixou definido também o uso de imagem após sua morte, proibindo que ela seja recriada por inteligência artificial, como em hologramas, por exemplo. Fonte: https://www.correiobraziliense.com.br/diversao-e-arte/2023/07/5108193-apos-uti-madonna-muda-testamento-e-proibe-uso-de-imagem-por-ia.html.
42. Disponível em:
43. Esse caso provocou a edição do Projeto de Lei 3.608/2023 que exige o consentimento dos herdeiros, não do morto, para o uso da imagem de pessoas falecidas em *deepfake*, também conhecido como ressurreição digital.
44. São muitas as questões envolvidas. O Conar abriu em 10 de julho de 2023 representação ética contra a campanha 'VW Brasil 70: O novo veio de novo', de responsabilidade da VW do Brasil e sua agência, AlmapBBDO, motivada por queixa de consumidores. Eles questionam se é ético ou não o uso de ferramenta tecnológica e Inteligência Artificial (IA) para trazer pessoa falecida de volta à vida como realizado na campanha, a ser examinado à luz do Código Brasileiro de Autorregulamentação Publicitária, em particular os princípios de respeitabilidade, no caso o respeito à personalidade e existência da artista, e veracidade. Adicionalmente, questiona-se a possibilidade de tal uso causar confusão entre ficção e realidade para alguns, principalmente crianças e adolescentes. Fonte: https://rollingstone.uol.com.br/musica/elis-regina-de-ia-em-comercial-da-volkswagen-vira-alvo-do-conar/.

Nos atos de autonomia existenciais, os efeitos recaem sobre aspectos essenciais da pessoa humana, muitas vezes gerando limitações ao exercício das situações existenciais. A limitação, devido à natureza do interesse envolvido, não pode ser livremente imposta porque implicaria em violação a direitos humanos já que as situações existenciais mormente são expressões privadas dos mesmos. A disposição sobre alguma situação existencial, portanto, em regra, há de ser voluntária[45]. E o exercício *post mortem* sempre considerar a biografia do falecido. Como acentua Capelo de Sousa:

> "a personalidade do defunto, embora gnoseologicamente só ganhe relevo através da memorização que dela é feita pelos sobrevivos, não se confunde com tal reconhecimento. Com efeito, além da existência física ou material de certos bens da personalidade do defunto, também a sua vontade objectivada pode post-mortem continuar a influenciar as relações jurídicas e os reflexos do espírito do defunto continuam presentes e actuantes nas suas objectivações pessoalizadas"[46].

O testamenteiro pode ser figura imprescindível para eficácia das disposições existenciais *post mortem*. O testamenteiro é a pessoa encarregada de dar cumprimento às disposições de última vontade, com ou sem testamento. Consoante acentua Pontes de Miranda, "O testamenteiro deve executar as vontades do testamento, ainda contra o parecer unânime dos herdeiros" [47], já que de direito próprio, cabendo-lhe, por isso, prestar contas e ser responsável no curso da execução do testamento.

O conteúdo da execução testamentária tende a ser prevalentemente patrimonial, no entanto, a testamentaria se dirige ao adimplemento direto de qualquer disposição *post mortem*. Assim, Francesco Messineo exemplifica várias situações não patrimoniais que podem ser encarregadas ao testamenteiro, que podem implicar uma perícia técnica, tais como a publicação de escritos inéditos; ou um vínculo de privacidade, a exemplo da comunicação de segredos, da entrega, tradução, restituição ou destruição de cartas, memórias, ou documentos de família; ou o cumprimento de desejos de índole religiosa, espiritual, afetiva, filantrópica etc. do testador, por exemplo, a celebração de missas, a construção de um monumento, a cremação do cadáver, a construção da tumba, a tutela de obra intelectual do testador; ou atribuições referentes a relações familiares, tais como a respeito da educação e instrução da prole, a indicação a uma dada profissão[48]. Pode-se acrescentar, a vigilância quanto ao destino dos seus órgãos se o testador manifestou-se seja como doador, seja como não doador; quanto ao descarte do seu sêmen depositado em banco de sêmen; quanto a não utilização de embriões excedentários; quanto à finalização de adoção iniciada em vida etc.

Assim, na seara das situações existenciais, mesmo falecido o titular do interesse, ressalta-se que o respeito à vontade do morto deve ter ainda maior importância, como corolário do princípio do consentimento qualificado que rege as situações existenciais[49].

---

45. Cf. acerca do princípio do consentimento qualificado: MEIRELES, Rose Melo Vencelau. *Autonomia Privada e Dignidade Humana*, cit., p. 213 e ss.
46. SOUSA, R. V. A. Capelo de. *O Direito Geral de Personalidade*, cit., p. 194-195.
47. MIRANDA, Pontes de. *Tratado de Direito Privado*, t. LX. Rio de Janeiro: Borsoi, 1969. p. 94.
48. MESSINEO, Francesco. *Contributo alla Teoria della Esecuzione Testamentaria*. Milano: Cedam, 1931. p. 93-94.
49. MEIRELES, Rose Melo Vencelau. *Autonomia Privada e Dignidade Humana*, cit., p. 213 e ss.

O desrespeito da disposição de última vontade, quando houver; ou da falta de declaração de última vontade, quando não existir, poderá configurar dano moral indenizável, razão pela qual a tutela positiva não atendida redunda no chamado da tutela negativa.

4. CONCLUSÕES

A intransmissibilidade é regra nas situações existenciais. A reconhecida incindibilidade do titular com o interesse objeto de tutela, característica marcante da categoria do ser, torna a modificação subjetiva incompatível com a natureza das situações jurídicas existenciais. Por isso, com a morte o que ocorre é transmissão de algumas formas de exercício da personalidade da pessoa falecida. O dano moral *post mortem*, assim, consiste em uma das consequências da lesão à dignidade do morto, cabendo definir a quem, e a que título, cabe a tutela da personalidade após o óbito. Desse modo, o presente estudo alcançou as seguintes conclusões:

> 1. Com a morte se dá o fim da personalidade civil, mas algumas situações, mesmo existenciais, relacionadas à personalidade como valor, podem não se extinguir com a morte do seu titular.
>
> 2. A legitimidade para o exercício dos aspectos da personalidade depois da morte depende da espécie de tutela, se negativa ou positiva.
>
> 3. A tutela *negativa* diz respeito a comportamentos omissivos gerais, os quais têm repercussão jurídica apenas depois da lesão, e ocasiona o dever de reparação pelo dano moral, mesmo *post mortem*. A tutela *positiva* das situações jurídicas existenciais permite que a autonomia privada, inclusive com efeito *mortis causa*, possa ser também instrumento de regulação de interesses existenciais, a fim de garantir o livre desenvolvimento do seu titular.
>
> 4. A tutela negativa da dignidade *post mortem* se diferencia conforme a lesão ocorra antes ou depois do óbito. Se a lesão acontece antes do óbito, o direito à percepção de reparação por dano moral, de natureza patrimonial, transmite-se aos herdeiros, que têm legitimidade parar iniciar ou dar continuidade à ação antes iniciada, segundo a origem de vocação hereditária. Se a lesão acontece depois do óbito, incluindo-se o dano-morte, a legitimidade compete aos parentes do falecido, por direito próprio, não por sucessão.
>
> 5. Na ausência de norma jurídica autorizativa expressa, cabe à própria pessoa regular a tutela positiva da sua personalidade *post mortem*. Na ausência de lei e de manifestação de última vontade poderá surgir dano indenizável aos parentes do falecido por direito próprio.

A morte que chega, aos poucos, ou abruptamente, não é o fim. Mesmo se viesse como a noite, caindo aos poucos, no sono de quem se deixa levar, não seria o fim. E não sendo o fim da dignidade, a tutela da pessoa humana continua. Melhor não haver dano, mas se houver, a lesão encontra vários caminhos de reparação.

5. REFERÊNCIAS

AMARAL, Francisco. *Direito Civil* – Introdução. Rio de Janeiro: Renovar, 2003.

ANDRADE, Domingues de. *Teoria das obrigações*. 2. ed. Coimbra: Almedina, 1963.

CAHALI, Yussef Said. *Dano moral*. 3. ed. São Paulo: Ed. RT, 2005.

CAMPOS, Diogo Leite de. *Lições de direito da família e das sucessões*. 2. ed. Coimbra: Almedina, 1997.

CAVALIERI FILHO, Sérgio. *Programa de Responsabilidade Civil*. 5. ed. São Paulo: Malheiros, 2004.

MESSINEO, Francesco. *Contrituto alla Teoria della Esecuzione Testamentaria*. Milano: Cedam, 1931.

MEIRELES, Rose Melo Vencelau. *Autonomia privada e dignidade humana*. Rio de Janeiro: Renovar: 2009.

MEIRELES, Rose Melo Vencelau. Autonomia e herança digital. In: TEIXEIRA, Ana Carolina Brochado; LEAL, Livia Teixeira (Coord.). *Herança digital*. Indaiatuba, SP: Foco, 2022. t. 2.

MORAES, Maria Celina Bodin. *Danos à pessoa humana. Uma leitura civil-constitucional dos danos morais*. Rio de Janeiro: Renovar, 2003.

MORAES, Maria Celina Bodin de. *Danos à pessoa humana*. Rio de Janeiro: Renovar, 2003.

MIRANDA, Pontes de. *Tratado de Direito Privado*. 2. ed. Rio de Janeiro: Editor Borsoi, 1958. t. XXII.

MIRANDA, Pontes de. *Tratado de Direito Privado*. Rio de Janeiro: Borsoi, 1969. t. LX.

NADER, Paulo. *Curso de direito civil. Parte geral*. Rio de Janeiro: Forense, 2003.

TEPEDINO, Gustavo. A Tutela da Personalidade no Ordenamento Civil-Constitucional Brasileiro. In: TEPEDINO, Gustavo. *Temas de Direito Civil*. 3. ed. Rio de Janeiro: Renovar, 2004.

TEPEDINO, Gustavo et al. *Código Civil interpretado conforme a Constituição da República*. Rio de Janeiro: Renovar, 2006. v. II.

PEREIRA, Caio Mário da Silva. *Instituições de Direito Civil*. 20. ed. Rio de Janeiro: Forense, 2004. v. I.

PERLINGIERI, Pietro. *Perfis do Direito Civil*. Rio de Janeiro: Renovar, 1997.

PINTO, Paulo da Mota. Notas sobre o livre desenvolvimento da personalidade e os direitos da personalidade no direito português. In: SARLET, Ingo Wolfgang (Org.). *A constituição concretizada*. Porto Alegre: Livraria do Advogado, 2000.

SAHM, Regina. *Direito à imagem no direito civil contemporâneo*. São Paulo: Atlas, 2002.

SARMENTO, Daniel. *Direitos Fundamentais e Relações Privadas*. 2. ed. Rio de Janeiro: Lumen Juris, 2006.

SCALISI, Antonino. *Il Valore della Persona nel Sistema e i Nuovi Diritti della Personalità*. Milano: Giuffrè Editore, 1990.

SOUSA, Capelo de. *O direito geral da personalidade*. Coimbra: Coimbra Editora, 1995.

VENOSA, Salvo. *Direito civil. Parte geral*. 4. ed. Atlas: São Paulo, 2004.

Parte IV
PRINCÍPIOS E CATEGORIAS IMPORTANTES À TUTELA DA PESSOA

ITINERÁRIO DA LESÃO AO TEMPO

Carlos Edison do Rêgo Monteiro Filho

Professor Titular de Direito Civil da Faculdade de Direito da UERJ. Professor Permanente e Coordenador da Linha de Direito Civil do Programa de Pós-graduação *stricto sensu* (mestrado e doutorado) da UERJ. Procurador do Estado do Rio de Janeiro. Advogado, consultor e parecerista.

Sumário: 1. Contornos introdutórios: novas tecnologias e o esgarçamento do tecido codificado – 2. Fontes, evolução e autonomia do tempo como bem juridicamente tutelado – 3. Lesão ao tempo: consagração de sua tutela nas relações de consumo; 3.1 O julgamento do Resp 2.017.194/SP como freio de arrumação – 4. Considerações finais – 5. Referências.

> *De fato, somente a perspectiva constitucionalizada é capaz de oferecer respostas às complexas indagações presentes no direito dos danos contemporâneo.*
>
> Maria Celina Bodin de Moraes[1]

1. CONTORNOS INTRODUTÓRIOS: NOVAS TECNOLOGIAS E O ESGARÇAMENTO DO TECIDO CODIFICADO

Em de janeiro de 2023, foram celebradas as duas primeiras décadas de vigência do Código Civil, cuja publicação se deu em 10 de janeiro de 2002. O artigo 2.044 do Código estipulara longo prazo de *vacatio legis* de 1 (um) ano, com objetivo de permitir o amplo conhecimento e a preparação da sociedade às disposições da lei nova, postergando sua entrada em vigor, com isso, para janeiro de 2003. Desde então muito se tem debatido em torno do conteúdo, sentido e alcance do tecido normativo codificado e muitas modificações pontuais lhe foram destinadas, visando em especial à sua atualização e adequação ao desenvolvimento tecnológico ulterior.

Todavia, a passagem desses vinte anos permite, mercê do necessário distanciamento histórico, a conclusão de que o projeto de codificação apresentou, desde a origem, relevantes insuficiências nos diversos títulos que o compõem, particularmente no que diz respeito à responsabilidade civil. Tal perspectiva crítica se justifica em larga medida, como registrei em trabalho anterior,[2] por conta do distanciamento no tempo entre a instauração da Comissão responsável pela confecção do anteprojeto, em 1969, e a publicação de seu texto no Diário Oficial, em 2002, a resultar em longos 33 (trinta e três) anos de intensas transformações sociais em um mundo marcado por mudanças

---

1. MORAES, Maria Celina Bodin de. A constitucionalização do direito civil e seus efeitos sobre a responsabilidade civil. In: *Direito, Estado e Sociedade*, v. 9, n. 29, p. 244-245, jul./dez. 2006.
2. MONTEIRO FILHO, Carlos Edison do Rêgo. A recente decisão do STJ impediria a reparação da lesão ao tempo para além das relações de consumo?. *Revista IBERC*, Belo Horizonte, v. 6, n. 2, p. IV-IX, 2023. Disponível em: https://revistaiberc.responsabilidadecivil.org/iberc/article/view/268. Acesso em: 01.10.2023.

em velocidade correspondente às inovações tecnológicas que marcariam o período, em especial o advento da Internet.

Nada obstante, fato é que a insuficiência detectada desde o momento de sua entrada em vigor se agudizou progressivamente conforme transcorriam as duas décadas de sua vigência. Desnecessário pontuar os impactos da virtualização, das tecnologias digitais emergentes, da inteligência artificial, dentre muitos outros fatores – e das transformações paradigmáticas que deles decorreram –, na disciplina da responsabilidade civil. No seio desse admirável mundo novo, que flerta com a distopia intuída por Huxley há quase um século, as aspirações de estabilidade só encontram guarida na certeza da permanente mudança.

2. FONTES, EVOLUÇÃO E AUTONOMIA DO TEMPO COMO BEM JURIDICAMENTE TUTELADO

Tomando por bússola o princípio da reparação integral dos danos, uma das grandes insuficiências do modelo codificado reside, portanto, na omissão legislativa em identificar e tratar novos bens que se afiguram merecedores de tutela jurídica. É o que ocorre com o problema da lesão ao tempo.

Em resposta aos modelos de produção gestados a partir da primeira revolução industrial, as embrionárias tentativas de tutela do tempo livre da pessoa associam-se em larga medida à luta pelas limitações da carga horária diária de trabalho para amenizar as condições penosas a que eram submetidos os trabalhadores desde o fim do século XVIII. Não à toa, marcou a história, atravessando séculos, a reivindicação do movimento operário pela jornada de 8 (oito) horas por dia. Nessa direção, Robert Owen, na segunda década do Século XIX, criou o lema das oito horas: oito horas de trabalho, oito horas de lazer, oito horas de descanso (*8 hours labour, 8 hours recreation, 8 hours rest*).

Curioso notar que a relação entre lazer e trabalho ainda não parece distensionada, em pleno século XXI. Domenico De Masi tem chamado atenção para a questão da substituição de mão de obra humana pela robotizada, o que, em tese, acarretaria o consequente aumento de tempo livre das pessoas[3] e suas distintas possibilidades, para o bem e para o mal, mencionando um rol que abrange desde experiências culturais (livros, cinema, museus etc.) até exercícios de ódio e destilação de veneno em redes sociais. Paradoxalmente ao suposto incremento do ócio no cotidiano da população, no entanto, a pandemia mostrou que a escassez do tempo pode deflagrar novos transtornos na contemporaneidade. Exemplo disso tem-se na síndrome de esgotamento profissional – burnout. É como se as novas ferramentas tecnológicas destinadas tendencialmente a fazer poupar tempo criassem uma proporção inversa: quanto mais rápida a sociedade

---

3. Sobre o valor do tempo livre, remete-se à valiosa passagem de MASI, Domenico de. O ócio criativo. Rio de Janeiro: Sextante, 2000. p. 299-300: "Tempo livre significa viagem, cultura, erotismo, estética, repouso, esporte, ginástica, meditação e reflexão. (...) Em suma, [significa] dar sentido às coisas de todo dia, em geral lindas, sempre iguais e divertidas, e que infelizmente ficam depreciadas pelo uso cotidiano".

é, menos tempo tem. Ou seja, na percepção da pessoa contemporânea, os ponteiros do relógio passam a correr cada vez mais céleres.

Em paralelo, assiste-se ao desenvolvimento do que se convencionou denominar "economia da atenção".[4] Aqui se observa outra contradição: a escassez de atenção em um mundo rico em informações. A atenção do indivíduo passa a ser vista como commodity, e se torna objeto de disputa no mercado. Inserida no contexto do capitalismo de vigilância, a economia da atenção busca, precipuamente, tornar a experiência humana a principal matéria-prima na era informacional, de modo a adequá-la à dinâmica mercatória, em modelo de negócio fundado predominantemente na publicidade comportamental, que, por sua vez, converte a experiência do usuário na rede – e o tempo por ele despendido – em conhecimento, a fim de conferir mais eficiência à publicidade veiculada no ambiente digital. O usuário amolda-se à metáfora do consumidor de vidro, sujeito sobre o qual tudo se sabe – no limite, corre-se o risco de intolerável transformação da pessoa em simples meio de satisfação de interesses patrimoniais.

Em um cenário como esse, não é difícil concluir que a sociedade passou a enxergar no tempo um bem inestimável, finito e, cada vez mais, escasso, a ser fruído a partir das escolhas próprias de cada pessoa humana. Donde se vê que a lesão ao tempo merece especial atenção do operador comprometido com a escala de valores do ordenamento jurídico.

A Constituição de 1988, como se sabe, elevou os valores existenciais ao ápice de tutela do ordenamento. Significa dizer que, a partir desta lógica de cunho eminentemente humanista, toda e qualquer relação jurídica, seja pública ou privada, patrimonial ou extrapatrimonial, terá como norte a proteção da pessoa humana, sob os consectários lógicos de liberdade, solidariedade, igualdade e integridade psicofísica[5]. Sob esse prisma, o *direito ao tempo* não poderia ser diferente.

Além de se apresentar em sua perspectiva tradicional, como influenciador de situações jurídicas subjetivas — prescrição, usucapião, prazos processuais etc. —, o

---

4. A expressão "economia da atenção" foi utilizada pela primeira vez pelo psicólogo e economista Herbert A. Simon, ganhador do Prêmio Nobel de Economia em 1978: SIMON, Herbert. Designing Organizations for an Information-Rich World. In: GREENBERGER, Martin (Org.). Computers, communications, and the public interest. Baltimore: Johns Hopkins Press, 1971. p. 40-41: "(...) in an information-rich world, the wealth of information means a dearth of something else: a scarcity of whatever it is that information consumes. What information consumes is rather obvious: it consumes the attention of its recipients. Hence a wealth of information creates a poverty of attention and a need to allocate that attention efficiently among the overabundance of information sources that might consume it". A economia da atenção também foi tema recente do evento "The Forum Network", espaço de debates promovido pela OCDE. Disponível em: <https://www.oecd-forum.org/posts/the-nuts-and-bolts-of-attention-economy>. Acesso em: 28.01.2023.

5. "O substrato material da dignidade deste modo entendido se desdobra em quatro postulados: i) o sujeito moral (ético) reconhece a existência dos outros como sujeitos iguais a ele; ii) merecedores do mesmo respeito à integridade psicofísica de que é titular; iii) é dotado da vontade livre, de autodeterminação; iv) é parte do grupo social, em relação ao qual tem garantia de não vir a ser marginalizado. São corolários desta elaboração os princípios jurídicos da igualdade, da integridade física e moral - psicofísica -, da liberdade e da solidariedade" (BODIN DE MORAES, Maria Celina. *Danos à pessoa humana*: uma leitura civil-constitucional dos danos morais. Rio de Janeiro: Renovar, 2003. p. 85).

tempo passou a ser, em si, objeto de tutela jurídica no âmbito da responsabilidade civil, inaugurando nova perspectiva cujos contornos acham-se em pleno processo construtivo, tendo como fundamentos a liberdade da vítima (maculada pela conduta alheia) e o dever de solidariedade do ofensor (de não desperdiçar injustamente o tempo de outrem), como temos defendido[6].

Destaca-se que essa espécie de lesão, embora comumente associada às relações de consumo, tendo em vista a discrepância técnica, econômica e informacional existente entre as partes, a propiciar atitudes abusivas por parte dos fornecedores, a elas não se restringe. Em qualquer relação jurídica, inclusive nas paritárias, os titulares da relação jurídica, ao exercê-la, concretizam, em última análise, sua liberdade individual e assumem, em contrapartida, o dever, imposto pela solidariedade social, de respeitar o tempo alheio, cooperando reciprocamente para evitar seu desperdício.[7]

Nesse sentido, Maria Celina Bodin de Moraes esclarece que "A solidariedade social, na juridicizada sociedade contemporânea, já não pode ser considerada como resultante de ações eventuais, éticas ou caridosas, pois se tornou um princípio geral do ordenamento jurídico, dotado de força normativa capaz de tutelar o respeito devido a cada um"[8].

Como temos sustentado, a tutela do tempo encontra duplo fundamento justamente nos valores constitucionais da liberdade individual, garantia assegurada à vítima, e da solidariedade social, dever imposto ao ofensor.[9] O tempo de cada um, especialmente o tempo livre, é o lapso finito no qual as pessoas podem realizar suas escolhas da maneira que melhor lhes aprouver. Apresenta-se o tempo, em última análise, como importante fator que permite o exercício e a concretização da *liberdade*. Segundo Maria Celina Bodin de Moraes, "o princípio da liberdade individual se consubstancia, cada vez mais, numa perspectiva de privacidade, de intimidade, de exercício da vida privada. Liberdade significa, hoje, poder realizar, sem interferências de qualquer gênero, as próprias escolhas individuais, exercendo-as como melhor lhe convier"[10]. A lesão ao tempo, portanto,

---

6. MONTEIRO FILHO, Carlos Edison do Rêgo. Lesão ao Tempo: configurações e reparação nas relações de consumo. In: MONTEIRO FILHO, Carlos Edison do Rêgo. Rumos Contemporâneos do Direito Civil – Estudos em Perspectiva Civil-Constitucional. Belo Horizonte: Fórum, 2017. "É ver-se, portanto, que tal interesse representa uma concretização da liberdade, no tocante ao ofendido, e um dever de respeito ao consumidor, imposto pela solidariedade social, em relação ao ofensor".
7. "A concepção atual de relação jurídica, em virtude da incidência do princípio da boa-fé, é a de uma ordem de cooperação, em que se aluem as posições tradicionais do devedor e credor". (SILVA, Clóvis do Couto e. A obrigação como processo. Rio de Janeiro: FGV, 2006. p. 97).
8. MORAES, Maria Celina Bodin de. *Danos à pessoa humana*: uma leitura civil-constitucional dos danos morais. Rio de Janeiro: Editora Renovar, 2003. p. 116.
9. MONTEIRO FILHO, Carlos Edison do Rêgo. Lesão ao Tempo: configurações e reparação nas relações de consumo. In: MONTEIRO FILHO, Carlos Edison do Rêgo. Rumos Contemporâneos do Direito Civil – Estudos em Perspectiva Civil-Constitucional. Belo Horizonte: Fórum, 2017.
    MONTEIRO FILHO, Carlos Edison do Rêgo. Lesão ao Tempo: configurações e reparação para além das relações de consumo. In: Barboza, Heloísa Helena, Cleyson de Moraes Mello, Gustavo Silveira Siqueira (coordenação geral) - Heloísa Helena Barboza, Gustavo Tepedino, Carlos Edison do Rêgo Monteiro Filho (Coordenação Acadêmica), Direito civil - O futuro do direito. Rio de Janeiro: Processo, 2022.
10. MORAES, Maria Celina Bodin de. *Danos à pessoa humana*: uma leitura civil-constitucional dos danos morais. Rio de Janeiro: Editora Renovar, 2003. p. 107.

repercute diretamente na liberdade individual da vítima, na medida em que fere, irremediavelmente, suas possibilidades de escolher como e quando fazer o que bem entender.

A solidariedade social, por seu turno, constitui-se em vetor interpretativo importante das relações jurídicas, sobretudo as que digam respeito a um bem jurídico escasso e finito como o tempo. Maria Celina Bodin de Moraes pontua nessa direção que: "o valor da solidariedade positivado na Constituição estabelece em nosso ordenamento um princípio jurídico inovador, a ser levado em conta não só no momento da elaboração da legislação ordinária e na execução de políticas públicas, mas também nos momentos de interpretação e aplicação do Direito"[11]. Assim, em qualquer relação jurídica, os envolvidos têm o dever recíproco de zelar pelo tempo alheio, à luz da escala de valores constitucionais, especialmente na *solidariedade*.

A consagração, tanto pela doutrina quanto pela jurisprudência, da responsabilidade civil pré-contratual em relações paritárias associa-se de certo modo a esse processo de reconhecimento da reprovabilidade da conduta que gera perda de tempo a outrem. Com efeito, a reparabilidade do chamado *interesse negativo*, nos casos de violação à legítima expectativa depositada, pela contraparte, na celebração de determinado negócio, também pode apresentar objetivo de indenizar danos patrimoniais decorrentes da lesão ao tempo sofrida pelo negociante, em razão da confiança despertada quanto à concretização futura do contrato frustrado. Em tais casos, a parte vítima da ruptura injustificada das tratativas realizou investimentos – danos emergentes –, desfez negócios e perdeu oportunidades – lucros cessantes e perda de chances – que correspondem aos efeitos da lesão ao tempo provocada pela quebra de sua legítima expectativa.[12]

Diretamente relacionado ao tema da lesão ao tempo, o princípio da boa-fé objetiva constitui cláusula geral de fundamental importância para abertura e mobilidade do sistema[13] à análise da conduta das partes em todas as relações jurídicas[14]. Dos artigos 113, 187 e 422 do Código Civil extraem-se suas três funções principais: (i) interpretação dos negócios jurídicos; (ii) criação de deveres anexos; e (iii) limitação ao exercício disfuncional dos direitos[15].

---

11. MORAES, Maria Celina Bodin de. O princípio da solidariedade. In: MATOS, Ana Carla Harmatiuk (Org.). *Novos direitos e constituição*. Porto Alegre: Nuria Fabris Editora, 2008. p. 234-235.
12. "Configurada, com efeito, a ruptura injustificada das tratativas e a consequente violação da expectativa legítima da parte, impõe-se o dever de reparar os danos experimentados, tradicionalmente calcado nos interesses negativos comprovadamente produzidos pela ruptura injusta". (TEPEDINO, Gustavo; TERRA, Aline de Miranda Valverde; GUEDES, Gisela Sampaio da Cruz. *Fundamentos do direito civil*, v. 4. 1ª ed. Rio de Janeiro: Forense, 2020. p. 21).
13. A esse respeito, cf. CANARIS, Claus-Wilhem. *Pensamento sistemático e conceito de sistema na ciência do direito*. Lisboa: Fundação Calouste Gulbenkian, 1996, 2ª ed., pp. 279-289.
14. "O comportamento das pessoas deve respeitar um conjunto de deveres reconduzidos, num prisma juspositivo e numa óptica histórico-cultural, a uma regra de actuação de boa-fé (...) no período pré-negocial, na constância de contratos válidos, em situações de nulidades contratuais e na fase posterior à extinção de obrigações" (CORDEIRO, Antônio Menezes. *Da boa fé no direito civil*. Coimbra: Almedina, 1997. p. 632).
15. "São tradicionalmente imputadas à boa-fé objetiva três distintas funções, quais sejam a de cânone hermenêutico-integrativo do contrato, a de norma de criação de deveres jurídicos e a de norma de limitação ao exercício de direitos subjetivos (...)" (MARTINS-COSTA, Judith. *A boa-fé no direito privado: sistemática e tópica no processo obrigacional*. São Paulo: Revista dos Tribunais, 2000. p. 427-428).

Com efeito, ao lado dos interesses individuais de cada contratante, deve-se atentar para a finalidade objetivamente perseguida pelas partes, com a criação de *standards* jurídicos de conduta[16]. Os deveres anexos – como os de lealdade, informação, proteção – impõem um dever geral de colaboração, tanto na fase pré-contratual, quanto na execução do contrato e, ainda, mesmo após sua conclusão[17]. Trata-se de relevante realização do princípio constitucional da solidariedade social, que, por meio da criação desses deveres, faz prevalecer a cooperação à concorrência[18], o solidarismo ao voluntarismo e a tutela das vulnerabilidades concretas à proteção do indivíduo abstrato e anônimo[19].

3. LESÃO AO TEMPO: CONSAGRAÇÃO DE SUA TUTELA NAS RELAÇÕES DE CONSUMO

Na caminhada da jurisprudência brasileira, o primeiro passo da consagração das possibilidades reparatórias da lesão ao tempo dá-se no âmbito das relações consumeristas. E, nesse particular, tenho destacado que a dinâmica processual abrange a lesão ao tempo do consumidor tanto como objeto específico da demanda (autônoma)[20], bus-

---

16. MARTINS-COSTA, Judith. *A boa-fé no direito privado: sistemática e tópica no processo obrigacional*. São Paulo: Ed. RT, 2000. p. 411.
17. "La 'buena fe' exige de cada uno de los contratantes el considerar como declarado por ambos y vigente como contenido del contrato y, por tanto, como conforme a su sentido, y como pactado objetivamente, de igual forma que si resultase exigido en el contrato mismo, todo aquello derivado no sólo de su tenor literal, sino de la finalidad objetiva recognoscible del contrato, de la conexión con su sentido y de su idea fundamental; atendiendo, en el caso concreto, a los usos del tráfico existentes y a los intereses de los contratantes" (LARENZ, Karl. *Derecho de obligaciones*, t. I, Madrid: Revista de Derecho Privado, 1958. p. 118-119). Em tradução livre: "A boa-fé exige de cada um dos contratantes considerar como declarado por ambos e vigente como conteúdo do contrato e, portanto, como conforme ao seu sentido, e como pactuado objetivamente, como se fosse exigido pelo próprio contrato, tudo que deriva não só do teor literal, mas da finalidade objetiva reconhecível do contrato, da conexão com seu sentido e sua ideia fundamental; atendendo, no caso concreto, aos usos do tráfico existentes e aos interesses dos contratantes".
18. FACHIN, Luiz Edson. Transições do direito civil. *Direito civil*: sentidos, transformações e fim. Rio de Janeiro: Renovar, 2014. p. 61.
19. "Justifica-se por mais essa razão, plenamente, a *tutela geral* (abstrata) da pessoa humana, ontologicamente vulnerável, não só nas relações econômicas, como as de consumo, mas em todas as suas relações, especialmente as de natureza existencial, e a *tutela específica* (concreta), de todos os que se encontrem em situação de desigualdade, por força de circunstâncias que potencializem sua vulnerabilidade, ou que já os tenham vulnerado, como forma de assegurar a igualdade e a liberdade, expressões por excelência da dignidade humana" (BARBOZA, Heloisa Helena. Proteção dos vulneráveis na Constituição de 1988: uma questão de igualdade. In: NEVES, Thiago. (Coord.). *Direito & justiça social*: por uma sociedade mais justa, livre e solidária: estudos em homenagem ao Professor Sylvio Capanema de Souza. São Paulo: Atlas, 2013. p. 109).
20. Apelação cível. Ação indenizatória. Contrato de transporte aéreo. Atraso em voo internacional. Dano moral. Sentença de procedência. Inconformismo da ré. Prevalência do Estatuto Consumerista sobre convenções internacionais. Jurisprudência do C. STJ. Controvérsia recursal que se cinge à configuração do dano moral. Falha na prestação do serviço que restou incontroversa. Responsabilidade objetiva - teoria do risco do empreendimento. Art. 14 do CDC. As circunstâncias narradas nos autos ultrapassaram e muito o mero aborrecimento cotidiano, visto que a resultou em quinze horas de espera, situação que, por si só, causou angústia e apreensão. A doutrina mais moderna aponta que essa série de situações vivenciadas pelos autores caracteriza o denominado "desvio produtivo do consumidor". Arbitramento do quantum em R$15.000,00 (quinze mil reais), condizente com as peculiaridades do caso concreto e com os princípios da razoabilidade e da proporcionalidade. Condenação da apelante em honorários advocatícios recursais - art. 85, § 11, do CPC/2015. Julgado que se mantém integralmente. Desprovimento do recurso. (TJ-RJ - 00177731820178190209, Relator: Des(a). Andre Emilio Ribeiro Von Melentovytch, Data de Julgamento: 07/05/2019, 21ª Câmara Cível)

cando o consumidor reparação justamente pela perda do tempo, quanto como adicional indenizatório, fruto de descumprimento, pelo fornecedor, de dever anexo emanado da boa-fé objetiva (incidental)[21]. Pode, assim, projetar-se no *an debeatur*, como pressuposto para desencadear a responsabilização, ou no *quantum debeatur*, contribuindo para a justa definição do valor a ser ressarcido.[22]

A lesão ao tempo no campo do direito do consumidor notabilizou-se pela expressão "desvio produtivo". Em que pese a importância da consagração da autonomia do novo bem juridicamente tutelado, a denominação, que hoje já se pode dizer consagrada pelos louváveis esforços de seu precursor Marcos Dessaune[23], não se mostra, no rigor científico, a mais apropriada para tratar do tema, vez que denota carga predominantemente patrimonialista e utilitarista, como já destacamos em outra sede[24]. A associação entre lesão ao tempo do consumidor e as expressões "desvio produtivo do consumo" ou de "perda de tempo útil" não prestigia aquela que constitui a face mais importante do bem jurídico em questão: sua dimensão existencial. Longe de se limitar a mera preferência terminológica, *a expressão lesão ao tempo encerra distinção absolutamente fundamental entre o bem jurídico tutelado e os efeitos da lesão a este, que constituem os danos*.[25]

---

21. Apelação Cível. Ação de indenização por danos morais. Cobrança indevida. Parcelas empréstimo quitado. Desídia do banco para solucionar o caso. Aplicação da teoria do tempo livre e desvio produtivo do consumidor. Alteração do ônus de sucumbência. Relação de consumo. Responsabilidade objetiva. Ato ilícito comprovado. Dever de indenizar configurado. 1. A Teoria da Perda do Tempo Livre (ou Desvio Produtivo do Consumidor) vem resgatar o respeito que, especialmente, fornecedores de serviço deixam de observar, não se permitindo que o Poder Judiciário se faça de ouvidos moucos aos reclamos que fogem do justo e do razoável, tal como a situação em que o consumidor buscou os meios administrativos para solucionar problema que não causou, inclusive com reclamação junto ao Procon, sem que as instituições financeiras dessem a devida atenção à cobrança indevida. 2. A casa bancária responde, independentemente da existência de culpa, pela reparação dos danos causados aos consumidores por defeitos relativos à prestação dos serviços. Sendo objetiva a sua responsabilidade, a luz do artigo 14 do Código de Defesa do Consumidor, mostrando-se suficiente, para sua condenação, a demonstração da conduta, do resultado danoso e do liame intersubjetivo entre aquela e este. 3. A instituição financeira que causa e contribuiu para a perda do tempo livre do consumidor, apresentando mau atendimento, produz não só meros aborrecimentos, mas desgaste físico e emocional, configurando, pois, falha na prestação do serviço ofertado, o que enseja o dever de indenizar a título de danos morais, decorrente de sua conduta ilícita. 4. Sentença reformada para condenar à reparação pelo dano moral e alterar o ônus da sucumbência. Recurso conhecido e provido. Sentença reformada. (TJ-GO - 00587558820188090093, Relator: MARCUS DA COSTA FERREIRA, Data de Julgamento: 22/05/2020, 5ª Câmara Cível)
22. MONTEIRO FILHO, Carlos Edison do Rêgo. Lesão ao Tempo: configurações e reparação nas relações de consumo. In: MONTEIRO FILHO, Carlos Edison do Rêgo. *Rumos contemporâneos do direito civil*: estudos em perspectiva civil-constitucional. Belo Horizonte: Fórum, 2017, *passim*.
23. DESSAUNE, Marcos. *Teoria ampliada do desvio produtivo do consumidor, do cidadão-usuário e do empregado*. Edição Especial do Autor – 3. ed. revista, modificada e ampliada, 2022.
24. MONTEIRO FILHO, Carlos Edison do Rêgo. Lesão ao Tempo: configurações e reparação nas relações de consumo. In: MONTEIRO FILHO, Carlos Edison do Rêgo. Rumos Contemporâneos do Direito Civil – Estudos em Perspectiva Civil-Constitucional. Belo Horizonte: Fórum, 2017. "De igual modo, as denominações 'desvio produtivo do consumo' ou, tão somente, 'perda do tempo útil' revelam-se, no rigor técnico, inapropriadas, pois parecem conter carga predominantemente patrimonialista e utilitarista. Associar a lesão ao tempo do consumidor às expressões 'desvio produtivo do consumo' ou de 'perda de tempo útil' pode fazer transparecer a ideia de que só estaria configurada a lesão quando o ofendido perdesse tempo considerado produtivo aos olhos externos. Em outras palavras, a lesão estaria não no desperdício do tempo em si, entendido como objeto de tutela do ordenamento, mas na perda da oportunidade de geração de riquezas causadas pela lesão temporal".
25. MONTEIRO FILHO, Carlos Edison do Rêgo. Lesão ao Tempo: configurações e reparação para além das relações de consumo. In: BARBOZA, Heloísa Helena; MELLO, Cleyson de Moraes; SIQUEIRA, Gustavo Silveira

Em linha de convergência com essa assertiva, o Projeto de Lei nº 2.856/2022, em tramitação no Congresso Nacional, pretende inserir uma Seção III-A no Código de Defesa do Consumidor intitulada "Responsabilidade pelo desvio produtivo do consumidor". Em que pesem as críticas à nomenclatura adotada, substancialmente o que busca o PL é estabelecer disciplina específica acerca da lesão ao tempo e seus efeitos no âmbito das relações de consumo. Afigura-se meritório o intento de se tutelar o tempo de maneira sistemática no bojo do CDC, tendo em conta a desigualdade típica das interações entre fornecedor e consumidor, bem como a já salientada importância que esse bem jurídico fundamental assume nos dias de hoje para o expressivo quantitativo de pessoas que constituímos o universo de consumidores.

Os dois artigos de abertura da Seção diferenciam, em linha de inegável coerência técnica, (i) o bem juridicamente protegido e (ii) os efeitos de sua lesão, fato merecedor de todos os aplausos. Veja-se a redação projetada:

> Art. 25-A O tempo é bem jurídico essencial para o desenvolvimento das atividades existenciais do consumidor, sendo assegurado o direito à reparação integral dos danos patrimoniais e extrapatrimoniais decorrentes de sua lesão.
>
> Art. 25-B O fornecedor de produtos ou serviços deverá empregar todos os meios e esforços para prevenir e evitar lesão ao tempo do consumidor.

Além da elogiada contraposição entre a lesão ao tempo e seus efeitos, os danos patrimoniais e extrapatrimoniais, o texto fornece poderosa chave interpretativa a vincular o fornecedor de produtos ou serviços a empregar todos os meios e esforços destinados à prevenção e/ou evitação da lesão ao tempo do consumidor. Tal expediente revela eloquente aceno à função preventiva da responsabilidade civil.

Na sequência, o art. 25-C qualifica como prática abusiva qualquer conduta do fornecedor que implique perda indevida do tempo do consumidor, estendendo no parágrafo único a mesma consequência ao envio excessivo de mensagens ou ligações telefônicas pessoais ou robochamadas, dramas de reconhecida projeção social. Confira-se:

> Art. 25-C As condutas do fornecedor que impliquem perda indevida do tempo do consumidor são consideradas práticas abusivas.

(Coord. geral); BARBOZA, Heloísa Helena; TEPEDINO, Gustavo; MONTEIRO FILHO, Carlos Edison do Rêgo (Coord. Acadêmica). *Direito civil*: o futuro do direito. Rio de Janeiro: Processo, 2022. Na mesma direção, CÂMARA, Alexandre Freitas. Uma crítica ao PL 2856/2002: O tempo como bem jurídico passível de lesão. *Migalhas*, 01/12/2022. Disponível em: https://www.migalhas.com.br/coluna/migalhas-de-responsabilidade-civil/377908/critica-ao-pl-2856-2002-o-tempo-como-bem-juridico-passivel-de-lesao. Acesso em: 25.06.2023: "O fato de o criador da expressão ter de explicar que ao falar em 'desvio produtivo' não emprega o adjetivo *produtivo* para qualificar o substantivo *desvio* já é suficiente para mostrar como a expressão é falha. E ainda afirma que o fez em razão de uma suposta "necessidade de dispor de um nome menor e mais simples". Com todas as vênias, mas ciência não se faz por simplificações, ainda que terminológicas. Vale, aqui, a mesma afirmação que – sobre a expressão 'exceção de pré-executividade' – fez José Carlos Barbosa Moreira: 'Está claro que o ponto não interessará a quem não dê importância à terminologia – a quem suponha, digamos, que em geometria tanto faz chamar triângulo ou pentágono ao polígono de três lados, e que em anatomia dá na mesma atribuir ao fígado a denominação própria ou a de cérebro... Mas – digamos com franqueza – tampouco interessará muito o que esses pensem ou deixem de pensar."

Parágrafo único. Considera-se também abusiva a prática de disparar, reiterada ou excessivamente, mensagens eletrônicas, robochamadas ou ligações telefônicas pessoais para o consumidor sem o seu consentimento prévio e expresso, ou após externado o seu incômodo ou recusa.

Em prosseguimento, o projeto prevê alguns pontos que inspiram certa cautela. O art. 25-D prevê certas circunstâncias a serem observadas na apuração do valor dos danos patrimoniais e extrapatrimoniais em casos de lesão ao tempo do consumidor, e, dentre elas, o inciso V estabelece como critério "o tempo total gasto pelo consumidor na resolução da sua demanda administrativa, judicial ou apresentada diretamente ao fornecedor".[26]

O dispositivo deveria limitar-se a imputar ao fornecedor a responsabilidade por eventual demora *nas demandas que lhe fossem diretamente apresentadas,*[27] e não das demandas processadas por entes administrativos ou pelo Judiciário, na medida em que os processos administrativo e judicial desenvolvem-se sob o controle e a responsabilidade de terceiros, e a imputação do dever de reparar e de seu agravamento ao fornecedor em tais circunstâncias poderia violar elemento central da dogmática da responsabilidade civil, o nexo de causalidade. A morosidade do sistema de justiça ou do sistema administrativo não pode ser levada em conta no cálculo da reparação, vez que foge ao poder de controle do réu. De mais a mais, se o fornecedor der causa à demora, atuando de má-fé no desenrolar da relação processual, o Código de Processo Civil já contempla mecanismos voltados ao combate desse tipo de conduta.

Outra questão delicada se extrai do art. 25-E e reintroduz o debate acerca da natureza do dano proveniente da lesão ao tempo. A redação do dispositivo leva a crer que tal dano estaria fora das categorias de dano patrimonial e extrapatrimonial, como se fosse um terceiro e autônomo gênero. A jurisprudência mostra-se vacilante quanto à qualificação da situação, embora se perceba certa inclinação a favor da tese de que a perda de tempo gera, única e exclusivamente, dano extrapatrimonial[28]. Tenho defendido, em sentido diverso, que a perda de tempo não é nem um *tertium genus* de dano, ao lado do material e do moral, nem tampouco uma espécie, ou hipótese de dano extrapatrimonial. Na esteira do que, em outra sede, já dissemos acerca do chamado dano estético[29], a caracterização do dano decorre do efeito que ele produz na vítima, e não da natureza do bem ou interesse

---

26. CÂMARA, Alexandre Freitas. Uma crítica ao PL 2856/2002: O tempo como bem jurídico passível de lesão. *Migalhas*, 01/12/2022. Disponível em: https://www.migalhas.com.br/coluna/migalhas-de-responsabilidade-civil/377908/critica-ao-pl-2856-2002-o-tempo-como-bem-juridico-passivel-de-lesao. Acesso em: 25.06.2023.
27. MONTEIRO FILHO, Carlos Edison do Rêgo. O problema da massificação das demandas consumeristas. Atuação do Procon e proposta de solução à luz do direito contemporâneo. *Revista de Direito do Consumidor*, ed. 108, p. 293-313, 2018. Disponível em: https://revistadedireitodoconsumidor.emnuvens.com.br/rdc/article/view/815.
28. V. STJ, 3ª T., Rel. Min. Sidnei Beneti, AgRg no AREsp 39.789, julg. 20.10.2010; TJSP, 5ª CDPriv., Rel. Des. Fábio Podestá, Ap. Civ. 0007852-15.2010.8.26.0038, julg. 13.11.2013; TJRJ, 27ª CC, Rel. Des. Fernando Antônio de Almeida, Ap. Civ., 0460569-74.2012.8.19.0001, julg. 27.01.2014.
29. Confira-se: "Do mesmo modo, a lesão estética não é uma terceira espécia de dano, autônoma em relação aos danos morais e materiais. Deve-se entender por tal a lesão aos bens jurídicos integridade física e imagem, as quais podem gerar efeitos patrimoniais (dano patrimonial), ou efeitos extrapatrimoniais (dano moral)" (MONTEIRO FILHO, Carlos Edison do Rêgo. *Elementos de responsabilidade civil por dano moral*. Rio de Janeiro: Renovar, 2000. p. 49-62).

juridicamente tutelado. Ou seja, a sua real qualificação variará conforme os reflexos da lesão ao interesse juridicamente protegido, os quais, no sistema brasileiro, podem ser de duas ordens: patrimonial ou extrapatrimonial, insista-se – aliás, como bem estabelece o texto do próprio projeto no art. 25-A.

Neste sentido, caso se verifique que a vítima, em razão da perda do seu tempo livre (i.e, devido à lesão ao bem jurídico tempo) sofreu uma efetiva diminuição patrimonial (dano emergente) ou uma concreta privação do que poderia ganhar (lucros cessantes), configurado estará o dano material. Se, sob outro aspecto, a lesão gerar efeitos extrapatrimoniais objetivamente apreciáveis, estar-se-á diante de um dano extrapatrimonial[30].

Sob essa perspectiva, portanto, que considera o dano como efeito da lesão, mostram-se insuficientes a criação de categoria autônoma sob a alcunha de "dano temporal" ou análogos e a afirmação que o restringe a dano extrapatrimonial. No exemplo genérico da injustificada perda do tempo na fila de agência bancária, é bem crível que, para além da questão extrapatrimonial, decorram do inesperado atraso efeitos de ordem patrimonial na vítima, como a perda de compromissos profissionais e, em última análise, do tempo produtivo que se esvai na longa espera (exemplos do representante comercial e do taxista parados).

Ademais, o art. 25-E considera presumido o dano extrapatrimonial decorrente da lesão ao tempo do consumidor. Por se tratar de presunção relativa, a técnica projetada consiste em dispensar a vítima da prova de ter sofrido os efeitos extrapatrimoniais da lesão, invertendo-se o ônus probatório. Vale dizer, à vítima caberia a demonstração inequívoca dos fatos lesivos, à luz dos quais o magistrado lançaria mão da presunção *in re ipsa* da ocorrência do dano extrapatrimonial, restando ao fornecedor o ônus da prova em contrário, apta a configurar a excepcionalidade capaz de afastar-lhe os efeitos. Busca-se, com o dispositivo, a facilitação da tutela dos interesses da vítima, na luta

---

30. O professor argentino Sergio Sebastián Barocelli, em consonância com o aqui se defende, indica que a perda de tempo útil pode gerar efeitos patrimoniais (danos emergentes e lucros cessantes) e morais. O Autor, indica, ainda, que a perda de tempo útil implica uma lesão ao que ele chama de "direito ao tratamento digno". Confira-se: "En primer término, la pérdida de tiempo puede vislumbrase en un daño emergente: un daño a la salud o integridad física ante la tardanza en la atención sanitaria, la pérdida de un servicio de transporte (aéreo, terrestre, marítimo etc.). Dichos caso creemos que no genera demasiada dificultad, por lo que no profundizaremos al respecto. Pero también en los supuestos que analizamos en este trabajo (defectos de producto, deficiencias em la prestación de servicios etc.) pueden generar gastos que configuran un daño emergente: llamadas telefónicas, procuración de copias para denuncias y reclamaciones, traslado y viáticos, entre otros, que merecen ser compensados. (...) En segundo término, la pérdida de tiempo puede encuadrarse en un supuesto de lucro cesante. Tiempo que, por ser escaso, el consumidor le resta a sus actividades económicas, caso que implicaría un lucro cesante (actividad laboral, productiva, profesional etc.) o, en sentido más técnico, al desarrollo de actividades esenciales para la vida (descanso, ocio, vida familiar y de relación) o de su personalidad (actividades educativas, culturales, deportivas, espirituales, recreativas etc.) (...) La pérdida de tiempo implica también un desgaste moral y un trastorno espiritual para el consumidor, quien debe desatender sus para enfrascarse en una lucha en al que está casi siempre en clara desigualdad de condiciones frente al proveedor, en razón de la debilidad y vulnerabilidad estructural en que se sitúan los consumidores en las relaciones de consumo. (...) En el ámbito del derecho del consumidor, de conformidad con las previsiones de los artículo 42 de la Constitución Nacional y 8 bis de la LDC, constituye un supuesto particular indemnizable el incumplimiento del derecho al trato digno y equitativo por parte de los proveedores de bienes y servicios" (BAROCELLI, Sergio Sebastián. Cuantificación de daños al consumidor por tiempo perdido. *Revista de Direito do Consumidor*, v. 90, 2013. p. 119).

pela reparação integral do dano – o que é sublinhado, em arremate, pelo art. 25-F, que enuncia regra segundo a qual a reparação do dano deve atender "às funções compensatória, preventiva e punitiva da responsabilidade civil". Na etapa atual da evolução da responsabilidade civil no país, se já há certo consenso quanto às funções compensatória e preventiva, é certo por outro lado que a função punitiva ainda carece de sedimentação teórica e prática, seja no tocante à sua definição, seja no que diz respeito a seus limites e possibilidades no ordenamento pátrio[31].

Para além dessa importante iniciativa do PL 2.856/2022, já vigoram no Brasil outras normas que visam à regulamentação do bem jurídico tempo. Merece destaque aqui a Lei estadual 5.867/2022 do Estado do Amazonas, a primeira no país a positivar *explicitamente* a proteção do tempo do consumidor[32], estabelecendo um tempo máximo para espera em filas de estabelecimentos como bancos, casas lotéricas etc. A lei determina também que os estabelecimentos mantenham relógios em locais visíveis e disponibilizem senhas numéricas para facilitar o controle do tempo. Seu artigo 3º prevê que "o tempo humano, bem integrante da personalidade humana, deve ser considerado para fins de reparação integral dos danos ao consumidor", e, em seu artigo 7º, elenca de maneira ampla os suportes fáticos para a responsabilização do fornecedor pela lesão ao tempo do consumidor independentemente da demonstração de utilidade do tempo gasto, referindo-se, expressamente, no inciso VII, à "violação abusiva do direito à desconexão, lazer e descanso". Interessante notar que, na mesma linha do que foi observado quanto ao PL 2856, o art. 6º da lei estadual admite a compensação do dano extrapatrimonial decorrente de lesão ao tempo do consumidor, independente da ocorrência de dano material ou moral. Ou seja, aqui também se considerou o dano temporal como espécie autônoma, o que foi inclusive ratificado pelo Tribunal do Amazonas no julgamento da AC 06799923820218040001[33].

---

31. TEPEDINO, Gustavo Fundamentos do direito civil: responsabilidade civil. TEPEDINO, Gustavo; TERRA, Aline de Miranda Valverde; GUEDES, Gisela Sampaio da Cruz. 2. ed. Rio de Janeiro: Forense, 2021. "O ordenamento jurídico, de lege lata, não admite a condenação do ofensor à verba punitiva, seja como parcela do dano moral, seja como verba autônoma. Os incisos V e X, do art. 5º, da Constituição da República, impõem a plena compensação do dano moral. O art. 944, a seu turno, em patente comprovação da mudança de escopo da responsabilidade civil, determina que a indenização se mede pela extensão do dano, consagrando o princípio da equivalência entre dano e reparação. Da interpretação conjunta dos dispositivos conclui-se que a compensação integral do dano moral requer a utilização de critérios de quantificação que convirjam para a dimensão da lesão e suas repercussões na pessoa da vítima, a excluir a adoção de parâmetros diversos.
32. Direito do consumidor e processual civil. Ação indenizatória. Danos morais configurados. Atraso de voo. Desvio produtivo. Redução. Sentença parcialmente reformada. - Por se tratar de relação de consumo, aplica-se o Código de Defesa do Consumidor e o verbete sumular no 297/STJ, ocorrendo inversão do ônus da prova em favor da apelada conforme artigo 6o, inciso VIII, do aludido código - A consagrada teoria do desvio produtivo se vê sedimentada por meio da Lei Estadual 5.867/2022 no âmbito do Amazonas, sendo específico em alguns de seus artigos sobre a necessidade de reparação por parte das empresas no caso de perda de tempo útil dos consumidores - Verifico que a sentença merece ser modificada no quantum indenizatório estabelecido, a fim de se adequar aos critérios da proporcionalidade e razoabilidade. Recurso Conhecido E Parcialmente Provido. (TJ-AM - AC: 06356556120218040001 Manaus, Relator: Domingos Jorge Chalub Pereira, Data de Julgamento: 03/02/2023, Terceira Câmara Cível, Data de Publicação: 03/02/2023)
33. Direito do consumidor. Ação de obrigação de fazer c/c indenização por danos materiais, morais e temporais. Pacote de tarifa bancária. Cesta de serviço. Ausência de contrato ou autorização específica. Ônus da prova do banco. Cabível a repetição em dobro do indébito ante a ausência de erro justificável. Dano moral devido por

De outro ângulo, deve-se registrar a existência no país de outras leis estaduais que dão concretização ao princípio da boa-fé objetiva, e fixam limite máximo de espera em filas bancárias. A título exemplificativo, a Lei estadual 4.223/2003, do Rio de Janeiro, alterada pela Lei estadual 6.085/2011, estabelece uma espera máxima de 20 (vinte) minutos, em dias normais, e de 30 (trinta) minutos, em véspera e depois de feriados, nas agências bancárias do Estado, sob pena de multas que podem chegar ao valor de R$ 120.000,00. No mesmo sentido, a Lei municipal 13.948/2015, de São Paulo, determina como prazos máximos de espera até 15 minutos em dias normais, 25 minutos às vésperas e após os feriados prolongados e 30 minutos nos dias de pagamento dos funcionários públicos municipais, estaduais e federais, pena de multa no valor de R$ 564,00, dobrado em caso de reincidência. Ainda, a lei distrital nº 2.547/2000, do Distrito Federal, limita o tempo de atendimento em agências bancárias, estabelecendo, em seu art. 5º, sanção administrativa em caso de descumprimento. Contudo, o entendimento do TJ-DF é de que a lei em questão não serve como fundamento para danos morais em caso de demora na fila, autorizando a imposição de multa pelo PROCON[34].

---

violação da dignidade da autora. Dano temporal devido por desperdício abusivo do tempo da consumidora na solução do conflito ante a recalcitrância do bradesco em reconhecer a falha na prestação do serviço. Lesão autônoma em relação aos danos morais. Juros de mora em responsabilidade contratual incide a partir da citação. Recurso provido em parte. 1. [...] 2. [...] 3. [...] 4. O tempo é um bem jurídico inestimável, escasso, inacumulável e irrecuperável, com reflexos em todos os aspectos da vida particular, de modo que seu injusto desperdício pelo mau fornecedor gera flagrante dano ao consumidor, que é inviável de ser reduzido à esfera do mero dissabor. 5. Embora estejam inseridos no mesmo gênero de "dano extrapatrimonial", o dano moral em sentido estrito não se confunde com o dano temporal. 6. Tendo em vista a irregular evasiva resposta do Banco acerca da solicitação da correntista, bem como a recalcitrância em devolver os valores na via extrajudicial e o desarrazoado tempo despendido pela consumidora para reaver quantia que lhe é devida, é imperioso reconhecer a existência de dano temporal indenizável. 7. Considerando a lesão provada nos autos (ida à agência bancária e duas solicitações administrativas), o valor de R$3.000,00 (três mil reais) é razoável e proporcional para atender a dupla função da reparação de dano temporal, sendo suficiente para desestimular a repetição da conduta lesiva sem, contudo, promover o enriquecimento sem causa da ofendida. 8. [...] 9. Recurso provido em parte. Inversão da sucumbência. (TJ-AM - AC: 06799923820218040001 Manaus, Relator: Paulo César Caminha e Lima, Data de Julgamento: 09/02/2023, Primeira Câmara Cível, Data de Publicação: 09/02/2023)

"Mais recentemente, positivando a ideia de autonomia do dano temporal, o Estado do Amazonas editou a Lei Estadual no 5.867/2022, segundo a qual "a compensação do dano extrapatrimonial decorrente de lesão temporal ao consumidor, seja individual ou coletiva, poderá ocorrer independentemente da ocorrência de dano patrimonial ou de dano moral com base na dor psicológica" (art. 6o)".

34. CDC - Lei Distrital 2.547/2000 - Fila Bancária - Demora No Atendimento - Danos Morais Não Configurados. 1. A Lei Distrital 2.547/2000, atribuiu à subsecretaria de defesa do consumidor do procon, a competência para estipular penalidades cabíveis em caso de demora no atendimento ao consumidor, não conferindo ao mesmo o direito a danos morais apenas pelo fato em si. 2. A mera espera na fila por um pouco mais de uma hora, em dia de segunda feira, após um feriado prolongado, deve ser considerado previsível e razoável, devendo ser computado como mero aborrecimento do cotidiano, não podendo ser interpretada como fato que atinja a imagem ou conceito com que a pessoa é tida. 3. Recurso conhecido e improvido. (TJ-DF - ACJ: DF 0015246-80.2008.807.0003, Relator: ANA CANTARINO, Data de Julgamento: 09/12/2008, Segunda Turma Recursal Dos Juizados Especiais Cíveis E Criminais Do DF, Data de Publicação: 26/02/2009, DJ-e Pág. 135)

Civil. CDC. Lei Distrital 2.547/2000. Espera fila atendimento por mais de trinta minutos. Inocorrência de prejuízo de ordem moral. Mero dissabor ou contratempo do cotidiano não caracteriza dano extrapatrimonial. Decisão: recurso provido. Sentença reformada. 1 - a simples espera em fila de atendimento por tempo considerado excessivo não caracteriza ofensa de ordem moral. 2 - Apesar de ninguém apreciar aguardar atendimento por mais de trinta minutos, este simples fato desagradável não implica necessariamente em ofensa a personalidade. 3 - Conforme entendimento jurisprudencial amplamente difundido, mero dissabor do cotidiano não enseja

Outra controvérsia relevante quanto ao tema associa-se ao debate da possibilidade de se reparar dano extrapatrimonial por descumprimento de contrato. Sabe-se que a maior parte dos casos de violação do direito ao tempo livre tem por base justamente uma relação contratual, o que remete à temática mais ampla da reparabilidade do dano moral contratual. Nesse ponto, deve ser superada a presunção – corrente ainda na jurisprudência – de que o inadimplemento contratual não gera, em regra, dano moral[35]. A compreensão apriorística de inocorrência do dano moral no ambiente de relações negociais amesquinha a proteção integral da vítima,[36] violando, em última análise, os valores existenciais privilegiados pelo ordenamento jurídico brasileiro, notadamente a dignidade da pessoa humana[37]. A natureza do dano – moral ou material – não se confunde com a relação jurídica do qual este decorre – contratual ou extracontratual.

Tal panorama reflete as transformações sofridas ao longo do século XX e a virada ao século XXI. Do individualismo à solidariedade social[38], da estrutura à função[39], da liberdade à tutela privilegiada da pessoa humana[40] e do contrato em si mesmo ao contrato como processo[41], foi superada a dualidade entre os regimes. Mercê da nova tábua

---

reparação por dano extrapatrimonial. 4 - não se insere da Lei Distrital 2.547/2000 que a penalidade imposta ao infrator por extrapolar o prazo de 30 minutos em fila de atendimento, seja o pagamento por supostos danos morais. 5 - Decisão: recurso provido. sentença reformada. (TJ-DF - ACJ: DF 0006045-70.2008.807.0001, Relator: Iracema Miranda e Silva, Data de Julgamento: 04/11/2008, Segunda Turma Recursal Dos Juizados Especiais cíveis e criminais do DF, Data de Publicação: 11/12/2008, DJ-e Pág. 214)

35. A título exemplificativo, confira-se a redação da Súmula 75 do Tribunal de Justiça do Estado do Rio de Janeiro: "O simples descumprimento de dever legal ou contratual, por caracterizar mero aborrecimento, em princípio, não configura dano moral, salvo se a infração advém circunstância que atenta contra a dignidade da parte".
36. MONTEIRO FILHO, Carlos Edison do Rêgo. *Responsabilidade contratual e extracontratual*: contrastes e convergências no direito civil contemporâneo. Rio de Janeiro: Editora Processo, 2016, *passim*.
37. "O substrato material da dignidade assim entendida se desdobra em quatro postulados: i) o sujeito moral (ético) reconhece a existência dos outros como sujeitos iguais a ele; ii) merecedores do mesmo respeito à integridade psicofísica de que é titular; iii) é dotado da vontade livre, de autodeterminação; iv) é parte do grupo social, em relação ao qual tem garantia de não vir a ser marginalizado. São corolários desta elaboração os princípios jurídicos da igualdade, da integridade física e moral – psicofísica-, da liberdade e da solidariedade" (BODIN DE MORAES, Maria Celina. *Danos à Ppessoa humana*: uma leitura civil-constitucional dos danos morais. Rio de Janeiro: Renovar, 2003. p. 84).
38. A respeito da solidariedade social, v. BODIN DE MORAES, Maria Celina. O princípio da solidariedade, In: MORAES, Maria Celina Bodin de. *Na medida da pessoa humana: estudos de direito civil-constitucional*, Rio de Janeiro: Renovar, 2010. p. 247.
39. "O fato jurídico, como qualquer outra entidade, deve ser estudado nos dois perfis que concorrem para individuar sua natureza: a estrutura (como é) e a função (para que serve)" (PERLINGIERI, Pietro. *O direito civil na legalidade constitucional*. Rio de Janeiro: Renovar, 2008p. 603).
40. "O ordenamento não pode formalisticamente igualar a manifestação da liberdade através da qual se assinala, profundamente, a identidade do indivíduo com a liberdade de tentar perseguir o máximo lucro possível: à intuitiva diferença entre a venda de mercadorias – seja ou não especulação profissional - e o consentimento a um transplante corresponde a uma diversidade de avaliações no interno da hierarquia dos valores colocados pela Constituição. A prevalência do valor da pessoa impõe a interpretação de cada ato ou atividade dos particulares à luz desse princípio fundamental" (PERLINGIERI, Pietro. *Perfis de direito civil*: introdução ao direito civil-constitucional. Rio de Janeiro: Renovar, 2002. p. 276).
41. "Cada instituto jurídico está sujeito a esse tipo de relatividade histórica. O contrato é um processo de direito material, inserido num sistema cuja unidade não afeta a presença de vasos comunicantes com outros sistemas, especialmente com *inputs* e *outputs* entre Direito e sociedade. Não mais, por conseguinte, reduz-se o contrato a um negócio jurídico conceitual e abstrato, tomando-o em seus desafios tópicos e sistemáticos. Forma-se, pois, por etapas distintas e intercomplementares, conjugando declaração, autonomia e comportamento no plano da

axiológica de força constitucional, que concebe a dignidade da pessoa humana como seu vértice, não há mais fundamento lógico-jurídico para afastar a reparação do dano moral contratual[42], que pode ser causado por inadimplemento absoluto ou por mora. A reparação há de ser, assim, integral, reparando-se o dano moral sofrido, independente da origem do fato que lhe deu causa[43].

3.1 O julgamento do REsp 2.017.194/SP como freio de arrumação

Por tudo o que até aqui se expôs, vê-se que a lesão ao tempo merece especial atenção do operador comprometido com a escala de valores do ordenamento jurídico. Surge nesse contexto a recente decisão da 3ª Turma do Superior Tribunal de Justiça no REsp 2.017.194 – SP[44], a qual passa a ser objeto de breve análise. Confira-se o teor de sua ementa:

> Recurso especial. Civil e consumidor. Omissões. Ausência. Teoria do desvio produtivo do consumidor. Relações jurídicas não consumeristas regidas pelo código civil. Inaplicabilidade. 1- Recurso especial interposto em 21/6/2021 e concluso ao gabinete em 3/8/2022. 2- O propósito recursal consiste em dizer se: a) a Teoria do Desvio Produtivo aplica-se às relações jurídicas não consumeristas reguladas exclusivamente pelo Direito Civil; e b) a demora na transferência definitiva da propriedade ou na expedição da carta de adjudicação compulsória em virtude do não encerramento de processo de inventário é causa de danos morais em razão da aplicação da referida teoria. 3- Na hipótese em exame deve ser afastada a existência de omissões no acórdão recorrido, pois as matérias impugnadas foram enfrentadas de forma objetiva e fundamentada no julgamento da apelação e dos embargos de declaração, naquilo que o Tribunal a quo entendeu pertinente à solução da controvérsia. 4- A Teoria dos Desvio Produtivo do Consumidor, como se infere da sua origem, dos seus fundamentos e dos seus requisitos, é predisposta a ser aplicada no âmbito do direito consumerista, notadamente em razão da situação de desigualdade e de vulnerabilidade que são as notas características das relações de consumo, não se aplicando, portanto, a relações jurídicas regidas exclusivamente pelo Direito Civil. 5- Não é possível, no âmbito do presente recurso especial, examinar eventual tese, calcada exclusivamente nas disposições gerais do Código Civil, relativa à indenização pela "perda do tempo útil", pois a argumentação desenvolvida no recurso é excessivamente genérica para este fim e os dispositivos legais apontados como violados não conferem sustentação à referida tese, sequer relacionando-se com a temática da responsabilidade civil, o que atrai a incidência da Súmula 284 do STF. 6- Na hipótese dos autos, restando incontroverso que a relação jurídica estabelecida entre as partes é estritamente de Direito Civil, não merece aplicação a Teoria do Desvio Produtivo do Consumidor. 7- Recurso especial não provido.

---

força construtiva dos fatos sociais. O contrato, assim, *se faz* contrato como processo e não apenas como instrumento, cujo efeito vinculante não se coloca aqui em dúvida" (FACHIN, Luiz Edson, Transições do direito civil. *Direito civil*: sentidos, transformações e fim. Rio de Janeiro: Renovar, 2010. p. 51).

42. "A identidade de natureza entre a responsabilidade contratual e a aquiliana também não é posta em causa pela questão da indenização dos danos morais. Para além de a jurisprudência e uma boa parte da doutrina admitirem o ressarcimento de danos morais no domínio da responsabilidade contratual (...), o fato de a questão se colocar mais frequentemente no domínio da responsabilidade aquiliana – basta atentar que a tutela dos direitos de personalidade ocorre, em regra ou fundamentalmente, no âmbito desta – não significa qualquer negação do princípio: os danos morais, conquanto existam, são danos, e como tal, só há que aplicar o princípio de que todo dano – qualquer que seja a sua natureza – deve ser reparado" (SANTOS JÚNIOR, E. *Da responsabilidade civil de terceiro por lesão do direito de crédito*. Coimbra: Almedina, 2003. p. 210).

43. MONTEIRO FILHO, Carlos Edison do Rêgo. *Responsabilidade contratual e extracontratual*: contrastes e convergências no direito civil contemporâneo. Rio de Janeiro: Editora Processo, 2016, *passim*.

44. STJ - REsp: 2017194 SP 2022/0161041-1, Data de Julgamento: 25/10/2022, T3 - TERCEIRA TURMA, Data de Publicação: DJe 27/10/2022.

Da lavra da Ministra Nancy Andrighi, a decisão indicada supra procurou delimitar o âmbito de incidência da chamada teoria do desvio produtivo do consumidor à esfera das próprias relações consumeristas. Nesta direção, conclui o acórdão que a referida teoria, "por estar calcada nas peculiaridades próprias do Direito do Consumidor, não se aplica às relações jurídicas não consumeristas reguladas exclusivamente pelo Direito Civil".

À primeira vista, o julgado parece destinado a coibir a expansão da nova situação lesiva, ao fechar as portas da reparabilidade para todas as hipóteses não provenientes das relações de consumo, em suposto exercício do que se convencionou designar jurisprudência defensiva. Como se o acórdão tivesse aderido à tese da refutação das pretensões ressarcitórias atinentes à malversação do tempo em relações trabalhistas, administrativas, ou mesmo civis em geral, de tal sorte que, circunscrita ao âmbito das situações jurídicas subjetivas baseadas no Código de Defesa do Consumidor, imporia virulento revés à trajetória da reparação da lesão ao tempo no país.

Não é bem assim. Como se verá a seguir, se, por um lado, o *decisum* explicita os lindes de incidência da chamada teoria do desvio produtivo, por outro, deixa igualmente claro não ser objeto do aludido recurso especial "o exame da existência, no direito brasileiro, do chamado dano temporal, tampouco a sua possível indenização através do regime da responsabilidade civil prevista no Código Civil". Cabe examinar, ainda que sucintamente, essas duas faces do julgado.

O voto da Ministra relatora, acompanhada à unanimidade pelos demais integrantes da Terceira Turma, baseia-se na premissa de que "o Direito do Consumidor possui autonomia e lógica de funcionamento próprias, máxime por regular relações jurídicas especiais compostas por um sujeito em situação de vulnerabilidade". Como consequência, aduz que as construções doutrinárias peculiares a esse ramo especial do Direito não podem ser transpostas a outros, "sob pena de se instalar indevido sincretismo metodológico que deve ser evitado". Defende, na esteira de tal linha argumentativa, a autonomia epistemológica do Direito Civil, invocando a doutrina de Otavio Luiz Rodrigues Júnior[45], para criticar o que designou de "importação acrítica de doutrinas e teorias" entre os diferentes ramos do ordenamento. Pontua, por fim, que todos os quatro precedentes que abordam a indigitada teoria do desvio produtivo o fazem no campo estrito das relações de consumo.[46]

Em que pese a fundamentação sintetizada supra, afirma a insigne Ministra, peremptoriamente, por outro lado e já na ementa do acórdão, não ser possível, na apreciação do caso em tela, examinar a indenização pela "perda do tempo útil", na medida em que "a argumentação desenvolvida no recurso é excessivamente genérica para este fim e os dispositivos legais apontados como violados não conferem sustentação à referida tese,

---

45. RODRIGUES JUNIOR, Otavio Luiz. Estatuto epistemológico do Direito Civil contemporâneo na tradição de civil law em face do neoconstitucionalismo e dos princípios. Meritum. v. 5, n. 2, p. 43 e 46, jul./dez. 2010.
46. REsp n. 1.634.851/RJ, Terceira Turma, julgado em 12/9/2017, DJe de 15/2/2018); REsp n. 1.737.412/SE, Terceira Turma, julgado em 5/2/2019, DJe de 8/2/2019. "Quarta Turma examinou a Teoria do Desvio Produtivo ao apreciar o REsp 1406245/SP (completar refs)". REsp n. 1.929.288/TO, Terceira Turma, julgado em 22/2/2022, DJe de 24/2/2022.

sequer relacionando-se com a temática da responsabilidade civil, o que atrai a incidência da Súmula 284 do STF".

Duas conclusões se impõem, com efeito, da leitura atenta do *decisum*. A primeira consiste no fato de que o julgado parece ter adotado uma diferenciação entre *desvio produtivo*, circunscrevendo-o ao âmbito consumerista, e *dano temporal*, cuja definição deliberadamente não enfrentou no julgamento da espécie. A segunda, como decorrência, é ter deixado uma porta aberta para a composição desse chamado dano temporal, ao externo das relações de consumo. Ou seja, parece ter feito uso de uma espécie de *freio de arrumação*, a balizar os conceitos e assim viabilizar o ulterior desenvolvimento do tema sobre as bases que assenta. Não por acaso, teve a cautela de deixar registrado que, por se tratar de conceito jurídico indeterminado "sobre o qual ainda não há qualquer acordo semântico – a denominada 'perda do tempo útil' –, eventual aplicação da Teoria do Desvio Produtivo do Consumidor exige cautela e parcimônia, sob pena de causar indesejada insegurança".

Tal racionalidade permite o amadurecimento processual das reflexões conceituais à luz do ordenamento vigente, ao longo de um maior período de observação. Isso porque, como se sabe, há inúmeros julgados no país que começam a admitir a reparação da lesão ao tempo fora das relações de consumo. No direito previdenciário, a lesão ao tempo já serviu de fundamento para reparação de prejuízos causados pela demora na obtenção de benefícios por erro da administração[47]. Nas relações trabalhistas, dentre os inúmeros julgados que consagram a reparação por lesão ao tempo do trabalhador, sobretudo por excesso de horas extras diárias, é possível identificar a aplicação analógica da teoria do desvio produtivo pelos tribunais[48].

47. Apelação cível. Inss. Demora na concessão de benefício previdenciário. Auxílio-doença. Equívoco administrativo. Erro cadastral injustificado. Retorno da autora à agência. Teoria do desvio produtivo. Danos morais. Ocorrência. Sentença reformada. I. A responsabilidade civil da Administração Pública encontra previsão no art. 37, § 6º da Constituição Federal, sendo de natureza objetiva em razão da adoção da teoria do risco administrativo. Conjugando o preceito constitucional com os arts. 186, 187 e 927 do Código Civil, tem-se que para a configuração da responsabilidade civil do ente público e seu consequente dever de indenizar, impende a comprovação da prática de ato administrativo por agente estatal, dano e nexo de causalidade entre ambos, dispensada a comprovação de dolo ou culpa. Precedentes. II. Em regra, esta E. Corte não tem reconhecido o direito à indenização por danos morais em razão da simples demora na concessão de benefícios previdenciários. Precedentes. III. Entretanto, no caso dos autos, o requerimento administrativo da autora para concessão de auxílio-doença, apesar de deferido, não foi processado por equívoco administrativo, de maneira injustificada, tendo ela de se encaminhar novamente à agência do réu, em que constatado o erro e realizado novo processamento de seu pedido, com data de requerimento do benefício posterior àquela em que fora efetivamente realizado. IV. Necessidade de encaminhamento de ofício pela Defensoria Pública da União para que houvesse esclarecimento à autora da data de início de seu benefício, em que o INSS admitisse o equívoco, tendo este sido reconhecido apenas na esfera judicial. V. Pode-se aplicar, ainda, a Teoria do Desvio Produtivo do Consumidor em face do tempo dedicado ao requerimento e à obtenção de benefício previdenciário. VI. Indenização por danos morais que se fixa em R$ 10.000,00 (dez mil reais). Precedentes. VII. Recurso de apelação da autora a que se dá parcial provimento (item VI). (TRF-1 - AC: 00134081520134013500, Relator: DESEMBARGADOR FEDERAL JIRAIR ARAM MEGUERIAN, Data de Julgamento: 06/08/2018, SEXTA TURMA, Data de Publicação: 14/08/2018)

48. "Outrossim, pode-se utilizar ao caso, por analogia, o entendimento que ora vem se tornando pacífico no âmbito do E. STJ no que tange às relações de consumo, que diz respeito à teoria do desvio produtivo. [...] A hipótese dos autos bem caracteriza aquilo que a doutrina consumerista contemporânea identifica como desvio produtivo do consumo, assim entendido como a situação caracterizada quando o consumidor, diante de uma situação de mau

O julgado do Superior Tribunal de Justiça não pretendeu, portanto, obstar a possibilidade reparação por lesão ao tempo nos demais campos do direito, mas sim delimitar a incidência da teoria do desvio produtivo[49].

4. CONSIDERAÇÕES FINAIS

Em um mundo em transformação permanente, e cada vez mais líquido e hipercomplexo[50], o objetivo do Direito de normatizar as relações sociais revela-se tarefa ainda mais desafiadora. Como descreveu Maria Celina Bodin de Moraes, é angustiante o "descompasso existente entre a velocidade do progresso tecnológico e a lentidão com a qual amadurece a capacidade de organizar, social e juridicamente, os processos que acompanham esse progresso. A todo momento, de fato, percebe-se a obsolescência das soluções jurídicas para fazer frente a um novo dado técnico ou a uma nova situação conflituosa"[51].

Nesse quadrante, o ordenamento jurídico é chamado a dar resposta a cada inovação ou conflito, passando a ver no tempo da pessoa humana novo bem jurídico merecedor de tutela. Inaugurando sua trajetória, como visto neste artigo, pela via das relações de consumo, hoje despontam novos confins em que o tema desperta atenção e merece tratamento normativo adequado, como antevisto pela relevante decisão do STJ examinada supra.

---

atendimento em sentido amplo precisa desperdiçar o seu tempo e desviar as suas competências de uma atividade necessária ou por ele preferida para tentar resolver um problema criado pelo fornecedor, a um custo de oportunidade indesejado, de natureza irrecuperável. Em outra perspectiva, o desvio produtivo evidencia-se quando o fornecedor, ao descumprir sua missão e praticar ato ilícito, independentemente de culpa, impõe ao consumidor um relevante ônus produtivo indesejado por este, onerando indevidamente seus recursos produtivos..." (TST - AIRR: 13809720185170141, Relator: Katia Magalhaes Arruda, 6ª Turma, Data de Publicação: 28/05/2021)

"Na espécie, a falta de anotação da CTPS do autor e o não pagamento das verbas devidas configura lesão aos direitos da personalidade. Nesse particular, aplicável, por analogia, a teoria do desvio produtivo - prevista originariamente para as relações consumeristas, uma vez que o empregado teve que desperdiçar seu tempo para a anotação na CTPS e o pagamento das verbas devidas. A analogia é cabível, uma vez que, assim como o consumidor, o empregado configura a parte hipossuficiente da relação." (TRT-1 01005407820195010053, 53ª Vara do Trabalho do Rio de Janeiro do Tribunal Regional do Trabalho da 1ª Região - Inteiro Teor)

"O Direito do Trabalho e o do Consumidor lidam com situações jurídicas próximas, tentam reequilibrar no mundo jurídico o que é desequilibrado no mundo dos fatos, considerando-se a hipossuficiência de uma parte e o poder econômico da outra. Por isso, ante a compatibilidade principiológica, a proteção que se consegue obter em um desses ramos do Direito, pode ser aplicada no outro. Na seara trabalhista, a alienação do tempo que o trabalhador poderia desfrutar da sua vida pessoal, mas está tentando resolver problemas causados pelo seu atual ou ex-empregador também é indenizável. Presentes o descumprimento de uma obrigação, a demora na solução do problema e o desperdício de tempo do trabalhador, a aplicação da teoria do desvio produtivo com a consequente obrigação de indenizar o tempo perdido é a justa medida que se impõe." (TRT-2 1000887-85.2018.5.02.0088, 88ª Vara do Trabalho de São Paulo do Tribunal Regional do Trabalho da 2ª Região - Inteiro Teor)

49. A tutela do tempo é questão que vem sendo enfrentada em diversos tribunais do país, conforme exemplifica MAIA, Maurílio Casas. Autonomia compensatória do tempo e responsabilidade civil: Entre a teoria e o Judiciário. Migalhas, 16/03/2023. Disponível em: https://www.migalhas.com.br/coluna/migalhas-de-responsabilidade--civil/383069/autonomia-compensatoria-do-tempo-e-responsabilidade-civil. Acesso em: 27/06/2023.
50. BAUMAN, Zygmunt. Modernidade líquida. Rio de Janeiro: Jorge Zahar Editor, 2001. p. 128. HAN, Byung-Chul. Sociedade do cansaço. Tradução de Enio Paulo Giachini. Petrópolis: Vozes, 2015.
51. MORAES, Maria Celina Bodin de. A constitucionalização do direito civil e seus efeitos sobre a responsabilidade civil. Revista Direito, Estado e Sociedade - v.9 - n.29 - p 233 a 258.

Em síntese estreita, em virtude do reconhecimento do tempo como bem juridicamente tutelado na sociedade contemporânea (conectado aos substratos da liberdade individual e da solidariedade social), que se irradia diretamente da dignidade da pessoa humana, epicentro do ordenamento brasileiro, tem-se que de sua lesão podem decorrer efeitos patrimoniais e extrapatrimoniais, reconhecíveis como resultado do balanceamento das circunstâncias que, em concreto, o intérprete irá aferir, em demandas que procurem a reparação autônoma ou incidental do tempo injustamente desperdiçado, seja por descumprimento da prestação principal, seja por violação dos deveres laterais da boa-fé objetiva, em relações contratuais ou extra, paritárias ou desiguais, de direito privado ou público.

Isso porque a racionalidade da responsabilidade civil por lesão ao tempo deita raízes nos valores máximos do ordenamento[52], como visto neste ensaio, o que a permite projetar-se em todas as relações intersubjetivas, independentemente de sua origem. Negá-la representaria violação ao princípio constitucional da reparação integral dos danos[53], diretriz fundamental da função compensatória da responsabilidade civil.

5. REFERÊNCIAS

BARBOZA, Heloisa Helena. Proteção dos vulneráveis na Constituição de 1988: uma questão de igualdade. In: NEVES, Thiago. (Coord.). *Direito & justiça social:* por uma sociedade mais justa, livre e solidária: estudos em homenagem ao Professor Sylvio Capanema de Souza. São Paulo: Atlas, 2013.

BAROCELLI, Sergio Sebastián. Cuantificación de daños al consumidor por tiempo perdido. *Revista de Direito do Consumidor*, v. 90, 2013.

BAUMAN, Zygmunt. *Modernidade líquida*. Rio de Janeiro: Jorge Zahar Editor, 2001.

CÂMARA, Alexandre Freitas. Uma crítica ao PL 2856/2002: O tempo como bem jurídico passível de lesão. *Migalhas*, 01/12/2022. Disponível em: https://www.migalhas.com.br/coluna/migalhas-de-responsabilidade-civil/377908/critica-ao-pl-2856-2002-o-tempo-como-bem-juridico-passivel-de-lesao.

CANARIS, Claus-Wilhem. *Pensamento sistemático e conceito de sistema na ciência do direito*. 2. ed. Lisboa: Fundação Calouste Gulbenkian, 1996.

CORDEIRO, Antônio Menezes. *Da boa fé no direito civil*. Coimbra: Almedina, 1997.

DESSAUNE, Marcos. *Teoria ampliada do desvio produtivo do consumidor, do cidadão-usuário e do empregado.* Edição Especial do Autor – 3. ed. revista, modificada e ampliada, 2022.

FACHIN, Luiz Edson. *Direito civil:* sentidos, transformações e fim. Rio de Janeiro: Renovar, 2014.

HAN, Byung-Chul. *Sociedade do cansaço*. Tradução de Enio Paulo Giachini. Petrópolis: Vozes, 2015.

LARENZ, Karl. *Derecho de obligaciones*. Madrid: Revista de Derecho Privado, 1958. t. I.

---

52. Como concretização do princípio da boa-fé objetiva, começam a surgir leis voltadas à proteção do tempo dos indivíduos. A primeira delas foi a lei estadual nº 5.867/2022 do Estado do Amazonas, que reconheceu "o tempo do consumidor como bem de valor jurídico, como direito humano e direito fundamental decorrente da Constituição necessário para albergar a vida, a liberdade, a existência e outros direitos necessários à qualidade de vida digna e ao desenvolvimento sadio da personalidade".
53. MONTEIRO FILHO, Carlos Edison do Rêgo. Limites ao princípio da reparação integral no direito brasileiro. *Civilistica.com*, v. 7, n. 1, p. 1-25, 5 maio 2018.

MAIA, Maurílio Casas. Autonomia compensatória do tempo e responsabilidade civil: Entre a teoria e o Judiciário. Migalhas, 16/03/2023. Disponível em: https://www.migalhas.com.br/coluna/migalhas--de-responsabilidade-civil/383069/autonomia-compensatoria-do-tempo-e-responsabilidade-civil.

MARTINS-COSTA, Judith. *A boa-fé no direito privado*: sistemática e tópica no processo obrigacional. São Paulo: Ed. RT, 2000.

MASI, Domenico de. *O ócio criativo*. Rio de Janeiro: Sextante, 2000.

MORAES, Maria Celina Bodin de. *Danos à pessoa humana: uma leitura civil-constitucional dos danos morais*. Rio de Janeiro: Editora Renovar, 2003.

MORAES, Maria Celina Bodin de. A constitucionalização do direito civil e seus efeitos sobre a responsabilidade civil. In: *Direito, Estado e Sociedade*, v. 9, n. 29, jul./dez. 2006.

MORAES, Maria Celina Bodin de. O princípio da solidariedade. In: MATOS, Ana Carla Harmatiuk (Org.). Novos direitos e constituição. Porto Alegre: Nuria Fabris Editora, 2008.

MORAES, Maria Celina Bodin de. O princípio da solidariedade, In: MORAES, Maria Celina Bodin de. *Na medida da pessoa humana: estudos de direito civil-constitucional*, Rio de Janeiro: Renovar, 2010.

MONTEIRO FILHO, Carlos Edison do Rêgo. *Elementos de responsabilidade civil por dano moral*. Rio de Janeiro: Renovar, 2000.

MONTEIRO FILHO, Carlos Edison do Rêgo. *Responsabilidade contratual e extracontratual*: contrastes e convergências no direito civil contemporâneo. Rio de Janeiro: Editora Processo, 2016.

MONTEIRO FILHO, Carlos Edison do Rêgo. Limites ao princípio da reparação integral no direito brasileiro. *Civilistica.com*, v. 7, n. 1, p. 1-25, 5 maio 2018.

MONTEIRO FILHO, Carlos Edison do Rêgo. O problema da massificação das demandas consumeristas. Atuação do Procon e proposta de solução à luz do direito contemporâneo. *Revista de Direito do Consumidor*, ed. 108, p. 293-313, 2018. Disponível em: https://revistadedireitodoconsumidor.emnuvens.com.br/rdc/article/view/815.

MONTEIRO FILHO, Carlos Edison do Rêgo. Lesão ao Tempo: configurações e reparação para além das relações de consumo. In: BARBOZA, Heloísa Helena; MELLO, Cleyson de Moraes; SIQUEIRA, Gustavo Silveira (Coord. geral); BARBOZA, Heloísa Helena; TEPEDINO, Gustavo; MONTEIRO FILHO, Carlos Edison do Rêgo (Coord. Acadêmica). *Direito civil*: o futuro do direito. Rio de Janeiro: Processo, 2022.

MONTEIRO FILHO, Carlos Edison do Rêgo. A recente decisão do STJ impediria a reparação da lesão ao tempo para além das relações de consumo? *Revista IBERC*, Belo Horizonte, v. 6, n. 2, p. IV-IX, 2023. Disponível em: https://revistaiberc.responsabilidadecivil.org/iberc/article/view/268.

PERLINGIERI, Pietro. *Perfis de direito civil: introdução ao direito civil-constitucional*. Rio de Janeiro: Renovar, 2002.

PERLINGIERI, Pietro. *O direito civil na legalidade constitucional*. Rio de Janeiro: Renovar, 2008.

RODRIGUES JUNIOR, Otavio Luiz. Estatuto epistemológico do Direito Civil contemporâneo na tradição de civil law em face do neoconstitucionalismo e dos princípios. Meritum. v. 5, n. 2, p. 43 e 46, jul./dez. 2010.

SANTOS JÚNIOR, E. *Da responsabilidade civil de terceiro por lesão do direito de crédito*. Coimbra: Almedina, 2003.

SILVA, Clóvis do Couto e. *A obrigação como processo*. Rio de Janeiro: FGV, 2006.

SIMON, Herbert. Designing Organizations for an Information-Rich World. In: GREENBERGER, Martin (Org.). *Computers, communications, and the public interest*. Baltimore: Johns Hopkins Press, 1971.

TEPEDINO, Gustavo; TERRA, Aline de Miranda Valverde; GUEDES, Gisela Sampaio da Cruz. *Fundamentos do direito civil*. Rio de Janeiro: Forense, 2020. v. 4.

A IMPRESCRITIBILIDADE DE DIREITOS COMO FORMA DE PROTEÇÃO DA PESSOA HUMANA

Gustavo Kloh Muller Neves

Mestre e Doutor em Direito Civil pela Universidade do Estado do Rio de Janeiro.
Professor Adjunto da Escola de Direito da Fundação Getulio Vargas – Rio de Janeiro.
Membro do Instituto dos Advogados Brasileiros.

Sumário: 1. Natureza e fundamentos da prescrição – 2. A regra da prescritibilidade dos direitos subjetivos – 3. A construção das imprescritibilidades – 4. Imprescritibilidades e proteção da pessoa humana da obra da homenageada – 5. Ações de estado – 6. Direitos da personalidade e danos patrimoniais – 7. Outras questões de direito de família – 8. Situações excepcionais correlacionadas ao regime de exceção de 1964 – 9. Danos à pessoa reflexos de danos ambientais – 10. Conclusão – 11. Referências.

1. NATUREZA E FUNDAMENTOS DA PRESCRIÇÃO

A prescrição opera, em sistemas baseados na raiz romano-germânica, como uma estrutura consolidadora de situações que sofrem o impacto do tempo. Funciona a prescrição como limitação ao exercício de direitos, podendo alegar o cumpridor/atendedor destes direitos que: a) existe um prazo fixado em lei para que se pleiteie este atendimento destes direitos; b) este prazo escoou, e não há a legítima invocação desta defesa material, resultando não cumprido/atendido o direito trazido à baila. Claro que esta configuração, na dogmática, desvia-se para um lado ou outro, e está ainda imersa em discussões, sendo a prescrição um instituto que gera certeza na incerteza.[1] Porém, em linhas gerais, é viável afirmar que a prescrição tem a configuração acima descrita.

Com o avanço da doutrina, também foi possível identificar a existência de um instituto correlato, porém distinto, a decadência, e que existem determinados tipos de direitos submetidos a prazos prescricionais (direitos subjetivos), e outros submetidos a prazos decadenciais (direitos potestativos).[2]

Originada historicamente como limitação ao exercício de ações, e generalizada posteriormente,[3] também a discussão sobre a serventia da prescrição nunca cessa. Sempre haverá um credor indignado por não poder exercer sua pretensão, e um devedor que justamente poderá afirmar que passado tanto tempo, é inseguro e injusto que o credor pretenda receber ou fazer valer o seu direito.

---

1. TROISI, Bruno. *La Prescrizione come Procedimento*. Camerino: Edizioni Scientifiche Italiane, 1980. p. 14.
2. AMORIM FILHO, Agnelo. Critério científico para distinguir a prescrição da decadência e identificar as ações imprescritíveis. *Revista dos Tribunais*, n. 744, p. 725 e ss.
3. PUGLIESE, Giuseppe. *La Prescrizione Estintiva*. Torino: Unione Tipografiche-Editritice Torinese, 1924. p. 6.

Em linhas gerais, as discussões sobre a justiça da prescrição partem deste suposto: justificar que o instituto ocorra a incida, e não o contrário. Assim, é usual associar a prescrição à segurança jurídica, e que permitir que o titular do direito possa sempre invocar sua posição pode ser materialmente inseguro, representando atuação surpresa e de certo modo até mesmo contraditória, se eventualmente houver transcorrido um número excessivo de anos, numa correlação entre estabilização das situações no tempo e justiça.

Também será possível associar a prescrição ao devido processo legal, *vis* a arbitrariedade de autorizar que o titular force o devedor a produzir defesa e provas sobre fatos ocorrido há muitas décadas.[4] Nestes dois pilares haveria o assentamento dos fundamentos corriqueiros da prescrição: a busca pela estabilização, como dito, de situações pelo decurso do tempo, e ainda a vedação da necessidade de defesa perante situações sobre as quais muito tempo se passou. Assim, constrói-se uma regra da prescritibilidade para as os direitos subjetivos.

2. A REGRA DA PRESCRITIBILIDADE DOS DIREITOS SUBJETIVOS

Na estrutura destes direitos subjetivos, sobre os quais recai a prescrição, encontramos sempre um titular de direito, a quem poderemos chamar em quase todos os casos de credor,[5] que pode exigir de alguém um comportamento. A existência dessa possibilidade de exigência perturba a paz social, e se pode mesmo falar em uma expectativa a longo prazo à calmaria. O tempo tem um fator estabilizador, para que se esqueça aquilo que durou demais sem se realizar (podendo se agravar se contou com a inércia daquele que não realizou).[6] A prescritibilidade surge, então, como lógica padrão, como regra para os direitos subjetivos. Por isso, a ideia de que todo direito (menos os potestativos) deveria prescrever. Caio Mário da Silva Pereira assim se orientou, e tanto influenciou o pensamento civilista brasileiro.[7] Também Humberto Theodoro Jr[8] afirma que a prescritibilidade é a regra no nosso sistema.

---

4. SAAB, Rachel. *Prescrição:* função pressupostos e termo inicial. Belo Horizonte: Fórum, 2018. p. 40.
5. Não se fez a opção clara, no Código Civil Brasileiro, pela prescrição apenas de obrigações. Nem mesmo assim se concluiu no Direito Alemão, apesar do assunto ter sido incluído da reforma do direito das obrigações efetuada em 2002. Para detalhes, CANARIS, Claus-Wilhelm. O novo direito das obrigações na Alemanha. *Revista EMERJ*, n. 27, p. 108 e ss.
6. NASSAR, Elody. *Prescrição na administração pública.* 2. ed. São Paulo: Saraiva, 2009. p. 7.
7. "A lei conhece dois tipos de prazos: o geral e os especiais. Geral ou comum é o da prescrição de longo tempo – praescriptio longi temporis – abrangente de qualquer direito para cuja pretensão a lei não estabelecer prazo de extinção mais curto. Ao estabelecer para a prescrição geral ou ordinária o prazo de dez anos, levou o Código em consideração que as facilidades de transporte e dos meios de comunicação não mais se compadecem com a extensão dos prazos anteriormente consagrados. Na época do avião a jato e da ruptura da barreira do som, das telecomunicações instantâneas e da informação fácil, não mais se justifica mantenha-se aparelhada toda a ordem jurídica na proteção da inércia do credor por todo um tempo de 20 anos. Por isso, no Código de 2002, a prescrição ordinária reduziu-se de 10 anos. Não haveria mais direito que sobrevivesse a um decênio de inatividade de seu titular, diante de uma situação que lhe seja contrária. Sendo a prescrição instrumento de paz social, estatui que nenhum direito sobrevive ao decurso de dez anos (art. 205)." Em *Instituições de Direito Civil*, 34. ed, atualizada por Maria Celina Bodin de Moraes. Rio de Janeiro: Forense, 2022. p. 593.
8. *Prescrição e Decadência*. 2. ed. São Paulo: Gen Forense, 2021. p. 18.

Por isso, existe um prazo geral de prescrição, não apenas no Código Civil brasileiro (art. 205 – dez anos), mas por exemplo no BGB,[9] três anos (após a reforma), ou mesmo no novel Código Civil argentino,[10] cinco anos. A questão, mais interessante e que especialmente a nós interessará, é como foram estabelecidas rachaduras nesta visão rígida, de que tudo prescreve. Obviamente, o primeiro caminho adveio mesmo da distinção doutrinária entre prescrição e decadência. Se existem direitos submetidos a prazos decadenciais, pela sua natureza, visto que o sistema jurídico consagra estas duas figuras, prescrição e decadência, e não existe prazo geral para a decadência, apenas para a prescrição, já se admite desde logo direitos não submetidos nem a prescrição, nem a decadência. Basta que tenhamos direitos potestativos, e ao seu exercício não corresponda nenhum prazo.[11]

Não se ignora que esse percurso pode ser ele mesmo bem difícil, com idas e vindas. O exemplo mais claro é a declaração de nulidade: foi necessário que o Código Civil em 2002 expressamente determinasse no art. 169 que a referida não convalesce pelo decurso do tempo, para que a celeuma cessasse. Até então, o Superior Tribunal de Justiça inúmeras vezes entendeu que transcorrido o prazo ordinário de prescrição, não se poderia mais alegar nulidade, mesmo sendo matéria que tradicionalmente associamos ao exercício de direito potestativo e a prazos decadenciais.[12] Com menos dificuldade conclui-se pela imprescribilidade das pretensões reais, sendo certo que se reconhecidas gerariam sérios problemas sistemáticos, *verbi gratia* a impossibilidade do proprietário não submetido à usucapião (entes públicos, incapazes) de reaverem seus bens transcorrido o prazo decenário.

Todavia a mera existência de imprescritibilidades formais, derivadas de uma conclusão sobre como funciona um sistema de fundamento legislativo e doutrinário, não nos torna tributários da conclusão de que existam imprescritibilidades pautadas em fundamentos materiais. Estas dependem de uma virada aos princípios, para que se possa afastar a regra geral do art. 205 do Código Civil. Uma das conclusões mais relevantes do pensamento de Canaris (e também abraçada pela homenageada na vertente

---

9. Parágrafo 195: "Die regelmäßige Verjährungsfrist beträgt drei Jahre", o prazo prescricional ordinário corresponde a três anos.
10. "Artículo 2560. Plazo genérico. El plazo de la prescripción es de cinco años, excepto que esté previsto uno diferente em la legislación local."
11. Conclusão já anunciada no mencionado texto de Agnelo Amorim Filho.
12. Conforme pacificado pelo STJ no EAResp 226.991-SP, Rel. Min, Villas Boas Cueva, 10/06/2020: "Embargos de divergência em agravo em recurso especial. Civil. Direito civil. Sucessões. Inventário. Partilha amigável. Terceiro. Inclusão. Ordem vocacional. Não observância. Lei imperativa. Nulidade absoluta. Prescrição vintenária. Incidência. Art. 177 do código civil de 1916. Diploma vigente. 1. A questão controvertida na presente via recursal consiste em esclarecer qual o prazo prescricional para se propor ação de nulidade de partilha amigável homologada em juízo e registrada em cartório em que se inclui terceiro estranho incapaz de suceder, de acordo com a ordem de vocação hereditária prevista em lei imperativa. 2. A inclusão no inventário de pessoa que não é herdeira torna a partilha nula de pleno direito, porquanto contrária à ordem hereditária prevista na norma jurídica, a cujo respeito as partes não podem transigir ou renunciar. 3. A preterição de herdeiro ou a inclusão de terceiro estranho à sucessão merecem tratamento equânime, porquanto situações antagonicamente idênticas, submetendo-se à mesma regra prescricional prevista no art. 177 do Código Civil de 1916, qual seja, o prazo vintenário, vigente à época da abertura da sucessão para hipóteses de nulidade absoluta, que não convalescem. 4. Embargos de divergência conhecidos e rejeitados."

civil constitucional, na qual é pioneira no Brasil) é que se pode em certas circunstâncias não banalizáveis concluir pela não incidência de uma regra, quando esta resultar em uma negação do princípio que a ampara.[13] A construção das imprescritibilidades deverá ser, por conseguinte e como dito, essencialmente material e pautada em uma visão do Direito como sistema de princípios.[14]

3. A CONSTRUÇÃO DAS IMPRESCRITIBILIDADES

A admissão de imprescritibilidades substantivas é consonante com a escola de Direito Civil Constitucional, como Atalá Correia reconhece.[15] Porém tem ido mais além, movendo quaisquer entidades ou intérpretes preocupados com a proteção da pessoa humana. Pois, neste caso, temos que usar a principiologia do Direito Civil percorrendo outros caminhos e vertentes. Nos casos mais ordinários, admitir a prescrição é admitir a justiça, dentro da perspectiva que é tão bem resolvida na fórmula "direito à calmaria". Mas como disse um poeta uma vez, paz sem voz, não é paz, é medo.[16] Nem toda paz vale a pena do ponto de vista da pacificação social. Há situações nas quais a aplicação do prazo prescricional poderia resultar em injustiça, em inocorrência de boa resolução do ponto de vista material.

Visando uma leitura civil constitucional, como sói em razão da homenagem, há, neste giro, a necessidade de se interpretar as relações patrimoniais como realizadoras de necessidades primais da pessoa, de modo a funcionalizá-las, a colocá-las a cumprir um papel concretizador dos desígnios contidos nos art. 1º e 3º da Constituição da República. Portanto, só será "seguro" - inclusive a prescrição - aquilo que estiver adequadamente dirigido a esses objetivos, pois uma ordem injusta e inconstitucional é inequivocamente insegura, conquanto a segurança não prescinda da positividade do ordenamento (mas que não é em si mesma suficiente).[17] Parece um tanto contraditório, mas não se poderá falar em segurança que não promova a igualdade através da solidariedade.

Delineamos, pois, alguns conteúdos argumentativos para que se possa falar em uma segurança jurídica no Direito Civil patrimonial atual (dinamicidade, interação), e identificamos um núcleo plástico, que consiste na proteção da pessoa. São apenas parâmetros materiais que se somam a conteúdos que já são conhecidos, qual seja, a preservação de uma estabilidade razoável no vigor dos diplomas legais e uma razoável previsibilidade na sua aplicação. Mas nada de imortalizar as regras do jogo, já que elas mudam, e muda o próprio nome do jogo.

---

13. Como propõe no Pensamento sistemático e conceito de sistema na ciência do direito, 3. ed. trad. Antonio Menezes Cordeiro. Lisboa: Fundação Calouste Gulbenkian, 2002. p. 224 e ss.
14. A distinção entre imprescritibilidades que denominamos formais e materiais, CORREIA chama de lógicas e substantivas. CORREIA, Atalá. Prescrição: entre passado e futuro. São Paulo: Almedina, 2021.
15. Op. cit., p. 266.
16. Letra de O Rappa. A minha alma (a paz que eu não quero), no álbum Lado B, Lado A, lançado em 1999.
17. Sobre o aspecto material da segurança jurídica excelente obra recente de RAMOS, André Luiz Arnt. Segurança jurídica e indeterminação normativa deliberada. Curitiba: Juruá, 2021, capítulo 2.2.

Ademais, é reconhecível o papel do direito de elaboração judicial para a geração de uma segurança material para o caso concreto, mormente o fato de que, diante do arrolado, a segurança é mais uma proposta, uma linha de ação, do que uma certeza (lembramos que a certeza de que tudo está ou vai dar errado não é confundida por ninguém com segurança). Por conseguinte, teremos um conteúdo normativo oponível derivado da segurança, capaz de dar suporte à aplicação de uma determinada norma prescricional, determinando sua incidência e balizando seus efeitos, ou por outro lado, optando-se por não aplicar a prescrição.

Desse modo, e, por princípio, podemos afirmar que a proteção da pessoa humana em certos casos recomendará que reconheçamos a impossibilidade de proteção desta mesma. Que a pessoa humana poderá – é uma conclusão dura, porém real – estar indefesa perante o tempo. A palavra tempo, vale a digressão, é também usada para designar o clima. E nessa roupagem, os mais frágeis também não conseguem se proteger do tempo, e seria de todo inconstitucional mesmo admitir o peso das normas impeditivas da proteção dos direitos. Vamos agora analisar caso a caso algumas situações nas quais as imprescritibilidades podem ser obtivas pela via da admissão de um sistema de princípios, mormente o da proteção da pessoa humana, que justifiquem o afastamento da regra geral prevista no art. 205 do Código Civil.

4. IMPRESCRITIBILIDADES E PROTEÇÃO DA PESSOA HUMANA DA OBRA DA HOMENAGEADA

Em 2019, a homenageada organizou excelente coletânea com estudos atuais sobre prescrição, em conjunto com Gisela Sampaio da Cruz Guedes e Eduardo Nunes de Souza, *A Juízo do Tempo*.[18] O estudo de Rose Melo Vencelau Meireles, *Imprescritibilidade do Exercício das Situações Jurídicas Existenciais*,[19] referenciando a necessidade de proteção da pessoa humana perante a incidência de injustas normas prescricionais.

A conclusão, à guisa de defesa da pessoa humana, é no sentido de aceitar plenamente a ponderação do ponto de vista da incidência das normas prescricionais, tanto adotando o ponto de vista que levou ao reconhecimento da necessidade de proteger especialmente os titulares de direitos afetados pelo regime de exceção de 1964 (ponto que abordaremos adiante), quanto a admissão da relativização da prescrição da lesão aos direitos da personalidade.

Também nos clássicos *Comentários ao Código Civil*, também há menção a ideia de que as lesões a direito da personalidade jamais deveriam prescrever.[20] Este tema também será desdobrado mais abaixo, mas releva o registro de que sempre esteve a homenageada aberta a discutir as (não) impositividades das normas prescricionais. Recebi também este estímulo, quando, em 2003, participou de minha banca de mestrado, aprovando

---

18. Rio de Janeiro, Editora Processo, 2019.
19. Op. cit., p. 541 e ss.
20. Rio de Janeiro: Renovar, 2004. p. 361.

dissertação que se transformaria no futuro em minha obra *Prescrição e Decadência no Direito Civil*.[21] Estes pensamentos estão no ar há muito, existindo casos que admitem totalmente a abordagem que se seguirá.

5. AÇÕES DE ESTADO

No caso das ações de estado, é bastante consolidado no Brasil o pensamento doutrinário a justificar a sua imprescritibilidade. Como ações de estado, explica-se, estamos nos referindo ao direito de alterar o próprio *status* pessoal, ou seja, pleitear perante o Poder Judiciário que se reconheça que uma característica imanente a pessoa deve ser alterada por meio de uma decisão judicial de natureza declaratória ou constitutiva, positiva ou negativa, conforme for o caso e a necessidade daquele que pleiteia o provimento jurisdicional.

Boa parte da discussão se inicia e revolve em torno da Súmula 149 do Supremo Tribunal Federal: "É imprescritível a ação de investigação de paternidade, mas não o é a de petição de herança."[22] Logo, inquestionável a imprescritibilidade de se questionar a qualquer tempo parentalidade, mas também assuntos atinentes a gênero, a nome e a nacionalidade.

Nesta ordem de ideias, uma norma que limitasse no tempo a mudança do nome (como já houve, antes da mudança trazida pela Lei 14.382/2022), ou do gênero, ou dos pais, ou da nacionalidade, seria inconstitucional, pois são caracteres essenciais da matriz formadora da pessoa humana. Deve ser sempre admitida, ademais, a investigação da parentalidade e da herança genética, mesmo que *post mortem*, de modo a que estas verdades possam ser perquiridas.

Outra discussão é se a repercussão deste reconhecimento deveria sofrer alguma limitação no tempo. Rizzardo defende que aquele que for reconhecido *a posteriori* só teria o decurso do prazo de petição de herança a partir do momento em que transitasse em julgado esta demanda.[23] Esta posição já foi amparada em julgados do Superior Tribunal

---

21. Atualmente na 3. ed. Rio de Janeiro: Lumen Juris, 2022.
22. Confirmado em decisão relativamente recente: "EMENTA Agravo regimental em recurso extraordinário. Agravo de instrumento convertido em recurso extraordinário. Fato que não impede sua apreciação, como de direito, pelo Ministro relator do feito, de forma monocrática. Irresignação, ademais, que foi apreciada pelo mérito. Ação de investigação de paternidade. Demanda que, por dizer respeito ao estado de filiação da pessoa, é imprescritível. 1. A decisão ora atacada reflete a pacífica jurisprudência desta Corte a respeito do tema, tendo sido, ademais, efetivamente apreciado o mérito da irresignação deduzida pela recorrente. 2. Não há que se falar em eventual cerceamento do direito de produzir provas quando o acórdão agravado se limita a confirmar decisão regional que afastou decreto de extinção do feito, determinando, tão somente, o prosseguimento da demanda. 3. Agravo regimental não provido." (STF - RE: 422.099 SP, Relator: Min. Dias Toffoli, Data de Julgamento: 23/03/2011, Primeira Turma, Data de Publicação: DJe-109 Divulg 07-06-2011 Public 08-06-2011 Ement Vol-02539-01 PP-00158).
23. *Prescrição e Decadência*. 3. ed. São Paulo: GEN, Editora Forense, 2018. p. 204: "A matéria, em nível de jurisprudência, ficará pacificada pela Súmula nº 149, do Supremo Tribunal Federal: "É imprescritível a ação de investigação de paternidade, mas não o é a de petição de herança." Entretanto, quanto à prescrição da petição de herança, tinha força uma corrente sustentando que o início se dava a partir do dia em que o direito puder ser exercido, isto é, do momento em que foi reconhecida a paternidade e não da abertura da sucessão, o que revela que perdurava o dissídio. Sintetizava a posição Mário Moacyr Porto: "É princípio universalmente aceito que o prazo de prescrição somente se inicia quando surge o direito à ação. O Código Civil italiano, em seu art.

de Justiça.[24] Seria possível uma solução que previsse um prazo máximo, como os prazos trintenários trazidos pela reforma do direito das obrigações na Alemanha. Parece-nos, entretanto, que a solução mais abrangente e interessante, que mais sopesa interesses, é a trazida pelo Código Civil Argentino, em seu artigo 2.311: "lapetición de herencia es imprescriptible, sin perjuicio de La prescripción adquisitiva que puede operar com relación a cosas singulares."

A solução argentina, se por um lado amplia a possibilidade de reconhecimento *ad tempus* da herança sem quaisquer limitações, ampliando a proteção da pessoa humana, por outro lado não desconsidera que possuidores de boa-fé irão, em muitos casos, ter a sua situação consolidada pela usucapião – que no Brasil, em relação aos imóveis, também tem alçada constitucional e proteção alicerçada na função social da propriedade.

Mudanças de gênero, nome ou nacionalidade também podem gerar questões que de algum modo se tocam com a prescrição. Alguém que muda de gênero pode passar a ser beneficiário de um seguro ou de um fundo de pensão, ou ainda mudando sua nacionalidade, atrair um regime jurídico mais favorável a não incidência de uma norma prescricional. Em um ambiente de centralidade de proteção da pessoa humana, as soluções *ad tempus,* como a praticada pelo acórdão do STJ que reconheceu o direito à petição de herança para o filho não reconhecido, merecem prestígio.

6. DIREITOS DA PERSONALIDADE E DANOS PATRIMONIAIS

A imprescritibilidade dos direitos da personalidade é característica reconhecida por todos os que estudam a matéria.[25] Assim, o exercício e a exigência de proteção aos

---

2.935, acolhe o princípio, ao dispor: 'A prescrição começa a correr do dia em que o direito pode ser exercido'. Parece-nos, assim, que, antes do julgamento da ação de investigação de paternidade ilegítima, o filho natural, não reconhecido pelo pai, jamais poderá propor a ação de petição de herança para o fim de lhe ser reconhecida a qualidade de herdeiro, com o direito à herança do seu indigitado pai. A ação de investigação de paternidade, na hipótese em causa, é um inafastável pressuposto, uma prejudicial incontornável, para que o filho possa intentar a ação de petição de herança. Ao que parece, Orlando Gomes acolhe idêntico entendimento, ao escrever: "Ação de estado é premissa da petição quando o título de herdeiro depende da prova do parentesco, como acontece em relação ao filho ilegítimo". Por abundância, acrescentamos: a ação de estado (investigação de paternidade) tem como objetivo a declaração judicial de que o demandante é filho de uma determinada pessoa e, como tal, parente sucessível. Na ação de petição de herança, pretende-se que o filho reconhecido seja admitido como herdeiro em relação à herança deixada pelo proclamado pai, reconhecimento que exige, como condição indeclinável, a prévia declaração de que o postulante é filho natural da pessoa que deixou a herança. Conclui-se, de tudo, que não corre contra o filho natural não reconhecido a prescrição da ação de petição de herança." Efetivamente, esta a melhor exegese, porquanto não podia iniciar a prescrição sobre um direito não formado judicialmente."

24. "recurso especial. Sucessão. Inventário. Investigação de paternidade. Reconhecimento post mortem. Petição de herança. Prescrição. Art. 205 do código civil de 2002. Termo inicial. Trânsito em julgado. Teoria da actio nata. 1. Recurso especial interposto contra acórdão publicado na vigência do Código de Processo Civil de 2015 (Enunciados Administrativos nºs 2 e 3/STJ). 2. A pretensão dos efeitos sucessórios por herdeiro desconhecido é prescritível (art. 205 do CC/2002). 3. O termo inicial para o ajuizamento da ação de petição de herança é a data do trânsito em julgado da ação de investigação de paternidade, à luz da teoria da actio nata. 4. Recurso especial provido." (STJ - REsp: 1.762.852 SP 2018/0221264-4, Relator: Ministro Ricardo Villas Bôas Cueva, Data de Julgamento: 18/05/2021, T3 - Terceira Turma, Data de Publicação: DJe 25/05/2021).

25. THEODORO JR, op. cit., p. 18: "Por pressupor a prescrição uma forma de abandono ou renúncia por parte do titular, não se sujeitam à prescrição as pretensões decorrentes de direitos indisponíveis, sobre os quais o

direitos em espécie – nome, imagem, reputação, integridade física e psíquica, intimidade, privacidade...- não estão submetidos a prazos prescricionais, não estando sequer jungidos ao titular, conforme a possibilidade de proteção trazida pelo art. 12, parágrafo único, do Código Civil. O tempo pode transcorrer que essa exigência de atendimento, atenção, respeito, sempre poderá ser efetivada.

Outra questão, bem mais tormentosa, diz respeito à prescritibilidade da reparação patrimonial. O Superior Tribunal de Justiça, de modo indistinto, tem admitido que o dano moral se submete à prescrição.[26] Contudo não é impossível trazer o assunto a nova análise e discussão. Em primeiro lugar, as reparações *in natura*, em razão da necessidade premente de proteção da pessoa humana, sob este prisma, não deveriam receber o mesmo tratamento das reparações em pecúnia. São casos sumamente distintos. No caso do pedido de reparação *in natura*, não seria difícil construir uma argumentação de que no caso temos a protração do dano no tempo, sendo possível aplicar a *actio nata*, ou mesmo admitir que o dano tem efeitos permanentes e continua a se fazer sentir no momento presente.[27] No caso da reparação em dinheiro, bem mais complexa é essa defesa.

Entendemos, contudo, que esse é um passo que poderia ser construído. A imprescribilidade é basicamente principiológica, em casos como esses, e não assombraria o pensamento de que, para determinadas lesões que apenas podem ser liquidadas em dinheiro, três anos é pouco tempo até mesmo para que seja possível entender que a lesão efetivamente ocorreu.

Quanto ao dano moral em relações de consumo, o prazo, entendeu o Superior Tribunal de Justiça, é de cinco anos para que se pleiteie a indenização por dano moral.[28]

---

titular não pode praticar nenhum ato de disposição, transferência ou renúncia, como se dá com os direitos da personalidade, direito de estado e, em geral, com os direitos derivados das relações de família."

26. "Agravo interno no agravo em recurso especial. Ação de indenização por danos à personalidade - dano existencial - espécie de dano moral - prescrição. Prazo trienal. Precedentes. Agravo interno a que se nega provimento. 1. Segundo o entendimento do STJ, prescreve em três anos a pretensão de reparação de danos, nos termos do artigo 206, § 3º, do Código Civil, prazo que se estende, inclusive, aos danos extrapatrimoniais. Precedentes. 2. Agravo interno a que se nega provimento." (STJ - AgInt no AREsp: 1380002 MS 2018/0266386-0, Relator: Ministro Raul Araújo, Data de Julgamento: 02/04/2019, T4 - Quarta Turma, Data de Publicação: DJe 15/04/2019)

27. Excelente comentário de RIZZARDO, op. cit., p.428: "Qualquer violação jamais prescreve, no sentido de que sempre é possível a restauração, por maior o lapso de tempo decorrido. Não se admite que a lesão de um direito da personalidade se convalide pelo decurso dos anos. Se atingida a pessoa no seu direito à saúde, ou se negado o recurso médico assegurado pela Constituição Federal, mantém-se a busca em qualquer momento do futuro. No caso de preterido o indivíduo em uma pretensão em virtude de sua raça, ou condição social, fica aberto o caminho para recuperar a pretensão que lhe foi negada. Se impedida a pessoa de frequentar a escola, concede-se a todo o tempo a sua ação contra tal arbitrariedade. Jamais perece a garantia de ingressar no mercado de trabalho ao deficiente, em atividade apropriada à sua condição. A inconformidade contra a negativa injustificada ao exercício de votar é sempre autorizada, não podendo ser negada porque decorrido um longo período de tempo da ofensa. A proteção ao menor de idade perdura enquanto se mantém tal condição, não se estabelecendo prazo para reclamar contra a sua denegação. Embora alguém tenha sido obrigado a adotar uma religião para manter-se em um emprego ou praticar uma atividade, nunca fenece a liberdade em professar um credo diferente sem que venha a sofrer retaliações ou a demissão, mostrando-se atentatória à ordem constitucional, v.g., condicionar o exercício do magistério unicamente aos que professam a mesma religião da escola."

28. Por exemplo, STJ REsp 1.906.927 CE 2020/0309753-7, Relator: Ministro Marco Aurélio Bellizze, Data de Publicação: DJ 12/02/2021.

Mas não se pode olvidar que o consumidor tem proteções a mais, especialmente qualificadas pela proteção integral e pela *actio nata* intensificada pela hipossuficiência técnica. Neste caso específico, a pessoa humana consumidora pode ter ainda mais percalços para compreender exatamente qual dano sofreu.

7. OUTRAS QUESTÕES DE DIREITO DE FAMÍLIA

No direito de família, conquanto existam questões submetidas a prazos como a anulação do casamento ou a execução de alimentos, há uma série de pretensões imprescritíveis, com justo motivo. Algumas são mais evidentes: não há prazo para exigir do outro genitor que atenda regras de convivência ou tolere o exercício do poder familiar. Outros destes direitos estão de nascença obstaculizados, visto que enquanto existe poder familiar, como regra, não existe transcurso de prazo prescricional, como determinado pelo Código Civil, art. 197, II.[29] Esta *ratio* reafirma que na família (nos aspectos existenciais) não deve haver prescrição.

Outra pretensão que poderia sim gerar alguma dúvida consiste no pedido de fixação de alimentos. Nada impediria que, analisado o sistema do Código Civil, se concluísse também pela prescritibilidade desta pretensão – não se confundindo, no entanto, com a causa de suspensão prevista no art. 198, I, do Código Civil. Mas imaginemos o seguinte exemplo: um filho, ainda com direito a alimentos pois está cursando terceiro grau, mas que jamais pleiteou a sua fixação, deseja fazê-lo. É maior e já transcorreram mais de dois anos do seu ingresso na plena capacidade. Mesmo assim se justifica a defesa da não aplicação do art. 206, § 2º, do Código Civil? Entendemos que sim. O texto é claro ao determinar que somente alimentos já fixados podem ser considerados prescritos. O que existe, por parte do legislador, é a intrínseca suposição de que alimentos não prescrevem. Os códigos não são o ponto de chegada do Direito Civil, mas também não são o ponto de partida, e na elaboração dos dispositivos legais as ideais já consagradas muitas vezes prevalecem. Estas restrições são, sem sombra de dúvida, compreendidas em um contexto de proteção da pessoa humana.

8. SITUAÇÕES EXCEPCIONAIS CORRELACIONADAS AO REGIME DE EXCEÇÃO DE 1964

Haverá imprescritibilidade quando for possível configurar a existência de pretensões irresistíveis, ou seja, quando o titular não puder validamente se defender de uma lesão porque não há meios materiais para fazê-lo. De todos estes casos, o que mais chama a atenção e pode ser correlacionado com a proteção da pessoa humana diz respeito ao reconhecimento da impossibilidade de se considerar prescrita a reparação aos que sofreram danos por parte do regime de exceção de 1964.

---

29. DINIZ, Maria Helena. *Prescrição e decadência no novo direito de família*: alguns aspectos relevantes. Em Prescrição no Novo Código Civil: uma Análise Interdisciplinar. CIANCI, Mirna (Coord.). São Paulo: Saraiva, 2005. p. 80.

Correia lista um excelente apanhado[30] de reflexões e análises sobre imprescritibilidades de lesões reconhecidas por cortes transnacionais de defesa dos direitos humanos. O fundamento é nobre e o assunto é merecedor de reconhecimento.

Em território nacional pioneiramente o Superior Tribunal de Justiça reconheceu a impossibilidade de que uma norma infraconstitucional – sobre prescrição – limitasse a missão constitucional de reparar os perseguidos políticos que tanto sofreram nesta escura página da vida nacional.[31] Trata-se de um excelente exemplo de aplicação de me-

---

30. Op. cit., pp. 271 e ss.
31. "Processual civil. Administrativo. Violação ao art. 1.022 do CPC. Não configurada. Litisconsórcio ativo facultativo. Indenização. Reparação de danos materiais e morais. Regime militar. Dissidente político procurado na época do regime militar. Falta de registro de óbito e não comunicação à família. Dano moral. Fato notório. Nexo causal. Prescrição. (...) 4. Prova inequívoca da perseguição política à vítima e de imposição, por via oblíqua, de sobrevivência clandestina, atentando contra a dignidade da pessoa humana, acrescido do sepultamento irregular do irmão do autor, com indiferença aos sentimentos familiares. 5. Prescrição. Inocorrência. A indenização pretendida tem amparo constitucional no art. 8º, § 3º, do Ato das Disposições Constitucionais Transitórias. Precedentes. 6. Deveras, a tortura e morte são os mais expressivos atentados à dignidade da pessoa humana, valor erigido como um dos fundamentos da República Federativa do Brasil. 7. Sob esse ângulo, dispõe a Constituição Federal: "Art. 1º A República Federativa do Brasil, formada pela união indissolúvel dos Estados e Municípios e do Distrito Federal, constitui-se em Estado Democrático de Direito e tem como fundamentos: (...) III – a dignidade da pessoa humana;" "Art. 5º Todos são iguais perante a lei, sem distinção de qualquer natureza, garantindo-se aos brasileiros e aos estrangeiros residentes no País a inviolabilidade do direito à vida, à liberdade, à igualdade, à segurança e à propriedade, nos termos seguintes; (...) III – ninguém será submetido a tortura nem a tratamento desumano ou degradante;" 8. Destarte, o egrégio STF assentou que: "... o delito de tortura – por comportar formas múltiplas de execução – caracteriza-se pela inflição de tormentos e suplícios que exasperam, na dimensão física, moral ou psíquica em que se projetam os seus efeitos, o sofrimento da vítima por atos de desnecessária, abusiva e inaceitável crueldade. – A norma inscrita no art. 233 da Lei nº 8.069/90, ao definir o crime de tortura contra a criança e o adolescente, ajusta-se, com extrema fidelidade, ao princípio constitucional da tipicidade dos delitos (CF, art. 5º, XXXIX). A tortura como prática inaceitável de ofensa à dignidade da pessoa. A simples referência normativa à tortura, constante da descrição típica consubstanciada no art. 233 do Estatuto da Criança e do Adolescente, exterioriza um universo conceitual impregnado de noções com que o senso comum e o sentimento de decência das pessoas identificam as condutas aviltantes que traduzem, na concreção de sua prática, o gesto ominoso de ofensa à dignidade da pessoa humana. A tortura constitui a negação arbitrária dos direitos humanos, pois reflete – enquanto prática ilegítima, imoral e abusiva – um inaceitável ensaio de atuação estatal tendente a asfixiar e, até mesmo, a suprimir a dignidade, a autonomia e a liberdade com que o indivíduo foi dotado, de maneira indisponível, pelo ordenamento positivo" (HC 70.389/SP, Rel. p. Acórdão Min. Celso de Mello, DJ 10/08/2001). 9. À luz das cláusulas pétreas constitucionais, é juridicamente sustentável assentar que a proteção da dignidade da pessoa humana perdura enquanto subsiste a República Federativa, posto seu fundamento. 10. Consectariamente, não há falar em prescrição da ação que visa implementar um dos pilares da República, máxime porque a Constituição não estipulou lapso prescricional ao direito de agir, correspondente ao direito inalienável à dignidade. 11. Outrossim, a Lei 9.140/95, que criou as ações correspondentes às violações à dignidade humana, perpetradas em período de supressão das liberdades públicas, previu ação condenatória no art. 14, sem estipular-lhe prazo prescricional, por isso que a lex specialis convive com a lex generalis, sendo incabível qualquer aplicação analógica do Código Civil no afã de superar a reparação de atentados aos direitos fundamentais da pessoa humana, como sói ser a dignidade retratada no respeito à integridade física do ser humano. 12. Adjuntem-se à lei interna, as inúmeras convenções internacionais firmadas pelo Brasil, a começar pela Declaração Universal da ONU, e demais convenções específicas sobre a tortura, tais como a Convenção contra Tortura adotada pela Assembléia Geral da ONU, a Convecção Interamericana contra a Tortura, concluída em Cartagena, e a Convenção Americana sobre Direitos Humanos (Pacto de São José da Costa Rica). 13. A dignidade humana violentada, in casu, decorreu do sepultamento do irmão da parte, realizado sem qualquer comunicação à família ou assentamento do óbito, gerando aflição ao autor e demais familiares, os quais desconheciam o paradeiro e destino do irmão e filho, gerando suspeitas de que, por motivos políticos, poderia estar sendo torturado – revelando flagrante atentado ao mais elementar dos direitos humanos, os quais, segundo os tratadistas, são inatos, universais, absolutos, inalienáveis e imprescritíveis.

todologia civil constitucional, no qual uma regra (o art. 1º do Decreto 20.910/32), que prevê para tais casos prescrição quinquenal, deve ceder para que o princípio de reparação aos perseguidos políticos, ao qual o Estado brasileiro empenhou sua palavra na órbita internacional e ainda em seu texto constitucional, pudesse ser justamente atendido.

9. DANOS À PESSOA REFLEXOS DE DANOS AMBIENTAIS

Aqui temos um campo que poderíamos denominar de nova fronteira. Quanto ao dano ambiental, inclusive o dano coletivo ambiental, já há sobremaneira a prevalência do entendimento que sua reparação é imprescritível. [32] Será que poderíamos dar um

---

14. Inequívoco que a morte do irmão do autor não foi oficialmente informada à família, nem houve qualquer tipo de registro ou identificação da sepultura. 15. O Decreto 4.857, de 09 de novembro de 1939, determinava que 'nenhum enterramento será feito sem certidão de oficial de registro do lugar do falecimento, extraída após a lavratura do assento de óbito (...)' – art. 88. Prossegue impondo a incumbência de fazer a declaração de óbito aos familiares e, na falta de pessoa competente, a que tiver assistido aos últimos momentos do finado; e, por último, incumbe à autoridade policial a obrigação de fazê-lo em relação às pessoas encontradas mortas – art. 90, §§ 5o e 6o. Ainda dispõe, no art. 91 que o assento de óbito deverá conter, além de todas as circunstâncias da morte e qualificação da pessoa, o lugar do sepultamento. Dispunha, também, o artigo 84 que o registro de óbito deveria ser feito dentro do prazo de vinte e quatro' horas. 16. Logo, cabia à autoridade policial a obrigação, por lei, de fazer a declaração de óbito, não fosse por terem assistido aos últimos momentos de vida, por saberem--no morto, pois comprovadamente as forças militares tinham conhecimento de que se tratava de Arno Preis (fl. 32). 17. A exigibilidade a qualquer tempo dos consectários às violações dos direitos humanos decorre do princípio de que o reconhecimento da dignidade humana é o fundamento da liberdade, da justiça e da paz, razão por que a Declaração Universal inaugura seu regramento superior estabelecendo no art. 1º que "todos os homens nascem livres e iguais em dignidade e direitos". 18. Deflui da Constituição federal que a dignidade da pessoa humana é premissa inarredável de qualquer sistema de direito que afirme a existência, no seu corpo de normas, dos denominados direitos fundamentais e os efetive em nome da promessa da inafastabilidade da jurisdição, marcando a relação umbilical entre os direitos humanos e o direito processual. 19. O egrégio STJ, em oportunidades ímpares de criação jurisprudencial, vaticinou: "Recurso especial. Indenização por danos morais e materiais. Prisão, tortura e morte do pai e marido das recorridas. Regime militar. Alegada prescrição. Inocorrência. Lei 9.140/95. Reconhecimento oficial do falecimento, pela comissão especial de desaparecidos políticos, em 1996. Dies a quo para a contagem do prazo prescricional. A Lei 9.140, de 04.12.95, reabriu o prazo para investigação, e conseqüente reconhecimento de mortes decorrentes de perseguição política no período de 2 de setembro de 1961 a 05 de outubro de 1998, para possibilitar tanto os registros de óbito dessas pessoas como as indenizações para reparar os danos causados pelo Estado às pessoas perseguidas, ou ao seu cônjuge, companheiro ou companheira, descendentes, ascendentes ou colaterais até o quarto grau" (REsp 612108-PR, Relator Ministro Luiz Fux, DJ 03.11.2004).
32. "Ambiental. Ação civil pública. Regularização do dano decorrente da inexistência de sistema adequado de tratamento de esgoto. Imprescritibilidade do dano ambiental. Legitimidade da cohab para responder pelo dano causado por loteamento promovido por ela. Recurso especial não provido. Identificação da controvérsia 1. O acórdão recorrido, proferido em Ações Civis Públicas, condenou a Cohab, a Corsan e o Município de Santa Rosa/RS a reparar dano ambiental decorrente da ausência de sistema adequado de tratamento de esgoto no loteamento Promorar 2, condenando os réus a implementá-lo, a fim de eliminar o lançamento a céu aberto e a descarga de resíduos residenciais sem tratamento sobre as águas do Arroio Pessegueiro. Imprescritibilidade Da Pretensão Reparatória Ambiental 2. É assente no STJ que a ação de reparação de dano ambiental é imprescritível, notadamente pelo caráter continuado da degradação do meio ambiente e pela indisponibilidade do direito tutelado. Nesse sentido: REsp 1.081.257/SP, Rel. Ministro Og Fernandes, Segunda Turma, DJe 13.6.2018; AgRg no REsp 1.466.096/RS, Rel. Ministro Mauro Campbell Marques, Segunda Turma, DJe 30.3.2015; AgRg no REsp 1.421.163/SP, Rel. Ministro Humberto Martins, Segunda Turma, DJe 17/11/2014; REsp 1.120.117/AC, Rel. Ministra Eliana Calmon, Segunda Turma, DJe 19.11.2009; REsp 647.493/SC, Rel. Ministro João Otávio de Noronha, Segunda Turma, DJ 22.10.2007; e REsp 1.559.396/MG, Rel. Ministro Herman Benjamin, Segunda Turma, DJe 19.12.2016. 3. Esse também é o entendimento consolidado no âmbito do Supremo Tribunal Federal, que no julgamento do Tema 999 de Repercussão Geral, fixou a seguinte tese: "É imprescritível a pretensão de reparação

passo à frente, e reconhecer como imprescritíveis os danos a pessoa humana reflexos decorrentes de tragédias ambientais? Neste ponto estamos ainda presos à concepção de que a prescrição deve ser contada sem qualquer ressalva.

Vejamos esse caso, no qual o Tribunal de Santa Catarina reconheceu a prescrição:

> "Responsabilidade civil. Ação de indenização por danos morais e materiais. Desastre ambiental. Emborcamento do comboio norsul-12/norsul-vitória no canal de acesso à baía da babitonga. Sentença de extinção do feito pela prescrição. Aplicação do art. 206, § 3º, V, do Código Civil. Pretensão de reparação dos danos individuais sofridos pelos membros da comunidade pesqueira. Insubsistência da alegação de imprescritibilidade do dano ambiental. Correto reconhecimento do prazo trienal de prescrição. Precedentes. Termo inicial. Data do acidente em 30.01.2008. Ajuizamento de ação coletiva. Reinício do prazo de contagem da pretensão individual com a homologação de TAC judicial em 03.04.2008. Ingresso em juízo somente em janeiro de 2013. Fluência do lapso prescricional independente do termo inicial que se considere. Fixação de honorários recursais. Sentença mantida. Recurso desprovido."[33]

A comunidade pesqueira pode ter demorado para compreender exatamente a causa ou a extensão do dano. Pode ter tentado uma solução negociada, pode ter confiado e aguardado as autoridades. Hoje, se alguém que sofreu o reflexo de um dano ambiental age assim, em três anos não poderá mais pleitear indenização. Frisamos esse caso pois entendemos que a hermenêutica civil constitucional pode ser de valia para que possamos avançar neste novo espaço de proteção da pessoa vulnerável.

10. CONCLUSÃO

A correlação entre imprescritibilidade e proteção da pessoa humana é fruto do reconhecimento de que o direito é um sistema de princípios, e que a constituição é o principal repositório destes. O prof. Maria Celina Bodin de Moraes sempre lecionou que o Direito Civil Constitucional deve ser construído com condutas práticas, por meio

---

civil de dano ambiental" (RE 654.833/AC, relator Ministro Alexandre de Moraes, j. 20.4.2020). LEGITIMIDADE PASSIVA DA RECORRENTE 4. A Corte de origem assim fundamentou a manutenção da recorrente no polo passivo da demanda e a consequente responsabilização (fl. 49/e-STJ): "A contaminação do Arroio Persegueiro, decorrente da ineficiência do saneamento básico fornecido, restou amplamente demonstrado pelo material probatório coligido aos autos, sendo possível atestar a irregularidade no escoamento do esgoto cloacal disponível no loteamento PROMORAR Área 2, já que os detritos são lançados de forma direta no arroio". 5. Sabe-se que o conceito de poluidor, no Direito Ambiental brasileiro, é amplíssimo, confundindo-se, por expressa disposição legal, com o de degradador da qualidade ambiental, isto é, toda e qualquer "pessoa física ou jurídica, de Direito Público ou Privado, responsável, direta ou indiretamente, por atividade causadora de degradação ambiental" (art. 3º, IV, da Lei 6.938/1981). 6. Ademais, a jurisprudência do STJ é toda no sentido de que a responsabilidade pela reparação dos danos ambientais é solidária entre todos os poluidores ou degradadores. A propósito: REsp 1.768.207/SP, Rel. Ministro Francisco Falcão, Segunda Turma, DJe 18.3.2019; AREsp 1.084.396/RO, Rel. Ministro Og Fernandes, Segunda Turma, DJe 18.10.2019; EDcl no AREsp 1.233.356/SP, Rel. Ministro Mauro Campbell Marques, Segunda Turma, DJe 27.6.2018; AgInt no AREsp 1.100.789/SP, Rel. Ministra Assusete Magalhães, Segunda Turma, DJe 15.12.2017; e REsp 1.454.281/MG, Rel. Ministro Herman Benjamin, Segunda Turma, DJe 9.9.2016. 7. Recurso Especial não provido." (STJ - REsp: 1321992 RS 2011/0090744-4, Relator: Ministro Herman Benjamin, Data de Julgamento: 06/04/2021, T2 - Segunda Turma, Data de Publicação: DJe 17/12/2021).

33. TJ-SC - AC: 00002060220138240103 Araquari 0000206-02.2013.8.24.0103, Relator: Marcus Tulio Sartorato, Data de Julgamento: 28/03/2017, Terceira Câmara de Direito Civil.

da aplicação de filtro constitucional aos mais variados assuntos. Em adição, este filtro deve sempre priorizar a proteção da pessoa humana.

Neste singelo texto, esta foi a intenção: sublinhar casos já admitidos (e um ainda não admitido, mas que entendemos justificável) nos quais a regra prescricional geral do art. 205 não deve incidir, em virtude desta eventual incidência representar desprestígio à pessoa humana e a sua proteção. Avanços são esperados, não para retirar da prescrição o lugar essencial que o instituto ocupa, mas para que ele seja sempre usado com justiça e sabedoria, com a proteção da pessoa sempre em primeiro lugar.

11. REFERÊNCIAS

AMORIM FILHO, Agnelo. Critério científico para distinguir a prescrição da decadência e identificar as ações imprescritíveis. *Revista dos Tribunais*, n. 744, 1958.

CANARIS, Claus Wilhelm. O novo direito das obrigações na Alemanha. *Revista EMERJ*, n. 27, p. 108 e ss.

CANARIS, Claus Wilhelm. *Pensamento sistemático e conceito de sistema na ciência do direito*. 3. ed. trad. Antonio Menezes Cordeiro. Lisboa: Fundação Calouste Gulbenkian, 2002.

CORREIA, Atalá. *Prescrição*: entre passado e futuro. São Paulo: Almedina, 2021.

DE MORAES, Maria Celina Bodin; GUEDES, Gisela Sampaio da Cruz; DE SOUZA, Eduardo Nunes. *A juízo do tempo*: estudos atuais sobre prescrição. Rio de Janeiro, Editora Processo, 2019.

DINIZ, Maria Helena. *Prescrição e decadência no novo direito de família*: alguns aspectos relevantes. Em prescrição no novo código civil: uma análise interdisciplinar. CIANCI, Mirna (Coord.). São Paulo: Saraiva, 2005.

MEIRELES, Rose Melo Vencelau. Imprescritibilidade do exercício das situações jurídicas existenciais. In: *A juízo do tempo*: estudos atuais sobre prescrição. Rio de Janeiro: Editora Processo, 2019.

NASSAR, Elody. *Prescrição na administração pública*. 2. ed. São Paulo: Saraiva, 2009.

NEVES, Gustavo Kloh Muller. *Prescrição e decadência no direito civil*. 3. ed. Rio de Janeiro: Lumen Juris, 2022.

PEREIRA, Caio Mário da Silva. *Instituições de direito civil*. 34. ed, atualizada por Maria Celina Bodin de Moraes. Rio de Janeiro: Forense, 2022. p. 593.

PUGLIESE, Giuseppe. *La Prescrizione Estintiva*. Torino: Unione Tipografiche-Editritice Torinese, 1924.

RAMOS, André Luiz Arnt. *Segurança Jurídica e Indeterminação Normativa Deliberada*. Curitiba: Juruá, 2021.

RIZZARDO, Arnaldo; RIZZARDO FILHO, Arnaldo; RIZZARDO, Carine Ardissone. *Prescrição e decadência*. 3. ed. São Paulo: GEN, Editora Forense, 2018.

SAAB, Rachel. *Prescrição*: função, pressupostos e termo inicial. Belo Horizonte: Fórum, 2018.

TEPEDINO, Gustavo e outros. *Comentários ao Código Civil*. Rio de Janeiro: Renovar, 2004.

THEODORO JR, Humberto Theodoro. *Prescrição e decadência*. 2. ed. São Paulo: Gen Forense, 2021.

TROISI, Bruno. *La Prescrizione come Procedimento*. Camerino: Edizioni Scientifiche Italiane, 1980.

O CONCEITO DE ACESSIBILIDADE E AS SUAS POSIÇÕES JURÍDICAS

Joyceane Bezerra de Menezes

Doutora em Direito pela Universidade Federal de Pernambuco. Mestre em Direito pela Universidade Federal do Ceará. Professora Titular da Universidade de Fortaleza, vinculada ao Programa de Pós-Graduação *Stricto Sensu* em Direito (Mestrado/Doutorado), na Disciplina Tutela da pessoa na sociedade das incertezas. Professora Titular da Universidade Federal do Ceará. Editora da Pensar: Revista de Ciências Jurídicas.
E-mail: joyceane@unifor.br.

Sumário: 1. Introdução – 2. Acessibilidade: conceito, dimensões e estratégias – 3. As posições jurídicas da acessibilidade: princípio, dever, direito e conceito essencial – 4. A acessibilidade como um direito fundamental em decisões do Superior Tribunal de Justiça – STJ – 5. Conclusão – 6. Referências.

1. INTRODUÇÃO

É motivo de alegria e responsabilidade, participar de uma obra em homenagem à Professora Maria Celina Bodin de Moraes, referencial teórico mandatório para quem se dispõem a estudar o direito civil na legalidade constitucional. Suas obras são caracterizadas pelo rigor científico e acuidade analítica que transcende os domínios do direito civil. Analisa os problemas jurídicos sob uma perspectiva multidisciplinar, contextualizada à realidade sociocultural e atenta aos ditames da justiça constitucional. Não sem razão, os seus textos são atemporais, preservando a originalidade e a utilidade na travessia dos anos.

A obra intitulada *"Na medida da pessoa humana"* se tornou referência indispensável para os estudos em matéria de direitos existenciais, sistematizando as balizas teóricas que orientam a compreensão da tutela da pessoa humana em sua complexidade e diversidade, por meio de cláusulas gerais. A Professora Celina tem o zelo de reiterar a primazia da pessoa sobre os interesses patrimoniais, ressaltando a necessariedade da concreção dos corolários da dignidade da pessoa humana: igualdade, solidariedade, liberdade e integridade psicofísica, para a garantia do seu livre desenvolvimento, desde a infância à ancianidade, sem desconsiderar as condições ou situações de maior vulnerabilidade que podem irromper no curso da vida.

Por entender que as soluções jurídicas são "contingentes" às demandas da realidade social, reforça a importância de aplicar os institutos em atenção ao contexto sociocultural, buscando a máxima adequação aos valores de justiça irradiados pela Constituição da República, sobretudo, ao valor absoluto da dignidade da pessoa humana. A homenageada contribuiu firmemente para a difusão do direito civil na legalidade constitucional, tornando possível a remodelagem de institutos seculares, dentre os quais se destacam a família, a responsabilidade civil, a autonomia e a capacidade jurídica.

Dada a importância atribuída aos princípios jurídicos para a sua abordagem do direito civil, organizou uma obra intitulada "Princípios do Direito Civil Contemporâneo", na qual os autores convidados trataram, cada um, de específico princípio, compondo uma coletânea primorosa. Alguns anos depois e, por meio dessa obra em sua homenagem, uno-me àqueles para analisar um princípio que alcançou destaque mais recentemente – o princípio da acessibilidade, na era da especificação dos direitos humanos, como observa Norberto Bobbio.

A acessibilidade integra a base principiológica da Convenção sobre os Direitos da Pessoa com Deficiência, ratificada pelo estado brasileiro com o Decreto no. 186/2008 e promulgada pelo Presidente da República por meio do Decreto no. 6.949/2009. Embora documentos internacionais anteriores tenham tratado do direito de "acesso", foi a partir da CDPD que a acessibilidade se tornou um conceito essencial em matéria de direitos humanos da pessoa com deficiência, um princípio jurídico e direito fundamental. Sem acessibilidade, todos os direitos da pessoa com deficiência estariam comprometidos.[1]

Para esse fim, o capítulo se subdivide em três partes: a primeira, trata do conceito, dimensão e estratégias para a garantia da acessibilidade; a segunda, estabelece as posições jurídicas que a acessibilidade pode assumir e, por fim, a terceira parte enfoca a sua aplicação na jurisprudência recente do Superior Tribunal de Justiça. As dificuldades para a implementação e aplicação da Convenção sobre os Direitos da Pessoa com Deficiência e da Lei Brasileira de Inclusão da Pessoa com Deficiência, têm levado o tema à apreciação dos tribunais, gerando a expectativa de que suas decisões possam favorecer a efetivação das mudanças paradigmáticas que foram propostas.

2. ACESSIBILIDADE: CONCEITO, DIMENSÕES E ESTRATÉGIAS

Na atual quadra histórica e com o advento da Convenção sobre os Direitos da Pessoa Humana, a acessibilidade se tornou uma condição prévia para que a pessoa com deficiência possa viver de forma independente e em igualdade de condições com as demais, usufruindo os seus direitos.[2] Isso porque os espaços públicos, privados e os institutos jurídicos foram erigidos para atender a um sujeito abstrato, qualificado como

---

1. "El Tribunal Constitucional español en sus primeras sentencias se refirió al contenido esencial pronunciándose sobre su significado general. Así, en su sentencia de 8 de abril de 1981, señaló: "Constituyen el contenido esencial de un derecho subjetivo aquellas facultades o posibilidades de actuación necesarias para que el derecho sea recognoscible como pertinente al tipo descrito y sin las cuales deja de pertenecer a ese tipo y tiene que pasar a quedar comprendido en otro, desnaturalizándose por decirlo así. Todo ello referido a un momento histórico en que cada casó se trata y a las condiciones inherentes en las sociedades democráticas, cuando se trate de derechos constitucionales". Se trata así, según este Tribunal, de aquella "parte del contenido del derecho que es absolutamente necesaria para que los intereses jurídicamente protegibles, que dan vida al derecho, resulten real, concreta y efectivamente protegidos". El contenido esencial de un derecho es violado "cuando el derecho queda sometido a limitaciones que lo hacen impracticable, la dificultan más allá de lo razonable o lo despojan de la necesaria protección". ROIG, Asís. De novo sobre a acessibilidade: diseño, medidas, ajustes, apoyos y asistencia. Papeles el tempo de los derechos. N. 04. Ano 2017. Disponível em: <https://redtiempodelosderechos.files.wordpress.com/2015/01/wp-4-17.pdf>. Acesso em: 12.10.2023.
2. NACIONES UNIDAS. CRPD/C/GC/2. Convención sobre los derechos de las personas con discapacidad. Observación General no.2 (2014). Disponível em: https://doctorstore.ohchr.org. Acesso em: 12.10.2023.

"normal", típico, assim considerado pela absoluta e irreprovável integridade fisio-psíquico-funcional. Os interlocutores do pacto social são idealizadamente homens brancos, dotados de autonomia, heterossexuais e sem deficiência.[3]

A partir dessa imagem e para essa figura ilustrada, foram construídos o modelo sociedade e justiça social, bem como os pré-requisitos para a sua efetiva participação na vida social e política. Sem a funcionalidade ou os atributos desse sujeito abstrato, sequer se poderia assegurar à pessoa, uma plena capacidade jurídica. Toda a sociedade foi edificada sob o parâmetro da "normalidade" que já não é compatível à justiça constitucional e ao princípio constitucional da dignidade da pessoa humana que, no estado da arte, é reconhecido a toda pessoa natural e não apenas àquelas dotadas de razão.[4]

Nessa medida, Bobbio[5] destacou o processo de especificação, por meio do qual, se buscou reconhecer direitos mais específicos e menos gerais, segundo aspectos particulares de certos grupos de pessoas, como o gênero, as fases da vida e, mais recentemente, a deficiência. Esse enfoque, comum à segunda fase dos direitos humanos, rompe com a teoria liberal clássica e visa enfocar as circunstâncias e necessidades específicas das pessoas, de sorte a garantir a sua dignidade por meio de prestações positivas das instituições.[6] Compreende-se que a pessoa humana não é um indivíduo sem rosto, mas

---

3. "No en vano el liberalismo y su modelo de justicia social construido sobre el contractualismo, se ha basado en hombres blancos, autónomos, heterosexuales, sin relación con los demás, que llegan al contrato social por los beneficios que para ellos la vida social reporta. La filosofía liberal considera que el ser humano opera como una mónada que no precisa de los demás. Esto ha llevado a una idea de "normalidad" que ha servido para organizar nuestras sociedades, para inspirar el contenido de nuestras normas, que ha expulsado a los márgenes a todos aquellos que no encajaban con ese canon prestablecido. Como subraya bien Ribotta, "la diferencia entre los hombres es connatural con la misma existencia humana, pero las desigualdades son producto de la forma en que los hombres nos organizamos y distribuimos los recursos y bienes sociales, y las posiciones sociales que se derivan de ellos"". PEREZ, José luis Rey. Una revisión de los conceptos de accesibilidad, apoyos y ajustes razonables para su aplicación en el ámbito laboral. DERECHOS Y LIBERTADES. Número 39, Época II, junio 2018, pp. 259-284.
4. MARTINEZ, Gregorio Peces-Barba. *La dignidade de la persona desde la Filosofia del Derecho*. Cuadernos Bartolomé de Las Casas 26. 2. ed. Insituto de Derechos Humanos Bartolomé de las Casas. Universidad Carlos III, de Madrid, 2004.
5. Essa especificação ocorreu com relação seja ao gênero, seja às várias fases da vida, seja à diferença entre estado normal e estados excepcionais na existência humana. Com relação ao gênero, foram cada vez mais reconhecidas as diferenças específicas entre a mulher e o homem. Com relação às várias fases da vida, foram-se progressivamente diferenciando os direitos da infância e da velhice, por um lado, e os do homem adulto, por outro. Com relação aos estados normais e excepcionais, fez-se valer a exigência de reconhecer direitos especiais aos doentes, aos deficientes, aos doentes mentais etc. Basta folhear os documentos aprovados nestes últimos anos pelos organismos internacionais para perceber essa inovação. Refiro-me, por exemplo, à Declaração dos Direitos da Criança (1959), à Declaração sobre a Eliminação da Discriminação à Mulher (1967), à Declaração dos Direitos do Deficiente Mental (1971). No que se refere aos direitos do velho, há vários documentos internacionais, que se sucederam após a Assembléia mundial ocorrida em Viena, de 26 de julho a 6 de agosto de 1982, a qual pôs na ordem do dia o tema de novos programas internacionais para garantir segurança econômica e social aos velhos, cujo número está em contínuo aumento. BOBBIO, Norbert. *A era dos direitos*. COUTINHO, Carlos Nelson (Trad.). Rio de Janeiro: Campus, 1992. p. 62-63.
6. "O sistema internacional de proteção de direitos humanos apresenta instrumentos de âmbito global e regional, como também de âmbito geral e específico. Adotando o valor da primazia da pessoa humana, esses sistemas se complementam, interagindo com o sistema nacional de proteção, a fim de proporcionar a maior efetividade possível na tutela e promoção de direitos fundamentais. A sistemática internacional, como garantia adicional de proteção, institui mecanismos de responsabilização e controle internacional, acionáveis quando o Estado

um sujeito singular que vive e interage na sociedade plural, marcada pela diversidade. Somos iguais e diferentes.

Independentemente dessas diferenças ou dos talentos especiais de cada um, todos devem ter acesso à participação, seja para interagir com os demais na construção de consensos, seja para exercer os seus direitos em condições de igualdade com as demais pessoas. Como sugere, Amartya Sen, "todos somos capazes de ser razoáveis sendo abertos ao acolhimento de informações, refletindo sobre argumentos provenientes de diferentes direções e investindo, junto a isso, em deliberações e debates interativos sobre a forma como as questões subjacentes devem ser vistas."[7] As pessoas com deficiência, como sujeito de direito que são, também têm o direito à participação e devem ser, para tanto, consideradas em sua capacidade jurídica plena, como afirma o art.12, da Convenção sobre os Direitos da Pessoa com Deficiência.[8]

Ao correlacionar a justiça e equidade, Amartya Sen defende que a liberdade não pode ser compreendida como um recurso que apenas complementa outros recursos (a exemplo da "opulência econômica"). Há uma liberdade pessoal a ser realizada por todos, a partir do fomento à capacidade para buscar seus objetivos e eleger suas escolhas, segundo os seus próprios valores. Para favorecer a essa liberdade,[9] é necessário equidade na distribuição das oportunidades públicas que devem ser abertas a todos, independentemente da raça, etnia ou religião. Do mesmo modo, reclama-se, a inclusão da pessoa com deficiência.

Embora o conceito de capacidade proposto por Amartya Sen não seja o que se emprega nesse texto, a sua formulação se irmana à proposta da Convenção e à ideia de acessibilidade. Isso porque a partir de sua formulação, também se pode sustentar o direito da pessoa com deficiência de realizar suas próprias escolhas[10] e o seu igual acesso às oportunidades indispensáveis ao pleno desenvolvimento de suas potencialidades.

---

se mostra falho ou omisso na tarefa de implementar direitos e liberdades fundamentais." PIOVESAN, Flávia. *Temas de direitos humanos*. São Paulo: Saraiva, 2009. p. 33.
7. SEN, Amartya. *A ideia de justiça*. São Paulo: Companhia das letras, 2011. p. 73-74.
8. MENEZES, Joyceane Bezerra de. A capacidade jurídica pela Convenção sobre os Direitos da Pessoa com Deficiência e a insuficiência dos critérios do *status*, do resultado da conduta e da funcionalidade. *Pensar – Revista de ciências jurídicas*, v. 23, p. 1-13, 2018. MENEZES, Joyceane Bezerra de Menezes; TEIXEIRA, Ana Carolina Brochado. Desvendando o conteúdo da capacidade civil a partir do Estatuto da Pessoa com Deficiência, v. 21, p. 1-32, 2016. Disponível em: https://ojs.unifor.br/rpen/article/view/5619/pdf>. Acesso em: 21.09.2023.
9. Amartya Sen trata do conceito de "capacidades" como um indicador-chave da liberdade pessoal. Ele argumenta que a justiça não deve ser apenas medida pela distribuição de recursos materiais, mas também pela expansão das capacidades individuais. Assim é que diz "Ao avaliarmos nossas vidas, temos razões para estarmos interessados não apenas no tipo de vida que conseguimos levar, mas também na liberdade que realmente temos para escolher entre diferentes estilos e modos de vida. Na verdade, a liberdade para determinar a natureza de nossas vidas é um dos aspectos valiosos da experiência de viver que temos razão para estimar. O reconhecimento de que a liberdade é importante também pode ampliar as preocupações e os compromissos que temos. (Op. cit., p. 261).
10. "Ao avaliarmos nossas vidas, temos razões para estarmos interessados não apenas no tipo de vida que conseguimos levar, mas também na liberdade que realmente temos para escolher entre diferentes estilos e modos de vida. Na verdade, a liberdade para determinar a natureza de nossas vidas é um dos aspectos valiosos da experiência de viver que temos razão para estimar. O reconhecimento de que a liberdade é importante também pode ampliar as preocupações e os compromissos que temos." (SEN, Amartya. *A ideia de justiça*. São Paulo: Companhia das letras, 2011. p. 261).

No atual estado da arte da filosofia dos direitos humanos, o princípio da dignidade da pessoa humana impõe um renovado humanismo que visa tutelar a pessoa humana na sua diversidade e vulnerabilidade, em especial, para atender aquele público castigado pelo déficit de cidadania, a exemplo das crianças, pessoa idosa ou com deficiências. Constitui um dever jurídico por meio do qual toda pessoa humana tem o direito ao respeito, inclusive como pessoa moral, por parte do seu semelhante.[11]

Continua sendo um desafio, "estabelecer um compromisso aceitável entre os valores fundamentais comuns, capazes de fornecer os enquadramentos éticos e morais nos quais as leis sempre se inspirem, e espaços de liberdade, os mais amplos, de modo a permitir a cada um a escolha de seus atos e a condição da sua vida particular, de sua trajetória individual, de seu projeto de vida", como adverte Maria Celina Bodin de Moraes.[12] Porque na prática, continua-se mitigando os espaços de liberdades das pessoas vulneradas pela idade ou deficiência, restringindo as suas possibilidades de escolhas.

Pensar em oportunidades dirigidas à pessoa com deficiência é também pensar em acessibilidade, nas suas mais variadas dimensões. Embora seja comum reduzir a ideia de acessibilidade à reestruturação do espaço arquitetônico e urbanístico, esse conceito deve ser compreendido com a máxima amplitude possível para que seja aplicado a todas as dimensões da vida social. A falta de acessibilidade implica discriminação pela negativa de oportunidades; vulnera e subtrai direitos.

Esse conceito de acessibilidade não fazia qualquer sentido quando vigia o modelo da prescindência, segundo o qual a deficiência era considerada um castigo divino. O sujeito que sofria um tal infortúnio era simplesmente alijado da vida social. No modelo médico ou reabilitador, pressupunha-se a necessidade da cura ou reabilitação da pessoa com deficiência para lhe garantir uma adaptação ou integração à sociedade. Não havia inclusão, razão pela qual também não se discutia a acessibilidade nos moldes atuais.

Sob o enfoque do modelo social, a deficiência passou a ser considerada um fenômeno social resultante da interação entre a limitação individual e as barreiras sociais, reclamando a reabilitação da sociedade para a garantia da inclusão. Propôs-se uma reengenharia nas diversas dimensões da sociedade, inclusive, quanto aos modos de interação social para que, sob um desenho universal, pudessem viabilizar a inclusão de

---

11. "Assim, em razão da constatação da inseparabilidade entre o homem como ser inteligível e como ser sensível, a dignidade foi codificada, também, na cultura jurídica, como expressão de um dever jurídico. Assim pontua, por exemplo, K. Larenz, ao definir o que seria a relação jurídica fundamental: (i) com base em Kant (especificamente, na Doutrina da Virtude, e não da Doutrina do Direito), afirma que a relação jurídica fundamental seria expressa da seguinte forma: "Todo o ser humano tem um direito legítimo ao respeito de seus semelhantes e está, por sua vez, obrigado a respeitar todos os demais"; (ii) com base em Hegel, Larenz afirma: "O imperativo jurídico é o seguinte: seja uma pessoa e respeite os outros como pessoas"14 Desse modo, quando a Constituição brasileira prevê a dignidade como fundamento da República (e do direito), ela codifica em termos jurídicos a dignidade e obriga cada um a respeitar todos os outros como pessoas, inclusive pessoas morais." BOITEUX, Elza; ESTEVAM, André Lucenti. A dignidade como dever. In: CICCO, Maria Cristina (Coord.). *Os deveres na era dos direitos*: entre ética e mercado. Napoli: Editoriale Scientifica, 2020. p. 66.
12. MORAES, Maria Celina Bodin de. O princípio dignidade humana. In: MORAES, Maria Celina Bodin de (Coord.). *Princípios do Direito Civil contemporâneo*. Rio de Janeiro: Renovar, 2006. p. 5.

todas as pessoas, independentemente de suas limitações físicas, sensoriais, psíquicas ou intelectuais. Um quarto modelo de abordagem, assinalado por Asis Roig,[13] é o modelo de direitos humanos que, articulando traços dos dois últimos (reabilitador e social), constitui referência básica na teoria dos direitos humanos.

Diz a Convenção sobre os Direitos da Pessoa com Deficiência, no art. 9º. que a garantia de uma vida independente, impõe aos Estados a tomada de medidas apropriadas para assegurar às pessoas com deficiência, o acesso, em igualdade de oportunidades com as demais, ao meio físico, ao transporte, à informação e comunicação, inclusive aos sistemas e tecnologias da informação e comunicação, bem como a outros serviços e instalações abertos ao público ou de uso público, tanto na zona urbana como na rural. Tais medidas perpassam a identificação e a eliminação de barreiras e obstáculos à acessibilidade em todas as sendas da vida social: urbanística, comunicacional, informativa, prestacional, assistencial, tecnológica etc. O artigo 9º. que aponta, de modo exemplificativo, as dimensões da vida social sujeitas à acessibilidade, é detalhadamente comentado pela Observação Geral no.02/2014, do Comitê sobre os Direitos da Pessoa com Deficiência.

Como premissa, reitera-se, a acessibilidade é uma condição inafastável para que a pessoa com deficiência possa desfrutar dos seus direitos. Na dimensão subjetiva, a acessibilidade é qualificada em virtude dos sujeitos a quem se dirige: a pessoa com deficiência; na dimensão objetiva, está correlacionada aos âmbitos nos quais deve incidir (equipamentos urbanísticos e ambientais, tecnologia, transportes, bens, processos e serviços).[14] Essa última dimensão da acessibilidade, deve se projetar com a máxima amplitude possível porque, em última análise, a deficiência deriva da forma como o entorno e os processos sociais foram construídos.[15] Dessa forma, a sociedade com todos os seus processos deve ser reformulada para permitir a participação efetiva da pessoa com alguma limitação física, psíquica e intelectual.

São duas as macroestratégias apresentadas pela CDPD e pela LBI para a concretização da acessibilidade, sejam elas o desenho universal e os ajustes/adaptações razoáveis. Usando a linguagem da CDPD,[16]

---

13. ROIG, Rafael Asìs. Sobre o conceito de acessibilidade universal. Disponível em: <https://e-archivo.uc3m.es/handle/10016/9298 >. Acesso em: 12.10.2023.
14. ROIG, Rafael Asìs. Sobre o conceito de acessibilidade universal. Disponível em: <https://e-archivo.uc3m.es/handle/10016/9298>. Acesso em: 12.10.2023.
15. ROIG, Rafael Asis; AIELLO, Ana Laura; BARIFFI, Francisco; CAMPOY, Ignácio; PALACIOS, Agustina. La accesibilidad universal en el marco constitucional español. *Derechos y libertades*. Num. 16. Época II, enero 2007. p. 57-82.
16. Para a LBI, no art. 3º., incisos I e II, acessibilidade é definida como a "possibilidade e condição de alcance para utilização, com segurança e autonomia, de espaços, mobiliários, equipamentos urbanos, edificações, transportes, informação e comunicação, inclusive seus sistemas e tecnologias, bem como de outros serviços e instalações abertos ao público, de uso público ou privados de uso coletivo, tanto na zona urbana como na rural, por pessoa com deficiência ou com mobilidade reduzida;", enquanto o desenho universal é a "concepção de produtos, ambientes, programas e serviços a serem usados por todas as pessoas, sem necessidade de adaptação ou de projeto específico, incluindo os recursos de tecnologia assistiva; [...]."

"Desenho universal" significa a concepção de produtos, ambientes, programas e serviços a serem usados, na maior medida possível, por todas as pessoas, sem necessidade de adaptação ou projeto específico. O "desenho universal" não excluirá as ajudas técnicas para grupos específicos de pessoas com deficiência, quando necessárias.

"Adaptação razoável" significa as modificações e os ajustes necessários e adequados que não acarretem ônus desproporcional ou indevido, quando requeridos em cada caso, a fim de assegurar que as pessoas com deficiência possam gozar ou exercer, em igualdade de oportunidades com as demais pessoas, todos os direitos humanos e liberdades fundamentais; [...].

O desenho universal constitui uma solução de caráter geral para que o *design* do produto, bem, processo ou serviços seja acessível a todas as pessoas. Corresponde a um dever que se impõe às pessoas físicas e jurídicas, de direito público e de direito privado, que oferecerem os seus produtos ou serviços ao público ou de uso público. Desatender ao desenho universal é incorrer em ato de discriminação. No âmbito do desenho universal é possível incluir as medidas de acessibilidade, assim consideradas, um desenho voltado para um público com determinada deficiência. Quando o desenho universal e as medidas de acessibilidade não forem suficientes para permitir o acesso de grupo específico, deve ser aplicada a segunda e residual estratégia de inclusão: o ajuste razoável que consiste na adaptação singularizada do produto, serviço, procedimento etc., visando a atender às necessidades específicas da pessoa ou grupo que ainda não foi incluído pelo desenho universal.

3. AS POSIÇÕES JURÍDICAS DA ACESSIBILIDADE: PRINCÍPIO, DEVER, DIREITO E CONCEITO ESSENCIAL

O Pacto Internacional de Direitos Civis e Políticos (Decreto 592, art. 25), a Convenção Internacional sobre a Eliminação de todas as Formas de Discriminação Racial e a Convenção Interamericana para a Eliminação de Todas as Formas de Discriminação contra as Pessoas com Deficiência (Decreto 3.956/2001, art. 5º, f) abordaram o direito de acesso. Mas coube à CDPD reafirmar a acessibilidade sob a perspectiva específica da pessoa com deficiência, e mediante quatro posições jurídicas distintas que se complementam: princípio geral (art. 3º., alínea f); dever do Estado-parte (art. 9º e outros), direito subjetivo fundamental e como um conteúdo essencial de direitos humanos e fundamentais (Observação Geral n. 02, do comitê sobre os Direitos da Pessoa com Deficiência). Para Rafael Asìs Roig, as duas primeiras posições jurídicas constituem a acessibilidade em sentido estrito e as duas últimas, acessibilidade em sentido amplo.[17] Em outro texto, ressalta que a acessibilidade também é parte do direito à não discriminação.[18]

---

17. ROIG, Rafael Asís. De nuevo sobre la accesibilidad: diseño, medidas, ajustes, apoyos y assistência. Disponível em: <http://hdl.handle.net/10016/36926 >. Acesso em: 13.10.2023.
18. "Desde esta configuración de la accesibilidad, y teniendo en cuenta el marco constitucional, pueden presentarse cuatro construcciones jurídicas de esta idea. En efecto, la accesibilidad puede construirse como un principio jurídico, como parte del derecho a la no discriminación, como un derecho subjetivo o como parte del contenido esencial de los derechos fundamentales. Paso de manera breve a exponer cada una de estas opciones." ROIG, Rafael Asìs. Sobre o conceito de acessibilidade universal. Disponível em: <https://e-archivo.uc3m.es/handle/10016/9298>. Acesso em: 13.10.2023.

Como o Brasil ratificou a CDPD com o *status* de emenda constitucional, o princípio da acessibilidade, assinalado em seu art. 3º. alínea *f)*, configura um princípio constitucional que exerce forte influência na atuação do legislativo e do judiciário, como vetor interpretativo e referência paras as técnicas de controle de constitucionalidade e de convencionalidade. Recomendação importante do Conselho Nacional de Justiça (n. 123/2022) orienta a utilização dos tratados internacionais para a fundamentação jurídica das decisões judiciais. No caso em tela, o princípio tem importância superior, porque compõe o conjunto dos princípios constitucionais, considerados normas-chave de todo o sistema.[19] Acessibilidade se irmana a tantos outros princípios e reforça, em suas especificidades, a cláusula geral de tutela da pessoa humana, em cujo núcleo está o princípio da dignidade.[20]

Além da previsão expressa na CDPD, o princípio da acessibilidade se acha implícito no princípio da igualdade e da não discriminação (art.3º., alínea *b*). A ausência da acessibilidade resulta no comprometimento da igualdade material e na frontal discriminação que vulnera e exclui, quando de sua omissão. Subtrai direitos e compromete a participação na vida social. Como explica Roig et al.,

> En este sentido, cabe argumentar que la falta de accesibilidad es una discriminación que otorga legitimación para interponer un recurso por vía preferente y sumaria y, en su caso, de amparo, *per se*, simplemente por violarse el derecho de igualdad en relación con cualquier derecho. Por tanto, si una persona con discapacidad viera restringido, limitado o impedido el goce o ejercicio de cualquier derecho en igualdad de condiciones con el resto de ciudadanos, en razón de su discapacidad –por

---

19. "Tudo quanto escrevemos fartamente acerca dos princípios, em busca de sua normatividade, a mais alta de todo o sistema, porquanto quem os decepa arranca as raízes da árvore jurídica, se resume no seguinte: não há distinção entre princípios e normas, os princípios são dotados de normatividade, as normas compreendem regras e princípios, a distinção relevante não é, como nos primórdios da doutrina, entre princípios e normas, mas entre regras e princípios, sendo as normas o gênero, e as regras e os princípios a espécie. Daqui já se caminha para o passo final da incursão teórica: a demonstração do reconhecimento da superioridade e hegemonia dos princípios na pirâmide normativa; supremacia que não é unicamente formal, mas sobretudo material, e apenas possível na medida em que os princípios são compreendidos e equiparados e até mesmo confundidos com os valores, sendo, na ordem constitucional dos ordenamentos jurídicos, a expressão mais alta da normatividade que fundamenta a organização do poder. As regras vigem, os princípios valem; o valor que neles se insere se exprime em graus distintos. Os princípios, enquanto valores fundamentais, governam a Constituição, o *regimen*, a ordem jurídica. Não são apenas a lei, mas o Direito em toda a sua extensão, substancialidade, plenitude e abrangência. BONAVIDES, Paulo. *Curso de Direito Constitucional*. São Paulo: Malheiros, 2014. p. 294-295.
20. "O ponto de confluência desta cláusula geral é, sem dúvida, a dignidade da pessoa humana, posta no ápice da Constituição Federal de 1988 (art. 1º, III) Em seu cerne, como foi aludido, encontram-se a igualdade, a integridade psicofísica, a liberdade e a solidariedade. Neste sentido, deve-se inibir ou reparar, em todos os seus desdobramentos, a conformação de tratamentos desiguais – sem descurar da injustiça consubstanciada no tratamento idêntico aos que são desiguais -; o atentado à saúde, entendida esta em sua mais ampla acepção; o constrangimento e o estreitamento da liberdade individual, com foco voltado para as situações existenciais; e o desprezo pela solidariedade social – mandamento constitucional que não admite nem a marginalização, nem tampouco a indiferença. A cláusula geral visa a proteger a pessoa em suas múltiplas características, naquilo 'que lhe é próprio', aspectos que se recompõem na consubstanciação de sua dignidade, valor reunificador da personalidade a ser tutelada. Também se abrigam sob o seu manto, como é evidente, os demais direitos que se relacionam com a personalidade, alguns deles descritos pelo próprio legislador constituinte no art. 5º da Constituição. MORAES, Maria Celina Bodin de. *Na medida da pessoa humana*. Estudos de direito civil-constitucional. Rio de Janeiro: Renovar, 2010. p.116.

falta de accesibilidad–, podría acudir a los tribunales a través de dicha garantía. Es decir, por violación del derecho a la igualdad.[21]

Enquanto um dever jurídico, a acessibilidade impõe aos Estados a edificação e execução de políticas públicas especiais para redesenhar as diversas estruturas, processos e âmbitos da vida social, como se observa no art. 9º, da Convenção e no inteiro teor da Lei Brasileira de Inclusão da Pessoa com Deficiência que repete esse vocábulo por 72 vezes. No art. 8º, em especial, a LBI dispôs que a acessibilidade não é apenas um dever do Estado, mas também da sociedade e da família.

As barreiras atitudinais, frutos do preconceito e das atitudes capacitistas são graves entraves à acessibilidade e inclusão. A acessibilidade é transversalizada em todo o texto da LBI, exatamente para alcançar as diferentes dimensões da vida social, seja quanto à educação, ao trabalho, aos espaços públicos, à moradia, ao lazer, à cultura, ao transporte e mobilidade, à informação e comunicação etc.

Nos termos da Observação Geral n. 02/2014, o Comitê sobre os direitos da pessoa com deficiência dispôs que os bens, produtos e serviços que são abertos ao público ou de uso público, devem ser acessíveis a todas as pessoas, independentemente de a entidade que os possua ou os ofereça ser pessoa jurídica de direito público ou de direito privado. A negativa de acessibilidade implicará em discriminação, como se extrai do seguinte trecho do documento:

> Este enfoque se basa en la prohibición de la discriminación; la denegación de acceso debe considerarse un acto discriminatorio, independientemente de que quien lo cometa sea una entidad pública o privada. Debe asegurarse la accesibilidad a todas las personas con discapacidad, con independencia del tipo de deficiencia, sin distinción de ninguna clase por motivos tales como la raza, el color, el sexo, el idioma, la religión, la opinión política o de otra índole, el origen nacional o social, el patrimonio, el nacimiento u otra condición, la situación jurídica o social, el género o la edad. La accesibilidad debe tener especialmente en cuenta las perspectivas del género y la edad de las personas con discapacidad.

É por isso que o art. 9º, da CDPD, refere-se à acessibilidade como condição prévia para o exercício do direito à vida independente, à participação igualitária e ao gozo dos direitos humanos. Estima-se assegurar às pessoas com deficiência, por meio desse dever jurídico, as oportunidades para o seu pleno desenvolvimento, em igualdade de condições com as demais. Conforme esclarece a Observação Geral n. 02/2014, a acessibilidade pelo desenho universal é um dever incondicional e inescusável por parte da entidade obrigada. Já o dever de prover os ajustes razoáveis são qualificados como de exigência *ex nunc*, ou seja, a partir do momento em que uma pessoa com deficiência, em determinada situação, assim o necessita. Como exemplo, diz-se que uma pessoa com deficiência rara pode requerer o ajuste que não está previsto em nenhuma norma de acessibilidade.

---

21. ROIG, Rafael Asis; AIELLO, Ana Laura; BARIFFI, Francisco; CAMPOY, Ignácio; PALACIOS, Agustina. La accesibilidad universal en el marco constitucional español. *Derechos y libertades*. Num. 16. Época II, enero 2007. p. 57-82.

Na condição de conteúdo essencial de direitos humanos a acessibilidade é tutelada a partir da proteção desses direitos, tanto no que toca à sua reivindicação quanto no que se refere ao controle de constitucionalidade e de convencionalidade. Nessa dimensão, a acessibilidade é posta em correlação a direito específico, como a mobilidade, o acesso às novas tecnologias etc., dos quais é o substrato material. Na expressão de Asís Roig et al, "la garantía de la accesibilidad está condicionada por la proyección con la que ésta se presente en el caso concreto. En todo caso, la violación de la accesibilidad, cuando ésta no puede ser presentada como razonable y cuando puede implicar un supuesto de discriminación, implica una trasgresión del Derecho que debe ser dirimida en el ámbito judicial".[22]

A acessibilidade ainda pode figurar como um direito subjetivo, assim previsto expressamente no art. 53, da LBI, como o "direito que garante à pessoa com deficiência ou com mobilidade reduzida viver de forma independente e exercer seus direitos de cidadania e de participação social". Enquanto direito subjetivo, a acessibilidade deve estar expressamente assegurada pela norma,[23] e corresponderá a um dever jurídico de outrem.

A Lei Brasileira de Inclusão dispõe sobre o direito de acessibilidade em diversos dispositivos, como o acesso à pessoa com mobilidade reduzida (art. 53). Trata sobre o direito de acessibilidade aos ambientes e serviços de habilitação e reabilitação (art. 16, II, LBI). No âmbito da educação: o direito aos recursos de acessibilidade que eliminem as barreiras de inclusão, incluindo-se a tecnologia assistiva (art. 28, II e VII, c/c art. 30, IV, LBI); o acesso aos ambientes e edificação escolar em todas as etapas e níveis de ensino (art. 28, XVI, LBI). No âmbito do direito à moradia, os programas habitacionais, públicos ou subsidiados com recursos públicos, a pessoa com deficiência ou seu responsável terá prioridade na aquisição do imóvel para moradia própria e, em caso de edificação multifamiliar, garantia de acessibilidade nas áreas comuns e nas unidades habitacionais no piso térreo, assim como a acessibilidade ou adaptação razoável nos demais pisos (art. 32, III, LBI). Relativamente ao ambiente do trabalho, terão direito aos cursos de formação e capacitação (art. 34, § 5º, LBI). Nessa esfera, a inclusão da pessoa com deficiência deve ser garantida, em igualdade de oportunidades, conforme a legislação, asseguradas as regras de acessibilidade que incluem os recursos de tecnologia assistiva e a adaptação razoável (art. 37, LBI). Quanto aos direitos culturais, ao esporte, ao turismo e ao lazer, a pessoa terá direito ao formato

---

22. ROIG, Rafael Asis; AIELLO, Ana Laura; BARIFFI, Francisco; CAMPOY, Ignácio; PALACIOS, Agustina. La accesibilidad universal en el marco constitucional español. *Derechos y libertades*. Num. 16. Época II, enero 2007. p. 81-82.

23. "Así, la consideración del derecho a la accesibilidad como un derecho subjetivo resulta evidente, al menos en aquellos casos donde las exigencias de accesibilidad se encuentran recogidas expresamente en una norma. La protección de este derecho deberá realizarse a través de la vía judicial procedente, aunque no se descarta la utilización del sistema arbitral para la resolución de los conflictos en los que este derecho pueda verse implicado." ROIG, Rafael Asis; AIELLO, Ana Laura; BARIFFI, Francisco; CAMPOY, Ignácio; PALACIOS, Agustina. La accesibilidad universal en el marco constitucional español. *Derechos y libertades*. Num. 16. Época II, enero 2007. p. 57-82.

acessível de bens culturais, programas de televisão, cinema, teatro e outras atividades (art. 42 e incisos, LBI); a acessibilidade aos locais de eventos (art. 43, II, LBI). As salas de cinema, teatros, auditórios, estádios, ginásios de esportes e locais de espetáculos e de conferências devem reservar espaços livres e assentos especiais para a pessoa com deficiência (art. 44, LBI). Destaque para o direito aos recursos de acessibilidade nas salas de cinema (art.44, § 6º, LBI). No âmbito dos transportes, a pessoa terá direito a acessibilidade, conforme previsão do art. 46 e seguintes.

É certo que o direito subjetivo se confirma como a outra face do direito objetivo[24] que, nesse caso, recairá sobre a pessoa do prestador, desenvolvedor ou fornecedor, seja ele pessoa física ou jurídica, de direito público e de direito privado. Tudo para o fim de concretizar três importantes direitos às pessoas com deficiência: a vida independente, a participação na vida social e a igualdade de oportunidades. Nessas hipóteses, a denegação do acesso constituirá um ato de discriminação, segundo a Observação geral no.02, do Comitê. Nesse documento, o Comitê destaca um problema comum em todos os estados signatários – a falta de mecanismos de supervisão adequados para garantir a aplicação prática da legislação referente à acessibilidade.

Em alguma medida, a acessibilidade está correlacionada à liberdade e, consequentemente, à tutela de situações existenciais da pessoa com deficiência, razão pela qual se apresenta sob diversas posições jurídicas: ora como dever, ora como direito, ora como princípio. A sua reivindicação, enquanto direito subjetivo pode se fazer pela via administrativa ou judicial, sendo cabível, neste último caso, a indenização por dano moral, quando assim houver ocorrido.

Como resposta à violação de direitos de acessibilidade, há diversas decisões judiciais prolatadas pelos tribunais estaduais, determinando providências. Em mandado de segurança impetrado pela Federação Nacional de Educação e Integração dos Surdos – FENEIS em face do Presidente da Assembleia Legislativa do Estado Santa Catarina, o TJSC determinou que a autoridade coatora tomasse providências para disponibilizar a programação em linguagem de sinais, a fim de garantir o direito à informação ao grupo representado.[25]

---

24. "Direito subjetivo e direito objetivo são aspectos de um conceito único, compreendendo a facultas e a norma os dois lados de um mesmo fenômeno, os dois ângulos de visão do jurídico." PEREIRA, Caio Mário da Silva. *Instituições de Direito Civil*. Introdução ao Direito Civil. Teoria geral de Direito Civil. Revista e atualizada por Maria Celina Bodin de Moraes. São Paulo: Forense, 2007. v. 1. p. 14.
25. Mandado de segurança. Impetração em razão de omissão do presidente da assembleia legislativa. Veiculação de programas pela tv da assembleia legislativa do Estado de Santa Catarina (tv alesc) sem disponibilização do recurso de legenda oculta (closed caption). Direito de inclusão, acessibilidade e acesso à informação das pessoas com deficiência auditiva. Base legal. Lei n. 10.098/00, decreto n. 5.296/04 e portaria n. 310/06 do ministério das comunicações. Administração pública que deve envidar os esforços necessários para assegurar tais direitos. Emissora de televisão que disponibiliza o recurso de linguagem de sinais (líbras) em sua programação. Medida que garante o acesso à informação pelas pessoas surdas. Violação a direito líquido e certo não evidenciada. Ordem denegada. (TJ-SC – MS: 40072914720178240000 Capital 4007291-47.2017.8.24.0000, Relator: Roberto Lucas Pacheco, Data de Julgamento: 17/04/2019, Órgão Especial).

No Rio de Janeiro, consumidora com deficiência de mobilidade e usuária de cadeira de rodas, ajuizou ação indenizatória em face de estacionamento que não garantia acessibilidade ao guichê de pagamento, logrando a reparação pretendida.[26]

---

26. Apelação cível. Indenizatória. Pessoa com deficiência física. Falha na prestação de serviço. Acessibilidade. Ausência. Dano moral caracterizado. Sentença de improcedência. Reforma. 1. Trata-se de ação indenizatória, na qual pretende a autora a condenação da ré no pagamento de verba compensatória, ao argumento de ausência de acessibilidade no estabelecimento réu, onde não havia rampa de acesso ou elevador, impossibilitando a apelante, cadeirante, de realizar o pagamento no guichê, localizado no segundo andar da loja. 2. Sentença de improcedência. Reforma. 3. Cinge-se a controvérsia recursal, portanto, em saber se a inobservância pelo apelado do dever de observar as condições de acessibilidade e do direito de ir e vir das pessoas com deficiência ou mobilidade reduzida configura, na espécie, ofensa ao princípio da dignidade da consumidora, causando-lhe dano moral. 4. E, em que pese o entendimento do magistrado de piso, entendo que a ausência de elevador ou outro meio que permitisse à cadeirante ingressar no segundo pavimento do estabelecimento e realizar, pessoalmente, o pagamento fere o direito de acessibilidade da consumidora, garantido constitucionalmente aos portadores de deficiência (art. 244, da CF). 5. A Convenção Internacional sobre os Direitos das Pessoas com Deficiência, presente em nosso ordenamento com status de emenda constitucional, elevou a acessibilidade a princípio geral a ser observado pelo Estado e por toda a sociedade, atribuindo-lhe o caráter de direito humano fundamental. 6. A Lei 13.146, de 6 de julho de 2015, conhecida como Estatuto da Pessoa com Deficiência e que tem como base a Convenção sobre os Direitos das Pessoas com Deficiência, institui a Lei Brasileira de Inclusão da Pessoa com Deficiência, com o objetivo de a assegurar e a promover, em condições de igualdade, o exercício dos direitos e das liberdades fundamentais por pessoa com deficiência, visando à sua inclusão social e cidadania. 7. Assim, a LBI, em seu art. 3º, I, define a acessibilidade como "possibilidade e condição de alcance para utilização, com segurança e autonomia, de espaços, mobiliários, equipamentos urbanos, edificações, transportes, informação e comunicação, inclusive seus sistemas e tecnologias, bem como de outros serviços e instalações abertos ao público, de uso público ou privados de uso coletivo, tanto na zona urbana como na rural, por pessoa com deficiência ou com mobilidade reduzida". Acresce, em seu art. 53, tratar-se a acessibilidade de um direito da pessoa com deficiência, que visa garantir ao indivíduo "viver de forma independente e exercer seus direitos de cidadania e de participação social". 8. Não se olvida, ainda, trata-se de relação de consumo sobre a qual tem incidência as normas do Código de Defesa do Consumidor, vez que presentes in casu os requisitos legais subjetivos (artigos 2º e 3º da Lei 8078/90) e objetivos (artigo 3º, § 2º, do mesmo diploma legal). Mister reconhecer, portanto, a cogente aplicação do Código de Proteção e Defesa do Consumidor, com todos seus consectários legais. 9. Estabelecidas tais premissas, tem-se que restou incontroverso nos autos que a autora, quando tentava realizar compra de produto na loja da parte ré, não conseguiu acesso ao segundo andar do estabelecimento, diante da ausência de elevador ou rampa. A divergência das narrativas, no entanto, reside na solução encontrada. 10. A apelante apresenta vídeo, no qual é possível ver o preposto da ré de posse do cartão da autora, que narra a necessidade de entrega ao vendedor para a realização do pagamento do produto, já que o acesso ao segundo andar é realizado exclusivamente por uma escada no final do estabelecimento. Ressalta-se que não foi possível verificar nas imagens a existência de caixa preferencial no primeiro piso ou máquina de cartão portátil. 11. Desse modo, ao alegar em contestação a existência, nos estabelecimentos que possuem mais de dois ou mais pavimentos, de balcão para pagamento no primeiro piso ¿e de fácil acesso para aqueles que necessitam de atendimento diferenciado, especialmente cidadãos com mobilidade limitada¿, atraiu para si o ônus de comprovar que observa os padrões de acessibilidade impostos pela legislação vigente, ônus do qual não se desincumbiu, estando caracterização o vício na prestação do serviço, o que atrai, por consequência, a responsabilidade da ré de reparados os danos causados a consumidora. Pontua-se que os registros fotográficos trazidos pelo apelado em sua peça de defesa não servem a este fim, não sendo possível verificar a qual filial correspondem. 12. Na hipótese, entendo que o dano moral resta evidenciado a partir de um juízo de censura quanto à repercussão negativa dos fatos aqui narrados para a vida da autora apelante, que teve falivelmente frustrada a legítima expectativa da regular fruição do seu direito de locomoção, inclusão social e autonomia, caracterizando, a rigor, o dano imaterial. 13. Vê-se no caso o desrespeito ao cidadão portador de deficiência e o cerceamento do seu direito de ir e vir, o que sem sombra de dúvidas ultrapassa a figura do mero aborrecimento. Desta forma, levando-se em conta o caráter pedagógico-punitivo, na linha de precedentes jurisprudenciais, é de se arbitrar o valor da compensação de forma prudente, isto é, afastando o enriquecimento sem causa, mas, sem olvidar da fixação de valor que cumpra a finalidade de ordem psíquica, a transparecer que o dano moral foi devidamente compensado. 14. Considerando as peculiaridades do caso concreto, fixo em dez mil reais o valor da compensação por danos

Quanto aos recursos de acessibilidade nas salas de cinemas (art. 44, § 6º), o art. 125, II, da LBI fixou um prazo para que as medidas fossem implementadas, primeiro de março de 2019. Com a Medida Provisória n. 917 foi alterado o prazo final para 01 de janeiro de 2021. Em razão dessa MP, a ação civil pública que havia obtido decisão liminar determinando o cumprimento das providências, teve a decisão cassada pelo Tribunal Regional da 3ª. Região, conforme Agravo de Instrumento (AI 5031895-39.2018.4.03.0000 SP).[27]

---

morais, que se mostra razoável e proporcional a lesão sofrida pela consumidora a seus direitos básicos. 15. Provimento do recurso. (TJ-RJ – APL: 00062105320198190210 202200180644, Relator: Des(a). Mônica Maria Costa Di Piero, Data de Julgamento: 07/02/2023, Oitava Câmara Cível, Data de Publicação: 16/02/2023).

27. E M E N T A agravo de instrumento. Processual civil. Ação civil pública. Insurgência contra decisão antecipatória dos efeitos da tutela. Empresas exibidoras de cinema. Implementação de tecnologias assistivas visando acessibilidade a portadores de necessidades especiais (auditiva e visual). Lei 13.146/2015. Ausência de eficácia. Probabilidade do direito e perigo de dano ou risco ao resultado útil do processo. Descaracterização. Provimento. 1. Nos termos do art. 300, caput, do Código de Processo Civil, a tutela de urgência será concedida quando houver elementos que evidenciem a probabilidade do direito e o perigo de dano ou o risco ao resultado útil do processo. 2. A decisão agravada, em essência, deferiu antecipação de tutela em ação civil pública, determinando implementação de 100% dos propósitos da Lei 13.146/2015 – Estatuto das Pessoas Portadoras de Necessidades Especiais – a partir de 01/03/2019, para que viabilizada, nas exibições cinematográficas, a disponibilização das tecnologias assistivas de legendas abertas ou legendas descritivas na forma Closed Caption, janela com intérprete de Líbras, assim como audiodescrição, com o fito de proporcionar acessibilidade das pessoas com deficiência auditiva e visual a seu conteúdo, em relação aos filmes exibidos de produção nacional ou estrangeira. 3. A Lei 13.146/2015, de fato, dispõe, no respectivo art. 44, caput e § 6º, que as salas de cinema deverão dispor de mecanismos de acessibilidade em favor das pessoas portadoras de necessidades especiais. 4. Sucede que o art. 125, II, o mesmo Estatuto previu que, para o cumprimento das obrigações previstas no citado art. 44, § 6º deveria ser observado um prazo de 48 (quarenta e oito) meses, contado a partir da entrada em vigor da Lei, após decorridos 180 (cento e oitenta) dias de sua publicação oficial, o que ocorreu em 03.01.2020 (art. 127 da Lei 13.146/2015). 5. Daí não se ter a probabilidade do direito invocado, eis que o MM. Juízo a quo, de forma discricionária, determinou à agravante e à União Federal que providenciassem o necessário para que, em 1º de março de 2019, a totalidade das medidas de acessibilidade estivessem implementadas, antecipando o período de 48 (quarenta e oito) meses previsto no art. 125, II, da Lei 13.146/2015. 6. A bem ver, o Ministério Público Federal pretende a imediata implementação dessas medidas sob fundamento prejudicial: a inconstitucionalidade do prazo previsto no art. 125, II, da Lei 13.146/2015, por entendê-lo exagerado, ainda mais se considerado que os direitos relativos a pessoas portadoras de necessidades especiais estão previstos desde a Constituição da República de 1988, e já foram objeto de diversas regulamentações. 7. Todavia, e sem nenhum embargo sobre a relevância e preponderância dos direitos invocados na ação civil pública, o pretendido reconhecimento de inconstitucionalidade não se mostrou recomendável, porque presume-se que houve apropriada discussão legislativa a respeito, bem como porque a questão demanda análise aprofundada, em face, entre o mais, da extensa lista de obstáculos técnicos levantados pela recorrente para que as tecnologias objetivadas sejam satisfatoriamente disponibilizadas no Brasil. 8. Inclusive, superado o prazo previsto no art. 125, inc. II, da Lei 13.146/2015, a alteração do início da obrigatoriedade para que as salas de cinema fossem devidamente adaptadas para 01 de janeiro de 2021, pela MP 917 de 31 de dezembro de 2019, demonstra que se justifica a reforma da decisão agravada, a qual tendeu a relativizar o preceito constitucional da separação dos poderes, pois modifica prazo de eficácia normativa expressamente previsto na lei editada. 9. O perigo de dano ou o risco ao resultado útil do processo, no caso, são reversos, uma vez que a decisão impôs à agravante, contrariamente à lei, prazo exíguo de cumprimento de medidas de acessibilidade, notadamente complexas, tendo ainda cominado pena de multa no (relevante) valor de R$ 10.000,00 por dia de atraso. 10. Dá-se provimento ao agravo de instrumento, para que cassada a decisão recorrida. (TRF-3 – AI: 50318953920184030000 SP, Relator: Desembargador Federal LUIZ ALBERTO DE SOUZA RIBEIRO, Data de Julgamento: 09/06/2020, 6ª Turma, Data de Publicação: Intimação via sistema DATA: 15/06/2020).

São diversas as decisões jurisprudenciais exaradas pelos diversos tribunais e juízos para assegurar o direito subjetivo à acessibilidade, matéria que já chegou às Cortes superiores como passa-se a expor no tópico seguinte.

4. A ACESSIBILIDADE COMO UM DIREITO FUNDAMENTAL EM DECISÕES DO SUPERIOR TRIBUNAL DE JUSTIÇA – STJ

Passados alguns anos da ratificação da CDPD e da promulgação da Lei Brasileira de Inclusão da Pessoa com Deficiência, as demandas judiciais galgaram às instâncias superiores e forçaram um posicionamento dos tribunais.

Em 2012, o Superior Tribunal de Justiça foi instado a decidir o REsp 1.293.149 (SP) interposto pelo Estado de São Paulo que se recusava a implementar as medidas de acessibilidade em uma escola pública específica, como assim determinaram as instâncias inferiores, alegando a ausência de aluno ou funcionário com deficiência e a reserva do possível. Na origem, uma ação civil pública inaugurada pelo Ministério Público estadual reclamava a adaptação da escola pública de Ribeirão Preto para garantir acessibilidade. O pedido foi julgado procedente e a decisão confirmada pelo tribunal estadual. Ao julgar o recurso especial interposto pelo Estado de São Paulo, o relator, ministro Herman Benjamin, entendeu que as medidas eram de natureza cogente e inescusáveis, razão pela qual confirmou o acórdão do tribunal estadual.

> O dever de garantir plena acessibilidade a pessoas com deficiência física a edifícios e espaços públicos, mesmo que de propriedade privada, independe da existência de frequentadores atuais a demandarem atenção, pois não se trata de mandamento legal destinado a beneficiar sujeitos individualizados (com nome e sobrenome, juízo in concreto), mas de finalidade geral (para o futuro, juízo *in abstracto*). O fato de, na cidade ou bairro, outros estabelecimentos assemelhados estarem adaptados tampouco serve de justificativa para a omissão, indicando, muito ao contrário, viabilidade da modificação comportamental e o cuidado que o Judiciário deve ter, de sorte a evitar a formação de "guetos de ilicitude" numa área da convivência humana em que a solidariedade, na falta de espontaneidade do sentimento, precisa ser imposta por lei.

Em 2015, ao julgar o REsp 1531779 (RJ) interposto contra acórdão do Tribunal de Justiça do Rio de Janeiro, o Superior Tribunal de Justiça voltou a tratar do "direito de acessibilidade". Na origem, uma ação civil pública proposta pelo Instituto Brasileiro dos Direitos da Pessoa com Deficiência em face do município do Rio de Janeiro, pleiteando a adaptação dos ônibus que faziam o transporte público com a reserva de assentos preferenciais antes da roleta. Sem entrar no mérito, o relator, Ministro Herman Benjamin, negou provimento, considerando que a questão demandava análise de lei municipal.

No julgamento REsp 1.733.468/MG, em 2018, sendo relatora a Ministra Nancy Andrighi, o STJ reconheceu a fundamentalidade material da acessibilidade. Em trecho específico do acórdão, assim dispôs:

> "A Convenção Internacional sobre os *Direitos* das Pessoas com Deficiência – incorporada ao ordenamento pátrio com status de emenda constitucional – alçou a *acessibilidade* a princípio geral a ser observado pelos Estados Partes, atribuindo-lhe, também, o caráter de *direito* humano *fundamental*,

sob a visão de que a deficiência não se trata de um problema na pessoa a ser curado, mas de um problema na sociedade, que impõe barreiras que limitam ou até mesmo impedem o pleno desempenho dos papeis sociais (o denominado "modelo social da deficiência")."

Na origem tratava-se de ação de reparação de danos proposta por pessoa com deficiência de mobilidade em face de empresa de transporte público pela falha na prestação do serviço, dada a ausência de acessibilidade a passageiro com cadeira de rodas, como previsto pelo art. 53 e art.46, da Lei Brasileira de Inclusão da Pessoa com Deficiência. Ao apreciar o recurso especial interposto pela empresa, o STJ negou provimento, mantendo a condenação imposta pelo tribunal de justiça mineiro.

Em 2021, o tema da acessibilidade voltou a ser apreciado pela Corte, desta feita, no REsp 1.912.548-SP sob relatoria da Ministra Nancy Andrighi.[28] O quadro fático apresentado à instância ordinária mostra que o autor, pessoa com deficiência, contatou à recorrente para saber se o camarote *premium* de *show* por ela organizado, e ao qual pretendia comparecer, contaria com estrutura para recebê-lo. Embora a resposta tenha sido positiva, o autor/recorrido foi surpreendido com um local inacessível, o que lhe causou diversos transtornos em virtude dos quais pleiteava indenização.

No julgamento do recurso citado, a Relatora reportou-se à acessibilidade como um princípio geral a ser observado pelos Estados-partes, ao qual também atribuiu o caráter de direito humano fundamental. Em suas palavras, ressaltou que

> "A Convenção Internacional sobre os Direitos das Pessoas com Deficiência alçou a acessibilidade a princípio geral a ser observado pelos Estados Partes, atribuindo-lhe, também, o caráter de direito humano fundamental, sempre alinhado à visão de que a deficiência não é problema na pessoa a ser curado, mas um problema na sociedade, que impõe barreiras que limitam ou até mesmo impedem o pleno desempenho dos papéis sociais."

Empregou a definição de acessibilidade proposta pela Lei 13.146/2015, assim considerada a:

> "possibilidade e condição de alcance para utilização, com segurança e autonomia, de espaços, mobiliários, equipamentos urbanos, edificações, transportes, informação e comunicação, inclusive seus sistemas e tecnologias, bem como de outros serviços e instalações abertos ao público, de uso público ou privados de uso coletivo, tanto na zona urbana como na rural, por pessoa com deficiência ou com mobilidade reduzida" (art. 3º, I). E mais, dispõe expressamente tratar-se a acessibilidade um direito da pessoa com deficiência, que visa garantir ao indivíduo "viver de forma independente e exercer seus direitos de cidadania e de participação social" (art. 53).

Na construção do voto, afirmou que a adoção do modelo social de abordagem da deficiência pela Convenção Internacional sobre os Direitos das Pessoas com Deficiência, incorporada à ordem constitucional brasileira, promoveu verdadeira revolução.

---

28. Ao acordão desse Recurso Especial foi interposto um Embargo de Divergência (1.912.548 – SP (2020/0217668-5) pela Associação Independente dos Cavaleiros de Limeira, apresentando suposta divergência quando ao entendimento da Corte sobre solidariedade dos fornecedores e a excludente fato de terceiro. Nada tocava ao conceito de acessibilidade. De toda sorte, o recurso não foi conhecido.

Inaugurou um novo modelo jurídico que "trouxe à lume o princípio da inclusão em lugar da integração, que se distingue 'por chamar a sociedade à ação, isto é, por exigir que a sociedade se adapte para acolher as pessoas com deficiência' (op. cit.)." Concluiu, observando que, "sob esse novo paradigma, é a sociedade que deve se modificar para poder incluir, em seus sistemas sociais gerais, as pessoas com deficiência, de modo a atender as suas necessidades".

Com o julgamento do REsp 2.041.463-RJ, também de relatoria da Ministra Nancy Andrighi, o STJ reconheceu o direito de acesso aos estabelecimentos de varejo, confirmando decisão de instância inferior que condenou o comerciante na obrigação de construir uma rampa de acesso à sua loja para permitir o ingresso de pessoa usuária de cadeira de rodas, além de condenar o fornecedor ao pagamento de danos morais. O propósito do recurso interposto pelo estabelecimento comercial era o de avaliar "(I) se o Código de Defesa do Consumidor aplica-se em relação na qual se discute o dever do comerciante de construir rampa de acesso a pessoas com deficiência, (II) se é cabível a determinação judicial para construção de rampa e (III) se este fato enseja a indenização por danos morais ao consumidor que é pessoa com deficiência física motora".

Em seu voto, a relatora considerou a imposição cogente do art.57, da LBI, cujo teor dispõe que "as edificações públicas e privadas de uso coletivo já existentes devem garantir acessibilidade à pessoa com deficiência em todas as suas dependências e serviços, tendo como referência as normas de acessibilidade vigentes". Também apontou o art. 7º do Código de Defesa do Consumidor, cláusula aberta que não exclui outros direitos decorrentes de tratados ou convenções internacionais de que o Brasil seja signatário. Assim sendo, confirmou a acessibilidade como um direito do consumidor, extensivo ao consumidor em sentido amplo (art.2º., parágrafo único, CDC). Reconheceu o dever do fornecedor de garantir o acesso da pessoa com deficiência ao seu estabelecimento, eliminando as barreiras e construindo adaptações, sob pena de discriminação (art. 4º, § 1º, da Lei 13.146/2015).

A omissão do estabelecimento em atender a medida de acessibilidade, impediu o acesso da consumidora ao estabelecimento, expondo-lhe a situação de constrangimento que justificou, segundo a Corte, o dano moral.

5. CONCLUSÃO

O direito de acesso foi previsto em documentos internacionais anteriores à Convenção sobre os Direitos da Pessoa com Deficiência, mas somente a partir desta, pode alcançar especial destaque na ordem jurídica brasileira. Como um conteúdo essencial de direitos humanos, a acessibilidade é indispensável à inclusão e à participação na vida social, em condições de igualdade com as demais. Ecoa as bases do modelo social de abordagem da deficiência, segundo o qual a deficiência é um fenômeno social e não uma característica singular e específica de uma pessoa. Se a deficiência é um impedimento decorrente da interação entre as barreiras impostas pelo meio social e as limitações pessoais do sujeito, é necessário mitigar essas barreiras, ampliando a acessibilidade para garantir a todos a devida participação na sociedade.

Embora seja frequente a sua associação à ideia de mobilidade e circulação no espaço urbanístico e arquitetônico público ou privado, enquanto conteúdo essencial de direitos humanos a acessibilidade deve ser interpretada da forma mais ampla possível e ser empregada em todos os processos, bens, produtos, espaços, direitos etc. Daí se falar em acessibilidade aos espaços públicos, aos transportes, às tecnologias assistivas, à comunicação, à informação. A sociedade foi edificada para pessoas típicas, de sorte que, sem acessibilidade não haverá como assegurar a plena participação daqueles que possuem alguma limitação física, psíquica, sensorial ou intelectual.

Dada a sua importância, a acessibilidade constitui um princípio basilar da CDPD que deve orientar a interpretação das normas e a elaboração de políticas públicas voltadas à efetivação do escopo convencional que é o de garantir a inclusão e a participação da pessoa com deficiência, em igualdade de condições com as demais.

Muitas vezes, é a partir da acessibilidade que o gozo de certos direitos se torna possível. Se houver previsão normativa específica sobre acessibilidade a algum bem ou interesse em especial, a exemplo da acessibilidade ao transporte público, aos espetáculos, ao cinema, à escola, à tecnologia etc., a acessibilidade se tornará um direito subjetivo fundamental a ser exercitado pelo titular em face daquele que é obrigado a sua garantia. Vários foram os julgados nos quais houve condenação na obrigação de fazer (implementando as medidas de acessibilidade) ou mesmo de indenizar, quando restou configurada o dano em face da omissão em se garantir a acessibilidade. Nos últimos anos, identificaram-se várias decisões do Superior Tribunal de Justiça, reconhecendo a acessibilidade como um direito fundamental.

Conforme esclarece a Observação Geral 02/2014, a acessibilidade pelo desenho universal é um dever incondicional e inescusável por parte da entidade obrigada. O dever de garantir acessibilidade a partir dos ajustes razoáveis é considerado como de exigência *ex nunc*, ou seja, emerge a partir do momento em que se fizer necessário a uma pessoa com deficiência, em determinada situação. Como exemplo, diz-se que uma pessoa com deficiência rara pode requerer o ajuste específico que não está previsto em nenhuma norma de acessibilidade.

A implementação da CDPD requer, em primeira e última análise, uma reengenharia completa nos diversos âmbitos da vida social, construídos para atender apenas à pessoa típica. Para tanto, a garantia de acessibilidade será estratégia inarredável, eis a razão pela qual se apresenta como princípio, conteúdo essencial de direitos humanos, direito subjetivo e dever.

6. REFERÊNCIAS

BOBBIO, Norberto. *A era dos direitos*. COUTINHO, Carlos Nelson (Trad.). Rio de Janeiro: Campus, 1992.

BOITEUX, Elza; ESTEVAM, André Lucenti. A dignidade como dever. In: CICCO, Maria Cristina (Coord.). *Os deveres na era dos direitos: entre ética e mercado*. Napoli: Editoriale Scientifica, 2020.

BONAVIDES, Paulo. *Curso de direito constitucional*. São Paulo: Malheiros, 2014.

MARTINEZ, Gregorio Peces-Barba. *La dignidade de la persona desde la Filosofia del Derecho*. Cuadernos Bartolomé de Las Casas 26. 2. ed. Insituto de Derechos Humanos Bartolomé de las Casas. Universidad Carlos III, de Madrid, 2004.

MENEZES, Joyceane Bezerra de Menezes; TEIXEIRA, Ana Carolina Brochado. *Desvendando o conteúdo da capacidade civil a partir do Estatuto da Pessoa com Deficiência*. v. 21, p. 1-32, 2016. Disponível em: https://ojs.unifor.br/rpen/article/view/5619/pdf>. Acesso em: 21.09.2023.

MENEZES, Joyceane Bezerra de. A capacidade jurídica pela Convenção sobre os Direitos da Pessoa com Deficiência e a insuficiência dos critérios do *status*, do resultado da conduta e da funcionalidade. *Pensar – Revista de ciências jurídicas*, v. 23, p. 1-13, 2018.

MORAES, Maria Celina Bodin de. O princípio dignidade humana. In: MORAES, Maria Celina Bodin de (Coord.). *Princípios do Direito Civil contemporâneo*. Rio de Janeiro: Renovar, 2006.

MORAES, Maria Celina Bodin de. *Na medida da pessoa humana*. Estudos de direito civil-constitucional. Rio de Janeiro: Renovar, 2010.

NACIONES UNIDAS. CRPD/C/GC/2. Convención sobre los derechos de las personas con discapacidad. Observación General no.2 (2014). Disponível em: https://doctorstore.ohchr.org. Acesso em: 12.10.2023.

PEREZ, José luis Rey. Una revisión de los conceptos de accesibilidad, apoyos y ajustes razonables para su aplicación en el ámbito laboral. DERECHOS Y LIBERTADES. Número 39, Época II, junio 2018. pp. 259-284.

PEREIRA, Caio Mário da Silva. *Instituições de Direito Civil*. Introdução ao Direito Civil. Teoria geral de Direito Civil. Revista e atualizada por Maria Celina Bodin de Moraes. São Paulo: Forense, 2007. v. 1.

PIOVESAN, Flávia. *Temas de direitos humanos*. São Paulo: Saraiva, 2009.

ROIG, Rafael Asis; AIELLO, Ana Laura; BARIFFI, Francisco; CAMPOY, Ignácio; PALACIOS, Agustina. La accesibilidad universal en el marco constitucional español. *Derechos y libertades*. Num. 16. Época II, enero 2007.

ROIG, Rafael Asís. De nuevo sobre la accesibilidad: diseño, medidas, ajustes, apoyos y assistência. Disponível em: <http://hdl.handle.net/10016/36926>. Acesso: 13.10.2023.

ROIG, Rafael Asìs. Sobre o conceito de acessibilidade universal. Disponível em: <https://e-archivo.uc3m.es/handle/10016/9298>. Acesso em: 13.10.2023.

ROIG, Rafael Asis; AIELLO, Ana Laura; BARIFFI, Francisco; CAMPOY, Ignácio; PALACIOS, Agustina. La accesibilidad universal en el marco constitucional español. *Derechos y libertades*. Num. 16. Época II, enero 2007. p. 57-82.

SEN, Amartya. *A ideia de justiça*. São Paulo: Companhia das letras, 2011.

A IGUALDADE SUBSTANCIAL COMO PRECEITO FUNDANTE PARA O REGIME DAS INCAPACIDADES NO DIREITO CIVIL

Leonardo Mattietto

Doutor em Direito pela Universidade do Estado do Rio de Janeiro. Professor na Universidade Federal do Estado do Rio de Janeiro e na Universidade Candido Mendes. Docente permanente do Programa de Pós-Graduação em Direito na Universidade Federal do Estado do Rio de Janeiro. Procurador do Estado do Rio de Janeiro.

Sumário: 1. Introdução – 2. Igualdade formal e substancial – 3. A igualdade substancial e o solidarismo constitucional – 4. Para uma reestruturação do regime das incapacidades à luz do direito à igualdade substancial: a inclusão como política pública – 5. Conclusão – 6. Referências.

O autor apresenta, com gratidão, homenagem à professora Maria Celina Bodin de Moraes, que, com fina sensibilidade e vasta cultura, tem encantado gerações de alunos e contribuído decisivamente para que o Direito Civil brasileiro tenha um perfil mais humanista e solidário.

1. INTRODUÇÃO

O direito à igualdade, ao longo da história das civilizações, continua a ser mais que um sonho ou um desejo de parcela da humanidade, apresentando-se, na sua perspectiva substancial, como um verdadeiro desafio, cujo campo de atuação tem se tornado, progressivamente, o do desenho e da implementação de políticas públicas[1], entre as quais a inclusão das pessoas com deficiência.

Entende-se, contudo, que:

Igualdade é uma palavra multifacetada. É um daqueles símbolos políticos – liberdade e fraternidade são outros – nos quais os homens derramaram os impulsos mais profundos de seus corações. Toda teoria ou concepção de igualdade fortemente defendida é ao mesmo tempo uma psicologia, uma ética, uma teoria das relações sociais e uma visão da boa sociedade[2].

Pivô de extensas disputas ideológicas e batalhas políticas nos séculos XIX e XX, a concepção de igualdade, inicialmente formal e mais tarde substancial, também bateu à porta do Direito Civil, sendo examinada, neste trabalho, como um fator de atração para o regime das incapacidades das pessoas naturais.

---

1. VAN DYKE, Vernon. *Equality and Public Policy*. Chicago: Nelson-Hall, 1990.
2. SCHAAR, John H. Equality of opportunity, and beyond. In: PENNOCK, J. Roland; CHAPMAN, John. *Equality*. New York: Atherton, 1967. p. 228.

2. IGUALDADE FORMAL E SUBSTANCIAL

Como conquista do constitucionalismo, a *igualdade formal*, entronizada nas Declarações de Direitos e nas Cartas políticas, desempenhou um importantíssimo papel histórico, em busca da superação do tratamento desigual das pessoas diante das leis.

As pessoas, todavia, não são todas iguais, pondo-se em xeque a premissa de que a lei há de tratá-las sempre igualmente. Diante da constatação de que as pessoas são diferentes, haveria um direito à igualdade substancial?

Na Constituição brasileira de 1988, o art. 5º, *caput*, proclama que "todos são iguais perante a lei, sem distinção de qualquer natureza". A mera declaração não tem, no entanto, o condão de alterar a realidade fática.

Embora a declaração ostente uma força simbólica[3], corre o risco de se converter na antítese dos propósitos do ordenamento constitucional, que apresenta, integrando os objetivos fundamentais da República, "erradicar a pobreza e a marginalização e reduzir as desigualdades sociais e regionais" (art. 3º, III).

Igualdade formal e substancial não configuram uma classificação meramente abstrata, mas polarizam visões de mundo cujas premissas e corolários se mostram bastante diferentes.

Declaração de que todas as pessoas são iguais ↓ Igualdade formal	Reconhecimento de que as pessoas são diferentes ↓ Igualdade substancial

A crença na igualdade formal deu lugar à pretensa *igualdade de oportunidades*, que envernizou o preceito com matiz ideológico, pouco palpável na realidade fática, em prol de uma hipotética meritocracia com propensão para deixar para trás os hipossuficientes[4].

Como bem-sinalizado, a igualdade de oportunidades "(...) não é suficiente. Não protege aqueles que são menos dotados, ou menos impiedosos, ou menos sortudos"[5].

Assim, considera-se que a igualdade de oportunidades:

> É uma ferramenta pobre porque, embora pareça defender a igualdade, na verdade apenas defende o direito igual de se tornar desigual ao competir contra seus semelhantes. Portanto, longe de reunir os homens, a doutrina da igualdade de oportunidades os coloca uns contra os outros. Repousa

---

3. NEVES, Marcelo. A Força Simbólica dos Direitos Humanos. *Revista Eletrônica de Direito do Estado*, Salvador, n. 4, p. 1-34, out./dez. 2005. Disponível em: <http://www.direitodoestado.com.br/codrevista.asp?cod=63>. Acesso em: 10.10.2022.
4. ADEODATO, João Maurício Leitão; CASTRO, João Vitor Cruz de. Questioning the Fundamental Right to the Material Equality: Do the Exceptional Cases Justify the Ultraliberal Meritocracy? *Beijing Law Review*, n. 14, p. 473-495, 2023. Disponível em: <https://doi.org/10.4236/blr.2023.141024>. Acesso em: 08.04.2023.
5. POPPER, Karl. *The open society and its enemies*. Princeton: Princeton University Press, 2013. p. 335.

sobre uma teoria estreita da motivação e uma concepção pobre do homem e da sociedade. Reduz o homem a um feixe de habilidades, um instrumento valorizado de acordo com sua capacidade de desempenhar funções socialmente valorizadas com maior ou menor eficiência. Além disso, a doutrina conduz inevitavelmente à hierarquia e à oligarquia, e tenta suavizar esse difícil resultado por meio de uma nova forma do antigo argumento de que os melhores deveriam governar[6].

Ademais, adverte-se que:

Reduzido a um sentido formal, o princípio da igualdade acabaria por se traduzir num simples princípio de prevalência da lei em face da jurisdição e da administração. Consequentemente, é preciso delinear os contornos do princípio da igualdade em sentido material. Isto não significa que o princípio da igualdade formal não seja relevante nem seja correto. Realça-se apenas o seu caráter tendencialmente tautológico, 'uma vez que o cerne do problema permanece irresolvido, qual seja, saber quem são os iguais e quem são os desiguais[7].

A *igualdade substancial*, como modelo de sociedade justa, surgiu irmanada à redefinição da democracia, como regime não apenas catalisador da vontade da maioria e assegurador de liberdades individuais, mas também de imprescindível proteção às minorias e, mais recentemente, espaço privilegiado para o desenvolvimento das políticas públicas vinculadas aos direitos fundamentais.

A democracia, "sob o signo da igualdade, não é, nem pode ser, simplesmente, um regime de franquias"[8].

Convém entrever que "os membros mais fracos de uma comunidade política têm direito à mesma preocupação e respeito de seu governo que os membros mais poderosos garantiram para si mesmos"[9].

Descortina-se a igualdade como "o reconhecimento público, efetivamente expresso em instituições e costumes, do princípio de que igual grau de atenção é devido às necessidades de todos os seres humanos"[10].

Nesse contexto, mais à frente das salvaguardas formais, promove-se a inclusão dos discriminados em razão do gênero, da orientação sexual, da origem, da raça, da renda[11].

Multiplicam-se, em homenagem aos direitos fundamentais enunciados na Constituição (embora, às vezes, com lastimável demora e diferentes níveis de proteção), políticas públicas emancipadoras, como as voltadas às mulheres, aos homossexuais, aos indígenas, aos negros, aos mais pobres.

---

6. SCHAAR, John H. *Op. cit.*, p. 241.
7. CANOTILHO, J. J. Gomes. *Direito constitucional e teoria da Constituição*. 4. ed. Coimbra: Almedina, 2000. p. 417-418.
8. SOUZA, Daniel Coelho de. *Interpretação e democracia*. 2. ed. São Paulo: Ed. RT, 1979. p. 147.
9. DWORKIN, Ronald. *Taking rights seriously*. Cambridge: Harvard University Press, 1977. p. 199.
10. WEIL, Simone. Draft for a statement of human obligations. In: MILES, Siân (ed.). *Simone Weil – An Anthology*. London: Penguin, 2005. p. 228.
11. BANDEIRA DE MELLO, Celso Antônio. *O conteúdo jurídico do princípio da igualdade*. 3. ed. São Paulo: Malheiros, 2000. p. 18.

Os direitos humanos se coadunam com um renovado personalismo ético, a apregoar que certos direitos essenciais dizem respeito a *todas* as pessoas.

Como visão de mundo, o personalismo:

> (...) identifica no ser humano, precisamente porque é pessoa em sentido ético, um valor em si mesmo, a dignidade, daí decorrendo que todo homem tem, frente a qualquer outro, o direito de ser respeitado como pessoa, de não ser molestado na sua existência. A relação de respeito mútuo que cada um deve ao próximo é a *relação jurídica fundamental*, base de toda convivência em uma sociedade e de cada relação jurídica em particular[12].

Esse postulado, entretanto, não tem resistido universalmente, haja vista os genocídios e etnocídios perpetrados contra a humanidade, apesar de todas as religiões e filosofias baseadas no amor ao próximo.

A unidade desse *ethos* só pode aparecer à custa de "uma difícil navegação entre dois rochedos": o da *uniformidade*, pois reconhecer que todos os homens são iguais não significa que eles sejam iguais em todos os lugares e o próprio Estado-nação é "uma matriz de minorias"; e o da *heterogeneidade*, contando que:

> (...) a autonomia das particularidades culturais só pode ser relativa, sobretudo em um mundo vibrante de fluxos migratórios. Exacerbada, ela leva a conflitos e reintroduz a desigualdade e a opressão sob a máscara do direito à diferença[13].

A igualdade não é somente a atribuição dos mesmos direitos a todas as pessoas, mas também "um meio de compensar as desigualdades sociais", em uma conjuntura que denota uma ordem desigual, da qual, de maneira inevitável, o Estado historicamente faz parte[14].

O problema da igualdade, na verdade, transcende as relações entre os cidadãos e o Estado, reproduzindo-se nas mais variadas formações sociais:

> A evolução de nossas sociedades conduz o indivíduo a viver simultânea ou sucessivamente em pertinências múltiplas, desde o círculo familiar até os conjuntos supranacionais (...). O fenômeno sempre existiu mais ou menos. Mas seu traço distintivo atualmente consiste em sua complexidade e em sua extensão: os grupos intermediários no seio dos quais evoluímos são provavelmente mais numerosos que aqueles da maior parte das sociedades tradicionais; a imigração se choca com as culturas: nesse sentido, somos todos, em algum momento, minoritários[15].

Minoria não é uma cifra, mas uma caracterização social. Todas as pessoas são, em algum momento e em algum espaço, partes de uma minoria, na complexa teia de relações sociais e de múltiplas pertinências subjetivas.

---

12. MATTIETTO, Leonardo. Dos direitos da personalidade à cláusula geral de proteção da pessoa. *Revista Fórum de Direito Civil*, Belo Horizonte, n. 16, p. 13-14, set./dez. 2017.
13. ROULAND, Norbert; PIERRÉ-CAPS, Stéphane; POUMARÈDE, Jacques. *Direito das minorias e dos povos autóctones*. Tradução de Ane Lize Spaltemberg. Brasília: UnB, 2004. p. 11.
14. TOURAINE, Alain. *O que é a Democracia?* 2. ed. Petrópolis: Vozes, 1996. p. 37.
15. ROULAND, Norbert; PIERRÉ-CAPS, Stéphane; POUMARÈDE, Jacques. *Op. cit.*, p. 607.

3. A IGUALDADE SUBSTANCIAL E O SOLIDARISMO CONSTITUCIONAL

Igualdade *formal* e *substancial* não são dois lados da mesma moeda. Nos tempos atuais, a defesa de uma igualdade estritamente formal desencadeia a erosão da igualdade substancial, com a recusa das políticas públicas transformadoras e emancipadoras alinhadas ao genuíno Estado democrático de direito.

Os valores que as animam são bem distintos:

Individualismo	Solidarismo
↓	↓
Igualdade formal	Igualdade substancial

A *igualdade formal* foi inspirada por uma *lógica individualista*, ligada à dimensão econômica na afirmação dos primeiros direitos fundamentais, associada ao desenvolvimento do capitalismo, quando da modelação dos Estados contemporâneos.

"O individualismo é um sistema de costumes, de sentimentos, de ideias e de instituições que organiza o indivíduo sobre essas atitudes de isolamento e de defesa". Tal ideologia, marcada pelo egoísmo e pela desconfiança no outro, "é a antítese mesma do personalismo e seu mais próximo adversário". A preocupação do individualismo de isolar o homem se choca com as perspectivas abertas da pessoa[16].

Enquanto isso, a *igualdade substancial*, plasmada por uma *lógica solidarista*[17], procura refletir a dimensão existencial da humanidade, de caráter universal, da qual os direitos humanos se apresentam como expressão normativa. Assim, "a universalidade dos direitos humanos constitui uma reivindicação normativa sobre o modo de organização das relações políticas e sociais no mundo hodierno"[18].

Nessa direção, comporta admitir que:

> (...) pode-se apreender um valor ulterior e geral do princípio da solidariedade – sendo a referência fundadora do novo conceito de cidadania, entendida como o conjunto de direitos que acompanham a pessoa qualquer que seja o lugar onde se encontre e cujo reconhecimento e função precisamente de uma lógica de solidariedade, que generaliza a inclusão do outro reforçando a referência mesma ao princípio da igualdade[19].

Como ninguém vive sozinho, são estabelecidas incontáveis relações entre as pessoas, que, mesmo sem se dar conta, dependem umas das outras, numa teia infinita de conexões:

---

16. MOUNIER, Emmanuel. *Le personnalisme*. 16. ed. Paris: PUF, 1995. p. 32.
17. DUVOUX, Nicolas. *Le nouvel âge de la solidarité*: pauvreté, precarité et politiques publiques. Paris: Éditions du Seuil, La République des Idées, 2012. p. 7-10.
18. HOGEMANN, Edna Raquel. Human Rights beyond Dichotomy between Cultural Universalism and Relativism. *The Age of Human Rights Journal*, n. 14, p. 32, 2020. Disponível em: <https://doi.org/10.17561/tahrj.v14.5476>. Acesso em: 15.10.2022.
19. RODOTÀ, Stefano. *Solidarietà: un'utopia neccessaria*. Bari: Laterza, 2014. p. 33.

"O princípio da solidariedade é, pois, também um fato social, na medida em que não se pode conceber o homem sozinho – como o mito de Robinson Crusoé na ilha deserta quis fazer crer – e somente se pode pensar o indivíduo como inserido na sociedade, isto é, como parte de um tecido social mais ou menos coeso em que a interdependência é a regra e, portanto, a abertura em direção ao outro, uma necessidade. Ser solidário, assim, é partilhar, ao menos, uma mesma época, e, nesse sentido, uma mesma história[20].

A reconstrução da democracia – no horizonte da severa crise de legitimidade das instituições políticas – depende essencialmente da *consecução das políticas públicas*[21] que ponham em prática a igualdade substancial.

A legitimação, no cenário do Estado de direito democrático, não pode depender do medo ou da imposição pela força:

A busca de fundamentos para o poder (e para a obediência) dentro do próprio âmbito da razão, evitando concepções como a do medo – *timor fecit regnus* – ou a da tradição, renovou com Rousseau a ideia de contrato, legitimador da convivência e da soberania (...). Com o liberalismo, fundado sobre as referências ao contrato e às individualidades, o Estado se legitimava por conta de sua própria limitação, racionalmente exigida. Deste modo, a legitimidade, perdendo seu antigo toque divino e seu fascínio histórico, era encontrada na própria forma de elaboração do poder: convergência de vontades, aquiescência de obediências, delimitação-negação do poder como tal[22].

A legitimidade da atuação estatal não deve ser encontrada, todavia, por uma negação do próprio Estado, mas, de modo positivo, pela promoção da igualdade substancial, como um vetor no quadro dos direitos humanos[23].

A alocação dos recursos orçamentários – inclusive para que se justifique e legitime a própria existência e a sobrevivência do Estado – há de levar em conta os programas de redução das desigualdades[24].

Alerta-se que "a democracia não é uma aritmética: ela se mede antes pelo grau de diversidade que se dispõe a reconhecer e é capaz de gerar. O fato de os regimes autoritários se definirem pela regra e por práticas inversas é uma prova disso"[25].

Chama-se atenção para o papel da educação para contribuir para uma sociedade que se pretenda justa e mais igualitária:

(...) os recursos para a educação não devem ser alocados única ou necessariamente de acordo com seu retorno estimado em habilidades produtivas treinadas, mas também de acordo com seu valor

---

20. BODIN DE MORAES, Maria Celina. O princípio da solidariedade. In: PEIXINHO, Manuel Messias; GUERRA, Isabella Franco; NASCIMENTO Filho, Firly (orgs.). *Os princípios da Constituição de 1988*. Rio de Janeiro: Lumen Juris, 2001. p. 170.
21. INGRAM, Helen; SCHNEIDER, Anne L. Policy analysis for democracy. In: MORAN, Michael; REIN, Martin; GOODIN, Robert E. (eds.). *The Oxford Handbook of Public Policy*. Oxford: Oxford University Press, 2006. p. 171-172.
22. SALDANHA, Nelson. *Da teologia à metodologia*: secularização e crise no pensamento jurídico. Belo Horizonte: Del Rey, 1993. p. 68-69.
23. MATTIETTO, Leonardo. Igualdade substancial, políticas públicas e democracia: para além do direito à igualdade formal. *Revista de Teorias da Democracia e Direitos Políticos*, v. 9, n. 1, p. 10, jan./jul. 2023.
24. BOZIO, Antoine; GRENET, Julien. *Économie des politiques publiques*. Paris: La Découverte, 2017. p. 20-23.
25. ROULAND, Norbert; PIERRÉ-CAPS, Stéphane; POUMARÈDE, Jacques. *Op. cit.*, p. 606-607.

no enriquecimento da vida pessoal e social dos cidadãos, incluindo aqui os menos favorecidos. À medida que a sociedade progride, esta última consideração torna-se cada vez mais importante[26].

A educação, como se infere, ocupa um papel central para a inclusão das pessoas com deficiência, sendo um grande motor da igualdade substancial.

4. PARA UMA REESTRUTURAÇÃO DO REGIME DAS INCAPACIDADES À LUZ DO DIREITO À IGUALDADE SUBSTANCIAL: A INCLUSÃO COMO POLÍTICA PÚBLICA

Considerando que "o valor da igualdade ainda precisa ser especificado para servir de guia para a ação por meio de políticas públicas", este poderia ser melhor entendido como empenho por *resultados iguais* em vez de suposição de *oportunidades iguais*[27].

Igualdade formal ↓ Afirmação da igualdade de oportunidades	Igualdade substancial ↓ Promoção da igualdade de resultados

Devido aos seus complexos aspectos éticos e sociais, não existe uma solução única ou universal[28]. As pessoas têm o direito a ser iguais quando as diferenças as inferiorizam, mas o direito a serem diferentes quando a igualdade as descaracteriza[29].

Assim, em direção à igualdade substancial, é útil estipular uma estrutura pluridimensional de metas e objetivos:

> Em primeiro lugar, o direito à igualdade substancial deve visar à reparação de desvantagens. Em segundo, deve combater o preconceito, o estigma, os estereótipos, a humilhação e a violência (...). Em terceiro, deve aumentar a voz e a participação, opondo-se à exclusão política e social. Finalmente, deve acomodar a diferença e alcançar a mudança estrutural[30].

Sob o prisma de uma igualdade estritamente formal, não se sustentariam políticas públicas relevantes, como a equidade de gênero, a recepção dos refugiados, as ações afirmativas para ingresso nas universidades e no serviço público, os programas de renda mínima e tantos outros que a igualdade substancial anima.

Para as políticas públicas, importa, pois, enfatizar a acepção substancial da igualdade, evitando-se os embaraços, para a sua formulação e implementação, que decorreriam de um anacrônico apego ao conceito meramente formal.

---

26. RAWLS, John. *A Theory of Justice*. Cambridge: Harvard University Press, 1971. p. 107.
27. REIN, Martin. Reframing problematic policies. In: MORAN, Michael; REIN, Martin; GOODIN, Robert E. (eds.). *The Oxford Handbook of Public Policy*. Oxford: Oxford University Press, 2006. p. 391.
28. WOLFF, Jonathan. *Ethics and public policy*: a philosophical inquiry. 2. ed. London: Routledge, 2020. p. 174.
29. SANTOS, Boaventura de Sousa. A construção multicultural da igualdade e da diferença. *Oficina do Centro de Estudos Sociais*, Coimbra, p. 44, jan. 1999.
30. FREDMAN, Sandra. Substantive equality revisited. *International Journal of Constitutional Law*, v. 14, n. 3, p. 727, jul. 2016.

Nesse cenário, foi elaborada a Lei Brasileira de Inclusão da Pessoa com Deficiência, ou Estatuto da Pessoa com Deficiência (Lei 13.146, de 6 de julho de 2015), que teve vultoso impacto no regime das incapacidades do Código Civil.

O desenho, no ordenamento brasileiro, de uma política pública como tal, de inclusão de personagens historicamente discriminadas, decorreu de um movimento democrático, incorporando a Convenção das Nações Unidas sobre os Direitos das Pessoas com Deficiência, mas que refletiu "a dificuldade de implementar uma sociedade mais inclusiva", deixando um alerta quanto a ações reversas[31].

Em sua redação original, o Código Civil previa, no art. 3º, como absolutamente incapazes de exercer pessoalmente os atos da vida civil, os menores de dezesseis anos; os que, por enfermidade ou deficiência mental, não tivessem o necessário discernimento para a prática desses atos; e os que, mesmo por causa transitória, não pudessem exprimir sua vontade. Com a alteração promovida pela Lei 13.146, apenas a incapacidade absoluta dos menores de dezesseis anos foi mantida, revogando-se as outras duas hipóteses albergadas pela legislação anterior.

Por sua vez, o art. 4º do Código Civil considerava como relativamente incapazes os maiores de dezesseis e menores de dezoito anos; os ébrios habituais, os viciados em tóxicos, e os que, por deficiência mental, tivessem o discernimento reduzido; os excepcionais, sem desenvolvimento mental completo; e os pródigos. Com a Lei 13.146, foi suprimida a referência às pessoas com deficiência mental e discernimento reduzido, assim como aos tidos como excepcionais, com desenvolvimento mental incompleto.

O instituto da curatela da pessoa com deficiência passou a constituir medida protetiva extraordinária, proporcional às necessidades e às circunstâncias de cada caso, devendo durar o menor tempo possível (art. 84, § 3º, da Lei 13.146). Contraria o espírito do Estatuto a curatela por tempo indeterminado, como antes ocorria, com extensão para todos os atos da vida civil.

Ademais, a curatela deve afetar tão somente os atos relacionados aos direitos de natureza patrimonial e negocial, não abrangendo todos os atos da vida civil, tais como o direito ao próprio corpo, à sexualidade, ao matrimônio, à privacidade, à educação, à saúde, ao trabalho e ao voto (art. 85 da Lei 13.146).

A lei introduziu o mecanismo da tomada de decisão apoiada, acrescentando o art. 1783-A ao Código Civil, amparando o sujeito com deficiência sem afastar a sua capacidade, nem o submetendo a representação ou assistência.

A pretexto de proteger as pessoas com deficiência, o Código Civil lhes impunha uma redução bastante gravosa dos potenciais da personalidade, "fator redutor da

---

31. ARAÚJO, Luiz Alberto David. Alguns avanços e uma derrota: a evolução dos direitos das pessoas com deficiência no Brasil. *Revista Académica Discapacidad y Derechos*, Buenos Aires, edición especial, 2022. p. 1. Disponível em: <https://ar.ijeditores.com/pop.php?option=articulo&Hash=3b310317cede8a7ff457b7af8d3b3b22>. Acesso em: 03.07.2023.

capacidade civil"[32], em caráter permanente. Percebendo-se as mudanças lastreadas na Convenção das Nações Unidas e levadas a cabo pela Lei Brasileira de Inclusão, há uma perspectiva de transformação radical, no sentido de, da melhor maneira possível, favorecer a participação das pessoas com deficiência na vida social, promovendo a igualdade substancial.

Aponta-se que "a complexidade da vida, os diversos graus de deficiência que as pessoas podem ter para discernir e a diversidade dos negócios jurídicos (mais ou menos complexos) não permitem mais uma lógica binária" que classifique os sujeitos em capazes e (na presença de alguma deficiência) incapazes[33].

Na prática, contudo, a guinada legislativa, inspirada pelos valores constitucionais e pela normativa internacional, encontra profunda resistência na mentalidade jurídica moldada por signos de outras épocas: o instituto da curatela continua a ser largamente utilizado, em detrimento da tomada de decisão apoiada, havendo um "visível apego à compreensão da autonomia como um atributo insular do sujeito que se pretende capaz"[34], tendo até mesmo se formado questionável jurisprudência no sentido que a incapacidade relativa seria a regra para a pessoa com deficiência. A norma vigente, todavia, é a sua plena capacidade.

É preciso ter em conta a vulnerabilidade da pessoa humana e o risco de, a pretexto de protegê-la, isolá-la e impedir o desenvolvimento de sua personalidade:

> As polêmicas relativas aos direitos humanos, aos direitos fundamentais ou da personalidade referem-se à necessidade de atribuir normatividade aos direitos da pessoa favorecendo a realização do princípio da dignidade humana e ao melhor modo de tutelá-la, onde quer que surja tal necessidade[35].

À luz da Lei Brasileira de Inclusão, incapacitar não é a maneira adequada de proteger a pessoa com deficiência.

5. CONCLUSÃO

A democracia demanda o reconhecimento da diversidade e a proteção das minorias, diante das incontáveis esferas de pertencimento a que se ligam os sujeitos de direito.

---

32. FLEISHMANN, Simone Tassinari Cardoso; FONTANA, Andressa Tonetto. A capacidade civil e o modelo de proteção das pessoas com deficiência mental e cognitiva: estágio atual da discussão. *Civilistica.com*. Rio de Janeiro, a. 9, n. 2, 2020. p. 2. Disponível em: <http://civilistica.com/a-capacidade-civil-e-o-modelo/>. Acesso em: 10.06.2023.
33. GAMA, Guilherme Calmon Nogueira da; SILVA, Karina de Oliveira e. Lei de Inclusão das Pessoas com Deficiência e seus impactos nos contratos. *Civilistica.com*. Rio de Janeiro, a. 11, n. 3, p. 10, 2022. Disponível em: <http://civilistica.com/lei-de-inclusao/>. Acesso em: 10.06.2023.
34. MENEZES, Joyceane Bezerra de; RODRIGUES, Francisco Luciano Lima; BODIN DE MORAES, Maria Celina. A capacidade civil e o sistema de apoios no Brasil. *Civilistica.com*. Rio de Janeiro, a. 10, n. 1, p. 26, 2021. Disponível em: <http://civilistica.com/a-capacidade-civil-e-o-sistema-de-apoios/>. Acesso em: 10.06.2023.
35. BODIN DE MORAES, Maria Celina. La tutela della persona umana in Brasile. *Civilistica.com*, Rio de Janeiro, a. 3, n. 2, p. 34, jul.-dez./2014. Disponível em: <http://civilistica.com/la-tutela-della-persona-umana-in-brasile/>. Acesso em: 10.06.2023.

As políticas públicas vocacionadas à promoção dos direitos humanos contribuem decisivamente para estabelecer as bases da convivência com dignidade, assim como para se aferir a legitimidade da atuação estatal.

Para a implementação da política pública de inclusão da pessoa com deficiência, convém partir da compreensão da igualdade em seu sentido substancial, amparada pelo solidarismo insculpido na Constituição, superando-se uma noção formal de igualdade perante a lei.

Incapacitar as pessoas com deficiência, em caráter permanente, não é a melhor maneira de protegê-las. Isolar não educa. Esconder não liberta. Interditar não emancipa. Promover a igualdade substancial e favorecer o desenvolvimento da pessoa são os ideais que atendem aos propósitos do Estado de Direito democrático.

6. REFERÊNCIAS

ADEODATO, João Maurício Leitão; CASTRO, João Vitor Cruz de. Questioning the Fundamental Right to the Material Equality: Do the Exceptional Cases Justify the Ultraliberal Meritocracy? *Beijing Law Review*, n. 14, p. 473-495, 2023. Disponível em: < https://doi.org/10.4236/blr.2023.141024>. Acesso em: 08.04.2023.

ARAÚJO, Luiz Alberto David. Alguns avanços e uma derrota: a evolução dos direitos das pessoas com deficiência no Brasil. *Revista Académica Discapacidad y Derechos*, Buenos Aires, edición especial, 2022. Disponível em: <https://ar.ijeditores.com/pop.php?option=articulo&Hash=3b310317cede8a7ff457b7a-f8d3b3b22>. Acesso em: 03.07.2023.

BODIN DE MORAES, Maria Celina. O princípio da solidariedade. In: PEIXINHO, Manuel Messias; GUERRA, Isabella Franco; NASCIMENTO Filho, Firly (Orgs.). *Os princípios da Constituição de 1988*. Rio de Janeiro: Lumen Juris, 2001. p. 167-190.

BODIN DE MORAES, Maria Celina. La tutela della persona umana in Brasile. *Civilistica.com*, Rio de Janeiro, a. 3, n. 2, p. 1-36, jul.-dez./2014. Disponível em: <http://civilistica.com/la-tutela-della-persona-umana-in-brasile/>. Acesso em: 10.06.2023.

BOZIO, Antoine; GRENET, Julien. *Économie des politiques publiques*. Paris: La Découverte, 2017.

CANOTILHO, J. J. Gomes. *Direito constitucional e teoria da Constituição*. 4. ed. Coimbra: Almedina, 2000.

DUVOUX, Nicolas. *Le nouvel âge de la solidarité*: pauvreté, precarité et politiques publiques. Paris: Éditions du Seuil, La République des Idées, 2012.

DWORKIN, Ronald. *Taking rights seriously*. Cambridge: Harvard University Press, 1977.

FLEISHMANN, Simone Tassinari Cardoso; FONTANA, Andressa Tonetto. A capacidade civil e o modelo de proteção das pessoas com deficiência mental e cognitiva: estágio atual da discussão. *Civilistica.com*, Rio de Janeiro, a. 9, n. 2, 2020. p. 1-22. Disponível em: <http://civilistica.com/a-capacidade-civil-e-o--modelo/>. Acesso em: 10.06.2023.

FREDMAN, Sandra. Substantive equality revisited. *International Journal of Constitutional Law*, v. 14, n. 3, p. 712-738, jul. 2016.

GAMA, Guilherme Calmon Nogueira da; SILVA, Karina de Oliveira e. Lei de Inclusão das Pessoas com Deficiência e seus impactos nos contratos. *Civilistica.com*, Rio de Janeiro, a. 11, n. 3, p. 1-12, 2022. Disponível em: <http://civilistica.com/lei-de-inclusao/>. Acesso em: 10.06.2023.

HOGEMANN, Edna Raquel. Human Rights beyond Dichotomy between Cultural Universalism and Relativism. *The Age of Human Rights Journal*, n. 14, p. 19-36, 2020. Disponível em: <https://doi.org/10.17561/tahrj.v14.5476>. Acesso em: 15.10.2022.

INGRAM, Helen; SCHNEIDER, Anne L. Policy analysis for democracy. In: MORAN, Michael; REIN, Martin; GOODIN, Robert E. (eds.). *The Oxford Handbook of Public Policy*. Oxford: Oxford University Press, 2006. p. 169-189.

MATTIETTO, Leonardo. Dos direitos da personalidade à cláusula geral de proteção da pessoa. *Revista Fórum de Direito Civil*, Belo Horizonte, n. 16, p. 11-25, set./dez. 2017.

MATTIETTO, Leonardo. Igualdade substancial, políticas públicas e democracia: para além do direito à igualdade formal. *Revista de Teorias da Democracia e Direitos Políticos*, v. 9, n. 1, p. 1-16, jan./jul. 2023.

MENEZES, Joyceane Bezerra de; RODRIGUES, Francisco Luciano Lima; BODIN DE MORAES, Maria Celina. A capacidade civil e o sistema de apoios no Brasil. *Civilistica.com*, Rio de Janeiro, a. 10, n. 1, p. 1-28, 2021. Disponível em: <http://civilistica.com/a-capacidade-civil-e-o-sistema-de-apoios/>. Acesso em: 10.06.2023.

BANDEIRA DE MELLO, Celso Antônio. *O conteúdo jurídico do princípio da igualdade*. 3. ed. São Paulo: Malheiros, 2000.

MOUNIER, Emmanuel. *Le personnalisme*. 16. ed. Paris: PUF, 1995.

NEVES, Marcelo. A Força Simbólica dos Direitos Humanos. *Revista Eletrônica de Direito do Estado*, Salvador, n. 4, p. 1-34, out./dez. 2005. Disponível em: <http://www.direitodoestado.com.br/codrevista.asp?cod=63>. Acesso em: 10.10.2022.

POPPER, Karl. *The open society and its enemies*. Princeton: Princeton University Press, 2013.

RAWLS, John. *A Theory of Justice*. Cambridge: Harvard University Press, 1971.

REIN, Martin. Reframing problematic policies. In: MORAN, Michael; REIN, Martin; GOODIN, Robert E. (eds.). *The Oxford Handbook of Public Policy*. Oxford: Oxford University Press, 2006. p. 389-405.

RODOTÀ, Stefano. *Solidarietà: un'utopia neccessaria*. Bari: Laterza, 2014.

ROULAND, Norbert; PIERRÉ-CAPS, Stéphane; POUMARÈDE, Jacques. *Direito das minorias e dos povos autóctones*. Tradução de Ane Lize Spaltemberg. Brasília: UnB, 2004.

SALDANHA, Nelson. *Da teologia à metodologia*: secularização e crise no pensamento jurídico. Belo Horizonte: Del Rey, 1993.

SANTOS, Boaventura de Sousa. A construção multicultural da igualdade e da diferença. *Oficina do Centro de Estudos Sociais*, Coimbra, p. 1-61, jan. 1999.

SCHAAR, John H. Equality of opportunity, and beyond. In: PENNOCK, J. Roland; CHAPMAN, John. *Equality*. New York: Atherton, 1967, p. 228-249.

SOUZA, Daniel Coelho de. *Interpretação e democracia*. 2. ed. São Paulo: Ed. RT, 1979.

TOURAINE, Alain. *O que é a Democracia?* Trad. de Guilherme João de Freitas Teixeira. 2. ed. Petrópolis: Vozes, 1996.

VAN DYKE, Vernon. *Equality and Public Policy*. Chicago: Nelson-Hall, 1990.

WEIL, Simone. Draft for a statement of human obligations. Translated by Richard Rees. In: MILES, Siân (ed.). *Simone Weil – An Anthology*. London: Penguin, 2005. p. 221-230.

WOLFF, Jonathan. *Ethics and public policy*: a philosophical inquiry. 2. ed. London: Routledge, 2020.

EM BUSCA DE UMA VIDA BIOGRÁFICA: REFLEXÕES BIOJURÍDICAS SOBRE O DIREITO (DEVER?) DE VIVER[1]

Luciana Dadalto

Doutora em Ciências da Saúde pela Faculdade de Medicina da UFMG. Mestre em Direito Privado pela PUCMinas. Advogada. Professor Universitária. Administradora do portal www.testamentovital.com.br.

Sumário: 1. Considerações iniciais – 2. Direito à vida sob a perspectiva civil-constitucional brasileira – 3. Direito à vida sob a perspectiva da deontologia médica brasileira – 4. Vida biográfica e morte digna; 4.1 Morte medicamente assistida; 4.1.1 Eutanásia; 4.1.2 Suicídio assistido; 4.2 Morte assistida desmedicalizada; 4.3 Ortotanásia – 5. Autodeterminação e direito de morrer para além da terminalidade da vida – 6. Considerações finais – 7. Referências.

1. CONSIDERAÇÕES INICIAIS

O direito à vida é mencionado explicitamente, no ordenamento jurídico brasileiro, maior parte dos ordenamentos jurídicos estrangeiros e das normas internacionais, sem qualquer qualificação que permita identifica a qual vida o termo se refere. E, durante décadas – quiçá séculos – essa ausência sequer foi notada. Foi com a possibilidade tecnológica de prolongar indefinidamente o corpo físico que surgiu, no campo da Bioética, um olhar para o direito à vida atrelado à qualidade desta e não apenas ao tempo. Este novo olhar deu origem aos conceitos de vida biológica e vida biográfica, alterando sobremaneira as discussões bioéticas sobre a autodeterminação para o morrer.

Segundo a Organização Mundial de Saúde, qualidade de vida (QV) trata-se da "percepção de um indivíduo sobre sua posição na vida no contexto da cultura em que vive e em relação a seus objetivos, expectativas, padrões e preocupações."[2]

À luz do Direito Civil-Constitucional brasileiro, o direito à vida prescrito no caput do artigo 5º da Constituição da República Federativa do Brasil de 1988 deve ser lido e interpretado sempre em conjunto com o fundamento constitucional da dignidade humana, que, conforme os ensinamentos de Maria Celina Bodin de Moraes, constitui-se verdadeira cláusula geral de tutela da pessoa humana[3]. Ademais, o estudo das teorias

---

1. O presente texto é uma releitura do artigo Morte Digna para quem? O direito fundamental de escolha do próprio fim, publicado por mim na Revista Pensar em 2019.
2. WHOQOL GROUP THE WORLD HEALTH ORGANIZATION QUALITY OF LIFE ASSESSMENT. *Position paper from the World Health Organization*. Social Science and Medicine. 1995;41(10):1403-1409. doi: 10.1016/0277-9536(95)00112-K.
3. MORAES, Maria Celina Bodin. Danos à pessoa humana: Uma leitura civil-constitucional dos danos morais. Rio de Janeiro: Renovar, 2003.

de Stefano Rodotá nos permite perceber confluências conceituais entre qualidade de vida e o espaço *indecibile per il legislatore*[4] pois ambos se referem a um *locus* decisional do indivíduo que não se subsome a conceitos externos.

Diante deste cenário, o conceito de vida biográfica tem como premissas a análise *in concreto* de que a que vale a pena ser vivida a partir da pessoalidade do indivíduo; enquanto a vida biológica – que não leva em consideração a biografia da pessoa – tem como premissa conceito médico-científico acerca da morte, ou seja, sob esta perspectiva, todo sujeito que não seja considerado morto pelos parâmetros técnicos de morte cardiorrespiratória ou encefálica está vivo e, portanto, deve ter seu *direito à vida* protegido. Ou seja, o direito à vida se transforma em um verdadeiro dever de viver, ainda que tal obrigatoriedade seja contrária à biografia do indivíduo e, consequentemente, à sua biografia. Do ponto de vista meramente biológico, esvai-se qualquer defesa de direitos à autodeterminação do indivíduo que se encontra em terminalidade da vida.

Postas as premissas conceituais, este capítulo analisará o direito à vida sob a perspectiva Civil-Constitucional brasileira e da deontologia médica; após, refletirá sobre o direito à vida biográfica no contexto da morte digna e, por fim, problematizará o direito de morrer para além das situações de terminalidade.

2. DIREITO À VIDA SOB A PERSPECTIVA CIVIL-CONSTITUCIONAL BRASILEIRA

A Constituição da República Democrática do Brasil, de 1988 traz, em seu artigo 5º a "inviolabilidade do direito à vida". Em uma perspectiva tradicional, poder-se-ia interpretar que esta inviolabilidade limita o agir individual no que diz respeito ao direito à vida. Ocorre que sob a perspectiva do Direito Civil-Constitucional, todos os direitos de personalidade – incluindo o direito à vida – devem ser lidos à luz do princípio da dignidade humana[5].

Assim, a vida inviolável é aquela que se amolda à autonomia individual do sujeito de direitos, sendo impossível, *de per se*, um conceito estático acerca deste. Szatjn afirma que a inviolabilidade se relaciona com terceiros, não sendo possível afirmar que a Constituição proíbe que "qualquer pessoa decida sobre a duração de sua vida"[6]. Significa dizer que a decisão por abreviar a vida não viola, quando tomada de maneira livre e em conformidade com os valores pessoais do sujeito, nenhum preceito constitucional.

---

4. RODOTÀ, Sefano. *Politici, liberateci dalla vostra coscienza*. 2008. Disponível em: https://daleggere.wordpress.com/2008/01/13/stefano-rodota-%C2%ABpolitici-liberateci-dalla-vostra-coscienza%C2%BB/. Acesso em: 08.08.2023.
5. MORAES, Maria Celina Bodin de. O Conceito de Dignidade Humana: substrato axiológico e conteúdo normativo. In. SARLET, Ingo Wolfgang (Org.). *Constituição, direitos fundamentais e direito privado*. Porto Alegre: Livraria do Advogado, 2003.
6. SZTAJN, Rachel. *Autonomia privada e direito de morrer*: eutanásia e suicídio assistido. São Paulo: Cultural Paulista: Universidade da Cidade de São Paulo, 2002. p. 156.

O alicerce do presente trabalho é o estudo do direito de morrer como corolário da vida digna, entendida como aquela que se molda à pessoalidade do indivíduo sem violar os valores constitucionais[7]. Assim, é preciso, antes de adentrar às formas de morte digna, entender o que são formas indignas de morrer, pois são elas que fixarão os limites de autodeterminação.

O inciso III do artigo 5º, da Constituição Federal dispõe que "ninguém será submetido a tortura nem a tratamento desumano ou degradante"[8], portanto, considera-se indigna toda morte que impingir ao paciente alguma dessas situações.

Em primeiro lugar, tem-se a mistanásia, uma morte evitável, "provocada de formas lentas e sutis por sistemas e estruturas"[9]. Aqui, o paciente – que não está em terminalidade da vida – está em intenso sofrimento não é cuidado e acolhido sendo, por vezes, ignorado e banalizado[10].

A distanásia, por sua vez, configura-se outra modalidade de morte indigna, pois se trata do prolongamento artificial do processo de morrer[11] sem qualquer melhora na qualidade deste, a pedido do paciente, dos familiares ou ainda, por decisão unilateral da equipe de saúde.

Assim, se, por um lado, a mistanásia se mostra como instituto verdadeiramente apartado das discussões deste artigo – posto que não depende de autodeterminação – o mesmo não se pode dizer da distanásia. Isso porque o Brasil vive a cultura da negação da morte e, consequentemente, da valorização do prolongamento artificial da vida biológica, logo, a distanásia acaba por ser vista por muitos como um exercício da autodeterminação visando o "direito à morte digna".

Deve-se, neste contexto, compreender que a distanásia é uma conduta médica e, portanto, é preciso analisá-la sob a perspectiva científica. A literatura mundial é unânime na compreensão de que o prolongamento do processo de morrer gera sofrimento ao paciente – ainda que ele esteja inconsciente – logo, o início ou a continuidade de condutas cientificamente reconhecidas como maléficas não pode ser feita nem a pedido do paciente. Isso porque a dignidade humana é o limite da autodeterminação, assim, como a distanásia viola o supracitado artigo 5º, III da

---

7. MORAES, Maria Celina Bodin de. O Conceito de Dignidade Humana: substrato axiológico e conteúdo normativo. In: SARLET, Ingo Wolfgang (Org.). *Constituição, direitos fundamentais e direito privado*. Porto Alegre: Livraria do Advogado, 2003.
8. BRASIL. *Constituição da República Federativa do Brasil de 1988*. Disponível em: http://www.planalto.gov.br/ccivil_03/constituicao/constituicao.htm. Acesso em 08.08.2023.
9. ANJOS, Márcio Fabri dos. Eutanásia em chave de libertação. In: *Boletim ICAPS* ano 7, n. 57, 1989. p. 6.
10. DADALTO, Luciana; KOVÁCS, Maria Júlia. Pedido de morte medicamente assistida. In: DADALTO, Luciana; GUIRRO, Úrsula Bueno do Prado (Coord.). *Bioética e cuidados paliativos*. Indaiatuba: Editora Foco, 2024, no prelo.
11. DADALTO, Luciana; SAVOI, Cristiana. Distanásia: entre o real e o ideal. In: DADALTO, Luciana; GODINHO, Adriano Marteleto; LEITE, George Salomão (Coord.). *Tratado brasileiro sobre o Direito Fundamental à Morte Digna*. São Paulo: Almedina, 207. p. 151-166.

Constituição, esta prática, por conseguinte, viola a dignidade humana[12] e, conforme os ensinamentos de Maria Celina Bodin de Moraes, "será 'desumano', isto é, contrário à dignidade humana, tudo aquilo que puder reduzir a pessoa (o sujeito de direitos) à condição de objeto."[13]

Isso posto, a partir da perspectiva do Direito-Constitucional deve-se concluir que todas as outras formas de autodeterminação para fim de vida devem ser tratadas como formas de preservação do direito à vida biográfica, ainda que, eventualmente, possam ensejar a sua abreviação.

3. DIREITO À VIDA SOB A PERSPECTIVA DA DEONTOLOGIA MÉDICA BRASILEIRA

Apesar de, pelo viés da legalidade constitucional, ser possível advogar em prol da autodeterminação do indivíduo para morrer, o mesmo não se pode dizer sob a perspectiva da deontologia médica no Brasil. Isso porque, em diversas normas, o Conselho Federal de Medicina (CFM) limita a autodeterminação do paciente a situações de "risco iminente de morte". São elas:

(i) artigo 23 do Código de Ética Médica[14]: É vedado ao médico "deixar de obter consentimento do paciente ou de seu representante legal após esclarecê-lo sobre o procedimento a ser realizado, salvo em caso de risco iminente de morte."

(ii) Art. 26 do Código de Ética Médica[15]: É vedado ao médico "deixar de respeitar a vontade de qualquer pessoa considerada capaz física e mentalmente, em greve de fome, ou alimentá-la compulsoriamente, devendo cientificá-la das prováveis complicações do jejum prolongado e, na hipótese de risco iminente de morte, tratá-la.

(iii) Art. 31 do Código de Ética Médica[16]: É vedado ao médico "desrespeitar o direito do paciente ou de seu representante legal de decidir livremente sobre a execução de práticas diagnósticas ou terapêuticas, salvo em caso de iminente risco de morte."

(iv) Artigo 11 da Resolução 2.232/2019[17]: "Em situações de urgência e emergência que caracterizarem iminente perigo de morte, o médico deve adotar todas as medidas necessárias e reconhecidas para preservar a vida do paciente, independentemente da recusa terapêutica."

---

12. ARAÚJO, Cynthia Pereira de; MAGALHÃES, Sandra Marques. Obstinação terapêutica: um não direito. In: DADALTO, Luciana (Coord.) *Cuidados paliativos*: aspectos jurídicos. 2 ed. Indaiatuba: Editora Foco, 2023. p. 333-344.
13. MORAES, Maria Celina Bodin de. O Conceito de Dignidade Humana: substrato axiológico e conteúdo normativo. In. SARLET, Ingo Wolfgang (Org.). *Constituição, direitos fundamentais e direito privado*. Porto Alegre: Livraria do Advogado, 2003.
14. CONSELHO FEDERAL DE MEDICINA. *Resolução CFM 2.217, de 27 de setembro de 2018*, Disponível em: https://portal.cfm.org.br/images/PDF/cem2019.pdf. Acesso em: 09.08.2023.
15. Op. Cit.
16. Op. Cit.
17. CONSELHO FEDERAL DE MEDICINA. *Resolução CFM 2.232, de 16 de setembro de 2019*. Disponível em: https://sistemas.cfm.org.br/normas/visualizar/resolucoes/BR/2019/2232. Acesso em: 09.08.2023.

Percebe-se que todos estes dispositivos autorizam os profissionais da Medicina a violarem a autodeterminação do paciente quando houver um iminente risco de morte, sem, contudo, haver em qualquer norma do CFM o conceito de *iminente risco de morte*.

É provável que a inexistência desta conceituação se justifique no contexto biologicista da Medicina, em que a ética profissional se volta para a cura; neste contexto, o bom médico é aquele que age de todas as formas possíveis para evitar a morte do paciente. Todavia, na contemporaneidade, a ética profissional se volta para o cuidado; razão pela qual o bom médico passa a ser aquele que centra suas ações no paciente[18]. Neste sentido, a presunção de que o melhor interesse do paciente é não morrer deve dar lugar à premissa de subsunção aos desejos do paciente.

Parece óbvio, contudo, que há situações em que não é possível saber, de antemão, qual é o desejo do paciente e, nestas, inexiste dúvida acerca do dever médico de evitar a morte. Ocorre que há um costume na prática médica do Brasil – evidenciado nas supracitadas normas do CFM – de suplantar o desejo do paciente sempre que houver risco à sua vida biológica; o que está em desconformidade com o Direito Civil-Constitucional brasileiro.

Melhor sorte não se tem quando analisado o dispositivo normativo do Código de Ética Médica que trata especificamente acerca das condutas médicas diante de uma situação de terminalidade. Segundo o artigo 41, é vedado ao médico:

> Art. 41. Abreviar a vida do paciente, ainda que a pedido deste ou de seu representante legal.
>
> Parágrafo único. Nos casos de doença incurável e terminal, deve o médico oferecer todos os cuidados paliativos disponíveis sem empreender ações diagnósticas ou terapêuticas inúteis ou obstinadas, levando sempre em consideração a vontade expressa do paciente ou, na sua impossibilidade, a de seu representante legal[19].

Percebe-se novamente, neste artigo, que o CFM baliza a conduta do profissional da Medicina na ideia de vida biológica. Assim, veda em seu *caput* a abreviação da vida do paciente – mesmo que pedida por ele – e, em seu parágrafo único evita se posicionar explicitamente sobre a vedação ao prolongamento artificial da vida.

Em todas essas situações, os valores do paciente são relegados à segundo plano em prol de um suposto *direito à vida* que, na verdade, se trata de um *dever de viver*, posto que obriga o indivíduo a permanecer biologicamente vivo mesmo quando ele entender estar biograficamente morto.

---

18. PESSINI, Leo. A medicina atual: entre o dilema de curar e cuidar. In: DADALTO, Luciana; TEIXEIRA, Ana Carolina Brochado (Coord). *Dos hospitais aos tribunais*. Belo Horizonte: Del Rey, 2013. p. 3-27.
19. CONSELHO FEDERAL DE MEDICINA. *Resolução CFM 2.217, de 27 de setembro de 2018*, Disponível em: https://portal.cfm.org.br/images/PDF/cem2019.pdf. Acesso em: 09.08.2023.

4. VIDA BIOGRÁFICA E MORTE DIGNA

Sendo o direito à vida biográfica aquele que permite ao indivíduo se autodeterminar dentro do espaço *indecibile per il legislatore*[20], acerca de como deseja viver sua vida até o último segundo de sua biografia, as diversas maneiras de se alcançar a dignidade no morrer devem ser vistas como corolário a este direito; razão pela qual passa-se agora a compreender quais são estas maneiras.

4.1 Morte medicamente assistida

Quando se fala em morte assistida, há duas práticas que compõe esse instituto: (i) morte antecipada pela administração de um fármaco letal por um terceiro, a pedido do paciente e por compaixão – comumente chamada de eutanásia; (ii) morte antecipada pelo próprio paciente que, intencionalmente, põe fim a própria vida com ajuda de terceiros, autoadministrando ou ingerindo substâncias letais – comumente chamada de suicídio assistido.

4.1.1 Eutanásia

O conceito de eutanásia é bastante controverso e passou por evoluções ao longo da história. Na civilização greco-romana a eutanásia era um dos tipos de rituais feito para abreviar a vida de uma pessoa que estava morrendo lenta e dolorosamente; daí a origem etimológica da palavra, *eu* (boa) – thanatos (morte). Com o surgimento da Medicina como ciência a eutanásia passa a ser vista como uma faculdade médica para alívio do sofrimento do doente que não pode ser curado e torna-se imoral, antiética e ilegal com o Cristianismo. No Renascimento, Francis Bacon defendeu a eutanásia como uma prática compassiva e seu posicionamento segue inspirando defensores da prática no mundo contemporâneo[21]. Após a Segunda Guerra Mundial, a autonomia do paciente e a tecnologização da Medicina passaram a coexistir; enquanto o paciente passou a ser visto como um sujeito de direitos cuja autonomia precisa ser respeitada, a morte deixou de ser um evento natural e passa a ser um evento controlado pelos médicos[22]. Ocorre que o nazismo trouxe um novo significado ao termo associando-o à eugenia – morte provocada com a função precípua de prevenir enfermidades hereditárias – gerando uma nova onda contrária à eutanásia no mundo e que prevalece ainda hoje.

Em que pese o conceito de eutanásia ser moldado, atualmente, pelos requisitos legais de cada um dos países que já legalizaram a prática, "ao longo do tempo, consagrou-se o uso do termo para indicar a morte provocada, antecipada, por compaixão,

---

20. RODOTÀ, Sefano. *Politici, liberateci dalla vostra coscienza*. 2008. Disponível em: https://daleggere.wordpress.com/2008/01/13/stefano-rodota-%C2%ABpolitici-liberateci-dalla-vostra-coscienza%C2%BB/. Acesso em: 08.08.2023.
21. BACON, Francis. *History of life and death*. [S.l: s.n, 199-]. Disponível em: https://sirbacon.org/historylifedeath.htm. Acesso em: 01.08.2023.
22. ARIÈS, Philippe. *O homem diante da morte*. São Paulo: Unesp, 2014.

diante do sofrimento daquele que se encontra irremediavelmente enfermo e fadado a um fim lento e doloroso"[23].

No momento em que este artigo é escrito – primeira quinzena do mês de agosto de 2023 – a eutanásia é prática lícita na Holanda[24], Bélgica[25], Luxemburgo[26], Espanha[27], Portugal[28], Nova Zelândia[29], Canadá[30] e Colômbia[31].

No Brasil, a eutanásia tem sido entendida como crime de homicídio, além de ilícito ético frente às normas do Conselho Federal de Medicina. Tramita no Congresso Federal o projeto de lei do Senado n.º 236/2012[32] – já alterado por projetos de emendas subsequentes -, conhecido como projeto de novo Código Penal, que, em sua redação original, previa a criação de um tipo penal específico para a eutanásia:

> Art. 122. Matar, por piedade ou compaixão, paciente em estado terminal, imputável e maior, a seu pedido, para abreviar-lhe sofrimento físico insuportável em razão de doença grave:
> Pena – prisão, de dois a quatro anos.
> § 1º O juiz deixará de aplicar a pena avaliando as circunstâncias do caso, bem como a relação de parentesco ou estreitos laços de afeição do agente com a vítima.

Esta proposta de alteração objetivava tratar a eutanásia como crime contra a vida diverso do crime de homicídio, possibilitando, no parágrafo primeiro, que o julgador concedesse o perdão judicial em determinadas circunstâncias; ou seja, o agente seria julgado pela eutanásia (independentemente do motivo o qual a realizou), mas deixaria de ser punido. Todavia este tipo penal foi retirado do projeto antes de uma discussão

---

23. VILLAS-BOÂS, Maria Elisa. Eutanásia. In: DADALTO, Luciana; GODINHO, Adriano Marteleto; LEITE, George Salomão (Coord.). *Tratado brasileiro sobre o direito fundamental à morte digna*. Rio de Janeiro: Almedina, 2017. p. 101-129.
24. HOLANDA. *Termination of Life on Request and Assisted Suicide (Review Procedures) Act*. Disponível em: https://wfrtds.org/dutch-law-on-termination-of-life-on-request-and-assisted-suicide-complete-text/. Acesso em: 05.08.2023.
25. BÉLGICA. *The Belgian Act on Euthanasia of May, 28th 2002*. Disponível em: https://apmonline.org/wp-content/uploads/2019/01/belgium-act-on-euthanasia.pdf. Acesso em: 05.08.2023.
26. LUXEMBURGO. *Loi du 16 mars 2009 sur l'euthanasie et l'assistance au suicide*. Disponível em: https://legilux.public.lu/eli/etat/leg/loi/2009/03/16/n2/jo. Acesso em: 05.08.2023.
27. ESPANHA. *Ley Orgánica 3/2021, de 24 de marzo, de regulación de la eutanasia*. Disponível em: https://www.boe.es/diario_boe/txt.php?id=BOE-A-2021-4628. Acesso em: 05.08.2023.
28. PORTUGAL. *Lei 22 de 25 de maio de 2023*. Disponível em: https://diariodarepublica.pt/dr/detalhe/lei/22-2023-213498831. Acesso em: 05.08.2023.
29. NOVA ZELÂNDIA. *End of Life Choice Act 2019*. The Parliament of New Zealand. Disponível em: https://www.legislation.govt.nz/act/public/2019/0067/latest/DLM7285905.html, acesso em 05.08.2023.
30. CANADÁ. *Statutes of Canada 2016*. An Act to amend the Criminal Code and to make related amendments to other Acts (medical assistance in dying). Disponível em: https://parl.ca/DocumentViewer/en/42-1/bill/C-14/royal-assent. Acesso em: 05.08.2023.
31. COLÔMBIA. Ministerio de Salud y Protección Social. *Resolución 2665/2018*. Por médio de la cual se reglamenta parcialmente la Ley 1733 de 2014 em cuanto al derecho a suscribir el Documento de Voluntad Anticipada. Bogotá, [2018]. Disponível em: https://dmd.org.co/wp-content/uploads/2018/08/Resolucio%CC%81n-2665-de--2018-Voluntades-anticipadas-2018.pdf. Acesso em: 05.08.2023.
32. BRASIL. *Projeto de lei do Senado n. 236, de 2012*.
Disponível em: https://www25.senado.leg.br/web/atividade/materias/-/materia/106404. Acesso em: 05.08.2023.

social sobre o tema e não há, no momento, mais nenhum projeto de lei em tramitação sobre eutanásia, seja para mudar o tipo penal, seja para descriminalizar a prática.

4.1.2 Suicídio assistido

O suicídio assistido, por sua vez, é tido como a abreviação da vida feita pela própria pessoa que está com uma doença grave, incurável e/ou terminal. Nesse caso, a pessoa é ajudada por outrem (médico ou não), que lhe concede os meios para que possa, por si mesma, abreviar sua vida.

Todos os países que já legalizaram a eutanásia, legalizaram, na mesma lei, o suicídio medicamente assistido. A Colômbia é o único país a legalizar a eutanásia e a ter o suicídio assistido descriminalizado por decisão da Corte Constitucional[33].

Alguns países e regiões, no entanto, permitem apenas o suicídio assistido. Esse é o caso da Suíça[34], de onze estados dos EUA[35], da Itália[36] e da Alemanha[37], sendo que nestes dois últimos países a permissão se deu por decisão judicial para situações específicas.

Para Laura Ferreira dos Santos há uma maior tolerância cultural ao suicídio assistido do que à eutanásia, uma vez que o agente direto do ato que provoca a morte é o próprio indivíduo[38]. Haveria, assim, uma maior facilidade em aceitar que a ideia de que aquele que deseja morrer deve realizar o ato, ao invés de pedir que um terceiro realize (eutanásia). Em contrapartida, Summer afirma que permitir o suicídio assistido e proibir a eutanásia é um contrassenso[39].

Não há, no Brasil, qualquer normativa específica sobre o suicídio assistido e nem mesmo projeto de lei em tramitação sobre o tema. Ele é enquadrado como crime comum de auxílio ou instigação ao suicídio (art. 122 do Código Penal) e violação aos deveres éticos do médico, segundo artigo 41 do Código de Ética Médica.

4.2 Morte assistida desmedicalizada

A presença do médico como um terceiro que auxilia uma pessoa a morrer causa inúmeras controvérsias e, possivelmente, é uma das principais razões para que seja tão difícil – em todo o mundo – aprovar leis sobre o direito de morrer.

---

33. COLÔMBIA. Corte Constitucional. Sentencia C-164/22. Disponível em: https://www.corteconstitucional.gov.co/relatoria/2022/C-164-22.htm. Acesso em: 05.08.2023.
34. SWISS ACADEMIE OF MEDICAL SCIENCE. *Management of dying and death*. Disponível em: https://www.samw.ch/en/Ethics/Ethics-in-end-of-life-care/ Guidelines-management-dying-death.html. Acesso em 05.08.2023.
35. COMPASSION & CHOICES. *Medical Aid In Dying is Not Assisted Suicide, Suicide or Euthanasia*. Disponível em: https://compassionandchoices.org/about-us/medical-aid-dying-not-assisted-suicide/. Acesso em: 05.08.2023.
36. ITÁLIA. Corte constitucional. Sentenza 242/2019 Disponível em: https://www.cortecostituzionale.it/actionSchedaPronuncia.do?anno=2019&numero=242. Acesso em: 05.08.2023.
37. ALEMANHA. *BVerfG, Judgment of the Second Senate of 26 February 2020*. Disponível em: http://www.bverfg.de/e/rs20200226_2bvr234715en.html. Acesso em: 05.08.2023.
38. SANTOS, Laura Ferreira dos. *Ajudas-me a morrer?* A morte assistida na cultura ocidental no século XXI. Lisboa: Sextante, 2009.
39. SUMMER, L. W. *Physician-Assisted Death*: what everyone needs to know. Oxford Press, 2017.

Segundo Illich, a literatura médica dos séculos XV e XVI "assinala dois deveres opostos para o médico: pode ajudar a cura ou, ao contrário, suavizar e acelerar a morte. (...) Ajudando, seja a curar ou a morrer, o médico se esforça para colaborar estreitamente com a natureza"[40]. Nos séculos seguintes, especialmente XIX e XX, com as invenções que permitem ao médico prolongar a vida do paciente e com o uso da palavra *eutanásia* pelo nazismo, a ajuda médica ao morrer passa a ser atacada.

Mark Komrad, psiquiatra estadunidense e uma das principais vozes contrárias à morte medicamente assistida, usa com frequência o exemplo nazista para justificar seu posicionamento. Ele defende que o médico não pode auxiliar um paciente a morrer e, frequentemente, nomeia esse ato como homicídio, usando o verbo *matar*[41].

Contudo, foi exatamente a constatação de que o termo eutanásia foi mal-empregado pelos nazistas que, juntamente com as mudanças socioculturais afetas ao reconhecimento da autodeterminação do paciente e com o aumento de métodos artificiais de suporte de vida, motivou o ressurgimento das discussões sobre morte medicamente assistida e pavimentou o caminho para as legislações sobre o tema.[42]

Philip Nitschke entende que a medicalização do direito de morrer acaba por impedir o exercício do direito à autodeterminação e é uma prova do paternalismo médico. Segundo ele, os médicos "estão sempre presentes, posicionando-se como os guardiões quando se trata de áreas do esforço humano nas quais eles não deveriam ter nenhum papel – porque quando você medicaliza algo, você tem que ter um controlador médico".[43] Por isso, Nitschke lidera hoje um movimento de pesquisadores que buscam criar, com o auxílio da tecnologia, métodos de abreviação da vida independentes da ação de um médico.[44]

Em contrapartida, Sumner[22] afirma que auxiliar um paciente a morrer é um ato de cuidado. Posição defendida também pela médica irlandesa Ciara Kelly. Em artigo de opinião publicado em setembro de 2020[45], Kelly afirmou que a morte assistida é um tema sobre os pacientes, e não sobre os médicos, e que apenas esses podem se manifestar a respeito, cabendo aos profissionais da medicina, caso discordem, utilizar-se do direito à objeção de consciência.

---

40. ILLICH, Ivan. *Nêmesis da Medicina*. 3. ed. São Paulo: Editora Nova Fronteira; 1975. p. 149.
41. KOMRAD, Mark S. *Medical Aid in dying*: a slippery slope. Disponível em: https://www.psychiatrictimes.com/view/medical-aid-in-dying-slippery-slope. Acesso em: 08.08.2023.
42. SIQUEIRA-BATISTA, Rodrigo; SCHRAMM, Fermin Roland. *Conversações sobre a "boa morte"*: o debate bioético acerca da eutanásia. Cadernos de Saúde Pública. 2005. Disponível em: https://www.scielo.br/j/csp/a/rpx7NmV6Yt4XTtmjytnfH6g/?format=pdf&lang=pt. Acesso em: 08.08.2023
43. NITSCHKE, Philip. *A design for death*: meeting the bad boy of the euthanasia movement. Disponível em: https://www.economist.com/1843/2019/12/12/a-design-for-death-meeting-the-bad-boy-of-the-euthanasia-movement. Acesso em 08.08.2023.
44. Sugere-se que o leitor acesse o site https://www.exitinternational.net/sarco/ e veja a foto da Sarco, máquina criada por Nitschke.
45. KELLY, Ciara. *Premium Assisted dying isn't about doctors, it's about patients*. Disponível em: https://www.independent.ie/opinion/comment/assisted-dying-isnt-about-doctors-its-about-patients-39545209.html. Acesso em: 08.08.2023.

4.3 Ortotanásia

Ortotanásia é o termo usado no Brasil para nomear a morte no tempo certo, aquela que acontece sem abreviação ou prolongamento da vida. É definida por Pessini como "a arte de bem morrer"[46]. Garay[47] (2003) afirma que a ortotanásia se concretiza com a abstenção, supressão ou limitação de todo tratamento fútil, extraordinário ou desproporcional diante da iminência da morte do paciente, "morte que não se busca (pois o que se pretende é humanizar o processo de morrer, sem prolongá-lo abusivamente) nem se provoca (já que resultará da própria enfermidade de que o sujeito padece)".

O termo é controvertido, notadamente porque inexiste na língua inglesa, sendo empregado nesta como sinônimo de eutanásia passiva[48]. Entretanto, é fato que no Brasil é usado para se referir ao objetivo dos cuidados paliativos[49]. É fato, ainda, que, no Brasil, o direito fundamental à morte digna tem sido conformado ao instituto ortotanásia, pela maior parte da literatura médica e jurídica, pelo Conselho Federal de Medicina (CFM) e pelo Poder Judiciário.

Em novembro de 2006, o CFM editou a resolução 1.805 que "permite ao médico limitar ou suspender, na fase terminal de enfermidades graves, tratamentos que prolonguem a vida do doente", mas deixa claro que devem ser mantidos "os cuidados necessários para aliviar os sintomas que levam ao sofrimento, na perspectiva de uma assistência integral, respeitada a vontade do paciente ou de seu representante legal"[50].

A referida norma permite a suspensão e a limitação de tratamentos que prolonguem a vida do doente em fase terminal, *in casu*:

> Art. 1º É permitido ao médico limitar ou suspender procedimentos e tratamentos que prolonguem a vida do doente em fase terminal, de enfermidade grave e incurável, respeitada a vontade da pessoa ou de seu representante legal.
>
> § 1º O médico tem a obrigação de esclarecer ao doente ou a seu representante legal as modalidades terapêuticas adequadas para cada situação.
>
> § 2º A decisão referida no *caput* deve ser fundamentada e registrada no prontuário.
>
> § 3º É assegurado ao doente ou a seu representante legal o direito de solicitar uma segunda opinião médica.
>
> Art. 2º O doente continuará a receber todos os cuidados necessários para aliviar os sintomas que levam ao sofrimento, assegurada a assistência integral, o conforto físico, psíquico, social e espiritual, inclusive assegurando-lhe o direito da alta hospitalar.

---

46. PESSINI, Leo. Humanização da dor e do sofrimento humano na área de saúde. In: PESSINI, Leo, BERTANCHINI, Luciana. (Orgs.) *Humanização e cuidados paliativos*. São Paulo: Loyola/São Camilo, 2004, p.11-30.
47. GARAY, Oscar E. *Derechos fundamentales de los pacientes*. Buenos Aires: Ad-Hoc, 2003.
48. GARRARD, Eve; WILKINSON, Stephen. Passive euthanasia. In: *J Med Ethics*. 2005 Feb;31(2):64-8.
49. GIANNASTÁSIO, Bárbara Nardino; GUIRRO, Úrsula Bueno do Prado; LOPES, Fernanda. Gomes. Ortotanásia e eutanásia passiva: descortinando tabus. In: DADALTO, Luciana; GUIRRO, Úrsula Bueno do Prado (Coord.). *Bioética e cuidados paliativos*. Indaiatuba: Editora Foco, 2024, no prelo.
50. CONSELHO FEDERAL DE MEDICINA. *Resolução 1.805 de 28 de novembro de 2006*. Disponível em: https://sistemas.cfm.org.br/normas/visualizar/resolucoes/BR/2006/1805. Acesso em: 08.08.2023.

Art. 3º Esta resolução entra em vigor na data de sua publicação, revogando-se as disposições em contrário[51].

A constitucionalidade desta norma foi questionada por meio da Ação Civil Pública n.º 2007.34.00.014809-3[52], ajuizada pelo Ministério Público Federal do Distrito Federal. Em decisão liminar, o juiz federal Roberto Luis Luchi Demo suspendeu a eficácia da norma por entender que ela possibilitava a prática da eutanásia. Em contestação, o CFM se defendeu explicando a diferença entre eutanásia e ortotanásia, afirmando que a resolução 1805/2006 tinha o condão exclusivo de regulamentar a eticidade da segunda[53].

Em 24 de setembro de 2009, com a eficácia da resolução ainda suspensa, o CFM aprovou um novo Código de Ética Médica, no qual estabelecia, entre seus princípios fundamentais, a necessidade de que diante de "situações clínicas irreversíveis e terminais o médico evitará a realização de procedimentos diagnósticos e terapêuticos desnecessários e propiciará aos pacientes sobre sua atenção todos os cuidados paliativos apropriados"[54].

Foi apenas em 2010 que a supracitada Ação Civil Pública foi sentenciada. Em sua decisão final, o Magistrado cassou a decisão liminar e concluiu pela constitucionalidade da ortotanásia no Brasil.

Desde então, reforça-se no Brasil a ideia de que ortotanásia é morte digna. E, ainda que isso seja verdade, não se trata de uma verdade completa pois, como a morte digna está intrinsecamente ligada à pessoalidade e à biografia no indivíduo, uma morte só será digna se assim o perceber o indivíduo. Ou seja, limitar o conceito de morte digna à eutanásia constitui verdadeira interferência no direito à autodetrminação.

Sabe-se, contudo, que o pressuposto de uma morte digna – sob quaisquer das formas – é o acesso aos cuidados paliativos; mas o acesso não é – e não pode ser – a finalidade. Isso porque a finalidade da morte digna é propiciar que o indivíduo grave e irreversivelmente doente possa escolher como deseja terminar sua vida e que essa escolha seja autônoma, em sua, seja feita sem qualquer interferência externa, sem embasar-se na falta de acesso a cuidados paliativos e sem travestir-se de solução milagrosa.

5. AUTODETERMINAÇÃO E DIREITO DE MORRER PARA ALÉM DA TERMINALIDADE DA VIDA

Compreende-se que, intrinsicamente ligada ao conceito de morte digna, está a ideia de que o indivíduo pode se autodeterminar acerca do momento apropriado para dar fim à sua vida biológica. E é neste contexto, os conceitos de morte digna e autonomia para

---

51. Op. Cit.
52. BRASIL. Tribunal Regional Federal da 1ª Região. *Processo n. 2007.34.00.014809-3*. Brasília, 23 out. 2007. Disponível em: https://processual.trf1.jus.br/consultaProcessual/processo.php?secao=DF&proc=200734000148093. Acesso em: 05.08.2023.
53. Op. Cit.
54. CONSELHO FEDERAL DE MEDICINA. *Resolução 1.931, de 29 agosto de 2009*. Disponível em: http://www.portalmedico.org.br/resolucoes/CFM/2009/1931_2009.htm. Acesso em 05.08.2023.

morrer se inter-relacionam, uma vez que estudiosos que defendem o direito de morrer[55], sustentam que não basta compreender a vida apenas em seu sentido biológico, sendo, também, necessário compreender o sentido biográfico desta. Considerando, então, que a biografia é subjetiva e depende da definição pessoal de qualidade de vida, não há ninguém melhor para decidir acerca do que é ter uma vida digna do que o próprio indivíduo que a vive, exercendo desta forma sua autonomia para decidir sobre si.[56]

Sob tal ótica, deve-se questionar: é concebível defender que falar que cada sujeito está apto a decidir sobre o momento de sua morte, independentemente de ter uma condição de saúde terminal?

Sabe-se que o direito à vida é consagrado como direito fundamental do ser humano e há autores que afirmam que, dentre todos os direitos, este revela-se como o mais importante, na medida em que todos os demais derivam dele[57]. Todavia, sendo a dignidade humana é, no direito Civil-Constitucional brasileiro, verdadeira cláusula geral de tutela da pessoa humana, deve-se entender que o direito à vida é, em verdade, um direito a uma vida digna e, portanto, conformado com o conceito subjetivo de dignidade. Assim, como a morte é parte inexorável da vida, as pessoas devem ter o direito de morrer com dignidade.

Ocorre que, como já visto, o conceito de morte com dignidade está intrinsecamente relacionado à preservação da autonomia do paciente, garantindo que a manifestação de sua vontade seja resultado de sua liberdade decisória. Logo, é preciso discutir o direito à autodeterminação para morrer para além das situações de terminalidade da vida, posto que a pessoa humana tem direito de conduzir sua vida e decidir sobre sua morte em conformidade com seus próprios valores; neste cenário, compete ao Estado e à sociedade respeitar como legítimas tais escolhas, contanto que não causem danos a outras pessoas em uma perspectiva própria do Estado Democrático de Direito, um estado plural e laico, no qual devem coexistir possibilidade variados projetos de vida, inclusive autodeterminação para morrer.

Nesse sentido a nova fronteira do reconhecimento da vida biográfica passa a ser o direito de uma pessoa sem uma doença grave, uma situação de terminalidade ou de incurabilidade solicitar a abreviação da vida – com auxílio médico ou de pessoa não médica – como a realização de um projeto de vida digna e da própria individualidade; E, ao mesmo tempo, o difícil equilíbrio entre este direito e o dever estatal de proteger pessoas vulneráveis e vulneradas. Em suma, o desafio é proteger o livre exercício da vida biográfica sem que a permissão de morte assistida acabe por legitimar as mortes indignas.

---

55. SIQUEIRA-BATISTA, Rodrigo; SCHRAMM, Fermin Roland. Eutanásia: Pelas Veredas da Morte e da Autonomia. *Ciência & Saúde Coletiva*, Rio de Janeiro, v. 9, n. 1, p. 8-11, 2004.
56. Op. Cit.
57. MORAES, Alexandre de. *Constituição do Brasil interpretada*. 2. ed., São Paulo: Atlas, 2002. p. 61.

6. CONSIDERAÇÕES FINAIS

A morte digna é um termo que se alicerça em bases subjetivas de entendimento e, portanto, é facilmente utilizado por diversos setores e por diversas doutrinas que, muitas vezes, o utilizam em contextos diametralmente opostos.

Em um Estado Democrático de Direito, *morte digna* deve ser entendida como a possibilidade que o indivíduo portador de uma doença ameaçadora da vida tem de escolher como deseja morrer. Não se trata, a princípio, de legitimar o desejo de morrer, mas de reconhecer que, em estados clínicos em que a irreversibilidade da doença está instaurada, é direito do paciente escolher como deseja vivenciar sua própria terminalidade.

Como visto, atualmente no Brasil, esta escolha está restrita ao acesso aos cuidados paliativos; fazendo com que o direito de receber tais cuidados seja tratado como uma escolha, e não como um pressuposto de dignidade.

Por isso, é preciso ir além e compreender que a vida digna protegida pela Constituição Federal de 1988 é vida biográfica; para que, em um momento posterior, seja possível refletir sobre quando a consecução deste direito só será completa.

Até lá, deve-se reconhecer que enquanto os brasileiros gravemente doentes não puderem escolher como desejam morrer, o uso do termo *morte digna* como sinônimo de ortotanásia terá apenas o objetivo de acalentar nossa alma e fingir que proporcionamos dignidade no fim da vida, quando, na verdade, proporcionamos apenas uma mentira misericordiosa.

7. REFERÊNCIAS

ALEMANHA. *BVerfG, Judgment of the Second Senate of 26 February 2020*. Disponível em: http://www.bverfg.de/e/rs20200226_2bvr234715en.html. Acesso em: 05.08.2023.

ANJOS, Márcio Fabri dos. Eutanásia em chave de libertação. In: *Boletim ICAPS* ano 7, n. 57, 1989.

ARIÈS, Philippe. *O homem diante da morte*. São Paulo: Unesp, 2014.

BACON, Francis. *History of life and death*. [S.l: s.n, 199-]. Disponível em: https://sirbacon.org/historylifedeath.htm. Acesso em: 01.08.2023.

BÉLGICA. *The Belgian Act on Euthanasia of May, 28th 2002*. Disponível em: https://apmonline.org/wp-content/uploads/2019/01/belgium-act-on-euthanasia.pdf. Acesso em: 05.08.2023.

BRASIL. *Constituição da República Federativa do Brasil de 1988*. Disponível em: http://www.planalto.gov.br/ccivil_03/constituicao/constituicao.htm. Acesso em: 08.08.2023.

BRASIL. Projeto de lei do Senado n. 236, de 2012. Disponível em: https://www25.senado.leg.br/web/atividade/materias/-/materia/106404. Acesso em: 05.08.2023.

BRASIL. Tribunal Regional Federal da 1ª Região. Processo n. 2007.34.00.014809-3. Brasília, 23 out. 2007. Disponível em: https://processual.trf1.jus.br/consultaProcessual/processo.php?secao=DF&proc=200734000148093 . Acesso em: 05.08.2023.

CANADÁ. *Statutes of Canada 2016*. An Act to amend the Criminal Code and to make related amendments to other Acts (medical assistance in dying). Disponível em: https://parl.ca/DocumentViewer/en/42-1/bill/C-14/royal-assent. Acesso em: 05.08.2023.

COLÔMBIA. *Ministerio de Salud y Protección Social. Resolución 2015/2018*. Disponível em: https://derechoamorir.org/wp-content/uploads/2018/09/2015-ley-eutanasia.pdf acesso em 05.08.2023.

COLÔMBIA. Corte Constitucional. Sentencia C-164/22. Disponível em https://www.corteconstitucional.gov.co/relatoria/2022/C-164-22.htm. Acesso em: 05.08.2023.

CONSELHO FEDERAL DE MEDICINA. *Resolução 1.805 de 28 de novembro de 2006*. Disponível em: https://sistemas.cfm.org.br/normas/visualizar/resolucoes/BR/2006/1805. Acesso em: 08.08.2023.

CONSELHO FEDERAL DE MEDICINA. *Resolução 1.931, de 29 agosto de 2009*. Disponível em: http://www.portalmedico.org.br/resolucoes/CFM/2009/1931_2009.htm. Acesso em: 05.08.2023.

CONSELHO FEDERAL DE MEDICINA. *Resolução CFM nº 2.217, de 27 de setembro de 2018*, Disponível em: https://portal.cfm.org.br/images/PDF/cem2019.pdf. Acesso em 09.08.2023.

CONSELHO FEDERAL DE MEDICINA. *Resolução CFM 2.232, de 16 de setembro de 2019*. Disponível em: https://sistemas.cfm.org.br/normas/visualizar/resolucoes/BR/2019/2232. Acesso em: 09.08.2023.

DADALTO, Luciana; SAVOI, Cristiana. Distanásia: entre o real e o ideal. In: DADALTO, Luciana; GODINHO, Adriano Marteleto; LEITE, George Salomão (Coord.). *Tratado brasileiro sobre o Direito Fundamental à Morte Digna*. São Paulo: Almedina, 2017. p. 151-166.

DADALTO, Luciana. Morte Digna para quem? O direito fundamental de escolha do próprio fim. In: *Revista Pensar*, 2019. Disponível em: https://periodicos.unifor.br/rpen/article/view/9555 . Acesso em: 08.08.2023.

DADALTO, Luciana; KOVÁCS, Maria Júlia. Pedido de morte medicamente assistida. In: DADALTO, Luciana; GUIRRO, Úrsula Bueno do Prado. (Coord.). *Bioética e Cuidados Paliativos*. Indaiatuba: Editora Foco, 2024, no prelo.

ESPANHA. Ley Orgánica 3/2021, de 24 de marzo, de regulación de la eutanasia. Disponível em: https://www.boe.es/diario_boe/txt.php?id=BOE-A-2021-4628. Acesso em: 05.08.2023

GARRARD, Eve; WILKINSON, Stephen. Passive euthanasia. In: *J Med Ethics*. 2005 Feb;31(2):64-8.

GARAY, Oscar E. *Derechos fundamentales de los pacientes*. Buenos Aires: Ad-Hoc, 2003.

GIANNASTÁSIO, Bárbara Nardino; GUIRRO, Úrsula Bueno do Prado; LOPES, Fernanda. Gomes. Ortotanásia e eutanásia passiva: descortinando tabus. In: DADALTO, Luciana; GUIRRO, Úrsula Bueno do Prado (Coord.). *Bioética e Cuidados Paliativos*. Indaiatuba: Editora Foco, 2024, no prelo.

HABERMAS, Jünger. *O futuro da natureza humana*. São Paulo: Martins Fontes, 2004.

ITÁLIA. Corte constitucional. Sentenza 242/2019 Disponível em: https://www.cortecostituzionale.it/actionSchedaPronuncia.do?anno=2019&numero=242. Acesso em: 05.08.2023.

HOLANDA. T*ermination of Life on Request and Assisted Suicide (Review Procedures) Act*. Disponível em: https://wfrtds.org/dutch-law-on-termination-of-life-on-request-and-assisted-suicide-complete-text/. Acesso em: 05.08.2023.

KELLY, Ciara. *Premium Assisted dying isn't about doctors, it's about patients*. Disponível em: https://www.independent.ie/opinion/comment/assisted-dying-isnt-about-doctors-its-about-patients-39545209.html. Acesso em: 08.08.2023.

KOMRAD, Mark S. *Medical Aid in dying*: a slippery slope. Disponível em: https://www.psychiatrictimes.com/view/medical-aid-in-dying-slippery-slope . Acesso em: 08.08.2023.

LUXEMBURGO. *Loi du 16 mars 2009 sur l'euthanasie et l'assistance au suicide*. Disponível em: https://legilux.public.lu/eli/etat/leg/loi/2009/03/16/n2/jo . Acesso em: 05.08.2023

MORAES, Alexandre de. *Constituição do Brasil interpretada*. 2. ed. São Paulo: Atlas, 2002.

MORAES, Maria Celina Bodin de. *Danos à pessoa humana*: uma leitura civil-constitucional dos danos morais. Rio de Janeiro: Renovar, 2003.

MORAES, Maria Celina Bodin de. O Conceito de Dignidade Humana: substrato axiológico e conteúdo normativo. In: SARLET, Ingo Wolfgang (Org.). *Constituição, Direitos Fundamentais e Direito Privado*. Porto Alegre: Livraria do Advogado, 2003.

NOVA ZELÂNDIA. End of Life Choice Act 2019. The Parliament of New Zealand. Disponível em: https://www.legislation.govt.nz/act/public/2019/0067/latest/DLM7285905.html. Acesso em: 05.08.2023.

NITSCHKE, Philip. *A design for death*: meeting the bad boy of the euthanasia movement. Disponível em: https://www.economist.com/1843/2019/12/12/a-design-for-death-meeting-the-bad-boy-of-the-euthanasia-movement. Acesso em: 08.08.2023.

PORTUGAL. *Lei 22 de 25 de maio de 2023*. Disponível em: https://diariodarepublica.pt/dr/detalhe/lei/22-2023-213498831. Acesso em: 05.08.2023.

PESSINI, Leo. Humanização da dor e do sofrimento humano na área de saúde. In: PESSINI, Leo, BERTANCHINI, Luciana. (Orgs.) *Humanização e cuidados paliativos*. São Paulo: Loyola/São Camilo, 2004, p.11-30.

PESSINI, Leo. A medicina atual: entre o dilema de curar e cuidar. In: DADALTO, Luciana; TEIXEIRA, Ana Carolina Brochado (Coord.). *Dos hospitais aos tribunais*. Belo Horizonte: Del Rey, 2013. p. 3-27.

RODOTÀ, Sefano. *Politici, liberateci dalla vostra coscienza*. 2008. Disponível em: https://daleggere.wordpress.com/2008/01/13/stefano-rodota-%C2%ABpolitici-liberateci-dalla-vostra-coscienza%C2%BB/. Acesso em: 08.08.2023.

SANTOS, Laura Ferreira dos. *Ajudas-me a morrer?* A morte assistida na cultura ocidental no século XXI. Lisboa: Sextante, 2009.

SIQUEIRA-BATISTA, Rodrigo; SCHRAMM, Fermin Roland. Conversações sobre a "boa morte": o debate bioético acerca da eutanásia. *Cadernos de Saúde Pública*. 2005. Disponível em: https://www.scielo.br/j/csp/a/rpx7NmV6Yt4XTtmjytnfH6g/?format=pdf&lang=pt. Acesso em: 08.08.2023.

SIQUEIRA-BATISTA, Rodrigo; SCHRAMM, Fermin Roland. Eutanásia: Pelas Veredas da Morte e da Autonomia. *Ciência & Saúde Coletiva*, Rio de Janeiro, v. 9, n. 1, p. 8-11, 2004.

SZTAJN, Rachel. *Autonomia privada e direito de morrer: eutanásia e suicídio assistido*. São Paulo: Cultural Paulista: Universidade da Cidade de São Paulo, 2002.

SUMMER, L. W. *Physician-Assisted Death*: what everyone needs to know. Oxford Press, 2017.

SWISS ACADEMIE OF MEDICAL SCIENCE. *Management of dying and death*. Disponível em: https://www.samw.ch/en/Ethics/Ethics-in-end-of-life-care/ Guidelines-management-dying-death.html. Acesso em 05.08.2023.

VILLAS-BOÂS, Maria Elisa. Eutanásia. In: DADALTO, Luciana; GODINHO, Adriano Marteleto; LEITE, George Salomão (Coord.). *Tratado brasileiro sobre o direito fundamental à morte digna*. Rio de Janeiro: Almedina, 2017. p. 101-129.

WHOQOL GROUP THE WORLD HEALTH ORGANIZATION QUALITY OF LIFE ASSESSMENT. *Position paper from the World Health Organization*. Social Science and Medicine. 1995;41(10):1403–1409. doi: 10.1016/0277-9536(95)00112-K.

A SOLIDARIEDADE COMO VALOR FUNDAMENTAL COMUM

Luiz Edson Fachin
Ministro do Supremo Tribunal Federal. *Alma Mater*: Universidade Federal do Paraná.

Sandra Soares Viana
Assessora de Ministro do Supremo Tribunal Federal.

Sumário: 1. Introdução – 2. Evolução histórica dos direitos humanos. Dignidade da pessoa humana e solidariedade social. Princípios estruturantes da Constituição Federal de 1988 – 3. Princípio da solidariedade como fundamento constitucional para realização do bem comum: uma sociedade justa, livre e solidária – 4. Concretização do princípio da solidariedade pelo poder público – 5. Leitura do princípio da solidariedade no âmbito do Supremo Tribunal Federal – 6. Conclusão – 7. Referências.

1. INTRODUÇÃO

A compreensão da importância do princípio da solidariedade como objetivo da República Federativa do Brasil passa necessariamente por reflexões acerca dos avanços e retrocessos que culminaram com a formação da sociedade contemporânea, marcada por constantes transformações de caráter político, social e cultural, na expectativa de que os anseios da construção do modelo constitucional de sociedade livre, justa e solidária sejam efetivamente alcançados.

Em diálogo envolvendo as origens históricas dos direitos humanos até a progressiva edificação do valor solidariedade como postulado constitucional, com força máxima de efetividade, depreende-se a importância da incorporação desse valor como referência a todo o ordenamento jurídico-constitucional para a promoção do bem comum. Por lógica de complementariedade aos demais direitos fundamentais consagrados, a solidariedade surge para reforçar o sentido de responsabilidade de cada um para com todos e de todos para com cada um, no convívio em comunidade. Afinal, sem a observância da solidariedade social, os demais direitos fundamentais perdem em efetividade.

O Estado Democrático e Social de Direito constituído pela Constituição Cidadã compromete-se a realizar ações que melhor se coadunam com as demandas civilizatórias para a construção de uma sociedade mais humana e mais justa, incompatível com movimentos de exclusão social.

Nesse percurso, a presente reflexão de caráter meramente teórico e acadêmico, intenta sistematizar estudos e ideias que realçam a importância de fatos históricos como marco da evolução dos direitos humanos, a preeminência da liberdade individual no modelo do Estado Liberal que se contrapunha aos então governos absolutistas, até a necessária consolidação do Estado Social, subscrito pela ideia jurídica do dever de solidariedade, que lança luzes sobre a implementação das demandas de caráter social e a necessidade de redução das desigualdades. Ao assim procedermos, buscamos, ainda que por meio de singelo desenho de ideias aqui organizadas a modo de estudo em coautoria, prestar nossas homenagens destinadas à Professora Maria Celina Bodin de Moraes, pelo relevante itinerário acadêmico que inclui a trajetória desde Camerino, Itália, até os dias atuais em diversas instituições, entidades, grupos de pesquisas e ainda direção de qualificado periódico civilístico vincado pela Constituição principiológica.

Apresenta-se o princípio da solidariedade como objetivo da República Federativa do Brasil na Constituição Federal de 1988 e a sua repercussão ao longo da Carta Cidadã como valor-referência para a atuação dos Poderes Públicos e toda a coletividade.

Passa-se à análise da efetividade dos direitos fundamentais à luz da realidade fática e das necessidades individuais e sociais como fundamento para a implementação de políticas públicas que impliquem a redução de desigualdades, a isonomia de acesso às oportunidades, o direito às necessidades básicas que dignificam a pessoa humana, não apenas no que tange aos anseios puramente individualistas, mas para o bem comum, mediante o desfrute de uma vida digna em uma sociedade solidária.

No desate, analisa-se a leitura constitucional do Supremo Tribunal Federal acerca dos contornos e do alcance do significado da solidariedade para o resguardo de direitos fundamentais e sociais proclamados na Constituição.

2. **EVOLUÇÃO HISTÓRICA DOS DIREITOS HUMANOS. DIGNIDADE DA PESSOA HUMANA E SOLIDARIEDADE SOCIAL. PRINCÍPIOS ESTRUTURANTES DA CONSTITUIÇÃO FEDERAL DE 1988**

A gênese dos direitos humanos repousa suas origens na afirmação da liberdade dos indivíduos frente ao Estado repressor absolutista que vigorava na Europa no final do século XVIII. As circunstâncias político-sociais dominantes daquele momento histórico e as demandas da época foram capazes de mobilizar as revoluções históricas ocorridas na França, necessárias às transformações das relações estruturantes.

O Estado de Direito surge na França sob forte inspiração dos ideais iluministas da liberdade, igualdade e fraternidade, fruto do descontentamento da população com a concessão de direitos e privilégios a poucos, integrantes da nobreza e do clero, além da repressão sofrida por parte do governo absolutista.

O sentimento revolucionário da época permitiu a percepção do indivíduo como sujeito livre e singular, apto a usufruir dos seus direitos sem a intromissão repressiva do Estado, que assume roupagem liberal, não intervencionista.

Acerca do significado e da importância da Revolução Francesa de 1789, Antônio José Avelãs Nunes, citando Michel Vovelle, foi preciso ao afirmar que: [1]

> "(...) a Revolução Francesa traduziu-se na 'subversão total, em menos de dez anos, de todo um antigo edifício político, institucional e social (...), uma imensa subversão social, o derrube de um edifício multissecular e a afirmação de novas relações de classe'. Comparada com as demais revoluções burguesas dos séculos XVIII e XIX, ela representa a via realmente revolucionária, centrada no terreno abertamente político da luta pela tomada do poder, (...) que destruiu a base econômica do poder dos senhores feudais e liquidou fisicamente uma boa parte dos membros da velha classe dominante. Esta natureza de revolução exemplar explica a sua universalidade e faz dela 'a única revolução ecumênica'".

Nesse espírito, o movimento culminou com a Declaração dos Direitos do Homem e do Cidadão, carta de princípios que se afigura como base do sistema democrático ocidental, consagrando-se direitos inerentes à pessoa humana, a exemplo da propriedade privada, positivado como sagrado e inviolável.

As estruturas sociais que se consolidavam após a Revolução Francesa, muito embora imbuídas dos ideais da liberdade individual e da igualdade de todos perante a lei, não estiveram imunes às crescentes desigualdades sociais que assolavam os direitos básicos da população. A partir dessas circunstâncias, eclodiu novo levante popular, com a Revolução de 1848, deflagrada pela organização dos operários franceses na busca por melhores condições de trabalho e de subsistência.

Àquela altura dos acontecimentos, o pêndulo da proteção da ordem jurídica deslocou-se do aspecto individual para a concepção social dos direitos humanos, impondo ao Estado não apenas o papel de respeitar a autodeterminação pessoal, mas o de intervir para tornar efetivos os direitos sociais almejados. Ao repertório dos direitos humanos foram acrescidos aqueles de caráter social, incorporados às modernas constituições que se seguiram. A Constituição de Weimar de 1919 retrata esse avanço, na previsão de normas de proteção ao trabalhador e direito à educação, bem assim os tendentes a assegurar a igualdade, a liberdade (de expressão e de religião) e a proteção das minorias.

Momentos de retrocesso também são verificados pelo surgimento de Estados totalitários e a eclosão das duas Guerras Mundiais, que importaram na estagnação e até mesmo na privação dos direitos humanos até então conquistados. Em reação às atrocidades da época e no intuito restabelecer a afirmação dos ideais e garantias nascidas da Revolução Francesa, a Organização das Nações Unidas aprovou a Declaração Universal dos Direitos Humanos de 1948.

Como se depreende por meio desta apertada síntese, os direitos humanos são fruto de processos históricos marcados por conquistas e retrocessos de ordem político-sociais e ostentam entre si relação de interdependência e conexão, a significar que a (melhor) realização de um depende da consagração e efetividade dos demais, numa lógica de complementariedade entre os valores consagrados.

---

1. NUNES, Antônio José Avelãs. *A Revolução Francesa*: as origens do capitalismo – a nova ordem jurídica burguesa. Belo Horizonte: Editora Fórum. p. 117-118.

No plano doméstico, os ideais revolucionários influenciaram a vida política nacional desde a independência do país, com a afirmação das liberdades fundamentais na primeira Constituição Brasileira de 1824. A ampliação do rol de direitos humanos consolidados no Império deu-se na Constituição da República de 1891, a qual, no entanto, suprimiu o tema direitos sociais. As garantias individuais foram ampliadas na Constituição de 1934 e, de forma inédita, estabelecidas normas de proteção ao trabalho.

O crescente progresso na salvaguarda de direitos humanos e sociais foi comprometido devido ao autoritarismo do Estado Novo, cujo ambiente político e jurídico era incompatível com a afirmação de direitos fundamentais. Com a redemocratização do país, a Constituição de 1946 restaurou as previsões protetivas. Posteriormente, houve novo período de retrocesso com a edição da Constituição de 1967 e do Ato Institucional n. 5, época da ditadura militar mantida por mais de duas décadas.

Na perspectiva dos direitos fundamentais, a promulgação da Constituição Federal de 1988 consagrou de modo amplo a tutela dos Direitos Humanos, com visibilidade aos direitos individuais e sociais. Em seu preâmbulo, a Constituição adjetivada cidadã bem ilustra o intento do Poder Constituinte originário em instituir o Estado Democrático de Direito, tendo como pauta a salvaguarda do "exercício dos direitos sociais e individuais, a liberdade, a segurança, o bem-estar, o desenvolvimento, a igualdade e a justiça como valores supremos de uma sociedade fraterna, pluralista e sem preconceitos, fundada na harmonia social e comprometida, na ordem interna e internacional, com a solução pacífica das controvérsias".

A nova unidade constitucional proclama expressamente os princípios da dignidade da pessoa humana, como fundamento do Estado Democrático de Direito, e da solidariedade social, como objetivo da República Federativa do Brasil (art. 1º, III, e art. 3º, I, da CF). Desses postulados é possível extrair a máxima efetividade de direitos fundamentais nela previstos, porquanto operam como referenciais para toda a ordem jurídica-constitucional.

A dignidade da pessoa humana figura na "construção de um conceito materialmente aberto de direitos fundamentais na nossa ordem constitucional", ampliando as hipóteses de incidência de situações jurídicas não expressamente indicadas no catálogo de direitos fundamentais, a exemplo do que ocorreu com a consagração do "direito ao mínimo existencial para uma vida digna"[2], nitidamente vinculado aos direitos sociais.

Por seu turno, o princípio da solidariedade serve a nortear o ordenamento jurídico para a construção de sociedade livre, justa e solidária, almeja-se o bem-estar da pessoa humana na medida da sua dignidade social, com acesso aos direitos fundamentais e sociais básicos.

A construção da sociedade mais solidária é dever e responsabilidade de cada um e de todos os membros da coletividade. Com percuciência, a ilustre professora Maria

---

2. SARLET, Ingo Wolfgang. *Dignidade (da pessoa) humana e direitos fundamentais na Constituição Federal de 1988*. 10. ed. rev. atual. e ampliada. Porto Alegre: Livraria do Advogado Editora, 2015. p. 121.

Celina Bodin de Moraes celebra a solidariedade social como elemento transformador da condição humana na vida em comunidade, a partir do senso de pertencimento, pois é "através do reconhecimento do outro que nos identificamos, é através da solidariedade, que nos responsabilizamos"[3].

Sem olvidar da crítica lançada pela docente quanto à demora para o amadurecimento jurídico desse valor, é preciso reafirmar que a ideia-princípio tem como pressuposto a democracia, ordem essa, parafraseando as célebres lições de Maria Celina Bodin de Moraes, "capaz de garantir a solidariedade social para todos, ao proibir a diferenciação discriminatória entre 'nós' e os 'outros', sendo 'os outros' quase sempre considerados desumanos, bárbaros, primitivos, animais"[4].

3. PRINCÍPIO DA SOLIDARIEDADE COMO FUNDAMENTO CONSTITUCIONAL PARA REALIZAÇÃO DO BEM COMUM: UMA SOCIEDADE JUSTA, LIVRE E SOLIDÁRIA

O termo solidariedade engloba diversos significados, representa virtude de caráter moral e sentimento religioso, relacionado ao amor fraterno e à caridade. Como ato de liberalidade, está associado à forma natural de conexão moral entre as pessoas, de orientação responsável na sociedade, que transcende o campo puramente individual.

O conceito de solidariedade também foi objeto de estudo, no campo sociológico, pelo francês Émile Durkheim, sob a premissa de que os laços de coesão entre os indivíduos estariam fundados nas tradições culturais ou na interdependência gerada pela especialização do trabalho na produção capitalista. Para ele, a divisão de trabalho produz a solidariedade[5].

Em sua acepção jurídica, a solidariedade teve origem na expressão do direito romano *solidum*, inscrita no Código Civil de Napoleão, com a finalidade de reger as relações estritamente privadas dos contratantes, nas denominadas obrigações solidárias, sendo aquelas que podem ser exigidas ou cumpridas em sua totalidade.

As bases político-jurídicas do pensamento solidarista foram lançadas após a Revolução de 1789, mas somente tiveram expansão com o desenvolvimento dos conceitos ligados ao Estado de bem-estar social, com o declínio do liberalismo burguês. De acordo com a concepção que se instaurava, o respeito à liberdade e à igualdade do ser humano somente seria possível com a tutela pelo Estado dos direitos da coletividade. O ideal da fraternidade expressava a conotação de patriotismo, embasado no dever moral de união e no dom da caridade, sem força normativa a suplantar as disparidades sociais existentes.

---

3. MORAES, Maria Celina Bodin de. *Na medida da pessoa Humana*: estudos de direito civil-constitucional. Rio de Janeiro: Renovar, 2010. p. 263.
4. Ibid., p. 263.
5. *Políticas públicas e o princípio jurídico da solidariedade*. SMANIO, Gianpaolo Poggio et al. (Orgs.). Belo Horizonte, São Paulo: D Plácido, 2020. p. 11-32.

Em meio à expansão do constitucionalismo social no Século XX, a doutrina lançada pelo jurista Léon Duguit reconhece a solidariedade social como fundamento de direito, que atribui sentido e legitimidade às ações que se coadunam com a finalidade coletiva. Como explica José Fernando de Castro Farias[6]:

> Na lógica funcional de Duguit, um ato só tem valor social e jurídico se for determinado por um fim conforme a 'solidariedade social', e não porque ele tem como sustentação unicamente a vontade do sujeito (...). O ato de vontade individual será um fato de direito na medida em que ele esteja adequado a 'regra de direito objetiva' saída da 'solidariedade social'. Esta se impõe a todos os indivíduos na sociedade, sejam governantes, governados, pois o direito tem o papel essencial de limitar os poderes e delimitar as obrigações dos indivíduos.

O aprimoramento do significado da solidariedade como valor-jurídico culminou com a sua consagração constitucional, tornando-se garantia jurídica de máxima efetividade para assegurar a proteção dos direitos da comunidade, recepcionado em constituições mundo afora.

Na seara jurídica constitucional, foi implementado com sentido amplo, quer como fundamento para tutela dos direitos sociais, quer para informar os direitos de terceira geração, os assim chamados direitos de fraternidade ou de solidariedade, que "trazem como nota distintiva o fato de se desprenderem, em princípio, da figura do homem-indivíduo como seu titular, destinando-se à proteção de grupos humanos (povo, nação)", no escólio de Ingo Sarlet[7].

Pensar na evolução dos direitos humanos e fundamentais na divisão em "gerações de direitos", tal qual concebida por Karel Vasak e adotada por grande parte da doutrina nacional, nem sempre densifica a fluidez com que se originaram e se harmonizam, nem tampouco parece contribuir para a plena realização dos direitos postos. A esse respeito, Jorge Miranda leciona[8]:

> Conquanto esta maneira de ver possa ajudar a apreender os diferentes momentos históricos de aparecimento dos direitos, o termo geração, geração de direitos, afigura-se enganador por sugerir uma sucessão de categorias de direitos, umas substituindo-se às outras – quando, pelo contrário, o que se verifica em Estado social de direito é o enriquecimento crescente em resposta às novas exigências das pessoas e das sociedades. Nem se trata de um mero somatório, mas sim de uma interpretação mútua, com a conseqüente necessidade de harmonia e concordância prática.

O contraponto à teoria da "geração de direitos" também aponta a imprecisão temporal dos graus de desenvolvimento desses direitos, cujo avanço não seguiu curso linear, estável ou previsível, e até mesmo a inutilidade da classificação. No âmbito dos direitos sociais, é preferível identificar as obrigações que incumbem ao Estado, a fim

---

6. Apud *Políticas públicas e o princípio jurídico da solidariedade*. SMANIO Gianpaolo Poggio et al. (Orgs.). Belo Horizonte, São Paulo: D Plácido, 2020. p. 27.
7. SARLET, Ingo Wolfgang; MITTIDIERO, Daniel; MARINONI, Luiz Guilherme. *Curso de direito constitucional*. 9. ed. São Paulo: Saraiva Educação, 2020. p. 326.
8. MIRANDA, Jorge. *Doutrina do Superior Tribunal de Justiça*: edição comemorativa 15 anos/organizado pelo Gabinete do Ministro-Diretor da Revista. Brasília: STF, 2005. p. 203-204.

de tornar reais as expectativas da comunidade quanto à sua realização, garantindo-se que sejam realmente aplicados na prática. Desse modo, a normatividade dos direitos fundamentais contra o exercício arbitrário do Estado estaria em conformidade com o nominado 'constitucionalismo de efetividade'[9].

O valor jurídico solidariedade, no plano nacional, surgiu como instituto previsto no Código Civil, nos moldes verificados nas sociedades europeias; para, a partir da promulgação da Constituição Federal de 1988, alçar *status* constitucional.

Consagrou-se como um dos objetivos do Estado Democrático de Direito na construção de sociedade livre, justa e solidária, na qual deve ser assegurado o desenvolvimento nacional, erradicada a pobreza e a marginalização, reduzidas as desigualdades sociais e regionais, além de promovido o bem de todos, sem preconceitos de origem, raça, sexo, cor, idade e quaisquer outras formas de discriminação (art. 3º, CF).

A pauta do Estado Democrático está precisamente colocada, não havendo dúvidas quanto às questões prioritárias a serem desenvolvidas pelos poderes públicos e destinatários dos postulados constitucionais a fim de promover o bem de todos. A sua consecução pressupõe que sejam observados os valores da dignidade humana, da igualdade substancial e da solidariedade social, com a descontinuidade de fatores de exclusão e de desigualdades sociais.

Dotados de conceito aberto, os valores da dignidade da pessoa humana e da solidariedade compartilham a capacidade de identificar e valorar as situações da realidade que se coadunam à proteção constitucional, tendo como epicentro o ser humano e o interesse social.

A opção do legislador constitucional pela tutela da dignidade humana e solidariedade social em um sistema aberto e plural conclama à depuração da hermenêutica como forma de "compreensão e ação constitutiva do próprio sujeito que se alcançará a imperiosa sensibilidade jurídica à reinvenção e renovação do Direito, reconhecendo-lhe as necessidades do presente e conformando-lhe um modo de olhar socialmente eficaz"[10].

Há entre ambos os postulados íntima reciprocidade, na medida em que a dignidade humana somente é verdadeiramente assegurada quando o indivíduo cuja dignidade é resguardada estiver inserido em uma sociedade solidária, com redistribuição dos bens sociais que permitam o gozo da igualdade substancial, sem a qual não se realiza a liberdade, a autonomia privada.

Nessa perspectiva, a solidariedade surge como critério e fio condutor para a materialização dos direitos sociais por meio de políticas públicas, indispensáveis a realizar a pauta constitucional e, com isso, reforçar a dignidade da pessoa humana em seu convívio social. Significa dizer que a solidariedade impulsiona os poderes públicos a zelar pela

---

9. FACHIN, Luiz Edson. MACHADO FILHO, Roberto Dalledone. Direito comum da humanidade. In: *30 anos de constituição brasileira*: democracia, direitos fundamentais e instituições. TOFFOLI, José Antonio Dias (Org.). Rio de Janeiro: Forense, 2018.
10. FACHIN, Luiz Edson. *Direito Civil*: sentidos, transformações e fim. Rio de Janeiro: Renovar: 2015. p. 146.

justiça social, propiciando a cada um e a todos as oportunidades de acesso aos serviços públicos necessários à concretização da dignidade individual e social.

O percurso constitucional idealizado deve ser adaptável aos graus de complexidade presentes na sociedade, impondo-se ao Estado a constante busca por assomar esforços para a efetivação da responsabilidade recíproca de cada indivíduo para com o outro, estabelecendo laços jurídicos que propiciem a convivência em segurança.

A repercussão provocada pela consolidação do princípio da solidariedade no texto constitucional irradia sua essência para além dos direitos sociais nele estabelecidos, alcançando institutos que a princípio não teriam envergadura constitucional, mas que encontram fundamento e legitimidade na Constituição Federal.

Nesse formato, a ressignificação do direito privado por valores constitucionais, própria da constitucionalização do direito civil, deve se respaldar em valores existenciais vinculadas às crianças, aos adolescentes, aos idosos, aos deficientes, aos consumidores, aos membros da família, aos contratantes, dentre outros[11]. Exemplo significativo é o direito de propriedade, que, outrora tido como direito absoluto, deverá ser exercido nos limites da sua função social, na medida do interesse da coletividade.

Pode-se acrescer, ainda, a democratização das relações familiares pelos valores da igualdade e da responsabilidade entre os seus integrantes, esvaziando o modelo da família hierarquizada patriarcal, a rigor sem modelos excludentes[12]. Em sua acepção constitucional, o Supremo Tribunal Federal a compreende a partir de conceito "anímico e cultural" como instituição privada constituída entre pessoas adultas, que mantém com o Estado e a sociedade civil uma necessária relação tricotômica, e que independe, para sua formação, de que seja integrada por casais heteroafetivos ou pares homoafetivos, ou de qualquer formalidade cartorária, celebração civil ou liturgia religiosa[13].

Como se percebe, ainda que de modo implícito, a solidariedade social orienta as relações privadas, delimitando sua abrangência para a edificação dos valores democráticos e sociais.

Ilumina, também, matérias com assento constitucional, como o dever do Estado e de toda a coletividade de defender o meio-ambiente e preservá-lo para as presentes e futuras gerações, de modo a promover a harmoniosa coabitação do planeta (art. 225, CF). Nessa senda, incide fortemente sobre a previsão constitucional dos sistemas de seguridade social, essencialmente ligados à ideia de bem comum, da responsabilidade de um por todos e de todos por um (art. 194, CF).

Imperioso ressaltar que o dever de solidariedade ultrapassa as fronteiras nacionais, manifestando-se no direito fundamental à cooperação entre os povos para o progresso da humanidade, valor com o qual se compromete o Brasil nas suas relações internacionais, por força do art. 4º, IX, da Constituição Federal.

---

11. Ibid., p. 16.
12. ibid., p. 167.
13. STF – ADPF 132, Rel. Min. Ayres Britto, Pleno, DJe 14.10.2011.

Relembre-se que a pandemia da Covid-19 teve impacto inestimável e sem precedentes em escala global, com repercussão sobre os sistemas de saúde e econômico, evidenciando ainda mais a vulnerabilidade de grupos sociais desfavorecidos. Para conter a crise sanitária, observou-se sólida atuação da União Europeia com esteio na cláusula da solidariedade, mediante ajuda mútua e cooperação institucional[14].

A dimensão transformadora do princípio da solidariedade impacta, como visto, inúmeros direitos prescritos constitucionalmente e em legislações ordinárias, notabilizando-se como fonte aberta para a interpretação constitucional, apta a densificar as hipóteses constitucionalmente tuteladas, no intento de alcançar a finalidade precípua para a qual foi pensado: a construção de sociedade solidária, mais humana e justa, com atuação responsável dos Entes Federados em prol da realização do bem comum.

4. CONCRETIZAÇÃO DO PRINCÍPIO DA SOLIDARIEDADE PELO PODER PÚBLICO

A solidariedade está veementemente ligada à atuação do Estado na efetivação das demandas constitucionais essenciais à concretização de políticas que ofereçam condições de acesso aos direitos básicos e a uma vida mais digna a cada um dos indivíduos, com a quebra das barreiras que impedem o desenvolvimento pessoal e a participação social.

O Estado Democrático de Direito deve otimizar as ações dos entes federados no sentido de congregar esforços e dividir responsabilidades para oferecer aos cidadãos os padrões mínimos de dignidade social, mediante acesso à educação, saúde, alimentação, trabalho, moradia, transporte, lazer, segurança, previdência social, e proteção à maternidade, infância e assistência aos desamparados, subjacentes ao catálogo dos direitos sociais.

Deve-se ter no horizonte dos agentes públicos alternativas de efetivação dos direitos que dignifiquem a existência humana, promovendo as condições mínimas ao indivíduo para desfrutar de liberdade individual e social, *"de uma vida boa"*[15]. É o que a doutrina constitucional passou a denominar de direito a um mínimo existencial, sem significar, contudo, o direito de usufruir *"apenas o mínimo"*, mas o de que os direitos fundamentais tenham eficácia progressivamente o mais vasta possível, conforme o "comprometimento da sociedade e do governo e da riqueza produzida pelo país"[16].

Portanto, para a consecução do bem comum, o Estado deve orientar o gasto público como mecanismo de implantação de políticas públicas para, progressivamente, amenizar

---

14. DIZ, Jamile Bergamaschine Mata; COSTA, Elizabeth Accioly Rodrigues; SILVA, Alice Rocha da. A solidariedade como fundamento para o enfrentamento do Covid-19 na União Europeia. *Revista Opinião Jurídica* (Fortaleza), Fortaleza, v. 18, n. 29, p. 77-97.
15. SARLET, Ingo Wolfgang. *Dignidade (da Pessoa) Humana e Direitos Fundamentais na Constituição Federal de 1988*. 10. ed. rev. atual. e ampl. Porto Alegre: Livraria do Advogado Editora, 2015. p. 137.
16. CLÈVE, C. M. (2003). A EFICÁCIA DOS DIREITOS FUNDAMENTAIS SOCIAIS. *Boletim Científico Escola Superior Do Ministério Público Da União*, (8), 151-161. Recuperado de https://escola.mpu.mp.br/publicacoes-cientificas/index.php/boletim/article/view/104.

e resolver o quadro de desamparo social vivenciado pela população brasileira. Sem uma atividade financeira responsável, equilibrada e solidária, e diante de orçamento público escasso, as ações governamentais perdem em qualidade e eficiência, comprometendo a efetividade dos direitos. Nessa perspectiva é que o direito financeiro pode também ser considerado direito social, ou seja, quando a ele se atribui a finalidade de cumprir os objetivos fundamentais da Constituição Federal[17].

Sem embargo das dificuldades enfrentadas pelas limitações orçamentárias e financeiras, o Supremo Tribunal Federal assentou que a "cláusula da reserva do possível não pode ser invocada, pelo Poder Público, com o objetivo de fraudar, de frustrar e de inviabilizar a implementação de políticas públicas definidas na própria Constituição"[18], tendo em conta a garantia constitucional do mínimo existencial. De fato, pensar em reduzir as desigualdades sociais mediante utilização do dinheiro arrecadado de todos em proveito de apenas alguns perfaz tarefa financeiramente impossível.

Frente a tal dinâmica, deve-se ter em mente que o controle do gasto público de maneira indevida, para favorecer parcela restrita da sociedade, pode significar uma forma de dominação estatal. Forjam-se cartas de direitos que imprimem a falsa sensação de igualdade no usufruto de direitos e deveres, mas que dependem de inúmeras condições para sua efetividade, tornando-os, ao fim e ao cabo, insuscetíveis de materialização, conforme adverte o professor Fernando Facury Scaff[19].

Ao tempo em que problematiza a questão da gestão e execução orçamentária, o ilustre professor propõe a quebra desse sistema de dominação, tanto por meio de disputa eleitoral financeiramente isonômica quanto pela primordial promoção de patamares mínimos de qualidade de vida à coletividade, mediante destinação da verba arrecadada não para consolidar privilégios, mas para promover investimentos sociais.

A omissão ou ineficiente adoção de políticas públicas que culmina em violações a direitos fundamentais previstos constitucionalmente legitima a intervenção do Poder Judiciário no controle dos atos administrativos, conforme entendimento sedimentado na jurisprudência do Supremo Tribunal Federal[20].

5. LEITURA DO PRINCÍPIO DA SOLIDARIEDADE NO ÂMBITO DO SUPREMO TRIBUNAL FEDERAL

Como guardião da Constituição, incumbe ao Supremo Tribunal Federal o dever de zelar pela efetividade dos princípios constitucionais na consolidação do propósito

---

17. FREITAS, Leonardo Buissa; BEVILACQUA, Lucas. Atividade financeira do Estado, transferências intergovernamentais e políticas públicas no federalismo fiscal brasileiro. *Revista Fórum de Direito Financeiro e Econômico – RFDFE*, Belo Horizonte, ano 5, n. 9, p. 45-63, mar./ago. 2016.
18. STF – RE 639.337-AGR, Rel. Min. Celso de Mello, DJe 15.9.2011
19. SCAFF, Fernando Facury. O direito financeiro como um direito social e as cláusulas pétreas sociais. In: *Temas contemporâneos de direito público*: estudos em homenagem ao professor Kiyoshi Harada. Rio de Janeiro, Flórida: Pembroke Collins, 2022. p. 212-227.
20. STF – ARE 1417026, Rel. Min. Cármen Lúcia, Primeira Turma, DJe 05.07.2023.

republicano da promoção do bem comum, orientado pelos princípios cardeais da solidariedade social e da dignidade da pessoa humana. A hermenêutica desses dilemas constitucionais tem o desafio de conferir sentidos e fim ao elenco de princípios consagrados, à luz da realidade fática de uma sociedade aberta e plural[21].

Reconhecendo que o acesso ao judiciário consiste em garantia fundamental, sem a qual haveria o risco de violação em cascata de direitos, o Supremo Tribunal Federal considerou que o "direito a se ter direitos" é pressuposto do acesso à gratuidade da Justiça[22].

Nessa mesma ordem de ideias, asseverou ser imprescindível ao Estado prover a Defensoria Pública local com a melhor estrutura administrativa a fim de assegurar a assistência jurídica integral e gratuita às populações carentes e desassistidas, há muito postas à margem do sistema jurídico[23].

Com efeito, o acesso à jurisdição constitucional como alternativa à implementação dos direitos fundamentais e sociais torna-se imprescindível à afirmação do Estado Democrático de Direito. No recorte que interessa ao presente estudo, analisa-se, dentre outros, precedentes associados aos direitos sociais arrolados na Carta Cidadã (art. 6º, CF), cujo repertório serve a aferir a relevância do Poder Judiciário na conjugação de esforços frente às reivindicações de efetivação de direitos.

Especialmente em relação ao direito à educação e à alimentação, a Corte assentou a possibilidade de intervenção do judiciário quando se cuida da adoção de providências garantidoras desses direitos às crianças em escolas de comunidades indígenas[24].

O Plenário do Supremo Tribunal Federal afirmou ainda ser dever constitucional do Estado assegurar o atendimento em creches e pré-escolas para crianças com até cinco anos de idade, a fim de dar efetividade aos direitos não apenas da criança, mas também da mulher, permitindo-lhe o ingresso ou retorno ao mercado de trabalho[25].

No que concerne ao ensino domiciliar, asseverou-se que a Constituição Federal não o veda de forma absoluta, mas "proíbe qualquer de suas espécies que não respeite o dever de solidariedade entre a família e o Estado como núcleo principal à formação educacional das crianças, jovens e adolescentes". Ressaltou-se que o acesso à educação "é um direito fundamental relacionado à dignidade da pessoa humana e à própria cidadania, pois exerce dupla função: de um lado, qualifica a comunidade como um todo, tornando-a esclarecida, politizada, desenvolvida (CIDADANIA); de outro, dignifica o indivíduo, verdadeiro titular desse direito subjetivo fundamental (DIGNIDADE DA PESSOA HUMANA)"[26].

Concernente às ações governamentais que asseguram aos estudantes regularmente matriculados em estabelecimento de ensino a meia entrada em atividade de lazer,

---

21. Ibid., p. 185.
22. STF- ADI 5766, Rel. p acórdão Min. Alexandre de Moraes, Pleno, DJe 03.05.2022.
23. STF – RE 763.667/CE, Rel. Min. Celso de Mello, Segunda Turma, DJe 13.12.2013.
24. STF – ARE 1417026, Rel. Min. Cármen Lúcia, Primeira Turma, DJe 05.07.2023.
25. STF – RE 1008166, Rel. Min. Luiz Fux, Pleno, DJe 20.04.2023.
26. STF – RE 888815, Red. do acórdão, Min. Alexandre de Moraes, DJe 21.03.2019.

depreendeu-se plenamente materializado o direito de acesso à cultura, ao esporte e ao lazer, sobretudo por se tratar de atividades que ainda se prestam a complementar a formação dos estudantes[27].

Ao se deparar com temas envolvendo o direito social à saúde, entendeu-se que a restrição à doação de sangue por homossexuais afronta, a um só tempo, o exercício da autonomia privada das escolhas da vida e a autonomia pública, de prestar auxílio ao outro. Nesse sentido, a responsabilidade com o outro demanda realizar uma desconstrução do Direito posto para tornar a Justiça possível e incutir, na interpretação do Direito, o compromisso com um tratamento igual e digno a pessoas que desejam exercer a alteridade e doar sangue[28].

Acerca da inclusão social, compreendeu-se que a concessão de passe livre às pessoas portadoras de deficiência propiciou melhores condições de participação na vida em sociedade, de modo que essa política pública promoveu a efetiva humanização das relações sociais, à luz da solidariedade e da fraternidade. Na oportunidade, a eminente Ministra Cármen Lúcia entendeu que, a partir dos valores supremos explicitados no preâmbulo da Constituição, é que se afirma o princípio jurídico da solidariedade, de "expressão inegável e efeitos definidos, a obrigar não apenas o Estado, mas toda a sociedade". Em prol dessa contemporânea perspectiva da sociedade, reforçou que já "não se pensa ou age segundo o ditame de 'a cada um o que é seu', mas 'a cada um segundo a sua necessidade'", afirmando-se que a "responsabilidade pela produção destes efeitos sociais não é exclusiva do Estado, senão que de toda a sociedade"[29].

Por seu turno, a proteção constitucional à maternidade foi reputada como valor fundante para "inúmeros outros direitos sociais instrumentais, tais como a licença-gestante e o direito à segurança no emprego, a proteção do mercado de trabalho da mulher, mediante incentivos específicos, nos termos da lei, e redução dos riscos inerentes ao trabalho, por meio de normas de saúde, higiene e segurança"[30].

No que tange ao direito à segurança, advertiu a Corte que é dever do Estado a construção de políticas de segurança pública e controle da violência armada[31].

No julgamento relacionado à responsabilidade civil objetiva das operadoras do Seguro Obrigatório de Danos Pessoais Causados por Veículos automotores de Vias Terrestres – DPVAT, foi realçado o caráter social dos seguros obrigatórios, destinados a resguardar a coletividade das potenciais vítimas de acidentes de trânsito, para o fim de facilitar-lhes acesso à indenização devida[32].

A solidariedade entre as gerações foi destacada em julgamento no qual a Suprema Corte concluiu ser incompatível com a Constituição a limitação, de forma automática,

---

27. STF – ADI 1950, Rel. Min. Eros Grau, Pleno, DJe 02.06.2006.
28. STF – ADI 5543, Rel. Min. Edson Fachin, Pleno, DJe 26.08.2020.
29. STF – ADI 2649, Rel. Cármen Lúcia, Pleno, DJe 17.10.2008.
30. STF – ADI 5938, Rel. Min. Alexandre de Moraes, Pleno, DJe 23.09.2019.
31. STF – ADI 6466 MC-Ref, Rel. Min. Edson Fachin, DJe 19.12.2022.
32. STF – ADI 1003, Rel. Min. Cármen Lúcia, Pleno, DJe 18.02.2019.

da liberdade de expressão frente ao direito de esquecimento, porquanto sobressai, nesses casos, o direito à verdade histórica, de maneira que uma geração não pode negar à próxima o direito de conhecer a sua história[33].

Especialmente nas ações versadas sobre a seguridade social, os temas julgados bem elaboram o significado de sociedade solidária para a Suprema Corte. Ao apreciar aspectos da reforma previdenciária implementada pela EC 41/2003, precisamente a constitucionalidade da cobrança de contribuição previdenciária de servidores públicos aposentados, a Corte conferiu caráter estruturante ao princípio da solidariedade, em nome do qual a cobrança estaria justificada, mesmo sob restrição ao princípio do direito adquirido.

No julgamento, o eminente Ministro Joaquim Barbosa foi assertivo ao referir que os objetivos da Constituição Federal conduzem à construção de "um Estado de bem-estar social, calcado no princípio da solidariedade, que, aliás, como muito bem lembrado pelo ministro Sepúlveda Pertence na ADI 1.441, constitui a pedra de toque de todo o sistema de seguridade social", em "total coerência com a matriz filosófica da nossa Constituição, quando confrontado com o suposto direito adquirido de não pagar contribuição previdenciária, necessariamente deve prevalecer"[34].

Posteriormente, o STF reafirmou o entendimento sobre a constitucionalidade da cobrança de contribuição previdenciária por parte de aposentado que permaneça em atividade ou a ela retorne da mesma forma que os demais trabalhadores, tendo em vista que o valor da solidariedade impregnado no custeio da seguridade social elastece na maior amplitude possível a finalidade das contribuições sociais[35].

Nas discussões havidas em torno das medidas sanitárias de combate à pandemia da Covid-19, o Tribunal reconheceu a solidariedade de cada ente federativo como garantidor dos direitos fundamentais em jogo, a significar que o exercício da competência da União em nenhum momento subtrai a competência própria dos demais entes da federação na realização de serviços de saúde[36].

O repertório selecionado não encerra todas as hipóteses em que a Corte dimensionou o princípio da solidariedade, mas certamente projeta luzes para elaboração do sentido e alcance da sua aplicação na seara dos direitos fundamentais comuns.

6. CONCLUSÃO

O percurso histórico da evolução dos direitos da pessoa humana se depara com momentos adversos e com oportunidades favoráveis. Sem percorrer trajetória linear e eminentemente progressiva, os direitos conquistados em torno de circunstâncias revolucionárias ofertaram à sociedade contemporânea substancioso núcleo de direitos

---

33. STF – RE 1.010.606, Rel. Min. Dias Toffoli, Pleno, DJe 11.02.2021.
34. STF – ADI 3105, Red. para acórdão Min. Cezar Peluso, Pleno, DJe 18.2.2005.
35. STF – ARE 1.224.327, Rel. Dias Toffoli, Pleno, DJe 4.11.2019.
36. STF – ADI 6.341 MC-Ref, Red. p acórdão. Min. Edson Fachin, Pleno, DJe 13.11.2020.

fundamentais, que se congregam para o fim de assegurar boas condições de vida de acordo com a realidade fática e à necessidade social que se procura resguardar.

No tempo presente, os direitos estão postos e declarados nas Cartas Políticas. A Constituição Federal de 1988 institui o Estado Social Democrático de Direito destinado a assegurar o exercício dos direitos sociais e individuais na construção de uma sociedade livre, justa e solidária. Aos direitos fundamentais não basta a declaração formal, mas conferir-lhes sentidos e fim para que não se convertam em promessas vãs, sem expectativa de efetividade.

Nesse cenário formado e conformado por relevantes postulados constitucionais, assume singular relevância o valor solidariedade como objetivo precípuo da República Federativa do Brasil, na construção do bem comum, em que à coletividade seja reservada os direitos fundamentais que possibilitem a cada um se reconhecer no outro, pela forte presença do solidarismo social, contratual, familiar, civil, financeiro, ecológico, intergeracional e quantos mais o enquadramento do ordenamento jurídico permitir.

Os poderes republicanos, os entes federativos e a coletividade são chamados para a construção de sociedade democrática mais humana, sem espaço para exclusão ou discriminação e que não transija nos valores igualdade e liberdade. Incumbe ao Poder Público nortear as escolhas políticas em consonância com os valores máximos constitucionais, sem a criação de obstáculos artificiais passíveis de inviabilizar o projeto constitucional. A desigualdade social ocasionada pelas dificuldades de acesso isonômico a direitos básicos impõe reforço no âmbito de proteção dos direitos fundamentais.

Os precedentes judiciais apresentados confirmam que o princípio da solidariedade social assegura a ressignificação dos direitos para a consolidação do projeto constitucional do Estado Democrático.

A construção da sociedade solidária certamente contribuirá para o implemento e reforço dos demais valores essenciais ao ser humano, numa lógica de complementariedade entre os valores consagrados. Afinal, *"maior igualdade gera maior liberdade"*[37] e assim por diante.

7. REFERÊNCIAS

CLÈVE, C. M. (2003). A EFICÁCIA DOS DIREITOS FUNDAMENTAIS SOCIAIS. *Boletim Científico Escola Superior Do Ministério Público Da União*, (8), 151-161.

DIZ, Jamile Bergamaschine Mata; COSTA, Elizabeth Accioly Rodrigues; SILVA, Alice Rocha da. A solidariedade como fundamento para o enfrentamento do covid-19 na União Europeia. *Revista Opinião Jurídica* (Fortaleza), Fortaleza, v. 18, n. 29, p. 77-97, 2020.

FACHIN, Luiz Edson. *Direito Civil*: sentidos, transformações e fim. Rio de Janeiro: Renovar: 2015. p. 185.

FACHIN, Luiz Edson. MACHADO FILHO, Roberto Dalledone. Direito comum da humanidade. In: *30 anos de constituição brasileira: democracia, direitos fundamentais e instituições*. TOFFOLI, José Antonio Dias (Org.). Rio de Janeiro: Forense, 2018.

---

37. ibid.

FREITAS, Leonardo Buissa; BEVILACQUA, Lucas. Atividade financeira do Estado, transferências intergovernamentais e políticas públicas no federalismo fiscal brasileiro. *Revista Fórum de Direito Financeiro e Econômico – RFDFE*, Belo Horizonte, ano 5, n. 9, p. 45-63, mar./ago. 2016.

NUNES, Antônio José Avelãs. *A Revolução Francesa*: as origens do capitalismo – a nova ordem jurídica burguesa. Belo Horizonte: Editora Fórum.

MIRANDA, Jorge. *Doutrina do Superior Tribunal de Justiça*: edição comemorativa 15 anos/organizado pelo Gabinete do Ministro-Diretor da Revista. Brasília: STF, 2005. p.203-204.

MORAES, Maria Celina Bodin de. *Na medida da pessoa humana*: estudos de direito civil-constitucional. Rio de Janeiro: Renovar, 2010.

SCAFF, Fernando Facury. O direito financeiro como um direito social e as cláusulas pétreas sociais. In: *Temas contemporâneos de direito público: estudos em homenagem ao professor Kiyoshi Harada*. Rio de Janeiro, Flórida: Pembroke Collins, 2022.

SARLET, Ingo Wolfgang. *Dignidade (da pessoa) Humana e Direitos Fundamentais na Constituição Federal de 1988*. 10. ed. rev. atual. e ampliada. Porto Alegre: Livraria do Advogado Editora, 2015.

SARLET, Ingo Wolfgang; MITTIDIERO, Daniel; MARINONI, Luiz Guilherme. *Curso de Direito Constitucional*. 9 ed. São Paulo: Saraiva Educação, 2020. p. 326.

POLÍTICAS públicas e o princípio jurídico da solidariedade. SMANIO, Gianpaolo Poggio et al. (Orgs.). Belo Horizonte, São Paulo: D Plácido, 2020. p. 11-32.

A DIGNIDADE HUMANA E A BUSCA PELO PLENO EXERCÍCIO DO DIREITO AO PLANEJAMENTO FAMILIAR: *INSEMINAÇÃO ARTIFICIAL CASEIRA E SEUS PRINCIPAIS DESAFIOS*

Mariana Silveira Sacramento

Mestre em Direito pela PUC-Rio. Doutoranda em Direito Civil pela Universidade do Estado do Rio de Janeiro – UERJ, Advogada.

Sumário: 1. Introdução – 2. O planejamento familiar e a reprodução humana assistida – 3. Plano parental ao alcance de todos? – 4. Inseminação artificial caseira e seus principais desafios – 5. Conclusão – 6. Referências.

1. INTRODUÇÃO

O planejamento familiar, direito constitucionalmente garantido, permitiu que a pessoa humana, casada ou não, exercesse o seu direito de delinear a sua estrutura familiar com a possibilidade de ter tantos filhos quanto fossem possíveis, ou seja, cabe a própria pessoa decidir a quantidade de filhos desejados, sem qualquer interferência do Estado nessa decisão.

No entanto, apesar da garantia constitucional de liberdade para o planejamento de cada família, muitas vezes os casais ou as pessoas solteiras se deparam com impossibilidades físicas de concretizar a estrutura familiar que foi planejada, seja em razão de família composta por casais homoafetivos, em razão de infertilidade ou qualquer outro motivo biológico que impeça a concepção dos filhos planejados seja realizada de forma natural.

Com os avanços da medicina, contudo, o exercício do direito ao planejamento familiar se mostra possível com a utilização das chamadas técnicas de Reprodução Humana Assistida que, muitas vezes, garantem a concretização da tão desejada gravidez.

Na falta de legislação sobre o tema, o Conselho Federal de Medicina tomou para si a responsabilidade de propor uma regulamentação, que vem ocorrendo por meio de Resoluções que tratam sobre as normas éticas para a utilização de técnicas de reprodução assistida. Essas resoluções, sendo a última datada de 20 de setembro de 2022 (Resolução CFM 2.320/2022), visam trazer uma maior segurança aos tratamentos e procedimentos e deve ser seguida pelos médicos brasileiros que atuam na área.

Independentemente de qual a técnica, escolhida entre as famílias e a equipe médica das clínicas de reprodução assistida, é certo que as Resoluções buscam nortear essas escolhas e mapear possíveis questões envolvendo a reprodução humana como, por exemplo, a quantidade de embriões implantados, doação de gametas, a probabilidade de riscos graves à saúde dos pacientes e possíveis descendentes, a idade das candidatas, dentre outros pontos.

A presença do profissional da saúde na reprodução humana assistida vai além da sua atuação no momento da aplicação da técnica, mas se faz essencial em todo o processo, em especial para elucidar todas as dúvidas que os pacientes e seus companheiros podem ter com relação à técnica e suas consequências. Quando se fala da necessidade do consentimento do paciente, este deve ser não só livre, como também esclarecido e o esclarecimento é fornecido pelo médico, conforme a Resolução CFM 2.320/2022 nos informa em seus Princípios Gerais.

No entanto, apesar da busca pela construção do planejamento familiar ganhar mais uma frente, com a possibilidade de utilização de técnicas de reprodução humana, é certo que o acesso às clínicas especializadas ainda não é amplo o suficiente em razão do alto custo dos procedimentos.

Por essa razão, é possível encontrar pessoas que buscam alternativas mais viáveis economicamente para a concretização do sonho da gravidez utilizando a chamada "inseminação artificial caseira", onde os casais ou mulheres solteiras utilizam de materiais genéticos doados de forma irregular e auto inseminam com a ajuda de uma seringa.

A "inseminação artificial caseira", por não contar com a participação médica, não está submetida aos princípios e regras das resoluções do Conselho Federal de Medicina sobre o tema, o que pode trazer consequências não apenas jurídicas, mas também de saúde.

Neste artigo procuraremos mapear os principais efeitos jurídicos da inseminação artificial caseira no cenário regulatório da reprodução humana assistida no Brasil.

Para o alcance do plano parental vale tudo?

2. O PLANEJAMENTO FAMILIAR E A REPRODUÇÃO HUMANA ASSISTIDA

Previsto no artigo 226 da Constituição da República, o planejamento familiar pode ser visto como uma das formas de proteção especial que o Estado concede à entidade familiar, garantindo ao casal a liberdade de decisão quanto ao número de filhos que pretendem ter e se responsabilizando por "propiciar recursos educacionais e científicos para o exercício desse direito".

Conforme demonstra o texto da Constituição da República que prevê o direito ao planejamento familiar, o mesmo está fundado, como não poderia ser diferente, no princípio da dignidade da pessoa humana. A Constituição de 1988, com a previsão deste princípio, colocou a pessoa humana e seus direitos existenciais como foco principal de todo o ordenamento jurídico, deste modo, em respeito ao princípio maior da dignidade da pessoa humana, aos indivíduos foi garantida a liberdade e a autonomia de escolha inclusive em questões relacionadas ao seu planejamento familiar.[1]

---

1. "O princípio da liberdade individual consubstancia-se, hoje, numa perspectiva de privacidade, intimidade e livre exercício da vida privada. Liberdade significa, cada vez mais, poder realizar, sem interferências de qualquer

De acordo com a Professora Maria Celina Bodin de Moraes, no conteúdo do princípio da dignidade da pessoa humana é possível encontrar quatro outros subprincípios, quais sejam: a integridade psicofísica, a igualdade, a solidariedade e a liberdade.[2] A autonomia, antes observada como uma autonomia patrimonial "alicerçada na concepção jurídica da personalidade como atributo do sujeito de direito capaz de realizar livremente negócios jurídicos" hoje, no direito civil contemporâneo, pode-se falar em autonomia existencial "como expressão da força normativa do princípio da dignidade da pessoa humana nas relações jurídicas no âmbito privado."[3] Deste modo, para garantir a autonomia do casal ou da pessoa solteira na escolha de quando e quantos filhos, a Constituição da República prevê o direito ao planejamento familiar.

O princípio da paternidade responsável, ligado ao direito ao planejamento familiar, indica que, apesar de a Constituição da República garantir a liberdade e a autonomia nas escolhas relacionadas ao planejamento daquela entidade familiar, o casal ou a pessoa solteira, deve exercer a parentalidade[4] de forma responsável, ou seja, considerando que aos filhos advindos deste planejamento deve-se empenhar todos os esforços possíveis para proporcionar "o bem-estar físico, psíquico e espiritual, devendo ser garantidos seus direitos fundamentais de modo a lhe proporcionar uma existência digna — do que decorre a responsabilidade dos pais pelas relações jurídicas pessoais e patrimoniais relacionadas ao filho."[5]

O direito ao livre planejamento familiar[6], é garantido pela Constituição da República e regulamentado pela Lei 9.263/1996 que prevê o planejamento familiar como "o con-

---

gênero, as próprias escolhas individuais – mais: o próprio projeto de vida, exercendo-o como melhor convier." BODIN DE MORAES, Maria Celina. O princípio da dignidade da pessoa humana. In: *Na medida da pessoa humana*. Rio de Janeiro: Renovar, 2010. p. 108.

2. BODIN DE MORAES, Maria Celina. O princípio da dignidade da pessoa humana. In: *Na medida da pessoa humana*. Rio de Janeiro: Renovar, 2010. p. 85.
3. VIVEIROS DE CASTRO, Thamis Dalsenter. *Corpo e autonomia: a interpretação do artigo 13 do Código Civil Brasileiro*. 2009. 161f. Dissertação (Mestrado em Direito) – Departamento de Direito, Pontifícia Universidade Católica do Rio de Janeiro, Rio de Janeiro, 2009. p. 56-58.
4. "Talvez fosse melhor denominá-lo de 'parentalidade' responsável, porquanto abrange também o da maternidade responsável. Guilherme Calmon Nogueira da Gama explica que "o exame mais aprofundado do próprio dispositivo, aliado a outras normas constitucionais — como, por exemplo, a igualdade entre homem e mulher em direitos e em deveres —, permite a conclusão de que o Constituinte disse menos do que queria, provavelmente por ter sido induzido em equívoco diante da tradução do termo parental responsibility, que possui outra significação no âmbito do direito inglês", diante do que, "sem o cuidado que se deveria ter no transplante jurídico da noção inglesa para o direito brasileiro, o Constituinte empregou o termo paternidade responsável quando, na realidade, o sentido é o da parentalidade responsável, referindo-se a expressão, logo, não apenas ao homem, mas também à mulher". GOZZO, Débora; LIGIERA, Wilson Ricardo. Maternidade de substituição e a lacuna legal: questionamentos. Civilistica.com. Rio de Janeiro, a. 5, n. 1, 2016. Disponível em: <http://civilistica.com/maternidade-de-substituicao-e-a-lacuna-legal-questionamentos/>. Acesso em: 13.08.2019. p. 04.
5. GOZZO, Débora; LIGIERA, Wilson Ricardo. Maternidade de substituição e a lacuna legal: questionamentos. Civilistica.com. Rio de Janeiro, a. 5, n. 1, 2016. Disponível em: <http://civilistica.com/maternidade-de-substituicao-e-a-lacuna-legal-questionamentos/>. Acesso em: 13.08.2019. p. 04.
6. "O direito de estabelecer entidade familiar e, consequentemente, de estar sob a proteção do Direito de Família é subjetivo e é estabelecido desde que as partes estejam vinculadas com intuito de constituir família (afetividade), por um período duradouro e contínuo (estabilidade) e se apresentem publicamente como entidade familiar (ostensibilidade). Atendidos esses requisitos, aparece a entidade familiar, amparada pelo Direito, com toda a sua gama de proteção, direitos e deveres recíprocos. É inconcebível, com fulcro na autonomia das pessoas, que

junto de ações de regulação da fecundidade que garanta direitos iguais de constituição, limitação ou aumento da prole pela mulher, pelo homem ou pelo casal."[7] A lei supramencionada determina que "o planejamento familiar orienta-se por ações preventivas e educativas e pela garantia de acesso igualitário a informações, meios, métodos e técnicas disponíveis para a regulação da fecundidade."[8]

Ao mencionar a garantia de acesso que as pessoas devem ter a todos os meios, métodos e técnicas de concepção disponíveis e cientificamente aceitos, desde que não coloquem em risco a vida das gestantes, a lei prevê que os casais ou as pessoas solteiras podem se valer das técnicas de reprodução humana assistida como forma de exercício do direito ao planejamento familiar, no entanto, é preciso atentar para o fato de que, como qualquer direito, o planejamento familiar não é absoluto e deve observar os princípios do ordenamento jurídico, em especial o da dignidade da pessoa humana e o da paternidade responsável.

Deste modo, a fim de exercer o seu direito ao planejamento familiar, muitas famílias precisam recorrer às técnicas de reprodução humana assistida ou, na ausência de recursos financeiros, a formas alternativas para o alcance da gravidez.

3. PLANO PARENTAL AO ALCANCE DE TODOS?

Como vimos anteriormente, nem sempre o planejamento familiar realizado pelo casal ou pela pessoa solteira resulta da concepção de forma natural, muitas vezes há a necessidade de buscar a reprodução humana assistida para que o desejo da maternidade e da paternidade se concretize.

No entanto, as técnicas de reprodução humana assistida não estão previstas na Constituição da República e nem mesmo nas leis infraconstitucionais[9]. Deste modo, para que as pessoas possam ter acesso à essas técnicas e, enfim, exercer o seu direito ao

---

o Estado possa interferir na forma de família ou mesmo negar a sua existência. O dever do Estado de tutelar as entidades familiares proíbe o reconhecimento de uma família como ilegítima. A concepção eudemonista indica que a função precípua da família é propiciar o desenvolvimento pessoal adequado de seus membros com vistas a atingir a felicidade individual. A forma de sua constituição pouco importa. O que é relevante é que o ambiente familiar seja o palco que traga as condições necessárias para o desenvolvimento físico e intelectual de todos os seus membros considerados individualmente." DAYRELL, Cristiano de Castro. A filiação na gestação por substituição. 2017. 134f. Dissertação (Mestrado em Direito). Universidade Católica de Brasília, Brasília, 2017.

7. Redação do artigo 2º da Lei 9.236/1996. Disponível em: http://www.planalto.gov.br/ccivil_03/leis/l9263.htm.
8. Redação do artigo 4º da Lei 9.236/1996. Disponível em: http://www.planalto.gov.br/ccivil_03/leis/l9263.htm.
9. "Em que pese toda a controvérsia acerca da legitimidade de um Conselho profissional desenhar o regime jurídico da gestação de substituição em um país, não há dúvida de que em face da ausência de norma legal as prescrições deontológicas vêm desempenhando papel relevante na efetivação do direito ao livre planejamento familiar. Todavia, não há como deixar de enfrentar os problemas decorrentes da inoponibilidade de tais normas a todos, porquanto sua eficácia deveria limitar-se aos profissionais da Medicina. Assim, os cartórios não estão sujeitos a respeitar tais resoluções, o que vinha gerando conflitos no momento de registro da criança como, por exemplo, a recusa de fazer constar, como mãe, a mulher que não chegou a engravidar porque fez uso da técnica de gestação de substituição." LIMA, Taisa Maria Macena de; SÁ, Maria de Fátima Freire de. Gestação de substituição: entre autonomia e vulnerabilidade. *VirtuaJus*, Belo Horizonte, v. 3, n. 4, p. 19-36, 1º sem. 2018. Disponível em: http://periodicos.pucminas.br/index.php/virtuajus/article/view/17477. Acesso em: 13.08.2019.

planejamento familiar, diante do silêncio da lei, o Conselho Federal de Medicina vem regulamentando, por meio de Resoluções, as normas éticas para a utilização das técnicas de reprodução humana assistida.

Em vigor atualmente está a Resolução 2.320/2022 que revogou a resolução anterior de 2.294/2021. Nesta resolução, é possível encontrar as normas que os médicos precisam seguir para que os "princípios éticos e bioéticos que ajudam a trazer maior segurança e eficácia a tratamentos e procedimentos médicos"[10] possam ser observados.

Contudo, apesar do Direito ao Planejamento familiar indicar que as técnicas de reprodução humana assistida são uma opção para o exercício deste direito, é certo que o acesso às clínicas nem sempre é possível a toda população diante dos altos custos dos tratamentos.

Apesar de existirem alternativas que poderiam baratear os custos das técnicas como, por exemplo, a doação compartilhada de oócitos, "em que a doadora e receptora compartilham tanto do material biológico quanto dos custos financeiros que envolvam o procedimento"[11][12] ainda assim os tratamentos podem estar muito distantes das possibilidades financeiras de grande parte da população ou, ainda, pode ser que a mulher não deseje doar seu gameta, mesmo que esta doação resulte no desconto nos procedimentos necessários para a aplicação das técnicas de reprodução humana.

Por ser um direito existencial e constitucionalmente previsto, o direito ao planejamento familiar deve alcançar todas as famílias que buscam concretizar o seu plano parental, seja com orientação e suporte para quem quer evitar a vinda dos filhos, seja com tratamento necessário para quem optou por tê-los.

Por essa razão, a saúde pública parece ser uma opção para aquelas famílias que não podem arcar com os custos das clínicas particulares, mesmo nas hipóteses de descontos, como na doação compartilhada de oócitos, considerando que, a título de exemplo, um procedimento de fertilização in vitro em clínica particular varia entre R$ 20.000,00 e R$ 50.000,00.[13]

O Ministério da Saúde, em 22 de março de 2005 publicou a Portaria GM 426 para regulamentar a Política Nacional de Atenção Integral e Reprodução Humana

---

10. CONSELHO FEDERAL DE MEDICINA. Resolução 2.320/2022. Disponível em: https://sistemas.cfm.org.br/normas/visualizar/resolucoes/BR/2022/2320 Acesso em: 10.12.2022.
11. CONSELHO FEDERAL DE MEDICINA. Resolução 2.320/2022. Disponível em: https://sistemas.cfm.org.br/normas/visualizar/resolucoes/BR/2022/2320 Acesso em: 10.12.2022.
12. "8. É permitida a doação voluntária de gametas, bem como a situação identificada como doação compartilhada de oócitos em reprodução assistida, em que doadora e receptora compartilham tanto do material biológico quanto dos custos financeiros que envolvem o procedimento. 9. A escolha das doadoras de oócitos, nos casos de doação compartilhada, é de responsabilidade do médico assistente. Dentro do possível, o médico assistente deve selecionar a doadora que tenha a maior semelhança fenotípica com a receptora, que deve dar sua anuência à escolha." CONSELHO FEDERAL DE MEDICINA. Resolução 2.320/2022. Disponível em: https://sistemas.cfm.org.br/normas/visualizar/resolucoes/BR/2022/2320 Acesso em: 10.12.2022.
13. ALVES, Bruna. Inseminação intrauterina, fertilização in vitro: qual método é mais eficaz e o que está disponível no SUS? BBC News Brasil, São Paulo, 28 novembro 2022. Disponível em: https://www.bbc.com/portuguese/brasil-63722144. Acesso em: 20.12.2022.

Assistida que informa que o tratamento de fertilidade deve ser oferecido pela saúde pública e tem os seguintes componentes fundamentais: atenção básica, para identificar a infertilidade com exame clínico-ginecológico e complementares de diagnósticos básicos para identificar fatores que possam interferir na gestação ou colocar em risco a vida da mulher ou do bebê; média complexidade que atenderá casos encaminhados pela atenção básica, com acompanhamento de equipe multidisciplinar psicossocial e realização de procedimentos diagnósticos e terapêuticos de reprodução humana, excluindo dessa fase a fertilização in vitro e, por fim, a alta complexidade, que atenderá os casos encaminhados pela média complexidade, incluindo fertilização in vitro e inseminação artificial.[14]

A Portaria 3.149 de 28 de dezembro de 2012[15], por sua vez, tem por objeto determinar que recursos financeiros sejam destinados para os estabelecimentos de saúde que atuam com Reprodução Humana Assistida no âmbito do Sistema Único de Saúde. – SUS. Logo no ano anterior, o Ministério da Saúde já havia publicado uma Portaria que instituiu a Rede Cegonha no SUS, o que fomentou, dentre outros pontos ligados à gravidez e reprodução humana, a questão do acesso às ações de planejamento reprodutivo pela saúde pública.[16]

No entanto, apesar das Portarias mencionadas e do repasse de verbas nesta intenção, a saúde pública brasileira não contempla todas as famílias que desejam buscar a concretização do plano parental através da reprodução assistida, isso porque a quantidade de hospitais públicos que oferecem o tratamento não é suficiente para atender a todos que procuram.

Em reportagem da BBC NEWS Brasil foi possível observar que existem no Brasil por volta de treze serviços de reprodução humana em hospitais públicos e que estes serviços gratuitos de Atenção à Reprodução Humana Assistida podem ser encontrados nos seguintes estados: Distrito Federal, Minas Gerais, Rio Grande do Sul, São Paulo, Pernambuco e Rio Grande do Norte.[17]

---

14. Brasil. (2005). Portaria n. 426, de 22 de março de 2005. Institui, no âmbito do SUS, a Política Nacional de Atenção Integral em Reprodução Humana Assistida e dá outras providências. Disponível em: https://www.gov.br/mdh/pt-br/navegue-por-temas/politicas-para-mulheres/arquivo/sobre/a-secretaria/legislacao-1/nacional/portarias/portarias-em-pdf/portaria_ms_426_2005_integra/view. Acesso em: 26.12.2022.
15. Brasil (2012). Portaria n. 3.149, de 28 de.12.de 2012. Destinação de recursos financeiros aos estabelecimentos de saúde que realizam procedimentos de atenção a Reprodução Humana Assistida no âmbito do SUS, incluindo fertilização in vitro e/ou injeção intracitoplasmática de espermatozoides. Diário Oficial da União da República Federativa do Brasil. Disponível em: https://bvsms.saude.gov.br/bvs/saudelegis/gm/2012/prt3149_28_12_2012.html. Acesso em: 26.12.2022.
16. Brasil. (2012). Portaria n. 3.149, de 28 de.12.de 2012. Destinação de recursos financeiros aos estabelecimentos de saúde que realizam procedimentos de atenção a Reprodução Humana Assistida no âmbito do SUS, incluindo fertilização in vitro e/ou injeção intracitoplasmática de espermatozoides. Diário Oficial da União da República Federativa do Brasil. Disponível em: https://bvsms.saude.gov.br/bvs/saudelegis/gm/2012/prt3149_28_12_2012.html. Acesso em: 26.12.2022.
17. ALVES, Bruna. Inseminação intrauterina, fertilização in vitro: qual método é mais eficaz e o que está disponível no SUS? BBC News Brasil, São Paulo, 28 novembro 2022. Disponível em: https://www.bbc.com/portuguese/brasil-63722144. Acesso em: 20.12.2022.

Esses dados demonstram que, mesmo estando diante de um direito constitucionalmente previsto e mesmo que o planejamento familiar seja diretamente relacionado com a saúde reprodutiva do casal, ou da pessoa solteira e, ainda, mesmo que as regulamentações indiquem que se trata de um caso que deve ser abarcado pela saúde pública, a realidade se mostra diferente, considerando a quantidade mínima de hospitais públicos que atendem, de forma ampla, as questões envolvendo a reprodução humana.

Na saúde suplementar, o cenário também não parece muito animador. A Lei 9.656/1998, em seu artigo 10, inciso III[18] prevê expressamente a exclusão de inseminação artificial do rol de tratamentos médicos que os planos de saúde deverão oferecer cobertura assistencial. Isso significa, a princípio, que, se não consta no Contrato formalizado entre as partes, o plano de saúde não é obrigado a cobrir os custos de tratamento com inseminação artificial.

Além de não ter previsão na Lei que trata dos planos de saúde, mas, ao contrário, há dispositivo que expressamente exclui a inseminação artificial do rol de tratamentos, o STJ também decidiu, conforme Notícia publicada em 15 de novembro de 2021, que os planos de saúde não são obrigados a custear fertilização in vitro, justamente porque há a exclusão na lei, mesmo que haja a menção quanto ao direito ao planejamento familiar.[19]

Importante destacar que há diferenças entre inseminação artificial e fertilização in vitro, a "a primeira, procedimento mais simples, consiste na colocação do sêmen diretamente na cavidade uterina; a segunda, mais complexa, feita em laboratório, envolve o desenvolvimento do embrião e sua transferência para o útero."[20]

---

18. "É instituído o plano-referência de assistência à saúde, com cobertura assistencial médico-ambulatorial e hospitalar, compreendendo partos e tratamentos, realizados exclusivamente no Brasil, com padrão de enfermaria, centro de terapia intensiva, ou similar, quando necessária a internação hospitalar, das doenças listadas na Classificação Estatística Internacional de Doenças e Problemas Relacionados com a Saúde, da Organização Mundial de Saúde, respeitadas as exigências mínimas estabelecidas no art. 12 desta Lei, exceto: (...) III – inseminação artificial." BRASIL, Lei 9.656, de 03 de junho de 1998. Dispõe sobre os planos e seguros privados de assistência à saúde. Brasília, DF. Disponível em: https://www.planalto.gov.br/ccivil_03/leis/l9656.htm. Acesso em: 29.11.2022.

19. "A relatoria dos recursos especiais coube ao ministro Marco Buzzi, o qual considerou que a técnica médica de fecundação conhecida como fertilização in vitro não tem cobertura obrigatória, segundo a legislação brasileira e as normas da Agência Nacional de Saúde Suplementar (ANS)".
O magistrado apontou que a Lei 9.656/1998 (Lei dos Planos de Saúde) exclui a inseminação artificial do plano-referência de cobertura obrigatória, mas inclui o planejamento familiar, atribuindo à ANS a competência para regulamentar a matéria.
Na Resolução Normativa 192/2009, a ANS estabeleceu como procedimentos de cobertura obrigatória relacionados ao planejamento familiar as consultas de aconselhamento, as atividades educacionais e o implante de dispositivo intrauterino (DIU), e excluiu expressamente a inseminação artificial. Também a Resolução 428/2017 da ANS permitiu a exclusão da cobertura de inseminação artificial nos contratos." STJ. Notícias. Em repetitivo, STJ decide que planos de saúde não são obrigados a custear fertilização in vitro". 15 de outubro de 2021. Disponível em: https://www.stj.jus.br/sites/portalp/Paginas/Comunicacao/Noticias/15102021-Em-repetitivo---STJ-decide-que-planos-de-saude-nao-sao-obrigados-a-custear-fertilizacao-in-vitro.aspx#:~:text=Legisla%-C3%A7%C3%A3o%20n%C3%A3o%20obriga%20cobertura%20de%20fertiliza%C3%A7%C3%A3o%20in%20 vitro&text=O%20magistrado%20apontou%20que%20a,compet%C3%AAncia%20para%20regulamentar%20 a%20mat%C3%A9ria. Acesso em: 20.12.2022.

20. STJ. Notícias. Em repetitivo, STJ decide que planos de saúde não são obrigados a custear fertilização in vitro". 15 de outubro de 2021. Disponível em: https://www.stj.jus.br/sites/portalp/Paginas/Comunicacao/Noticias/

Para o Ministro Marco Buzzi, considerando que a lei excluiu a inseminação artificial, tratamento mais simples, do rol de procedimentos de cobertura obrigatória, não há lógica em concluir que a fertilização in vitro, que é mais complexa e onerosa, seja de cobertura obrigatória pelos planos de saúde.

Como vimos, a busca pela concretização do plano parental não está ao alcance de todos, uma vez que, nem a saúde pública, nem a saúde suplementar, oferecem, de forma ampla, os tratamentos.

Quais são, então, as alternativas?

4. INSEMINAÇÃO ARTIFICIAL CASEIRA E SEUS PRINCIPAIS DESAFIOS

Com a frase "Sou loiro – grisalho –, tenho olhos azuis, 1,80 m de altura, peso 80 quilos e o meu tipo sanguíneo é O negativo. Possuo ascendência portuguesa, inglesa, alemã e indígena." é iniciado um texto publicado na BBC Brasil em novembro de 2017 que trata dos brasileiros que doam sêmen para inseminações caseiras. Com o anúncio, publicado em grupos de doações de espermatozoides em redes sociais, há a contribuição para a concretização do plano parental de mulheres solteiras, famílias homoafetivas compostas por duas mulheres ou mesmo casais formados por pessoas hétero, diante da infertilidade do homem.[21]

Segundo a reportagem, a inseminação caseira acontece após o homem colher o seu material genético em um pote de exame, entrega aos pais de intenção, sendo este o único contato que terão durante o procedimento. Após, a mulher, em seu período fértil, deverá introduzir o conteúdo na vagina com a ajuda de uma seringa e permanecer em posição ginecológica por cerca de 30 minutos.[22]

Ao acompanhar os relatos levantados na reportagem, é possível verificar os mais diferentes cenários: doador que pede para ser informado caso o procedimento tenha resultado em gravidez e quando o bebê nascer, doador que informa que não irá registrar a criança, mas não firma nenhum tipo de Termo com os pais de intenção nesse sentido; doador que viaja até a cidade dos pais de intenção e cobra uma "ajuda de custo"[23], além de hospedagem e demais despesas.

15102021-Em-repetitivo--STJ-decide-que-planos-de-saude-nao-sao-obrigados-a-custear-fertilizacao-in-vitro. aspx#:~:text=Legisla%C3%A7%C3%A3o%20n%C3%A3o%20obriga%20cobertura%20de%20fertiliza%-C3%A7%C3%A3o%20in%20vitro&text=O%20magistrado%20apontou%20que%20a,compet%C3%AAncia%20para%20regulamentar%20a%20mat%C3%A9ria. Acesso em: 20.12.2022.

21. LEMOS, Vinícius. Os brasileiros que doam sêmen para inseminações caseiras. BBC Brasil, Cuiabá, 29 novembro 2017. Disponível em: https://www.bbc.com/portuguese/geral-42145205 Acesso em: 29.12.2022.

22. LEMOS, Vinícius. Os brasileiros que doam sêmen para inseminações caseiras. BBC Brasil, Cuiabá, 29 novembro 2017. Disponível em: https://www.bbc.com/portuguese/geral-42145205 Acesso em: 29.12.2022.

23. Apesar dos relatos indicarem que não houve cobrança efetiva pela doação, "é sabido que esta é uma possibilidade real, considerando o fato de que, na maioria das vezes, não há, pelos envolvidos, a opção por celebração do contrato, em que a cláusula de venda seria frontalmente nula por contrariar o disposto na Lei 11.105/2005, que proíbe venda de sêmen, óvulos e embriões. Para alguns,29 na inseminação artificial caseira, busca-se um doador, "que não é anônimo e, em alguns casos, cobra determinada importância pela venda do sêmen." ARAÚJO. Ana

Nas palavras de um dos entrevistados: "Eu me disponho a acompanhar o bebê, porém não quero ser considerado pai." Por outro lado, afirma que "daqui a alguns meses ou anos, pretendo assumir a paternidade da criança de um casal para o qual doarei sêmen. Somente neste caso serei pai, pois o bebê deverá ter meu sobrenome."[24]

É possível verificar com os relatos dos entrevistados como a prática da inseminação artificial caseira pode ser extremamente insegura, tanto para o doador quanto para a mulher inseminada. As entrevistadas afirmam que pedem os exames para averiguar a saúde do doador, mas é certo que a prática está longe de ser tão segura quanto à acompanhada por uma clínica de reprodução humana.

> Sobre a prática da inseminação caseira, também recaem questionamentos quanto à segurança do procedimento no que tange à transmissão de patologias não conhecidas previamente, tendo em vista que, em grande parte dos casos, o doador "não é submetido a exames específicos, com a finalidade de pesquisar eventuais doenças genéticas ou não, que podem ser transmitidas à mulher ou à prole (HIV, HTLV-I/II, Hepatite e outros)". A investigação da saúde do doador compete a um profissional capacitado e detentor do conhecimento técnico necessário para averiguar quais são os exames que devem anteceder um procedimento dessa natureza.[25]

Além das questões relacionadas à saúde, o tema "reconhecimento da paternidade" é também mencionado em quase todos os relatos, além das demais questões decorrentes da filiação. Um dos entrevistados afirmou que "não faz nenhum tipo de contrato com as mulheres para as quais doa sêmen, mas pede a elas que não cobrem pensão alimentícia no futuro." O mesmo doador também informa que "Em alguns casos, após o nascimento as mães pedem para que ele assine um termo no qual 'abre mão' da paternidade. 'Eu sempre assino, sem problemas.'"

Será possível, então, contornar, através da assinatura de um termo de compromisso, a atitude do doador do material genético, ou mesmo a atitude dos pais e mães de intenção? Ou seja, para trazer um pouco mais de segurança jurídica à relação, ou mesmo atuar semelhante às clínicas quando da assinatura dos termos de compromisso e consentimento informado, é possível a celebração de um negócio jurídico onde o doador se compromete a permanecer anônimo e distante da vida do bebê, ou mesmo o compromisso dos pais de intenção em não procurar o doador para eventuais investigações de paternidade, alimentos e demais ações relacionadas à paternidade biológica?

Fazendo um paralelo, há essa discussão quando falamos em cessão temporária de útero, também conhecida como barriga solidária. O termo de compromisso[26], assinado

---

Thereza Meireles. Projetos parentais por meio de inseminações caseiras: uma análise bioético-jurídica. Revista Brasileira de Direito Civil – RBDCivil, Belo Horizonte, v. 24, p. 101-119. Acesso em: 21.12.2022.
24. LEMOS, Vinícius. Os brasileiros que doam sêmen para inseminações caseiras. BBC Brasil, Cuiabá, 29 novembro 2017. Disponível em: https://www.bbc.com/portuguese/geral-42145205 Acesso em: 29.12.2022.
25. ARAÚJO. Ana Thereza Meireles. Projetos parentais por meio de inseminações caseiras: uma análise bioético-jurídica. Revista Brasileira de Direito Civil – RBDCivil, Belo Horizonte, v. 24, p. 101-119. Acesso em: 21.12.2022.
26. "3. Nas clínicas de reprodução assistida, os seguintes documentos e observações devem constar no prontuário da paciente: a) termo de consentimento livre e esclarecido assinado pelos pacientes e pela cedente temporária do útero, contemplando aspectos biopsicossociais e riscos envolvidos no ciclo gravídico-puerperal, bem como aspectos legais da filiação; b) relatório médico atestando a adequação da saúde física e mental de todos os envolvi-

entre os pais de intenção e a cedente temporária do útero e mencionado na resolução do Conselho Federal de Medicina, a princípio, tem o objetivo de "estabelecer claramente a questão da filiação da criança". No entanto, por ser um documento assinado pelas partes envolvidas, questiona-se se esse instrumento poderia ser considerado um contrato e se novas cláusulas poderiam ser adicionadas a ele. [27]

> Parte da doutrina entende que tratar-se de objeto ilícito, pois fixa como objeto a criança planejada, que viola os arts. 5º e 199, § 4º, CF, que veda a comercialização da vida humana. Somado a este argumento, defende que a conduta é imoral, pois viola a dignidade da cedente do útero, reduzindo a mulher à coisa, e do bebê, por permitir que sua vida, seu nascimento, seja decidido num contrato, e, entende que o ser humano deve ser tratado como um fim e não como um instrumento para tal, nos moldes já defendido por Kant.[28]

Outra parte da doutrina entende ser possível o contrato nesses termos, uma vez que o objeto não será a criança, mas a cessão de uso do útero, "o que afasta os impedimentos previstos nas normas constitucionais acima mencionadas".[29]

> A gestação de substituição, analisada sob a égide do ordenamento jurídico brasileiro tem recebido argumentos favoráveis e contrários no que diz respeito à validade. Elencam-se aqui os dois argumentos mais consistentes apresentados até o momento. A corrente favorável à validade do contrato manifesta-se no sentido de que o pagamento realizado nesse tipo de negociação – quando se tratar da hipótese da gestação de substituição onerosa – não se traduz na entrega de um objeto – notadamente, a criança –, mas na prestação de um serviço executado pela gestante de substituição. Por serviço prestado considera-se o aluguel do útero e a eventual doação de óvulo – para as hipóteses em que a doação é feita também pela gestante de substituição, ao invés de se optar pela doação de óvulos. A outra corrente de pensamento, contrária à validade do contrato, argumenta que o pagamento pela gestação e consequente entrega da criança se traduz em instrumentalização e coisificação da pessoa e viola a dignidade da pessoa humana – assegurada constitucionalmente no inciso III do artigo 1º da Constituição da República de 1988. Com relação a tais posicionamentos, contabiliza-se na doutrina

---

dos; c)termo de Compromisso entre o(s) paciente(s) e a cedente temporária do útero que receberá o embrião em seu útero, estabelecendo claramente a questão da filiação da criança; d)compromisso, por parte do(s) paciente(s) contratante(s) de serviços de reprodução assistida, públicos ou privados, com tratamento e acompanhamento médico, inclusive por equipes multidisciplinares, se necessário, à mulher que ceder temporariamente o útero, até o puerpério; e)compromisso do registro civil da criança pelos pacientes, devendo essa documentação ser providenciada durante a gravidez; e f)aprovação do(a) cônjuge ou companheiro(a), apresentada por escrito, se a cedente temporária do útero for casada ou viver em união estável. CONSELHO FEDERAL DE MEDICINA. Resolução 2.320/2022. Disponível em: https://sistemas.cfm.org.br/normas/visualizar/resolucoes/BR/2022/2320 Acesso em: 10.12.2022.

27. "Pode-se dizer, portanto, que o negócio jurídico cria vínculos antes inexistentes e é sempre um ato de autonomia privada, a qual tem aqui a sua manifestação suprema, consistindo no poder que a ordem jurídica confere às pessoas de autorregularem seus interesses, definindo como papel fundamental a sua utilização como instrumento pelo qual o indivíduo desempenha sua atividade de conteúdo normativo no campo de autonomia privada." BERMEJO, Aracelli Mesquita Bandolin. A validade do contrato gestação substitutiva ou contratos gestacionais sob o enfoque do objeto. Questões atuais dos negócios jurídicos a luz do biodireito: discussões sobre negócios biojurídicos. ESPOLADOR, Rita de Cássia R. Tarifa; PAIANO, Daniela Braga (Org.). Thoth: Londrina, 2019.

28. BERMEJO, Aracelli Mesquita Bandolin. A validade do contrato gestação substitutiva ou contratos gestacionais sob o enfoque do objeto. Questões atuais dos negócios jurídicos a luz do biodireito: discussões sobre negócios biojurídicos. ESPOLADOR, Rita de Cássia R. Tarifa; PAIANO, Daniela Braga (Org.). Thoth: Londrina, 2019.

29. BERMEJO, Aracelli Mesquita Bandolin. A validade do contrato gestação substitutiva ou contratos gestacionais sob o enfoque do objeto. Questões atuais dos negócios jurídicos a luz do biodireito: discussões sobre negócios biojurídicos. ESPOLADOR, Rita de Cássia R. Tarifa; PAIANO, Daniela Braga (Org.). Thoth: Londrina, 2019.

um número maior de adeptos à corrente contrária à validade do contrato, que se diferenciam – justamente – quando tecem seus argumentos acerca da validade e eficácia do contrato de gestação de substituição onerosa.[30]

A questão não é regulamentada pelo ordenamento jurídico brasileiro, e nem recomendada pela ANVISA[31], o que deixa uma lacuna que o direito precisa lidar ao se deparar com questões práticas que a vida em sociedade apresenta.

Apesar da discussão acima sobre negócio jurídico nos casos de gestação de substituição, é possível destacar que, no que tange à inseminação caseira, assinar um contrato, apesar de causar a sensação de que traz uma maior segurança jurídica aos efeitos daquele procedimento, não evitará que as questões de filiação, por exemplo, voltem a ser levantadas no futuro, com investigação de paternidade.[32]

Desta forma, apesar da autonomia em estabelecer um contrato com as regras próprias que regerão essa relação, é preciso se atentar ao princípio que norteia as questões envolvendo a criança: o do melhor interesse. Não é possível, portanto, como destaca Ana Thereza Meireles Araújo, colocar no Termo de Compromisso que o doador poderá reconhecer a paternidade da criança, mas estará isento de pagamento de pensão alimentícia, por se tratar de figura estranha ao direito e incompatível com as diretrizes da

---

30. VELASCO, Carolina Altoé. O objeto no contrato de gestação de substituição: na fronteira das relações jurídicas patrimoniais e existenciais. 2016. 197f. Tese (Doutorado em Direito) – Departamento de Direito, Pontifícia Universidade Católica do Rio de Janeiro, Rio de Janeiro, 2016.
31. "A Agência Nacional de Vigilância Sanitária (Anvisa), em 6.4.2018, publicou um comunicado em sua página oficial, que segue, em parte, sobre o procedimento caseiro de reprodução: 'A prática é normalmente feita entre pessoas leigas e em ambientes domésticos e hotéis, ou seja, fora dos serviços de Saúde e sem assistência de um profissional de Saúde. Por isso, as mulheres que se submetem a esse tipo de procedimento na tentativa de engravidar devem estar cientes dos riscos envolvidos nesse tipo de prática. Como são atividades feitas fora de um serviço de Saúde e o sêmen utilizado não provém de um banco de espermas, as vigilâncias sanitárias e a Anvisa não têm poder de fiscalização. Do ponto de vista biológico, o principal risco para as mulheres é a possibilidade de transmissão de doenças graves que poderão afetar a saúde da mãe e do bebê. Isso se dá devido à introdução no corpo da mulher de um material biológico sem triagem clínica ou social, que avalia os comportamentos de risco, viagens a áreas endêmicas e doenças pré-existentes no doador, bem como a ausência de triagem laboratorial para agentes infecciosos, como HIV, Hepatites B e C, zika vírus e outros.'" ARAÚJO, Ana Thereza Meireles. Projetos parentais por meio de inseminações caseiras: uma análise bioético-jurídica. Revista Brasileira de Direito Civil – RBDCivil, Belo Horizonte, v. 24, p. 101-119. Acesso em: 21.12.2022.
32. "O doador, que na resolução do Conselho Federal de Medicina, obrigatoriamente é anônimo, no procedimento caseiro é conhecido e a mulher interessada mantém com ele contato direto, firmando acordo com relação à prática da inseminação, assim como para celebrar um pacto de isenção de qualquer responsabilidade futura com relação ao filho, que não surtirá o efeito jurídico desejado, pois, a qualquer tempo, poderá ser intentada ação de investigação de paternidade em desfavor do doador, que não terá condições de provar, por total ausência probatória, que o filho nasceu de uma inseminação artificial caseira. Também o doador não é submetido a exames específicos, com a finalidade de pesquisar eventuais doenças genéticas ou não, que podem ser transmitidas à mulher ou à prole (HIV, HTLV-I/II, Hepatite e outros). Além do que, não foge da probabilidade que o homem doador, com ou sem filhos, venha a gerar outros que não levarão seu nome no registro e poderão, no futuro, casar entre si, desconhecendo a mesma filiação paterna. Para o doador, pai somente biológico, é até confortável sua condição, porque se vê perpetuado em seus muitos filhos desconhecidos, mas não se pode dizer o mesmo de sua prole. Não é de olvidar, também, nos casos de união homoafetiva feminina, que o registro da criança será feito somente em nome da mulher que deu à luz, cabendo à companheira invocar a tutela jurisdicional para pleitear a adoção unilateral. OLIVEIRA JÚNIOR, Eudes Quintino. Inseminação artificial caseira. Migalhas, 22 out. 2017. Disponível em: http://www.migalhas.com.br/dePeso/16,MI267599,51045-Inseminacao+artificial+caseira. Acesso em: 19.12.2022.

legislação relacionada aos menores de idade. "A filiação não é um elemento disponível à esfera contratual, tratando-se de matéria de ordem pública que possui regramentos cogentes, estando, portanto, submetida à análise que considere princípios e direitos fundamentais dos sujeitos incapazes envolvidos."[33]

O Direito já vem enfrentando algumas dessas questões através da busca por respostas do Poder Judiciário, em especial na questão relacionada ao registro civil do bebê gerado por meio da inseminação artificial caseira, uma vez que muitas famílias buscam que no registro conste o nome dos pais de intenção e não do doador. Se a inseminação fosse realizada nas clínicas esse seria um ponto superado, uma vez que há Resolução que norteia a prática e todos os documentos com o consentimento informado das partes. Além disso, o artigo 17 do Provimento 63, de 14 de novembro de 2017 que trata sobre o registro de nascimento e emissão da respectiva certidão dos filhos havidos por reprodução assistida institui que, em casos de reprodução humana heteróloga, deve-se apresentar uma declaração, com firma reconhecida, do diretor técnico da clínica, centro, ou serviço de reprodução humana em que foi realizado o tratamento.

Na inseminação caseira, por outro lado, não há, a princípio, comprovação de que a gravidez foi decorrente de inseminação artificial, e não de formas naturais, o que dificulta que o registro seja realizado de forma automática em nome dos pais sujeitos daquele planejamento familiar, o que exige que a família recorra ao Poder Judiciário.

Em 2020, como um dos exemplos, a justiça estadual do Paraná determinou que a criança gerada através de inseminação artificial caseira deveria ter sua Declaração de Nascido Vivo, bem como, o seu registro civil, em nome das duas mães, sem mencionar o doador. O juiz mencionou na decisão que as mães comprovaram que o projeto da maternidade era conjunto, por essa razão ele entendeu que não seria lícito negar o pedido, uma vez que a negativa, baseada apenas no fato de a inseminação artificial ter sido realizada de forma caseira, e não em uma clínica "violaria de forma frontal os princípios constitucionais da isonomia e da proteção à família."[34]

Em janeiro de 2022, o Tribunal de Justiça de São Paulo[35] também determinou que os nomes das suas mães constassem no registro civil de bebê gerado por meio de inseminação artificial caseira. A desembargadora Marcia Dalla Déa Barone, relatora do caso, o pai biológico foi apenas um doador de material genético, que as partes demonstraram com a escritura pública em que o doador declara a doação e afirma ausência de qualquer envolvimento emocional com autoras e bebê.

---

33. O regime jurídico da filiação relacionado aos incapazes demanda uma sistemática atrelada à assunção das responsabilidades decorrentes, o que inclui os deveres alimentícios do ser humano nascido. Como poderia um acordo verbal permitir que a filiação de um incapaz pudesse ser reconhecida pelo registro sem as obrigações disso resultantes?
34. TJPR. Notícia. Dupla Maternidade: Justiça Estadual determina que criança gerada após Inseminação artificial caseira seja registrada em nome de duas mães. 23 novembro 2020. Disponível em: Dupla maternidade: Justiça estadual determina que criança gerada após inseminação artificial caseira seja registrada em nome de duas mães – Destaques – TJPR. Acesso em: 18.12.2022.
35. Bebê de casal homoafetivo terá duas mães no registro. Migalhas Quentes. Disponível em: https://www.migalhas.com.br/quentes/358841/bebe-de-casal-homoafetivo-tera-duas-maes-no-registro. Acesso em: 30.12.2022.

Apesar de a inseminação artificial caseira não ser recomendada, é certo que, muitas vezes, é a única alternativa para os casais que não podem investir os altos custos dos tratamentos realizados nas clínicas. A inseminação artificial caseira é, portanto, uma realidade e, como tal, deve ser enfrentada pelo direito, como é possível observar com os posicionamentos dos Tribunais de Justiça.

Reconhecer a dupla maternidade, portanto, é entender que, apesar do caminho alternativo e caseiro não ser o indicado, os direitos todos se estendem para aquela família, que busca no afeto os argumentos necessários para que o registro reconheça o que, de fato, acontece.

5. CONCLUSÃO

O direito ao planejamento familiar, apesar de garantido pela Constituição da República e regulamentado por lei infraconstitucional nem sempre o seu exercício será acessível a todos os que gostariam de colocar em prática o exercício da paternidade ou maternidade.

Quando o planejamento familiar não é possível através dos meios naturais, os indivíduos podem fazer uso das técnicas de reprodução humana assistida que, apesar de o tema ainda carecer de regulamentação legislativa, o Conselho Federal de Medicina, por meio das resoluções, prevê as normas de bioética que devem ser observadas pelos médicos no momento de submeter o seu paciente às técnicas.

No entanto, diante da indisponibilidade, de forma ampla, do tratamento na saúde pública e da inexigibilidade de cobertura por parte dos planos de saúde, as pessoas que lidavam com um diagnóstico de infertilidade, ou mesmo os casais homoafetivos passaram a buscar outras alternativas para o alcance do plano parental.

A inseminação artificial caseira, que ocorre quando a mulher encontra um doador de sêmen e insemina a si própria com a ajuda, por exemplo, de uma seringa e sem qualquer participação médica das clínicas de reprodução humana, é um exemplo de prática alternativa na tentativa de exercer o direito ao planejamento familiar.

Contudo, é preciso destacar que a prática, apesar de possuir uma nobre intenção, que é a busca pela sonhada gestação, traz muitas questões que devem ser enfrentadas pelo Direito por meio do Poder Judiciário.

Além da total insegurança relacionada com questões de saúde envolvendo a utilização do sêmen de um doador aleatório, conhecido ou não da gestante ou do casal, repercussões jurídicas também surgirão desta gestação.

Quando se busca as clínicas de reprodução humana para a utilização das técnicas de reprodução assistida, o casal ou a pessoa solteira tem a tranquilidade de saber que, caso a inseminação artificial seja heteróloga, o material genético utilizado será de um doador anônimo, que realizou todos os exames necessários para que pudesse fazer a doação para o banco de sêmen. Terão, também, a tranquilidade de saber que a clínica controlará quantas mulheres serão, ou não, inseminadas com o material genético do mesmo doador dentro de um limite geográfico o que dificultaria, por exemplo, que dois irmãos se relacionassem no futuro sem qualquer conhecimento que compartilham do mesmo pai biológico.

Além disso, realizar as técnicas através de uma clínica de reprodução assistida dará ao casal o respaldo necessário para as principais questões jurídicas que poderiam surgir a partir desta gestação, uma vez que o casal assinará o Termo de Consentimento Informado, que prevê as mais diversas questões como, por exemplo, o destino dos embriões excedentários que foram criopreservados, em especial após a morte de um deles ou mesmo em caso de divórcio e, ainda, a possibilidade de realizar o registro de nascimento do bebê em nome do casal, dos pais de intenção, os verdadeiros sujeitos daquele planejamento parental, e não do genitor biológico que não poderá, futuramente, questionar a paternidade do bebê.

A insegurança jurídica não se limita, porém, ao casal ou pessoa solteira sujeito do projeto parental, mas também para o doador que permitiu que o seu sêmen fosse utilizado para a inseminação artificial caseira. O anonimato do doador o protege de, futuramente, receber uma citação e se tornar parte de um processo de alimentos para a criança gerada a partir das técnicas de reprodução humana. A inseminação artificial caseira, por outro lado, não garante este anonimato e não garante o respaldo de uma clínica médica para tratar e esclarecer esses pontos mais sensíveis, de modo que cada um possa consentir com o tratamento e/ou doação de forma completamente consciente.

É preciso notar, no entanto, que, apesar de a inseminação artificial caseira não ser regulamentada, ou mesmo incentivada, por todas as razões já expostas, é um fato que aquela vida gerada deverá receber a tutela do estado com a autorização do juiz para que seu registro seja feito em nome das duas mães, por exemplo, e não em nome do genitor biológico. Esse registro, contudo, não poderia ser realizado de forma automática, quando um dos pais/uma das mães compareceria ao cartório com os documentos do hospital e clínica de reprodução humana para que aquele registro seja realizado de acordo com a realidade: em nome de duas mães, e não em nome da mulher que está gestando e do doador biológico.

A busca pela inseminação artificial caseira só existe quando não se mostra possível a utilização das técnicas de reprodução humana por meio das clínicas de reprodução humana assistida diante dos altos custos dos tratamentos e, como foi possível notar, nem a saúde pública, ou mesmo os planos de saúde são uma alternativa viável para o alcance do projeto parental.

Desta forma, não é possível ao Direito ignorar a prática, devendo apresentar soluções jurídicas para os problemas apresentados, em especial o registro civil do bebê que, além de contar com o nome da mãe biológica, deve contar também com o nome do pai (ou mãe, em casos de família homoafetiva) de intenção, ou seja, aqueles que, de fato, fazem parte daquele projeto de construção familiar, e não do doador do material genético, cuja participação se deu apenas com a doação, sem que tivesse qualquer intenção em participar daquele planejamento familiar.

Via de regra, o tratamento jurídico deve ser o mesmo ao aplicado às pessoas que fazem o procedimento nas clínicas de reprodução humana, levando ao poder judiciário a análise das particularidades de cada caso, sempre em busca do melhor interesse do menor.

6. REFERÊNCIAS

ALVES, Bruna. Inseminação intrauterina, fertilização in vitro: qual método é mais eficaz e o que está disponível no SUS? *BBC News Brasil*, São Paulo, 28 novembro 2022. Disponível em: https://www.bbc.com/portuguese/brasil-63722144. Acesso em: 20.12.2022.

ARAÚJO. Ana Thereza Meireles. Projetos parentais por meio de inseminações caseiras: uma análise bioético-jurídica. *Revista Brasileira de Direito Civil – RBDCivil*, Belo Horizonte, v. 24, p. 101-119. Acesso em: 21.12.2022.

BEBÊ de casal homoafetivo terá duas mães no registro. *Migalhas Quentes*. Disponível em: https://www.migalhas.com.br/quentes/358841/bebe-de-casal-homoafetivo-tera-duas-maes-no-registro. Acesso em: 30.12.2022.

BERMEJO, Aracelli Mesquita Bandolin. *A validade do contrato gestação substitutiva ou contratos gestacionais sob o enfoque do objeto. Questões atuais dos negócios jurídicos a luz do biodireito*: discussões sobre negócios biojurídicos. ESPOLADOR, Rita de Cássia R. Tarifa; PAIANO, Daniela Braga (Org.). Thoth: Londrina, 2019.

BODIN DE MORAES, Maria Celina. O princípio da dignidade da pessoa humana. In: *Na medida da pessoa humana*. Rio de Janeiro: Renovar, 2010.

BRASIL. (2005). Portaria 426, de 22 de março de 2005. *Institui, no âmbito do SUS, a Política Nacional de Atenção Integral em Reprodução Humana Assistida e dá outras providências*. Disponível em: https://www.gov.br/mdh/pt-br/navegue-por-temas/politicas-para-mulheres/arquivo/sobre/a-secretaria/legislacao-1/nacional/portarias/portarias-em-pdf/portaria_ms_426_2005_integra/view. Acesso em: 26.12.2022.

BRASIL (2012). Portaria 3.149, de 28 de dezembro de 2012. Destinação de recursos financeiros aos estabelecimentos de saúde que realizam procedimentos de atenção a Reprodução Humana Assistida no âmbito do SUS, incluindo fertilização in vitro e/ou injeção intracitoplasmática de espermatozoides. *Diário Oficial da União da República Federativa do Brasil*. Disponível em: https://bvsms.saude.gov.br/bvs/saudelegis/gm/2012/prt3149_28_12_2012.html. Acesso em: 26.12.2022.

BRASIL, Lei 9.656, de 03 de junho de 1998. *Dispõe sobre os planos e seguros privados de assistência à saúde*. Brasília, DF. Disponível em: https://www.planalto.gov.br/ccivil_03/leis/l9656.htm. Acesso em: 29.11.2022.

CARDIN, Valéria Silva Galdino. *Do planejamento familiar, da paternidade responsável e das políticas públicas*. Disponível em: http://www.ibdfam.org.br/assets/upload/anais/223.pdf. Acesso em: 12.08.2019.

CAVALCANTI, Ana Elizabeth Lapa Wanderley; SCHWARTZ, Germano. *Gestação de substituição na sociedade de informação: situação fática e legal no direito brasileiro*. Revista da Faculdade de Direito do Sul de Minas, Pouso Alegre, v. 34, n. 1: 1-23, jan./jun. 2018. Disponível em: https://www.fdsm.edu.br/adm/artigos/53310a909eb7b991f3775e96ecb05b41.pdf. Acesso em: 11.08.2019.

CONSELHO FEDERAL DE MEDICINA. *Resolução 2.320/2022*. Disponível em: https://sistemas.cfm.org.br/normas/visualizar/resolucoes/BR/2022/2320. Acesso em: 12.12.2022.

DAYRELL, Cristiano de Castro. *A filiação na gestação por substituição*. 2017. 134f. Dissertação (Mestrado em Direito). Universidade Católica de Brasília, Brasília, 2017.

GOZZO, Débora; LIGIERA, Wilson Ricardo. *Maternidade de substituição e a lacuna legal: questionamentos*. Civilistica.com. Rio de Janeiro, a. 5, n. 1, 2016. Disponível em: <http://civilistica.com/maternidade-de-substituicao-e-a-lacuna-legal-questionamentos/>. Acesso em: 13.08.2019.

LEMOS, Vinícius. *Os brasileiros que doam sêmen para inseminações caseiras*. BBC Brasil, Cuiabá, 29 novembro 2017. Disponível em: https://www.bbc.com/portuguese/geral-42145205 Acesso em: 29.12.2022.

LIMA, Taisa Maria Macena de; SÁ, Maria de Fátima Freire de. Gestação de substituição: entre autonomia e vulnerabilidade. *VirtuaJus*, Belo Horizonte, v. 3, n. 4, p. 19-36, 1º sem. 2018. Disponível em: http://periodicos.pucminas.br/index.php/virtuajus/article/view/17477. Acesso em: 13.08.2019.

MADALENO, Rolf. *Direito de família*. 9. ed. Rio de Janeiro: Forense, 2016.

OLIVEIRA JÚNIOR, Eudes Quintino. *Inseminação artificial caseira*. Migalhas, 22 out. 2017. Disponível em: http://www.migalhas.com.br/dePeso/16,MI267599,51045-Inseminacao+artificial+caseira. Acesso em: 19.12.2022.

OLIVEIRA, José Maria Leoni Lopes de. *Direito civil. Sucessões*. Coord. J. M. Leoni Lopes de Oliveira e Marco Aurélio Bezerra de Melo. 2. ed. Rio de Janeiro: Forense, 2019.

STJ. Notícias. *Em repetitivo, STJ decide que planos de saúde não são obrigados a custear fertilização in vitro*". 15 de outubro de 2021. Disponível em: https://www.stj.jus.br/sites/portalp/Paginas/Comunicacao/Noticias/15102021-Em-repetitivo--STJ-decide-que-planos-de-saude-nao-sao-obrigados-a-custear-fertilizacao-in-vitro.aspx#:~:text=Legisla%C3%A7%C3%A3o%20n%C3%A3o%20obriga%20cobertura%20de%20fertiliza%C3%A7%C3%A3o%20in%20vitro&text=O%20magistrado%20apontou%20que%20a,-compet%C3%AAncia%20para%20regulamentar%20a%20mat%C3%A9ria. Acesso em: 20.12.2022.

TARTUCE, Flávio. *Direito civil*: direito de família. 14 ed. Rio de Janeiro: Forense, 2019. v. 5.

TJPR. Notícia. *Dupla Maternidade: Justiça Estadual determina que criança gerada após Inseminação artificial caseira seja registrada em nome de duas mães*. 23 novembro 2020. Disponível em: Dupla maternidade: Justiça estadual determina que criança gerada após inseminação artificial caseira seja registrada em nome de duas mães – Destaques – TJPR. Acesso em: 18.12.2022.

VELASCO, Carolina Altoé. *O objeto no contrato de gestação de substituição: na fronteira das relações jurídicas patrimoniais e existenciais*. 2016. 197f. Tese (Doutorado em Direito) – Departamento de Direito, Pontifícia Universidade Católica do Rio de Janeiro, Rio de Janeiro, 2016.

VIVEIROS DE CASTRO, Thamis Dalsenter. *Corpo e autonomia*: a interpretação do artigo 13 do Código Civil Brasileiro. 2009. 161f. Dissertação (Mestrado em Direito) – Departamento de Direito, Pontifícia Universidade Católica do Rio de Janeiro, Rio de Janeiro, 2009.

A MORADIA DIGNA NA PROMOÇÃO DA PESSOA HUMANA

Rosângela Maria de Azevedo Gomes

Doutorado em Direito pela Universidade do Estado do Rio de Janeiro, Brasil (2001).
Professora adjunta da Universidade Veiga de Almeida, Brasil.

Sumário: 1. Introdução – 2. Direito à moradia como direito fundamental – 3. O que é moradia digna? – 4. Conclusão – 5. Referências.

1. INTRODUÇÃO

O presente texto visa tratar do direito à moradia, sob o aspecto do direito civil constitucional, introduzido no cenário jurídico brasileiro por Maria Celina Bodin de Moraes, revolucionando a hermenêutica civilista nacional.

No Programa de Pós-graduação em Direito da Universidade do Estado do Rio de Janeiro (UERJ), Professora Maria Celina Bodin de Moraes ministrou a disciplina de Direito Civil Constitucional, quando tive a honra de ser sua aluna. Ao longo de quase vinte anos, mudou a forma rígida da leitura do direito privado para transformá-lo em verdadeiro celeiro de novos valores, coadunados aos princípios constitucionais, gerando uma dinâmica sem precedentes nas soluções jurídicas para as contendas de ordem patrimonial ou extrapatrimonial.

Maria Celina Bodin de Moraes é a grande autora do direito civil constitucional, no Brasil, e segue como arauto dos mestres italianos, acrescentando com sua inteligente argumentação, valores próprios à realidade nacional, favorecendo o aprendizado dinâmico do direito privado.

Seus ensinamentos ultrapassaram a barreira do Direito, fazendo com que a transdisciplinaridade que transborda da sua fala, permita unir a teoria à prática, iluminando conceitos abstratos para sua efetiva aplicação ao cotidiano social.

A despatrimonialização do direito civil, a partir da leitura constitucional, prioriza aspectos subjetivos, protegendo a pessoa humana como valor maior de proteção jurídica.

Segundo Maria Celina Bodin de Moraes, uma "das características fundantes do direito civil-constitucional é a aplicação direta dos princípios constitucionais às relações privadas"[1], revolucionando o processo de interpretação e aplicação do Direito.

---

1. MORAES, Maria Celina Bodin de. *Na medida da pessoa humana*: Estudos de direito civil-constitucional, Rio de Janeiro: Renovar, 2010.

Nas palavras de Pietro Perlingieri[2] é imperiosa a leitura da regra jurídica, tendo por base os princípios constitucionais que a regem:

> "A solução para cada controvérsia não pode mais ser encontrada levando em conta simplesmente o artigo de lei que parece contê-la e resolvê-la, mas, antes à luz do inteiro ordenamento jurídico, e, em particular, de seus princípios fundamentais, considerados com opções de base que o caracterizam."

Portanto, para analisar o direito à moradia, seguindo o caminho aberto por Maria Celina Bodin de Moraes, é necessário tratar o tema sob o manto principiológico constitucional para sua efetividade plena. Corrobora com tal afirmativa o fato de habitação, família e trabalho, serem valores essenciais e meios fundamentais para uma vida humana digna.

2. DIREITO À MORADIA COMO DIREITO FUNDAMENTAL

O direito à moradia encontra-se na Declaração Universal dos Direitos Humanos[3] de 1948, art. 25, a saber:

> Artigo 25. 1. Todo ser humano tem direito a um padrão de vida capaz de assegurar a si e a sua família saúde e bem-estar, inclusive alimentação, vestuário, *habitação*, cuidados médicos e os serviços sociais indispensáveis, e direito à segurança em caso de desemprego, doença, invalidez, viuvez, velhice ou outros casos de perda dos meios de subsistência fora de seu controle. (grifo nosso)

Assim, o direito à moradia foi inserido no rol de direitos humanos e como tal, passou a integrar diversos tratados e convenções internacionais, como, por exemplo, a convenção Americana de Direitos Humanos (Pacto de San Jose da Costa Rica de 1969). A agenda Habitat de 1996, o Pacto Internacional de Direitos Econômicos Sociais e Culturais (PIDESC), apenas para mencionar aqueles que impactam diretamente em políticas públicas ligadas à habitação.

Em 2000 a Emenda Constitucional 26, incluiu o direito à moradia no rol dos direitos sociais do art. 6º da Constituição Federal brasileira, cuja redação foi alterada pela Emenda Constitucional 90 de 2015, a saber:

> Art. 6º São direitos sociais a educação, a saúde, a alimentação, o trabalho, *a moradia*, o transporte, o lazer, a segurança, a previdência social, a proteção à maternidade e à infância, a assistência aos desamparados, na forma desta Constituição. (grifo nosso)

Os direitos sociais do art. 6º da Constituição são normas programáticas, constituindo direito de todos os cidadãos, porém, atrelados aos ditames políticos de cada gestão ou programa de governo.

Tal natureza para o direito à moradia limitaria imensamente os direitos dos indivíduos que necessitassem de moradia, sobretudo digna. Passariam a subordinação dos

---

2. PERLINGIERI, Pietro. *Perfis do Direito Civil*: Introdução ao Direito Civil Constitucional. 3. ed. Rio de Janeiro: Renovar, 1997.
3. nos%20-%201948%20(1).pdf. Acesso em 13.08.2023.

interesses políticos e alcançar o sonho da "casa própria" ou do "teto para a família" seria moeda de troca por votos, como outrora foi[4], caracterizando o chamado "coronelismo" da política nacional do século passado, muito criticado atualmente.

Entretanto, em relação ao direito à moradia, sob o prisma constitucional do Estado Democrático de Direito, no qual a dignidade da pessoa humana é o vetor para a satisfação de todos os direitos contemplados no ordenamento jurídico brasileiro, e sendo, a moradia a forma mais óbvia de satisfação da necessidade primária do ser humano pelo abrigo, passa-se a considerar o direito à moradia como um direito fundamental.

Não bastasse este argumento, sua proteção é, sem dúvida, uma das medidas adequadas para concretizar a função social da propriedade (art. 5º, XXIII e art. 170, III, CF; art. 1.228, § 1º, CC).

O maior desafio para os operadores do direito é estabelecer um equilíbrio adequado entre a liberdade de escolha e valores fundamentais. Ou seja, coadunar atitudes privadas com ditames principiológicos faz com que a necessidade de cada indivíduo passe a ser a promoção de meios para que a vida humana digna possa ser realidade social.

Reconhecer o ser humano como sujeito de direitos universais é o início do caminho para superar tal desafio. Portanto, quando a Constituição Federal elege a dignidade da pessoa humana como princípio fundante do Estado Democrático de Direito, o faz enquanto valor supremo e base da ordem jurídica democrática.

Logo, seguindo este raciocínio, todo direito deve ser exercido em prol da vida humana digna. Assim sendo, o direito à moradia, seja na relação proprietária ou em outra relação jurídica que envolva o habitar, deverá ser exercido para promover a vida humana com dignidade, sendo que este dever maior vai além das partes envolvidas. Torna-se obrigação do Poder Público como guardião da cidadania.

3. O QUE É MORADIA DIGNA?

A Lei 13.465 de 2017, que instituiu normas gerais e procedimentos aplicáveis à Regularização Fundiária Urbana (Reurb), a qual abrange medidas jurídicas, urbanísticas, ambientais e sociais destinadas à incorporação dos núcleos urbanos informais ao ordenamento territorial urbano e à titulação de seus ocupantes (art. 9º), determinou a moradia digna como um dos objetivos da Reurb, a ser observado pela União, Estados, Distrito Federal e Municípios (art. 10, VI):

> VI – garantir o direito social à moradia digna e às condições de vida adequadas; [...].

Como pode ser observado, o texto legal se coaduna com o art. 6º da Constituição Federal.

---

4. Sobre este tema as obras de Vitor Nunes Leal (*Coronelismo, enxada e voto*); e *A Máquina e a Revolta* de autoria da antropóloga Alba Zaluar, são leituras obrigatórias.

Certo que a lei apresenta dois conceitos abertos que se unem diante da questão da moradia. O primeiro é *função social* e o segundo *moradia digna*. Para compreensão de um faz-se necessária a interpretação do outro e, preliminarmente, função do Direito.

Para um conceito de função do direito duas teorias devem ser avaliadas: a objetivista e a subjetivista[5]. A teoria objetivista ou organicista, adotada por Durkheim, visualisa a sociedade como um organismo vivo, com funções vitais e outras coadjuvantes para a estabilidade do sistema global. A definição das necessidades principais conduzirá à determinação das funções essenciais, dentre elas a do Direito.

Na teoria subjetivista ou conflitualista, o conceito de função parte da categoria dos indivíduos, como "atores sociais", participantes de relações sociais e interagindo no sistema social. Para os subjetivistas, é o indivíduo que irá definir as finalidades e projetos, portanto as funções que cada elemento do sistema social irá realizar.

Vicenzo Ferrari[6], numa ótica subjetivista, compreende as instituições jurídicas como instrumentos de ação social. Para ele o homem é o ator social; portanto os grupos sociais, independente da dimensão do seu poder econômico, irão direcionar a funcionalização dos comandos conforme seu interesse.

A orientação social, o tratamento de conflitos declarados e a legitimação do poder são as três principais[7] funções do Direito. Assim, a ordem jurídica influencia o comportamento do grupo social indicando uma orientação de conduta, especificando e ampliando o campo de atuação dos indivíduos. Neste sentido diz-se que ela (ordem jurídica) tem a função de orientação social – função social. Exatamente sob este prisma, os institutos jurídicos ganham a sua função social. Os institutos jurídicos, abstratamente falando, como o casamento, a propriedade e o contrato, têm um conceito formal, porém a sua função é um elemento variável em um sentido sociológico e econômico.

Como a moradia reflete uma necessidade humana e, também, se reveste de aspecto econômico, sua análise tem como paradigma a função social da propriedade e a da posse na ordem constitucional.

A relação jurídica dominial extrapola os rigores positivistas do direito civil clássico e adquire contornos dinâmicos com o elemento externo da propriedade, ou seja, a sua função social. A relação passa a ser entre indivíduos e o papel que a propriedade adquire para eles no contexto social[8].

A funcionalização do direito de propriedade teve origem nas chamadas Constituições sociais, notadamente a de Weimar[9]. A introdução nas Cartas brasileiras, no capítulo

---

5. ARNAUD, André-Jean, DULCE, Maria José Fariñas. *Introduction à l'analyse sociologique des systèmes juridiques*. Madrid: Coedition de la Universidad Carlos III de Madrid y Boletin Oficial del Estado, 1996.
6. FERRARI, Vicenzo. *Funzioni delDiritto*: saggio critico-ricostruttivo. Roma: Laterza, 1997.
7. FERRARI, Vicenzo. ob. cit.
8. LAURO, Antonino Procida Mirabelli di. *Immissioni e "rapporto proprietario"* Napoli: Edizioni Scientifiche Italiane, 1984.
9. Bismarck, na década de 1890, levou a termo reformas sociais que modificaram a forma de atuação do Estado em face da sociedade. É bem verdade que a ideia de reforma social com o objetivo de remediar as distorções do

da ordem econômica, da função social da propriedade traduziu um contexto histórico mundial em que o papel do Estado como coordenador das relações sociais tornou-se preponderante em face dos interesses econômicos.

A Constituição de 1934, apesar da sua curta duração[10], trouxe para o ordenamento jurídico brasileiro o tempero da social-democracia. Elaborada nos moldes da Constituição de Weimar[11], pela primeira vez aparecem no direito constitucional nacional diretrizes sobre a ordem econômica e social, dogmatizando uma nova perspectiva de ação para o Estado[12].

A passagem do Estado liberal para o social ocorre na Constituição de 1934. O governo de uma determinada classe social se transforma no governo de todas as classes: do princípio liberal chega-se ao democrático[13].

No momento em que os caminhos da sociedade enveredam pela garantia da liberdade para todos, a separação clássica de poderes não é suficiente como suporte de uma segurança social. Não basta resguardar ao indivíduo seus direitos fundamentais perante o Estado – princípio liberal –, mas defender a participação do indivíduo na formação da vontade do Estado – princípio democrático[14]. A liberdade passa a ter um cunho social e econômico, diferente daquela do séc. XVIII.

No Estado social aportado com a Constituição de 1934 o Direito deixa de ter função predominantemente protetora-repressiva para ser um Direito cada vez sempre mais promocional e a funcionalização da propriedade tem este sentido. Entretanto, a função social da propriedade, como outros dispositivos da ordem econômica e social, tinha conteúdo programático, portanto sujeita à discricionariedade do Poder Público. Lamentavelmente não foi implementada. Mas, plantou a semente que floresceu nas Constituições de 1946, 1967 e 1988.

Na Constituição de 1946, a propriedade ingressa no capítulo dos Direitos e Garantias Individuais (art. 141), sendo o seu uso condicionado ao bem-estar social (art.147). Coube à Constituição de 1946 a consolidação da ordem social-democrata instaurada pela Constituição de 1934, assegurando, por quase vinte anos, um desenvolvimento pacífico e estável do país.

---

regime capitalista teve origem em países com tradição industrial anterior à alemã: a Inglaterra, por exemplo. Porém, com as reformas introduzidas por Bismarck, inaugura-se a era dos Direitos Sociais germânicos, que tem seu apogeu na Constituição de Weimar (1919), fruto de um governo social-democrata. Cf. GUEDES, Marco Aurélio Peri. *Estado e ordem econômica e social:* a experiência constitucional da República de Weimar e a Constituição de 1934. Rio de Janeiro: Renovar, 1998.

10. Em 1937, durante a ditadura Vargas, foi promulgada uma nova Constituição, a chamada "Polaca", na qual a função social da propriedade não foi mencionada.
11. Coube a Osvaldo Aranha, como relator do capítulo da Ordem Econômica e Social da Comissão do Itamaraty, a responsabilidade pela influência weimariana na CF/34. GUEDES, Marco Aurélio Peri. ob. cit.
12. Art. 113. A Constituição assegura a brasileiros e a estrangeiros residentes no país a inviolabilidade dos direitos concernentes à liberdade, à subsistência, à segurança individual e à propriedade, nos termos seguintes:
    17) É garantido o direito de propriedade, que não poderá ser exercido contra o interesse social ou coletivo, na forma que a lei determinar.
13. BONAVIDES, Paulo. *Do Estado Liberal ao Estado Social.* São Paulo: Malheiros, 1996.
14. BONAVIDES, Paulo. ob. cit.

A partir da Constituição de 1967, a propriedade adquire, expressamente, sua função social (art. 160, III), no capítulo referente à ordem econômica e social[15], alçada à categoria de princípio fundamental constitucional.

A limitação legal ao exercício do direito de propriedade atendendo à função social foi mantida na Constituição de 1967 e na Emenda Constitucional de 1969, que a alterou. Portanto, pode-se dizer em consonância com os publicistas que as limitações ao exercício do direito de propriedade retiraram o perfil absoluto contido no Código Civil e corresponderam a uma prestação negativa quer do Estado – não violar a propriedade sem que a lei o permita – quer do proprietário – não exercer o seu direito de forma que prejudique ou viole interesse da sociedade.

A Constituição de 1988, ao inserir a função social da propriedade no capítulo dedicado aos direitos e garantias fundamentais (art. 5º), deu uma nova interpretação às limitações constitucionais. O fundamento das limitações ao direito de propriedade corresponde à necessidade de proteção pelo Estado dos interesses da comunidade. Não representa mais apenas uma prestação negativa. A partir desse momento ela torna-se também positiva. Os poderes do art. 1.228, *caput*, CC – usar, gozar e dispor – e os do art. 1.231, CC – plena e exclusiva – estão limitados diante do intervencionismo estatal, em prol do bem-estar da coletividade, gerando não apenas o dever de omissão (não fazer), mas, sobretudo, o dever de agir (fazer), para o Estado como provedor do bem-estar social e para o cidadão, titular do direito real que coadune com o exercício de algum dos poderes inerentes ao direito de propriedade ou posse.

Seguindo a diretriz traçada por Maria Celina Bodin de Moraes[16], atualmente a gama de interesses a serem tutelados pelo direito não permite mais que as fronteiras entre o público e o privado se resumam à vontade individual e ao exercício da cidadania, respectivamente.

No momento em que a Constituição Federal de 1988 traz como valores máximos do Estado Democrático de Direito (art. 1º) a cidadania (inc. II), a dignidade da pessoa humana (inc. III), os valores sociais do trabalho e da livre iniciativa (inc. IV), a dicotomia clássica – público e privado – perde sentido diante da perspectiva maior segundo a qual para o ser humano – e não apenas para o indivíduo proprietário, titular de direitos subjetivos – a proteção jurídica se reveste de um novo perfil, respaldado no estatuído no art. 3º, incisos I e III, que determina ser um dos objetivos fundamentais da República a construção de uma sociedade justa e solidária, que vise a erradicar a pobreza e a marginalidade, reduzindo as desigualdades sociais.

---

15. Art. 160. A ordem econômica e social tem por fim realizar o desenvolvimento nacional e a justiça social, com base nos seguintes princípios: (...) III – função social da propriedade
16. Neste texto, hoje um clássico para a teoria do direito civil constitucional, a autora analisa com recorte cirúrgico o direito de propriedade e seu *locus* no ordenamento jurídico brasileiro, à luz dos princípios constitucionais. TEPEDINO, Maria Celina B. M. A caminho de um direito civil constitucional. *Revista de Direito Civil*. PUC/RJ, n. 65, p. 21–32, jul./set., 1993, p. 26.

Diante do Estado assistencial do séc. XX, que surge no Brasil na década de 30, o direito civil perdeu o seu poder centralizador das regras do jogo das relações privadas. A tendência à descodificação do direito civil através da legislação especial[17](microssistemas) que veio indicar e regulamentar os novos anseios sociais demonstra que o direito civil sofreu uma transformação estrutural. Nesse quadro, é a Constituição, através dos seus princípios, que dará ao aplicador da lei as bases para interpretar as normas vigentes e aplicá-las no sentido do exercício da justiça social.

O direito de propriedade adquiriu a partir de 1988 um novo papel nas relações de direito privado. A função social como princípio contido no art. 5º, *caput*, XXII e XXIII, da CF assume o poder disciplinador das relações patrimoniais. A função social da propriedade tem conteúdo predeterminado constitucionalmente, voltado para a dignidade da pessoa humana e para a igualdade com terceiros não proprietários. Esta é a linha condutora do exercício pleno do direito de propriedade, e, por sua vez, da posse como direito autônomo.

Assim é que, para uma total compreensão da dimensão adquirida pelo direito de propriedade e sua função social após 1988, deve-se analisá-lo como direito fundamental e à luz dos princípios da hierarquia das fontes do direito, tendo por premissa que o direito público e o direito privado caminham juntos na construção de uma sociedade sem fronteiras.

A posse, inclusive, também está subordinada aos ditames constitucionais e funcionalizada, portanto, visto ser a propriedade seu paradigma (art. 1.196, CC), todo e qualquer ato do possuidor, ainda que sem intenção de ser proprietário, está adstrito a promover a vida humana digna.

> "Na posse qualificada pela função social é mister o exercício de uma atividade humana social e economicamente relevante e isto se dá, por exemplo através da moradia (...).
>
> Essa imperiosa e irrecusável, projeção da pessoa humana sobre os bens, só pode fazer-se à custa da posse (não importa se decorrente ou não de um título jurídico), fixando-se aí sua razão de ser (...)"[18]

O Enunciado 492, CJF, esclarece bem esta diretriz: "A posse constitui direito autônomo em relação à propriedade e deve expressar o aproveitamento dos bens para o alcance de interesses existenciais, econômicos e sociais merecedores de tutela."

Assim, deve-se compreender que, especialmente, no que tange ao direito à moradia digna a sua promoção não está exclusivamente atrelada às políticas públicas, mas, está, também, submetida ao exercício regular do direito, seja através do proprietário ou do possuidor.

---

17. O Código de Proteção e Defesa do Consumidor, o Estatuto da Criança e do Adolescente, o Estatuto da Terra, são exemplos da importância da legislação extravagante, impondo às normas contidas no CC uma outra leitura em virtude dos ditames da nova ordem constitucional que, por sua vez, traduz as tendências sociais.
18. ALCINO, Marcos. "Função social da posse", em BARBOZA, Heloísa Helena. 20 Anos do Código Civil: perspectivas presentes e futuras, Rio de Janeiro: Editora Processo, 2022.

Ainda é forçoso remarcar, na linha do parágrafo primeiro do art. 1.228, CC, que as questões ambientais devem ser relevadas no momento da efetivação do direito à moradia digna, diante do cenário urbano de exclusão social consolidada e demanda por regularização fundiária, pois, caso contrário o risco de danos ambientais irreversíveis é grande, agravando a condição do excluído como apartado de acesso aos serviços e direitos inerentes ao pleno exercício da cidadania[19]. Lembrando que, o princípio constitucional da sustentabilidade (art. 225, CF) é uma das premissas da vida humana digna.

Portanto, a regularização fundiária requer não apenas a titulação, mas também, a adequação aos padrões urbanos regulares e, para tanto, a realização de obras que facultem a definitiva implementação dos serviços públicos básicos, tais como; saneamento; abastecimento público de água, gás, luz e transporte público; calçamento de vias públicas; escoamento e drenagem de águas dos rios, inclusive os subterrâneos; escoamento pluvial; prestação adequada de serviço de educação e saúde, apenas para mencionar os critérios referentes ao mínimo existencial[20].

Ermínia Maricato, em texto sobre o período trágico da pandemia, pontua questão sensível que se adequa a qualquer situação de demanda por moradia, e que nos anos pandêmicos teve maior visibilidade, ou seja, imóveis vazios em oposição à demanda por moradia. Assim a autora aborda o tema:

> O problema da moradia digna está ganhando destaque finalmente. Utilização compulsória de imóveis ociosos (imóveis vazios passam de seis milhões de unidades segundo o IBGE) visando desadensamento familiar, abrigos para moradores de rua, ampliação de leitos para internações com baixa complexidade etc. Quem sabe, finalmente, conseguiremos aplicar a função social da propriedade prevista em lei (CF88, Estatuto da Cidade e Planos Diretores) com a comoção provocada pela coronacrise. Muitos hotéis também poderiam cumprir essa função.[21]

Entretanto, a realidade que sobressai no cotidiano das cidades é a da exclusão e difícil acesso à moradia digna. Passada a crise mundial do coronavírus, parece que a lição não foi aprendida e o dever de casa não foi concluído.

---

19. No cenário trazido pela Covid-19, tornou-se evidente a premente demanda por regularização fundiária, sobretudo, para os grandes centros urbanos. "Em um cenário de isolamento social, onde as pessoas devem ficar em suas casas, em ambientes arejados e ter atenção com sua higiene e com a lavagem de suas mãos, emerge uma questão fundamental: nem todos têm moradias com condições mínimas de salubridade e tampouco fornecimento de água para se prevenirem de possíveis contágios. Nesse contexto, trazemos à luz a discussão sobre a justiça social e a função social da propriedade." CARDEMAN, Rogério Goldfeld, em BORGES, Andrea et MARQUES, Leila (Org.). *Coronavirus e as cidades no Brasil*: reflexões durante a pandemia, Rio de Janeiro: Outras Letras, 2020.
20. A definição de "mínimo existencial" surgiu na Alemanha, em 1954, por meio de uma decisão do Tribunal Federal Administrativo. Tal decisão possuía um caráter pragmático, ou seja, determinava que *o Estado deveria dar auxílio material ao indivíduo carente e que isso seria um direito subjetivo*. Em suma, uniu a dignidade da pessoa humana, a liberdade material e o estado social. https://www.aurum.com.br/blog/minimo-existencial. Acesso em: 15.11.2020.
21. MARICATO, Ermínia. O coronavirus e um plano de emergência para as cidades, em *Coronavirus e as cidades no Brasil*: reflexões durante a pandemia, Rio de Janeiro: Outras Letras, 2020.

Ainda que muitos digam que a pandemia foi democrática, pois, generalizou a contaminação, a verdade é que as classes sociais mais atingidas foram as desprovidas de saneamento básico.

Dever do Estado, dever da sociedade, dever do cidadão, a promoção da moradia digna continua a ser um mito.

Mas, como a sabedoria popular ensina, que a insistência amolece o coração inflexível ("água mole em pedra dura, tanto bate até que fura"), segue breve tentativa de definir, com base na lei sob a leitura dos princípios constitucionais, quais são os parâmetros legais da moradia digna:

1. A Lei 10.257/2001, Estatuto da Cidade, cuja finalidade é regulamentar os artigos 182 e 183 da Constituição Federal, indica no art. 2º as diretrizes da efetividade da função social da cidade e da propriedade, a saber:

> Art. 2º A política urbana tem por objetivo ordenar o pleno desenvolvimento das funções sociais da cidade e da propriedade urbana, mediante as seguintes diretrizes gerais:
> I – garantia do direito a cidades sustentáveis, entendido como o direito à terra urbana, à moradia, ao saneamento ambiental, à infra-estrutura urbana, ao transporte e aos serviços públicos, ao trabalho e ao lazer, para as presentes e futuras gerações;

Ainda, no art. 10, com nova redação a partir da Lei 13.465/2017, a usucapião coletiva requer para futuro desmembramento e extinção do condomínio especial originado da sua concessão, que ocorra projeto urbanístico regularmente aprovado e implementado permitindo coadunar a cidade informal com as regras básicas da regularização urbana.

Forçoso lembrar que, como pontua Maria Celina Bodin de Moraes[22], o princípio constitucional da liberdade, reflexo do da dignidade da pessoa humana, deve ser integrado ao princípio da diversidade, respeitando as especificidades culturais, históricas e geográficas de cada localidade.

Assim, deve ser priorizada a arquitetura característica do grupo social que é palco de intervenções urbanas. A identidade, o reconhecer-se em determinada região da cidade, é fundamental para o pertencimento e identidade com certa localidade e identidade como cidadão.

A "casa" é também a rua, o bairro, a região da cidade que remete às memórias afetivas. Portanto, tornar a moradia digna é preservar a identidade local e dos seus moradores.

> 2. A Medida Provisória 22.220 de 2001, que continua a ser reeditada, trata da concessão do direito real de uso para fins de moradia, elencando os requisitos que possibilitam a funcionalização de imóveis públicos, atendendo a demanda social por habitação;

---

22. MORAES. Maria Celina Bodin de, ob. Cit.

3. A Lei 13.465/2017, incluiu no rol dos instrumentos para regularização fundiária a legitimação de posse[23] e a legitimação fundiária, que prestigiam modos extrajudiciais de regularização fundiária, efetivando a posse e a aquisição da propriedade;

4. O Provimento 65/2017 do CNJ, que rege a usucapião extrajudicial, regulamentando o art. 216, da lei 6.015/1973 (Lei de Registros Públicos), possibilita a celeridade e democratização do acesso à propriedade, sobretudo com escopo de garantir a moradia segura e digna;

5. A Lei 14.620/2023, que regulamentou a Medida Provisória 1.162/2023, reeditou o Programa Minha Casa Minha Vida (MCMV), possibilitando a aquisição de imóvel próprio para família de baixa ou média renda. Trata-se de medida política, sem dúvida, porém, a semelhança de outros programas habitacionais[24], visa possibilitar o acesso à moradia digna, seja pela aquisição para si ou sua família.

Estas são algumas das possibilidades apresentadas pelo ordenamento jurídico brasileiro para fomentar a moradia digna. Essencial é entender que o acesso à propriedade não é a única via de concretização do direito à moradia.

A Lei do Inquilinato (Lei 8.295/1991), a Lei sobre condomínio em edificações e incorporações imobiliárias (Lei 4.591/1964) e a Lei de Parcelamento do solo urbano (Lei 6.766/1979) são exemplos de normas que prestigiam a moradia digna, independente da aquisição do título de propriedade, pois, delimitam regras para o uso do bem imóvel, seja para a moradia, explicitamente (lei do inquilinato), ou para a geração de espaços que favoreçam a moradia com qualidade de uso do bem imóvel, visando a vida digna (Lei sobre condomínios em edificações e incorporações imobiliária e Lei de parcelamento do solo urbano).

Resumindo, a dignidade social, que se ancora no princípio da solidariedade (art. 3º, III, CF), que, por sua vez, está atrelado ao princípio fundante da dignidade da pessoa humana (art. 1º, III, CF), encontra sua efetividade na promoção e acesso à moradia digna.

Resta ao operador do direito seguir o que determina o ordenamento jurídico que, ao inovar em conformidade com a demanda social, tira a linha de conforto e habitualidade. Mas, oferece um novo horizonte repleto de possibilidades.

4. CONCLUSÃO

O direito à moradia sempre foi uma necessidade primordial humana. Desde as cavernas o ser humano busca o abrigo, porém, o conceito de morar, na linha histórica da humanidade, surge com a sedentarização do homem, com a noção de pertencer a um local ou região, assim, a moradia passa a ser um bem essencial.

Se o contexto histórico identifica a moradia como sendo um dos valores que integra a vida do indivíduo, seja em comunidade ou isoladamente (Robinson Crusoe na

---

23. Introduzida no ordenamento jurídico brasileiro como instrumento extrajudicial de regularização fundiária pela Lei 11.977/2009, que foi alterada pela Lei 13.465/2017.
24. O sonho da casa própria já foi objeto de diversos programas de governo, inclusive com a criação de um banco (Banco Nacional de Habitação- BNH) para promover o acesso à moradia em imóvel próprio. Hoje o extinto BNH foi incorporado à Caixa Econômica Federal e deixou como legado um verdadeiro pandemônio fundiário, cuja regularização depende de vontade política e *via crucis* de quem queira buscar solução jurídica adequada.

ilha, tinha sua moradia[25]), no ordenamento jurídico brasileiro, ela adquire o degrau de direito fundamental a partir da Constituição de 1988, em respeito ao determinado pela Declaração Universal dos Direitos do Homem.

Neste contexto, os princípios da dignidade da pessoa humana e da solidariedade social desenham o contorno da moradia sob o prisma de valores éticos. Ou seja, não basta oferecer um teto ou abrigo, este deve satisfazer as necessidades básicas do indivíduo para sua integridade psicofísica.

Na voz contundente de Maria Celina Bodin de Moraes[26]:

"(...)o legislador constituinte, apoiado nos princípios da dignidade humana e da solidariedade social, teve a pretensão de enfrentar as desigualdades concretas do contexto da sociedade brasileira contemporânea, ao propugnar, como objetivo fundamental da República – art. 3º, III –, a erradicação da pobreza e da marginalização social, impondo o atingimento da igualdade substancial e da justiça social. A cláusula geral de proteção à pessoa humana, porém, faz com que se deva avançar um pouco mais na tutela privilegiada que contém: torna necessário, pois, interpretar e aplicar o direito a partir do respeito pela diferença, que deve sobressair, garantindo a coexistência pacífica dos mais variados projetos de vida".

Portanto, para a efetivação da moradia digna é necessária a condução de políticas públicas que valorizem a vida com qualidade e respeite as diferenças que passam a figurar como identidades na sociedade.

Por outra via, as relações patrimoniais privadas devem estar coadunadas com a função social da propriedade e o reconhecimento da posse como direito subjetivo autônomo funcionalizado.

Dentro desta linha, o papel do operador do direito é fundamental para ser o agente transformador, visando alcançar o ideal de sociedade justa e igualitária traçado pelo desenho constitucional.

5. REFERÊNCIAS

ALCINO, Marcos. "Função social da posse". Em BARBOZA, Heloísa Helena. *20 Anos do Código Civil*: perspectivas presentes e futuras. Rio de Janeiro: Editora Processo, 2022.

ARNAUD, André-Jean, DULCE, Maria José Fariñas. *Introduction à l'analyse sociologique des systèmes juridiques*. Madrid: Coedition de la Universidad Carlos III de Madrid y Boletin Oficial del Estado, 1996.

BONAVIDES, Paulo. *Do Estado Liberal ao Estado Social*. São Paulo: Malheiros, 1996.

CARDEMAN, Rogerio G. Planejamento na cidade do Rio de Janeiro: o desenho urbano e a pandemia. In: BORGES, Andrea Borges; MARQUES, Leila (Org.). *Coronavírus e as cidades no Brasil*: reflexões durante a pandemia. Rio de Janeiro: Outras Letras, 2020.

DEFOE, Daniel. *Robinson Crusoe*. Tradução de Sergio Flaksman; organização, introdução e notas John Richetti. São Paulo: Penguin Classics Companhia das Letras, 2011.

FERRARI, Vicenzo. *Funzioni del Diritto*: saggio critico-ricostruttivo. Roma: Laterza, 1997.

---

25. *Robinson Crusoe*. romance de Daniel Defoe (1660-1731).
26. MORAES, Maria Celina Bodin de. Ob. cit.

GUEDES, Marco Aurélio Peri. *Estado e ordem econômica e social:* a experiência constitucional da República de Weimar e a Constituição de 1934. Rio de Janeiro: Renovar, 1998.

LAURO, Antonino Procida Mirabelli di. *Immissioni e "rapporto proprietario"* Napoli: Edizioni Scientifiche Italiane, 1984.

MARICATO, Ermínia. O coronavírus e um plano de emergência para as cidades. In: BORGES, Andrea Borges; MARQUES, Leila (Org.). *Coronavírus e as cidades no Brasil:* reflexões durante a pandemia. 1ed. Rio de Janeiro: Outras Letras, 2020.

MORAES, Maria Celina Bodin de. *Na medida da pessoa humana:* Estudos de direito civil-constitucional, Rio de Janeiro: Renovar, 2010.

PERLINGIERI, Pietro. *Perfis do Direito Civil:* Introdução ao Direito Civil Constitucional. 3. ed. Rio de Janeiro: Renovar, 1997.

TEPEDINO, Maria Celina B. M. A caminho de um direito civil constitucional. *Revista de Direito Civil.* PUC/RJ, n. 65, p. 21-32, jul./set., 1993.

O HORIZONTE HISTÓRICO DO DIREITO CIVIL BRASILEIRO NA REDEMOCRATIZAÇÃO: REFLEXÕES SOBRE A MEMÓRIA JURÍDICA A PARTIR DA OBRA DE MARIA CELINA BODIN DE MORAES

Thaís Fernanda Tenório Sêco

Doutora em direito pela Universidade Federal de Minas Gerais. Mestre em direito civil pela Universidade do Estado do Rio de Janeiro. Professora do Departamento de Direito da Universidade Federal de Lavras.

Sumário: 1. Introdução – 2. Ser e devir: uma hipótese de investigação – 3. Ditadura militar e agonia da civilística brasileira – 4. Redemocratização e constitucionalização – 5. Fim da história? – 6. Conclusão – 7. Referências.

> "minha provocação sobre adiar o fim do mundo é exatamente sempre poder contar mais uma história."
> -- Ailton Krenak
> *Ideias para adiar o fim do mundo*

1. INTRODUÇÃO

Uma narrativa da história é, por si, um acontecimento histórico. Esta é a base do argumento principal a ser desenvolvido no trabalho que se apresenta. O que envolve, antes de tudo, a compreensão da diferença que existe entre a história, ela mesma, e a narrativa da história.

A história, ela mesma, consiste em uma sucessão de acontecimentos do passado. A narrativa da história é uma representação discursiva dessa sucessão de acontecimentos. É a fonte de um imaginário, de uma imagem. A imagem da história, produto de uma narrativa, é acontecimento interagente na história. Efeito e causa de outros acontecimentos, não necessariamente restritos ao mundo da linguagem ou ao mundo discursivo.

É uma compreensão, talvez, difícil, metalinguística, meta-histórica, essa que vem falar de uma história da história, como história das imagens da história, história das narrativas da história. Mas é, ainda assim, uma compreensão fundamental. Questão que se levanta tantas vezes, quando se apresenta, com tanta singeleza, uma embaraçosa pergunta: "para que serve a história?". Esta foi a questão que moveu Marc Bloch a escrever a *Apologia da história*, em que constatava: "O desconhecimento do passado não se limita a prejudicar a compreensão do presente. Compromete no presente a própria ação."[1]

É disso que se trata quando se fala, não propriamente da história – pois nem sempre é bem da história que se trata –, mas de um imaginário da história como acontecimento interagente na história. Uma imagem da história pode conduzir, ou não, a certa ação. Pode conduzir a uma ou outra ação humana, em certo tempo.

Tudo isso é pressuposto do ponto principal a ser desenvolvido no presente capítulo. Pois se trata aqui de compreender uma narrativa da história como acontecimento, por si. De modo mais específico, a narrativa contida no artigo de autoria da Professora Maria Celina Bodin de Moraes, publicado em 1991: 'A caminho de um direito civil-constitucional'.

Não se trata de expor qual tenha sido a narrativa contida nesse artigo. Ela é conhecida, porquanto circula em nossa época, e se consolida entre nós como memória jurídica ativa. Não se trata, tampouco, de investigar suas precisões ou imprecisões em relação à história, ela mesma, segundo o que se revela das historiografias mais recentes. Imprecisões há, como sempre haverá. Não se pode ter do passado uma representação exata. O que se tem são narrativas mais ou menos aproximadas da verdade do passado representado.

Para além de tudo isso, o que se deseja realçar é a importância da narrativa em si. A importância do próprio acontecimento da narração, naquele momento. Isso porque, a narrativa colocava o direito civil em perspectiva, inserindo-o no processo histórico crucial em andamento no Brasil. Depois de vinte anos da ditadura militar, na esteira dos movimentos políticos que conclamaram a Constituinte e as *Diretas Já!*, promulgada a Constituição de 1988, era dada a hora de afetar a disciplina civilística ao produto de todos esses acontecimentos. Naquele momento, aquela narrativa propugnava a abertura epistemológica do direito civil, recusando as imagens de um imobilismo da disciplina, de uma cristalização de suas categorias.

Nosso objetivo, nesta abordagem, é o de aprofundar a compreensão do processo de transformação do direito civil brasileiro a partir daquele momento. Desvendar qual tenha sido a relevância dessa colocação do direito civil em perspectiva histórica. O modo como isso propiciou a abertura do horizonte epistemológico da disciplina no âmbito daquele processo mais geral, de reabertura democrática.

O trabalho se inicia pela elaboração de uma hipótese de investigação, que será percorrida nos itens seguintes. Passa por um esforço de reconstituição do quadro histórico do direito civil na ditadura miliar, colocando em perspectiva o ponto de vista de Orlando Gomes. A partir disso, é possível desdobrar o cenário da redemocratização, que permite colocar em perspectiva o significado histórico dos chamados para a constitucionalização do direito civil.

---

1. BLOCH, M. *Apologia da história ou O ofício do historiador*. Tradução de André Telles. kindle, não paginada. ed. São Paulo: Zahar.

2. SER E DEVIR: UMA HIPÓTESE DE INVESTIGAÇÃO

Feita a indagação, discutidas e descartadas as respostas mais frequentemente dadas a ela, António Manuel Hespanha confirma a conclusão a que chegara, antes, o historiador italiano Pietro Costa: a história do direito (ela mesma) serve para expandir os horizontes de exploração do saber jurídico.[2] Serve para "questionar o pressuposto implícito acrítico das disciplinas dogmáticas".[3] Pela compreensão da dimensão das transformações do saber jurídico ao longo do tempo, abre-se também a compreensão de suas possibilidades de seguir transformando-se para o futuro. Ou, dito de outro modo, o desinteresse pela dimensão histórica das produções jurídicas tende a produzir uma concepção de imutabilidade do que está dado.

Isso significa dizer que o conhecimento da história do direito serve para revelar algo de verdadeiro a respeito do direito. Serve para mostrar que o direito não é algo permanente e imutável no tempo. Não contém uma essência, ou uma natureza que não possa ser contrariada. O direito se apresenta como devir. Como algo que se constrói e se adapta às contingências de cada época. E que, portanto, também pode ser adaptado à nossa. Também pode ser transformado para o futuro.

Entretanto, especialmente a partir do século XIX, com o jusnaturalismo e a codificação, essa não tem sido a imagem mais comum do direito civil, ao longo do tempo. Decorre do jusnaturalismo, particularmente, uma concepção metafísica do direito e de suas categorias. Essa visão de fundo se expressa e até se legitima a partir de um certo modo de narrar a história do direito civil, construindo uma imagem que confirma sua heurística.

Do ponto de vista filosófico, podemos dizer que estão em jogo, aqui, duas diferentes visões ou indagações que já estavam presentes desde a fase pré-socrática, nas posições de Parmênides e de Heráclito, seu contemporâneo (séc. VI a.C.). Parmênides buscava uma concepção permanente do ser, a essência do ser, com base na premissa de que o ser é, e o não ser não é, absolutamente. De fato, seu pensamento é considerado fundante da metafísica. O pensamento de Heráclito, por outro lado, é visto como fundante da dialética, pois ele procurava refletir sobre o tema da transformação, onde nada é, pois tudo está em mutação. É famosa, a passagem em que afirma a impossibilidade de que um homem desça duas vezes ao mesmo rio. Porque, da segunda vez, já não se trata do mesmo rio, cujas águas correram. Tampouco, do mesmo homem, que também já não é o mesmo.

Assim, com Parmênides e com Heráclito, podemos propor que sejam estas, duas formas radicalmente diferentes de pensar o direito civil. Uma que indaga sobre o que *é* o direito civil. Outra que pergunta sobre o que o direito civil *vem a ser*. E se, por força dos imaginários produzidos pelo jusnaturalismo e pela codificação, o primeiro imaginário tende a ser hegemônico; o estudo da história do direito (ela mesma) tem indicado que

---

2. COSTA, P. Para que serve a história do direito? um humilde elogio da inutilidade. In: COSTA, P. *Soberania, representação, democracia. Ensaios de história do pensamento jurídico*. Curitiba: Juruá, 2010. p. 63-78.
3. HESPANHA, A. M. *Cultura Jurídica Europeia*. Lisboa: Almedina, 2015. p. 16.

é o segundo ponto de vista o que se mostra mais condizente com o fenômeno jurídico ao longo do tempo.

Sem prejuízo, mesmo nesse caso, em que o direito civil é retratado como algo de permanente e imutável, o que se tem é, ainda, uma narrativa da história, e a produção de certa imagem que não deixa de ser igualmente interagente no mundo. Nessa concepção, o direito civil não deixa de ter história. Mas não é história de suas categorias em transformação no tempo. É história da progressiva revelação daquilo que é e que sempre foi. História do acúmulo de saberes e compreensões a respeito de um fenômeno eterno.

A narrativa que tem como questão de fundo o *ser*, pode ser ilustrada em uma passagem de Clovis Bevilaqua datada de 1896, quando. Ao tratar do tema da "evolução das formas contratues", ele escrevia que: "Em epocha ulterior appareceram formalidades, reaes ou symbolicas, essenciaes ou acessórias, tendentes a assegurar a manifestação das vontades...".[4] A partir dessa colocação, tudo dá a crer que as formalidades contratuais existiram sempre para assegurar a voluntariedade das manifestações. Os juristas é que nem sempre souberam disso, mas teriam desvendado essa "verdade" com o passar dos séculos.

Algumas décadas antes, é possível capturar em Teixeira de Freitas uma outra abordagem, que ilustra o ponto de vista rival, em que o direito civil é retratado como *devir*. Argumentava ele que: "A legislação civil é sempre dominada pela organisacão polilica. Uma legislação moldada para uma Monarchia absoluta, sob o predomínio de outras idéas, deve em muitos casos repugnar ás condições do systema representativo."[5] E seguia: "Quantas leis entre nós não incorrerão desde logo em virtual e necessária revogação, por se tornarem incompatíveis com as bases da Carta Constitucional?".[6]

De outra parte, na medida em que tomamos uma narrativa da história como acontecimento interagente na própria história, não é difícil entender qual o efeito imediato de cada uma dessas configurações narrativas para a epistemologia do direito civil. De modo muito claro, a perspectiva que contém como indagação de fundo o ser, produz um fechamento epistemológico. Uma restrição das possibilidades de investigação e reflexão. Nessa concepção as produções da civilística de gerações passadas, se tornam como que vinculantes. Não é dizer que não exista trabalho a ser feito no presente, mas a metodologia de trabalho (ou a metódica, como se tem preferido dizer em algumas partes) se torna muito restritiva e limitante. Há quem fale até mesmo em um "estatuto epistemológico do direito civil".[7] Um corte que recorta para fora como impertinentes ou irrelevantes uma série de questões que podem emergir da vida social.

Como está claro, de outra parte, a perspectiva que contém como indagação de fundo o devir, produz o efeito o contrário. Justamente por isso é que tanto Hespanha

---

4. BEVILÁQUA, C. *Direito das obrigações*. Bahia (Salvador): Dois Mundos, 1896. p. 49.
5. FREITAS, T. D. *Consolidação das leis civis* (1858). Brasília: Senado Federal, v. I, 2003. Disponível em: http://www2.senado.leg.br/bdsf/handle/id/496206. p. XXXIII.
6. *Ib. idem*.
7. RODRIGUES JR., O. L. *Direito civil contemporâneo*. Rio de Janeiro: Forense Universitária, 2019.

quanto Costa afirmaram que a história do direito (ela mesma) serve para expandir os horizontes de exploração teórica do direito. Não servem para reforçar pressupostos e dogmas, mas para questioná-los. Com isso, eles não ignoravam que outras imagens da história, outras narrativas da história, servem a outros propósitos. Mas argumentavam que o estudo da história propriamente dito, a investigação dos vestígios deixados pelo passado, a reconstituição dos acontecimentos, e a interpretação de suas relações, costumam revelar algo que contrasta com esses imaginários de permanência.

A partir disso, é possível elaborar a hipótese de investigação contida na exposição que se segue: A hipótese de que, no processo de redemocratização do Brasil, a atitude epistemológica de narrar o direito civil, reforçando a sua imagem como um devir, e não como um ser, era também uma forma necessária e eficaz de disputar o conteúdo da disciplina, propiciar essa expansão dos seus horizontes epistemológicos, e abri-lo aos processos de renovação teórica que se seguiriam.

3. DITADURA MILITAR E AGONIA DA CIVILÍSTICA BRASILEIRA

Em 1936, Orlando Gomes já falava em uma "agonia do código civil".[8] Na ocasião, ressaltava a crise do modelo de completude e coerência das codificações liberais do século XIX em face do ritmo de transformações da sociedade no século XX. Era nítida a incongruência com a imagem de que o saber jurídico do século XIX decodificou as relações privadas, reduzindo sua regulação a certo número finito e coeso de regras de procedimento de convivência. Muito rapidamente, as transformações sociais do século XX dariam conta da inconsistência desse imaginário. O apego em sua afirmação, por outro lado, levaria a um estado de agonismo do direito civil. Um direito civil condenado a estar defasado e sempre aquém das demandas sociais.[9]

O inconformismo histórico de Gomes, já expressado naqueles primeiros anos, voltaria a apresentar-se anos mais tarde, em 1967, na obra *Transformações gerais do direito das obrigações*.[10] Nesta, porém, o desafio às concepções imobilistas do direito civil se colocava de modo diferente. Fora dito muitas vezes que o campo do direito das obrigações é o mais permanente e estático, o mais depurado pelo tempo, o mais imune a transformações. Nas *Transformações*, Gomes desafiaria esse imaginário de modo bastante singelo; elencando as mudanças efetivamente observadas nessa mesma disciplina tida como tão sólida e imutável.

Como argumentado antes, desde a antiguidade romana, a concepção de imutabilidade não se mostra verdadeira, e foi produzida por uma heurística que imprime esse

---

8. GOMES, O. Agonia do Código Civil. *Revista de Direito Comparado Luso Brasileiro*, 1936.
9. GOMES, Orlando. A evolução do direito privado e o atraso da técnica jurídica (1955). *Revista Direito GV*, v. 1, n. 1, p. 121-134, 2005; GOMES, Orlando. Significado da evolução contemporânea do direito de propriedade. *Rev. Faculdade Direito Universidade Federal Minas Gerais*, p. 57, 1953; GOMES, Orlando. *Tendências modernas da responsabilidade civil*. Rio de Janeiro: Forense, 1985.
10. GOMES, O. *Transformações gerais do direito das obrigações*. São Paulo: Ed. RT, 1967.

viés narrativo sobre a história do direito.[11] Nas *Transformações*, Gomes não percorreu uma dimensão tão profunda da narrativa continuísta, concentrando-se, porém, em questões mais urgentes e prementes de seu próprio século. Sem prejuízo o argumento era inelutável. Figuras como a responsabilidade objetiva, o instituto da lesão, as convenções coletivas de trabalho e os contratos coativos eram a prova cabal de que o direito civil não estava imune às demandas que emergiam do quadro social daquela época. Transformava-se, adaptava-se. E não devemos subestimar a importância desse apontamento. Se hoje essa é uma ideia simples, e até salutar às nossas concepções teóricas sobre a disciplina no presente, isso se deve à eloquência com que Gomes, antes de qualquer outro, no Brasil, desafiou o imaginário da permanência.

Em sua abordagem, por outro lado, é manifesta a inspiração europeia de seus estudos, com especial destaque para as fontes doutrinárias italianas. Em diversos pontos de sua linguagem é notável, talvez, certa concepção de "desvalor nacional". O que pode merecer uma justa e necessária crítica, de caráter descolonizador. Crítica que não deve apressar-se, no entanto. Mais interessante é aprofundar a perspectiva de sua inserção histórica naquela época, e entender do que falava Gomes quando pontuava uma essa espécie de "atraso brasileiro".

De fato, o quadro político, econômico e social vivenciado na Europa Ocidental e na América Latina, naquele tempo, era drasticamente diferente. E dava muitas razões para se lamentar, efetivamente, algo como um "atraso" nacional.

Ao fim da II Guerra, o mundo se polarizou entre o bloco socialista e o bloco capitalista na guerra fria, situação metonimicamente ilustrada pelo muro de Berlin. Na divisão territorial da Alemanha se demarcava uma divisão da geopolítica mundial. Na Europa, os países do leste estavam sob ocupação soviética, e isso gerava uma pressão sobre os países do ocidente europeu, em que fora mantido o sistema capitalista.

Décadas antes, o temor de uma revolução, a exemplo da que ocorrera na Rússia em 1917, havia gerado uma aliança entre as classes econômicas dominantes e os fascismos que surgiram como movimentos extremistas de direita. Os fascismos eram violentos desde o princípio. Perseguiam, linchavam e matavam sindicalistas e líderes de partidos rivais. Nos casos em que esses movimentos assumiram o poder do Estado, eles instalaram regimes ditatoriais que perseguiam o seu ideal de "totalitarismo". A experiência histórica foi brutal e no último nível conduziu à guerra e suas crises sociais e humanitárias, além do extermínio de milhões de pessoas.[12] De modo que, embora o pós-guerra tenha resultado em um fortalecimento da União Soviética, as soluções autoritárias de preservação do capitalismo foram, ao menos episodicamente, recusadas.

---

11. Franz Wieacker já apontava que as aparências de continuidade são contraditórias, pois o que se passa ao logo do tempo, são processos de "apropriações atualizantes" e de "equívocos criadores". WIEACKER, F. *História do direito privado moderno*. Tradução de António Manuel Botelho Hespanha. 5. ed. [S.l.]: Fundação Calouste Gulbenkian, 2015. p. 38.
12. Sobre o fascismo como movimento, e o fascismo como regime, veja-se: MILZA, P. Qu'est-ce que le fascisme? In: MILZA, P. *Les Fascismes*. Paris: Seuil, 1989. p. 127-166; E. GENTILE. *Fascismo: Storia e interpretazione*. Roma: Laterza, 2002.

Restabelecido o regime político democrático, isso favoreceu as soluções políticas e econômicas intermediárias; transações entre as classes dominantes e as classes trabalhadoras, nos moldes da social-democracia, vista, então, como "terceira via" entre o capitalismo e o socialismo.

A social-democracia propunha, por assim dizer, um livre mercado mitigado, o que repercutiria decisivamente sobre a dogmática civilística, notadamente no que toca às disciplinas das obrigações e dos direitos reais (apropriando-se em boa medida, é verdade, de certas modificações dogmáticas que já haviam sido imprimidas antes pelos fascismos).[13] Essas eram as modificações constatadas e elencadas, não só por Gomes. Todo civilista atento às discussões que corriam em países como França, Itália ou Alemanha (Ocidental) estava a par desses quadros teóricos que se mostravam, lá, como os "avanços" do direito civil.[14] Daí que o próprio Gomes se reportasse, ocasionalmente, a esses países como "nações mais avançadas".

Essa linguagem aparece, especialmente em sua primorosa obra *Raízes históricas e sociológicas do Código Civil brasileiro* (a saber, o de 1916), onde ele aponta para um fenômeno de seletividade das disposições nacionais em absorver, ou não, os modelos teóricos e dogmáticos "mais avançados" elaborados nas experiências europeias, segundo eles reforçassem, ou não, os interesses das classes dominantes no Brasil.[15] Essa imagem da seletividade nacional à reprodução dos modelos europeus se mostra, de fato, muito interessante, e reveladora da perspectiva de Gomes, em um espectro mais amplo.

Pois, naquela época, a guerra fria repercutiu sobre os países da América Latina de modo muito diferente do que ocorreria na Europa Ocidental. Lá, a social-democracia representou uma transação com as classes trabalhadoras, cujo ativismo foi garantido pelos princípios da democracia. Gomes não perdia de vista que as transformações elencadas em sua tese de 1967 eram efeito desses processos políticos. A dogmática civilística incorporava mecanismos de intervenção do Estado no domínio econômico com fins de orientar políticas de bem-estar, reforçando direitos sociais.

O cenário econômico mundial também era favorável às medidas de redistribuição de renda e riquezas, aos moldes dos modelos de gestão macroeconômica propostos por John Maynard Keynes. O modelo keynesiano se propõe a reduzir as desigualdades econômicas, sem tocar na fortuna dos mais ricos. Para tanto, o funcionamento do modelo demanda um significativo crescimento econômico combinado, que deve ser combinado com medidas de redistribuição das riquezas produzidas, e políticas de redução da desigualdade. De fato, o período que vai do pós-guerra até a crise da OPEP (Organização dos Países Exportadores de Petróleo) na década de 1970 era propício a

---

13. SÊCO, T. F. T. Sobre as doutrinas jurídicas da era fascista e sua continuidade até os nossos dias. *Civilistica.com*, Rio de Janeiro, v. a. 10, 2021. ISSN n. 2. Acesso em: 20.12.2023.
14. Veja-se, por exemplo, SILVA, C. V. D. C. E. *A obrigação como processo*. Rio de Janeiro: Editora FGV, 2006. Originalmente apresentado como tese do autor (livre docência – UFRGS, Faculdade de Direito, 1964.
15. GOMES, O. *Raízes históricas e sociológicas do código civil*. 2. ed. São Paulo: Martins Fontes, 2006; NEVES, M. Ideias em outro lugar? – Constituição liberal e codificação do direito na virada do século XIX para o século XX. *Revista Brasileira de Ciências Sociais*, Brasília, v. 30, p. 5-27, jun. 2015. ISSN 88.

tais medidas. Foi chamado de "os 30 anos de ouro", época de grande prosperidade e crescimento econômico mundial.[16]

Na América Latina, as coisas correram de modo muito diferente. Entre nós, no Brasil não havia compromisso com a agenda democrática, nem garantia de agência e ativismo a movimentos em prol dos direitos da classe trabalhadora. Era o contrário. Ao invés de transação com as classes desfavorecidas, houve repressão, perseguição, tortura e assassinato de quem ousasse articular suas demandas. A riqueza gerada naqueles anos de crescimento econômico se concentrou ainda mais nas mãos dos mais ricos.[17] Dizia-se, muito cinicamente, que era preciso "fazer o bolo crescer para depois dividi-lo".[18] Naturalmente, que nunca houve tal divisão.

De outra parte, não se pode dizer, também, que fosse uma economia propriamente alheia a mecanismos de intervenção do Estado na vida econômica. Entretanto, a organização política ditatorial favorecia a aliança com as classes mais ricas, e repressão violenta das demandas dos menos favorecidos. É desta época, por exemplo, a criação do SFH (Sistema Financeiro da Habitação), fortemente operante até os dias de hoje.[19] Mas, desprovido das exigências de transparência, de participação democrática nas decisões, e dos mecanismos de controle social por meio da cidadania de uma imprensa livre, essas intervenções favoreceram, ainda mais, a concentração de renda, ao mesmo tempo em que obstruíam os mecanismos de redistribuição. Reprimiam demandas por melhores salários, por exemplo, mas não só.[20] Na construção civil, uma demanda particularmente crítica era por segurança no trabalho, tema ao qual Orlando Gomes se mostrou sempre sensível em sua obra, e que pontuou com especial atenção em sua abordagem das *Raízes do código civil*. No caso da greve da hidrelétrica de Tucuruí, por exemplo, mesmo essa demanda que era por redução da mortalidade nas linhas de trabalho, foi brutalmente reprimida, e o exército abriu fogo contra os grevistas.[21]

É dessa perspectiva que a crítica de Gomes merece ser vista. Inclusive aquela que apontava para uma "absorção seletiva" dos modelos formulados nas "nações mais avançadas". Nas *Raízes históricas e sociológicas do Código Civil brasileiro*, Gomes mostrava muito claramente como os argumentos da imitação europeia se mesclavam com argumentos da "especificidade nacional". Como abordaria Marcelo Neves, adiante, essa constatação, restrita, a rigor, ao quadro histórico ali analisado, não deixa de ser sugestiva de um fenômeno histórico mais amplo que, décadas antes, havia se revelado também nos debates sobre a abolição da escravidão, e que merece mais investigações.[22] Fenômeno que indica para uma tendência de absorção dos modelos europeus somente na medida

---

16. DOWBOR, L. *A era do capital improdutivo*. São Paulo: Outras Palavras & Autonomia Literária, 2018.
17. *Idem*.
18. A famosa declaração do então Ministro da Fazenda Delfim Netto teria sido proferida em 1970.
19. CAMPOS, Pedro Henrique Pedreira. *Estranhas catedrais*: as empreiteiras brasileiras e a ditadura civil-militar, 1964-1988. Editora da UFF, 2014.
20. *Ib. idem*.
21. CAMPOS, Pedro Henrique Pedreira. Ditadura, interesses empresariais e desenvolvimentismo: a obra da usina hidrelétrica de Tucuruí. *Tempo e argumento*, Florianópolis, v. 11, n. 26, p. 255 - 286, jan./abr. 2019.
22. NEVES, M. *Ideias em outro lugar?*, Op. cit.

em que tais modelos possam beneficiar as classes mais ricas, recusando as contribuições que contenham eficácia equalizadora de nossas profundas desigualdades.

Deste ponto de vista, portanto, o que Gomes retratava como um "atraso" brasileiro, era a percepção dessa diferença historicamente dada, entre o processo político-econômico europeu, voltado, na época, à redistribuição de renda e de riquezas, em comparação com o que se passava no Brasil, uma ditadura que suprimia demandas democráticas por igualdade. Mas há ainda outro episódio de sua inserção como civilista naquela época, em que fica particularmente evidente a atuação da poder ditatorial a provocar o estado de agonia da civilística nacional naquela época.

Fora ele nomeado, em 1963, para redigir o anteprojeto de um novo código civil, que sucederia àquele de Bevilaqua. Neste código, estaria excluído o livro do direito das obrigações, que seria tratado em diploma à parte, um Código Geral de Obrigações, que ficaria a cargo de Caio Mário da Silva Pereira. O trabalho de Gomes foi entregue já em 1963 e o de Caio Mário, em 1964. Em 1965, ambos iniciariam sua tramitação no Congresso.

O projeto de Orlando Gomes incorporaria alguns avanços importantes para o direito civil brasileiro, especialmente no que toca ao direito de família. Dispunha, por exemplo, sobre a igualdade entre os cônjuges, eliminava a obrigação da mulher de adotar o sobrenome do marido, e dava abertura ao reconhecimento da união estável ("concubinato puro") como entidade que constitui família. Disposições como estas teriam provocado forte resistência de setores mais conservadores da sociedade brasileira, o que pode ter desencadeado a retirada daquele projeto de tramitação, ainda em 1966, seguindo-se o projeto de Caio Mário para o mesmo destino.[23] A justificativa oficial do governo apareceria em um decreto assinado, em 1967, pelo General Artur da Costa e Silva, em cujos "considerandos" assinalava: "pelo decurso do tempo, se torna indispensável adaptar vários dos projetos já elaborados à nova ordem constitucional e à atual política legislativa do Govêrno".

Ora, o decurso do tempo... Quanto tempo havia se passado de 1963 a 1967? Assim como na Física, na Política, o tempo também é relativo. O corte abrupto do golpe militar em 1º de abril de 1964, tomaria qualquer iniciativa anterior àquele termo como obsoleta, especialmente aquelas desempenhadas por juristas nomeados no governo de João Goulart. Em 1969 seria designada uma nova comissão para a redação de um projeto de código civil. Essa que seria presidida por Miguel Reale, apresentaria a primeira versão de seus trabalhos em 1972, texto que entraria em tramitação em 1975, e em vigor já 2002. Trinta e três anos depois, na democracia, o "decurso do tempo" já não seria considerado impeditivo. O apontamento da impertinência política daquele projeto francamente conservador seria repelido como proselitismo. Ao contrário daquela antiga constatação de Teixeira de Freitas sobre a relação entre os modelos legislativos e a organização política do governo, tudo indica que as ditaduras produzem modelos legislativos "neutros"; as democracias é que os produzem enviesados.

---

23. DELGADO, M. L. *Codificação, descodificação, recodificação*. São Paulo: Saraiva, 2011. p. 282-283.

A perspectiva dada por essa breve trajetória de Orlando Gomes, não obstante, permite aqui desvendar este cenário, que tomamos por "agonístico". Agonístico porque a própria codificação civil foi mobilizada como estratégia de obstrução a certas transformações necessárias, que partiam de demandas sociais prementes. Ao final, seria mantido o texto daquele Código de 1916, cuja seletividade o próprio Gomes tão bem desvendara. E, no lugar dos projetos elaborados por Gomes e por Caio Mário, seria nomeada aquela outra comissão que não se disporia, sequer, a realizar, efetivamente, um novo projeto de codificação. Segundo o entendimento de Miguel Reale, à época: "não há razão para abandonar a estrutura do Código Civil em vigor [a saber, o de 1916], que ainda permanece compatível com a atualização ou modernização de seus preceitos, por mais profundas que possam parecer as modificações exigidas pela vida contemporânea".[24] – Na Física, a Matemática ajuda a compreender a relatividade do tempo. Na Política, é o contrário. 1969 estava muito longe de 1963, e bem mais perto de 1916.

4. REDEMOCRATIZAÇÃO E CONSTITUCIONALIZAÇÃO

O período que se inicia na história do Brasil a partir da redemocratização é chamado de "Nova República". Dentre os elementos que o caracterizam, diz-se que esse período é marcado pela consolidação de uma "social-democracia tardia".[25]

A que vem isso? Ora, essa expressão que remete, outra vez, para uma ideia de "atraso" das experiências brasileiras, pareceria pressupor, novamente, que a missão política brasileira é a de "imitar" os processos europeus. Pareceria trazer implícita uma ideia unilateral de progresso. Pelo qual cada sociedade escalaria seus próprios degraus de evolução. Nesse quadro de avanços e atrasos, as sociedades da Europa Ocidental vistas como as "mais avançadas" apresentariam modelos a serem seguidos pelo Brasil.

Para não nos limitarmos aos termos estritos de uma social-democracia, ou ao modelo keynesiano de gestão da economia, lembremos apenas que na redemocratização, a Constituição de 1988 incorporaria em seu texto o reconhecimento de diversos direitos sociais como direitos fundamentais. Esse dado que, por si, já se mostra bastante significativo, é apenas um dos elementos que compõem um quadro mais geral, de tendências que se apresentavam em relação a temas diversos (como o da igualdade entre os cônjuges). Demandas que a ditadura militar manteve represadas, mas que, então, começariam a fluir. Seriam colocadas em pauta na Constituinte democrática. Disso resultaria um texto constitucional extenso, é verdade, porque procurava incorporá-las e compô-las.

Desde o primeiro instante, contudo, a Constituição de 1988 foi alvo de pessimismo e desconfiança, da parte de alguns setores mais conservadores da sociedade. O próprio Miguel Reale publicaria, em 1990, a obra *Aplicações gerais da Constituição de 1988*, em

---

24. 'Vai mudar o código civil'. Matéria do jornal *O Estado de São Paulo*, edição de terça-feira dia 06 de maio de 1969. Disponível no acervo eletrônico do jornal.
25. SAID FILHO, A.; MORAIS, L. *Brasil*: neoliberalismo versus democracia. São Paulo: Boitempo, 2018.

que apresentaria uma emblemática objeção à extensão analítica do texto constitucional: "quando o legislador se substitui ao povo, impondo-lhe normas rígidas e bloqueando o processo de livre construção de seu próprio caminho, caímos no *holismo*, uma das mais nocivas formas de autoritarismo, a porta aberta ao totalitarismo."[26]

Ele mesmo narra em sua autobiografia que, nos últimos anos da ditadura, o General João Baptista Figueiredo (1918-1999) chegou a nomear uma comissão de três juristas, Reale entre eles, para elaborarem uma nova constituição, a exemplo do que se passara no Chile.[27] O texto seria outorgado ao povo brasileiro como que em um gesto simbólico de emancipação política "concedida" pelos militares.[28] Algo no mínimo aviltante. Mas Reale via em tudo isso muita graça, e julgava que nada poderia estar mais bem encaminhado. Os planos foram malogrados, segundo ele, em função da "falta de senso histórico do PMDB", modo como se reportava, na verdade, a Ulysses Guimarães. Isso ocorreu, segundo ele, porque "já havia conquistado a opinião pública a ideia da 'eleição direta já'".[29] Frente a esses movimentos e demandas que emergem, afinal, da sociedade, Reale se colocaria desconfiado: "Pode ser heroica a posição dos radicais que lançam os dados de 'tudo ou nada', mas pecam por vício de irrealismo político".[30]

Postura contraditória em relação àquela de 1990, em comentário à Constituição de 1988. Nela, ele apresentaria suas ideias sobre como deveria ter sido o texto constitucional, e o defendia sucinto, sintético. Daí porque faria aquela crítica ao caráter "holístico" do texto de 1988. Mas a faz ao argumento de que "não deve o legislador se substituir ao povo", esquecendo-se que a Constituinte de 1987 fora democrática, muito ao contrário da comissão constituinte designada por Figueiredo e da qual ele faria parte.[31] Muito ao contrário, aliás, do que fora anunciado pelo próprio Reale, por ocasião de sua nomeação para presidir a comissão de redação do código civil que está, hoje, em vigor. Como estava em vigor, naquela época, o Ato Institucional n. 5; o Congresso Nacional estava suspenso; e Reale foi indagado sobre o modo como a legislação proposta iria tramitar. E respondeu que o Presidente da República é que a colocaria em vigor por decreto.[32]

---

26. REALE, M. *Aplicações da Constituição de 1988*. São Paulo: Forense, 1990, p. 8. Na década de 1930, fora um grande entusiasta do fascismo italiano, sem nunca tê-lo renegado ao longo de sua vida. Já naquela época, Reale percorrera avidamente a bibliografia italiana sobre o totalitarismo, conforme era retratado pelos juristas fascistas. Discernindo entre duas diferentes correntes de totalitarismo, na doutrina italiana, acomodou, em uma delas, o sentido que seria dado para o "integralismo" (REALE, M. O Estado Moderno. In: REALE, M. *Obras políticas* - 1ª fase (1931-1937). Brasília: Editora UnB, v. Tomo II, 1983. p. 130-131), movimento fascista brasileiro, em que ele figurava como uma de suas principais lideranças. GONÇALVES, L. P.; CALDEIRA, O. *O fascismo em camisas verdes*: do integralismo ao neointegralismo. Rio de Janeiro: FGV Editora, 2020.
27. REALE, M. *Memórias*: a balança e a espada. São Paulo: Saraiva, 1987. v. 2. 311-312.
28. *Id. idem*.
29. *Idem*, p. 313.
30. *Idem*, p. 312
31. A menção ao totalitarismo é particularmente impertinente, o que já tivemos oportunidade de desenvolver, embora brevemente, na nota de rodapé de outro trabalho (SÊCO, T. F. T. Sobre as doutrinas jurídicas da era fascista e sua continuidade até os nossos dias. *Op. cit.*, nota 57).
32. Na já mencionada matéria do jornal *O Estado de São Paulo* publicada em 1969 com o título: 'Vai mudar o Código Civil'.

Aí é que se coloca em perspectiva o significado histórico daquele escrito de Celina Bodin, 'A caminho de um direito civil-constitucional', e o próprio significado do movimento de constitucionalização do direito civil neste processo.

Como é cediço, a constitucionalização do direito civil brasileiro foi inspirada muito significativamente em uma corrente que já era bem consolidada na Itália, e particularmente na obra teórica do civilista Pietro Perlingieri.[33] Pois, de fato, havia na Itália um modelo pertinente de inspiração teórica. O país também havia vivenciado a ditadura fascista, em que fora aprovado, em 1942, um novo Código Civil. A transição política italiana não renderia outro código, sendo aquele tão recente, mas teria como marco normativo a sua Constituição democrática de 1947. Diante disso, entendeu-se que, o mais sensato seria preservar as legislações, lendo-as e interpretando-as à luz das normas constitucionais. E que isso colocaria à salvo o direito civil das eventuais concepções totalitárias inscritas nos dispositivos do código. Assim, por meio da hermenêutica, os conteúdos normativos seriam compatibilizados à nova ordem.[34]

Essa solução inspirou o quadro teórico do direito civil brasileiro quando, aos fins da ditadura militar, vivenciávamos uma situação bastante análoga, mas nunca idêntica. Não era, ainda, um código herdado da ditadura militar, como hoje é. Não havia entrado em vigor este Código de 2002, elaborado por aquela comissão nomeada, em 1969. Mas era o Código de 1916, elaborado sob égide dos ideários patriarcalistas e latifundiários da República Velha. E, de todo modo, não demoraria muito até que o projeto de código civil elaborado na ditadura fosse tirado da gaveta e tramitado apressadamente para se fazer vigorar.

Sem dúvida que, do ponto de vista teórico e metodológico a coisa esteve sempre muito bem amarrada. Não só porque partia de um modelo já consolidado na Itália, como inspiração, mas principalmente porque se baseava na premissa da supremacia

---

33. Como narra à Professora na apresentação de uma de suas obras: "Pouco antes da promulgação da Constituição cidadã, retornei ao Brasil após um período realizando meu doutoramento na Escola de Direito Civil de Camerino (...). Lá tivera a oportunidade de ser apresentada à metodologia da 'constitucionalização do direito civil', então ainda em gestação. Sob a influência do diretor da escola, Professor Pietro Perlingieri, e de tantos outros com quem tive fortuna de aprender – Francesco Prosperi, Vito Rizzo, Francesco Ruscello e, tempos depois, Stefano Rodotà –, vim a conhecer o esforço da nossa doutrina em lidar com as agruras de um direito civil patrimonialista e individualista imerso em um cenário político de incipiente e frágil redemocratização. Trazendo na bagagem essas ideias novas, dediquei-me a difundi-las por aqui, pois prometiam ser muito fecundas no similar contexto brasileiro." (MORAES, Maria Celina. *Na medida da pessoa humana*. Op. cit.)

34. Esse era, por exemplo, o entendimento de Enzo Roppo, em sua primorosa tese *O contrato* (que contém também o diferencial de abordagem o contrato como devir): "Caído, com o fascismo, o ordenamento corporativo, bastou eliminar estes apelos às suas normas e aos seus princípios para que os artigos em que estavam contidos (e por maioria de razão todos os outros relativos aos contratos) resultassem incompatíveis com o novo regime democrático e conservassem assim a sua plena funcionalidade." (ROPPO, E. *O contrato*. Tradução de M. Januário C. Gomes Ana Coimbra. Coimbra: Almedina, 2009. Primeira publicação em 1947, p. 58). A solução é ingênua, especialmente quando se tem em conta que o fascismo italiano não afetou somente à sua legislação, mas também à sua doutrina, e mesmo à sua teoria hermenêutica. Mas essas foram soluções consideradas convincentes naquela época, segundo a memória jurídica que havia se consolidado naquele momento, e que hoje vem sendo, também, desafiada, nas historiografias mais recentes. (BIROCHI, I.; LOSCHIAVO, L. *I giuristi e il fascino del regime (1918-1925)*. Roma: Roma Tre Press, 2015).

das normas constitucionais, o que não poderia ser facilmente refutado, dentro de um sistema jurídico normativo.[35] Isso está correto, e do ponto de vista teórico-jurídico é, sim, a questão fundamental a embasar uma abordagem do direito civil que o retrate em consonância com a Constituição. Entretanto, com o passar dos anos, na medida em que tendemos a reproduzir exclusivamente esse fundamento estritamente jurídico que embasa as leituras em conformidade com a Constituição, é possível que acabemos por esquecermos dessas outras conexões, desses outros contextos que são tão importantes para compreender o direito civil-constitucional historicamente. Quanto a isso, o ponto que se quer reforçar, é outro. Que tem a ver com o modo como a redemocratização repercutia sobre aquele direito civil agoniado; o modo como proporcionou, historicamente, essa abertura dos horizontes epistemológicos da disciplina, e o que os imaginários da história do direito civil têm a ver com isso.

Como já antecipado, trata-se da disputa entre duas visões de fundo do direito civil. Duas diferentes concepções filosóficas, uma metafísica outra dialética. Visões que não se explicitam, mas que se revelam a partir de duas diferentes formas de retratar a história do direito civil, dois diferentes estilos de narrativa histórica. E, como temos sustentado, essas narrativas são interagentes no mundo. São acontecimentos históricos por si, efeito e causa de outros acontecimentos que se sucedem.

E é algo interessante que no processo de redemocratização, pouco depois da promulgação da Constituição de 1988, e especialmente a partir da década de 1990, aquela percepção do direito civil como devir, e que fora tantas vezes expressada por Gomes, tenha desatado e proliferado na civilística brasileira.[36] 'A caminho de um direito civil--constitucional' foi, senão o primeiro, um dos primeiros escritos a incorporar claramente essa compreensão do direito civil como disciplina historicamente situada. Compreensão que permite vê-lo como fenômeno que se amolda às necessidades de cada tempo. Gerando, então, de imediato, esta abertura epistemológica da disciplina civilística. E que aprofunda o sentido da abertura democrática.

---

35. Veja-se, principalmente: BODIN DE MORAES, Maria Celina. *Danos à pessoa humana.* 2. ed. Rio de Janeiro: Processo, 2017. BODIN DE MORAES, Maria Celina. *Na medida da pessoa humana.* Rio de Janeiro: Renovar, 2010. Igualmente importantes: TEPEDINO, G. *Temas de Direito civil.* Rio de Janeiro: Renovar, 2008; TEPEDINO, G. Marchas e contramarchas da constitucionalização do direito civil: a interpretação do direito privado à luz da constituição da República. *[Syn]Thesis*, Rio de Janeiro, v. 5, p. 15-21, 2012. ISSN 1. Para abordagens críticas, veja-se: LEAL, F. Seis objeções ao direito civil-constitucional. *Direitos Fundamentais & Justiça*, v. n. 33, p. 123-165, out./dez. 2015; REIS, T. Dogmática e incerteza normativa: crítica ao substancialismo jurídico do direito civil-constitucional. *Revista de Direito Civil Contemporâneo*, São Paulo, v. 11, p. 213-238, abri.-jun. 2017; DANTAS, M. O desafio do direito civil-constitucional: a filosofia moral. Pensar, Fortaleza, v. 17, p. 577-602, jul./dez. 2012. Em linha autocrítica, por assim dizer, com apresentação de alguns balanços a respeito das conquistas da corrente do direito civil, sem deixar de pautar outras importantes advertências a respeito do seu rumo, ver: BODIN DE MORAES, Maria Celina. Do juiz boca-da-lei à lei segundo a boca-do-juiz. Op. cit.; BODIN DE MORAES, Maria Celina. Os últimos 25 anos e o futuro, Op. cit.; SCHREIBER, A.; KONDER, C. N. *Uma agenda para o direito civil-constitucional.* Op. cit.
36. O fenômeno se verifica em diversas outras obras da civilística desta época, dentre as quais, pode-se citar: MARQUES, C. L. *Contratos no código de defesa do consumidor.* 4. ed. São Paulo: Ed. RT, 2002; MARTINS-COSTA, J. Crise e modificação da ideia de contrato no direito brasileiro. *AJURIS*, p. 57-86, novembro 1992; NEGREIROS, T. *Teoria dos contratos: novos paradigmas.* 2. ed. Rio de Janeiro: Renovar, 2006.

Certo é que, naquele momento, os discursos narrativos do direito civil proliferaram, e a visão do direito civil como devir acabou por consolidar-se, o que não parece ter sido por acaso. Se uma narrativa da história é, por si, um acontecimento histórico; se uma narrativa da história, por si, pode apresentar-se como efeito e causa de outros acontecimentos; uma narrativa como aquela contida em 'A caminho de um direito civil-constitucional' parece figurar muito claramente como um efeito da redemocratização em muitos níveis. E causa de uma importante e necessária abertura epistemológica da disciplina civilística.

5. FIM DA HISTÓRIA?

Há ainda um último acréscimo a ser feito à abordagem antes de concluí-la. Aquela expressão da "social-democracia tardia" tem algo mais a dizer sobre o contraste entre os processos político-econômicos no Brasil e a na Europa Ocidental.

Desde 1970, a crise da OPEP havia abalado o modelo econômico keynesiano que, como foi dito, demandava grande crescimento econômico para funcionar. Em 1989 ocorria a queda do muro de Berlin. Era o fim da guerra fria. E, diante deste evento, em 1990, Francis Fukuyama publicaria um famoso ensaio em que tratava de um "Fim da história".[37]

A abordagem é recheada de erros e imprecisões. Entretanto, aqui, novamente, cabe considerar antes a narrativa em si, enquanto acontecimento interagente na história, do que criticá-la. Segundo ele, enquanto a guerra fria polarizava o mundo entre duas alternativas político-econômicas mutuamente contraditórias, a queda do muro de Berlin significava a ruína do socialismo, a eliminação de um dos termos da contradição, fazendo restar somente o outro. Para ele, então, isso representava o fim da história, no sentido de que não haveria mais o que disputar, nem havia qualquer sólida alternativa ao único sistema político econômico que restara e que ele reportava como "liberalismo Ocidental".

É interessante trazer à tona essa narrativa, antes de tudo, porque ela se mostra nem ilustrativa do ponto de vista inverso àquele que vemos na obra de Celina Bodin. É narrativa que produz um fechamento epistemológico. E, como àquela altura, o modelo em vigor na Europa, era já o neoliberal, e não mais o social-democrata, seria possível inferir que o que se apresenta aí como única possibilidade, como única alternativa, é o próprio neoliberalismo.

É característico da ideologia neoliberal, que ela seja apresentada como única alternativa possível. Como mostra Wendy Brown, a ideologia neoliberal é marcada pela prenunciação de um horizonte político precário, e pela concepção de um modelo de cidadania sacrificial. Sem previdência, sem saúde, sem educação, sem tempo para o lazer, e sem tempo, talvez, nem mesmo para o sono. Os indivíduos são retratados como empreendedores de si e desafiados a padrões de produtividade irreais, que os conduz à

---

37. FUKUYAMA, F. The end of history? In: FUKUYAMA, F. Conflict after the Cold War. [S.l.]: [s.n.], 2015. p. 16-27.

exaustão e à frustração. Segundo ela mostra, só existe um argumento que poderia tornar aceitável esse tenebroso cenário: o argumento de que não existe nenhuma alternativa a isso. Na medida em que essa narrativa seja aceita, ela tende a produzir resignação. Daí porque, segundo ela, as demandas políticas por direitos sociais, ou por uma gestão econômica que proporcione uma vida de maior bem-estar e conforto, são retratadas, pela propaganda neoliberal, sempre como ingênuas ou como mal-intencionadas.[38]

Como se vê, trata-se do efeito oposto àquele que se vislumbra a partir da narrativa que operou a constitucionalização do direito civil no Brasil. Em Fukuyama a narrativa tem o efeito claro de provocar o fechamento epistemológico. Restringir a imaginação e retratar como inúteis as tentativas de pensar uma vida que pudesse ser diferente, que pudesse ser melhor. Neste ponto, já em vias de conclusão do trabalho, parecia importante trazer à tona também essa forma de narrativa, seu uso e seu efeito, o afeto de resignação que provoca, sua conexão com a ideologia neoliberal. E isso é tão importante quanto urgente, porquanto, na atualidade, essa narrativa também se apresenta no âmbito da civilística brasileira.

De fato, em sua tese recente, enigmaticamente intitulada como *Direito civil contemporâneo*, o civilista paulista Otávio Luiz Rodrigues Jr. se propõe a definir um "estatuto epistemológico" para o direito civil, a partir da indagação sobre o que o direito civil *é*. Recusa a eficácia direta e imediata das normas constitucionais sobre o direito civil, argumentando em prol da hegemonia da autonomia privada que, segundo ele, promoveria uma tendência de "privatização do direito público". Argumenta com base nas tendências do neoliberalismo de Hayek, que se afirmaram no "mundo" (leia-se, Europa) desde a década de 1980, e o apresenta, justamente como algo inelutável: "mais do que câmbios ideológicos" – diz ele – "há quem entenda estar na raiz dessas transformações uma causa de origem mais vulgar: 'cofres públicos vazios.'"[39]

Outra vez, Rodrigues Jr. também procura assentar a sua doutrina em uma própria narrativa da história, que é reveladora de um próprio modo de ver o direito civil. Ele o vê como algo que é o que é, e que não pode ser diferente. Neste caso, para gerar o efeito oposto, de fechamento epistemológico e reversão da agenda de constitucionalização do direito civil.

6. CONCLUSÃO

O argumento desenvolvido neste trabalho, foi principalmente o argumento da eficácia social, não do direito, ou de uma norma jurídica, mas de uma imagem da história, ou da narrativa da história que produz essa imagem. O que está retratado nessa narrativa pode ser condizente ou não com a verdade do passado. Ainda assim, na medida em que essa imagem seja assimilada como memória e seja compartilhada, ela será produtiva.

---

38. BROWN, W. *Cidadania sacrificial*: neoliberalismo, capital humano e políticas de austeridade. Tradução de Juliane Bianchi Leão. n.e.: Zazie Edições, 2018.
39. RODRIGUES JR., O. L. *Direito civil contemporâneo*. Rio de Janeiro: Forense Universitária, 2019. p. 48.

O paradoxo da abordagem está em que, ao fazer isso, acabamos por produzir, de nossa própria parte, uma outra narrativa. E de tudo quanto se poderia, extrair dessa narrativa, ou não, parece-nos que o fundamental é aquilo para que serve realmente a história. Serve para lembrar. Serve para saber.

Passados mais de trinta anos desde a promulgação da Constituição, desde o surgimento do direito civil-constitucional, com tantas abordagens que tratam tecnicamente a corrente do ponto de vista de suas premissas teóricas e metodológicas havia o risco de que, em algum momento, se supusesse que o direito civil-constitucional *é* isso. Identifica-se eternamente, imutavelmente com essas premissas teórico metodológicas que foram ele associadas desde o começo. E, no entanto, segundo nos parece, nada poderia ser mais contraditório com os fundamentos mais profundos dessa disciplina. Não se trata de indagar o que *é* o direito civil-constitucional. Mais importante é perguntar o que o direito civil-constitucional *vem a ser* nestes tempos de agora, em que o legado da redemocratização se coloca em crise e precisa ser, novamente, reivindicado.

Como em mil e uma noites, a história não termina enquanto a estivermos contando.

7. REFERÊNCIAS

BIROCHI, I.; LOSCHIAVO, L. *I giuristi e il fascino del regime (1918-1925)*. Roma: Roma Tre Press, 2015.

BLOCH, M. *Apologia da história ou O ofício do historiador*. Tradução de André Telles. kindle, não paginada. ed. São Paulo: Zahar.

BROWN, W. *Cidadania sacrificial*: neoliberalismo, capital humano e políticas de austeridade. Tradução de Juliane Bianchi Leão. n.e.: Zazie Edições, 2018.

CAMPOS, Pedro Henrique Pedreira. Ditadura, interesses empresariais e desenvolvimentismo: a obra da usina hidrelétrica de Tucuruí. Tempo e Argumento, Florianópolis, v. 11, n. 26, p. 255 - 286, jan./abr. 2019.

CAMPOS, Pedro Henrique Pedreira. Estranhas catedrais: as empreiteiras brasileiras e a ditadura civil-militar, 1964-1988. Editora da UFF, 2014.

COSTA, P. Para que serve a história do direito? um humilde elogio da inutilidade. In: COSTA, P. *Soberania, representação, democracia. Ensaios de história do pensamento jurídico*. Curitiba: Juruá, 2010. p. 63-78.

DANTAS, M. O desafio do direito civil-constitucional: a filosofia moral. *Pensar*, Fortaleza, v. 17, p. 577-602, jul./dez. 2012. ISSN 2.

DELGADO, M. L. *Codificação, descodificação, recodificação*. São Paulo: Saraiva, 2011.

DOWBOR, L. *A era do capital improdutivo*. São Paulo: Outras Palavras & Autonomia Literária, 2018.

E. GENTILE. *Fascismo*: Storia e interpretazione. Roma: Laterza, 2002.

FREITAS, T. D. *Consolidação das leis civis (1858)*. Brasília: Senado Federal, v. I, 2003. Disponível em: <http://www2.senado.leg.br/bdsf/handle/id/496206>.

FUKUYAMA, F. The end of history? In: FUKUYAMA, F. *Conflict after the Cold War*. [S.l.]: [s.n.], 2015. p. 16-27.

GOMES, O. Agonia do Código Civil. *Revista de Direito Comparado Luso Brasileiro*, 1935.

GOMES, O. *Transformações gerais do direito das obrigações*. São Paulo: Ed. RT, 1967.

GOMES, O. *Raízes históricas e sociológicas do código civil*. 2. ed. São Paulo: Martins Fontes, 2006.

GOMES, Orlando. A evolução do direito privado e o atraso da técnica jurídica (1955). *Revista Direito GV*, v. 1, n. 1, p. 121-134, 2005.

GOMES, Orlando. Significado da evolução contemporânea do direito de propriedade. *Rev. Faculdade Direito Universidade Federal Minas Gerais*, p. 57, 1953.

GOMES, Orlando. *Tendências modernas da responsabilidade civil.* Rio de Janeiro: Forense, 1985.

GONÇALVES, L. P.; CALDEIRA, O. *O fascismo em camisas verdes*: do integralismo ao neointegralismo. Rio de Janeiro: FGV Editora, 2020.

HESPANHA, A. M. *Cultura Jurídica Europeia.* Lisboa: Almedina, 2015.

LEAL, F. Seis objeções ao direito civil-constitucional. *Direitos Fundamentais & Justiça*, v. n. 33, p. 123-165, out./dez. 2015. ISSN a. 9.

MARQUES, C. L. *Contratos no Código de Defesa do Consumidor.* 4. ed. São Paulo: Ed. RT, 2002.

MARTINS-COSTA, J. Crise e modificação da ideia de contrato no direito brasileiro. *AJURIS*, p. 57-86, nov. 1992. ISSN 56.

MARTINS-COSTA, J. O direito privado como um "sistema em construção" - as cláusulas gerais no Código Civil brasileiro. *Revista de Informação Legislativa*, Brasília, v. 35, n. 139, p. 5-22, jul./set. 1998.

MEIRELES, R. M. V. *Autonomia privada e dignidade humana.* Rio de Janeiro: Renovar, 2009.

MILZA, P. Qu'est-ce que le fascisme? In: MILZA, P. *Les Fascismes.* Paris: Seuil, 1989. p. 127-166.

NEGREIROS, T. *Teoria dos contratos*: novos paradigmas. 2. ed. [S.l.]: Renovar, 2006.

NEVES, M. Ideias em outro lugar? - Constituição liberal e codificação do direito na virada do século XIX para o século XX. *Revista Brasileira de Ciências Sociais*, Brasília, v. 30, p. 5-27, jun. 2015. ISSN 88.

REALE, M. O Estado Moderno. In: REALE, M. *Obras políticas: 1ª fase (1931-1937).* Brasília: Editora UnB, v. Tomo II, 1983. p. 11-170.

REALE, M. *Memórias*: a balança e a espada. São Paulo: Saraiva, 1987b. v. 2.

REIS, T. Dogmática e incerteza normativa: crítica ao substancialismo jurídico do direito civil-constitucional. *Revista de Direito Civil Contemporâneo*, São Paulo, v. 11, p. 213-238, abr.-jun. 2017. ISSN 4.

RODRIGUES JR., O. L. *Direito civil contemporâneo.* Rio de Janeiro: Forense Universitária, 2019.

ROPPO, E. *O contrato.* Tradução de M. Januário C. Gomes Ana Coimbra. Coimbra: Almedina, 2009. Primeira publicação em 1947.

SAID FILHO, A.; MORAIS, L. *Brasil*: neoliberalismo versus democracia. São Paulo: Boitempo, 2018.

SCHREIBER, A.; KONDER, C. N. Uma agenda para o direito civil-constitucional. *Revista Brasileira de Direito Civil*, Rio de Janeiro, 10, out/dez 2016. 9-27.

SÊCO, T. F. T. Sobre as doutrinas jurídicas da era fascista e sua continuidade até os nossos dias. *Civilistica.com*, Rio de Janeiro, v. a. 10, 2021. ISSN n. 2. Disponível em: <https://civilistica.emnuvens.com.br/redc/article/view/753>. Acesso em: 09.02.2022.

SILVA, C. V. D. C. E. *A obrigação como processo.* Rio de Janeiro: Editora FGV, 2006. Originalmente apresentado como tese do autor (livre-docência – UFRGS, Faculdade de Direito, 1964).

SOUZA, E. N. D. Merecimento de tutela: a nova fronteira da legalidade no direito civil. In: MORAES, C. E. G. D.; RIBEIRO, R. L. *Direito Civil.* [S.l.]: [s.n.], 2015. p. 73-106.

TEPEDINO, G. A tutela da personalidade no ordenamento civil-constitucional brasileiro. In: TEPEDINO, G. *Temas de direito civil.* Rio de Janeiro: Renovar, 1999. p. 23-55.

TEPEDINO, G. Normas constitucionais e direito civil. *Revista da faculdade de direito de Campos*, Campos, v. Ano IV, n. 4, p. 167-175, 2003.

TEPEDINO, G. Marchas e contramarchas da constitucionalização do direito civil: a interpretação do direito privado à luz da constituição da República. *[Syn]Thesis*, Rio de Janeiro, v. 5, p. 15-21, 2012. ISSN 1.

WAPSHOTT, N. *Hayek vs. Keynes - e a herança do maior duelo econômico da história.* Tradução de Ana Maria Mandin. 5. ed. Rio de Janeiro: Record, 2021.

WIEACKER, F. *História do direito privado moderno.* Tradução de António Manuel Botelho Hespanha. 5. ed. [S.l.]: Fundação Calouste Gulbenkian, 2015.

A TUTELA JURÍDICA DO NASCITURO E A DIGNIDADE DA PESSOA HUMANA

Thiago Ferreira Cardoso Neves

Mestre e doutorando em Direito Civil pela UERJ. Professor dos cursos de pós-graduação da EMERJ, da PUC-Rio, do CEPED-UERJ, do CERS – Complexo de Ensino Renato Saraiva e da Faculdade Unyleya/Estratégia. Coordenador do curso de Pós-Graduação em Contratos e Responsabilidade Civil da Inverta/Cândido Mendes. Pesquisador visitante no *Max Planck Institute for Comparative and International Private Law* – Hamburgo-ALE. Acadêmico Fundador da Academia Brasileira de Direito Civil – ABDC. Membro efetivo do IAB. Advogado.

Sumário: 1. Introdução – 2. O nascituro: histórico e definição – 3. A natureza jurídica e a personalidade jurídica do nascituro – 4. A tutela jurídica do nascituro; 4.1. Direito à vida; 4.2. Direito à filiação; 4.3. Direito a alimentos; 4.4. Direito à doação; 4.5. Direito à sucessão – 5. Conclusão – 6. Referências.

1. INTRODUÇÃO

Nascer, viver e morrer. Esse é o ciclo natural da vida. Mas que vida? O ser ainda por nascer não a tem? Dilema que persiste através dos séculos, a vida e a condição de pessoa do nascituro, aquele que ainda não nasceu, é um mistério para filósofos, religiosos, médicos e juristas. A ciência, com seus cálculos e fórmulas, ainda não foi capaz de responder, com definitividade, a perguntas que parecem tão simples.

Nos livros de Direito, rios de tinta são derramados para explicar, justificar, fundamentar e convencer a cada um dos leitores sobre as mais diversas teorias. Pessoa apenas após o nascimento, vida a partir da concepção, titularidade de direitos condicionada ao nascimento com vida... Inúmeras são as ideias despejadas em folhas de papel procurando explicar o inexplicável.

O segredo da vida e de seu desenvolvimento, em que pese a evolução da medicina, ainda não foi revelado, e enquanto isso a doutrina jurídica se debruça sobre leis, princípios e regras buscando definir marcos jurídicos acerca do início da personalidade e dos direitos do nascituro.

Nesse texto, infelizmente, não é diferente. Definir o que é o nascituro, sua natureza jurídica, o momento em que passa a titularizar direitos e quais os direitos que podem ser reconhecidos e tutelados é uma missão ainda não concluída. Diante disso, e na tentativa de ser mais um desbravador de lugares ainda desconhecidos, nesse texto se buscará encontrar respostas para essas questões sob a lente de uma lupa ainda pouco explorada: o direito civil-constitucional, tendo como norte a dignidade da pessoa humana.

A dignidade da pessoa humana tão bem estudada pela homenageada desta obra, a queridíssima Professora Maria Celina Bodin de Moraes, que sempre nos brindou com textos e lições inspiradoras, e cuja gentileza e cordialidade é uma marca que sempre tive o prazer de desfrutar. Agradeço, por isso, imensamente às coordenadoras pelo honroso convite, que eu atribuo à amizade que nutrimos, pois tenho a certeza de que, por melhor que pudesse colaborar para esta obra, jamais estaria à altura da homenageada.

2. O NASCITURO: HISTÓRICO E DEFINIÇÃO

Definir o que é o nascituro não é uma tarefa simples. Isso porque a sua definição exige que se identifique o que ele é, fato este que acarreta inúmeras consequências que trazem controvérsias não apenas do ponto de vista jurídico, mas especialmente social, religioso e moral. A conceituação do nascituro, portanto, impacta não apenas o mundo jurídico, mas a sociedade de um modo geral. Daí sua importância.

Primeiramente, é preciso destacar que nem sempre o nascituro foi reconhecido como uma pessoa, um ser autônomo, ainda que gestado no ventre da mulher. Por exemplo, os textos babilônicos que compunham o chamado *Código de Hamurabi*, e mais particularmente seu artigo 209[1], previa que o feto era considerado uma coisa pertencente à mulher, como se de seu patrimônio fizesse parte, e que sua destruição se equiparava a um crime de dano. Isso significa que a morte do nascituro causada por um terceiro gerava apenas efeitos patrimoniais.

No entanto, caso a mulher viesse também a morrer, e segundo a Lei de Talião, a pena aplicável seria a morte do filho do agressor[2]. Disso se infere que a morte, pura e simplesmente, do nascituro, não era considerada, propriamente, como perda de uma vida.

Já o Código de Manu, da comunidade hindu, tratava o nascituro como titular do direito à vida, tanto que comparava o aborto ao homicídio[3]. Assim, se o homicídio é o crime contra vida, e o aborto era a ele equiparado, isso significa que o aborto era um crime contra a vida, obviamente não da mãe, mas do ser em gestação.

Posteriormente, na Grécia Antiga, não se previa punição para o aborto[4]. Tal fato parece demonstrar uma irrelevância da vida do feto para os gregos, isso porque, se o aborto tem como propósito a tutela da pessoa em formação, a ausência de sua previsão significa que esse fato é, em verdade, uma irrelevante juridicamente[5].

No entanto, não era em toda Grécia que se deixou de tutelar o nascituro. Hipócrates, no século V a.C., realizou juramento em que se comprometia a não dar substância abortiva à mulher[6]. Também Licurgo e Sólon, lendários legisladores atenienses, previam punição para o aborto, embora meramente patrimonial, como se o nascituro fosse um

---

1. "Art. 209. Se alguém bate numa mulher livre e a faz abortar, deverá pagar dez ciclos pelo feto".
2. Nesse sentido era a previsão do art. 210 do Código de Hamurabi: "Art. 210. Se a mulher morre, se deverá matar o filho dele".
3. Cf. COSTA, Álvaro Mayrink da. *Direito penal*. Parte especial. 5. ed., Rio de Janeiro: Forense, 2003, p. 169.
4. COSTA, Álvaro Mayrink da. *Direito enal*. Parte especial. 5. ed., Rio de Janeiro: Forense, 2003, p. 169.
5. Cf. TEIXEIRA, Aloysio Maria. *A situação do nascituro nas legislações posteriores à romana, até nossos dias*. Rio de Janeiro: Jornal do Commercio, 1935, p. 03.
6. PUSSI, Willian Artur. *Personalidade jurídica do nascituro*. Curitiba: Juruá, 2005, p. 59.

bem. Em Tebas o aborto também era punível, e em Mileto se lhe impunha a pena de morte. Já na história de Plutarco, em *Vie de Lycurge*, reconhecia-se ao nascituro uma expectativa de direito.

Como é possível perceber, nos tempos mais remotos as questões envolvendo o reconhecimento do nascituro e sua tutela jurídica eram controversas, e estavam umbilicalmente ligadas à visão que a sociedade tinha acerca do ser em formação no ventre da mulher.

Veja-se, a propósito, Hipócrates, chamado de *pai da medicina*, que sugeriu para o estudo do desenvolvimento embriológico humano o exame em ovos de galinha, quebrando um a um, enquanto eram chocados, de acordo com certo período de tempo transcorrido, a fim de se verificar a evolução ovípara, pois para ele a natureza das aves era semelhante à do homem[7].

Sem prejuízo de toda essa breve digressão, nenhuma análise histórica tem tanta relevância para o ordenamento jurídico pátrio quanto o direito romano. No período da Realeza e o Republicano, em que vigorava a Lei das XII Tábuas, o nascituro era despido de direitos, não sendo reconhecida sua condição de ser com vida, não havendo, inclusive, qualquer punição ao delito de aborto. Em verdade, o produto da concepção não era considerado um ser autônomo, mas parte das vísceras da mulher.

Já no período do Império Romano, algumas divergências são encontradas nos textos dos doutos e dos pretores, divergindo-se entre o reconhecimento do nascituro como um ser equiparado à criança, ou apenas como uma parte do corpo da mulher.

Nos textos de Ulpiano e Papiniano, o nascituro é tido apenas como parte do corpo da mulher ou de suas vísceras: *partus, enim, ante quam edatur, mulieris, portio est, vel viscerem* (D. 25, 4, Fr. 1); *partus nodun editus, homo non recte fuisse dicitur* (D. 35, 2, Fr. 9). Já nos textos de Paulo e Juliano, o nascituro é reconhecido como pessoa: *qui inutero est perinde ac si in rebus humanis esset, custoditur, quotiens de commodus ipsius partus quaeratur qualquam alii, atequam nascatur, nequaquam prosit* (D. 1, 5, Fr. 7); *qui in utero sunt in toto pene jure civili intelliguntur in rerum nature esse* (D. 1, 5, Fr. 26).

Mesmo diante dessas controvérsias jurídicas, é importante destacar que no direito romano havia expressa disposição, em corpos legislativos, que o ser ainda não nascido era apenas parte do corpo da mulher e de suas vísceras[8]. Nada obstante, e como explicita Windsheid, para os romanos o feto, enquanto no útero materno, não era considerado

---

7. PUSSI, Willian Artur. *Personalidade jurídica do nascituro*. Curitiba: Juruá, 2005, p. 61.
8. Assim esclarece Caio Mário da Silva Pereira: "Para o direito romano, a personalidade jurídica coincidia com o nascimento, antes do qual não havia falar em sujeito ou em objeto de direito. O feto, nas entranhas maternas, era uma parte da mãe, *portio mulieris vel viscerum*, e não uma pessoa, um ente ou um corpo. Por isso mesmo, não podia ter atributos reconhecidos ao homem. Mas, isto não obstante, os seus interesses eram resguardados e protegidos, e em atenção a eles, muito embora se reconhecesse que o nascimento era requisito para a aquisição de direitos, enunciava-se a regra da antecipação presumida de seu nascimento, dizendo-se que *nasciturus pro iam nato habetur quoties de eius commodis agitur*. Operava-se desta sorte uma equiparação do *infans conceptus* ao já nascido, não para considerá-lo pessoa, porém no propósito de assegurar seus interesses, o que excluía a uma só vez os direitos de terceiros e qualquer situação contrárias aos seus cômodos (Digesto, Livro I, Tít. V, Fr.

pessoa; no entanto, se nascesse capaz de direito, a sua existência se computava desde a concepção.

Então, mesmo na doutrina se verifica intensa controvérsia sobre o regime adotado pelos romanos, em que para alguns o nascituro era apenas parte do corpo da mulher, enquanto para outros, como é o caso de Pierângelo Catalano, prevalecia em Roma o princípio da paridade, segundo o qual o nascituro tinha paridade com o nascido, salvo em algumas exceções, como nos casos chamados de *monstros*, isto é, de crianças que nasciam com alguma deformidade ou sem forma humana[9]. Esse último posicionamento se justifica pelas inúmeras disposições existentes em corpos legislativos que reconheciam diversos direitos aos nascituros[10].

Nada obstante, é impossível negar a importância das disposições romanistas que inspiraram as legislações futuras, como o Brasil, por exemplo. O Código Civil brasileiro de 1916, em seu art. 4º, embora previsse que a personalidade civil do homem e, consequentemente, os direitos da pessoa, só começa do nascimento com vida, colocava à salvo, desde a concepção, os direitos do nascituro. Do mesmo modo, o Código Penal de 1940, ainda vigente, prevê o crime de aborto como um crime contra a vida, a reconhecer inexoravelmente a vida do nascituro.

O Código Civil de 2002, em seu art. 2º, reproduziu a disposição do art. 4º do diploma revogado, no entanto, o reconhecimento da dignidade da pessoa humana como pilar e fundamento do Estado Democrático de Direito, na forma do art. 1º, III, da Constituição

---

7)" (PEREIRA, Caio Mário da Silva. *Instituições de direito civil*. Parte geral. 20. ed. Rio de Janeiro: Forense, 2005. v. I. p. 216).

9. CATALANO, Pierangelo. Os nascituros entre o direito romano e o direito latino-americano (a proposta do art. 2º do projeto de Código Civil). *Revista de direito civil, imobiliário, agrário e empresarial*. v. 12, n. 45, p. 7-15, jul./set., 1988, p. 10.

10. D. 37.9.19 (*de ventre in posse.mit.*), neste Ulpiano cria a posse em nome do ventre, tendo como objetivo garantir direitos sucessórios ao nascituro; D. 1.5.26 (*Qui in utero sunt, in toto paene jure civili intelleguntur in rerum natura esse. Nam et legitimae hereditates his restituuntur...*) segundo tal preceito aquele que está no útero, em quase todo Direito Civil, são tidos por nascidos em proteção ao direito de herança; D. 1.5.7 (*Qui in utero est, perinde ac si in rebus humanis esset, custoditur, quoties de commodis ipsius partus quaeritur alii, antequam nascatur, nequaquam prosit*), neste ponto Paulo afirma que considera como nascido o filho que ainda está no ventre materno sempre que se tratar de suas vantagens; D. 1.5.18 (*de statu hom.*), de Adriano em que foi estatuído como sendo cidadão romano o que foi concebido em justas núpcias, mesmo que na época do nascimento sua mãe já se achasse desterrada; D. 1.9.7.1 e 2 (*de senatoribus*), pelo qual se considerava filho de senador aquele que foi concebido quando o pai era senador, embora, quando do seu nascimento, tivesse o pai perdido essa dignidade ou falecido; D. 1.5.12 (*de statu hom.*) e D. 38.16.3.11 (*de suis*) dispunha que a legitimidade do filho em regra era fixada pela concepção durante as justas núpcias; D. 5.16 (*de statu hom.*) dispunha que ao que estva no ventre era atribuída herança legítima, e o título de *ventre in possessionem mittendo et curatore eius* estabelecido no D. 37.9, estabelecia a *bonorum possessio ventris nomine* em virtude do qual um curador era especialmente nomeado e exercia a posse em nome do ventre de maneira que poderia praticar todos os atos e tomar todas as medidas cabíveis a fim de conservar os bens do nascituro e providenciar que fossem providenciadas à mãe todas as medidas necessárias a seu sustento e também garantir, assim, o desenvolvimento do nascituro; Também o *bonorum possessio ventris nomine* permitia a nomeação de um curador quando o nascituro era chamado à sucessão de um estranho, e a mãe não possuía posse suficiente para lhe garantir o sustento; D. 11.8.2 estabelecia especial proteção ao nascituro quando permitia que fosse aberto o ventre da mulher que havia morrido grávida, a fim de tentar salvar o nascituro, e o D. 48.19.3 pelo qual se vedava a execução de mulher grávida condenada a morte, adiando-se a execução para depois do parto.

Federal, e consequentemente a metodologia civil-constitucional, impõem uma releitura do texto legal, que não apenas não deve, mas não pode, se submeter a uma interpretação puramente literal.

Nessa esteira, o reconhecimento da condição do nascituro como pessoa, e a sua definição como tal, é de extrema importância em um ordenamento pautado nos valores humanos e existenciais. Assim, em que pese historicamente os ordenamentos jurídicos vacilassem quanto à natureza do ser já concebido, mas ainda não nascido, cremos que essa oscilação não pode mais perdurar, embora reconheçamos que na doutrina a questão ainda enfrenta severas controvérsias.

Por isso, a conceituação do nascituro não é tarefa fácil. Desde o período da República romana, e ao menos até o século XVIII, era comum definir-se o nascituro como *qui in utero sunt*, isto é, aquele que está no útero[11].

Já para aqueles que admitem o nascituro como pessoa, como Teixeira de Freitas, entendimento esse ao qual nos filiamos, utiliza-se a expressão *pessoa por nascer*. O termo nascituro, na verdade, está a designar o embrião, que vem sendo gerado ou concebido, não tendo surgido ainda à luz como ente apto, na ordem fisiológica. Sua existência é intrauterina, no ventre materno, adstrita a esta contingência até que dele se separe, concretizando-se o nascimento com a sua existência independente e extrauterina[12]. Sintetizando, e conforme lição de Silvio Rodrigues, o nascituro é o ser já concebido, mas que ainda se encontra no ventre materno[13], isto é, é a pessoa já concebida, mas ainda não nascida.

O que se percebe é que a controvérsia acerca da definição do que é o nascituro reside na discussão em torno da sua natureza jurídica. Afinal, o nascituro é coisa, é parte do corpo da mulher ou é uma pessoa? É isso que buscaremos responder a partir de agora.

3. A NATUREZA JURÍDICA E A PERSONALIDADE JURÍDICA DO NASCITURO

Como visto anteriormente, a definição da natureza jurídica do nascituro é de suma importância, pois é a partir dela que se definirá o regime jurídico a ele aplicável. E sobre essa questão, importante é saber se o nascituro é uma pessoa, uma coisa ou apenas parte do corpo da mulher. Mas para entender o que ele é, é preciso definir, especialmente, o que é uma pessoa e o que é uma coisa.

De acordo com os léxicos, pessoa é o indivíduo considerado por si mesmo, ser humano, homem ou mulher[14]. Gramaticalmente, a palavra *pessoa* advém do termo *persona*, que era a máscara utilizada pelos artistas do teatro romano para caracterizar

---

11. Cf. CATALANO, Pierangelo. Os nascituros entre o direito romano e o direito latino-americano (a proposta do art. 2º do projeto de Código Civil). *Revista de direito civil, imobiliário, agrário e empresarial*. v. 12, n. 45, jul./set., 1988. p. 7.
12. MAIA, Paulo Carneiro. *Nascituro*. In: Enciclopédia saraiva de direito. v. 54. São Paulo: Saraiva, 1980. p. 38.
13. MAIA, Paulo Carneiro. *Nascituro*. In: Enciclopédia saraiva de direito. v. 54. São Paulo: Saraiva, 1980. p. 38.
14. Verbete pesquisado no Dicionário Eletrônico Houaiss da língua portuguesa. Versão 1.0. dezembro. 2001.

as personagens, dando, também, maior ressonância à voz dos atores. Com o passar do tempo a expressão *persona* passou a designar a própria personagem interpretada pelo ator e, posteriormente, o próprio homem que interpretava o papel.

Como leciona Miguel Reale, feliz foi a associação formulada pelos romanos entre a *persona* e o próprio homem, isso porque "a 'pessoa' é a dimensão ou veste social do homem, aquilo que o distingue e o 'presenta' e projeta na sociedade, para que ele possa ser, de maneira autônoma, o que corresponde às virtualidades de seu ser individual"[15].

Na filosofia moderna, e em algumas escolas do pensamento contemporâneo – como o personalismo[16] –, cada ser humano considerado como individualidade espiritual e dotado de atributos como racionalidade, consciência em si, domínio de linguagem, valor moral e capacidade para agir é pessoa.

No mundo jurídico pessoa é o ente físico ou moral, suscetível de direitos e obrigações. Assim, e um sentido formal, pessoa é sinônimo de sujeito de direito ou sujeito da relação jurídica[17], definição que, contudo, é insuficiente sob a dogmática e a metodologia do direito civil-constitucional e, consequentemente, sob a ótica da legalidade constitucional.

Sob esta, os institutos jurídicos passam a ser interpretados e filtrados pela lente da Constituição, que não mais privilegia os valores e interesses patrimoniais, os quais são relegados a um segundo plano em observância aos interesses e valores existenciais. Desse modo, a propriedade, os contratos, a empresa, a família, enfim, os institutos e as situações jurídicas de modo amplo são funcionalizados à realização da dignidade da pessoa humana.

Então, o fenômeno da constitucionalização do direito e a absorção dos valores consagrados pela Constituição Federal, em especial a dignidade da pessoa humana, impõem uma interpretação dos institutos em prol da tutela e da promoção da pessoa, mediante a aplicação direta das normas constitucionais sobre as relações jurídicas[18].

Com efeito, o indivíduo enquanto sujeito de direitos, elemento subjetivo neutro das relações jurídicas, foi substituído pela pessoa humana, objeto central da ordem jurídica. Com isso se quer dizer que a pessoa não é mais, meramente, o sujeito capaz de direitos e

---

15. REALE, Miguel. *Lições preliminares de direito*. 27. ed., São Paulo: Saraiva, 2006. p. 231.
16. Segundo o francês Emmanuel Mounier, é doutrina que destaca o valor ético e social da pessoa humana, em polêmica com o predomínio da massa no coletivismo, e com a dissolução da solidariedade no individualismo. Sobre o tema, ver ANDREOLA, Balduíno. *Personalismo*. In: *Revista brasileira de filosofia*, v. 5, n. 1. São Paulo: Instituto brasileiro de Filosofia. 1990, p. 55-75.
17. MONTEIRO, Washington de Barros. *Curso de direito civil*. Parte geral. 41. ed. São Paulo: Saraiva, 2007. v. 1. p. 62.
18. Neste sentido, MORAES, Maria Celina Bodin. A caminho de um direito civil-constitucional. In: *Na medida da pessoa humana*. Estudos de direito civil-constitucional. Rio de Janeiro: Renovar, 2010, p. 15. Ainda sobre a constitucionalização do direito civil, ver TEPEDINO, Gustavo. Premissas metodológicas para a constitucionalização do direito civil. In: TEPEDINO, Gustavo. *Temas de direito civil*. 4. ed., Rio de Janeiro: Renovar, 2008; e SCHREIBER, Anderson. Direito civil e constituição. In: SCHREIBER, Anderson. *Direito civil e constituição*. São Paulo: Atlas, 2013.

deveres na ordem civil, mas é o objeto central da ordem jurídica, de modo que a ela deve se submeter o legislador ordinário, o intérprete e também o magistrado[19].

Quanto às coisas, estas consistem em tudo aquilo subsistente por si mesmo, existindo independentemente de espírito[20]. No sentido comum, no entanto, coisa é tudo aquilo que pode ser percebido pelos sentidos, podendo apresentar utilidade para o homem, sendo chamada, neste caso, de bem material[21].

Tal entendimento, todavia, não é pacífico na doutrina, havendo controvérsia acerca da definição e diferenciação entre bem e coisa, ora se afirmando que coisa é categoria mais ampla em que se incluiria o bem, ora se sustentando que o bem tem conceito *lato*, abarcando a coisa[22].

Assim, para parcela da doutrina bens são "coisas que por serem úteis e raras, são suscetíveis de apropriação e contêm valor econômico"[23], consistindo, portanto, em um gênero do qual os bens são espécies. Já para outra parcela da doutrina[24], bem se traduz em um sentido amplo, sendo as coisas uma de suas espécies. Então, o bem, em sentido amplo, consiste nos bens jurídicos, que admitem como espécies os bens propriamente ditos e as coisas.

Visto desta forma as *pessoas* e as *coisas*, resta-nos responder à pergunta: o nascituro é uma pessoa, uma coisa ou, ainda, seria apenas parte do corpo da mulher? Entendemos, sem sombra de dúvidas, que ele é uma pessoa, o que, sob a ótica da legalidade constitucional, é um fato inexorável.

Primeiramente, é inequívoco que o nascituro não pode ser entendido meramente como uma parte do corpo da mulher, embora esteja sendo gestado em seu interior, tendo nela seu habitat e seu ambiente de sobrevivência. Isso porque reconhecê-lo desta forma é negar ao nascituro, inequivocamente um ser com vida, a condição de *instituto* autônomo e pessoa distinta da mãe[25]. Entendê-lo simplesmente como parte do corpo da mulher é condicionar a sua tutela jurídica à tutela da mulher e de seu corpo, o que se daria ao arrepio da dogmática civil-constitucional pautada na dignidade da pessoa humana.

Do mesmo modo não se pode reconhecer ao nascituro a mera condição de coisa. Isso porque as coisas, assim como os bens, são objeto de direito, isto é, servem às

---

19. Cf. TEPEDINO, Gustavo. Do sujeito de direito à pessoa humana. *Revista trimestral de direito civil*. v. 2, 2000, Editorial.
20. ACQUAVIVA, Marcus Cláudio. *Dicionário jurídico brasileiro Acquaviva*. 9. ed., São Paulo: Jurídica Brasileira. 1998, p. 314.
21. ACQUAVIVA, Marcus Cláudio. *Dicionário jurídico brasileiro Acquaviva*. 9. ed., São Paulo: Jurídica Brasileira. 1998, p. 314.
22. FARIAS, Cristiano Chaves; ROSENVALD, Nelson. *Direito civil*. Teoria Geral. 6. ed., Rio de Janeiro: Lumen juris, 2007. p. 342.
23. RODRIGUES, Silvio. *Direito civil*. Parte geral. 30. ed., São Paulo: Saraiva, 2000. v. 1. p. 110.
24. PEREIRA, Caio Mário da Silva. *Instituições de direito civil*. Parte geral. 19. ed. Rio de Janeiro: Forense, 1999. v. 1. p. 253.
25. No mesmo sentido, observa Silmara Chinelato e Almeida que "o nascituro, sob o prisma biológico, é uma pessoa distinta da mãe, não constituindo simples parte do seu corpo" (ALMEIDA, Silmara J. A. Chinelato e. *Tutela civil do nascituro*. São Paulo: Saraiva, 2000. P. 163).

pessoas e aos seus interesses. O nascituro, contudo, é um ser com vida, com funcionamento orgânico natural e autônomo, que se movimenta, que tem atividade cardíaca e cerebral[26], sendo, pois, obviamente incomparável com outros seres vivos como os animais e as plantas.

Sem prejuízo dessa conclusão que, a nosso sentir, é lógica, o próprio ordenamento jurídico, interpretado de modo sistemático, não deixa dúvidas acerca da condição de pessoa do nascituro.

Veja-se, pois, o Código Penal. A partir de uma análise topográfica do crime de aborto, vê-se que ele está inserido na Parte Especial do diploma repressivo, no Título I que trata dos crimes contra a pessoa, mais especificamente no Capítulo I, que cuida dos crimes contra a vida. E essa vida tutelada, no Código Penal, induvidosamente não é a da mulher.

A doutrina penal sempre caminhou a passos largos no sentido de concluir que o bem juridicamente tutelado no aborto é a vida humana, mas a vida humana do ser em formação, e não da mulher[27]. Então, o tipo penal tem como propósito tutelar a pessoa que irá nascer[28], a vida humana intrauterina[29].

O que se percebe é que o ordenamento jurídico, sob a ótica penal, tutela o nascituro como pessoa[30]. Diante disso, questionar-se-ia se é possível, em outro ramo do Direito, como o direito civil, tratar o nascituro de modo distinto, não como uma pessoa. Pergunta-se, então, se pode o mesmo sistema jurídico tratar, de modos tão distintos, o mesmo instituto. Cremos que não. E tal conclusão se reforça pela leitura sistemática do Código Civil.

O art. 2º do Código Civil prevê que a personalidade civil da pessoa começa do nascimento com vida, mas a lei põe a salvo, desde a concepção, os direitos do nascituro. Da norma legal se infere que, antes do nascimento com vida, já há uma pessoa, cuja personalidade, no entanto, só se iniciará com o cumprimento daquela condição.

Reforça-se esse entendimento com o disposto no art. 1.798 do Código Civil, que trata do direito à sucessão do nascituro. Segundo o texto legal, "Legitimam-se a suceder as pessoas nascidas ou já concebidas no momento da abertura da sucessão". Do referido

---

26. Cf. MIRABETE, Julio Fabbrini. *Manual de direito penal*. 19. Ed., São Paulo: Atlas, 2002. v. 2. p. 93.
27. Segundo a doutrina de Luiz Regis Prado o tipo penal do aborto tutela a "vida do ser humano em formação. Protege-se a vida intra-uterina, para que possa o ser humano desenvolver-se normalmente e nascer" (PRADO, Luiz Regis. *Curso de direito penal brasileiro*. 5. ed. São Paulo: Ed. RT, 2006. v. 2. p. 108).
28. COSTA, Álvaro Mayrink da. *Direito penal*. Parte especial. 5. ed., Rio de Janeiro: Forense, 2003. p. 182.
29. Nesse sentido, Leonardo Costa (COSTA, Leonardo Luiz Figueiredo da. *Curso básico de direito penal*. Parte especial. Rio de Janeiro: Lumen Juris, 2005. t. I. p. 25) e Fernando Capez (CAPEZ, Fernando. *Curso de direito penal*. 6. ed. São Paulo: Saraiva, 2006. v. 2. p. 110).
30. No mesmo sentido, veja-se a lição de Teixeira de Freitas: "Se os nascituros não são *pessoas*, qual o motivo das leis penais e de polícia, que protegem sua vida preparatória? Qual o motivo (art. 199 e 200, Cód. Pen.) de punir-se o aborto? Qual o motivo (art. 43, Cód. Pen.) de não executar-se a pena de morte na mulher prenhe, e nem mesmo de se a julgar, no caso de merecer tal pena, senão quarenta dias depois do parto?" (FREITAS, A. Teixeira. *Código civil*. Esboço. Serviço de Documentação do Ministério da Justiça e Negócios Interiores, 1952. p. 136 (Comentários ao art. 221).

dispositivo se infere, induvidosamente, que o produto da concepção é uma pessoa, tendo em vista que o legislador expressamente o chamou de pessoa[31].

Então, não apenas do ponto de vista social e científico, na medida em que dúvidas não há de que ele é um ser vivente, mas também do ponto de vista jurídico, o nascituro é uma pessoa, como já defendia Teixeira de Freitas em seu esboço de Código Civil, cujo art. 53 previa que "São pessoas por nascer as que, não sendo ainda nascidas, acham-se, porém, já concebidas no ventre materno"[32].

Assim, e como consequência, sendo o nascituro uma pessoa, ele é dotado e merecedor de tutela jurídica, pois lhe deve ser assegurado o regime jurídico constitucional comum a toda e qualquer pessoa, pautado, assim, na dignidade da pessoa humana, o que impactará, inequivocamente, no regime aplicável à sua personalidade jurídica, outra questão que se submete a intenso debate.

O tema envolvendo a personalidade jurídica do nascituro é de grande controvérsia, isso porque a interpretação literal do art. 2º do Código Civil, aqui já transcrito, leva à conclusão de que a personalidade jurídica da pessoa e, consequentemente, a sua aptidão para titularizar direitos, decorre inexoravelmente do nascimento com vida.

Por essa razão, e para relevante parcela da doutrina[33], os conceitos de pessoa e de personalidade são indissociáveis, de modo que a condição de pessoa dependeria, necessariamente, da aquisição de personalidade jurídica. Consequentemente, a capacidade para adquirir direitos também está condicionada, segundo esse entendimento, à aquisição de personalidade jurídica.

Nada obstante, tal entendimento não é uníssono, de modo a se reconhecer a possibilidade de se ter uma pessoa e, consequentemente, aptidão para titularizar direitos, mesmo sem personalidade jurídica, do que se infere que esses conceitos não são indissociáveis[34].

---

31. A mesma conclusão é encontrada por José Luiz Quadros de Magalhães e Tatiana Ribeiro de Souza: Para o Direito ele é pessoa, pois já sofre os efeitos das relações sociais; é ser em formação que detém características próprias coletivamente construídas, pois vindo de genes dos seus antepassados e produto do meio social em que vive, diretamente dependente da mãe, que, por sua vez, depende de uma série de relações sociais e naturais. Portanto, o nascituro, como qualquer outra pessoa humana, já é um ser social coletivo e único. Não há como negar a singularidade coletiva do ser humano". (MAGALHÃES, José Luiz Quadros de; Souza, Tatiana Ribeiro de. O direito do nascituro: vida e pessoa. *Revista Brasileira de Direito de Família*. v. 7, n. 34, fev./mar. 2006, p. 157)
32. Comentando o referido dispositivo, assim explicitou Teixeira de Freitas: "Art. 53. Compare-se êste artigo com os arts. 33 e 34, e com as disposições do Cap. 3.9, § 1.°, dêste Tít. onde se trata da existência antes do nascimento. Quando as pessoas de existência visível são consideradas ainda não existindo (*pessoas futuras*), poder-se-ia dizer que são *pessoas por nascer*. Não é esta a expressão técnica do atual art. 53. *Pessoas futuras* não são ainda pessoas, não existem. *Pessoas por nascer existem*, porque, suposto não sejam ainda nascidas, vivem já no ventre materno – *in utero sunt*" (FREITAS, A. Teixeira. *Código civil*. Esboço. Serviço de Documentação do Ministério da Justiça e Negócios Interiores, 1952. p. 54).
33. Cf. Caio Mário da Silva Pereira (PEREIRA, Caio Mário da Silva. *Instituições de direito civil*. Parte geral. v. I. 20. ed., Rio de Janeiro: Forense, 2005, p. 213), Carlos Roberto Gonçalves (GONÇALVES. Carlos Roberto. *Direito civil brasileiro*. Parte geral. São Paulo: Saraiva, 2003. v. I. p. 70) e Gustavo Tepedino (TEPEDINO, Gustavo (Coord.) *A parte geral do novo Código Civil*. Estudos na perspectiva civil-constitucional. 3. ed. Rio de Janeiro: Renovar, 2007. p. 06).
34. Nesse sentido, explicita José Carlos Barbosa Moreira que: "No plano jurídico, nenhum princípio *a priori*, vale sublinhar, exige que identifiquem "personalidade" e "possibilidade de ser titular de direitos". É questão deixada

Sem prejuízo, e como explicitado anteriormente, relevante parcela da doutrina entende que tais conceitos estão umbilicalmente associados, razão pela qual é importante definir o momento em que se tem o início da personalidade jurídica, cuja controvérsia é intensa.

A primeira teoria, tida por tradicional, é a natalista, segundo a qual a personalidade jurídica da pessoa começa do nascimento com vida. Trata-se de uma interpretação literal da primeira parte do art. 2º do Código Civil, segundo o qual "A personalidade civil da pessoa começa do nascimento com vida".

Com efeito, e segundo esse entendimento, só é pessoa e, consequentemente, só tem personalidade, o ser nascente com vida. Para tal, não basta o mero corte do cordão umbilical e a separação do corpo materno, é preciso que o ser nasça vivo, o que se dá no momento em que há a primeira troca oxicarbônica no meio ambiente[35]. Isso significa dizer que se tem por nascido o bebê que inalou oxigênio do ar atmosférico, mesmo que faleça no instante seguinte.

A prova dessa respiração se dá por diversas formas, como o choro causado pela dor nos pulmões do recém-nascido por força da primeira inalação de ar, ou, quando isso não ocorre, especialmente nos casos em que o bebê "nasce morto", por meio do exame da Docimasia Hidrostática de Galeno, baseado na diferença de peso entre o pulmão que respirou e o que não respirou ao serem mergulhados na água. Retira-se parte do pulmão do bebê falecido e mergulha-se na água; se houve respiração, a secção flutuará por se encontrar cheia de ar; por outro lado, se não houve respiração, o trecho mergulhado irá ao fundo, por estar vazio e sem ar[36].

Ainda segundo a teoria natalista, antes do nascimento com vida o nascituro não é considerado uma pessoa, não sendo dotado de personalidade jurídica[37]. O que ele tem é, em verdade, uma mera expectativa de direito, sendo que os direitos reconhecidos permanecem em estado potencial, na medida em que, não vindo a nascer com vida, não se concretizam[38].

---

a critério do legislador, que pode optar pela identificação ou pela separação conceptual. [...] O *ius positum* é que, livremente, decide. Conforme ressalta do confronto entre as duas partes do art. 2º do Código de 2002, o direito brasileiro, à evidência, preferiu não identificar os conceitos" (MOREIRA, José Carlos Barbosa. O direito do nascituro. O direito do nascituro à vida. *Revista Brasileira de Direito de Família*. v. 7, n. 34, fev./mar. 2006, p. 143).

35. PEREIRA, Caio Mário da Silva. *Instituições de direito civil*. Parte geral. 20. ed., Rio de Janeiro: Forense, 2005. v. I. p. 219.
36. Existem outros métodos médico-legais para a aferição da vida extra-uterina. Caso os pulmões estejam cheios de líquido, impossibilitando o exame da Docimasia de Galeno, os médicos legistas optam, geralmente, pela Docimasia Pulmonar Histológica, pela observação dos alvéolos pulmonares. Estes apresentam uma dilatação uniforme quando o pulmão respirou, e quando não, as paredes alveolares permanecem coladas. Outras docimasias também são utilizadas como a pulmonar visual, em que se observa o pulmão a olho nu para verificação de sua dilatação. Há ainda outras docimásias como a óptica de Icard, a docimásia química de Icard, a docimasia radiográfica de bordas, a docimasia epimicroscópica pneumo-arquitetônica e as docimásias respiratórias indiretas. Cf. SEMIÃO, Sérgio Abdalla. *Os direitos do nascituro*. 2. ed., Belo Horizonte: Del Rey, 2000, p. 156.
37. GAGLIANO, Pablo Stolze; PAMPLONA, Rodolfo. *Novo curso de direito civil*. Parte Geral. v. I. 5. ed., São Paulo: Saraiva, 2004, p. 89.
38. A interpretação dada pelos defensores da teoria da natalidade não é imune a críticas, especialmente a conclusão de que o nascituro tem apenas uma expectativa de direito, como destaca José Carlos Barbosa Moreira: "Quando

Uma segunda corrente de pensamento defende a chamada teoria da concepção, segundo a qual a personalidade civil da pessoa e, consequentemente, do nascituro, se inicia no momento da concepção, isto é, no momento da fecundação – encontro das células masculinas e femininas, o que se dá com a fertilização do ovócito secundário pelo espermatozóide[39] –, dando origem ao zigoto[40].

Nada obstante, e consoante tem defendido parcela relevante da doutrina adepta do concepcionismo[41], a personalidade jurídica a partir da concepção produz efeitos apenas sobre os interesses existenciais, e notadamente os direitos da personalidade, de modo que apenas estes passam a ser protegidos a partir da concepção, como o direito à vida – direito de nascer –, e à integridade física – direito à saúde –, por exemplo. Quanto aos interesses e direitos patrimoniais, a sua aquisição, ou plena eficácia, está condicionada ao nascimento com vida[42].

Em verdade, segundo os adeptos da teoria concepcionista, a personalidade jurídica da pessoa começa da concepção, o que não se confunde com a capacidade jurídica e a sua aptidão para titularizar plenamente direitos. A capacidade é, diferentemente da personalidade, gradual, de modo que se pode ser mais ou menos capaz, mas não se pode ser mais ou menos pessoa[43].

---

estatui, na segunda parte do art. 2º, que 'a lei põe a salvo, desde a concepção, os direitos do nascituro', não há de ter usado impensadamente, sem compromisso com a propriedade terminológica, a palavra 'direitos'. Poderia ter dito 'interesses', mas não o fez, preferiu dizer 'direitos', e a opção não pode deixar de ter significação. 'Direitos' é termo técnico, e em princípio deve ser entendido na acepção técnica; sobre quem o conteste, em todo caso, recairá o ônus da prova" (MOREIRA, José Carlos Barbosa. O direito do nascituro. O direito do nascituro à vida. *Revista Brasileira de Direito de Família*. v. 7, n. 34, fev./mar. 2006. p. 144).

39. VASCONCELOS, Cristiane Beuren. *A proteção jurídica do ser humano in vitro na era da biotecnologia*. São Paulo: Atlas, 2006. p. 37.

40. A Teoria da Concepção possui pequenas variações quanto ao momento da concepção, isso porque entre o período de penetração do espermatozoide no ovócito secundário e a efetiva fusão de seus pronúcleos e dissolução de suas membranas, decorre um lapso temporal aproximado de 12 horas. Só a partir desse instante haveria efetivamente o zigoto, ou seja, teria ocorrido a concepção. Então, duas subteorias tentam prever um momento diferenciado para o surgimento da vida, ainda dentro da concepção, que são as teorias da Singamia e da Cariogamia. Pela primeira, a concepção ocorre no exato momento da penetração do espermatozoide no óvulo – fertilização que consiste na fusão dos gametas feminino e masculino. A partir daí começa o processo irreversível de formação de uma nova pessoa. Já pela Teoria da cariogamia, só há uma nova vida após a fusão pronuclear, ou seja, a junção dos núcleos das células masculinas e femininas, fazendo-as desaparecer e dando origem a uma nova, inexistente até então. Sobre o tema, ver VASCONCELOS, Cristiane Beuren. *A proteção jurídica do ser humano in vitro na era da biotecnologia*. São Paulo: Atlas, 2006. p. 38-39.

41. Nesse sentido, José Maria Leoni (OLIVEIRA, José Maria Leoni Lopes de. *Novo código civil anotado*. Parte geral. 3. ed., Rio de Janeiro: Lumen juris, 2006. v. 1. p. 06). Teixeira de Freitas, em seu *Esboço*, previu no art. 221 que "Desde a concepção no ventre materno começa a existência visível das pessoas, e antes de seu nascimento elas podem adquirir alguns direitos, como se já estivessem nascidas". Esses direitos que podem ser adquiridos, como se já estivessem nascidas, são aqueles inatos a qualquer pessoa, isto é, os direitos da personalidade. Quanto aos demais direitos, seguir-se-ia a regra do art. 222 de seu *Esboço*, ficando a plenitude dos efeitos condicionada ao nascimento com vida: "Art. 222. Êsses direitos porém só ficarão irrevogavelmente adquiridos, se os concebidos nascerem com vida, isto é, se a manifestarem, ainda que por instantes, depois de completamente separados da mãe". Sobre o tema, ver FREITAS, A. Teixeira. *Código civil*. Esboço. Serviço de Documentação do Ministério da Justiça e Negócios Interiores, 1952, p. 134-135.

42. Como observam, por exemplo, Pablo Stolze e Rodolfo Pamplona (GAGLIANO, Pablo Stolze; PAMPLONA, Rodolfo. *Novo curso de direito civil*. Parte Geral. 5. ed., São Paulo: Saraiva, 2004. v. I. p. 92).

43. AMARAL, Francisco. *Direito civil*. Introdução. 2. ed. Rio de Janeiro: Renovar, 1999. p. 207.

Nessa esteira, o nascituro, dada a sua condição de pessoa por nascer, não titulariza a plenitude dos direitos inerentes a todas as pessoas, mas apenas aqueles compatíveis com a sua característica, notadamente os direitos da personalidade e, particularmente, o direito à vida e à saúde. Quanto aos direitos patrimoniais, como o direito de receber doação e herança, estes ficam resolutivamente condicionados ao nascimento com vida[44].

Há, ainda, terceira corrente de pensamento denominada de teoria da personalidade condicional ou condicionalista, segundo a qual a personalidade jurídica da pessoa começa da concepção, mas sua plena eficácia está condicionada ao nascimento com vida. Nesse sentido, o nascimento com vida é uma condição suspensiva, ficando a plena produção dos efeitos da aquisição da personalidade desde a concepção a ela condicionada.

Tal teoria, apesar de adeptos de renome como Washington de Barros Monteiro, J. M. Carvalho Santos e Miguel Maria Serpa Lopes, teve seu maior representante em Clóvis Beviláqua[45], que inclusive a inseriu expressamente em seu projeto de Código Civil no início do século XX, tendo sido, contudo, modificada a redação quando da aprovação do texto final Código Civil de 1916 pelo Legislativo. Dispunha o projeto de Código Civil, em seu art 3°, que "a personalidade civil do ser humano começa com a concepção, sob a condição de nascer com vida".

É preciso destacar, particularmente quanto à opinião de Beviláqua, que é comum encontrar-se na doutrina quem afirme que o autor do projeto do Código Civil de 1916, em verdade, defendia a teoria da concepção[46]. A justificativa para tal entendimento é o fato de que, quando da elaboração do Código anterior, não era comum a categorização da teoria condicionalista como uma teoria autônoma. O próprio Beviláqua costumava afirmar que duas eram as teorias existentes acerca do início da personalidade jurídica: a natalista e a da concepção[47]. No entanto, diante do texto do art. 3° do anteprojeto do Código Civil de 1916, é impossível negar a adoção, por Beviláqua, da teoria da personalidade condicional.

No entanto, não há como negar que a teoria condicionalista é uma vertente da teoria concepcionista, isso porque também reconhece como marco inicial da personalidade

---

44. ALMEIDA, Silmara J. A. Chinelato e. *Tutela civil do nascituro*. São Paulo: Saraiva, 2000. p. 169.
45. Segundo Clóvis Beviláqua, "Qualquer que seja a opinião aceita sobre o início da personalidade do ser humano, o nascimento é fato decisivo; no primeiro caso, porque confirma, se a criança nascer viva, ou anula, se nascer morta, a personalidade atribuída ao nascituro; no segundo caso, porque assinala o momento inicial da vida jurídica do homem" (BEVILÁQUA, Clóvis. *Teoria geral do direito civil*. Campinas: Red Livros, 2001, p. 123-124).
46. Nesse sentido, SEMIÃO, Sérgio Abdalla. *Os direitos do nascituro*. 2. ed., Belo Horizonte: Del Rey. 2000, p. 34.
47. "Em relação ao início da existência da personalidade humana, há duas doutrinas. Uma faz começar a personalidade civil com o nascimento, reservando para o nascituro, entretanto, uma espectativa de direito. [...] Outra remonta á concepção, e por ella se inclinara o *Projecto primitivo*, com Teixeira de Freitas, Nabuco e Felício dos Santos. Apezar dos excellentes argumentos, em que esta opinião se firma foi preferida a primeira, por parecer mais pratica. Não obstante, o Codigo Civil brasileiro como todos os outros, destaca situações, em que o nascituro se apresenta como pessôa: a) art. 359, legitimação do filho apenas concebido; b) art. 363, paragrapho unico, reconhecimento do filho, anterior ao nascimento; c) art. 468, curatela do nascituro; d) art. 1718, a pessôa já concebida, embora ainda não nascida, tem capacidade para adquirir por testamento" (BEVILAQUA, Clovis. *Codigo civil dos Estados Unidos do Brasil commentado*. 7. ed., Rio de Janeiro: Francisco Alves, 1944, p. 188).

jurídica da pessoa a concepção. No entanto, os efeitos jurídicos dessa personalidade jurídica ficam suspensos até o advento da condição *nascer com vida*.

A justificativa é prático-científica: não haveria alcance prático na fixação do início da personalidade no ato da concepção, haja vista que o embrião ou feto não poderia adquirir ou gozar de direitos dentro do útero materno. Portanto, essa personalidade, de fato, não tem existência[48].

Por fim, tem-se, ainda, a teoria da atividade cerebral ou da cognição, por nós desenvolvida em trabalho próprio, e que leva em consideração, para a definição do início da personalidade jurídica, uma interpretação sistemática do ordenamento, não se resumindo à leitura do art. 2º do Código Civil, mas associando-o ao disposto no art. 3º da Lei 9.434/1997[49].

A Lei 9.434/1997 dispõe sobre o transplante de órgãos e partes do corpo humano, o que só é possível após diagnóstico definitivo de morte encefálica da pessoa, nos termos do art. 3º da lei especial. Disso se infere que a morte encefálica encerra, para o Direito, a vida.

Então, se o critério utilizado pelo legislador para verificar se há vida ou não é a existência ou inexistência da atividade cerebral, conclui-se que só há vida enquanto o cérebro estiver em funcionamento. Daí se chega, pois, a um resultado óbvio: haverá vida humana se houver atividade cerebral. Com efeito, ter-se-á o surgimento da pessoa, enquanto ser autônomo, também a partir desse marco.

Sobre este marco, a saber, o momento em que se inicia a atividade cerebral, a literatura médica defende que esta se dá a partir da 12ª (décima-segunda) semana de gestação, quando os neurônios passam a se relacionar[50]. Antes disso, os estudos demonstram que não há indícios de atividade encefálica do feto[51].

Então, a partir da 12ª (décima-segunda) semana há, segundo pesquisas e relatos médicos, vida humana e, consequentemente, uma pessoa, a qual, em decorrência do postulado norteador de nossa ordem jurídica, a dignidade da pessoa humana, impõe que sejam reconhecidos direitos a ela, independentemente de se prever, no Código Civil, que a personalidade civil só começa do nascimento com vida.

---

48. ALVES, João Luiz. *Código civil da República dos Estados Unidos do Brasil anotado*. 3. ed. Rio de Janeiro: Borsoi, 1957. p. 95.
49. Para aprofundamento do tema, ver o nosso NEVES, Thiago Ferreira Cardoso. *O nascituro e os direitos da personalidade*. Rio de Janeiro: GZ, 2011.
50. A conclusão se deu a partir de experimentos com os fetos na barriga da mãe. A atividade nervosa do cérebro envolve impulsos elétricos. E os menores impulsos elétricos criam um campo magnético que pode ser mensurado. Assim, se essa atividade pode ser medida, pode-se dizer que isto representa o início da vida. Estudos preliminares mostraram que os fetos podem responder à luz sentida através do abdômen da mãe. A pesquisa foi realizada usando uma técnica denominada magnetoencefalografia – MEG, por meio do qual é possível medir flutuações minúsculas em campos magnéticos usando um supercondutor esfriado em hélio líquido.
51. Sobre o desenvolvimento cerebral dos fetos, ver Moore KL, Persaud TVN: *Embriologia clínica*. Tradução de *The developing human*. 7. ed. Rio de janeiro: Elsevier, 2004. Ainda quanto ao marco de 12 semanas mencionado, ver a entrevista do Dr. Aníbal Faúndes sob o título *Célula não tem o mesmo direito da mulher*. Disponível em: http://sistemas.aids.gov.br/imprensa/noticias.asp?NOTCod=61893.

Isso significa que o marco estabelecido no Código Civil, acerca do início da personalidade jurídica, não pode ser um obstáculo ao reconhecimento da plena tutela da pessoa humana, e sua aptidão para titularizar direitos, ainda que esta pessoa esteja no ventre materno. Nesse caso, terá ela todos os direitos compatíveis com a sua condição de pessoa com vida intrauterina.

Tal conclusão, como já observado em momento anterior, não se incompatibiliza com a legislação civil, pois como bem explicita José Carlos Barbosa Moreira[52], o legislador civilista não vinculou a personalidade jurídica à aquisição de direitos. Tanto não o fez que chamou o nascituro de pessoa, conferindo-lhe essa natureza. Assim, se o nascituro é pessoa, deve ter direitos assegurados em decorrência dessa condição, na medida em que é o Código Civil que deve se adequar à Constituição e a seus valores e princípios, como a dignidade da pessoa humana[53], e não o contrário[54].

Sem prejuízo, essa conclusão ainda precisa ser compatibilizada com o disposto na parte final do art. 2º do Código Civil, a qual dispõe que os direitos do nascituro ficam a salvo desde a sua concepção. Embora pareça uma tarefa difícil, demonstraremos que não é.

Em verdade, em que pese o início da vida e, consequentemente, a condição de pessoa, para a ordem jurídica, tenha como marco apenas o início da atividade cerebral, o que se dá, como vimos, em torno de 12 (doze) semanas de gestação, é inconteste que antes disso existe um processo de formação de um ser que virá, com a atividade encefálica, adquirir cognição.

A conclusão desse processo que resultará, juridicamente, em um ser com vida, precisa, à toda evidência, ser protegido. Isso porque há, desde a concepção, induvidosamente uma expectativa – forte, aliás – de que todo o caminhar resultará no maravilhoso milagre da existência de uma nova pessoa.

Por essa razão, desde a concepção os direitos do nascituro devem ser protegidos, impedindo-se a adoção de medidas que abortem esse processo, de modo a realizar de modo pleno o postulado da dignidade da pessoa humana, alicerce da ordem jurídica

---

52. MOREIRA, José Carlos Barbosa. O direito do nascituro. O direito do nascituro à vida. *Revista Brasileira de Direito de Família.* V. 7, n. 34, fev./mar. 2006. p. 146.
53. Na lição de Maria Celina Bodin de Moraes, "A alteração do eixo central do sistema de direito civil – do Código para a Constituição – trouxe uma importantíssima consequência jurídica que pode ser indicada através da passagem, referida ao início, da tutela (que era oferecida pelo Código ao indivíduo) para a proteção (garantida pela Constituição) da dignidade da pessoa humana como um dos fundamentos da República Federativa do Brasil". MORAES, Maria Celina Bodin. O direito civil-constitucional. In: *Na medida da pessoa humana*. Estudos de direito civil-constitucional. Rio de Janeiro: Renovar, 2010. p. 29-30.
54. Como observa Luís Roberto Barroso, vigora sobre a ordem jurídica, política e social o princípio da supremacia da Constituição, o qual confere à Constituição supremacia sobre todas as espécies normativas existentes, sendo estas ilegítimas se a contrariarem: "Na celebrada imagem de Kelsen, para ilustrar a hierarquia das normas jurídicas, a Constituição situa-se no vértice de todo sistema legal, servindo como fundamento de validade das demais disposições normativas. Toda Constituição escrita e rígida, como é o caso da brasileira, goza de superioridade jurídica em relação às outras leis, que não poderão ter existência legítima se com ela contrastarem" (BARROSO, Luís Roberto. *Interpretação e aplicação da Constituição.* 6. ed. São Paulo: Saraiva, 2004. p. 67).

democrática[55]. Não tutelar o processo de gestação desde a concepção e, consequentemente, o direito de o embrião e o nascituro virem a adquirir vida, é negar plena eficácia à dignidade da pessoa humana, pois se inviabilizará, não apenas indiretamente, mas de modo direto, que ela venha a se concretizar e se realizar, sendo certo que seu objetivo é, exatamente, a tutela da vulnerabilidade e da fragilidade humana[56].

Isso nada mais seria do que um subterfúgio para impedir que o novo ser fosse alcançado pela tutela da pessoa humana, na medida em que ele poderia, por exemplo, ser eliminado antes que sua atividade cerebral se iniciasse, sob o inescrupuloso argumento de que ainda não haveria vida, e, assim, se teria um caminho para uma pessoa não ser protegida pela dignidade da pessoa humana. Na expressão popular, seria o mesmo que *acabar com o mal pela raiz*.

Por essa razão, embora a vida intrauterina, sob a ótica jurídica, se inicie apenas com o início da atividade cerebral, os direitos do nascituro ficam assegurados desde a sua concepção, dada a evidente necessidade de se conferir à dignidade da pessoa humana plena efetividade, o que decorre inegavelmente de sua função de proteção da substância única que compõe os seres humanos, a saber, o valor intrínseco, de modo que aqueles direitos essenciais à preservação da pessoa e da sua dignidade detêm um núcleo inviolável, que protege os indivíduos da degradação, aí inserido o direito de viver.

4. A TUTELA JURÍDICA DO NASCITURO

Até aqui tratamos do reconhecimento do nascituro como pessoa e a consequente posição de titular de direitos. Mas para se entender a importância dessa conclusão, é preciso verificar concretamente os direitos titularizados e aqueles passíveis de titularização pelo ser em formação.

Sem prejuízo, é preciso destacar, ainda uma vez, que essa aptidão para titularizar direitos, ainda no período da vida intrauterina, só é possível pelo reconhecimento da dignidade da pessoa humana como pilar da ordem jurídica. Nesse sentido, e a par da discussão acerca da natureza jurídica da dignidade da pessoa humana[57], é ela inequivocamente um valor que assegura a todas as pessoas, igualmente, um tratamento digno, não se afigurando possível que nenhuma pessoa sirva de instrumento para a realização de interesses ou objetivos coletivos, e tampouco de outras pessoas singularmente consideradas. Em outras palavras, pela dignidade humana toda pessoa deve ser considerada um fim em si mesma.

Nessa esteira, alguns direitos se destacam na tutela jurídica do nascituro, devendo-se destacar que o rol a seguir enumerado não esgota todas as possibilidades de direitos passíveis de tutela pelo concepto. Vamos, então, a eles.

---

55. Cf. MORAES, Maria Celina Bodin. O princípio da dignidade da pessoa humana. In: *Na medida da pessoa humana*. Estudos de direito civil-constitucional. Rio de Janeiro: Renovar, 2010. p. 83.
56. Cf. MORAES, Maria Celina Bodin. O princípio da dignidade da pessoa humana. In: *Na medida da pessoa humana*. Estudos de direito civil-constitucional. Rio de Janeiro: Renovar, 2010. p. 84.
57. Para um exame aprofundado da discussão que envolve a natureza jurídica da dignidade da pessoa humana ver, dentre outros, Luís Roberto Barroso (BARROSO, Luís Roberto. *Aqui, lá e em todo lugar*: a dignidade humana no direito contemporâneo e no discurso transnacional. In: Ed. RT, a. 101, v. 919, maio de 2012).

4.1. Direito à vida

O direito à vida e à tutela integral da vida humana é o primeiro dos direitos fundamentais assegurados pela Constituição Federal. O título dos direitos e garantias fundamentais previsto na Constituição é inaugurado pelo art. 5º, que arrola como o primeiro direito garantido aos brasileiros e estrangeiros residentes no país o direito à vida.

Por ele estão vedadas práticas atentatórias à vida, mas igualmente o direito de vir a adquirir vida, que é o que acontece com o nascituro desde o momento da sua concepção. Embora se conclua, como vimos, por uma interpretação sistemática do ordenamento jurídico, que a vida só se inicia com o início da atividade cerebral, desde o momento da concepção os direitos do nascituro estão a salvo, e o principal deles é, induvidosamente, o direito a ter vida.

A tutela da vida do nascituro deve perdurar durante toda a gestação da mulher, como se reconhece no Estatuto da Criança e Adolescente em seus artigos 7º[58] e 8º[59], e com prioridade absoluta, conforme determina o art. 227 da Constituição Federal, segundo o qual é dever da família, da sociedade e do Estado assegurar com prioridade absoluta o direito à vida da criança.

Então, a norma constitucional é regulamentada e concretizada pelos referidos dispositivos do ECA, que determinam que a criança tem direito à proteção da vida mediante a adoção de políticas públicas que assegurem a ela um nascimento digno, bem como assegurando à gestante um atendimento pré e perinatal através do SUS. Não há dúvidas, pois, que essa tutela se dirige ao concepto, pois é ele o maior beneficiado com essa atuação do Poder Estatal, também estando indene de dúvidas a proteção à saúde materna.

No mesmo passo, a Convenção Americana dos Direitos do Homem, popularmente chamado de Pacto de San José da Costa Rica, incorporado no direito brasileiro por força do Decreto 678/92, dispõe expressamente no item 1 de seu artigo 4º que "Toda pessoa tem o direito de que se respeite sua vida. Esse direito deve ser protegido pela lei e, em geral, desde o momento da concepção".

De tudo isso é possível concluir que o nascituro tem, desde a concepção, seu direito à vida assegurado, sendo este inequivocamente um direito fundamental a ser tutelado pelo Estado, não só por meio de políticas públicas, mas por meio de ações concretas que impeçam a violação e supressão desse direito, tudo em nome da plena realização da dignidade da pessoa humana.

---

58. Art. 7º A criança e o adolescente têm direito a proteção à vida e à saúde, mediante a efetivação de políticas sociais públicas que permitam o nascimento e o desenvolvimento sadio e harmonioso, em condições dignas de existência.
59. Art. 8º É assegurado a todas as mulheres o acesso aos programas e às políticas de saúde da mulher e de planejamento reprodutivo e, às gestantes, nutrição adequada, atenção humanizada à gravidez, ao parto e ao puerpério e atendimento pré-natal, perinatal e pós-natal integral no âmbito do Sistema Único de Saúde.

4.2. Direito à filiação

Outro direito titularizado pelo nascituro, e merecedor de comentários, é o direito à filiação. Filiação é a relação de parentesco entre pais e filhos ou, na lição de Carlos Roberto Gonçalves, "é a relação de parentesco consanguíneo, em primeiro grau e em linha reta, que liga uma pessoa àquelas que a geraram, ou a receberam como se a tivessem gerado"[60].

Todo indivíduo tem o direito de ver externadas as suas origens e conhecer a sua família, com a consequente publicidade de seus genitores em seus registros, não sendo diferente tal assertiva quando se trata do ser em desenvolvimento no ventre materno. O Código Civil assegura de modo expresso, no parágrafo único de seu art. 1.609, a possibilidade de reconhecimento do filho antes mesmo do seu nascimento, o que demonstra ter consagrado o diploma civil brasileiro o direito do nascituro à filiação.

Portanto, tem o nascituro direito a uma filiação, bem como ver reconhecida a sua paternidade, o que decorre inequivocamente da sua condição de pessoa e, consequentemente, da tutela da dignidade humana. Ora, se o nascituro é visto como pessoa, seria ilógico não lhe reconhecer o direito ao reconhecimento de sua paternidade e de um *status* familiar[61].

4.3. DIREITO A ALIMENTOS

Os alimentos são prestações que visam o atendimento das necessidades essenciais daquele que não tem, por si, condições de provê-las. Assim definidos, dúvidas não há de que o nascituro não possui condições de prover as suas necessidades por si mesmo, havendo, ainda, hipóteses em que a gestante sequer as possui para si própria, e muito menos para a manutenção de duas vidas.

Contudo, há situações em que a genitora possui meios para o seu sustento, mas não tem para a manutenção digna dessa sua condição especial de gestante, em que o concepto poderá ficar em estado precário, sem uma assistência médico-hospitalar para o acompanhamento de seu desenvolvimento, bem como, por exemplo, sem uma alimentação adequada, haja vista que a mulher, enquanto estiver no seu estado gravídico, necessita de cuidados especiais nesse aspecto, para que o nascituro tenha uma nutrição condigna com sua condição de ser em desenvolvimento.

É cediço que o Poder Público, como já mencionado, possui o dever legal e solidário de prestar toda essa assistência, no entanto, a realidade demonstra a existência de um Estado deficitário, que não cumpre com suas obrigações. Assim, faz-se necessário o

---

60. GONÇALVES, Carlos Roberto. *Direito civil brasileiro*. 4. ed. São Paulo: Saraiva, 2007. v. VI. p. 281.
61. O Supremo Tribunal Federal, no célebre caso Glória Trevis, já reconheceu essa possibilidade, inclusive, contra os interesses da mãe, em que deverá prevalecer o direito superior do nascituro de ver reconhecida sua paternidade com a realização de exame de DNA. Veja-se, pois, trecho destacado da ementa: Reclamação. Reclamante submetida ao processo de Extradição nº 783, à disposição do STF [...] Coleta de material biológico da placenta, com propósito de fazer exame de DNA, para averiguação de paternidade do nascituro, embora a oposição da extraditanda [...] (STF. Tribunal Pleno. Rcl 2040/DF, Rel. Min. Néri da Silveira. Julgamento: 21.02.02. DJU 27.06.03. p. 31).

exercício do direito a alimentos pelo nascituro em face de seu genitor, e na sua ausência, de parentes.

Portanto, tem o nascituro direito a alimentos desde a sua concepção[62] para a garantia da sua própria vida, sendo ampla essa obrigação alimentar, ou seja, abrange tanto os alimentos naturais ou necessários, que se restringem às necessidades essenciais da vida, quanto os civis ou côngruos, que visam garantir o *status* da família.

Devem os alimentos abarcar a adequada assistência pré-natal e perinatal com os respectivos atendimentos médico-cirúrgicos que são mais comuns a cada dia quando se trata de fetos, permitindo técnicas de transfusão de sangue e ultrassonografias, por exemplo.

Assim, tem os pais e demais parentes o dever de prestar toda essa assistência material ao concepto para que ele possa desenvolver-se dignamente, vindo à luz com saúde e com a possibilidade de ter uma vida extrauterina.

Com os olhos voltados para essa necessidade é que é 2008 foi editada a Lei 11.804, a versar sobre os alimentos gravídicos, a qual prevê, em seu art. 2º, que os alimentos nela previstos serão os valores suficientes para cobrir as despesas adicionais do período de gravidez e que sejam dela decorrentes, da concepção ao parto, inclusive as referentes à alimentação especial, assistência médica e psicológica, exames complementares, internações, parto, medicamentos e demais prescrições preventivas e terapêuticas indispensáveis, a juízo do médico, além de outras que o juiz considere pertinentes.

A Lei, então, está perfeitamente alinhada às necessidades do nascituro e à plena realização da dignidade da pessoa humana, assegurando-lhe não apenas o pleno desenvolvimento e a manutenção da vida intrauterina, mas o direito de nascer com dignidade.

4.4. Direito à doação

A doação é um ato de liberalidade, é um negócio jurídico através do qual o doador, por livre e espontânea vontade, despoja-se de um bem, de forma gratuita, em favor de outra pessoa que passa a ter um acréscimo patrimonial, sem qualquer contraprestação. Com efeito, toda e qualquer pessoa está legitimada a receber na qualidade de donatária, incluindo-se, nessa legitimação, o nascituro.

Seguindo essa linha o art. 542 do Código Civil, como igualmente o fazia o Código Civil de 1916 em seu art. 1.169, prevê que "a doação feita ao nascituro valerá sendo aceita pelo seu representante". Vê-se, pois, que o Código Civil conferiu ao nascituro a plena possibilidade de adquirir direitos, o que sói acontecer com as pessoas.

Nada obstante, a questão não pacífica, havendo entendimento em contrário no sentido de não reconhecer nascituro como pessoa[63], impondo-lhe uma condição sus-

---

62. Alimentos. Direito do nascituro. Inadimplemento do marido. Inteligência dos arts. 19 da Lei 5.478/68 e 733 do CPC. São devidos alimentos à esposa e à filha, mencionada como nascituro no momento da propositura da ação. (TJRJ. APCÍVEL 14.954. Rel. Des. Pedro Américo Rios Gonçalves. RT 560:220).
63. PEREIRA, Caio Mário da Silva. *Instituições de direito civil*. 20. ed. Rio de Janeiro: Forense, 2005. v. I. p. 217.

pensiva para adquirir a titularidade do bem deixado em doação. Nesse sentido é a lição do saudoso Professor Sylvio Capanema de Souza, para quem a clara redação do artigo 2º do Código Civil não autoriza o reconhecimento de personalidade jurídica do nascituro e, consequentemente, a possibilidade de o concepto titularizar direitos[64].

A nosso sentir, contudo, como já amplamente explicitado, não há dúvidas de que o nascituro tem aptidão para adquirir direitos e contrair obrigações independentemente de se lhe reconhecer a personalidade jurídica, tendo em vista se inequivocamente uma pessoa, embora em formação no ventre materno.

Nesse sentido, a única exigência do Código Civil, em seu art. 542, para o recebimento do bem em doação pelo nascituro é a aceitação por seu representante, o que é evidente, tendo em vista não ter aptidão para, por ato próprio, fazê-lo.

Cumpre destacar, apenas a título de curiosidade, que os direitos português e italiano admitem a doação a quem ainda sequer foi concebido, como se depreende do exame do art. 952 do Código Civil português[65] e art. 784 do Código Civil italiano[66], exigindo, no entanto, que esteja viva ao tempo da doação a pessoa cuja prole eventual será beneficiada. Já os códigos civis francês e espanhol não admitem, a teor dos seus arts. 906 e 627, respectivamente, a doação à prole eventual, exigindo que o donatário esteja concebido no momento da doação.

4.5. DIREITO À SUCESSÃO

O princípio geral que rege o direito sucessório é o da transmissão imediata dos bens aos herdeiros, sejam eles legítimos ou testamentários. Exige-se, contudo, que eles possuam capacidade para suceder. A capacidade para suceder não se confunde com a capacidade para a prática dos atos da vida civil.

A capacidade ou legitimação sucessória importa na ausência de impedimentos legais para a percepção da herança. Portanto, pode uma pessoa ser civilmente incapaz e estar apto a herdar ou, por outro turno, ser capaz, mas inapto a suceder. Assim, pelo simples fato de ser pessoa, possui o nascituro capacidade para suceder desde que não recaia sobre ele quaisquer das causas legais de impedimento.

A capacidade sucessória do nascituro está expressamente prevista no art. 1.798 do Código Civil ao prever que as pessoas ainda não nascidas, mas já concebidas no momento da abertura da sucessão, estão legitimadas a suceder. Tal legitimação, a propósito, abrange

---

64. Segundo Sylvio Capanema, "a doação feita ao nascituro constitui negócio jurídico subordinado a uma condição suspensiva, que é o nascimento, com vida, do donatário, o que o transformará em pessoa, apta a adquirir o direito que da doação lhe resulta" (SOUZA, Sylvio Capanema. *Comentários ao novo código civil. Das várias espécies de contrato. Da troca ou permuta. Do contrato estimatório. Da doação. Da locação de coisas*. Rio de Janeiro: Forense, 2004. v. VIII. p. 146.
65. "Os nascituros concebidos ou não concebidos podem adquirir por doação, sendo filhos de pessoa determinada, viva ao tempo da declaração de vontade do doador".
66. "A doação pode ser feita tanto a favor de quem já é concebido, como a favor dos filhos de uma determinada pessoa viva ao tempo da doação, mesmo que ainda não concebidos".

tanto a sucessão legítima quanto a testamentária, não havendo qualquer previsão legal que restrinja essa legitimidade.

Mais uma vez o diploma legal prestigiou a tese de que o nascituro é pessoa e, portanto, capaz de adquirir direitos e contrair obrigações, o que não ocorria no direito anterior, uma vez que o Código Civil de 1916 não trazia previsão sequer semelhante à atual, ou seja, o nascituro não estava inserido entre os legitimados a suceder.

Já no diploma vigente, o legislador, ao tratar da legitimidade do nascituro para a sucessão, foi ainda mais enfático do que nas demais disposições do Código Civil examinadas neste texto, pois utilizou expressamente a palavra *pessoa* ao tratar do nascituro, haja vista que afirma que "legitimam-se a suceder as pessoas nascidas ou já concebidas [...]".

Assim, se a lei confere ao nascituro esse status de pessoa, adquire ele a herança no exato momento da morte do *de cujus*, aplicando-se integralmente os efeitos da *saisine*. O Código Civil, frise-se, também não faz qualquer ressalva quanto a eventual subordinação da eficácia da aquisição dos direitos sucessórios ao nascimento com vida, de modo que, efetivamente, desde o momento da concepção, está ele apto a receber, a reforçar tudo o que foi explicitado anteriormente, quando à tutela dos direitos do nascituro desde a concepção.

5. CONCLUSÃO

O início da vida humana não se resume ao nascimento. A Bíblia nos diz, no livro de Eclesiastes, que "Assim como tu não sabes qual o caminho do vento, nem como se formam os ossos no ventre da mulher grávida, assim também não sabes as obras de Deus, que faz todas as coisas". O texto faz alusão ao agir invisível de Deus e ao mistério de sua grandiosidade e existência, que mesmo longe dos olhos é tão certa quanto o ar que respiramos. Mas ele também nos mostra que o milagre de vida, embora ainda não visível, é igualmente real.

Então, do mesmo modo que não sabemos como a vida surge e se desenvolve, por mais avançada que sejam as técnicas da medicina e a própria tecnologia, parece-nos não haver dúvidas de que o nascituro não é apenas uma coisa ou uma simples parte do corpo da mulher.

Os sinais vitais, funcionamento dos órgãos, movimentos cardíacos e encefálicos, enfim, são elementos irrefutáveis da existência de vida. E se há vida, e vida humana, o nascituro é uma pessoa. E como tal, seguindo a orientação de um ordenamento jurídico funcionalizado e estruturado sob o pilar da dignidade da pessoa humana, não há dúvidas de que o ser ainda não nascido é titular de direitos.

Por certo, nem todos os direitos podem ser exercidos e desfrutados enquanto sua vida é intrauterina, mas isso não significa que ele não possa, diante de sua impossibilidade fática, titularizar direitos. Negar-lhe a condição de sujeito de direitos é, à toda evidência, negar a plenitude e a eficácia da dignidade da pessoa humana, bússola que deve guiar o operador do Direito na interpretação dos institutos jurídicos.

Por essa razão, cremos que a única conclusão possível para esse dilema, que para muitos ainda é insolúvel, é o pleno reconhecimento da mais ampla tutela jurídica do nascituro, único caminho possível para um ordenamento jurídico orientado por princípios e valores humanizados, e que pretende ser mais justo, livre e solidário.

6. REFERÊNCIAS

ACQUAVIVA, Marcus Cláudio. *Dicionário jurídico brasileiro Acquaviva*. 9. ed. São Paulo: Jurídica Brasileira. 1998.

ALMEIDA, Silmara J. A. Chinelato e. *Tutela civil do nascituro*. São Paulo: Saraiva, 2000.

ALVES, João Luiz. *Código Civil da República dos Estados Unidos do Brasil anotado*. 3. ed., Rio de Janeiro: Borsoi, 1957.

AMARAL, Francisco. *Direito civil*. Introdução. 2. ed. Rio de Janeiro: Renovar, 1999.

ANDREOLA, Balduíno. Personalismo. In: *Revista brasileira de filosofia*. v. 5, n. 1. São Paulo: Instituto brasileiro de Filosofia. 1990.

BARBOSA MOREIRA, José Carlos. O direito do nascituro. O direito do nascituro à vida. *Revista Brasileira de Direito de Família*. v. 7, n. 34, fev./mar. 2006.

BARROSO, Luís Roberto. *Aqui, lá e em todo lugar*: a dignidade humana no direito contemporâneo e no discurso transnacional. In: *Ed. RT*, a. 101, v. 919, maio de 2012.

BARROSO, Luís Roberto. *Interpretação e aplicação da Constituição*. 6. ed. São Paulo: Saraiva, 2004.

BEVILÁQUA, Clóvis. *Codigo civil dos Estados Unidos do Brasil commentado*. 7. ed. Rio de Janeiro: Francisco Alves, 1944.

BEVILÁQUA, Clóvis. *Teoria geral do direito civil*. Campinas: Red Livros, 2001.

CAPEZ, Fernando. *Curso de direito penal*. 6. ed. São Paulo: Saraiva, 2006. v. 2.

CATALANO, Pierangelo. Os nascituros entre o direito romano e o direito latino-americano (a proposta do art. 2º do projeto de Código Civil). *Revista de Direito Civil, Imobiliário, Agrário e Empresarial*, v. 12, n. 45, p. 7-15, jul./set., 1988.

COSTA, Álvaro Mayrink da. *Direito penal. Parte especial*. 5. ed. Rio de Janeiro: Forense, 2003.

COSTA, Leonardo Luiz Figueiredo da. *Curso básico de direito penal*. Parte especial. Rio de Janeiro: Lumen Juris, 2005. t. I.

FARIAS, Cristiano Chaves; ROSENVALD, Nelson. *Direito civil. Teoria geral*. 6. ed. Rio de Janeiro: Lumen juris, 2007.

FREITAS, A. Teixeira. *Código civil. Esboço*. Serviço de Documentação do Ministério da Justiça e Negócios Interiores, 1952.

GAGLIANO, Pablo Stolze; PAMPLONA, Rodolfo. *Novo curso de direito civil*. Parte Geral. 5. ed. São Paulo: Saraiva, 2004. v. I.

GONÇALVES, Carlos Roberto. *Direito civil brasileiro*. 4. ed. São Paulo: Saraiva, 2007. v. VI.

GONÇALVES. Carlos Roberto. *Direito civil brasileiro*. Parte geral. São Paulo: Saraiva, 2003. v. I.

MAGALHÃES, José Luiz Quadros de; Souza, Tatiana Ribeiro de. O direito do nascituro: vida e pessoa. *Revista Brasileira de Direito de Família*. v. 7, n. 34, fev./mar. 2006.

MAIA, Paulo Carneiro. *Nascituro*. In: Enciclopédia saraiva de direito, v. 54, São Paulo: Saraiva, 1980.

MIRABETE, Julio Fabbrini. *Manual de direito penal*. 19. ed. São Paulo: Atlas, 2002. v. 2.

MONTEIRO, Washington de Barros. *Curso de direito civil*. Parte geral. 41. ed., São Paulo: Saraiva, 2007. v. 1.

MOORE KL, Persaud TVN: *Embriologia clínica*. Tradução de *The developing human*. 7. ed. Rio de janeiro: Elsevier, 2004.

MORAES, Maria Celina Bodin. A caminho de um direito civil-constitucional. In: *Na medida da pessoa humana*. Estudos de direito civil-constitucional. Rio de Janeiro: Renovar, 2010.

MORAES, Maria Celina Bodin. O direito civil-constitucional. In: *Na medida da pessoa humana*. Estudos de direito civil-constitucional. Rio de Janeiro: Renovar, 2010.

MORAES, Maria Celina Bodin. O princípio da dignidade da pessoa humana. In: *Na medida da pessoa humana*. Estudos de direito civil-constitucional. Rio de Janeiro: Renovar, 2010.

NEVES, Thiago Ferreira Cardoso. *O nascituro e os direitos da personalidade*. Rio de Janeiro: GZ, 2011.

OLIVEIRA, José Maria Leoni Lopes de. *Novo Código Civil anotado*. Parte geral. 3. ed. Rio de Janeiro: Lumen juris, 2006. v. 1.

PEREIRA, Caio Mário da Silva. *Instituições de direito civil*. Parte geral. 19. ed., Rio de Janeiro: Forense, 1999. v. 1.

PEREIRA, Caio Mário da Silva. *Instituições de direito civil*. Parte geral. 20. ed. Rio de Janeiro: Forense, 2005. v. I.

PRADO, Luiz Regis. *Curso de direito penal brasileiro*. 5. ed. São Paulo: Ed. RT, 2006. v. 2.

PUSSI, Willian Artur. *Personalidade jurídica do nascituro*. Curitiba: Juruá, 2005.

REALE, Miguel. *Lições preliminares de direito*. 27. ed. São Paulo: Saraiva, 2006.

RODRIGUES, Silvio. *Direito civil*. Parte geral. 30. ed. São Paulo: Saraiva, 2000. v. 1.

SCHREIBER, Anderson. Direito civil e constituição. In: SCHREIBER, Anderson. *Direito civil e constituição*. São Paulo: Atlas.

SEMIÃO, Sérgio Abdalla. *Os direitos do nascituro*. 2. ed. Belo Horizonte: Del Rey, 2000.

TEIXEIRA, Aloysio Maria. *A situação do nascituro nas legislações posteriores à romana, até nossos dias*. Rio de Janeiro: Jornal do Commercio, 1935.

TEPEDINO, Gustavo. Do sujeito de direito à pessoa humana. *Revista trimestral de direito civil*. 2000, Editorial. v. 2.

TEPEDINO, Gustavo (Coord.) *A parte geral do novo Código Civil*. Estudos na perspectiva civil-constitucional. 3. ed. Rio de Janeiro: Renovar, 2007.

TEPEDINO, Gustavo. Premissas metodológicas para a constitucionalização do direito civil. In: TEPEDINO, Gustavo. *Temas de direito civil*. 4. ed. Rio de Janeiro: Renovar, 2008.

VASCONCELOS, Cristiane Beuren. *A proteção jurídica do ser humano in vitro na era da biotecnologia*. São Paulo: Atlas, 2006.

O DIREITO AO SOBRENOME E ANCESTRALIDADE ÉTNICA-FAMILIAR[1]

Vitor Almeida

Doutor e Mestre em Direito Civil pela Universidade do Estado do Rio de Janeiro (UERJ). Professor Adjunto do Departamento de Direito Civil da UERJ. Professor Agregado do Departamento de Direito da PUC-Rio. Coordenador Adjunto do Instituto de Direito da PUC-Rio. Coordenador Assistente do Mestrado Profissional em Direito Civil Contemporâneo e Prática Jurídica. Estágio pós-doutoral na Universidade do Estado do Rio de Janeiro. Associado do Instituto Brasileiro de Direito Civil e do Instituto Brasileiro de Estudos em Responsabilidade Civil. Advogado.

Sumário: 1. Introdução – 2. A evolução do direito ao nome: da verdade dos registros à expressão da personalidade humana – 3. As funções do nome da pessoa humana na perspectiva civil-constitucional – 4. O direito à identidade pessoal e à ancestralidade em face do direito ao nome – 5. Do dogma da imutabilidade à regra da mutabilidade imotivada: o papel da jurisprudência na experiência nacional e a consagração legislativa – 6. O direito à adoção e à alteração do sobrenome e ancestralidade étnica-familiar – 7. Considerações finais – 8. Referências.

1. INTRODUÇÃO

A tutela do nome da pessoa humana no ordenamento jurídico nacional tem sido reconstruída a partir do princípio da dignidade da pessoa humana, eis que um direito da personalidade previsto no Código Civil de 2002 e consagrado em tratados internacionais. Nessa linha, o nome deve individualizar dignamente o portador, sem configurar um instrumento de discriminação e exclusão sociais, nem, muito menos, ser contrário à própria identidade pessoal. Em dimensão multicultural, reconhece-se que a dignidade humana contempla a proteção à identidade cultural e o direito à diferença, sobretudo dos grupos tradicionais e étnicos. Afinal, "somos seres enraizados e não vivemos em um vazio cultural"[2]. Nessa linha, cabe refletir que o nome da pessoa humana, em especial o componente do sobrenome, mais do que identificar a linhagem familiar, reconhece em

---

1. O presente texto tem origem em pesquisa iniciada, em 2011, no Programa de Pós-Graduação em Direito da Universidade do Estado do Rio de Janeiro, onde tive o privilégio de ser aluno da Professora Titular Maria Celina Bodin de Moraes em diversas disciplinas no Mestrado e no Doutorado. À estimada professora Maria Celina Bodin de Moraes, agradeço vivamente o estímulo constante pela reflexão crítica a respeito do direito civil contemporâneo. Os debates e as perguntas "irrespondíveis" em suas aulas foram momentos especialmente revigorantes e impulsionadores a pensar o Direito de forma emancipatória em relação à proteção à pessoa humana. Por inúmeras vezes, retirou a âncora dos meus pensamentos e me fez colocar em xeque minhas verdades. A convivência em sala de aula e fora é sempre motivo de alegria e aprendizado. Meus agradecimentos sempre estarão aquém do que lhe é devido, mas sempre na medida da minha pessoa humana. A escolha do tema relaciona-se à extensa produção da homenageada sobre a temática dos direitos da personalidade, em especial a tutela do nome da pessoa humana, que conforma o marco teórico principal dos meus trabalhos anteriores sobre o tema e o atual revisitado a partir da função do sobrenome na proteção da ancestralidade familiar e étnica.
2. SARMENTO, Daniel. *Dignidade da pessoa humana*: conteúdo, trajetórias e metodologia. Belo Horizonte: Fórum, 2016. p. 278.

determinados casos a ancestralidade étnica do sujeito, conformando sua existência ligada às suas origens, principalmente quando são culturas não hegemônicas. Fundamental, portanto, percorrer a partir do reconhecimento, em diálogo intercultural, a adoção de sobrenomes ancestrais étnicos como forma de garantir o livre desenvolvimento da personalidade humana, como um de seus aspectos mais caros.

Indispensável pontuar que, nos últimos anos, a lógica registral, calcada no interesse público, que reclinava para o caráter imutável e obrigacional do nome, tem cedido espaço para a compreensão fincada na projeção da identidade pessoal como um dos caracteres estáveis da personalidade humana, que repousa na individualização de cada pessoa a partir da exteriorização de seu comportamento no meio social e de suas vontades objetivamente emanadas. Neste sentido, indiscutível a importância de se examinar o direito ao nome no cenário jurídico nacional de modo a compatibilizá-lo com o atual entendimento de proteção integral da pessoa humana, em suas múltiplas manifestações e atributos, e conformá-lo com a própria identidade pessoal. No entanto, ainda há um caminho a percorrer em relação aos sobrenomes indígenas e afrodescendentes, que ainda encontram resistência no momento do registro em nome do melhor interesse de crianças, de modo a evitar nomes supostamente constrangedores e vexatórios.

O presente artigo se propõe a examinar, a partir do direito à identidade pessoal e cultural, o conteúdo e o alcance das disposições regulamentares e legais no direito brasileiro, em especial a partir da alteração que a Lei de Registro Público (Lei 6.015/73) sofreu recentemente pela Lei 14.382/22, que modificou notadamente a redação dos arts. 55, 56 e 57, com forte impacto na disciplina da alteração do nome da pessoa humana. Almeja-se, portanto, discorrer sobre as funções do sobrenome à luz da legalidade constitucional e o direito à adoção e inclusão de sobrenomes ancestrais e de origem étnica.

2. A EVOLUÇÃO DO DIREITO AO NOME: DA VERDADE DOS REGISTROS À EXPRESSÃO DA PERSONALIDADE HUMANA

A tutela do nome civil, tradicionalmente, corresponde, de maneira equivocada, à sua conceituação como sinal legal identificador da pessoa no meio social, atribuindo, assim, primazia a seu aspecto obrigacional referente ao dever legal de uso do nome aposto no registro de nascimento. Antes de longo percurso doutrinário direcionado à afirmação do nome na qualidade de um direito, alguns autores defendiam, com vista à identificação e com base em um suposto interesse público, a teoria do nome como instituição de polícia, que se assentava na ideia de exclusividade de seu caráter obrigacional ao invés de cogitar-se como um verdadeiro direito.[3]

---

3. Para uma breve exposição da teoria do nome como obrigação e instituição de polícia remete-se a CARVALHO, Manuel Vilhena de. *Do Direito ao Nome*: proteção jurídica e regulamentação legal. Coimbra: Livraria Almedina, 1972. p. 33-35.

Embora as críticas[4] tenham invalidado esta tese a ponto de praticamente ter caído em esquecimento tal concepção, tendo, atualmente, um valor mais histórico do que validade científica, não se deve menosprezar os resquícios que o perfil de mera obrigação do nome manteve no desenvolvimento do tratamento posterior do tema. Em passagem elucidativa, Manuel Vilhena de Carvalho escreveu: "É, assim, indubitável que o nome é algo mais que uma obrigação civil"[5]. Embora o autor seja contrário à qualificação da natureza do nome como mera obrigação, não descura completamente da faceta de dever que continua a permear o tratamento jurídico do nome, que embora um direito, pode sofrer limitações e restrições impostas pelo Estado em razão da ordem pública.[6]

Depreende-se, portanto, que não é de hoje que a proteção ao nome da pessoa convive, de um lado, com o interesse social, em que surge a obrigação de uso do nome como instrumento de identificação no meio social e familiar, e, de outro, sua afirmação enquanto direito, que se desdobra nas faculdades de uso, defesa e reivindicação. Diante desse contexto, afirma-se que o nome é um "misto de direito e obrigação".[7]

Leciona Caio Mário da Silva Pereira que do nome civil projetam-se os aspectos público e privado, razão pela qual se define o nome como um direito e um dever. Segundo o autor, o direito ao nome envolve "simultaneamente um direito subjetivo e um interesse social"[8]. Tal concepção não se restringe à melhor doutrina nacional, sendo comum afirmar que "ao lado do direito que assiste a todo o cidadão de usar, com exclusão de outrem, o seu próprio nome, impõe-se-lhe a obrigação de o possuir e conservar, sem possibilidade de, arbitràriamente, o alterar" (sic).[9]

Parece, nessa linha, não haver dúvidas quanto ao conteúdo obrigacional ínsito ao direito ao nome. Ocorre que, ainda, mostra-se bastante arraigado no pensamento jurídico nacional a proeminência da vertente de dever, carreado pela desarrazoada primazia do interesse público em pender para a verdade registral como imutável. Em avanço a esta ideia, Maria Celina Bodin de Moraes adverte que tanto o aspecto de direito quanto o de dever devem conviver de forma harmônica, sem que um possa superar o outro. Segundo a autora, "o direito de personalidade deve conviver com o interesse social, intrínseco na ideia de obrigação".[10]

---

4. Expõe o português Manuel Vilhena de Carvalho que "sustentar que o nome tem o caráter exclusivo de mera obrigação, deixaria sem explicação os diversos meios de defesa privada do direito ao nome que a doutrina e as legislações, em geral, consagram. [...] O nome não deixa, assim, de ser objecto (sic) de um direito, conquanto por razões de ordem pública, o Estado lhe imponha limitações e o torne obrigatório" (*Ibid.*, p. 34-35).
5. *Id. Ibid.*, p. 35.
6. *Id. Ibid.*, p. 34-35.
7. LOPES, Miguel Maria de Serpa. *Curso de direito civil*. 8. ed., rev. e atual. por J. S. Santa-Maria. Rio de Janeiro: Freitas Bastos, 1996. v. 1. p. 329.
8. PEREIRA, Caio Mário da Silva. *Instituições de direito civil*. 23. ed., 3. tir., Rio de Janeiro: Forense, 2010. v. I. p. 208.
9. CARVALHO, Manuel Vilhena de. *Op. Cit.*, p. 30.
10. BODIN DE MORAES, Maria Celina. A tutela do nome da pessoa humana. In: *Na medida da pessoa humana*: estudo de direito civil-constitucional. Rio de Janeiro: Renovar, 2010. p. 155.

A prevalência do interesse social sobre a real individualização pessoal somente reforça o princípio da imutabilidade do prenome, tão arraigado na cultura jurídica nacional. A característica da imutabilidade geralmente atribuída ao direito ao nome repousa na severa imposição de restrições à liberdade de alteração do nome, em virtude da primazia do interesse público (*rectius*: estatal) e social[11] na conservação do nome registral durante toda a existência da pessoa. Adolfo Pliner relata que a imutabilidade se tornou um verdadeiro dogma, quase reconhecido universalmente, embora se admita, indiscutivelmente, que o direito ao nome não tenha alcance absoluto.[12]

Apesar de a doutrina há algum tempo propagar o perfil dúplice do nome da pessoa humana como direito e dever, nunca foi difícil observar o anacrônico desequilíbrio atuante na disciplina legislativa respectiva, que durante longo período recaiu exclusivamente à Lei de Registro Público (Lei 6.015/73), donde se verificava (e ainda se verifica) a forte proeminência do dever de uso do nome em virtude da necessidade de identificação do indivíduo no meio social, restringindo as hipóteses de alteração às situações episódicas e excepcionais, em prol do tão caro princípio da segurança jurídica.

Na verdade, as exceções legais que permitiam a mudança do nome encontravam respaldo, ou melhor, sua própria justificativa, na importância de os registros públicos refletirem com fidelidade mais à vontade emanada quando do registro de nascimento do que a real expressão da personalidade humana ao longo da vida[13]. Segundo Anderson Schreiber, o direito ao nome foi "regulado no Brasil como verdadeira questão de Estado", sendo, nesse viés, a partir de uma visão histórica, compreendido "como um instrumento necessário para garantir a segurança coletiva por meio da precisa identificação de cada

---

11. Conforme Adolfo Pliner: "Si, en efecto, existe un interés público del Estado en controlar la 'identificación' de las personas, como lo reconoce, también hay un indudable interés privado – general – en evitar el desorden y mantener constante la posibilidad de identificar fácilmente a los sujetos a fin de que em tráfico jurídico se realice sobre una base subjetiva reconocible, y eso es exigencia de orden público" (*El nombre de las personas*: legislácion, doctrina, jurisprudencia, derecho comparado. Buenos Aires: Abeledo – Perrot, 1966. p. 105).
12. *Id. Ibid.*, p. 102.
13. Neste sentido era a revogada previsão do art. 58 em que continha: "O prenome será imutável. (Renumerado do art. 59, pela Lei 6.216, de 1975). Parágrafo único. Quando, entretanto, for evidente o erro gráfico do prenome, admite-se a retificação, bem como a sua mudança mediante sentença do Juiz, a requerimento do interessado, no caso do parágrafo único do artigo 56, se o oficial não o houver impugnado". Atualmente, a possibilidade de retificação do assento de nascimento é regulada pela disposição prevista no art. 110: "Art. Art. 110. O oficial retificará o registro, a averbação ou a anotação, de ofício ou a requerimento do interessado, mediante petição assinada pelo interessado, representante legal ou procurador, independentemente de prévia autorização judicial ou manifestação do Ministério Público, nos casos de: (Redação dada pela Lei 13.484, de 2017) I – erros que não exijam qualquer indagação para a constatação imediata de necessidade de sua correção; (Incluído pela Lei 13.484, de 2017) II – erro na transposição dos elementos constantes em ordens e mandados judiciais, termos ou requerimentos, bem como outros títulos a serem registrados, averbados ou anotados, e o documento utilizado para a referida averbação e/ou retificação ficará arquivado no registro no cartório; (Incluído pela Lei 13.484, de 2017) III – inexatidão da ordem cronológica e sucessiva referente à numeração do livro, da folha, da página, do termo, bem como da data do registro; (Incluído pela Lei 13.484, de 2017) IV – ausência de indicação do Município relativo ao nascimento ou naturalidade do registrado, nas hipóteses em que existir descrição precisa do endereço do local do nascimento; (Incluído pela Lei 13.484, de 2017) V – elevação de Distrito a Município ou alteração de suas nomenclaturas por força de lei. (Incluído pela Lei 13.484, de 2017) [...] § 5o Nos casos em que a retificação decorra de erro imputável ao oficial, por si ou por seus prepostos, não será devido pelos interessados o pagamento de selos e taxas. (Incluído pela Lei 13.484, de 2017)".

indivíduo no meio social"[14], razão pela qual afirma que "o que a legislação infraconstitucional consagra expressamente não é um direito, mas um dever ao nome".[15]

Para Maria Celina Bodin de Moraes, o reconhecimento de um direito ao nome implica em "considerá-lo um elemento da personalidade individual"[16]. Não sem razão é unívoco o discurso contemporâneo que considera o nome como um direito da personalidade, na qualidade de um atributo incindivelmente vinculado à pessoa humana. Embora no cenário jurídico atual não pareça pairar grandes dúvidas sobre a consideração do nome dentro da categoria dos chamados direitos da personalidade, não se deve olvidar o pedregoso trajeto percorrido, chegando-se às raias de sua própria negação enquanto direito[17] ou mesmo considerando-o como um típico direito de propriedade.[18]

Segundo observação de Danilo Doneda, "o direito ao nome é provavelmente o primeiro direito da personalidade a ser objeto de preocupação dos juristas. Isto muito antes que se pudesse cogitar da categoria dos direitos da personalidade"[19]. Diante de tal constatação, é possível se depreender que grande parte de sua construção jurídica se deve à fase anterior ao reconhecimento e afirmação dos direitos da personalidade, razão pela qual a tutela do nome civil atrelou-se fortemente às exigências de registro público, e, por conseguinte, suas características de imutabilidade e indisponibilidade, moldando sua feição predominantemente obrigacional.

Nos últimos anos, poucos foram os temas que tiveram uma evolução jurisprudencial tão notável no plano jurídico nacional como o domínio do direito ao nome da pessoa humana. Isto demonstra as incongruências de seu tratamento legal com a realidade social, razão pela qual exigiu-se da atividade jurisprudencial um esforço maior na busca pela compatibilidade entre o severo princípio da imutabilidade do nome e o direito à identidade pessoal, consectário da própria dignidade da pessoa humana.

Os julgadores, à luz das circunstâncias do caso concreto, passaram a verificar a presença do chamado "prenome de uso", em que se considerava como lícita a alteração do nome registral pelo nome amplamente conhecido socialmente. A partir da Lei n. 9.708/98, que modificou a redação do artigo 58 da Lei de Registro Público (LRP), passou a admitir a adoção de apelido público e notório, em substituição ao prenome ou em acréscimo ao nome, o que demonstra, em parte, a acolhida legal do "prenome de uso".

---

14. SCHREIBER, Anderson. *Direitos da Personalidade*. São Paulo: Atlas, 2011. p. 181.
15. *Id. Ibid.*, p. 185.
16. BODIN DE MORAES, Maria Celina. Ampliação da proteção ao nome da pessoa humana. In: TEIXEIRA, Ana Carolina Brochado; RIBEIRO, Gustavo Pereira Leite. *Manual de teoria geral do direito civil*. Belo Horizonte: Del Rey, 2011. p. 250.
17. Segundo Manuel Vilhena de Carvalho, "não é geral o entendimento dos autores quanto à existência de um direito ao nome, alguns lhe regateando essa característica. Josserand, por exemplo, afirma que o nome não é mais que uma *marca* que serve para identificar os indivíduos" (grifo no original). (*Ibid.*, p. 31).
18. Sobre a teoria do nome como direito de propriedade, para breve exposição e crítica, remete-se a CARVALHO, Manuel Vilhena de. *Op. Cit.*, p. 31-33.
19. DONEDA, Danilo. Os direitos da personalidade no Código Civil. In: *Revista da Faculdade de Direito de Campos*, ano VI, n. 6., Campos dos Goitacazes, RJ: Ed. FDC, jun., 2005. p. 88.

Embora já fosse possível observar avanços significativos no seu tratamento legislativo e pretoriano antes da promulgação do Código Civil de 2002, a expressa menção do direito ao nome no feixe de direitos da personalidade contemplados pelo legislador ordinário, ainda que tardiamente e não imune às críticas, favoreceu a ampliação da proteção ao nome da pessoa humana, sobretudo a partir da metodologia do direito civil-constitucional, que vincula os chamados direitos da personalidade ao princípio da dignidade da pessoa humana, que atua como cláusula geral nas relações privadas.

Hoje, portanto, é pacífica a consideração do nome como direito de personalidade, praticamente irrefutável após a expressa inclusão de quatro artigos no Código Civil de 2002[20], referentes, de maneira mediata ou direta, ao tratamento do nome da pessoa humana, embora somente com a recente alteração da Lei de Registro Público por meio da edição da Lei 14.382/22 é que a alteração do nome de forma imotivada e pela via extrajudicial foi legislativamente consagrada. Observa-se, portanto, que seu exame a partir da categoria dos direitos da personalidade e sua releitura à luz do princípio da dignidade da pessoa humana não foram suficientes para uma maior flexibilização da alteração do nome, o que revela a importância da recente modificação legislativa, não imune às críticas, como se verá.

3. AS FUNÇÕES DO NOME DA PESSOA HUMANA NA PERSPECTIVA CIVIL-CONSTITUCIONAL

O direito ao nome da pessoa humana foi expressamente previsto no capítulo dedicado aos direitos da personalidade do Código Civil Brasileiro de 2002. Embora de avanço inegável, o legislador ordinário prescindiu do exame funcional, priorizando, assim, uma análise meramente estrutural. Neste sentido, dispõe o art. 16 que: "Toda pessoa tem direito ao nome, nele compreendidos o prenome e o sobrenome". Desse modo, o nome possui como elementos obrigatórios o prenome e o sobrenome, ao contrário de outras disciplinas legais alienígenas que optaram por um controle mais rígido na composição do nome[21]. O legislador teve, ainda, o mérito de uniformizar os termos, uma vez que tanto o Código Civil de 1916 quanto a Lei de Registros Públicos continham incongruências quanto à expressão nome e seus elementos componentes.[22]

---

20. São os artigos 16, 17, 18 e 19 do Código Civil de 2002.
21. A legislação portuguesa é um exemplo em que a composição do nome da pessoa foi minunciosamente regulada. O Código de Registro Civil português (Decreto-Lei n. 131/1995) dispõe em seu art. 103 as regras de composição do nome: "2 – O nome completo deve compor-se, no máximo, de seis vocábulos gramaticais, simples ou compostos, dos quais só dois podem corresponder ao nome próprio e quatro a apelidos, devendo observar-se, na sua composição, as regras seguintes: a) Os nomes próprios devem ser portugueses, de entre os constantes da onomástica nacional ou adaptados, gráfica e foneticamente, à língua portuguesa, não devendo suscitar dúvidas sobre o sexo do registando; b) São admitidos os nomes próprios estrangeiros sob a forma originária se o registando for estrangeiro, houver nascido no estrangeiro ou tiver outra nacionalidade além da portuguesa; c) São ainda admitidos os nomes próprios estrangeiros sob a forma originária se algum dos progenitores do registando for estrangeiro ou tiver outra nacionalidade além da portuguesa; [...]".
22. Relata Maria Celina Bodin de Moraes: "No Código Civil de 1916 chegava a impressionar o grau de discrepância: ora se usava a expressão "nome", significando nome por inteiro (por exemplo, nos arts. 271, I; 324; 386; 487), ora se empregava os termos "nome" e "prenome" (por exemplo, no art. 195, I, II), ora se adotava "apelidos" (art.

Melhor do que individuar a função do direito ao nome, é preferível perquirir o fundamento plural do direito ao nome, ainda que lhe reconheça uma função precípua no ordenamento. Diante da necessidade de diferenciação e distinção das pessoas humanas, o nome exerce a função primordial de servir como instrumento de individualização. Nas palavras de Adolfo Pliner: "La individualización permite que cada hombre sienta plenamente su "yo" personal, y que los demás se lo reconozcan, posibilitando el desarrollo de su personalidad".[23]

Maria Celina Bodin de Moraes ressalta a "[...] importância do nome como o sinal designativo que permite a individualização da pessoa humana, constituindo, por isso mesmo, um dos direitos mais essenciais da personalidade"[24]. Neste sentido, afirma a autora que a "finalidade do nome civil é individualizar e distinguir as pessoas humanas, durante a vida e mesmo após a morte, pela memória que deixa nos sucessores e no meio social".[25]

É comum a confusão entre os termos "individualização" e "identificação", sendo recorrente o uso indiscriminado destes como funções do direito ao nome. A individualização é alcançada na medida em que se distinguem suficientemente as pessoas de seus semelhantes, a fim de que não sejam confundidas, mas expresse, com efeito, a identidade pessoal de modo a atingir sua finalidade de real e efetiva *particularização* diante de si e no meio social. Ao contrário, o nome como identificação é o meio através do qual se identifica externa e socialmente as pessoas, ainda que não exerça de forma segura sua individualização. A distinção é sutil e tênue do ponto de vista prático, visto que se o nome satisfaz a necessidade de individualização da pessoa humana, ela servirá como meio de identificação hábil perante terceiros.

A doutrina nacional[26] inclinava-se em tratar o direito ao nome como "sinal identificador do indivíduo dentro da sociedade"[27], conceituando-o como "designação ou sinal pelo qual a pessoa identifica-se no seio da família e da sociedade"[28], antes da alteração legislativa provocada pela Lei 14.382/22. Demonstrava-se, assim, a preocupação com o caráter obrigacional direcionado ao uso do nome e destinado tão somente como fator de

---

240). O mesmo se diga da Lei de Registros Públicos, a qual, algumas vezes, adota o termo "nome" para se referir ao nome completo, e, outras vezes, especifica "prenome" e "nome", este último com o significado de sobrenome" (*Op. Cit.*, 2011, p. 250).
23. PLINER, Adolfo. *Op. Cit.*, p. 86.
24. BODIN DE MORAES, Maria Celina. *Op. Cit.*, 2011. p. 249.
25. *Id. Ibid.*, p. 261.
26. Segundo definição de Rubens Limongi França, o nome é "o direito que a pessoa tem de ser conhecida e chamada pelo seu nome civil, bem assim de impedir que outrem use desse nome indevidamente" (*Instituições de direito civil*. 5. ed., rev. e atual. São Paulo: Saraiva, 1999. p. 943); Renan Lotufo expõe que "o nome, sem dúvida, é o sinal principal de identificação humana" (*Código civil comentado*: parte geral (arts.1º ao 232). São Paulo: Saraiva, 2003. p. 66); Para Roxana Cardoso Brasileiro Borges, em atenção à doutrina nacional, o "nome de uma pessoa é o elemento pelo qual ela é identificada na sociedade, identificando-a" (*Disponibilidade dos direitos de personalidade e autonomia privada*. São Paulo: Saraiva, 2005. p. 220).
27. OLIVEIRA, Euclides. Direito ao nome. In: DELGADO, Mário Luiz; ALVES, Jones Figueirêdo. *Questões controvertidas*. Série Grandes temas de Direito Privado. São Paulo: Método, 2004. v. 2. p. 67.
28. GONÇALVES, Carlos Roberto. *Direito civil brasileiro*: parte geral. 7. ed., rev. e atual. São Paulo: Saraiva, 2009. v. 1. p. 120.

identificação no meio social e de precedência familiar, indiferentes à individualização concreta da pessoa humana conforme seu projeto existencial e sua verdade pessoal, e que, a partir daí, seja reconhecido pelo demais, distinguindo-o de acordo com seu projeto de vida.

Além de figurar, para muitos, como meio de identificação, o nome, mais especificamente a exigência de sobrenome, consiste em um instrumento de reconhecimento, por parte de terceiros, da precedência familiar, ou seja, funciona como indicação da filiação. A manutenção da tradicional função de identificação da descendência familiar exige ressalvas, na medida em que se consideram as profundas alterações operadas na família contemporânea. O reconhecimento da socioafetividade no campo da filiação, e mesmo do parentesco, e do pluralismo das entidades familiares possuem efeitos relevantes nos domínios do direito ao nome.

Assim, a exigência de sobrenome não mais significa a precedência familiar biológico-genética, nem muito menos a descendência paterna, predominante na aposição do nome no momento do registro civil. A partir da comunhão de afetos indispensável à comunidade familiar se busca um sobrenome condizente com a família de pertencimento e as teias afetivas cruciais para o livre desenvolvimento da pessoa humana. Por isso, no intento de precisar a individualização, deve-se superar a função calcada na descendência familiar classicamente considerada, em razão da limitada relevância, nos dias de hoje, em relação à eficácia e certeza que essa indicação traz.

É preciso reconstruir a disciplina do nome em função da contemporânea e mutante concepção de família, sem descurar de seu caráter instrumental em prol dos integrantes da comunidade familiar. Desse modo, o sobrenome como identificação da descendência familiar somente merece tutela na medida em que se demonstrem os verdadeiros laços afetivos vinculados ao desenvolvimento da pessoa, e que, portanto, atue de forma a individualizá-la concretamente perante a comunidade familiar afetivamente escolhida. Acrescenta-se, a partir da perspectiva multicultural do direito à diferença e à ancestralidade, mais uma função ao sobrenome de pessoas de comunidades não hegemônicas, que reside no uso do sobrenome como forma projeção de suas raízes étnicas e proteção à identidade e diversidade culturais, ambas com assento constitucional, como se demonstrará mais adiante.

Em relação à função do prenome como indicação do sexo é duvidosa sua inserção dentre as funções desempenhadas pelo nome, não sendo, portanto, "uma função digna de consideração"[29]. Expõe Adolfo Pliner que a exigência de ter um prenome de acordo com o sexo pertence mais à sua regulamentação legal do que à sua teoria geral. Tanto é assim que não é nada incomum encontrar pessoas com nomes que são tidos como femininos, mas são do sexo masculino, e vice-versa. Além disso, com o reconhecimento dos direitos

---

29. A afirmação completa no original: "No creo que pueda señalarse ésta como una función digna de consideración". PLINER, Adolfo. *Op. Cit.*, p. 92.

das pessoas transexuais[30] e não binários[31], que não se identificam com o modelo binário de gênero – masculino ou feminino –, essa questão se tornou ainda mais emblemática e comprova que o prenome nem sempre serve de maneira eficaz como indicação do sexo, razão pela qual não deve figurar como uma de suas funções.

A partir do exame funcional do nome da pessoa humana diante do ordenamento civil-constitucional brasileiro, a sua tutela pende, inegavelmente, para sua vertente de direito da personalidade, em que o direito ao nome deve merecer tutela jurídica na medida em que atende à sua função primordial, que é exatamente a individualização da pessoa humana. Se o nome constante no registro civil corresponder à sua real e efetiva individualização perante si mesmo e os demais, vale dizer, perante seu grupo social de convivência, daí pode-se dizer seguramente que cabe ao nome atuar como elemento externo de identificação social e familiar.

Ao contrário, se o nome registral não atingir sua função de individualização da pessoa, tornando-se um signo distintivo não condizente com a própria identidade pessoal, não se pode exigir que este atue e funcione como o elemento visível e externo de identificação ligado exclusivamente ao interesse social, na medida em que não cumpre seu papel funcional no ordenamento, não prosperando, portanto, o merecimento de tutela, tendo em vista a incompatibilidade entre a verdade registral e a identidade pessoal.

Assim, somente surge o dever de ser qualificado mediante determinado nome se este cumpre sua função precípua de individualizar concretamente a pessoa humana perante si e terceiros. A partir do princípio da dignidade humana, o nome somente poder-se-ia ser considerado imutável se individualiza e distingue as pessoas de forma digna e condizente com o projeto de vida escolhido livremente.

---

30. Seja consentido remeter a ALMEIDA, Vitor. A tutela do nome da pessoa transexual à luz do direito à identidade pessoal: Uma análise crítica do provimento 73/2018 do CNJ a partir da lei 14.382/22. Disponível em: https://www.migalhas.com.br/coluna/migalhas-de-vulnerabilidade/380577/tutela-do-nome-da-pessoa-transexual-a-luz-da-identidade-pessoal. Acesso em: 03.11.2023. Cf., ainda, ALMEIDA, Vitor. O direito ao nome e à identidade de gênero da pessoa transexual: notas sobre o provimento n. 73/2018 do Conselho Nacional de Justiça. In: SANTIAGO, Maria Cristina; MENEZES, Joyceane Bezerra de; MOUTINHO, Maria Carla (Org.). *20 anos dos Código Civil brasileiro*: uma (re)leitura dos institutos do direito civil sob as perspectivas de gênero e vulnerabilidade. Rio de Janeiro: Processo, 2023. p. 63-97. Cabe destacar que o Provimento 73/2018 foi revogado pela Provimento 149/2023, que, no que concerne à alteração do prenome e do gênero (arts. 516 a 523), já teve a redação de alguns dispositivos alterados por força do Provimento 152/2023.

31. Em ação inédita, o Tribunal de Justiça do Estado do Rio de Janeiro, através do Programa Justiça Itinerante, em parceria com a Defensoria Pública, por meio do Núcleo de Defesa dos Direitos Homoafetivos e Diversidade Sexual (NUDIVERSIS), realizou a requalificação civil de 47 pessoas não-binárias, com a alteração imediata do nome e do gênero em seus registros de nascimento, com a qualificação em linguagem neutra nas certidões como "não binarie". A relevante iniciativa garante a efetividade do direito à identidade de gênero não-binário. Disponível em: https://www.tjrj.jus.br/web/guest/noticias/noticia/-/visualizar-conteudo/5111210/41144039 e https://defensoria.rj.def.br/noticia/detalhes/13973-Genero-nao-binarie-e-incluido-em-certidoes-de-nascimento. Acessos em: 21.07.2022. A Corregedoria Geral de Justiça do Tribunal de Justiça do Estado do Rio Grande do Sul editou o Provimento n. 16/2022, que permite que pessoas não binárias alterem seu prenome e gênero no registro de nascimento, conforme a identidade autopercebida, independentemente de autorização judicial, podendo incluir a expressão "não binário" mediante requerimento feito pela parte junto ao cartório. Por todos, cf. BORILLO, Daniel; BARBOZA, Heloisa Helena. Sexo, gênero e direito: considerações à luz do direito francês e brasileiro. *Civilistica.com*. Rio de Janeiro, a. 5, n. 2, 2016. Disponível em: <http://civilistica.com/sexo-genero-e-direito/>. Acesso em: 21.07.2022.

Recompor a sistemática atinente à tutela do nome à luz do princípio da dignidade da pessoa humana significa concretizar uma qualificação civil condizente com uma real individualização perante si e seus semelhantes. Em outras palavras, o nome deve servir, enquanto signo distintivo exterior e visível de individualização, como uma expressão concreta do princípio da dignidade da pessoa humana.

4. O DIREITO À IDENTIDADE PESSOAL E À ANCESTRALIDADE EM FACE DO DIREITO AO NOME

É recente a construção e reconhecimento, no plano jurídico, do direito à identidade pessoal[32]. Leciona Maria Celina Bodin de Moraes que "este novo direito da personalidade consubstanciou-se num 'direito de ser si mesmo' (*diritto ad essere se stesso*)", o qual passa a ser compreendido como "o respeito à imagem global da pessoa participante da vida em sociedade, com a aquisição de ideias e experiências pessoais, com as suas convicções religiosas, morais e sociais, que a distinguem e ao mesmo tempo a qualificam".[33]

O direito à identidade pessoal, não raras vezes, ou é ignorado pela doutrina e jurisprudência pátrias, ou é geralmente confundido com outros direitos da personalidade, a exemplo, notadamente, do direito ao nome e do direito à imagem. No direito brasileiro, é comum reconhecer a identidade como mera identificação individual, relacionando-a aos aspectos materiais e visíveis de individualização da pessoa humana. Nas palavras de Raul Choeri, "[...] o nome e a imagem não traduzem o que se é integralmente"[34], razão pela qual deve-se desvincular o direito à identidade dos elementos ou fatores de identificação.

O direito ao nome, conforme visto, é comumente associado, de modo bastante restritivo e equivocado, como principal meio de identificação individual. Não é raro encontrar na doutrina nacional a restrição do direito à identidade pessoal como o próprio direito ao nome[35]. É possível que a dificuldade em reconhecer a autonomia do direito à identidade no direito brasileiro se encontre na inexistência de um dispositivo legal específico, motivo pelo qual se prefere ampliar o conceito de outros direitos da personalidade para respaldar e incluir aquele. Este, contudo, não parece ser o melhor caminho, pois, primeiro, comprime a identidade pessoal aos seus aspectos externos, reduzindo-a aos elementos de identificação individual, e, segundo, impede um tratamento jurídico

---

32. Para um estudo mais aprofundado, remete-se a CHOERI, Raul. *O direito à identidade na perspectiva civil-constitucional*. Rio de Janeiro: Renovar, 2010, *passim*. Cf., ainda, KONDER, Carlos Nelson de Paula. O alcance do direito à identidade pessoal no direito civil brasileiro. In: *Pensar*, Fortaleza, v. 23, n. 1, pp. 1-11, jan./mar., 2018; DE CICCO, Maria Cristina. O "novo" perfil do direito à identidade pessoal: o direito à diversidade. In: MENEZES, Joyceane Bezerra de; DE CICCO, Maria Cristina; RODRIGUES, Francisco Luciano Lima. *Direito civil na legalidade constitucional*: algumas aplicações. Indaiatuba, SP: Foco, 2021, pp. 241-257.
33. BODIN DE MORAES, Maria Celina. Ampliando os direitos da personalidade. In: *Na medida da pessoa humana*: estudos de direito civil-constitucional. Rio de Janeiro: Renovar, 2010. p. 138.
34. CHOERI, Raul. *Op. Cit.*, p. 177.
35. Francisco Amaral entende que: "O direito à identidade pessoal é o direito ao nome (CC. art. 16). Espécie dos direitos da personalidade, integra-se no gênero do direito à integridade moral, no sentido de que a pessoa deve ser reconhecida em sociedade por denominação própria, que a identifica e diferencia. O nome constitui-se em interesse essencial da pessoa" (*Direito civil*: introdução. 5. ed., rev., atual. e aum. Rio de Janeiro: Renovar, 2003. p. 270).

compatível com a sua relevância no ordenamento em que se privilegia a proteção integral da pessoa através do princípio fundante da dignidade humana.

O direito à identidade pessoal possui conteúdo e abrangência próprios, por isso, mesmo diante da ausência de previsão expressa no direito brasileiro não se impede a construção de parâmetros e a definição de sua extensão por parte da doutrina, de modo a facilitar sua utilização pelos tribunais. No Brasil, somente os direitos ao nome e à imagem – elementos estáveis da identidade pessoal – foram contemplados pelo Código Civil de 2002 (arts. 16 a 20). No entanto, o princípio da dignidade da pessoa humana, inserto no art. 1º, inciso III, da Constituição da República de 1988, atua como cláusula geral de proteção e promoção da pessoa humana[36] no ordenamento jurídico nacional, razão pela qual se supera a discussão a respeito da tipicidade ou não dos direitos da personalidade. Por isso, embora não previsto expressamente, o direito à identidade pessoal encontraria respaldo suficiente para sua proteção e promoção nesta cláusula.[37]

Segundo Raul Choeri, a identidade da pessoa humana deve ser encarada de modo amplo, concebendo-a, em sua unidade e complexidade, a partir de duas dimensões coexistentes: uma estável e outra dinâmica. A dimensão de característica estável – e não estática, pois seus elementos são passíveis de mudança em alguns casos e sob certas condições – compreende o "nome, todos os elementos de identificação física da pessoa – imagem, voz, impressões digitais, genoma, os gestos, sua escrita etc. – e os elementos informativos que integram o *status* jurídico – estado civil, estado familiar e estado político".[38]

Neste passo, a dimensão estável compreende "os elementos que respondem pela materialidade da identidade, de visibilidade imediata e de vocação duradoura", no entanto, é indispensável ressalvar que "a identidade da pessoa humana não se confunde com sua identificação pessoal nem com seu *status* jurídico, pois não se restringe aos dados e elementos de mera individualização física da pessoa".[39]

---

36. Sobre a cláusula geral de tutela da pessoa humana, sugere-se a leitura de TEPEDINO, Gustavo. A tutela da personalidade no ordenamento civil-constitucional brasileiro. In: *Temas de Direito Civil*. 4. ed., rev. e atual., Rio de Janeiro: Renovar, 2008; BODIN DE MORAES, Maria Celina. O princípio da dignidade da pessoa humana. In: *Na medida da pessoa humana*: estudos de direito civil-constitucional. Rio de Janeiro: Renovar, 2010, especialmente, pp. 112-120.
37. Conforme lição de Carlos Nelson de Paula Konder: "O direito à identidade pessoal revela-se, dessa forma, como grande exemplo da impossibilidade de tipificar ou delimitar as formas de manifestação da personalidade merecedoras de proteção. Seu nascimento se dá a partir de decisões judiciais que identificavam a antijuridicidade de imputar a alguém orientações ou características incompatíveis com a forma pela qual ela se apresenta socialmente, ainda que não reconduzíveis a lesões à imagem ou à honra, como tradicionalmente concebidas. Ilustra, portanto, a conveniência de se conceber a dignidade da pessoa humana como uma cláusula geral de tutela da personalidade, apta a abranger sob sua proteção as mais diversas manifestações de seu livre desenvolvimento. Esse aspecto ressalta a transformação operada pela constatação do aspecto dialógico e coletivo de construção da identidade, no qual o sujeito escolhe suas preferências a partir da relação e contraposição com os demais integrantes do ambiente social em que se insere. Afirma-se, assim, o papel fundamental do adequado reconhecimento das identidades pessoais, a ser promovido especialmente pelo Estado. Novamente, a tutela da identidade pessoal destaca a afirmação da dignidade da pessoa humana como uma cláusula geral, pois eis que ressalta o seu papel não estritamente repressivo, mas também promocional, de favorecer o reconhecimento das identidades pessoais nas diversas formas e contextos de suas manifestações" (*Op. Cit.*, 2018, p. 9).
38. CHOERI, Raul. *Op. Cit.*, p. 163-164.
39. *Id. Ibid.*, p. 163.

A segunda dimensão, de natureza dinâmica, reúne "todos os atributos e características psicossociais, a historicidade individual, compreendida pelo perfil ideológico e pela herança cultural da pessoa, adquirida através da sua interação social", sendo constituída, portanto, pela "ideologia, espiritualidade, moralidade, forma de pensar, de julgar, de pertencer a determinado grupo social, pela historicidade de cada pessoa, que a distinguem das demais e a tornam única e irrepetível".[40]

A partir do reconhecimento da dupla dimensão (estável e dinâmica), Raul Choeri leciona que "o direito fundamental à identidade inclui o direito de toda pessoa expressar sua verdade pessoal, 'quem de fato é', em suas realidades física, moral e intelectual", impedindo, assim, que se falseie a "verdade" das pessoas[41]. Neste ponto é que a ideia da existência de um direito fundamental à identidade[42] de natureza aberta se revela compatível com os valores constitucionais e condizente com a cláusula geral de dignidade da pessoa humana[43], pois, "a identidade constitucional da pessoa humana é aquela a ser forjada por cada um a partir dos direitos fundamentais, consagradores da liberdade, da igualdade, da solidariedade e da pluralidade".[44]

Nessa linha, Raul Choeri advoga que o "direito à identidade, como instrumento de inclusão social, de reconhecimento de diferenças, de fomento do pluralismo, de revelação da 'verdade pessoal', constitui a chave jurídica para a realização da dignidade humana"[45], descortinando a íntima relação entre o direito fundamental à identidade e o princípio da dignidade da pessoa humana. Uma vida digna pressupõe sua autorrealização por meio da afirmação de sua identidade e verdade pessoais.[46]

Maria Cristina De Cicco entende que a identidade pessoal foi paulatinamente enriquecida com novos contornos a partir do reconhecimento dos direitos ao conhecimento da origem genética, às identidades biológica, digital, sexual e à diversidade.

---

40. *Id. Ibid.*, 163-165.
41. *Id. Ibid.*, p. 244.
42. Raul Choeri entende que "o direito à identidade é um direito fundamental de quarta dimensão, fruto do pluralismo do mundo moderno. Está apoiado nos princípios da liberdade, igualdade e solidariedade (fraternidade), consagrados no texto das Constituições nacionais, ao longo do último século, como direitos fundamentais de primeira, segunda e terceira dimensões, mas também se firma no princípio do pluralismo da sociedade atual, de vocação nitidamente voltada para a inclusão social, respeitando as diferenças e as identidades culturais que emergem permanentemente de seu seio" (*Ibid..*, p. 284).
43. Convém registrar importante ressalva feita por Carlos Nelson de Paula Konder: "Partindo do pressuposto de que a identidade pessoal é um direito fundamental, por ser manifestação da dignidade da pessoa humana, do livre desenvolvimento da personalidade e da autonomia existencial, não é possível entender que ela, para ser tutelada, deva atender a alguma função, já que as situações jurídicas existenciais são, em si mesmas, a própria função: a dignidade da pessoa humana preconiza, fundamentalmente, a não instrumentalização do sujeito ao atingimento de outros fins. Portanto, a tutela da identidade pessoal não está condicionada ao limite interno de atingir certo fim: qualquer limite a ele deve se originar diretamente da mesma dignidade da pessoa humana que lhe dá fundamento, em um processo de ponderação (*Op. Cit.*, 2018, p. 88).
44. CHOERI, Raul. *Op. Cit.*, p. 283.
45. *Id. Ibid.*, p. 302.
46. Segundo Maria Cristina De Cicco, a identidade pessoal "traduz o direito de ser si mesmo compreendido como o conjunto de características físicas, convicções religiosas, ideológicas e morais que servem para individualizar e distinguir as pessoas perante o meio social. Isso quer dizer que os indivíduos são livres para criar sua identidade e a forma pela qual serão representados perante a sociedade" (*Op. Cit.*, p. 250).

Nessa linha, afirma que esta "nos torna únicos e que nos define", logo, "a negação do meu ser diverso lesa a minha dignidade". A diversidade, portanto, é expressão do direito à identidade pessoal. Em especial, tal compreensão é indispensável para concluir que a diversidade não é algo a ser tolerado, mas um bem merecedor de tutela no contexto da promoção da igualdade substancial. Nessa ordem de ideias, cada vez mais o direito à identidade pessoal traduz-se em ser si mesmo, identificando-se com o direito à própria verdade.[47]

Nessa perspectiva, o direito à identidade pessoal, em sua integralidade, deve condicionar e balizar o direito ao nome, eis que mais abrangente que este. Deve-se preterir a tutela registral do nome em função do reconhecimento da extrema relevância do direito à identidade, pois não é cabível ao proteger as esferas mais íntimas da pessoa que se relegue ao nome, como elemento de individualização da personalidade individual de suma importância, um papel meramente material e visível da identidade humana.

Desse modo, por mais que atue como um elemento externo de identificação da pessoa, o nome deve refletir as próprias escolhas direcionadas ao projeto de vida pessoal, não podendo servir como um fator de discriminação e exclusão sociais, na medida em que aquele nome registral não mais condiz com a identidade exteriorizada pela pessoa, estigmatizando-a e prejudicando sua própria afirmação enquanto *ser* na sociedade. Portanto, a verdade registral do nome da pessoa humana só encontra relevância e cumpre sua função se corresponder à sua identidade e verdade pessoais.

A construção da identidade do ser humano, de se forjar singularmente na coletividade de indivíduos, deriva das vivências e experiências do convívio social, ou seja, é "uma contingência humana o pertencimento a determinado grupo ou segmento social, cujos signos revelam valores compartilhados por todos os membros". De acordo com Raul Choeri, a "identidade é muito mais que um pertencimento. Constitui uma intersecção, flutuante pela duração, de uma variedade de pertencimentos. Cada indivíduo não cessa de coser e tecer seu próprio manto de Arlequim, de cores vivas ou esmaecidas, mas muito mais livre e flexível que seu mapa genético"[48]. Decerto, os laços comunitários são importantes para todos os seres humanos, mas "tendem a assumir um peso ainda maior na conformação da identidade das pessoas que integram [...] grupos tradicionais", que "se regem por gramáticas sociais menos individualistas e mais coletivistas".[49]

É, portanto, no processo de afirmação da identidade individual que a necessidade de pertencer e a potência da ancestralidade, sobretudo de grupos vulneráveis e não hegemônicos, adquire importância fundamental no reconhecimento como sujeito de igual consideração e respeito, no empoderamento e na garantia da dignidade dos excluídos. Não por outra razão, a diversidade e identidade culturais são de todo confluentes na conformação da identidade pessoal de cada um de nós, que pode ser expressa por meio

---

47. Id. Ibid., p. 251 e 256-257.
48. CHOERI, Raul. Op. Cit., p. 39.
49. SARMENTO, Daniel. Op. cit., p. 279.

da noção de *ubuntu*, que evoca as ideias de "interdependência humana, solidariedade, respeito e compaixão", originária das tradições indígenas da África subsaariana.[50]

5. DO DOGMA DA IMUTABILIDADE À REGRA DA MUTABILIDADE IMOTIVADA: O PAPEL DA JURISPRUDÊNCIA NA EXPERIÊNCIA NACIONAL E A CONSAGRAÇÃO LEGISLATIVA

A jurisprudência e as modificações legislativas das últimas décadas flexibilizaram o severo princípio da imutabilidade do nome no ordenamento nacional, operando uma verdadeira e profunda (re)elaboração do direito ao nome no que tange ao seu aspecto funcional e à sua correspondência ao direito à identidade pessoal. Nos últimos anos, tem se verificado um notável esmaecimento do dogma da imutabilidade do nome a ponto de praticamente desaparecer com a promulgação da Lei 14.382, de 27 de junho de 2022, que dispõe sobre o Sistema Eletrônico dos Registros Públicos e altera diversos diplomas normativos, em especial a Lei de Registro Público. Por sua vez, a atividade jurisprudencial, à luz das circunstâncias do caso concreto, tem permitido acréscimos e alterações, ainda que a segurança das relações jurídicas se mantenha como um valor bastante arraigado na cultura jurídica nacional.

Desde a década de noventa do século passado, a Lei n°. 6.015/73 tem sofrido importantes alterações no que tange à parte dedicada ao registro civil de nascimento e seus desdobramentos específicos relacionados ao tratamento do nome. A Lei n°. 9.708, de 18 de novembro de 1998, alterou o art. 58 da Lei de Registro Público, para possibilitar a substituição do prenome por apelidos públicos notórios. Nos termos do dispositivo mencionado: "Art. 58. O prenome será definitivo, admitindo-se, todavia, a sua substituição por apelidos públicos notórios". Optou o legislador infraconstitucional brasileiro por preterir a antiga menção à imutabilidade do prenome pela sua definitividade. Em que pese esta mudança, a doutrina manteve a força e aplicabilidade do princípio da imutabilidade do nome[51], observando, contudo, sua relativização. No entanto, a interpretação da vigente disciplina aplicável respalda o entendimento da supressão deste princípio, ressalvado, contudo, o caráter estável do nome, ou, nos termos da lei, definitivo.

Por força do princípio da dignidade da pessoa humana, o direito à mudança do nome torna-se idôneo, e, portanto, merecedor de tutela, se respaldado na manifestação da identidade individual, não prosperando na vida de relações as alterações calcadas em motivos fúteis e desarrazoados. Neste sentido, já se defendeu, tanto a partir da interpre-

---

50. "O ideal ético do *ubuntu* é associado ao ditado tradicional africano de que 'uma pessoa é uma pessoa através de outra pessoa (*umuntu ngumuntu ngabantu*)". Segundo Daniel Sarmento: "Uma das melhores páginas do Direito Constitucional Comparado na contemporaneidade refere-se a processo desta natureza: o desenvolvimento do conceito de *ubuntu* no Direito Constitucional da África do Sul e sua profunda influência na interpretação do princípio da dignidade da pessoa humana na jurisdição do país [...], conferindo-lhe um teor maus comunitário e intersubjetivo". SARMENTO, Daniel. *Op. cit.*, p. 292-293.
51. De modo geral, os argumentos da doutrina, no que tange à manutenção do princípio da imutabilidade do nome como de indiscutível relevância, consistem na primazia do aspecto da segurança jurídica e dos interesses da sociedade e do Estado.

tação da legislação aplicável à época quanto da análise da jurisprudência, o princípio da mutabilidade motivada a servir de parâmetro para os casos de acréscimo, substituição ou supressão parcial de nome da pessoa humana.[52]

A própria possibilidade de alteração do prenome por apelido público notório é contemplada pela redação do art. 58, que autoriza legalmente a chamada substituição do nome registral pelo "prenome de uso", isto é, pelo prenome em que a pessoa é amplamente conhecida no meio social e que, de fato, a individualiza no ambiente de convivência social e familiar. Insta registrar que a doutrina do "prenome de uso" já era admitida em hipóteses excepcionais pela jurisprudência em época anterior à alteração legislativa, o que só reforça a correspondência que deve existir entre o nome a e identidade externada socialmente.

No entanto, a Lei 14.382, de 27 de junho de 2022, modificou de forma substancial a tutela do nome da pessoa humana e, a partir da nova redação do art. 56, permite que a pessoa, após atingida a maioridade civil, requeira pessoalmente e imotivadamente a alteração de seu prenome, independentemente de decisão judicial. Cuida-se de inovação que exige cautela em sua análise, eis que autoriza a alteração de prenome de forma imotivada, ou seja, sem comprovação que seja seu prenome de uso ou conhecido socialmente. Ao que parece, o legislador ao reconhecer no art. 55 o direito ao nome, atributo da personalidade vinculado à dignidade, optou pelo modelo da liberdade da pessoa em alterar o seu prenome caso por motivos pessoais não aprecie seu nome, independentemente de ser um nome vexatório ou incompatível com sua identidade social projetada. No entanto, o legislador limitou a alteração imotivada de prenome a uma única vez, sendo as demais e a própria desconstituição dependente de submissão ao Poder Judiciário.

O aparente triunfo da autonomia existencial descortina uma preocupação central: como realizar um controle valorativo do imotivado ato de alteração do nome? Existe um direito de escolher o nome de natureza potestativa? É sintomática que a modificação legislativa não tenha criado nenhuma exigência, ao menos do ponto de vista da motivação, ainda que de índole subjetiva, de modo a permitir a avaliação do seu merecimento de tutela. Não parece, contudo, que a Lei 14.382/22 seja somente objeto de críticas, uma vez que trouxe inovações de todo relevantes na promoção da liberdade e afirmação da identidade pessoal e cultural.

Nessa linha, o art. 57, por sua vez, foi igualmente alterado para permitir a alteração posterior de sobrenomes perante o oficial de registro civil, independentemente de autorização judicial, a ser averbada nos assentos de nascimento e casamento, nas seguintes hipóteses: (*i*) inclusão de sobrenomes familiares[53]; (*ii*) inclusão ou exclusão de sobrenome

---

52. Permita-se referenciar ALMEIDA JUNIOR, Vitor de Azevedo. A proteção do nome da pessoa humana entre a exigência registral e a identidade pessoal: a superação do princípio da imutabilidade do prenome no direito brasileiro. *Revista Trimestral de Direito Civil*, v. 52, p. 203-243, 2012.
53. Interessante caso já foi julgado no Tribunal de Justiça do Estado do Rio de Janeiro após a vigência da Lei: "Apelação Cível – Requerimento de Retificação de Registro Civil – Pedido de inclusão do sobrenome avoengo. O artigo 57 da Lei 6.015/73 foi alterado pela Lei 14.382, de 2022, passando a permitir inclusão de sobrenomes familiares. O pedido de inclusão do sobrenome da avó materna atende ao melhor interesse da criança, e surgiu em virtude

do cônjuge, na constância do casamento; (*iii*) exclusão de sobrenome do ex-cônjuge, após a dissolução da sociedade conjugal, por qualquer de suas causas; (*iv*) inclusão e exclusão de sobrenomes em razão de alteração das relações de filiação, inclusive para os descendentes, cônjuge ou companheiro da pessoa que teve seu estado alterado.

Se, por um lado, as modificações legislativas são voltadas a promover a liberdade do indivíduo na escolha de seu nome, em movimento que prestigia a extrajudicialização, por outro, a mudança desmotivada se afasta da configuração do nome como elemento estável da personalidade humana. Embora a identidade seja fluida, ou seja, "não se congela no tempo, renova-se, renasce com o interagir social, na busca da realização do projeto pessoal de vida"[54], a mesma deve ser externada objetivamente de modo a permitir a segura individualização da pessoa, sobretudo se se referir aos aspectos estáveis da identidade, isto é, dos fatores de identificação das pessoas, a exemplo do nome.

Deve-se observar, ainda, a inexistência de prejuízos para terceiros, de maneira a evitar possíveis fraudes e fornecer a tão almejada segurança ao tráfego jurídico[55]. Nessa toada, permanece a preocupação com a legitimidade da vontade externada em alterar o prenome, de modo a evitar prejuízos para terceiros, como fraude, falsidade, má-fé, vício de vontade ou simulação. O disposto no art. 56, § 4º da LRP evidencia a necessidade de atender a tutela do direito ao nome de forma condizente com o direito à identidade pessoal, de modo a cumprir sua função precípua de individualização da pessoa na esfera íntima, familiar e social, bem como a segurança nas relações jurídicas.

A prevalência da forma como a pessoa se projeta no meio social já havia sido confirmada através de um julgado do Superior Tribunal de Justiça. No caso, a Maria Raimunda, seu nome no registro, era conhecida em seu meio social como Maria Isabela, razão pela qual pleiteava a mudança. Alegou que a "utilização do nome RAIMUNDA passou a trazer-lhe transtornos e dissabores, posto que passou a ser alvo de troças e brincadeiras, quer na vizinhança, quer no seu local de trabalho". Por isso, começou a se apresentar em seu meio social e profissional como Maria Isabela, que foi assimilado pela própria como se fosse seu nome definitivo.[56]

A Corte entendeu que o pleito de alteração do prenome, à luz da análise das circunstâncias do caso, não era um mero capricho pessoal, mas sim um "justo motivo" de foro íntimo. Além disso, foi demonstrado o constrangimento pessoal e que o nome Maria Isabela era como a própria se projetava no meio social e se individualizava, inclusive, perante si mesma. Este caso é bastante elucidativo do estágio de desenvolvimento da

---

do forte vínculo afetivo existente entre elas, sendo suficiente para justificar a alteração requerida. A retificação do nome da apelante não acarretará prejuízos a terceiros, posto se tratar de uma criança de 10 anos de idade. Provimento da Apelação". TJRJ, Ap. 0001776-23.2021.8.19.0025, 1ª Cam. Civ., Rel. Des. Camilo Ribeiro Ruliere, julg. 07 dez. 2022, publ. 13 dez. 2022.

54. CHOERI, Raul. *Op. Cit.*, p. 165.
55. "Art. 56. [...] § 4º Se suspeitar de fraude, falsidade, má-fé, vício de vontade ou simulação quanto à real intenção da pessoa requerente, o oficial de registro civil fundamentadamente recusará a retificação. (Incluído pela Lei 14.382, de 2022)".
56. BRASIL. *Superior Tribunal de Justiça*. Recurso Especial 538.187-RJ. Relatoria: Min. Nancy Andrighi, julgado em 02 dez. 2004.

jurisprudência nacional no tocante ao tratamento judicial dispensado à tutela do nome anterior à promulgação da Lei 14.382/22. Os tribunais pátrios dedicaram, nas últimas décadas, atenção cuidadosa ao direito ao nome como manifestação da personalidade, se preocupando com a análise pormenorizada dos casos concretos submetidos ao crivo judicial, o que, no entanto, tende a diminuir com as recentes alterações legislativas.

Percebe-se, assim, que o princípio da imutabilidade não mais prospera no direito brasileiro, que autoriza, por força da modificação operada pela Lei 14.382/2022, a alteração do prenome de forma imotivada e sem necessidade de autorização judicial, embora a limite a uma única possibilidade, o que revela ainda que a segurança jurídica é um valor a ser perseguido na tutela do nome. As recentes alterações legislativas e os precedentes judiciais revelam a ampliação da esfera de autodeterminação individual em relação ao direito ao nome, em nítido movimento que prestigia a proteção integral da pessoa e o reconhecimento do direito à autodeterminação existencial em prol de um suposto interesse público de identificação da pessoa.

O nome é um dos elementos externos que permitem a individualização e a construção da identidade, e configura, portanto, um atributo essencial da personalidade humana. Nesta medida, deve-se renovar a tutela do nome à luz do princípio da dignidade da pessoa humana, de modo a permitir o seu livre desenvolvimento, que necessariamente passa pela existência de um prenome que individualize dignamente o seu portador.

6. O DIREITO À ADOÇÃO E À ALTERAÇÃO DO SOBRENOME E ANCESTRALIDADE ÉTNICA-FAMILIAR

De acordo com pesquisa do Ipea (Instituto de Pesquisa Aplicada) sobre a ancestralidade dos sobrenomes dos brasileiros realizada em setembro de 2016, que analisou 46 milhões de nomes de trabalhadores do cadastro da Rais (Relação Anual de Informações Sociais), revelou-se que 87,5% dos cadastrados tinham nomes de origem ibérica (de Espanha ou Portugal)[57]. O estudo descortina antiga deficiência nas pesquisas censitárias no Brasil que não cobrem informações sobre a ancestralidade da população e optou por classificar apenas cinco ancestralidades dos principais grupos de imigrantes que chegaram ao Brasil a partir de 1872, a saber: ibéricos (ou seja, portugueses e espanhóis); italianos; germânicos; europeus orientais e japoneses. Segundo o documento, na experiência brasileira, "os métodos de sobrenome não são apropriados para identificar a ancestralidade indígena ou africana. Esses grupos adotaram, ou melhor, foram forçados a adotar sobrenomes ibéricos. Isso faz com que o termo 'ancestralidade' se refira [...] à ancestralidade do sobrenome e não do indivíduo".[58]

A pesquisa optou por considerar os dois sobrenomes de cada um dos indivíduos, quando existentes, em regra, herdados da mãe e do pai, o que resultou em cerca de 530

---

57. MONASTERIO, Leonardo. *Sobrenomes e ancestralidade no Brasil*. Texto para discussão. Brasília e Rio de Janeiro: Ipea, 2016. Disponível em: https://repositorio.ipea.gov.br/bitstream/11058/7019/1/td_2229.pdf. Acesso em: 18.08.2023.
58. *Id. Ibid.*, p. 8.

mil sobrenomes únicos[59]. "Os cinco sobrenomes mais frequentes no Brasil (Silva, Santos, Oliveira, Souza e Pereira) somam mais de 21,0 milhões dos 46,8 milhões de registros da Rais, ou seja, 45% dessa base. Já aqueles que aparecem apenas uma vez totalizam mais de 204 mil registros"[60]. O estudo revela, portanto, que "no Brasil como um todo, apenas 18% dos indivíduos têm ao menos um sobrenome germânico, italiano, leste europeu ou japonês"[61]. Comprovou, ainda, que a ancestralidade do sobrenome está associada a diferenças substantivas de salário e escolaridade, ainda que, conforme evidenciado, não exista garantias de que a classificação reflita precisamente a ancestralidade cultural ou genômica, em razão de variáveis como adoção, mudanças de nome no casamento, entre outros eventos.

Os sobrenomes estão diretamente relacionados com a nossa ancestralidade, histórico familiar, uma vez que informam sobre a linhagem familiar. No entanto, tal afirmação corresponde apenas à parcela da população hegemônica que não foi forçada a substituir ao longo da história e por diversos motivos seus sobrenomes afrodescendentes e indígenas, o que revela o apagamento dos sobrenomes não europeus e brancos. O discurso de dominação colonial e de supremacia branca descortina, em sua perversa face, a espoliação das identidades não hegemônicas, usurpando o direito à identidade pessoal e cultural, de pertencimento a determinada comunidade, a partir das suas raízes ancestrais. É evidente que o resgate de sobrenomes ancestrais é fundamental para a afirmação das origens étnicas de cada pessoa como projeção, ao mesmo tempo, de sua diversidade e individualidade. Nesse sentido, vale frisar que "isso não quer dizer que as culturas sejam estáticas, nem que os indivíduos não passem de 'membros' de uma coletividade cultural, mas, sim, que os valores compartilhados, modos de vida e tradições são fatores importantíssimos para a identidade de cada um".[62]

Alguns projetos de lei já foram submetidos ao Congresso Nacional como forma de reparar esse odioso passado brasileiro, autorizando que indígenas e afrodescendentes possam acrescentar sobrenomes ancestrais, familiares ou não. O Projeto de Lei da Câmara n. 53/2004, por exemplo, que tramitou no Senado Federal, propunha alterar o art. 56 da Lei 6.015/73, que dispõe sobre os registros públicos, para acrescentar o parágrafo único com a seguinte redação: "Fica facultado ao afrodescendente e ao índio alterar o seu registro civil, a qualquer tempo, a fim de acrescentar ao seu nome qualquer sobrenome de origem africana ou indígena, familiar ou não". Tal proposta derivou do Projeto de Lei n. 803/2011, da Casa de origem, que dispunha apenas da modificação de registro civil de afrodescendente. Na justificativa da proposta original, afirma-se que, apesar do número de descendentes de africanos no Brasil ser expressivo, as origens "encontram-se perdidas, tendo em vista que os sobrenomes dos ascendentes foram sendo substituídos por outros de origem não africana", o que descortina o apagamento da cultura e da própria identidade dos afrodescendentes. Sustenta, ademais, que a possibilidade de adoção

---

59. *Id. Ibid.*, p. 9.
60. *Id. Ibid.*, p. 10.
61. *Id. Ibid.*, p. 20.
62. SARMENTO, Daniel. *Op. cit.*, p. 278.

do sobrenome original constitui importante mecanismo de resgate da identidade. A proposta legislativa foi arquivada no final da legislatura em 2022.[63]

Em 2013, foi proposto, ainda, o Projeto de Lei n. 5.855, oriundo do PLS 3/2010, que visava incluir o § 2º ao art. 55 da Lei de Registro Público, renumerando o então parágrafo único: "A proibição de atribuição de prenomes suscetíveis de expor ao ridículo, de que trata o § 1º deste artigo, não se aplica aos índios, que poderão registrar os prenomes segundo a sua etnia, a sua cultura ou os seus costumes". O Projeto de Lei foi igualmente arquivado ao fim da legislatura, o que denota a resistência do Congresso Nacional com a aprovação de leis que reconheçam o direito à identidade cultural a partir da pluralidade e diversidade de etnias no Brasil e da ancestralidade.

Enquanto aguardava a tramitação no Congresso Nacional, o Conselho Nacional de Justiça e o Conselho Nacional do Ministério Público[64] editaram a Resolução Conjunta n. 03, de 19 de abril de 2012, que dispõe sobre o assento de nascimento de indígena no Serviço de Registro Civil de Pessoas Naturais. Tal documento considerou a proteção constitucional disposta no art. 231, que dispensou à população indígena efetiva tutela aos povos indígenas[65], bem como regulamentou a previsão contida nos arts. 12 e 13 da Lei 6.001/1973 (conhecida como Estatuto do Índio)[66], além de experiências de Corregedorias Gerais de Justiça de determinados Estados e mutirões de registro civil de etnias aldeadas.

O art. 1º estabelece que o assento de nascimento de indígena não integrado é facultativo no RCPN e que, a pedido do apresentante, deve ser lançado o nome indígena do registrando, de sua livre escolha, de indígena integrado ou não, afastando-se, neste caso, a aplicação do parágrafo único do art. 55 da Lei 6.015/1973. Dispõe, ainda, que a etnia do registrando pode ser lançada como sobrenome, a pedido do interessado (art. 2º, § 2º), e que, nos casos de dúvida fundada acerca do pedido de registro, o registrador poderá exigir o Registro Administrativo de Nascimento do Indígena (RANI) ou a presença de representante do FUNAI[67] (art. 2º, § 4º). Vale destacar que o Oficial deverá comunicar

---

63. Informações em: https://www25.senado.leg.br/web/atividade/materias/-/materia/117686. Acesso em: 15.09.2023.
64. O art. 232 da Constituição de 1988 conferiu ao Ministério Público a tutela judicial dos povos indígenas. *In verbis*: "Art. 232. Os índios, suas comunidades e organizações são partes legítimas para ingressar em juízo em defesa de seus direitos e interesses, intervindo o Ministério Público em todos os atos do processo".
65. "A manutenção das identidades dos grupos indígenas é expressamente firmada em relação à sua memória e língua, sem que sejam afastados quaisquer outros aspectos [...]. A proteção do patrimônio cultural indígena é essencial à reprodução de suas formas de vida e à continuidade cultural destes grupos, e, em reconhecimento de sua relevância para a formação dos valores pessoais e comunitários, é revestido de punição criminal". SOUZA, Allan Rocha de. *Direitos Culturais no Brasil*. Rio de Janeiro: Beco do Azougue, 2012. p. 86-87.
66. "Art. 12. Os nascimentos e óbitos, e os casamentos civis dos índios não integrados, serão registrados de acordo com a legislação comum, atendidas as peculiaridades de sua condição quanto à qualificação do nome, prenome e filiação. Parágrafo único. O registro civil será feito a pedido do interessado ou da autoridade administrativa competente. Art. 13. Haverá livros próprios, no órgão competente de assistência, para o registro administrativo de nascimentos e óbitos dos índios, da cessação de sua incapacidade e dos casamentos contraídos segundo os costumes tribais. Parágrafo único. O registro administrativo constituirá, quando couber documento hábil para proceder ao registro civil do ato correspondente, admitido, na falta deste, como meio subsidiário de prova".
67. A FUNAI, criada por meio da Lei n. 5.371, de 5 de dezembro de 1967, é a principal executora da política indigenista do Governo Federal. Por força da Medida Provisória n. 1.154, de 1º de janeiro de 2023, que estabelece

imediatamente à FUNAI o assento de nascimento do indígena para as necessárias providências ao registro administrativo (art. 2º, § 6º). Vale frisar que a aldeia de origem do indígena e a de seus pais também poderá constar juntamente com o município de nascimento, no espaço destinado às informações referentes à naturalidade (art. 2º, § 3º).

O art. 3º da mencionada Resolução faz direta referência à redação do *caput* do art. 57 da Lei n. 6.015/73 dada pela Lei n. 12.100/2009[68]. Por isso, merece análise mais detida após a modificação do texto legal a partir da Lei 14.382/2022. No regime anterior, conforme já analisado, permitia-se alteração do nome somente de forma excepcional e motivada por meio da via judicial. Ao indígena já registrado no Serviço de Registro Civil das Pessoas Naturais é oportunizado a possibilidade de solicitar a retificação de seu assento de nascimento, pessoalmente ou por representante legal, pela via judicial, adotando o nome indígena de sua escolha ou como sobrenome o nome de sua etnia. Excetuam-se os casos de equívocos e de erro de grafia, que desde então permitiam a retificação na forma do art. 110 da Lei 6.015/1973, mas que teve sua redação alterada pela Lei 13.484/2017, que excluiu a necessidade de manifestação prévia e conclusiva do Ministério Público.[69]

Cabe sublinhar a preocupação da normativa em relação aos casos de suspeita de fraude ou falsidade, que deverão ser submetidos ao juiz competente (art. 2º, § 5º), bem como a obrigatoriedade de constar em todas as certidões do registro as averbações em razão das alterações do nome no decorrer da vida em razão da cultura ou do costume indígena, "para fins de segurança jurídica e de salvaguarda dos interesses de terceiros" (art. 3º, § 2º). A Resolução trata, ainda, do registro tardio do indígena, nos termos do art. 4º, resguardando-se dos casos de dúvida fundada sobre autenticidade das declarações ou de suspeita de duplicidade de registro, que, em situação de persistência, será submetido ao juiz competente (art. 4º, §§ 1º e 2º).

A Resolução Conjunta retrata importante avanço no reconhecimento da identidade e da ancestralidade dos povos indígenas no registro civil, embora ainda demonstre certo

---

a organização dos órgãos da Presidência da República e dos ministérios, passou a ser denominada Fundação Nacional dos Povos Indígenas (Funai), integrando o recém-criado Ministério dos Povos Indígenas. Sua missão institucional é proteger e promover os direitos dos povos indígenas no Brasil.

68. Redação determinada pela Lei n. 12.100/2009: "Art. 57. A alteração posterior de nome, somente por exceção e motivadamente, após audiência do Ministério Público, será permitida por sentença do juiz a que estiver sujeito o registro, arquivando-se o mandado e publicando-se a alteração pela imprensa, ressalvada a hipótese do art. 110 desta Lei".

69. "Art. 110. O oficial retificará o registro, a averbação ou a anotação, de ofício ou a requerimento do interessado, mediante petição assinada pelo interessado, representante legal ou procurador, independentemente de prévia autorização judicial ou manifestação do Ministério Público, nos casos de: (Redação dada pela Lei 13.484, de 2017) I – erros que não exijam qualquer indagação para a constatação imediata de necessidade de sua correção; (Incluído pela Lei 13.484, de 2017) II – erro na transposição dos elementos constantes em ordens e mandados judiciais, termos ou requerimentos, bem como outros títulos a serem registrados, averbados ou anotados, e o documento utilizado para a referida averbação e/ou retificação ficará arquivado no registro no cartório; (Incluído pela Lei 13.484, de 2017) III – inexatidão da ordem cronológica e sucessiva referente à numeração do livro, da folha, da página, do termo, bem como da data do registro; (Incluído pela Lei 13.484, de 2017) IV – ausência de indicação do Município relativo ao nascimento ou naturalidade do registrado, nas hipóteses em que existir descrição precisa do endereço do local do nascimento; (Incluído pela Lei 13.484, de 2017) V – elevação de Distrito a Município ou alteração de suas nomenclaturas por força de lei. (Incluído pela Lei 13.484, de 2017)".

apego ao paradigma da assimilação, na medida em que apenas autoriza o acréscimo do nome e sobrenome indígena, o que descortina obstáculos ao registro civil de nomes (prenome e sobrenome) exclusivamente indígenas. Vale pontuar que a Constituição de 1988 assegura o pleno exercício dos direitos culturais, com ênfase na valorização da diversidade étnica, que não se limita apenas às ações relativas ao Plano Nacional de Cultura, bem como dispõe que o patrimônio cultural brasileiro é constituído por bens materiais e imateriais, tomados em conjunto ou individualmente, relativos à identidade e à memória dos diferentes grupos formadores da sociedade brasileira (arts. 215, *caput* e inc. IV e 216).[70-71]

A Constituição de 1988 inaugurou o paradigma da cidadania diferenciada, nos termos do art. 231, na medida em que reconheceu os direitos dos povos indígenas e garantiu o direito à diferença, rompendo com o paradigma da assimilação ou aculturação, "de matriz etnocêntrica e monista"[72]. Por esse motivo, deve ser assegurado aos indígenas o direito ao registro de nascimento de acordo com seus costume e tradições, permitindo a escolha de nomes étnicos e segundo a organização social de parentesco de cada etnia. Desse modo, o respeito à identidade cultural e às formas de organização social "envolve a reprodução do nome como fator de identificação social de um indivíduo em seu grupo social e, externamente, aquele grupo".[73]

A resistência do Poder Judiciário no reconhecimento da identidade indígena é visualizada em simbólico julgamento do Tribunal de Justiça do Estado do Rio de Janeiro. Na ocasião, a postulante narrou possuir origem indígena e ter se aproximado da cultura de seu povo na vida adulta, tendo se tornado líder comunitária da etnia Puri no Município de São Fidélis, no Estado do Rio de Janeiro, onde fundou a Aldeia Uchô Puri. Propôs ação de retificação de registro civil para alteração do seu nome registral para constar apenas seu nome indígena Opetahra Nhâmarúri Puri Coroado. No julgamento da Apelação, o Tribunal fluminense, com base no princípio da imutabilidade do nome, entendeu que a possibilidade de alteração do nome é excepcional e apenas parcial, desde que fundado em justo motivo. Consignou, ademais, que inexiste previsão legal para supressão do

---

70. Por todos, v. SOUZA, Allan Rocha de. *Direitos Culturais no Brasil*. Rio de Janeiro: Beco do Azougue, 2012. p. 94: "O conteúdo dos direitos culturais no Brasil está, portanto, estruturado a partir de quatro normativas, que são: a livre e plena participação na vida cultural da comunidade; o acesso às fontes e fruição dos bens da cultura nacional; o incentivo às diversas manifestações culturais e a proteção das identidades; e o robustecimento do patrimônio cultural brasileiro".
71. Para um aprofundamento sobre as normas do chamado Direito Indígena nas normas de direito internacional, v. GIFFONI, Johny Fernandes. O direito ao nome e o direito fundamental à identidade indígena. In: *Revista da Defensoria Pública do Estado do Rio de Janeiro*, n. 28, 2018. p. 93-97.
72. GIFFONI, Johny Fernandes. *Op. cit.*, p. 99.
73. *Id. Ibid.*, p. 103. Daniel Sarmento defende "uma proteção que se volte não para a sua preservação forçada, o que seria, além de inviável, francamente ilegítimo. Afinal, as culturas são dinâmicas, evoluem e se adaptam, e os seus integrantes têm o direito de contestar as suas práticas, e até de renegá-las, deixando-se absorver pela sociedade envolvente, se assim preferirem. Mas é preciso que sejam asseguradas as condições para que a cultura possa existir e se reproduzir. Essa proteção volta-se, antes de tudo, para a defesa da dignidade de pessoas concretas, cuja identidade seria atingida pelo desaparecimento ou deterioração do ambiente cultural em que estão inseridas. Mas, adicionalmente, ela também favorece a sociedade como um todo, nas suas presentes e futuras gerações, que se beneficia com a riqueza proporcionada pela diversidade cultural". SARMENTO, Daniel. *Op. cit.*, p. 280.

nome registral e que a Resolução Conjunta CNJ/CNMP 3/2012 autoriza tão somente o acréscimo do nome indígena e etnia ao sobrenome registral.[74]

As resistências também são encontradas pelos pais no momento do registro dos filhos. O engenheiro agrônomo Julio Cezar Inácio, indígena da tribo kaingang, natural da terra indígena Serrinha, no Rio Grande do Sul, foi impedido em duas oportunidades de registrar seus filhos com os nomes de Kasóhn e Kãgfér, pois não seriam nomes brasileiros. Seu desejo de registrar os filhos com nomes apenas indígenas revela sua intenção de valorizar a identidade de seu povo e a língua de origem de seus pais. Após muita insistência, com base na Resolução Conjunta do CNJ/CNMP, Julio Cezar registrou seus filhos com os nomes indígenas, embora, por exigência do cartório, o nome do segundo filho tenha perdido o acento agudo para se adequar ao padrão da língua portuguesa.

No Rio de Janeiro, um casal teve que recorrer ao Poder Judiciário para registrar a filha como Makeda Foluke[75], que, segundo pesquisas feitas pelos pais, é de origem amárica, língua adotada na Etiópia, e era como se chamava a Rainha de Sabá. Após a recusa do oficial do registro, o caso foi submetido ao juiz competente que indeferiu o registro, permitindo que ele fosse usado desde que houvesse outro prenome, na linha da manifestação do Ministério Público. Em grau recursal, o pai irresignado interpôs apelação que foi dirigida ao Conselho da Magistratura, que acompanhou o parecer da Procuradoria, no sentido de reformar a sentença para julgar a Dúvida improcedente. Na fundamentação do voto, o relator consignou que:

> Certo é que o nome escolhido pelo recorrente para sua filha, apesar de incomum, de maneira nenhuma, quer seja pela grafia, pela fonética ou por sua origem etmológica, pode ser classificado como vexatório. Conforme bem destacado nos autos, o nome Makeda Foluke é repleto de significados, sendo certo que nenhum desses expõe a criança a ser registrada ao ridículo. Por fim, há que se ressaltar, que vivemos num país onde é livre a manifestação do pensamento, onde impera a liberdade de consciência, de crença e de expressão, portanto, a aplicação do dispositivo legal acima destacado deve ser excepcional. Sendo assim, a sentença recorrida deve ser reformada, para que a Dúvida seja julgada improcedente, permitindo-se o registro civil da filha do recorrente com nome por ele escolhido.[76]

O voto do relator do julgado acima transcrito acerta ao enfatizar que nomes incomuns e de origem étnica não podem se confundir com nomes vexatórios e que exponham as crianças ao ridículo. É de todo relevante pontuar que a recusa do oficial de registro civil, nos termos do parágrafo único do art. 55 da Lei de Registro Público, não pode ser interpretada de forma que viole o direito à identidade cultural a partir da perspectiva da

---

74. TJRJ, Ap. Civ. 0002642-55.2018.8.19.00551, Rel. Des. Claudia Telles, julg. 10 dez. 2019, publ. 12 dez. 2019.
75. Disponível em: https://www.bbc.com/portuguese/geral-36799201. Acesso em: 10.10.2023.
76. "Apelação. Serviço registral. Dúvida suscitada pelo cartório de registro civil de pessoas naturais do segundo distrito da comarca de São João de Meriti. Requerimento para registro de nascimento de criança com o nome Makeda Foluke de Paula. Adiamento do registro tendo em vista a alegação de que o prenome pode soar com significado diverso, podendo trazer constrangimentos à criança. Sentença que julgou procedente a dúvida. Interposição de apelação. Parecer da douta procuradoria pelo provimento do apelo. Nome pouco usual, mas que não pode ser classificado como vexatório. O prenome questionado é de origem africana e contem significado étnico e cultural. Recurso provido para que a dúvida seja julgada improcedente". TJRJ, Conselho da Magistratura, Apelação n. 0000173-58.2016.8.19.0810, Rel. Des. Celso Ferreira Filho, julg. 09 jun. 2016, publ. 13 jun. 2016.

diversidade étnica, sob pena de manutenção da supremacia dos grupos hegemônicos, de matriz branca europeia. Cabe, ainda, percorrer as repercussões das modificações na Lei de Registro Público, em especial, o art. 57, inciso I, que autoriza a inclusão de sobrenomes familiares, inclusive de ascendentes mais remotos. Sem dúvida, essa disposição se aplica às hipóteses de adoção de sobrenomes ancestrais. No entanto, em diversos casos tal regra é insuficiente, seja em razão da impossibilidade de comprovar documentalmente, seja em razão do desejo da pessoa de adotar sobrenome não familiar, mas ligado à sua origem étnica. Indispensável, portanto, de modo a promover a diversidade e identidade culturais de comunidades não hegemônicas, alteração legislativa que permita de modo expresso o direito de registrar e acrescentar os sobrenomes ancestrais de origem étnica como forma de garantir a dignidade e o reconhecimento da ancestralidade étnico-familiar como componente fundamental da identidade de cada pessoa humana.

7. CONSIDERAÇÕES FINAIS

Após longo período de maturação doutrinária e jurisprudencial, finalmente, começa-se a visualizar um tratamento em relação ao direito ao nome como digno de uma manifestação da personalidade, apto a tutelar de forma plena e integral a pessoa humana, sobretudo após a consagração legislativa decorrente da Lei 14.382/22. Embora qualificado como um verdadeiro direito há tempos, depois de uma trajetória sinuosa entre sua negação, direito de propriedade e dever de identificação social, passou-se a considerá-lo dentro da categoria dos direitos da personalidade. Ainda assim, durante muito tempo doutrina foi indiferente e manteve o direito ao nome nos confins da exigência registral, de modo a prevalecer o seu caráter obrigacional.

Mesmo que amplamente aceita a ideia de direito-dever inerente ao nome, não deve prosperar a insistência da doutrina em atribuir primazia ao dever imputado à pessoa de ser identificado socialmente. Embora amplamente tido como um atributo da personalidade antes da vigência do atual Código Civil, a previsão de artigos específicos sobre o direito ao nome no capítulo dedicado aos direitos da personalidade é de curial importância, na medida em que fortalece a noção de direito incindivelmente ligado à pessoa, desvinculando da correspondência imediata de mero fator de identificação no meio social, que somente deve encontrar amparo nas situações em que seja configurada a existência de prejuízos a terceiros.

O art. 16 do Código Civil trata da composição do nome, sendo, portanto, composto, basicamente, de pronome e sobrenome, mas se detém a uma visão puramente estrutural do instituto, sem se preocupar com um exame funcional do direito ao nome. Ainda assim, a própria doutrina mantém-se atada a valores como a segurança e identificação social, sem processá-los de acordo com os valores constitucionais atualmente albergados. Vincula-se, desse modo, a uma visão ultrapassada e em desconformidade com a atual orientação de primazia dos valores existenciais sobre os patrimoniais, na medida em que a pessoa humana portadora de um determinado nome registral se torna refém deste, em virtude de um pretenso interesse público de segurança das relações jurídicas, que, conforme se viu, é cumprido mediante a exigência de inexistência de prejuízos para terceiros. A Lei 14.382/2022 cumpre, nesse sentido, importante iniciativa em relação à liberdade de escolha do nome, ao passo que estabelece mecanismos para evitar fraudes, buscando conciliar o triunfo da autonomia existencial com a segurança jurídica, igualmente a ser perseguida nestes casos.

Melhor do que individuar a função do direito ao nome, é preferível perquirir o fundamento plural do direito ao nome, ainda que lhe reconheça uma função precípua no ordenamento. Diante da necessidade de diferenciação e distinção das pessoas humanas, o nome exerce a função primordial de servir como instrumento de individualização. As demais funções, como meio de identificação social e de descendência familiar, somente subsistem na medida em que se cumpre efetivamente a função de individualização da pessoa humana, sobretudo esta deve ser entendida como forma de afirmação da ancestralidade e proteção à identidade e diversidade culturais.

O direito à identidade pessoal, embora não protegido por dispositivo legal específico, deve condicionar e balizar o direito ao nome, posto que mais abrangente que este. Vale relembrar que o nome constitui um aspecto estável da identidade humana. No entanto, isto não significa subtrair a autonomia do direito ao nome, somente que o nome da pessoa deve corresponder à sua real identidade. Não se subtrai a relevância do direito ao nome como um dos mais importantes atributos da personalidade, mas tão somente se realça a correspondência intrínseca entre a identidade objetivamente externada e o nome registral.

Como já afirmado, os sobrenomes estão diretamente relacionados com a ancestralidade de cada indivíduo, a partir de suas raízes étnico-culturais, e forjam sua identidade pessoal. Historicamente, parcela da população brasileira foi despojada de seus sobrenomes de origem a partir da preponderância da supremacia colonialista calcada no apagamento das ancestralidades não hegemônicas. Em particular, no Brasil, os afrodescendentes e povos originários foram especialmente atingidos pela alteração dos sobrenomes, em nítido movimento de branqueamento e europeização da população local. A rigor, as propostas que visam facilitar a adoção do sobrenome ancestral, familiar ou não, constituem importante política de reparação histórica de resgate da identidade em sua dimensão étnico-cultural, que se funda nos princípios constitucionais da não-discriminação, igualdade substancial e solidariedade social.

8. REFERÊNCIAS

ALMEIDA, Vitor. A tutela do nome da pessoa transexual à luz do direito à identidade pessoal: Uma análise crítica do provimento 73/2018 do CNJ a partir da Lei 14.382/22. Disponível em: https://www.migalhas.com.br/coluna/migalhas-de-vulnerabilidade/380577/tutela-do-nome-da-pessoa-transexual-a-luz-da--identidade-pessoal. Acesso em: 03.11.2023.

ALMEIDA, Vitor. O direito ao nome e à identidade de gênero da pessoa transexual: notas sobre o provimento n. 73/2018 do Conselho Nacional de Justiça. In: SANTIAGO, Maria Cristina; MENEZES, Joyceane Bezerra de; MOUTINHO, Maria Carla (Org.). *20 anos dos Código Civil brasileiro*: uma (re)leitura dos institutos do direito civil sob as perspectivas de gênero e vulnerabilidade. Rio de Janeiro: Processo, 2023.

ALMEIDA JUNIOR, Vitor de Azevedo. A proteção do nome da pessoa humana entre a exigência registral e a identidade pessoal: a superação do princípio da imutabilidade do prenome no direito brasileiro. *Revista Trimestral de Direito Civil*, v. 52, p. 203-243, 2012.

AMARAL, Francisco. *Direito civil*: introdução. 5. ed. rev., atual. e aum. Rio de Janeiro: Renovar, 2003.

AMORIM, José Roberto Neves; AMORIM, Vanda Lúcia Cintra. *Direito ao nome da pessoa física*. São Paulo: Campus/Elsevier, 2010.

BODIN DE MORAES, Maria Celina. A tutela do nome da pessoa humana. In: Na medida da pessoa humana: estudo de direito civil-constitucional. Rio de Janeiro: Renovar, 2010.

BODIN DE MORAES, Maria Celina. Ampliando os direitos da personalidade. In: *Na medida da pessoa humana*: estudos de direito civil-constitucional. Rio de Janeiro: Renovar, 2010.

BODIN DE MORAES, Maria Celina. O princípio da dignidade da pessoa humana. In: *Na medida da pessoa humana*: estudos de direito civil-constitucional. Rio de Janeiro: Renovar, 2010.

BODIN DE MORAES, Maria Celina. Ampliação da proteção ao nome da pessoa humana. In: TEIXEIRA, Ana Carolina Brochado; RIBEIRO, Gustavo Pereira Leite. *Manual de teoria geral do direito civil*. Belo Horizonte: Del Rey, 2011.

BODIN DE MORAES, Maria Celina; KONDER, Carlos Nelson de Paula. *Dilemas de direito civil-constitucional*. Rio de Janeiro: Renovar, 2012.

BORGES, Roxana Cardoso Brasileiro. *Disponibilidade dos direitos de personalidade e autonomia privada*. São Paulo: Saraiva, 2005.

BORILLO, Daniel; BARBOZA, Heloisa Helena. Sexo, gênero e direito: considerações à luz do direito francês e brasileiro. *Civilistica.com*. Rio de Janeiro, a. 5, n. 2, 2016. Disponível em: <http://civilistica.com/sexo-genero-e-direito/>. Acesso em: 21.07.2022.

CARVALHO, Manuel Vilhena de. *Do direito ao nome*: proteção jurídica e regulamentação legal. Coimbra: Livraria Almedina, 1972.

CHOERI, Raul. *O conceito de identidade e a redesignação sexual*. Rio de Janeiro, Renovar, 2004.

CHOERI, Raul. *O direito à identidade na perspectiva civil-constitucional*. Rio de Janeiro: Renovar, 2010.

DE CICCO, Maria Cristina. O "novo" perfil do direito à identidade pessoal: o direito à diversidade. In: MENEZES, Joyceane Bezerra de; DE CICCO, Maria Cristina; RODRIGUES, Francisco Luciano Lima. Direito civil na legalidade constitucional: algumas aplicações. Indaiatuba, SP: Foco, 2021.

DONEDA, Danilo. Os direitos da personalidade no Código Civil. In: *Revista da Faculdade de Direito de Campos*, ano VI, n. 6., Campos dos Goytacazes, RJ: Ed. FDC, jun., 2005.

FRANÇA, Rubens Limongi. *Instituições de direito civil*. 5. ed., rev. e atual. São Paulo: Saraiva, 1999.

GONÇALVES, Carlos Roberto. *Direito civil brasileiro*: parte geral. 7. ed., rev. e atual. São Paulo: Saraiva, 2009 v. 1. p. 120.

GIFFONI, Johny Fernandes. O direito ao nome e o direito fundamental à identidade indígena. In: *Revista da Defensoria Pública do Estado do Rio de Janeiro*, n. 28, 2018.

KONDER, Carlos Nelson de Paula. O alcance do direito à identidade pessoal no direito civil brasileiro. In: *Pensar*, Fortaleza, v. 23, n. 1, pp. 1-11, jan./mar., 2018.

KONDER, Carlos Nelson de Paula. O consentimento no Biodireito: os casos dos transexuais e wannabes. In: *Revista Trimestral de Direito Civil*, v. 15, jul./set., 2003.

LOPES, Miguel Maria de Serpa. *Curso de direito civil*. 8. ed., rev. e atual. por J. S. Santa-Maria. Rio de Janeiro: Freitas Bastos, 1996. v. 1.

LOTUFO, Renan. *Código civil comentado*: parte geral (arts. 1º ao 232). São Paulo: Saraiva, 2003.

MONASTERIO, Leonardo. Sobrenomes e ancestralidade no Brasil. *Texto para discussão*. Brasília e Rio de Janeiro: Ipea, 2016. Disponível em: https://repositorio.ipea.gov.br/bitstream/11058/7019/1/td_2229.pdf. Acesso em: 18.08.2023.

OLIVEIRA, Euclides. Direito ao nome. In: DELGADO, Mário Luiz; ALVES, Jones Figueirêdo. *Questões controvertidas*. Série Grandes temas de Direito Privado. São Paulo: Método, 2004. v. 2.

PEREIRA, Caio Mário da Silva. *Instituições de direito civil*. 23. ed., 3. tir., Rio de Janeiro: Forense, 2010. v. I.

PERLINGIERI, Pietro. *Perfis do direito civil*: Introdução ao Direito Civil Constitucional. Tradução de Maria Cristina De Cicco. 3. ed., rev. e ampl., Rio de Janeiro: Renovar, 2002.

PLINER, Adolfo. *El nombre de las personas*: legislácion, doctrina, jurisprudencia, derecho comparado. Buenos Aires: Abeledo – Perrot, 1966.

SARMENTO, Daniel. *Dignidade da pessoa humana*: conteúdo, trajetórias e metodologia. Belo Horizonte: Fórum, 2016.

SCHREIBER, Anderson. Direito Civil e Constituição. *Revista Trimestral de Direito Civil*, v. 48, p. 3-26, 2011.

SCHREIBER, Anderson. *Direitos da Personalidade*. São Paulo: Atlas, 2011.

SOUZA, Allan Rocha de. *Direitos Culturais no Brasil*. Rio de Janeiro: Beco do Azougue, 2012.

TEIXEIRA, Ana Carolina Brochado. *Saúde, corpo e autonomia privada*. Rio de Janeiro: Renovar, 2010.

TEPEDINO, Gustavo. A tutela da personalidade no ordenamento civil-constitucional brasileiro. In: *Temas de Direito Civil*. 4. ed. rev. e atual., Rio de Janeiro: Renovar, 2008.